U0856207

中国统计年鉴

CHINA STATISTICAL YEARBOOK

1 9 9 7

（总第 16 期　No. 16）

国 家 统 计 局 编

Compiled by
State Statistical Bureau,
People's Republic of China

中国统计出版社

China Statistical Publishing House

ISBN 7-5037-2472-2

（京）新登字 041 号

图书在版编目（CIP）数据

中国统计年鉴　1997：汉英对照．国家统计局编．
－北京：中国统计出版社，1997.8
ISBN 7－5037－2472－2

Ⅰ．中…
Ⅱ．国…
Ⅲ．统计资料－中国－年鉴－1997－汉、英
Ⅳ．C832－54

中国版本图书馆 CIP 数据核字（97）第 10009 号

国外发行总代理：N.C.N.LIMITED
新中国新闻有限公司
5，Sharp Street West，Wanchai，HongKong
香港湾仔霎西街 5 号
电话 Tel：(852) 25752197　28313412
传真 Fax：(852) 28381177　28313433

中国统计出版社出版
Published by China Statistical Publishing House
（中国·北京三里河月坛南街 75 号 100826）
75 Yuetan Nanjie，Sanlihe Beijing 100826 P. R. China
中国科学院印刷厂印刷
787×1092 毫米 16 开本 56.125印张 140 万字
1997 年 9 月第 1 版　1997 年 9 月北京第 1 次印刷
印数：1—18000
国内定价：150.00 元
海外定价：99.95 美元

《中国统计年鉴》编委会和编辑出版人员

Editorial Board and Staff

编　者　说　明

一、《中国统计年鉴——1997》是一部全面反映中华人民共和国经济和社会发展情况的资料性年刊。本书收录了全国和各省、自治区、直辖市1996年经济和社会各方面大量的统计数据，以及历史重要年份和近十年的全国主要统计数据。

二、全书内容分为20个部分，即，1. 行政区划和自然资源；2. 综合；3. 人口；4. 从业人员和职工工资；5. 固定资产投资；6. 能源生产和消费；7. 财政；8. 物价指数；9. 人民生活；10. 城市概况；11. 农业；12. 工业；13. 建筑业；14. 运输和邮电；15. 国内贸易；16. 对外经济贸易和国际旅游；17. 金融和保险；18. 教育、科技和文化；19. 体育、卫生、社会福利和其他；20. 香港特别行政区主要社会经济指标。另附：台湾省、澳门地区主要社会经济指标；我国经济、社会统计指标同世界主要国家比较。简要说明主要包括本篇章的主要内容、资料来源、统计范围、统计方法以及历史的变动情况。各篇末附有《主要统计指标解释》。

三、书中所涉及的全国性统计数据，除行政区划、国土面积、森林资源和人口普查数据外，均未包括香港特别行政区和台湾省、澳门地区。

四、资料中所使用的度量衡单位均采用国际统一标准计量单位。

五、本年鉴的资料来源大部分来自年度统计报表，一部分来自抽样调查。台湾省和澳门地区统计资料分别来自各自编印的《统计月报》和《统计年鉴》。主要国家和地区统计资料来自联合国出版的有关统计资料。

六、本年鉴部分数据合计数或相对数由于单位取舍不同而产生的计算误差均未作机械调整。

七、本年鉴各表中，有关对全表的注解均在该表上方，对表中部分指标的注解则在该表下方。凡带续表的资料，对部分指标的注解一律在最后一张续表的下方。

八、本年鉴表中的符号使用说明："…"表示数据不足本表最小单位数；"空格"表示该项统计指标数据不详或无该项数据；"#"表示其中的主要项；"*"或"①"表示本表下有注解；由于版面原因，部分计量单位100000000用10^8表示；10000用10^4表示。

Preface

Ⅰ. China Statistical Yearbook 1997 is an annual statistics publication, which covers very comprehensive data series in 1996 and some selected data series in historically important years and the most recent ten years at national level and local levels of province, autonomous region, and municipalities directly under the central government and therefore, reflects various aspects of China's social and economic development.

Ⅱ. The book contains the following twenty parts, 1. Division of Administrative Areas and Natural Resources; 2. General Survey; 3. Population; 4. Employment and Wages; 5. Investment in Fixed Assets; 6. Production and Consumption of Energy; 7. Government Finance; 8. Price Indices; 9. People's Livelihood; 10. General Survey of Cities; 11. Agriculture; 12. Industry; 13. Construction; 14. Transportaion, Postal and Telecommunications Services; 15. Domestic Trade; 16. Foreign Trade and Economic Cooperation and International Tourism; 17. Finance and Insurance; 18. Education, Science and Culture; 19. Sports, Public Health, Social Welfare and others; 20. Main Social and Economic Indicators of Hong Kong Special Administrative Region. In the appendices listed are Main Social and Economic Indicators of Taiwan province and the region of Macao; A Comparison of Economic and Social Indicators Among People's Republic of China and Other Countries. In brief introduction at the beginning of each part, mainly Coverage of this thapter, data sources, Statistical Coverages, Statistical methods and historical Changes are concerned. In addition, Explanatory Notes on Main Indicators are provided at the end of each part.

Ⅲ. The national data in this book do not include that of Hong Kong Special administrtive, and Taiwan province and the region Macao except for divisions of administrative areas territory, forest resources, and population census.

Ⅳ. The units of measurement used in this book are internationally standard measurement units.

Ⅴ. The major data sources of this publication are obtained from annual statistical reports, and some from sample surveys. Data of Taiwan and the regions of Macao are collected from Monthly Statistics Bulletin and Statistcal Yesrbook compiled by Taiwan and

Macao respectively. Data for major countries and territories are collected from various statistical publications published by the United Naitions.

Ⅵ. Statistical discrepancies due to rounding are not adjusted in this book.

Ⅶ. The notes concerning the whole table are placed at the upper part of the table, while the notes concerning individual indicators are placed at the lower part. If the table is a continued one, the footnotes are placed in the last page.

Ⅷ. Notations used in this book:

"… "indicates that the figure is not large enough to be measured with the smallest unit in the table, "(blant)"indicates that the data not available. "#" indicates the major items of the total, " * or ① "indicated "see footnotes below". When the unit is 100000000 we shorten some of them as 10^8. when the unit is 10000 tons or pesons, etc., we shorten some of them as 10^4 so as to save the space for printing.

目　录
CONTENTS

一、行政区划和自然资源
Chapter 1 ADMINISTRATIVE DIVISION AND NATURAL RESOURCES

二、综合

Chapter 2 GENERAL SURVEY

三、人口
Chapter 3 POPULATION

四、从业人员和职工工资
Chapter 4 EMPLOYMENT AND WAGE

五、固定资产投资
Chapter 5 INVESTMENT IN FIXED ASSETS

六、能源生产和消费
Chapter 6 PRODUCTION AND CONSUMPTION OF ENERGY

七、财政
Chapter 7 PUBLIC FINANCE

八、物价指数
Chapter 8 PRICE INDICES

十、城市情况

Chapter 10 GENERAL SURVEY OF CITES

十一、农业
Chapter 11 AGRICULTURE

十二、工业

Chapter 12 INDUSTRY

十三、建筑业

Chapter 13 CONSTRUCTION

十四、运输和邮电

Chapter 14 TRANSPORTATION,POSTAL AND TELECOMMUNICA TIONS SERVICES

十五、国内贸易
Chapter 15 DOMESTIC TRADE

十六、对外经济贸易和国际旅游
Chapter 16 FOREIGN ECONOMY TRADE AND INTERNATIONAL TOURISM

十七、金融和保险
Chapter 17 BANKING AND INSURANCE

十九、体育、卫生、社会福利和其他
Chapter 19 SPORTS, PUBLIC HEALTH, SOCIAL WELFARE AND OTHERS

二十、香港特别行政区主要社会经济指标
Chpter 20 MAIN SOCIAL AND ECONOMIC INDICATORS OF HONG KONG SPECIAL ADMINISTRATIVE REGION

附录一、台湾省主要社会经济指标
APPENDIX I MAIN SOCIAL AND ECONOMIC INDICATORS OF TAIWAN PROVINCE

附录二、澳门主要社会经济指标

APPENDIX II MAIN SOCIAL AND ECONOMIC INDICATORS OF MACAO

附录三、我国经济、社会统计指标同世界主要国家比较

APPENDIX III A COMPARISON OF INDICATORS OF ECONOMY AND SOCIETY SOCIETY AMONG PEOPLE'S REPUBLIC LF CHINA AND OTHER COUNTRIES

一 行政区划和自然资源

DIVISIONS OF ADMINISTRATIVE AREAS AND NATURAL RESOURCES

简要说明

一、本篇主要包括我国行政区划、自然状况以及自然资源的开发和利用情况等内容。

“全国行政区划”来自民政部区划地名司提供的《全国县级以上行政区划变更情况》。

自然状况包括国土、山脉、河流、海洋、气象状况。自然资源包括土地、气候、林木、水利、矿产资源，以及国有土地使用权出让和划拨情况。

国土、山脉、河流、气候的资料来自农业部1984年“农业资源区划”资料；

林木资料来自林业部1988—1992年调查公报数据；

水利资料由水利部水资源司提供；

矿产资料来自地质矿产部《地质矿产年报》；

海洋资料摘自国家海洋局编辑的《中国海洋统计年鉴》综合部分；

气象资料是根据国家气象局制发的“气表—1”年报制度，由国家气象中心整理提供；

国有土地使用权 出让和划拨情况根据国家统计局“国统字（1995）343号年报制度”，由国家土地管理局整理提供。

BRIEF INTRODUCTION

I. This chapter mainly cover the data on China's divisions of administrative areas, natural conditions and the exploitation and utilization of the natural resources.

The data on "Divisions of Administrative Areas in China" are prepared in accordance with the " Changes in the Divisions of Administrative Areas at and Above County Level in China" provided by the Department of Divisions of Administrative Areas and Geographical Names, Ministry of Civil Affairs.

Natural conditions cover land area, mountain ranges, rivers, and meteorological phenomena. Natural resources cover land, climate, forest, water conservancy, mineral resources and the lease and administrative allocation of the use right of the state – owned land.

The data on land area, mountain ranges, rivers and climate are prepared in accordance with the data on "The Divisions of Agricultural Resources " compiled by the Ministry of Agriculture in 1984.

The data on forest are prepared according to the data in the communiques of the surveys conducted by the Ministry of Forestry in 1988 – 1992.

The data on water conservancy are provided by the Department of Water Resources, Ministry of Water Conservancy.

The data on mineral resources are prepared in accordance with the data in the "Annual Report on Geology and Mineral Resources " compiled by the Ministry of Geology and Mineral Resources.

The data on ocean are extracted from the summary part of "China Oceanic Statistical Yearbook" edited by the State Oceanic Administration.

The data on meteorological phenomena are prepared and provided by the National Meteorological Center in accordance with Table M1 in the annual statistical reporting scheme, which was stipulated and implemented by China Meteorological Administration.

The data on the lease and administrative allocation of the use right of the state – owned land are prepared and provided by the State Land Administration in accordance with the 1995 annual statistical reporting scheme stipulated by the State Statistical Bureau.

1-1 全国行政区划(1996年底)

DIVISIONS OF ADMINISTRA TIVE AREAS IN CHINA (END OF 1996)

单位:个 (unit)

省级单位名称 Provinces, Municipalities and Autonomous Regions		地级单位数 Number of Perfectures	#地级市 Cities at Prefectural Level	县级单位数 Number of Counties	#县级市 Cities at Country Level	各级市单位数 Number of Cities at All Levels	市辖区数 Districts Under the Jurisdication of cities
全　　国	**National Total**	**335**	**218**	**2142**	**445**	**666**	**717**
北京市	Beijing			8		1	10
天津市	Tianjin			5		1	13
河北省	Hebei	11	11	138	23	34	35
山西省	Shanxi	11	6	101	16	22	17
内蒙古自治区	Inner Mongolia	12	4	85	16	20	16
辽宁省	Liaoning	14	14	44	17	31	56
吉林省	Jilin	9	8	41	20	28	19
黑龙江省	Heilongjiang	13	11	67	20	31	64
上海市	Shanghai			6		1	14
江苏省	Jiangsu	13	13	64	31	44	43
浙江省	Zhejiang	11	10	64	25	35	24
安徽省	Anhui	16	11	67	10	21	38
福建省	Fujian	9	8	61	15	23	21
江西省	Jiangxi	11	6	84	15	21	15
山东省	Shandong	17	14	95	34	48	44
河南省	Henan	17	13	116	25	38	41
湖北省	Hubei	12	10	68	25	35	33
湖南省	Hunan	14	11	90	18	29	32
广东省	Guangdong	21	21	79	33	54	42
广西壮族自治区	Guangxi	15	8	81	10	18	28
海南省	Hainan	2	2	17	6	8	3
四川省	Sichuan	23	15	172	22	37	50
贵州省	Guizhou	9	2	80	11	13	6
云南省	Yunnan	17	2	123	15	17	4
西藏自治区	Tibet	7	1	77	1	2	1
陕西省	Shaanxi	10	7	90	6	13	17
甘肃省	Gansu	14	5	76	9	14	10
青海省	Qinghai	8	1	39	2	3	4
宁夏回族自治区	Ningxia	4	2	19	3	5	6
新疆维吾尔自治区	Xinjiang	15	2	85	17	19	11
台湾省	Taiwan						

注:香港特别行政区于1997年7月1日成立,故未包括在1996年行政区划表中;重庆直辖市成立于1997年,故在1996年区划表中仍属于四川省。

a) Hong Kong Special Administrative Region was established on July 1, 1997. It is therefore not included in the divisions of administrative areas in China in 1996. Chong Qing municipality was established in 1997. therefore it is still included in Sichuan province.

1－2 自 然 状 况
NATURAL CONDITIONS

项 目		Item		1996
国土		**Territory**		
国土面积	(万平方公里)	Area of Territory	(10 000 sq.km)	960
海域面积	(万平方公里)	Area of Sea	(10 000 sq.km)	473
海洋平均深度	(米)	Average Depth of Sea	(m)	961
海洋最大深度	(米)	Maximum Depth of Sea	(m)	5377
岸线总长度	(公里)	Length of Coastline	(km)	32000
大陆岸线长度	(公里)	Mainland Shore	(km)	18000
岛屿岸线长度	(公里)	Island Shore	(km)	14000
岛屿个数	(个)	Number of Islands		5400
岛屿面积	(万平方公里)	Area of Islands	(10 000 sq.km)	3.87
气候		**Climate**		
热量分布(积温 ≥0℃)		Distribution of Heat (Accumulated Temperature≥0℃)		
黑龙江北部及青藏高原		Northern Heilongjiang and Tibet Plateau	(℃)	2000－2500
东北平原		Northeast Plain	(℃)	3000－4000
华北平原		North China Plain	(℃)	4000－5000
长江流域及以南地区		Changjiang (Yangtze) River Drainage Area and the Area to the south of it	(℃)	5800－6000
南岭以南地区		Area to the South of Nanling Mountain	(℃)	7000－8000
降水量	(毫米)	Precipitation	(mm)	
台湾中部山区		Mid－Taiwan Mountain Area		≥4000
华南沿海		Southern China Coastal Area		1600－2000
长江流域		Changjiang River Valley		1000－1500
华北、东北		Northern and Northeastern Area		400－800
西北内陆		Northwestern Inland		100－200
塔里木盆地、吐鲁番盆地和柴达木盆地		Tarim Basin,Turpan Basin and Qaidam Basin		≤25
气候带面积比例	(国土面积＝100)	Percentage of Climatic Zones to Total Area of Territory		
湿润地区(干燥度＜1.0)		Humid Zone (aridity＜1.0)		32
半湿润地区(干燥度＝1.0－1.5)		Semi－Humid Zone (aridity 1.0－1.5)		15
半干旱地区(干燥度＝1.5－2.0)		Semi－Arid Zone (aridity 1.5－2.0)		22
干旱地区(干燥度＞2.0)		Arid Zone (aridity＞2.0)		31

注: 1.气候资料为多年平均值。
2.岛屿面积未包括台湾省和港澳地区。

a) The climate data refer to the average figures in many years.
b) Island area does not include that of Taiwan, Hong Kong and Macao.

1-3 自 然 资 源

NATURAL RESOURCES

项目	Item	1996
土地资源 (万公顷)	**Land Resources (10000 hectares)**	
耕地面积	Area of Cultivated Land	
荒地面积	Area of Undeveloped Land	10800
# 宜农荒地	Useable for Agricultural Production	3535
林业用地面积	Area of Afforestated Land	26289
# 宜林荒山荒地	Undeveloped Land Uusable for Afforestation	6303
草地面积	Grassland	40000
# 可利用草地	Utilizable	31333
林木资源	**Forest Resources**	
活立木总蓄积量 (亿立方米)	Total Standing Stock Volume (100 millioncu.m)	108.68
森林面积 (万公顷)	Forest Area (10000 hectares)	12863
森林蓄积量 (亿立方米)	Stock Volume of the Forest (100 millioncu.m)	93.1
森林覆盖率 (%)	Forest-coverage Rate (%)	13.4
水利资源	**Water Resources**	
大陆	Land	
地表水资源总量 (亿立方米)	Surface Water Volume (100 millioncu.m)	28124
地表径流	Surface Runoff	27115
# 冰川融水量	Melt-Water Volume of Glaciers	560
地下(浅层)水量	Shallow Ground Water Volume	8287
水力资源蕴藏量 (亿千瓦)	Hydropower Resources (100 millionkw)	6.76
# 可开发量	Developable Resources	3.79
内陆水域总面积 (万公顷)	Inland Water Area (10000hectares)	1747
# 可养殖面积	Cultivatable Area	675
# 已养殖面积	Cultivated Area	467
海洋	Sea	
海洋能源埋论缊藏量 (亿千瓦)	Theoretical Sea-energy Reserves (100 millionkw)	6.3
海岸带面积 (万平方公里)	Coastal Area (10000 sq.km)	28
滩涂面积 (万平方公里)	Seabeach Area (10000 sq.km)	2.08
海水可养殖面积 (万公顷)	Cultivatable Area in Marine Areas (10000 hectares)	260.01
# 已养殖面积 (万公顷)	Cultivated Area (10000 hectares)	71.6
浅海滩涂可养殖面积 (万公顷)	Cultivable Area in Shallow Sea and Seabeaches (10000 hectares)	242.0
# 已养殖面积 (万公顷)	Cultivated Area (10000 hectares)	55.6
矿产资源(保有储量) (亿吨)	**Mineral Resources (Ensured Reseves) (100000000 ton)**	
煤	Coal	10008.5
铁矿石	Iron Ore	475.6
磷矿石	Phosphate Ore	159.7
钾盐	Sylvite	4.6
盐	Salt	4040.3

注: 1.自然资源部分未包括台湾省。
2.土地、水利资源为以前清查数, 有待近一步勘测。
3.森林资源为 1988-1992 年调查数。矿产资源为 1993 年数。

a) Figures on natural resources do not include those of Taiwan Province.
b) Figures on land and water resources in this table were obtained from surveys in pervious years. The figures are subject to further verification.
c) Figures on forest resources were taken from the Third Forest Census (1988-1992). Data on mineral resources refer to 1993.

1-4 土地状况
LAND CHARACTERISTICS

项目	Item	面积 Area	占总面积(%) Percentage to Total Area
总面积 (万平方公里)	**Total Land Area (10 000 sq.km)**	**960**	**100.00**
按地形分: (万平方公里)	**By Topographic Feature (10 000 sq.km)**		
山地	Mountains	320	33.33
高原	Plateaus	250	26.04
盆地	Basins	180	18.75
平原	Plains	115	11.98
丘陵	Hills	95	9.90
按地高分: (万平方公里)	**By Altitude (10 000 sq.km)**		
500米以下	Under 500m	241.7	25.18
500-1000米	500-1000m	162.5	16.93
1000-2000米	1000-2000m	239.9	24.99
2000-3000米	2000-3000m	67.6	7.04
3000米以上	Above 3000m	248.3	25.86
按特征分: (万公顷)	**By Land Use (10 000 hectares)**		
耕地	Cultivated Land	9497	9.89
森林	Forests	12863	13.39
内陆水域面积	Water Area in Land	1747	1.82
草地	Area of Grassland	40000	41.62
#可利用草地	Useable Area	31333	32.60
其他	Others	31986	33.28

注: 本表数字多为过去清查数。其中耕地面积偏小,有待进一步核查。

a) Most figures in this table were obtained from surverys in previous years. The figure of cultivated land is underestimated, and is subject to further verification.

1-5 主要山脉基本情况
MAIN MOUNTAIN RANGES

名称	Mountain Range	山峰高程 (米) Height of Mountain Peak (m)	雪线高程 (米) Height of Snow Line (m)	冰川面积 (平方公里) Glacier Area (sq.km)
阿尔泰山	Altay Mountains	4374	3000—3200	287
天山	Tianshan Mountains	7435	3600—4400	9548
祁连山	Qilian Mountains	5826	4300—5240	2063
帕米尔	Pamirs	7579		2258
昆仑山	Kunlun Mountains			11639
喀喇昆仑山	Karakorum Mountain	8611	5100—5400	3265
唐古拉山	Tanggula Mountains	6137		2082
羌塘高原	Qiangtang Plateau	6596		3566
念青塘古拉山	Nyainqentanglha Mountain	7111	4500—5700	7536
横断山	Hengduan Mountains	7556	4600—5500	1456
喜玛拉雅山	The Himalayas	8848	4300—6200	11055
冈底斯山	Gangdise Mountains	7095	5800—6000	2188

1-6 各地区国有土地使用权出让和划拨情况 (1996 年)

LEASE AND ADMINISTRATIVE ALLOCATION OF THE USE RIGHT OF STATE-OWNED LAND BY REGION (1996)

地区 Region	国有土地使用权出让 Lease of the Use Right of Stated-owned Land						划拨土地使用权 Administrative Allocation of the Use Right of Stated-owned Land	
	地块(宗) Number of Piece of Land	面积(公顷) Area (Ha.)	收入(万元) Revenue (10000 yuan)				地块(宗) Number of Pieces of Land	面积(公顷) Area (Hecatre)
			征地费 Land Acquisition Fee	开发费 Development Fee	出让金 Lease Fee	其他 Others		
全国 National Total	**103921**	**34048**	**625963**	**452103**	**1720252**	**518473**	**289350**	**70266**
北京 Beijing	340	439	2201	86	317775	315	214	207
天津 Tianjin	204	364	3433	10170	63560	1673	1961	1749
河北 Hebei	8064	1753	35292	22006	13447	2871	2606	5512
山西 Shanxi	1489	480	17250	2959	25663	227	2137	3078
内蒙古 Inner Mongolia	3286	367	4348	15	2526	274	9840	2983
辽宁 Liaoning	1058	1190	55018	67289	24687		8296	3814
吉林 Jilin	1083	655	8078	22885	18063	10627	2278	645
黑龙江 Heilongjiang	1221	535	981	4	18961	172	1981	3971
上海 Shanghai	617	914	6720	19356	180809	333200	1786	7157
江苏 Jiangsu	2383	1450			173811		3112	2078
浙江 Zhejiang	12244	2606	155614	90341	169579	29731	15858	4670
安徽 Anhui	5227	463	6237	3778	29301	1977	11579	861
福建 Fujian	891	1079	27658	13390	36829	1076	22066	6003
江西 Jiangxi	2227	187	2216	980	7274	1122	21768	879
山东 Shandong	4870	3139	92054	12566	79335	4716	15195	4717
河南 Henan	4493	1666	20474	5451	52894	2438	1775	2407
湖北 Hubei	9628	1081	12122	2611	37430	2601	78523	2726
湖南 Hunan	12108	911	33267	31128	25532	8916	23986	2032
广东 Guangdong	6726	6236	54902	78743	265663	71866	5910	3562
广西 Guangxi	2428	494	12305	16018	6704	34173	4195	1126
海南 Hainan	395	3088	28894	24991	66735	3863		
四川 Sichuan	8623	1463	19766	19630	24014	2470	16959	2442
贵州 Guizhou	3870	316	4468	1565	18871	409	6905	1658
云南 Yunnan	5934	963	11480	4594	14358	1085	4104	657
西藏 Tibet	7	7			380	1434		
陕西 Shaanxi	1654	602	5715	399	24606	322	4129	617
甘肃 Gansu	1193	1142	2522	595	5871	717	4490	863
青海 Qinghai	233	125	172		2082		2280	134
宁夏 Ningxia	476	89	1986	278	1245	1	1423	131
新疆 Xinjiang	949	244	790	275	12247	197	13994	3587

注: 本表中未包括补办出让手续的宗地、面积、收入。

a) The area and income of the ancestral land leased through subsequent formalities have not been included in this table.

1-7 主要河流基本情况
MAJOR RIVERS

名称	River	流域面积(平方公里) Drainage Area (sq.km)	河长(公里) Length (km)	年径流量(亿立方米) Annual Flow (100 million cu.m)
长江	Changjiang River (Yangtze River)	1808500	6300	9513
黄河	Huanghe River (Yellow River)	752443	5464	661
松花江	Songhuajiang River	557180	2308	762
辽河	Liaohe River	228960	1390	148
珠江	Zhujiang River (Pear River)	453690	2214	3338
海河	Haihe River	263631	1090	228
淮河	Huaihe River	269283	1000	622

1-8 河流流域面积
DRAINAGE AREA OF RIVERS

流域名称	River	流域面积(平方公里) Drainage Area (sq.km)	占外流河、内陆河流域面积合计 Percentage to Total(%)
合计	**Total Out-flowing Streams and Inland Rivers**	**9559370**	**100.00**
外流河	**Out-flowing Rivers**	**6114728**	**63.97**
黑龙江及绥芬河	Heilongjiang River and Suifenhe River	875342	9.16
辽河、鸭绿江及沿海诸河	Liaohe, Yalujiang and Related Coastal Rivers	345207	3.61
海滦河	Haihe River and luanhe River	318161	3.33
黄河	Huanghe River (Yellow River)	752443	7.87
淮河及山东沿海诸河	Huaihe and Related Coastal Rivers in Shandong Province	329211	3.44
长江	Changjiang River (Yangtze River)	1808500	18.92
浙闽台诸河	Rivers in Zhejiang, Fujian and Taiwan Provinces	239803	2.51
珠江及沿海诸河	Zhujiang River (Pear Rive) and Related Coastal River	580640	6.07
元江及澜仓江	Yuanjiang River and Lancang River	240652	2.52
怒江及滇西诸河	Nujiang River and West Yunnan Rivers	157156	1.64
雅鲁藏布江及藏南诸河	Yarlung Zangbo River and Southern Tibet Rivers	396258	4.15
藏西诸河	Western Tibet Rivers	57340	0.60
额尔齐斯河	Ertix River	50000	0.52
内陆河	**Inland Rivers**	**3408659**	**35.66**
内蒙内陆河	Rivers in Inner Mongolia	300067	3.14
河西内陆河	Rivers in Huanghe Upper Reach Area	488301	5.11
准噶尔内陆河	Rivers in Zhunger Basin	316530	3.31
中亚细亚内陆河	Rivers in Central Asia	93130	0.97
塔里木内陆河	Rivers in Tarim Basin	1074810	11.24
青海内陆河	Rivers in Qinghai Province	316285	3.31
羌唐内陆河	Rivers in Qiangtang	721182	7.54
松花江、黄河、藏南闭流区	Blind Drainage Areas of Songhua River, Huanghe River and Southern Tibet	90353	0.95

注：本表所列面积系水利部门量算初步汇总数，有待进一步核实。

a) Figures in the table are obtained from preliminary measurements and tabulated data by water conservancy departments, and are subject to further verification.

1-9 全国内陆水面面积
INLAND WATER AREA

单位：千公顷 (1 000 hectares)

水域	Water Area	总水面 Total Water Area	可养水面 Cultivatable Area	已养水面 Cultivated Area	尚可利用水面 Utilizable Area
总计	**Total**	**17471**	**6749**	**4669**	**2080**
池塘	Pool	1922	1922	1858	64
湖泊	Lake	7524	2151	824	1327
水库	Resevoir	2302	1884	1516	368
河沟	Brook	5278	766	347	419
其他	Others	445	26	124	

注：已养水面中其他养殖面积是指工厂化养殖和非养殖水面中的网箱养殖等面积。
a) Other cultivated area refer to factory cultivaed and box cultivaed area.

1-10 海区海域及渔场面积
SEA AREA AND AREAS OF FISHING GROUND

名称	Sea	海域总面积（千公顷） Sea Area (1 000 hectares)	大陆架渔场面积（千公顷） Area of Fishing Ground of Continental Shelf (1 000 hectares)	深度（米） Depth (m) 平均 Average	最大 Maximum
总计	**Total**	**472700**	**280000**		
渤海	Bohai Sea	7700	7700	18	70
黄海	Huanghai Sea	38000	35300	44	140
东海	Donghai Sea	77000	54900	370	2719
南海	Nanhai Sea	350000	182100	1212	5559

1-11 浅海滩涂海湾可养殖面积
SHALLOW SEA AND SEABEACH AREA FOR CULTIVATION

单位：千公顷 (1 000 hectares)

地区	Region	海水可养面积 Cultivatable Marine Area	浅海 Shallow Sea	滩涂 Seabeach	港湾 Harbour
全国	**National Total**	**2600.11**	**1622.56**	**797.00**	**180.55**
北京	Beijing	0.44		0.44	
天津	Tianjin	18.49	10.00	8.49	
河北	Hebei	111.37	49.66	61.70	
辽宁	Liaoning	725.84	590.44	92.45	42.95
上海	Shanghai	3.22		3.22	
江苏	Jiangsu	139.00	7.87	130.96	0.17
浙江	Zhejiang	101.46	36.30	57.39	7.77
福建	Fujian	184.94	77.39	100.76	6.79
山东	Shandong	358.21	131.68	173.41	53.12
广东	Guangdong	835.67	664.00	120.00	51.67
广西	Guangxi	31.95	6.78	22.09	3.08
海南	Hainan	89.52	48.43	26.09	15.00

1-12 主要城市平均气温(1996年)
MONTHLY AVERAGE TEMPERATURE IN MAJOR CITIES (1996)

单位：摄氏度　　　　　　(℃)

城市	City	1月 Jan.	2月 Feb.	3月 Mar.	4月 Apr.	5月 May	6月 June	7月 July	8月 Aug.	9月 Sept.	10月 Oct.	11月 Nov.	12月 Dec.	年平均 Annual Average
北京	Beijing	-2.2	-0.4	6.2	14.3	21.6	25.4	25.5	23.9	20.7	12.8	4.2	0.9	12.7
天津	Tianjin	-3.4	-1.3	5.4	13.6	20.8	24.7	25.6	24.1	20.4	13.2	4.1	-0.4	12.2
石家庄	Shijiazhuang	-1.3	1.2	6.7	14.7	21.5	26.0	26.2	23.9	21.4	14.0	5.7	2.5	13.5
太原	Taiyuan	-5.2	-3.2	3.0	10.7	17.8	21.1	22.8	21.3	17.6	10.7	2.8	-2.3	9.8
呼和浩特	Hohhot	-12.3	-8.8	-0.8	7.9	16.0	20.5	22.3	20.7	15.4	7.9	-2.8	-8.2	6.5
沈阳	Shenyang	-11.4	-7.4	0.9	9.6	17.4	22.5	23.6	22.4	17.3	8.6	-1.4	-3.5	8.1
大连	Dalian	-3.1	-2.4	3.2	8.9	17.0	20.6	22.4	23.6	20.7	13.3	4.9	2.0	10.9
长春	Changchun	-13.7	-9.4	-1.9	7.7	16.7	21.8	22.6	21.0	15.2	6.2	-5.0	-10.5	5.9
哈尔滨	Harbin	-15.3	-10.3	-2.3	7.8	17.2	21.4	23.0	21.0	14.1	5.0	-6.6	-14.6	5.0
上海	Shanghai	4.5	4.6	7.8	13.3	19.7	24.5	27.2	27.9	25.2	19.7	13.4	7.1	16.2
南京	Nanjing	2.5	3.4	7.8	14.6	20.3	24.8	26.8	27.9	24.0	17.9	10.5	4.8	15.4
杭州	Hangzhou	4.3	4.7	8.4	14.1	20.8	25.5	27.6	28.4	24.8	19.2	12.8	7.6	16.5
合肥	Hefei	3.0	3.8	8.1	15.2	21.3	24.9	27.3	27.9	23.9	17.7	9.9	6.4	15.8
福州	Fuzhou	11.4	9.9	13.2	15.7	21.4	27.9	29.5	27.9	26.4	22.9	19.3	13.1	19.9
南昌	Nanchang	5.5	6.5	9.6	15.9	21.9	26.3	28.7	28.6	26.1	20.5	13.2	8.4	17.6
济南	Jinan	0.2	2.5	7.4	15.1	22.6	26.1	27.1	25.7	22.5	15.9	6.9	4.0	14.7
青岛	Qingdao	-0.1	0.5	4.7	9.7	17.1	20.8	23.2	25.1	22.3	15.8	7.2	3.9	12.5
郑州	Zhengzhou	0.6	2.1	6.8	14.7	21.2	26.2	26.8	25.1	20.9	15.1	7.2	4.1	14.2
武汉	Wuhan	4.3	6.0	9.3	16.4	22.2	25.5	28.2	28.4	24.8	18.5	10.5	7.4	16.8
长沙	Changsha	4.6	6.7	9.2	15.9	21.5	25.7	28.3	27.5	24.4	18.8	11.1	8.2	16.8
广州	Guangzhou	13.9	12.0	16.9	19.3	24.9	25.0	28.5	27.9	27.1	24.6	21.1	15.4	21.6
南宁	Nanning	11.9	13.2	16.5	19.2	26.1	28.2	28.6	28.2	27.4	24.6	21.2	15.8	21.7
海口	Haikou	18.9	16.3	22.5	22.9	27.2	29.4	29.6	28.4	27.0	26.3	23.8	19.4	24.3
桂林	Guilin	7.3	9.3	11.7	16.4	22.6	26.7	27.3	27.5	26.4	21.7	15.7	12.1	18.7
成都	Chengdu	4.8	6.5	10.5	14.8	19.9	25.1	25.9	26.3	21.5	17.1	12.1	7.1	16.0
重庆	Chongqing	6.7	8.4	12.4	16.6	20.5	25.5	27.7	29.8	24.1	18.4	13.5	9.0	17.7
贵阳	Guiyang	4.0	5.7	9.9	13.5	18.5	22.5	23.9	24.0	21.8	17.3	11.1	7.8	15.0
昆明	Kunming	9.2	10.2	14.7	17.5	19.2	19.6	19.9	20.0	18.6	16.3	13.3	9.0	15.6
拉萨	Lhasa	1.0	1.3	6.0	9.4	12.7	14.2	16.0	15.0	13.0	10.0	4.6	-0.7	8.5
西安	Xi'an	...	2.2	7.3	13.8	20.1	24.7	26.8	25.4	20.1	14.6	6.8	2.5	13.7
兰州	Lanzhou	-4.7	-1.5	4.1	10.0	17.2	19.9	21.9	21.4	17.9	10.9	2.7	-4.3	9.6
西宁	Xining	-9.1	-4.8	0.2	6.2	11.6	13.9	16.5	15.9	12.0	5.6	-1.6	-7.3	4.9
银川	Yinchuan	-7.1	-5.2	1.8	9.4	16.7	21.2	23.3	21.6	16.9	10.5	1.7	3.9	9.6
乌鲁木齐	Urumqi	-15.6	-11.0	-1.7	7.9	17.3	21.7	23.7	21.9	17.4	8.2	-2.4	-7.0	6.7

1-13 主要城市平均湿度(1996年)

AVERAGE HUMIDITY IN MAJOR CITIES (1996)

单位: %　　　　(%)

城市	City	1月 Jan.	2月 Feb.	3月 Mar.	4月 Apr.	5月 May	6月 June	7月 July	8月 Aug.	9月 Sept.	10月 Oct.	11月 Nov.	12月 Dec.	年平均 Annual Average
北京	Beijing	32	22	35	38	45	56	76	81	72	66	48	44	51
天津	Tianjin	47	25	46	50	51	67	79	78	71	67	55	56	58
石家庄	Shijiazhuang	48	31	44	47	53	58	78	86	76	75	60	49	59
太原	Taiyuan	43	29	40	46	49	64	80	86	78	73	60	45	58
呼和浩特	Hohhot	57	28	41	35	38	45	63	70	60	65	54	51	51
沈阳	Shenyang	55	43	46	47	61	65	83	80	73	63	63	61	62
大连	Dalian	55	48	52	53	57	77	87	82	72	62	58	60	64
长春	Changchun	55	45	49	51	53	58	81	79	66	56	66	66	60
哈尔滨	Harbin	56	45	43	49	51	57	77	75	65	56	68	66	59
上海	Shanghai	76	65	78	68	72	83	83	81	76	78	74	68	75
南京	Nanjing	76	65	72	62	69	82	86	79	79	80	78	73	75
杭州	Hangzhou	78	69	80	71	71	82	81	79	78	80	76	68	76
合肥	Hefei	75	67	73	61	67	82	85	80	80	80	81	67	75
福州	Fuzhou	73	71	81	73	77	79	73	81	75	72	70	67	74
南昌	Nanchang	77	70	82	73	80	86	81	81	75	73	73	71	77
济南	Jinan	50	37	47	48	48	61	78	79	68	64	58	47	57
青岛	Qingdao	61	49	59	67	65	85	90	82	75	67	67	61	69
郑州	Zhengzhou	55	50	58	58	60	61	82	85	85	75	69	49	66
武汉	Wuhan	74	63	74	67	75	82	82	78	79	79	80	72	75
长沙	Changsha	83	73	83	77	83	83	81	85	83	81	84	76	81
广州	Guangzhou	74	80	89	82	83	85	83	85	81	72	66	61	78
南宁	Nanning	80	73	80	81	77	81	82	82	76	71	64	69	76
海口	Haikou	87	87	86	88	82	78	77	82	87	81	80	81	83
桂林	Guilin	73	65	78	78	78	83	84	81	71	67	65	60	74
成都	Chengdu	83	79	75	77	79	72	84	83	86	84	81	80	80
重庆	Chongqing	89	77	79	79	86	80	82	70	81	83	88	83	81
贵阳	Guiyang	81	72	75	77	78	77	79	74	69	72	82	73	76
昆明	Kunming	64	64	57	54	69	77	82	76	74	79	78	75	71
拉萨	Lhasa	28	32	32	32	46	55	65	64	64	47	35	30	44
西安	Xi'an	62	57	57	64	63	62	72	77	83	78	79	59	68
兰州	Lanzhou	46	44	49	54	45	53	64	63	57	66	62	47	54
西宁	Xining	50	42	50	59	59	66	73	76	72	67	64	41	60
银川	Yinchuan	49	38	46	51	48	55	68	73	67	65	58	51	56
乌鲁木齐	Urumqi	80	74	66	55	41	41	50	41	45	61	77	67	58

1－14 主要城市降水量（1996年）

MONTHLY PRECIPITATION IN MAJOR CITIES (1996)

单位：毫米 (millimeters)

城市	City	1月 Jan.	2月 Feb.	3月 Mar.	4月 Apr.	5月 May	6月 June	7月 July	8月 Aug.	9月 Sept.	10月 Oct.	11月 Nov.	12月 Dec.	全年 Annual Total
北京	Beijing	0.2	0	11.0	6.2	1.8	55.1	307.4	250.0	32.9	30.8	2.6	2.9	700.9
天津	Tianjin	2.0	…	…	4.6	21.8	89.8	96.1	180.7	36.5	36.4	3.6	0.6	472.1
石家庄	Shijiazhuang	2.5	0.2	4.8	30.1	9.5	65.8	388.7	542.7	19.0	31.7	2.0	0.1	1097.1
太原	Taiyuan	1.3	0.8	9.2	39.8	62.3	85.2	180.5	225.5	9.8	28.6	9.0	0	652.0
呼和浩特	Hohhot	2.1	0	6.1	6.5	11.3	28.5	109.7	101.4	41.4	41.8	4.9	…	353.7
沈阳	Shenyang	2.3	2.0	19.2	9.5	49.0	98.2	247.9	137.0	65.1	69.3	21.8	…	721.3
大连	Dalian	14.9	0.1	12.1	35.7	34.7	93.4	192.6	191.5	39.5	31.5	11.4	3.0	660.4
长春	Changchun	2.0	1.2	16.8	17.6	56.8	114.2	119.2	97.1	20.5	20.4	22.8	1.6	490.2
哈尔滨	Harbin	0.1	…	12.9	15.2	39.5	92.0	162.9	63.2	24.2	21.0	48.8	0.9	480.7
上海	Shanghai	85.4	15.1	154.8	46.3	22.4	249.1	235.2	43.3	16.9	90.5	46.0	17.9	1022.9
南京	Nanjing	53.6	18.4	134.4	25.7	85.5	225.6	370.1	82.7	34.3	82.4	94.8	6.0	1213.5
杭州	Hangzhou	105.9	41.5	247.3	74.1	33.0	338.8	281.6	135.9	33.9	94.8	79.5	15.4	1481.7
合肥	Hefei	54.8	24.3	136.9	27.0	63.3	226.4	308.5	68.4	26.3	78.7	140.0	3.2	1157.8
福州	Fuzhou	15.4	62.4	196.2	154.9	204.4	151.2	80.1	313.2	69.0	11.3	74.9	5.7	1338.7
南昌	Nanchang	129.0	26.1	257.6	123.4	184.8	284.3	84.1	168.7	18.5	19.1	27.9	29.3	1352.8
济南	Jinan	0.3	0	14.3	10.6	12.9	174.0	417.9	157.1	7.7	35.6	3.4	0.2	834.0
青岛	Qingdao	14.0	0	32.9	44.4	1.9	187.2	140.0	120.6	19.8	151.4	21.0	16.4	749.6
郑州	Zhengzhou	1.0	17.7	13.7	35.1	17.6	15.3	133.5	186.7	126.6	49.5	31.6	…	628.3
武汉	Wuhan	58.0	15.8	154.4	35.9	114.3	312.1	305.2	109.9	40.7	88.2	82.9	2.1	1319.5
长沙	Changsha	117.1	33.1	176.1	142.2	153.9	172.3	267.1	175.9	81.3	20.9	27.7	28.5	1396.1
广州	Guangzhou	15.7	45.8	105.3	112.4	320.6	273.1	276.8	378.8	151.6	0.4	0.1	2.8	1683.4
南宁	Nanning	12.3	19.4	161.8	42.2	127.0	302.7	86.7	221.6	184.0	14.4	2.0	11.0	1185.1
海口	Haikou	6.9	62.7	43.0	47.6	78.1	41.1	85.9	148.3	782.3	29.0	58.3	22.8	1406.0
桂林	Guilin	89.3	17.0	305.8	381.1	407.2	288.7	323.9	230.9	3.1	29.5	8.4	21.5	2106.4
成都	Chengdu	3.5	7.2	19.7	31.4	51.2	25.3	109.3	249.7	177.1	22.9	12.5	1.2	711.0
重庆	Chongqing	27.5	16.8	45.0	61.7	145.6	265.0	447.2	167.0	65.2	49.9	101.8	5.6	1398.3
贵阳	Guiyang	13.1	6.8	46.7	26.2	152.5	325.7	354.5	124.6	16.8	37.7	56.1	16.8	1177.5
昆明	Kunming	0.1	3.3	38.6	17.2	81.4	138.0	181.2	138.7	83.0	88.3	84.6	11.3	865.7
拉萨	Lhasa	…	…	1.4	1.7	38.6	119.7	94.5	120.1	66.3	6.6	…	…	448.9
西安	Xi'an	6.1	6.3	36.2	18.2	31.2	78.0	176.8	92.2	124.1	74.6	69.7	0	713.4
兰州	Lanzhou	1.1	1.5	23.3	11.7	14.2	70.5	132.4	49.9	19.0	44.1	1.1	…	368.8
西宁	Xining	2.6	0.7	12.2	22.1	37.0	57.8	100.3	115.6	34.9	15.8	3.1	…	402.1
银川	Yinchuan	0	…	4.3	4.2	16.7	25.1	34.8	29.7	17.4	17.7	3.3	0	153.2
乌鲁木齐	Urumqi	21.0	6.1	28.4	70.0	43.7	11.1	85.0	37.2	19.7	33.8	25.7	9.2	390.9

1－15 主要城市日照时数(1996年)

MONTHLY SUNSHINE HOURS IN MAJOR CITIES (1996)

单位：小时 (Hours)

城市	City	1月 Jan.	2月 Feb.	3月 Mar.	4月 Apr.	5月 May	6月 June	7月 July	8月 Aug.	9月 Sept.	10月 Oct.	11月 Nov.	12月 Dec.	全年 Annual Total
北京	Beijing	206.6	241.4	229.7	263.3	297.5	214.2	147.2	118.3	188.4	171.9	166.3	173.9	2418.7
天津	Tianjin	173.1	212.6	221.6	226.7	277.2	208.2	143.4	144.8	207.6	185.9	166.6	165.8	2333.5
石家庄	Shijiazhuang	96.8	231.9	209.3	216.5	281.8	249.0	146.8	104.5	200.2	143.5	151.2	159.0	2190.5
太原	Taiyuan	152.2	195.4	165.4	198.8	257.3	187.6	147.3	173.6	197.3	199.2	143.9	193.3	2211.3
呼和浩特	Hohhot	150.5	229.8	246.0	269.6	303.3	281.9	241.9	198.3	256.4	226.4	197.6	165.2	2766.9
沈阳	Shenyang	184.9	205.2	197.7	213.6	203.5	218.3	154.7	208.7	218.7	208.7	179.1	166.7	2359.8
大连	Dalian	194.2	235.5	218.2	258.1	295.7	211.2	161.1	209.5	269.2	225.7	189.5	179.4	2647.3
长春	Changchun	201.6	225.4	237.9	228.6	229.3	267.7	164.6	220.3	245.8	207.8	172.8	173.5	2575.3
哈尔滨	Harbin	199.1	220.8	212.7	192.9	264.7	262.4	223.3	243.3	237.0	208.4	149.6	140.5	2554.7
上海	Shanghai	116.7	138.0	98.6	198.6	185.3	92.3	187.1	228.2	224.3	131.4	90.1	163.4	1854.0
南京	Nanjing	134.6	152.5	94.7	196.4	156.3	126.2	159.4	205.6	164.2	154.7	106.2	187.4	1838.2
杭州	Hangzhou	104.8	119.4	97.8	155.9	159.4	102.3	186.3	206.4	175.0	143.3	83.4	167.8	1701.8
合肥	Hefei	123.8	141.9	86.0	194.3	160.0	142.6	144.1	175.9	174.7	143.7	100.0	182.3	1769.3
福州	Fuzhou	79.9	109.2	85.9	130.7	83.4	154.3	186.2	160.6	119.9	150.0	67.1	167.7	1494.9
南昌	Nanchang	79.6	115.9	80.9	109.2	115.4	144.0	174.1	199.2	191.8	200.8	93.4	165.0	1669.3
济南	Jinan	145.4	205.0	178.8	194.6	284.9	207.0	138.8	167.5	213.0	170.2	138.0	179.8	2223.0
青岛	Qingdao	147.8	206.9	170.7	199.2	277.4	147.1	116.1	203.6	204.5	180.9	147.8	180.8	2182.8
郑州	Zhengzhou	107.6	183.6	123.4	153.9	208.5	186.2	135.3	147.2	133.4	163.1	98.5	183.1	1823.8
武汉	Wuhan	93.5	136.1	83.0	160.6	163.4	152.5	174.3	225.3	167.1	158.1	72.1	166.3	1752.3
长沙	Changsha	49.1	94.3	72.4	89.8	108.4	114.6	152.9	181.3	173.1	165.7	45.5	131.0	1378.1
广州	Guangzhou	78.1	84.6	72.5	57.8	83.6	168.5	199.3	141.0	140.0	213.6	167.3	158.4	1564.7
南宁	Nanning	45.2	102.8	78.0	47.9	113.5	157.2	129.9	144.0	145.8	197.0	142.0	94.9	1398.2
海口	Haikou	115.3	94.0	189.8	111.8	193.4	241.6	255.7	209.5	128.1	141.2	105.5	95.3	1881.2
桂林	Guilin	44.3	91.6	79.8	66.7	101.4	134.6	164.1	194.7	217.8	213.8	115.8	128.2	1552.8
成都	Chengdu	20.7	56.3	66.6	91.4	58.6	140.9	101.0	196.5	62.4	39.0	37.6	57.2	928.2
重庆	Chongqing	12.6	50.5	58.0	69.8	28.4	109.5	139.4	258.0	113.7	48.5	3.9	7.1	899.4
贵阳	Guiyang	30.6	69.2	90.6	56.0	79.7	109.7	123.5	181.1	157.9	71.8	5.8	23.2	999.1
昆明	Kunming	258.3	211.8	249.9	249.8	218.7	123.8	69.5	175.2	136.8	144.9	145.9	172.0	2156.6
拉萨	Lhasa	246.8	227.8	227.7	277.0	280.4	244.0	218.0	243.2	222.0	270.5	283.0	278.2	3018.6
西安	Xi'an	84.6	121.8	98.6	97.5	133.2	176.2	166.6	177.5	120.0	106.8	81.1	83.9	1447.8
兰州	Lanzhou	158.3	185.4	191.2	178.1	241.8	232.7	221.8	234.4	235.7	204.4	115.9	141.0	2340.7
西宁	Xining	203.2	216.2	213.4	195.0	231.8	228.7	202.0	221.5	237.4	200.4	179.1	230.7	2559.4
银川	Yinchuan	207.4	220.8	221.1	236.2	278.4	270.4	266.6	228.1	264.1	248.9	183.7	216.7	2842.4
乌鲁木齐	Urumqi	45.4	106.3	159.3	191.2	291.1	280.5	251.4	289.9	275.6	182.2	92.3	73.8	2239.0

主要统计指标解释

森林面积 指生长着乔木和竹林，郁闭度在0.3以上（不包括0.3）的林地面积，即有林地面积。它是反映森林资源总面积的重要指标。森林面积包括天然林面积和人工林面积。但不包括灌木林地和疏林地面积。

森林覆盖率 通常是指森林面积占土地总面积之比，一般用百分数表示。但国家规定在计算森林覆盖率时，森林面积还包括灌木林面积、农田林网树占地面积以及四旁树木的覆盖面积。森林覆盖率，是反映一个国家或地区森林资源和绿化水平的重要指标。计算公式：

$$森林覆盖率（\%）=\frac{森林面积}{土地总面积}\times 100\%$$

本《年鉴》内所列森林覆盖率是按有林地面积计算的。

活立木总蓄积量 指全部土地上树木蓄积的总量。包括森林蓄积、疏林蓄积、散生木蓄积和四旁树蓄积。

森林蓄积量 指森林面积上生长着的林木树干材积总量。它是反映一个国家或地区森林资源总规模和水平的重要指标。

草地面积 指牧区和农区用于放牧牲畜或割草，植被盖度在5%以上的草原、草坡、草山等面积。包括天然的和人工种植或改良的草地面积。

内陆水域总面积 指江、河、池塘、湖泊、塘堰、水库等各种流水或蓄水的水面占地面积。

矿产保有储量 指探明的矿产储量（包括工业储量和远景储量）扣除已开采部分和地下损失量后的年末实有储量。它反映国家矿产资源的现状。

Explanatory Notes on Main Statistical Indicators

Forest Area refers to the area of forest land where trees and bamboo grow with canopy density above 0.3, including land of natural woods and planted woods, but excluding bush land and thin forest land. It reflects the total ares of afforestation.

Forest Coverage-rate refers to the ratio of area of afforested land to total area of land (measured in percentage). According to regulations of the government, calculating forest coverage-rate, in addition to afforested land, the area of bush forest, the area of forest land inside farm land and the area of trees planted by the side of farm houses and along the roads, rivers and fields should be included in the area of afforested land in the calculation of the forest coverage – rate. This indicator shows the forest resources and afforestation progress of a country or a region. The formula for calculating foresy coverage-rate is as follows:

$$\text{Forestry Coverage-rate (\%)} = \frac{\text{Area of Afforested Land}}{\text{Area of Total Land}} \times 100\%$$

Total Standing Stock Volume refers to the total stock volume of trees growing in land, including trees in forest, tress in sparse forest, scattered trees and trees planted by the side of farm houses and along the roads, rivers and fields.

Stock Volume of Forest refers to total stock volume of wood growing in forest area, which shows the total size and level of forest resources of a country or a region.

Grass Land refers to prairies, grasslands on the slopes, and grass-mountains in pastoral and agricultural areas used for herding and grass growing with vegetation coverage above 5%, including natural, planted or improved grasslands.

Inland Water Area refers to water area of rivers, lakes, ponds, reservoir, etc.

Ensured Mineral Reserves refer to the actual mineral reserves, which equal to the proven mineral reserves (including industrial reserves and prospective reserves) minus extracted parts and underground losses. This indicator shows the current condition of the mineral resources of a country.

Explanatory Notes on Main Statistical Indicators

二 综合

GENERAL SURVEY

简要说明

一、本篇包括国民经济综合资料、国民经济核算资料和民族自治地方社会经济发展情况等内容。

二、国民经济综合资料中的“各部门机构数”，除地质勘探机构数由地质矿产部地质勘察计划管理司提供、运输机构数由铁道部、交通部和民航管理局提供的以外，均来自本年鉴各篇；国民 经济总量、速度、结构、比例和效益指标的数据也均来自本年鉴各篇。

三、国民经济核算资料主要包括国内生产总值及投入产出表两部分。

国内生产总值及其产业构成的资料，是由国家统计局国民经济核算司根据不同产业部门的特点和资料来源情况而采用不同的方法计算的，有的部门以生产法计算的增加值为准，有的 部门以收入法计算的增加值为准，最后将各产业部门增加值求和得到国内生产总值，这一结果是国内生产总值的标准数据。按支出法计算的国内生产总值等于最终消费、资本形成总额、货物和服务净出口之和，它与按上述方法计算的国内生产总值不相等，两者的差率称为统计误差。为了避免在应用时产生混乱，国家统计局国民经济核算司对生产法、收入法和支出法国内生产总值及增长指数的名称作了如下规定：按生产法和按收入法计算的国内生产总值简称为国内生产总值；按生产法和按收入法计算的国内生产总值的增长指数简称为国内生产总值增长指数；按支出法计算的国内生产总值增长指数称为支出法国内生产总值。国民生产总值是在上述国内生产总值标准数据的基础上加上来自国外的净要素收入求得。

本统计年鉴公布的国民经济核算资料，最后一年数据不是最终数，还会发生变动；如果遇到普查年，在能够获得更为详细的基础资料的情况下，国内生产总值的历史数据也会发生变动。1995 年，根据第一次全国第三产业普查结果，对国内生产总值的历史数据做了调整，年鉴中的数据是调整以后的数据。表中所列分地区的数据来自各省、自治区、直辖市统计局的国民经济核算资料，各地区数据相加不等于全国总计。

本篇所列中国 1992 年投入产出表是由国家统计局国民经济核算司编制的，其原表的规模为 119 部门 × 119 部门（已公开出版发行），这里只是它的缩编表（6 部门 × 6 部门）。本表所列的部门是指产品部门，即具有某种相同属性的产品集合，它与我国现行统计中所规定的按法人单位和产业活动单位划分的部门在划分对象上是不相同的。

本表是由国家统计局正式编制的第三张全国投入产出表，前两张表分别是 1987 年表和 1990 年。由于资料来源 的不同和核算方法上的变化，本表与前两张表在口径范围上主要有以下差异：

1. 增加值构成指标不同。本表增加值部分（最初投入）的指标是根据我国新国民经济核算体系的要求加以设置的，它是由固定资产折旧、劳动者报酬、生产税净额和营业盈余四项所组成；而 1987 年表和 1990 年表的增加值部分则是由固定资产折旧、劳动者收入、福利基金、利润和税金以及其他等五项所组成。两者在总量上是可比的，但在分项指标上则不完全可比。

2. 本表中第三产业各部门的总量数据是取自我国 1992 年第三产业普查资料，因此在统计范围和口径上大于前两张表中的相应部分。

本表所依据的数据来源主要来自全国 1992 年投入产出专项调查，它是为编制中国 1992 年投入产出表而专门进行的一项专项调查。

本表是按生产者价格编制的。生产者价格 = 购买者价格 - 流通费（即商业附加费和运输费）。表中的进口是采用到岸价格加关税计算的，出口是采用国内生产者价格，而不是直接采用离岸价格，它是在按离岸价格计算的基础上，采用出口核算系数，经过换算而得出的。

四、民族自治地方及少数民族统计资料由两部分组成：

一是以地域为主体进行的统计调查。根据国家民委和国家统计局联合布置的民族自治地方国民经济和社会发展主要指标综合报表制度，由有民族自治地方的19省、自治区民委和统计局组织实施。统计范围是民族自治区、自治州、自治县辖区内的全部单位，全国汇总时不进行重复计算。另外，全国民族自治地方卫生情况，由卫生部统计信息中心统计处提供。民族自治地方行政区划资料是根据民政部编辑的《年度行政区划简册》汇总整理的。

二是以民族成分为主体进行的统计调查。主要反映少数民族社会发展情况，其中全国少数民族教职员工、学生数据，由国家教委统计处提供；全国少数民族优秀运动员、教练员数据，是由国家体委统计处提供；全国少数民族文字出版物数据，由国家新闻出版署统计处提供。

BRIEF INTRODUCTION

I. This chapter covers the summary data on the national economy, the data on the national economic accounts and the data on the social and economic development of the minority national autonomous areas, etc.

II. In the summary data on the national economy, the data on "the number of grassroots units in various sectors" are extracted from the concerned data in other chapters in this yearbook with the exception that the number of geological survey and prospecting teams is provided by the Department of Geological Exploration and Planning, Ministry of Geology and Mineral Resources; the number of transport grassroots units are provided by the Ministry of Railways, Ministry of Communication and the Civil Aviation Administration of China.

III. The data on the national economic accounting cover mainly the gross domestic product (GDP) and the input-output table.

The data on GDP and its industrial composition are calculated by the Department of National Economic Accounting, State Statistical Bureau (SSB) with various approaches in the light of the features of various sectors and the data sources. The value added in some sectors is calculated with the production approach. The value added in other sectors is calculated with the income approach. Finally, the GDP is the result of the sum of the value added of various sectors. This is the standard data of GDP. The GDP calculated with the expenditure approach equals to the sum of final consumption, total capital formation and the net export of goods and services. However, the GDP data obtained with expenditure approach is not equal to the standard data of GDP calculated with the method mentioned above. The difference between the two figures is called statistical discrepancy. To avoid confusion in use the concerned indicators, the following names of the indicators are stipulated by the Department of National Economic Accounting, SSB: (1) The GDP calculated with the production approach and the income approach is simply called GDP; (2) The index of GDP calculated with the production approach and the income approach is simply called the index of GDP; (3) The index of GDP calculated with the expenditure approach is called the index of GDP calculated with the expenditure approach. The gross national product can be calculated as the sum of the standard data of GDP and the net factor income from abroad.

The data on the national accounts of the latest year published in this statistical yearbook are not final and subject to changes. When the year happens to be a census year, the data of GDP of the past years may also be revised. In 1995, the GDP figures of the past years were adjusted in accordance with the result of the first tertiary industry census. The data published in this yearbook are the adjusted data. The regional data in the table are prepared according to the data of national accounts provided by the statistical bureaus of the provinces, autonomous regions and municipalities directly under the central government. The sum of the regional data is not equal to the national total.

China's 1992 input-output table published in this chapter is compiled by the Department of National Economic Accounting, SSB. It is an abridged table. The original table is a much bigger one with 119 sectors × 119 sectors, which has been published. This abridged table has the size of 6 sectors × 6 sectors. The sector listed in the table refers to the sector of products, namely the group of the products of the same attribute. It is different from the sector classified in the existing statistics in China on the basis of the corporate unit and the unit of industrial activity. The unit for classification is quite different in the two classifications.

This table is the third national input-output table compiled by the State Statistical Bureau. The former two tables are the 1987 table and the 1990 table. Owing to the different data sources and the changes in accounting methods, this table is different from the former two tables mainly in coverage and methodology as follows:

(1) Difference in the items as the components of the value added. The items related to the value added (primary input) in this table are designed to meet the requirements of the new national economic accounting system. The value added is composed of four items, namely the depreciation of fixed assets, labourers' remuneration, net production taxes and the operating surplus. The value added in the 1987 table or 1990 table was composed of 5 items, namely the depreciation of fixed assets, labourers' income, welfare fund, profits and taxes, and others. The value added in the three tables are com-

parable in aggregates but not entirely comparable in breakdowns.

(2) The aggregative data on the various sectors of the tertiary industry in this table come from the data of the tertiary industry census undertaken in 1992. Therefore they are greater than the corresponding data in the former two tables in coverage.

The data sources in this table are mainly the data collected by the national special survey on input – output in 1992, a special survey conducted to meet the requirements for compiling the 1992 input – output table.

The value in this table is calculated at producers' prices. Producers' prices = purchasers' prices – circulating expenses (i. e. commercial extra charges plus expenses for transport). The imports in the table are calculated at C. I. F. (cost, insurance and freight) plus tariff. The exports are calculated at the domestic producers' prices, not directly at FOB (free on board). It is a result of conversion, using the export conversion coefficient, based on the calculation at FOB.

IV. The data on the minority nationality autonomous areas and the minority nationalities are composed of two parts:

(1) The data collected from the surveys mainly on the areas. A statistical reporting scheme on the economic and social development in the minority nationality autonomous areas has been assigned jointly by the State Ethnic Affairs Commission and the State Statistical Bureau and implemented by the ethnic affairs commissions and the statistical bureaus of 19 provinces and autonomous regions. The statistical coverage includes all the units under the jurisdiction of the minority nationality autonomous regions, autonomous prefectures and autonomous counties. There is no duplicated computation in the national tabulation. In addition, the data on the public health of the minority nationality autonomous areas are provided by the Statistical Information Center, Ministry of Public Health. The data on the divisions of administrative areas of the minority nationality autonomous areas are tabulated and prepared in accordance with the "Annual Concise Edition of the Divisions of Administrative Areas" edited by the Ministry of Civil Affairs.

(2) The data collected from the surveys mainly on the minority nationalities. They chiefly show the social development of the minority nationalities. Among them, the data on the students and teaching staff of the minority nationalities are provided by the Statistical Division, State Educational Commission; the data on the excellent athletes and coaches are provided by the Statistical Division, State Sports Commission; the data on the publications of the minority nationality languages are provided by the Statistical Division, Press and Publication Administration.

2-1 各部门机构数
GRASSROOTS UNITS IN VARIOUS SECTORS

部门 Sector		机构数 Grassroots Units 1995	1996	1996年比上年增长% Increase Rate in 1996 over 1995
农村基层单位	**Rural Grassroots Units**			
基层组织 (万个)	Basic Units (10 000 units)			
乡政府	Township Governments	2.98	2.75	−7.7
镇政府	Town Governments	1.73	1.80	4.0
村民委员会	Village Committees	74.02	74.01	
乡村户数	Numbers of Rural Households	23282	23438	0.7
国营农场	**State−Owned Farms**	**0.21**	**0.21**	
乡镇企业 (万个)	Township Enterprises (10 000 units)	2202.7	2336.3	6.1
工业企业 (万个)	**Industrial Enterprises (10 000 units)**	**734.15**	**798.65**	**8.8**
乡及乡以上工业	Enterprises at Township and Higher Levers	59.21	57.88	−2.2
国有工业	State−owned	11.80	11.38	−3.6
集体工业	Collective Owned	147.50	159.18	7.9
城乡个体工业	Urban and Rural Private	568.82	621.07	9.2
其他工业	Others	6.03	7.02	16.4
建筑业企业 (个)	**Construction Enterprises and Units (unit)**	**96935**	**108555**	**12.0**
国有企业	Construction Enterprises	7531	9109	21.0
城镇集体企业	Affiliated Construction Units	15348	29044	89.2
农村建筑队	Rural Construction Teams	71017	67191	−5.4
地质勘探 (个)	**Geological Survey and Prospecting (unit)**			
地勘单位	Geological Survey Teams	1007	965	−4.2
固体矿产地质普查勘查单位	Mineral Prospecting Teams	572	579	1.2
区域地质调查单位	Regional Geological Survey Teams	36	40	11.1
石油地质调查单位	Petroleum Geological Survey Teams	74	38	−48.6
海洋地质调查单位	Ocean Geological Survey Teams	7	2	−71.4
水文、工程环境地质勘查单位	Hydrological and Engineering Geological Survey Teams	163	134	−17.8
地球物理、化学勘查单位	Geophysical−Chemical Prospecting Teams	85	83	−2.4
地质工程技术服务单位	Exernal Geological Teams	70	89	27.1
运输邮电业 (个)	**Establishments Transportation, Postal and Telecommunications Services (unit)**	**72343**	**83097**	**14.9**
铁路	Railways	91	89	−2.2
公路	Highways	8202	8344	1.7
水运	Waterways	1566	1563	−0.2
港口	Ports	383	396	3.4
民航	Civil Aviation	163	167	2.5
管道	Pipelines	40	42	5.0
邮电局所	Post and Telecommunications Offices	61898	72496	17.1

续表 1 continued

部门	Sector	机构数 Grassroots Units 1995	1996	1996年比上年增长% Increase Rate in 1996 over 1995
批发、零售贸易业(万个)	**Establishments of Wholesale and Retail Sale Trades** (10 000 units)	**1496.2**	**1598.9**	**6.9**
卫生 (个)	**Health Care (unit)**	**190057**	**188803**	**-0.7**
#医院	Hospitals	67807	67964	0.2
疗养院	Sanatoriums	582	528	-9.3
门诊部、所	Clinics	104406	103472	-0.9
专科防治所、站	Specialized Prevention & Treatment Stations	1895	1887	-0.4
卫生防疫站	Sanitatin and antiepidemic Stations	3629	4000	10.2
妇幼保健所、站	Maternity and Childcare Centers	2832	2764	-2.4
社会福利 (个)	**Social Welfare Establishments (unit)**			
社会福利事业单位	Social Welfare Institutions	43074	42817	-0.6
#优抚休、疗养院	Convalescent Homes and Sanatoriums	918	910	-0.9
福利院	Social Welfare Homes	18450	18177	-1.5
光荣院	Homes for Disabled Veterans	505	500	-1.0
敬老院	Nursing Homes	23201	21953	-5.4
社会福利企业单位 (个)	Social Welfare Enterprises	60237	69397	15.2
教育事业	**Education**			
普通高等学校 (所)	Regular Institutions of Higher Education	1054	1032	-2.1
中等学校 (万所)	Secondary Schools (10 000 units)	9.52	9.41	-1.2
#普通中学	Regular Secondary Schools	8.1	8.0	-1.2
小学 (万所)	Primary Schools (10 000 units)	66.9	64.6	-3.4
幼儿园 (万所)	Kindergartens (10 000 units)	18.04	18.73	3.8
艺术事业 (个)	**Art Institutions (unit)**	**4656**	**4598**	**-1.2**
艺术表演团体	Art Performance Troupes	2684	2664	-0.7
话剧、儿童剧、滑稽剧团	Drama, Children's Plays and Comedy Troupes	89	92	3.4
歌剧、舞剧、歌舞剧团	Opera Troupes, Ballet and Song and Dance Drama Ensembles	45	61	35.6
文工团、文宣团、乌兰牧骑	Cultural and Performance Troupes and Ulanmuchi (Equestrian art) Troupes	426	415	-2.6
戏曲剧团	Traditional Opera Troupes	1634	1587	-2.9
曲艺、杂技、木偶、皮影团	Chinese Folk Art, Acrobatic, Puppet Show and Shadow Play Troupes	209	209	
艺术表演场所	Art Show Centers	1972	1934	-1.9
#剧场、影剧院	Theaters	1932	1898	-1.8
艺术创作机构	Art Creation Institutions	411	398	-3.2
艺术研究机构	Art Research Institutions	177	143	-19.2
艺术展览机构	Art Exhibition Institutions	31	35	12.9
演出公司	Performance Companies	223	236	5.8

续表 2 continued

部门 Sector		机构数 Grassroots Units 1995	1996	1996年比上年增长% Increase Rate in 1996 over 1995
图书馆 (个)	**Libraries (unit)**	**2615**	**2631**	**0.6**
群众文化事业 (个)	**Mass Cultural Establishments (unit)**	**48297**	**45253**	**−6.3**
群众艺术馆	Mass Art Centers	373	392	5.1
文化馆	Cultural Centers	2886	2892	0.2
文化站	Cultural Stations	45038	41969	−6.8
#乡镇文化站	Township Cultural Centers	41633	39121	−6.0
出版、发行事业 (个)	**Publishing and Distribution Establishments** (unit)	**13279**	**14149**	**6.6**
出版社	Publishing Houses	527	528	0.2
书刊印刷厂	Printing Houses	353	365	3.4
书店	Book Stores	12399	13256	6.9
文物事业 (个)	**Cultural Relic Establishments (unit)**	**3242**	**3317**	**2.3**
博物馆	Museums	1194	1219	2.1
文物机构	Cultural Relic Agencies	1941	1984	2.2
文物商店	Cultural Relic Shops	107	114	6.5
广播电视 (座)	**Broadcasting and Television Stations** (unit)			
广播电台	Radio Stations	1202	1244	3.5
电视台	Television Stations	837	880	5.1
县、市有线广播站	Rediffusion Stations in Counties and Cities	2592	2106	−18.8
科学研究(县以上国有单位) (个)	**Scientific Research Institutions (state−owned units at and above county level)** (unit)	**5841**	**5826**	**−0.3**
自然科学和技术领域	Natural Sciences and Technology	5111	5101	−0.2
社会、人文科学领域	Social Sciences and the Humanities	310	305	−1.6
科学技术情报和文献机构	Scientific and Technical Information and Literature Institutions	420	420	
金融、保险业 (个)	**Banking and Insurance Establishments (unit)**	**165650**	**168101**	**1.5**
#总行(公司、下同)	Head Offices	8	12	50.0
省级分行	Branches at Provincial Level	207	264	27.5
计划单列城市分行	Branches in Separate Planning Cities	86	109	26.7
地(市)分支行	Branches at Prefectural Level	1968	2308	17.3
县支行、办事处	Sub−branches at County Level	12193	15012	23.1
城市(郊、区)办事处	(Suburb/District) Sub−branches in cities	9715	10141	4.4
储蓄所	Savings Banks	80613	78372	−2.8

2-2 国民经济和社会发展总量与速度指标

指标		Item		1980
人口与就业		Population and Employment		
人口	**(万人)**	**Population**	**(10 000 persons)**	
年底总人口		Year-end Population		98705
市镇人口		Urban		19140
乡村人口		Rural		79565
男性人口		Male		50785
女性人口		Female		47920
就业	**(万人)**	**Employment**	**(10 000 persons)**	
从业人员数		Employment		42361
#职工人数		Staff and Workers		10444
城镇失业人数		Unemployed in Urban Areas		541.5
宏观经济		**Macroeconomic Indicator**		
国民核算	**(亿元)**	**National Accounting**	**(100 million yuan)**	
国民生产总值		Gross National Product		4518
国内生产总值		Gross Domestic Product		4518
第一产业		Primary Industry		1359
第二产业		Secondary Industry		2192
第三产业		Tertiary Industry		966
支出法国内生产总值		Gross Domestic Expenditures		4551
#最终消费		Total Consumption		2976
居民消费		Resident Consumption		2317
政府消费		Public Consumption		659
资本形成总额		Total Investment		1590
固定资本形成		Fixed Assets		1318
存货增加		Stock		272
固定资产投资	**(亿元)**	**Investment in Fixed Assets**	**(100 million yuan)**	
全社会固定资产投资总额		Total Investment in Fixed Assets		910.9
#国有单位		State-Owned Units		745.9
集体单位		Collective-Owned Units		46.0
个体经济		Individuals		119.0
财政	**(亿元)**	**Public Finance**	**(100 million yuan)**	
国家财政收入		Government Revenue		1159.9
中央		Central Government		284.5
地方		Local Governments		875.5
国家财政支出		Government Expenditures		1228.8
中央		Central Government		666.8
地方		Local Governments		562.0
物价总指数	**(上年=100)**	**Price Indices**	**(preceding year=100)**	
商品零售价格总指数		General Retail Price Index		106.0
居民消费价格总指数		General Consumer Price Index		
农产品收购价格总指数		General Farm and Sideline Products Purchasing Price Index		107.1
利用外资	(亿美元)	Utilization of Foreign Capital	(USD100 000 000)	
签订利用外资协议额		Amount of Foreign Capital for Utilization Through Signed Contracts or Agreements		
实际利用外资额		Amount of Foreign Capital Actually Utilized		
能源生产与消费	**(万吨标准煤)**	**Production and Comsumption of Energy**	**(10 000 tons of SCE)**	
能源生产总量		Total Energy Porduction		63735
能源消费总量		Total Energy Consumption		60275
产业		**Industry**		

PRINCIPAL AGGREGATE INDICATORS ON NATIONAL ECONNOMIC AND SOCIAL DEVELOPMENT AND THEIR RELATED INDICIES AND GROWTH RATES

总量指标 Aggregate Data				速度指标(%) Indices and Growth Rates						
				指数 Index (1996比以下各年) (1996 as percentage of the following years)				平均增长速度 Average Annual Growth Rate		
1985	1990	1995	1996	1980	1985	1990	1995	1981－1996	1986－1996	1991－1996
105851	114333	121121	122389	124.0	115.6	107.0	101.0	1.4	1.3	1.1
25094	30191	35174	35950	187.8	143.3	119.1	102.2	4.0	3.3	3.0
80757	84142	85947	86439	108.6	107.0	102.7	100.6	0.5	0.6	0.4
54725	58904	61808	62200	122.5	113.7	105.6	100.6	1.3	1.2	0.9
51126	55429	59313	60189	125.6	117.7	108.6	101.5	1.4	1.5	1.4
49873	63909	67947	68850	162.5	138.1	107.7	101.3	3.1	3.0	1.2
12358	14059	14908	14845	142.1	120.1	105.6	99.6	2.2	1.7	0.9
238.5	383.2	519.6	552.8	102.1	231.8	144.3	106.4	0.1	7.9	6.3
8989	18598	57495	67560	462.5	277.3	189.6	109.7	10.0	9.7	11.2
8964	18548	58478	68594	469.1	282.1	193.2	109.6	10.1	9.9	11.6
2542	5017	11993	13884	234.8	158.0	128.7	105.1	5.5	4.2	4.3
3867	7717	28538	33613	618.1	383.9	249.8	112.1	12.1	13.0	16.5
2556	5814	17947	21097	550.7	271.2	173.3	107.8	11.3	9.5	9.6
8792	18320	59405	68498							
5773	11365	34529	40172							
4589	9113	27839	32589							
1184	2252	6691	7583							
3386	6444	23877	26867							
2641	4732	20301	23336							
745	1712	3577	3531							
2543.2	4517.0	20019.3	22974.0	2522.1	903.4	508.6	114.8	21.9	21.4	34.6
1680.5	2986.3	10898.2	12056.2	1616.3	717.4	403.7	110.6	18.6	19.6	30.1
327.5	529.5	3289.4	3660.6	7957.8	1117.7	691.3	111.3	33.1	24.5	44.8
535.2	1001.2	2560.2	3211.2	2698.5	600.0	320.7	125.4	23.5	16.2	19.2
2004.8	2937.1	6242.2	7408.0	638.7	369.5	252.2	118.7	12.3	12.6	16.7
769.6	992.4	3256.6	3661.1	1286.9	475.7	368.9	112.4	17.3	15.2	24.3
1235.2	1944.7	2985.6	3746.9	428.0	303.3	192.7	125.5	9.5	10.6	11.6
2004.3	3083.6	6823.7	7937.6	646.0	396.0	257.4	116.3	12.4	13.3	17.1
795.3	1004.5	1995.4	2151.3	322.6	270.5	214.2	107.8	7.6	9.5	13.5
1209.0	2079.1	4828.3	5786.3	1029.6	478.6	278.3	119.8	15.7	15.3	18.6
108.8	102.1	114.8	106.1	349.5	294.9	181.9	106.1	8.1	10.3	10.5
109.3	103.1	117.1	108.3		327.9	198.5	108.3		11.4	12.1
108.6	97.4	119.9	104.2	420.6	329.8	200.8	104.2	9.4	11.5	12.3
98.7	120.9	1032.1	816.1		826.8	675.0	79.1		21.2	37.5
46.5	102.9	481.3	548.0		1178.5	532.6	113.9		25.1	32.1
85546	103922	129034	131557	206.4	153.8	126.6	102.0	4.6	4.0	4.0
76682	98703	131176	138811	230.3	181.0	140.6	105.8	5.4	5.5	5.8

续表 1 continued

指标		Item		1980
农业		**Agriculture**		
耕地面积	(千公顷)	Cultivated Areas	(1 000 hectares)	99305
农林牧渔业劳动力	(万人)	Number of Persons Engaged in Farming, Forestry, Animal Husbandry and Fishery	(10 000 persons)	29808
农林牧渔业总产值	(亿元)	Gross Output Value of Farming Foresty, Animal Husbandry and Fishery	(100 million yuan)	1922.6
主要农产品产量	(万吨)	Output of Major Farm Products	(10 000 tons)	
粮　食		Grain		32056
棉　花		Cotton		270.7
油　料		Oil－Bearing Crops		769.1
甘　蔗		Sugar Cane		2280.7
甜　菜		Beet Roots		630.5
茶　叶		Tea		30.4
水　果		Fruits		679.3
肉　类		Meat		
水产品		Aquatic Products		449.7
工业		**Industriy**		
工业总产值	(亿元)	Gross industrial Output Value	(100 million yuan)	5154.3
主要工业产品产量		Output of Major Indstrial Products		
布	(亿米)	Cloth	(100 million m)	134.7
机制纸及纸板	(万吨)	Machine－Made Paper and Paperboards	(10 000 tons)	535
糖	(万吨)	Sugar	(10 000 tons)	257
家用电冰箱	(万台)	Household Refrigerators	(10 000 units)	5
电视机	(万台)	Television Sets	(10 000 units)	249
#彩色电视机		Color Television Sets		3
家用洗衣机	(万台)	Household Washing Machines	(10 000 units)	25
录音机	(万台)	Recorders	(10 000 units)	74
照相机	(万架)	Cameras	(10 000 units)	37
原　煤	(亿吨)	Coal	(100 million tons)	6.2
原　油	(万吨)	Crude Oil	(10 000 tons)	10595
发电量	(亿千瓦小时)	Electricity	(100 million kwh)	3006
钢	(万吨)	Steel	(10 000 tons)	3712
成品钢材	(万吨)	Steel Products	(10 000 tons)	2716
水　泥	(万吨)	Cement	(10 000 tons)	7986
独立核算工业企业财务指标		Principal Financial Item of Industrial Enterprises with Independent Accounting System		
年底固定资产原价	(亿元)	Original Value of Fixed Assets (year－end)	(100 million yuan)	4154
年底固定资产净值	(亿元)	Net Value of Fixed Assets (year－end)	(100 million yuan)	2843
利润和税金总额	(亿元)	Pre－Tax Profits	(100 million yuan)	1065
建筑业		**Construction**		
建筑业企业人数	(万人)	Number of Employed Persons	(10 000 persons)	983
建筑业总产值	(亿元)	Gross Output Value	(100 million yuan)	347
施工房屋面积	(万平方米)	Floor Space of Buildings Under Construction	(10 000 sq.m)	
竣工房屋面积	(万平方米)	Floor Space of Buildings Completed	(10 000 sq.m)	
交通运输		**Transportation**		
货运量	(万吨)	Freight Traffic	(10 000 tons)	546537
铁　路		Railways		111279
公　路		Highways		382048
水　运		Waterways		42676
管　道		Pipelines		10525
空　运		Civil Aviation		9
客运量	(万人)	Passenger Traffic	(10 000 persons)	341785
铁　路		Railways		92204

续表 2 continued

总量指标 Aggregate Data				速度指标(%) Indices and Growth Rates						
				指数 Index (1996比以下各年) (1996 as percentage of the following years)				平均增长速度 Average Annual Growth Rate		
1985	1990	1995	1996	1980	1985	1990	1995	1981－1996	1986－1996	1991－1996
96846	95673	94971								
30352	33336	32335	32260	108.2	106.3	96.8	99.8	0.5	0.6	
3619.5	7662.1	20340.9	23428.7	292.9	197.6	156.7	109.4	6.9	6.4	7.8
37911	44624	46662	50454	157.4	133.1	113.1	108.1	2.9	2.6	2.1
414.7	450.8	476.8	420.3	155.3	101.4	93.2	88.2	2.8	0.1	
1578.4	1613.2	2250.3	2210.6	287.4	140.1	137.0	98.2	6.8	3.1	5.4
5154.9	5762.0	6541.7	6687.6	293.2	129.7	116.1	102.2	7.0	2.4	2.5
891.9	1452.5	1398.4	1672.6	265.3	187.5	115.2	119.6	6.3	5.9	2.4
43.2	54.0	58.9	59.3	195.1	137.3	109.8	100.7	4.3	2.9	1.6
1163.9	1874.4	4214.6	4652.8	684.9	399.8	248.2	110.4	12.8	13.4	16.4
1926.5	2857.0	5260.1	5915.1		307.0	207.0	112.5		10.7	12.9
705.2	1237.0	2517.2	2813.0	625.5	398.9	227.4	111.8	12.1	13.4	14.7
9716.5	23924.4	91893.8	99595.3	1040.0	589.3	317.4	116.6	15.8	17.5	21.2
146.7	188.8	260.2	209.1	155.2	142.5	110.8	80.4	2.8	3.3	1.7
911	1372	2812	2638	493.1	289.6	192.3	93.8	10.5	10.1	11.5
451	582	559	640	249.0	141.9	110.0	114.5	5.9	3.2	1.6
145	463	919	980	19600.0	675.9	211.7	106.6	39.1	19.0	13.3
1668	2685	3496	3542	1422.5	212.4	131.9	101.3	18.0	7.1	4.7
435	1033	2058	2538	84600.0	583.4	245.7	123.3	52.4	17.4	16.2
887	663	948	1075	4300.0	121.2	162.1	113.4	26.5	1.8	8.4
1393	3024	8581	8633	11666.2	619.7	285.5	100.6	34.6	18.0	19.1
179	213	3326	4121	11137.8	2302.2	1934.7	123.9	34.3	33.0	63.8
8.7	10.8	13.6	14.0	225.8	160.9	129.6	102.9	5.2	4.4	4.4
12490	13831	15005	15733	148.5	126.0	113.8	104.9	2.5	2.1	2.2
4107	6212	10070	10813	359.7	263.3	174.1	107.4	8.3	9.2	9.7
4679	6635	9536	10124	272.7	216.4	152.6	106.2	6.5	7.3	7.3
3693	5153	8980	9338	343.8	252.9	181.2	104.0	8.0	8.8	10.4
14595	20971	47561	49119	615.1	336.5	234.2	103.3	12.0	11.7	15.2
6926	14390	44989	52027	1252.5	751.2	361.5	115.6	17.1	20.1	23.9
4725	10139	32287	34493	1213.3	730.0	340.2	106.8	16.9	19.8	22.6
1657	1946	5050	5147	483.3	310.6	264.5	101.9	10.3	10.9	17.6
1701	1717	2512	2992	304.4	175.9	174.3	119.1	7.2	5.3	9.7
985	1948	9505	11579	403.2	314.0	193.7	105.1	9.1	11.0	11.6
35492	37923	89863	129087		363.7	340.4	143.6		12.5	22.6
17073	19553	35666	60048		351.7	307.1	168.4		12.1	20.6
745763	970602	1234810	1296200	237.2	173.8	133.5	105.0	5.5	5.2	4.9
130709	150681	165855	168803	151.7	129.1	112.0	101.8	2.6	2.4	1.9
538062	724040	940387	983860	257.5	182.9	135.9	104.6	6.1	5.6	5.2
63322	80094	113194	127430	298.6	201.2	159.1	112.6	7.1	6.6	8.0
13650	15750	15274	15992	151.9	117.2	101.5	104.7	2.6	1.4	0.3
20	37	101	115	1277.8	575.0	310.8	113.9	17.3	17.2	20.8
620206	772682	1172596	1244722	364.2	200.7	161.1	106.2	8.4	6.5	8.3
112110	95712	102745	94162	102.1	84.0	98.4	91.6	0.1		

续表 3 continued

指 标		Item		1980
公 路		Highways		222799
水 运		Waterways		26439
空 运		Civil Aviation		343
沿海主要港口货物吞吐量	(万吨)	Volume of Freight Handled at Major Coastal Ports	(10 000 tons)	21731
邮电通信业		**Postal and Telecommunications Services**		
邮电业务总量	(亿元)	Total Business Revenue	(100 million yuan)	19
函 件	(亿件)	Number of Letters Delivered	(10 000 pieces)	33.1
报刊期发数	(万份)	Number of Newspapers and Magazines Distributed	(10 000 copies)	16431
交换机容量	(万门)	Capacity of Exchanges	(10 000 lines)	443
城市		Urban Areas		200
农村		Rural Areas		243
电话机	(万部)	Number of Telephone Sets	(10 000 units)	419
城市		Urban Areas		284
农村		Rural Areas		135
国内商业		**Domestic Trade**		
社会消费品零售总额	(亿元)	Total Retail Sales of Consumer Goods	(100 million yuan)	1794
对外经济贸易和国际旅游		**Foreign Trade and International Tourism**		
进出口总额	(亿美元)	Total Exports and Imports	(USD 100 million)	381.4
进口额		Imports		200.2
出口额		Exports		181.2
国际旅游		International Tourism		
来华旅游人数	(万人)	Number of Tourists from Abroad	(10 000 persons)	570
旅游外汇收入	(亿美元)	Foreign Exchange Earnings from Tourism	(USD 100 million)	6.2
金融保险		**Finance and Insurance**		
金融机构各项存款	(亿元)	Deposits of National Banking System	(100 million yuan)	
金融机构各项贷款	(亿元)	Loans of National Banking System	(100 million yuan)	
国内保险承保额	(亿元)	Domestic Amount Insured	(100 million yuan)	
国外保险承保额	(亿美元)	Overseas Amount Insured	(USD 100 million)	
教育、科技、文化		**Education, Science and Technology and Culture**		
教育		**Education**		
专任教师数	(万人)	Full-time Teachers	(10 000 persons)	
普通高等学校		Institutions of Higher Education		24.7
中等学校		Secondary Schools		317.1
小 学		Primary Schools		549.9
在校学生数	(万人)	Students Enrollment	(10 000 persons)	
普通高等学校		Institutions of Higher Education		114.4
中等学校		Secondary Schools		5677.8
小 学		Primary Schools		14627
国家用于教育支出	(亿元)	Government Expenditures on Education	(100 million yuan)	114.2
科技		**Science and Technology**		
科学家、工程师数	(万人)	Number of Scientists and Engineers	(10 000 persons)	
研究与发展经费支出	(亿元)	Expenditures on Research and Development	(100 millionyuan)	
技术市场成交额	(万元)	Volume of Transaction in Technical Markets	(10 000 yuan)	
文化		**Culture**		
出版数量		Publications		
图 书	(亿册.张)	Number of Books Published	(100 million copies)	45.9
杂 志	(亿册)	Number of Magazines Issued	(100 million copies)	11.2
报 纸	(亿份)	Number of Newspapers Issue	(100 million copies)	140.4
故事影片产量	(部)	Production of Feature Films	(film)	82
电视节目制作时间	(小时)	Time for TV Programs Prodution	(hours)	

续表 4 continued

总量指标 Aggregate Data				速度指标(%) Indices and Growth Rates						
				指数 Index (1996比以下各年) (1996 as percentage of the following years)				平均增长速度 Average Annual Growth Rate		
1985	1990	1995	1996	1980	1985	1990	1995	1981－1996	1986－1996	1991－1996
476486	648085	1040810	1122110	503.6	235.5	173.1	107.8	10.6	8.1	9.6
30863	27225	23924	22895	86.6	74.2	84.1	95.7			
747	1660	5117	5555	1619.5	743.6	334.6	108.6	19.0	20.0	22.3
31154	48321	80166	85152	391.8	273.3	176.2	106.2	8.9	9.6	9.9
30	82	989	1342	3793.3	2379.8	862.7	135.7	25.5	33.4	43.2
46.8	54.9	79.6	78.7	237.8	168.2	143.4	98.9	5.6	4.8	6.2
30172	20078	21689	21157	128.8	70.1	105.4	97.5	1.6		0.9
613	1232	7204	9291	2097.3	1515.7	754.1	129.0	20.9	28.0	40.0
337	826	5456	6924	3462.0	2054.6	838.3	126.9	24.8	31.6	42.5
277	406	1747	2367	974.1	854.5	583.0	135.5	15.3	21.5	34.2
626	1274	5762	7047	1681.9	1125.7	553.1	122.3	19.3	24.6	33.0
476	1026	4709	5538	1950.0	1163.4	539.8	117.6	20.4	25.0	32.4
150	247	1053	1509	1117.8	1006.0	610.9	143.3	16.3	23.4	35.2
3801	7250	20620	24774	395.1	221.0	187.8	113.2	9.0	7.5	11.1
696.0	1154.4	2808.5	2899.0	760.1	416.5	251.1	103.2	13.5	13.8	16.6
422.5	533.5	1320.8	1388.4	693.5	328.6	260.2	105.1	12.9	11.4	17.3
273.5	620.9	1487.7	1510.6	833.7	552.3	243.3	101.5	14.2	16.8	16.0
1783	2746	4639	5113	897.0	286.8	186.2	110.2	14.7	10.1	10.9
12.5	22.2	87.3	102.0	1645.2	816.0	459.5	116.8	19.1	21.0	28.9
		53882	68596				127.3			
		50544	61157				121.0			
6895	19366	66039	98179		1423.9	507.0	148.7		27.3	31.1
	599	46450	28283			4721.7	60.9			90.1
34.4	39.5	40.1	40.3	163.2	117.2	102.0	100.5	3.1	1.4	0.3
296.7	349.2	388.3	404.0	127.4	136.2	115.7	104.0	1.5	2.8	2.5
537.7	558.2	566.4	573.6	104.3	106.7	102.8	101.3	0.3	0.6	0.5
170.3	206.3	290.6	302.1	264.1	177.4	146.4	104.0	6.3	5.3	6.6
5092.6	5105.4	6191.5	6635.7	116.9	130.3	130.0	107.2	1.0	2.4	4.5
13370	12241	13195	13615	93.1	101.8	111.2	103.2		0.2	1.8
226.8	462.5	1193.8								
		154.58	166.73				107.9			
	125.4	286.0	327.0			260.8	114.3			17.3
	750969	2683447	3002045			399.8	111.9			26.0
66.7	56.4	63.2	71.6	156.0	107.3	127.0	113.3	2.8	0.6	4.1
25.6	17.9	23.4	23.1	206.3	90.2	129.1	98.7	4.6		4.3
199.8	160.5	178.9	179.5	127.8	89.8	111.8	100.3	1.5		1.9
127	134	146	110	134.1	86.6	82.1	75.3	1.9		
38056	91572	383513	550739		1447.2	601.4	143.6		27.5	34.9

续表 5 continued

指　　标		Item		1980
家庭、生活、环境		**Family, People's Livelihood and Environment**		
家庭		**Family**		
家庭总户数	(万户)	Total Number of Households	(10 000 households)	22271
城镇居民平均每户家庭人口	(人)	Average Household Size in Urban Areas	(person)	4.2
农村居民平均每户家庭人口	(人)	Average Household Size in Rural Areas	(person)	5.5
婚姻		**Marriages and Divorces**		
结婚数	(万对)	Number of Marriages	(10 000 couples)	719.8
离婚数	(万对)	Number of Divorces	(10 000 couples)	34.1
居住		**Housing**		
城市居民人均居住面积	(平方米)	Per Capita Floor Space of Urban Residents	(sq.m)	3.9
农村居民人均居住面积	(平方米)	Per Capita Floor Space of Rural Residents	(sq.m)	9.4
生活		**People's Livelihood**		
城镇居民人均生活费收入	(元)	Per Capita Income, Which Could Be Spent as Living Cost of Urban Resident	(yuan)	439
农村居民人均纯收入	(元)	Per Capita Net Income of Rural Residents	(yuan)	191
城乡储蓄存款余额	(亿元)	Outstanding Amount of Saving Deposits in Urban and Rural Areas	(100 million yuan)	399.5
工资和福利		**Wages and Welfare**		
工资总额	(亿元)	Total Wages	(100 million yuan)	772.4
职工平均工资	(元)	Average Wage of Staff and Workers	(yuan)	762
职工保险福利费	(亿元)	Insurance and Welfare Funds for Staff and Workers	(100 million yuan)	136.4
离休、退休、退职职工人数	(万人)	Number of Retired & Resigned Staff and Workers	(10 000 persons)	816
离退休、退职职工保险福利费	(亿元)	Insurance and Welfare Funds for Retired Staff and Workers	(100 million yuan)	50.4
卫生		**Health Care**		
医院、卫生院	(个)	Number of Hospitals		65450
医生	(万人)	Number of Doctors	(10 000 persons)	115.3
医院、卫生院床位数	(万张)	Number of Hospital Beds	(10 000 units)	198.2
市政建设		**City Construction**		
自来水供应量	(亿吨)	Volume of Tap Water Supply	(100 million tons)	88.3
下水道长度	(公里)	Length of Sewer Pipelines	(km)	21860
城市煤气和天然气供气量	(万立方米)	Volume of Coal Gas and Natural Gas Supply in Urban Areas	(10 000 cu.m)	254428
公共汽(电)车总数	(辆)	Total Number of Public Buses and Trolley Buses	(unit)	32098
铺装道路长度	(公里)	Length of Paved Roads	(km)	29485
绿地面积	(公顷)	Areas of Green Land	(hectare)	85543
环境、灾害		**Environment and Disaster**		
治理污染资金使用额	(亿元)	Funds Used for Pollution Treatment	(100 million yuan)	
环境污染事故数	(起)	Number of Environment Pollution Accidents		
环境污染事故罚款金额	(万元)	Fines for Environment Pollution	(10 000 yuan)	
火灾发生数	(起)	Number of Fire Disasters		54333
火灾损失	(万元)	Fire Loss	(10 000 yuan)	17609
交通事故发生数	(起)	Number of Traffic Accidents		
交通事故损失	(万元)	Loss of Traffic Accidents	(10 000 yuan)	

注：1. 本表总量指标中的价值量指标除邮电业务总量指标外均按当年价格计算。

2. 本表速度指标中，国民生产总值、国内生产总值及三次产业、物价指数、农林牧渔业总产值、工业总产值、建筑业总产值、邮电业务总量、社会消费品零售总额、城乡居民收入、工资总额、平均工资和职工保险福利费、离退休、退职职工保险福利费指标均按可比价格计算。

3. 邮电业务总量，1991 年后按 1990 年不变价格计算，1990 年及以前按 1980 年不变价格计算。

续表 6 continued

总量指标 Aggregate Data				速度指标(%) Indices and Growth Rates						
				指数 Index（1996比以下各年）(1996 as percentage of the following years)				平均增长速度 Average Annual Growth Rate		
1985	1990	1995	1996	1980	1985	1990	1995	1981－1996	1986－1996	1991－1996
23804	27738	31676	32008	143.7	134.5	115.4	101.0	2.3	2.7	2.4
3.9	3.5	3.2	3.2	76.2	82.1	91.4	100.0			
5.1	4.8	4.5	4.4	80.0	86.3	91.7	97.8			
831.3	951.1	929.7	934.0	129.8	112.4	98.2	100.5	1.6	1.1	
45.8	80.0	105.5	113.2	332.0	247.2	141.5	107.3	7.8	8.6	6.0
5.2	6.7	8.1	8.5	217.9	163.5	126.9	104.9	5.0	4.6	4.0
14.7	17.8	21.0	21.7	230.9	147.6	121.9	103.3	5.4	3.6	3.4
685	1387	3893	4377	233.6	183.6	150.0	103.3	5.4	5.7	7.0
398	686	1578	1926	300.8	155.5	134.4	109.0	7.1	4.1	5.0
1622.6	7034.2	29662.3	38520.8	9642.3	2374.0	547.6	129.9	33.0	33.4	32.8
1383.0	2951.1	8100.0	9080.0	275.4	188.5	146.1	103.0	6.5	5.9	6.5
1148	2140	5500	6210	193.0	155.3	138.0	103.8	4.2	4.1	5.5
331.6	937.9	2361.3	2725.3	468.1	236.0	138.0	106.1	10.1	8.1	5.5
1637	2301	3094	3212	393.6	196.2	139.6	103.8	8.9	6.3	5.7
149.8	472.4	1541.8	1817.8	845.0	348.5	182.9	108.4	14.3	12.0	10.6
59614	62454	67807	67964	103.8	114.0	108.8	100.2	0.2	1.2	1.4
141.3	176.3	191.8	194.1	168.3	137.4	110.1	101.2	3.3	2.9	1.6
222.9	262.4	283.6	286.6	144.6	128.6	109.2	101.1	2.3	2.3	1.5
128.0	382.3	496.6	466.1	527.9	364.1	121.9	93.9	11.0	12.5	3.4
31556	57787	110293	112812	516.1	357.5	195.2	102.3	10.8	12.3	11.8
411853	2389354	1940248	1985908	780.5	482.2	83.1	102.4	13.7	15.4	
45155	62215	136821	148109	461.4	328.0	238.1	108.3	10.0	11.4	15.6
38282	94820	130308	132583	449.7	346.3	139.8	101.7	9.9	12.0	5.7
159291	474613	678310	665119	777.5	417.5	140.1	98.1	13.7	13.9	5.8
22.2	45.4	98.7	95.6		430.6	210.6	96.9		14.2	13.2
2716	3462	1966	1446		53.2	41.8	73.6			
926	1602	407	376		40.6	23.5	92.4			
34996	57302	37136	36856	67.8	105.3	64.3	99.2		0.5	
28422	51182	107777	102909	584.4	362.1	201.1	95.5	11.7	12.4	12.3
97573	250244	271843	287685		294.8	115.0	105.8		10.3	2.4
6599	35362	152267	171769		2603.0	485.7	112.8		34.5	30.1

a) The data in value terms in the table are calculated at current prices.

b) The indices and growth rates of the follow indicators are calculated at comparable prices: GNP, GDP, price indices, gross output value of farming, fororestry, animal husbandry and fishery, gross output value of industry, gross output value of construction enterprises, business volume of post and telecommunications total retail sales, per capita income of urban and rural residents, wages and welfare.

c) Figures on postal and telecommunication services before 1990 were calculated at 1980 constant prices, and those since 1991 were calculated at constant prices.

2-3 国民经济和社会发展结构指标
STRUCTURAL INDICATORS ON NATIONAL ECONOMIC AND SOCIAL DEVELOPMENT

单位：% (%)

指　标	Item	1985	1990	1995	1996
人口与就业	**Population and Employment**				
人口	**Population**				
城乡结构	Urban and Rural Structure				
城镇	Urban	23.7	26.4	29.0	29.4
乡村	Rural	76.3	73.6	71.0	70.6
性别结构	Sexual Structure				
男	Male	51.7	51.5	51.1	50.8
女	Female	48.3	48.5	48.9	49.2
就业	**Employment**				
产业结构	Industrial Structure				
第一产业	Primary Industry	62.4	60.1	52.2	50.5
第二产业	Secondary Industry	20.9	21.4	23.0	23.5
第三产业	Teriary Industry	16.7	18.5	24.8	26.0
经济类型结构	Structure by Ownership				
国有单位	State-owned	18.0	16.2	16.6	16.3
集体单位	Collective Owned	6.7	5.6	4.6	4.4
联营经济单位	Joint-owned		0.2	0.1	0.1
股份制经济单位	Share Holding			0.5	0.5
外商投资经济单位	Foreign Funded		0.1	0.4	0.4
港澳台商投资经济单位	Funded by Entrepreneurs from Hong Kong, Macao & Taiwan		0.01	0.40	0.40
其他经济单位	Others		...	0.02	0.01
私营企业	Private		0.1	0.7	0.9
个体	Individual	0.9	1.0	2.3	2.5
从事农林牧渔业的农民	Farmers Engaged in Farming, Forestry, Animal Husbandry and Fishing	74.3	74.0	71.9	71.2
宏观经济	**Macro Economy**				
国民核算	**National Accounting**				
国内生产总值产业结构	Industrial Structure				
第一产业	Primary Industry	28.4	27.1	20.5	20.2
第二产业	Secondary Industry	43.1	41.6	48.8	49.0
第三产业	Tertiary Industry	28.5	31.3	30.7	30.8
国内支出结构	Domestic Expenditures Structure				
最终消费	Total Consumption	65.7	62.0	58.1	58.6
居民消费	Personal Consumption	52.2	49.7	46.9	47.6
农民	Agricultural Residents	33.2	28.0	23.0	23.8
非农业居民	Nonagricultural Residents	19.0	21.7	23.9	23.8
政府消费	Social Consumption	13.5	12.3	11.3	11.1
资本形成	Total Investment	38.5	35.2	40.2	39.2
固定资本形成	Fixed Assets	30.0	25.8	34.3	34.1
存货增加	Goods in Stock	8.5	9.3	6.0	5.1
净出口	Net Export	-4.2	2.8	1.7	2.2
投资	**Investment**				
经济类型结构	Structure by Ownership				
国有单位	State-owned	66.1	65.6	54.4	52.5
集体单位	Collective Owned	12.9	11.9	16.4	15.9
联营经济单位	Joint-owned			0.6	0.6
股份制经济单位	Share Holding			4.3	4.5
外商投资经济单位	Foreign Funded			7.8	8.2
港澳台商投资经济单位	Funded by Entrepreneurs from Hong Kong, Macao & Taiwan			3.4	3.6
其他经济单位	Others			0.3	0.7
个体	Individual	21.0	22.5	12.8	14.0
资金来源结构	Structure of Funded Sources				
国家预算内资金	State Budgetary Appropriation	16.0	8.7	3.0	2.7
国内贷款	Domestic Loans	20.1	19.6	20.5	19.5

续表 1 continued

单位：% (%)

指 标	Item	1985	1990	1995	1996
利用外资	Foreign Investment	3.6	6.3	11.2	11.7
自筹和其他投资	Fundraising	60.3	65.4	65.3	66.1
财政	**Government Finance**				
财政收入结构	Structure of Government Revenue				
中央	Central Goverment	38.4	33.8	52.2	49.4
地方	Local Goverments	61.6	66.2	47.8	50.6
财政支出结构	Structure of Government Expenditures				
中央	Central Government	39.7	32.6	29.2	27.1
地方	Local Governments	60.3	67.4	70.8	72.9
利用外资	**Utilization of Foreign Capital**				
实际利用外资结构	Structure of Foreign Capital Actually Utilized				
对外借款	Loans from Abroad	57.8	63.5	21.5	23.1
外商直接投资	Direct Investment by Foreign Enterpreneurs	35.7	33.9	77.9	76.1
外商其他投资	Other Investment by Foreign Enterpreneurs	6.4	2.6	0.6	0.7
能源生产与消费	**Energy Production and Consumption**				
能源生产总量结构	Structure of Total Energy Production				
原煤	Coal	72.8	74.2	75.3	74.8
原油	Petroleum crude Oil	20.9	19.0	16.6	17.1
天然气	Natural Gas	2.0	2.0	1.9	1.9
水电	Hydropower	4.3	4.8	6.2	6.2
能源消费总量结构	Structure of Total Energy Consumption				
煤炭	Coal	75.8	76.2	74.6	75.0
石油	Petroleum Oil	17.1	16.6	17.5	17.5
天然气	Natural Gas	2.2	2.1	1.8	1.6
水电	Hydropower	4.9	5.1	6.1	5.9
产业经济	**Industrial Economy**				
农业	**Agriculture**				
农林牧渔业产值结构	Structure of Gross Output Value				
农业	Farming	69.3	64.7	58.4	57.8
林业	Forestry	5.2	4.3	3.5	3.3
牧业	Animal Husbandry	22.1	25.7	29.7	30.2
渔业	Fishery	3.5	5.4	8.4	8.6
工业	**Industry**				
全部工业总产值结构	Structure of Gross Output Value of Industrial Enterprises at Township and Higher Levels				
按经济类型分	By Ownership				
国有工业	State-owned	64.9	54.6	34.0	28.5
集体工业	Collective Owned	32.1	35.6	36.6	39.4
#乡办工业	Township	7.8	10.2	13.0	11.8
村办工业	Village	6.8	10.0	12.9	16.0
合作经营工业	Joint	1.6	2.3	2.3	3.4
城乡个体工业	Individual Owned	1.9	5.4	12.9	15.5
其他经济类型工业	Other Ownership	1.2	4.4	16.6	16.6
#股份制工业	Share Holding			3.5	3.3
外商投资工业	Foreign Funded			5.9	6.7
港澳台商投资工业	Funded by Entrepreneurs from Hong Kong, Macao & Taiwan			6.1	5.5
建筑业	**Construction**				
建筑业总产值结构	Structure of Gross Output Value of Construction Enterprises				
国有经济	State-owned	48.2	48.0	39.5	35.9
城镇集体经济	Collective Owned	20.4	21.0	20.0	31.9
私营经济	Private				0.3
联营经济	Joint-owned			0.1	0.2
股份制经济	Share Holding			1.5	2.4
外商投资经济	Foreign Funded			0.3	0.4
港澳台商投资经济	Funded by Entrepreneurs from Hong Kong, Macao & Taiwan			0.4	0.4
其他经济施工企业	Others			0.01	0.04
农村建筑队	Rural Construction Teams	31.5	30.9	38.2	28.5

续表 2 continued

单位: % (%)

指 标	Item	1985	1990	1995	1996
运输业	**Transportation**				
货运量结构	Structure of Freight Traffic				
按运输方式分	By Means of Transportation				
铁 路	Railways	17.5	15.5	13.4	13.0
公 路	Highways	72.1	74.6	76.2	75.9
水 运	Waterways	8.5	8.3	9.2	9.8
民用航空	Civil Aviation	...	...	0.01	0.01
管道输油(气)	Pipelines	1.8	1.6	1.2	1.2
国内商业	**Domestic Trade**				
批发零售贸易商品销售总额结构	Structure of Total Sales by Ownership				
国有商业	State-owned Trade			65.8	63.9
集体商业	Collective Owned			26.6	26.3
私营企业	Private Trade			0.8	1.6
联营经济商业	Joint-owned Trade			1.5	1.1
股份制商业	Share Holding Trade			4.6	5.7
外商投资商业	Foreign Funded Trade			0.2	0.4
港澳台商投资商业	Trade Funded by Entrepreneurs from Hong Kong, Macao & Taiwan			0.3	0.4
其他经济单位	Others			0.3	0.2
对外经济贸易和国际旅游	**Foreign Trade and International Tourism**				
出口商品结构	Structure of Exports				
初级产品	Primary Goods	50.6	25.6	14.4	14.5
工业制成品	Manufactured Goods	49.4	74.4	85.6	85.5
进口商品结构	Structure of Imports				
初级产品	Primary Goods	12.5	18.5	18.5	18.3
工业制成品	Manufactured Goods	87.5	81.5	81.5	81.7
来华旅游人数结构	Structure of Tourists				
外国人	Foreigners	7.7	6.4	12.7	13.2
华侨	Overseas Chinese	0.5	0.3	0.2	0.3
港澳台同胞	Compatriots form Hong Kong, Macao and Taiwan	91.8	93.3	87.1	86.5
金融保险业	**Finance and Insurance**				
金融机构资金来源结构	Structure of Sources of Funds in State Banks				
各项存款	Deposits			83.9	86.8
金融债券	Bonds			2.6	3.1
国家投资债券	State Investment Bonds			0.2	0.2
货币流通量	Currency in Cirulation			12.3	11.1
所有者权益	Creditors' Equity			6.4	5.7
当年结益	Current Balance of Profit and Loss Accounts			0.3	...
其他收入	Others			-5.7	-6.9
金融机构资金运用结构	Structure of Fund Uses in State Banks				
各项贷款	Loans			78.7	77.4
有价证券及投资	Securities and Investment			6.6	7.1
国家投资债券贷款	Loans for Purchase of Government Investment Bond			0.1	0.1
黄金占款	Purchase of Gold			0.3	0.3
外汇占款	Purchase of Foreign Exchanges			10.5	12.1
库存现金	Vault Cash			1.1	0.8
财政透支	Overdraft from the Ministry of Finance			0.9	0.7
财政借款	Government Debt			1.8	1.4
教育、科技、文化	**Education, Science and Culture**				
教育	**Education**				
在校学生结构	Structure of Student Enrollment				
大学生	College and University Students	0.9	1.2	1.5	1.5
中学生	Secondary School Students	27.3	29.1	31.5	32.3
小学生	Primary School Students	71.8	69.7	67.1	66.2
专任教师结构	Full-time Teachers by Type				
大学	College and Universities	4.0	4.2	4.0	4.0
中学	Secondary Schools	34.2	36.9	39.0	39.7

续表 3 continued

单位：% (%)

指 标	Item	1985	1990	1995	1996
小学	Primary Schools	61.9	59.0	56.9	56.3
科技	**Science and Technology**				
科技经费收入结构	Structure of Funding for Scientific and Technological Expenditure				
上级拨款	Appropriations from Higher Authorities		30.8	26.4	26.8
自筹资金	Fundraising		43.2	43.1	41.0
银行贷款	Loans from Banks		12.2	13.0	14.1
其他收入	Others		13.8	17.5	18.1
科技经费支出结构	Structure of Expenditures on Scientific and Telenological Activities				
内部支出	Internal Expenses		92.2	95.9	96.0
#研究与发展经费支出	Research and Development Expenses		36.8	36.8	34.3
生活、环境	**Family, People's Livelihood and Environment**				
生活	**People's Livelibood**				
城镇居民消费结构	Consumption Structure of Urban Residents				
食品类	Food	52.2	54.2	49.9	48.6
衣着类	Clothing	14.6	13.4	13.5	13.5
用品及其他	Articles for Daily Use and Others	28.4	27.6	29.5	30.2
居住	Residence	4.8	4.8	7.1	7.7
农村居民消费结构	Consumption Structure of Rural Residents				
食品类	Food	57.8	58.8	58.6	56.3
衣着类	Clothing	9.7	7.8	6.9	7.2
用品及其他	Aticles for Daily Use and Others	14.2	16.1	20.6	22.6
居住	Residence	18.2	17.3	13.9	13.9
福利	**Social Welfare**				
职工保险福利费结构	Structure of Insurance Contribution and Welfare Funds of Stuff and Workers				
国有单位	State-owned Units	82.5	82.9	83.9	84.3
城镇集体单位	Urban Collective Owned Units	17.1	16.3	12.5	11.7
其他单位	Others	0.4	0.8	3.7	4.1
离退休人员结构	Structure of Retired Staff and Workers				
国有单位	State-owned Units	71.2	75.7	77.6	78.3
城镇集体单位	Urban Collective Owned Units	28.5	24.6	20.1	19.2
其他单位	Others	0.3	0.5	2.3	2.5
卫生	**Health Care**				
医生结构	Doctors by Type				
中医	Doctors of Traditional Chinese Medicine	23.8	20.9	18.7	17.9
西医师	Doctors of Western Medicine	42.6	60.0	61.8	62.2
西医士	Paramedics of Western Medicine	33.5	18.8	19.0	19.3
医院床位结构	Hospital Beds by Area				
市医院	Hospitals at City Level	43.2	52.9	61.3	62.5
县医院	Hospitals at County Level	56.8	47.1	38.7	37.5
环境、灾害	**Environment and Disasters**				
治理污染资金使用结构	Uses of Funds in Pollution Treatment				
治理废水	Waste Water Treatment	44.6	47.6	45.6	49.5
治理废气	Waste Gas Treatment	32.4	32.6	33.2	29.4
治理固体废物	Solid Wastes Treatment	9.0	11.2	14.1	9.5
治理噪声	Noise Abatement	2.3	2.6	2.2	1.0
其他	Others	11.7	6.0	4.9	10.5
火灾事故损失额结构	Structure of Fire Losses Converted into Cash				
特大	Extraordinarily Serious Fires	41.4	35.1	35.8	31.2
重大	Serious Fires	33.4	27.8	38.3	41.9
一般	Ordinary Fires	25.2	37.2	25.9	26.9
交通事故损失额结构	Structure of Losses of Traffic Accidents Converted into Cash				
特大	Extraordinarily Serious Accidents	18.0	12.5	11.8	12.2
重大	Serious Accidents	14.6	19.8	22.0	21.8
一般	Ordinary Accidents	67.4	67.7	66.2	66.0

2-4 国民经济和社会发展比例和效益指标

INDICATORS ON PROPORTIONS AND EFFICIENCY IN NATIONAL ECONOMIC AND SOCIAL DEVELOPMENT

指标	Item	1985	1990	1995	1996
人口与就业	Population and Employment				
人口	Population				
出生率 (‰)	Birth Rate (‰)	21.04	21.06	17.12	16.98
死亡率 (‰)	Death Rate (‰)	6.78	6.67	6.57	6.56
自然增长率 (‰)	Natural Growth Rate (‰)	14.26	14.39	10.55	10.42
就业	Employment				
就业者负担人口	Dependency Ratio	1.12	0.79	0.78	0.78
三次产业从业者比例(以第一产业为100)	Employment Ratio by Type of Industry (Employment in primary industry=100)				
第一产业	Primary Industry	100	100	100	100
第二产业	Secondary Industry	33.5	35.5	44.1	46.5
第三产业	Tertiary Industry	26.8	30.8	47.5	51.5
城镇失业率 (%)	Unemployment Rate in Urban Areas (%)	1.8	2.5	2.9	3.0
宏观经济	Macro Economy				
国民核算	National Accounting				
三次产业增加值比例(以第一产业为100)	Ratio of Value-added by Type of Industry (Value added in primary industry=100)				
第一产业	Primary Industry	100	100	100	100
第二产业	Secondary Industry	152.1	153.8	238.0	242.1
第三产业	Tertiary Industry	100.6	115.9	149.6	151.9
全社会劳动生产率 (元/人)	Overall Labor Productivity (yuan/person)	1797	2902	8606	9963
第一产业	Primary Industry	817	1306	3381	3993
第二产业	Secondary Industry	3711	5652	18261	20774
第三产业	Tertiary Industry	3061	4915	10651	11785
人均国内生产总值 (元)	Per Capta GDP (yuan)	853	1634	4854	5634
固定资产投资	Investment in Fixed Assets				
全社会固定资产投资相当于国内生产总值比例 (%)	Proportion of Investment in fixed Assets to GDP (%)	20.2	24.4	34.2	33.5
全社会房屋建筑面积竣工率 (%)	Rate of Total Floor Space of Buildings Completed in Construction (%)	82.0	78.6	67.7	68.9
基本建设固定资产交付使用率 (%)	Rate of Fixed Assets Completed in Capital Construction and Put into Use (%)	68.2	80.0	63.7	71.6
基本建设项目建成投产率 (%)	Rate of Projects Completed in Capital Construction and Put into Use (%)	50.7	53.8	57.0	59.0
财政	Finance				
国家财政收入相当于国内生产总值比例(%)	Proportion of Government Revenue to GDP (%)	22.4	15.8	10.7	10.8
国家财政支出相当于国内生产总值比例 (%)	Proportion of Government Expenditures to GDP (%)	22.4	16.6	11.7	11.6
地方收入相当于中央财政收入比例 (%)	Proportion of Local Government Revenue to Central Government Revenue (%)	160.5	196.0	91.7	102.3
地方支出相当于中央财政支出比例 (%)	Proportion of Local Government Expenditure to Central Government Expenditure (%)	152	207	242	269
预算外资金收入相当于国家财政收入比例 (%)	Proportion of Extra-budgetary Receipt to Government Revenue (%)	76.32	92.22	38.60	
外债负债率 (%)	Foreign Debt Services Ratio (%)	5.6	14.8	15.5	14.3
物价指数	Price Index				
工农商品综合比价(1978=100)	Overall Industrial and Farm Products Price Parity Index (use 1978=100 index)	66.6	62.8	52.0	53.0
利用外资	Utilization of Foreign Capital				
实际利用外资额相当于签订利用外资额比例 (%)	Proportion of Foreign Capital Actually Used to Total Amount of Foreign Capital for Utilization by Signed Contracts or Agreements(%)	47.1	85.1	46.6	67.2
能源生产与消费	Production and Consumption of Energy				
能源生产弹性系数	Elasticity Ratio of Energy Production	0.73	0.58	0.83	0.21
能源消费弹性系数	Elasticity Ratio of Energy Consumption	0.60	0.47	0.66	0.60
每万元国内生产总值消耗的能源 (吨)	Energy Consumption per 10 000 yuan GDP(ton)	8.6	5.2	2.2	2.0
产业	Industries				

续表 1 continued

指　　标	Item	1985	1990	1995	1996
农业	**Agriculture**				
人均耕地面积 (公顷)	Per Capita Cultivated Land (hectare)	0.09	0.08	0.08	
农业从业者人均耕地面积 (公顷)	Cultivated Land per Agricultural Labourer (hectare)	0.33	0.29	0.29	
每公顷耕地农业机械总动力 (千瓦)	Total Power of Agricultural Machinery per Hectare of Cultivated Land (kw)	2.09	3.00	3.80	
每公顷耕地用电量 (千瓦小时)	Electric Power Consumption per hectare of Cuitivated Land (kwh)	510	883	1743	
每公顷耕地化肥施用量 (公斤)	Chemical Fertilizer Consumption per Hectare of Cuitivated Land (kg)	178	271	378	
每公顷耕地生产的农业产值 (元)	Agricultural Output Value per Hectre of Cuitivated Land (yuan)	2510	5178	12514	
农业从业者人均农产品产量 (公斤)	Output of Farm Products per Agricultural Labourer (kg)				
粮食	Grain	1222	1357	1435	1562
棉花	Cotton	13.4	13.7	14.7	13.0
油料	Oil－bearing Crops	50.9	49.1	69.2	68.4
肉类	Meat	62.1	86.9	161.8	183.1
水产品	Aquatic Products	22.7	37.6	77.4	87.1
每公顷播种面积农产品产量 (公斤)	Output of Farm Crops per Hectare of Sown Area (kg)				
粮食	Grain	3483	3933	4240	4483
棉花	Cotton	810	810	879	890
油料	Oil－bearing Crops	1338	1480	1572	1761
工业	**Industrial Production**				
独立核算企业效益	Economic Efficiency of Industrial Enterprises with Independent Accounting System				
固定资产利税率 (%)	Ratio of Pre－tax Profits to Fixed Assets (%)		13.52	11.23	9.89
资金利税率 (%)	Ratio of Pre－tax Profits ot Total Capital (%)		12.20	8.29	7.11
产值利税率 (%)	Ratio of Pre－tax Profits to Gross Output Value (%)		10.41	9.19	8.20
国有独立核算企业效益	Economic Efficiency of State－owned Industrial Enterprises with Independent Accounting System				
固定资产利税率 (%)	Ratio of Pre－tax Profits to Fixed Assets (%)	22.40	12.90	9.29	7.87
资金利税率 (%)	Ratio of Pre－tax Profits to Total Capital (%)	23.80	12.40	8.01	6.54
产值利税率 (%)	Ratio of Pre－tax Profits to Gross Output Value (%)	21.80	12.00	11.10	10.03
建筑业	**Construction**				
技术装备率 (元/人)	Value of Machinery per Labourer (yuan/person)		2467	4264	4154
产值利税率 (%)	Ratio of Per－tax Profits to Gross Output Value (%)		5.42	4.18	4.30
全员劳动生产率 (总产值元/人) (按总产值计算)	Overall Labor Productivity (yuan/person) (in terms of gross output value per employee)		13109	38680	39033
交通运输业	**Transportation**				
客运量弹性系数	Elasticity of Passenger Traffic	1.26	－0.62	0.69	0.64
货运量弹性系数	Elasticity of Freight Traffic	0.30	－0.47	0.44	0.52
铁路网密度 (公里/万平方公里)	Railway Density (km/10000 sq.km)	54	56	57	59
公路网密度 (公里/万平方公里)	Highway Density (km/10000 sq.km)	982	1071	1205	1235
铁路货运密度 (吨/公里)	Railway Freight Traffic Density (ton/km)	25088	28217	30376	29771
公路货运密度 (吨/公里)	Highway Freight Traffic Density (ton/km)	5709	7041	8128	8297
平均每一沿海港口泊位货物吞吐量 (万吨)	Cargo Handled at Seaports per Berth (10 000 tons)	84	50	63	66
邮电通信业	**Postal and Telecommunications Services**				
邮电业务总量弹性系数	Elasticity of Postal and Telecommunications Services	1.35	33.15	4.16	3.72
城镇百人拥有电话机数 (部)	Number of Telephone Sets Owned by100 Persons in Urban Areas	1.90	3.40	13.39	15.40
农村百人拥有电话机数 (部)	Number of Telephone Sets Owned by100 Persons in Rural Areas	0.19	0.29	1.23	1.75
国内商业	**Domestic Trade**				
批零和餐饮业人均消费品零售额 (元)	Per Capita Retail Sales of Consumer Goods (yuan)	17681	25852	50213	56285
对外经济贸易和国际旅游	**Foreign Trade and International Tourism**				
进出口总额相当于国内生产总值比例 (%)	Proportion of Total Imports & Exports to GDP (%)	23.1	30.0	48.0	42.3
每一来华游客花费 (美元)	Expenditure per International Tuorist in China (USD)	70	81	188	199

续表 2 continued

指标	Item	1985	1990	1995	1996
金融保险	**Finance and Insurance**				
金融机构存款相当于国内生产总值比例 (%)	Bank Deposits as Percentage of GDP (%)			92.1	100.0
金融机构贷款相当于国内生产总值比例 (%)	Bank Loans as Percentage of GDP (%)			86.4	89.2
国家银行现金支出相当于收入比例 (%)	Proportion of Cash Outlay to Cash Receipt in State Banking System (%)	103.6	101.7	100.6	100.8
教育、科技、文化	**Education, Science and Technology and Culture**				
教育	**Education**				
学龄儿童入学率 (%)	Rate of School－age Children Enrollment (%)	96.0	97.8	98.5	98.8
小学升学率 (%)	Rate of Graduates of Primary Schools Entering Junior Secondary Schools (%)	68.4	74.6	90.8	92.6
初中升学率 (%)	Rate of Graduates of Junior Secondary Schools Entering Senior Secondary Schools(%)	41.7	40.6	48.3	48.8
学校教师负担系数 (%)	Student－teacher Ratio(in percentage) (%)				
高等学校	Colleges and Universities	5.0	5.2	7.2	7.5
中等学校	Secondary Schools	17.2	14.6	15.9	16.4
小学学校	Primary Schools	24.9	21.9	23.3	23.7
科技	**Science and Technology**				
研究与开发经费支出相当于国内生产总值比例 (%)	R&D Expenditures as Percentage of GDP (%)		0.71	0.50	0.50
文化	**Culture**				
每百万人有电影放映单位 (个)	Number of Film Projection Teams per Million Persons	173	128	78	56
每百万人有艺术表演团体 (个)	Number of Troupes per Million Persons	3.13	2.45	2.21	2.18
每百万人有公共图书馆 (个)	Number of Public Libraries per Million Persons	2.21	2.21	2.16	2.15
每百万人有博物馆 (个)	Number of Museums per Million Persons	0.67	0.89	0.99	1.00
家庭、生活、环境	**Family, People's Livelihood and Environment**				
家庭	**Family**				
负担少儿系数 (%)	Dependency Ratio of Children (%)	43.73*	41.52	40.16	38.49
负担老年系数 (%)	Dependency Ratio of the Aged (%)	8.33*	8.37	10.06	10.32
婚姻	**Marriages and Divorces**				
离婚率 (‰)	Divorce Rate (‰)	0.88	1.38	1.75	1.85
生活	**People's Livelihood**				
城镇与农村居民收入增长率比例 (1978＝100)	Proportion of Growth Rate of Annual Income of Urban Residents to the Growth Rate of Annual Net Income of Rural Residents (1978＝100)	0.45	0.48	0.56	0.53
福利	**Welfare**				
职工保险福利相当于工资总额比例(%)	Insurance & Welfare Funds of Staff and Workers as Percentage of Total Wages (%)	24.0	31.8	29.2	30.0
离退休退职相当于在职人数比例 (%)	Proportion of the Number of Workers Who Have Retired or Resigned to the Number of Employed Ones (%)	13.2	16.4	20.8	21.6
卫生	**Health Care**				
每万人医院数 (个)	Number of Hospitals per 10 000 Persons (unit)	0.56	0.55	0.56	0.56
每万人医生数 (人)	Number of Doctors per 10 000 Persons (unit)	13.3	15.4	15.8	16.0
每万人医院床位数 (张)	Number of Hospital Beds per 10 000 Persons(unit)	21.1	23.0	23.4	23.4
医院病床使用率 (%)	Utilization Rate of Hospital Beds (%)	82.7	80.9	66.9	64.7
市政建设	**City Construction**				
城市自来水普及率(%)	Percentage of Households Which Have Acces to Tap Water(%)	81.0	89.2	93.0	94.9
城市用气普及率 (%)	Percentage of Households Which Have Acces to Tap Gas (%)	22.4	42.2	70.0	73.2
每万人绿地面积 (公顷)	Public Green Areas per 10 000 Persons(hectare)	13.7	32.2	36.7	35.2
环境、灾害	**Environment and Disasters**				
平均每起火灾损失 (元)	Average Loss of per Fire Disaster (yuan)	8121	8932	29022	27922
平均每起交通事故损失 (元)	Average Loss of per Traffic Accident (yuan)	676	1413	5601	5971
平均每起环境污染事故罚款金额(元)	Average Fines per Pollution Accident (yuan)	341	4627	2065	2593

注：1."*"负担少儿和老年系数为1987 年数。

2.预算外资金收入自1993 年开始不含国有企业和主管部门收入。

a) Figures of dependency ratio of chilren and the aged with (*) were data in 1987.

b) Since 1993, data on extrabudgetary receipt have excluded the revenue of state－owned enterprises and their responsible departments.

2－5 国有企业年底固定资产原值

ORIGINAL VALUE OF FIXED ASSETS IN STATE－OWNED ENTERPRISES

本表是财政部数字，按企业主管部门划分。1985 年后，工业中的森林工业企业划入农业项内。

Data in this table are obtained from the Ministry of Finance and are classified by administrative departments to which the enterprises are attached. Since 1985, the forest Industry has been included in agriculture.

单位：亿元 (100 million yuan)

年份 Year	总计 Total	工业 Industry	农业 Agriculture	建筑业(施工) Construction	运输和邮电 Transportation, Postal and Telecommunications Services	商业粮食外贸 Commerce, Grain and Foreign Trade	城市公用事业 Urban Public Utilities
1952	240.6	107.2		1.8	115.2	11.5	4.9
1957	522.9	272.2		21.7	182.7	33.9	10.6
1962	1209.3	782.4		30.4	299.2	73.7	20.0
1965	1445.8	961.0		22.9	337.9	91.0	24.1
1970	1967.7	1355.6		25.9	438.2	107.2	29.2
1975	3414.3	2290.3	90.8	47.5	672.0	209.6	37.6
1978	4488.2	3002.2	126.8	72.6	824.1	315.8	52.3
1980	5311.1	3465.2	167.5	136.4	943.3	409.6	55.2
1985	8004.9	5182.2	339.2	224.3	1327.8	566.7	123.9
1986	9041.8	5871.7	375.7	269.1	1464.0	640.4	142.1
1987	10200.5	6627.7	415.0	300.0	1679.3	672.8	169.4
1988	11787.1	7579.9	460.9	330.1	1861.9	786.5	200.3
1989	13394.7	8609.7	517.5	346.9	2079.0	915.8	233.7
1990	15352.2	9788.4	568.2	384.6	2412.9	1074.9	292.6
1991	17856.0	11377.5	633.9	419.5	2794.9	1271.3	349.2
1992	20545.6	13026.9	703.1	435.3	3350.5	1434.0	411.7
1993	25146.4	15590.1	797.8	578.8	4308.9	1684.7	495.1
1994	33006.0	19256.0	949.2	807.9	7377.6	2141.9	684.7
1995	42595.4	25733.0	1231.6	1113.5	9284.8	2142.5	959.9

2－6 国有企业年底固定资产净值

NET VALUE OF FIXED ASSETS IN STATE－OWNED ENTERPRISES (YEAR－END)

单位：亿元 (100 million yuan)

年份 Year	总计 Total	工业 Industry	农业 Agriculture	建筑业(施工) Construction	运输和邮电 Transportation, Postal and Telecommunications Services	商业粮食外贸 Commerce, Grain and Foreign Trade	城市公用事业 Urban Public Utilities
1952	167.1	71.1		1.5	82.2	8.3	4.0
1957	382.0	200.0		18.0	133.0	24.5	6.6
1962	926.5	606.5		24.7	229.6	52.0	13.7
1965	1078.0	725.1		17.0	255.1	64.5	16.4
1970	1413.8	966.7		18.3	331.9	78.0	18.9
1975	2462.2	1636.1	65.4	32.6	521.6	153.1	24.7
1978	3201.4	2114.5	90.5	51.5	641.0	230.2	35.5
1980	3701.7	2366.5	123.5	101.3	723.2	296.7	46.0
1985	5457.9	3428.7	236.3	167.8	980.7	376.5	92.4
1986	6224.5	3925.2	261.1	199.5	1080.8	450.9	106.7
1987	7067.3	4451.0	290.5	222.3	1239.3	489.0	130.3
1988	8237.7	5142.8	327.0	241.9	1363.7	559.5	155.7
1989	9339.4	5973.1	366.9	248.5	1517.3	646.7	182.3
1990	10835.9	6706.1	401.3	268.6	1773.9	816.0	232.5
1991	12647.8	7842.8	450.9	287.6	2052.4	958.0	280.3
1992	14513.0	8924.0	449.5	298.8	2483.0	1070.2	331.9
1993	17704.4	10571.6	584.9	401.7	3194.1	1289.1	388.9
1994	22754.7	12728.7	689.6	552.9	5139.4	1630.4	516.6
1995	29504.8	17315.7	897.6	780.6	6433.1	1631.0	739.1

2-7 平均每天主要社会经济活动

SELECTED INDICATORS ON AVERAGE DAILY SOCIAL AND ECONOMIC ACTIVITIES

本表价值指标均按当年价格计算。
Data in terms of value are calculated at current prices.

指标		Item		1985	1990	1995	1996
每天创造的财富		**Daily Production**					
国内生产总值	(亿元)	Gross Domestic Product	(100 million yuan)	24.6	50.8	160.2	187.9
第一产业		Primary Industry		7.0	13.7	32.9	38.0
第二产业		Secondary Industry		10.6	21.1	78.2	92.1
#工业		Industry		9.4	18.8	67.7	79.7
建筑业		Construction		1.1	2.4	10.5	12.4
第三产业		Tertiary Industry		7.0	15.9	49.2	57.8
#运输邮电业		Transportation, Postal & Telecommunications Services		1.1	3.1	8.4	9.6
商业		Commerce		2.4	3.9	13.5	15.2
财政收入	(亿元)	Government Revenue	(100 million yuan)	5.5	8.0	17.1	20.3
财政支出	(亿元)	Government Expenditures	(100 million yuan)	5.5	8.4	18.7	21.7
粮食	(万吨)	Grain	(10 000 tons)	103.9	122.3	127.8	138.2
棉花	(万吨)	Cotton	(10 000 tons)	1.1	1.2	1.3	1.2
油料	(万吨)	Oil-bearing Crops	(10 000 tons)	4.3	4.4	6.2	6.1
肉类	(万吨)	Meat	(10 000 tons)	5.3	7.8	14.4	16.2
水产品	(万吨)	Aquatic Products	(10 000 tons)	1.9	3.4	6.9	7.7
布	(万米)	Cloth	(10 000 m)	4019	5173	7129	5729
原煤	(万吨)	Coal	(10 000 tn)	238.4	295.9	372.6	383.6
发电量	(亿千瓦小时)	Electricity	(100 000 000 kwh)	11.3	17.0	27.6	29.6
原油	(万吨)	Crude Oil	(10 000 tons)	34.2	37.9	41.1	43.1
钢	(万吨)	Steel	(10 000 tons)	12.8	18.2	26.1	27.7
成品钢材	(万吨)	Steel Products	(10 000 tons)	10.1	14.1	24.6	25.6
水泥	(万吨)	Cement	(10 000 tons)	40.0	57.5	130.3	134.6
每天消费量		**Daily National Consumption**					
最终消费	(亿元)	Final Comsumption Expenditure	(100 million yuan)	15.8	31.1	94.6	110.1
居民消费		Resident Consumption		12.6	25.0	76.3	89.3
农民		Peasants Consumption		8.0	14.1	37.4	44.6
非农业居民		Non-agricultural Residents' Consumption		4.6	10.9	38.8	44.7
政府消费		Government Consumption Expenditure		3.2	6.2	18.3	20.8
能源消费量	(万吨标准煤)	Energy Consumption	(10 000 tons of SCE)	210.1	270.4	359.4	380.3
社会消费品零售总额	(亿元)	Total Retail Sales of Consumer Goods	(100 million yuan)	10.4	19.9	56.5	67.9
每天其他经济活动		**Other Daily Economic Activities**					
资本形成总额	(亿元)	Gross Capital Formation	(100 million yuan)	9.3	17.7	65.4	73.6
固定资产形成		Fixed Capital Formation		7.2	13.0	55.6	63.9
存货增加		Changes in Stock		2.0	4.7	9.8	9.7
城镇新建住宅面积	(万平方米)	Residential Buildings Completed in Urban Areas	(10 000 sq.m)	51.5	47.4	102.7	107.9
农民个人新建住宅面积	(万平方米)	Private Residential Buildings Completed in Rural Areas	(10 000 sq.m)	190.5	185.8	181.5	217.9
货运量	(万吨)	Freight Traffic	(10 000 tons)	2043	2659	3383	3551
客运量	(万人)	Passenger Traffic	(10 000 persons)	1699	2117	3213	3410
沿海主要港口货物吞吐量	(万吨)	Cargo Handled at Principal Seaports	(10 000 tons)	85.4	132.4	219.6	233.3
邮电业务总量	(万元)	Besiness Volume of Postal and Telecommunications Services	(10 000 yuan)	811	2237	27092	36768
交换机容量	(万门)	Capacity of Telephone Exchanges	(10 000 lines)	1.7	3.4	19.7	25.5
进出口总额	(亿美元)	Total Imports and Exports	(USD100 million)	1.9	3.2	7.7	7.9
出口总额		Total Exports		1.2	1.5	3.6	3.8
进口总额		Total Imports		0.7	1.7	4.1	4.1
实际利用外资额	(亿美元)	Foreign Capital Actually Used	(USD100 million)	0.1	0.3	1.3	1.5
来华旅游人数	(万人)	Number of Tourists from Abroad	(10 000 persons)	4.9	7.5	12.7	14.0
居民储蓄额	(亿元)	Outstanding Amount of Savings Deposit	(100 million yuan)	1.1	5.2	22.3	24.3
每天人口变动和婚姻		**Daily Population Changes and Marriages**					
出生	(万人)	Births	(10 000)	6.1	6.5	5.7	5.7
死亡	(万人)	Deaths	(10 000)	2.0	2.1	2.1	2.2
结婚	(万对)	Marriages	(10 000 couples)	2.3	2.6	2.5	2.6
离婚	(对)	Divorces	(couples)	1255	2192	2890	3101

注:"城镇新建住宅面积"从1986年起包括城镇及工矿区个人新建住宅面积。
a) Since 1986, residential buildings completed in urban areas have included private residential buildings completed in towns, cities, industrial and mining areas.

2-8 人均主要工农业产品产量

PER CAPITA OUTPUT OF MAJOR INDUSTRAL AND MAJOR AGRICULTURAL PRODUCTS

年份 Year	粮食 (公斤) Grain (kg)	棉花 (公斤) Cotton (kg)	油料 (公斤) Oil-bearing Crops (kg)	糖料 (公斤) Sugar Crops (kg)	茶叶 (公斤) Tea (kg)	水果 (公斤) Fruits (kg)	猪牛羊肉 (公斤) Pork, Beef and Mutton (kg)	水产品 (公斤) Aquatic Products (kg)
1952	288.13	2.29	7.37	13.35	0.14	4.29	5.95	2.94
1957	306.01	2.57	6.58	18.66	0.18	5.09	6.25	4.89
1962	240.32	1.13	3.01	5.68	0.11	4.07	2.91	3.42
1965	272.00	2.93	5.07	21.50	0.14	4.53	7.70	4.17
1970	293.24	2.78	4.61	19.01	0.17	4.58	7.29	3.89
1975	310.48	2.60	4.93	20.89	0.23	5.87	8.70	4.81
1978	318.74	2.27	5.46	24.91	0.28	6.87	8.96	4.87
1980	326.69	2.76	7.84	29.67	0.31	6.92	12.28	4.59
1985	360.70	3.95	15.02	57.53	0.41	11.07	16.75	6.71
1986	367.00	3.32	13.82	54.86	0.43	12.63	17.97	7.72
1987	371.74	3.92	14.09	51.20	0.47	15.39	18.32	8.81
1988	357.72	3.77	11.98	56.17	0.49	15.12	19.91	9.63
1989	364.32	3.39	11.58	51.88	0.48	16.38	20.79	10.30
1990	393.10	3.97	14.21	63.55	0.48	16.51	22.14	10.90
1991	378.26	4.93	14.24	73.16	0.47	18.91	23.67	11.74
1992	379.97	3.87	14.09	75.61	0.48	20.95	25.24	13.37
1993	387.37	3.17	15.31	64.70	0.51	25.55	27.37	15.47
1994	373.46	3.64	16.69	61.63	0.49	29.36	30.98	17.98
1995	387.28	3.96	18.67	64.96	0.49	34.98	35.40	20.89
1996	414.39	3.45	18.16	68.66	0.49	38.21	39.20	23.10

续表 1 continued

年份 Year	布 (米) Cloth (kg)	机制纸及纸板 (公斤) (kg) Machine-made Paper and Paperboard	纱 (公斤) Yarn (kg)	原煤 (吨) Coal (ton)	原油 (公斤) Crude Oil (kg)	发电量 (千瓦小时) Electricity (kwh)	钢 (公斤) Steel (kg)	水泥 (公斤) Cement (kg)
1952	6.73	0.65	1.15	0.12	0.77	12.83	2.37	5.03
1957	7.92	1.43	1.32	0.21	2.29	30.28	8.39	10.76
1962	3.80	1.68	0.82	0.33	8.64	68.79	10.02	9.01
1965	8.78	2.42	1.82	0.32	15.81	94.52	17.10	22.85
1970	11.18	2.95	2.51	0.43	37.46	141.63	21.74	31.47
1975	10.26	3.72	2.30	0.53	84.09	213.66	26.08	50.48
1978	11.54	4.59	2.49	0.65	108.82	268.36	33.24	68.23
1980	13.73	5.45	2.98	0.63	107.98	306.35	37.83	81.39
1985	13.96	8.67	3.36	0.83	118.83	390.76	44.52	138.86
1986	15.44	9.36	3.73	0.84	122.51	421.36	48.93	155.66
1987	15.96	10.53	4.03	0.86	123.74	458.75	51.92	171.81
1988	17.06	11.53	4.23	0.89	124.41	494.90	53.95	190.75
1989	16.92	11.92	4.26	0.94	123.04	522.78	55.05	187.99
1990	16.63	12.08	4.07	0.95	121.84	547.22	58.45	184.74
1991	15.79	12.85	4.00	0.94	122.52	588.77	61.70	219.51
1992	16.37	14.81	4.31	0.96	121.97	647.18	69.47	264.57
1993	17.23	16.24	4.26	0.98	123.25	712.34	76.00	312.18
1994	17.73	17.94	4.11	1.04	122.57	778.72	77.70	353.39
1995	21.59	23.34	4.50	1.13	124.54	835.81	79.15	394.74
1996	17.17	21.67	4.21	1.15	129.22	888.10	83.15	403.42

2－9 国内生产总值和指数

GROSS DOMESTIC PRODUCT AND ITS INDICES

本表绝对数按当年价格计算，指数桉可比价格计算。

The absolute figures in this table are calculated at current prices while the indices are calculated at comparable prices.

年份 Year	国民生产总值 Gross National Product	国内生产总值 Gross Domestic Product	第一产业 Primary Industry	第二产业 Secondary Industry	工业 Industry	建筑业 Construc－tion	第三产业 Tertiary Industry	#交通运输仓储邮电通信业 Transporta－tion, Post and Telecommunica－tions	#批发和零售贸易餐饮业 Whole－Sale, Retail & Catering Trade	人均国内生产总值(元) Per－Capita GDP (yuan)
绝对数(亿元) Absolute Figures (100 mil－lion yuan)										
1978	3624.1	3624.1	1018.4	1745.2	1607.0	138.2	860.5	172.8	265.5	379.0
1980	4517.8	4517.8	1359.4	2192.0	1996.5	195.5	966.4	205.0	213.6	460.0
1985	8989.1	8964.4	2541.6	3866.6	3448.7	417.9	2556.2	406.9	878.4	853.0
1987	11954.5	11962.5	3204.3	5251.6	4585.8	665.8	3506.6	544.9	1159.3	1104.0
1988	14922.3	14928.3	3831.0	6587.2	5777.2	810.0	4510.1	661.0	1618.0	1355.0
1989	16917.8	16909.2	4228.0	7278.0	6484.0	794.0	5403.2	786.0	1687.0	1512.0
1990	18598.4	18547.9	5017.0	7717.4	6858.0	859.4	5813.5	1147.5	1419.7	1634.0
1991	21662.5	21617.8	5288.6	9102.2	8087.1	1015.1	7227.0	1409.7	2087.0	1879.0
1992	26651.9	26638.1	5800.0	11699.5	10284.5	1415.0	9138.6	1681.8	2735.0	2287.0
1993	34560.5	34634.4	6882.1	16428.5	14143.8	2284.7	11323.8	2123.2	3090.7	2939.0
1994	46670.0	46759.4	9457.2	22372.2	19359.6	3012.6	14930.0	2685.9	4050.4	3923.0
1995	57494.9	58478.1	11993.0	28537.9	24718.3	3819.6	17947.2	3054.7	4932.3	4854.0
1996	67559.7	68593.8	13884.2	33612.9	29082.6	4530.3	21096.7	3494.0	5560.3	5634.0
指数Indices (1978＝100)										
1978	100.0	100.0	100.0	100.0	100.0	100.0	100.0	100.0	100.0	100.0
1980	116.0	116.0	104.6	122.9	122.4	129.2	114.2	113.8	107.4	113.0
1985	193.5	192.9	155.4	197.9	196.2	218.7	231.9	185.9	276.8	175.5
1987	234.1	234.3	168.1	248.1	243.6	298.7	297.4	230.7	347.3	206.6
1988	260.5	260.7	172.3	284.1	280.8	322.5	336.7	261.5	396.9	226.3
1989	271.5	271.3	177.6	294.8	295.0	295.3	354.8	273.8	363.8	231.9
1990	283.0	281.7	190.7	304.1	304.9	298.8	363.0	297.2	346.5	237.3
1991	308.8	307.6	195.2	346.3	348.8	327.4	395.0	330.5	362.1	255.6
1992	352.2	351.4	204.4	419.5	422.6	396.2	444.0	365.2	409.4	288.4
1993	398.4	398.8	214.0	502.8	507.5	467.5	491.3	410.5	436.4	323.6
1994	448.7	449.3	222.6	595.2	603.5	531.5	538.3	449.5	469.9	360.4
1995	489.1	496.5	233.7	677.7	688.2	597.4	583.4	503.4	497.6	394.0
1996	536.5	544.2	245.6	759.7	774.2	648.2	628.9	563.8	524.5	427.1
指数Indices (上年＝100) (preceding year＝100)										
1978	111.7	111.7	104.1	115.0	116.4	99.4	113.7	108.9	123.1	110.2
1980	107.8	107.8	98.5	113.6	112.7	126.7	105.9	105.7	98.7	106.5
1985	113.2	113.5	101.8	118.6	118.2	122.2	118.3	113.5	128.9	111.9
1987	111.5	111.6	104.7	113.7	113.2	117.9	114.4	110.0	113.5	109.8
1988	111.3	111.3	102.5	114.5	115.3	108.0	113.2	113.3	114.3	109.5
1989	104.2	104.1	103.1	103.8	105.1	91.6	105.4	104.7	91.7	102.5
1990	104.2	103.8	107.3	103.2	103.4	101.2	102.3	108.6	95.2	102.3
1991	109.1	109.2	102.4	113.9	114.4	109.6	108.8	111.2	104.5	107.7
1992	114.1	114.2	104.7	121.2	121.2	121.0	112.4	110.5	113.1	112.8
1993	113.1	113.5	104.7	119.9	120.1	118.0	110.7	112.4	106.6	112.2
1994	112.6	112.6	104.0	118.4	118.9	113.7	109.6	109.5	107.7	111.4
1995	109.0	110.5	105.0	113.9	114.0	112.4	108.4	112.0	105.9	109.3
1996	109.7	109.6	105.1	112.1	112.5	108.5	107.8	112.0	105.4	108.4

注: 1980 年以后一、二、三产业之和与国民生产总值的差额为国外净要素收入。

a) Since 1980, the difference between the total of primary, secondary & tertiary industries and gross national product has been the net factor income from abroad .

2-10 各地区国内生产总值和指数

GROSS DOMESTIC PRODUCT AND ITS INDICES BY REGION

本表绝对值按当年价格计算,指数按可比价格计算。

The absolute figures in this table are calculated at current prices while the indices are calculated at comparable prices.

地区 Region	国内生产总值 (亿元) Gross Domestic Product (100 million yuan)				指数 (上年=100) Indices (proceding year=100)			
	1993	1994	1995	1996	1993	1994	1995	1996
北京 Beijing	863.54	1084.03	1394.89	1615.73	112.1	113.5	112.4	109.2
天津 Tianjin	536.10	725.14	920.11	1102.40	112.1	114.3	114.9	114.3
河北 Hebei	1690.84	2187.49	2849.52	3452.97	117.7	114.9	113.9	113.5
山西 Shanxi	704.70	853.77	1092.48	1305.50	112.2	109.4	111.1	111.0
内蒙古 Inner Mongolia	532.71	681.92	832.88	984.78	110.6	110.1	109.1	112.7
辽宁 Liaoning	2010.82	2461.78	2793.37	3157.69	114.9	111.2	107.1	108.6
吉林 Jilin	717.95	936.78	1129.20	1337.16	112.8	114.3	109.7	113.7
黑龙江 Heilongjiang	1203.22	1618.63	2014.53	2402.58	107.6	108.8	109.6	110.5
上海 Shanghai	1511.61	1971.92	2462.57	2902.20	114.9	114.3	114.1	113.0
江苏 Jiangsu	2998.16	4057.39	5155.25	6004.21	120.7	116.5	115.4	112.2
浙江 Zhejiang	1909.49	2666.86	3524.79	4146.06	122.0	120.0	116.7	112.7
安徽 Anhui	1069.84	1488.47	2003.58	2339.25	121.0	120.7	114.3	114.4
福建 Fujian	1133.49	1685.34	2160.52	2606.92	125.2	121.7	115.2	115.4
江西 Jiangxi	723.06	948.16	1245.11	1517.26	113.7	117.0	114.5	113.4
山东 Shandong	2779.49	3872.18	5002.34	5960.42	118.5	116.3	114.2	112.2
河南 Henan	1662.76	2224.43	3002.74	3683.41	115.8	113.8	114.8	113.9
湖北 Hubei	1424.38	1878.65	2391.42	2970.20	114.3	115.2	114.6	113.2
湖南 Hunan	1278.28	1694.42	2195.70	2647.16	113.1	111.0	110.9	112.6
广东 Guangdong	3225.30	4240.56	5733.97	6519.14	122.3	119.1	114.9	110.7
广西 Guangxi	893.58	1241.83	1606.15	1869.62	121.2	116.0	115.3	110.3
海南 Hainan	258.08	330.95	364.17	389.53	120.9	111.9	104.3	104.8
四川 Sichuan	2096.48	2777.88	3534.00	4215.00	113.9	111.1	110.0	109.8
贵州 Guizhou	416.07	521.17	610.71	719.83	109.9	108.5	107.5	108.9
云南 Yunnan	779.21	973.97	1206.68	1491.62	110.6	111.6	111.2	110.4
西藏 Tibet	37.28	45.84	55.98	64.76	108.2	115.6	117.9	113.2
陕西 Shaanxi	671.37	816.58	994.65	1175.38	113.3	108.5	109.0	110.2
甘肃 Gansu	372.24	451.66	553.35	714.18	111.6	110.4	109.9	111.5
青海 Qinghai	109.62	138.24	165.31	183.57	109.6	108.2	108.0	108.6
宁夏 Ningxia	103.82	133.97	169.75	193.62	110.1	108.2	109.0	110.5
新疆 Xinjiang	505.63	673.68	825.11	912.15	110.3	110.9	109.0	106.4

2-11 各地区国内生产总值(1996年)

GROSS DOMESTIC PRODUCT BY REGION (1996)

本表按当年价格计算，指数按可比价格计算。

The absolute figure in this table are calculated at current prices while the indices are calculated at comparable prices.

地区 Region	国内生产总值(亿元) Gross Domestic Product (100 million yuan)	第一产业 Primary Industry	第二产业 Secondary Industry	工业 Industry	建筑业 Construction	第三产业 Tertiary Industry	#交通运输仓储邮电通信业 Transportation Postal and Telecommunications	#批发和零售贸易餐饮业 Commerce
北京 Beijing	1615.73	83.46	683.14	541.41	141.73	849.13	113.78	187.59
天津 Tianjin	1102.40	70.53	584.43	527.07	57.36	447.44	98.91	97.97
河北 Hebei	3452.97	700.94	1664.61	1463.18	201.43	1087.42	225.65	307.23
山西 Shanxi	1305.50	198.29	670.41	599.48	70.93	436.80	101.98	104.36
内蒙古 Inner Mongolia	984.78	312.82	387.29	322.53	64.76	284.67	83.43	71.13
辽宁 Liaoning	3157.69	474.09	1537.68	1379.07	158.61	1145.92	194.56	391.25
吉林 Jilin	1337.16	376.01	543.17	471.34	71.83	417.98	86.27	113.71
黑龙江 Heilongjiang	2402.58	465.82	1280.95	1160.00	120.95	655.81	104.09	197.28
上海 Shanghai	2902.20	71.58	1582.50	1439.14	143.36	1248.12	204.32	316.15
江苏 Jiangsu	6004.21	965.29	3074.12	2754.80	319.32	1964.80	314.91	621.01
浙江 Zhejiang	4146.06	609.18	2200.19	1962.80	237.39	1336.69	234.89	567.84
安徽 Anhui	2339.25	665.44	1097.37	1002.20	95.17	576.44	104.46	183.57
福建 Fujian	2606.92	560.47	1089.57	919.68	169.89	956.88	245.68	253.23
江西 Jiangxi	1517.26	440.00	588.82	483.35	105.47	488.44	101.64	108.31
山东 Shandong	5960.42	1200.17	2810.72	2500.07	310.65	1949.53	364.71	528.40
河南 Henan	3683.41	959.87	1718.98	1525.96	193.02	1004.56	216.12	236.19
湖北 Hubei	2970.20	716.34	1344.36	1218.47	125.89	909.50	138.41	301.17
湖南 Hunan	2647.16	793.98	1008.43	871.11	137.32	844.75	168.88	245.95
广东 Guangdong	6519.14	941.73	3269.35	2788.82	480.53	2308.06	497.68	671.22
广西 Guangxi	1869.62	580.47	710.13	626.08	84.05	579.02	111.95	200.72
海南 Hainan	389.53	143.54	81.32	46.83	34.49	164.67	27.64	54.48
四川 Sichuan	4215.00	1175.00	1773.41	1447.48	325.93	1266.59	164.45	375.46
贵州 Guizhou	719.83	260.56	257.82	225.00	32.82	201.45	24.22	50.01
云南 Yunnan	1491.62	364.27	672.82	595.26	77.56	454.53	66.87	151.75
西藏 Tibet	64.76	27.15	11.39	4.38	7.01	26.22	3.54	7.82
陕西 Shaanxi	1175.38	262.74	475.01	395.18	79.83	437.63	93.10	74.81
甘肃 Gansu	714.18	187.81	314.96	276.66	38.30	211.41	28.40	79.29
青海 Qinghai	183.57	39.46	71.52	53.86	17.66	72.59	10.56	16.31
宁夏 Ningxia	193.62	43.24	79.74	67.64	12.10	70.64	11.69	17.03
新疆 Xinjiang	912.15	249.31	336.89	239.46	97.43	325.95	66.75	90.36

续表 1 continued

本表按当年价格计算，指数按可比价格计算。

The absolute figure in this table are calculated at current prices while the indices are calculated at comparable prices.

地 区 Region	构 成 % Composition			指 数 Indices 1995＝100				人均国内生产总值（元）Per Capita GDP (yuan)
	第一产业 Primary Industry	第二产业 Secondary Industry	第三产业 Tertiary Industry	国内生产总值 Gross Domestic Product	第一产业 Primary Industry	第二产业 Secondary Industry	第三产业 Tertiary Industry	
北 京 Beijing	5.2	42.3	52.5	109.2	97.0	107.4	112.3	15044
天 津 Tianjin	6.4	53.0	40.6	114.3	108.2	114.3	115.4	12270
河 北 Hebei	20.3	48.2	31.5	113.5	105.5	116.6	113.0	5345
山 西 Shanxi	15.2	51.3	33.5	111.0	111.8	112.3	108.6	4220
内蒙古 Inner Mongolia	31.8	39.3	28.9	112.7	121.4	111.8	106.8	4259
辽 宁 Liaoning	15.0	48.7	36.3	108.6	112.6	107.8	108.4	7730
吉 林 Jilin	28.1	40.6	31.3	113.7	116.5	113.3	112.0	5163
黑龙江 Heilongjiang	19.4	53.3	27.3	110.5	112.1	110.5	109.3	6468
上 海 Shanghai	2.5	54.5	43.0	113.0	105.0	111.1	117.8	22275
江 苏 Jiangsu	16.1	51.2	32.7	112.2	107.7	112.3	114.3	8447
浙 江 Zhejiang	14.7	53.1	32.2	112.7	104.4	115.5	111.1	9455
安 徽 Anhui	28.5	46.9	24.6	114.4	107.6	119.3	110.6	3881
福 建 Fujian	21.5	41.8	36.7	115.4	110.0	117.6	115.6	8136
江 西 Jiangxi	29.0	38.8	32.2	113.4	108.5	117.1	113.2	3715
山 东 Shandong	20.1	47.2	32.7	112.2	106.6	114.1	112.7	6834
河 南 Henan	26.0	46.7	27.3	113.9	111.3	116.0	112.6	4032
湖 北 Hubei	24.1	45.3	30.6	113.2	104.5	118.3	112.1	5122
湖 南 Hunan	30.0	38.1	31.9	112.6	106.2	117.2	112.6	4130
广 东 Guangdong	14.4	50.2	35.4	110.7	105.0	112.4	109.9	9513
广 西 Guangxi	31.0	38.0	31.0	110.3	108.0	113.4	108.3	4081
海 南 Hainan	36.8	20.9	42.3	104.8	105.4	102.0	105.7	5500
四 川 Sichuan	27.9	42.1	30.0	109.8	105.2	112.5	109.8	3763
贵 州 Guizhou	36.2	35.8	28.0	108.9	103.8	112.6	109.2	2093
云 南 Yunnan	24.4	45.1	30.5	110.4	105.3	111.6	113.0	3715
西 藏 Tibet	41.9	17.6	40.5	113.2	104.2	90.7	134.9	2732
陕 西 Shaanxi	22.4	40.4	37.2	110.2	112.0	111.6	107.2	3313
甘 肃 Gansu	26.3	44.1	29.6	111.5	109.8	110.8	113.4	2901
青 海 Qinghai	21.5	39.0	39.5	108.6	103.7	110.1	109.5	3748
宁 夏 Ningxia	22.3	41.2	36.5	110.5	118.1	108.9	108.5	3731
新 疆 Xinjiang	27.3	36.9	35.8	106.4	103.5	108.2	107.1	5167

2-12 支出法国内生产总值

GROSS DOMESTIC PRODUCT CALCULATED WITH EXPENDITURE APPROACH

本表按当年价格计算。

The data in value terms in this table are calculated at current prices.

年份 Year	支出法国内生产总值(亿元) Gross Domestic Product with Expenditure Approach (100 million yuan)	最终消费 Final Consumption Expenditure	资本形成总额 Gross Capital Formation	货物和服务净出口 Net Export	资本形成率(投资率)(%) Capital Formation Rate (%)	最终消费率(消费率)(%) Final Consumption Rate (%)
1978	3605.6	2239.1	1377.9	-11.4	38.0	61.8
1979	4073.9	2619.4	1474.2	-19.7	36.5	64.9
1980	4551.3	2976.1	1590.0	-14.8	35.2	65.9
1981	4901.4	3309.1	1581.0	11.3	32.5	68.1
1982	5489.2	3637.9	1760.2	91.1	33.2	68.7
1983	6076.3	4020.5	2005.0	50.8	33.8	67.7
1984	7164.4	4694.5	2468.6	1.3	34.4	65.5
1985	8792.1	5773.0	3386.0	-366.9	37.8	64.4
1986	10132.8	6542.0	3846.0	-255.2	37.7	64.1
1987	11784.0	7451.2	4322.0	10.8	36.1	62.3
1988	14704.0	9360.1	5495.0	-151.1	36.8	62.7
1989	16466.0	10556.5	6095.0	-185.5	36.0	62.4
1990	18319.5	11365.2	6444.0	510.3	34.7	61.3
1991	21280.4	13145.9	7517.0	617.5	34.8	60.8
1992	25863.6	15952.1	9636.0	275.5	36.2	59.9
1993	34500.6	20182.1	14998.0	-679.5	43.3	58.3
1994	47110.9	27216.2	19260.6	634.1	41.2	58.2
1995	59404.9	34529.4	23877.0	998.5	40.8	59.0
1996	68498.2	40171.7	26867.2	1459.3	39.2	58.6

注：支出法国内生产总值不等于国内生产总值是由于计算误差的影响。

a) The gross domestic production calculated with expenditure approach is not equal to gross domestic product listed in table 2-12 due to statistical discrepancies.

2-13 支出法国内生产总值结构

STRUCTURE OF GROSS DOMESTIC PRODUCT CALCULATED WITH EXPENDITURE APPROACH

本表按当年价格计算。

Th data in value terms in this table are calculated at current prices.

年份 Year	最终消费 Final Consumption Expenditure 绝对数(亿元) Absolute Figure (100 million yuan) 居民消费 Household Consumption Expenditure	农业居民 Peasants	非农业居民 Non-Peasants	政府消费 Government Consumption Expenditure	比重 Proportion 最终消费=100 Final Consumption Expenditure=100 居民消费 Household Consumption Expenditure	政府消费 Government Consumption Expenditure	居民消费=100 Resident Consumption=100 农业居民 Peasants	非农业居民 Non-Peasants	资本形成总额 Gross Capital Formation 绝对数(亿元) Absolute Figures (100million yuan) 固定资本形成总额 Gross Fixed Capital Formation	存货增加 Changes in Inventories	比重(资本形成总额=100) Proportion (Gross Capital Formation=100) 固定资本形成总额 Gross Fixed Capital Formation	存货增加 Changes in Inventories
1978	1759.1	1092.4	666.7	480.0	78.6	21.4	62.1	37.9	1073.9	304.0	77.9	22.1
1979	2005.4	1259.7	745.7	614.0	76.6	23.4	62.8	37.2	1151.2	323.0	78.1	21.9
1980	2317.1	1427.3	889.8	659.0	77.9	22.1	61.6	38.4	1318.0	272.0	82.9	17.1
1981	2604.1	1630.8	973.3	705.0	78.7	21.3	62.6	37.4	1253.0	328.0	79.3	20.7
1982	2867.9	1826.5	1041.4	770.0	78.8	21.2	63.7	36.3	1493.2	267.0	84.8	15.2
1983	3182.5	2063.4	1119.1	838.0	79.2	20.8	64.8	35.2	1709.0	296.0	85.2	14.8
1984	3674.5	2385.7	1288.8	1020.0	78.3	21.7	64.9	35.1	2125.6	343.0	86.1	13.9
1985	4589.0	2921.5	1667.5	1184.0	79.5	20.5	63.7	36.3	2641.0	745.0	78.0	22.0
1986	5175.0	3210.0	1965.0	1367.0	79.1	20.9	62.0	38.0	3098.0	748.0	80.6	19.4
1987	5961.2	3630.1	2331.1	1490.0	80.0	20.0	60.9	39.1	3742.0	580.0	86.6	13.4
1988	7633.1	4473.2	3159.9	1727.0	81.5	18.5	58.6	41.4	4624.0	871.0	84.1	15.9
1989	8523.5	4919.8	3603.7	2033.0	80.7	19.3	57.7	42.3	4339.0	1756.0	71.2	28.8
1990	9113.2	5129.1	3984.1	2252.0	80.2	19.8	56.3	43.7	4732.0	1712.0	73.4	26.6
1991	10315.9	5639.8	4676.1	2830.0	78.5	21.5	54.7	45.3	5940.0	1577.0	79.0	21.0
1992	12459.8	6571.6	5888.2	3492.3	78.1	21.9	52.7	47.3	8317.0	1319.0	86.3	13.7
1993	15682.4	7867.2	7815.2	4499.7	77.7	22.3	50.2	49.8	12980.0	2018.0	86.5	13.5
1994	21230.0	10491.3	10738.7	5986.2	78.0	22.0	49.4	50.6	16856.3	2404.3	87.5	12.5
1995	27838.9	13663.6	14175.3	6690.5	80.6	19.4	49.1	50.9	20300.5	3576.5	85.0	15.0
1996	32588.7	16284.4	16304.3	7583.0	81.1	18.9	50.0	50.0	23336.1	3531.1	86.9	13.1

2-14 各地区支出法国内生产总值(1995年)

GROSS DOMESTIC PRODUCT CALCULATED WITH EXPENITURE APPROACH BY REGION (1995)

本表按当年价格计算。

The data in value terms in this table are calculated at current prices.

地　区 Region	支出法国内生产总值(亿元) Gross Domestic Product with Expenditure Approach (100 million yuan)	最终消费 Final Consumption Expenditure	资本形成总额 Gross Capital Formation	货物和服务净出口 Net Export	资本形成率(投资率)(%) Capital Formation Rate (%)	最终消费率(消费率)(%) Final Consumption Rate (%)
北　京 Beijing	1694.89	506.58	1256.28	-67.97	90.1	36.3
天　津 Tianjin	920.11	386.99	524.77	8.35	57.0	42.1
河　北 Hebei	2849.52	1348.75	1226.07	274.70	43.0	47.3
山　西 Shanxi	1090.29	627.23	412.42	50.64	37.8	57.4
内蒙古 Inner Mongolia	815.82	505.84	372.98	-63.00	44.8	60.7
辽　宁 Liaoning	2793.38	1501.84	1046.61	244.93	37.5	53.8
吉　林 Jilin	1139.40	703.38	474.32	-38.30	42.0	62.3
黑龙江 Heilongjiang	2006.48	1201.53	724.46	80.49	36.0	59.6
上　海 Shanghai	2462.57	1085.33	1551.20	-173.96	63.0	44.1
江　苏 Jiangsu	5119.17	2250.66	2479.30	389.21	48.1	43.7
浙　江 Zhejiang	3569.15	1495.24	1786.79	287.12	50.7	42.4
安　徽 Anhui	2003.58	1174.65	824.61	4.32	41.2	58.6
福　建 Fujian	2160.52	1160.68	996.17	3.67	46.1	53.7
江　西 Jiangxi	1217.13	790.36	444.93	-18.16	35.7	63.5
山　东 Shandong	4895.26	2479.05	2247.58	168.63	44.9	49.6
河　南 Henan	3002.74	1595.23	1244.31	163.20	41.4	53.1
湖　北 Hubei	2435.04	1333.82	987.03	114.19	41.3	55.8
湖　南 Hunan	2195.70	1396.88	800.50	-1.68	36.5	63.6
广　东 Guangdong	5733.97	3189.84	2381.31	162.82	41.5	55.6
广　西 Guangxi	1606.15	1041.93	632.47	-68.25	39.4	64.9
海　南 Hainan	364.17	188.50	219.21	-43.54	60.2	51.8
四　川 Sichuan	3534.00	2193.23	1346.15	-5.38	38.1	62.1
贵　州 Guizhou	628.98	513.46	235.94	-120.42	38.6	84.1
云　南 Yunnan	1206.68	689.39	492.77	24.52	40.8	57.1
西　藏 Tibet	69.65	37.14	32.56	-0.05	58.2	66.3
陕　西 Shaanxi	1000.03	673.42	480.48	-153.87	48.3	67.7
甘　肃 Gansu	553.35	376.81	222.57	-46.03	40.2	68.1
青　海 Qinghai	165.81	112.24	77.67	-24.10	47.0	67.9
宁　夏 Ningxia	169.75	113.31	82.45	-26.01	48.6	66.8
新　疆 Xinjiang	825.11	495.56	473.70	-144.15	57.4	60.1

2－15 各地区资本形成总额及构成 (1995年)

GROSS CAPITAL FORMATION AND IT'S COMPOSITION BY REGION (1995)

本表按当年价格计算。
The data in value terms in this table are calculated at current prices.

地区 Region	资本形成总额 (亿元) Gross Capital Formation (100 million yuan)	固定资本形成总额 Gross Fixed Capital Formation	存货增加 Changes in Inventories	资本形成总额=100 Total=100 固定资本形成总额 Gross Fixed Capital Formation	存货增加 Changes in Inventories
北京 Beijing	1256.28	888.31	367.97	70.7	29.3
天津 Tianjin	524.77	428.48	96.29	81.7	18.3
河北 Hebei	1226.07	955.21	270.86	77.9	22.1
山西 Shanxi	412.42	314.06	98.36	76.2	23.8
内蒙古 Inner Mongolia	372.98	273.16	99.82	73.2	26.8
辽宁 Liaoning	1046.61	884.95	161.66	84.6	15.4
吉林 Jilin	474.32	358.14	116.18	75.5	24.5
黑龙江 Heilongjiang	724.46	558.80	165.66	77.1	22.9
上海 Shanghai	1551.20	1380.85	170.35	89.0	11.0
江苏 Jiangsu	2479.30	1756.88	722.42	70.9	29.1
浙江 Zhejiang	1786.79	1357.90	428.89	76.0	24.0
安徽 Anhui	824.61	619.07	205.54	75.1	24.9
福建 Fujian	996.17	716.17	280.00	71.9	28.1
江西 Jiangxi	444.93	325.55	119.38	73.2	26.8
山东 Shandong	2247.58	1481.10	766.48	65.9	34.1
河南 Henan	1244.31	874.87	369.44	70.3	29.7
湖北 Hubei	987.03	778.25	208.78	78.8	21.2
湖南 Hunan	800.50	534.12	266.38	66.7	33.3
广东 Guangdong	2381.31	2059.43	321.88	86.5	13.5
广西 Guangxi	632.47	423.37	209.10	66.9	33.1
海南 Hainan	219.21	192.64	26.57	87.9	12.1
四川 Sichuan	1346.15	1042.79	303.36	77.5	22.5
贵州 Guizhou	235.94	185.09	50.85	78.4	21.6
云南 Yunnan	492.77	395.03	97.74	80.2	19.8
西藏 Tibet	32.56	29.72	2.84	91.3	8.7
陕西 Shaanxi	480.48	358.75	121.73	74.7	25.3
甘肃 Gansu	222.57	141.98	80.59	63.8	36.2
青海 Qinghai	77.67	57.48	20.19	74.0	26.0
宁夏 Ningxia	82.45	70.12	12.33	85.0	15.0
新疆 Xinjiang	473.70	377.90	95.80	79.8	20.2

2－16 各地区最终消费及构成(1995年)

FINAL CONSUMPTION EXPENDITURE AND IT'S COMPOSITION BY REGION(1995)

本表按当年价格计算。
The data in value terms in this table are calculated at current prices.

地区 Region	最终消费(亿元) Final Consumption Expenditure (100 million yuan)	居民消费 Household Consumption	农业居民 Peasants	非农业居民 Non-Peasants	政府消费 Government Consumption	最终消费＝100 Final Consumption Expenditure＝100: 居民消费 Household Consumption	最终消费＝100 Final Consumption Expenditure＝100: 政府消费 Government Consumption	居民消费＝100 Household Consumption Expenditure＝100: 农业居民 Peasants	居民消费＝100 Household Consumption Expenditure＝100: 非农业居民 Non-Peasants
北京 Beijing	506.58	375.46	78.53	296.93	131.12	74.1	25.9	20.9	79.1
天津 Tianjin	386.99	301.66	71.61	230.05	85.33	78.0	22.0	23.7	76.3
河北 Hebei	1348.75	1081.09	684.96	396.13	267.66	80.2	19.8	63.4	36.6
山西 Shanxi	627.23	486.52	235.36	251.16	140.71	77.6	22.4	48.4	51.6
内蒙古 Inner Mongolia	505.84	395.88	194.48	201.40	109.96	78.3	21.7	49.1	50.9
辽宁 Liaoning	1501.84	1177.59	350.38	827.21	324.25	78.4	21.6	29.8	70.2
吉林 Jilin	703.38	586.17	191.08	395.09	117.21	83.3	16.7	32.6	67.4
黑龙江 Heilongjiang	1201.53	976.62	295.29	681.33	224.91	81.3	18.7	30.2	69.8
上海 Shanghai	1085.33	872.67	167.39	705.28	212.66	80.4	19.6	19.2	80.8
江苏 Jiangsu	2250.66	1806.43	1029.92	776.51	444.23	80.3	19.7	57.0	43.0
浙江 Zhejiang	1495.24	1235.98	762.32	473.66	259.26	82.7	17.3	61.7	38.3
安徽 Anhui	1174.65	996.10	642.33	353.77	178.55	84.8	15.2	64.5	35.5
福建 Fujian	1160.68	930.89	651.55	279.34	229.79	80.2	19.8	70.0	30.0
江西 Jiangxi	790.36	629.78	401.86	227.92	160.58	79.7	20.3	63.8	36.2
山东 Shandong	2479.05	1688.25	879.61	808.64	790.80	68.1	31.9	52.1	47.9
河南 Henan	1595.23	1253.06	819.64	433.42	342.17	78.6	21.4	65.4	34.6
湖北 Hubei	1333.82	1122.60	564.83	557.77	211.22	84.2	15.8	50.3	49.7
湖南 Hunan	1396.88	1108.78	674.09	434.69	288.10	79.4	20.6	60.8	39.2
广东 Guangdong	3189.84	2586.46	1140.81	1445.65	603.38	81.1	18.9	44.1	55.9
广西 Guangxi	1041.93	754.12	430.25	323.87	287.81	72.4	27.6	57.1	42.9
海南 Hainan	188.50	153.09	82.87	70.22	35.41	81.2	18.8	54.1	45.9
四川 Sichuan	2193.23	1806.84	1122.12	684.72	386.39	82.4	17.6	62.1	37.9
贵州 Guizhou	513.46	427.66	269.16	158.50	85.80	83.3	16.7	62.9	37.1
云南 Yunnan	689.39	588.14	360.48	227.66	101.25	85.3	14.7	61.3	38.7
西藏 Tibet	37.14	28.13	15.39	12.74	9.01	75.7	24.3	54.7	45.3
陕西 Shaanxi	673.42	503.25	264.35	238.90	170.17	74.7	25.3	52.5	47.5
甘肃 Gansu	376.81	283.40	151.39	132.01	93.41	75.2	24.8	53.4	46.6
青海 Qinghai	112.24	81.41	33.72	47.69	30.83	72.5	27.5	41.4	58.6
宁夏 Ningxia	113.31	83.81	41.01	42.80	29.50	74.0	26.0	48.9	51.1
新疆 Xinjiang	495.56	371.63	147.50	224.13	123.93	75.0	25.0	39.7	60.3

2－17 各地区国内生产总值项目结构(1996年)

STRUCTURE OF GROSS DOMESTIC PRODUCT BY REGION (1996)

本表按当年价格计算。

The data in value terms are calculated at current prices.

地区 Region	国内生产总值(亿元) Gross Domestic Product (100 million yuan)	劳动者报酬 Compensation of Laborers	固定资产折旧 Depreciation of Fixed Assets	生产税净额 Net Taxes on Production Net	营业盈余 Operating Surplus
北京 Beijing	1615.73	774.08	245.29	265.51	330.85
天津 Tianjin	1102.40	545.24	174.01	134.54	248.61
河北 Hebei	3452.97	1875.94	397.65	355.78	823.60
山西 Shanxi	1305.50	669.51	160.87	184.49	290.63
内蒙古 Inner Mongolia	984.78	546.00	113.41	105.18	220.19
辽宁 Liaoning	3157.69	1569.15	465.00	343.80	779.74
吉林 Jilin	1337.16	822.65	185.28	165.34	163.89
黑龙江 Heilongjiang	2402.58	1153.23	343.08	433.83	472.44
上海 Shanghai	2902.20	1033.61	364.22	572.60	931.77
江苏 Jiangsu	6004.21	3077.55	771.27	704.40	1450.99
浙江 Zhejiang	4146.06	1924.43	346.66	489.57	1385.40
安徽 Anhui	2339.25	1501.81	280.85	177.23	379.36
福建 Fujian	2606.92	1349.76	290.32	260.58	706.26
江西 Jiangxi	1517.26	954.42	155.07	139.36	268.41
山东 Shandong	5960.42	2636.66	827.80	661.96	1834.00
河南 Henan	3683.41	2401.41	482.39	453.29	346.32
湖北 Hubei	2970.20	1795.64	369.88	372.31	432.37
湖南 Hunan	2647.16	1729.81	341.55	266.55	309.25
广东 Guangdong	6519.14	3268.21	1020.08	1005.56	1225.29
广西 Guangxi	1869.62	1274.03	158.21	182.02	255.36
海南 Hainan	389.53	228.67	54.73	41.85	64.28
四川 Sichuan	4215.00	2416.74	490.07	483.91	824.28
贵州 Guizhou	719.83	465.34	80.98	118.52	54.99
云南 Yunnan	1491.62	705.72	199.78	310.74	275.38
西藏 Tibet	64.76	52.85	6.41	−0.22	5.72
陕西 Shaanxi	1175.38	716.36	155.59	130.20	173.23
甘肃 Gansu	714.18	389.92	92.25	113.36	118.65
青海 Qinghai	183.57	116.54	25.68	16.13	25.22
宁夏 Ningxia	193.62	115.89	28.46	22.26	27.01
新疆 Xinjiang	912.15	511.03	154.58	111.21	135.33

2-18 1995年投入产出基本流量表(中间使用部分)

INTERMEDIATE USE PART OF 1995 INPUT-OUTPUT TABLE

按当年生产者价格计算。
The data were calculated at producers' prices in 1992.
单位：万元 (10 000 yuan)

投入 Input \ 产出 Output	农业 Agriculture	工业 Industry	建筑业 Construction	运输邮电业 Transportation, Post and Telecommunications	商业饮食业 Commerce and Catering Trade	其他服务部门 Other Service Sectors	中间使用合计 Total Intermediate Use
总投入 Total Input	**90847123**	**372118928**	**52030280**	**26662523**	**63489121**	**79491794**	**684639769**
中间投入合计 Intermediate Input	**32320983**	**265870471**	**36634630**	**11725942**	**34394559**	**37250351**	**418196936**
农业 Agriculture	12653608	29247230	184269	2506	2065375	421855	44574843
工业 Industry	14229317	186992162	29328713	9054416	15271999	20968001	275844608
建筑业 Construction	12530	167906	357012	37166	570324	1178596	2323534
运输邮电业 Transport, Postal & Telecommunications Services	1018496	6599420	1552957	377377	7032259	3276734	19857243
商业饮食业 Commerce and Catering Trade	1959306	27786989	4469686	1300495	2546908	3607492	41670876
其他服务部门 Other Service Sectors	2447726	15076764	741993	953982	6907694	7797673	33925832
增加值 Value Added	**58526140**	**106248457**	**15395650**	**14936581**	**29094562**	**42241443**	**266442833**
固定资产折旧 Total Depreciation of Fixed Assets	2036620	18435526	1224191	3611927	2114167	7951331	35373762
劳动者报酬 Remuneration for Labourers	49304449	27700227	9908738	3820262	9194911	20595802	120524389
生产税净额 Net Taxes on Production	2325824	24231572	1421415	1302617	885133	2571847	32738408
营业盈余 Operating Surplus	4859247	35881132	2841306	6201775	16900351	11122463	77806274

2-19 1995年投入产出基本流量表(最终使用部分)

FINAL USE PART OF 1995 INPUT-OUTPUT TABLE

按当年生产者价格计算。
The data were calculated at producers' prices in 1992.
单位：万元 (10 000 yuan)

投入 Input \ 产出 Output	最终使用 Final Use				
	最终消费 Final Consumption Expenditure				
	居民最终消费 Household Consumption Expenditure			政府消费 Government Consumption Expenditure	合计 Total Consumption
	农业居民 Peasants	非农业居民 Non-Peasants	小计 Subtotal		
中间投入合计 Intermediate Input	**65720000**	**58880000**	**124600000**	**41310790**	**165910790**
农业 Agriculture	28067406	14129294	42196700	36387	42233087
工业 Industry	25948606	28726247	54674853	2443940	57118793
建筑业 Construction	0	0	0	0	0
运输邮电业 Transportation, Postal & Telecommunications Services	2388312	1896045	4284357	46989	4331346
商业饮食业 Commerce and Catering Trade	5554611	6378519	11933130	6025945	17959075
其他服务部门 Other Service Sectors	3761065	7749895	11510960	32757529	44268489

续表 1 continued

按当年生产者价格计算。

The data were calculated at producers' prices in 1992.

单位: 万元 (10 000 yuan)

产 出 Output / 投 入 Input	最终使用 Final Use: 资本形成总额 Catipal Formation: 固定资本形成总额 Gross Fixed Capital Formation	存货增加 Changes in Inven-tories	小计 Subtotal	净出口 Net Export	最终使用合计 Total of Final Use	其他 Others	总产出 Total Output
中间投入合计 Intermediate Input	**83170000**	**13190050**	**96360050**	**2507565**	**264778405**	**1664428**	**684639769**
农业 Agriculture	2172709	1522858	3695567	756475	46685129	−412849	90847123
工业 Industry	27109316	9512759	36622075	1212651	94953519	1320801	372118928
建筑业 Construction	49697119	0	49697119	0	49697119	9627	52030280
运输邮电业 Transportation, Postal & Telecommunications Serxices	370743	−31843	338900	1959481	6629727	175553	26662523
商业饮食业 Commerce and Catering Trade	3617970	2186276	5804246	−2283003	21480318	337927	63489121
其他服务部门 Other Service Sectors	202143	0	202143	861961	45332593	233369	79491794

2−20 投入产出直接消耗系数表 (1995年)

DIRECT INPUT COEFFICIENT OF INPUT−OUTPUT TABLE (1995)

产 出 Output / 投 入 Input	农业 Agriculture	工业 Industry	建筑业 Construction	运输邮电业 Transport, Post, & Telecommu-nications	商业饮食业 Commerce and Catering Trade	其他服务部门 Other Service Sectors
总投入 Total Input	**1.0000000**	**1.0000000**	**1.0000000**	**1.0000000**	**1.0000000**	**1.0000000**
中间投入合计 Intermediate Input	**0.3557736**	**0.7144772**	**0.7041020**	**0.4397912**	**0.5417395**	**0.4686063**
农业 Agriculture	0.1392848	0.0785965	0.0035416	0.0000940	0.0325312	0.0053069
工业 Industry	0.1566295	0.5025068	0.5636854	0.3395938	0.2405449	0.2637755
建筑业 Construction	0.0001379	0.0004512	0.0068616	0.0013939	0.0089830	0.0148267
运输邮电业 Transport, Postal & Telecommunications Services	0.0112111	0.0177346	0.0298471	0.0141536	0.1107633	0.0412210
商业饮食业 Commerce and Catering Trade	0.0215670	0.0746723	0.0859055	0.0487761	0.0401158	0.0453821
其他服务部门 Other Service Sectors	0.0269433	0.0405158	0.0142608	0.0357798	0.1088013	0.0980941
增加值 Value Added	**0.6442264**	**0.2855228**	**0.2958980**	**0.5602088**	**0.4582605**	**0.5313937**
固定资产折旧 Total Depreciation of Fixed Assets	0.0224181	0.0495420	0.0235284	0.1354683	0.0332997	0.1000271
劳动者报酬 Remuneration for Labourers	0.5427186	0.0744392	0.1904419	0.1432821	0.1448266	0.2590934
生产税净额 Net Taxes on Produc-tion	0.0256015	0.0651178	0.0273190	0.0488557	0.0139415	0.0323536
营业盈余 Operating Surplus	0.0534882	0.0964238	0.0546087	0.2326027	0.2661927	0.1399196

2-21 投入产出完全消耗系数表 (1995年)
TOTAL INPUT COEFFICIENTS OF INPUT-OUTPUT TABLE (1995)

产出 Output / 投入 Input		农业 Agriculture	工业 Industry	建筑业 Construction	运输邮电业 Transportation Post & Telecommunications	商业饮食业 Commerce and Catering Trade	其他服务部门 Other Service Sectors
农业	Agriculture	0.2081519	0.2181772	0.1419033	0.0842240	0.1160678	0.0829405
工业	Industry	0.4740941	1.2993510	1.4124180	0.8615646	0.7930748	0.7777706
建筑业	Construction	0.0020550	0.0049655	0.0113053	0.0044944	0.0134473	0.0189715
运输邮电业	Transportation, post & Telecommunications	0.0328920	0.0715177	0.0863221	0.0493599	0.1497770	0.0780257
商业饮食业	Commerce and Catering Trade	0.0690521	0.1942918	0.2132931	0.1272874	0.1234572	0.1230838
其他服务部门	Other Service Sectors	0.0670569	0.1361644	0.1128342	0.0982756	0.1807768	0.1644238

2-22 民族自治地方行政区划 (1996年)
ADMINISTRATIVE DIVISION OF MINORITY NATIONAL AUTONOMOUS AREAS (1996)

单位:个 (unit)

省级单位名称 Provinces and Autonomous Regions	地级 Number of Prefectures	#地级市 Cities at Prefectural Level	县级 Number of Counties	#县级市 Cities at County Level	省级单位名称 Provinces and Autonomous Regions	地级 Number of Prefectures	#地级市 Cities at Prefectural Level	县级 Number of Counties	#县级市 Cities at County Level
全国 National Total	78	17	644	73	广西 Guangxi	15	8	81	10
河北 Hebei			6		海南 Hainan			7	
内蒙古 Inner Mongolia	12	4	85	16	四川 Sichuan	3		55	1
辽宁 Liaoning			8		贵州 Guizhou	3		46	4
吉林 Jilin	1		11	6	云南 Yunnan	8		79	8
黑龙江 Heilongjiang			1		西藏 Tibet	7	1	77	1
浙江 Zhejiang			1		甘肃 Gansu	2		21	2
湖北 Hubei	1		10	2	青海 Qinghai	6		35	2
湖南 Hunan	1		15	1	宁夏 Ningxia	4	2	18	3
广东 Guangdong			3		新疆 Xinjiang	15	2	85	17

2-23 民族自治地方自然资源
NATURAL RESOURCES IN MINORITY NATIONAL AUTONOMOUS AREAS

项　目 Item	1996	占全国% Percentage to National Total
总面积 (万平方公里) Total Area (10 000 sq.km)	616.29	64.2
牧区、半农半牧区草原面积 (万公顷) Area of Grasslands in Pastoral and Semi-pastoral Areas (10 000 hectares)	30000.00	75.0
森林面积 (万公顷) Area of Forest (10 000 hectares)	5648.00	43.9
林木蓄积量 (亿立方米) Stock Volume of the Forest (100 million cu.m)	52.49	55.9
水力资源蕴藏量 (亿千瓦) Hydropower Resources (100 million kw)	4.46	65.9

2-24 民族自治地方人口
POPULATION IN MINORITY NATIONAL AUTONOMOUS AREAS

(1996年底) (End of 1996)

地区 Region	总人口 (万人) Total Population in Minority Areas (10 000 persons)	#少数民族人口 Minority Population	少数民族人口占自治地方总人口比重(%) Minority Population as Percentage to Total Population in Minority Areas (%)	地区 Region	总人口 (万人) Total Population in Minority Areas (10 000 persons)	#少数民族人口 Minority Population	少数民族人口占自治地方总人口比重(%) Minority Population as Percentage to Total Population in Minority Areas (%)
全　国 National Total	16224.9	7390.7	45.6	广　西 Guangxi	4546.0	1752.0	38.5
河　北 Hebei	189.2	102.7	54.3	海　南 Hainan	184.1	86.4	46.9
内蒙古 Inner Mongolia	2263.0	442.9	19.6	四　川 Sichuan	850.5	461.6	54.3
辽　宁 Liaoning	335.1	130.6	39.0	贵　州 Guizhou	1424.2	805.7	56.6
吉　林 Jilin	325.4	116.6	35.8	云　南 Yunnan	1997.1	1079.7	54.1
黑龙江 Heilongjiang	24.6	5.2	21.1	西　藏 Tibet	239.3	232.4	97.1
浙　江 Zhejiang	17.4	1.7	9.8	甘　肃 Gansu	298.3	164.2	55.0
湖　北 Hubei	437.9	215.7	49.1	青　海 Qinghai	296.5	175.8	59.3
湖　南 Hunan	541.3	376.7	69.6	宁　夏 Ningxia	521.2	178.7	34.3
广　东 Guangdong	44.5	16.9	38.0	新　疆 Xinjiang	1689.3	1046.0	61.9

2－25 全国少数民族分布的主要地区

GEOGRAPHIC DISTRIBUTION OF MINORITY NATIONALITIES

人口数为1990 年人口普查资料。

Figures of population are obtained from the Population Census in 1990.

民　族	Nationality	分布的主要地区	Main Geograpraphic Distribution	人口数(人) Polulation (person)
蒙古族	Mongolian	内蒙古、辽宁、吉林、河北、黑龙江、新疆、青海、甘肃	Inner Mongolia, Liaoning, Jilin, Hebei, Heilongjiang, Xinjiang, Qinghai and Gansu	4802407
回族	Hui	宁夏、甘肃、河南、新疆、青海、云南、河北、山东、安徽、辽宁、北京、内蒙古、天津、黑龙江、陕西、贵州、吉林、江苏、四川	Ningxia, Gansu, Henan, Xinjiang, Qinghai, Yunnan, Hebei, Shandong, Anhui, Liaoning, Beijing, Inner Mongolia, Tianjin, Heilongjiang, Shaanxi, Guizhou, Jilin, Jiangsu and Sichuan	8612001
藏族	Tibetan	西藏、四川、青海、甘肃、云南	Tibet, Sichuan, Qinghai, Gansu and Yunnan	4593072
维吾尔族	Uygur	新疆	Xinjiang	7207024
苗族	Miao	贵州、湖南、云南、四川、广西、湖北、海南	Guizhou, Hunan, Yunnan, Sichuan, Guangxi Hubei and Hainan	7383622
彝族	Yi	云南、四川、贵州	Yunnan, Sichuan and Guizhou	6578524
壮族	Zhuang	广西、云南、广东	Guangxi Yunnan and Guangdong	15555820
布依族	Bouyei	贵州、云南	Guizhou and Yunnan	2548294
朝鲜族	Korean	吉林、黑龙江、辽宁、内蒙古	Jilin, Heilongjiang, Liaoning, and Inner Mongolia	1923361
满族	Man	辽宁、河北、黑龙江、吉林、内蒙古、北京	Liaoning, Hebei, Heilongjiang, Jilin, Inner Mongolia and Beijing	9846776
侗族	Dong	贵州、湖南、广西、湖北	Guizhou, Hunan, Guangxi and Hubei	2508624
瑶族	Yao	广西、湖南、云南、广东、贵州	Guangxi, Hunan, Yunnan, Guangdong and Guizhou	2137033
白族	Bai	云南、贵州、湖南	Yunnan, Guizhou and Hunan	1598052
土家族	Tujia	湖南、湖北、四川、贵州	Hunan, Hubei, Sichuan and Guizhou	5725049
哈尼族	Hani	云南	Yunnan	1254800
哈萨克族	Kazak	新疆、甘肃	Xinjiang and Gansu	1110758
傣族	Dai	云南	Yunnan	1025402
黎族	Li	海南、贵州	Hainan and Guizhou	1112498
傈僳族	Lisu	云南、四川	Yunnan and Sichuan	574589
佤族	Va	云南	Yunnan	351980
畲族	She	福建、浙江、江西、广东	Fujian, Zhejiang, Jiangxi and Guangdong	634700
高山族	Gaoshan	台湾、福建	Taiwan and Fujian	2877
拉祜族	Lahu	云南	Yunnan	411545
水族	Shui	贵州、广西	Guizhou and Guangxi	347116
东乡族	Dongxiang	甘肃、新疆	Gansu and Xinjiang	373669
纳西族	Naxi	云南	Yunnan	277750
景颇族	Jingpo	云南	Yunnan	119276
柯尔克孜族	Kirgiz	新疆	Xinjiang	143537
土族	Tu	青海、甘肃	Qinghai and Gansu	192568
达斡尔族	Daur	内蒙古、黑龙江	Inner Mongolia and Heilongjiang	121463
仫佬族	Mulam	广西	Guangxi	160648
羌族	Qiang	四川	Sichuan	198303
布朗族	Blang	云南	Yunnan	82398
撒拉族	Salar	青海、甘肃	Qinghai and Gansu	87546
毛南族	Maonan	广西	Guangxi	72370
仡佬族	Gelo	贵州	Guizhou	438192
锡伯族	Xibe	辽宁、新疆	Liaoning and Xinjiang	172932
阿昌族	Achang	云南	Yunnan	27718
普米族	Primi	云南	Yunnan	29721
塔吉克族	Tajik	新疆	Xinjiang	33223
怒族	Nu	云南	Yunnan	27190
乌孜别克族	Uzbek	新疆	Xinjiang	14763
俄罗斯族	Russian	新疆、黑龙江	Xinjiang and Heilongjiang	13500
鄂温克族	Ewenki	内蒙古	Inner Mongolia	26379
德昂族	Deang	云南	Yunnan	15461
保安族	Baoan	甘肃	Gansu	11683
裕固族	Yugur	甘肃	Gansu	12293
京族	Jing	广西	Guangxi	18749
塔塔尔族	Tatar	新疆	Xinjiang	5064
独龙族	Derung	云南	Yunnan	5825
鄂伦春族	Oroqen	黑龙江、内蒙古	Heilongjiang and Inner Mongolia	7004
赫哲族	Hezhen	黑龙江	Heilongjiang	4254
门巴族	Monba	西藏	Tibet	7498
珞巴族	Lhoba	西藏	Tibet	2322
基诺族	Jino	云南	Yunnan	18022

2-26 民族自治地方经济和少数民族文化教育

MAIN ECONOMIC INDICATORS OF MINORITY NATIONALITY AUTONOMOUS AREAS AND EDUCATION AND PUBLICATIONS FOR MINORITY NATIONALITIES

指　标	Item	1978	1985	1990	1995	1996
一、民族自治地方社会经济	**Ⅰ.Economic and Social Performance of Minority Nationality Autonomous Areas**					
工农业总产值 (亿元)	**Gross Output Value of Agriculture and Industry (100 million yuan)**	**367.7**	**1208.3**	**2272.8**	**6245.0**	**6857.7**
农业总产值	Gross Output Value of Agriculture	155.6	436.5	977.8	2243.0	2947.2
工业总产值	Gross Output Value of Industry	212.1	771.7	1295.1	400.9	3910.5
国有单位基本建设投资 (亿元)	**Capital Construction Investment of State-Owned Units (100 million yuan)**	**53.0**	**114.7**	**164.3**	**681.6**	**737.6**
农业	**Agriculture**					
耕地面积 (万公顷)	Cultivated Area (10 000 hectares)	1640	1747	1767	1839	1805
灌溉面积 (万公顷)	Irrigated Area (10 000 hectares)	601	685	764	837.8	898.6
粮食产量 (万吨)	Grain Yield (10 000 tons)	3124	4006	5373	6413	6799
棉花产量 (万吨)	Cotton Yield (10 000 tons)	5.97	19.36	47.40	94.20	94.99
大牲畜 (万头)	Large Domestic Animals (10 000 heads)	3807	4749	5286	4876	7261
羊 (万只)	Goats and Sheep (10 000 heads)	9580	9757	11362	11799	12208
猪 (万头)	Hogs (10 000 heads)	3260	4533	5665	7238	7139
工　业	**Industry**					
钢产量 (万吨)	Steel Output (10 000 tons)	128.5	232.5	368.3	700.0	722.1
生铁产量 (万吨)	Pig Iron Output (10 000 tons)	168.2	258.1	417.0	635.1	663.7
原煤产量 (万吨)	Coal Output (10 000 tons)	6081	8597	12077	14806	17205
原油产量 (万吨)	Crude Oil Output (10 000 tons)	577.7	804.9	1265.0	1609.6	1813.0
发电量 (亿千瓦小时)	Electric Power (100 million kwh)	174	389	738.5	1186.5	1228.9
木材产量 (万立方米)	Timber Output (10 000 cu.m)	1212	1826	1761	3257	7891.9
棉布产量 (亿米)	Cloth Output (100 million m)	3.73	5.42	7.37	6.92	6.17
运输邮电	**Transportation, Postal and Telecommunications Services**					
铁路通车里程 (公里)	Length of Railways in Operation (km)	9018	12495	13064	16979	17641
公路里程 (万公里)	length of Highways (10 000 km)	20.80	25.41	29.20	33.21	36.33
邮路总长度 (万公里)	Total Length of Postal Routes (10 000 km)	94.75	90.40	88.02	105.32	108.00
商　业	**Domestic Trade**					
社会商品零售总额 (亿元)	Total Retail Sales (100 million yuan)	150.80	411.60	780.57	1645.69	1867.40
国内纯购进总额 (亿元)	Total Amount Final Domestic Purchases (100 million yuan)	103.30	237.70	610.60	2541.73	2531.48
卫　生	**Public Health**					
卫生机构 (个)	Number of Health Institutions	23934	30432	31973	28957	15706
卫生机构床位(张)	Number of Beds in Hospitals Sanatoriums (unit)	253520	314137	359382	387139	370171
卫生技术人员 (万人)	Number of Medical Personnel (10 000 person)	27.94	42.37	48.87	52.74	57.97
二、全国少数民族文化教育	**Ⅱ.Education and Publications for Minority Nationalities**					
少数民族学生 (万人)	Number of Students of Minority Nationalities Enrolled (10 000 persons)					
高等学校	Institutions of Higher Education	3.60	9.41	13.67	18.60	19.68
中等学校	Secondary Schools	252.62	236.10	312.81	346.60	424.83
小学校	Primary Schools	768.56	954.81	1069.52	1190.00	1251.07
少数民族教师 (万人)	Number of Teachers of Minority Nationalities (10 000 persons)					
高等学校	Institutions of Higher Education	0.59	1.28	1.75	2.20	2.20
中等学校	Secondary Schools	11.69	14.03	19.78	22.30	26.98
小学校	Primary Schools	31.02	39.78	45.87	50.10	51.55
少数民族文字出版物	Number of Publications in Minority Languages					
图书 (万册)	Books (10 000 copies)	3179	3629	3967	4791	5060
杂志 (万册)	Magazines (10 000 copies)	313.0	1035.0	1027.0	1197.0	1011.2
报纸 (万份)	Newspapers (10 000 copies)	7072	11402	14835	16833	14917

注：1.工农业总产值，1978 年按1970 年不变价格计算，1985 年和1990 年按1980 年不变价格计算，1994 年和1995 年按当年价格计算。
2.第二项为全国数。

a) The data of the gross output value of agriculture and industry in 1978 were calculated at 1970 constant prices, those in 1985 and 1990 were calculated at 1980 constant prices, and those in 1994 and 1995 were calculated at the current prices.

b) Figures on the second item include the data of the whole country.

2-27 民族自治地方主要经济指标发展速度

OF MAIN ECONOMIC GROWTH RATES IN MINORITY NATIONALITY AUTONOMOUS AREAS

指标	Item	1996为各年% 1996 as Percentage of The following year			平均每年增长% Average Annual Increase Rate (%)	
		1985	1990	1995	1979-1996	1986-1996
一、民族自治地方社会经济	Ⅰ.Economic and Social Performance in Minority Nationality Autonomous Areas					
工农业总产值	**Gross Output Value of Agriculture and Industry**	**328.17**	**226.21**	**114.15**	**11.18**	**11.41**
农业总产值	Gross Output Value of Agriculture	197.46	164.94	108.97	7.38	6.38
工业总产值	Gross Output Value of Industry	451.32	272.44	116.68	14.01	14.68
国有单位基本建设投资	**Investment in Capital Construction in State-owned Units**	**643.07**	**448.93**	**108.22**	**30.12**	**45.09**
农业	**Agriculture**					
耕地面积	Cultivated Areas	103.32	102.15	98.15	0.96	0.66
灌溉面积	Irrigated Areas	131.18	117.62	107.26	4.10	5.58
粮食产量	Grain Yield	169.72	126.54	106.02	8.09	11.16
棉花产量	Cotton Yield	490.65	200.40	100.84	31.88	37.45
大牲畜	Large Domestic Animals	152.90	137.36	148.91	6.67	8.86
羊	Goats and Sheep	125.12	107.45	103.47	2.45	4.58
猪	Hogs	157.49	126.02	98.63	8.15	9.51
工 业	**Industry**					
钢产量	Steel Output	310.58	196.06	103.16	18.84	25.44
生铁产量	Pig Iron Output	257.15	159.16	104.50	14.71	20.79
原煤产量	Coal Output	200.13	142.46	116.20	10.96	14.88
原油产量	Crude Oil Output	225.25	143.32	112.64	12.12	17.63
发电量	Power Generation	315.91	166.40	103.57	21.59	25.87
木材产量	Timber Output	432.20	448.15	242.31	20.61	34.01
棉布产量	Cloth Output	113.84	83.72	89.16	5.16	2.63
运输邮电	**Transportation, Postal and Telecommunications Services**					
铁路通车里程	Length of Railways in Operation	141.18	135.04	103.90	6.94	7.14
公路里程	Length of Highways	142.98	124.42	109.39	5.74	7.41
邮路总长度	Total Length of Postal Routes	119.47	122.70	102.54	1.32	3.62
商 业	**Domestic Trade**					
社会商品零售总额	Total Retail Sales	453.69	239.24	113.47	28.61	35.32
国内纯购进总额	Total Amount of Final Domestic Purchases	1064.99	414.59	99.60	37.70	60.50
卫 生	**Public Health**					
卫生机构	Number of Health Institutions	51.61	49.12	54.24	-4.13	-12.39
卫生机构床位	Number of Beds in Hospitals and Sanatorium	117.84	103.00	95.62	3.86	3.34
卫生技术人员	Number of Medical Personnel	136.82	118.62	109.92	7.57	6.47
二、全国少数民族文化教育	**Ⅱ.Education and Publications for Minority Nationalities**					
少数民族学生	Number of Students of Minority Nationalities					
高等学校	Institutions of Higher Education	209.14	143.96	105.81	18.51	15.90
中等学校	Secondary Schools	179.94	135.81	122.57	5.34	12.47
小学校	Primary Schools	131.03	116.97	105.13	4.99	5.55
少数民族教师	Number of Teachers of Minority Nationalities Enrolled					
高等学校	Institutions of Higher Education	171.88	125.71	100.00	14.07	11.44
中等学校	Secondary Schools	192.30	136.40	120.99	8.72	13.97
小学校	Primary Schools	129.59	112.38	102.89	5.21	5.32
少数民族文字出版物	Number of Publications in Minority Languages					
图书	Books	139.43	127.55	105.61	4.76	6.87
杂志	Magazines	97.70	98.46	84.48	12.44	-0.46
报纸	Newspapers	130.83	100.55	88.62	7.75	5.52

注：本表第二项为全国范围的统计数。

a) Figures on the second item in this table include the data of the whole country.

主 要 统 计 指 标 解 释

国内生产总值 是按市场价格计算的国内生产总值的简称。它是一个国家（地区）所有常住单位在一定时期内生产活动的最终成果。国内生产总值有三种表现形态，即价值形态、收入形态和产品形态。从价值形态看，它是所有常住单位在一定时期内所生产的全部货物和服务价值超过同期投入的全部非固定资产货物和服务价值的差额，即所有常住单位的增加值之和；从收入形态看，它是所有常住单位在一定时期内所创造并分配给常住单位和非常住单位的初次分配收入之和；从产品形态看，它是最终使用的货物和服务减去进口货物和服务。在实际核算中，国内生产总值的三种表现形态表现为三种计算方法，即生产法、收入法和支出法。三种方法分别从不同的方面反映国内生产总值及其构成。

国民生产总值 是按市场价格计算的国民生产总值的简称。它是一个国家所有常住单位在一定时期内收入初次分配的最终成果。一国常住单位从事生产活动所创造的增加值在初次分配过程中主要分配给该国的常住单位，但也有一部分以劳动者报酬和财产收入等形式分配给该国的非常住单位，同时，国外生产所创造的增加值也有一部分以劳动者报酬和财产收入等形式分配给该国的常住单位。从而产生了国民生产总值概念，它等于国内生产总值加上来自国外的劳动者报酬和财产收入减去付给国外的劳动者报酬和财产收入。与国内生产总值不同，国内生产总值是一个生产概念，而国民生产总值则是个收入概念。

国民生产总值同社会总产值、国民收入的区别，从核算范围看，社会总产值和国民收入都只计算物质生产部门的劳动成果，而国民生产总值除计算物质生产部门劳动成果外，还计算非物质生产部门的劳动成果。从这三个指标的价值构成看，社会总产值计算了社会产品的全部价值；国民生产总值计算在生产产品和提供劳务过程中增加的价值，即增加值，不计算中间产品和中间劳务投入的价值；而国民收入除了不计算中间产品价值外，还不包括固定资产折旧价值，即只计算净产值。

可比价格 指在不同时期的价值指标对比时，扣除了价格变动的因素，以确切反映物量的变化。按可比价格计算有两种方法：一种是直接用产品产量乘某一年的不变价格计算；另一种是用价格指数换算。

不变价格 指用同类产品的年平均价格作为固定价格，来计算各年产品价值。按不变价格计算的产品价值消除了价格变动因素，不同时期对比可以反映生产的发展速度。新中国成立后，随着工农业产品价格水平的变化，国家统计局先后五次制定了全国统一的工业产品不变价格和农业产品不变价格，从 1949 年到 1957 年使用 1952 年工（农）业产品不变价格，从 1957 年到 1971 年使用 1957 年不变价格，从 1971 年到 1981 年使用 1970 年不变价格，从 1981 年到 1990 年使用 1980 年不变价格，从 1990 年开始使用 1990 年不变价格。

平均每年增长速度 在我国计算平均增长速度有两种方法，一种是习惯上经常使用的“水平法”，又称几何平均法，是以间隔期最后一年的水平同基期水平对比来计算平均每年增长（或下降）速度。另一种是“累计法”，又称代数平均法或方程法，是以间隔期内各年水平的总和同基期水平对比来计算平均每年增长（或下降）速度。

在一般正常情况下，两种方法计算的平均每年增长速度比较接近，但在经济发展不平衡，出现大起大落时，两种方法计算的结果差别较大。

本《年鉴》内所列的平均每年增长速度，除固定资产投资是用“累计法”计算以外，其余均用“水平法”计算。从某年到某年平均增长速度的年份，均不包括基期年在内。如建国四十三年的平均增长速度是以 1949 年为基期计算的，则写为 1950—1992 年平均增长速度，余类推。

各个计划时期 表内所用各个“时期”代表的年份如下：恢复时期为 1950 年到 1952 年；第一个五年计划时期（简称一五时期）为 1953 年到 1957 年；第二个五年计划时期（简称二五时期）为 1958 年到 1962 年；第三个五年计划时期（简称三五时期）为 1966 年到 1970 年；第四个五年计划时期（简称四五时期）为 1971 年到 1975 年；第五个五年计划时期（简称五五时期）为 1976 年到 1980 年；第六个五年计划时期（简称六五时期）为 1981

年到 1985 年；第七个五年计划时期（简称七五时期）为 1986 年到 1990 年；第八个五年计划时期（简称八五时期）为 1991 年到 1995 年。

国有经济单位　指生产资料归国家所有的各种企业、事业单位，以及各级国家机关、人民团体等单位。

集体经济单位　指生产资料归公民集体所有的各种企业、事业单位。包括农村各种经济组织经营的农、林、牧、副、渔业，乡、村经营的企业、事业单位；城市、县、镇以及街道举办的集体经济性质的企业、事业单位。

私营经济单位　指生产资料归公民私人所有的单位。包括私营独资企业、私营合伙企业和私营有限责任公司。

联营经济单位　指不同所有制性质的企业之间或者企业、事业单位之间共同投资组成新的经济实体。包括紧密型联营企业，半紧密型联营企业和松散型联营企业。

股份制经济单位　指全部注册资本由全体股东共同出资，并以股份形式投资举办企业。主要包括股份有限公司和有限责任公司。

外商投资经济单位　指外国投资者根据中华人民共和国有关涉外经济的法律、法规，以合资、合作或独资的形式在中国大陆境内开办企业。包括中外合资经营企业、中外合作经营企业和外资企业。

港、澳、台投资经济单位　指港、澳、台地区投资者参照中华人民共和国有关涉外经济的法律、法规，以合资、合作或独资的形式在大陆举办企业。包括合资经营企业、合作经营企业和独资企业。

三次产业　根据社会生产活动历史发展的顺序对产业结构的划分，产品直接取自自然界的部门称为第一产业，对初级产品进行再加工的部门称为第二产业。为生产和消费提供各种服务的部门称为第三产业。它是世界上通用的产业结构分类，但各国的划分不尽一致。我国的三次产业划分是：

第一产业：农业（包括种植业、林业、牧业、副业和渔业）。

第二产业：工业（包括采掘工业、制造业、自来水、电力、蒸气、热水、煤气）和建筑业。

第三产业：除第一、第二产业以外的其他各业。由于第三产业包括的行业多、范围广，根据我国的实际情况，第三产业可分为两大部分；一是流通部门，二是服务部门。具体又可分为四个层次：

第一层次：流通部门，包括交通运输业、邮电通讯业、商业、饮食业、物资供销和仓储业。

第二层次：为生产和生活服务的部门，包括金融、保险业，地质普查业，房地产、公用事业，居民服务业，咨询服务业和综合技术服务业，农、林、牧、渔、水利服务业和水利业，公路、内河（湖）航道养护业等。

第三层次：为提高科学文化水平和居民素质服务的部门，包括教育、文化、广播电视，科学研究、卫生、体育和社会福利事业等。

第四层次：为社会公共需要服务的部门，包括国家机关、政党机关、社会团体，以及军队和警察等。

支出法国内生产总值　指一个国家（或地区）所有常住单位在一定时期内用于最终消费、资本形成总额，以及货物和服务的净出口总额，它反映本期生产的国内生产总值的使用构成。

最终消费　指常住单位在一定时期内对于货物和服务的全部最终消费支出，也就是常住单位为满足物质、文化和精神生活的需要，从本国经济领土和国外购买的货物和服务的支出。它不包括非常住单位在本国经济领土内的消费支出。最终消费分为居民消费和政府消费。

（一）居民消费：指常住住户在一定时期内对于货物和服务的全部最终消费支出。居民关于货物的最终消费支出在货物的所有权发生变化时记录，关于服务的最终消费支出在服务提供的时候记录。居民消费支出按市场价格计算，即按居民支付的购买者价格计算，货物的购买者价格是购买者取得交货所支付的价格，它包括购买者支付的运输和商业费用。居民消费支出除了直接以货币形式购买的货物和服务的消费支出外，还包括以其他方式获得的货物和服务的消费支出，即所谓的虚拟消费支出。居民虚拟消费支出包括如下几种类型：单位以实物报酬及实物转移的形式提供给劳动者的货物和服务；住户生产并由本住户消费了的货物和服务，其中的服务仅指住户的自有住房服务；金融机构提供的金融媒介服务；保险公司提供的保险服务。

（二）政府消费：指政府部门为全社会提供的公共服务的消费支出和免费或以较低的价格向居民住户提供的货物和服务的净支出，前者等于政府服务的产出价值减去政府单位所获得的经营收入的价值，政府服务的产出价值等于它的经常性业务支出加上固定资产折旧；后者等于政府部门向居民住户提供的货物和服务的市场价值减去向居民住户收取的价值。

资本形成总额 指常住单位在一定时期内获得减去处置的固定资产和存货的净额，包括固定资产形成总额和存货增加两项。

（一）固定资本形成总额：指常住单位在一定时期内购置、转入和自产自用的固定资产价值，扣除固定资产的销售和转出后的价值。可分为有形固定资产形成总额和无形固定资产形成总额。有形固定资产形成总额包括一定时期内完成的建筑工程、安装工程和设备工器具购置（减处置）价值，以及土地改良、新增役、种、奶、毛、娱乐用牲畜和新增经济林木价值。无形固定资产形成总额包括矿藏的勘探、计算机软件、娱乐和文学艺术品原件等获得减处置。

（二）存货增加：指常住单位在一定时期内存货实物量变动的市场价值即期末价值减期初价值的差额。存货增加可以是正值，也可以是负值，正值表示存货上升，负值表示存货下降。它包括生产单位购进的原材料、燃料和储备物资等存货，以及生产单位生产的产成品、在制品和半成品等存货等。

货物和服务净出口 指货物和服务出口减货物和服务进口的差额。出口包括常住单位向非常住单位出售或无偿转让的各种货物和服务的价值；进口包括常住单位从非常住单位购买或无偿得到的各种货物和服务的价值。由于服务活动的提供与使用同时发生，因此服务的进出口业务并不发生出入境现象，一般把常住单位从国外得到的服务作为进口，非常住单位从本国得到的服务作为出口。货物的出口和进口都按离岸价格计算。

净出口 指出口与进口的差额。出口包括常住单位向非常住单位出售或无偿转让的各种货物和服务的总值；进口包括常住单位从非常住单位购买或无偿得到的各种货物和服务的总值。由于服务活动提供与使用同时发生，因此服务的进出口业务并不发生出入境现象，应把常住单位从国外得到的服务作为进口，反之，非常住单位从我国得到的服务作为出口。

劳动者报酬 劳动者报酬是指劳动者因从事生产活动所获得的全部报酬。它包括劳动者获得的各种形式工资、奖金和津贴，既包括货币形式的，也包括实物形式的，它还包括劳动者所享受的公费医疗和医药卫生费、上下班交通补贴和单位支付的社会保险费等。单位支付的社会保险费，就是单位直接支付给负责社会保险的政府单位（一般指劳动部门）的社会保险金或为本单位职工离退休、发生死亡、伤残、医疗保险等而支付的保险费。对于个体经济来说，其所有者所获得的劳动报酬和经营利润不易区分，这两部分统一作为劳动者报酬处理。

生产税净额 指生产税减生产补贴后的差额。生产税指政府对生产单位生产、销售和从事经营活动以及因从事生产活动使用某些生产要素，如固定资产、土地、劳动力所征收的各种税、附加费和规费。具体包括销售税金及附加、增值税、管理费中开支的各种税、应交纳的养路费、排污费和水电费附加、烟酒专卖上缴政府的专项收入等。生产补贴与生产税相反，是政府对生产单位的单方面收入转移，因此视为负生产税处理，包括政策亏损补贴、粮食系统价格补贴、外贸企业出口退税收入等。

固定资产折旧 指一定时期内为弥补固定资产损耗按照核定的固定资产折旧率提取的固定资产折旧，或按国民经济核算统一规定的折旧率虚拟计算的固定资产折旧。它反映了固定资产在当期生产中的转移价值。各种类型企业和企业化管理的事业单位的固定资产折旧指实际计提并计入成本费用中的折旧费；不计提折旧的单位，如政府机关、非企业化管理的事业单位和居民住房的固定资产折旧则是按照统一规定的折旧率和固定资产原值计算的虚拟折旧。原则上，固定资产折旧应按固定资产的重置价值来计算，但是我国目前尚不具备对全社会固定资产进行重估价的基础，所以暂时只能采用上述方法来计算。

营业盈余 指常住单位创造的增加值扣除劳动者报酬、生产税净额和固定资产折旧后的余额。它相当于企业的营业利润加上生产补贴，但要扣除从利润中开支的工资和福利以及从税后利润中提取的公益金等。

直接消耗系数 指某一个部门生产单位总产出需要直接消耗各部门产品和服务的数量，也称为投入系数。它反映该部门与其他部门之间直接的技术经济联系和直接依赖关系。

完全消耗系数 指增加某一个部门单位总产出需要完全消耗各部门产品和服务的数量。完全消耗系数等于直接消耗系数和全部间接消耗系数之和，它是全面揭示国民经济各部门之间技术经济的全部联系和相互依赖关系的主要指标。

Explanatory Notes on Main Statistical Indicators

Gross Domestic Product refers to gross domestic product calculated at market prices, which is the final products of all resident units in a country (or region) during a certain period of time. Gross domestic product is expressed in three different forms, i. e. value added, income, and products respectively. The form of value added refers to the total value of all products and services produced by all resident units during a certain period of time minus total value of input of materials and services of the nature of non-fixed assets or the summation of the value added of all resident units; the form of income includes all the income created by all resident units and distributed primarily to all resident and non-resident units; the form of products refers to all final goods and services minus imports of goods and services. In the practice of national accounting, gross domestic product is calculated with three approaches, i. e. product approach, income approach, and expenditure approach respectively to reflect gross domestic product and its composition from different aspects.

Gross National Product refers to gross natinoal product calculated at market price, which is the final result of the primary distribution of the income created by all the resident units of a country during a certain period of time. The value added created by the resident units of a country engaged in production activities is mainly distributed to the resident units of that country while a part of it is distributed to the non-resident units of the country in the form of remuneration for the labourers and property income. Simultaneously a part of the value added created abroad is distributed to the resident units of the country in the form of remuneration for the labourers and property income. Thus the concept of gross national product is formed, which equals to gross domestic product plus overseas income as remuneration for the labourers and property income minus payment abroad as remuneration for the labourers and property income. Unlike gross domestic product which is a comcept of production, gross national product is a concept of income.

The difference among gross national product and total value of society and national income is that the total value of society and national income only take into account products of material production sectors, while the gross national product, in addition to products of material production sectors, also takes into account of products of non-material production sectors. In terms of the value composition of the three conceptions, the total value of society includes the total value of all products of the society; the gross national product includes only the newly created value in the process of producing goods and services, i. e. the value added and excludes the value of the input of intermediate goods and services; National income excludes both the intermediate input and depreciation of fixed assets and includes only the net value of output.

Comparable Prices are applied when comparing indicators of value over time to reflect accurately the changes in real term. Two methods are used for calculating comparable prices: 1. Multiplying the output of products by their constant prices of certain year; 2. Conversion of the data in current prices by relevant price index.

Constant Price refers to the average price of a given product in certain year, which is used for comparison of output value over time. As the output value at constant prices removes the factor of price changes, it reflects the trend of pruduction development over time. Since 1949, with the changes in general price level, the State Statistical Bureau has issued nationally unified constant prices five times: the 1952 constant prices for 1949-1957; the 1957 constant prices for 1958-1970; the 1970 constant prices for 1971-1981; the 1980 constant prices for 1981-1990; and the 1990 constant prices have been used since 1991.

Average Annual Growth Rate Two methods for calculcating average annual growth rate are applied in China, one is often called "level approach" or the method of calculating geometric average, which is derived by comparing the level of the last year of the interval with that of the beginning year; the other is called "accumulative approach" or algebraic average or equation method, which is derived by the summation of the actual figure of each year in the interval divided by the figure in the base year.

Usually the results calculated by the two methods are fairly close, but they differed sharply when uneven economic development occurred with striking fluctuations in growth.

The average annual growth rates listed in this statistical yearbook are calculated by "level approach" except for the growth rate of investment in fixed assest. The base years are not listed when the years are listed for average annual growth rates. For instance, the average annual growth rate of 43 years since 1949 is listed as average annual growth rate of 1950-1992 without listing the base year 1949. And the analogy of this is also for the rest.

Various Planning Periods The conventional division of time period in this statistical yearbook is as follows: Economic Rehabilitation Period, 1950-1952; The first five-year plan period, 1953-1957; The second five-year plan period. 1958-1962; The third five-year plan period, 1966-1970; The fourth five-year plan period, 1971-1975; The fifth five-year plan period. 1976-1980; The sixth five-year plan period, 1985; The seventh five-year plan period, 1986-1990; The eighth five-year plan period, 1991-1995.

State-owned Economic Units refer to various enterprises, institutions, and government administrative organizations at various levels, social organizations and etc., with state ownership of production means.

Collective-owned Economic Units refer to various enterprises and institutions with collective ownership of production means, including various rural economic organizations engaged in farming, forestry, animal husbandry, sideline production, and fishery, enterprises and institutions run by townships and villages; collective enterprises and institutions run by cities, counties, towns and subdistrict offices.

Private-owned Economic Units refer to economic units owned by private individuals, incluing individual owned private enterprises, jointly owned private enterprises, and private owned companies, Ltd.

Joint Owned Units refer to economic entities jointly invested by enterprises of different types of ownership or by enterprises and institutions, and the partnerships among the joint owned units can be close, half close, or loose.

Share Holding Economic Units refer to enterprises invested in the form of share holding with its investment by all the share holders, which mainly include companies limited by shares and companies with limited liabilites.

Foreign Owned Economic Units refer to enterprises established by foreigners in the territory of mainland China according to related economic laws and regulations of the People's Republic of China as joint ventures, cooperative corporations, or ventures exclusively with sole investment, including joint ventures, cooperative enterprises, and foreign enterprises.

Economic Units Funded by Overseas Chinese from Hong Kong, Macao, and Taiwan refer to enterprises established by entrepreneurs from Hong Kong, Macao, and Taiwan in the territory of mainland China according to related economic laws and regulations of the People's Republic of China as joint ventures, cooperative corporations and ventures exclusively with sole investment, including joint ventures, cooperative enterprises, and exclusively invested enterprises.

Three Industries Industry structure has been classified according to the historical sequence of development. Primary industry refers to extraction of natural resources; secondary industry involves processing of primary products; and tertiary industry provides services of various kinds for production and consumption. The above classification is universal although it varies to some extent form country to country. Industry in China comprises:

Primary industry: agriculture (including farming, forestry, animal husbandry, sideline production and fishery).

Secondray industry: industry (including mining and quarrying, manufacturing, water supply, electricity generation and supply, steam, hot water, gas) and construction.

Tertiary industry: all other industries not included in primary or secondary industry.

Due to the fact that tertiary industry involves in a large variety of industries in China, it is divided into two sectors: circulation sector and service sector and further into four levels:

The first level: circulation sector, including transportation, postal and telecommunications, services, commerce, catering trade, material supply and marketing, and storage.

The second level: service sector providing services for production and consumption, including banking, insurance, geological survey, real estates, public utilities, service for residents, consultancy service, and comprehensive technical services, and service for agriculture, forestry, animal husbandry, fishery, water conservancy, and maintenance of roads and inland water ways, etc.

The third level: service sector for upgrading scientific, educational and cultural level of the people, including education, culture, broadcasting, television, scientific research, public health, sports, and social welfare, etc.

The fourth level: sector providing services for public needs, including government agencies, political and party organizations, social or ganizations, armies, and policemen.

GDP Calculated with Expenditure Approach refers to total expenditure on final comsumption, total capital formation and net export of goods and services by resident units of a country in a certain period of time. It reflects the composition of GDP by its use.

Final consumption refers to the total expenditure of resident units on final consumption of goods and services in a certain period, namely the expenditure of the resident units for purchases of goods and services from domestic economic territory and abroad to meet the requirements of material, cultural and spiritual life. It excldes the expenditure of non-resident units on consumption in the economic territory of the country. The final consumption is classified into resident consumption and government consumption.

(1) Resident consumption refers to the total expenditure of resident households on the final consumption of goods and services in a certain period of time. The expenditure of residents on final consumption of goods is recorded when the change of the ownership of goods happens. The expenditure of residents on the final consumption of services is recorded when the services are provided. The expenditure of the residents on consumption is calculated at market prices, namely the purchasers' prices which the residents pay; the purchasers' prices of goods are the prices the residents pay when they obtain the goods, including the transport and commercial expenses paided by the residents. In addition to the expenditure on consumption of goods and services bought by the residents directly with money, the expenditure on goods and services obtained by the residents in other ways, i.e. the so-called fictitious expenditure on consumption, is also included in the expenditure of the residents on consumption. The fictitious expenditure of the residents on consumption includes the following types: (a) the goods and services provided to the residents by the units in the form of payment in kind and transfer in kind; (b) the goods and services produced and consumed by the households themselves, in which the services refer only to the services provided by the residential buildings owned by the households; (c) the services of financial intermediary provided by the financial institutions; (d) the insurance services provided by the insurance companies.

(2) Government consumption refers to the expenditure on the consumption of the public services provided by the government to the whole society and the net expenditure on the goods and services provided by the government to the households free charge or at lower prices. The former equals to the output value of the government services minus the value of operating in come obtained by the government departments. (The output value of the government services equals to its current operating expenditure plus depreciation of fixed assets). The latter equals to the market value of the goods and services provided by the government to the households minus the value received by the government from the households.

Total Capital Formation refers to the net amount of the fixed assets and stock acquired minus those disposed, including the total fixed assets formation and the increase in stock.

(1) Total Fixed Capital Formation refers to the value of fixed assets purchased, transferred in by the resident units and those produced and used by themselves in a certain period deducting the value of fixed assets sold and transferred out. It can be classified into total tangible assets formation and total intangible assets formation. The total tangible assets formation include the value of the construction projects, installation projects completed and the equipment, apparatus and instruments purchased as well as the value of land improved, the value of draught animals, breeding stock, milk, wool and recreational animals and the newly increased economic forest in a certain period. The total intangible assets formation includes the prospecting of minerals, the acquisition of computer softwares, the originals of recreational works and works of

literature and arts minus the disposal of them.

(2) Increase in stock refers to the market value of the change in stock in a certain period, i. e, the difference of value between the beginning and the end of the period. The increase in stock can be positive or negative. A positive value indicates the increase in stock while a negative value indicates the decrease in stock. The stock includes the raw materials, fuels and reserve materials purchased by the production units as well as the stock of finished products, semi – finished products, work – in – progress, etc.

Net Export of Goods and Services refers to the difference of the exports of goods and services minus the imports of goods and services. The imports include the value of variors goods and services sold or gratuitously transferred by the resident units to the non – resident units. The imports include the value of various goods and services purchased or gratuitously acquired by the resident units from the non – resident units. Because the provision of services and the use of them happen simultaneously, the import and export of services do not appear to have the phenomena of crossing the border of the country. The acquisition of services by the resident units from abroad is usually treated as import while the aquicition of services by non – resident units in this country is usually treated as export. The export and import of goods are calculated at FOB.

Labourers' Remuneration refers to the whole payment earned by the labourers from the productive activities they are engaged in. It includes wages, bonuses and allowances the labourers earned in various forms, including monetary form and form in kind. It also includes the free medical services provided to the labourers and the medicine expenses, traffic subsidies and social insurance fee paid by the labourers' working units for them. The social insurance fee paid by the labourers' working units refer to the social insurance fee paid directly by the working units to the government departmont (usually the department of labour) or the insurance fee paid by the enterprises and institutions for the retirement, death, and medical injury treatment of the staff and workers. As the individual economy is concerned, since the labourers' remnueration is not easily distinguished from the operating profit, both are treated as labourers' remuneration.

Net Taxes on Production refers to the difference of the taxes on production minus the subsidies on production. The taxes on production refers to the various taxes, extra charges and fees levied on the production units on their production, sale and business activities as well as on some factors of production, such as fixed assets, land and labour force, used in the production activities they are engaged in. Specifically speaking, they include sales tax and extra charges, valae added tax, various taxes paid in the administrative expenses, road toll payable, sewage charges, extra charges on water and electric power consumed, special revenue turned over to the government by the monopolized trade of tobacco and liquor, etc. In contrast to the taxes on production, the subsidies on production is the unilateral transfer of part of the government's revenue to the production units and is therefore treated as the negative taxes on production. They include subsidies on the loss due to implementation of government policies, price subsidies to the grain institutions, foreign trade corporations' receipts from drawback, etc.

Depreciation of Fixed Assets refers to the depreciation of fixed assets drawn in accordance with the stipulated depreciation rate for the purpose of compensating the wear loss of the fixed assets or the depreciation of fixed assets calculated in a fictitious way in accordance with the stipulated unified depreciation rate in the national economic accounting system. It reflects the value of transfer of the fixed assets in the production of the current period. The depreciation of fixed assets in various enterprises and institutions managed as enterprises refers to the depreciation expenses actually drawn and calculated as part of the cost. In the units which do not draw the depreciation expenses, such as government agencies, institutions not managed as enterprises as well as the houses of residents, the depreciation of fixed assets is the fictitious depreciation, which is calculated in accordance with the stipulated unified depreciation rate. In principle, the depreciation of fixed assets should be calculated on the basis of the re – purchased value of the fixed assets. However, there is no actual condition to re – evaluete all the fixed assets in China. Therefore, the above – mentioned methods are temporarily adopted at present.

Operating Surplus refers to the balance of the value added created by the resident units deducting the labourers' remuneration, net taxes on production and the depreciation of fixed assets. It is equivalent to the business profit of the enterprises plus subsidies on production, but the wages and welfare expenses paid from the profits and the public welfare fund drawn from the post – tax profits should be deducted.

Direct Input Coefficient refers to the volume of products and services of all sectors consumed directly by a certain sector's productive units, which are needed for their total output. It is also named as technical coefficient. It represents the direct technical-economical ties and direct interdependence between the sector and other sectors.

Total Input Coefficient refers to the volume of products and services of all sectors needed for a certain sector' s productive units to increase their total output. Total input coefficient is equal to the sum of direct input coefficient and total indirect input coefficient. It is a major indicator to disclose the technical-economical ties and interdependence between sectors of the national economy.

三 人口

POPULATION

简要说明

一、本篇资料反映我国1996年及历年人口方面的基本情况，包括全国及30个省、自治区、直辖市的主要人口统计数据，如：全国历年人口总数、市镇总人口、乡村总人口、1996年各地区总人口、出生率、死亡率、自然增长率、人口负担系数、家庭户规模及人口受教育程度等。另外，我们还对建国以来进行的四次人口普查主要数据进行了比较。

二、本篇的12张表均由国家统计局人口与就业统计司整理提供。其中表3—1、3—2中1982—1989年数据是根据1982年、1990年两次人口普查数据调整的；1990年以后的数据是根据人口变动抽样调查数据推算的；其余年份数据为户籍统计数。表3—4为四次人口普查主要数据。表3—5至3—12中的数据均为1996年人口变动抽样调查数据。

三、1996年人口变动情况抽样调查是以全国为总体，采取分层、等距、整群概率抽样方法，在全国30个省、自治区、直辖市调查了879个县（市、区）、3087个乡（镇、街道）、4173个调查小区，共1247211人。经加权后汇总，1996年全国人口出生率为16.98‰，自然增长率为10.42‰，死亡率为6.56‰。按此推算，1996年年末全国总人口为122389万人，出生人口为2067万人，净增人口为1268万人。

本部分各表中的绝对数为样本数（表3—3除外），全国抽样比为1.028‰。

BRIEF INTRODUCTION

I. The data in this chapter show the basic conditions of China's population in 1996 and the previous years, including the main data of population statistics of the whole nation and 30 provinces, autonomous regions and municipalities directly under the central government, such as the national population total, urban population total and rural population total over the years, the population total, birth rate, mortality, natural growth rate, dependency ratio, household size and the educational level of the urban households in 1996 by region, etc. In addition, a comparison is made among the main data of the four population censuses undertaken after the founding of the People's Republic of China.

II. The 12 tables in this chapter are prepared and provided by the Department of Population and Employment, SSB. Among them, the figures of 1982 – 1989 in Tables 3 – 1, 3 – 2 have been adjusted in accordance with the data of the population censuses of 1982 and 1990. The data after 1990 are estimated on the basis of the data collected from the sample surveys on population changes. The data of other years are data collected from the residence registration. The Table 3 – 4 covers the main data of the four population censuses. The data in Tables from 3 – 5 to 3 – 12 are obtained from the sample survey on population changes in 1996.

III. A stratified, systematic and cluster probability sampling scheme was used in the sample survey on population changes in 1996, with the whole country as the universe. In 30 provinces, autonomous regions and municipalities directly under the central government, 1247211 persons in 4173 enumeration areas in 3087 townships (towns, subdistricts) in 879 counties (cities, districts) were enumerated in the sample survey. After weighting and tabulation, the main results were obtained: The birth rate in the whole country in 1996 was 16.98‰, the natural growth rate was 10.42‰ and the death rate was 6.56‰. Estimated with the above change rates, the total population in the whole country by the end of 1996 was 1.22389 billion persons, the births were 20.67 million persons, the net increased population was 12.68 million persons.

The absolute figures in the tables in this part (except Table 3 – 3) are figures of the sample. The national sampling fraction was 1.028‰.

3-1 人口数及构成

POPULATION AND ITS COMPOSITION

本表各年人口包括中国人民解放军现役军人数据，未包括港澳台人口数据。

Data in this table include the military personnel, but exclude the population of Hong Kong, Macao and Taiwan.

单位：万人 (10 000 persons)

年份 Year	年底总人口 Total Population (year-end)	按性别分 By Sex 男 Male 人口数 Population	比重(%) Proportion	女 Female 人口数 Population	比重(%) Proportion	按城乡分 By Residence 市镇总人口 Urban 人口数 Population	比重(%) Proportion	乡村总人口 Rural 人口数 Population	比重(%) Proportion
1952	57482	29833	51.90	27649	48.10	7163	12.46	50319	87.54
1957	64653	33469	51.77	31184	48.23	9949	15.39	54704	84.61
1962	67295	34517	51.29	32778	48.71	11659	17.33	55636	82.67
1965	72538	37128	51.18	35410	48.82	13045	17.98	59493	82.02
1970	82992	42686	51.43	40306	48.57	14424	17.38	68568	82.62
1975	92420	47564	51.47	44856	48.53	16030	17.34	76390	82.66
1978	96259	49567	51.49	46692	48.51	17245	17.92	79014	82.08
1980	98705	50785	51.45	47920	48.55	19140	19.39	79565	80.61
1985	105851	54725	51.70	51126	48.30	25094	23.71	80757	76.29
1986	107507	55581	51.70	51926	48.30	26366	24.52	81141	75.48
1987	109300	56290	51.50	53010	48.50	27674	25.32	81626	74.68
1988	111026	57201	51.52	53825	48.48	28661	25.81	82365	74.19
1989	112704	58099	51.55	54605	48.45	29540	26.21	83164	73.79
1990	114333	58904	51.52	55429	48.48	30191	26.41	84142	73.59
1991	115823	59466	51.34	56357	48.66	30543	26.37	85280	73.63
1992	117171	59811	51.05	57360	48.95	32372	27.63	84799	72.37
1993	118517	60472	51.02	58045	48.98	33351	28.14	85166	71.86
1994	119850	61246	51.10	58604	48.90	34301	28.62	85549	71.38
1995	121121	61808	51.03	59313	48.97	35174	29.04	85947	70.96
1996	122389	62200	50.82	60189	49.18	35950	29.37	86439	70.63

注：1982—1989 年数据是根据1982年、1990年两次人口普查数据调整的，1990年以后数据是人口变动抽样调查数，其余年份数据为户籍统计数。(下表同)

a) Data in 1982-1989 were adjusted on the basis of the 1982 and 1990 National Population Censuses. Since 1990, data have been estimated on the basis of the annual National Sample Surveys on Population Changes. Data of other years were taken from the annual reports of the Minstry of Public Security. (The next table is the same.)

3-2 人口出生率、死亡率、自然增长率

BIRTH RATE, DEATH RATE AND NATURAL GROWTH RATE OF POPULATION

单位：‰ (‰)

年份 Year	全国 National 出生率 Birth Rate	死亡率 Death Rate	自然增长率 Natural Growth Rate	市镇 City 出生率 Birth Rate	死亡率 Death Rate	自然增长率 Natural Growth Rate	县 County 出生率 Birth Rate	死亡率 Death Rate	自然增长率 Natural Growth Rate
1952	37.00	17.00	20.00						
1957	34.03	10.80	23.23	44.48	8.47	36.01	32.81	11.07	21.74
1962	37.01	10.02	26.99	35.46	8.28	27.18	37.27	10.32	26.95
1965	37.88	9.50	28.38	26.59	5.69	20.90	39.53	10.06	29.47
1970	33.43	7.60	25.83						
1975	23.01	7.32	15.69	14.71	5.39	9.32	24.17	7.59	16.58
1978	18.25	6.25	12.00	13.56	5.12	8.44	18.91	6.42	12.49
1980	18.21	6.34	11.87	14.17	5.48	8.69	18.82	6.47	12.35
1985	21.04	6.78	14.26						
1986	22.43	6.86	15.57						
1987	23.33	6.72	16.61						
1988	22.37	6.64	15.73						
1989	21.58	6.54	15.04	16.73	5.78	10.95	23.27	6.81	16.46
1990	21.06	6.67	14.39	16.14	5.71	10.43	22.80	7.01	15.79
1991	19.68	6.70	12.98	15.49	5.50	9.99	21.17	7.13	14.04
1992	18.24	6.64	11.60	15.47	5.77	9.70	19.09	6.91	12.18
1993	18.09	6.64	11.45	15.37	5.99	9.38	19.06	6.89	12.17
1994	17.70	6.49	11.21	15.13	5.53	9.60	18.84	6.80	12.04
1995	17.12	6.57	10.55	14.76	5.53	9.23	18.08	6.99	11.09
1996	16.98	6.56	10.42	14.47	5.65	8.82	18.02	6.94	11.08

3－3 各地区总人口和出生率、死亡率、自然增长率(1996年)
TOTAL POPULATION AND BIRTH RATE, DEATH RATE AND NATURAL GROWTH RATE BY REGION (1996)

地 区 Region	年底总人口(万人) Total Population (year-end) (10 000 persons)	出生率 Birth Rate (‰)	死亡率 Death Rate (‰)	自然增长率 Natural Growth Rate (‰)
全 国 National Total or Average	**122389**	**16.98**	**6.56**	**10.42**
北 京 Beijing	1259	8.02	5.34	2.68
天 津 Tianjin	948	10.09	6.53	3.56
河 北 Hebei	6484	13.85	6.55	7.30
山 西 Shanxi	3109	16.59	6.25	10.34
内蒙古 Inner Mongolia	2307	16.09	6.43	9.66
辽 宁 Liaoning	4116	12.15	6.19	5.96
吉 林 Jilin	2610	12.53	5.60	6.93
黑龙江 Heilongjiang	3728	12.40	5.05	7.35
上 海 Shanghai	1419	5.60	7.00	－1.40
江 苏 Jiangsu	7110	12.11	6.58	5.53
浙 江 Zhejiang	4343	12.09	6.58	5.51
安 徽 Anhui	6070	16.00	6.50	9.50
福 建 Fujian	3261	13.22	5.94	7.28
江 西 Jiangxi	4105	17.53	7.02	10.51
山 东 Shandong	8738	10.60	6.76	3.84
河 南 Henan	9172	14.28	6.44	7.84
湖 北 Hubei	5825	16.08	6.93	9.15
湖 南 Hunan	6428	12.81	7.20	5.61
广 东 Guangdong	6961	18.05	6.09	11.96
广 西 Guangxi	4589	16.83	6.82	10.01
海 南 Hainan	734	20.08	5.88	14.20
四 川 Sichuan	11430	16.68	7.35	9.33
贵 州 Guizhou	3555	22.05	7.69	14.36
云 南 Yunnan	4042	20.87	7.94	12.93
西 藏 Tibet	244	24.70	8.50	16.20
陕 西 Shaanxi	3543	14.99	6.51	8.48
甘 肃 Gansu	2467	18.43	6.64	11.79
青 海 Qinghai	488	21.89	7.20	14.69
宁 夏 Ningxia	521	19.03	5.25	13.78
新 疆 Xinjiang	1689	19.45	6.60	12.85

注：1.全国总人口包括现役军人数，分地区数字中则未包括。

2.全国直接推算的总人口数，与分地区推算的总人口数之和相差1094万人。

a) The military personnel were included in the national total population, but excluded in the regional total population.

b) There was a difference of 10.94 million persons between the national total estimated directly by the State Statistical Bureau and the sum of the regional total estimated respectively by the statistical bureaus of the provinces, automous regions and municipalities directly under the central government.

3-4 四次全国人口普查人口基本情况(年中数)

BASIC STATISTICS ON NATIONAL POPULATION CENSUS IN 1953,1964,1982 AND 1990 (MIDDLE OF YEAR)

本表未包括港澳台和中国人民解放军现役军人数据。

Data in this table excluded the military personnel as well as the population of Hong Kong,Macao and Taiwan.

单位：万人 (10 000 persons)

指标	Item	1953	1964	1982	1990
总人口	**Total Population**	**58260**	**69122**	**100391**	**113051**
男	Male	30179	35479	51528	58182
女	Female	28081	33643	48863	54869
育龄妇女(15-49岁)	Women at Childbearing Age (Age 15-49)	13314	15161	24849	30635
总户数 (万户)	**Total Number of Households**	**13411**	**15671**	**22115**	**27862**
家庭户 (万户)	Family Households			22008	27691
集体户 (万户)	Non-family Households			107	171
各年龄组人口	**Population by Age**				
0-6岁	Age 0-6	11700	13542	13456	15548
7-14岁	Age 7-14	8884	14525	20269	15752
劳动年龄人口	Population within Working Age	29983	34149	55087	67903
男60、女55岁以上人口	Males Aged 60 and Females Aged 55 and Over	5170	5407	9304	11684
民族人口	**Nationality Population**	**58260**	**69122**	**100391**	**113051**
汉族	Han Nationality	54728	65130	93667	103919
少数民族	Minority Nationalities	3532	3992	6724	9132
15岁及以上人口	**Marital Status of Population Aged 15 and Over**			**66548**	**81751**
未婚	Unmarried			19012	20541
有配偶	Married			42376	55737
丧偶	Widowed			4764	4989
离婚	Divorced			396	484
6岁及以上人口	**Population Aged 6 and Over by Educational Level**		**55542**	**88979**	**99409**
大学本科	University		287	604	614
大学专科	Three Years College				962
中专	Specialized Secondary School				1728
高中	Senior Secondary School		912	6653	7260
初中	Junior Secondary School		3235	17820	26339
小学	Primary School		19582	35534	42021
不识字或识字很少	Illiterate and Semi-Illiterate		31526	28368	20485
在业人口	**Employed Population**			**52150**	**64724**
不在业人口	**Unemployed Population**			**14516**	**17026**
市镇县人口	**Population of Cities, Towns and Counties**	**58260**	**69122**	**100391**	**113051**
市	City			14525	21122
镇	Town	7726	9455	6106	8492
县	County	50534	59667	79760	83437

注：1.劳动年龄人口指男16-59岁，女16-54岁人口。

2.各年龄组人口中缺15岁人口和年龄不详人口数，加总不等于总人口。

3.1964年分文化程度人口是7岁及以上文化程度人口。不识字或识字很少人口中包括不在校儿童,未包括475万文化程度不详人口。

a) Working age range refers to 16-59 years for men and 16-54 years for women.

b) Population by age: The sum of the population of the age groups is not equal to the total population,because the population aged 15 Is not shown and there is population whose true age is unknown.

c) Population by educational level:Data in 1964 refer to population aged 7 and over.Illiterate and semi-illiterate population includes children not in school.The data exclude 4.75 million persons whose education levels are unknown.

3-5 各地区户数、人口数、性别比和户规模

本表是1996年人口变动抽样调查数据，抽样比为1.028‰。

地区 Region	户数(户) Number of Households (household)			人		
	合计 Total	家庭户 Family Household	集体户 Non-family household	合计		
				合计 Total	男 Male	女 Female
全国 National Total	**335517**	**334645**	**873**	**1246243**	**633347**	**612896**
北京 Beijing	4044	4027	17	12960	6362	6597
天津 Tianjin	2942	2935	6	9758	4872	4886
河北 Hebei	18373	18358	15	66679	33518	33162
山西 Shanxi	8221	8217	4	31874	16263	15611
内蒙古 Inner Mongolia	6634	6625	9	23660	12135	11525
辽宁 Liaoning	12300	12293	7	42394	21381	21013
吉林 Jilin	7621	7620	1	26849	13645	13204
黑龙江 Heilongjiang	11172	11168	4	38338	19553	18785
上海 Shanghai	4704	4693	11	14658	7217	7441
江苏 Jiangsu	20682	20620	62	73196	36275	36921
浙江 Zhejiang	13545	13481	64	44743	22644	22100
安徽 Anhui	16477	16444	33	62726	32217	30510
福建 Fujian	8449	8369	81	33535	16971	16564
江西 Jiangxi	10710	10700	10	42084	21732	20352
山东 Shandong	27053	26970	83	90183	45349	44834
河南 Henan	24352	24308	43	94272	48178	46094
湖北 Hubei	15973	15934	39	59791	30585	29207
湖南 Hunan	18515	18482	33	66218	34291	31927
广东 Guangdong	16514	16441	73	71144	35851	35293
广西 Guangxi	10955	10946	9	47056	24265	22791
海南 Hainan	1637	1627	9	7499	3933	3566
四川 Sichuan	33432	33386	46	117304	59404	57900
贵州 Guizhou	8944	8928	15	36343	18665	17678
云南 Yunnan	9732	9688	43	41328	21212	20116
西藏 Tibet	553	552	1	2486	1205	1281
陕西 Shaanxi	9223	9166	57	36403	18858	17545
甘肃 Gansu	6030	6029	1	25258	12876	12382
青海 Qinghai	1119	1117	2	4983	2532	2451
宁夏 Ningxia	1261	1260	1	5314	2687	2627
新疆 Xinjiang	4354	4259	95	17207	8672	8535

HOUSEHOLD, POPULATION AND SEX RATIO BY REGION

Data in this table are obtained from the Sample Survey on Population Changes in 1996.
The sampling fraction is 1.028 ‰.

口 数 (人)	Population (person)						平均家庭户规模 (人/户)
Total	家庭户 Family Household			集体户 Non-family Household			Average Family Size (person/household)
性别比 Sex Ratio	小计 Sub-total	男 Male	女 Female	小计 Sub-total	男 Male	女 Female	
103.00	**1239271**	**628855**	**610416**	**6972**	**4491**	**2480**	**3.70**
96.40	12387	6086	6300	573	276	297	3.08
99.70	9740	4859	4880	18	12	6	3.32
101.00	66063	33224	32838	617	293	323	3.60
104.00	31858	16253	15605	17	10	7	3.88
105.00	23584	12086	11498	77	49	27	3.56
102.00	42320	21331	20989	74	50	24	3.44
103.00	26847	13645	13202	2	1	1	3.52
104.00	38322	19540	18782	16	13	3	3.43
97.00	14606	7188	7417	53	29	24	3.11
98.30	72834	36086	36748	362	189	173	3.53
102.00	44393	22489	21904	350	155	196	3.29
106.00	62543	32077	30466	183	139	44	3.80
102.00	33141	16696	16445	394	275	119	3.96
107.00	42055	21711	20344	29	22	8	3.93
101.00	89642	45016	44625	541	332	208	3.32
105.00	94019	47968	46050	253	210	43	3.87
105.00	59531	30424	29107	261	161	99	3.74
107.00	65988	34115	31873	230	176	54	3.57
102.00	70621	35461	35160	523	390	134	4.30
106.00	46998	24226	22771	58	39	19	4.29
110.00	7404	3861	3543	95	72	23	4.55
103.00	116841	59030	57811	462	374	89	3.50
106.00	36207	18548	17660	136	117	18	4.06
105.00	41091	21038	20054	236	174	62	4.24
94.10	2482	1201	1281	4	4	0	4.50
107.00	35562	18187	17375	841	671	170	3.88
104.00	25256	12876	12380	1	0	1	4.19
103.00	4967	2521	2447	16	11	4	4.45
102.00	5312	2685	2627	2	1	0	4.22
102.00	16660	8428	8233	547	244	302	3.91

3－6 分地区、分性别的各种户口状况人口

POPULATION RESIDENCE BY REGION AND BY SEX

本表是1996年人口变动抽样调查数据，抽样比为1.028‰。

Data in this table are obtained from the Sample Survey on Population Changes in 1996.

The sampling fraction is 1.028 ‰.

单位：人 (person)

地区 Region		合计 Total			住本调查小区户口在本乡、镇、街道 Population with Residence Registered in this Township, Town or Subdistrict but Actually Residing in this Enumeration Area		
		小计 Sub－total	男 Male	女 Female	小计 Sub－total	男 Male	女 Female
全　国	**National Total**	**1246243**	**633347**	**612896**	**1178401**	**599866**	**578535**
北　京	Beijing	12960	6362	6597	10611	5241	5370
天　津	Tianjin	9758	4872	4886	8736	4380	4356
河　北	Hebei	66679	33518	33162	63509	31938	31571
山　西	Shanxi	31874	16263	15611	30122	15441	14681
内蒙古	Inner Mongolia	23660	12135	11525	22257	11427	10830
辽　宁	Liaoning	42394	21381	21013	39352	19919	19433
吉　林	Jilin	26849	13645	13204	24939	12759	12179
黑龙江	Heilongjiang	38338	19553	18785	35955	18393	17562
上　海	Shanghai	14658	7217	7441	12999	6431	6568
江　苏	Jiangsu	73196	36275	36921	68167	33774	34393
浙　江	Zhejiang	44743	22644	22100	42196	21450	20747
安　徽	Anhui	62726	32217	30510	59929	30797	29133
福　建	Fujian	33535	16971	16564	30588	15556	15032
江　西	Jiangxi	42084	21732	20352	39508	20401	19107
山　东	Shandong	90183	45349	44834	84252	42286	41966
河　南	Henan	94272	48178	46094	92301	47138	45164
湖　北	Hubei	59791	30585	29207	56481	28957	27524
湖　南	Hunan	66218	34291	31927	64121	33255	30866
广　东	Guangdong	71144	35851	35293	67044	33775	33269
广　西	Guangxi	47056	24265	22791	45402	23553	21850
海　南	Hainan	7499	3933	3566	7061	3701	3361
四　川	Sichuan	117304	59404	57900	111247	56367	54880
贵　州	Guizhou	36343	18665	17678	34760	17904	16855
云　南	Yunnan	41328	21212	20116	39962	20537	19425
西　藏	Tibet	2486	1205	1281	2191	1074	1117
陕　西	Shaanxi	36403	18858	17545	34912	18052	16861
甘　肃	Gansu	25258	12876	12382	24455	12496	11959
青　海	Qinghai	4983	2532	2451	4714	2399	2316
宁　夏	Ningxia	5314	2687	2627	5149	2608	2542
新　疆	Xinjiang	17207	8672	8535	15482	7859	7623

续表 1 continued

本表是1996年人口变动抽样调查数据，抽样比为1.028‰。
Data in this table are obtained from the Sample Survey on Population Changes in 1996. The sampling fraction is 1.028 ‰.

单位:人 (person)

地 区 Region	住本调查小区半年以上户口在外乡、镇、街道 Population with Residence Registered in Other Township Town or Subdistrict, but Having Actually Resided in This Enumeration Area for More Than Half Year			住本调查小区不满半年离开户口登记地半年以上 Population Having Left Place of Residence Registration More Than Half Year and Having Resided in This Enumeration Area for Less Than Half Year			住本调查小区户口待定 Population with Residence Regitration in This Enumeration Area Not Yet Settled		
	小计 Sub-total	男 Male	女 Female	小计 Sub-total	男 Male	女 Female	小计 Sub-total	男 Male	女 Female
全 国 National Total	**56083**	**27587**	**28496**	**3923**	**2089**	**1834**	**7836**	**3805**	**4031**
北 京 Beijing	2170	1034	1136	108	51	57	71	37	34
天 津 Tianjin	952	461	491	22	11	11	48	19	28
河 北 Hebei	2727	1354	1373	188	96	92	256	130	125
山 西 Shanxi	1426	659	768	47	27	20	279	136	143
内蒙古 Inner Mongolia	1116	554	562	107	63	44	180	92	88
辽 宁 Liaoning	2637	1276	1361	123	53	70	282	133	149
吉 林 Jilin	1681	779	902	53	23	29	176	83	93
黑龙江 Heilongjiang	1921	924	997	177	85	92	285	151	134
上 海 Shanghai	1551	737	813	49	25	25	59	24	35
江 苏 Jiangsu	4380	2183	2197	160	102	58	489	216	273
浙 江 Zhejiang	2205	1023	1182	141	66	75	200	104	96
安 徽 Anhui	2489	1257	1232	124	61	62	185	102	82
福 建 Fujian	2198	1063	1135	175	88	87	574	263	311
江 西 Jiangxi	1902	977	926	129	61	69	545	294	251
山 东 Shandong	5583	2906	2677	148	71	78	200	86	114
河 南 Henan	1674	896	777	89	47	42	208	96	112
湖 北 Hubei	2952	1452	1500	90	42	48	268	134	134
湖 南 Hunan	1737	872	866	137	81	56	222	83	140
广 东 Guangdong	2916	1469	1448	326	173	153	858	434	424
广 西 Guangxi	1195	511	685	227	108	119	231	94	137
海 南 Hainan	295	146	149	63	49	14	79	37	42
四 川 Sichuan	4257	2082	2175	872	510	362	927	444	483
贵 州 Guizhou	1210	566	644	39	19	20	334	176	158
云 南 Yunnan	1101	545	556	121	64	56	144	65	78
西 藏 Tibet	276	127	149	9	3	5	11	1	10
陕 西 Shaanxi	1136	615	521	71	38	33	284	153	131
甘 肃 Gansu	591	266	325	36	21	15	175	93	83
青 海 Qinghai	179	87	92	9	5	5	81	42	39
宁 夏 Ningxia	123	58	64	6	3	3	36	18	19
新 疆 Xinjiang	1500	708	792	77	42	35	148	64	84

3－7 各地区人口年龄构成和负担系数

POPULATION AGE COMPOSITION AND DEPENDANCY RATIO BY REGION

本表是1996年人口变动抽样调查数据，抽样比为1.028‰。

Data in this table are obtained from the Sample Survey on Population Changes in 1996. The sampling fraction is 1.028 ‰.

地 区 Region	人 口 数 (人) Population				负担系数 (%)		
	合 计 Total	0－14岁 Age 0－14	15－64岁 Age 15－64	65岁及以上 Age65 and Over	Dependency Ratio (%)	负担少儿系数 Children Dependency Ratio	负担老年系数 The Aged Dependency Ratio
全 国 National Total	**1246243**	**322330**	**837470**	**86443**	**48.81**	**38.49**	**10.32**
北 京 Beijing	12960	2313	9640	1006	34.44	24.00	10.44
天 津 Tianjin	9758	2132	6836	790	42.75	31.18	11.56
河 北 Hebei	66679	17582	44927	4171	48.42	39.13	9.28
山 西 Shanxi	31874	9108	20933	1833	52.27	43.51	8.76
内蒙古 Inner Mongolia	23660	5790	16646	1225	42.14	34.79	7.36
辽 宁 Liaoning	42394	8738	30724	2932	37.98	28.44	9.54
吉 林 Jilin	26849	5673	19607	1568	36.93	28.93	8.00
黑龙江 Heilongjiang	38338	8248	28100	1990	36.43	29.35	7.08
上 海 Shanghai	14658	2368	10472	1818	39.97	22.61	17.36
江 苏 Jiangsu	73196	16353	50740	6102	44.26	32.23	12.03
浙 江 Zhejiang	44743	9215	31502	4026	42.03	29.25	12.78
安 徽 Anhui	62726	17049	41425	4253	51.42	41.16	10.27
福 建 Fujian	33535	9876	21371	2288	56.92	46.21	10.71
江 西 Jiangxi	42084	11781	27668	2635	52.11	42.58	9.53
山 东 Shandong	90183	21625	61666	6892	46.24	35.07	11.18
河 南 Henan	94272	26160	61607	6505	53.02	42.46	10.56
湖 北 Hubei	59791	16133	39787	3871	50.28	40.55	9.73
湖 南 Hunan	66218	16962	44338	4918	49.35	38.26	11.09
广 东 Guangdong	71144	22657	42994	5493	65.47	52.70	12.78
广 西 Guangxi	47056	13508	30227	3322	55.68	44.69	10.99
海 南 Hainan	7499	2401	4610	488	62.68	52.10	10.58
四 川 Sichuan	117304	27749	80519	9036	45.68	34.46	11.22
贵 州 Guizhou	36343	10480	23973	1890	51.60	43.72	7.88
云 南 Yunnan	41328	11881	26883	2564	53.73	44.20	9.54
西 藏 Tibet	2486	813	1528	145	62.76	53.23	9.52
陕 西 Shaanxi	36403	10519	23701	2182	53.59	44.38	9.21
甘 肃 Gansu	25258	7238	16785	1235	50.47	43.12	7.36
青 海 Qinghai	4983	1435	3339	209	49.24	42.98	6.26
宁 夏 Ningxia	5314	1620	3465	228	53.35	46.76	6.59
新 疆 Xinjiang	17207	4922	11459	826	50.16	42.95	7.21

注：负担系数是指0－14岁和65岁及以上人口占15－64岁人口的比重，0－14岁人口为少年儿童人口，65岁及以上人口为老年人口。

a) The dependency ratio refers to the proportion of the number of people aged 0－14 and 65 and over to the number of people aged 15－64. The children refers to the people aged 0－14, and the aged refers to the people aged 65 and over.

3-8 各地区分性别的15岁及15岁以上文盲半文盲人口

ILLITERATE AND SEMI-LITERATE POPULATION AGED 15 AND OVER BY SEX AND REGION

本表是1996年人口变动抽样调查数据，抽样比为1.028‰。

Data in this table are obtained from the Sample Survey on Population Changes in 1996.

The sampling fraction is 1.028 ‰.

单位：人、%　　　　(person, %)

地　区 Region		15岁及15岁以上人口 Population Aged 15 and Over			文盲、半文盲人口 Illiterate and Semi-literate			文盲半文盲占15岁及以上比例 % to popu. aged 15 & over		
		合 计 Total	男 Male	女 Female	小 计 Sub-total	男 Male	女 Female	小 计 Sub-total	男 Male	女 Female
全　国	**National Total**	**923931**	**462804**	**461109**	**164618**	**46830**	**117788**	**17.82**	**10.12**	**25.54**
北　京	Beijing	10646	5169	5477	781	168	612	7.33	3.26	11.18
天　津	Tianjin	7626	3764	3862	824	199	625	10.80	5.28	16.19
河　北	Hebei	49098	24412	24686	7658	2196	5462	15.60	9.00	22.13
山　西	Shanxi	22766	11506	11260	2312	698	1614	10.15	6.06	14.33
内蒙古	Inner Mongolia	17870	9136	8734	3047	986	2062	17.05	10.79	23.60
辽　宁	Liaoning	33656	16875	16780	2982	865	2117	8.86	5.13	12.61
吉　林	Jilin	21175	10692	10483	2118	671	1446	10.00	6.28	13.80
黑龙江	Heilongjiang	30090	15250	14840	3293	992	2301	10.94	6.50	15.50
上　海	Shanghai	12290	6025	6265	1192	228	964	9.70	3.78	15.39
江　苏	Jiangsu	56843	27619	29223	10527	2457	8070	18.52	8.90	27.62
浙　江	Zhejiang	35528	17757	17771	6291	1835	4456	17.71	10.33	25.07
安　徽	Anhui	45677	23006	22672	9577	2851	6726	20.97	12.39	29.67
福　建	Fujian	23659	11768	11891	5025	1109	3916	21.24	9.42	32.94
江　西	Jiangxi	30303	15333	14970	4971	1319	3651	16.40	8.60	24.39
山　东	Shandong	68558	33929	34629	15909	4546	11363	23.20	13.40	32.81
河　南	Henan	68112	34031	34082	11303	3277	8026	16.59	9.63	23.55
湖　北	Hubei	43658	22060	21598	7598	2098	5500	17.40	9.51	25.46
湖　南	Hunan	49256	25318	23937	6954	1870	5084	14.12	7.38	21.24
广　东	Guangdong	48487	23572	24915	6903	1399	5504	14.24	5.94	22.09
广　西	Guangxi	33548	17032	16516	4637	1111	3526	13.82	6.52	21.35
海　南	Hainan	5098	2655	2443	916	247	669	17.97	9.29	27.39
四　川	Sichuan	89555	44766	44789	17009	5253	11756	18.99	11.73	26.25
贵　州	Guizhou	25862	13223	12640	7804	2116	5688	30.18	16.01	45.00
云　南	Yunnan	29447	14978	14468	8386	2645	5740	28.48	17.66	39.68
西　藏	Tibet	1673	781	892	1023	407	616	61.13	52.16	68.98
陕　西	Shaanxi	25884	13277	12606	5435	1799	3636	21.00	13.55	28.84
甘　肃	Gansu	18020	9042	8978	5926	1928	3997	32.88	21.33	44.52
青　海	Qinghai	3548	1795	1753	1495	530	965	42.14	29.54	55.04
宁　夏	Ningxia	3694	1855	1838	924	296	628	25.02	15.95	34.17
新　疆	Xinjiang	12285	6175	6110	1800	733	1067	14.65	11.87	17.47

注：本表"文盲、半文盲人口"指15岁及15岁以上不识字及识字很少人口。

a) Illiterate and semi-illiterate population in this table refers to the population aged 15 and over, who are unable or very difficult to read.

3-9 各地区按性别和受教育程度分的人口

本表是1996年人口变动抽样调查数据，抽样比为1.028‰。

单位：人

地区 Region	6岁及6岁以上人口 Population Aged 6 and Over			不识字或识字很少 Illterate			小学
	合计 Total	男 Male	女 Female	小计 Sub-total	男 Male	女 Female	小计 Sub-total
全国 National Total	**1140592**	**576036**	**564556**	**178167**	**53539**	**124627**	**470880**
北京 Beijing	12304	6019	6285	801	180	622	2543
天津 Tianjin	9130	4538	4591	887	231	657	2950
河北 Hebei	61054	30581	30473	8243	2508	5736	25304
山西 Shanxi	28539	14524	14015	2529	827	1702	11178
内蒙古 Inner Mongolia	21706	11135	10570	3277	1106	2171	7986
辽宁 Liaoning	39577	19889	19688	3310	1046	2264	13434
吉林 Jilin	25133	12778	12355	2395	822	1573	8927
黑龙江 Heilongjiang	35859	18249	17609	3682	1182	2500	12132
上海 Shanghai	14060	6917	7143	1216	240	976	2953
江苏 Jiangsu	67983	33379	34604	10819	2579	8239	24598
浙江 Zhejiang	41649	20934	20715	6507	1951	4556	17287
安徽 Anhui	56861	28917	27944	10124	3148	6976	26031
福建 Fujian	30537	15319	15217	5488	1323	4165	14560
江西 Jiangxi	38257	19535	18722	5384	1524	3860	18894
山东 Shandong	84574	42272	42302	17085	5156	11929	31318
河南 Henan	86388	43704	42684	12421	3888	8533	34337
湖北 Hubei	54445	27676	26769	7904	2264	5640	22600
湖南 Hunan	61314	31613	29701	7409	2098	5311	28416
广东 Guangdong	62879	31195	31684	7758	1850	5908	29651
广西 Guangxi	43298	22208	21090	5158	1386	3771	21567
海南 Hainan	6641	3466	3176	1097	332	765	2823
四川 Sichuan	106671	53800	52871	18216	5843	12373	48992
贵州 Guizhou	32447	16624	15822	8566	2381	6185	13903
云南 Yunnan	36751	18774	17977	9297	3054	6243	17203
西藏 Tibet	2216	1064	1152	1246	535	711	796
陕西 Shaanxi	32969	17029	15939	5778	1956	3822	12882
甘肃 Gansu	22715	11495	11220	6656	2257	4399	8074
青海 Qinghai	4412	2235	2177	1746	641	1105	1374
宁夏 Ningxia	4721	2378	2344	1048	345	703	1639
新疆 Xinjiang	15504	7788	7716	2119	887	1232	6528

POPULATION BY SEX, EDUCATIONAL LEVEL AND REGION

Data in this table are obtained from the Sample Survey on Population Changes in 1996.
The sampling fraction is 1.028 ‰.

(person)

Primary School		初中Junior Secondary School			高中Senior Secondary School			大专以上 College and Higher Level		
男 Male	女 Female	小计 Sub-total	男 Male	女 Female	小计 Sub-total	男 Male	女 Female	小计 Sub-total	男 Male	女 Female
236524	**234356**	**358780**	**207228**	**151552**	**107344**	**62575**	**44769**	**25422**	**16170**	**9252**
1250	1293	4020	2117	1903	3170	1492	1677	1771	981	790
1473	1476	3273	1780	1494	1572	795	777	448	260	188
12533	12771	21538	12090	9449	5183	2951	2232	785	500	285
5468	5710	10916	6005	4911	3023	1682	1342	892	543	350
4118	3867	7117	4079	3039	2671	1438	1233	654	394	260
6618	6816	16686	8820	7866	4633	2519	2114	1514	886	628
4391	4536	9201	5005	4196	3805	2082	1723	805	478	327
5972	6161	13747	7742	6005	4987	2570	2416	1311	784	527
1441	1512	5189	2694	2495	3254	1643	1611	1448	898	550
12068	12530	23034	12950	10084	7621	4482	3139	1912	1300	611
8797	8489	13721	7783	5938	3505	1986	1518	629	416	213
12463	13569	16487	10500	5986	3514	2307	1207	704	498	206
7287	7273	7677	4928	2750	2368	1470	898	443	312	131
9094	9800	10841	6798	4043	2769	1863	906	370	257	113
15507	15811	27752	16296	11456	7323	4591	2732	1096	722	374
16719	17618	31752	18153	13599	6458	4039	2419	1420	904	516
11103	11496	16635	9889	6745	6057	3570	2487	1250	850	401
14463	13953	18483	10731	7752	5894	3575	2319	1111	745	365
14351	15300	19924	11434	8490	4758	3027	1731	789	532	256
10889	10679	13199	7755	5444	3053	1971	1082	321	208	113
1441	1382	1986	1185	800	617	418	199	119	89	30
25421	23571	29630	16799	12831	8048	4606	3442	1786	1132	654
7823	6081	7015	4571	2443	2363	1449	914	600	399	200
9427	7776	7366	4599	2767	2295	1309	987	589	386	203
447	349	145	72	74	20	5	14	9	4	4
6701	6181	9702	5605	4098	3418	1939	1479	1188	829	360
4342	3732	5324	3261	2063	2196	1338	858	465	296	169
826	548	841	521	320	354	188	166	97	59	37
857	782	1387	798	589	490	272	218	157	105	53
3233	3294	4192	2270	1922	1927	996	931	739	402	337

3－10 各地区按性别和婚姻状况分的人口

MARITAL STATUS OF POPULATION BY SEX AND REGION

本表是1996年人口变动抽样调查数据，抽样比为1.028‰。

Data in this table are obtained from the Sample Survey on Population Changes in 1996. The sampling fraction is 1.028 ‰.

单位：人 (person)

地区 Region		合计 Total			未婚 Never Married	
		合计 Total	男 Male	女 Female	小计 Sub－total	男 Male	女 Female
全 国	**National Total**	**923913**	**462804**	**461109**	**182313**	**108236**	**74077**
北 京	Beijing	10646	5169	5477	2114	1156	958
天 津	Tianjin	7626	3764	3862	1154	655	499
河 北	Hebei	49098	24412	24686	8885	4969	3916
山 西	Shanxi	22766	11506	11260	4394	2665	1730
内蒙古	Inner Mongolia	17870	9136	8734	3746	2223	1523
辽 宁	Liaoning	33656	16875	16780	5826	3356	2470
吉 林	Jilin	21175	10692	10483	4036	2321	1715
黑龙江	Heilongjiang	30090	15250	14840	5797	3345	2452
上 海	Shanghai	12290	6025	6265	1880	1116	764
江 苏	Jiangsu	56843	27619	29223	8587	4918	3669
浙 江	Zhejiang	35528	17757	17771	6902	4161	2742
安 徽	Anhui	45677	23006	22672	9293	5538	3756
福 建	Fujian	23659	11768	11891	5062	3015	2047
江 西	Jiangxi	30303	15333	14970	6597	4072	2524
山 东	Shandong	68558	33929	34629	13134	7183	5950
河 南	Henan	68112	34031	34082	13786	8032	5755
湖 北	Hubei	43658	22060	21598	7957	4917	3040
湖 南	Hunan	49256	25318	23937	10059	6458	3601
广 东	Guangdong	48487	23572	24915	10943	6453	4490
广 西	Guangxi	33548	17032	16516	9353	5673	3680
海 南	Hainan	5098	2655	2443	1460	932	528
四 川	Sichuan	89555	44766	44789	14733	9173	5560
贵 州	Guizhou	25862	13223	12640	6053	3614	2439
云 南	Yunnan	29447	14978	14468	6665	4000	2665
西 藏	Tibet	1673	781	892	529	267	262
陕 西	Shaanxi	25884	13277	12606	5041	3175	1866
甘 肃	Gansu	18020	9042	8978	3536	2108	1428
青 海	Qinghai	3548	1795	1753	853	501	352
宁 夏	Ningxia	3694	1855	1838	856	482	374
新 疆	Xinjiang	12285	6175	6110	3084	1759	1325

续表 1 continued

本表是1996年人口变动抽样调查数据，抽样比为1.028‰。
Data in this table are obtained from the Sample Survey on Population Changes in 1996.
The sampling fraction is 1.028 ‰.

单位：人 (person)

地区 Region	初婚有配偶 First Married			再婚有配偶 Re-married		
	小计 Sub-total	男 Male	女 Female	小计 Sub-Total	男 Male	女 Female
全国 National Total	**660557**	**324610**	**335947**	**18072**	**8388**	**9683**
北京 Beijing	7729	3727	4002	206	105	101
天津 Tianjin	5854	2888	2966	126	61	65
河北 Hebei	36621	18112	18508	707	298	409
山西 Shanxi	16491	8099	8392	564	248	317
内蒙古 Inner Mongolia	12825	6401	6423	311	126	184
辽宁 Liaoning	25222	12477	12745	645	311	334
吉林 Jilin	15393	7646	7747	426	206	220
黑龙江 Heilongjiang	21827	10849	10978	756	389	367
上海 Shanghai	9212	4530	4682	257	131	126
江苏 Jiangsu	43350	21115	22235	862	380	482
浙江 Zhejiang	25310	12591	12719	703	249	454
安徽 Anhui	32635	16156	16480	619	247	372
福建 Fujian	16433	8089	8344	370	164	206
江西 Jiangxi	21056	10291	10764	670	314	356
山东 Shandong	49492	24548	24944	1244	543	701
河南 Henan	48796	23968	24828	1036	454	582
湖北 Hubei	31877	15661	16216	801	372	429
湖南 Hunan	34670	17105	17565	1014	476	538
广东 Guangdong	33146	15936	17210	529	231	297
广西 Guangxi	21119	10265	10854	462	220	242
海南 Hainan	3220	1586	1634	72	33	39
四川 Sichuan	65870	32104	33767	2291	1025	1266
贵州 Guizhou	17605	8683	8922	520	298	223
云南 Yunnan	20081	9883	10198	628	329	299
西藏 Tibet	983	468	515	18	8	11
陕西 Shaanxi	18654	9203	9451	509	236	273
甘肃 Gansu	12997	6337	6659	331	167	164
青海 Qinghai	2326	1141	1185	119	63	57
宁夏 Ningxia	2597	1279	1317	69	36	33
新疆 Xinjiang	7167	3471	3696	1204	669	536

续表 2 continued

本表是1996年人口变动抽样调查数据，抽样比为1.028‰。
Data in this table are obtained from the Sample Survey on Population Changes in 1996.
The sampling fraction is 1.028 ‰.

单位：人 (person)

地区 Region	离婚 Divorced			丧偶 Widowed		
	小计 Sub-total	男 Male	女 Female	小计 Sub-total	男 Male	女 Femal
全国 National Total	**7174**	**4632**	**2542**	**55797**	**16937**	**38860**
北京 Beijing	119	59	60	478	122	356
天津 Tianjin	57	30	27	436	130	305
河北 Hebei	252	186	66	2633	846	1787
山西 Shanxi	176	137	40	1141	359	782
内蒙古 Inner Mongolia	140	94	45	849	291	558
辽宁 Liaoning	369	195	174	1593	536	1057
吉林 Jilin	292	172	120	1028	348	680
黑龙江 Heilongjiang	321	194	128	1389	473	916
上海 Shanghai	157	81	76	785	168	617
江苏 Jiangsu	298	200	98	3745	1006	2739
浙江 Zhejiang	261	189	72	2351	566	1785
安徽 Anhui	223	177	45	2907	887	2019
福建 Fujian	155	110	44	1639	390	1250
江西 Jiangxi	165	127	38	1815	528	1288
山东 Shandong	370	283	88	4319	1373	2946
河南 Henan	374	269	106	4119	1309	2810
湖北 Hubei	252	178	74	2772	932	1839
湖南 Hunan	419	289	131	3093	990	2103
广东 Guangdong	230	160	69	3639	792	2847
广西 Guangxi	298	202	96	2316	672	1644
海南 Hainan	29	22	7	317	80	236
四川 Sichuan	1000	556	444	5660	1909	3752
贵州 Guizhou	187	124	63	1498	504	994
云南 Yunnan	226	132	95	1847	635	1212
西藏 Tibet	31	7	25	112	31	80
陕西 Shaanxi	198	151	47	1481	512	969
甘肃 Gansu	165	98	67	992	332	660
青海 Qinghai	59	29	30	190	62	128
宁夏 Ningxia	22	12	10	150	46	105
新疆 Xinjiang	327	169	158	503	108	395

3-11 各地区家庭户类型

NUMBER OF FAMILY HOUSEHOLDS WITH DIFFERENT SIZE BY REGION

本表是1996年人口变动抽样调查数据，抽样比为1.028‰。
Data in this table are obtained from the Sample Survey on Population Changes in 1996.
The sampling fraction is 1.028 ‰.

单位：户 (household)

地区	Region	户数合计 Total Number of House-holds	一人户 One Person	二人户 Two Persons	三人户 Three Persons	四人户 Four Persons	五人户 Five Persons	六人户 Six Persons	七人户 Seven Persons	八人户 Eight Persons	九人户 Nine Persons	十人及以上户 Ten Persons and Over
全国	**National Total**	**334645**	**19848**	**45659**	**96047**	**88057**	**48049**	**22251**	**8707**	**3552**	**1340**	**1134**
北京	Beijing	4027	353	833	1688	722	274	98	35	14	7	4
天津	Tianjin	2935	147	458	1266	653	271	98	27	8	2	4
河北	Hebei	18358	1019	2616	5053	5774	2480	974	302	94	36	10
山西	Shanxi	8217	416	975	2014	2286	1461	669	255	95	31	16
内蒙古	Inner Mongolia	6625	272	944	2206	1875	882	293	106	30	11	4
辽宁	Liaoning	12293	485	1815	5088	2826	1292	508	174	73	17	17
吉林	Jilin	7620	243	1026	2946	2062	870	295	112	45	12	8
黑龙江	Heilongjiang	11168	384	1624	4622	2741	1210	395	134	38	11	9
上海	Shanghai	4693	411	923	2037	707	404	140	39	25	3	3
江苏	Jiangsu	20620	1100	3270	6935	4776	2806	1179	351	140	40	22
浙江	Zhejiang	13481	1298	2282	4394	3375	1343	526	173	61	13	15
安徽	Anhui	16444	855	1974	4265	4755	2695	1223	426	187	43	21
福建	Fujian	8369	531	953	1814	2278	1499	790	290	129	44	40
江西	Jiangxi	10700	532	1143	2485	3353	1810	786	336	154	47	53
山东	Shandong	26970	1855	4817	9273	6779	2832	994	305	93	12	10
河南	Henan	24308	1254	2916	5751	7054	4261	1963	751	221	87	51
湖北	Hubei	15934	737	2015	4471	4777	2299	1056	360	143	50	27
湖南	Hunan	18482	1327	2761	5087	5190	2445	1106	389	117	29	30
广东	Guangdong	16441	1394	1640	2425	3817	3354	1937	963	454	212	244
广西	Guangxi	10946	737	1036	1886	2704	2079	1297	624	311	146	126
海南	Hainan	1627	116	148	246	316	315	231	133	61	29	31
四川	Sichuan	33386	2399	5157	10754	8380	3879	1736	595	239	144	105
贵州	Guizhou	8928	423	929	2112	2278	1656	914	381	140	62	33
云南	Yunnan	9688	441	830	2016	2642	1848	965	537	241	95	74
西藏	Tibet	552	43	63	75	118	97	60	42	27	11	15
陕西	Shaanxi	9166	600	1126	2058	2485	1603	822	286	111	36	40
甘肃	Gansu	6029	214	530	1323	1787	1081	604	276	124	40	50
青海	Qinghai	1117	34	94	245	276	203	122	67	37	19	20
宁夏	Ningxia	1260	35	126	298	322	230	134	63	29	14	8
新疆	Xinjiang	4259	193	634	1215	948	569	337	175	107	40	42

3-12 各地区15-49岁妇女活产和存活子女状况

LIVE BIRTHS AND LIVING CHILDREN OF WOMEN AGED 15-49 BY REGION

本表是1996 年人口变动抽样调查数据,抽样比为1.028‰。
Data in this table are obtained from the Sample Survey on Population Changes in 1996.
The sampling fraction is 1.028 ‰.

单位:人 (Person)

地区 Region	15-64岁妇女人数 Number of Women Aged 15-64	活产子女人数 Number of Live Births	男 Male	女 Female	存活子女人数 Number of Living Children	男 Male	女 Female	妇女平均活产子女数 Average Number of Live Births per Women	妇女平均存活子女数 Average Number of Living Children per Women
全国 National Total	**341850**	**486469**	**256301**	**230168**	**475673**	**250554**	**225119**	**1.42**	**1.39**
北京 Beijing	3895	3271	1678	1593	3257	1670	1587	0.84	0.84
天津 Tianjin	2794	3076	1597	1479	3051	1581	1470	1.10	1.09
河北 Hebei	18929	26061	13519	12542	25845	13399	12446	1.38	1.37
山西 Shanxi	8573	13810	7212	6599	13662	7138	6524	1.61	1.59
内蒙古 Inner Mongolia	6829	9650	5007	4643	9452	4892	4560	1.41	1.38
辽宁 Liaoning	12713	14295	7411	6884	14150	7320	6829	1.12	1.11
吉林 Jilin	8053	9583	4949	4634	9468	4878	4590	1.19	1.18
黑龙江 Heilongjiang	11665	14297	7480	6817	14110	7371	6739	1.23	1.21
上海 Shanghai	4063	3615	1858	1758	3572	1832	1740	0.89	0.88
江苏 Jiangsu	20897	25777	13580	12197	25277	13309	11968	1.23	1.21
浙江 Zhejiang	12957	16842	8829	8013	16514	8646	7868	1.30	1.27
安徽 Anhui	16873	25387	13620	11767	24849	13323	11526	1.50	1.47
福建 Fujian	8899	14476	7745	6731	14223	7600	6623	1.63	1.60
江西 Jiangxi	11395	19348	10404	8944	18716	10059	8658	1.70	1.64
山东 Shandong	25440	32777	17213	15564	32379	16997	15382	1.29	1.27
河南 Henan	25072	37368	19904	17464	36988	19683	17306	1.49	1.48
湖北 Hubei	16163	24391	12775	11615	23653	12376	11277	1.51	1.46
湖南 Hunan	17484	26029	13710	12320	25212	13301	11911	1.49	1.44
广东 Guangdong	17978	30977	16659	14319	30588	16466	14121	1.72	1.70
广西 Guangxi	12130	18803	10066	8737	18487	9916	8570	1.55	1.52
海南 Hainan	1787	3189	1700	1489	3132	1673	1459	1.78	1.75
四川 Sichuan	32370	42117	22068	20049	40746	21348	19398	1.30	1.26
贵州 Guizhou	9552	15503	8045	7458	14637	7611	7026	1.62	1.53
云南 Yunnan	10864	17962	9469	8492	16922	8913	8009	1.65	1.56
西藏 Tibet	682	1032	528	505	970	492	478	1.51	1.42
陕西 Shaanxi	9409	14547	7696	6851	14364	7599	6766	1.55	1.53
甘肃 Gansu	6832	10596	5586	5010	10407	5490	4917	1.55	1.52
青海 Qinghai	1367	2166	1112	1054	2063	1059	1004	1.58	1.51
宁夏 Ningxia	1463	2514	1296	1218	2427	1255	1172	1.72	1.66
新疆 Xinjiang	4720	7008	3586	3422	6556	3358	3198	1.48	1.39

主 要 统 计 指 标 解 释

人口数 指一定时点、一定地区范围内的有生命的个人的总和。

年度统计的年末人口数是指每年12月31日24时的人口数。年度统计的全国人口总数内未包括台湾省和港澳同胞以及海外华侨人数。

市镇总人口和乡村总人口 一般是按常住人口划分的。

市镇总人口 指市、镇辖区的全部人口。

乡村总人口 指县（不含镇）的全部人口。

市 是指经国家批准成立"市"建制的城市。

镇 是指经省、自治区、直辖市批准的镇。1963年以前为常住人口在2000人以上，非农业人口占50%以上的。1964年起改为常住人口在3000人以上，非农业人口占70%以上，或常住人口在2500人以上，不满3000人，非农业人口占85%以上的。1984年后又调整为，凡县级地方国家机关所在地；或总人口在20000人以下的乡，乡政府驻地非农业人口超过2000人的；或总人口在20000人以上的乡，乡政府驻地非农业人口占全乡人口10%以上；或少数民族地区、人口稀少的边远地区、山区和小型工矿区、小港口、风景旅游、边境口岸等地，非农业人口虽不足2000人，都可建镇。

出生率（又称粗出生率） 指在一定时期内（通常为一年）平均每千人所出生的人数的比率，一般用千分率表示。计算公式：

$$出生率 = \frac{年出生人数}{年平均人数} \times 1000‰$$

出生人数是指活产婴儿，即胎儿脱离母体时（不管怀孕月数），有过呼吸或其他生命现象。

年平均人数是年初、年底人口数的平均数，也可用年中人口数代替。

死亡率（又称粗死亡率） 指在一定时期内（通常为一年）一定地区的死亡人数与同期平均人数（或期中人数）之比，一般用千分率表示。计算公式：

$$死亡率 = \frac{年死亡人数}{年平均人数} \times 1000‰$$

人口自然增长率 指在一定时期内（通常为一年）人口自然增加数（出生人数减死亡人数）与该时期内平均人数（或期中人数）之比，一般用千分率表示。计算公式：

$$人口自然增长率 = \frac{本年出生人数 - 本年死亡人数}{年平均人数} \times 1000‰$$

$$人口自然增长率 = 人口出生率 - 人口死亡率$$

在业人口（又称就业人口） 指十五周岁及十五周岁以上人口中从事一定的社会劳动并取得劳动报酬或经营收入的人口。

不在业人口 指十五周岁及十五周岁以上人口中未从事社会劳动的人口。包括：在校学生、料理家务、待升学、市镇待业、离退休、退职、丧失劳动能力等非在业人口。

社会负担系数 指社会劳动人口与被抚养人口的比例。计算公式：社会负担系数＝被抚养人口÷劳动人口×100%

老年负担系数 指社会劳动人口与老年人口的比例。计算公式：老年负担系数＝老年人口÷劳动人口×100%

少年负担系数 指社会劳动人口与少年儿童的比例。计算公式：少年负担系数＝少年儿童人口÷劳动人口×100%

Explanatory Notes on Main Statistical Indicators

Total Population refers to the total number of people alive at a certain point of time within a given area.

The annual statistics on total population is taken at midnight, the 3lst of December, not including residents in Taiwan province, Chinese compatriots in Hong Kong and Macao and overseas Chinse.

Urban Population and Rural Population are classified, in general, with the permanent population.

Urban Population refers to the population living in areas under the jurisdiction of cities or towns.

Rural Population refers to the population of counties excluding those living in towns.

City refers to cities established with the approval of the central government.

Town refers to towns established with the approval of the governments of province, autonomous region, or municipality directly under the central government. Prior to 1963, a town was defined as an area with more than 2000 permanent residents, of which 50% or more were non-agricultural population; A revision of the definifion was made in 1964. By the new difinition, a town was an area with more than 3000 permanent residents, of which 70% or more were non-agricultural population or an area with more than 2500, but lower than 3000 permanent residents, of which 85% or more were non-agricultural population. Further adjustment was made in 1984: a town is defined as: (1) an area being the location of county-level government agency, or (2) a township with a total population less than 20000, where the non-agricultural population of the location of a township goverment exceeds 2000; or (3) a township with a total population more than 20000, where the proportion of the non-agricultural population to the total population of the location of a township government is greater than 10%; or (4) a remote area, mountainous area, small-sized mining area, small harbor, tourism area, or border area with non-agricultural population less than 2000.

Birth Rate (or **Crude Birth Rate**) refers to the ratio of the number of births to the average population during a certain period of time (usually a year), which is often expressed in ‰. The following formula is used:

$$\text{Birth Rate} = \frac{\text{Number of Births}}{\text{Average Number of Population}} \times 1000‰$$

Number of Births refers to live births, i. e. the births when babies had showed any vital phenomena regardless of the length of pregnancy.

Annual Average Number of Population is the average of the number of population at the beginning of the year and that at the end of the year. Sometimes it is substituted for with the mid-year population.

Death Rate (or **Crude Death Rate**) refers to the ratio of the number of deaths to the average population (or mid-year population) during a certain period of time (usually a year), which is often expressed in ‰. The following formula is used:

$$\text{Death Rate} = \frac{\text{Number of Deaths}}{\text{Annual Average Number of Population}} \times 1000‰$$

Natural Growth Rate of Population refers to the ratio of natural increase in population (number of births minus number of deaths) in a certain period of time (usually a year) to the average population (or mid-year population) of the same period, which is often expressed in ‰. The following formulas are applied:

$$\text{Natural Growth of Population} = \frac{\text{Number of Births} - \text{Number of Deaths}}{\text{Average Number of Population}} \times 1000‰$$

$$\text{Natural Growth Rate of Population} = \text{Birth Rate} - \text{Death Rate}$$

Employed Population refers to population aged 15 or over engaging in social labour which generates income.

Unemployed Population refers to population aged 15 or over not engaging in any social labour which generates income, including students enrolled in schools, house wives, students waiting for entering schools with higher level, urban job seekers, retirees, job quitters, disabled, etc.

Social Dependency Ratio refers to the ratio of number of dependents to the total number of social laborers, which is calculated as follows:

$$\text{Social Dependency Ratio} = \frac{\text{Number of Dependents}}{\text{Total Number of Social Laborers}} \times 100\%$$

The Aged Dependency Ratio refers to the ratio of the number of the aged population to the total number of social laborers, which is calculated as follows:

$$\text{The Aged Dependency Ratio} = \frac{\text{Number of the Aged Population}}{\text{Total Number of Social Laborers}} \times 100\%$$

The Juvenile and Children Dependency Ratio refers to the ratio of the number of the juvenile and children to the total number of social laborers, which is calculated as follows:

$$\text{The Juvenile and Children Dependency Ratio} = \frac{\text{Number of the Juvenile and Children}}{\text{Total Number of Social Laborers}} \times 100\%$$

四　从业人员和职工工资

EMPLOYMENT AND WAGES

简要说明

一、本篇资料反映我国1996年劳动经济方面的基本情况，包括30个省、自治区、直辖市的主要劳动统计数据。如：经济活动人口数，从业人员及职工人数，合同制职工变化情况，工业、建筑业职工按工作岗位分组情况，城乡私营企业和个体工商业从业人数，城镇登记失业人数，城镇调查失业人数和城镇新安置新就业人数，职工工资总额，平均工资及指数变化情况等。此外，本篇增加了部分1996年人口变动情况抽样调查和城镇劳动力调查的资料。

二、本篇资料来源主要有以下三个方面：

一是根据国家统计调查制度搜集汇总的资料。包括4—1至4—15表，4—19至4—28，4—31至4—38表，由国家统计局人口与就业司整理提供，其中有关乡村劳动力数据由国家统计局农村社会经济调查总队提供。国家统计局人口与就业司整理的资料是根据1996年劳动综合统计报表制度和1996年城镇劳动力情况调查制度和1996年人口变动情况抽样调查方案搜集汇总的。国家统计局农调总队提供的资料是根据1996年农林牧渔业综合统计报表制度搜集汇总的。

二是劳动部综合计划与工资司提供的资料。包括城镇登记失业人数，职业介绍服务机构及劳动力交流情况(4—29表、4—30表)，是根据劳动部制定的劳动统计报表制度搜集汇总的。

三是国家工商行政管理局办公室提供的资料。包括私营企业及个体工商业从业人员（4—16至4—18表），是根据该局制发的城乡私营企业基本情况统计表及城乡个体工商业基本情况统计表搜集汇总的。

三、调查范围、调查方法和使用的分类标准

1. 调查范围：劳动综合统计报表的调查范围为全部独立核算单位。城镇劳动力的调查范围为全国的城镇人口，具体指设区的市所辖的区、不设区的市所辖的街道以及不设区的市所辖镇的居委会和县辖镇的居委会范围内的15岁及15岁以上人口。人口变动情况抽样调查的调查范围为全国人口。

2. 分类及标准：单位隶属关系采用国家标准《单位隶属关系代码（GB12404—90)》，国民经济行业划分采用国家标准《国民经济行业分类与代码（GBT4754—94)》，单位经济类型根据国家统计局、国家工商行政管理局《关于经济类型划分的暂行规定》划分。

3. 调查方法：1996年城镇劳动力情况调查和人口变动情况抽样调查，采取多阶段、分层、整群抽样方法。其余各表均为全面调查。

四、自1989年始，国家统计局与劳动部、全国总工会、国家工商行政管理局联合出版《中国劳动统计年鉴》，提供了比本篇更为详细的资料。

BRIEF INTRODUCTION

I. The data in this chapter show the basic conditions of China's labour economy in 1996, including the main data of labour statistics of the whole country and 30 provinces, autonomous regions and municipalities under the direct leadership of the central government, such as the economically active population, number of the employed persons and staff and workers, the changes of the contract staff and workers, the classification of the staff and workers in industry and construction by post, the number of persons employed in the urban and rural private enterprises and in industry and commerce run by the individuals, the number of newly employed persons in the urban areas, the number of the unemployed persons surveyed and registered in the urban areas, the total wages and average wages of the staff and workers and the changes in index, etc. In addition, some data collected in the sample surveys on the population changes and on the labour force in the urban areas are newly published in this chapter.

II. There are three main sources for the data published in this chapter:

(1) The data collected and tabulated in accordance with the statistical survey scheme of the State Statistical Bureau, including Tables from 4 – 1 to 4 – 15, from 4 – 19 to 4 – 28, from 4 – 31 to 4 – 38. They are prepared and provided by the Department of Population and Employment Statistics, SSB. Among them, the data on the rural labour force are provided by the Rural Socio – economic Survey Organization, SSB. The data prepared and provided by the Department of Population and Employment Statistics, SSB are collected and tabulated in accordance with the 1996 summary reporting scheme of labour statistics and the survey scheme on the labour force in the urban areas in 1996 and the survey scheme on the population changes in 1996. The data provided by the Rural Socio – economic Survey Organization, SSB are collected and tabulated in accordance with the 1996 summary reporting scheme of agricultural statistics.

(2) The data provided by the Department of Overall Planning and Wages, Ministry of Labour, including the data on the number of the registered unemployed persons in the urban areas (Tables from 4 – 19 to 4 – 21), the employment services and the exchanges of labour force (Tables 4 – 29 and 4 – 30), are collected and tabulated in accordance with the 1996 reporting scheme of labour statistics, stipulated by the Ministry of Labour.

(3) The data provided by the General Office, State Administration for Industry and Commerce , including the data on the number of persons employed in the urban and rural private enterprises and in industry and commerce run by the individuals (Tables 4 – 15, 4 – 16, 4 – 17), are collected and tabulated in accordance with the reporting statistical questionnaires on the basic conditions of the urban and rural private enterprises and the basic conditions of the industry and commerce run by individuals in the urban and rural areas, stipulated and implemented by the Administration.

III. Survey coverage, survey methods and the standard classifications used:

(1) Survey coverage: All the independent accounting units are included in the summary tables on labour statistics. The coverage of the survey on labour force is the population aged 15 and over in the urban areas, i. e. the areas under the jurisdiction of districts in the cities or streets in other cities where there are no districts, or neigbbourhood committees in towns in cities or counties. The coverage of the survey on population changes is the population in the whole country.

(2) Classifications and the standards: The subordinate relationships of the units are decided in accordance with the state standard "Codes of the Subordinate Relationships of the Units (GB 12404 – 90)". The classification of the economic sectors is decided in accordance with the state standard " Classification and Codes of the National Economic Sectors (GBT 4754 – 94)". The classification of the types of ownership of the units is decided in accordance with the "Temporary Provisions on the Classification of the Types Ownership" jointly stipulated by the State Statistical Bureau and the State Administration for Industry and Commerce.

(3) Survey methodology: A multi – stage classified cluster sampling scheme was used in the survey on the labour force in the urban areas and in the sample survey on the population changes. The data of the other tables were collected by complete enumeration.

IV. Since 1989, "China Labour Statistical Yearbook" has been jointly published year after year by the State Statistical Bureau, All – China Federation of Trade Unions and the State Administration for Industry and Commerce. They have provided data more detailed than the data in this chapter.

4-1 就业基本情况
EMPLOYMENT

项　目	Item	1992	1993	1994	1995	1996
从业人员合计　(万人)	**Total Number of Employed Persons (10 000 persons)**	**65554**	**66373**	**67199**	**67947**	**68850**
第一产业	Primary Industry	38349	37434	36489	35468	34769
第二产业	Secondary Industry	14226	14868	15254	15628	16180
第三产业	Tertiary Industry	12979	14071	15456	16851	17901
从业人员构成(合计=100)	**Composition of Employed Persons (total=100)**					
第一产业	Primary Industry	58.5	56.4	54.3	52.2	50.5
第二产业	Secondary Industry	21.7	22.4	22.7	23.0	23.5
第三产业	Tertiary Industry	19.8	21.2	23.0	24.8	26.0
按城乡分从业人员(万人)	**Number of Employed Persons by Residence in Urban and Rural Areas (10 000 persons)**					
城镇从业人员	Urban Areas	17241	17589	18413	19093	19815
国有经济单位	State-owned Units	10889	10920	11214	11261	11244
城镇集体经济单位	Urban Collective Owned Units	3621	3393	3285	3147	3016
联营经济单位	Joint Owned Units	56	66	52	53	49
股份制经济单位	Share Holding Units		164	292	317	363
外商投资经济单位	Foreign Funded Units	138	133	195	241	275
港澳台投资经济单位	Units Funded by Entrepreneurs from Hong Kong, Macao & Taiwan	83	155	211	272	265
其他经济单位	Units of Other Types of Ownership	5	18	9	11	9
私营企业	Private Enterprises	98	186	332	485	620
个体	Individuals	740	930	1225	1560	1709
乡村从业人员	Rural Employed Persons	48313	48784	48786	48854	49035
#乡镇企业	Township and Village Enterprises	10625	12345	12017	12862	13508
职工人数　(万人)	**Number of Staff and Workers(10 000 persons)**	**14792**	**14849**	**14849**	**14908**	**14845**
国有经济单位	State-owned Units	10889	10920	10890	10955	10949
城镇集体经济单位	Urban Collective Owned Units	3621	3393	3211	3076	2954
其他经济单位	Units of Other Types of Ownership	282	536	747	877	942
合同制职工人数　(万人)	**Number of Contract Staff & Workers (10 000 persons)**	**2541**	**3123**	**3839**	**6096**	**7580**
国有经济单位	State-owned Units	2058	2396	2853	4396	5549
城镇集体经济单位	Urban Collective Owned Units	399	526	645	1149	1394
其他经济单位	Units of Other Types of Ownership	84	200	341	551	637
女职工人数(万人)	**Number of Female Staff & Workers (10 000 persons)**	**5586**	**5542**	**5646**	**5755**	**5745**
城镇新就业人数　(万人)	**Number of Newly Employed Persons in Urban Areas (10 000 persons)**	**736**	**705**	**715**	**720**	**705**
城镇登记失业人数(万人)	**Number of Registered Unemployed Persons in Urban Areas (10 000 persons)**	**364**	**420**	**476**	**520**	**553**
城镇登记失业率　(%)	**Registered Unemployment Rate in Urban Areas (%)**	**2.3**	**2.6**	**2.8**	**2.9**	**3.0**

注：1990年以后,经济活动人口、从业人员总计、城镇和乡村从业人员小计资料根据人口变动情况抽样调查调整,因此分地区、分经济类型、分行业的资料相加不等于总计。(下表同)

a) Since 1990 the data on economically active population, employed persons and its in urban and rural areas have been adjusted in accordance with the data obtained from the sample survey on population changes. As aresult, the sum of the data by region, by ownership or by sector are not equal to the total. The same as in the following tables.

4-2 按三次产业分的从业人员

NUMBER OF EMPLOYED PERSONS BY TYPE OF INDUSTRY

(年底) (year-end)

年份 Year	经济活动人口(万人) Economically Active Population (10000 persons)	从业人员(万人) Total (10 000 persons)				构成(合计total=100) Composition in Percentage		
			第一产业 Primary Industry	第二产业 Secondary Industry	第三产业 Tertiary Industry	第一产业 Primary Industry	第二产业 Secondary Industry	第三产业 Tertiary Industry
1952	21106	20729	17316	1528	1885	83.5	7.4	9.1
1957	23971	23771	19300	2115	2356	81.2	8.9	9.9
1962		25910	21259	2033	2618	82.0	7.8	10.1
1965		28670	23372	2376	2922	81.5	8.3	10.2
1970		34432	27786	3479	3167	80.7	10.1	9.2
1975		38168	29415	5075	3678	77.1	13.3	9.6
1978	40682	40152	28313	6970	4869	70.5	17.4	12.1
1980	42903	42361	29117	7736	5508	68.7	18.3	13.0
1985	50112	49873	31105	10418	8350	62.4	20.9	16.7
1986	51546	51282	31212	11251	8819	60.9	21.9	17.2
1987	53060	52783	31614	11762	9407	59.9	22.3	17.8
1988	54630	54334	32197	12188	9949	59.3	22.4	18.3
1989	55707	55329	33170	12012	10147	60.0	21.7	18.3
1990	64483	63909	38428	13654	11828	60.1	21.4	18.5
1991	65399	64799	38685	13867	12247	59.7	21.4	18.9
1992	66184	65554	38349	14226	12979	58.5	21.7	19.8
1993	67033	66373	37434	14868	14071	56.4	22.4	21.2
1994	67879	67199	36489	15254	15456	54.3	22.7	23.0
1995	68737	67947	35468	15628	16851	52.2	23.0	24.8
1996	69665	68850	34769	16180	17901	50.5	23.5	26.0

4-3 各地区按三次产业分的从业人员 (1996年)

NUMBER OF EMPLOYED PERSONS BY TYPE OF INDUSTRY AND REGION (1996)

(年底) (year-end)

地区 Region	从业人员(万人) Number of Employed Persons (10 000 persons)	第一产业 Primary Industry	第二产业 Secondary Industry	第三产业 Tertiary Industry	构成 Composition in Percentage (合计total=100) 第一产业 Primary Industry	第二产业 Secondary Industry	第三产业 Tertiary Industry
全国 National Total	**68850**	**34769**	**16180**	**17901**	**50.5**	**23.5**	**26.0**
北京 Beijing	660.9	72.3	253.2	335.4	10.9	38.3	50.7
天津 Tianjin	484.9	81.9	231.3	171.8	16.9	47.7	35.4
河北 Hebei	3391.2	1635.2	942.0	813.9	48.2	27.8	24.0
山西 Shanxi	1478.0	640.2	435.2	402.6	43.3	29.4	27.2
内蒙古 Inner Mongolia	1042.8	546.8	224.4	271.8	52.4	21.5	26.1
辽宁 Liaoning	2030.9	644.7	750.3	635.8	31.7	36.9	31.3
吉林 Jilin	1257.5	558.9	330.3	368.4	44.4	26.3	29.3
黑龙江 Heilongjiang	1567.4	566.0	534.8	466.5	36.1	34.1	29.8
上海 Shanghai	764.3	70.8	372.9	320.6	9.3	48.8	41.9
江苏 Jiangsu	3747.7	1557.4	1246.8	943.4	41.6	33.3	25.2
浙江 Zhejiang	2701.9	1131.2	849.0	721.8	41.9	31.4	26.7
安徽 Anhui	3246.1	1968.6	563.8	713.7	60.6	17.4	22.0
福建 Fujian	1593.5	788.2	383.2	422.2	49.5	24.0	26.5
江西 Jiangxi	2064.4	1133.5	368.6	562.2	54.9	17.9	27.2
山东 Shandong	4649.7	2487.9	1160.7	1001.2	53.5	25.0	21.5
河南 Henan	4829.2	2827.3	987.7	1014.2	58.5	20.5	21.0
湖北 Hubei	2692.3	1348.6	590.7	753.0	50.1	21.9	28.0
湖南 Hunan	3547.4	2128.3	583.9	835.3	60.0	16.5	23.5
广东 Guangdong	3690.7	1466.6	1034.1	1190.1	39.7	28.0	32.2
广西 Guangxi	2416.8	1598.9	282.9	535.0	66.2	11.7	22.1
海南 Hainan	335.0	201.5	39.4	94.0	60.2	11.8	28.1
四川 Sichuan	6295.2	3920.4	1014.1	1360.6	62.3	16.1	21.6
贵州 Guizhou	1892.1	1381.8	187.5	322.8	73.0	9.9	17.1
云南 Yunnan	2213.8	1666.3	218.7	328.7	75.3	9.9	14.8
西藏 Tibet	117.7	89.6	5.6	22.4	76.2	4.8	19.0
陕西 Shaanxi	1797.8	1052.6	341.3	403.8	58.6	19.0	22.5
甘肃 Gansu	1175.1	681.0	203.7	290.3	58.0	17.3	24.7
青海 Qinghai	231.9	140.4	40.3	51.3	60.5	17.4	22.1
宁夏 Ningxia	250.1	144.2	47.9	58.2	57.6	19.1	23.3
新疆 Xinjiang	671.6	378.5	121.0	172.1	56.4	18.0	25.6

4-4 按城乡分的从业人员

(年底) 单位: 万人

年份 地区 Year Region	合计 Total	城镇 小计 Sub-total	国有经济单位 State-owned Units	集体经济单位 Urban Collective Owned Units	联营经济单位 Joint Owned Economic Units	股份制经济单位 Share Holding Economic Units	外商投资经济单位 Foreign Funded Economic Units
1952	20729	2486	1580	23			
1957	23771	3205	2451	650			
1962	25910	4537	3309	1012			
1965	28670	5136	3738	1227			
1970	34432	6312	4792	1424			
1975	38168	8222	6426	1772			
1978	40152	9514	7451	2048			
1980	42361	10525	8019	2425			
1985	49873	12808	8990	3324	38		6
1986	51282	13293	9333	3421	43		12
1987	52783	13783	9654	3488	50		20
1988	54334	14267	9984	3527	63		29
1989	55329	14390	10108	3502	82		43
1990	63909	16616	10346	3549	96		62
1991	64799	16977	10664	3628	49		96
1992	65554	17241	10889	3621	56		138
1993	66373	17589	10920	3393	66	164	133
1994	67199	18413	11214	3285	52	292	195
1995	67947	19093	11261	3147	53	317	241
1996	68850	19815	11244	3016	49	363	275
北　京 Beijing	660.9	496.7	355.1	68.6	3.4	14.8	20.7
天　津 Tianjin	484.9	317.0	199.1	62.8	2.1	7.1	15.0
河　北 Hebei	3391.2	808.0	553.0	127.6	0.8	13.7	8.0
山　西 Shanxi	1478.0	524.8	385.5	88.6	0.2	2.2	1.9
内蒙古 Inner Mongolia	1042.8	438.5	308.5	67.7	0.3	5.9	2.7
辽　宁 Liaoning	2030.9	1159.5	680.3	281.3	6.0	24.9	17.2
吉　林 Jilin	1257.5	628.4	391.8	108.6	0.3	10.2	7.2
黑龙江 Heilongjiang	1567.4	968.0	634.7	167.7	0.4	19.8	4.6
上　海 Shanghai	764.3	537.3	328.1	86.0	3.1	28.6	27.1
江　苏 Jiangsu	3747.7	989.2	581.4	260.6	11.9	19.6	22.1
浙　江 Zhejiang	2701.9	605.9	295.3	159.1	3.4	19.6	14.4
安　徽 Anhui	3246.1	627.4	382.0	122.9	0.7	8.9	3.5
福　建 Fujian	1593.5	426.6	223.4	58.0	2.5	7.6	28.4
江　西 Jiangxi	2064.4	521.1	345.6	69.8	0.3	2.5	1.6
山　东 Shandong	4649.7	1084.7	685.5	200.4	1.4	32.0	25.9
河　南 Henan	4829.2	981.4	663.4	167.6	1.0	24.1	7.3
湖　北 Hubei	2692.3	899.5	579.9	134.2	1.0	26.7	4.1
湖　南 Hunan	3547.4	781.7	487.9	116.6	0.4	4.5	3.3
广　东 Guangdong	3690.7	1141.8	565.7	193.2	5.6	25.1	40.3
广　西 Guangxi	2416.8	419.6	296.3	46.4	0.4	6.4	5.4
海　南 Hainan	335.0	128.9	88.9	8.5	0.6	2.4	1.9
四　川 Sichuan	6295.2	1142.5	749.4	203.0	1.1	41.9	6.0
贵　州 Guizhou	1892.1	277.8	204.8	31.1	0.7	2.0	1.2
云　南 Yunnan	2213.8	357.9	273.1	44.1	0.5	3.6	1.2
西　藏 Tibet	117.7	22.4	17.0	1.2	0.1		
陕　西 Shaanxi	1797.8	467.3	345.6	54.9	0.5	4.7	1.2
甘　肃 Gansu	1175.1	288.2	217.1	39.6	0.1	1.1	1.2
青　海 Qinghai	231.9	73.6	58.3	8.1	0.1	0.1	0.2
宁　夏 Ningxia	250.1	81.4	63.1	8.8	0.1	0.9	1.0
新　疆 Xinjiang	671.6	352.8	283.9	28.6	0.4	2.2	0.6

NUMBER OF EMPLOYED PERSONS BY RESIDENCE IN URBAN AND RURAL AREAS

(year－end)(10 000 persons)

Urban Area				乡 村 Rural Area			
港澳台投资经济单位 Economic Units Funded by Entrepreneurs from HongKong,Macao & Taiwan	其他经济单位 Units of Other Types of Ownership	私营企业 Private Enterprises	个体 Individuals	小计 Sub－total	乡镇企业 Township and Village Enterprises	私营企业 Private Enterprises	个体 Individuals
			883	18243			
			104	20566			
			216	21373			
			171	23534			
			96	28120			
			24	29946			
			15	30638	2827		
			81	31836	3000		
	...		450	37065	6979		
1	...		483	37990	7937		
1	1		569	39000	8805		
2	3		659	40067	9545		
4	3		648	40939	9367		
4	2	57	614	47293	9265	113	1491
69	2	68	692	47822	9609	116	1616
83	5	98	740	48313	10625	134	1728
155	18	186	930	48784	12345	187	2010
211	9	332	1225	48786	12017	316	2551
272	11	485	1560	48854	12862	471	3054
265	9	620	1709	49035	13508	551	3308
10.1	0.2	6.9	16.9	164.2	101.2	5.5	23.2
6.4	0.3	10.4	13.8	167.9	113.7	8.3	18.7
8.5	0.3	23.7	72.4	2583.2	911.5	77.8	463.2
1.4	...	16.5	28.5	953.2	438.3	18.4	89.2
1.9	...	10.8	40.7	604.3	275.5	3.2	32.9
8.2	0.1	42.2	99.3	871.4	445.0	19.2	74.1
1.7	0.2	17.4	91.0	629.1	225.1	5.5	68.4
4.4	0.7	17.4	118.3	599.4	259.6	6.2	98.2
13.7	2.1	40.9	7.7	227.0	136.2	17.1	13.8
19.5	1.3	26.0	46.8	2758.5	879.5	34.6	167.5
12.4	0.1	49.0	52.6	2096.0	786.4	78.3	174.6
2.2	0.3	12.6	94.3	2618.7	795.5	9.3	141.0
37.9	0.2	22.0	46.6	1166.9	493.2	22.3	67.5
2.7	0.2	19.6	78.8	1543.3	308.8	17.9	116.3
12.7	...	39.0	87.8	3565.0	1369.6	52.2	428.7
8.9	0.3	15.4	93.4	3847.8	941.1	25.8	183.0
5.9	1.0	25.4	121.3	1792.8	747.9	25.5	242.4
2.6	0.2	22.8	143.4	2765.7	828.5	18.6	242.5
89.6	0.9	89.4	132.0	2548.9	1118.6	44.3	132.4
2.3	0.1	10.4	51.9	1997.2	382.2	5.9	71.0
1.9	0.1	13.3	11.3	206.1	48.4	1.0	7.7
3.4	0.2	38.1	99.4	5152.7	766.9	22.5	200.6
0.7	0.1	10.7	26.5	1614.3	94.0	4.5	26.5
1.8	0.2	5.3	28.1	1855.9	324.1	5.5	66.0
...	...	0.2	3.9	95.3			2.1
1.2	0.3	15.6	43.3	1330.5	368.0	12.3	73.8
0.7	...	7.5	20.9	886.9	217.1	4.9	49.7
...	...	0.9	5.9	158.3	9.1	0.9	4.0
0.3	...	2.7	4.5	168.7	43.3	1.2	7.2
1.5	0.1	8.0	27.5	318.8	78.2	2.6	21.9

4－5 分行业从业人员

(年底) 单位：万人

年份 地区 Year Region		合计 Total	农、林、牧、渔业 Farming, Forestry, Animal Husbandry and Fishery	采掘业 Mining and Quarrying	制造业 Manufac－turing	电力、煤气及水的生产和供应业 Electricity, Gas and Water Production and Supply	建筑业 Construc－tion	地质勘查业水利管理业 Geological Prospecting and Water Conservancy
1978		40152	28318	652	5332	107	854	178
1980		42361	29122	697	5899	118	993	188
1985		49873	31130	795	7412	142	2035	197
1986		51282	31254	809	8019	152	2236	197
1987		52783	31663	819	8359	164	2384	200
1988		54334	32249	832	8652	177	2491	204
1989		55329	33225	842	8547	180	2407	199
1990		63909	34117	882	8624	192	2424	197
1991		64799	34956	905	8839	203	2482	199
1992		65554	34795	898	9106	215	2660	202
1993		66373	33966	932	9295	240	3050	144
1994		67199	33386	915	9613	246	3188	139
1995		67947	33018	932	9803	258	3322	135
1996		68850	32910	902	9763	273	3408	129
北京	Beijing	660.9	72.3	4.3	180.0	4.2	64.7	1.6
天津	Tianjin	484.9	81.9	10.0	188.4	2.8	30.1	2.0
河北	Hebei	3391.2	1635.2	47.8	637.5	13.6	243.1	10.1
山西	Shanxi	1478.0	640.2	70.4	275.0	10.8	79.0	3.5
内蒙古	Inner Mongolia	1042.8	546.8	42.1	127.5	8.3	46.5	4.3
辽宁	Liaoning	2030.9	644.7	55.3	542.7	19.4	132.9	7.9
吉林	Jilin	1257.5	558.9	52.1	219.4	8.9	49.9	3.8
黑龙江	Heilongjiang	1567.4	566.0	144.8	297.1	14.0	78.9	3.6
上海	Shanghai	764.3	70.8	…	335.4	7.3	30.2	1.2
江苏	Jiangsu	3747.7	1557.4	27.2	930.5	13.2	275.9	6.7
浙江	Zhejiang	2701.9	1131.2	4.9	681.3	8.6	154.2	2.2
安徽	Anhui	3246.1	1968.6	38.3	355.9	7.6	162.0	4.8
福建	Fujian	1593.5	788.2	8.8	266.3	6.8	101.3	2.0
江西	Jiangxi	2064.4	1133.5	29.4	256.3	8.5	74.4	4.1
山东	Shandong	4649.7	2487.9	72.0	756.5	18.5	313.7	5.6
河南	Henan	4829.2	2827.3	61.0	600.2	18.8	307.7	6.1
湖北	Hubei	2692.3	1348.6	16.8	431.1	13.1	129.7	8.7
湖南	Hunan	3547.4	2128.3	29.0	404.1	10.4	140.4	6.5
广东	Guangdong	3690.7	1466.6	13.8	737.2	17.1	266.0	5.3
广西	Guangxi	2416.8	1598.9	11.0	170.4	7.1	94.4	3.5
海南	Hainan	335.0	201.5	2.3	20.1	2.0	15.0	0.6
四川	Sichuan	6295.2	3920.4	56.0	626.8	19.3	312.0	9.5
贵州	Guizhou	1892.1	1381.8	12.8	125.6	4.8	44.3	2.1
云南	Yunnan	2213.8	1666.3	15.5	130.8	6.8	65.6	3.4
西藏	Tibet	117.7	89.6	0.4	2.6	0.5	2.1	0.3
陕西	Shaanxi	1797.8	1052.6	22.2	218.2	7.5	93.4	6.1
甘肃	Gansu	1175.1	681.0	19.3	125.3	5.2	53.9	4.7
青海	Qinghai	231.9	140.4	3.1	25.6	1.4	10.2	2.8
宁夏	Ningxia	250.1	144.2	7.8	27.7	1.6	10.8	1.7
新疆	Xinjiang	671.6	378.5	23.7	67.0	5.0	25.3	4.4

NUMBER OF EMPLOYED PERSONS BY SECTOR

(year－end) (10 000 persons)

交通运输仓储和邮电通信业 Transport, Storage, Post & Telecommu－nications	批发零售贸易和餐饮业 Wholesale and Retail Trade & Catering Services	金融、保险业 Banking and Insurance	房地产业 Real Estate Trade	社会服务业 Social Services	卫生体育和社会福利业 Health Care, Sports & Social Welfare	教育、文化艺术和广播电影电视业 Education, Culture and Art, Radio, Film and Television	科学研究和综合技术服务业 Scientific Research and Polytech－nical Services	国家机关、政党机关和社会团体 Government Agencies, Party Agencies and Social Organizations	其他 Others
750	1140	76	31	179	363	1093	92	467	521
805	1363	99	37	276	389	1147	113	527	588
1279	2306	138	36	401	467	1273	144	799	1319
1376	2413	152	38	466	482	1324	152	873	1338
1453	2576	170	39	501	496	1375	158	925	1502
1521	2743	194	42	534	508	1403	161	971	1655
1522	2770	205	43	550	518	1426	165	1022	1709
1566	2839	218	44	594	536	1457	173	1079	1798
1617	2998	234	48	604	553	1497	179	1136	1910
1674	3209	248	54	643	565	1520	183	1148	2313
1688	3459	270	66	543	416	1210	173	1030	3740
1864	3921	264	74	626	434	1436	178	1033	4155
1942	4292	276	80	703	444	1476	182	1042	4484
2013	4511	292	84	747	458	1513	183	1093	4563
29.9	82.9	6.9	7.0	51.0	13.8	42.8	29.4	31.8	38.2
29.9	56.7	3.9	2.2	16.7	7.5	19.8	6.2	13.7	13.4
128.0	252.3	15.3	2.3	26.2	19.0	79.4	5.0	61.4	214.9
80.0	118.4	8.8	1.1	17.0	12.9	44.5	4.3	41.5	70.7
38.8	89.0	7.9	1.2	15.4	10.5	37.8	3.1	29.7	34.3
98.7	247.4	15.6	7.9	53.2	23.7	62.0	10.3	43.4	66.0
50.1	143.2	9.4	3.2	29.2	14.4	44.4	5.3	25.9	39.8
68.6	190.5	10.6	4.4	42.5	17.8	51.5	5.4	39.0	32.9
35.7	98.8	5.8	6.6	[illegible]	[illegible]	[illegible]	[illegible]	[illegible]	60.0
149.9	254.5	14.8	5.3	[illegible]	[illegible]	[illegible]	[illegible]	[illegible]	[illegible]
95.3	211.5	13.3	3.4	[illegible]	[illegible]	[illegible]	[illegible]	[illegible]	[illegible]
84.9	200.7	9.1	1.7	[illegible]	[illegible]	[illegible]	[illegible]	[illegible]	[illegible]
57.5	115.5	7.5	2.3	[illegible]	[illegible]	[illegible]	[illegible]	[illegible]	[illegible]
47.8	133.6	7.9	1.6	[illegible]	[illegible]	[illegible]	[illegible]	[illegible]	[illegible]
148.5	313.3	18.7	4.3	[illegible]	[illegible]	[illegible]	[illegible]	[illegible]	[illegible]
146.7	291.3	19.4	4.0	[illegible]	[illegible]	[illegible]	[illegible]	[illegible]	[illegible]
98.4	249.0	14.1	3.9	[illegible]	[illegible]	[illegible]	[illegible]	[illegible]	[illegible]
89.4	239.4	12.6	1.9	[illegible]	[illegible]	[illegible]	[illegible]	[illegible]	[illegible]
134.2	351.1	26.0	9.4	[illegible]	[illegible]	[illegible]	[illegible]	[illegible]	[illegible]
54.4	116.0	8.7	1.4	[illegible]	[illegible]	[illegible]	[illegible]	[illegible]	[illegible]
11.8	33.1	2.6	1.1	[illegible]	[illegible]	[illegible]	[illegible]	[illegible]	[illegible]
119.8	311.2	18.8	3.7	[illegible]	[illegible]	[illegible]	[illegible]	[illegible]	[illegible]
29.4	63.3	5.1	1.2	[illegible]	[illegible]	[illegible]	[illegible]	[illegible]	[illegible]
50.2	79.7	7.2	0.9	[illegible]	[illegible]	[illegible]	[illegible]	[illegible]	[illegible]
3.5	5.5	0.6		[illegible]	[illegible]	[illegible]	[illegible]	[illegible]	[illegible]
58.3	115.0	7.9	1.0	[illegible]	[illegible]	[illegible]	[illegible]	[illegible]	[illegible]
33.4	63.6	5.3	0.5	[illegible]	[illegible]	[illegible]	[illegible]	[illegible]	[illegible]
8.6	13.0	1.6	0.1	[illegible]	[illegible]	[illegible]	[illegible]	[illegible]	[illegible]
9.1	15.7	1.8	0.2	[illegible]	[illegible]	[illegible]	[illegible]	[illegible]	[illegible]
22.2	55.3	5.0	0.5	[illegible]	[illegible]	[illegible]	[illegible]	[illegible]	[illegible]

4-6 分行业职工人数

(年底) 单位：万人

年 份 地 区 Year Region	合 计 Total	农、林、牧、渔业 Farming, Forestry, Animal Husbandry and Fishery	采 掘 业 Mining and Quarrying	制 造 业 Manufac－turing	电力、煤气及水的生产和供应业 Electricity, Gas and Water Production and Supply	建 筑 业 Construc－tion	地质勘查业水利管理业 Geological Prospecting and Water Conservancy
1978	9499	830	652	3595	107	623	178
1980	10444	788	697	3947	118	710	188
1985	12358	777	795	4620	142	900	197
1986	12809	784	809	4820	152	922	197
1987	13214	792	819	4988	164	946	200
1988	13608	789	832	5149	177	955	204
1989	13742	782	842	5206	180	900	199
1990	14059	780	882	5304	192	896	197
1991	14508	769	905	5443	203	940	199
1992	14792	758	898	5508	215	995	202
1993	14849	708	925	5469	232	1153	144
1994	14849	680	904	5434	244	1072	137
1995	14908	660	914	5439	257	1053	134
1996	14845	617	886	5293	272	1035	128
北 京 Beijing	460.6	5.4	4.3	132.7	4.2	52.2	1.6
天 津 Tianjin	284.0	1.7	9.3	132.0	2.7	19.1	1.9
河 北 Hebei	696.2	12.5	47.5	250.4	13.6	56.9	10.1
山 西 Shanxi	464.9	4.6	69.6	145.0	10.8	29.7	3.5
内蒙古 Inner Mongolia	379.7	32.2	41.6	101.4	8.2	26.4	4.3
辽 宁 Liaoning	997.7	38.4	54.9	433.5	19.3	79.0	7.9
吉 林 Jilin	513.3	20.5	51.1	184.2	8.9	31.9	3.7
黑龙江 Heilongjiang	814.6	61.9	144.2	244.0	13.9	58.9	3.6
上 海 Shanghai	456.8	4.3	...	212.9	7.1	21.5	1.2
江 苏 Jiangsu	905.5	26.9	26.9	400.0	13.1	40.4	6.6
浙 江 Zhejiang	495.3	7.7	4.7	195.8	8.5	47.8	2.1
安 徽 Anhui	502.5	14.5	37.8	174.6	7.6	33.8	4.8
福 建 Fujian	350.5	11.9	8.5	136.9	6.8	28.1	1.9
[illegible] 西 Jiangxi	412.0	29.1	27.7	140.7	8.5	21.9	4.0
[illegible] 东 Shandong	930.7	11.9	71.7	372.2	18.4	39.1	5.6
[illegible]enan	842.1	10.7	60.2	287.1	18.7	61.5	6.0
[illegible]ei	738.0	48.4	15.7	274.4	13.0	39.5	8.6
[illegible]	596.8	37.6	28.2	199.9	10.4	34.7	6.5
[illegible]g	904.1	25.8	12.8	330.5	17.0	77.5	5.3
[illegible]	344.5	18.6	10.4	100.4	7.1	22.7	3.5
[illegible]	102.8	34.8	1.9	13.1	2.0	6.4	0.6
[illegible]	987.4	16.2	54.8	358.7	19.2	79.1	9.3
[illegible]	[illegible].6	4.8	12.1	69.4	4.8	23.1	2.1
[illegible]	[illegible]	23.4	15.0	77.7	6.8	23.9	3.4
[illegible]	[illegible]	0.8	0.3	1.2	0.5	1.0	0.3
[illegible]	[illegible]	6.3	21.9	144.7	7.4	29.1	6.0
[illegible]	[illegible]	8.9	18.8	85.5	5.2	17.4	4.6
[illegible]	[illegible]	[illegible]3.2	3.1	18.8	1.4	6.9	2.8
[illegible]	[illegible]	[illegible]	7.7	21.0	1.6	5.1	1.7
[illegible]	[illegible]	[illegible]	22.6	54.3	5.0	20.9	4.4

NUMBER OF STAFF AND WORKERS BY SECTOR

(year－end) (10 000 persons)

交通运输仓储和邮电通信业 Transport, Storage, Post & Telecommu－nications	批发零售贸易和餐饮业 Wholesale and Retail Trade, & Catering Services	金融、保险业 Banking and Insurance	房地产业 Real Estate Trade	社会服务业 Social Services	卫生体育和社会福利业 Health Care, Sporting & Social Welfare	教育、文化艺术和广播电影电视业 Education, Culture and Art, Radio, Film and Television	科学研究和综合技术服务业 Scientific Research and Polytech－nical Services	国家机关、政党机关和社会团体 Government Agencies, Party Agencies and Social Organizations	其他 Others
669	1079	65	31	166	247	736	92	430	
714	1239	89	37	218	287	817	105	490	
823	1518	126	36	271	342	962	131	718	
846	1544	138	38	289	354	1008	137	770	
860	1578	154	39	304	365	1059	142	805	
874	1643	174	42	318	375	1091	144	843	
874	1675	184	43	327	382	1117	147	885	
895	1715	195	44	344	392	1143	152	929	
916	1786	208	48	369	410	1181	156	974	
921	1844	223	54	386	421	1212	159	996	
826	1796	239	66	422	416	1205	166	1030	55
835	1833	261	72	447	428	1249	174	1017	63
824	1828	273	77	449	438	1291	178	1027	66
830	1807	288	82	458	451	1345	176	1075	103
20.8	58.1	6.8	6.5	45.7	13.6	41.8	27.8	31.2	7.8
18.4	32.4	3.7	2.1	12.6	7.4	19.2	6.0	12.8	2.6
36.8	78.3	15.2	2.3	17.1	18.9	66.6	5.0	61.0	4.1
25.8	53.6	8.7	1.1	11.7	12.7	38.8	4.3	40.9	4.1
23.9	45.6	7.8	1.2	8.4	10.5	33.5	3.1	29.5	2.1
54.6	115.3	15.4	7.6	36.9	23.3	57.2	10.0	42.0	2.6
28.8	66.6	9.2	3.2	15.4	14.4	40.3	5.3	25.7	4.2
44.6	90.0	10.5	4.3	24.9	17.8	45.7	5.3	38.5	6.3
29.8	55.8	5.5	5.9	29.4	14.5	32.0	9.6	14.1	13.1
54.5	125.7	14.6	5.2	24.8	27.7	83.0	8.6	43.2	4.3
27.6	64.7	12.9	3.2	17.6	18.3	46.4	4.3	31.2	2.6
28.5	68.4	8.9	1.7	13.5	15.0	48.5	4.1	39.4	1.4
17.9	33.1	7.4	2.2	10.3	10.6	40.7	2.5	27.2	4.3
22.0	50.2	7.8	1.6	7.5	12.5	40.5	3.6	32.9	1.5
40.3	116.3	18.5	4.2	22.5	30.2	87.5	6.3	76.0	10.1
42.1	118.9	19.2	4.0	19.5	27.3	77.0	7.3	76.3	6.3
45.5	102.7	13.9	3.8	18.8	25.5	64.0	7.4	54.9	1.8
34.6	78.0	12.3	1.9	12.3	20.8	60.6	5.3	51.0	2.8
55.6	120.9	25.8	9.2	36.8	29.2	77.8	6.9	65.6	7.3
21.6	38.0	8.6	1.3	9.3	12.6	48.3	3.4	36.8	1.9
4.8	10.1	2.5	1.1	4.3	2.8	8.5	1.3	7.6	1.0
56.2	121.5	18.7	3.5	21.0	32.5	103.5	15.8	76.6	0.9
12.6	22.9	5.0	1.2	4.7	8.4	30.1	2.2	26.6	1.8
18.9	34.8	7.2	0.9	7.9	11.4	43.7	4.0	35.9	0.7
1.9	1.2	0.6	…	0.7	1.1	2.3	0.3	4.4	0.1
23.8	41.7	7.8	1.0	8.9	12.1	40.3	8.6	35.6	2.6
14.9	26.3	5.2	0.5	6.3	7.3	23.6	3.5	22.2	1.2
4.4	6.0	1.5	0.1	1.7	2.2	6.0	0.9	6.5	0.1
3.6	6.4	1.7	0.2	1.6	2.2	7.4	0.8	6.3	0.3
14.9	23.5	4.9	0.5	6.1	8.4	29.9	2.8	23.3	2.6

4-7 分经济类型和细行业全部职工人数 (1996年底)

NUMBER OF STAFF AND WORKERS BY OWNERSHIP AND SECTOR IN DETAIL(END OF 1996)

单位: 万人 (10 000 persons)

项 目	Item	合 计 Total	国有经济单位 State-owned Units	城镇集体经济单位 Urban Collective Owned Units	其他经济单位 Units of Other Types of Ownership
全 国 总 计	**National Total**	**14845.3**	**10949.4**	**2954.2**	**941.7**
按企、事业和机关分组	**Grouped by Enterprises, Institutions and Agencies**				
企业	Enterprises	11172.1	7404.3	2827.9	939.9
事业	Institutions	2635.4	2515.2	118.6	1.6
机关	Agencies & Organizations	1037.6	1029.9	7.7	
按国民经济行业分组	Grouped by Sector				
农、林、牧、渔业	**Farming, Forestry, Animal Husbandry and Fishery**	**617.4**	**592.0**	**21.6**	**3.9**
农业	Farming	346.2	339.5	5.7	1.0
林业	Forestry	99.0	97.7	1.2	0.1
畜牧业	Animal Husbandry	48.8	45.5	1.6	1.8
渔业	Fishery	17.9	15.6	1.4	0.8
农、林、牧、渔服务业	Services	105.6	93.7	11.7	0.1
采掘业	**Mining and Quarrying**	**885.5**	**809.2**	**72.0**	**4.3**
制造业	**Manufacturing**	**5293.0**	**3218.4**	**1346.2**	**728.4**
电力、煤气及水的生产和供应业	**Electricity, Gas and Water Production and Supply**	**271.5**	**250.1**	**10.7**	**10.7**
建筑业	**Construction**	**1035.3**	**594.7**	**412.3**	**28.2**
土木工程建筑业	Civil Engineering	903.4	516.1	366.8	20.5
线路管道和设备安装业	Circuit, Pipelines and Equipment Installation	111.0	72.7	35.7	2.7
装修装饰业	Buildings Fitting up and Decoration	20.8	5.9	9.9	5.0
地质勘查业水利管理业	**Geological Prospecting and Water Conservancy**	**127.9**	**125.8**	**2.1**	**0.1**
地质勘查业	Geological Prospecting	69.1	68.4	0.7	...
水利管理业	Water Conservancy	58.8	57.4	1.4	...
交通运输、仓储及邮电通信业	**Transport, Storage, Post and Telecommunications**	**829.7**	**683.9**	**134.0**	**11.8**
铁路运输业	Railway Transport	221.4	216.3	5.0	0.1
公路运输业	Highway Transport	206.3	140.6	62.1	3.6
管道运输业	Pipeline Transport	3.6	3.5	...	...
水上运输业	Water Way Transport	75.7	37.9	35.2	2.7
航空运输业	Air Transport	10.8	10.1	0.1	0.5
交通运输辅助业	Transport Supporting and Auxiliary Services	151.6	126.1	22.6	2.8
其他交通运输业	Other Transport	4.6	1.7	2.9	...
仓储业	Storage	40.4	36.4	3.2	0.8
邮电通信业	Post and Telecommunications	115.4	111.3	2.9	1.2
批发和零售贸易餐饮业	**Wholesale and Retail Trade & Catering Services**	**1807.0**	**1055.4**	**666.7**	**85.0**
食品、饮料、烟草和家庭日用品批发业	Wholesale Trade of Food, Beverages, Tobacco and Household Goods	573.5	409.0	150.8	13.7
能源、材料和机械电子设备批发业	Wholesale Trade of Energy, Materials and Electronic Equipment	257.4	187.0	61.5	9.0
其他批发业	Other Wholesale Trade	152.8	56.7	92.9	3.1
零售业	Retail Trade	734.8	353.0	335.5	46.3
商业经纪与代理业	Commercial Brokerage and Agencies	6.0	4.6	1.2	0.3
餐饮业	Catering Services	82.5	45.2	24.7	12.6
金融、保险业	**Finance and Insurance**	**288.1**	**207.9**	**72.5**	**7.7**
金融业	Finance	272.4	193.1	72.5	6.8

续表 1 continued

单位：万人 (10 000 persons)

项 目	Item	合 计 Total	国有经济单位 State-owned Units	城镇集体经济单位 Urban Collective Owned Units	其他经济单位 Units of Other Types of Ownership
保险业	Insurance	15.8	14.8	…	0.9
房地产业	**Real Estate Trade**	**81.5**	**63.0**	**7.2**	**11.2**
房地产开发与经营业	Real Estate Development and Operation	41.9	27.3	5.3	9.3
房地产管理业	Real Estate Management	38.0	34.4	1.7	1.8
房地产代理与经纪业	Real Estate Brokerage and Agencies	1.6	1.3	0.2	0.1
社会服务业	**Social Services**	**458.2**	**328.5**	**85.5**	**44.1**
公共设施服务业	Public Facilities Services	192.6	170.0	18.6	4.0
居民服务业	Resident Services	39.7	17.5	20.6	1.6
旅馆业	Hotels	132.4	86.8	18.5	27.1
租赁服务业	leasing Services	2.1	1.0	0.7	0.4
旅游业	Tourism	12.5	9.9	0.9	1.7
娱乐服务业	Recreational Services	7.6	2.3	1.3	4.0
信息、咨询服务业	Information and Consultancy Services	20.2	14.1	3.8	2.3
计算机应用服务业	Computer Application Services	5.2	2.1	1.3	1.8
其他社会服务业	Other Social Services	45.9	24.6	20.0	1.3
卫生体育和社会福利业	**Health Care, Sporting and Social Welfare**	**451.0**	**390.2**	**60.3**	**0.5**
卫生	Health Care	426.3	367.1	58.9	0.3
体育	Sports	7.9	7.6	…	0.2
社会福利保障业	Social Welfare	16.9	15.4	1.4	…
教育、文化艺术及广播电影电视业	**Education, Culture and Arts, Radio, Film and Television**	**1344.9**	**1322.1**	**21.7**	**1.1**
教育	Education	1238.7	1220.4	17.6	0.6
#普通高等学校	Regular Institution of Higher Education	109.5	109.4	…	…
普通中学	Regular Secondary Schools	408.4	404.6	3.7	0.1
小学校	Primary Schools	533.1	525.0	7.9	0.1
文化艺术业	Culture and Arts	60.5	57.6	2.6	0.2
广播电影电视业	Radio, Film and Television	45.8	44.0	1.5	0.3
科学研究和综合技术服务业	**Scientific Research and Polytechnical Services**	**176.4**	**165.8**	**7.4**	**3.2**
科学研究业	Scientific Research	88.6	88.2	0.4	…
自然科学研究	Natural Science Research	72.7	72.5	0.3	…
社会科学研究	Social Science Research	3.3	3.2	…	…
其他科学研究	Other Science Research	12.6	12.5	0.1	…
综合技术服务业	Polytechnical Services	87.8	77.6	7.0	3.2
#气象	Meteorology	5.5	5.4	…	…
地震	Seismology	1.5	1.5	…	…
测绘	Survey and Mapping	4.1	4.1	0.1	…
技术监督	Technological Supervision	12.6	12.2	0.3	0.1
海洋环境	Oceanic Environment	0.7	0.7	…	…
环境保护	Environmental Protection	5.9	5.7	0.2	…
技术推广和科技交流服务业	Technology Application & Dissemination as well as Science & Technology Exchange Services	9.0	7.2	1.3	0.4
工程设计业	Engineering Design	29.5	27.9	1.1	0.4
其他综合技术服务业	Other Polytechnical Services	19.0	12.9	3.9	2.2
国家机关、政党机关和社会团体	**Government Agencies, Party Agencies and Social Organizations**	**1075.4**	**1068.2**	**7.1**	**…**
#国家机关	Government Agencies	995.5	989.6	5.9	
政党机关	Party Agencies	51.4	51.3	0.1	
其他	**Others**	**102.5**	**74.1**	**27.0**	**1.4**
#企业管理机构	Enterprise Management Organizations	62.7	45.0	17.2	0.6

4-8 分经济类型和细行业全部女职工人数(1996年底)

NUMBER OF FEMALE STAFF AND WORKERS BY OWNERSHIP AND SECTOR IN DETAIL(END OF 1996)

单位：万人　　　　(10 000 persons)

项目	Item	合计 Total	国有经济单位 State-owned Units	城镇集体经济单位 Urban Collective Owned Units	其他经济单位 Units of Other Types of Ownership
全国总计	**National Total**	**5745.2**	**3982.2**	**1315.9**	**447.1**
按企、事业和机关分组	**Grouped by Enterprises, Institutions and Agencies**				
企业	Enterprises	4425.8	2718.7	1260.7	446.4
事业	Institutions	1080.7	1027.2	52.7	0.7
机关	Agencies Organizations	238.6	236.1	2.4	
按国民经济行业分组	Grouped by Sector				
农、林、牧、渔业	**Farming, Forestry, Animal Husbandry and Fishery**	**231.6**	**222.9**	**7.3**	**1.5**
农业	Farming	140.7	137.3	3.0	0.4
林业	Forestry	38.0	37.4	0.6	…
畜牧业	Animal Husbandry	18.5	17.1	0.5	0.8
渔业	Fishery	5.1	4.5	0.4	0.1
农、林、牧、渔服务业	Services	29.4	26.6	2.7	…
采掘业	**Mining and Quarrying**	**230.7**	**197.8**	**31.8**	**1.1**
制造业	**Manufacturing**	**2365.6**	**1305.1**	**705.4**	**355.1**
电力、煤气及水的生产和供应业	**Electricity, Gas and Water Production and Supply**	**85.9**	**79.2**	**3.5**	**3.1**
建筑业	**Construction**	**205.5**	**125.9**	**75.1**	**4.5**
土木工程建筑业	Civil Engineering	173.3	107.5	62.4	3.3
线路管道和设备安装业	Circuit, Pipelines and Equipment Installation	28.2	17.2	10.5	0.5
装修装饰业	Buildings Fitting up and Decoration	4.0	1.2	2.1	0.7
地质勘查业水利管理业	**Geological Prospecting and Water Conservancy**	**31.9**	**31.4**	**0.5**	**…**
地质勘查业	Geological Prospecting	18.1	17.8	0.2	…
水利管理业	Water Conservancy	13.8	13.5	0.3	…
交通运输、仓储及邮电通信业	**Transport, Storage, Post and Telecommunications**	**224.0**	**180.3**	**40.5**	**3.1**
铁路运输业	Railway Transport	49.6	47.1	2.5	…
公路运输业	Highway Transport	58.1	39.9	17.3	0.8
管道运输业	Pipeline Transport	1.2	1.2	…	…
水上运输业	Water Way Transport	15.9	5.7	9.7	0.5
航空运输业	Air Transport	3.2	3.0	0.1	0.2
交通运输辅助业	Transport Supporting and Auxiliary Services	38.8	31.1	7.0	0.6
其他交通运输业	Other Transport	1.6	0.4	1.2	…
仓储业	Storage	14.2	12.7	1.3	0.2
邮电通信业	Post and Telecommunications	41.3	39.3	1.4	0.6
批发和零售贸易餐饮业	**Wholesale and Retail Trade & Catering Services**	**845.5**	**479.2**	**317.9**	**48.4**
食品、饮料、烟草和家庭日用品批发业	Wholesale Trade of Food, Beverages, Tobacco and Household Goods	249.7	172.2	70.7	6.8
能源、材料和机械电子设备批发业	Wholesale Trade of Energy, Materials and Electronic Equipment	98.2	67.2	27.7	3.3
其他批发业	Other Wholesale Trade	63.4	23.9	38.1	1.4
零售业	Retail Trade	384.1	188.9	165.5	29.6
商业经纪与代理业	Commercial Brokerage and Agencies	2.4	1.7	0.6	0.1
餐饮业	Catering Services	47.8	25.3	15.2	7.2
金融、保险业	**Finance and Insurance**	**118.0**	**83.4**	**30.8**	**3.8**
金融业	Finance	112.7	78.5	30.8	3.4

续表 1 continued

单位：万人 (10 000 persons)

项　　目	Item	合　计 Total	国有经济单位 State-owned Units	城镇集体经济单位 Urban Collective Owned Units	其他经济单位 Units of Other Types of Ownership
保险业	Insurance	5.3	4.8	...	0.4
房地产业	**Real Estate Trade**	**28.1**	**22.1**	**2.5**	**3.4**
房地产开发与经营业	Real Estate Development and Operation	13.9	9.3	1.8	2.8
房地产管理业	Real Estate Management	13.5	12.3	0.6	0.5
房地产代理与经纪业	Real Estate Brokerage and Agencies	0.6	0.5	0.1	...
社会服务业	**Social Services**	**215.7**	**151.3**	**43.6**	**20.8**
公共设施服务业	Public Facilities Services	85.3	75.6	8.7	0.9
居民服务业	Resident Services	20.6	8.6	11.2	0.8
旅馆业	Hotels	74.7	48.8	11.9	14.1
租赁服务业	Leasing Services	0.9	0.4	0.3	0.1
旅游业	Tourism	5.7	4.4	0.5	0.8
娱乐服务业	Recreational Services	3.8	1.2	0.7	2.0
信息、咨询服务业	Information and Consultancy Services	7.4	5.1	1.4	0.9
计算机应用服务业	Computer Application Services	1.9	0.8	0.5	0.6
其他社会服务业	Other Social Services	15.4	6.5	8.4	0.6
卫生体育和社会福利业	**Health Care, Sporting and Social Welfare**	**252.9**	**222.5**	**30.1**	**0.2**
卫生	Health Care	242.8	213.3	29.3	0.2
体育	Sports	2.7	2.6	...	0.1
社会福利保障业	Social Welfare	7.4	6.6	0.8	...
教育、文化艺术及广播电影电视业	**Education, Culture and Arts, Radio, Film and Television**	**559.1**	**548.4**	**10.2**	**0.5**
教育	Education	519.3	510.5	8.6	0.3
#普通高等学校	Regular Institution of Higher Education	42	42	...	...
普通中学	Regular Secondary Schools	149.9	148.6	1.3	...
小学校	Primary Schools	241.3	237.8	3.4	0.1
文化艺术业	Culture and Arts	24.3	23.1	1.0	0.1
广播电影电视业	Radio, Film and Television	15.5	14.8	0.6	0.1
科学研究和综合技术服务业	**Scientific Research and Polytechnical Services**	**60.1**	**56.6**	**2.4**	**1.0**
科学研究业	Scientific Research	31.2	31.1	0.1	...
自然科学研究	Natural Science Research	25.5	25.4	0.1	...
社会科学研究	Social Science Research	1.1	1.1	...	...
其他科学研究	Other Science Research	4.6	4.5	...	...
综合技术服务业	Polytechnical Services	28.8	25.5	2.3	1.0
#气象	Meteorology	1.9	1.9	...	...
地震	Seismology	0.4	0.4	...	...
测绘	Survey and Mapping	1.2	1.2	...	...
技术监督	Technological Supervision	4.1	3.9	0.1	...
海洋环境	Oceanic Environment	0.1	0.1	...	...
环境保护	Environmental Protection	2.3	2.2	0.1	...
技术推广和科技交流服务业	Technology Application&Dissemination as Well as Science & Technology Exchange Services	3.0	2.4	0.5	0.1
工程设计业	Engineering Design	9.7	9.2	0.4	0.1
其他综合技术服务业	Other Polytechnical Services	6.2	4.2	1.2	0.7
国家机关、政党机关和社会团体	**Government Agencies, Party Agencies and Social Organizations**	**251.5**	**249.0**	**2.5**	
#国家机关	Government Agencies	228.7	226.9	1.8	
政党机关	Party Agencies	10.7	10.7	...	
其他	**Others**	**39.2**	**26.9**	**11.8**	**0.5**
#企业管理机构	Enterprise Management Organizations	22.3	15.0	7.1	0.2

4-9 分经济类型和细行业女职工占全部职工比重（1996年底）

PROPORTION OF FEMALE STAFF AND WORKERS BY OWNERSHIP AND SECTOR IN DETAIL(END OF 1996)

以全部职工为100。

Total Number of Staff and Workers = 100.

单位：%　　　　(%)

项　目	Item	合　计 Total	国有经济单位 State-owned Units	城镇集体经济单位 Urban Collective Owned Units	其他经济单位 Units of Other Types of Ownership
全 国 总 计	**National Total**	**38.7**	**36.4**	**44.5**	**47.5**
按企、事业和机关分组	**Grouped by Enterprises, Institutions and Agencies**				
企业	Enterprises	39.6	36.7	44.6	47.5
事业	Institutions	41.0	40.8	44.4	42.5
机关	Agencies & Organizations	23.0	22.9	31.2	
按国民经济行业分组	Grouped by Sector				
农、林、牧、渔业	**Farming, Forestry, Animal Husbandry and Fishery**	**37.5**	**37.7**	**33.7**	**37.6**
农业	Farming	40.6	40.4	52.6	40.7
林业	Forestry	38.4	38.3	51.8	28.7
畜牧业	Animal Husbandry	37.8	37.7	33.8	45.7
渔业	Fishery	28.5	29.0	28.4	18.3
农、林、牧、渔服务业	Services	27.8	28.4	23.4	29.5
采掘业	**Mining and Quarrying**	**26.1**	**24.4**	**44.2**	**24.5**
制造业	**Manufacturing**	**44.7**	**40.6**	**52.4**	**48.7**
电力、煤气及水的生产和供应业	**Electricity, Gas and Water Production and Supply**	**31.6**	**31.7**	**32.6**	**29.4**
建筑业	**Construction**	**19.8**	**21.2**	**18.2**	**16.0**
土木工程建筑业	Civil Engineering	19.2	20.8	17.0	16.2
线路管道和设备安装业	Circuit, Pipelines and Equipment Installation	25.4	23.6	29.5	18.2
装修装饰业	Buildings Fitting up and Decoration	19.3	20.7	21.1	14.1
地质勘查业水利管理业	**Geological Prospecting and Water Conservancy**	**25.0**	**24.9**	**26.3**	**34.6**
地质勘查业	Geological Prospecting	26.2	26.1	36.3	18.9
水利管理业	Water Conservancy	23.5	23.6	21.5	41.5
交通运输、仓储及邮电通信业	**Transport, Storage, Post and Telecommunications**	**27.0**	**26.4**	**30.3**	**26.5**
铁路运输业	Railway Transport	22.4	21.8	49.8	22.3
公路运输业	Highway Transport	28.2	28.4	27.9	23.1
管道运输业	Pipeline Transport	33.0	33.2	14.8	30.5
水上运输业	Water Way Transport	21.0	15.0	27.6	20.2
航空运输业	Air Transport	29.9	29.1	45.1	41.8
交通运输辅助业	Transport Supporting and Auxiliary Services	25.6	24.6	31.1	23.0
其他交通运输业	Other Transport	35.3	25.3	41.4	25.7
仓储业	Storage	35.3	35.0	40.5	24.4
邮电通信业	Post and Telecommunications	35.8	35.3	48.9	54.2
批发和零售贸易餐饮业	**Wholesale and Retail Trade & Catering Services**	**46.8**	**45.4**	**47.7**	**57.0**
食品、饮料、烟草和家庭日用品批发业	Wholesale Trade of Food, Beverages, Tobacco and Household Goods	43.5	42.1	46.9	49.3
能源、材料和机械电子设备批发业	Wholesale Trade of Energy, Materials and Electronic Equipment	38.1	35.9	45.0	37.4
其他批发业	Other Wholesale Trade	41.5	42.1	41.0	46.0
零售业	Retail Trade	52.3	53.5	49.3	64.0
商业经纪与代理业	Commercial Brokerage and Agencies	40.1	38.2	51.0	24.3
餐饮业	Catering Services	57.9	56.1	61.6	57.0
金融、保险业	**Finance and Insurance**	**41.0**	**40.1**	**42.5**	**49.2**

续表 1 continued

单位: % (%)

项目	Item	合计 Total	国有经济单位 State-owned Units	城镇集体经济单位 Urban Collective Owned Units	其他经济单位 Units of Other Types of Ownership
金融业	Finance	41.4	40.7	42.5	49.5
保险业	Insurance	33.7	32.8	49.5	47.0
房地产业	**Real Estate Trade**	**34.4**	**35.1**	**35.1**	**30.4**
房地产开发与经营业	Real Estate Development and Operation	33.3	34.0	34.5	30.5
房地产管理业	Real Estate Management	35.5	35.8	35.5	29.6
房地产代理与经纪业	Real Estate Brokerage and Agencies	40.0	39.4	45.7	35.8
社会服务业	**Social Services**	**47.1**	**46.1**	**51.0**	**47.2**
公共设施服务业	Public Facilities Services	44.3	44.5	46.9	23.8
居民服务业	Resident Services	51.9	49.0	54.6	49.6
旅馆业	Hotels	56.4	56.2	64.4	51.9
租赁服务业	leasing Services	40.3	39.1	49.3	29.9
旅游业	Tourism	45.4	44.7	53.6	45.1
娱乐服务业	Recreational Services	50.6	49.2	53.3	50.6
信息、咨询服务业	Information and Consultancy Services	36.9	36.3	37.4	39.2
计算机应用服务业	Computer Application Services	35.9	35.6	36.4	36.1
其他社会服务业	Other Social Services	33.6	26.3	41.9	44.7
卫生体育和社会福利业	**Health Care, Sporting and Social Welfare**	**56.1**	**57.0**	**49.9**	**47.4**
卫生	Health Care	56.9	58.1	49.7	57.8
体育	Sports	34.0	33.9	56.0	31.6
社会福利保障业	Social Welfare	44.1	43.0	55.1	59.0
教育、文化艺术及广播电影电视业	**Education, Culture and Arts, Radio, Film and Television**	**41.6**	**41.5**	**47.0**	**43.3**
教育	Education	41.9	41.8	48.9	42.5
#普通高等学校	Regular Institution of Higher Education	38.4	38.4	51.2	32.8
普通中学	Regular Secondary Schools	36.7	36.7	35.9	42.2
小学校	Primary Schools	45.3	45.3	43.3	51.8
文化艺术业	Culture and Arts	40.1	40.2	39.2	42.6
广播电影电视业	Radio, Film and Television	33.8	33.6	38.6	45.4
科学研究和综合技术服务业	**Scientific Research and Polytechnical Services**	**34.1**	**34.1**	**32.9**	**32.0**
科学研究业	Scientific Research	35.3	35.2	39.6	24.4
自然科学研究	Natural Science Research	35.1	35.1	40.3	22.9
社会科学研究	Social Science Research	34.5	34.4	46.3	
其他科学研究	Other Science Research	36.2	36.3	34.6	25.8
综合技术服务业	Polytechnical Services	32.8	32.9	32.5	32.1
#气象	Meteorology	34.3	34.2	50.4	10.5
地震	Seismology	26.5	26.5	100.0	25.0
测绘	Survey and Mapping	29.9	29.9	30.5	25.0
技术监督	Technological Supervision	32.2	32.1	36.7	25.9
海洋环境	Oceanic Environment	19.9	19.8	50.0	33.3
环境保护	Environmental Protection	38.2	38.0	45.5	27.4
技术推广和科技交流服务业	Technology Application&Dissemination as Well as Science & Technology Exchange Services	33.1	32.9	34.2	32.6
工程设计业	Engineering Design	33.0	33.0	33.3	31.4
其他综合技术服务业	Other Polytechnical Services	32.4	33.0	30.6	32.4
国家机关、政党机关和社会团体	**Government Agencies, Party Agencies and Social Organizations**	**23.4**	**23.3**	**34.7**	
#国家机关	Government Agencies	23.0	22.9	30.4	
政党机关	Party Agencies	20.8	20.8	44.5	
其他	**Others**	**38.3**	**36.3**	**43.8**	**35.2**
#企业管理机构	Enterprise Management Organizations	35.6	33.4	41.4	35.4

4-10 国有经济单位分行业职工人数

(年底) 单位: 万人

年 份 地 区 Year Region		合 计 Total	农、林、牧、渔业 Farming, Forestry, Animal Husbandry and Fishery	采掘业 Mining and Quarrying	制造业 Manufac-turing	电力、煤气及水的生产和供应业 Electricity, Gas and Water Production andSupply	建筑业 Construc-tion	地质勘查业水利管理业 Geological Prospecting and Water Conservancy
1978		7451	774	588	2449	102	447	177
1980		8019	740	621	2601	112	475	187
1985		8990	726	706	2975	134	545	196
1986		9333	736	715	3096	144	557	196
1987		9654	744	722	3209	155	566	200
1988		9983	743	735	3327	167	568	204
1989		10109	736	757	3344	172	541	199
1990		10346	737	786	3395	183	538	194
1991		10664	727	797	3482	193	557	196
1992		10889	717	792	3526	203	577	199
1993		10920	672	834	3444	220	663	142
1994		10890	653	820	3321	230	629	135
1995		10955	634	834	3326	237	605	132
1996		10949	592	809	3218	250	595	126
北 京	Beijing	349.0	4.7	4.3	91.3	4.1	36.3	1.5
天 津	Tianjin	194.3	1.6	9.2	74.9	2.4	15.1	1.9
河 北	Hebei	538.4	12.2	45.6	162.2	12.9	34.9	10.0
山 西	Shanxi	372.5	4.3	60.6	105.4	9.8	23.2	3.5
内蒙古	Inner Mongolia	302.1	31.4	38.7	66.4	7.8	13.0	4.3
辽 宁	Liaoning	668.4	36.8	43.7	246.9	16.6	36.3	7.7
吉 林	Jilin	385.8	19.0	48.2	112.5	8.4	20.0	3.7
黑龙江	Heilongjiang	618.4	58.2	128.8	148.5	13.1	31.9	3.5
上 海	Shanghai	312.5	4.1		125.8	6.5	15.7	1.1
江 苏	Jiangsu	575.5	25.7	24.0	201.4	11.4	22.8	6.3
浙 江	Zhejiang	290.2	7.1	4.4	90.2	7.7	10.0	2.0
安 徽	Anhui	366.8	14.0	33.1	110.7	7.5	18.8	4.7
福 建	Fujian	217.6	11.3	7.8	49.6	6.0	12.3	1.9
江 西	Jiangxi	336.0	28.6	26.0	104.5	8.2	12.6	4.0
山 东	Shandong	661.2	9.2	65.6	210.9	17.4	20.0	5.6
河 南	Henan	639.7	9.4	56.7	193.0	17.4	39.4	5.7
湖 北	Hubei	566.1	47.2	15.2	177.7	12.6	26.8	8.6
湖 南	Hunan	471.5	36.6	27.5	142.2	9.9	20.3	6.2
广 东	Guangdong	551.8	24.6	11.8	115.3	13.7	34.3	5.1
广 西	Guangxi	284.5	18.3	9.8	73.9	6.7	14.4	3.5
海 南	Hainan	87.7	34.5	1.8	8.8	1.5	4.0	0.6
四 川	Sichuan	734.4	12.3	50.6	237.9	16.8	44.8	9.1
贵 州	Guizhou	196.6	4.8	11.8	56.2	4.7	14.8	2.1
云 南	Yunnan	267.0	23.1	13.7	56.9	6.2	17.4	3.4
西 藏	Tibet	15.5	0.8	0.3	0.7	0.5	0.7	0.3
陕 西	Shaanxi	336.1	6.0	21.2	117.6	7.3	21.0	6.0
甘 肃	Gansu	209.8	8.8	17.4	65.7	4.7	11.2	4.5
青 海	Qinghai	57.2	3.2	3.1	15.2	1.4	4.9	2.8
宁 夏	Ningxia	61.6	4.9	6.5	15.6	1.6	3.3	1.7
新 疆	Xinjiang	280.8	89.2	21.8	40.6	4.9	14.6	4.4

NUMBER OF STAFF AND WORKERS IN STATE－OWNED UNITS BY SECTOR

(year－end) (10 000 persons)

交通运输仓储和邮电通信业 Transport, Storage, Post & Telecommu－nications	批发零售贸易和餐饮业 Wholesale and Retail Trade, & Catering Services	金融、保险业 Banking and Insurance	房地产业 Real Estate Trade	社会服务业 Social Services	卫生体育和社会福利业 Health Care, Sports & Social Welfare	教育、文化艺术和广播电影电视业 Education, Culture and Arts, Radio, Film and Television	科学研究和综合技术服务业 Scientific Research and Polytech－nical Services	国家机关、政党机关和社会团体 Government Agencies, Party Agencies and Social Organizations	其他 Others
465	907	42	28	107	183	674	91	417	
498	1005	63	33	130	217	757	104	476	
585	800	93	32	181	272	925	129	691	
604	824	101	34	193	283	973	135	742	
618	851	113	34	203	296	1025	140	778	
636	900	128	37	214	306	1059	142	817	
640	923	136	38	221	314	1086	144	859	
660	947	145	40	236	323	1112	148	903	
682	993	154	43	251	340	1151	151	946	
693	1037	166	48	269	356	1183	153	969	
664	1014	182	55	293	356	1180	153	1014	34
677	1054	196	59	308	368	1227	165	1007	40
677	1061	203	61	315	379	1265	167	1019	42
684	1055	208	63	329	390	1322	166	1068	74
18.7	34.2	4.8	5.1	28.9	12.3	41.3	23.6	31.2	6.8
14.4	15.5	2.6	1.8	9.0	7.1	19.0	4.9	12.8	1.9
32.4	49.4	10.4	2.1	14.0	17.4	66.1	4.9	60.8	3.2
23.6	31.1	6.0	0.8	8.1	10.3	38.3	4.0	40.7	2.9
22.0	28.4	6.0	1.0	6.5	9.0	33.4	3.1	29.5	1.5
44.2	63.0	10.9	6.2	25.9	20.9	56.6	9.2	42.0	1.4
24.1	41.9	6.4	2.8	11.7	13.2	40.2	5.1	25.5	3.0
38.0	59.0	8.5	3.6	17.2	16.5	45.6	4.9	38.3	2.8
24.1	27.8	4.9	4.7	21.1	11.6	31.4	9.3	13.8	10.3
38.1	64.0	10.7	4.2	18.0	18.7	76.2	8.4	42.5	3.1
20.4	31.1	8.4	2.2	10.5	14.0	45.6	4.0	31.0	1.4
18.8	40.0	6.4	1.5	8.8	10.4	48.1	4.0	38.9	1.2
13.7	20.2	5.5	1.0	6.7	7.7	40.5	2.4	27.0	3.8
18.3	31.1	5.9	1.3	5.7	11.7	40.4	3.6	32.6	1.4
34.3	65.7	12.6	3.3	18.3	25.0	86.2	6.1	75.6	5.3
35.1	68.1	12.7	2.8	15.2	26.0	70.3	7.1	75.9	4.9
37.4	61.8	10.6	2.9	14.5	24.1	63.4	7.3	54.7	1.4
26.4	47.7	8.3	1.7	10.0	16.6	60.3	5.3	50.5	2.2
44.3	72.9	18.8	5.9	22.6	28.1	77.0	6.5	65.1	5.7
18.3	23.1	6.2	1.0	7.3	12.5	48.1	3.3	36.6	1.5
3.9	7.0	2.0	0.7	2.4	2.4	8.4	1.3	7.6	0.8
43.6	67.6	12.8	3.0	16.7	24.4	103.1	15.2	75.9	0.7
11.4	15.4	3.7	0.5	3.3	8.1	30.0	2.1	26.5	1.2
18.0	22.0	5.4	0.7	5.6	11.3	43.6	3.7	35.7	0.4
1.9	1.1	0.6		0.5	1.1	2.3	0.3	4.4	0.1
22.4	25.4	5.7	0.9	7.1	10.5	39.7	8.5	35.2	1.6
14.0	16.9	4.2	0.5	5.0	7.0	23.6	3.1	22.2	1.2
4.3	4.1	1.3	0.1	1.3	2.2	6.0	0.9	6.4	0.1
3.5	4.5	1.4	0.2	1.4	2.1	7.4	0.8	6.3	0.2
14.4	15.5	4.1	0.3	5.1	8.1	29.8	2.7	23.1	2.1

4－11 城镇集体经济单位分行业职工人数

(年底) 单位：万人

年份地区 Year Region	合计 Total	农、林、牧、渔业 Farming, Forestry, Animal Husbandry and Fishery	采掘业 Mining and Quarrying	制造业 Manufac－turing	电力、煤气及水的生产和供应业 Electricity, Gas and Water Production andSupply	建筑业 Construc－tion	地质勘查业水利管理业 Geological Prospecting and Water Conservancy
1978	2048	56	64	1146	5	176	0.5
1980	2425	48	76	1346	6	235	1.0
1985	3324	51	89	1608	8	354	1,0
1986	3421	48	93	1680	8	364	0.7
1987	3488	47	96	1724	8	379	0.3
1988	3527	45	96	1745	9	385	0.2
1989	3502	45	84	1754	7	357	0.4
1990	3549	42	95	1773	8	357	3.3
1991	3628	41	107	1782	9	380	3.4
1992	3621	39	105	1747	10	414	3.2
1993	3393	34	89	1595	8	479	2.1
1994	3211	24	81	1515	9	427	2.0
1995	3076	23	77	1417	9	427	2.0
1996	2954	22	72	1346	11	412	2.0
北京 Beijing	64.7	0.1	…	20.3	0.1	13.1	…
天津 Tianjin	59.6	0.1	…	32.2	0.2	3.9	…
河北 Hebei	126.8	0.3	1.6	62.3	0.3	20.8	0.1
山西 Shanxi	86.7	0.3	8.9	35.1	0.7	6.4	…
内蒙古 Inner Mongolia	66.8	0.6	2.7	27.7	…	12.7	…
辽宁 Liaoning	274.0	1.4	11.1	145.3	1.5	39.4	0.2
吉林 Jilin	108.0	0.6	2.9	59.8	0.4	10.6	0.1
黑龙江 Heilongjiang	166.6	3.5	15.3	73.1	0.7	25.3	0.1
上海 Shanghai	76.9	…		35.0	0.4	4.0	…
江苏 Jiangsu	256.9	1.2	2.7	137.4	0.8	16.8	0.3
浙江 Zhejiang	156.2	0.5	0.2	68.9	0.4	35.9	0.1
安徽 Anhui	120.2	0.5	4.7	51.0	0.1	14.5	…
福建 Fujian	57.2	0.1	0.3	20.4	0.1	14.0	…
江西 Jiangxi	68.8	0.4	1.7	30.6	0.2	9.3	…
山东 Shandong	198.6	2.6	5.8	102.7	0.3	17.0	…
河南 Henan	161.2	1.2	3.2	63.3	0.4	20.1	0.3
湖北 Hubei	133.3	1.3	0.4	66.9	0.3	12.3	…
湖南 Hunan	114.5	1.0	0.6	49.7	0.2	14.3	0.2
广东 Guangdong	191.8	0.6	0.8	82.5	1.6	40.5	0.2
广西 Guangxi	45.5	0.3	0.6	15.8	0.2	8.2	…
海南 Hainan	8.4	0.2	0.1	1.6	0.1	2.1	…
四川 Sichuan	200.9	3.9	2.9	80.1	0.6	33.3	0.2
贵州 Guizhou	30.5	…	0.2	10.4	…	7.7	…
云南 Yunnan	41.3	0.2	1.2	16.0	0.6	6.3	…
西藏 Tibet	1.1	…	…	0.5	…	0.4	…
陕西 Shaanxi	54.2	0.4	0.6	23.0	…	8.0	…
甘肃 Gansu	38.7	0.1	1.4	17.3	0.5	6.1	0.1
青海 Qinghai	8.0	…	0.1	3.3	…	1.9	…
宁夏 Ningxia	8.7	…	1.2	3.3	…	1.6	…
新疆 Xinjiang	28.1	0.3	0.8	10.6	0.1	5.9	…

NUMBER OF STAFF AND WORKERS IN URBAN COLLECTIVE OWNED UNITS BY SECTOR

(year-end) (10 000 persons)

交通运输仓储和邮电通信业 Transport, Storage, Post & Telecommu-nications	批发零售贸易和餐饮业 Wholesale and Retail Trade, & Catering Services	金融、保险业 Banking and Insurance	房地产业 Real Estate Trade	社会服务业 Social Services	卫生体育和社会福利业 Health Care, Sports & Social Welfare	教育、文化艺术和广播电影电视业 Education, Culture and Arts, Radio, Filmand Television	科学研究和综合技术服务业 Scientific Research and Polytech-nical Services	国家机关、政党机关和社会团体 Government Agencies, Party Agencies and Social Organizations	其他 Others
204	172	23	3	59	64	62	1	13	
216	234	26	4	88	70	60	1	14	
237	716	33	4	87	70	37	2	27	
241	718	37	4	91	71	35	2	28	
241	722	41	5	93	69	34	2	27	
237	738	45	4	94	69	32	2	26	
232	748	49	4	94	68	32	3	26	
232	762	51	4	93	69	32	3	26	
232	786	54	5	98	70	30	4	28	
226	796	57	4	96	65	28	5	27	
154	744	55	5	101	60	24	9	15	20
149	716	62	6	102	59	21	7	9	22
138	693	67	6	94	59	26	8	8	23
134	667	73	7	86	60	22	7	7	27
1.9	15.3	0.8	0.2	8.0	1.2	0.5	2.2	...	0.9
3.5	14.5	0.5	0.1	2.7	0.2	0.3	0.8	...	0.7
4.1	26.8	4.6	0.1	2.7	1.5	0.5	...	0.2	0.8
2.1	22.0	2.7	0.2	3.5	2.4	0.6	0.3	0.2	1.3
1.9	15.5	1.9	0.1	1.6	1.5	0.1	...	0.1	0.6
9.7	46.4	4.2	0.6	9.4	2.3	0.6	0.7	...	1.2
4.6	20.6	2.7	0.1	3.0	1.2	0.1	0.2	0.1	1.1
6.4	27.7	1.9	0.5	6.8	1.2	0.2	0.2	0.2	3.5
4.0	22.7	0.2	0.4	4.0	2.8	0.4	0.2	0.3	2.7
15.0	55.7	3.4	0.6	5.4	9.0	6.7	0.2	0.7	1.1
6.5	28.5	4.1	0.4	4.3	4.2	0.7	0.2	0.2	1.1
9.6	27.2	2.5	0.2	4.3	4.6	0.4	0.1	0.4	0.2
3.6	11.2	1.6	0.3	1.6	2.9	0.2	0.1	0.2	0.5
3.4	18.6	1.7	...	1.6	0.8	...	...	0.3	0.2
5.8	44.4	5.3	0.5	2.7	5.2	1.2	0.2	0.3	4.7
6.9	46.0	6.2	0.4	3.4	1.3	6.5	0.1	0.4	1.4
7.6	35.9	3.0	0.2	2.8	1.4	0.6	...	0.2	0.4
8.2	29.0	3.9	0.1	1.7	4.2	0.3	0.1	0.5	0.6
9.0	40.3	5.6	1.4	6.0	1.0	0.6	0.2	0.5	1.1
3.2	13.0	2.3	0.1	0.8	0.1	0.2	0.1	0.2	0.4
0.5	2.4	0.5	0.1	0.2	0.5	0.1	...	...	0.2
11.7	49.4	5.6	0.2	3.2	8.1	0.4	0.7	0.7	0.2
1.3	7.1	1.2	0.3	1.2	0.3	0.1	0.1	0.1	0.5
0.9	11.8	1.7	...	1.5	0.1	0.1	0.3	0.2	0.3
...	0.1	...	...	0.1	...	...	...	...	...
1.4	14.3	2.0	0.1	0.8	1.6	0.5	0.1	0.4	1.0
0.8	9.1	1.0	...	1.2	0.4	0.1	0.4	0.1	0.1
0.1	1.8	0.3	...	0.3	...	...	...	0.1	...
0.1	1.9	0.3	...	0.1	...	...	...	...	...
0.5	7.3	0.8	0.1	0.8	0.3	...	...	0.1	0.4

4-12 其他经济单位分行业职工人数

NUMBER OF STAFF AND WORKERS IN UNITS OF OTHER TYPES OF OWNERSHIP BY SECTOR

(年底) 单位: 万人 (year-end) (10 000 persons)

经济类型及行业	Ownership and Sector	1992	1993	1994	1995	1996
总计	**Total**	**281.78**	**535.69**	**747.40**	**876.95**	**941.67**
按经济类型分组	**Grouped by Ownership**					
联营经济	Joint Owned	55.11	65.80	51.27	51.71	48.51
股份制经济	Share Holding		163.61	287.49	311.65	357.28
外商投资经济	Foreign Funded	137.67	132.82	191.32	235.47	267.94
港澳台投资经济	Funded by Entrepreneurs from HongKong, Macao & Taiwan	83.60	155.34	208.35	267.34	259.10
其他经济	Others	5.41	18.16	8.97	10.78	8.84
按国民经济行业分组	**Grouped by Economic Sector**					
农、林、牧、渔业	Farming, Forestry, Animal Husbandry and Fishery	1.50	2.16	2.58	3.16	3.87
采掘业	Mining and Quarrying	0.91	1.84	3.24	3.97	4.34
制造业	Manufacturing	235.97	429.57	598.08	696.02	728.37
电力、煤气及水的生产和供应业	Electricity, Gas and Water Production and Supply	1.64	3.67	5.95	10.25	10.71
建筑业	Construction	4.01	11.11	16.27	20.96	28.20
地质勘查、水利管理业	Geological Prospecting and Water Conservancy	0.10	0.03	0.05	0.08	0.05
交通运输、仓储及邮电通信业	Transport, Storage, Post and Telecommunications	2.38	7.70	8.98	9.67	11.78
批发和零售贸易餐饮业	Wholesale and Retail Trade & Catering Services	11.04	38.10	62.92	74.42	84.95
金融、保险业	Banking and Insurance	0.03	1.87	2.30	3.80	7.72
房地产业	Real Estate Trade	1.43	6.25	7.22	9.32	11.21
社会服务业	Social Services	21.07	28.23	36.61	39.70	44.13
卫生体育和社会福利业	Health Care, Sports and Social Welfare	0.11	0.15	0.37	0.41	0.51
教育、文化艺术和广播电影电视业	Education,Culture and Arts, Radio, Film and Television	0.71	0.58	0.66	0.89	1.15
科学研究和综合技术服务业	Scientific Research and Polytechnical Services	0.86	3.14	1.41	2.90	3.24
国家机关、政党机关和社会团体	Government Agencies, Party Agencies and Social Organizations		0.26	...	...	
其他	Others		1.03	0.75	1.40	1.43

4-13 分行业女职工人数

NUMBER OF FEMALE STAFF AND WORKERS BY SECTOR

(年底) 单位: 万人 (year-end) (10 000 persons)

行业	Sector	1990	1991	1992	1993	1994	1995	1996
总计	**Total**	**5294**	**5483**	**5586**	**5542**	**5646**	**5755**	**5745**
农、林、牧、渔业	Farming,Forestry,Animal Husbandry and Fishery	292	288	280	264	254	248	232
采掘业	Mining and Quarrying	223	229	231	229	226	237	231
制造业	Manufacturing	2352	2417	2439	2418	2426	2458	2366
电力、煤气及水的生产和供应业	Electricity, Gas and Water Production and Supply	69	70	71	71	75	81	86
建筑业	Construction	199	205	209	204	201	204	205
地质勘查业水利管理业	Geological Prospecting and Water Conservancy	36	35	35	35	34	33	32
交通运输、仓储及邮电通信业	Transport, Storage, Post and Telecommunications	192	199	203	209	217	218	224
批发和零售贸易餐饮业	Wholesale and Retail Trade and Catering Services	807	845	874	799	840	847	846
金融、保险业	Banking and Insurance	70	76	83	92	103	109	118
房地产业	Real Estate Trade	14	16	17	22	24	26	28
社会服务业	Social Services	166	175	182	191	207	209	216
卫生体育和社会福利业	Health Care, Sports and Social Welfare	210	221	227	226	235	244	253
教育、文化艺术和广播电影电视业	Education,Culture and Arts, Radio, Film and Television	422	445	465	476	495	522	559
科学研究和综合技术服务业	Scientific Research and Poly-technical Services	52	54	55	56	59	60	60
国家机关、政党机关和社会团体	Government Agencies, Party Agen-cies and Social Organizations	191	207	215	233	227	232	251
其他	Others				20	23	25	39

4－14 合同制职工人数

NUMBER OF CONTRACT STAFF AND WORKERS

(年底) (year－end)

年份 地区 Year Region	年末人数(万人) Year－end Figure (10 000 persons)				比重 (全部职工＝100) Proportion (Total Staff and Workers＝100)			
	合计 Total	国有经济单位 State－owned Units	城镇集体经济单位 Urban Collective Owned Units	其他经济单位 Units of Other Types of Ownership	合计 Total	国有经济单位 State－owned Units	城镇集体经济单位 Urban Collective Owned Units	其他经济单位 Units of Other Types of Ownership
1984	209	174	32	3	1.8	2.0	1.0	8.1
1985	409	332	72	5	3.3	3.7	2.2	11.4
1986	624	524	92	8	4.9	5.6	2.7	14.5
1987	873	735	125	13	6.6	7.6	3.6	18.1
1988	1234	1008	206	20	9.1	10.1	5.8	20.7
1989	1468	1190	245	33	10.7	11.8	7.0	25.1
1990	1702	1372	287	43	12.1	13.3	8.1	26.3
1991	1972	1589	323	60	13.6	14.9	8.9	28.0
1992	2541	2058	399	84	17.2	18.9	11.0	29.8
1993	3123	2396	526	200	21.0	21.9	15.5	37.4
1994	3839	2853	645	341	25.9	26.2	20.1	45.6
1995	6096	4396	1149	551	40.9	40.1	37.4	62.8
1996	7580	5549	1394	637	51.1	50.7	47.2	67.6
北京 Beijing	224.6	163.3	31.5	29.8	48.8	46.8	48.7	63.7
天津 Tianjin	163.0	110.3	30.8	21.8	57.4	56.8	51.7	72.5
河北 Hebei	400.6	314.6	66.1	19.8	57.5	58.4	52.1	64.1
山西 Shanxi	249.2	210.7	34.8	3.7	53.6	56.6	40.2	66.1
内蒙古 Inner Mongolia	131.9	113.4	12.1	6.4	34.7	37.5	18.1	58.8
辽宁 Liaoning	554.7	393.4	116.7	44.7	55.6	58.9	42.6	80.7
吉林 Jilin	236.6	187.3	37.4	11.9	46.1	48.5	34.6	60.8
黑龙江 Heilongjiang	267.1	230.2	24.7	12.2	32.8	37.2	14.8	41.4
上海 Shanghai	327.7	215.0	51.2	61.5	71.8	68.8	66.6	91.4
江苏 Jiangsu	646.6	372.4	206.8	67.5	71.4	64.7	80.5	92.2
浙江 Zhejiang	259.6	147.4	79.5	32.7	52.4	50.8	50.9	66.8
安徽 Anhui	225.8	166.4	47.7	11.8	44.9	45.4	39.7	76.0
福建 Fujian	122.7	73.6	15.9	33.2	35.0	33.8	27.8	43.8
江西 Jiangxi	156.9	134.1	18.8	4.0	38.1	39.9	27.3	55.4
山东 Shandong	554.4	373.8	129.9	50.6	59.6	56.5	65.4	71.4
河南 Henan	452.4	351.6	74.3	26.4	53.7	55.0	46.1	64.2
湖北 Hubei	396.5	289.8	76.2	30.5	53.7	51.2	57.1	79.3
湖南 Hunan	246.4	205.7	34.4	6.4	41.3	43.6	30.0	59.0
广东 Guangdong	444.8	269.1	88.7	86.9	49.2	48.8	46.3	54.2
广西 Guangxi	139.8	113.3	18.4	8.1	40.6	39.8	40.3	55.8
海南 Hainan	59.6	51.1	4.0	4.5	57.9	58.3	48.0	65.8
四川 Sichuan	563.1	411.9	107.2	44.0	57.0	56.1	53.4	84.4
贵州 Guizhou	87.4	76.3	9.2	1.9	37.7	38.8	30.2	42.4
云南 Yunnan	145.7	121.7	19.3	4.8	46.2	45.6	46.6	67.2
西藏 Tibet	2.4	2.4	…	…	14.5	15.3	2.0	29.7
陕西 Shaanxi	208.0	179.6	22.5	6.0	52.3	53.4	41.5	78.1
甘肃 Gansu	134.9	113.3	19.8	1.9	53.6	54.0	51.1	61.0
青海 Qinghai	27.4	25.5	1.8	0.1	41.8	44.6	22.4	32.4
宁夏 Ningxia	35.8	30.4	4.0	1.4	49.3	49.4	46.4	59.4
新疆 Xinjiang	114.1	101.4	10.3	2.4	36.4	36.1	36.7	50.6

4-15 国有经济单位分行业合同制职工人数

年 份 Year	合 计 Total	农、林、牧、渔业 Farming, Forestry, Animal Husbandry and Fishery	采掘业 Mining and Quarrying	制造业 Manufac-turing	电力、煤气及水的生产和供应业 Electricity, Gasand Water Production and Supply	建筑业 Construc-tion	地质勘查业水利管理业 Geological Prospecting and Water Conservancy
年末人数 (万人)							
Year-end Figures							
(10 000 persons)							
1986	524	29	46	248	14	40	9
1987	735	39	65	352	20	54	11
1988	1008	49	89	481	28	64	14
1989	1190	60	104	565	32	66	15
1990	1372	73	119	646	37	74	17
1991	1589	82	135	735	42	87	19
1992	2058	92	180	976	56	102	21
1993	2396	98	212	1144	65	122	21
1994	2853	109	227	1354	80	159	24
1995	4396	148	411	2100	147	263	27
1996	5549	201	572	2446	191	369	41
占本行业人数比重(%)							
Sector Total=100							
1986	7.0	3.9	6.4	8.0	9.7	7.2	4.6
1987	9.6	5.2	9.0	11.0	12.9	9.5	5.5
1988	12.6	6.6	12.1	14.5	16.8	11.3	6.9
1989	14.2	8.2	13.7	16.9	18.6	12.2	7.5
1990	13.3	9.9	15.1	19.0	20.2	13.8	8.8
1991	14.9	11.3	16.9	21.1	21.8	15.6	9.7
1992	18.9	12.8	22.7	27.7	27.6	17.7	10.6
1993	18.9	14.6	25.4	33.2	29.5	18.4	14.8
1994	26.2	16.7	27.7	40.8	34.8	25.3	17.7
1995	40.1	23.3	49.3	63.1	62.1	43.4	20.8
1996	50.7	33.9	70.7	76.0	76.2	62.0	32.9

NUMBER OF CONTRACT STAFF AND WORKERS IN STATE-OWNED UNITS BY SECTOR

交通运输仓储和邮电通信业 Transport, Storage, Post & Telecommunications	批发零售贸易和餐饮业 Wholesale & Retail Trade and Catering Services	金融、保险业 Banking and Insurance	房地产业 Real Estate Trade	社会服务业 Social Services	卫生体育和社会福利业 Health Care, Sports & Social Welfare	教育、文化艺术和广播电影电视业 Education, Culture and Arts, Radio, Film and Television	科学研究和综合技术服务业 Scientific Research and Polytechnical Services	国家机关、政党机关和社会团体 Government Agencies, Party Agencies and Social Organizations	其他 Others
33	42	2	2	14	6	12	3	24	
45	61	3	2	20	7	20	4	32	
60	97	8	3	30	13	24	5	43	
70	124	9	4	36	17	29	5	53	
80	148	11	5	41	20	33	7	61	
95	180	14	6	49	24	39	8	74	
128	248	17	7	60	31	47	10	83	
152	273	20	9	80	34	55	13	93	5
185	362	22	12	96	40	65	13	97	7
286	588	29	18	131	46	75	16	102	10
505	698	36	22	161	56	88	21	109	33
5.5	5.1	2.0	5.9	7.3	2.1	1.2	2.2	3.2	
7.3	7.2	2.7	5.9	9.9	2.4	2.0	2.9	4.1	
9.4	10.8	6.3	8.1	14.0	4.2	2.3	3.5	5.3	
10.9	13.4	6.6	10.5	16.3	5.4	2.7	3.5	6.2	
12.1	15.6	7.6	12.5	17.4	6.2	3.0	4.7	6.8	
13.9	18.1	9.1	14.0	19.5	7.1	3.4	5.3	7.8	
18.5	23.9	10.2	14.6	22.3	8.7	4.0	6.5	8.6	
22.9	26.9	11.0	16.5	27.3	9.6	4.7	8.5	9.2	14.8
27.3	34.4	11.2	20.5	31.2	10.9	5.3	7.9	9.6	17.4
42.3	55.4	14.1	30.0	41.5	12.0	5.9	9.6	10.0	24.7
73.8	66.2	17.3	35.4	48.9	14.4	6.7	12.9	10.2	44.0

4-16 城镇私营企业和个体分行业从业人数

NUMBER OF EMPLOYED PERSONS IN URBAN PRIVATE ENTERPRISES AND SELF-EMPLOYED INDIVIDUALS BY SECTOR

(年底) 单位: 万人　　(year-end) (10 000 persons)

年份 Year	合计 Total	农、林、牧、渔业 Farming, Forestry, Animal Husbandry and Fishery	采掘业 Mining and Quarrying	制造业 Manufac-turing	电力、煤气及水的生产和供应业 Electricity, Gas and Water Production and Supply	建筑业 Construc-tion	地质勘查业水利管理业 Geological Prospecting and Water Conservancy
1978	15.0			3.0		1.0	
1980	81.4	0.2		9.5		0.4	
1985	450.1	1.9		51.4		5.1	
1986	483.1	1.9		60.0		5.1	
1987	568.8	1.7		74.3		6.5	
1988	659.3	4.2		90.3		9.7	
1989	648.2	2.6		84.5		4.9	
1990	670.5	0.6		91.3		4.6	
1991	759.5	0.4		128.0		7.8	0.1
1992	837.9			129.6		5.9	
1993	1115.7		6.7	167.3	8.1	10.8	
1994	1557.4	5.4		271.8		17.9	
1995	2045.0	13.4	10.2	339.0		28.1	
1996	2328.8	17.7	10.3	400.1		33.9	

续表 1 continued

(年底) 单位: 万人　　(year-end) (10 000 persons)

年份 Year	交通运输仓储和邮电通信业 Transport, Storage, Post & Telecommu-nications	批发零售贸易和餐饮业 Wholesale & Retail Trade and Catering Services	社会服务业 Social Services	卫生体育和社会福利业 Health Care, Sports and Social Welfares	教育、文化艺术和广播电影电视业 Education, Culture and Arts, Radio, Film and Television	科学研究和综合技术服务业 Scientific Research and Polytech-nical Services	其他 Others
1978	1.0	9.0	1.0				
1980	0.8	57.1	13.0	0.4			
1985	22.3	325.0	40.9	2.8	0.7		
1986	24.4	336.7	50.6	3.1	1.2	0.1	
1987	30.6	390.7	58.6	4.0	2.3	0.1	
1988	39.5	442.9	65.6	4.1	2.8	0.2	
1989	34.1	443.1	71.7	3.9	3.1	0.3	
1990	36.4	431.2	94.3	7.0	3.9	1.2	
1991	46.1	489.0	78.2	4.2	4.9	0.8	
1992	47.5	550.7	90.9			2.7	10.6
1993	62.3	714.9	120.8		5.0	7.0	12.8
1994	95.7	973.5	167.2				26.0
1995	111.0	1265.8	241.9				35.6
1996	131.8	1419.1	274.5				41.4

4-17 各地区私营企业从业人员(1996 年底)

NUMBER OF EMPLOYED PERSONS IN PRIVATE ENTERPRISES BY REGION (END OF 1996)

单位：万户、万人 (10 000 households,10 000 persons)

地区 Region	合计 Total			城镇 Urban Areas			乡村 Rural Areas		
	户数 Number of Households	从业人数 Number of Employed Persons	#投资者 Employers	户数 Number of House-holds	从业人数 Number of Employed Persons	#投资者 Employers	户数 Number of House-holds	从业人数 Number of Employed Persons	#投资者 Employers
全国 National Total	**81.9**	**1171.1**	**170.5**	**48.6**	**620.0**	**105.5**	**33.3**	**551.1**	**64.9**
北京 Beijing	1.0	12.4	1.4	0.6	6.9	0.9	0.4	5.5	0.5
天津 Tianjin	1.6	18.7	3.3	1.0	10.4	2.1	0.6	8.3	1.2
河北 Hebei	4.8	101.4	10.6	1.4	23.7	3.2	3.4	77.8	7.4
山西 Shanxi	1.9	34.9	4.8	1.0	16.5	2.4	1.0	18.4	2.4
内蒙古 Inner Mongolia	0.9	14.0	2.3	0.7	10.8	1.9	0.2	3.2	0.4
辽宁 Liaoning	4.9	61.4	8.0	3.6	42.2	6.2	1.3	19.2	1.8
吉林 Jilin	1.9	22.9	2.9	1.5	17.4	2.4	0.5	5.5	0.5
黑龙江 Heilongjiang	2.0	23.6	3.5	1.5	17.4	2.8	0.5	6.2	0.7
上海 Shanghai	5.5	57.9	10.9	4.0	40.9	8.3	1.4	17.1	2.5
江苏 Jiangsu	5.1	60.6	9.7	2.3	26.0	5.0	2.8	34.6	4.7
浙江 Zhejiang	8.8	127.3	16.2	3.6	49.0	7.2	5.2	78.3	9.0
安徽 Anhui	1.6	21.9	4.0	1.0	12.6	2.6	0.6	9.3	1.5
福建 Fujian	3.0	44.2	7.1	1.7	22.0	3.9	1.3	22.3	3.1
江西 Jiangxi	2.1	37.4	4.7	1.0	19.6	2.4	1.0	17.9	2.3
山东 Shandong	6.6	91.2	12.6	3.2	39.0	6.6	3.4	52.2	6.0
河南 Henan	2.6	41.2	6.0	1.3	15.4	3.0	1.4	25.8	3.0
湖北 Hubei	3.3	50.9	6.7	1.8	25.4	3.9	1.4	25.5	2.8
湖南 Hunan	2.4	41.4	6.6	1.4	22.8	3.7	1.0	18.6	2.8
广东 Guangdong	10.3	133.7	21.5	7.5	89.4	16.3	2.8	44.3	5.2
广西 Guangxi	1.1	16.3	2.6	0.8	10.4	1.9	0.3	5.9	0.8
海南 Hainan	1.4	14.3	3.2	1.3	13.3	3.0	0.1	1.0	0.2
四川 Sichuan	3.8	60.6	8.5	2.5	38.1	5.9	1.3	22.5	2.6
贵州 Guizhou	1.0	15.1	2.8	0.9	10.7	2.4	0.2	4.5	0.4
云南 Yunnan	0.6	10.8	1.1	0.3	5.3	0.7	0.2	5.5	0.4
西藏 Tibet	…	0.2	…	…	0.2	…	…	…	…
陕西 Shaanxi	1.8	27.9	4.1	1.2	15.6	2.8	0.6	12.3	1.2
甘肃 Gansu	0.7	12.4	1.8	0.5	7.5	1.2	0.2	4.9	0.6
青海 Qinghai	0.1	1.8	0.2	0.1	0.9	0.1	…	0.9	0.1
宁夏 Ningxia	0.3	3.9	0.7	0.2	2.7	0.6	0.1	1.2	0.2
新疆 Xinjiang	0.9	10.7	2.5	0.7	8.0	2.1	0.2	2.6	0.4

4-18 各地区个体从业人员 (1996 年底)

NUMBER OF SELF-EMPLOYED INDIVIDUALS BY REGION (END OF 1996)

单位: 万户、万人　　(10 000 households,10 000 persons)

地区 Region	合计 Total		城镇 Urban Areas		乡村 Rural Areas	
	户数 Number of Households	从业人数 Number of Employed Individuals	户数 Number of Households	从业人数 Number of Employed individuals	户数 Number of Households	从业人数 Number of Employed individuals
全国 National Total	**2703.7**	**5017.1**	**935.3**	**1708.8**	**1768.4**	**3308.3**
北京 Beijing	29.1	40.1	11.9	16.9	17.2	23.2
天津 Tianjin	23.8	32.5	11.3	13.8	12.4	18.7
河北 Hebei	235.0	535.6	33.3	72.4	201.8	463.2
山西 Shanxi	67.6	117.7	16.3	28.5	51.3	89.2
内蒙古 Inner Mongolia	43.8	73.6	24.9	40.7	18.9	32.9
辽宁 Liaoning	110.6	173.4	64.0	99.3	46.6	74.1
吉林 Jilin	106.5	159.4	58.3	91.0	48.2	68.4
黑龙江 Heilongjiang	111.6	216.5	65.1	118.3	46.5	98.2
上海 Shanghai	16.0	21.5	5.7	7.7	10.3	13.8
江苏 Jiangsu	128.8	214.2	24.7	46.8	104.1	167.5
浙江 Zhejiang	159.9	227.2	34.0	52.6	125.9	174.6
安徽 Anhui	109.5	235.4	43.7	94.3	65.8	141.0
福建 Fujian	58.2	114.1	24.9	46.6	33.3	67.5
江西 Jiangxi	79.0	195.2	31.7	78.8	47.3	116.3
山东 Shandong	244.6	516.6	40.8	87.8	203.9	428.7
河南 Henan	154.8	276.4	52.1	93.4	102.7	183.0
湖北 Hubei	168.7	363.7	57.6	121.3	111.1	242.4
湖南 Hunan	173.3	385.9	65.5	143.4	107.8	242.5
广东 Guangdong	140.4	264.4	69.7	132.0	70.7	132.4
广西 Guangxi	87.3	123.0	36.1	51.9	51.2	71.0
海南 Hainan	10.7	18.9	6.1	11.3	4.6	7.7
四川 Sichuan	203.0	299.9	64.1	99.4	138.9	200.6
贵州 Guizhou	37.9	53.0	18.1	26.5	19.7	26.5
云南 Yunnan	56.9	94.1	16.3	28.1	40.5	66.0
西藏 Tibet	4.1	6.0	2.5	3.9	1.5	73.8
陕西 Shaanxi	55.6	117.1	18.9	43.3	36.7	2.1
甘肃 Gansu	39.1	70.6	11.2	20.9	27.9	49.7
青海 Qinghai	6.8	10.0	4.1	5.9	2.6	4.0
宁夏 Ningxia	7.8	11.8	3.0	4.5	4.8	7.2
新疆 Xinjiang	33.3	49.4	19.0	27.5	14.3	21.9

4-19 工业、建筑业企业各岗位职工人数 (1996年底)

NUMBER OF STAFF AND WORKERS IN INDUSTRY AND CONSTRUCTION ENTERPRISES BY OCCUPATION (END OF 1996)

单位：万人 (10 000 persons)

项 目	Item	工人和学徒 Workers and Apprentices	工程技术人员 Engineers and Technicians	管理人员 Adminis-trative Personnel	其他人员 Others
全国总计	**National Total**	**5100.6**	**480.9**	**772.3**	**590.9**
采掘业	**Mining and Quarrying**	**539.6**	**36.2**	**78.5**	**96.8**
按经济类型分	**Grouped by Ownership**				
国有经济单位	State-owned Units	483.7	34.0	72.7	88.1
#中央	Under the Leadership of Central Government	244.7	19.0	36.7	55.7
地方	Under the Leadership of Local Government	239.0	15.0	36.1	32.4
城镇集体经济单位	Urban Collective Owned Units	52.7	2.0	5.3	8.5
其他经济单位	Units of Other Types of Ownership	3.1	0.3	0.5	0.2
按轻重工业分	**Grouped by Light & Heavy Industry**				
轻工业	Light Industry	32.3	2.2	5.6	3.3
重工业	Heavy Industry	507.2	34.1	72.9	93.6
按行业分	**Grouped by Sector**				
煤炭采选业	Coal Mining and Dressing	311.7	12.8	36.3	67.9
石油和天然气开采业	Petroleum and Natural Gas Extraction	66.9	11.5	15.6	8.4
黑色金属矿采选业	Ferrous Metals Mining and Dressing	13.9	0.9	2.1	1.5
有色金属矿采选业	Nonferrous Metals Mining and Dressing	39.8	3.2	6.0	4.0
非金属矿采选业	Nonmetal Minerals Mining and Dressing	40.0	2.5	6.4	4.0
其他矿采选业	Other Minerals Mining and Processing	1.3	0.1	0.2	0.4
木材及竹材采运业	Logging and Transport of Wood and Bamboo	65.9	5.2	11.9	10.5
制造业	**Manufacturing**	**3660.4**	**324.8**	**553.6**	**417.5**
按经济类型分	**Grouped by Ownership**				
国有经济单位	State-owned Units	2143.4	212.5	341.7	270.0
#中央	Under the Leadership of Central Government	318.6	48.3	59.1	34.8
地方	Under the Leadership of Local Government	1823.0	164.1	282.4	235.1
城镇集体经济单位	Urban Collective Owned Units	981.7	60.7	133.8	117.8
其他经济单位	Units of Other Types of Ownership	535.3	51.6	78.1	29.7
按轻重工业分	**Grouped by Light & Heavy Industry**				
轻工业	Light Industry	1817.6	127.2	242.7	197.0
重工业	Heavy Industry	1842.8	197.6	310.9	220.5
按行业分	**Grouped by Sector**				
食品加工业	Food Processing	141.0	11.3	22.6	11.7
食品制造业	Food Manufacturing	85.4	6.5	12.1	9.9
饮料制造业	Beverage Manufacturing	86.6	8.1	14.0	6.2
烟草加工业	Tobacco Processing	23.4	2.2	3.8	1.3
纺织业	Textile Industry	461.4	23.6	45.7	69.0
服装及其他纤维制品制造业	Garments and Other Fiber Products	131.8	6.0	14.5	10.6
皮革毛皮羽绒及其制品业	Leather, Furs, Down and Related Products	72.2	3.2	8.0	4.8
木材加工及竹藤棕草制品业	Timber Processing, Bamboo, Cane, Palm Fiber and Straw Products	51.8	2.5	5.9	8.7
家具制造业	Furniture Manufacturing	22.9	1.3	3.4	2.5
造纸及纸制品业	Papermaking and Paper Products	93.5	5.9	12.8	9.5
印刷业记录媒介的复制	Printing and Record Medium Reproduction	71.9	4.5	11.0	5.4
文教体育用品制造业	Cultural, Educational and Sport Goods	27.3	1.6	3.7	3.0
石油加工及炼焦业	Petroleum Processing and Coking	46.5	7.6	9.2	2.4
化学原料及化学制品制造业	Raw Chemical Materials and Chemical Products	274.8	30.1	46.5	25.2
医药制造业	Medical and Pharmaceutical Products	68.8	11.1	11.7	5.3
化学纤维制造业	Chemical Fiber	33.3	3.6	5.1	2.5
橡胶制品业	Rubber Products	53.6	3.5	7.1	7.3
塑料制品业	Plastic Products	75.2	5.4	11.7	8.9
非金属矿物制品业	Nonmetal Mineral Products	295.7	21.1	42.5	24.0
黑色金属冶炼及压延加工业	Smelting and Pressing of Ferrous Metals	226.7	17.4	32.2	22.1

续表 1 continued

单位：万人 (10 000 persons)

项 目	Item	工人和学徒 Workers and Apprentices	工程技术人员 Engineers and Technicians	管理人员 Adminis－trative Personnel	其他人员 Others
有色金属冶炼及压延加工业	Smelting and Pressing of Nonferrous Metals	68.4	6.5	10.3	5.9
金属制品业	Metal Products	127.5	9.2	20.1	16.0
普通机械制造业	Ordinary Machinery	276.5	29.1	49.4	40.2
专用设备制造业	Equipment for Special Purposes	179.5	20.4	33.2	27.0
交通运输设备制造业	Transport Equipment	226.8	29.0	42.3	25.9
电气机械及器材制造业	Electric Equipment and Machinery	157.5	17.7	27.9	20.3
电子及通信设备制造业	Electronic and Telecommunications	101.7	19.0	17.9	15.7
仪器仪表及文化办公用机械制造业	Instruments, Meters, Cultural and Office Machinery	49.0	7.4	10.1	10.6
其他制造业	Other Manufacturing	95.4	5.7	12.6	10.3
电力、煤气及水的生产和供应业	**Electricity, Gas and Water Production and Supply**	**183.6**	**27.8**	**33.5**	**8.2**
按经济类型分	**Grouped by Ownership**				
国有经济单位	State－owned Units	168.6	25.8	31.1	7.6
#中央	Under the Leadership of Central Government	56.7	9.5	10.7	2.4
地方	Under the Leadership of Local Government	111.7	16.2	20.4	5.2
城镇集体经济单位	Urban Collective Owned Units	8.1	0.7	1.1	0.3
其他经济单位	Units of Other Types of Ownership	7.0	1.3	1.3	0.3
按轻重工业分	**Grouped by Light & Heavy Industry**				
轻工业	Light Industry	35.3	4.4	6.8	1.4
重工业	Heavy Industry	148.3	23.4	26.6	6.7
按行业分	**Grouped by Sector**				
电力、蒸气及热水的生产和供应业	Electricity, Steam and Hot Water Prod－uction and Supply	142.3	22.8	25.4	6.3
煤气生产和供应业	Gas Production and Supply	12.3	1.7	2.3	0.7
自来水的生产和供应业	Water Production and Supply	29.0	3.4	5.7	1.2
建筑业	**Construction**	**717.1**	**92.0**	**106.8**	**68.4**
按经济类型分	**Grouped by Ownership**				
国有经济单位	State－owned Units	381.4	53.4	70.3	49.1
城镇集体经济单位	Urban Collective Owned Units	316.0	35.7	33.4	17.8
其他经济单位	Units of Other Types of Ownership	19.7	3.0	3.1	1.5

4－20 城镇新就业人数
NUMBER OF NEWLY EMPLOYED PERSONS IN URBAN AREAS.

单位：万人 (10 000 persons)

项 目	Item	1978	1980	1985	1990	1994	1995	1996
总 计	**Total**	**544.4**	**900.0**	**813.6**	**785**	**715**	**720**	**705**
按就业人员主要来源分	**Grouped by Major Source**							
城镇从业人员	Urban Employed Persons	274.9	622.5	502.3	340	284	270	258
农村从业人员	Rural Employed Persons	148.4	127.4	150.2	118	195	220	210
大学中专技校毕业生	Graduates from Universities, Specialized Secondary Schools and Technical Training Schools	37.7	80.0	88.5	168	198	210	207
其 他	Others	83.4	70.1	72.6	159	38	20	30
按就业人员安置去向分	**Grouped by Assignment**							
国有单位	State－owned Units	392.0	572.2	499.1	475	294	260	243
城镇集体单位	Units of Urban Collective Owned	152.4	278.0	203.8	235	181	170	155
其他单位	Units of Other Types of Ownership				35	115	155	167
从事个体劳动	Urban Individual Laborers		49.8	110.7	40	125	135	140

注：1985年以前国有单位安置的人数中包括安置到其他单位的人数。

a) The number of persons assigned in state－owned units before 1985 included persons assigned to various units of other types of ownership.

4-21 职工工资总额和指数

TOTAL WAGES OF STAFF AND WORKERS AND RELATED INDEX.

年份 地区 Year Region	工资总额 (亿元) Total Wages (100 million yuan) 合计 Total	 国有经济单位 State-owned Units	 城镇集体经济单位 Urban Colletive Owned Units	 其他经济单位 Units of Other Types of Ownership	指数 (上年同期=100) Index (Preceding year=100) 合计 Total	 #国有经济单位 State-owned Units
1978	568.9	468.7	100.2			
1980	772.4	627.9	144.5		135.8	134.0
1985	1383.0	1064.8	312.3	5.9	122.0	121.6
1986	1659.7	1288.5	362.8	8.4	120.0	121.0
1987	1881.1	1459.3	409.1	12.6	113.3	113.3
1988	2316.2	1807.1	487.6	21.5	123.1	123.8
1989	2618.5	2050.2	534.4	33.9	113.1	113.5
1990	2951.1	2324.1	581.0	46.0	112.7	113.4
1991	3323.9	2594.9	658.6	70.4	112.6	111.7
1992	3939.2	3090.4	743.2	105.6	118.5	119.1
1993	4916.2	3812.7	849.9	253.6	124.8	123.4
1994	6656.4	5177.4	1023.3	455.6	135.4	135.8
1995	8100.0	6080.2	1182.0	637.8	121.7	117.4
1996	9080.0	6792.7	1241.0	761.4	112.1	111.7
北京 Beijing	442.4	339.4	46.2	56.8	115.8	114.8
天津 Tianjin	212.0	154.3	27.1	30.6	114.7	114.1
河北 Hebei	365.2	302.0	46.4	16.8	108.7	109.1
山西 Shanxi	236.3	204.8	28.2	3.2	109.7	110.0
内蒙古 Inner Mongolia	175.9	148.4	22.7	4.7	112.7	113.1
辽宁 Liaoning	525.3	394.2	94.6	36.5	104.2	105.3
吉林 Jilin	263.7	216.5	36.4	10.8	119.3	119.7
黑龙江 Heilongjiang	363.0	302.8	41.8	18.4	110.5	111.6
上海 Shanghai	492.7	349.0	54.9	88.8	111.8	110.9
江苏 Jiangsu	595.7	411.3	128.6	55.8	110.0	111.4
浙江 Zhejiang	361.8	222.2	98.1	41.6	111.6	110.2
安徽 Anhui	256.2	203.1	41.1	11.9	112.3	113.3
福建 Fujian	225.8	139.1	27.4	59.4	114.9	113.3
江西 Jiangxi	185.8	158.8	21.9	5.1	114.5	113.9
山东 Shandong	532.8	414.2	78.2	40.3	114.8	115.8
河南 Henan	407.4	332.0	54.8	20.6	117.2	116.8
湖北 Hubei	372.7	304.1	47.4	21.2	107.8	107.6
湖南 Hunan	299.6	251.7	41.6	6.2	106.2	107.8
广东 Guangdong	803.5	512.2	124.3	166.9	109.5	111.6
广西 Guangxi	182.7	154.7	19.1	9.0	106.0	106.5
海南 Hainan	56.1	47.2	3.4	5.5	98.4	97.1
四川 Sichuan	500.5	397.4	70.7	32.4	110.6	110.7
贵州 Guizhou	112.2	99.4	10.3	2.5	112.1	111.2
云南 Yunnan	194.1	169.1	20.3	4.7	122.1	122.7
西藏 Tibet	18.5	17.9	0.4	0.1	152.9	154.3
陕西 Shaanxi	192.2	171.2	16.4	4.5	111.5	111.9
甘肃 Gansu	147.0	127.6	17.3	2.1	107.5	105.9
青海 Qinghai	43.1	40.2	2.7	0.2	113.4	113.2
宁夏 Ningxia	41.0	35.7	3.9	1.4	110.2	111.2
新疆 Xinjiang	189.8	172.0	14.8	3.0	113.2	113.0

注:各地区及分项数字相加不等于合计数。(下同)

a) The national total doesn't equal to the sum of regional figures.

4-22 职工工资增长情况
INCREASES IN WAGES OF STAFF AND WORKERS

经济类型	Ownership	1996	1996年为以下年份% 1996 as Percentage of the Following Years				
			1978	1980	1985	1990	1995
工资总额(亿元)	**Total Wages (100 million yuan)**	**9080.0**	**1596.1**	**1175.6**	**656.6**	**307.7**	**112.1**
国有经济单位	State-owned Units	6792.7	1449.2	1081.8	637.9	292.3	111.7
城镇集体经济单位	Units of Urban Collective Owned	1241.0	1072.2	858.8	397.4	213.6	105.0
其他经济单位	Units of Other Types of Ownership	761.4			12905.1	1655.2	119.4
奖金和计件超额工资	Bonuses and Extra Piece Wages	1401.9	12406.2	1994.2	672.0	260.7	106.0
国有经济单位	State-owned Units	1095.4	9693.8	1798.7	708.1	247.0	107.0
城镇集体经济单位	Urban Collective Owned Units	154.8		1646.8	294.3	183.0	96.5
其他经济单位	Units of Other Types of Ownership	151.7			11669.3	1580.2	109.7
津贴和补贴	Subsidies and Allowances	1911.4	6266.9	2159.8	802.4	312.0	114.5
国有经济单位	State-owned Units	1623.6	5323.3	1834.6	825.5	320.8	115.9
城镇集体经济单位	Urban Collective Owned Units	195.5			471.1	196.3	102.7
其他经济单位	Units of Other Types of Ownership	92.4				1301.4	118.5
平均工资(元)	**Average Wage (yuan)**	**6210**	**1009.7**	**815.0**	**540.9**	**290.2**	**112.9**
国有经济单位	State-owned Units	6280	975.1	782.1	517.7	275.0	111.6
城镇集体经济单位	Urban Collective Owned Units	4302	850.2	690.6	444.9	255.9	109.4
其他经济单位	Units of Other Types of Ownership	8261			575.3	276.5	110.7
平均奖金和计件超额工资	Average Bonuses and Extra Piece Wage	935	7792.9	1355.2	540.6	239.8	103.7
国有经济单位	State-owned Units	986	6164.5	1264.5	560.4	226.2	104.2
城镇集体经济单位	Urban Collective Owned Units	526		1282.4	322.6	214.7	98.6
其他经济单位	Units of Other Types of Ownership	1612			511.9	257.6	99.7
平均津贴和补贴	Average Subsidies and Allowances	1275	3872.2	1465.5	643.9	287.2	112.0
国有经济单位	State-owned Units	1462	3489.7	1271.3	652.7	294.2	112.8
城镇集体经济单位	Urban Collective Owned Units	664			514.7	230.6	104.9
其他经济单位	Units of Other Types of Ownership	982				214.9	107.6

4－23 职工平均工资及指数

AVERAGE WAGE OF STAFF AND WORKERS AND RELATED INDICES

年份 地区 Year Region	平均货币工资（元）Average Money Wage (yuan)				指数（以上年为100）Indices (preceding year＝100) 货币工资 Average Money Wage				实际工资 Average Real Wage			
	合计 Total	国有经济单位 State－owned Units	城镇集体经济单位 Urban Collec－tive Owned Units	其他经济单位 Units of Oth－er Type－s of Owner－ship	合计 Total	国有经济单位 State－owned Units	城镇集体经济单位 Urban Collec－tive Owned Units	其他经济单位 Units of Oth－er Type－s of Owner－ship	合计 Total	国有经济单位 State－owned Units	城镇集体经济单位 Urban Collec－tive Owned Units	其他经济单位 Units of Oth－er Type－s of Owner－ship
1978	615	644	506		100.0	100.0	100.0		106.0	106.2	105.1	
1980	762	803	623		114.1	113.9	114.9		106.1	106.0	106.9	
1985	1148	1213	967	1436	117.9	117.3	119.2	137.0	105.3	104.8	106.6	122.5
1986	1329	1414	1092	1629	115.8	116.6	112.9	113.4	108.2	108.9	105.5	106.0
1987	1459	1546	1207	1879	109.8	109.3	110.5	115.3	100.9	100.5	101.6	106.0
1988	1747	1853	1426	2382	119.7	119.9	118.1	126.8	99.2	99.3	97.9	105.0
1989	1935	2055	1557	2707	110.8	110.9	109.2	113.6	95.2	95.4	93.9	97.7
1990	2140	2284	1681	2987	110.6	111.1	108.0	110.3	109.2	109.7	106.6	108.9
1991	2340	2477	1866	3468	109.3	108.5	111.0	116.1	104.0	103.2	105.6	110.5
1992	2711	2878	2109	3966	115.9	116.2	113.0	114.4	106.7	107.0	104.1	105.3
1993	3371	3532	2592	4966	124.3	122.7	122.9	125.2	107.1	105.7	105.9	107.9
1994	4538	4797	3245	6303	134.6	135.8	125.2	126.9	107.7	108.7	100.2	101.5
1995	5500	5625	3931	7463	121.2	117.3	121.1	118.4	103.8	100.4	103.7	101.4
1996	6210	6280	4302	8261	112.9	111.6	109.4	110.7	103.8	102.6	100.6	101.7
北京 Beijing	9579	9645	7133	12575	117.6	117.1	109.5	122.4	105.4	104.9	98.1	109.7
天津 Tianjin	7643	8072	4745	10522	117.6	115.9	114.7	121.7	107.9	106.3	105.2	111.7
河北 Hebei	5286	5653	3658	5625	109.2	108.5	110.7	109.1	101.5	100.8	102.9	101.4
山西 Shanxi	5183	5596	3348	5810	109.8	109.9	107.7	112.3	101.4	101.5	99.4	103.7
内蒙古 Inner Mongolia	4716	4996	3508	4283	114.1	113.4	116.9	109.7	106.1	105.5	108.7	102.0
辽宁 Liaoning	5269	5894	3462	6648	107.3	108.1	103.5	106.0	99.2	99.9	95.7	98.0
吉林 Jilin	5370	5765	3752	5820	121.2	120.0	123.7	121.5	112.5	111.4	114.9	112.8
黑龙江 Heilongjiang	4564	4985	2631	6309	110.1	111.7	100.0	100.3	102.3	103.8	92.9	93.2
上海 Shanghai	10663	11015	7051	13186	114.9	115.0	111.8	114.5	105.2	105.3	102.4	104.9
江苏 Jiangsu	6603	7186	4990	7740	111.1	111.6	108.0	108.4	100.3	100.7	97.5	97.8
浙江 Zhejiang	7413	7734	6414	8672	112.0	111.2	112.5	111.0	102.0	101.3	102.5	101.1
安徽 Anhui	5175	5600	3522	7680	112.3	112.1	113.4	104.3	102.0	101.8	103.0	94.7
福建 Fujian	6684	6609	5079	8076	114.1	114.1	113.3	110.6	106.7	106.7	106.0	103.5
江西 Jiangxi	4852	5050	3562	7275	115.2	114.1	119.1	129.4	106.6	105.6	110.2	119.7
山东 Shandong	5809	6356	3980	5850	112.9	113.8	108.5	110.4	102.2	103.0	98.2	99.9
河南 Henan	4924	5265	3485	5197	113.4	112.6	115.9	111.9	103.6	102.8	105.8	102.2
湖北 Hubei	5099	5411	3590	5754	108.8	108.4	108.5	113.0	98.7	98.4	98.5	102.5
湖南 Hunan	5100	5412	3724	5897	106.3	106.5	105.6	94.2	99.2	99.3	98.5	87.9
广东 Guangdong	9127	9494	6799	10569	110.6	111.2	106.3	110.7	103.2	103.7	99.2	103.3
广西 Guangxi	5397	5525	4263	6480	105.7	105.7	104.9	102.5	100.3	100.3	99.5	97.2
海南 Hainan	5476	5365	4222	8579	102.5	102.6	91.1	104.4	97.8	97.9	86.9	99.6
四川 Sichuan	5156	5476	3644	6338	111.0	110.6	112.1	106.6	101.1	100.7	102.1	97.1
贵州 Guizhou	4917	5125	3456	5613	109.9	109.7	112.9	104.4	99.4	99.2	102.1	94.4
云南 Yunnan	6231	6419	4926	6863	121.0	121.4	116.3	118.3	111.8	112.2	107.5	109.3
西藏 Tibet	11087	11519	4370	12411	150.2	152.1	106.8	114.7				
陕西 Shaanxi	4882	5142	3084	6054	111.1	110.8	110.3	101.3	100.7	100.5	100.0	91.8
甘肃 Gansu	5882	6131	4471	6734	107.1	106.7	113.4	103.1	97.1	96.7	102.8	93.5
青海 Qinghai	6513	6946	3373	6176	113.2	112.7	115.2	113.3	101.6	101.2	103.4	101.7
宁夏 Ningxia	5635	5819	4320	5888	110.9	110.4	114.2	101.0	104.0	103.6	107.1	94.7
新疆 Xinjiang	5987	6067	5111	6626	111.9	111.7	113.4	110.9	101.4	101.2	102.7	100.5

4-24 分行业职工平均工资

单位：元

年份地区 Year Region		合计 Total	农、林、牧、渔业 Farming, Forestry, Animal Husbandry and Fishery	采掘业 Mining and Quarrying	制造业 Manufacturing	电力、煤气及水的生产和供应业 Electricity, Gas and Water Production and Supply	建筑业 Construction	地质勘查业水利管理业 Geological Prospecting and Water Conservancy
1978		615	470	676	597	850	714	708
1980		762	616	854	752	1035	855	895
1985		1148	878	1324	1112	1239	1362	1406
1986		1329	1048	1569	1275	1497	1536	1604
1987		1459	1143	1663	1418	1677	1684	1768
1988		1747	1280	1964	1710	1971	1959	2025
1989		1935	1389	2378	1900	2241	2166	2199
1990		2140	1541	2718	2073	2656	2384	2465
1991		2340	1652	2942	2289	2922	2649	2707
1992		2711	1828	3209	2635	3392	3066	3222
1993		3371	2042	3711	3348	4319	3779	3717
1994		4538	2819	4679	4283	6155	4894	5450
1995		5500	3522	5757	5169	7843	5785	5962
1996		6210	4050	6482	5642	8816	6249	6581
北京	Beijing	9579	6548	8727	8821	11740	9642	8797
天津	Tianjin	7643	5720	11647	6828	11802	7918	11098
河北	Hebei	5286	3405	7073	4822	8721	5198	8730
山西	Shanxi	5183	3889	7603	4509	7857	5402	4317
内蒙古	Inner Mongolia	4716	3766	4888	4095	7281	4940	4601
辽宁	Liaoning	5269	3103	5865	4766	9255	5533	7816
吉林	Jilin	5370	3711	5019	5140	9222	5594	4752
黑龙江	Heilongjiang	4564	4113	4997	3611	7939	4557	4590
上海	Shanghai	10663	8005	10478	10051	15349	11666	11482
江苏	Jiangsu	6603	4896	7738	6062	10732	7278	6841
浙江	Zhejiang	7413	6277	6669	6644	11013	8661	7780
安徽	Anhui	5175	3997	7942	4751	7727	5207	5849
福建	Fujian	6684	4422	5563	6666	9644	7387	5683
江西	Jiangxi	4852	4018	4964	4586	5920	4861	5604
山东	Shandong	5809	5107	8654	5038	8302	5610	5735
河南	Henan	4924	3577	7423	4550	6967	5097	4694
湖北	Hubei	5099	3591	6047	4859	8309	5775	5771
湖南	Hunan	5100	3445	4817	4665	8421	5678	5358
广东	Guangdong	9127	5424	6941	8570	12262	8614	7912
广西	Guangxi	5397	4014	5201	5511	7802	6156	4986
海南	Hainan	5476	3038	7377	5347	9027	5960	5816
四川	Sichuan	5156	4255	5245	5095	6811	5315	7635
贵州	Guizhou	4917	3542	6403	5009	7701	4939	4754
云南	Yunnan	6231	4510	5865	6680	8402	6327	5965
西藏	Tibet	11087	9535	8087	5211	8670	6731	12284
陕西	Shaanxi	4882	3807	5401	4560	7916	4664	5561
甘肃	Gansu	5882	4157	7944	5906	8858	5575	5835
青海	Qinghai	6513	4905	7168	5177	10226	5580	12784
宁夏	Ningxia	5635	3444	8113	5190	8706	5070	7893
新疆	Xinjiang	5987	4121	9921	5673	7473	5689	6682

AVERAGE WAGE OF STAFF AND WORKERS BY SECTOR

(yuan)

交通运输仓储和邮电通信业 Transport, Storage, Post & Telecommu-nications	批发零售贸易和餐饮业 Wholesale & Retail Trade and Catering Services	金融、保险业 Banking and Insurance	房地产业 Real Estate Trade	社会服务业 Social Services	卫生体育和社会福利业 Health Care, Sports & Social Welfare	教育、文化艺术和广播电影电视业 Education, Culture and Arts, Radio, Film and Television	科学研究和综合技术服务业 Scientific Research and Polytech-nical Services	国家机关、政党机关和社会团体 Government Agencies, Party Agencies and Social Organizations	其他 Others
694	551	610	548	392	573	545	669	655	
832	692	720	694	475	718	700	851	800	
1275	1007	1154	1028	777	1124	1166	1272	1127	
1476	1148	1353	1216	980	1343	1330	1492	1356	
1621	1270	1458	1327	1085	1446	1409	1620	1468	
1941	1556	1739	1715	1719	1752	1747	1931	1707	
2197	1660	1867	1925	1926	1959	1883	2118	1874	
2426	1818	2097	2243	2170	2209	2117	2403	2113	
2686	1981	2255	2507	2431	2370	2243	2573	2275	
3114	2204	2829	3106	2844	2812	2715	3115	2768	
4273	2679	3740	4320	3588	3413	3278	3904	3505	3371
5690	3537	6712	6288	5026	5126	4923	6162	4962	5213
6948	4248	7376	7330	5982	5860	5435	6846	5526	6295
7870	4661	8406	8337	6778	6790	6144	8048	6340	7184
10612	9241	13725	13325	10583	9761	9037	10410	9467	11261
9887	6593	11540	8991	7007	8960	7669	8420	8754	8294
7244	3645	6652	5670	5219	5652	5162	6492	5436	4720
7405	3040	6318	4282	4051	4852	4720	5734	4732	5073
7970	3204	6653	4486	4157	5608	5068	5856	5076	5575
7465	3737	8274	6148	5703	6214	6205	6870	6420	5622
7168	3987	7877	6073	5269	5946	5897	7378	6048	6981
7307	3131	8283	5719	3846	5281	5764	6230	5944	3945
13377	10254	17163	14504	10104	10709	10205	11193	11030	10121
7392	5420	9219	8644	7325	7746	7276	9094	8356	8100
8394	6189	9332	9733	8083	9236	7590	9336	8424	8604
5408	3765	7259	5685	4525	5787	5308	7186	5535	6546
8605	5164	10217	9047	7066	6894	6170	8046	6424	6583
6435	3929	6918	4974	4626	5306	5141	4995	5397	4456
7742	3947	7542	6729	5752	6965	6491	7446	6523	5512
6574	3197	6460	5062	4427	5153	4913	6528	5077	5821
6504	3736	6736	6445	5349	5874	5581	6979	5546	5756
6551	4158	7305	5782	5272	6243	5576	6692	5709	5750
12473	7227	12854	12409	11386	10219	9318	11882	9860	11450
7235	4627	6253	6565	5629	5942	4481	6120	5260	6724
10161	4720	11799	8482	6552	8499	7008	6160	7556	4361
5776	3632	6939	5803	5011	5988	4994	7206	5618	5885
6358	3770	6323	4947	4323	4918	4163	6190	4570	5333
7605	5474	7226	6268	5677	6765	5927	7347	6053	7920
10246	6830	18226	16155	8171	14899	12733	13460	13358	8215
7276	3367	6546	5061	4552	5128	4979	6799	4777	4456
7764	4130	6675	5066	4806	5901	5468	6409	5487	7612
8975	4358	9230	5487	5176	7689	7390	8384	7058	8556
7981	4265	7627	4870	4048	5862	5051	6327	5306	6137
8251	5395	9983	5515	5629	7010	6685	7462	6751	8726

4－25 分细行业职工平均工资（1996年）

AVERAGE WAGE OF STAFF AND WORKERS BY SECTOR IN DETAIL (1996)

单位：元 (yuan)

项目	Item	合计 Total	国有经济单位 State-owned Units	城镇集体经济单位 Urban Collective Owned Units	其他经济单位 Units of Other Types of Ownership
全国总计	**National Total**	**6210**	**6280**	**4302**	**8261**
按企、事业和机关分组	**Grouped by Enterprises, Institutions and Agencies**				
企业	Enterprises	5930	6269	4255	8261
事业	Institutions	6241	6282	5338	8722
机关	Agencies & Organizations	6352	6358	5647	
按国民经济行业分组	**Grouped by Sector**				
农、林、牧、渔业	**Farming, Forestry, Animal Husbandry and Fishery**	**4050**	**4038**	**3814**	**7389**
农业	Farming	3898	3901	3551	4790
林业	Forestry	3851	3859	2435	6739
畜牧业	Animal Husbandry	3837	3640	4042	8702
渔业	Fishery	5164	5116	4433	7354
农、林、牧、渔服务业	Services	4645	4732	3930	7122
采掘业	**Mining and Quarrying**	**6482**	**6709**	**3968**	**5217**
制造业	**Manufacturing**	**5642**	**5798**	**4007**	**7945**
电力、煤气及水的生产和供应业	**Electricity, Gas and Water Production and Supply**	**8816**	**8701**	**8324**	**12030**
建筑业	**Construction**	**6249**	**6992**	**5092**	**6937**
土木工程建筑业	Civil Engineering	5973	6702	4890	6331
线路管道和设备安装业	Circuit, Pipelines and Equipment Installation	8386	8994	7107	8303
装修装饰业	Buildings Fitting up and Decoration	6738	7524	5263	8844
地质勘查业水利管理业	**Geological Prospecting and Water Conservancy**	**6581**	**6610**	**4784**	**6464**
地质勘查业	Geological Prospecting	7656	7685	4471	10253
水利管理业	Water Conservancy	5301	5311	4928	4693
交通运输、仓储及邮电通信业	**Transport, Storage, Post and Telecommunications**	**7870**	**8546**	**3961**	**11931**
铁路运输业	Transport Railway	10322	10438	4874	11226
公路运输业	Transport Highway	4043	4158	3572	7496
管道运输业	Transport Pipeline	10225	10242	13371	3911
水上运输业	Transport Water Way	7393	10649	3587	9944
航空运输业	Air Transport	14378	13633	11367	30247
交通运输辅助业	Transport Supporting and Auxiliary Services	7668	8071	4505	14697
其他交通运输业	Other Transport	5209	6151	4562	7020
仓储业	Storage	6046	5926	5494	13848
邮电通信业	Post and Telecommunications	10569	10584	8302	14797
批发和零售贸易餐饮业	**Wholesale and Retail Trade & Catering Services**	**4661**	**4940**	**3818**	**7862**
食品、饮料、烟草和家庭日用品批发业	Wholesale Trade of Food, Beverages, Tobacco and Household Goods	4743	4907	3984	8234
能源、材料和机械电子设备批发业	Wholesale Trade of Energy, Materials and Electronic Equipment	5365	5480	4735	7337
其他批发业	Other Wholesale Trade	4806	6221	3827	8010
零售业	Retail Trade	4232	4451	3544	7624
商业经纪与代理业	Commercial Brokerage and Agencies	8095	8920	4560	9977
餐饮业	Catering Services	5153	4750	4131	8609
金融、保险业	**Finance and Insurance**	**8406**	**8679**	**6857**	**15818**
金融业	Finance Intermediation	8395	8690	6855	16531
保险业	Insurance	8598	8535	9505	9759

续表 1 continued

单位：元 (yuan)

项目	Item	合计 Total	国有经济单位 State－owned Units	城镇集体经济单位 Urban Collective Owned Units	其他经济单位 Units of Other Types of Ownership
房地产业	**Real Estate Trade**	**8337**	**7897**	**6820**	**11801**
房地产开发与经营业	Real Estate Development and Operation	9069	8762	6786	11275
房地产管理业	Real Estate Management	7578	7249	6864	14372
房地产代理与经纪业	Real Estate Brokerages and Agencies	7302	6926	7304	13084
社会服务业	**Social Services**	**6778**	**6695**	**5032**	**10820**
公共设施服务业	Public Facilities Services	6767	6861	5284	9727
居民服务业	Resident Services	5387	6245	4382	9137
旅馆业	Hotels	6884	6179	4774	10572
租赁服务业	Leasing Services	7661	7535	5694	10711
旅游业	Tourism	7727	7481	5285	10461
娱乐服务业	Recreational Services	7761	6469	5429	9215
信息、咨询服务业	Information and Consultancy Services	8370	7911	7339	13183
计算机应用服务业	Computer Application Services	13930	11293	9912	20189
其他社会服务业	Other Social Services	5762	6251	4899	10260
卫生体育和社会福利业	**Health Care, Sporting and Social Welfare**	**6790**	**6967**	**5603**	**11014**
卫生	Health Care	6789	6975	5613	9569
体育	Sports	7846	7719	5112	13263
社会福利保障业	Social Welfare	6325	6420	5219	9062
教育、文化艺术及广播电影电视业	**Education, Culture and Arts, Radio, Film and Television**	**6144**	**6161**	**4949**	**10172**
教育	Education	6099	6114	5038	8110
#普通高等学校	Regular Institution of Higher Education	7590	7591	5662	6351
普通中学	Regular Secondary Schools	6059	6071	4722	9163
小学校	Primary Schools	5550	5566	4531	6377
文化艺术业	Culture and Arts	7006	7117	4179	11547
广播电影电视业	Radio, Film and Television	6199	6184	5228	13434
科学研究和综合技术服务业	**Scientific Research and Polytechnical Services**	**8048**	**7984**	**7206**	**13358**
科学研究业	Scientific Research	7870	7875	6600	9302
自然科学研究	Natural Science Research	7817	7824	5849	10425
社会科学研究	Social Science Research	7056	7070	5818	4200
其他科学研究	Other Science Research	8389	8382	9242	9051
综合技术服务业	Polytechnical Services	8230	8108	7239	13409
#气象	Meteorology	6631	6623	8703	4923
地震	Seismology	6945	6948	7000	1625
测绘	Survey and Mapping	7489	7509	6246	
技术监督	Technological Supervision	7106	7065	6633	15178
海洋环境	Oceanic Environment	9149	9128	15000	11333
环境保护	Environmental Protection	6389	6358	6239	10647
技术推广和科技交流服务业	Technology Application &Dissemination as Well as Science Technology Exchange Services	7383	7053	6894	13716
工程设计业	Engineering Design	9449	9448	7927	14364
其他综合技术服务业	Other Polytechnical Services	8729	8415	7250	13206
国家机关、政党机关和社会团体	**Government Agencies, Party Agencies and Social Organizations**	**6340**	**6344**	**5686**	
#国家机关	Government Agencies	6341	6345	5798	
政党机关	Party Agencies	6340	6347	2983	
其他	**Others**	**7184**	**7643**	**5675**	**13508**
#企业管理机构	Enterprise Management Organizations	6921	7316	5651	13491

4-26 国有经济单位分行业职工平均工资

单位：元

年份 地区 Year Region		合计 Total	农、林、牧、渔业 Farming, Forestry, Animal Husbandry and Fishery	采掘业 Mining and Quarrying	制造业 Manufacturing	电力、煤气及水的生产和供应业 Electricity, Gas and Water Production andSupply	建筑业 Construction	地质勘查业水利管理业 Geological Prospecting and Water Conservancy
	1978	644	482	704	663	873	760	712
	1980	803	628	891	821	1073	924	895
	1985	1213	892	1384	1190	1272	1532	1408
	1986	1414	1062	1638	1382	1518	1731	1607
	1987	1546	1154	1734	1543	1692	1882	1773
	1988	1853	1291	2038	1872	1994	2192	2025
	1989	2055	1401	2449	2081	2248	2419	2199
	1990	2284	1559	2763	2289	2648	2667	2463
	1991	2477	1665	2982	2505	2883	2924	2718
	1992	2878	1845	3239	2889	3354	3406	3235
	1993	3532	2043	3856	3562	4317	4182	3729
	1994	4797	2821	4863	4508	6124	5498	5476
	1995	5625	3527	5944	5352	7734	6512	5987
	1996	6280	4038	6709	5798	8701	6992	6610
北 京	Beijing	9645	6368	8718	8813	11809	10251	8818
天 津	Tianjin	8072	5690	11658	6757	12120	8210	11117
河 北	Hebei	5653	3394	7183	5230	8574	5792	8756
山 西	Shanxi	5596	3898	7994	4881	8005	6019	4324
内蒙古	Inner Mongolia	4996	3784	4989	4570	7166	5156	4608
辽 宁	Liaoning	5894	3016	6638	5434	9090	6725	7921
吉 林	Jilin	5765	3600	5099	5837	9261	5887	4758
黑龙江	Heilongjiang	4985	4265	5225	3841	7794	5536	4677
上 海	Shanghai	11015	7470	10478	10167	15082	11897	11443
江 苏	Jiangsu	7186	4898	8132	6526	10577	8149	6883
浙 江	Zhejiang	7734	6178	6747	6677	11078	9615	7854
安 徽	Anhui	5600	4013	8348	4945	7712	6253	5859
福 建	Fujian	6609	4301	5579	6028	9351	8576	5687
江 西	Jiangxi	5050	4024	5019	4800	5955	5748	5604
山 东	Shandong	6356	5086	9032	5427	8245	6509	5735
河 南	Henan	5265	3511	7580	4842	6937	5746	4724
湖 北	Hubei	5411	3588	6132	5295	8401	6531	5777
湖 南	Hunan	5412	3431	4842	5074	8083	6576	5388
广 东	Guangdong	9494	5348	6912	8253	11861	10451	7948
广 西	Guangxi	5525	4003	5181	5649	7778	7178	4986
海 南	Hainan	5365	3037	7588	4901	8454	6603	5816
四 川	Sichuan	5476	4390	5358	5324	6852	6197	7728
贵 州	Guizhou	5125	3548	6473	5263	7759	5726	4756
云 南	Yunnan	6419	4526	6002	7179	8547	6665	5948
西 藏	Tibet	11519	9688	8228	5815	8673	7874	12284
陕 西	Shaanxi	5142	3877	5453	4804	7920	5197	5567
甘 肃	Gansu	6131	4171	8156	6183	8827	6478	5855
青 海	Qinghai	6946	4895	7225	5680	10226	6111	12784
宁 夏	Ningxia	5819	3438	8587	5330	8705	5546	7905
新 疆	Xinjiang	6067	4122	10078	5800	7499	5869	6694

AVERAGE WAGE OF STAFF AND WORKERS IN STATE-OWNED UNITS BY SECTOR

(yuan)

交通运输仓储和邮电通信业 Transport, Storage, Post & Telecommunications	批发零售贸易和餐饮业 Wholesale & Retail Trade and Catering Services	金融、保险业 Banking and Insurance	房地产业 Real Estate Trade	社会服务业 Social Services	卫生体育和社会福利业 Health Care, Sports & Social Welfare	教育、文化艺术和广播电影电视业 Education, Culture and Arts, Radio, Film and Television	科学研究和综合技术服务业 Scientific Research and Polytechnical Services	国家机关、政党机关和社会团体 Government Agencies, Party Agencies and Social Organizations	其他 Others
720	569	650	630	607	605	566	670	661	
902	716	754	758	795	751	722	853	807	
1383	1087	1234	1170	1208	1164	1184	1268	1133	
1610	1268	1427	1364	1417	1376	1344	1494	1361	
1773	1398	1540	1500	1545	1481	1422	1624	1472	
2140	1737	1842	1750	1842	1793	1764	1935	1709	
2423	1851	1960	1992	2028	1999	1899	2123	1875	
2697	2028	2200	2247	2307	2263	2134	2411	2115	
2967	2201	2355	2476	2547	2417	2257	2580	2277	
3452	2478	2967	3082	3008	2883	2732	3130	2774	
4604	2933	3885	4278	3661	3494	3292	3898	3512	3793
6212	3856	7017	5997	5098	5267	4944	6212	4967	5744
7572	4568	7595	6884	5949	6009	5457	6835	5528	6854
8546	4940	8679	7897	6695	6967	6161	7984	6344	7643
10903	9687	13001	12510	10147	9895	9045	10183	9466	11412
10822	7726	11255	9045	7116	9059	7712	8443	8757	8894
7812	3847	7019	5661	5469	5766	5170	6506	5438	4611
7815	3345	6733	4301	4251	5160	4752	5820	4731	5211
8325	3236	6982	4535	4317	5871	5069	5865	5077	5840
8308	4136	8449	5885	5967	6453	6222	7009	6420	6272
7867	4274	8322	6100	5479	6069	5896	7452	6048	7728
8024	3361	8604	5877	4075	5348	5767	6311	5949	4538
14274	11848	16540	13370	9924	10868	10212	11202	11061	9876
8553	5790	9463	8579	7662	8090	7490	9115	8376	8557
9236	6650	9189	9732	8094	9647	7599	9309	8430	8310
6710	4107	7796	5695	5143	6477	5317	7236	5547	6593
8700	5704	10383	8542	6611	7198	6169	8052	6426	6719
7048	3977	7064	4609	4979	5352	5143	4992	5401	4527
8354	4271	8052	6624	5824	7201	6501	7499	6526	6528
7251	3312	6501	4744	4566	5199	4963	6575	5080	6332
7147	3752	6816	5915	5270	5963	5591	7003	5549	5797
7643	4479	7536	5584	5421	6687	5578	6700	5719	6102
13438	7592	12857	11781	11571	10233	9301	11595	9869	11136
7801	4918	6561	6392	5592	5955	4480	6116	5262	6933
10525	4908	12195	7647	6144	9076	7028	6093	7557	4747
6479	4011	7319	5710	5151	6503	4997	7224	5620	6166
6556	4106	6546	4810	4579	4967	4163	6226	4576	6160
7616	6047	7650	6020	5615	6783	5929	7457	6057	9210
10246	7111	18226	16155	7453	14937	12733	13460	13358	8215
7549	3556	6852	5280	4510	5318	5000	6824	4787	5135
7989	4239	7056	5106	4744	5958	5469	6461	5488	7733
9006	4939	9923	6044	5441	7714	7396	8384	7139	7495
8076	4435	7986	4713	4060	5881	5052	6346	5306	6881
8320	5619	10382	5315	5655	7056	6687	7482	6761	9270

4-27 城镇集体经济单位分行业职工平均工资

单位：元

年份地区 Year Region	合计 Total	农、林、牧、渔业 Farming, Forestry, Animal Husbandry and Fishery	采掘业 Mining and Quarrying	制造业 Manufacturing	电力、煤气及水的生产和供应业 Electricity, Gas and Water Production and Supply	建筑业 Construction	地质勘查业水利管理业 Geological Prospecting and Water Conservancy
1978	506	304	443	503	333	594	600
1980	623	458	548	619	333	716	700
1985	967	725	852	963	667	1101	900
1986	1092	875	945	1075	875	1232	1286
1987	1207	979	1016	1180	1250	1380	1333
1988	1426	1111	1208	1388	1294	1597	1500
1989	1557	1178	1433	1523	1625	1763	1000
1990	1681	1238	1844	1622	2133	1935	1212
1991	1866	1366	1960	1798	2588	2216	1765
1992	2109	1487	2000	2017	2737	2554	2188
1993	2592	1887	2327	2469	3539	3182	2843
1994	3245	2510	2793	3076	5734	3936	3692
1995	3931	2927	3680	3717	7461	4677	4294
1996	4302	3814	3968	4007	8324	5092	4784
北京 Beijing	7133	6384	8538	6343	8596	7779	6853
天津 Tianjin	4745	5749	7478	4161	6024	6721	7692
河北 Hebei	3658	3810	4441	3418	8821	4283	6196
山西 Shanxi	3348	3767	4845	3189	5879	3276	3005
内蒙古 Inner Mongolia	3508	2837	3421	2911	5799	4775	2626
辽宁 Liaoning	3462	4407	2847	3131	8925	4515	3109
吉林 Jilin	3752	3300	3505	3580	8388	5036	4245
黑龙江 Heilongjiang	2631	1510	3051	2208	10800	3281	1295
上海 Shanghai	7051	7000		5541	15446	10267	17627
江苏 Jiangsu	4990	4707	4427	4796	8258	6039	5816
浙江 Zhejiang	6414	6974	5530	5707	9615	8327	6584
安徽 Anhui	3522	3555	4964	3434	6925	3800	4563
福建 Fujian	5079	6669	4387	4423	9823	6230	5528
江西 Jiangxi	3562	3399	4005	3309	4275	3635	4429
山东 Shandong	3980	5170	4712	3914	6537	4340	5708
河南 Henan	3485	4043	4883	3363	7636	3788	4164
湖北 Hubei	3590	3698	3578	3396	4241	4053	4485
湖南 Hunan	3724	3943	3528	3349	7539	4408	4554
广东 Guangdong	6799	6107	6798	6822	9318	6893	6852
广西 Guangxi	4263	4227	5633	4217	8125	4347	
海南 Hainan	4222	2017	3770	3445	3537	4451	
四川 Sichuan	3644	3824	3319	3637	5068	4090	3997
贵州 Guizhou	3456	3688	2433	3364	3079	3465	3448
云南 Yunnan	4926	2635	4499	4888	7045	5369	7081
西藏 Tibet	4370	2572	5542	4314	3500	4228	
陕西 Shaanxi	3084	2694	3211	2963	6642	3243	3965
甘肃 Gansu	4471	3051	5433	4658	9175	3973	4159
青海 Qinghai	3373	6505	4408	2855		3999	
宁夏 Ningxia	4320	4440	5660	3822	2840	4548	4831
新疆 Xinjiang	5111	3608	5605	4962	5971	5194	4046

AVERAGE WAGE OF STAFF AND WORKERS IN URBAN COLLEVTIVE OWNED UNITS BY SECTOR

(yuan)

交通运输仓储和邮电通信业 Transport, Storage, Post & Telecommu-nications	批发零售贸易和餐饮业 Wholesale & Retail Trade and Catering Services	金融、保险业 Banking and Insurance	房地产业 Real Estate Trade	社会服务业 Social Services	卫生体育和社会福利业 Health Care, Sports & Social Welfare	教育、文化艺术和广播电影电视业 Education, Culture and Arts, Radio, Film and Television	科学研究和综合技术服务业 Scientific Research and Polytech-nical Services	国家机关、政党机关和社会团体 Government Agencies, Party Agencies and Social Organizations	其他 Others
632	453	526	467	451	484	317	500	455	
676	584	640	638	584	618	433	571	538	
1009	912	945	1050	806	975	779	1052	1046	
1139	1008	1150	1238	1057	1212	945	1286	1227	
1236	1118	1235	1130	1167	1296	1033	1319	1368	
1409	1335	1450	1602	1333	1570	1202	1636	1648	
1575	1417	1597	1967	1521	1774	1352	1710	1860	
1661	1548	1806	1969	1638	1956	1533	1997	2042	
1854	1691	1965	2432	1905	2135	1689	2120	2206	
2070	1827	2428	2763	2082	2416	1987	2392	2565	
2711	2213	3182	4006	2727	2935	2539	3474	3071	2547
3110	2823	5625	5290	3754	4238	3548	4719	4411	4067
3584	3449	6407	6706	4707	4890	4291	6046	5314	4935
3961	3818	6857	6820	5032	5603	4949	7206	5686	5675
7147	6983	7113	9953	7407	8174	7944	8995	11050	8750
4408	4877	11091	5764	5546	5912	4608	8030	6529	6594
3026	3191	5706	4136	3910	4318	4131	4720	4856	5211
2873	2598	5364	3642	3563	3504	2631	4452	4919	4776
3506	3121	5556	4088	3427	3991	4618	2764	4624	4582
3447	2839	7732	5070	4518	4059	4441	4529		4856
3176	3057	6798	3486	3915	4539	5875	5145	6143	4558
2538	2242	6877	3539	2780	4315	5035	4592	5093	3397
7181	7643	31305	11699	7225	9974	7737	9878	9477	10068
4439	4613	7812	7747	5878	7034	4963	8111	7249	6762
5676	5219	9491	7541	6501	7859	6701	7875	7727	8596
2810	3205	5892	5300	3155	4238	4208	4361	4361	6179
5227	3713	8973	7344	5809	6089	5961	7102	6019	5417
2944	3737	5966	3029	3097	4624	3644	3523	5006	3834
3942	3198	6010	6000	4327	5836	5843	5380	5846	4287
3094	2906	5986	4506	3551	4245	4333	4007	4378	4262
3340	3431	6201	5226	4855	4347	4475	5161	4801	5594
3045	3572	6812	6540	4245	4509	5247	5851	4723	4455
6261	5670	9509	10239	8483	9237	9425	12002	8666	10829
3887	3911	5478	5259	4479	4588	4815	6443	4881	5896
3829	3360	9803	7378	5949	5627	4237	4611	6870	2156
3104	2993	5947	4136	3884	4426	4214	6802	5385	4979
4581	3018	5651	3834	3235	3543	3609	4956	3357	3585
7015	4366	5863	5518	5056	4778	4890	5777	5488	6002
	3459			5958	1813				
2608	2734	5571	3376	3179	3862	3465	3015	3937	3430
3971	3913	5099	4593	4984	4758	5440	5917	4979	5737
7687	2992	5625	4779	3152	6501	3067		2636	5947
4278	3865	5913		3836	4253	3976	4955	5500	2369
6308	4816	7744	5440	4765	5912	4270	6846	5273	6081

4－28 其他经济单位分行业职工平均工资

AVERAGE WAGE OF STAFF AND WORKERS IN UNITS OF OTHER TYPES OF OWNERSHIP BY SECTOR

单位：元　　　　(yuan)

经济类型及行业	Ownership and Sector	1992	1993	1994	1995	1996
总　计	**Total**	**3966**	**4966**	**6303**	**7463**	**8261**
按经济类型分组	**Grouped by Ownership**					
联营经济	Joint Owned	3336	3741	4982	6056	6856
股份制经济	Share Holding		5171	6383	7277	7623
外商投资经济	Foreign Funded	4347	5315	6533	8058	9383
港澳台投资经济	Funded by Entrepreneurs from HongKong, Macao & Taiwan	4740	5147	6376	7484	8334
其他经济	Others	3371	3279	4954	6494	7131
按国民经济行业分组	**Grouped by Economic Sector**					
农、林、牧、渔业	Farming, Forestry, Animal Husbandry and Fishery	4069	3905	5394	6992	7389
采掘业	Mining and Quarrying	3579	3423	4233	5174	5217
制造业	Manufacturing	4154	4874	6096	7245	7945
电力、煤气及水的生产和供应业	Electricity, Gas and Water Production and Supply	4238	6309	8005	10746	12030
建筑业	Construction	5061	4464	5766	6798	6937
地质勘查、水利管理业	Geological Prospecting and Water Conservancy	5263	7441	4362	5408	6464
交通运输、仓储及邮电通信业	Transport, Storage, Post and Telecommunications	5955	6450	8713	10492	11931
批发和零售贸易餐饮业	Wholesale & Retail Trade and Catering Services	4368	4975	6460	7190	7862
金融、保险业	Banking and Insurance	9761	6073	10400	12949	15818
房地产业	Real Estate Trade	5561	4940	9610	10746	11801
社会服务业	Social Services	4545	5934	8013	9274	10820
卫生体育和社会福利业	Health Care, Sports and Social Welfare	5461	3665	7051	8668	11014
教育、文化艺术和广播电影电视业	Education, Culture and Arts, Radio, Film and Television	5107	5289	8360	8968	10172
科学研究和综合技术服务业	Scientific Research and Polytechnical Services	5033	5645	7882	9678	13358
其他	Others		4953	9691	2850	13508

4－29 分地区职业介绍机构基本情况(1996 年)

BASIC CONDITIONS OF EMPLOYMENT SERVICES BY REGION(1996)

地　区 Region	职业介绍服务机构数量(个) Number of Labour Exchanges								
	合　计 Total	劳动部门办 Runby Labour Depart－ments	省、自治区、直辖市 Provin－cial	地、市 Profec－tural	县、区 County	乡镇、街道 Township and Neigh－bourhood Committee	非劳动部门办 Run by Other Depart－ments	企、事业、机关 Enterprises, Institutions & Organizations	私　人 Private
全　国 National Total	**31322**	**26154**	**39**	**400**	**3022**	**22693**	**5168**	**2234**	**1972**
北　京 Beijing	238	126	12	1	19	94	112	49	
天　津 Tianjin	100	23	1		22		77	69	8
河　北 Hebei	1686	1586	1	11	167	1407	100	22	73
山　西 Shanxi	2093	2050	1	12	124	1913	43	24	4
内蒙古 Inner Mongolia	695	662	1	12	99	550	33	12	20
辽　宁 Liaoning	1426	1253	1	19	117	1116	173	64	91
吉　林 Jilin	1066	1019	1	11	60	947	47	21	19
黑龙江 Heilongjiang	1444	1255		13	222	1020	189	77	47
上　海 Shanghai	425	355	3		21	331	70	52	1
江　苏 Jiangsu	1973	1861	1	16	120	1724	112	47	16
浙　江 Zhejiang	1335	741	1	11	152	577	594	84	400
安　徽 Anhui	1652	1353		21	99	1233	299	204	73
福　建 Fujian	1294	922	1	9	86	826	372	72	215
江　西 Jiangxi	1929	1782	1	19	103	1659	147	59	54
山　东 Shandong	2331	2084	1	17	149	1917	246	179	52
河　南 Henan	1498	1218	1	25	163	1029	280	161	73
湖　北 Hubei	1238	1007	1	22	108	876	231	69	138
湖　南 Hunan	1179	910	1	16	131	762	269	141	99
广　东 Guangdong	1574	1163	1	32	173	957	411	131	200
广　西 Guangxi	574	463	1	14	109	339	111	48	44
海　南 Hainan	47	38	1	11	25	1	9	1	5
四　川 Sichuan	1582	1106		29	222	855	476	223	110
贵　州 Guizhou	508	369	1	10	63	295	139	75	54
云　南 Yunnan	578	513	1	15	124	373	65	16	43
西　藏 Tibet									
陕　西 Shaanxi	1357	1119	1	7	121	990	238	127	75
甘　肃 Gansu	673	592	1	14	63	514	81	15	23
青　海 Qinghai	270	254	1	8	38	207	16	5	6
宁　夏 Ningxia	202	186	1	6	22	157	16	6	10
新　疆 Xinjiang	356	144	1	19	100	24	212	181	24

4－30 分地区劳动部门职业介绍工作情况(1996 年底)

SITUATIONS IN EMPLOYMENT SERVICES OF LABOUR DEPARTMENTS BY REGION(END OF 1996)

单位：万人次 (10000 Person time)

地区 Region	求职登记总数 Total Number of Registered Persons	本年求职登记人数 Registered Persons in This Year	农村劳动力 Rural Labour Force	用人登记总数 Total Number of Job Vacancies Registered	本年用人登记总数 Job Vacancies Registered in This Year	介绍成功人数 Number of Persons Actually Employed	失业人员 Former Unemplo-yees	农村劳动力 Rural Labour Force
全国 National Total	**1939.7**	**1178.2**	**609.0**	**1106.5**	**926.1**	**890.2**	**247.1**	**528.1**
北京 Beijing	33.4	33.4	3.5	19.7	19.7	13.3	3.8	3.3
天津 Tianjin	118.0	108.2	24.1	49.8	49.1	43.0	8.9	8.0
河北 Hebei	57.2	49.0	33.7	42.1	41.7	39.6	8.4	27.9
山西 Shanxi	95.6	31.2	22.1	34.0	32.1	31.8	6.0	24.2
内蒙古 Inner Mongolia	38.2	22.5	10.3	23.7	23.7	21.2	10.2	9.9
辽宁 Liaoning	120.7	97.7	48.1	75.4	72.8	73.3	20.4	44.4
吉林 Jilin	62.8	30.2	9.2	39.8	37.8	35.7	18.1	11.1
黑龙江 Heilongjiang	109.5	31.4	5.9	31.8	27.0	26.9	11.6	6.3
上海 Shanghai	33.0	18.7	2.0	1.8	18.2	16.0	12.9	2.0
江苏 Jiangsu	117.6	74.2	43.8	68.3	61.5	53.5	15.7	33.6
浙江 Zhejiang	114.0	50.9	39.0	68.5	46.5	40.3	6.8	30.9
安徽 Anhui	52.2	33.7	24.7	34.5	29.2	29.9	5.1	22.3
福建 Fujian	93.6	49.6	36.8	66.5	39.2	33.0	7.5	22.2
江西 Jiangxi	42.9	22.7	9.4	26.2	16.4	21.5	5.8	12.3
山东 Shandong	106.1	65.2	13.4	67.2	54.7	57.1	20.1	33.1
河南 Henan	212.7	114.1	94.0	125.1	104.8	107.1	10.4	91.7
湖北 Hubei	85.3	50.1	21.8	51.4	47.9	44.0	14.7	24.8
湖南 Hunan	92.6	43.8	26.6	53.2	27.2	40.0	11.4	24.4
广东 Guangdong	120.7	77.7	41.0	63.5	43.3	34.5	9.9	17.5
广西 Guangxi	28.2	22.3	14.5	21.3	17.0	17.9	5.1	11.3
海南 Hainan	8.0	4.6	1.8	2.9	2.5	1.2	0.3	0.3
四川 Sichuan	50.5	50.5	21.7	39.9	39.9	34.0	13.2	16.8
贵州 Guizhou	17.1	11.9	8.7	7.9	5.1	6.5	1.6	4.3
云南 Yunnan	29.1	29.1	18.7	21.0	21.0	20.6	6.2	13.7
西藏 Tibet								
陕西 Shaanxi	35.7	11.7	6.7	13.2	10.4	10.5	2.8	6.8
甘肃 Gansu	15.5	9.7	5.4	8.0	7.7	7.6	3.0	4.2
青海 Qinghai	16.9	16.0	13.3	15.9	15.8	15.7	1.9	13.6
宁夏 Ningxia	6.0	3.4	1.8	2.7	2.3	2.5	1.2	1.3
新疆 Xinjiang	26.6	14.9	6.8	14.9	11.6	12.0	4.1	6.1

4-31 分地区从业人员接受教育程度分组构成

COMPOSITION OF EMPLOYED PERSONS BY EDUCATIONAL LEVEL AND REGION

单位: %

(Total=100)

地 区 Region	合 计 Total	不识字 Illiterate and Semi-illiterate	小学 Primary School	初中 Junior Secondary School	高中 Senior Secondary School	大专以上 College & Higher Level
全 国 National Total	**100.0**	**13.0**	**35.3**	**37.5**	**11.3**	**2.8**
北 京 Beijing	100.0	2.0	9.0	37.9	32.3	18.9
天 津 Tianjin	100.0	5.0	23.0	43.2	22.0	6.7
河 北 Hebei	100.0	10.0	33.7	43.9	10.7	1.8
山 西 Shanxi	100.0	5.6	29.9	46.5	13.5	4.5
内蒙古 Inner Mongolia	100.0	12.9	30.6	37.5	14.9	4.1
辽 宁 Liaoning	100.0	3.4	26.1	51.6	14.0	4.8
吉 林 Jilin	100.0	4.6	28.5	42.8	19.7	4.3
黑龙江 Heilongjiang	100.0	4.9	25.9	46.2	17.9	5.1
上 海 Shanghai	100.0	3.8	12.1	42.8	28.4	13.0
江 苏 Jiangsu	100.0	13.4	30.2	40.1	12.8	3.5
浙 江 Zhejiang	100.0	10.8	39.8	38.2	9.4	1.9
安 徽 Anhui	100.0	15.6	42.0	33.6	7.2	1.7
福 建 Fujian	100.0	15.0	44.4	28.9	9.7	2.1
江 西 Jiangxi	100.0	10.4	46.8	32.9	8.7	1.2
山 东 Shandong	100.0	17.8	30.9	39.0	10.5	1.8
河 南 Henan	100.0	11.7	32.1	45.1	9.1	2.0
湖 北 Hubei	100.0	12.4	35.5	35.8	13.3	3.0
湖 南 Hunan	100.0	9.3	41.5	35.3	11.6	2.3
广 东 Guangdong	100.0	7.3	39.1	41.8	10.0	1.9
广 西 Guangxi	100.0	9.6	43.3	37.4	8.9	0.8
海 南 Hainan	100.0	14.2	32.8	37.8	12.7	2.5
四 川 Sichuan	100.0	14.7	43.2	32.0	8.1	2.0
贵 州 Guizhou	100.0	28.7	36.2	24.2	8.5	2.4
云 南 Yunnan	100.0	25.0	43.1	22.8	7.0	2.0
西 藏 Tibet	100.0	60.4	32.8	5.4	0.9	0.5
陕 西 Shaanxi	100.0	16.2	29.5	37.3	13.3	3.6
甘 肃 Gansu	100.0	30.5	27.8	27.4	11.6	2.7
青 海 Qinghai	100.0	41.6	24.5	21.7	9.4	2.9
宁 夏 Ningxia	100.0	22.5	26.1	34.3	12.5	4.6
新 疆 Xinjiang	100.0	10.7	35.4	31.3	15.9	6.7

注: 资料来源: 1996年人口变动情况抽样调查。(下同)

a) Data Resource: Sampling Survey on Population Changes in 1996. (the same as below).

4－32 分地区男性从业人员接受教育程度分组构成

COMPOSITION OF MALE EMPLOYED PERSONS BY EDUCATIONAL LEVEL AND REGION

单位: %　　　　(Total＝100)

地　区　Region	合　计 Total	不识字 Illiterate and Semi－illiterate	小　学 Primary School	初　中 Junior Secondary School	高　中 Senior Secondary School	大专以上 College & Higher Level
全　国　National Total	**100.0**	**8.1**	**33.4**	**42.4**	**12.7**	**3.4**
北　京　Beijing	100.0	1.7	9.4	39.6	29.6	19.8
天　津　Tianjin	100.0	3.7	22.7	45.7	20.8	7.2
河　北　Hebei	100.0	6.3	31.4	48.4	11.9	2.1
山　西　Shanxi	100.0	4.5	27.7	49.6	13.5	4.7
内蒙古　Inner Mongolia	100.0	8.6	30.0	41.7	15.1	4.6
辽　宁　Liaoning	100.0	2.8	25.3	52.5	14.3	5.1
吉　林　Jilin	100.0	3.7	27.1	44.9	19.7	4.5
黑龙江　Heilongjiang	100.0	3.9	24.5	49.7	16.7	5.3
上　海　Shanghai	100.0	1.9	11.8	42.8	27.6	15.7
江　苏　Jiangsu	100.0	6.7	28.2	45.0	15.4	4.7
浙　江　Zhejiang	100.0	8.5	38.6	41.0	9.6	2.3
安　徽　Anhui	100.0	10.1	36.2	42.4	9.0	2.3
福　建　Fujian	100.0	6.9	42.6	36.7	11.2	2.6
江　西　Jiangxi	100.0	6.5	40.8	40.1	11.0	1.6
山　东　Shandong	100.0	11.5	28.3	45.0	13.0	2.2
河　南　Henan	100.0	7.5	28.1	50.8	11.1	2.4
湖　北　Hubei	100.0	7.5	32.3	41.4	14.9	3.9
湖　南　Hunan	100.0	5.2	39.2	39.5	13.1	2.9
广　东　Guangdong	100.0	4.1	33.9	47.0	12.7	2.4
广　西　Guangxi	100.0	4.6	40.1	43.1	11.2	1.0
海　南　Hainan	100.0	7.6	29.4	43.0	16.4	3.5
四　川　Sichuan	100.0	9.5	43.0	35.8	9.2	2.4
贵　州　Guizhou	100.0	14.7	40.7	31.5	10.0	3.1
云　南　Yunnan	100.0	15.4	46.0	28.4	7.7	2.5
西　藏　Tibet	100.0	51.9	40.8	6.3	0.5	0.5
陕　西　Shaanxi	100.0	11.1	28.6	41.6	14.4	4.4
甘　肃　Gansu	100.0	20.2	29.5	33.4	13.7	3.3
青　海　Qinghai	100.0	29.3	31.1	26.6	9.6	3.4
宁　夏　Ningxia	100.0	14.3	26.9	39.3	13.6	5.9
新　疆　Xinjiang	100.0	9.6	33.8	33.7	15.9	6.9

4－33 分地区女性从业人员接受教育程度分组构成

COMPOSITION OF FEMALE EMPLOYED PERSONS BY EDUCATIONAL LEVEL AND REGION

单位: % (Total＝100)

地 区 Region	合计 Total	不识字 Illiterate and Semi－illiterate	小学 Primary School	初中 Junior Secondary School	高中 Senior Secondary School	大专以上 College & Higher Level
全 国 National Total	**100.0**	**18.6**	**37.6**	**31.9**	**9.7**	**2.2**
北 京 Beijing	100.0	2.3	8.4	36.1	35.4	17.8
天 津 Tianjin	100.0	6.7	23.5	40.1	23.6	6.2
河 北 Hebei	100.0	14.1	36.3	38.8	9.4	1.4
山 西 Shanxi	100.0	7.2	32.8	42.4	13.5	4.1
内蒙古 Inner Mongolia	100.0	18.3	31.3	32.2	14.6	3.6
辽 宁 Liaoning	100.0	4.2	27.1	50.5	13.7	4.5
吉 林 Jilin	100.0	5.8	30.4	40.2	19.6	4.1
黑龙江 Heilongjiang	100.0	6.2	28.0	41.4	19.5	4.9
上 海 Shanghai	100.0	5.8	12.3	42.7	29.2	10.0
江 苏 Jiangsu	100.0	20.3	32.2	35.1	10.2	2.2
浙 江 Zhejiang	100.0	13.7	41.3	34.5	9.0	1.4
安 徽 Anhui	100.0	21.7	48.6	23.6	5.0	1.1
福 建 Fujian	100.0	25.2	46.7	18.9	7.9	1.4
江 西 Jiangxi	100.0	15.0	53.9	24.3	6.0	0.8
山 东 Shandong	100.0	24.8	33.8	32.5	7.7	1.2
河 南 Henan	100.0	16.4	36.3	38.9	6.9	1.6
湖 北 Hubei	100.0	18.1	39.1	29.5	11.5	1.9
湖 南 Hunan	100.0	14.2	44.1	30.4	9.7	1.7
广 东 Guangdong	100.0	11.0	45.0	35.9	6.9	1.3
广 西 Guangxi	100.0	15.2	46.9	31.0	6.4	0.6
海 南 Hainan	100.0	22.0	36.8	31.6	8.3	1.4
四 川 Sichuan	100.0	20.3	43.5	27.8	7.0	1.4
贵 州 Guizhou	100.0	44.5	31.0	16.0	6.8	1.6
云 南 Yunnan	100.0	35.7	39.9	16.6	6.3	1.5
西 藏 Tibet	100.0	68.8	24.9	4.4	1.4	0.5
陕 西 Shaanxi	100.0	22.3	30.6	32.4	12.0	2.6
甘 肃 Gansu	100.0	42.0	26.0	20.7	9.3	2.0
青 海 Qinghai	100.0	55.5	16.9	16.1	9.1	2.4
宁 夏 Ningxia	100.0	31.6	25.2	28.7	11.4	3.2
新 疆 Xinjiang	100.0	11.9	37.3	28.6	15.8	6.4

4－34 分受教育程度从业人员按年龄和性别分组构成

COMPOSITION OF EMPLOYED PERSONS BY AGE AND SEX/EDUCATIONAL LEVEL

单位: %　　　　(Total＝100)

年龄 Age	合计 Total	不识字 Illiterate and Semi－illiterate	小学 Primary School	初中 Junior Secondary School	高中 Senior Secondary School	大专以上 College & Higher Level
总计 Total	**100.0**	**100.0**	**100.0**	**100.0**	**100.0**	**100.0**
16－19	6.0	1.8	5.7	8.9	3.1	0.5
20－24	13.0	3.9	11.2	17.6	13.6	11.4
25－29	16.6	5.9	15.6	20.9	16.5	21.4
30－34	16.2	6.4	13.0	20.2	23.3	21.2
35－39	10.5	7.1	8.8	10.2	20.3	10.8
40－44	12.3	13.1	14.4	10.2	11.5	11.7
45－49	9.0	12.5	12.4	5.8	5.1	8.0
50－54	6.2	11.9	7.7	3.5	3.5	6.8
55－59	4.6	12.8	5.4	1.6	2.2	5.9
60－64	3.1	12.0	3.4	0.6	0.6	1.6
65岁及以上 65 and Over	2.7	12.7	2.4	0.4	0.3	0.7
男 Male	**100.0**	**100.0**	**100.0**	**100.0**	**100.0**	**100.0**
16－19	5.6	1.3	4.9	8.1	2.7	0.4
20－24	12.3	3.3	9.9	16.2	11.9	8.8
25－29	15.9	4.3	13.7	19.8	15.4	18.9
30－34	15.8	4.1	10.6	19.5	22.8	20.9
35－39	10.3	4.7	7.4	10.5	20.4	11.3
40－44	12.0	9.6	13.7	11.0	12.6	12.1
45－49	9.1	10.4	13.2	6.6	5.8	8.9
50－54	6.6	10.9	9.3	4.4	4.1	7.6
55－59	5.3	14.1	7.6	2.3	3.1	8.0
60－64	3.7	16.7	5.4	0.9	0.9	2.0
65岁及以上 65 and Over	3.3	20.2	4.1	0.6	0.4	0.9
女 Female	**100.0**	**100.0**	**100.0**	**100.0**	**100.0**	**100.0**
16－19	6.4	2.0	6.5	10.1	3.8	0.7
20－24	13.7	4.3	12.6	19.8	16.2	16.0
25－29	17.3	6.6	17.6	22.5	18.0	25.8
30－34	16.8	7.5	15.3	21.3	24.2	21.8
35－39	10.7	8.3	10.2	9.7	20.1	10.0
40－44	12.5	14.8	15.1	9.1	9.8	11.0
45－49	8.9	13.5	11.6	4.6	4.1	6.3
50－54	5.6	12.3	6.1	2.1	2.7	5.4
55－59	3.7	12.1	3.0	0.7	0.8	2.3
60－64	2.4	9.7	1.3	0.2	0.2	0.8
65岁及以上 65 and Over	2.0	9.0	0.7	0.1	0.1	0.5

4－35 分地区按未工作时间分组的失业人员构成(1996年)

COMPOSITION OF UNEMPLOYED PERSONS BY REGION AND NON－WORKING TIMES(1996)

单位: %　　　　(Total＝100)

地　区　Region	合　计 Total	1个月 One Month	2－3 个月 Two to Three Months	4－6 个月 Four to Six Months	7－12 个月 Seven to Twelve Months	13－24 个月 Thirteen to Twenty Four Months	25 个月以上 Over Twenty Five Months
全　国　National Total	**100.0**	**3.3**	**10.8**	**26.1**	**28.7**	**17.8**	**13.4**
北　京　Beijing	100.0	18.2	18.2	18.2	18.2	18.2	18.2
天　津　Tianjin	100.0	5.0	15.0	15.0	15.0	25.0	25.0
河　北　Hebei	100.0	4.8	14.3	40.5	19.0	14.3	7.1
山　西　Shanxi	100.0		10.2	27.1	22.0	20.3	18.6
内蒙古　Inner Mongolia	100.0		16.7	25.9	24.1	18.5	16.7
辽　宁　Liaoning	100.0	0.8	8.7	36.5	23.0	20.6	10.3
吉　林　Jilin	100.0	1.5	5.3	29.5	35.6	14.4	12.9
黑龙江　Heilongjiang	100.0	1.3	3.5	22.5	36.1	23.3	13.2
上　海　Shanghai	100.0	3.2	11.3	17.7	27.4	19.4	21.0
江　苏　Jiangsu	100.0	3.2	20.2	31.9	5.3	25.5	12.8
浙　江　Zhejiang	100.0	13.3	24.4	20.0	22.2	6.7	8.9
安　徽　Anhui	100.0	10.0	11.4	25.7	28.6	17.1	7.1
福　建　Fujian	100.0	2.5	10.0	20.0	17.5	40.0	12.5
江　西　Jiangxi	100.0	1.1	4.5	21.3	27.0	28.1	18.0
山　东　Shandong	100.0	6.2	27.2	28.4	14.8	14.8	9.9
河　南　Henan	100.0	4.3	13.8	42.6	14.9	21.3	4.3
湖　北　Hubei	100.0	0.9	10.4	21.7	27.0	20.0	20.0
湖　南　Hunan	100.0	11.9	8.9	19.8	19.8	16.8	22.8
广　东　Guangdong	100.0	5.3	14.9	27.7	46.8	2.1	3.2
广　西　Guangxi	100.0	8.6	8.6	14.0	38.7	9.7	20.4
海　南　Hainan	100.0		7.4	14.8	37.0	25.9	18.5
四　川　Sichuan	100.0		11.7	24.1	40.1	14.4	9.7
贵　州　Guizhou	100.0	1.4	5.4	25.7	43.2	10.8	13.5
云　南　Yunnan	100.0	5.6	3.7	46.3	11.1	13.0	20.4
西　藏　Tibet	100.0				66.7	33.3	
陕　西　Shaanxi	100.0	2.1	6.3	31.3	33.3	14.6	12.5
甘　肃　Gansu	100.0	4.9	13.1	21.3	27.9	18.0	16.4
青　海　Qinghai	100.0		11.8	17.6	41.2	17.6	5.9
宁　夏　Ningxia	100.0		14.3	21.4	21.4	21.4	21.4
新　疆　Xinjiang	100.0	1.8	16.4	27.3	27.3	18.2	10.9

注: 资料来源: 1996年第四季度城镇劳动力抽样调查。(下同)

a) Data Resource: Urban Sample Survey on the Labor Force in Urban Areas in 4th quarter in 1996. The following table is the same.

4－36 按年龄、受教育程度分组的失业人员

UNEMPLOYED PERSONS GROUPED BY AGE/EDUCATIONAL LEVEL

单位: %　　　　　　　　　　　　　　　　　　　　　　　　　　　　　(Total＝100)

年龄 Age	合　　计 Total	不 识 字 Illiterate and Semi－illiterate	小 学 Primary School	初 中 Junior Secondary School	高 中 Senior Secondary School	大专以上 College & Higher Level
总　计　Total						
不同文化程度按年龄段分组　Educational Level Grouped by Age	**100.0**	**100.0**	**100.0**	**100.0**	**100.0**	**100.0**
16－19	33.2	16.1	29.1	36.3	32.4	8.4
20－24	37.2	9.7	22.1	34.5	41.4	68.9
25－29	15.4	6.5	23.0	15.6	13.7	13.3
30－34	7.8	19.4	7.6	8.2	7.1	5.3
35－39	3.1	22.6	6.1	2.5	3.5	1.8
40－44	2.1	16.1	4.5	2.2	1.4	0.4
45－49	0.8		5.2	0.5	0.3	0.9
50－54	0.3	3.2	1.2	0.1	0.2	0.9
55－59	0.1	3.2	0.9	0.1		
60－64	0.1	3.2	0.3			
65岁及以上　65 and Over						
不同年龄段按文化程度分组　Age Group Classified by Educational Level	**100.0**	**0.6**	**6.7**	**57.0**	**31.1**	**4.6**
16－19	100.0	0.3	5.9	62.4	30.3	1.2
20－24	100.0	0.2	4.0	52.8	34.6	8.4
25－29	100.0	0.3	10.0	58.0	27.7	4.0
30－34	100.0	1.6	6.5	60.1	28.5	3.1
35－39	100.0	4.5	13.0	44.8	35.1	2.6
40－44	100.0	4.8	14.4	59.6	20.2	1.0
45－49	100.0		45.9	35.1	13.5	5.4
50－54	100.0	7.7	30.8	23.1	23.1	15.4
55－59	100.0	14.3	42.9	42.9		
60－64	100.0	33.3	33.3	33.4		
65岁及以上　65 and Over	**100.0**			**100.0**		
女　性　Female						
不同文化程度按年龄段分组　Educational Level Grouped by Age	**100.0**	**100.0**	**100.0**	**100.0**	**100.0**	**100.0**
16－19	33.4	14.3	37.8	33.4	36.6	8.8
20－24	39.1		25.9	38.1	39.1	70.8
25－29	16.3	14.3	25.9	17.4	13.0	15.0
30－34	7.0	14.3	3.0	7.5	7.3	5.3
35－39	2.4	28.6	0.7	2.1	3.0	
40－44	1.3	21.4	4.4	0.9	1.0	
45－49	0.2		1.5	0.2		
50－54	0.1		0.7	0.2		
55－59						
60－64		7.1				
65岁及以上　65 and Over				**0.1**		
不同年龄段按文化程度分组　Age Group Classified by Educational Level	**100.0**	**0.6**	**6.0**	**56.1**	**32.3**	**5.0**
16－19	100.0	0.3	6.8	56.2	35.4	1.3
20－24	100.0		4.0	54.6	32.2	9.0
25－29	100.0	0.5	9.5	59.9	25.7	4.6
30－34	100.0	1.3	2.5	59.7	33.3	3.8
35－39	100.0	7.4	1.9	50.0	40.7	
40－44	100.0	10.3	20.7	41.4	24.1	
45－49	100.0		40.0	60.0		
50－54	100.0		33.3	66.7		
55－59						
60－64	100.0	100.0				
65岁及以上　65 and Over	100.0			100.0		

4－37 按年龄、性别、未工作时间分组的失业人员

UNEMPLOYED PERSONS GROUPED BY AGE/SEX/NON－WORKING TIME

单位: %　　　　(Total＝100)

年龄 Age	合　计 Total	1个月 One Month	2－3 个月 Two to Three Months	4－6 个月 Four to Six Months	7－12 个月 Seven to Twelve Months	13－24 个月 Thirteen to Twenty Four Months	25 个月以上 Over Twenty Five Months
总计　Total	**100.0**	**3.3**	**11.3**	**26.0**	**28.5**	**17.9**	**13.0**
16－19	100.0	2.9	12.8	37.8	24.1	16.6	5.7
20－24	100.0	3.2	9.5	21.4	29.4	20.2	16.4
25－29	100.0	2.8	11.4	19.2	32.2	15.6	18.8
30－34	100.0	4.4	12.5	20.4	31.6	16.2	14.6
35－39	100.0	8.4	11.7	13.6	33.8	18.2	14.9
40－44	100.0	2.9	15.4	17.3	28.8	24.0	11.5
45－49	100.0		8.1	18.9	37.8	13.5	24.3
50－54	100.0	23.1		30.8	46.2		
55－59	100.0	14.3	14.3		57.1		14.3
60岁及以上 60 and Over	100.0			33.3	33.3	33.4	
男　Male	**100.0**	**3.4**	**11.6**	**26.1**	**28.5**	**17.9**	**12.5**
16－19	100.0	2.6	13.4	37.4	24.4	16.3	5.9
20－24	100.0	3.3	10.1	22.4	29.1	19.2	16.0
25－29	100.0	2.3	9.6	18.6	32.6	18.3	18.6
30－34	100.0	5.4	16.1	20.5	30.4	17.0	11.2
35－39	100.0	9.0	12.0	14.0	30.0	21.0	14.0
40－44	100.0	4.0	12.0	18.7	30.7	22.7	10.7
45－49	100.0		6.3	15.6	37.5	12.5	28.1
50－54	100.0	30.0		20.0	50.0		
55－59	100.0	14.3	14.3		57.1		14.3
60岁及以上 60 and Over	100.0			50.0	50.0		
女　Female	**100.0**	**3.2**	**10.8**	**26.0**	**28.5**	**17.8**	**13.5**
16－19	100.0	3.3	12.1	38.2	23.9	16.8	5.6
20－24	100.0	3.1	8.8	20.2	29.6	21.3	17.0
25－29	100.0	3.2	13.2	19.7	31.9	12.7	18.9
30－34	100.0	3.1	7.5	20.1	33.3	15.1	19.5
35－39	100.0	7.4	11.1	13.0	40.7	13.0	16.7
40－44	100.0		24.1	13.8	24.1	27.6	13.8
45－49	100.0		20.0	40.0	30.0	10.0	
50－54	100.0			66.7	33.3		
55－59							
60岁及以上 60 and Over	100.0			50.0		50.0	

4-38 分地区领取失业救济金及在职业介绍机构登记的失业人员占失业人口的比重

PERCENTAGE OF UNEMPLOYED PERSONS RECEIVING UNEMPLOYMENT RELIEF PAYMENTS AND REGISTERED AT EMPLOYMENT SERVICES BY REGIONS

单位: %　　(Total＝100)

地区 Region	合计 Total	# 领取失业救济金 Receiving Unemployment Relief Payments	# 在职业介绍机构登记 Registered at Employment Services	合计中: 女性 Female 小计 Total	# 领取失业救济金 Receiving Unemployment Relif Payment	# 在职业介绍机构登记 Registered at Employment Services
全国 National Total	**100.0**	**1.7**	**24.9**	**100.0**	**1.4**	**26.6**
北京 Beijing	100.0	10.5	26.3	100.0	18.2	27.3
天津 Tianjin	100.0	2.3	43.2	100.0		50.0
河北 Hebei	100.0		15.2	100.0		21.4
山西 Shanxi	100.0	0.8	19.2	100.0	1.7	18.6
内蒙古 Inner Mongolia	100.0		33.3	100.0		37.0
辽宁 Liaoning	100.0	1.9	37.9	100.0	1.6	44.4
吉林 Jilin	100.0	0.4	18.8	100.0	0.8	19.7
黑龙江 Heilongjiang	100.0		21.1	100.0		23.3
上海 Shanghai	100.0	3.8	34.1	100.0	6.5	35.5
江苏 Jiangsu	100.0	3.2	20.2	100.0	2.1	17.0
浙江 Zhejiang	100.0	8.5	17.9	100.0	6.7	24.4
安徽 Anhui	100.0		13.2	100.0		20.0
福建 Fujian	100.0	3.3	13.2	100.0	2.5	17.5
江西 Jiangxi	100.0		18.4	100.0		24.7
山东 Shandong	100.0	3.7	40.1	100.0	3.7	38.3
河南 Henan	100.0	2.0	29.8	100.0	2.1	36.2
湖北 Hubei	100.0	4.9	16.8	100.0	5.2	15.7
湖南 Hunan	100.0	1.2	23.0	100.0		21.8
广东 Guangdong	100.0	1.9	22.1	100.0		18.1
广西 Guangxi	100.0		16.9	100.0		11.8
海南 Hainan	100.0	2.0	14.0	100.0		14.8
四川 Sichuan	100.0	0.4	31.0	100.0		33.9
贵州 Guizhou	100.0	0.6	21.6	100.0		23.0
云南 Yunnan	100.0	0.9	40.2	100.0		38.9
西藏 Tibet						
陕西 Shaanxi	100.0	2.8	24.5	100.0	2.1	25.0
甘肃 Gansu	100.0	6.4	40.4	100.0	6.6	37.7
青海 Qinghai	100.0	2.9	38.2	100.0		29.4
宁夏 Ningxia	100.0		44.8	100.0		42.9
新疆 Xinjiang	100.0		22.9	100.0		25.5

主 要 统 计 指 标 解 释

从业人员 指从事一定社会劳动并取得劳动报酬或经营收入的人员。包括：

(1) 全部职工

(2) 再就业的离退休人员

(3) 私营业主

(4) 个体户主

(5) 私营和个体从业人员

(6) 乡镇企业从业人员

(7) 农村从业人员

(8) 其他从业人员（包括民办教师、宗教职业者、现役军人等）

这一指标反映了一定时期内全部劳动力资源的实际利用情况，是研究我国基本国情国力的重要指标。

各单位的从业人员是指在各级国家机关、政党机关、社会团体及企业、事业单位中工作，并取得劳动报酬的全部人员。包括职工、再就业的离退休人员、民办教师以及在各单位中工作的外方人员和港、澳、台方人员。

各单位的从业人员反映了各单位实际参加生产或工作的全部劳动力。

经济活动人口 指在16岁以上，有劳动能力，参加或要求参加社会经济活动的人口。包括：从业人员和失业人员。

国有经济单位职工 指在国有经济单位及其附属机构工作，并由其支付工资的各类人员，国有经济单位职工不包括：返聘的离退休人员、民办教师、在国有经济单位工作的外方人员和港、澳、台人员。

城镇私营和个体从业人员 城镇私营从业人员指在工商管理部门注册登记，其经营地址设在县城关镇（含城关镇）以上的私营企业从业人员。包括：私营企业投资者和雇工。城镇个体从业人员指在工商管理部门注册登记，并持有城镇户口或在城镇长期居住，经批准从事个体工商经营的从业人员。包括：个体经营者和在个体工商户劳动的家庭帮工和雇工。

城镇登记失业人员及失业率 指有非农业户口，在一定的劳动年龄内，有劳动能力，无业而要求就业，并在当地就业服务机构进行求职登记的人员。城镇登记失业率指城镇登记失业人数同城镇从业人数与城镇登记失业人数之和的比。计算公式为：

$$\text{城镇登记失业率}=\frac{\text{城镇登记失业人数}}{\text{城镇从业人数}+\text{城镇登记失业人数}}\times 100\%$$

职工 指在国有经济、城镇集体经济、联营经济、股份制经济、外商和港、澳、台投资经济、其他经济单位及其附属机构工作，并由其支付工资的各类人员。

合同制职工 指各单位根据国务院国发（1986）77号文件和国务院令第99号的规定，通过签订有固定期限劳动合同、无固定期限劳动合同和以完成一项工作为期限劳动合同所使用的职工。包括实行全员劳动合同制单位的全部职工。

城镇集体经济单位职工 指在城镇集体经济单位及其管理部门工作，并由其支付工资的各类人员。

其他经济单位职工 指在联营经济、股份制经济、外商投资经济、港、澳、台投资经济单位工作，并由其支付工资的各类人员。

职工工资总额 指各单位在一定时期内直接支付给本单位全部职工的劳动报酬总额。

工资总额的计算原则应以直接支付给职工的全部劳动报酬为根据。各单位支付给职工的劳动报酬以及其他根据有关规定支付的工资，不论是计入成本的还是不计入成本的，不论是按国家规定列入计征奖金税项目的，还是未列入计征奖金税项目的，不论是以货币形式支付的还是以实物形式支付的，均包括在工资总额内。

计件超额工资 是计件工资的一部分，指计件工人超额完成定额任务后所得的工资。即计件工人实得的全部计件工资减去应得的计件标准工资后的数额。某些企业的工人由于从事生产的工作物等级高于本人工资等级，因而其计件标准工资高于本人标准工资，其计件超额工资也应是全部工资减去应得的计件标准工资后的数额。

奖金 指支付给职工的超额劳动报酬和增收节支的劳动报酬。

津贴和补贴 指为了补偿职工特殊或额外的劳动消耗和因其他特殊原因支付给职工的津贴，以及为了保证职工工资水平不受物价影响支付给职工的物价补贴。

职工平均工资 指企业、事业、机关单位的职工在一定时期内平均每人所得的货币工资额。它表明一定时期职工工资收入的高低程度，是反映职工工资水平的主要指标。计算公式为：

$$\text{职工平均工资} = \frac{\text{报告期实际支付的全部职工工资总额}}{\text{报告期全部职工平均人数}}$$

职工平均实际工资 指扣除物价变动因素后的职工平均工资。计算公式为：

$$\text{职工平均实际工资} = \frac{\text{报告期职工平均工资}}{\text{报告期城镇居民消费价格指数}}$$

Explanatory Notes on Main Statistical Indicators

Employed Persons refers to the persons who are engaged in social labour and receive remuneration payment or earn business income, including:

(1) total staff and workers,

(2) re – employed retirees,

(3) employers of private enterprises,

(4) employers of individual economy,

(5) employed persons in private enterprises and individual economy,

(6) employed persons in the enterprises in the urban areas,

(7) employed persons in the rural areas,

(8) other employed persons (including teachers in the schools run by the local people, people engaged in religious profession and the servicemen, etc.).

This indicator reflects the actual utilization of total labour force during a certain period of time and is often used for the research on China's economic affairs and national power.

Persons employed in various units refer to all the persons working in government agencies of various levels, political and party organizations, social organizations, and enterprises and institutions and receiving payment, including staff and workers, reemployed retirees, teachers in schools run by the local people, foreigners, and Chinese compatriots from Hong Kong, Macao, and Taiwan working in various units. This indicator reflects the total number of laborers actually engaged in production or other operations in various units.

Economically Active Population refers to the population, the members of which are aged 16 and over, capable to labour, participating in or desirous to participate in the social and economic activities, including employed persons and unemployed persons.

Staff and Workers in State – owned Economic Units refer to the persons who work in the state – owned economic units or their attached units and are listed in their payrolls, excluding the retired persons invited to work in the units again, teachers in the schools run by the local people and foreigners and persons coming from Hong Kong, Macao and Taiwan and working in the state – owned economic units.

Persons Employed in Private Enterprises and Employed Individuals in Urban Areas: Persons employed in private enterprises refer to the persons employed in the private enterprises which have been registered at the departments of industrial and commercial administration and are situated at a county town (i.e. a town where the county government is located) for business operation or at urban areas with the level higher than a county town. The employed individuals in urban areas refer to persons who hold the certificates of residence in urban areas or have resided in the urban areas for a long time and have been registered at the departments of industrial and commercial administration and approved to be engaged in individual industrial or commercial business, including self – employed persons as well as helpers and hired labourers who work in the individual households engaged in industrial or commercial business.

Registered Unemployed Persons and Registered Unemployment Rate in Urban Areas: The registered unemployed persons in urban areas refer to the persons who are registered as permanent residents in the urban areas engaged in non – agricultural activities, aged within the range of working age, capable to labour, unemployed but desirous to be employed and have been registered at the local employment service agencies to apply for a job. Registered unemployment rate in urban areas refers to the ratio of the number of the registered unemployed persons to the sum of the number of employed persons and the registered unemployed persons. The formula is as follows:

Registered unemployment rate in urban areas = the number of the registered unemployed persons ÷ (the number of employed persons + the number of the registered unemployed persons) × 100%

Staff and Workers refer to the persons who work in (and receive payment therefrom) enterprises and institutions of state ownership, collective ownership, joint ownership, share holding, foreign ownership, and ownership by entrepreneurs from Hong Kong, Macao, and Taiwan, and other types of ownership and their affiliated units.

Contract Staff and Workers refer to the persons who are employed by enterprises and institutions by contract signed for a fixed term, non-fixed term or a term of a project according to the regulations in the Document No. 77 (1986) and the Decree No. 99 promulgated by the State Council.

Staff and Workers of Collective Owned Units in Urban Areas refer to the persons who work in collective owned units in urban areas and their administration departments and receive payment therefrom.

Staff and Workers in Units of Other types of Ownership refer to those who work in (and receive payment thereform) enterprises and institutions of joint ownership, share holding, foreign ownership, and ownership by entrepreneurs from Hong Kong, Macao, and Taiwan.

Total Wages of Staff and Workers refer to the total remuneration payment to staff and workers in various units during a certain period of time.

The calculation of total wages is based on the total remuneration payment to the staff and workers. Therefore, all the wages and salaries and other payments to staff and workers are included in the total wages regardless of their sources, category, and forms (in kind or cash).

Extra Piece Wages refer to the payment to workers for their extra work beyond labour quota, i. e. total amount of piece wages minus standard piece wages. For some enterprises, the standard of piece wage for some workers exceeds their normal payment. In this case, the extra piece wage is still calculated as total amount of wages minus standard picec wages.

Bonus refers to remuneration payment to workers for extra work and for increasing earnings and practicing economy.

Subsidies and Allowances refer to subsidies paid to staff and workers for compensating special or extra labour and allowances paid to staff and workers to offset the impact of inflation on real wages.

Average Wage of Staff and Workers refers to the average wage in money terms per person during a certain period of time for staff and workers in enterprises, institutions, and government agencies, which reflects the general level of wage income during a certain period of time and is calculated as follows:

$$\text{Average Wage of Staff and Workers} = \frac{\text{Total Wages of Staff and Workers in Reference Period}}{\text{Average Number of Staff and Workers in Reference Period}}$$

Average Real Wage of Staff and Workers refers to average wage of staff and workers after removing the effects of price changes, which is calculated as follows:

$$\text{Average Real Wage of Staff and Workers} = \frac{\text{Average Wage of Staff and Workers in Reference Period}}{\text{Consumer Price Index of Urban Residents in Reference Period}}$$

五　固定资产投资

INVESTMENT IN FIXED ASSETS

简要说明

一、固定资产投资统计的范围包括：基本建设投资，更新改造投资，国有经济其他固定资产投资，房地产开发投资，城镇集体固定资产投资，联营经济、股份制经济、外商投资经济、港澳台投资经济及其他经济类型的固定资产投资，农村集体固定资产投资，城镇工矿区私人建房投资，农村个人固定资产投资以及国防、人防基本建设投资。

二、固定资产投资统计资料来源为：跨省、区项目资料来自国务院各部门，农村集体和农村个人固定资产投资资料由国家统计局农村经济调查总队根据乡村社会经济调查资料整理提供，除此以外固定资产投资统计资料均由国家统计局固定资产投资统计司整理提供。

三、固定资产投资统计的调查方法，除农村集体和农村个人固定资产投资统计采用抽样调查方法外，其他均为全面统计报表。

按照现行的固定资产投资报表制度，全社会固定资产投资按经济类型可分为：国有经济、集体经济、联营经济、股份制经济、港澳台投资经济、外商投资经济、个人投资及其他经济投资；按计划管理口径又分为：基本建设投资、更新改造投资、房地产开发投资、其他投资四种。

四、1995 年的固定资产投资统计资料，与以往历史资料相比主要做了以下调整：

（1）根据新的国民经济行业划分标准，把水利及水利服务业投资从农业投资中扣除；

（2）根据 1994 年全国房地产快速调查的资料，对 1986 年以来的固定资产投资总额、房地产开发投资进行了同口径的调整。

BRIEF INTRODUCTION

I. The statistics of the investment in fixed assets cover the investment in capital construction, the investment in innovation, other investment in fixed assets in the state-owned units, the investment in real estate development, the investment in fixed assets in the urban collective units and the investment in fixed assets in the units of joint-owned economy, share-holding economy, foreign- funded economy, economy funded by the entrepreneurs from Hong Kong, Macao and Taiwan and economy of other types of ownership, the investment in fixed assets in rural collective units, the investment in private residential building construction in the urban industrial and mineral areas, the investment in fixed assets by individuals in rural areas and the investment in capital construction for national defence and civil air defence.

II. The data sources for the statistics of investment in fixed assets are as follows: The data on the transregional projects are provided by the various departments under the State Council. The data on the investment in fixed assets in collective units and by individuals in rural areas are prepared and provided by the Rural Socio-economic Survey Organization, SSB on the basis of the data collected by the survey on the rural social and economic development. The other statistical data on the investment in fixed assets are prepared and provided by the Department of Statistics of Investment in Fixed Assets, SSB.

III. Method of data collection: All the data on the investment in fixed assets are collected by the statistical reporting scheme with the coverage of complete enumeration with the only exception that the data on the investment in fixed assets in collective units and by individuals in rural areas are collected by sample surveys.

According to the present regulations in the reporting scheme on the statistics of the investment in fixed assets, the investment in fixed assets in the whole country is classified by the following types of ownership: state-owned economy, collective economy, joint-owned economy, share-holding economy, economy funded by the entrepreneurs from Hong Kong, Macao and Taiwan, foreign-funded economy, individual investment and the economy of other types of ownership; It is also classified by the following four channels of planning administration according to the purpose of investment: the investment in capital construction, the investment in innovation, the investment in real estate development and other investment.

IV. As compared with the statistical data in the previous years, the statistical data on the investment in fixed assets in 1995 have been adjusted in the following ways:

(1) According to the new classification of the economic activities, the investment in water conservancy and water conservancy services is deducted from the investment in agriculture.

(2) According to the data collected from the national fast survey on the real estates in 1994, the data on the total investment in fixed assets and the investment in real estate development in the years since 1986 have been adjusted so as to make the coverage comparable.

5-1 全社会固定资产投资
TOTAL INVESTMENT IN FIXED ASSETS

指　　标	Item	1995	1996	1996年比上年增长% Increase Rate in 1996 over 1995(%)
投资总额（亿元）	**Total Investment (100 million yuan)**	**20019.26**	**22974.03**	**14.8**
按经济类型分	Grouped by Ownership			
国有经济	State-Owned Units	10898.24	12056.24	10.6
集体经济	Collective-Owned Units	3289.44	3660.57	11.3
#农　村	Rural	2367.70	2802.26	18.4
个体经济	Individuals	2560.24	3211.17	25.4
#农　村	Rural	2007.85	2544.03	26.7
联营经济	Joint Owned Economic Units	118.48	126.87	7.1
股份制经济	Share Holding Economic Units	863.99	1035.09	19.8
外商投资经济	Foreign Funded Economic Units	1555.25	1876.60	20.7
港澳台投资经济	Economic Units Funded by Entrepreneurs from Hong Kong, Macao and Taiwan	673.63	835.47	24.0
其他经济	Others	59.99	172.02	186.7
按管理渠道分	Grouped by Channel of Management			
基本建设	Capital Construction	7403.62	8610.84	16.3
更新改造	Innovation	3299.35	3622.74	9.8
房地产开发	Real Estate Development	3149.02	3216.44	2.1
其他投资	Others	6167.12	7524.01	22.0
按资金来源分	Grouped by Source of Funds			
国家预算内资金	State Budgetary Appropriation	621.05	629.72	1.4
国内贷款	Domestic Loans	4198.73	4576.53	9.0
利用外资	Foreign Investment	2295.89	2747.41	19.7
自筹投资	Fundraising	10647.87	12463.43	17.1
其他投资	Others	2761.32	3001.95	8.7
按构成分	Grouped by Use of Funds			
建筑安装工程	Construction and Installation	13173.33	15153.41	15.0
设备工具器具购置	Purchase of Equipment and Instruments	4262.46	4940.79	15.9
其他费用	Others	2583.48	2879.83	11.5
房屋建筑面积(万平方米)	**Floor Space of Buildings (10 000 sq.m)**			
施工面积	Floor Space Under Construction	215085	236308	9.9
竣工面积	Floor Space Completed	145600	162826	11.8
#住宅	Residential Buildings	107433	122188	13.7

5-2 全社会固定资产投资(按经济类型分)
TOTAL INVESTMENT IN FIXED ASSETS BY OWNERSHIP

指 标 Item	总 计 Total	国有经济 State-owned Units	集体经济 Collective Owned Units	个体经济 Individuals	其他经济 Other Types of Ownership
投资额(亿元) Investment (100 million yuan)					
1980	910.9	745.9	46.0	119.0	
1981	961.0	667.5	115.2	178.3	
1982	1230.4	845.3	174.3	210.8	
1983	1430.1	852.0	156.3	321.8	
1984	1832.9	1185.2	238.7	409.0	
1985	2543.2	1680.5	327.5	535.2	
1986	3120.6	2079.4	391.8	649.4	
1987	3791.7	2448.8	547.0	795.9	
1988	4753.8	3020.0	711.7	1022.1	
1989	4410.4	2808.2	570.0	1032.2	
1990	4517.0	2986.3	529.5	1001.2	
1991	5594.5	3713.8	697.8	1182.9	
1992	8080.1	5498.7	1359.4	1222.0	
1993	13072.3	7925.9	2317.3	1476.2	1352.9
1994	17042.1	9615.0	2758.9	1970.6	2697.6
1995	20019.3	10898.2	3289.4	2560.2	3271.5
1996	22974.0	12056.2	3660.6	3211.2	4046.0
增长速度(上年=100) Growth Rate (previous year=100)					
1981	5.5	-10.5	150.4	49.8	
1982	28.0	26.6	51.3	18.2	
1983	16.2	12.6	-10.3	52.7	
1984	28.2	24.5	52.7	27.1	
1985	38.8	41.8	37.2	30.9	
1986	22.7	23.7	19.6	21.3	
1987	21.5	17.8	39.6	22.6	
1988	25.4	23.3	30.1	28.4	
1989	-7.2	-7.0	-19.9	1.0	
1990	2.4	6.3	-7.1	-3.0	
1991	23.9	24.4	31.7	18.1	
1992	44.4	48.1	94.8	3.3	
1993	61.8	44.1	70.5	20.8	
1994	30.4	21.3	19.1	33.5	99.4
1995	17.5	13.3	19.2	29.9	21.3
1996	14.8	10.6	11.3	25.4	23.7

注: 1.其他经济类型包括联营经济、股份制经济、外商投资经济、港澳台投资经济等国有、集体和个体经济以外的经济成份。
2.根据1994年房地产快速调查结果, 对1990年以来的全社会固定资产投资数据进行了调整。
3.增长速度未扣除价格因素。

a) Other types of ownership refer to the types of owneship other than state-owned units, collective owned units and individuals, including joint-owned economic units, share holding economic units, foreign-funded economic units, economic units funded by the enterpreneurs from Hong Kong, Macao and Taiwan, etc.
b) The data of the total investment in fixed assets since 1990 have been abjusted in accordance with the data obtained from the fast survey on the real estates in 1994.
c) The growth rates are calculated without the factor of price increase removed.

5-3 全社会固定资产投资(按资金来源和构成分)

TOTAL INVESTMENT IN FIXED ASSETS BY SOURCE OF FINANCE AND USE OF FUND

年 份 Year	按资金来源分 Grouped by Source of Finance				按构成分 Grouped by Use of Funds		
	国家投资 State Approp-riations	国内贷款 Domestic Loans	利用外资 Foreign Investment	自筹和其他投资 Fundraising and Others	建筑安装工程 Construction and Installation	设备工具器具购置 Purchase of Equipment and Instruments	其他费用 Others
投资额(亿元) Investment (100 million yuan)							
1981	269.76	122.00	36.36	532.89	689.83	223.64	47.54
1982	279.26	176.12	60.51	714.51	871.12	291.41	67.87
1983	339.71	175.50	66.55	848.30	993.32	358.31	78.43
1984	421.00	258.47	70.66	1082.74	1217.58	509.23	106.06
1985	407.80	510.27	91.48	1533.64	1655.46	718.08	169.65
1986	455.62	658.46	137.31	1869.19	2059.66	851.95	208.99
1987	496.64	871.98	181.97	2241.11	2475.65	1038.78	277.26
1988	431.96	977.84	275.31	2968.69	3099.66	1305.37	348.77
1989	366.05	762.98	291.08	2990.28	2994.59	1115.81	300.00
1990	393.03	885.45	284.61	2954.41	3008.72	1165.54	342.74
1991	380.43	1314.73	318.89	3580.44	3647.68	1460.19	486.63
1992	347.46	2214.03	468.66	5049.95	5163.37	2125.14	791.58
1993	483.67	3071.99	954.28	8562.36	8201.21	3315.92	1555.18
1994	529.57	3997.64	1768.95	11530.96	10786.52	4328.26	1928.08
1995	621.05	4198.73	2295.89	13409.19	13173.33	4262.46	2583.48
1996	629.72	4576.53	2747.41	15465.35	15153.41	4940.79	2879.83
构成(%) Percentage							
1981	28.1	12.7	3.8	55.4	71.8	23.3	4.9
1982	22.7	14.3	4.9	58.1	70.8	23.7	5.5
1983	23.8	12.3	4.7	59.2	69.5	25.1	5.4
1984	23.0	14.1	3.9	59.0	66.4	27.8	5.8
1985	16.0	20.1	3.6	60.3	65.1	28.2	6.7
1986	14.6	21.1	4.4	59.9	66.0	27.3	6.7
1987	13.1	23.0	4.8	59.1	65.3	27.4	7.3
1988	9.3	21.0	5.9	63.8	65.2	27.5	7.3
1989	8.3	17.3	6.6	67.8	67.9	25.3	6.8
1990	8.7	19.6	6.3	65.4	66.6	25.8	7.6
1991	6.8	23.5	5.7	64.0	65.2	26.1	8.7
1992	4.3	27.4	5.8	62.5	63.9	26.3	9.8
1993	3.7	23.5	7.3	65.5	62.7	25.4	11.9
1994	3.0	22.4	9.9	64.7	63.3	25.4	11.3
1995	3.0	20.5	11.2	65.3	65.8	21.3	12.9
1996	2.7	19.5	11.7	66.1	66.0	21.5	12.5

注: 按资金来源分组为财务拨款数，各项相加不等于投资总额。以下各表相同。

a) The investment grouped by sources of finance refers to financial appropriation. The same as in the following tables.

5-4 按经济类型分的全社会固定资产投资(1996年)

指标	Item	总计 Total	国有经济 State-Owned Units	集体经济 Collective Owned Units	#农村 Rural
投资总额（亿元）	**Total Investment (100 million yuan)**	**22974.03**	**12056.24**	**3660.57**	**2802.26**
按资金来源分	Grouped by Source of Funds				
国家预算内资金	State Appropriations	629.72	556.95	53.06	49.48
国内贷款	Domestic Loans	4576.53	2851.23	763.75	551.62
利用外资	Foreign Investment	2747.41	811.07	304.64	271.00
自筹投资	Fundraising	12463.43	6142.25	2062.59	1638.92
其他投资	Others	3001.95	1731.49	545.62	291.24
按构成分	Grouped by Use of Funds				
建筑安装工程	Construction and Installation	15153.41	7283.87	2856.69	2290.76
设备、工具、器具购置	Purchase of Equipment and Instruments	4940.79	3032.96	543.75	367.23
其他费用	Others	2879.83	1739.42	260.13	144.27
房屋建筑面积(万平方米)	**Floor Space of Buildings (10 000 sq.m)**				
施工面积	Floor Space Under Construction	236308.48	69112.09	28182.11	17182.12
竣工面积	Floor Space Completed	162826.34	32278.44	19187.94	14128.91
#住宅	Residential Buildings	122188.44	18076.18	6189.06	3222.67
按地区分投资总额(亿元)	**Total Investment by Region (100 million yuan)**				
北京	Beijing	889.66	541.65	56.52	41.09
天津	Tianjin	438.51	257.64	66.67	57.35
河北	Hebei	1182.59	507.24	359.57	326.42
山西	Shanxi	311.77	232.24	18.50	12.77
内蒙古	Inner Mongolia	262.05	197.88	10.45	5.82
辽宁	Liaoning	881.67	544.66	102.83	70.25
吉林	Jilin	362.99	254.00	24.90	19.73
黑龙江	Heilongjiang	568.64	427.57	32.25	16.93
上海	Shanghai	1996.88	1040.37	239.34	158.32
江苏	Jiangsu	1963.06	697.81	576.13	463.73
浙江	Zhejiang	1611.44	529.16	404.36	318.92
安徽	Anhui	609.79	294.96	129.86	110.32
福建	Fujian	779.76	323.20	84.23	60.25
江西	Jiangxi	317.32	176.87	15.12	8.26
山东	Shandong	1528.50	681.94	465.09	385.30
河南	Henan	1039.41	499.06	185.81	149.71
湖北	Hubei	935.22	558.40	92.34	64.78
湖南	Hunan	684.14	355.22	79.25	63.86
广东	Guangdong	2363.18	1092.52	340.27	191.99
广西	Guangxi	476.42	236.14	61.68	50.11
海南	Hainan	181.01	82.37	5.37	1.83
四川	Sichuan	1113.17	579.65	181.85	138.69
贵州	Guizhou	193.55	131.63	14.75	10.79
云南	Yunnan	456.27	279.78	47.56	34.52
西藏	Tibet	29.43	28.21	0.01	
陕西	Shaanxi	343.71	223.51	22.00	15.62
甘肃	Gansu	206.95	144.52	12.64	7.13
青海	Qinghai	77.67	64.42	5.09	4.01
宁夏	Ningxia	72.10	55.30	3.97	2.57
新疆	Xinjiang	388.67	312.64	22.16	11.19
不分地区	Not Classified by Region	708.50	705.68		

TOTAL INVESTMENT IN FIXED ASSETS BY OWNERSHIP (1996)

个体经济 Individuals	#农 村 Rural	联营经济 Joint Owned Economic Units	股份制经济 Share Holding Economic Units	外商投资经济 Foreign Funded Economic Units	港澳台投资经济 Economic Units Funded by Entrepreneurs From Hong Kong, Macao and Taiwan	其他经济 Ecnomic Units of Other Types of Ownership
3211.17	**2544.03**	**126.87**	**1035.09**	**1876.60**	**835.47**	**172.02**
		0.37	10.95	5.94	1.33	1.12
124.26	118.88	42.47	312.06	297.60	144.10	41.04
0.09		6.16	68.16	1058.71	477.57	21.02
3035.73	2374.76	56.08	500.70	425.30	164.13	76.64
54.61	50.40	34.00	222.12	206.92	160.06	47.12
2921.88	2258.43	79.21	570.37	865.64	466.95	108.80
198.65	198.40	20.95	243.71	675.17	200.79	24.81
90.64	87.20	26.72	221.01	335.79	167.73	38.39
112898.28	96115.28	1005.72	7688.70	8904.74	7013.63	1503.21
103896.18	87277.00	297.06	2548.62	2448.52	1731.02	438.56
94103.47	79531.33	178.11	1547.02	966.14	887.09	241.37
22.99	20.63	2.90	31.02	154.35	79.78	0.45
21.38	15.28	0.75	19.16	55.08	17.34	0.49
177.54	137.28	3.86	58.88	57.80	15.16	2.54
43.62	30.24	0.52	6.94	6.24	0.93	2.78
45.75	38.16	0.59	4.14	2.99	0.17	0.08
69.30	51.52	0.93	43.00	88.58	31.18	1.19
26.18	14.50	0.04	16.54	35.15	2.85	3.33
59.79	49.97	1.95	16.88	17.50	7.21	5.49
75.20	72.86	32.04	165.57	286.77	53.40	104.19
300.08	261.53	7.14	60.61	246.73	71.25	3.31
397.89	292.16	13.10	118.02	111.59	30.43	6.89
130.13	105.60	0.55	25.51	21.20	6.33	1.25
135.03	82.85	7.55	23.93	108.27	91.54	6.01
98.53	82.73	0.41	12.87	9.15	3.74	0.63
202.65	166.14	3.76	39.21	108.08	23.73	4.04
217.38	170.79	0.94	71.01	34.28	29.46	1.47
119.46	90.40	5.10	34.09	72.06	43.77	10.00
204.80	162.56	0.56	11.05	21.38	10.95	0.93
279.35	233.78	20.82	94.06	269.78	259.94	6.44
126.83	85.71	4.14	12.00	24.28	10.27	1.08
11.16	5.53	3.23	21.79	43.50	10.12	3.47
197.08	165.41	4.58	78.99	47.88	19.69	3.45
32.82	28.25	0.87	6.06	6.25	0.85	0.32
73.59	63.41	2.51	27.61	18.57	5.59	1.06
		0.84				0.37
71.51	59.24	5.32	11.19	8.08	1.90	0.20
23.25	20.09	0.14	8.85	14.27	2.96	0.32
4.61	3.74	0.49	1.17	0.47	1.20	0.22
7.52	6.61	0.39	2.26	2.09	0.58	
35.75	27.06	0.85	9.85	4.23	3.15	0.04
			2.83			

5－5 国有经济按各种分组的固定资产投资
INVESTMENT IN FIXED ASSETS OF STATE－OWNED UNITS

指　　标	Item	1985	1990	1994	1995	1996
投资总额（亿元）	**Total Investment (100 million yuan)**	**1680.51**	**2986.90**	**9615.75**	**10898.24**	**12056.24**
按资金来源分	Grouped by Source of Funds					
国家预算内资金	State Budgetray Appropriation	403.00	394.43	478.19	544.98	556.95
国内贷款	Domestic Loans	387.13	705.60	2470.97	2578.19	2851.23
利用外资	Foreign Investment	88.56	272.22	689.88	859.38	811.07
自筹投资	Fundsraising	679.35	1289.58	4904.93	5307.15	6142.25
其他投资	Others	122.47	355.76	1117.56	1731.82	1731.49
按构成分	Grouped by Use of Funds					
建筑安装工程	Construction and Installation	1031.39	1784.34	6028.13	6604.61	7283.87
设备、工具、器具购置	Purchase of Equipment and Instruments	485.22	895.40	2367.49	2750.51	3032.96
其他费用	Others	163.90	307.16	1220.13	1543.12	1739.42
按建设性质分	Grouped by Type of Construction					
#新建	New Construction	514.78	911.60	2848.42	3362.17	3886.05
扩建	Expansion	633.54	1161.72	3229.25	3722.60	4271.13
改建	Reconstruction	426.06	581.25	1901.23	1986.23	2124.34
按产业分	Grouped by Type of Industry					
第一产业	Primary Industry	21.84	28.66	58.14	73.64	108.39
第二产业	Secondary Industry	943.77	1833.12	4089.04	4692.72	5109.95
第三产业	Tertiary Industry	714.90	1125.12	5468.57	6131.88	6837.90
按国民经济主要行业分	Grouped by Main Sectors					
#农业	Agriculture	44.60	80.29	74.24	63.40	127.78
工业	Industry	913.65	1809.88	3933.06	4526.20	4891.23
#能源工业	Energy	366.41	846.74	1754.13	2025.28	2419.26
运输邮电业	Transportation, Postal and Telecom－munications Services	226.54	348.41	1991.60	2306.54	2752.37
新增固定资产（亿元）	**Newly Increased Fixed Assets (100 million yuan)**	**1164.67**	**2408.45**	**5914.44**	**7390.14**	**9079.53**
房屋建筑面积（万平方米）	**Floor Space of Buildings (10000 sq.m)**					
施工面积	Floor Space Under Construction	47793	41695	71032	70420	69112
竣工面积	Floor Space Completed	23359	20481	32050	31829	32278
#住宅	Residential Buildings	11585	10189	18204	17714	18076

注：1.改建投资中含单纯建造生活设施投资。

2.按国民经济行业分、按建设性质分不含商品房投资，其他统计分组均含。

3.根据新国民经济核算标准，对第一产业投资进行了调整。

a) The investment in reconstruction includes the investment in construction of facilities simply for the improvement of residents' life, such as schools, medical facilities, housing, etc.

b) The investment in cemmercial residential buildings is not included in the investment grouped by main sector and by type of construction.

c) Data on the investment in primary industry has been adjusted according to the new standard of national economic accounting.

5-6 基本建设和更新改造投资

INVESTMENT IN CAPITAL CONSTRUCTION AND INNOVATION

单位: 亿元 (100 million yuan)

年 份 Year	基本建设投资 Investment in Capital Construction	#国家预算内投资 State Budgetary Appropriation	更新改造投资 Investment in Innovation	#国家预算内投资 State Budgetary Appropriation
1953	90.44	75.49	1.15	
1957	143.32	131.48	7.91	
1958	269.00	216.44	10.06	
1959	349.72	272.07	18.30	
1960	388.69	301.75	27.89	
1961	127.42	93.87	28.64	
1962	71.26	60.25	16.02	
1963	98.16	84.69	18.50	
1964	144.12	123.96	21.77	
1965	179.61	163.09	37.29	
1966	209.42	188.30	45.38	
1967	140.17	124.86	47.55	
1968	113.06	103.79	38.51	
1969	200.83	181.60	46.09	
1970	312.55	272.73	55.53	
1971	340.84	282.77	76.47	
1972	327.98	264.41	84.83	
1973	338.10	282.20	100.02	
1974	347.71	289.76	115.48	
1975	409.32	335.58	135.62	
1976	376.44	310.93	147.50	
1977	382.37	299.23	165.93	
1978	500.99	389.21	167.73	
1979	523.48	396.92	175.88	
1980	558.89	300.11	187.01	
1981	442.91	222.62	195.30	34.88
1982	555.53	232.48	250.37	32.95
1983	594.13	295.97	291.13	36.55
1984	743.15	359.85	309.28	45.57
1985	1074.37	381.18	449.14	19.69
1986	1176.11	417.39	619.21	20.58
1987	1343.10	438.52	758.59	32.35
1988	1574.31	381.66	980.55	27.02
1989	1551.74	323.33	788.78	14.15
1990	1703.81	363.59	830.19	17.56
1991	2115.80	348.45	1023.23	17.36
1992	3012.65	307.87	1461.10	20.11
1993	4615.50	431.76	2195.85	31.31
1994	6436.74	434.57	2918.61	30.60
1995	7403.62	491.67	3299.35	38.32
1996	8610.84	524.38	3622.74	29.58

注: 1980年及以前年份更新改造投资中含国有经济其他固定资产投资。

a) Before 1981, the data on the investment in innovation included other investments in fixed assets of state-owned economic units.

5-7 按资金来源和隶属关系分的基本建设投资

INVESTMENT IN CAPITAL CONSTRUCTION OF STATE-OWNED UNITS BY SOURCE OF FUNDS AND ADMINISTRATIVE RELATIONSHIP

单位: 亿元 (100 million yuan)

年份地区 Year Region	按资金来源分 By Source of Funds					按隶属关系分 By Administrative Relationship	
	国家预算内资金 State Budgetary Appropriations	国内贷款 Domestic Loans	利用外资自 Foreign Investment	筹资金 Fund-Raising	其他投资 Others	中央项目 Central Government Projects	地方项目 Local Projects
1985	381.18	187.92	73.52	339.99	91.76	575.24	499.13
1986	417.39	200.13	109.54	344.65	104.40	632.52	543.59
1987	438.52	255.46	139.01	382.78	127.33	761.66	581.44
1988	381.66	284.66	218.31	488.75	200.92	873.71	700.60
1989	323.33	293.00	221.45	495.03	218.91	837.71	714.03
1990	363.59	378.62	224.05	529.92	207.62	919.15	784.67
1991	348.45	527.07	239.96	746.73	253.59	1060.44	1055.37
1992	307.87	831.48	334.15	1242.92	296.24	1341.69	1670.96
1993	431.76	1117.55	456.15	1991.25	608.57	1834.90	2780.60
1994	434.57	1583.45	912.03	2820.48	584.48	2430.75	4005.99
1995	491.67	1646.24	1055.42	3121.86	899.98	2970.67	4432.95
1996	524.38	1938.86	1235.43	3778.83	965.00	3379.33	5231.50
北京 Beijing	68.89	40.13	40.99	139.74	31.65	189.23	124.62
天津 Tianjin	3.24	30.43	54.93	62.30	13.07	68.75	100.84
河北 Hebei	15.98	55.06	56.53	183.17	50.72	123.39	251.75
山西 Shanxi	5.91	49.51	6.77	70.91	14.42	58.69	89.43
内蒙古 Inner Mongolia	7.71	51.93	3.06	51.44	16.62	66.03	73.43
辽宁 Liaoning	18.42	80.33	34.75	144.37	27.44	139.09	187.24
吉林 Jilin	3.93	50.61	36.74	66.29	15.57	116.95	77.45
黑龙江 Heilongjiang	10.05	69.73	21.43	88.19	34.63	113.65	118.55
上海 Shanghai	24.13	91.84	111.03	364.01	43.02	231.24	413.28
江苏 Jiangsu	18.63	73.15	99.15	245.86	42.73	118.06	350.94
浙江 Zhejiang	13.91	78.08	71.75	223.82	44.63	86.39	337.85
安徽 Anhui	16.41	61.21	22.82	72.27	17.90	75.13	117.93
福建 Fujian	8.06	58.56	32.68	107.47	23.48	31.94	209.25
江西 Jiangxi	11.51	23.08	7.70	52.90	13.70	44.08	70.45
山东 Shandong	22.83	75.25	85.12	225.72	41.91	143.99	307.63
河南 Henan	25.67	86.99	67.78	163.01	53.74	134.03	261.63
湖北 Hubei	59.43	105.76	46.38	151.87	32.53	194.97	203.48
湖南 Hunan	10.91	48.34	12.13	117.08	35.17	86.71	148.68
广东 Guangdong	15.02	134.90	188.72	451.44	77.98	170.03	735.20
广西 Guangxi	9.66	34.88	11.26	92.93	23.15	32.90	141.56
海南 Hainan	3.74	17.18	34.28	50.87	12.02	8.35	129.81
四川 Sichuan	26.46	130.70	39.45	169.07	59.40	153.30	264.63
贵州 Guizhou	4.34	40.36	7.91	30.53	5.81	24.81	60.87
云南 Yunnan	8.65	36.52	8.61	96.61	18.71	30.60	137.70
西藏 Tibet	7.32	4.73	0.03	13.76	3.14	6.28	22.45
陕西 Shaanxi	17.52	31.49	7.33	56.44	19.83	55.40	79.88
甘肃 Gansu	7.14	42.37	11.88	27.35	10.73	67.25	34.17
青海 Qinghai	2.10	25.21	2.16	13.33	7.76	26.65	24.74
宁夏 Ningxia	3.47	14.65	1.07	11.71	5.39	17.29	20.18
新疆 Xinjiang	9.56	40.67	25.14	103.98	24.59	124.98	87.90
不分地区 Not Classified by Region	63.79	255.23	85.84	130.40	143.54	639.17	47.97

注: 1993年以后的资金来源为财务拨款数。
a) Since 1993, the source of funds refers to financial appropriation.

5-8 按构成和建设性质分的基本建设投资

INVESTMENT IN CAPITAL CONSTRUCTION OF STATE-OWNED UNITS BY USE OF FUNDS AND TYPE OF CONSTRUCTION

单位: 亿元 (100 million yuan)

年份 地区 Year Region	投资额 Total	按构成分 By Use of Funds 建筑安装工程 Construction and Installation	设备、工器具购置 Purchase of Equipment and Instruments	其他费用 Others	按建设性质分 By Type of Construction #新建 New Construction	#扩建 Expansion	#改建 Recon-struction
1985	1074.37	726.71	217.39	130.27	481.42	350.29	171.60
1986	1176.11	770.60	260.34	145.17	549.89	415.01	154.64
1987	1343.10	856.76	325.19	161.15	610.16	507.87	140.52
1988	1574.31	1010.15	372.61	191.55	726.65	566.59	179.30
1989	1551.74	998.73	380.94	172.07	708.49	569.54	159.49
1990	1703.81	1045.37	453.76	204.69	822.96	610.99	175.28
1991	2115.80	1308.83	521.22	285.76	983.06	778.86	230.39
1992	3012.65	1889.39	667.34	455.92	1484.57	1003.45	351.45
1993	4615.50	3018.74	899.55	697.22	2400.13	1472.47	296.78
1994	6436.74	4123.89	1402.84	910.01	3523.90	1898.03	383.41
1995	7403.62	4641.13	1635.04	1127.44	3971.94	2348.01	443.32
1996	8610.84	5345.27	1861.15	1404.42	4600.81	2797.68	521.42
北京 Beijing	313.85	201.15	61.88	50.83	121.30	164.33	3.26
天津 Tianjin	169.59	95.62	42.88	31.09	95.23	60.12	10.33
河北 Hebei	375.14	235.74	97.74	41.66	227.47	105.44	17.88
山西 Shanxi	148.12	100.83	24.51	22.78	73.69	55.19	7.49
内蒙古 Inner Mongolia	139.46	81.19	25.98	32.30	62.26	53.54	9.84
辽宁 Liaoning	326.33	199.55	54.67	72.10	146.20	143.79	10.78
吉林 Jilin	194.40	114.18	52.21	28.00	64.46	104.65	7.34
黑龙江 Heilongjiang	232.20	154.80	48.10	29.31	103.10	99.67	9.77
上海 Shanghai	644.52	327.27	164.79	152.47	364.76	249.25	16.12
江苏 Jiangsu	469.01	310.50	90.52	67.99	191.74	202.77	54.72
浙江 Zhejiang	424.24	280.41	76.34	67.48	232.30	136.74	35.06
安徽 Anhui	193.06	117.21	44.42	31.43	104.61	69.05	10.05
福建 Fujian	241.19	170.10	38.43	32.67	169.09	43.20	19.68
江西 Jiangxi	114.54	81.68	17.94	14.91	69.10	30.56	7.76
山东 Shandong	451.62	277.38	116.95	57.29	191.05	201.21	25.49
河南 Henan	395.66	253.54	85.87	56.25	238.75	110.33	18.72
湖北 Hubei	398.45	195.90	96.09	106.45	199.41	149.21	17.56
湖南 Hunan	235.39	167.96	25.67	41.76	117.33	67.44	22.45
广东 Guangdong	905.23	567.91	196.75	140.56	609.17	234.38	37.54
广西 Guangxi	174.46	129.92	23.87	20.68	108.68	47.90	8.54
海南 Hainan	138.16	80.61	37.01	20.54	93.62	23.29	1.52
四川 Sichuan	417.93	272.68	51.33	93.92	220.51	120.88	44.49
贵州 Guizhou	85.69	53.24	18.43	14.01	54.12	20.76	3.06
云南 Yunnan	168.30	118.44	27.34	22.51	102.77	31.99	18.80
西藏 Tibet	28.73	22.01	5.12	1.60	16.53	5.47	4.86
陕西 Shaanxi	135.29	91.87	16.98	26.44	75.81	32.34	11.21
甘肃 Gansu	101.42	59.81	24.18	17.43	39.30	48.77	4.54
青海 Qinghai	51.39	32.17	10.93	8.30	38.35	6.75	2.80
宁夏 Ningxia	37.47	23.34	8.93	5.20	17.68	15.03	1.86
新疆 Xinjiang	212.88	144.75	40.01	28.13	107.77	53.92	31.30
不分地区 Not Classified by Region	687.14	383.52	235.28	68.33	344.62	109.71	46.62

5-9 国民经济各行业按建设性质分的基本建设投资(1996年)

INVESTMENT IN CAPITAL CONSTRUCTION IN STATE-OWNED UNITS BY TYPE OF CONSTRUCTION AND BY SECTOR (1996)

单位：亿元　　　　　　　　　　　　　　　　　　　　　　　　　　　　(100 million yuan)

行业	Sector	投资额 Investment	#新建 New Construction	#扩建 Expansion	#改建 Reconstruction
全国总计	**National Total**	**8610.84**	**4600.81**	**2797.68**	**521.42**
农、林、牧、渔业	**Farming, Forestry, Animal Husbandry and Fishery**	**111.30**	**64.86**	**35.70**	**6.71**
农业	Farming	59.74	42.53	12.48	3.61
林业	Forestry	23.58	7.70	14.60	0.55
畜牧业	Animal Husbandry	6.85	4.48	2.04	0.07
渔业	Fishery	4.81	3.53	0.79	0.09
农林牧渔服务业	Services	16.33	6.61	5.79	2.39
采掘业	**Mining and Quarrying**	**498.75**	**229.29**	**239.80**	**21.88**
煤炭采选业	Coal Mining and Dressing	216.54	140.42	70.10	0.89
石油和天然气开采业	Petroleum and Natural Gas Extraction	221.09	62.07	139.12	19.66
黑色金属矿采选业	Ferrous Metals Mining and Dressing	20.29	6.27	12.98	0.11
有色金属矿采选业	Nonferrous Metals Mining and Dressing	18.66	9.30	8.32	0.46
非金属矿采选业	Nonmetal Minerals Mining and Dressing	13.69	7.10	5.89	0.19
其他矿采选业	Other Minerals Mining and Dressing	0.08	0.08		
木材及竹材采运业	Logging and Transport of Wood and Bamboo	8.39	4.05	3.39	0.57
制造业	**Manufacturing**	**1681.22**	**797.03**	**745.79**	**45.47**
食品加工业	Food Processing	49.52	33.94	11.07	0.97
食品制造业	Food Production	23.84	16.40	5.04	1.07
饮料制造业	Beverage Production	40.63	29.84	7.70	0.98
烟草加工业	Tobacco Processing	9.42	1.64	4.53	1.98
纺织业	Textile Industry	23.05	10.08	3.99	3.67
服装及纤维制品制造业	Garments and Other Fiber Products	7.21	4.78	1.44	0.02
皮革毛皮羽绒及制品业	Leather, Furs, Down and Related Products	2.85	2.17	0.28	0.18
木材加工及竹藤棕草制品业	Timber Processing, Bamboo, Cane, Palm Fiber and Straw Products	25.49	22.96	1.79	0.25
家具制造业	Furniture Manufacturing	1.32	0.88	0.29	0.01
造纸及纸制品业	Papermaking and Paper Products	52.79	23.31	27.32	0.46
印刷业、记录媒介的复制	Printing and Record Medium Reproduction	9.07	4.48	2.42	0.42
文教体育用品制造业	Cultural, Educational and Sports Goods	0.72	0.20	0.18	0.07
石油加工及炼焦业	Petroleum Processing and Coking	122.51	45.00	75.45	0.98
化学原料及制品制造业	Raw Chemical Materials and Chemical Products	396.61	199.85	184.82	2.10
医药制造业	Medical and Pharmaceutical Products	21.81	15.83	4.41	0.45
化学纤维制造业	Chemical Fiber	44.31	28.62	14.83	0.43
橡胶制品业	Rubber Products	20.02	8.25	1.21	9.00
塑料制品业	Plastic Products	15.00	11.86	1.81	0.12
非金属矿物制品业	Nonmetal Mineral Products	132.58	94.56	30.34	2.05
黑色金属冶炼及压延加工业	Smelting and Pressing of Ferrous Metals	266.75	18.81	243.20	2.18
有色金属冶炼及压延加工业	Smelting and Pressing of Nonferrous Metals	43.46	20.42	21.83	0.20
金属制品业	Metal Products	32.78	26.30	5.00	0.46
普通机械制造业	Ordinary Machinery	27.47	10.50	5.09	3.95
专用设备制造业	Equipment for Spceial Purposes	32.06	9.80	11.06	2.21
交通运输设备制造业	Transport Equipment	115.41	65.30	25.59	6.31
电气机械及器材制造业	Electric Equipment and Machinery	26.10	15.60	5.04	0.92
电子及通信设备制造业	Electronic and Telecommunications Equipment	113.10	72.05	36.98	1.24
仪器仪表及文化办公用机械制造业	Instruments, Meters, Cultural and Office Machinery	5.29	1.14	1.65	0.80
其他制造业	Other Manufacturing	11.38	2.42	8.67	0.11
电力、煤气及水的生产和供应业	**Electric Power, Gas and Water Production and Supply**	**1546.83**	**1067.46**	**440.96**	**19.77**
电力、蒸汽、热水生产和供应业	Electric Power, Steam and Hot Water Production and Supply	1374.19	952.83	389.17	16.70
煤气的生产和供应业	Gas Production and Supply	46.46	36.31	7.99	0.65
自来水的生产和供应业	Tap Water Production and Supply	126.18	78.31	43.80	2.42
建筑业	**Construction**	**183.70**	**115.15**	**29.92**	**22.87**
土木工程建筑业	Civil Engineering Construction	174.28	114.01	24.64	22.48
线路、管道和设备安装业	Circuit, Pipelines and Equipment Installation	6.38	0.65	2.96	0.37

续表 1 continued

单位：亿元 (100 million yuan)

行业	Sector	投资额 Investment	#新建 New Construction	#扩建 Expansion	#改建 Reconstruction
建筑物的装修装饰业	Buildings Fitting up and Decoration	3.04	0.49	2.32	0.02
地质勘查、水利管理业	**Geological Prospecting and Water Conservancy**	**228.46**	**133.98**	**49.91**	**34.72**
地质勘查业	Geological Prospecting	21.91	0.51	15.64	1.18
水利管理业	Water Conservancy	206.55	133.47	34.27	33.54
交通运输、仓储及邮电通信业	**Transportation, Storage, Postal and Telecommunications Services**	**1847.12**	**985.27**	**418.33**	**203.25**
铁路运输业	Railway Transport	467.85	221.91	61.15	54.08
公路运输业	Highway Transport	499.07	394.23	37.24	61.03
管道运输业	Pipeline Transport	15.32	14.36	0.05	0.76
水上运输业	Waterway Transport	40.59	7.91	13.28	5.90
航空运输业	Air Transport	128.20	41.29	20.79	1.33
交通运输辅助业	Transport Subsidiary Services	326.28	145.19	107.05	64.22
其他交通运输业	Other Transport	19.91	10.81	2.41	6.62
仓储业	Storage	36.66	22.73	11.71	0.86
邮电通信业	Postal and Telecommunications Services	313.23	126.85	164.65	8.46
批发和零售贸易餐饮业	**Wholesale & Retail Trade and Catering Services**	**254.61**	**122.38**	**95.89**	**16.92**
食品饮料烟草和家庭用品批发业	Wholesale Trade of Food, Beverage, Tobacco and Household Articles	73.85	31.09	30.46	5.22
能源材料和机械电子设备批发业	Wholesale Trade of Energy, Materials and Electronic Equipment	32.12	14.09	11.87	1.41
其他批发业	Other Wholesale Trade	15.13	7.48	4.91	1.11
零售业	Retail Trade	112.39	54.57	45.44	7.09
商业经纪与代理业	Commercial Brokerage and Agencies	6.39	5.89	0.43	0.03
餐饮业	Catering Trade	14.73	9.26	2.79	2.05
金融、保险业	**Finance and Insurance**	**136.24**	**60.45**	**53.34**	**4.86**
金融业	Finance	129.04	56.17	52.10	4.57
保险业	Insurance	7.20	4.28	1.25	0.30
房地产业	Real Estate Management	139.82	99.39	16.93	5.02
房地产开发与经营业	Real Estate Development and Operation	103.13	85.82	12.55	1.21
房地产管理业	Real Estate Management	36.48	13.46	4.35	3.81
房地产代理与经纪业	Real Estate Brokerage and Agencies	0.21	0.11	0.03	
社会服务业	**Social Services**	**609.10**	**377.30**	**177.23**	**38.07**
公共服务业	Public Services	422.18	249.13	132.59	29.34
居民服务业	Resident Services	4.18	2.04	1.11	0.29
旅馆业	Hotels	120.59	81.31	32.23	5.20
租赁服务业	Leasing Services	3.49	2.63	0.84	0.01
旅游业	Tourism	10.18	5.69	2.11	0.89
娱乐服务业	Recreational Services	27.34	23.24	3.22	0.73
信息、咨询服务业	Information and Consultancy Services	2.68	2.03	0.13	0.02
计算机应用服务业	Computer Application Services	1.66	1.22	0.09	0.06
其他社会服务业	Other Social Services	16.79	10.00	4.90	1.54
卫生体育和社会福利业	**Health Care, Sports and Social Welfare**	**125.02**	**50.04**	**52.28**	**7.00**
卫生	Health Care	86.65	21.35	46.70	6.08
体育	Sports	29.18	23.07	3.64	0.55
社会福利保障业	Social Welfare and Social Security	9.18	5.62	1.94	0.38
教育、文化艺术和广播电影电视业	Education, Culture and Arts, Radio, Film and Television	430.29	134.00	210.18	30.10
教育	Education	350.38	89.80	183.45	26.95
文化艺术业	Culture and Arts	49.26	26.52	17.34	2.01
广播、电影、电视业	Radio, Film and Television	30.64	17.68	9.38	1.13
科学研究和综合技术服务业	**Scientific Research and Polytechnical Services**	**65.78**	**23.33**	**28.46**	**4.02**
科学研究业	Scientific Research	48.55	16.91	22.17	2.37
综合技术服务业	Polytechnical Services	17.23	6.42	6.29	1.65
国家机关、政党机关和社会团体	**Government Agencies, Party Agencies and Social Organizations**	**591.64**	**232.83**	**183.06**	**54.61**
#国家机关	Government Agencies	555.66	218.15	171.82	51.83
政党机关	Party Agencies	21.80	6.18	7.62	2.64
其他行业	**Other Sectors**	**160.98**	**108.05**	**19.88**	**6.14**

注：改建不含单纯建造生活设施投资。

a) Replacement excludes construction for human services only, such as schools, medical facilities, housing and etc.

5-10 按国民经济行业分的基本建设投资

单位：亿元

年份地区 Year Region	合计 Total	农、林、牧、渔业 Farming, Forestry, Animal Husbandry and Fishrey	采掘业 Mining and Quarrying	制造业 Manufac-turing	电力、煤气及水的生产和供应业 Electric Power, Gas and Water Production and Supply	建筑业 Construc-tion	地质勘查业水利管理业 Geological Prospecting and Water Conservancy
1985	1074.37	16.71	101.56	223.33	121.60	22.00	26.45
1986	1176.11	15.81	109.11	243.90	178.63	18.53	26.36
1987	1343.10	19.61	129.68	322.80	230.31	15.43	29.82
1988	1574.31	23.10	153.17	385.57	273.84	15.26	29.01
1989	1551.74	20.20	170.68	361.14	290.40	13.84	35.62
1990	1703.81	25.78	204.64	382.03	365.93	10.41	46.21
1991	2115.80	33.46	243.31	477.96	425.94	12.60	59.03
1992	3012.65	43.51	303.22	599.31	555.78	23.25	81.80
1993	4615.50	46.22	351.32	884.52	768.61	115.02	98.38
1994	6436.74	56.77	394.55	1216.33	1150.79	138.35	120.61
1995	7403.62	76.59	437.77	1540.08	1258.49	145.55	165.83
1996	8610.84	111.30	498.75	1681.22	1546.83	183.70	228.46
北　京 Beijing	313.85	2.03	1.62	52.68	52.98	6.03	1.93
天　津 Tianjin	169.59	0.20	21.89	62.94	32.92	1.58	2.57
河　北 Hebei	375.14	4.30	16.33	81.56	73.21	13.45	22.82
山　西 Shanxi	148.12	1.00	36.00	16.45	24.45	1.89	2.42
内蒙古 Inner Mongolia	139.46	1.21	36.05	17.97	35.61	1.26	0.94
辽　宁 Liaoning	326.33	2.41	31.78	90.52	58.74	7.04	2.67
吉　林 Jilin	194.40	0.80	5.86	101.60	31.97	2.06	0.65
黑龙江 Heilongjiang	232.20	8.11	37.57	43.89	45.25	2.33	2.01
上　海 Shanghai	644.52	3.18	2.06	206.38	63.08	7.61	3.30
江　苏 Jiangsu	469.01	1.32	9.00	84.61	84.17	5.92	7.06
浙　江 Zhejiang	424.24	3.07	0.57	56.12	103.11	8.81	13.17
安　徽 Anhui	193.06	0.87	29.62	49.80	24.21	7.38	6.92
福　建 Fujian	241.19	3.07	1.14	30.42	38.37	0.39	3.94
江　西 Jiangxi	114.54	1.98	2.32	18.73	25.26	0.80	1.97
山　东 Shandong	451.62	3.80	40.27	88.10	99.20	8.18	13.86
河　南 Henan	395.66	4.08	27.60	70.99	91.99	4.42	50.87
湖　北 Hubei	398.45	4.83	3.96	114.35	127.04	8.37	6.91
湖　南 Hunan	235.39	0.87	2.90	19.78	52.62	2.12	8.33
广　东 Guangdong	905.23	3.89	7.91	208.47	130.41	64.95	21.70
广　西 Guangxi	174.46	2.98	1.75	23.93	22.80	4.23	1.86
海　南 Hainan	138.16	7.23	0.07	35.43	8.83	5.25	1.17
四　川 Sichuan	417.93	2.12	8.82	77.60	108.08	8.98	5.61
贵　州 Guizhou	85.69	0.45	10.28	19.10	19.92	0.31	1.14
云　南 Yunnan	168.30	3.93	6.39	21.68	36.58	1.54	5.62
西　藏 Tibet	28.73	1.42	0.27	1.29	4.67	1.01	0.48
陕　西 Shaanxi	135.29	0.59	10.89	21.86	28.41	1.84	2.41
甘　肃 Gansu	101.42	0.47	7.58	29.60	29.50	1.71	4.51
青　海 Qinghai	51.39	0.86	5.18	5.23	25.39	0.31	1.36
宁　夏 Ningxia	37.47	0.64	3.86	2.47	11.64	0.23	1.34
新　疆 Xinjiang	212.88	19.58	72.23	27.65	11.32	3.72	8.75
不分地区 Not Classified by Region	687.14	20.04	56.96		45.08		20.20

IN VESTMENT IN CAPITAL CONSTRUCTION OF STATE-OWNED UNITS BY SECTOR

(100 million yuan)

交通运输仓储和邮电通信业 Transportation, Storage, Postal and Telecommunications Services	批发零售贸易和餐饮业 Wholesale & Retail Trade and Catering Services	金融、保险业 Finance and Insurance	房地产业 Real Estate Trade	社会服务业 Social Services	卫生体育和社会福利业 Health Care, Sports and Social Welfare	教育、文化艺术和广播电影电视业 Education, Culture, Arts, Radio, Film and Television	科学研究和综合技术服务事业 Scientific Research and Polytechnical Services	国家机关、政党机关和社会团体 Government Agencies, Party Agencies and Social Organizations	其他行业 Others
178.10	39.85	7.13	62.32	55.60	23.10	78.12	20.83	49.63	48.08
188.11	34.62	8.20	54.74	55.26	24.85	91.64	25.39	50.27	50.67
195.39	42.10	13.18	35.86	56.71	28.56	96.99	26.44	59.99	40.21
216.29	50.14	18.90	42.88	90.98	31.84	100.32	23.39	74.02	45.61
170.23	41.62	15.59	39.55	72.45	28.30	100.33	21.98	58.33	111.43
211.01	38.92	15.09	15.04	66.64	35.28	102.52	21.03	62.10	101.18
340.18	63.78	18.80	27.89	93.90	32.83	119.39	23.13	87.75	55.85
457.58	136.50	29.55	56.40	154.01	45.56	151.34	31.56	141.65	201.24
901.24	203.45	66.67	140.90	301.73	66.23	204.45	48.65	301.44	116.66
1372.94	254.73	96.06	316.34	417.45	93.66	261.53	52.76	376.58	117.29
1587.53	249.37	125.50	183.19	490.01	105.05	352.69	68.28	474.08	143.60
1847.12	254.61	136.24	139.82	609.10	125.02	430.29	65.78	591.64	160.98
33.93	16.16	5.68	2.96	24.40	6.88	33.40	21.77	45.05	6.34
19.60	2.28	0.90		8.57	0.84	5.90	0.99	4.74	3.67
63.53	13.04	7.73	4.86	13.49	4.68	15.81	0.74	35.17	4.42
36.49	4.49	3.39	0.82	2.52	1.60	5.69	0.81	7.91	2.18
18.78	2.61	2.11	0.65	5.53	1.66	6.84	0.38	7.51	0.37
43.43	8.87	6.08	6.54	26.54	4.82	13.82	2.01	17.99	3.07
19.91	3.23	3.08		0.94	0.94	7.78	0.87	13.08	1.61
34.40	8.64	3.41	1.25	13.89	1.90	7.79	0.23	18.38	3.16
71.14	14.39	4.94	78.60	98.39	19.75	26.72	3.12	18.61	23.26
90.28	23.49	7.39	2.88	58.46	6.73	33.87	2.27	42.52	9.05
94.99	20.20	8.95	3.50	41.38	7.96	27.09	1.32	29.52	4.49
22.74	10.03	3.24	0.50	12.64	2.34	8.68	0.39	13.51	0.20
100.34	7.58	5.22	0.89	13.62	3.88	14.77	0.28	14.52	2.76
29.88	4.06	2.84	0.27	3.19	2.75	5.91	0.23	13.53	0.82
69.80	13.40	9.97	1.20	16.14	8.67	25.30	1.74	48.63	3.34
44.80	10.66	6.71	1.43	18.22	4.99	18.59	2.12	36.08	2.10
36.21	8.72	8.18	1.59	14.76	4.42	18.62	3.08	22.29	15.13
52.92	13.74	7.17	1.13	25.98	4.88	17.54	1.43	23.27	0.72
204.78	20.84	6.23	17.76	86.56	14.49	48.41	3.47	53.35	12.01
60.16	5.33	3.21	2.05	14.75	2.81	12.44	0.85	14.70	0.62
21.91	4.65	2.16	1.89	29.99	1.20	4.43	0.68	8.19	5.08
58.03	13.33	9.36	5.97	40.51	5.91	29.94	4.08	38.26	1.32
13.96	2.57	1.09	0.42	5.54	1.00	3.90	0.65	5.06	0.30
35.63	4.39	5.34	1.15	10.17	3.45	11.56	1.24	17.91	1.71
9.65	0.57	0.98	0.18	0.49	0.21	2.22	0.16	4.54	0.59
25.07	6.93	3.17	0.48	7.48	1.60	8.91	2.47	9.67	3.52
7.63	2.94	1.76	0.33	3.30	0.72	4.44	0.36	6.08	0.50
4.48	1.30	0.73		0.64	0.56	1.47	0.10	3.61	0.17
8.36	1.48	1.12	0.02	1.52	0.80	1.44	0.14	2.32	0.08
22.30	4.69	4.10	0.52	9.51	2.56	7.01	0.45	15.63	2.85
491.98							7.35		45.53

5-11 按项目规模分的基本建设投资及项目个数
NUMBER OF CAPITAL CONSTRUCTION PROJECTS OF STATE-OWNED UNITS BY PROJECT SIZE

年份地区 Year Region	项目投资(亿元) Investment in Projects (100 million yuan)		施工项目(个) Number of Projects under Construction	#大中型 Large and Medium Sized	全部建成投产项目(个) Number of Projects Completed and Put into Use	#大中型 Large and Medium Sized
	大中型 Large and Medium Sized	小型 Small Sized				
1985	394.24	627.60	87766	961	44477	121
1986	482.82	640.52	79667	930	45107	102
1987	619.61	666.42	76964	932	40520	119
1988	746.85	714.66	77475	952	41289	121
1989	729.70	686.59	66382	969	35370	95
1990	896.31	702.56	67842	1059	36502	152
1991	1058.23	935.54	77704	1053	41783	148
1992	1322.43	1528.32	90609	1153	50633	158
1993	1946.31	2543.70	90954	1340	51886	186
1994	2738.13	3562.00	88841	1412	49021	224
1995	3196.29	4053.07	88685	1408	50512	238
1996	3615.88	4751.59	93997	1266	55436	200
北京 Beijing	82.67	229.38	1252	33	374	8
天津 Tianjin	112.36	56.92	663	45	392	13
河北 Hebei	159.82	212.23	5008	54	3211	10
山西 Shanxi	58.96	89.07	2042	25	985	3
内蒙古 Inner Mongolia	83.32	55.79	2025	34	1309	7
辽宁 Liaoning	151.17	174.70	2133	47	1236	8
吉林 Jilin	123.55	70.78	1340	20	908	0
黑龙江 Heilongjiang	117.15	111.64	1906	36	1314	4
上海 Shanghai	244.87	399.65	1331	36	523	8
江苏 Jiangsu	142.01	326.75	4192	47	2812	7
浙江 Zhejiang	121.13	302.33	5665	49	3220	6
安徽 Anhui	80.13	112.75	3061	43	1803	7
福建 Fujian	93.51	145.39	3467	44	1845	11
江西 Jiangxi	34.13	80.34	2812	15	1626	1
山东 Shandong	145.41	297.12	5215	51	2779	5
河南 Henan	148.03	245.82	5557	39	3676	4
湖北 Hubei	208.83	177.22	5417	60	3680	10
湖南 Hunan	73.45	160.77	5265	50	3010	5
广东 Guangdong	317.37	584.84	4454	88	1964	14
广西 Guangxi	44.06	129.18	4772	46	2805	6
海南 Hainan	44.21	83.71	1221	57	673	13
四川 Sichuan	166.25	251.06	7183	86	3900	14
贵州 Guizhou	49.43	36.17	2993	24	1851	5
云南 Yunnan	56.21	110.45	4624	38	2960	3
西藏 Tibet	7.03	21.04	989	10	820	4
陕西 Shaanxi	46.55	88.66	2757	32	1438	5
甘肃 Gansu	50.00	51.30	1777	24	1059	0
青海 Qinghai	31.21	19.95	1013	17	676	2
宁夏 Ningxia	15.50	21.89	719	4	441	1
新疆 Xinjiang	106.62	104.69	3063	31	2138	8
不分地区 Not Classified by Region	500.95		81	81	8	8

5-12 基本建设房屋建筑面积
FLOOR SPACE OF BUILDINGS OF STATE-OWNED UNITS THROUGH CAPITAL CONSTRUCTION

单位：万平方米　　　　　　　　　　　　　　　　　　(10 000 sq.m)

年份 地区 Year Region	施工面积 Floor Space of Buildings Under Construction	#住宅 Residential Buildings	竣工面积 Floor Space of Builings Completed	#住宅 Residential Buildings
1985	37029.20	18893.90	17161.20	9565.10
1986	33086.20	15940.40	16650.50	8915.50
1987	29435.70	11990.10	14359.00	6452.80
1988	28413.79	11334.02	13307.84	6008.99
1989	24744.18	9749.94	11611.55	5064.20
1990	23236.54	9259.90	11245.93	4824.78
1991	27262.61	11309.23	12604.48	5687.92
1992	32709.19	13399.25	15133.72	6919.15
1993	39535.76	15016.40	17070.05	7993.44
1994	42749.88	16981.97	18644.05	8955.12
1995	41948.29	16739.06	19929.32	9249.25
1996	43661.23	17269.40	21256.63	9824.79
北京 Beijing	1992.10	741.85	546.29	247.06
天津 Tianjin	402.02	126.81	196.78	87.91
河北 Hebei	2141.62	988.85	1181.23	599.32
山西 Shanxi	946.54	445.33	385.96	218.28
内蒙古 Inner Mongolia	814.43	430.36	420.72	229.93
辽宁 Liaoning	1534.92	663.66	789.53	428.38
吉林 Jilin	809.63	368.21	434.73	264.66
黑龙江 Heilongjiang	1119.11	550.24	658.85	336.71
上海 Shanghai	2127.40	537.91	630.45	199.28
江苏 Jiangsu	2039.21	576.20	1098.60	372.99
浙江 Zhejiang	1897.63	422.52	862.76	246.04
安徽 Anhui	1065.70	372.13	557.95	215.63
福建 Fujian	1200.13	398.60	622.36	237.82
江西 Jiangxi	943.24	374.85	511.59	243.98
山东 Shandong	2423.59	909.43	1189.96	544.04
河南 Henan	2432.29	989.90	1316.61	610.76
湖北 Hubei	2023.35	852.40	1099.40	535.58
湖南 Hunan	1897.25	932.58	973.67	545.10
广东 Guangdong	3922.99	1367.63	1668.95	669.81
广西 Guangxi	1326.75	506.35	723.06	316.24
海南 Hainan	788.74	249.41	342.52	143.22
四川 Sichuan	3709.25	1757.81	1746.74	976.48
贵州 Guizhou	676.01	280.22	350.83	166.66
云南 Yunnan	1166.18	508.41	633.42	299.25
西藏 Tibet	89.60	26.26	68.67	22.72
陕西 Shaanxi	1190.48	692.76	513.67	312.81
甘肃 Gansu	739.50	365.81	350.30	186.34
青海 Qinghai	187.80	99.34	108.74	56.66
宁夏 Ningxia	202.92	79.90	111.02	53.74
新疆 Xinjiang	923.75	448.24	574.38	321.99
不分地区 Not Classified by Region	927.05	205.44	586.91	135.42

5-13 国民经济各行业基本建设新增固定资产

单位：亿元

年份地区 Year Region		合计 Total	农、林、牧、渔业 Farming, Forestry, Animal Husbandry and Fishery	采掘业 Mining and Quarrying	制造业 Manufacturing	电力、煤气和水生产和供应业 Electric Power, Gas and Water Production and Supply	建筑业 Construction	地质勘查业水利管理业 Geological Prospecting and Water Conservancy
	1985	733.16	11.91	68.04	133.16	86.13	14.01	23.69
	1986	929.88	11.52	81.58	243.28	102.49	15.63	23.52
	1987	959.09	13.55	98.01	221.50	159.70	12.05	23.45
	1988	1112.13	16.64	111.15	260.96	179.71	10.91	17.57
	1989	1179.03	15.20	169.49	240.59	194.25	12.41	26.48
	1990	1362.61	18.09	203.36	295.31	238.78	9.54	30.92
	1991	1498.73	22.41	163.33	343.67	317.10	10.01	34.96
	1992	1975.00	27.30	195.59	381.85	398.90	20.86	47.91
	1993	2758.93	34.83	193.82	588.30	452.20	62.17	54.01
	1994	3729.78	34.85	212.79	757.62	667.43	65.50	76.55
	1995	4712.67	46.90	285.53	878.89	816.90	67.80	110.14
	1996	6168.14	63.08	281.64	1361.73	1029.85	100.12	109.91
北京	Beijing	262.52	1.80	6.14	93.17	18.42	4.50	1.18
天津	Tianjin	124.80	0.14	10.06	50.79	30.29	1.23	2.61
河北	Hebei	271.03	3.33	14.10	49.39	54.52	19.75	16.84
山西	Shanxi	100.59	0.64	11.23	13.19	9.89	1.46	1.45
内蒙古	Inner Mongolia	82.36	0.92	15.33	10.03	18.60	0.75	0.67
辽宁	Liaoning	308.09	0.88	13.99	146.64	39.53	1.69	4.39
吉林	Jilin	210.82	0.57	5.01	149.29	16.66	2.11	0.42
黑龙江	Heilongjiang	143.57	6.81	23.25	37.62	12.86	1.85	0.74
上海	Shanghai	371.64	2.79	0.10	56.20	90.25	7.10	3.89
江苏	Jiangsu	337.02	1.07	3.54	60.44	49.68	5.83	4.27
浙江	Zhejiang	267.15	2.17	0.45	37.26	44.51	5.36	2.58
安徽	Anhui	175.68	0.55	21.09	48.06	34.43	6.56	3.12
福建	Fujian	143.83	2.02	0.34	15.47	20.89	0.29	2.03
江西	Jiangxi	68.18	1.64	0.90	10.85	14.52	0.79	0.82
山东	Shandong	284.20	3.68	21.29	51.67	45.61	10.74	12.78
河南	Henan	264.09	2.70	12.87	50.63	74.01	3.63	8.22
湖北	Hubei	313.12	3.51	2.32	163.04	17.19	3.93	3.62
湖南	Hunan	162.00	0.75	1.19	15.50	36.20	1.71	5.33
广东	Guangdong	634.02	2.44	0.71	119.17	179.80	5.83	7.95
广西	Guangxi	136.99	2.35	1.42	11.11	26.96	2.83	0.85
海南	Hainan	117.41	6.02	0.07	33.18	6.95	0.10	0.57
四川	Sichuan	227.12	2.47	10.12	37.12	40.37	4.86	2.17
贵州	Guizhou	73.31	0.32	13.29	6.97	26.30	0.24	0.64
云南	Yunnan	136.34	2.49	6.39	30.29	34.04	0.68	3.88
西藏	Tibet	19.25	1.03	0.06	1.54	2.23	0.49	0.55
陕西	Shaanxi	96.63	0.48	6.20	18.45	27.80	1.44	0.77
甘肃	Gansu	50.73	0.31	2.07	11.85	16.55	0.69	1.21
青海	Qinghai	38.38	0.22	3.57	2.48	20.96	0.21	0.56
宁夏	Ningxia	23.61	0.46	4.29	1.96	2.93	0.23	3.47
新疆	Xinjiang	148.12	5.37	39.48	28.37	10.75	3.24	2.80
不分地区	Not Classified by Region	575.54	3.15	30.77		6.15		9.53

NEWLY INCREASED FIXED ASSETS OF STATE-OWNED UNITS THROUGH CAPITAL CONSTRUCTION BY SECTOR

(100 million yuan)

交通运输仓储和邮电通信业 Transportation, Storage, Postal and Telecommunications Services	批发零售贸易和餐饮业 Wholesale & Retail Trade and Catering Services	金融、保险业 Finance and Insurance	房地产业 Real Estate Trade	社会服务业 Social Services	卫生体育和社会福利业 Health Care, Sports and Social Welfare	教育、文化艺术和广播电影电视业 Education, Culture, Arts, Radio, Film and Television	科学研究和综合技术服务事业 Scientific Research and Polytechnical Services	国家机关、政党机关和社会团体 Government Agencies, Party Agencies and Social Organizations	其他行业 Others
132.73	24.77	4.54	43.01	36.12	15.49	57.60	13.70	34.40	33.85
140.90	26.76	5.76	50.23	35.54	17.72	73.12	16.80	44.54	40.48
130.74	28.52	9.55	28.34	33.48	21.78	80.56	19.18	46.92	31.78
181.20	38.78	12.97	35.17	40.77	22.03	81.59	17.05	56.00	29.63
129.60	37.41	14.61	38.08	34.97	22.65	81.96	17.46	54.18	89.70
160.23	32.43	12.59	13.28	46.66	40.08	98.25	21.61	57.55	83.93
203.15	48.44	15.61	13.53	77.73	30.11	102.14	19.75	68.16	28.63
261.00	79.18	24.15	30.12	100.33	35.02	120.40	18.79	102.34	131.27
491.22	124.63	42.93	65.41	172.16	42.14	148.84	27.19	195.29	63.81
710.00	162.96	63.86	122.38	228.69	64.90	191.57	35.25	264.38	71.06
1099.05	162.44	76.75	84.06	272.23	69.16	275.97	49.75	355.78	61.33
1414.87	190.09	100.10	100.65	356.06	98.65	356.06	43.86	449.13	112.34
44.04	5.12	0.68	2.08	9.13	7.09	19.93	14.43	31.16	3.65
11.37	0.41	0.69		7.55	0.80	3.77	0.54	4.06	0.49
32.16	11.15	6.18	4.75	10.32	3.27	14.55	0.55	27.01	3.16
43.78	3.03	2.05	0.54	1.94	1.06	4.37	0.97	4.55	0.44
12.87	3.15	1.61	0.65	2.54	1.81	5.17	0.66	7.27	0.33
26.75	5.64	7.22	4.74	16.03	8.20	10.67	1.29	14.33	6.10
7.08	2.76	3.10		1.20	0.85	5.51	0.60	14.01	1.65
13.85	7.56	4.11	0.81	6.48	1.90	6.64	0.24	16.53	2.32
46.80	7.46	0.07	49.77	43.88	4.80	23.62	3.30	16.08	15.53
73.31	24.54	4.52	1.58	34.45	8.89	28.90	1.95	28.51	5.54
66.97	14.20	5.78	1.86	33.41	7.12	21.35	0.41	19.41	4.31
23.06	7.46	2.55	0.46	8.10	2.58	6.97	0.20	10.42	0.07
50.90	6.64	2.69	0.12	9.53	2.32	13.95	0.14	13.38	3.12
14.39	2.76	3.13	0.22	2.22	1.06	4.65	0.10	9.90	0.23
47.17	8.64	7.23	0.50	12.10	6.43	19.67	0.85	33.04	2.80
26.44	9.32	4.24	1.04	16.10	5.37	16.25	1.66	29.94	1.67
36.33	6.87	5.51	2.33	13.55	4.28	16.75	2.50	16.50	14.89
39.09	8.57	5.43	0.70	10.67	3.90	12.77	1.31	17.93	0.95
145.18	17.23	2.83	20.78	33.77	8.69	43.62	1.47	36.54	8.01
43.35	2.74	3.21	1.14	14.33	2.14	11.61	0.38	12.23	0.34
20.43	5.07	3.41	0.63	24.43	1.64	3.94	0.60	5.41	4.96
28.73	10.05	7.73	3.88	18.14	4.57	24.35	2.34	29.60	0.62
6.05	2.45	0.78	0.42	6.29	0.81	3.43	0.69	4.54	0.09
16.98	3.12	5.36	0.35	5.94	3.24	8.94	0.75	13.26	0.63
5.10	0.58	0.64	0.14	0.48	0.20	1.58	0.11	4.49	0.03
12.09	2.95	2.26	0.40	3.88	1.20	9.12	2.47	6.19	0.93
2.50	2.23	1.54	0.27	1.35	0.81	3.68	0.23	4.92	0.52
3.88	0.80	0.51		0.34	0.48	1.78	0.02	2.46	0.11
2.48	1.66	0.48	0.02	1.50	0.83	1.18	0.17	1.93	0.02
14.77	5.93	4.56	0.47	6.41	2.31	7.34	0.42	13.53	2.37
496.97							2.51		26.46

5-14 各地区基本建设施工、投产项目个数和新增固定资产

NUMBER OF CAPITAL CONSTRUCTION PROJECTS UNDER CONSTRUCTION AND PUT INTO USE AND NEWLY INCREASED FIXED ASSETS BY REGION

年份 地区 Year Region	施工项目 (个) Number of Projects under Construction (unit)	全部建成投产项目 (个) Number of Projects Fully Completed an Put into Use (unit)	项目建成投产率 (%) Rate of Projects Completed and Put into Use (%)	新增固定资产 (亿元) Newly Increased Fixed Assets (100 million yuan)	固定资产交付使用率 (%) Rate of Fixed Assets Put into Use (%)
1985	87766	44477	50.7	733.16	68.2
1986	79667	45107	56.6	929.88	79.1
1987	76964	40520	52.6	959.08	71.4
1988	77475	41289	53.3	1112.13	70.6
1989	66382	35370	53.3	1179.03	76.1
1990	67842	36502	53.8	1362.61	80.0
1991	77704	41783	53.8	1498.73	70.8
1992	90609	50633	55.9	1975.00	65.6
1993	90954	51886	57.0	2758.93	59.8
1994	88841	49021	55.2	3729.78	57.9
1995	88685	50512	57.0	4712.67	63.7
1996	93997	55436	59.0	6168.14	71.6
北京 Beijing	1252	374	29.9	262.53	83.6
天津 Tianjin	663	392	59.1	124.81	73.6
河北 Hebei	5008	3211	64.1	271.04	72.2
山西 Shanxi	2042	985	48.2	100.59	67.9
内蒙古 Inner Mongolia	2025	1309	64.6	82.36	59.1
辽宁 Liaoning	2133	1236	57.9	308.09	94.4
吉林 Jilin	1340	908	67.8	210.82	108.4
黑龙江 Heilongjiang	1906	1314	68.9	143.57	61.8
上海 Shanghai	1331	523	39.3	371.64	57.7
江苏 Jiangsu	4192	2812	67.1	337.02	71.9
浙江 Zhejiang	5665	3220	56.8	267.15	63.0
安徽 Anhui	3061	1803	58.9	175.68	91.0
福建 Fujian	3467	1845	53.2	143.83	59.6
江西 Jiangxi	2812	1626	57.8	68.18	59.5
山东 Shandong	5215	2779	53.3	284.20	62.9
河南 Henan	5557	3676	66.2	264.09	66.7
湖北 Hubei	5417	3680	67.9	313.12	78.6
湖南 Hunan	5265	3010	57.2	162.00	68.8
广东 Guangdong	4454	1964	44.1	634.02	70.0
广西 Guangxi	4772	2805	58.8	136.99	78.5
海南 Hainan	1221	673	55.1	117.41	85.0
四川 Sichuan	7183	3900	54.3	227.12	54.3
贵州 Guizhou	2993	1851	61.8	73.31	85.6
云南 Yunnan	4624	2960	64.0	136.34	81.0
西藏 Tibet	989	820	82.9	19.25	67.0
陕西 Shaanxi	2757	1438	52.2	96.63	71.4
甘肃 Gansu	1777	1059	59.6	50.73	50.0
青海 Qinghai	1013	676	66.7	38.38	74.7
宁夏 Ningxia	719	441	61.3	23.61	63.0
新疆 Xinjiang	3063	2138	69.8	148.12	69.6
不分地区 Not Classified by Region	81	8	9.9	575.54	83.8

5－15 国民经济各行业基本建设施工、投产项目个数(1996年)

NUMBER OF CAPITAL CONSTRUCTION PROJECTS UNDER CONSTRUCTION AND PUT INTO USE BY SECTOR (1996)

单位：亿元 (100 million yuan)

行业	Sector	施工项目 (个) Number of Projects under Construction (unit)	#新开工 Starting This Year	全部建成投产项目 (个) Number of Projects Completed and Put into Use (unit)	项目建成投产率 (%) Rate of Projects Completed & Put into Use (%)
全国总计	**National Total**	**93997**	**56929**	**55436**	**59.0**
农、林、牧、渔业	**Farming, Forestry, Animal Husbandry and Fishery**	**3027**	**2070**	**2063**	**68.2**
农业	Farming	872	664	600	68.8
林业	Forestry	706	442	513	72.7
畜牧业	Animal Husbandry	236	154	142	60.2
渔业	Fishery	113	81	75	66.4
农林牧渔服务业	Services	1100	729	733	66.6
采掘业	**Mining and Quarrying**	**1022**	**418**	**402**	**39.3**
煤炭采选业	Coal Mining and Dressing	430	125	114	26.5
石油和天然气开采业	Petroleum and Natural Gas Extraction	43	28	14	32.6
黑色金属矿采选业	Ferrous Metals Mining and Dressing	51	16	24	47.1
有色金属矿采选业	Nonferrous Metals Mining and Dressing	173	89	81	46.8
非金属矿采选业	Nonmetal Minerals Mining and Dressing	151	70	82	54.3
其他矿采选业	Other Minerals Mining and Dressing	2	1		
木材及竹材采运业	Logging and Transport of Wood and Bamboo	172	89	87	50.6
制造业	**Manufacturing**	**7994**	**4168**	**4167**	**52.1**
食品加工业	Food Processing	834	556	553	66.3
食品制造业	Food Production	326	208	188	57.7
饮料制造业	Beverage Production	295	183	171	58.0
烟草加工业	Tobacco Processing	139	72	73	52.5
纺织业	Textile Industry	509	277	301	59.1
服装及纤维制品制造业	Garments and Other Fiber Products	90	55	48	53.3
皮革毛皮羽绒及制品业	Leather, Furs, Down and Related Products	67	41	45	67.2
木材加工及竹藤棕草制品业	Timber Processing, Bamboo, Cane, Palm Fiber and Straw Products	138	67	66	47.8
家具制造业	Furniture Manufacturing	42	28	18	42.9
造纸及纸制品业	Papermaking and Paper Products	209	117	97	46.4
印刷业记录媒介的复制	Printing and Record Medium Reproduction	207	125	117	56.5
文教体育用品制造业	Cultural, Educational and Sports Goods	20	8	15	75.0
石油加工及炼焦业	Petroleum Processing and Coking	103	37	38	36.9
化学原料及制品制造业	Raw Chemical Materials and Chemical Products	818	438	413	50.5
医药制造业	Medical and Pharmaceutical Products	250	123	113	45.2
化学纤维制造业	Chemical Fiber	72	27	28	38.9
橡胶制品业	Rubber Products	69	29	35	50.7
塑料制品业	Plastic Products	127	83	68	53.5
非金属矿物制品业	Nonmetal Mineral Products	779	408	436	56.0
黑色金属冶炼及压延加	Smelting and Pressing of Ferrous Metals				

续表 1 continued

单位：亿元 (100 million yuan)

行 业	Sector	施工项目（个）Number of Projects under Construction (unit)	#新开工 Starting This Year	全部建成投产项目（个）Number of Projects Completed and Put into Use (unit)	项目建成投产率（%）Rate of Projects Completed & Put into Use (%)
工业		173	69	67	38.7
有色金属冶炼及压延加工业	Smelting and Pressing of Nonferrous Metals	150	72	71	47.3
金属制品业	Metal Products	195	104	96	49.2
普通机械制造业	Ordinary Machinery	500	236	258	51.6
专用设备制造业	Equipment for Special Purposes	511	256	266	52.1
交通运输设备制造业	Transport Equipment	611	232	242	39.6
电气机械及器材制造业	Electric Equipment and Machinery	289	136	152	52.6
电子及通信设备制造业	Electronic and Telecommunications Equipment	242	84	98	40.5
仪器仪表及文化办公用机械制造业	Instruments, Meters, Cultural and Office Machinery	96	35	39	40.6
其他制造业	Other Manufacturing	72	41	44	61.1
电力、煤气及水的生产和供应业	**Electric Power, Gas and Water Production and Supply**	**4646**	**2257**	**2194**	**47.2**
电力、蒸汽、热水生产和供应业	Electric Power, Steam and Hot Water Production and Supply	3301	1604	1595	48.3
煤气的生产和供应业	Gas Production and Supply	272	109	101	37.1
自来水的生产和供应业	Tap Water Production and Supply	1073	544	498	46.4
建筑业	**Construction**	**1625**	**853**	**801**	**49.3**
土木工程建筑业	Civil Engineering Construction	1436	756	703	49.0
线路、管道和设备安装业	Circuit, Pipelines and Equipment Installation	144	70	68	47.2
建筑物的装修装饰业	Buildings Fitting up and Decoration	45	27	30	66.7
地质勘查、水利管理业	**Geological Prospecting and Water Conservancy**	**1993**	**1011**	**925**	**46.4**
地质勘查业	Geological Prospecting	284	97	116	40.8
水利管理业	Water Conservancy	1709	914	809	47.3
交通运输、仓储及邮电通信业	**Transportation, Storage, Postal and Telecommunications Services**	**8891**	**5332**	**4937**	**55.5**
铁路运输业	Railway Transport	388	145	134	34.5
公路运输业	Highway Transport	2231	1217	1138	51.0
管道运输业	Pipeline Transport	17	9	7	41.2
水上运输业	Waterway Transport	162	62	59	36.4
航空运输业	Air Transport	104	34	29	27.9
交通运输辅助业	Transport Subsidiary Services	2051	1257	1152	56.2
其他交通运输业	Other Transport	96	46	45	46.9
仓储业	Storage	490	241	288	58.8
邮电通信业	Postal and Telecommunications Services	3352	2321	2085	62.2
批发和零售贸易餐饮业	**Wholesale & Retail Trade and Catering Services**	**7129**	**4306**	**4392**	**61.6**
食品饮料烟草和家庭用品批发业	Wholesale Trade of Food, Drink, Tobacco and Household Articles	2789	1749	1705	61.1
能源材料和机械电子设	Wholesale Trade of Energy, Materials and				

续表 2 continued

单位: 亿元 (100 million yuan)

行业	Sector	施工项目（个）Number of Projects under Construction (unit)	#新开工 Starting This Year	全部建成投产项目（个）Number of Projects Completed and Put into Use (unit)	项目建成投产率（%）Rate of Projects Completed & Put into Use (%)
备批发业	Electronic Equipment	1073	580	631	58.8
其他批发业	Other Wholesale Trade	516	307	325	63.0
零售业	Retail Trade	2389	1473	1509	63.2
商业经纪与代理业	Commercial Brokerage and Agencies	50	11	24	48.0
餐饮业	Catering Trade	312	186	198	63.5
金融、保险业	**Finance and Insurance**	**3561**	**1816**	**2143**	**60.2**
金融业	Finance	3283	1700	1968	59.9
保险业	Insurance	278	116	175	62.9
房地产业	**Real Estate Management**	**1093**	**525**	**519**	**47.5**
房地产开发与经营业	Real Estate Development and Operation	553	223	211	38.2
房地产管理业	Real Estate Management	520	291	297	57.1
房地产代理与经纪业	Real Estate Brokerage and Agencies	20	11	11	55.0
社会服务业	**Social Services**	**4849**	**2806**	**2549**	**52.6**
公共服务业	Public Services	2940	1839	1655	56.3
居民服务业	Resident Services	207	129	113	54.6
旅馆业	Hotels	1111	542	507	45.6
租赁服务业	Leasing Services	12	4	5	41.7
旅游业	Tourism	152	77	65	42.8
娱乐服务业	Recreational Services	167	73	65	38.9
信息、咨询服务业	Information and Consultancy Services	51	27	26	51.0
计算机应用服务业	Computer Application Services	11	6	5	45.5
其他社会服务业	Other Social Services	198	109	108	54.5
卫生体育和社会福利业	**Health Care, Sports and Social Welfare**	**4878**	**2898**	**2877**	**59.0**
卫生	Health Care	4085	2460	2488	60.9
体育	Sports	319	139	121	37.9
社会福利保障业	Social Welfare and Social Security	474	299	268	56.5
教育、文化艺术和广播电影电视业	**Education, Culture and Arts, Radio, Film and Television**	**19546**	**13252**	**12965**	**66.3**
教育	Education	17755	12291	12045	67.8
文化艺术业	Culture and Arts	962	474	438	45.5
广播、电影、电视业	Radio, Film and Television	829	487	482	58.1
科学研究和综合技术服务业	Scientific Research and Polytechnical Services	1222	575	542	44.4
科学研究业	Scientific Research	607	214	221	36.4
综合技术服务业	Polytechnical Services	615	361	321	52.2
国家机关、政党机关和社会团体	**Government Agencies, Party Agencies and Social Organizations**	**21492**	**14057**	**13385**	**62.3**
#国家机关	Government Agencies	20379	13426	12735	62.5
政党机关	Party Agencies	678	385	404	59.6
其他行业	**Other Sectors**	**1029**	**585**	**575**	**55.9**

5-16 国民经济各行业基本建设投资和新增固定资产(1996年)

INVESTMENT IN CAPITAL CONSTRUCTION AND NEWLY INCREASED FIXED ASSETS BY SECTOR (1996)

行业	Sector	投资额(亿元) Investment (100 million yuan)	新增固定资产(亿元) Newly Increased Fixed Assets (100 million yuan)	固定资产交付使用率(%) Rate of Fixed Assets Put into Use (%)
全国总计	**National Total**	**8610.84**	**6168.14**	**71.6**
农、林、牧、渔业	**Farming, Forestry, Animal Husbandry and Fishery**	**111.30**	**63.08**	**56.7**
农业	Farming	59.74	31.18	52.2
林业	Forestry	23.58	10.29	43.6
畜牧业	Animal Husbandry	6.85	5.92	86.4
渔业	Fishery	4.81	3.46	71.9
农林牧渔服务业	Services	16.33	12.23	74.9
采掘业	**Mining and Quarrying**	**498.75**	**281.64**	**56.5**
煤炭采选业	Coal Mining and Dressing	216.54	99.61	46.0
石油和天然气开采业	Petroleum and Natural Gas Extraction	221.09	135.33	61.2
黑色金属矿采选业	Ferrous Metals Mining and Dressing	20.29	8.46	41.7
有色金属矿采选业	Nonferrous Metals Mining and Dressing	18.66	15.35	82.3
非金属矿采选业	Nonmetal Minerals Mining and Dressing	13.69	16.63	121.5
其他矿采选业	Other Minerals Mining and Dressing	0.08	0.04	50.0
木材及竹材采运业	Logging and Transport of Wood and Bamboo	8.39	6.22	74.1
制造业	**Manufacturing**	**1681.22**	**1361.73**	**81.0**
食品加工业	Food Processing	49.52	39.74	80.3
食品制造业	Food Production	23.84	17.37	72.9
饮料制造业	Beverage Production	40.63	34.85	85.8
烟草加工业	Tobacco Processing	9.42	5.83	61.9
纺织业	Textile Industry	23.05	22.19	96.3
服装及纤维制品制造业	Garments and Other Fiber Products	7.21	6.57	91.1
皮革毛皮羽绒及制品业	Leather, Furs, Down and Related Products	2.85	2.52	88.4
木材加工及竹藤棕草制品业	Timber Processing, Bamboo, Cane, Palm Fiber and Straw Products	25.49	14.56	57.1
家具制造业	Furniture Manufacturing	1.32	0.86	65.2
造纸及纸制品业	Papermaking and Paper Products	52.79	23.85	45.2
印刷业记录媒介的复制	Printing and Record Medium Reproduction	9.07	5.23	57.7
文教体育用品制造业	Cultural, Educational and Sports Goods	0.72	0.56	77.8
石油加工及炼焦业	Petroleum Processing and Coking	122.51	108.09	88.2
化学原料及制品制造业	Raw Chemical Materials and Chemical Products	396.61	443.96	111.9
医药制造业	Medical and Pharmaceutical Products	21.81	14.22	65.2
化学纤维制造业	Chemical Fiber	44.31	26.95	60.8
橡胶制品业	Rubber Products	20.02	11.80	58.9
塑料制品业	Plastic Products	15.00	6.68	44.5
非金属矿物制品业	Nonmetal Mineral Products	132.58	103.82	78.3
黑色金属冶炼及压延加工业	Smelting and Pressing of Ferrous Metals	266.75	150.31	56.3
有色金属冶炼及压延加工业	Smelting and Pressing of Nonferrous Metals	43.46	32.26	74.2
金属制品业	Metal Products	32.78	16.95	51.7
普通机械制造业	Ordinary Machinery	27.47	24.31	88.5
专用设备制造业	Equipment for Special Purposes	32.06	27.58	86.0
交通运输设备制造业	Transport Equipment	115.41	119.09	103.2
电气机械及器材制造业	Electric Equipment and Machinery	26.10	19.52	74.8
电子及通信设备制造业	Electronic and Telecommunications Equipment	113.10	70.92	62.7
仪器仪表及文化办公用机械制造业	Instruments, Meters, Cultural and Office Machinery	5.29	4.70	88.8
其他制造业	Other Manufacturing	11.38	2.04	17.9
电力、煤气及水的生产和供应业	**Electric Power, Gas and Water Production and Supply**	**1546.83**	**1029.85**	**66.6**
电力、蒸汽、热水生产和供应业	Electric Power, Steam and Hot Water Production and Supply	1374.19	922.64	67.1
煤气的生产和供应业	Gas Production and Supply	46.46	31.50	67.8
自来水的生产和供应业	Tap Water Production and Supply	126.18	75.71	60.0
建筑业	**Construction**	**183.70**	**100.12**	**54.5**
土木工程建筑业	Civil Engineering Construction	174.28	91.91	52.7

续表 1 continued

行业	Sector	投资额（亿元） Investment (100 million yuan)	新增固定资产（亿元） Newly Increased Fixed Assets (100 million yuan)	固定资产交付使用率（%） Rate of Fixed Assets Put into Use (%)
线路、管道和设备安装业	Circuit, Pipelines and Equipment Installation	6.38	5.35	83.9
建筑物的装修装饰业	Buildings Fitting up and Decoration	3.04	2.86	94.1
地质勘查、水利管理业	**Geological Prospecting and Water Conservancy**	**228.46**	**109.91**	**48.1**
地质勘查业	Geological Prospecting	21.91	19.77	90.2
水利管理业	Water Conservancy	206.55	90.14	43.6
交通运输、仓储及邮电通信业	**Transportation, Storage, Postal and Telecommunications Services**	**1847.12**	**1414.87**	**76.6**
铁路运输业	Railway Transport	467.85	361.06	77.2
公路运输业	Highway Transport	499.07	396.10	79.4
管道运输业	Pipeline Transport	15.32	1.67	10.9
水上运输业	Waterway Transport	40.59	34.48	84.9
航空运输业	Air Transport	128.20	113.57	88.6
交通运输辅助业	Transport Subsidiary Services	326.28	182.79	56.0
其他交通运输业	Other Transport	19.91	24.08	120.9
仓储业	Storage	36.66	22.61	61.7
邮电通信业	Postal and Telecommunications Services	313.23	278.51	88.9
批发和零售贸易餐饮业	**Wholesale & Retail Trade and Catering Services**	**254.61**	**190.09**	**74.7**
食品饮料烟草和家庭用品批发业	Wholesale Trade of Food, Drink, Tobacco and Household Articles	73.85	57.73	78.2
能源材料和机械电子设备批发业	Wholesale Trade of Energy, Materials and Electronic Equipment	32.12	27.51	85.6
其他批发业	Other Wholesale Trade	15.13	9.47	62.6
零售业	Retail Trade	112.39	79.80	71.0
商业经纪与代理业	Commercial Brokerage and Agencies	6.39	5.08	79.5
餐饮业	Catering Trade	14.73	10.49	71.2
金融、保险业	**Finance and Insurance**	**136.24**	**100.10**	**73.5**
金融业	Finance	129.04	94.30	73.1
保险业	Insurance	7.20	5.80	80.6
房地产业	**Real Estate Management**	**139.82**	**100.65**	**72.0**
房地产开发与经营业	Real Estate Development and Operation	103.13	71.26	69.1
房地产管理业	Real Estate Management	36.48	29.13	79.9
房地产代理与经纪业	Real Estate Brokerage and Agencies	0.21	0.26	123.8
社会服务业	**Social Services**	**609.10**	**356.06**	**58.5**
公共服务业	Public Services	422.18	227.12	53.8
居民服务业	Resident Services	4.18	2.53	60.5
旅馆业	Hotels	120.59	94.86	78.7
租赁服务业	Leasing Services	3.49	0.85	24.4
旅游业	Tourism	10.18	7.20	70.7
娱乐服务业	Recreational Services	27.34	14.41	52.7
信息、咨询服务业	Information and Consultancy Services	2.68	0.47	17.5
计算机应用服务业	Computer Application Services	1.66	1.02	61.4
其他社会服务业	Other Social Services	16.79	7.60	45.3
卫生体育和社会福利业	**Health Care, Sports and Social Welfare**	**125.02**	**98.65**	**78.9**
卫生	Health Care	86.65	75.58	87.2
体育	Sports	29.18	15.89	54.5
社会福利保障业	Social Welfare and Social Security	9.18	7.18	78.2
教育、文化艺术和广播电影电视业	Education, Culture and Arts, Radio, Film and Television	430.29	356.06	82.7
教育	Education	350.38	304.96	87.0
文化艺术业	Culture and Arts	49.26	22.85	46.4
广播、电影、电视业	Radio, Film and Television	30.64	28.25	92.2
科学研究和综合技术服务业	**Scientific Research and Polytechnical Services**	**65.78**	**43.86**	**66.7**
科学研究业	Scientific Research	48.55	32.06	66.0
综合技术服务业	Polytechnical Services	17.23	11.80	68.5
国家机关、政党机关和社会团体	**Government Agencies, Party Agencies and Social Organizations**	**591.64**	**449.13**	**75.9**
#国家机关	Government Agencies	555.66	417.85	75.2
政党机关	Party Agencies	21.80	17.34	79.5
其他行业	**Other Sectors**	**160.98**	**112.36**	**69.8**

5-17 基本建设新增主要产品生产能力

NEWLY INCREASED PRODUCTION CAPACITY OF STAE-OWNED UNITS THROUGH CAPITAL CONSTRUCTION

能力名称	Item	1993	1994	1995	1996
铁矿开采 (万吨/年)	Iron-Ore Mining (10 000 tons/year)	250	155	11	16
铁选矿: (万吨/年)	Iron-Ore Dressing (10 000 tons/year)				
1.处理原矿	Dressing Crude Ore				
2.精矿粉	Concentrate Powderded Ore				
铁矿烧结 (万吨/年)	Sintering of Iron-Ore (10 000 tons/year)	67	378	212	
炼焦 (万吨/年)	Coking (10 000 tons/year)				
炼铁 (万吨/年)	Iron Smelting (10 000 tons/year)	105.9	109.6	353.0	34.8
炼钢 (万吨/年)	Steelmaking (10 000 tons/year)	72.1	54.1	188.0	72.0
初轧 (万吨/年)	Rough Rolling (10 000 tons/year)	1.8	1.0	18.0	5.0
电炉铁合金 (万吨/年)	Electric Iron Alloy (10 000 tons/year)	0.05	0.58	1.24	2.01
铜选矿:	Copper Ore Dressing				
处理原矿 (万吨/年)	Dressing Crude Ore (10 000 tons/year)	22.5	0.5	1004.0	31.2
铜精矿 (吨/年)	Copper Concentrate Ore (ton/year)	1400		170000	4000
精矿含铜 (吨/年)	Copper Content in Concentrate Ore (ton/year)	2346		41226	200
煤炭开采 (万吨/年)	Coal Mining (10 000 tons/year)	4275.1	954.9	2331.0	1694.0
天然石油开采 (万吨/年)	Petroleum Extraction (10 000 tons/year)	689.7	620.9	742.0	902.5
硫酸 (万吨/年)	Sulfuric Acid (10 000 tons/year)	13.9	23.8	52.9	89.9
纯碱 (万吨/年)	Soda Ash (10 000 tons/year)	8	20	20	
烧碱 (万吨/年)	Caustic Soda (10 000 tons/year)	15.8	3.5	4.0	1.5
合成氨 (万吨/年)	Synthetic Ammonia (10 000 tons/year)	5.5	51.2	2.6	39.5
化肥 (万吨/年)	Chemical Fertilzer (10 000 tons/year)	46.3	63.5	64.4	77.4
乙烯 (吨/年)	Ethylene (ton/year)	475000		140750	260960
塑料 (吨/年)	Plastics (ton/year)	20500	85460	4900	24900
轮胎: (万条/年)	Tire (10 000 sets/year)				
内胎	Inner Tube	16	16	10	
外胎	Tire (Cover)	22	16	10	300
发电机组容量 (万千瓦)	Capacity of Generating sets (10 000 kw/year)	1344.7	1409.8	1442.0	1741.3
#火电	Thermal Power	938.5	805.0	1065.0	1359.7
水电	Hydropower	402.8	417.6	374.0	372.9
其他发电	Other Power		7.25	3.00	8.70
汽车制造 (辆/年)	Motor Vehicle Manufacturing (unit/year)	53626	111210	227	122349
#载重汽车制造	Truck			227	11649
拖拉机制造 (混合台/年)	Tractor Manufacturing (unit/year)			50000	
手扶拖拉机制造 (混合台/年)	Walking Tractor Manufacturing (unit/year)				
蒸汽锅炉 (台/年)	Steam Boiler (unit/year)	50	40	33	
蒸汽锅炉蒸发量 (小时吨/年)	Evaporative Capacity of Steam Boilers (hr.tons/year)	100.0	80.0	62.3	
电动机 (万千瓦/年)	Electric Motor (10 000 kw/year)				
金属切削机床制造 (台/年)	Metal-Cutting Machine Tool (unit/year)		668	460	50
金属切削机床制造 (吨/年)	Metal-Cutting Machine Tool (ton/year)				
重型机械制造 (吨/年)	Heavy-duty Machine (ton/year)				
民用船舶制造 (吨/年)	Civil Ship Manufacturing (ton/year)			300000	
民用船舶制造 (艘/年)	Civil Ship Manufacturing (vessel/year)			2	
胶合板 (万立方米/年)	Plywood (10 000 cu.m/year)	3.7	28.5	9.0	8.4
水泥 (万吨/年)	Cement (10 000 tons/year)	550.3	467.8	795.0	794.2

续表 1 continued

能力名称	Item	1993	1994	1995	1996
化学纤维 (吨/年)	Chemical Fiber (ton/year)	43000	72860	92600	112780
棉纺锭 (万锭)	Cotton Spindle (10 000 units)	15.8	8.4	14.0	6.0
棉布织机 (台)	Cotton Loom (unit)	1437	459	418	362
印染布 (万米/年)	Printed and Dyed Cloth (10 000 m/year)	200	812	8	
毛纺锭 (锭)	Wool Spindle	12000	10000	5040	
机制糖	Machine-processed Sugar				
年生产 (万吨)	Production Capacity (10 000 tons)	0.80	3.64	1.35	9.13
日处理原料 (吨)	Raw Materials Processing (ton/day)	1000	3250	1500	7830
卷烟 (万箱/年)	Cigarettes (10 000 cases/year)		10		
酒 (万吨/年)	Liquor (10 000 tons/year)	10.10	4.22	17.29	49.01
糖果 (吨/年)	Candy (ton/year)		100	1000	11221
奶粉 (吨/年)	Milk Powder (ton/year)	1420	5910	20917	
原盐 (万吨/年)	Raw Salt (10 000 tons/year)			13	19
机制纸及纸板 (万吨/年)	Machine-made Paper and Paperboard (10 000 tons/year)	4.0	11.9	11.0	18.7
肥皂 (万箱/年)	Soap (10 000 cases/year)				
合成洗涤剂 (万吨/年)	Synthetic Detergent (10 000 tons/year)		8.00	1.21	0.30
制革 (万张/年)	Tanning (10 000 pcs/year)	1	1	299	200
皮鞋 (万双/年)	Leather Shoes (10 000 pairs/year)		698	29	53
日用搪瓷 (万件/年)	Daily-use Enamelware (10 000 pcs/year)				
日用陶瓷 (万件/年)	Daily-use Ceramics (10 000 pcs/year)		720	1501	1207
热水瓶 (万个/年)	Thermos Bottle (10 000 units/year)			4	
灯泡 (万只/年)	Bulb (10 000 units/year)		500.6	3488	0.04
自行车 (万辆/年)	Bicycle (10 000 units/year)			5	
缝纫机 (万架/年)	Sewing Machine (10 000 units/year)				
手表 (万只/年)	Wristwatch (10 000 units/year)				
电冰箱 (万台/年)	Refrigerator (10 000 units/year)			20	
电视机 (万台/年)	Television Set (10 000 set/year)			50	
录音机 (万台/年)	Tape Recorder (10 000/year)				
洗衣机 (万台/年)	Washing Machine (10 000/year)		10	20	
新建铁路交付营业里程(公里)	Length of Newly Built Railways Put into Operation (km)	557.2	398.6	2387.0	2170.5
新(扩)建港口码头	Newly Built or Expanded Ports				
年吞吐量 (万吨)	Annual Handling Capacity (10 000 tons)	5206	10261	5830	2537
泊位 (个)	Number of Berths (unit)	118	150	131	89
新建公路 (公里)	Length of New Highways (km)	4636	6034	9450	10179
改建公路 (公里)	Length of Reconstructed Highways (km)	6346	7615	14176	17090
市内电话交换机 (万门)	Local Telephone Exchange (10 000 lines)	215.1	358.0	336.2	278.8
商业石油库 (万立方米)	Commercial Petroleum Depot (10 000cu.m)	212.82	75.27	12.77	10.27
物资储备石油库(万立方米)	Petroleum Tanks in Materials Warehouse System (10 000 cu.m)		88.35	48.00	18.86
商业冷藏库 (万吨)	Commercial Freezer (10 000 tons)	21.9	554.3	154.0	52.7
粮食仓库 (万平方米)	Grain Storehouse (10 000 sq.m)	57.60	39.22	58.98	46.77
粮食仓库 (万公斤)	Grain Storehouse (10 000 kg)		104386	640442	135718
商业饮食服务	Commercial Food Services				
网点 (处)	Number of Establishments (unit)	12262	7345	4180	3609
网点面积 (万平方米)	Areas (10 000 sq.m)		724.88	580.61	512.05
大专院校学生席位 (个)	Number of Student Seats of Universities and Colleges	96279	101436	130639	100606
医院病床床位 (个)	Number of Hospital Beds	80177	58709	52123	66737
自来水供水能力 (万吨/日)	Tap Water Supply Capacity (10 000tons/day)	878.4	1353.5	1369.0	841.9

5-18 按资金来源和隶属关系分的更新改造投资

INVESTMENT IN INNOVATION BY SOURCE OF FUNDS AND ADMINISTRATIVE RELATIONSHIP

单位：亿元 (100 million yuan)

年份地区 Year Region	按资金来源分 Grouped by Source of Funds					按隶属关系分 By Administrative Relationship	
	国家预算内资金 State Budgetary Appropriations	国内贷款 Domestic Loans	利用外资 Foreign Invest-ments	自筹资金 Fundraising	其他投资 Others	中央项目 Central Government Projects	地方项目 Local Projects
1985	19.69	186.75	5.55	226.08	11.07	104.82	344.32
1986	20.58	249.18	8.34	317.61	23.50	148.67	470.54
1987	32.35	306.23	17.46	366.37	36.17	177.01	581.58
1988	27.02	378.72	26.01	501.18	47.61	211.65	768.90
1989	14.15	233.21	26.73	440.69	74.01	205.99	582.79
1990	17.56	269.55	33.85	455.37	53.87	228.46	601.73
1991	17.36	411.22	36.49	508.62	49.53	279.37	743.86
1992	20.11	604.56	53.15	722.56	60.73	370.46	1090.65
1993	31.31	800.71	84.97	1227.57	106.60	633.31	1562.54
1994	30.60	830.11	212.85	1675.08	151.10	909.26	2009.35
1995	38.32	803.55	321.11	1929.77	157.89	1081.46	2217.89
1996	29.58	831.26	353.97	2191.19	166.72	1250.29	2372.45
北　京 Beijing	4.04	29.84	12.73	112.55	5.88	63.70	104.36
天　津 Tianjin	0.85	16.87	10.55	57.82	6.79	28.70	77.97
河　北 Hebei	1.72	40.03	22.49	133.59	7.92	55.13	157.13
山　西 Shanxi	0.59	16.10	0.77	64.52	3.49	30.98	50.54
内蒙古 Inner Mongolia	1.09	8.52	1.05	32.77	1.08	15.81	38.12
辽　宁 Liaoning	1.33	37.08	7.83	125.04	10.26	81.65	105.31
吉　林 Jilin	0.60	15.58	8.81	34.69	1.47	20.06	42.37
黑龙江 Heilongjiang	0.45	30.01	7.40	83.06	2.65	77.61	41.48
上　海 Shanghai	1.18	77.80	81.30	250.95	10.29	59.15	355.31
江　苏 Jiangsu	1.26	52.68	28.05	146.24	4.77	70.36	169.15
浙　江 Zhejiang	0.61	30.58	4.08	69.57	3.03	42.44	67.89
安　徽 Anhui	0.55	32.75	8.57	52.52	4.12	33.42	68.19
福　建 Fujian	0.74	26.25	10.16	48.78	5.46	17.49	75.03
江　西 Jiangxi	0.81	18.00	3.27	37.13	2.25	17.12	43.13
山　东 Shandong	2.42	67.49	19.78	139.03	13.40	62.10	175.14
河　南 Henan	0.59	44.64	8.70	101.67	7.08	52.25	103.40
湖　北 Hubei	2.26	37.78	9.28	118.79	14.38	70.26	121.67
湖　南 Hunan	0.18	28.30	10.46	60.39	4.10	65.36	53.26
广　东 Guangdong	2.67	49.77	65.43	131.49	20.72	91.05	182.13
广　西 Guangxi	0.43	17.21	6.13	47.32	5.77	23.27	48.06
海　南 Hainan	0.04	2.63	0.90	4.69	0.15	1.58	6.94
四　川 Sichuan	1.42	42.87	16.55	102.54	10.96	61.02	107.79
贵　州 Guizhou	0.78	11.22	2.01	25.08	2.01	17.23	26.32
云　南 Yunnan	0.59	36.55	1.15	63.63	4.31	44.44	62.55
西　藏 Tibet	0.05	0.02		0.10	0.14		0.31
陕　西 Shaanxi	1.18	25.68	2.13	41.93	3.14	40.19	36.26
甘　肃 Gansu	0.30	11.22	0.21	32.75	6.31	36.58	15.75
青　海 Qinghai	0.10	3.35	0.02	7.34	0.53	2.11	8.80
宁　夏 Ningxia	0.16	4.74	...	10.88	1.25	6.28	11.08
新　疆 Xinjiang	0.59	15.70	4.16	42.95	3.01	51.57	17.01
不分地区 Not Classified by Region				11.38		11.38	

5－19 按构成和建设性质分的更新改造投资

INVESTMENT IN INNOVATION IN STATE－OWNED UNITS BY USE OF FUNDS AND TYPE OF CONSTRUCTION

单位：亿元 (100 million yuan)

年份地区 Year Region	投资额 Total	按构成分 Grouped by Use of Funds 建筑安装工程 Construction and Installation	设备、工器具购置 Purchases of Equipment and Instruments	其他费用 Others	按建设性质分 Grouped by Type of Construction #新建 New Construction	#扩建 Expansion	#改建 Reconstruction
1985	449.14	196.23	224.94	27.97	23.06	194.45	191.16
1986	619.21	267.80	308.58	42.83	36.26	274.59	261.84
1987	758.59	349.18	353.29	56.11	41.22	350.33	313.18
1988	980.55	477.76	430.87	71.92	58.08	462.78	402.41
1989	788.78	377.25	355.89	55.64	38.87	345.54	363.49
1990	830.19	372.91	397.36	59.92	45.62	370.35	364.57
1991	1023.23	426.33	513.35	83.54	42.82	460.91	448.46
1992	1461.10	620.64	715.34	125.12	71.63	659.72	642.35
1993	2195.85	945.27	1070.93	179.65	140.31	1069.26	888.40
1994	2918.61	1258.72	1419.79	240.09	189.95	1486.20	1076.44
1995	3299.35	1343.62	1682.20	273.53	288.19	1640.28	1179.86
1996	3622.74	1396.77	1900.50	325.47	349.02	1818.44	1190.99
北　京 Beijing	168.05	79.92	55.80	32.33	22.25	92.96	38.93
天　津 Tianjin	106.68	50.58	44.39	11.71	11.01	50.02	42.63
河　北 Hebei	212.26	77.25	119.31	15.70	24.12	92.41	86.87
山　西 Shanxi	81.52	36.65	38.25	6.62	2.53	35.87	40.60
内蒙古 Inner Mongolia	53.93	26.04	26.09	1.80	1.13	36.50	13.91
辽　宁 Liaoning	186.95	81.29	89.00	16.66	5.34	97.78	80.10
吉　林 Jilin	62.43	28.81	28.63	4.99	4.11	34.83	22.86
黑龙江 Heilongjiang	119.08	50.14	62.61	6.33	3.92	80.17	26.71
上　海 Shanghai	414.45	147.84	204.26	62.35	116.65	117.63	134.83
江　苏 Jiangsu	239.51	79.75	143.92	15.84	18.71	138.24	75.85
浙　江 Zhejiang	110.34	33.13	66.77	10.44	4.55	62.03	34.92
安　徽 Anhui	101.61	34.86	59.00	7.75	9.32	54.58	35.26
福　建 Fujian	92.52	38.28	48.38	5.86	13.70	57.11	17.96
江　西 Jiangxi	60.25	27.05	28.71	4.49	14.52	28.39	15.68
山　东 Shandong	237.24	93.07	124.94	19.23	7.60	133.80	85.85
河　南 Henan	155.65	55.16	87.38	13.11	7.20	85.87	53.92
湖　北 Hubei	191.93	60.12	117.33	14.48	9.09	104.92	47.04
湖　南 Hunan	118.61	37.40	71.89	9.32	9.80	66.89	39.33
广　东 Guangdong	273.19	110.26	147.07	15.86	16.95	143.33	48.46
广　西 Guangxi	71.33	27.75	40.56	3.02	6.35	41.13	19.70
海　南 Hainan	8.51	2.60	5.57	0.34	0.41	5.57	1.82
四　川 Sichuan	168.81	62.68	90.01	16.12	13.47	81.33	56.14
贵　州 Guizhou	43.55	15.30	23.93	4.32	2.47	19.48	20.05
云　南 Yunnan	107.00	40.15	58.21	8.64	12.48	54.05	37.01
西　藏 Tibet	0.31	0.18	0.14	－0.01		0.23	0.05
陕　西 Shaanxi	76.46	22.56	46.91	6.99	4.10	45.89	23.98
甘　肃 Gansu	52.33	23.95	24.22	4.16	0.87	16.31	33.34
青　海 Qinghai	10.91	5.16	4.64	1.11	0.49	4.53	5.13
宁　夏 Ningxia	17.37	7.07	8.10	2.20	0.22	9.15	7.77
新　疆 Xinjiang	68.58	34.40	31.73	2.45	5.66	23.26	37.09
不分地区 Not Classified by Region	11.38	7.37	2.75	1.26		4.18	7.20

5-20 按国民经济行业分的更新改造投资(1996年)

单位: 亿元

地区 Region		合计 Total	农、林、牧、渔业 Farming, Forestry, Animal Husbandry and Fishery	采掘业 Mining and Quarrying	制造业 Manufac-turing	电力、煤气及水的生产和供应业 Electric Power, Gas and Water Production and Supply	建筑业 Construc-tion	地质勘查业 水利管理业 Geological Prospecting and Water Conservancy
	1985	449.14	5.56	44.09	289.71	17.25	6.97	0.79
	1986	619.21	6.08	50.91	402.78	25.47	8.29	1.79
	1987	758.59	7.75	59.71	495.70	29.15	8.92	2.12
	1988	980.55	10.67	87.49	646.24	41.24	11.21	1.96
	1989	788.78	8.40	87.83	500.12	35.23	7.66	3.34
	1990	830.19	7.32	85.49	518.20	43.79	7.69	3.15
	1991	1023.23	13.16	92.96	646.29	43.98	8.51	3.53
	1992	1461.10	14.77	90.13	920.59	65.96	14.20	5.23
	1993	2195.85	17.83	141.69	1298.33	99.31	32.98	7.04
	1994	2918.61	19.64	171.02	1606.03	150.99	31.47	5.50
	1995	3299.35	18.83	206.67	1775.84	217.64	45.80	8.26
	1996	3622.74	23.22	228.29	1843.01	259.21	34.17	10.35
北　京	Beijing	168.05	1.12	0.94	47.50	6.88	1.62	2.23
天　津	Tianjin	106.68	0.04	11.78	47.27	5.52	1.07	0.36
河　北	Hebei	212.26	0.72	16.12	131.05	15.18	2.03	0.74
山　西	Shanxi	81.52	0.02	27.99	34.56	5.80	0.93	0.05
内蒙古	Inner Mongolia	53.93	0.14	4.57	32.92	2.88	0.15	
辽　宁	Liaoning	186.95	0.20	16.79	112.86	10.50	1.07	0.15
吉　林	Jilin	62.43	0.07	3.41	40.73	2.38	0.05	
黑龙江	Heilongjiang	119.08	1.96	23.97	42.96	3.25	0.07	
上　海	Shanghai	414.45	3.19		181.00	46.41	6.92	0.57
江　苏	Jiangsu	239.51	1.09	6.61	138.90	17.47	1.26	0.33
浙　江	Zhejiang	110.34	0.20	0.41	60.70	13.46	0.22	0.24
安　徽	Anhui	101.61	0.08	10.80	67.26	10.82	0.31	0.11
福　建	Fujian	92.52	0.22	0.91	41.74	13.48	1.61	0.10
江　西	Jiangxi	60.25	0.03	4.19	36.56	3.72	0.09	0.21
山　东	Shandong	237.24	0.32	22.96	146.56	12.32	0.48	0.12
河　南	Henan	155.65	0.61	15.78	99.43	9.14	1.76	0.42
湖　北	Hubei	191.93	0.24	2.95	98.25	13.37	2.89	0.39
湖　南	Hunan	118.61	0.01	2.66	71.86	3.75	0.46	0.09
广　东	Guangdong	273.19	1.50	1.65	94.28	14.36	4.82	3.31
广　西	Guangxi	71.33	0.23	0.53	36.87	5.90	0.04	0.11
海　南	Hainan	8.51	0.51	0.46	4.06	0.36		0.05
四　川	Sichuan	168.81	0.05	12.89	91.73	15.80	1.84	0.26
贵　州	Guizhou	43.55	0.01	3.10	22.96	6.76	0.40	0.05
云　南	Yunnan	107.00	1.02	3.82	66.37	2.46	0.71	0.18
西　藏	Tibet	0.31	0.01		0.29			
陕　西	Shaanxi	76.46	0.01	5.39	35.36	4.15	0.95	
甘　肃	Gansu	52.33		4.65	27.30	5.09	0.03	0.03
青　海	Qinghai	10.91	0.05	2.28	5.03	1.27	0.27	0.01
宁　夏	Ningxia	17.37	0.25	2.85	8.76	0.92	0.19	0.01
新　疆	Xinjiang	68.58	9.32	10.57	17.89	5.81	1.93	0.23
不分地区 Classified	Not by Region	11.38		7.26				

INVESTMENT IN INNOVATION IN STATE-OWNED UNITS IN 1996 BY SETOR

(100 million yuan)

交通运输仓储和邮电通信业 Transportation, Storage, Postal and Telecommunications Services	批发零售贸易和餐饮业 Wholesale, & Retail Trade and Catering Sernices	金融、保险业 Finance and Insurance	房地产业 Real Estate Trade	社会服务业 Social Services	卫生体育和社会福利业 Health Care, Sports and Social Welfare	教育、文化艺术和广播电影电视业 Education, Culture, Arts, Radio, Film and Television	科学研究和综合技术服务事业 Scientific Research and Polytechnical Services	国家机关、政党机关和社会团体 Government Agencies, Party Agencies and Social Organizations	其他行业 Others
41.49	10.37	0.97	3.05	17.41	1.78	2.91	2.35	3.24	1.49
55.95	15.93	1.53	5.64	29.11	2.44	4.07	2.33	4.72	2.17
65.63	24.48	1.94	10.45	30.19	2.77	4.20	2.41	9.17	3.94
74.03	32.00	2.66	12.52	35.07	3.33	4.57	2.35	9.16	6.13
65.28	22.46	2.07	8.95	27.49	2.13	4.31	2.35	6.19	4.26
81.32	22.10	1.72	8.54	27.68	3.16	4.65	2.18	7.05	6.14
113.67	27.83	2.11	8.90	34.74	3.22	5.62	2.29	9.22	7.20
192.77	48.12	2.42	13.02	52.93	4.22	6.08	3.16	12.81	14.69
361.47	65.47	3.73	33.80	78.68	6.04	9.37	3.18	21.22	15.73
576.95	101.04	3.63	59.79	120.03	4.47	10.07	5.02	27.38	25.58
680.73	97.30	2.85	56.57	108.50	5.93	15.27	6.29	29.94	22.93
875.97	70.93	8.11	41.76	131.30	10.38	13.38	5.77	37.47	29.42
63.23	8.94	0.18	0.80	23.86	0.54	1.61	2.56	2.03	4.01
18.48	4.09	0.12	5.13	7.08	0.05	0.31	0.47	4.73	0.18
36.23	0.78	0.19	0.04	3.43	0.42	0.81	0.03	3.94	0.55
9.78	0.32		0.04	1.75	0.10	0.03	0.03	0.09	0.03
12.42	0.18	0.04		0.37	0.07	0.01		0.16	0.02
37.24	3.41	0.06		3.92		0.06	0.16	0.50	0.03
8.75	2.22	0.07		4.48		0.10	0.03	0.08	0.06
41.62	0.17	2.10		0.40	2.34	0.01		0.20	0.03
71.29	23.61	0.03	31.47	31.69	1.35	2.83	0.28	5.78	8.03
64.21	1.30	0.04	0.03	5.17	0.88	0.20	0.23	1.33	0.46
29.01	0.67	0.01	0.03	4.25	0.07	0.92		0.13	0.02
9.23	0.64	0.10		0.55	0.08	0.12	0.07	1.42	0.02
31.96	0.38	0.03		1.32	0.05	0.15		0.15	0.42
13.68	0.66		0.03	0.79	0.02	0.02		0.25	
36.63	5.72	0.08	2.14	3.96	0.59	0.57	0.23	4.03	0.53
22.53	1.24			2.54	0.13	0.30	0.20	1.44	0.13
48.46	1.83	2.79		6.90	0.22	0.19	0.21	1.13	12.11
38.00	0.17			0.44	0.05	0.74	0.07		0.31
118.93	3.28	0.71	0.97	17.73	1.95	2.00	0.45	5.53	1.72
21.26	3.01	0.32	0.10	1.50	0.27	0.52		0.67	
2.67	0.04		0.01	0.10	0.17	0.07			0.01
39.23	2.40	0.15	0.79	1.34	0.36	0.61	0.25	1.10	0.01
9.10	0.57	0.02		0.25	0.12	0.07	0.10	0.02	0.02
22.95	2.69	0.57	0.06	3.57	0.32	0.44	0.08	1.29	0.47
				0.01					
27.55	1.01		0.03	1.42	0.06	0.06	0.24	0.21	0.02
13.74	0.46	0.43		0.47	0.04	0.07		0.02	
1.29	0.29	0.05		0.01	0.01	0.12	0.03	0.20	
4.08	0.08	0.02			0.01	0.02		0.16	0.02
18.30	0.77		0.09	2.00	0.11	0.42	0.05	0.88	0.21
4.12									

5-21 国民经济各行业按建设性质分的更新改造投资(1996年)

INVESTMENT IN INNOVATION IN STATE-OWNED UNITS BY TYPE OF CONSTRUCTION AND SECTOR (1996)

单位: 亿元 (100 million yuan)

行业	Sector	投资额 Investment	#新建 New Construction	#扩建 Expansion	#改建 Reconstruction
全国总计	**National Total**	**3622.74**	**349.02**	**1818.44**	**1190.99**
农、林、牧、渔业	**Farming, Forestry, Animal Husbandry and Fishery**	**23.22**	**0.76**	**10.16**	**10.49**
农业	Farming	14.85	0.34	5.01	8.40
林业	Forestry	2.09	0.14	0.93	0.93
畜牧业	Animal Husbandry	1.21	0.08	0.93	0.18
渔业	Fishery	1.82	0.09	0.96	0.40
农林牧渔服务业	Services	3.26	0.11	2.34	0.57
采掘业	**Mining and Quarrying**	**228.29**	**6.78**	**110.15**	**107.07**
煤炭采选业	Coal Mining and Dressing	94.46	3.91	16.65	70.48
石油和天然气开采业	Petroleum and Natural Gas Extraction	100.53		77.52	22.98
黑色金属矿采选业	Ferrous Metals Mining and Dressing	5.04	0.06	1.45	3.27
有色金属矿采选业	Nonferrous Metals Mining and Dressing	16.68	0.92	10.18	5.46
非金属矿采选业	Nonmetal Minerals Mining and Dressing	9.52	1.75	3.60	3.73
其他矿采选业	Other Minerals Mining and Dressing	0.06		0.05	0.01
木材及竹材采运业	Logging and Transport of Wood and Bamboo	2.00	0.14	0.71	1.14
制造业	**Manufacturing**	**1843.01**	**141.61**	**1001.97**	**627.31**
食品加工业	Food Processing	58.46	4.77	38.25	12.87
食品制造业	Food Production	32.58	5.34	20.79	5.24
饮料制造业	Beverage Production	69.95	3.29	55.22	9.88
烟草加工业	Tobacco Processing	63.86	3.36	25.37	31.46
纺织业	Textile Industry	103.71	6.07	40.94	47.24
服装及纤维制品制造业	Garments and Other Fiber Products	5.99	0.61	3.69	0.99
皮革毛皮羽绒及制品业	Leather, Furs, Down and Related Products	4.30	1.04	2.16	0.79
木材加工及竹藤棕草制品业	Timber Processing, Bamboo, Cane, Palm Fiber and Straw Products	12.46	2.84	5.44	3.24
家具制造业	Furniture Manufacturing	2.97	0.22	2.52	0.14
造纸及纸制品业	Papermaking and Paper Products	57.23	6.79	37.31	12.11
印刷业记录媒介的复制	Printing and Record Medium Reproduction	13.38	1.31	5.23	3.84
文教体育用品制造业	Cultural, Educational and Sports Goods	3.24	0.43	1.46	0.60
石油加工及炼焦业	Petroleum Processing and Coking	100.05	0.84	38.79	58.70
化学原料及制品制造业	Raw Chemical Materials and Chemical Products	264.30	17.89	147.82	90.92
医药制造业	Medical and Pharmaceutical Products	52.24	12.55	26.19	10.46
化学纤维制造业	Chemical Fiber	33.85	0.93	20.51	11.71
橡胶制品业	Rubber Products	31.75	0.46	20.15	10.69
塑料制品业	Plastic Products	23.35	6.46	11.55	4.57
非金属矿物制品业	Nonmetal Mineral Products	136.84	18.26	77.57	36.38
黑色金属冶炼及压延加工业	Smelting and Pressing of Ferrous Metals	244.72	2.18	128.59	111.51
有色金属冶炼及压延加工业	Smelting and Pressing of Nonferrous Metals	68.71	4.50	37.14	25.86
金属制品业	Metal Products	24.77	5.60	7.77	8.83
普通机械制造业	Ordinary Machinery	79.27	1.89	42.94	29.45
专用设备制造业	Equipment for Special Purposes	56.13	3.13	33.57	15.21
交通运输设备制造业	Transport Equipment	147.99	13.78	76.81	53.81
电气机械及器材制造业	Electric Equipment and Machinery	54.19	6.67	33.33	11.64
电子及通信设备制造业	Electronic and Telecommunications Equipment	67.34	8.89	43.62	10.54
仪器仪表及文化办公用机械制造业	Instruments, Meters, Cultural and Office Machinery	9.42	0.89	4.89	2.57
其他制造业	Other Manufacturing	9.87	0.45	8.59	0.58
电力、煤气及水的生产和供应业	**Electric Power, Gas and Water Production and Supply**	**259.21**	**22.94**	**108.53**	**122.23**
电力、蒸汽、热水生产和供应业	Electric Power, Steam and Hot Water Production and Supply	218.70	21.68	82.87	109.17
煤气的生产和供应业	Gas Production and Supply	14.18	0.35	8.14	5.55
自来水的生产和供应业	Tap Water Production and Supply	26.33	0.91	17.52	7.50
建筑业	**Construction**	**34.17**	**3.95**	**7.00**	**12.39**
土木工程建筑业	Civil Engineering Construction	29.51	3.69	5.86	10.30

续表 1 continued

单位：亿元 (100 million yuan)

行业	Sector	投资额 Investment	#新建 New Construction	#扩建 Expansion	#改建 Reconstruction
线路、管道和设备安装业	Circuit, Pipelines and Equipment Installation	2.91	0.20	0.46	1.08
建筑物的装修装饰业	Buildings Fitting up and Decoration	1.75	0.06	0.68	1.01
地质勘查、水利管理业	**Geological Prospecting and Water Conservancy**	**10.35**	**1.33**	**2.07**	**6.29**
地质勘查业	Geological Prospecting	1.30		0.11	0.94
水利管理业	Water Conservancy	9.05	1.33	1.96	5.36
交通运输、仓储及邮电通信业	**Transportation, Storage, Postal and Telecommunications Services**	**875.97**	**120.24**	**463.63**	**199.43**
铁路运输业	Railway Transport	90.45	0.32	14.27	74.19
公路运输业	Highway Transport	61.84	18.48	6.37	17.69
管道运输业	Pipeline Transport	2.24		1.54	0.70
水上运输业	Waterway Transport	23.01	0.12	0.84	9.31
航空运输业	Air Transport	43.06	1.38	2.08	1.12
交通运输辅助业	Transport Subsidiary Services	56.84	1.64	10.47	37.24
其他交通运输业	Other Transport	1.62	0.37	0.05	1.20
仓储业	Storage	2.82	0.60	0.80	1.21
邮电通信业	Postal and Telecommunications Services	594.09	97.34	427.21	56.76
批发和零售贸易餐饮业	**Wholesale & Retail Trade and Catering Services**	**70.93**	**15.96**	**21.29**	**30.42**
食品饮料烟草和家庭用品批发业	Wholesale Trade of Food, Beverage, Tobacco and Household Articles	11.83	2.75	3.61	4.83
能源材料和机械电子设备批发业	Wholesale Trade of Energy, Materials and Electronic Equipment	6.71	1.86	2.24	1.66
其他批发业	Other Wholesale Trade	1.46	0.29	0.37	0.69
零售业	Retail Trade	41.88	10.43	14.10	15.88
商业经纪与代理业	Commercial Brokerage and Agencies	2.65	0.48	0.04	2.13
餐饮业	Catering Trade	6.40	0.15	0.91	5.22
金融、保险业	**Finance and Insurance**	**8.11**	**0.19**	**3.50**	**0.77**
金融业	Finance	6.77	0.16	2.99	0.67
保险业	Insurance	1.34	0.03	0.51	0.10
房地产业	**Real Estate Management**	**41.76**	**11.11**	**4.25**	**10.15**
房地产开发与经营业	Real Estate Development and Operation	32.22	10.85	3.98	3.01
房地产管理业	Real Estate Management	9.54	0.26	0.27	7.14
房地产代理与经纪业	Real Estate Brokerage and Agencies				
社会服务业	**Social Services**	**131.30**	**11.58**	**62.91**	**35.22**
公共服务业	Public Services	109.82	10.25	53.73	25.24
居民服务业	Resident Services	0.28		0.07	0.18
旅馆业	Hotels	11.77	0.74	2.83	8.09
租赁服务业	Leasing Services				
旅游业	Tourism	6.35	0.51	5.31	0.50
娱乐服务业	Recreational Services	2.35	0.07	0.76	0.82
信息、咨询服务业	Information and Consultancy Services	0.22		0.04	0.10
计算机应用服务业	Computer Application Services	0.14	0.02		0.09
其他社会服务业	Other Social Services	0.37		0.16	0.19
卫生体育和社会福利业	**Health Care, Sports and Social Welfare**	**10.38**	**0.56**	**2.57**	**2.31**
卫生	Health Care	9.09	0.52	2.41	1.57
体育	Sports	0.90	0.01	0.08	0.51
社会福利保障业	Social Welfare and Social Security	0.38	0.04	0.07	0.23
教育、文化艺术和广播电影电视业	**Education, Culture and Arts, Radio, Film and Television**	**13.38**	**0.97**	**4.91**	**5.39**
教育	Education	9.18	0.35	3.86	3.60
文化艺术业	Culture and Arts	2.09	0.38	0.40	1.01
广播、电影、电视业	Radio, Film and Television	2.11	0.24	0.64	0.79
科学研究和综合技术服务业	**Scientific Research and Polytechnical Services**	**5.77**	**0.28**	**2.28**	**2.10**
科学研究业	Scientific Research	3.79	0.02	1.93	1.30
综合技术服务业	Polytechnical Services	1.98	0.27	0.35	0.81
国家机关、政党机关和社会团体	**Government Agencies, Party Agencies and Social Organizations**	**37.47**	**6.81**	**9.91**	**15.29**
#国家机关	Government Agencies	35.02	5.19	9.88	14.70
政党机关	Party Agencies	1.55	0.91	0.02	0.48
其他行业	**Other Sectors**	**29.41**	**3.92**	**3.31**	**4.14**

5-22 按国民经济行业分的更新改造新增固定资产

单位：亿元

年份地区 Year Region	合计 Total	农、林、牧、渔业 Farming, Forestry, Animal Husbandry and Fishery	采掘业 Mining and Quarrying	制造业 Manufacturing	电力、煤气和水生产和供应业 Electric Power, Gas and Water Production and Supply	建筑业 Construction	地质勘查业水利管理业 Geological Prospecting and Water Conservancy
1985	316.79	4.30	32.13	196.46	11.95	6.40	0.67
1986	468.58	5.20	38.72	300.45	16.85	7.68	1.54
1987	582.62	6.60	45.23	372.71	24.82	8.20	1.63
1988	690.53	7.73	61.72	453.01	26.72	9.19	1.80
1989	636.88	7.15	67.58	399.22	27.48	7.07	2.50
1990	722.94	7.14	67.81	460.33	33.12	6.69	2.41
1991	858.30	11.43	75.91	542.84	38.30	8.05	3.93
1992	1105.05	12.71	70.87	685.35	49.34	12.82	2.46
1993	1531.93	15.23	110.63	876.43	68.59	27.27	4.28
1994	2192.57	17.12	145.08	1210.46	103.14	18.72	5.00
1995	2524.87	17.37	164.06	1381.19	146.54	29.86	6.38
1996	3002.69	21.10	187.10	1512.97	218.13	30.27	7.39
北京 Beijing	155.34	1.16	1.13	50.99	4.30	1.25	1.18
天津 Tianjin	62.90	0.04	11.59	25.84	3.13	1.00	0.26
河北 Hebei	169.44	0.64	12.31	101.65	12.95	1.12	0.51
山西 Shanxi	69.58		23.93	29.99	4.58	0.90	0.01
内蒙古 Inner Mongolia	37.84	0.16	4.25	20.13	1.38	0.19	
辽宁 Liaoning	135.46	0.16	14.78	67.95	13.48	1.10	
吉林 Jilin	46.61	0.07	3.35	28.87	1.93	0.05	
黑龙江 Heilongjiang	102.22	1.67	23.82	36.94	1.82	0.07	
上海 Shanghai	327.39	2.56		157.57	35.18	7.02	0.44
江苏 Jiangsu	224.25	1.16	5.42	127.84	21.17	1.27	0.10
浙江 Zhejiang	106.14	0.54	0.39	59.51	7.48	0.22	0.05
安徽 Anhui	87.92	0.05	8.34	55.68	12.73	0.32	0.07
福建 Fujian	72.27	0.18	0.68	34.27	11.70	1.06	0.10
江西 Jiangxi	43.02	0.01	2.93	24.21	3.37	0.08	0.06
山东 Shandong	187.41	0.29	16.64	110.85	13.51	0.50	0.08
河南 Henan	135.10	0.44	13.45	81.43	7.07	1.34	1.13
湖北 Hubei	182.45	0.21	2.44	95.06	17.58	2.82	0.31
湖南 Hunan	100.86	0.02	2.52	60.36	2.35	0.48	0.09
广东 Guangdong	247.18	1.37	1.02	79.49	15.15	3.59	2.15
广西 Guangxi	52.69	0.13	0.50	27.63	3.38	0.04	0.09
海南 Hainan	6.64	0.48	0.39	3.32	0.10		0.05
四川 Sichuan	142.19	0.05	10.26	80.49	11.46	1.60	0.26
贵州 Guizhou	29.21	0.01	1.80	16.54	2.27	0.39	0.04
云南 Yunnan	79.40	0.96	2.84	45.41	1.59	0.64	0.15
西藏 Tibet	0.31	0.01		0.29			
陕西 Shaanxi	63.49		4.40	34.86	2.93	0.84	
甘肃 Gansu	46.44		1.15	31.31	0.98	0.01	0.02
青海 Qinghai	8.17	0.03	1.68	3.73	0.81	0.25	0.01
宁夏 Ningxia	13.83	0.24	2.61	6.28	0.92	0.19	0.03
新疆 Xinjiang	58.24	8.46	8.86	14.48	2.83	1.93	0.20
不分地区 Not Classified by Region	8.70		3.62				

NEWLY INCREASED FIXED ASSETS OF STATE－OWNED UNITS THROUGH INNOVATION BY SECTOR

(100 million yuan)

交通运输仓储和邮电通信业 Transportation, Storage, Postal and Telecommunications Services	批发零售贸易和餐饮业 Wholesale & Retail Trade and Catering Services	金融、保险业 Banking and Insurance	房地产业 Real Estate Trade	社会服务业 Social Services	卫生体育和社会福利业 Health Care, Sports and Social Welfare	教育、文化艺术和广播电影电视业 Education, Culture, Arts, Radio, Film and Television	科学研究和综合技术服务事业 Scientific Research and Polytechnical Services	国家机关、政党机关和社会团体 Government Agencies, Party Agencies and Social Organizations	其他行业 Others
33.24	7.91	0.77	2.54	11.13	1.67	2.47	1.93	2.33	0.90
45.10	13.03	1.22	4.87	20.11	2.30	3.66	1.76	4.24	1.84
54.77	18.28	1.60	9.29	21.03	2.30	3.02	1.80	8.99	2.37
50.26	23.58	2.09	9.36	25.65	2.49	3.26	1.59	7.63	4.43
49.23	21.34	2.23	8.29	26.31	2.72	3.82	2.12	5.46	4.39
68.48	23.05	1.45	8.16	25.26	3.05	3.53	1.58	5.48	5.41
98.28	21.32	1.85	7.97	26.03	2.86	4.96	1.50	7.12	5.95
154.62	34.44	2.03	9.14	39.88	3.49	5.36	2.81	10.05	9.68
285.30	36.62	2.82	18.31	51.72	4.21	5.40	1.89	14.63	8.58
473.56	50.30	2.47	31.24	91.29	3.95	5.90	3.09	20.09	11.16
563.74	49.92	2.32	38.80	69.34	4.60	11.23	3.00	21.19	15.33
739.95	65.07	6.28	36.99	100.87	7.79	10.23	5.76	28.51	24.28
60.17	8.19	0.76	0.57	16.68	0.33	0.58	2.22	2.39	3.44
10.23	0.91	0.08	4.20	2.94	0.04	0.26	0.36	1.89	0.13
33.05	0.76	0.18	0.04	1.90	0.32	0.77	0.01	2.74	0.49
7.89	0.32		0.04	1.67	0.13	0.01	0.02	0.07	0.02
10.92	0.26	0.07		0.28	0.01			0.17	0.02
34.34	1.04	0.01		1.97		0.03	0.16	0.38	0.06
6.49	2.39	0.07		3.16		0.01	0.02	0.13	0.07
34.87	0.16	1.05		0.40	1.20	0.01		0.19	0.02
38.33	24.70	1.04	28.72	22.04	0.55	1.12	0.63	3.25	4.24
56.62	1.17	0.04	0.04	6.69	0.62	0.21	0.23	1.22	0.45
32.94	0.77		0.04	3.08	0.08	0.91		0.13	
8.49	0.41	0.01		0.47	0.08	0.04		1.22	0.01
22.52	0.40	0.03		0.90	0.04	0.15		0.16	0.08
11.06	0.52		0.03	0.51	0.02	0.02		0.19	0.01
28.40	6.00	0.08	0.97	3.82	0.56	0.53	0.47	4.35	0.36
23.12	2.56			1.83	0.21	0.14	0.33	1.29	0.76
43.43	1.20	1.69		3.89	0.16	0.12	0.26	0.97	12.31
32.60	0.21			0.25	0.05	1.54	0.07		0.32
111.22	2.75	0.47	0.87	20.54	1.77	1.34	0.54	3.94	0.97
15.03	3.13	0.06	0.20	0.93	0.40	0.62		0.55	
1.89	0.03		0.02	0.06	0.24	0.06			
32.02	1.13	0.11	1.16	1.16	0.42	0.69	0.10	1.24	0.04
7.43	0.38	0.03		0.11	0.04	0.07	0.05	0.02	0.03
20.07	2.85	0.42	0.03	2.25	0.29	0.38	0.08	1.21	0.23
				0.01					
18.10	1.07		0.03	0.85	0.06	0.04	0.15	0.12	0.04
11.58	0.78	0.03		0.41	0.04	0.11		0.02	
1.09	0.22	0.03		0.01	0.01	0.13	0.03	0.14	
3.36	0.09	0.02			0.01	0.02		0.05	0.01
17.62	0.67		0.03	2.06	0.11	0.32	0.03	0.48	0.16
5.07									0.01

5－23 国民经济各行业更新改造施工、投产项目个数(1996年)

NUMBER OF INNOVATION PROJECTS UNDER CONSTRUCTION AND PUT INTO USE IN STATE－OWNED UNITS BY SECTOR (1996)

行业	Sector	施工项目 (个) Number of Projects under Construction (unit)	#新开工 Starting This Year	全部建成投产项目 (个) Number of Projects Fully Completed and Put into Use	项目建成投产率 (%) Rate of Projects Completed and Put into Use (%)
全国总计	**National Total**	**57501**	**37042**	**36534**	**63.5**
农、林、牧、渔业	**Farming, Forestry, Animal Husbandry and Fishery**	**1649**	**1332**	**1410**	**85.5**
农业	Farming	1143	1043	986	86.3
林业	Forestry	269	133	249	92.6
畜牧业	Animal Husbandry	72	40	59	81.9
渔业	Fishery	47	34	36	76.6
农林牧渔服务业	Services	118	82	80	67.8
采掘业	**Mining and Quarrying**	**3048**	**1658**	**1578**	**51.8**
煤炭采选业	Coal Mining and Dressing	1881	883	890	47.3
石油和天然气开采业	Petroleum and Natural Gas Extraction	131	103	52	39.7
黑色金属矿采选业	Ferrous Metals Mining and Dressing	169	104	98	58.0
有色金属矿采选业	Nonferrous Metals Mining and Dressing	472	294	265	56.1
非金属矿采选业	Nonmetal Minerals Mining and Dressing	301	223	204	67.8
其他矿采选业	Other Minerals Mining and Dressing	4	2	3	75.0
木材及竹材采运业	Logging and Transport of Wood and Bamboo	90	49	66	73.3
制造业	**Manufacturing**	**25981**	**15471**	**15508**	**59.7**
食品加工业	Food Processing	1538	1169	1165	75.7
食品制造业	Food Production	584	411	389	66.6
饮料制造业	Beverage Production	864	577	556	64.4
烟草加工业	Tobacco Processing	369	175	173	46.9
纺织业	Textile Industry	1370	835	885	64.6
服装及纤维制品制造业	Garments and Other Fiber Products	100	68	67	67.0
皮革毛皮羽绒及制品业	Leather, Furs, Down and Related Products	93	70	54	58.1
木材加工及竹藤棕草制品业	Timber Processing, Bamboo, Cane, Palm Fiber and Straw Products	215	155	120	55.8
家具制造业	Furniture Manufacturing	51	31	35	68.6
造纸及纸制品业	Papermaking and Paper Products	716	461	461	64.4
印刷业记录媒介的复制	Printing and Record Medium Reproduction	288	198	199	69.1
文教体育用品制造业	Cultural, Educational and Sports Goods	66	46	40	60.6
石油加工及炼焦业	Petroleum Processing and Coking Products	1275	869	904	70.9
化学原料及制品制造业	Raw Chemical Materials and Chemical Products	4337	2902	2801	64.6
医药制造业	Medical and Pharmaceutical Products	791	436	422	53.4
化学纤维制造业	Chemical Fiber	257	155	148	57.6
橡胶制品业	Rubber Products	310	181	203	65.5
塑料制品业	Plastic Products	337	257	219	65.0
非金属矿物制品业	Nonmetal Mineral Products	2100	1302	1306	62.2
黑色金属冶炼及压延加工业	Smelting and Pressing of Ferrous Metals	2611	1419	1607	61.5
有色金属冶炼及压延加工业	Smelting and Pressing of Nonferrous Metals	1019	456	493	48.4
金属制品业	Metal Products	449	275	233	51.9
普通机械制造业	Ordinary Machinery	1358	587	633	46.6
专用设备制造业	Equipment for Sjpecial Purposes	1110	556	557	50.2
交通运输设备制造业	Transport Equipment	1963	989	918	46.8
电气机械及器材制造业	Electric Equipment and Machinery	739	346	359	48.6
电子及通信设备制造业	Electronic and Telecommunications Equipment	508	231	268	52.8
仪器仪表及文化办公用机械制造业	Instruments, Meters, Cultural and Office Machinery	240	132	131	54.6
其他制造业	Other Manufacturing	119	71	65	54.6
电力、煤气及水的生产和供应业	**Electric Power, Gas and Water Production and Supply**	**5621**	**4221**	**4134**	**73.5**
电力、蒸汽、热水生产和供应业	Electric Power, Steam and Hot Water Production and Supply	4846	3691	3632	74.9
煤气的生产和供应业	Gas Production and Supply	235	180	155	66.0
自来水的生产和供应业	Tap Water Production and Supply	540	350	347	64.3
建筑业	**Construction**	**596**	**337**	**352**	**59.1**
土木工程建筑业	Civil Engineering Construction	511	279	299	58.5

续表 1 continued

行业	Sector	施工项目（个）Number of Projects under Construction (unit)	#新开工 Starting This Year	全部建成投产项目（个）Number of Projects Fully Completed and Put into Use	项目建成投产率（%）Rate of Projects Completed and Put into Use (%)
线路、管道和设备安装业	Circuit, Pipelines and Equipment Installation	73	48	43	58.9
建筑物的装修装饰业	Buildings Fitting up and Decoration	12	10	10	83.3
地质勘查、水利管理业	**Geological Prospecting and Water Conservancy**	**320**	**179**	**180**	**56.3**
地质勘查业	Geological Prospecting	26	16	19	73.1
水利管理业	Water Conservancy	294	163	161	54.8
交通运输、仓储及邮电通信业	**Transportation, Storage, Postal and Telecommuni–cations Services**	**13584**	**9471**	**8885**	**65.4**
铁路运输业	Railway Transport	5078	2869	2612	51.4
公路运输业	Highway Transport	451	249	275	61.0
管道运输业	Pipeline Transport	86	79	82	95.3
水上运输业	Waterway Transport	117	62	79	67.5
航空运输业	Air Transport	166	134	124	74.7
交通运输辅助业	Transport Subsidiary Services	826	610	607	73.5
其他交通运输业	Other Transport	16	9	11	68.8
仓储业	Storage	148	107	104	70.3
邮电通信业	Postal and Telecommunications Services	6696	5352	4991	74.5
批发和零售贸易餐饮业	**Wholesale & Retail Trade and Catering Services**	**1533**	**920**	**1027**	**67.0**
食品饮料烟草和家庭用品批发业	Wholesale Trade of Food, Beverage, Tobacco and Household Articles	564	367	410	72.7
能源材料和机械电子设备批发业	Wholesale Trade of Energy, Materials and Electronic Equipment	231	141	130	56.3
其他批发业	Other Wholesale Trade	55	27	35	63.6
零售业	Retail Trade	611	339	406	66.4
商业经纪与代理业	Commercial Brokerage and Agencies	11	4	4	36.4
餐饮业	Catering Trade	61	42	42	68.9
金融、保险业	**Finance and Insurance**	**175**	**92**	**102**	**58.3**
金融业	Finance	157	81	93	59.2
保险业	Insurance	18	11	9	50.0
房地产业	**Real Estate Management**	**389**	**138**	**178**	**45.8**
房地产开发与经营业	Real Estate Development and Operation	174	44	54	31.0
房地产管理业	Real Estate Management	213	93	124	58.2
房地产代理与经纪业	Real Estate Brokerage and Agencies	2	1		
社会服务业	**Social Services**	**1806**	**1271**	**1224**	**67.8**
公共服务业	Public Services	1432	1053	1005	70.2
居民服务业	Resident Services	25	23	16	64.0
旅馆业	Hotels	241	135	147	61.0
租赁服务业	Leasing Services	1			
旅游业	Tourism	51	27	18	35.3
娱乐服务业	Recreational Services	26	18	20	76.9
信息、咨询服务业	Information and Consultancy Services	3	1	3	100.0
计算机应用服务业	Computer Application Services	4	2	3	75.0
其他社会服务业	Other Social Services	23	12	12	52.2
卫生体育和社会福利业	**Health Care, Sports and Social Welfare**	**314**	**234**	**230**	**73.2**
卫生	Health Care	289	219	218	75.4
体育	Sports	11	8	2	18.2
社会福利保障业	Social Welfare and Social Security	14	7	10	71.4
教育、文化艺术和广播电影电视业	**Education, Culture and Arts, Radio, Film and Television**	**822**	**633**	**634**	**77.1**
教育	Education	715	576	579	81.0
文化艺术业	Culture and Arts	44	22	19	43.2
广播、电影、电视业	Radio, Film and Television	63	35	36	57.1
科学研究和综合技术服务业	**Scientific Research and Polytechnical Services**	**183**	**104**	**105**	**57.4**
科学研究业	Scientific Research	112	60	71	63.4
综合技术服务业	Polytechnical Services	71	44	34	47.9
国家机关、政党机关和社会团体	**Government Agencies, Party Agencies and Social Organizations**	**1226**	**851**	**860**	**70.1**
#国家机关	Government Agencies	1180	823	833	70.6
政党机关	Party Agencies	20	11	11	55.0
其他行业	**Other Sectors**	**254**	**130**	**127**	**50.0**

5-24 国民经济各行业更新改造投资和新增固定资产(1996年)

INVESTMENT IN INNOVATION AND NEWLY INCREASED FIXED ASSETS IN STATE-OWNED UNITS BY SECTOR (1996)

行业	Sector	投资额(亿元) Investment (100 million yuan)	新增固定资产(亿元) Newly Increased Fixed Assets (100 million yuan)	固定资产交付使用率(%) Rate of Fixed Assets Put into Use (%)
全国总计	**National Total**	**3622.74**	**3002.69**	**82.9**
农、林、牧、渔业	**Farming, Forestry, Animal Husbandry and Fishery**	**23.22**	**21.10**	**90.9**
农业	Farming	14.85	13.40	90.2
林业	Forestry	2.09	1.80	86.1
畜牧业	Animal Husbandry	1.21	1.18	97.5
渔业	Fishery	1.82	1.22	67.0
农林牧渔服务业	Services	3.26	3.49	107.1
采掘业	**Mining and Quarrying**	**228.29**	**187.10**	**82.0**
煤炭采选业	Coal Mining and Dressing	94.46	77.28	81.8
石油和天然气开采业	Petroleum and Natural Gas Extraction	100.53	82.32	81.9
黑色金属矿采选业	Ferrous Metals Mining and Dressing	5.04	3.34	66.3
有色金属矿采选业	Nonferrous Metals Mining and Dressing	16.68	14.02	84.1
非金属矿采选业	Nonmetal Minerals Mining and Dressing	9.52	8.28	87.0
其他矿采选业	Other Minerals Mining and Dressing	0.06	0.02	33.3
木材及竹材采运业	Logging and Transport of Wood and Bamboo	2.00	1.84	92.0
制造业	**Manufacturing**	**1843.01**	**1512.97**	**82.1**
食品加工业	Food Processing	58.46	53.85	92.1
食品制造业	Food Production	32.58	25.93	79.6
饮料制造业	Beverage Production	69.95	49.63	71.0
烟草加工业	Tobacco Processing	63.86	54.47	85.3
纺织业	Textile Industry	103.71	93.07	89.7
服装及纤维制品制造业	Garments and Other Fiber Products	5.99	5.01	83.6
皮革毛皮羽绒及制品业	Leather, Furs, Down and Related Products	4.30	3.59	83.5
木材加工及竹藤棕草制品业	Timber Processing, Bamboo, Cane, Palm Fiber and Straw Products	12.46	8.93	71.7
家具制造业	Furniture Manufacturing	2.97	2.11	71.0
造纸及纸制品业	Papermaking and Paper Products	57.23	38.17	66.7
印刷业记录媒介的复制	Printing and Record Medium Reproduction	13.38	11.68	87.3
文教体育用品制造业	Cultural, Educational and Sports Goods	3.24	2.92	90.1
石油加工及炼焦业	Petroleum Processing and Coking Products	100.05	81.82	81.8
化学原料及制品制造业	Raw Chemical Materials and Chemical Products	264.30	188.76	71.4
医药制造业	Medical and Pharmaceutical Products	52.24	41.74	79.9
化学纤维制造业	Chemical Fiber	33.85	30.85	91.1
橡胶制品业	Rubber Products	31.75	17.96	56.6
塑料制品业	Plastic Products	23.35	13.78	59.0
非金属矿物制品业	Nonmetal Mineral Products	136.84	114.59	83.7
黑色金属冶炼及压延加工业	Smelting and Pressing of Ferrous Metals	244.72	204.13	83.4
有色金属冶炼及压延加工业	Smelting and Pressing of Nonferrous Metals	68.71	52.85	76.9
金属制品业	Metal Products	24.77	24.37	98.4
普通机械制造业	Ordinary Machinery	79.27	66.23	83.5
专用设备制造业	Equipment for Special Purposes	56.13	48.32	86.1
交通运输设备制造业	Transport Equipment	147.99	143.36	96.9
电气机械及器材制造业	Electric Equipment and Machinery	54.19	45.69	84.3
电子及通信设备制造业	Electronic and Telecommunications Equipment	67.34	66.02	98.0
仪器仪表及文化办公用机械制造业	Instruments, Meters, Cultural and Office Machinery	9.42	7.66	81.3
其他制造业	Other Manufacturing	9.87	2.86	29.0
电力、煤气及水的生产和供应业	**Electric Power, Gas and Water Production and Supply**	**259.21**	**218.13**	**84.2**
电力、蒸汽、热水生产和供应业	Electric Power, Steam and Hot Water Production and Supply	218.70	183.05	83.7
煤气的生产和供应业	Gas Production and Supply	14.18	14.13	99.6
自来水的生产和供应业	Tap Water Production and Supply	26.33	20.95	79.6
建筑业	**Construction**	**34.17**	**30.27**	**88.6**
土木工程建筑业	Civil Engineering Construction	29.51	25.92	87.8

续表 1 continued

行业	Sector	投资额（亿元）Investment (100 million yuan)	新增固定资产（亿元）Newly Increased Fixed Assets (100 million yuan)	固定资产交付使用率（%）Rate of Fixed Assets Put into Use (%)
线路、管道和设备安装业	Circuit, Pipelines and Equipment Installation	2.91	2.88	99.0
建筑物的装修装饰业	Buildings Fitting up and Decoration	1.75	1.47	84.0
地质勘查、水利管理业	**Geological Prospecting and Water Conservancy**	**10.35**	**7.39**	**71.4**
地质勘查业	Geological Prospecting	1.30	1.74	133.8
水利管理业	Water Conservancy	9.05	5.65	62.4
交通运输、仓储及邮电通信业	**Transportation, Storage, Postal and Telecommunications Services**	**875.97**	**739.95**	**84.5**
铁路运输业	Railway Transport	90.45	72.28	79.9
公路运输业	Highway Transport	61.84	57.32	92.7
管道运输业	Pipeline Transport	2.24	1.68	75.0
水上运输业	Waterway Transport	23.01	13.17	57.2
航空运输业	Air Transport	43.06	41.72	96.9
交通运输辅助业	Transport Subsidiary Services	56.84	42.84	75.4
其他交通运输业	Other Transport	1.62	0.76	46.9
仓储业	Storage	2.82	2.98	105.7
邮电通信业	Postal and Telecommunications Services	594.09	507.20	85.4
批发和零售贸易餐饮业	**Wholesale & Retail Trade and Catering Services**	**70.93**	**65.07**	**91.7**
食品饮料烟草和家庭用品批发业	Wholesale Trade of Food, Drink, Tobacco and Household Articles	11.83	11.50	97.2
能源材料和机械电子设备批发业	Wholesale Trade of Energy, Materials and Electronic Equipment	6.71	3.82	56.9
其他批发业	Other Wholesale Trade	1.46	0.98	67.1
零售业	Retail Trade	41.88	33.78	80.7
商业经纪与代理业	Commercial Brokerage and Agencies	2.65	12.05	454.7
餐饮业	Catering Trade	6.40	2.94	45.9
金融、保险业	**Finance and Insurance**	**8.11**	**6.28**	**77.4**
金融业	Finance	6.77	5.57	82.3
保险业	Insurance	1.34	0.71	53.0
房地产业	**Real Estate Management**	**41.76**	**36.99**	**88.6**
房地产开发与经营业	Real Estate Development and Operation	32.22	26.60	82.6
房地产管理业	Real Estate Management	9.54	10.39	108.9
房地产代理与经纪业	Real Estate Brokerage and Agencies			
社会服务业	**Social Services**	**131.30**	**100.87**	**76.8**
公共服务业	Public Services	109.82	87.08	79.3
居民服务业	Resident Services	0.28	0.19	67.9
旅馆业	Hotels	11.77	6.79	57.7
租赁服务业	Leasing Services			
旅游业	Tourism	6.35	4.72	74.3
娱乐服务业	Recreational Services	2.35	1.51	64.3
信息、咨询服务业	Information and Consultancy Services	0.22	0.22	100.0
计算机应用服务业	Computer Application Services	0.14	0.06	42.9
其他社会服务业	Other Social Services	0.37	0.31	83.8
卫生体育和社会福利业	**Health Care, Sports and Social Welfare**	**10.38**	**7.79**	**75.0**
卫生	Health Care	9.09	7.36	81.0
体育	Sports	0.90	0.13	14.4
社会福利保障业	Social Welfare and Social Security	0.38	0.31	81.6
教育、文化艺术和广播电影电视业	**Education, Culture and Arts, Radio, Film and Television**	**13.38**	**10.23**	**76.5**
教育	Education	9.18	8.03	87.5
文化艺术业	Culture and Arts	2.09	0.97	46.4
广播、电影、电视业	Radio, Film and Television	2.11	1.23	58.3
科学研究和综合技术服务业	**Scientific Research and Polytechnical Services**	**5.77**	**5.76**	**99.8**
科学研究业	Scientific Research	3.79	4.00	105.5
综合技术服务业	Polytechnical Services	1.98	1.75	88.4
国家机关、政党机关和社会团体	**Government Agencies, Party Agencies and Social Organizations**	**37.47**	**28.51**	**76.1**
#国家机关	Government Agencies	35.02	28.08	80.2
政党机关	Party Agencies	1.55	0.21	13.5
其他行业	**Other Sectors**	**29.41**	**24.31**	**82.7**

5-25 各地区更新改造施工、投产项目个数和新增固定资产

NUMBER OF INNOVATION PROJECTS UNDER CONSTRUCTION AN PUT INTO USE AND NEWLY INCREASED FIXED ASSETS IN STATE-OWNED UNITS BY REGION

年份 地区 Year Region	施工项目 (个) Number of Projects under Construction (unit)	全部建成投产项目 (个) Number of Projects Fully Completed (unit)	项目建成投产率 (%) Rate of Projects Completed and Put into Use (%)	新增固定资产 (亿元) Newly Increased Fixed Assets (100 million yuan)	固定资产交付使用率 (%) Rate of Fixed Assets Put into Use (%)
1985	77604	43149	55.6	316.79	70.5
1986	82618	46623	56.4	468.58	75.7
1987	87775	47952	54.6	582.62	76.8
1988	88964	46760	52.6	690.53	70.4
1989	60146	31805	52.6	636.88	80.7
1990	56825	31537	55.5	722.94	87.1
1991	64574	36770	56.9	858.30	83.9
1992	69781	40574	58.1	1105.05	75.6
1993	64670	35932	55.6	1531.93	69.8
1994	59089	33091	56.0	2192.57	75.1
1995	55242	35267	63.8	2524.87	76.5
1996	57501	36534	63.5	3002.69	82.9
北京 Beijing	2422	1602	66.1	155.35	92.4
天津 Tianjin	1182	862	72.9	62.91	59.0
河北 Hebei	3555	2502	70.4	169.44	79.8
山西 Shanxi	1863	1214	65.2	69.58	85.4
内蒙古 Inner Mongolia	1003	695	69.3	37.84	70.2
辽宁 Liaoning	2604	1768	67.9	135.46	72.5
吉林 Jilin	1052	639	60.7	46.61	74.7
黑龙江 Heilongjiang	1200	866	72.2	102.22	85.8
上海 Shanghai	3138	1734	55.3	327.39	79.0
江苏 Jiangsu	3987	3091	77.5	224.25	93.6
浙江 Zhejiang	1913	1149	60.1	106.14	96.2
安徽 Anhui	2305	1679	72.8	87.92	86.5
福建 Fujian	1378	838	60.8	72.27	78.1
江西 Jiangxi	1463	755	51.6	43.02	71.4
山东 Shandong	2838	1855	65.4	187.41	79.0
河南 Henan	2883	1922	66.7	135.10	86.8
湖北 Hubei	2672	1784	66.8	182.45	95.1
湖南 Hunan	1744	970	55.6	100.86	85.0
广东 Guangdong	2916	1463	50.2	247.18	90.5
广西 Guangxi	1654	934	56.5	52.69	73.9
海南 Hainan	323	266	82.4	6.64	78.0
四川 Sichuan	4453	2083	46.8	142.19	84.2
贵州 Guizhou	1225	727	59.3	29.21	67.1
云南 Yunnan	2058	1289	62.6	79.40	74.2
西藏 Tibet	5	1	20.0	0.31	100.0
陕西 Shaanxi	1664	879	52.8	63.49	83.0
甘肃 Gansu	944	594	62.9	46.44	88.7
青海 Qinghai	331	228	68.9	8.17	74.9
宁夏 Ningxia	420	270	64.3	13.83	79.6
新疆 Xinjiang	2294	1873	81.6	58.24	84.9
不分地区 Not Classified by Region	12	2	16.7	8.70	76.4

5-26 各地区大中型工业企业更新改造项目个数、投资和新增固定资产(1996年)

NUMBER OF INNOVATION PROJECTS, INVESTMENT AND NEWLY INCREASED FIXED ASSETS IN STATE-OWNED LARGE AND MEDIUM-SIZED INDUSTRIAL ENTERPRISES BY REGION (1996)

地区 Region	企业个数(个) Number of Enter-prises	施工项目(个) Number of Projects under Construc-tion	全部建成投产项目(个) Number of Projects Fully Completed and Put into Use	项目建成投产率(%) Rate of Projects Completed and Put into Use	投资额 Investment		新增固定资产(亿元) Newly Increased Fixed Assets (100 million yuan)	固定资产交付使用率(%) Rate of Fixed Assets Put into Use
					绝对数(亿元) Value (100 million yuan)	比重 Percen-tage		
全国 National Total	**9610**	**24123**	**14432**	**59.8**	**1938.26**	**100.0**	**1576.90**	**81.4**
北京 Beijing	265	970	572	59.0	51.47	2.7	50.80	98.7
天津 Tianjin	196	587	442	75.3	60.58	3.1	36.33	60.0
河北 Hebei	726	1549	966	62.4	123.10	6.3	94.41	76.7
山西 Shanxi	246	964	642	66.6	56.87	2.9	51.17	90.0
内蒙古 Inner Mongolia	132	345	166	48.1	36.45	1.9	22.38	61.4
辽宁 Liaoning	434	1604	977	60.9	132.04	6.8	89.52	67.8
吉林 Jilin	170	619	355	57.4	38.82	2.0	29.38	75.7
黑龙江 Heilongjiang	212	404	238	58.9	62.54	3.2	54.75	87.5
上海 Shanghai	744	1670	1031	61.7	211.64	10.9	178.06	84.1
江苏 Jiangsu	748	1682	1119	66.5	134.96	7.0	126.11	93.4
浙江 Zhejiang	396	1007	610	60.6	59.49	3.1	52.20	87.7
安徽 Anhui	385	1174	831	70.8	68.17	3.5	60.63	88.9
福建 Fujian	171	387	209	54.0	29.67	1.5	23.49	79.2
江西 Jiangxi	194	424	207	48.8	28.84	1.5	18.69	64.8
山东 Shandong	856	1427	849	59.5	160.66	8.3	124.81	77.7
河南 Henan	663	1250	732	58.6	101.66	5.2	80.70	79.4
湖北 Hubei	508	862	486	56.4	84.59	4.4	85.19	100.7
湖南 Hunan	287	957	506	52.9	70.49	3.6	58.24	82.6
广东 Guangdong	424	803	403	50.2	82.80	4.3	74.03	89.4
广西 Guangxi	287	645	349	54.1	36.18	1.9	26.16	72.3
海南 Hainan	17	16	8	50.0	3.35	0.2	2.55	76.1
四川 Sichuan	573	1560	903	57.9	99.58	5.1	85.15	85.5
贵州 Guizhou	177	718	399	55.6	26.68	1.4	16.32	61.2
云南 Yunnan	224	596	328	55.0	54.81	2.8	32.12	58.6
西藏 Tibet								
陕西 Shaanxi	251	679	377	55.5	39.64	2.0	36.81	92.9
甘肃 Gansu	101	460	253	55.0	33.02	1.7	30.89	93.6
青海 Qinghai	45	107	69	64.5	6.28	0.3	4.31	68.6
宁夏 Ningxia	74	282	188	66.7	10.20	0.5	8.73	85.7
新疆 Xinjiang	102	373	217	58.2	26.44	1.4	19.34	73.2
不分地区 Not Classified by Region	2	2			7.26	0.4	3.62	49.9

5－27 大中型工业企业更新改造项目个数、投资和新增固定资产

(1996年)

行业	Sector	企业个数 (个) Number of Enterprises	施工项目 (个) Number of Projects under Construction
工业	**Industry**	**9610**	**24123**
采掘业	**Mining and Quarrying**	**410**	**2192**
煤炭采选业	Coal Mining and Processing	181	1462
石油和天然气开采业	Petroleum and Natural Gas Extraction	22	119
黑色金属矿采选业	Ferrous Metals Mining and Dressing	23	84
有色金属矿采选业	Nonferrous Metals Mining and Dressing	80	310
非金属矿采选业	Nonmetal Minerals Mining and Dressing	73	147
其他矿采选业	Other Minerals Mining and Dressing		
木材及竹材采运业	Logging and Transport of Wood and Bamboo	31	70
制造业	**Manufacturing**	**8482**	**17612**
食品加工业	Food Processing	358	526
食品制造业	Food Production	144	180
饮料制造业	Beverage Production	348	465
烟草加工业	Tobacco Processing	163	292
纺织业	Textile Industry	716	962
服装及纤维制品制造业	Garments and Other Fibre Porducts	26	31
皮革毛皮羽绒及制品业	Leather, Furs, Down and Related Products	30	28
木材加工竹藤棕草制品业	Timber, Bamboo, Cane, Palm Fiber and Straw Products	45	55
家具制造业	Furniture Manufacturing	12	22
造纸及纸制品业	Papermaking and Paper Products	280	447
印刷业记录媒介的复制	Printing and Record Medium Reproduction	101	88
文教体育用品制造业	Cultural, Educational and Sports Goods	23	25
石油加工及炼焦业	Petroleum Processing and Coking	131	1221
化学原料及制品制造业	Raw Chemical Materials and Chemical Products	1202	3022
医药制造业	Medical and Pharmaceutical Products	293	476
化学纤维制造业	Chemical Fiber	101	216
橡胶制品业	Rubber Products	129	246
塑料制品业	Plastic Products	93	141
非金属矿物制品业	Nonmetal Mineral Products	632	1008
黑色金属冶炼及压延加工业	Smelting and Pressing of Ferrous Metals	450	2419
有色金属冶炼及压延加工业	Smelting and Pressing of Nonferrous Metals	230	884
金属制品业	Metal Products	149	214
普通机械制造业	Ordinary Machinery	721	945
专用设备制造业	Equipment for Special Purposes	520	765
交通运输设备制造业	Transport Equipment	697	1588
电气机械及器材制造业	Electric Equipment and Machinery	397	548
电子及通信设备制造业	Electronic and Telecommunications Equipment	295	379
仪器仪表及文化办公用机械制造业	Instruments, Meters, Cultural and Office Machinery	107	173
其他制造业	Other Manufacturing	18	44
电力、煤气及水的生产供应业	**Electric Power, Gas and Water Production and Supply**	**718**	**4319**
电力蒸汽热水生产供应业	Electric Power, Steam and Hot Water Production and Supply	569	3833
煤气的生产和供应业	Gas Production and Supply	47	204
自来水的生产和供应业	Tap Water Production and Supply	102	282

NUMBER OF INNOVATION PROJECTS, INVESTMENT AND NEWLY INCREASED FIXED ASSETS IN STATE-OWNED LARGE AND MEDIUM-SIZED INDUSTRIAL ENTERPRISES BY BRANCH (1996)

全部建成投产项目 (个) Number of Projects Completed and Put into Use	项目建成投产率 (%) Rate of Projects Completed and Put into Use (%)	投资额 Investment		新增固定资产 (亿元) Newly Increased Fixed Assets (100 million yuan)	固定资产交付使用率 (%) Rate of Fixed Assets Put into Use (%)
		绝对数 (亿元) Value (100 million yuan)	比重 (全国总计=100) Percentage (National Total =100)		
14432	**59.8**	**1938.26**	**100.0**	**1576.90**	**81.4**
1113	**50.8**	**209.15**	**10.8**	**172.09**	**82.3**
686	46.9	86.23	4.4	71.19	82.6
41	34.5	99.99	5.2	81.69	81.7
45	53.6	3.57	0.2	2.27	63.5
181	58.4	11.77	0.6	9.96	84.6
108	73.5	6.09	0.3	5.59	91.8
52	74.3	1.52	0.1	1.39	91.3
10058	**57.1**	**1519.16**	**78.4**	**1229.59**	**80.9**
386	73.4	31.25	1.6	28.58	91.4
102	56.7	20.20	1.0	16.25	80.4
286	61.5	55.32	2.9	38.96	70.4
121	41.4	54.72	2.8	42.93	78.5
598	62.2	82.48	4.3	72.65	88.1
17	54.8	3.09	0.2	2.35	76.1
12	42.9	1.55	0.1	0.84	54.3
24	43.6	4.90	0.3	2.15	43.8
12	54.5	1.80	0.1	1.17	64.8
286	64.0	46.25	2.4	27.65	59.8
53	60.2	8.25	0.4	7.28	88.2
9	36.0	1.44	0.1	1.15	80.0
875	71.7	95.37	4.9	77.95	81.7
1972	65.3	217.09	11.2	153.04	70.5
244	51.3	40.67	2.1	32.81	80.7
121	56.0	29.31	1.5	25.19	86.0
158	64.2	29.35	1.5	16.03	54.6
71	50.4	13.18	0.7	7.12	54.1
598	59.3	96.40	5.0	73.84	76.6
1485	61.4	236.55	12.2	196.10	82.9
427	48.3	57.89	3.0	45.99	79.4
92	43.0	14.06	0.7	15.11	107.4
404	42.8	67.57	3.5	56.29	83.3
356	46.5	47.32	2.4	40.59	85.8
717	45.2	132.75	6.8	132.00	99.4
244	44.5	47.61	2.5	40.21	84.5
192	50.7	58.18	3.0	57.05	98.0
89	51.4	6.65	0.3	5.03	75.6
12	27.3	7.91	0.4	0.70	8.9
3261	**75.5**	**209.94**	**10.8**	**175.22**	**83.5**
2932	76.5	178.79	9.2	147.71	82.6
140	68.6	12.58	0.6	13.40	106.5
189	67.0	18.57	1.0	14.11	76.0

5-28 更新改造新增主要产品生产能力

NEWLY INCREASED PRODUCTION CAPACITY OF STATE-OWNED UNITS THROUGH INNOVATION

能力名称	Item	1993	1994	1995	1996
铁矿开采 (万吨/年)	Iron-Ore Mining (10 000 tons/year)	125.8	110.0	145.0	87.7
铁选矿: (万吨/年)	Iron-Ore Dressing (10 000 tons/year)				
1.处理原矿	Dressing Crude Ore				
2.精矿粉	Concentrate Powderded Ore				
铁矿烧结 (万吨/年)	Sintering of Iron-Ore (10 000 tons/year)	65.0	983.0	192.0	163.9
炼焦 (万吨/年)	Coking (10 000 tons/year)				
炼铁 (万吨/年)	Iron Smelting (10 000 tons/year)	195.9	380.6	411.0	175.4
炼钢 (万吨/年)	Steelmaking (10 000 tons/year)	396.4	478.4	420.0	231.0
初轧 (万吨/年)	Rough Rolling (10 000 tons/year)	26.1	75.0	21.0	15.0
电炉铁合金 (万吨/年)	Electric Iron Alloy (10 000 tons/year)	2.7	4.3	3.5	8.6
铜选矿:	Copper Ore Dressing				
处理原矿 (万吨/年)	Dressing Crude Ore (10 000 tons/year)	14.5	150.5	18.0	19.5
铜精矿 (吨/年)	Copper Concentrate Ore (ton/year)	6000	25000		
精矿含铜 (吨/年)	Copper Content in Concentrate Ore (ton/year)	980	5017		
煤炭开采 (万吨/年)	Coal Mining (10 000 tons/year)	360.7	280.1	477.0	456.0
天然石油开采 (万吨/年)	Petroleum Extraction (10 000 tons/year)	123.1	22.6	71.0	13.8
硫酸 (万吨/年)	Sulfuric Acid (10 000 tons/year)	36.8	37.3	103.0	154.7
纯碱 (万吨/年)	Soda Ash (10 000 tons/year)	4.3	7.3	47.9	31.8
烧碱 (万吨/年)	Caustic Soda (10 000 tons/year)	11.1	25.9	50.0	51.6
合成氨 (万吨/年)	Synthetic Ammonia (10 000 tons/year)	45.4	42.2	141.4	229.3
化肥 (万吨/年)	Chemical Fertilizer (10 000 tons/year)	112.0	124.7	242.3	279.9
乙烯 (吨/年)	Ethylene (ton/year)	2360	155300	173500	216446
塑料 (吨/年)	Plastics (ton/year)		122654	244023	196100
轮胎: (万条/年)	Tire (10 000 sets/year)				
内胎	Inner Tube	104.0	698.4	712.0	651.2
外胎	Tire (cover)	521.3	1035.0	601.0	770.4
发电机组容量 (万千瓦)	Capacity of Generating sets (10 000 kw/year)	100.7	107.4	221.0	231.2
#火电	Thermal Power	70.2	88.9	131.0	209.2
水电	Hydropower	26.0	11.4	63.0	19.2
其他发电	Other Power	4.5	7.2	27.0	2.9
汽车制造 (辆/年)	Motor Vehicle Manufacturing (unit/year)	292427	147857	151211	339174
#载重汽车制造	Truck	59505		51421	198617
拖拉机制造 (混合台/年)	Tractor Manufacturing (unit/year)	68500	12965	128300	253159
手扶拖拉机制造(混合台/年)	Walking Tractor Manufacturing(unit/year)			46000	71659
蒸汽锅炉 (台/年)	Steam Boilers (unit/year)	1748	611	81	18795
蒸汽锅炉蒸发量(小时吨/年)	Evaporative Capacity of Steam Boilers (hr.ton/year)	6383	5850	120	5757
电动机 (万千瓦/年)	Electric Motors (10 000 kw/year)	198.0	158.2	454.0	210.8
金属切削机床制造 (台/年)	Metal-Cutting Machine Tool (unit/year)	23050	21623	22996	6100
金属切削机床制造 (吨/年)	Metal-Cutting Machine Tool (ton/year)				
重型机械制造 (吨/年)	Heavy-duty Machine (ton/year)			25076	
民用船舶制造 (吨/年)	Civil Ship Manufacturing (ton/year)	37.3	43.2	78.0	38.0
民用船舶制造 (艘/年)	Civil Ship Manufacturing (vessel/year)	15.0	30.0	26.0	14.0
胶合板 (万立方米/年)	Plywood (10 000 cu.m/year)	13.9	8.4	6.0	5.4
水泥 (万吨/年)	Cement (10 000 tons/year)	2627.2	3064.1	1247.0	2151.5

续表 1 continued

能力名称	Item	1993	1994	1995	1996
化学纤维 (吨/年)	Chemical Fiber (ton/year)	71765	166393	87938	51170
棉纺锭 (万锭)	Cotton Spindle (10 000 units)	62.6	45.7	52.0	50.3
棉布织机 (台)	Cotton Loom (unit)	7163	6403	7935	3757
印染布 (万米/年)	Printed and Dyed Cloth (10 000 m/year)	18160	34797	15169	20953
毛纺锭 (锭)	Wool Spindle	52524	39530	36644	31974
机制糖	Machine－processed Sugar				
年生产 (万吨)	Production Capacity (10 000 tons)	25.3	36.2	10.8	33.6
日处理原料 (吨)	Raw Materials Processing (ton/day)	20128.0	26150.0	10451.0	25688.5
卷烟 (万箱/年)	Cigarettes (10 000 case/year)	207.8	343.1	249.0	167.9
酒 (万吨/年)	Liquor (10 000 tons/year)	205.7	168.9	171.8	239.4
糖果 (吨/年)	Candy (ton/year)	8760	8526	20900	81020
奶粉 (吨/年)	Milk Powder (ton/year)	8332	9526	1700	29080
原盐 (万吨/年)	Raw Salt (10 000 tons/year)	83.3	39.2	74.0	10.4
机制纸及纸板 (万吨/年)	Machine－made Paper and Paperboard (10 000 tons/year)	75.1	90.7	232.0	141.8
肥皂 (万箱/年)	Soap (10 000 cases/year)	2.7	1.6	8.0	2.5
合成洗涤剂 (万吨/年)	Synthetic Detergent (10 000 tons/year)	5.5	16.4	15.2	11.2
制革 (万张/年)	Tanning (10 000 pcs/year)	896.7	274.9	1337.0	262.0
皮鞋 (万双/年)	Leather Shoes (10 000 pairs/year)	1125.8	1107.0	798.0	410.5
日用搪瓷 (万件/年)	Daily－use Enamelware (10 000 pcs/year)		103.3	11.0	0.6
日用陶瓷 (万件/年)	Daily－use Ceramics (10 000 pcs/year)	14184.0	13327.0	7854.0	11405.0
热水瓶 (万个/年)	Thermos Bottle (10 000 units/year)	114		1748	200
灯泡 (万只/年)	Bulb (10 000 units/year)	18828.0	4615.6	10154.0	18697.8
自行车 (万辆/年)	Bicycle (10 000 units/year)	141.0	296.0	387.0	
缝纫机 (万架/年)	Sewing Machine (10 000 units/year)	7.1	41.7	6.0	2.5
手表 (万只/年)	Wristwatch (10 000 units/year)	6.0			
电冰箱 (万台/年)	Refrigerator (10 000 units/year)	32.0	47.0	82.0	122.0
电视机 (万台/年)	Television Set (10 000 set/year)	34.0		252.0	150.0
录音机 (万台/年)	Tape Recorder (10 000/year)			75.0	
洗衣机 (万台/年)	Washing Machine (10 000/year)	23.0	45.0	53.0	92.0
新建铁路交付营业里程(公里)	Length of Newly Built Railways Put into Operation (km)	20.2	153.5	4.0	
新(扩)建港口码头	Newly Built or Expanded Ports				
年吞吐量 (万吨)	Annual Handling Capacity (10 000 tons)	295.1	631.8	621.3	336.5
泊位 (个)	Number of Berths (unit)	13.0	14.0	24.0	20.0
新建公路 (公里)	Length of New Highways (km)	141.3	125.0	294.0	306.8
改建公路 (公里)	Length of Reconstructed Highways (km)	1590.9	2349.9	3130.0	4052.8
市内电话交换机 (万门)	Local Telephone Exchange (10 000 lines)	821.3	1046.1	1326.7	1089.6
商业石油库 (万立方米)	Commercial Petroleum Depot (10 000cu.m)	32.4	25.6	30.0	12.8
物资储备石油库(万立方米)	Petroleum Tanks in Materials Warehouse System (10 000 cu.m)	1.8	8.1	5.0	6.6
商业冷藏库 (万吨)	Commercial Freezer (10 000 tons)	6.4	5.9	5.0	2.7
粮食仓库 (万平方米)	Grain Storehouse (10 000 sq.m)	10.7	3.8	4.9	5.2
粮食仓库 (万公斤)	Grain Storehouse (10 000 kg)	30571	9130	10222	18110
商业饮食服务	Commercial Food Services				
网点 (处)	Number of Establishments (unit)	912	667	522	448
网点面积 (万平方米)	Areas (10 000 sq.m)	147.5	120.8	115.5	94.3
大专院校学生席位 (个)	Number of Student Seats of Universities and Colleges	2540	1130	120	810
医院病床床位 (个)	Number of Hospital Beds	5468	4618	4545	4779
自来水供水能力 (万吨/日)	Tap Water Supply Capacity(10 000 ton/day)	256.2	376.2	200.0	187.2

5-29 按用途分的更新改造投资和房屋建筑面积
INVESTMENT IN INNOVATION IN STATE-OWNED UNITS BY PURPOSE AND FLOOR SPACE OF BUILDINGS

年份 Year	按用途分的更新改造投资 (亿元) Investment in Innovation by Purpose (100 million yuan)							房屋建筑面积 (万平方米) Floor Space of Buildings (10 000 sq.m)			
	增产 Increasing Production	节约能源 Energy Saving	其他节约 Other Savings Measures	增加品种 Increasing Product Variety	提高产品质量 Improving Product Quality	三废治理 Environmental Protection	其他 Others	施工面积 Under Construction	#住宅 Residential Buildings	竣工面积 Completed	#住宅 Residential Buildings
1985	160.35	17.37	1.50	61.30	26.58	9.08	172.96	8784.45	2447.56	4596.04	1434.01
1986	211.20	22.75	2.10	97.88	39.16	11.78	234.34	10515.85	3591.34	5741.57	2070.70
1987	273.25	25.90	1.93	108.61	42.82	14.33	291.75	12318.43	4398.89	6330.23	2328.10
1988	394.78	30.55	2.93	140.12	48.38	16.79	347.00	13963.02	4820.65	6930.15	2467.93
1989	303.08	25.25	2.32	119.00	39.38	14.99	284.76	10616.70	3825.33	5403.15	1995.63
1990	291.95	27.28	2.65	130.10	52.00	14.76	311.45	9179.22	3386.48	4738.65	1771.70
1991	359.48	33.49	4.43	165.75	73.48	19.56	367.04	9270.12	3306.25	4793.31	1694.35
1992	496.47	41.38	5.16	225.97	107.66	23.33	561.13	10815.77	3530.70	5208.79	1750.73
1993	797.79	49.57	9.19	334.88	142.04	32.13	830.25	11337.62	3663.37	5282.45	1748.54
1994	1026.45	79.93	14.94	381.76	177.04	45.67	1192.81	11998.32	4373.66	5638.70	2031.18
1995	1222.17	92.86	10.53	409.58	196.93	47.47	1319.82	10691.39	3886.85	5360.98	1991.92
1996	1301.97	80.84	14.95	434.35	201.79	61.35	1527.49	9619.27	3449.37	4799.24	1847.04

5-30 城镇集体单位各行业固定资产投资和新增固定资产(1996年)
INVESTMENT IN FIXED ASSETS OF URBAN COLLECTIVE OWNED UNITS BY SECTOR (1996)

单位: 亿元 (100 million yuan)

行业	Sector	投资额 Investment	新增固定资产 Newly Increased Fixed Assets	固定资产交付使用率(%) Rate of Fixed Assets Put into Use
全国总计	**National Total**	**858.31**	**677.68**	**79.0**
农、林、牧、渔业	Farming, Forestry, Animal Husbandry and Fishery	4.86	3.68	75.7
采掘业	Mining and Quarrying	6.70	4.83	72.1
制造业	Manufacturing	263.45	221.04	83.9
电力、煤气及水的生产和供应业	Electric Power, Gas and Water Production and Supply	15.46	18.69	120.9
建筑业	Construction	17.44	13.13	75.3
地质勘查、水利管理业	Geological Prospecting and Water Conservancy	0.63	0.38	61.1
交通运输、仓储及邮电通信业	Transportation, Storage, Postal and Telecommunications Services	19.46	18.60	95.6
批发和零售贸易餐饮业	Wholesale, Retail Trade and Food Service	63.67	53.57	84.1
金融、保险业	Banking and Insurance	17.27	13.97	80.9
房地产业	Real Estate Trade	380.67	273.81	71.9
社会服务业	Social Services	17.94	12.66	70.6
卫生体育和社会福利业	Health Care, Sports and Social Welfare	5.70	4.69	82.2
教育、文化艺术和广播电影电视业	Education, Culture and Arts, Radio, Film and Television	6.83	6.21	90.8
科学研究和综合技术服务业	Scientific Research and Polytechnical Services	0.36	0.17	48.1
国家机关、政党机关和社会团体	Government Agencies, Party Agencies and Social Organizations	15.93	14.52	91.1
其他行业	Other Sectors	21.94	17.74	80.8

5-31 各地区城镇集体单位按构成分的固定资产投资和房屋建筑面积

INVESTMENT IN FIXED ASSETS OF URBAN COLLECTIVE OWNED UNITS BY USE OF FUNDS AND FLOOR SPACE OF BUILDINGS BY REGION

年份 地区 Year Region	合计 (亿元) Total Investment (100 million yuan)	建筑安装工程 Construction and Installation	设备工具器具购置 Purchase of Equipment and Instruments	其他费用 Others	房屋建筑面积 (万平方米) Floor Space of Buildings (10 000 sq.m) 施工面积 Under Construction	#住宅 Residential Buildings	竣工面积 Completed	#住宅 Residential Buildings
1985	128.23	71.28	51.20	5.75	5087.10	1606.90	2746.30	896.60
1986	146.39	77.06	61.90	7.43	4963.50	1671.60	2869.40	973.70
1987	181.30	96.25	71.77	13.28	5311.69	1516.91	2959.38	883.56
1988	254.97	131.76	104.57	18.65	5853.96	1528.39	3303.85	900.88
1989	185.63	98.94	72.27	14.41	4323.40	1256.99	2477.70	701.80
1990	163.38	84.81	69.18	9.39	3357.93	1085.76	1970.45	636.17
1991	203.83	106.51	84.84	12.48	3828.53	1110.36	2112.81	639.00
1992	364.49	182.52	159.91	22.05	5412.32	1418.52	2766.74	752.62
1993	686.12	381.97	253.44	50.71	6318.01	2176.48	3342.14	1129.77
1994	770.27	455.89	270.06	44.32	5060.25	1842.81	3086.87	1128.89
1995	921.74	616.06	167.08	138.61	12229.83	7677.71	5459.69	3286.38
1996	858.31	565.92	176.52	115.87	10999.99	6650.62	5059.03	2966.39
北京 Beijing	15.44	12.55	1.12	1.77	206.45	126.20	61.18	39.84
天津 Tianjin	9.32	6.28	1.41	1.63	114.14	82.12	54.88	47.90
河北 Hebei	33.15	19.35	11.76	2.04	306.94	161.13	185.34	86.52
山西 Shanxi	5.72	4.34	0.97	0.41	86.01	57.90	43.99	29.20
内蒙古 Inner Mongolia	4.64	3.49	0.82	0.33	64.11	48.55	39.44	29.31
辽宁 Liaoning	32.57	22.61	4.86	5.10	511.88	356.25	211.31	157.44
吉林 Jilin	5.18	3.43	1.36	0.39	37.46	17.38	26.13	14.65
黑龙江 Heilongjiang	15.32	8.93	4.69	1.70	117.02	64.95	58.78	31.57
上海 Shanghai	81.02	55.15	5.74	20.13	1138.16	913.44	285.57	211.97
江苏 Jiangsu	112.40	71.19	31.91	9.30	1024.02	530.75	717.98	376.62
浙江 Zhejiang	85.43	57.54	14.20	13.69	1038.19	557.66	526.48	302.29
安徽 Anhui	19.54	11.80	6.23	1.51	226.92	121.15	120.28	58.98
福建 Fujian	23.98	17.21	3.87	2.90	323.16	208.23	137.53	88.62
江西 Jiangxi	6.86	4.72	1.48	0.66	126.71	80.13	72.58	48.07
山东 Shandong	79.79	42.30	32.25	5.24	750.21	341.26	414.33	185.17
河南 Henan	36.10	20.25	11.97	3.88	372.62	168.58	225.06	96.99
湖北 Hubei	27.56	15.05	9.41	3.10	265.60	105.61	138.01	52.60
湖南 Hunan	15.39	11.74	1.95	1.70	245.72	131.14	131.07	73.19
广东 Guangdong	148.28	107.57	14.37	26.34	2392.65	1575.28	894.88	590.37
广西 Guangxi	11.57	8.19	1.44	1.94	195.30	121.78	70.36	44.73
海南 Hainan	3.54	2.55	0.57	0.42	43.15	8.39	13.15	5.26
四川 Sichuan	43.15	31.05	5.19	6.91	871.01	555.27	375.48	248.37
贵州 Guizhou	3.96	2.98	0.46	0.52	90.20	51.36	33.42	20.80
云南 Yunnan	13.04	8.57	3.15	1.32	98.40	34.41	53.62	23.13
西藏 Tibet	0.01	0.01			0.22	0.07	0.22	0.07
陕西 Shaanxi	6.38	4.37	0.59	1.42	130.88	97.73	49.50	36.42
甘肃 Gansu	5.51	4.28	0.37	0.86	109.89	78.39	44.12	32.58
青海 Qinghai	1.09	0.66	0.36	0.07	11.43	7.25	4.45	2.55
宁夏 Ningxia	1.40	0.93	0.38	0.09	17.94	9.60	11.35	5.60
新疆 Xinjiang	10.97	6.83	3.64	0.50	83.60	38.66	58.54	25.58

5-32 各地区城镇集体单位按国民经济行业分的固定资产投资(1996年)

单位：亿元

地　区 Region	合　计 Total	农、林、牧、渔业 Farming, Forestry, Animal Husbandry and Fishery	采掘业 Mining and Quarrying	制造业 Manufacturing	电力、煤气及水的生产和供应业 Electric Power, Gas and Water Production and Supply	建筑业 Construction	地质勘查业水利管理业 Geological Prospecting and Water Conservancy
全　国　National Total	**858.31**	**4.86**	**6.70**	**263.45**	**15.46**	**17.44**	**0.63**
北　京　Beijing	15.44	0.11		3.54		0.40	
天　津　Tianjin	9.32			1.02		0.49	
河　北　Hebei	33.15	0.62	0.38	15.95	0.15	1.05	0.03
山　西　Shanxi	5.72	0.06	0.27	1.45	0.02	0.07	0.12
内蒙古　Inner Mongolia	4.64	0.01	0.11	1.93		0.24	
辽　宁　Liaoning	32.57	0.28	0.10	7.23		0.84	0.03
吉　林　Jilin	5.18		0.08	3.71		0.36	
黑龙江　Heilongjiang	15.32		0.15	7.40	0.03	0.34	
上　海　Shanghai	81.02			5.68	0.02	0.35	
江　苏　Jiangsu	112.40	0.34	0.20	47.48	1.39	1.96	0.01
浙　江　Zhejiang	85.43	0.13	0.13	22.36	2.31	2.73	0.04
安　徽　Anhui	19.54	0.71	0.11	9.24		0.28	
福　建　Fujian	23.98	0.41	0.04	5.13	0.44	0.35	0.12
江　西　Jiangxi	6.86	0.01	0.05	2.81	0.02	0.32	
山　东　Shandong	79.79	0.31	3.28	43.27	0.17	0.82	
河　南　Henan	36.10	0.17	0.44	21.18	0.45	0.34	
湖　北　Hubei	27.56	0.14	0.12	14.97	0.24	0.24	
湖　南　Hunan	15.39	0.05	0.03	4.04	0.12	0.40	0.06
广　东　Guangdong	148.28	0.66	0.12	17.97	8.37	3.31	0.17
广　西　Guangxi	11.57	0.13	0.39	1.95	0.16	0.31	
海　南　Hainan	3.54	0.22	0.01	0.50		0.05	
四　川　Sichuan	43.15	0.32	0.06	7.59	0.22	1.25	0.05
贵　州　Guizhou	3.96		0.05	0.76	0.10	0.07	
云　南　Yunnan	13.04	0.05	0.37	7.14	1.21	0.17	
西　藏　Tibet	0.01			0.01			
陕　西　Shaanxi	6.38	0.08	0.02	0.86		0.18	
甘　肃　Gansu	5.51			0.78		0.04	
青　海　Qinghai	1.09	0.01		0.73		0.03	
宁　夏　Ningxia	1.40	0.01		0.64		0.07	
新　疆　Xinjiang	10.97	0.03	0.19	6.13	0.04	0.38	

INVESTMENT IN FIXED ASSETS OF URBAN COLLECTIVE OWNED UNITS BY SECTOR AND BY REGION (1996)

(100 million yuan)

交通运输仓储和邮电通信业 Transportation, Storage, Postal and Telecommunications Services	批发零售贸易和餐饮业 Wholesale, Retail Trade and Catering Services	金融、保险业 Banking and Insurance	房地产业 Real Estate Trade	社会服务业 Social Services	卫生体育和社会福利业 Health Care, Sports and Social Welfare	教育、文化艺术和广播电影电视业 Education, Culture, Arts, Radio, Film and Television	科学研究和综合技术服务事业 Scientific Research and Polytechnical Services	国家机关、政党机关和社会团体 Government Agencies, Party Agencies and Social Organizations	其他行业 Others
19.46	**63.67**	**17.27**	**380.67**	**17.94**	**5.70**	**6.83**	**0.36**	**15.93**	**21.94**
0.62	1.48		6.51	0.25	0.08	0.14	0.15	0.16	2.00
0.08	0.25	0.10	7.26		0.01	0.02		0.07	0.02
0.67	3.19	0.98	5.11	1.13	0.06	0.48	0.01	1.76	1.58
0.12	0.68	0.25	2.28	0.04	0.04	0.15		0.11	0.06
	0.40	0.11	1.77	0.03	0.01				0.03
0.30	1.83	0.56	20.45	0.35	0.21	0.09		0.19	0.11
0.01	0.22	0.25	0.28	0.23	0.04				
0.02	3.13	0.24	3.58	0.03	0.03	0.12		0.10	0.15
0.23	2.77		66.28	0.23	0.04	0.03		2.00	3.39
6.30	12.01	1.05	33.88	2.13	1.24	2.02		1.02	1.37
1.33	6.24	2.32	40.26	5.67	0.71	0.55		0.27	0.38
0.31	1.50	0.20	6.38	0.27	0.08	0.02		0.18	0.26
0.35	0.84	0.24	12.88	0.35	0.66	0.10		0.87	1.20
0.13	0.74	0.24	2.15	0.13	0.01			0.13	0.12
2.53	6.27	2.49	16.23	0.44	0.22	0.26		0.58	2.92
0.57	2.27	1.28	5.79	0.58	0.36	0.35	0.17	1.03	1.12
0.46	2.69	0.53	5.32	0.33	0.05	0.18		0.52	1.77
0.46	3.91	1.91	3.80	0.07	0.22	0.14	0.01	0.06	0.11
2.55	4.14	1.17	94.18	3.09	0.66	1.67	0.01	5.80	4.41
0.15	0.78	0.84	6.39	0.05		0.07		0.21	0.14
0.04	0.33	0.10	1.56	0.62	0.04	0.04		0.01	0.02
1.68	3.16	1.29	24.92	0.74	0.80	0.27		0.46	0.34
0.01	0.51	0.09	2.33		0.01				0.03
0.18	0.99	0.53	1.38	0.59	0.11	0.04		0.15	0.13
0.05	0.62	0.21	4.10	0.13		0.03		0.02	0.08
0.27	0.46	0.08	3.59	0.01		0.04		0.17	0.07
	0.04	0.04	0.21					0.01	0.02
	0.32		0.35						0.01
0.04	1.90	0.17	1.45	0.45	0.01	0.02	0.01	0.05	0.10

5－33 城镇和工矿区个人建房

BUILDING CONSTRUCTION BY INDIVIDUALS IN CITIES AND TOWNS AND IN INDUSTRIAL AND MINING AREAS

年份 地区 Year Region	城镇工矿区个数(个) Number of Cities, Towns, Industrial and Mining Areas	建房户数(户) Number of Households with Building Construction (unit)	竣工房屋建筑面积(万平方米) Floor Space of Buildings Completed (10 000 sq.m)	#住宅 Residential Buildings	竣工房屋价值(万元) Value of Buildings Completed (10 000 yuan)	#住宅 Residential Buildings
1985	5941	910362	7081.36	6306.80	567917	493872
1986	7182	1005549	8115.37	7234.80	745623	654192
1987	7110	1061119	9120.19	8294.36	1005133	899614
1988	7845	1108554	10526.83	9433.15	1568475	1401141
1989	8590	945178	8565.38	7822.55	1402278	1260234
1990	8304	775011	7180.55	6492.93	1247034	1103317
1991	8637	773083	7554.40	6808.24	1403230	1250861
1992	9367	919069	9673.43	8586.22	2164663	1897651
1993	10170	1052853	11463.44	9812.95	3385002	2804212
1994	11728	1234606	14098.18	12268.36	4513203	3870038
1995	12189	1279426	15194.84	13333.90	5523894	4770290
1996	13214	1294859	16556.86	14518.78	6552198	5629097
北 京 Beijing	15	4188	43.39	41.07	23150	21746
天 津 Tianjin	77	13747	105.46	100.91	60985	58667
河 北 Hebei	813	89803	963.05	826.23	394854	316012
山 西 Shanxi	496	32695	312.97	279.60	133795	116250
内蒙古 Inner Mongolia	282	20888	198.11	169.96	75214	64340
辽 宁 Liaoning	276	37627	304.23	264.47	173362	141515
吉 林 Jilin	498	32766	264.88	243.54	116815	104904
黑龙江 Heilongjiang	165	20430	179.00	155.30	95695	75040
上 海 Shanghai	23	2444	20.35	19.94	10896	10576
江 苏 Jiangsu	682	77313	896.50	815.02	384773	351969
浙 江 Zhejiang	828	124189	2207.86	1935.07	1054622	903267
安 徽 Anhui	524	67685	689.43	523.11	242483	180710
福 建 Fujian	472	53023	1150.15	1044.95	504183	441852
江 西 Jiangxi	454	35291	562.49	506.69	155714	138583
山 东 Shandong	1113	111574	944.17	819.08	365110	306944
河 南 Henan	525	122320	1363.58	1157.67	465488	390418
湖 北 Hubei	733	57045	895.69	794.84	282053	250710
湖 南 Hunan	1017	73443	1287.39	1137.21	418798	371311
广 东 Guangdong	276	42597	781.69	720.17	441901	399180
广 西 Guangxi	611	100298	1186.11	1101.74	410707	373300
海 南 Hainan	151	7040	94.85	86.42	56314	51857
四 川 Sichuan	1852	72397	1002.14	819.26	305967	240100
贵 州 Guizhou	328	19054	186.16	166.73	45649	40926
云 南 Yunnan	221	21590	283.97	244.83	101844	83744
西 藏 Tibet						
陕 西 Shaanxi	400	21813	306.18	267.22	122774	105479
甘 肃 Gansu	157	15297	105.02	90.61	31615	26957
青 海 Qinghai	50	2918	29.26	25.27	8774	7492
宁 夏 Ningxia	44	2073	29.51	22.94	9150	7198
新 疆 Xinjiang	131	13311	163.26	138.90	59513	48050

5-34 农村个人固定资产投资和建房

INDIVIDUAL INVESTMENT IN FIXED ASSETS AND BUILDING CONSTRUCTION IN RURAL AREAS

年份地区 Year Region	投资总额（亿元）Total Investment (100 million yuan)	竣工房屋投资 Investment in Buildings Completed		购买生产性固定资产投资 investment in Purchase of Productive Fixed Assets	施工房屋建筑面积（万平方米）Floor Space of Buildings Under Construction (10 000 sq.m)	竣工房屋建筑面积（万平方米）Floor Space of Buildings Completed (10 000 sq.m)		竣工房屋造价（元/平方米）Cost of Buildings Completed (yuan/sq.m)	
		小计 Subtotal	#住宅 Residential Buildings			总计 Total	#住宅 Residential Buildings	总计 Total	#住宅 Residential Buildings
1985	478.43	350.13	313.15	128.30		78973	69542	44	45
1986	574.82	503.00	388.56	71.82	109622	103225	94468	49	41
1987	695.35	603.17	487.21	92.18	100923	96477	85524	63	57
1988	865.23	741.22	580.97	124.01	92781	89092	80799	83	72
1989	892.03	794.15	641.68	97.88	74906	71026	66134	112	97
1990	876.47	777.14	649.78	99.33	76819	71136	67812	109	96
1991	1042.56	912.48	759.25	130.08	85405	79501	74193	115	102
1992	1005.52	937.51	678.52	68.00	83392	65338	60442	143	112
1993	1137.73	1015.37	760.26	122.36	57432	56012	46129	181	165
1994	1519.24	1315.92	1002.73	203.32	72283	65390	57646	201	174
1995	2007.85	1709.41	1349.85	298.45	78192	73522	66230	233	204
1996	2544.03	2250.87	1766.40	293.16	96115	87277	79531	258	222
北京 Beijing	20.66	19.62	14.29	1.04	422	422	373	465	383
天津 Tianjin	15.28	13.73	11.33	1.55	415	415	386	331	294
河北 Hebei	137.28	117.44	84.91	19.84	8869	3523	3081	333	276
山西 Shanxi	30.24	26.72	18.81	3.52	880	850	845	314	223
内蒙古 Inner Mongolia	38.16	29.52	20.83	8.64	1238	1224	1020	241	204
辽宁 Liaoning	51.52	44.03	32.34	7.49	1486	1486	1048	296	309
吉林 Jilin	14.50	3.95		10.55	734	734	734	54	
黑龙江 Heilongjiang	49.97	37.20	31.75	12.77	1092	1079	971	345	327
上海 Shanghai	72.86	72.28	67.90	0.58	1703	1703	1443	424	471
江苏 Jiangsu	261.53	242.96	221.48	18.57	7710	7471	7253	325	305
浙江 Zhejiang	292.16	272.87	197.24	19.29	7813	7220	6300	378	313
安徽 Anhui	105.60	82.69	67.40	22.91	3939	3871	3625	214	186
福建 Fujian	82.85	81.40	69.26	1.44	2618	2238	2188	364	317
江西 Jiangxi	82.73	76.86	64.24	5.88	3712	3501	3389	220	190
山东 Shandong	166.14	136.35	102.87	29.79	6135	6135	5914	222	174
河南 Henan	170.79	135.17	102.69	35.63	5705	5634	5349	240	192
湖北 Hubei	90.40	84.36	70.62	6.04	4294	4262	3812	198	185
湖南 Hunan	162.56	149.03	126.85	13.53	8285	7967	7527	187	169
广东 Guangdong	233.78	221.81	186.36	11.97	7012	7012	6782	316	275
广西 Guangxi	85.71	75.64	61.74	10.07	3618	3052	2996	248	206
海南 Hainan	5.53	5.11	4.68	0.42	253	253	247	202	190
四川 Sichuan	165.41	154.60	105.10	10.81	10200	9900	8000	156	131
贵州 Guizhou	28.25	24.99	12.07	3.26	1297	1012	804	247	150
云南 Yunnan	63.41	53.92	29.37	9.48	1522	1522	1177	354	250
西藏 Tibet									
陕西 Shaanxi	59.24	53.41	44.16	5.83	2359	2273	2198	235	201
甘肃 Gansu	20.09	13.48	6.19	6.61	1222	1172	1019	115	61
青海 Qinghai	3.74	2.05	1.19	1.69	150	150	123	136	97
宁夏 Ningxia	6.61	5.35	3.09	1.25	249	249	173	215	179
新疆 Xinjiang	27.06	14.37	7.62	12.69	1184	947	754	152	101

5-35 房地产开发企业基本情况(1996年)

BASIC CONDITIONS OF ENTERPRISES FOR REAL ESTATE DEVELOPMENT (1996)

地区 Region	开发公司个数(个) Number of Development Companies (Unit)	#国有经济 State-owned	#集体经济 Collective-Owned	#外商投资经济 Foreign Funded	#港澳台投资经济 Funded by Etrepreneurs from Hong Kong, Macao and Taiwan	年平均职工人数(人) Annual Average Number of Staff and Worders (person)
全国 National Total and Average	**21269**	**8676**	**4755**	**2202**	**2135**	**703808**
北京 Beijing	414	175	13	115	59	25674
天津 Tianjin	417	193	67	41	39	11354
河北 Hebei	376	226	52	36	20	15577
山西 Shanxi	205	128	37	21	8	9565
内蒙古 Inner Mongolia	174	109	40	5	1	9181
辽宁 Liaoning	996	491	216	91	60	36029
吉林 Jilin	228	145	8	43	8	8644
黑龙江 Heilongjiang	289	170	22	11	22	15313
上海 Shanghai	2030	793	379	163	93	83644
江苏 Jiangsu	1651	621	476	175	195	49841
浙江 Zhejiang	1597	546	432	98	76	35810
安徽 Anhui	595	300	135	52	20	16118
福建 Fujian	1190	293	198	267	284	27581
江西 Jiangxi	446	232	68	62	41	11642
山东 Shandong	935	421	234	103	87	38665
河南 Henan	707	327	156	60	69	24047
湖北 Hubei	1044	469	97	124	196	34131
湖南 Hunan	663	313	96	65	67	16722
广东 Guangdong	3931	1326	1305	293	546	119124
广西 Guangxi	551	208	116	77	58	13816
海南 Hainan	143	56	13	21	29	3871
四川 Sichuan	1353	500	345	96	117	54100
贵州 Guizhou	305	109	66	49	14	10491
云南 Yunnan	193	136	9	20	3	5245
西藏 Tibet	2	2				166
陕西 Shaanxi	255	137	50	43	5	9124
甘肃 Gansu	306	102	77	53	13	7028
青海 Qinghai	58	32	15	1		1466
宁夏 Ningxia	73	43	10	6	2	4194
新疆 Xinjiang	142	73	23	11	3	5645

5-36 房地产开发经营情况

REAL ESTATE DEVELOPMENT AND MANAGEMENT

单位：万元 (10 000 yuan)

年份 地区 Year Region	经营总收入 Total Revenue	土地转让收入 Land Transfer-red	商品房屋销售收入 Commerical Houses Sold	房屋出租收入 Houses Leased	其他收入 Others	经营税金及附加 Business Tax and Extra Charges	营业利润 Profits
1987			1100967				
1988	1621234	78573	1472164	8826	61671		130408
1989	1795114	74680	1637541	10970	71923		78598
1990	2187081	87145	2018263	22610	59063		179252
1991	2840325	153810	2378597	39221	268697	205551	275239
1992	5285565	427420	4265938	59617	532590	414435	635196
1993	11359074	839281	8637141	106348	1776304	965917	1559223
1994	12881866	959357	10184950	172817	1564742	951029	1674350
1995	17316624	1943981	12582817	257927	2531899	903047	1434087
1996	19687850	1203378	15337647	299899	2846926	927779	179805
北京 Beijing	1375379	110522	1130605	19339	114913	69680	-197868
天津 Tianjin	375762	8149	269897	10775	86941	12725	9303
河北 Hebei	292077	8086	228965	4456	50570	11200	-28466
山西 Shanxi	104436	4926	87328	1480	10702	5366	-3362
内蒙古 Inner Mongolia	72879	860	69833	439	1747	4024	-2965
辽宁 Liaoning	852940	18041	779087	2699	53113	37092	-55346
吉林 Jilin	205812	6247	188054	1742	9769	8845	-12182
黑龙江 Heilongjiang	369109	20319	328613	270	19907	13966	-7445
上海 Shanghai	4387808	450092	2172390	101880	1663446	180979	453553
江苏 Jiangsu	1502698	52364	1330094	10681	109559	66153	1996
浙江 Zhejiang	1553384	51153	1397271	10650	94310	70879	39314
安徽 Anhui	295113	9117	272828	1745	11423	14465	-3374
福建 Fujian	626887	26565	530576	13231	56515	27504	-6226
江西 Jiangxi	141453	4254	126236	2069	8894	6931	-2482
山东 Shandong	611048	23181	563283	4678	19906	30020	-46657
河南 Henan	255167	5452	233920	3017	12778	11632	-28889
湖北 Hubei	391534	17270	336829	2269	35166	26124	-47422
湖南 Hunan	191894	28121	150359	1800	11614	9695	-40810
广东 Guangdong	4294161	267656	3619727	88601	318177	236970	332159
广西 Guangxi	212998	31994	164256	2558	14190	10809	-3436
海南 Hainan	48779	7502	28676	521	12080	2634	-31212
四川 Sichuan	804642	30173	694488	7662	72319	37366	-113415
贵州 Guizhou	61695	3047	48572	1019	9057	3972	-12473
云南 Yunnan	264563	5296	241971	1080	16216	12437	4215
西藏 Tibet	446		360	86		52	298
陕西 Shaanxi	155240	7732	141013	1065	5430	5660	-14312
甘肃 Gansu	96206	3030	87675	638	4863	4165	-7586
青海 Qinghai	15111	1494	10468	80	3069	801	468
宁夏 Ningxia	37288	40	34866	675	1707	1931	-885
新疆 Xinjiang	91341	695	69407	2694	18545	3702	5312

5-37 商品房屋销售情况
SALES OF COMMERICAL HOUSES

年份 地区 Year Region	实际销售商品房屋面积(万平方米) Floor Space of Commerical Houses Actually Sold (10 000 sq.m)	#住宅 Residential Buildings	个人购买商品住宅(万平方米) Commerical Houses Purchased by Individuals (10 000 sq.m)	商品房屋销售额(万元) Total Sales of Commerical Houses (10 000 yuan)	#住宅 Residential Buildings
1986		1834.95	256.11		
1987	2697.24	2376.72	426.66	1100967	
1988	2927.33	2549.12	722.56	1472164	
1989	2855.36	2491.38	805.49	1637542	
1990	2871.54	2544.61	730.85	2018263	
1991	3025.46	2745.17	926.55	2378597	2075979
1992	4288.86	3812.21	1456.01	4265938	3798493
1993	6687.91	6035.19	2943.39	8637141	7291913
1994	7230.35	6118.03	3344.53	10184950	7305208
1995	7905.94	6787.03	3344.81	12577269	10240705
1996	7900.41	6898.46	3666.82	14271292	11069006
北 京 Beijing	215.33	183.08	43.78	947281	708415
天 津 Tianjin	129.39	114.42	54.11	310282	248065
河 北 Hebei	187.89	172.00	81.17	228965	202930
山 西 Shanxi	90.89	82.28	40.76	84440	73001
内蒙古 Inner Mongolia	68.61	61.62	37.06	65973	56359
辽 宁 Liaoning	511.97	437.60	188.15	747950	604115
吉 林 Jilin	118.97	95.14	50.26	176172	112641
黑龙江 Heilongjiang	187.58	164.09	112.53	278917	231536
上 海 Shanghai	573.50	528.56	244.83	1834896	1568972
江 苏 Jiangsu	856.13	753.26	495.55	1235896	1003802
浙 江 Zhejiang	932.01	806.78	517.34	1318508	1035991
安 徽 Anhui	253.66	212.44	100.30	255350	183846
福 建 Fujian	273.51	234.28	125.21	485863	376129
江 西 Jiangxi	158.31	137.07	76.64	123305	97723
山 东 Shandong	429.42	369.39	116.24	498722	409463
河 南 Henan	255.82	215.29	113.69	227539	185548
湖 北 Hubei	249.41	214.13	68.52	315379	233707
湖 南 Hunan	138.11	120.14	84.36	145907	114465
广 东 Guangdong	1038.18	895.71	548.13	3561363	2443536
广 西 Guangxi	123.69	108.17	61.97	148816	122078
海 南 Hainan	15.30	13.59	2.54	28454	23628
四 川 Sichuan	557.70	485.72	307.46	638639	500193
贵 州 Guizhou	52.18	47.22	26.76	47745	40144
云 南 Yunnan	204.07	190.89	69.12	235086	207662
西 藏 Tibet	2.67	2.67		169	169
陕 西 Shaanxi	113.93	109.09	37.18	129792	118626
甘 肃 Gansu	64.07	57.65	10.75	76093	66012
青 海 Qinghai	10.34	10.12	3.53	10468	10376
宁 夏 Ningxia	41.90	34.55	23.95	45444	32565
新 疆 Xinjiang	45.86	41.51	24.93	67878	57309

5-38 各地区房地产开发建设投资总规模及完成投资(1996年)

GENERAL SCALE OF AND ACTUALLY COMPLETED INVESTMENT IN REAL ESTATE DEVELOPMENT BY REGION (1996)

单位：亿元 (100 million yuan)

地区 Region	实际需要总投资 Total Investment Actually Needed	自开始建设至本年底累计完成投资 Accumulative Investment Actually Made Since Starting of Construction up to the End of This Year	#本年完成 Investment Made in This Year	全部建成尚需投资 Further Invesment Required for the Completion of Construction
全国 National Total	**17704.53**	**8439.89**	**3216.44**	**9264.63**
北京 Beijing	2914.10	1007.97	328.18	1906.13
天津 Tianjin	301.54	143.91	71.51	157.63
河北 Hebei	155.92	90.04	48.28	65.88
山西 Shanxi	66.14	34.78	14.79	31.35
内蒙古 Inner Mongolia	23.91	15.37	10.29	8.54
辽宁 Liaoning	618.54	334.49	135.45	284.05
吉林 Jilin	96.56	58.10	30.21	38.46
黑龙江 Heilongjiang	129.03	89.54	48.91	39.49
上海 Shanghai	3648.44	1883.53	657.79	1764.91
江苏 Jiangsu	832.06	471.23	232.62	360.83
浙江 Zhejiang	892.87	546.17	243.54	346.70
安徽 Anhui	136.55	80.19	42.53	56.36
福建 Fujian	927.08	406.02	151.69	521.06
江西 Jiangxi	93.98	50.08	26.40	43.90
山东 Shandong	506.87	282.05	103.28	224.82
河南 Henan	230.56	126.29	54.84	104.27
湖北 Hubei	856.92	296.87	118.40	560.06
湖南 Hunan	176.41	91.74	40.23	84.67
广东 Guangdong	3482.82	1627.12	528.85	1855.70
广西 Guangxi	241.59	114.99	43.23	126.60
海南 Hainan	160.05	97.78	16.98	62.27
四川 Sichuan	702.53	320.89	146.23	381.64
贵州 Guizhou	68.23	34.33	15.76	33.90
云南 Yunnan	165.32	88.53	34.81	76.79
西藏 Tibet	0.16	0.16	0.16	
陕西 Shaanxi	148.47	70.93	30.13	77.54
甘肃 Gansu	65.24	32.36	17.20	32.87
青海 Qinghai	6.17	4.21	2.25	1.96
宁夏 Ningxia	10.11	7.63	5.45	2.48
新疆 Xinjiang	46.36	32.59	16.45	13.77

5-39 各地区房地产开发建设房屋建筑面积和造价(1996年)

FLOOR SPACE OF BUILDINGS AND THEIR COST IN REAL ESTATE DEVELOPMENT BY REGION (1996)

地 区 Region	施工房屋面积(万平方米) Floor Space of Buildings under Construction (10 000 sq.m)	竣工房屋面积(万平方米) Floor Space of Buildings Completed (10 000 sq.m)	房屋建筑面积竣工率(%) Rate of Floor Space of Buildings Completed (%)	竣工房屋价值(万元) Value of Buildings Completed (10 000 yuan)	竣工房屋造价(元/平方米) Cost of Buildings Completed (yuan/sq.m)
全 国 National	**47011.74**	**15356.71**	**32.7**	**17067717**	**1111**
北 京 Beijing	2824.59	663.41	23.5	1316427	1984
天 津 Tianjin	988.67	366.51	37.1	483917	1320
河 北 Hebei	841.29	361.96	43.0	301198	832
山 西 Shanxi	348.52	153.58	44.1	104587	681
内蒙古 Inner Mongolia	226.66	97.68	43.1	77973	798
辽 宁 Liaoning	2400.04	891.17	37.1	874154	981
吉 林 Jilin	570.89	281.93	49.4	302347	1072
黑龙江 Heilongjiang	834.07	378.83	45.4	350608	926
上 海 Shanghai	6005.46	1207.86	20.1	2677812	2217
江 苏 Jiangsu	3295.30	1633.32	49.6	1479475	906
浙 江 Zhejiang	3912.39	1697.26	43.4	1625527	958
安 徽 Anhui	994.92	406.00	40.8	271069	668
福 建 Fujian	2283.80	526.28	23.0	633084	1203
江 西 Jiangxi	726.82	300.09	41.3	191878	639
山 东 Shandong	2022.19	776.52	38.4	588692	758
河 南 Henan	1165.06	432.62	37.1	293840	679
湖 北 Hubei	1996.88	522.35	26.2	537521	1029
湖 南 Hunan	835.40	291.86	34.9	241279	827
广 东 Guangdong	8160.10	2166.58	26.6	2961919	1367
广 西 Guangxi	860.03	240.87	28.0	194139	806
海 南 Hainan	313.10	58.14	18.6	53024	912
四 川 Sichuan	3086.69	1002.88	32.5	775070	773
贵 州 Guizhou	447.71	134.99	30.2	85732	635
云 南 Yunnan	504.49	279.78	55.5	267796	957
西 藏 Tibet	3.46	1.12	32.4	503	449
陕 西 Shaanxi	614.65	187.55	30.5	137323	732
甘 肃 Gansu	341.63	116.38	34.1	85070	731
青 海 Qinghai	51.97	21.92	42.2	16121	735
宁 夏 Ningxia	121.49	75.02	61.7	45261	603
新 疆 Xinjiang	233.47	82.25	35.2	94371	1147

主 要 指 标 解 释

全社会固定资产投资 固定资产投资是社会固定资产再生产的主要手段。通过建造和购置固定资产的活动，国民经济不断采用先进技术装备，建立新兴部门，进一步调整经济结构和生产力的地区分布，增强经济实力，为改善人民物质文化生活创造物质条件。这对我国的社会主义现代化建设具有重要意义。

固定资产投资额是以货币表现的建造和购置固定资产活动的工作量，它是反映固定资产投资规模、速度、比例关系和使用方向的综合性指标。全社会固定资产投资包括国有经济单位投资、城乡集体经济单位投资、其他各种经济类型的单位投资和城乡居民个人投资。按照我国现行计划管理体制，全社会固定资产投资总额分为基本建设、更新改造、房地产开发投资和其他固定资产投资四个部分；城乡集体经济单位投资包括城镇集体所有制单位投资和农村集体所有制单位投资；其他各种经济类型单位投资包括联营经济、股份制经济、中外合资经营、中外合作经营、外资、与大陆合资经营、与大陆合作经营、港澳台独资及其他经济的单位投资。城乡居民个人投资包括城市、县城、镇、工矿区所辖范围内的个人建房和农村个人建房及购买生产性固定资产的投资。

基本建设投资 基本建设是企业、事业、行政单位以扩大生产能力或工程效益为主要目的的新建、扩建工程及有关工作。包括（1）列入中央和各级地方本年基本建设计划的建设项目，以及虽未列入本年基本建设计划，但使用以前年度基建计划内结转投资（包括利用基建设备材料）在本年继续施工的建设项目；（2）本年基本建设计划内投资与更新改造计划内投资结合安排的新建项目和新增生产能力（或工程效益）达到大中型项目标准的扩建项目，以及为改变生产力布局而进行的全厂性迁建项目；（3）国有单位既未列入基建计划，也未列入更新改造计划的总投资在5万元以上的新建、扩建、恢复项目和为改变生产力布局而进行的全厂性迁建项目，以及行政、事业单位增建业务用房和行政单位增建生活福利设施的项目。

更新改造投资 更新改造是指企业、事业单位对原有设施进行固定资产更新和技术改造，以及相应配套的工程和有关工作（不包括大修理和维护工程）。包括：（1）列入中央和各级地方本年更新改造计划的项目和虽未列入本年更新改造计划，但使用上年更新改造计划内结转的投资在本年继续施工的项目；（2）本年更新改造计划内投资与基本建设计划内投资结合安排的对企、事业单位原有设施进行技术改造或更新的项目，和增建主要生产车间、分厂等其新增 生产能力（或工程效益）未达到大中型项目标准的项目，以及由于城市环境保护和安全生产的需要而进行的迁建工作；（3）国有企、事业单位既未列入基建计划也未列入更新改造计划，总投资在5万元以上的属于改建或更新改造性质的项目，以及由于城市环境保护和安全生产的需要而进行的迁建工程。

房地产 开发投资 包括各种经济类型的房地产开发公司、商品房建设公司及其他房地产开发单位统一开发的包括统代建、拆迁还建的住宅、厂房、仓库、饭店、宾馆、度假村、写字楼、办公楼等房屋建筑物和配套的服务设施、土地开发工程，如道路、给水、排水、供电、供热、通讯、平整场地等基础设施工程的投资。包括非房地产企业实际从事房地产开发或经营活动，不包括单纯的土地交易活动。

其他固定资产投资 全社会固定资产投资中未列入基本建设、更新改造和房地产开发投资的建造和购置 固定资产的活动。包括：

（1）国有单位按规定不纳入基本建设计划和更新改造计划管理，总投资在5万元以上的以下工程：①用油田维护费和石油开发基金进行的油田维护和开发工程；②煤炭、铁矿、森工等采掘采伐业用维简费进行的开拓延伸工程；③交通部门用公路养路费对原有公路、桥梁进行改建的工程；④商业部门用简易建筑费建造的仓库工程。

（2）集体经济单位固定资产投资：包括城镇集体经济单位和农村集体经济单位建造和购置固定资产计划总投资在五万元以上的项目。农村集体经济单位固定资产投资为农村抽样调查总队根据抽样调查资料推算。

（3）联营经济、股份制经济、外商投资经济、港澳台投资经济及其经济类型的企、事业单位建造和购置固定资产其计划总投资在5万元以上的、未列入基本建设计划和更新改造计划的项目。

(4) 城镇和工矿区私人建房投资 和农村个人投资。城镇和工矿区私人建房包括市、县城、镇、工矿区所辖范围内的全部私人建房，不论其房主是否系本地的常住户口均应包括；农村个人投资包括农村个人建房及购置生产性固定资产的投资。农村个人固定资产投资为农村抽祥调查总队根据抽样调查资料推算。

固定资产投资的资金来源 根据固定资产投资的资金来源不同，分为上年末结余资金、本年资金来源小计和各项应付款。其中本年资金来源小计又分为国家预算内资金、国内贷款、股票、债券、利用外资、自筹资金和其他资金来源七种：

(1) 国家预算内资金 指国家预算、地方财政、主管部门和国家专业投资公司拨给或委托银行贷给建设单位的基本建设拨款和中央基本建设基金，拨给企业单位的更新改造拨款，以及中央财政安排的专项拨款中用于基本建设的资金。

(2) 国内贷款 指报告期企、事业单位向银行及非银行金融机构借入的用于固定资产投资的各种国内借款。国内贷款包括：银行利用自有资金及吸收的存款发放的贷款、上级主管部门拨入的国内贷款、国家专项贷款（包括煤代油贷款、劳改煤矿专项贷款等），地方财政专项资金安排的贷款、国内储备贷款、周转贷款等。

(3) 股票 是股份制企业通过发行股票筹集到的，用于固定资产投资的资金。

(4) 债券 是企业（公司）或金融机构通过发行各种债券筹集到的用于固定资产投资的资金，包括由银行代理国家专业投资公司发行的重点企业债券和重点建设债券。

(5) 利用外资 指报告期收到的用于固定资产投资的国外资金，包括统借统还、自借自还的国外贷款，中外合资项目中的外资，以及无偿捐赠等。其中，国家统借统还的外资，是指由我国政府出面同外国政府、团体或金融组织签订贷款协议、并负责偿还本息的国外贷款。

(6) 自筹资金 指建设单位报告期收到的，用于进行固定资产投资的上级主管部门、地方和本单位自筹资金。

(7) 其他资金来源 指报告期收到的除以上各种拨款、借款、自筹资金之外，其他用于固定资产投资的资金。

固定资产投资按国民经济行业分 建设项目归哪个行业，按其建成投产后的主要产品或主要用途及社会经济活动性质来确定。基本建设按建设项目划分国民经济行业，更新改造、国有经济单位其他固定资产投资及城镇集体投资根据整个企业、事业单位所属的行业来划分。一般情况下，一个建设项目或一个企业、事业单位只能属于一种国民经济行业。为了更准确地反映国民经济各行业之间的比例关系，联合企业（总厂）所属分厂属于不同行业的，原则上按分厂划分行业。

固定资产投资按建设性质分 建设项目的性质一般分为新建、扩建、改建、迁建、恢复。基本建设按建设项目划分建设性质，更新改造、国有经济单位其他固定资产投资及城镇集体投资按整个企业、事业单位的建设情况确定建设性质。目前基本建设和更新改造是根据我国现行的计划管理体制区分的，所以基本建设和更新改造都可以分别按新建、扩建等划分。

(1) 新建 一般是指从无到有、“平地起家”新开始建设单位。有的单位原有的基础很小，经过建设后其新增加的固定资产价值超过原有固定资产价值（原值）三倍以上的也算新建。

(2) 扩建 一般是指为扩大原有产品的生产能力，在厂内或其他地点增建主要生产车间（或主要工程）、独立的生产线或总厂之下的分厂的企业；事业单位和行政单位在原单位增建业务用房（如学校增建教学用房、医院增建门诊部或病床用房、行政机关增建办公楼等）也作为扩建。

(3) 改建 一般是指现有企业、事业单位为了技术进步，提高产品质量，增加花色品种，促进产品升级换代、降低消耗和成本，加强资源综合利用和三废治理、劳保安全等，采用新技术、新工艺、新设备、新材料等对现有设施、工艺条件进行技术改造或更新（包括相应配套的辅助性生产、生活福利设施）。有的企业为充分发挥现有生产能力，进行填平补齐而增建不增加本单位主要产品生产能力的车间等，也属于改建。

固定资产投资按用途分 固定资产投资按工程的经济用途分为用于第一产业、第二产业、第三产业和住宅四部分的建设，是研究不同用途的固定资产投资之间比例关系的重要指标。基本建设投资、国有经济单位其他固定资产投资及城镇集体投资的用途按单项工程确定，现有企业、事业单位更新改造投资的用途按更新改造项目确定。

固定资产投资按构成分 固定资产投资活动按其工作内容和实现方式分为建筑安装工程，设备、工具、器具购置，其他费用三个部分。

（1）建筑安装工程（建筑工作量） 指各种房屋、建筑物的建造工程和各种设备、装置的安装工程。包括各种房屋建造工程，各种用途设备基础和各种工业窑炉的砌筑工程；为施工而进行的各种准备工作和临时工程以及完工后的清理工作等；铁路、道路的铺设，矿井的开凿及石油管道的架设等；水利工程；防空地下建筑等特殊工程；以及各种机械设备的安装工程；为测定安装工程质量，对设备进行的试行工作。在安装工程中，不包括被安装设备本身的价值。

（2）设备、工具、器具购置 指购置或自制达到固定资产标准的设备、工具、器具的价值，固定资产的标准按财务部门规定。新建单位、扩建单位的新建车间按照设计和计划要求购置或自制的全部设备、工具、器具，不论是否达到固定资产标准均计入"设备、工具、器具购置"中。

（3）其他费用 指除建筑安装工程和设备、工具、器具购置以外的投资完成额。它包括两种性质的费用，一种是属于增加固定资产的费用，主要有：建设单位管理费，土地、青苗等补偿费和安置补助费、勘察设计费，研究实验费、农林单位牲畜购置费、各种经济林木的营造费、办公和生活家具、器具购置费、引进技术和进口设备项目的其他费用、联合试运转费等；一种是属于不增加固定资产的费用，主要有：施工机械转移费、生产职工培训费、农业开荒费用及报废工程损失费等。

基本建设项目按大中小型划分 基本建设划分大中小型项目原则上应按照上级批准的设计任务书或初步设计所确定的总规模或总投资划分，没有正式批准设计任务书或初步设计的，按国家或省、自治区、直辖市年度基本建设投资计划中所列的总规模或总投资划分。上述两条均不具备的，按本年计划施工工程的建设总规模或总投资划分。生产单一产品的工业项目，按产品的设计能力划分；生产多种产品的工业项目，按其主要产品的设计能力划分。品种繁多，难以按生产能力划分的，按全部计划投资额划分。划分标准以国家颁发的《大中小型建设项目划分标准》依据。国家曾在1958年、1962年、1977年和1979年先后五次修订《大中小型建设项目划分标准》，因此各历史时期的大中型项目数不完全可比。

施工项目 指报告期内曾进行建筑或安装工程施工活动的建设项目。包括报告期内新开工项目、报告期以前开工跨入报告期继续施工的项目以及报告期施工过并在报告期内全部建设投产或停缓建的项目。

全部建成投产项目 工业项目是指设计文件规定形成生产能力的主体工程及其相应配套的辅助设施全部建成，经负荷试运转，证明具备生产设计规定合格产品的条件，并经过验收鉴定合格或达到竣工验收标准，与生产性工程配套的生产福利设施可以满足近期正常生产的需要，正式移交生产的建设项目。非工业项目是指设计文件规定的主体工程和相应的配套工程全部建成，能够发挥设计规定的全部效益，经验收鉴定合格或达到竣工验收标准，正式移交使用的建设项目。

新增生产能力 指通过固定资产投资活动而增加的设计能力或工程效益，它是用实物形态表示的固定资产投资的成果。新增生产能力的计算，是以能独立发挥生产能力或效益的单项工程（或项目）为对象。当单项工程（或项目）建成，经有关部门鉴定合格，正式移交投入生产，即可计算新增生产能力。

新增生产能力或工程效益有以下几种表现形式：

（1）以建设项目或单位工程建成后的年产能力表示。如煤炭开采、石油开采等。

（2）以建设项目或单项工程建成后处理原料的能力表示。如选矿工程的年处理矿石能力，洗煤厂年洗原煤能力等。

（3）以新增的主要设备数量或容量表示。如棉纺锭枚数，发电机组容量等。

（4）以建筑物容积、容量、面积或长度表示。如水库容量、铁路公路里程等。

新增生产能力的数量一般按设计能力计算。设计能力是指设计文件中规定的在正常情况下能够达到的生产能力，而不论投产后的实际产量如何。以设备数量、建筑物容积、面积、长度等表示的新增生产能力（或效益），则按建成的实际数量计算。

施工和竣工房屋建筑面积 房屋建筑面积是从房屋外墙线算起的各层平面面积的总和，包括房屋结构（如柱、墙）占用的面积和地下室面积。多层建筑按各自然层面积总和计算，包括房屋内的楼隔层，突出墙面的眺望间、门斗、有柱雨罩的面积。不包括突出墙面结构的构件、艺术装饰等所占的面积，如台阶等。凹阳台、挑阳台按其水平投影面积一半计算建筑面积。

住宅建筑面积　指施工和竣工房屋建筑面积中供居住用的施工和竣工房屋建筑面积。

竣工面积　指在报告期内房屋建筑按照设计要求已全部完工，达到住人和使用条件，经验收鉴定合格，正式移交使用单位的建筑面积。

房屋建筑面积竣工率　指一定时期内房屋竣工面积占同期房屋施工面积的比率。它是从房屋建筑施工速度的角度反映投资效果和建筑业经济效益的指标。

新增固定资产　指通过投资活动所形成的新的固定资产价值。包括已经建成投入生产或交付使用的工程价值和达到固定资产标准的设备、工具、器具的价值及有关应摊入的费用。它是以价值形式表示的固定资产投资成果的综合性指标，可以综合反映不同时期、不同部门、不同地区的固定资产投资成果。

建设项目投产率　指一定时期内全部建成投入生产项目个数占同期正式施工项目个数的比率。它是从项目建设速度的角度反映投资效果的指标。

固定资产交付使用率　指一定时期新增固定资产与同期完成投资额的比率。它是反映各个时期固定资产动用速度，衡量建设过程中投资效果的一个综合性指标。

未完工程占用率　指年末未完工程累计完成投资额占全年实际完成投资额的比率。它反映未完工程的相对规模，并可从资金占用的角度反映固定资产投资效果。由于未完工程是指已经开工，但尚未建成交付使用的工程，有个跨年度问题，因此未完工程占用率会出现大于1的情况。

Explanatory Notes on Main Statistical Indicators

Total Investment in Fixed Assets in the Whole Country: Investment in fixed assets is the essential means for social reproduction of fixed assets. By means of construction and purchase of fixed assets, more advanced technologies and equipment are adopted in the national economy, and new sectors are established, which promote the adjustment of economic structure and the regional distribution of productive forces and enhance the economic strengths so as to provide the material conditions for improving people's livelihood. This is significant for speeding up the drive of socialist modernization in China.

Amount of investment in fixed assets refers to the volume of activities in construction and purchases of fixed assets in monetary terms. It is a comprehensive indicator which shows the size, pace, proportional relations and use orientation of the investment in fixed assets. Total investment in fixed assets in the whole country includes the investment by the state – owned units, the investment by the urban and rural collective units, the investment by the units of other types of ownership and the investment by the individuals in the urban and rural areas. According to China's current planning management system, the investment in fixed assets in the whole country is classified into the following four parts: investment in capital construction, investment in innovation, investment in real estates development and other investment in fixed assets. The investment by the urban and rural collective units includes the investment by the urban collective units and the investment by the rural collective units. The investment by the units of other types of ownership includes the investment by the units of joint – owned economy, share – holding economy, Sino – foreign joint economy, Sino – foreign cooperative economy, economy exclusively with foreign investment, Mainland – Hong Kong or Mainland – Macao or Mainland – Taiwan joint economy, Mainland – Hong Kong or Mainland – Macao or Mainland – Taiwan cooperative economy, and economy exclusively with investment of Hong Kong or Macao or Taiwan. The investment by the individuals in the urban and rural areas includes the investment in personal house building in the areas under the jurisdiction of city, county, town and special industrial and mining areas as well as the investment in personal house building and purchase of productive fixed assets in the rural areas.

Investment in Capital Construction: Capital construction refers to the new construction projects or extension projects and the related work of the enterprises, institutions or administrative units mainly for the purpose of expanding production capacity or improving project efficiency. It includes: (1) projects listed in the capital construction plan of the current year of the central government and the local governments at various levels as well as the projects, though not listed in the capital construction plan of the current year, but continued to be constructed in this year, using the investment listed in the plan of capital construction of previous years and carried forward to this year (also using the equipment and materials kept in stock of the capital construction); (2) new construction projects arranged both in the plan of capital construction and the plan of innovation; extension projects with the newly increased production capacity (or project efficiency) up to the standard of a large and medium – sized project; and the projects of moving the whole factory to a new site so as to improve the distribution of productive forces; (3) new construction projects, extension projects or restoration projects with the total investment more than 50 thousand RMB yuan by the state – owned units, though listed neither in the plan of capital construction nor in the plan of innovation; the projects in the state – owned units of moving the whole factory to a new site so as to improve the distribution of productive forces; and the projects of building additional business houses by the administrative units and institutions and building welfare facilities by the administrative units.

Investment in Innovation: Innovation refers to the renewal of fixed assets and technological innovation of the original facilities by the enterprises and institutions as well as the corresponding supplementary projects and the related work (excluding major overhaul and maintenance projects). It includes: (1) projects listed in the innovation plan of the current year of the central government and the local governments at various levels as well as the projects, though not listed in the innovation plan of the current year, but continued to be constructed in this year, using the investment listed in the plan of innovation of previous years and carried forward to this year; (2) projects of technological innovation or renewal of the original facilities, arranged both in the plan of innovation and in the plan of capital construction; extension projects (main workshops or a branch of the factory) with the newly increased production capacity (or project efficiency) not up to the standard of a large and medium-sized project; and the projects of moving the whole factory to a new site so as to meet the requirements of urban environmental protection or safe production; (3) projects of reconstruction or technological innovation with the total investment more than 50 thousand RMB yuan by the state-owned units, though listed neither in the plan of capital construction nor in the plan of innovation; the projects in the state-owned units of moving the whole factory to a new site so as to meet the requirements of urban environmental protection or safe production.

Investment in Real Estate Development: It includes the investment by the real estate development companies, commercial buildings construction companies and other real estate development units of various types of ownership in the construction of house buildings, such as residential buildings, factory buildings, warehouses, hotels, guesthouses, holiday villages, office buildings, and the complementary service facilities and land development projects, such as roads, water supply, water drainage, power supply, heating, telecommunications, land levelling and other projects of infrastructure. It covers the activities of the non-real estate companies in real estate development or management, but excludes the activities in simple land transactions.

Other Investment in Fixed Assets refers to the construction and purchases of fixed assets not listed in the investment in capital construction, investment in innovation and investment in real estate development. It includes:

I. The following projects of the state-owned units with the total investment more than 50 thousand yuan, which are not included in the plan of capital construction and the plan of innovation: (1) projects of oil fields maintenance and exploitation with the oil fields maintenance funds and petroleum development funds; (2) opening and extending projects with the maintenance funds in coal, ore and other mining enterprises and logging enterprises; (3) project of reconstruction of the original highways and bridges with the highway maintenance funds in the department of communication; (4) projects of construction of warehouses with the funds of simple construction in the commercial department.

Ⅱ. The investment in fixed assets by the collective units: including the projects of construction and purchases of fixed assets by the urban and rural collective units with the planned total investment more than 50 thousand yuan. The investment in fixed assets by the rural collective units are estimated by the Rural Socio-economic Survey Organization, SSB on the basis of the data collected by the sample survey.

Ⅲ. The projcets of construction and purchases of fixed assets by the enterprises or institutions of joint-owned economy, share-holding economy, foreign-funded economy, economy funded by the entrepreneurs from Hong Kong, Macao and Taiwan and other economy with the planned total investment more than 50 thousand yuan, which are not included in the plan of capital construction and the plan of innovation.

Ⅳ. The private investment in house construction in the urban areas and industrial and mining areas as well as the individual investment in the rural areas: The private house construction in the urban areas and industrial and mining areas includes all the private house construction under the jurisdiction of cities, counties, towns and industrial and mining areas, no matter whether the owner of the house is registered as the permanment resident in the locality or not. The individual investment in the rural areas includes the investment in house construction and purchase of producitive fixed assets by the individuals in the rural areas. The individual investment in fixed assets in the rural areas is estimated by the Rural Socio-economic Survey Onganization, SSB on the basis of the data collected by the sample survey.

Sources of Funds for Investment in Fixed Assets are classified into: (1) balance of funds brought forward from the previous year, (2) subtotal of the sources of funds in this year and (3) various payable funds. The subtotal of the sources of funds in this year is further divided into seven categories, i. e. state budgetary appropriation, domestic loans, stocks, bonds, foreign investment, self-raised funds, and others.

(1) State budgetary appropriation includes (a) the appropriation for capital construction and the capital construction fund of the central government, which are appropriated to or entrusted the banks to lend to the construction enterprises by state budget, local finance, responsible department and state specialized investment companies; (b) the appropriations for innovation which are appropriated to the enterprises; (c) the special appropriation for capital construction, which is arranged in the finance of central government.

(2) Domesticc loans refer to various funds borrowed by enterprises and institutions from banks and non - bank financial institutions during the reference period for the purpose of investment in fixed assets. Domestic loans include loans issued by banks from their self-owned funds and deposit, loans appropriated by higher responsible authorities, special loans by government (including loan for replacing petroleum with coal, special loan for reform-through-labour coal mines), loans arranged by local government from special funds, domestic reserve loan, and working loan, etc..

(3) Stocks refers to funds raised by share holding enterprises through issuing stocks for the purpose of investment in fixed assets.

(4) Bonds refer to funds raised by enterprises (companies) or financial institutions through issuing various bonds for the purpose of investment in fixed assets, The bonds include Key Enterprise Bonds and Key Construction Program Bonds issued by the banks on behalf of the state specialized investment companies.

(5) Foreign Investment refers to foreign funds received during the reference period for the purpose of investment in fixed assets, including foreign funds borrowed and managed by the government, by individual units, foreign fund in joint venture program , and grants and donations, etc., of which foreign funds borrowed and managed by the government refer to foreign loan borrowed by the government from foreign governments, organizations, or financial institutions under official agreements signed by both parties and the government is responsible for the repayment of both the principal and interests of the foreign loans.

(6) Self-raised funds refer to funds received by construction enterprises from their higher responsible authorities, local governments, and raised within enterprises for the purpose of investment in fixed assets during the reference period.

(7) Others refer to funds received during the reference period which are not included in the above - mentioned sources.

Investment in Fixed Assets by Sector The classification of construction projects by sector is determined by the major products or the purpose of the projects when they are put into production or use, and by the nature of their social economic activities. The investnent in capital construction is classified by construction projects, while investment in innovation, other investment by state-owned units and urban collective units are classified according to the sector which the whole enterprise or institution belongs to. In general, one project or one enterprise or institution can only belong to one sector. In order to reflect more accurately the proportions among various sectors, the branch factories of integrated complex are classified into different sectors according to their economic activities.

Investment in Fixed Assets by Type of Construction The construction projects in general can be classified by the type of construction into new construction, expansion, reconstruction and moving away. In capital construction, the type of construction is determined by the condition of the project. In investment in innovation, in other investment by state - owned units and investment by collective - owned units, the type of construction is determined by the condition of the whole enterprise and restoration. The current distinction between capital construction and innovation is determined by China's current planning and management system. Therefore the projects of capital construction and innovation can all be classified respectively into new construction, expansion, etc.

(1) New construction in general refers to newly constructed units. In the case in which the value of the original fixed assets is quite small, and the value of newly added fixed assets exceeds the original ones by three times, the expansion construction is considered as new construction.

(2) Expansion refers to construction of new major production workshop or independent production line within a factory or in other locations, or construction branch of a factory so as to increase the production capacity of the original prod-

ucts. Newly constructed business houses in institutions and administrative organizations (such as the newly constructed teaching buildings in schools, clinics or bed building in hospitals, and office buildings in administrative agencies, etc.) are classified as expansion.

(3) Reconstruction refers to technical innovation and transformation of the existing equipment and technical conditions undertaken by enterprises and institutions for the purposes of technological advancement, improvement in product quality, enlarging variety of products, promoting new generation of products, reducing production consumption and cost, promoting comprehensive utilization of resources, strengthening treatment of waste gas, waste water and solid wastes, and safety in production, etc. through application of new technologies and techniques, use of new equipment and new materials (including accessory facilities for production or for living and welfare purposes). Construction of new workshops for improving existing production capacity rather than increasing production capacity is also considered as reconstruction.

Investment in Fixed Assets by Function can be classified into four parts, i. e. construction for primary industry, secondary industry, tertiary industry, and residential buildings, which reflects important proportions of investment among diferent industries. The function of the investment in capital construction, other investment in fixed assets by state-owned units and the investment by urban collective units is determined according to the specific condition of individual projects. The function of the investment in innovation by enterprises and institutions is determined according to the specific condition of relevant projects.

Investment in Fixed Assets by Structure refers to the three major parts of investment activities, i. e. construction and installation, purchase of equipment and instrument, and other expenses.

(1) Consturction and installation (work volume of construction) refers to the construction of various houses and buildings and installation of various kinds of equipment and instruments, including construction of various houses, equipment foundations and industrial kilns and stoves, preparation works for project construction, and clearing up works post project construction, pavement of railways and roads, drilling of mines and putting up of oil pipes, construction of projects of water conservancy, underground constructions for air defence and construction of other special projects, installation of various machinery equipment, testing operation for pretesting the quality of installation projects. The value of equipment installed is not included in the value of installation projects.

(2) Purchase of equipment and instruments refers to the total value of equipment, tools, and vessels purchased or self-produced which come up to standards for fixed assets. Equipment, tools and vessels purchased or self-produced for new workshops by newly established or expanded units are categorized as "purchase of equipment and instruments" no matter whether they come up to the standards for fixed assets or not.

(3) Other expenses refer to investment completed which are not included above. The expenses consist of two categories: one results in the increase of fixed assets, including administration expenses of construction units, compensation for the loss of land and young crops, subsidies for moving, and expenses on geological prospecting and designing, research and testing, purchase of animals by agricultural and forestry units, planting and operating of various economic forest, purchase of office and residence furniture, purchase of instruments and vessels, introduction of technology and imports of equipment, and joint pretesting of projects; another category of expenses does not result in the increse of fixed assets, including expenese on transprotation of construction machines, training of staff and workers, opening up waste land, and loss of discarded projects.

Capital Construction Projects by Size The classification of size of capital construction projects should be determined according to the total scale or total investment set in the approved construction plan by higher responsible authorities or in the tentative design, otherwise according to the total scale or total investment set in the current capital construction plan of the state, provinces, autonomous regions, and municipalities directly under central government. Industrial projects which produce unitary products are classified according to its design capacity of products; projects which produce multi-products are classified by the design capacity of the major product or by the total planned investment. Standards for the Classification of Construction Projects into large, medium-sized and small ones issued by the government are the base for size division of construction projects, which was revised in 1958, 1962, 1977, and 1979 respectively and therefore, data on projects by size are not entirely comparable from year to year.

Projects Under Construction refer to projects having construction and installation activities undertaken in the reference period, including projects started in the reference period, or continued from the previous period, or completed and put into production or suspended in the reference period.

Projects Completed and Put into Use Industrial projects refer to the major projects and accessory facilities completed which result in forming production capacity and have been checked and accepted while the living and welfare facilities have been completed and can ensure normal production and formally put into production. Non-industrial projects refer to the major projects and accessory facilities completed which possess the designed capacity and have been checked, accepted and formally put into production.

Newly Increased Production Capacity refers to the increase of designed capacity and project efficiency through investment in fixed assets, which reflects the accomplishment of investment in fixed assets in kind. The calculation of newly increased production capacity is based on individual projects which operate independently. When an individual project is completed and checked and accepted and put into production, it is counted as newly increased production capacity.

The newly increased production capacity and project efficienty are usually expressed in one of the following forms:

(1) annual production capactiy, such as extraction of coal and petroleum;

(2) raw material processing capacity, such as ore dressing capacity of ore dressing projects, the dressing capacity of a coal washery;

(3) number or capacity of major equipment increased, such as the number of cotton spindles increased and the capacity of generating sets increased;

(4) physical measures of construction, such as volume, capacity, area, and length, for instance, the capacity of reservoirs, the length of railways or highways.

Newly increased production capacity in terms of quantity is calculated in designed capacity in general, which refers to the production capacity of a project under normal conditions designed in construction documents regardless of the actual output.

Floor Space of Buildings Under Construction and Completed refers to total floor space in each story of buildings calculated from the outside line of building walls, including the space occupied by constructions like pillars or walls and basements. The floor space of multi-story building includes the total floor space of each story, including area occupied by separating walls, watching rooms, doorways, and pillars, but excluding protruding wall structures, artistic decoration, etc. (for example, flight of steps). The space of recessed verand and tantilevered balcony is counted by half of the projection area.

Floor Space of Residential Buildings refers to the floor space of the residential buildings under construction and completed among the total space of buildings under construction and completed.

Floor Space of Buildings Completed refers to the floor space of buildings completed in the reference period, which have come up to the designed standards and have been put into use.

Completion Rate of Floor Space of Buildings refers to the ratio of the floor space of buildings completed in certain period of time to the floor space of buildings under constrution in the same period, which reflects the investment result and economic efficiency of the construction industry from the angle of the speed of project construction.

Newly Increased Fixed Assets refer to the newly increased value of fixed assets through investment, including the value of projects completed and put into production, the value of equipment, tools, and vessels considered as fixed assets, as well as the relevant expenses as investment in fixed assets. This is a comprehensive indicator of investment in fixed assets, reflecting the achievements of investment in fixed assets in different periods, different sectors, and different regions.

Rate of Construction Projects Completed and Put into Use refers to the ratio of the number of construction projects completed and put into use in certain period of time to the number of projects under construction in the same period. This reflects the investment efficiency from the angle of the speed of projects construction.

Rate of Projects of Fixed Assets Completed and Put into Operation refers to the ratio of the newly increased fixed assets to the total investment made in the same period. This is a comprehensive indicator, reflecting the speed of the employment of fixed assets and the investment efficiency.

Rate of Investment in Projects Uncompleted refers to the ratio of the accumulated investment in projects uncompleted to the total annual investment in projects. This reflects the relative size of projects uncompleted and the efficiency of investment in fixed assets from the angle of fund utilization. Since projects uncompleted refer to projects started but not completed, they often go beyond one year and therefore, the above ratio could be greater than 1.

六 能源生产和消费

PRODUCTION AND CONSUMPTION OF ENERGY

简要说明

一、本篇包括的主要内容有：历年能源生产、消费及品种构成，能源生产和消费弹性系数，近年来综合能源平衡表和主要能源品种的单项平衡表，分行业分主要能源品种的消费量，能源加工转换效率及生活用能源消费量等。

二、本篇资料取自国家统计局工业交通司编制的全国能源平衡表。该平衡表是在各省、自治区、直辖市统计局按照国家统计局报表制度规定报送的地区能源平衡表基础上编制的。

地区能源平衡表的编制范围为辖区内除解放军总后勤部、工程兵以外的全部生产和消费能源的单位。其中县及县以上企业的能源库存和消费根据国家统计局制发的报表制度由统计系统搜集资料逐级汇总上报的调查方法；乡村企业的能源消费数据视各省情况采用不同的方法搜集。如有的省隔几年进行一次抽样调查，有的省乡村工业能源消费根据乡村工业产值进行推算等。

三、关于数据口径与计算的说明

1. 一次能源 生产量与工业统计数字一致。

2. 行业分类采用现行统一的国民经济行业分类国家标准。

3. 能源生产与消费弹性系数分别以能源生产、消费增长速度与国内生产总值增长速度相比求得。

4. 能源平衡表中，进口量和出口量采用海关统计数据。进口量中包括我国轮船飞机在国外加油量，出口量中包括外国轮船飞机在我国加油量。电力折算标准煤系数按平均发电煤耗计算。

5. 能源加工转换效率表中，电力折算标准煤系数采用当量值计算，每千瓦小时折 0.1229 千克标准煤。

BRIEF INTRODUCTION

I. The data in this chapter cover mainly the energy production and consumption and their composition over the years, the elasticity ratio of energy production and consumption, the overall balance of energy and the balance by the variety of energy, the consumption of energy by sector and by main variety, efficiency of energy conversion and the consumption of energy for residential use.

II. The data in this chapter come from the national energy balance compiled by the Department of Industrial and Transport Statistics, SSB. This balance is compiled on the basis of the regional balances compiled by the statistical bureaus of provinces, autonomous regions and municipalities directly under the central government in accordance with the instructions of the SSB in the statistical reporting scheme.

The coverage of the regional energy balance includes all the units that produce and consume energy under the jurisdiction of the area except the units subordinate to the General Logistics Department and the Headquarter of Engineer Troops. Among them, the data on the storage and consumption of the enterprises at the county and higher levels are collected by the statistical agencies in accordance with the statistical reporting scheme stipulated by the SSB and tabulated and reported to the higher authorities level by level; the data on the energy consumption in the rural enterprises are collected by the provincial statistical bureaus with different methods in the light of the specific conditions in the areas. For example, some provincial statistical bureaus conduct sample surveys on energy consumption once in several years; some other provincial statistical bureaus estimate the energy consumption in rural industrial enterprises on the basis of the data of their industrial output.

III. Data coverage and calculation:

(1) The data on the production of primary energy are the same as the concerned data of the industrial statistics.

(2) The state classification of national economic sectors is used in the classification of sectors.

(3) The elasticity ratio of energy production is calculated as the quotient of the growth rate of energy production divided by the growth rate of GDP; and the elasticity ratio of energy consumption is calculated as the quotient of the growth rate of energy consumption divided by the growth rate of GDP.

(4) In the energy balance, the data on the imports and exports are data from the customs statistics. The energy consumed by the Chinese steamers and airplanes in refuelling abroad is included in the imports. The energy consumed by the foreign steamers and airplanes in refuelling in China is included in the exports. The coefficient for conversion of electric power into the standard coal equivalent is calculated according to the average consumption of coal for generating electricity.

(5) In the table on the efficiency of energy conversion, the coefficient for conversion of electric power into the standard coal equivalent is calculated in the following way: 1 kwh of electric power is converted into 0.1229 kg standard coal equivalent.

6-1 能源生产总量及构成
TOTAL PRODUCTION OF ENERGY AND ITS COMPOSITION

年份 Year	能源生产总量 (万吨标准煤) Total Energy Production (10 000 tons of SCE)	占能源生产总量的比重(%) As Percentage of Total Energy Production			
		Coal 原煤	Crude Oil 原油	Natural Gas 天然气	Hydro-power 水电
1952	4871	96.7	1.3	...	2.0
1957	9861	94.9	2.1	0.1	2.9
1962	17185	91.4	4.8	0.9	2.9
1965	18824	88.0	8.6	0.8	2.6
1970	30990	81.6	14.1	1.2	3.1
1975	48754	70.6	22.6	2.4	4.4
1978	62770	70.3	23.7	2.9	3.1
1980	63735	69.4	23.8	3.0	3.8
1985	85546	72.8	20.9	2.0	4.3
1986	88124	72.4	21.2	2.1	4.3
1987	91266	72.6	21.0	2.0	4.4
1988	95801	73.1	20.4	2.0	4.5
1989	101639	74.1	19.3	2.0	4.6
1990	103922	74.2	19.0	2.0	4.8
1991	104844	74.1	19.2	2.0	4.7
1992	107256	74.3	18.9	2.0	4.8
1993	111059	74.0	18.7	2.0	5.3
1994	118729	74.6	17.6	1.9	5.9
1995	129034	75.3	16.6	1.9	6.2
1996	131557	74.8	17.1	1.9	6.2

注: 电力折算标准煤的系数采用当年平均发电煤耗计算。下表同。

a) The coefficient for conversion of electric power into SCE (standard coal equivalent) is calculated on the basic of the data on the average coal consumption in generating electric power in the same year. The same as in the following tables.

6-2 能源消费总量及构成
TOTAL CONSUMPTION OF ENERGY AND ITS COMPOSITION

年份 Year	能源消费总量 (万吨标准煤) Total Energy Consumption (10 000 tons of SCE)	占能源消费总量的比重(%) As Percentage of Total Energy Consumption			
		Coal 煤炭	Petroleum 石油	Natural Gas 天然气	Hydro-power 水电
1957	9644	92.3	4.6	0.1	3.0
1962	16540	89.2	6.6	0.9	3.2
1965	18901	86.5	10.3	0.9	2.7
1970	29291	80.9	14.7	0.9	3.5
1975	45425	71.9	21.1	2.5	4.6
1978	57144	70.7	22.7	3.2	3.4
1980	60275	72.2	20.7	3.1	4.0
1985	76682	75.8	17.1	2.2	4.9
1986	80850	75.8	17.2	2.3	4.7
1987	86632	76.2	17.0	2.1	4.7
1988	92997	76.2	17.0	2.1	4.7
1989	96934	76.0	17.1	2.0	4.9
1990	98703	76.2	16.6	2.1	5.1
1991	103783	76.1	17.1	2.0	4.8
1992	109170	75.7	17.5	1.9	4.9
1993	115993	74.7	18.2	1.9	5.2
1994	122737	75.0	17.4	1.9	5.7
1995	131176	74.6	17.5	1.8	6.1
1996	138811	75.0	17.5	1.6	5.9

注: 1996年能源消费量为估算数。

a) The data on energy consumption in 1996 were estimated figures.

6-3 综合能源平衡表

OVERALL ENERGY BALANCE

单位: 万吨标准煤 (10 000 tons of SCE)

项目	Item	1980	1985	1990	1994	1995
可供消费的能源总量	**Total Energy Available for Consumption**	**61557**	**77603**	**96138**	**117967**	**129535**
一次能源生产量	Primary Energy Output	63735	85546	103922	118729	129034
回收能	Recovery of Energy					2312
进口量	Imports	261	340	1310	4342	5456
出口量(-)	Exports (-)	3058	5774	5875	5772	6776
年初年末库存差额	Stock Changes in the Year	619	-2509	-3219	668	-491
能源消费总量	**Total Energy Consumption**	**60275**	**76682**	**98703**	**122737**	**131176**
在总量中:	Consumption by Sector					
1.农、林、牧、渔、水利业	1.Farming, Forestry, Animal Husbandry, Fishery and Water Conservancy	3471	4045	4852	5105	5505
2.工 业	2.Industry	41010	51068	67578	87855	96191
3.建筑业	3.Construction	956	1302	1213	1349	1335
4.交通运输和邮电通讯业	4.Transportation, Post and Telecommunications Services	2902	3713	4541	5625	5863
5.商业、饮食、物资供销和仓储业	5.Commerce, Catering Services, Mater-ials Supply, Marketing and Storage	518	766	1247	1847	2018
6.其他	6.Others	1835	2470	3473	5543	4519
7.生活消费	7.Residential Consumption	9583	13318	15799	15413	15745
在总量中:	Consumption by Usage					
(一) 终端消费	(I) Final Consumption	57508	73586	94289	116770	124252
#工业	Industry	38293	48021	63239	82264	89473
(二) 加工转换损失量	(II) Losses in Processing and Transformation	1358	1491	2264	2761	3634
#炼焦	Coking	645	572	905	1259	
炼油	Petroleum Refining	113	110	326	478	
(三) 损失量	(III) Other Losses	1409	1605	2150	3206	3289
平衡差额	**Balance**	**1282**	**921**	**-2565**	**-4770**	**-1641**

注: 1.村办工业包括在工业中(下同)。
2.电力、热力按等价热值折算,因此加工转换损失量中不包括发电、供热损失量。
3.进口量包括我国飞机、轮船在国外加油量;出口量包括外国飞机、轮船在我国加油量。

a) Data on industry include the data on village-run industry. (The sane as in the following tables).
b) Electric power and heat are converted on the basic of equal caloric value. Therefore, losses in processing and transformation exclude losses in power generation and heating.
c) Data on imports include the petroleum consumed by the Chinese airplanes and ships in refuelling abroad. Data on exports include the petroleum consumed by the foreign airplanes and ships in refuelling in China.

6-4 煤炭平衡表

COAL BALANCE SHEET

单位：万吨 (10 000 tons)

项　目	Item	1980	1985	1990	1994	1995
可供量	**Total Energy Available for Consumption**	**62601.0**	**82776.6**	**102221.0**	**123192.8**	**133461.7**
生产量	Output	62015.0	87228.4	107988.3	123990.1	136073.1
进口量	Imports	199.0	230.7	200.3	120.9	163.5
出口量(-)	Exports (-)	632.0	777.0	1729.0	2419.4	2861.7
年初年末库存差额	Stock Changes in the Year	1019.0	-3905.5	-4238.5	1501.2	86.8
消费量	**Total Energy Consumption**	**61009.5**	**81603.0**	**105523.0**	**128532.2**	**137676.5**
在消费量中:	Consumption by Sector					
1. 农、林、牧、渔、水利业	1.Farming, Forestry, Animal Husbandry, Fishery and Water Conservancy	1550.3	2208.6	2095.2	1783.0	1856.7
2. 工　业	2.Industry	43848.4	58613.3	81090.9	107769.9	117570.7
3. 建筑业	3.Construction	556.0	531.9	437.6	504.5	439.8
4. 交通运输和邮电通讯业	4.Transportation, Postal and Telecommunications Services	1934.4	2307.1	2160.9	1873.4	1315.1
5. 商业、饮食、物资供销和仓储业	5.Commerce, Catering Services, Materials Supply, Marketing and Storage	455.2	738.2	1058.3	1020.4	977.4
6. 其他	6.Other	1091.2	1579.5	1980.4	2534.0	1986.7
7. 生活消费	7.Residential Consumption	11574.0	15624.4	16699.7	13047.0	13530.1
在消费量中:	Consumption by Usage					
(一) 终端消费	(I) Final Consumption	38804.2	52704.4	60205.9	63900.3	66156.1
#工　业	Industry	21643.1	29715.0	35773.8	42885.8	46050.3
(二) 中间消费	(II) Intermediate Consumption					
(用于加工转换)	(Consumed in Transformation)	19461.6	25397.4	41257.8	60321.6	69487.6
发　电	Power Generation	12648.4	16440.7	27204.3	40053.1	44440.2
供　热	Heating		1462.3	2995.5	5532.7	5887.3
炼　焦	Coking	6682.2	7303.8	10697.6	13947.9	18396.4
制　气	Gas Production	131.0	190.6	360.4	788.0	763.7
(三) 洗选损耗	(III) Losses in Coal Washing and Dressing	2743.7	3501.2	4059.3	4310.3	2032.8
平衡差额	**Balance**	**1591.5**	**1173.6**	**-3302.0**	**-5339.5**	**-4214.8**

注：生产量为原煤产量。

a) Data on output refer to the output of raw coal.

6-5 石油平衡表
PETROLEUM BALANCE

单位：万吨 (10 000 tons)

项目	Item	1980	1985	1990	1994	1995
可供量	**Total Energy Available for Consumption**	**8794.5**	**9193.7**	**11435.0**	**14878.9**	**16042.7**
生产量	Output	10594.6	12489.5	13830.6	14608.2	14974.9
进口量	Imports	82.7	90.0	755.6	2903.3	3673.2
出口量(-)	Exports (-)	1806.2	3630.4	3110.4	2380.2	2454.5
年初年末库存差额	Stock Changes in the Year	-76.6	244.6	-40.8	-252.4	-151.0
消费量	**Total Energy Consumption**	**8757.4**	**9168.8**	**11485.6**	**14956.0**	**16064.9**
在消费量中:	Consumption by Sector					
1. 农、林、牧、渔、水利业	1.Farming, Forestry, Animal Husbandry, Fishery and Water Conservancy	814.9	758.7	1033.6	1089.1	1203.2
2. 工业	2.Industry	6203.2	6171.4	7321.6	9181.7	9349.3
3. 建筑业	3.Construction	175.2	292.2	327.3	241.6	242.8
4. 交通运输和邮电通讯业	4.Transportation, Postal and Telecommunications Services	911.5	1176.4	1683.2	2350.3	2863.6
5. 商业、饮食、物资供销和仓储业	5.Commerce, Catering Services, Mater-ials Supply, Marketing and Storage	29.0	38.1	77.6	227.2	333.9
6. 其他	6.Other	481.7	506.1	757.8	1341.4	1390.3
7. 生活消费	7.Residential Consumption	141.9	225.9	284.5	524.7	682.0
在消费量中:	Consumption by Usage					
(一) 终端消费	(I) Final Consumption	6311.0	7063.3	9304.7	12466.2	13676.3
#工业	Industry	3780.3	4462.0	5180.4	6691.9	7095.5
(二) 中间消费 (用于加工转换)	(II) Intermediate Consumption (Consumed in Transformation)	2102.1	1745.6	1630.4	1807.5	2230.0
发电	Power Generation	2065.4	1425.5	1234.4	1178.4	1358.5
供热	Heating		285.6	356.3	560.0	399.9
制气	Gas Production	36.7	34.5	39.7	69.1	51.6
(三) 炼油损失量	(Ⅲ) Losses in Petroleum Refining	81.5	112.9	295.8	445.6	420.1
(四) 损失量	(Ⅳ) Other Losses	262.8	247.0	254.7	236.7	158.6
平衡差额	**Balance**	**37.1**	**24.9**	**-50.6**	**-77.1**	**-22.2**

注: 1.生产量为原油产量。
2.进口量包括我国飞机、轮船在国外加油量;出口量包括外国飞机、轮船在我国加油量。

a) Data on output refer to the output of crude oil.
b) Data on imports include the petroleum consumed by the Chinese airplanes and ships in refuelling abroad. Data on exports include the petroleum consumed by the foreign airplanes and ships in refuelling in China.

6-6 电力平衡表

ELECTRICITY BALANCE SHEET

单位: 亿千瓦小时 (100 million kwh)

项　目	Item	1980	1985	1990	1994	1995
可供量	**Total Energy Available for Consumption**	**3006.3**	**4117.6**	**6230.4**	**9260.4**	**10023.4**
生产量	Output	3006.3	4106.9	6212.0	9280.8	10077.3
水　电	Hydropower	582.1	923.7	1267.2	1821.6	1905.8
火　电	Thermal Power	2424.2	3183.2	4944.8	7459.2	8043.2
核　电	Nuclear Power					128.3
进口量	Imports		11.1	19.3	18.5	6.4
出口量(-)	Exports (-)		0.4	0.9	38.9	60.3
消费量	**Total Energy Consumption**	**3006.3**	**4117.6**	**6230.4**	**9260.4**	**10023.4**
在消费量中:	Consumption by Sector					
1. 农、林、牧、渔、水利业	1.Farming, Forestry, Animal Husbandry, Fishery and Water Conservancy	270.0	317.4	426.8	530.6	582.4
2. 工　业	2.Industry	2471.9	3283.4	4873.3	6983.0	7659.8
3. 建筑业	3.Construction	47.1	71.2	65.0	149.7	159.6
4. 交通运输和邮电通讯业	4.Transportation, Postal and Telecommunications Services	26.5	63.4	105.9	164.0	182.3
5. 商业、饮食、物资供销和仓储业	5.Commerce, Catering Services, Materials Supply, Marketing and Storage	16.8	38.0	76.2	179.2	199.5
6. 其他	6.Others	68.8	121.7	202.4	386.9	234.2
7. 生活消费	7.Residential Consumption	105.2	222.5	480.8	867.0	1005.6
在消费量中:	Consumption by Usage					
(一) 终端消费	(I) Final Consumption	2763.4	3813.3	5795.8	8664.3	9278.9
#工　业	Industry	2229.0	2979.1	4438.7	6386.9	6915.3
(二) 输配电损失量	(II) Losses in Transmission	242.9	304.3	434.6	596.1	744.5

6-7 分行业能源消费总量和主要能源品种消费量(1995年)

行业	Sector	能源消费总量(万吨标准煤) Total Energy Consumption (10000 tons of SCE)	煤炭消费量(万吨) Coal Consumption (10000 tons)
消费总量	**Total Consumption**	**131175.6**	**137676.5**
农、林、牧、渔业	**Farming, Forestry, Animal Husbandry, Fishery and Water Conservancy**	**5505.1**	**1856.7**
工业	**Industry**	**96191.3**	**117570.7**
采掘业	**Mining and Quarrying**	**9940.9**	**9861.0**
煤炭采选业	Coal Mining and Dressing	5499.8	8290.7
石油和天然气开采业	Petroleum and Natural Gas Extraction	2812.6	637.2
黑色金属矿采选业	Ferrous Metals Mining and Dressing	268.2	94.9
有色金属矿采选业	Nonferrous Metals Mining and Dressing	557.2	174.7
非金属矿采选业	Nonmetal Minerals Mining and Dressing	553.4	434.4
其他矿采选业	Other Minerals Mining and Dressing	30.3	17.0
木材及竹材采运业	Logging and Transport of Wood and Bamboo	219.5	212.1
制造业	**Manufacturing**	**78367.7**	**63109.4**
食品加工业	Food Processing	1972.5	1753.9
食品制造业	Food Production	1208.0	1214.5
饮料制造业	Beverage Production	1000.3	983.3
烟草加工业	Tobacco Processing	223.8	190.7
纺织业	Textile Industry	3531.3	2536.9
服装及其他纤维制品制造	Garments and Other Fiber Products	329.2	117.3
皮革毛皮羽绒及其制品业	Leather, Furs, Down and Related Products	289.9	239.0
木材加工及竹藤棕草制品业	Timber Processing, Bamboo, Cane, Palm Fiber & Straw Products	380.0	363.0
家具制造业	Furniture Manufacturing	105.8	62.7
造纸及纸制品业	Papermaking and Paper Products	2138.4	2132.2
印刷业记录媒介的复制	Printing and Record Medium Reproduction	203.4	86.8
文教体育用品制造业	Cultural, Educational and Sports Articles	62.0	33.2
石油加工及炼焦业	Petroleum Processing and Coking	5567.3	8025.1
化学原料及制品制造业	Raw Chemical Materials and Chemical Products	15821.6	10803.5
医药制造业	Medical and Pharmaceutical Products	1201.3	915.1
化学纤维制造业	Chemical Fiber	1278.0	823.1
橡胶制品业	Rubber Products	644.1	566.4
塑料制品业	Plastic Products	541.9	311.5
非金属矿物制品业	Nonmetal Mineral Products	13058.0	13424.2
黑色金属冶炼及压延加工业	Smelting and Pressing of Ferrous Metals	18532.8	12920.7
有色金属冶炼及压延加工业	Smelting and Pressing of Nonferrous Metals	2841.7	1348.6
金属制品业	Metal Products	993.9	462.1
普通机械制造业	Ordinary Machinery	1650.5	821.1
专用设备制造业	Equipment for Special Purposes	1089.3	652.5
交通运输设备制造业	Transportation Equipment	1376.3	860.2
电气机械及器材制造业	Electric Equipment and Machinery	629.2	343.6
电子及通信设备制造业	Electronic and Telecommunications Equipment	321.4	141.5
仪器仪表文化办公用机械	Instruments, Meters, Cultural and Office Machinery	142.6	70.9
其他制造业	Other Manufacturing Industry	1233.7	905.9
电力煤气及水生产供应业	**Electric Power, Gas and Water Production and Supply**	**7882.8**	**44600.3**
电力蒸汽热水生产供应业	Electric Power, Steam and Hot Water Production and Supply	7052.7	43799.6
煤气的生产和供应业	Gas Production and Supply	341.3	763.1
自来水的生产和供应业	Tap Water Production and Supply	488.7	37.6
建筑业	**Construction**	**1334.5**	**439.8**
交通运输、仓储及邮电通信业	**Transportation, Storage, Postal&Telecommunications Services**	**5862.9**	**1315.1**
批发和零售贸易餐饮业	**Wholesale, Retail Trade and Catering Services**	**2017.8**	**977.4**
其他行业	**Others**	**4519.0**	**1986.7**
生活消费	**Residential Consumption**	**15744.8**	**13530.1**

注: 1.工业能源消费量中包括村办工业。

2.工业分行业数字中不包括其他石油制品和其他焦化产品,但工业合计中包括。

CONSUMPTION OF TOTAL ENERGY AND ITS MAIN VARIETIES BY SECTOR (1995)

焦炭消费量 (万吨) Coke Consumption (10 000 tons)	原油消费量 (万吨) CrudeOil Consumption (10 000 tons)	汽油消费量 (万吨) Gasoline Consumption (10 000 tons)	煤油消费量 (万吨) Kerosene Consumption (10 000tons)	柴油消费量 (万吨) Diesel Oil Consumption (10 000tons)	燃料油消费量 (万吨) Fuel Oil Consumption (10 000 tons)	天然气消费量 (亿立方米) Natural Gas Consumption (100 million cu.m)	电力消费量 (亿千瓦小时) Electricity Consumption (100 million kwh)
10725.28	**14886.39**	**2909.59**	**512.11**	**4321.44**	**3693.67**	**177.41**	**10023.40**
128.62	**10.11**	**179.66**	**3.57**	**1001.39**	**8.37**	**0.02**	**582.42**
10412.04	**14716.30**	**812.43**	**44.94**	**1189.87**	**3406.16**	**154.39**	**7659.81**
151.42	**1686.21**	**135.90**	**2.92**	**229.63**	**246.45**	**51.87**	**837.66**
41.97		37.87	1.59	31.68	1.16		392.38
1.21	1686.16	58.99	0.59	147.95	226.71	50.58	258.85
56.76		4.74	0.08	5.41	2.33		34.28
24.53	0.05	8.18	0.40	12.62	9.46	0.59	83.00
26.14		8.74	0.20	20.96	6.79	0.70	52.76
0.21		0.41	0.02	2.70			3.38
0.60		16.97	0.04	8.31			13.01
10243.83	**12963.62**	**637.21**	**40.41**	**722.25**	**2186.73**	**100.80**	**5156.10(**
15.37	0.53	37.56	0.26	33.65	20.68	1.00	181.00
10.43	0.72	16.33	0.33	18.15	5.40	0.03	72.15
4.98	0.72	14.91	0.23	8.04	7.13	0.02	52.62
1.59		3.17	2.07	1.16	1.34		17.16
5.78	1.29	42.72	2.91	36.39	34.95	3.97	335.22
1.12	0.04	11.39	0.11	8.64	2.07		41.22
0.80	0.04	5.38	0.42	5.76	1.49		42.88
1.13		4.68	1.17	6.10	1.59		25.88
1.29		3.71	0.01	1.42	0.83		13.16
3.84	0.26	14.59	1.78	27.59	16.62	0.06	169.06
0.53	0.10	6.17	3.41	2.66	0.23		31.19
1.52		2.66	0.10	2.73	0.06		7.09
31.56	11338.36	29.23	1.02	48.89	611.91	15.14	156.06
1298.71	1078.84	62.64	8.10	94.41	388.63	63.36	1028.05
2.64	0.12	8.98	0.15	3.86	38.86	0.30	107.46
23.53	478.22	4.56	0.18	5.45	90.23	4.32	92.78
1.56	1.22	14.41	0.16	4.04	11.23		53.80
1.52	0.02	17.47	0.39	21.02	3.19		71.36
276.66	56.32	82.14	2.59	149.29	324.83	2.27	599.61
7810.76	3.17	42.55	0.41	73.20	464.93	3.69	905.36
195.09	0.35	12.71	0.57	21.66	62.13	0.50	425.61
123.24	0.17	18.19	3.37	23.40	13.24	0.45	113.51
237.13	0.28	58.65	3.05	31.18	9.99	0.14	136.30
101.25	0.20	26.69	0.91	14.53	22.57	2.25	97.67
41.42	0.57	37.48	4.87	31.60	15.93	0.66	154.63
15.59	0.85	24.07	0.50	17.14	10.20	0.74	64.96
1.05		9.15	0.23	10.73	7.96	1.01	38.64
3.42		4.69	0.12	3.94	1.24	0.01	17.12
30.32	1.23	20.33	0.99	15.62	17.27	0.88	104.55
16.79	**66.47**	**39.32**	**1.61**	**237.99**	**972.98**	**1.72**	**1666.05**
3.80	66.47	33.85	1.30	234.44	927.73	1.14	1539.76
12.88		3.21	0.11	2.12	45.25	0.58	10.83
0.11		2.26	0.20	1.43			115.46
10.76	**2.71**	**103.62**	**3.51**	**118.19**	**14.24**	**0.28**	**159.62**
10.10	**156.77**	**982.30**	**250.01**	**1246.56**	**227.45**	**1.57**	**182.30**
25.71	**0.50**	**197.23**	**8.51**	**103.59**	**6.62**	**0.55**	**199.47**
6.44		**570.65**	**137.32**	**645.70**	**30.83**	**1.19**	**234.20**
131.61		**63.70**	**64.25**	**16.14**		**19.41**	**1005.58**

a) The energy consumption by the industrial sector includes the consumption by village－run industry.

b) The consumption of other petroleum products(such as naphtha and paraffin, etc.) and other coking products(such as benzene etc.) is included in the total consumption of the industrial sector, but not included in consumption of the the various industrial branches.

6-8 能源生产弹性系数

ELASTICITY RATIO OF ENERGY PRODUCTION

年份 Year	能源生产比上年增长% Growth Rate of Energy Production over Preceding Year (%)	电力生产比上年增长% Growth Rate of Electricity Production over Preceding Year (%)	国内生产总值比上年增长% Growth Rate of Gross Domestic Product(GDP) over Preceding Year (%)	能源生产弹性系数 Elasticity Ratio of Energy Production	电力生产弹性系数 Elasticity Ratio of Electricity Production
1984	9.2	7.3	15.2	0.61	0.48
1985	9.9	8.9	13.5	0.73	0.66
1986	3.0	9.5	8.8	0.34	1.08
1987	3.6	10.6	11.6	0.31	0.91
1988	5.0	9.6	11.3	0.44	0.85
1989	6.1	7.3	4.1	1.49	1.78
1990	2.2	6.2	3.8	0.58	1.63
1991	0.9	9.1	9.2	0.10	0.99
1992	2.3	11.3	14.2	0.16	0.80
1993	3.6	15.3	13.5	0.31	1.13
1994	6.9	10.7	12.6	0.55	0.85
1995	8.7	8.6	10.5	0.83	0.82
1996	2.0	7.3	9.6	0.21	0.76

注: 国内生产总值增长速度按可比价格计算。下表同。

a) The growth rates of GDP are calculated at comparable prices. The same as in the following tables.

6-9 能源消费弹性系数

ELASTICITY TATIO OF ENERGY CONSUMPTION

年份 Year	能源消费比上年增长% Growth Rate of Energy Consumption over Preceding Year (%)	电力消费比上年增长% Growth Rate of Electricity Consumption over Preceding Year (%)	国内生产总值比上年增长% Growth Rate of Gross Domestic Product(GDP), over Preceding Year (%)	能源消费弹性系数 Elasticity Ratio of Energy Consumption	电力消费弹性系数 Elasticity Ratio of Electricity Consumption
1984	7.4	7.4	15.2	0.49	0.49
1985	8.1	9.0	13.5	0.60	0.67
1986	5.4	9.5	8.8	0.61	1.08
1987	7.2	10.6	11.6	0.62	0.91
1988	7.3	9.7	11.3	0.65	0.86
1989	4.2	7.3	4.1	1.02	1.78
1990	1.8	6.2	3.8	0.47	1.63
1991	5.1	9.2	9.3	0.55	0.99
1992	5.2	11.5	14.2	0.37	0.81
1993	6.3	11.0	13.5	0.21	0.70
1994	5.8	9.9	12.6	0.46	0.79
1995	6.9	8.2	10.5	0.66	0.78
1996	5.8	6.9	9.6	0.60	0.72

注: 1996年为估算数。

a) The data in 1996 were estimated figures.

6-10 能源加工转换效率
EFFCIENCY OF ENERGY CONVERSION

单位: % (%)

年份 Year	总效率 Total Efficiency	发电及电站供热 Electricity Generation and Heating by Power Stations	炼焦 Coking	炼油 Pertroleum Refining
1983	69.93	36.94	91.18	99.16
1984	69.16	36.95	90.08	99.17
1985	68.29	36.85	90.79	99.10
1986	68.32	36.69	90.63	99.04
1987	67.48	36.75	90.46	98.81
1988	66.54	36.34	90.77	98.76
1989	66.51	36.74	90.30	98.57
1990	67.20	37.34	91.28	97.90
1991	65.90	37.60	89.90	98.10
1992	66.00	37.80	92.70	96.80
1993	67.32	39.90	98.05	98.49
1994	65.20	39.35	89.62	97.48
1995	71.05	37.31	91.99	97.67

6-11 平均每天各种能源消费量
AVERAGE DAILY ENERGY CONSUMPTION BY VARIETY

能源品种	Item	1980	1985	1990	1994	1995
合计 (万吨标准煤)	**Total (10 000 tons of SCE)**	**165.1**	**210.1**	**270.4**	**336.3**	**359.4**
煤炭 (万吨)	Coal (10 000 tons of SCE)	167.1	223.6	289.1	352.1	377.2
焦炭 (万吨)	Coke (10 000 tons of SCE)	11.8	12.8	18.9	24.9	29.4
原油 (万吨)	Crude Oil (10 000 tons of SCE)	25.2	26.1	32.2	38.4	40.8
燃料油 (万吨)	Fuel Oil (10 000 tons of SCE)	8.4	7.8	9.2	9.8	10.2
汽油 (万吨)	Gasoline (10 000 tons of SCE)	2.7	3.8	5.2	7.3	8
煤油 (万吨)	Kerosene (10 000 tons of SCE)	1.0	1.1	1.0	1.2	1.4
柴油 (万吨)	Diesel Oil(10 000 tons of SCE)	4.6	5.3	7.4	10.4	11.8
天然气 (亿立方米)	Natural Gas (100 million cu.m)	0.4	0.4	0.4	0.5	0.5
电力 (亿千瓦小时)	Electricity (100 million kwh)	8.2	11.3	17.1	25.4	27.5

6-12 分品种生活能源年消费总量
AVERAGE ANNUAL RESIDENTIAL ENERGY CONSUMPTION BY VARIETY

能源品种	Item	1980	1985	1990	1994	1995
合计 (万吨标准煤) Total	**(10 000 tons of SCE)**	**9583**	**13318**	**15800**	**15413**	**15744.84**
煤炭 (万吨) Coal	(10 000 tons)	11574	15624	16700	13047	13530.12
煤油 (万吨) Kerosene	(10 000 tons)	99	122	105	69	64.25
液化石油气 (万吨) Liquefied Petroleum Gas	(10 000 tons)	43	91	159	385	533.95
天然气 (亿立方米) Natural Gas	(100 million cu.m)	2	4	19	20	19.41
煤气 (亿立方米) Gas	(100 million cu.m)	14	13	29	76	56.69
热力 (万百万千焦) Heat	(10 billion kilo-joule)	1092	5651	8972	14261	12637.14
电力 (亿千瓦小时) Electricity	(100 million kwh)	105	223	481	867	1005.58

6-13 每人年平均生活用能源
ANNUAL AVERAGE RESIDENTIAL ENERGY CONSUMPTION PER CAPITA

年份 Year	平均每人生活消费能源 Annual Average Residential Energy Consumption per Capita (千克标准煤) (Kg of SCE)	煤炭 (千克) Coal (kg)	电力 (千瓦小时) Electricity (kwh)	煤油 (千克) Kerosene (kg)	液化石油气 (千克) Liquefied Petroleum Gas (kg)	天然气 (立方米) Natural Gas (cu.m)	煤气 (立方米) Gas (cu.m)
1983	106.6	127.7	13.4	1.2	0.6	0.1	1.5
1984	113.5	134.9	15.3	1.4	0.6	0.5	1.5
1985	126.7	148.7	21.2	1.2	0.9	0.4	1.2
1986	127.3	148.3	23.2	1.3	1.1	0.7	1.3
1987	132.1	152.1	26.4	1.2	1.1	0.7	1.6
1988	141.0	159.1	31.2	1.1	1.2	1.4	1.5
1989	139.3	152.4	35.3	1.1	1.4	1.5	2.4
1990	139.2	147.1	42.4	0.9	1.4	1.6	2.5
1991	138.1	142.0	46.9	0.8	1.7	1.6	3.1
1992	133.4	126.1	54.6	0.7	2.0	1.8	4.4
1993	130.6	120.5	61.2	0.6	2.5	1.4	4.5
1994	129.3	109.5	72.7	0.6	3.2	1.7	6.3
1995	130.8	112.3	83.5	0.5	4.4	1.6	4.7

注：按年平均人口数计算。

a) The data in the table are calculated with the data on the annual average population in each year.

主要统计指标解释

能源生产总量 指一定时期内全国（地区）一次能源生产量的总和，是观察全国（地区）能源生产水平、规模、构成和发展速度的总量指标。一次能源生产量包括原煤、原油、天然气、水电及其他动力能（如风能、地热能等）发电量。不包括低热值燃料生产量、生物质能、太阳能等的利用和由一次能源加工转换而成的二次能源产量。

能源消费总量 指一定时期内全国（地区）物质生产部门、非物质生产部门和生活消费的各种能源的总和，是观察能源消费水平、构成和增长速度的总量指标，能源消费总量包括原煤和原油及其制品、天然气、电力。不包括低热值燃料、生物质能和太阳能等的利用。能源消费总量分为三部分，即终端能源消费量、能源加工转换损失量和损失量。

（1）终端能源消费量 指一定时期内全国（地区）物质生产部门、非物质生产部门和生活消费的各种能源在扣除了用于加工转换二次能源消费量和损失量以后的数量。

（2）能源加工转换损失量 指一定时期内全国（地区）投入加工转换的各种能源数量之和与产出各种能源产品之和的差额。它是观察能源在加工转换过程中损失量变化的指标。

（3）能源损失量 指一定时期内能源在输送、分配、储存过程中发生的损失和由客观原因造成的各种损失量。不包括各种气体能源放空、放散量。

能源生产弹性系数 是研究能源生产增长速度与国民经济增长速度之间关系的指标。计算公式：

$$\text{能源生产弹性系数}=\frac{\text{能源生产总量年平均增长速度}}{\text{国民经济年平均增长速度}}$$

国民经济年平均增长速度，可根据不同的目的或需要，用国民生产总值，国内生产总值等指标来计算，本资料是采用国内生产总值指标计算的。

电力生产弹性系数 是研究电力生产增长速度与国民经济增长速度之间关系的指标。一般来说，电力的发展应当快于国民经济的发展，也就是说电力应超前发展。计算公式：

$$\text{电力生产弹性系数}=\frac{\text{电力生产量年平均增长速度}}{\text{国民经济年平均增长速度}}$$

能源消费弹性系数 是反映能源消费增长速度与国民经济增长速度之间比例关系的指标。计算公式：

$$\text{能源消费弹性系数}=\frac{\text{能源消费量年平均增长速度}}{\text{国民经济年平均增长速度}}$$

电力消费弹性系数 是反映电力消费增长速度与国民经济增长速度之间比例关系的指标。计算公式：

$$\text{电力消费弹性系数}=\frac{\text{电力消费量年平均增长速度}}{\text{国民经济年平均增长速度}}$$

能源加工转换效率 指一定时期内能源经过加工、转换后，产出的各种能源产品的数量与同期内投入加工转换的各种能源数量的比率。它是观察能源加工转换装置和生产工艺先进与落后、管理水平高低等的重要指标。计算公式：

$$\text{能源加工转换效率}=\frac{\text{能源加工、转换产出量}}{\text{能源加工、转换投入量}}\times 100\%$$

Explanatory Notes on Main Statistical Indicators

Total Energy Production refers to the total production of primary energy by all energy producing enterprises in the country (region) in a given period of time. It is a comprehensive indicator to show the capacity, scale, composition and development of energy production of the country (region). The production of primary energy includes that of coal, crude oil, natural gas, hydro-power and electricity generated by other means such as wind power and geothermal power. However, it excludes the production of fuels of low calorific value, bioenergy, solar energy and the secondary energy converted from the primary energy.

Total Domestic Energy Consumption refers to the total consumption of energy of various kinds by material production sectors, non-material production sectors and households in the country (region) in a given period of time. It is a comprehensive indicator to show the scale, composition and development of energy consumption. The total energy consumption includes that of coal, crude oil and their products, natural gas and electricity, However, it excludes the consumption of fuel of low calorific value, bioenergy and solar energy. Total domestic energy consumption can be divided into three parts:

(1) Final Energy Consumption: It refers to the total energy consumption by material production sectors, non-material production sectors and households in the country (region) in a given period of time, but excludes the consumption in conversion of the primary energy into the secondary energy and the loss in the process of energy conversion.

(2) Loss During the Process of Energy Conversion: It refers to the total input of various kinds of energy for conversion, minus the total output of various kinds of energy in the country in a given period of time. It is an indicator to show the loss that occurs during the process of energy conversion.

(3) Loss: It refers to the total of the loss of energy during the course of energy transport, distribution and storage and the loss caused by any objective reason in a given period of time. The loss of various kinds of gas due to gas discharges and stocktaking is excluded.

Elasticity Ratio of Energy Production is an indicator to show the relationship between the growth rate of energy production and the growth rate of the national economy. The formula is:

$$\text{Elasticity Ratio of Energy Production} = \frac{\text{Average Annual Growth Rate of Energy Production}}{\text{Average Annual Growth Rate of National Economy}}$$

The average annual growth rate of the national economy can be shown by the gross national product, gross domestic product and other indicators, depending upon the purposes or needs. The gross domestic product is used in calculation of the ratio in this chapter.

Elasticity Ratio of Electricity Production is an indicator to show the relationship between the growth rate of electricity production and the growth rate of the national economy. Generally speaking, the growth rate of electricity production should be higher than that of the national economy. Its formula is:

$$\text{Elasticity Ratio of Electricity Production} = \frac{\text{Average Annual Growth Rate of Electricity Production}}{\text{Average Annual Growth Rate of National Economy}}$$

Elasticity Ratio of Energy Consumption is an indicator to show the relationship between the growth rate of energy consumption and the growth rate of the national economy. The formula is:

$$\text{Elasticity Ratio of Energy Consumption} = \frac{\text{Average Annual Growth Rate of Energy Consumption}}{\text{Average Annual Growth Rate of National Economy}}$$

Elasticity Ratio of Electricity Consumption is an indicator to show the relationship between the growth rate of electricity consumption and the growth rate of the national economy. The formula is:

$$\text{Elasticity Ratio of Electricity Consumption} = \frac{\text{Average Annual Growth Rate of Electricity}}{\text{Average Annual Growth Rate of National Economy}}$$

Efficiency of Energy Processing and Conversion refers to the ratio of the total output of energy products of various kinds after processing and conversion and the total input of energy of various kinds for processing and conversion in the same reference period. It is an important indicator to show the current conditions of energy processing and conversion equipment, production technique and management. The formula is:

$$\text{Efficiency of Energy Processing \& Conversion} = \frac{\text{Output of Energy After Processing \& Conversion}}{\text{Input of Energy for Processing \& Conversion}} \times 100\%$$

七 财政

GOVERNMENT FINANCE

简要说明

一、本篇反映国家财政收支状况，资料来源于财政部门，资料基础为国家财政决算、预算外资金收支决算和有关财务报表。

国家财政决算由中央级决算和地方总决算组成。省（自治区、直辖市）级决算及其所属州、县（市）总决算汇总组成省（自治区、直辖市）总决算；各省（自治区、直辖市）总决算汇总成地方总决算。

中央级决算、省（自治区、直辖市）级决算和县（市）总决算，由同级主管部门汇总的行政事业单位决算、企业财务决算、基本建设财务决算和金库年报、税收年报等组成。

为了保证决算数据的准确和完整，年度终了以前，各级财政总预算之间，财政总预算和部门单位预算之间，部门单位预算和所属单位预算之间，都对上下级之间的全年预算数据进行核对。年终后各级财政部门、国家金库会同预算缴款单位将决算收入数据进行核对一致，填制对帐单办理签证后，分别按系统上报。

为保持决算口径的一致，财政部每年要制定和颁发各省（自治区、直辖市）总决算表格和中央单位决算表格。各级财政部门和中央主管部门也要结合本部门的具体情况下达有关决算表格。决算表格按国家决算的组成，分为各级财政部门适用的总决算表格和各级主管部门、单位预算机关适用的单位决算表格，决算表数据根据总预算或单位预算会计帐簿填报。

有关财政收支方面的资料，主要来源于决算收支总表、决算收入明细表、决算支出明细表和根据这些表的数据进行的加工整理。

预算外资金收支决算和有关财务报表的编报与国家决算的编报基本相同。

二、针对历年财政收入、财政支出以及各项财政收支之间由于财政体制、预算编列方法的改变，而存在口径不统一的情况，本年鉴对有关数据进行了调整，使各年之间基本可比。主要调整的项目有：

1. 财政收入：将1993年及以前各年的国内外债务收入从财政收入中剔除，不再作为财政收入。将1978—1985年财政价格补贴由冲减财政收入改列财政支出。相应地，“国家财政分项目收入”中取消债务收入一项，“国家财政分部门收入”，“国家财政分经济类型收入”有关项目也进行了调整。

2. 财政支出，将1993年及以前各年的国内外债务还本付息支出和利用国外借款安排的基本建设支出从财政支出中剔除，不再作为财政支出；将1978—1985年财政价格补贴由冲减财政收入改列财政支出。相应地，“国家财政分项目支出”、“国家财政分费用类别支出”取消债务支出一项，“国家财政分项目支出”中的基本建设支出不再包括利用国外借款安排的基本建设支出，“国家财政分费用类别支出”中的有关项目也进行了调整。

3. 中央财政和地方财政收支。根据上述财政收入和财政支出的调整，中央财政收支也相应进行了调整，地方支出个别年份有所调整。“中央财政和地方财政收支总额”表，反映的是按当年的财政体制划分的中央、地方财政组织的收入和负责安排的支出状况，由于财政体制的变化和企业隶属关系的变化对中央、地方财政收支的影响未作调整。此外，中央与地方财政之间还存在着上解、补助和税收返还的关系。因此，“中央财政和地方财政收支总额”表不反映各级财力情况。

预算外资金从1982年开始建立统计制度，预算外收入和预算外支出项目几经变化。1993年由于实施新的财务通则和会计准则，预算外收支范围又一次作了较大调整，国营企业更新改造资金、大修理基金等不再作为预算外资金，因此1992年以前年度与1993年以后年度的预算外资金收支不可比。

BRIEF INTRODUCTION

I. The data in this chapter show the government revenue and expenditure. The data come from the departments of finance. The data are based on the final state financial accounts, the final accounts of extra – budgetary revenue and expenditure and the concerned financial reports.

The final state financial accounts are composed of the final accounts at the level of central government and the total final accounts at the level of local governments. The total final accounts at the level of local governments are composed of the total final accounts of the governments of provinces, autonomous regions and municipalities directly under the central government. The total final accounts at the provincial (autonomous region, municipality directly under the central government) level are composed of the final accounts at the provincial level and the total final accounts at the level of governments of prefectures and counties (cities).

The final accounts at the central level, at the provincial level and at the county (city) level are respectively composed of the final accounts of the administrative and institutional units, the final financial accounts of enterprises, final financial accounts of capital construction, annual reports on treasury and annual reports on tax revenue, pooled together by the responsible departments at the same level.

In order to ensure the accuracy and completeness of the data of final accounts, the financial departments at different levels should check the budgetary data of the higher and lower levels of the whole year before the end of the year, including the related figures of the total government budgets between different levels, the related figures between the government total budget and the budgets of the departments and the related figures between the budget of the departments and the budgets of the subordinate units. After the end of the year, the financial departments of different levels and the state treasury should check the data of the revenue in the final accounts together with the units which hand over the budget, filled out the accounts checking sheet, made signatures and reported to the higher authorities respectively.

In order to ensure the consistency in the coverage of the final accounts, the Ministry of Finance works out and issues the final accounts forms for the provinces, autonomous regions and municipalities directly under the central government and the final accounts forms for the departments at the central level. The financial departments at various levels and the central government departments should also work out and issue the final accounts forms in the light of the specific conditions of the department to the departments or units at the lower level. The final account forms are designed in accordance with the composition of the state final account and are composed of the total final accounts forms suitable for the financial departments of different levels and the unit final accounts forms suitable for the budgetary agencies of the responsible departments or units. The data for the final accounts are filled out in accordance with the data in the account books of the total budget or unit budget.

The data on the government revenue and expenditure come mainly from the total final accounts table of the revenue and expenditure and the subsidiary table of the final accounts of the revenue and the subsidiary table of the final accounts of the expenditure as well as the data calculated from the above data.

The procedures for the compilation of the extra – budgetary revenue and expenditure and the related financial tables are basically the same as those for the compilation of the state final accounts.

II. Owing to the changes in financial system and in the methods of compiling and listing the items of the budget, the coverage of the government revenue and expenditure and their breakdowns are not consistent over the years. In view of the above situation, the concerned data in this yearbook have been adjusted so as to make them basically comparable over the years. The main adjusted items are as follows:

(1) Government revenue. The revenues from the domestic and foreign debts in 1993 and the previous years are deducted from the government revenue and no longer listed as the component of the government revenue. The financial subsidies for the price adjustment in 1978 – 1985 were listed formerly as an item to eat up part of the government revenue and are now listed as an item of government expenditure. Correspondingly, the original item " revenue from debts" under the

"government revènue by item" is cancelled; and the concerned items in "government revenue by sector" and "government revenue by ownership" have also been adjusted.

(2) Government expenditure. The expenditures for repayment of the principal and interest of the domestic and foreign debts in 1993 and the previous years are deducted from the government expenditure and no longer listed as the component of the government expenditure. The financial subsidies on the price adjustment in 1978 – 1985 were listed formerly as an item to eat up part of the government revenue and are now listed as an item of government expenditure. Correspondingly, the original item " expenditure for debts" under the "government expenditure by account item " and the "government expenditure by general categories" is canceled; the expenditure for capital construction under the "government expenditure by account item " no longer includes the expenditure for capital construction as a result of the utilization of the foreign loans; the related items under the "government expenditure by general categories" have also been adjusted.

(3) Revenue and expenditure of the central government and local governments. According to the above – mentioned adjustments in the government revenue and expenditure, adjustments are also made in the revenue and expenditure of the central government correspondingly and in the revenue and expenditure of the local governments in a few years. The table on "Total Revenue and Total Expenditure of the Central Government and Local Governments" show the revenues and expenditures of the central government and local governments at the current years. The changes in the financial structure and in the subordinate relationship of the enterprises have the impact on the revenues and expenditures of the central government and local governments. However, no adjustments have been made in the data of the past years. In addition, there are also appropriate adaptations made in the specific conditions in the relationship between the central government and local governments: Sometimes some local governments hand certain amount of their funds over to the central government; Sometimes the central government pays subsidies to the difficult provinces and autonomous regions or send back parts of the tax revenue to the local government. Therefore the table on "Total Revenue and Total Expenditure of the Central Government and Local Governments" does not show the real financial strengths of the governments at different levels.

Data on the extra – budgetary funds have been collected in accordance with the statistical reporting scheme since 1982. Changes have been made in the items in the extra – budgetary revenue and the extra – budgetary expenditure several times. In 1993, new financial general rules and accounting standards were implemented. As a result, significant changes have been made again in the scope of extra – budgetary revenue and extra – budgetary expenditure. The innovation fund and the heavy repair fund in the state – owned enterprises were no longer listed as the extra – budgetary funds. Therefore the extra – budgetary revenues and the extra – budgetary expenditures in the years before 1993 and since 1993 are incomparable.

7-1 财政收入基本情况

BASIC SITUATIONS OF GOVERNMENT REVENUE

单位：亿元 (100 million yuan)

指标	Item	1992	1993	1994	1995	1996
财政总收入	**Total Revenue**	**3483.37**	**4348.95**	**5218.10**	**6242.20**	**7407.99**
中央	Central Government	979.51	957.51	2906.50	3256.62	3661.07
地方	Local Government	2503.86	3391.44	2311.60	2985.58	3746.92
财政总收入指数 (上年=100)	**Index of Revenue(Preceding year=100)**	**110.6**	**124.8**	**120.0**	**119.6**	**118.7**
财政收入按经济类型分	**Government Revenue by Ownership**					
国有经济	State Ownership	2483.03	3115.66	3727.42	4441.04	
集体经济	Collective Ownership	595.01	750.76	900.91	1075.48	
个体经济	Individual Economy	198.11	237.47	291.47	382.00	
其他经济	Other Types of Ownership	207.22	245.06	298.30	343.68	
财政收入按项目分	**Government Revenue by Source**					
各项税收	Taxes	3296.91	4255.30	5126.88	6038.04	6909.82
#工商税收	Industrial and Commercial Taxes	2244.21	3194.49	3914.22	4589.68	5270.04
关税	Tariffs	212.75	256.47	272.68	291.83	301.84
农牧业税	Agricultural & Animal Husbandry Taxes	119.17	125.74	231.49	278.09	369.46
企业收入	Revenue from Enterprises	59.97	49.49			
企业亏损补贴	Subsidies to Loss-making Enterprises	-444.96	-411.29	-366.22	-327.77	-337.4
征集能源交通重点建设基金收入	Funds Levied for Development of Key Construction Projects in Energy Industry & Transportation	157.11	117.72	53.96	17.42	3.78
预算调节基金收入	Revenue from the Fund for Adjusting Budget	117.47	102.46	59.10	34.92	11.09
教育费附加收入	Revenue from Extra Charges for Education	31.72	44.23	64.20	83.40	96.04
其他收入	Other Revenue	265.15	191.04	280.18	396.19	724.66
预算外资金收入	Extra-Budgetary Revenue	3854.92	1432.54	1862.53	2406.50	
中央	Central Government	1707.73	245.90	283.32	317.57	
地方	Local Governments	2147.19	1186.64	1579.21	2088.93	
地方财政预算外资金收入	Local Extra-budgetary Revenue	90.88	114.71	140.03	171.65	
行政事业单位预算外资金收入	Extra-budgetary Revenue of Non-Profit & Administrative Units	885.45	1317.83	1722.50	2234.85	
债务收入	**Total Debt Incurred**	**669.68**	**739.22**	**1175.25**	**1549.76**	**1967.28**
#国内公债和国库券	Domestic Bonds and Treasury Bills	460.77	381.32	1028.57	1510.86	1847.77
#向国外借款	Foreign Debts	208.91	357.90	146.68	38.90	119.51

7-2 财政支出基本情况

BASIC SITUATIONS OF GOVERNMENT EXPENDITURES

单位：亿元 (100 million yuan)

指标	Item	1992	1993	1994	1995	1996
财政总支出	**Total Expenditures**	**3742.20**	**4642.30**	**5792.62**	**6823.72**	**7937.55**
中央	Central Government	1170.44	1312.06	1754.43	1995.39	2151.27
地方	Local Governments	2571.76	3330.24	4038.19	4828.33	5786.28
财政总支出指数(上年=100)	**Index of Expenditure (preceding year=100)**	**110.50**	**124.10**	**124.80**	**117.8**	**116.3**
财政支出按费用类别分	**Expenditure by Category of Expenses**					
经济建设费	Expenditure for Economic Construction	1612.81	1834.79	2393.69	2855.78	
社会文教费	Expenditure for Culture and Education	970.12	1178.27	1501.53	1756.72	
国防费	Expenditure for National Defense	377.86	425.80	550.71	636.72	
行政管理费	Expenditure for Government Administration	463.41	634.26	847.68	996.54	
其他	Other Expenditure	318.00	569.18	499.01	577.96	
国家财政用于教育支出	**Government Expenditures for Education**	**621.71**	**754.90**	**1018.78**	**1193.84**	
预算内教育支出	Budgetary Expenditure for Education	566.71	691.58	939.15	1080.95	
#教育事业费	Educational Operating Expenses	452.52	558.21	772.78	891.50	
教育基建投资	Investment in Capital Construction for Education	48.97	53.35	55.22	58.00	
各部门事业费中用于教育的支出	Expenditures for Educational Purpose in the Operating Expenses of Various Departments	37.22	39.55	54.57	56.00	
城市教育费附加支出	Extra-charges for Education in Urban Areas	26.70	39.46	55.56	74.20	
支援不发达地区资金用于教育的支出	Expenditure for Educational Purpose in the Funds for Supporting Under-Developed Areas	1.30	1.01	1.02	1.25	
农村教育费附加支出	Extra Charges for Education in Rural Areas	55.00	63.32	79.63	112.89	
国家财政用于农业的支出	**Government Expenditures for Agriculture**					
支援农村生产支出和各项农业事业费	Expenditure for Supporting Agriculture Production and Agricultural Operating Expenses	269.04	323.42	399.70	430.22	510.07
基本建设支出	Expenditure for Capital Construction	85.00	95.00	107.00	110.00	
科技三项费用	Science and Technology Promotion Funds	3.00	3.00	3.00	3.00	
其他	Other Expenditures	18.98	19.03	23.28	24.00	
国家财政用于抚恤和社会福利支出	**Government Expenditures for Pensions and Social Welfare**	**66.45**	**75.27**	**95.14**	**115.46**	**128.03**
抚恤支出	Pension for the Disabled and the Bereaved Families	18.45	20.78	24.78	29.11	32.78
离退休费	Pension for the Retirees	12.40	14.09	20.12	22.78	10.67
社会福利救济费	Relief Funds for Social Welfare	14.36	17.01	20.55	24.19	28.98
自然灾害救济费	Relief Funds for Natural Disasters	15.89	15.40	19.42	27.27	39.06
其他	Other Expenditures	5.35	7.99	10.27	12.11	16.54
预算外资金支出	**Total Extra-budgetary Expenditures**	**3649.90**	**1314.30**	**1710.39**	**2331.26**	
中央	Central Government	1592.81	198.87	225.02	351.38	
地方	Local Governments	2057.09	1115.43	1485.37	1979.88	
债务支出	**Payments for Debts**	**438.57**	**336.22**	**499.36**	**878.36**	**1311.91**
国内公债和国库券还本付息	Payment for the Principal and Interest of Domestic Bonds and Treasury Bills	342.42	224.30	364.96	779.46	1223.17
国外借款还本付息	Payment for the Principal and Interest of Foreign Debts	80.26	89.22	107.17	71.69	60.76
归还人民银行借款和利息	Payment for the Loans from People's Bank and Their Interest	15.89	22.70	27.23	27.21	27.98

7-3 国家财政收支总额及增长速度

TOTAL GOVERNMENT REVENUE AND EXPENDITURES AND THEIR INCREASE RATE

年 份 Year	财政收入 (亿元) Total Revenue (100 million yuan)	财政支出 (亿元) Total Expenditures (100 million yuan)	收支差额 (亿元) Balance (100 million yuan)	增长速度(%) Increase Rate (%) 财政收入 Total Revenue	财政支出 Total Expenditures
1970	662.90	649.41	13.49	25.8	23.5
1971-1975	3919.71	3917.94	1.77	4.2	4.8
1971	744.73	732.17	12.56	12.3	12.7
1972	766.56	765.86	0.70	2.9	4.6
1973	809.67	808.78	0.89	5.6	5.6
1974	783.14	790.25	-7.11	-3.3	-2.3
1975	815.61	820.88	-5.27	4.1	3.8
1976-1980	5089.61	5282.44	-192.83	7.3	8.4
1976	776.58	806.20	-29.62	-4.8	-1.8
1977	874.46	843.53	30.93	12.6	4.6
1978	1132.26	1122.09	10.17	29.5	33.0
1979	1146.38	1281.79	-135.41	1.2	14.2
1980	1159.93	1228.83	-68.90	1.2	-4.1
1981-1985	7402.75	7483.18	-80.43	11.6	10.3
1981	1175.79	1138.41	37.81	1.4	-7.5
1982	1212.33	1229.98	-17.65	3.1	8.0
1983	1366.95	1409.52	-42.57	12.8	14.6
1984	1642.86	1701.02	-58.16	20.2	20.7
1985	2004.82	2004.25	0.57	22.0	17.8
1986-1990	12280.60	12865.67	-585.07	7.9	9.0
1986	2122.01	2204.91	-82.90	5.8	10.0
1987	2199.35	2262.18	-62.83	3.6	2.6
1988	2357.24	2491.21	-133.97	7.2	10.1
1989	2664.90	2823.78	-158.88	13.1	13.3
1990	2937.10	3083.59	-146.49	10.2	9.2
1991-1995	22442.10	24387.46	-1945.36	16.3	17.2
1991	3149.48	3386.62	-237.14	7.2	9.8
1992	3483.37	3742.20	-258.83	10.6	10.5
1993	4348.95	4642.30	-293.35	24.8	24.1
1994	5218.10	5792.62	-574.52	20.0	24.8
1995	6242.20	6823.72	-581.52	19.6	17.8
1996	7407.99	7937.55	-529.56	18.7	16.3

注: 1.1985年及以前，价格补贴冲减财政收入，1985年以后改列财政支出。为统一口径，本表对1985年及以前数字做了调整。

2.本表不包括国内外债务部分。

a) Government price subsidies were listed as negative revenue items prior to 1986, but they have been listed asexpenditure items in government accounts since 1986.

b) Domestic and foreign debts are excluded in this table.

7-4 国家财政收支平衡表

BALANCE TABLE OF GOVERNMENT REVENUE AND EXPENDITURES

单位: 亿元 (100 million yuan)

项　　目	Item	1996
经常性收支项目	**Current Revenue and Expenditures Item**	
经常性收入合计	**Total Current Revenue**	**7154.36**
各项税收	Total Taxes	6571.41
非生产性企业亏损补贴	Subsidies to Loss-making Nonproductive Enterprises	-129.24
国家预算调节基金收入	Revenue Raised from Government Budget Adjustment Fund	11.09
其他经常性收入	Other Current Revenue	701.1
经常性支出合计	**Total Current Expenditures**	**6014.96**
非生产性基本建设支出	Expenditures for Nonproductive Capital Constrution	288.84
事业发展和社会保障支出	Expenditures for Development and Social Security	2294.44
国家政权建设支出	Expenditures for National Defense, Armed Police and Other Expenses for State Political Power	1848.8
价格补贴支出	Price Subsidies	453.91
其他经常性支出	Other Current Expenditures	1096.77
经常性预算节余	**Current Budget Balance**	**1139.4**
建设性收支项目	**Constructive Revenue and Expenditures**	
收入	**Revenue**	
经常性预算结余	Current Budget Balance	1139.4
专项建设性收入	Special Constructive Revenue	461.79
生产性企业亏损补贴	Subsidies to Loss-making Productive Enterprises	-208.16
建设性收入合计	Constructive Revenue-Sub-Total	1393.03
建设性预算收支差额	Budget Balance Between Constructive Revenue and Expenditure	529.56
收入总计(扣除经常性结余)	Total Revenue (Less current balance)	7407.99
债务收入	Revenue from Debt	1967.28
弥补中央预算收支差额的国内债务收入	Revenue from Domestic Debts for Making up the Central Government Revenue and Expenditure Deficit	608.84
用于归还国内外债务本息的债务收入	Domestic Debts of payment for Principal and Interest	1238.93
国外借款收入	Revenue from Foreign Debts	116.1
用于安排重点建设支出的国外借款收入	Revenue from Foreign Debts for Expenditure for Key Construction Projects	3.41
支出	**Expenditures**	
生产性基本建设支出	Expenditures for Productive Capital Construction	618.6
挖潜改造和新产品试制费	Expenses for Innovation and New Product Promotion	523.02
支援农业生产支出	Expenditures for Supporting Agricutural Production	258.77
城市维护建设支出	Expenditures for City Maintenance	336.49
其他建设性支出	Other Constructive Expenditures	185.71
建设性支出合计	Total Constructive Expenditures	1922.59
支出总计	Total Expenditures	7937.55
国内外债务还本付息支出	Expenditure for payment for Principal and Interest of Domestic and Foreign Debts	1311.91
利用国外借款安排的重点建设支出	Expenditure for Key Construction Projects Using Foreign Debts	3.41
债务收入大于支出部分结转下年	Balance Between Revenue and Expenditures from Debts to Be Carried Down to the Next Year	43.12

7－5 国家财政分部门收入
GOVERNMENT REVENUE BY SECTOR

单位：亿元 (100 million yuan)

年份 Year	收入合计 Total Revenue	工业 Industry	轻工业 Light Industry	重工业 Heavy Industry	农业 Agriculture	商业 Commerce	交通运输 Transpor－tation	建筑 Construc－tion	其他 Others
1970	662.90	484.47	197.00	287.47	34.89	82.55	48.94	－0.58	12.63
1971－1975	3919.71	2907.95	1148.75	1759.20	151.63	463.13	297.45	－2.53	102.08
1975	815.61	626.72	260.09	366.63	30.00	68.86	64.34	－1.13	26.82
1976－1980	5089.61	3885.52	1605.94	2279.58	154.23	364.68	363.69	0.90	320.59
1976	776.58	605.64	255.19	350.45	29.78	61.20	61.30	－1.10	19.76
1977	874.46	668.08	294.59	373.49	27.69	98.38	66.38	－1.23	15.16
1978	1132.26	845.07	336.17	508.90	31.65	137.09	81.50	1.89	35.06
1979	1146.38	869.38	344.22	525.16	32.00	51.54	84.17	0.31	108.98
1980	1159.93	897.35	375.77	521.58	33.11	16.47	70.34	1.03	141.63
1981－1985	7402.75	5274.87	2205.82	3069.05	304.10	－6.78	441.28	25.76	1363.52
1981	1175.79	892.36	412.59	479.77	38.76	3.28	62.76	－1.08	179.71
1982	1212.33	944.19	424.27	519.92	49.32	－41.83	51.54	1.45	207.66
1983	1366.95	1074.55	426.30	648.25	67.57	－99.31	71.18	11.47	241.49
1984	1642.86	1169.11	450.73	718.38	61.07	－12.54	124.47	6.40	294.35
1985	2004.82	1194.66	491.93	702.73	87.38	143.62	131.33	7.52	440.31
1986－1990	12280.60	6474.90	2902.60	3572.30	559.75	2476.00	748.08	176.10	1845.77
1986	2122.01	1267.60	509.73	757.87	80.37	331.22	122.77	24.42	295.63
1987	2199.35	1236.62	518.98	717.64	89.99	371.10	117.14	27.70	356.80
1988	2357.24	1265.71	557.48	708.23	121.38	467.60	133.05	35.53	333.97
1989	2664.90	1340.63	617.56	723.07	141.63	581.64	143.24	45.01	413.15
1990	2937.10	1364.34	698.85	665.49	126.38	724.84	231.88	43.44	446.22
1991－1995	22442.10	10364.63	5273.95	5090.68	1183.91	6837.65	940.14	403.75	2712.02
1991	3149.48	1488.90	711.96	776.94	133.67	849.33	157.18	49.22	471.18
1992	3483.37	1702.75	830.61	872.14	149.51	996.73	207.65	66.45	360.28
1993	4348.95	1949.03	1049.95	899.08	236.03	1338.90	157.52	80.77	586.70
1994	5218.10	2478.60	1214.51	1264.09	302.65	1617.61	193.07	88.71	537.46
1995	6242.20	2745.35	1466.92	1278.43	362.05	2035.08	224.72	118.60	756.40

注：本表不包括国内外债务部分。

a) Revenue from both domestic and foreign debts are excluded in this table.

7－6 国家财政分经济类型收入

GOVERNMENT REVENUE BY OWNERSHIP

单位：亿元 (100 million yuan)

年 份 Year	收入合计 Total Revenue	国 有 State Ownership	集 体 Collective Ownership	个体经济 Individual Economy	其 他 Other Types of Ownership
1970	662.90	582.39	77.27	3.24	
1971－1975	3919.71	3427.95	472.57	19.19	
1975	815.61	702.55	109.14	3.92	
1976－1980	5089.61	4390.47	673.84	25.30	
1976	776.58	656.38	116.26	3.94	
1977	874.46	739.96	129.87	4.63	
1978	1132.26	984.79	142.40	5.07	
1979	1146.38	1002.04	139.04	5.30	
1980	1159.93	1007.30	146.27	6.36	
1981－1985	7402.75	6113.78	1150.58	94.32	44.07
1981	1175.79	1017.46	149.46	8.84	0.03
1982	1212.33	1032.85	163.86	15.52	0.10
1983	1366.95	1146.86	194.16	14.89	11.04
1984	1642.86	1360.34	247.98	18.92	15.62
1985	2004.82	1556.27	395.12	36.15	17.28
1986－1990	12280.60	8943.15	2314.98	566.30	456.17
1986	2122.01	1662.00	370.14	50.12	39.75
1987	2199.35	1620.87	410.92	96.96	70.60
1988	2357.24	1687.96	463.61	135.84	69.83
1989	2664.90	1877.22	525.16	146.48	116.04
1990	2937.10	2095.10	545.15	136.90	159.95
1991－1995	22442.10	16013.15	3870.86	1285.61	1272.48
1991	3149.48	2246.00	548.70	176.56	178.22
1992	3483.37	2483.03	595.01	198.11	207.22
1993	4348.95	3115.66	750.76	237.47	245.06
1994	5218.10	3727.42	900.91	291.47	298.30
1995	6242.20	4441.04	1075.48	382.00	343.68

注：本表不包括国内外债务收入。

a) Revenue from both domestic and foreign debts are excluded in this table.

7－7 国家财政分项目收入

GOVERNMENT REVENUE BY SOURCE

单位：亿元 (100 million yuan)

年 份 Year	收入合计 Total Revenue	各项税收 Taxes	企业收入 Revenue from Enterprises	企业亏损补贴 Subsidies to Loss－making Enterprises	能源交通重点建设基金收入 Revenue Raised from Funds for Key Construction Projects in Energy Industry and Transportation	预算调节基金收入 Revenue Raised from Budget Adjustment Fund	教育费附加收入 Revenue from Extra－charges for Education	其他收入 Other Revenue
1970	662.90	281.20	378.97					2.73
1971－1975	3919.71	1741.70	2138.57					39.44
1975	815.61	402.77	400.20					12.64
1976－1980	5089.61	2505.03	2242.67					341.91
1976	776.58	407.96	338.06					30.56
1977	874.46	468.27	402.35					3.84
1978	1132.26	519.28	571.99					40.99
1979	1146.38	537.82	495.03					113.53
1980	1159.93	571.70	435.24					152.99
1981－1985	7402.75	5093.64	1211.19	－507.02	362.24			1242.70
1981	1175.79	629.89	353.68					192.22
1982	1212.33	700.02	296.47					215.84
1983	1366.95	775.59	240.52		93.00			257.84
1984	1642.86	947.35	276.77		122.45			296.29
1985	2004.82	2040.79	43.75	－507.02	146.79			280.51
1986－1990	12280.60	12170.82	277.92	－2325.43	910.44	222.40		1024.45
1986	2122.01	2090.73	42.04	－324.78	157.07			156.95
1987	2199.35	2140.36	42.86	－376.43	180.18			212.38
1988	2357.24	2390.47	51.12	－446.46	185.93			176.18
1989	2664.90	2727.40	63.60	－598.88	202.18	91.19		179.41
1990	2937.10	2821.86	78.30	－578.88	185.08	131.21		299.53
1991－1995	22442.10	21707.30	184.15	－2060.48	534.43	452.48	251.56	1372.66
1991	3149.48	2990.17	74.69	－510.24	188.22	138.53	28.01	240.10
1992	3483.37	3296.91	59.97	－444.96	157.11	117.47	31.72	265.15
1993	4348.95	4255.30	49.49	－411.29	117.72	102.46	44.23	191.04
1994	5218.10	5126.88		－366.22	53.96	59.10	64.20	280.18
1995	6242.20	6038.04		－327.77	17.42	34.92	83.40	396.19
1996	7407.99	6909.82		－337.4	3.78	11.09	96.04	724.66

注：本表不包括国内外债务收入。

a) Revenue from both domestic and foreign debts are excluded in this table.

7-8 各项税收收入

GOVERNMENT TAXES REVENUE

单位: 亿元　　　　(100 million yuan)

年份 Year	合计 Total	#工商税收 Industrial and Commercial Tax	#关税 Tariffs	#农牧业税 Agricultural and Animal Husbandry Taxes	#国营企业所得税 Livied on State-owned Enter-prises Income Tax	#集体企业所得税 Livied on Collective Owned Enterprises Income Tax
1970	281.20	242.22	7.00	31.98		
1975	402.77	358.32	15.00	29.45		
1978	519.28	462.12	28.76	28.40		
1979	537.82	482.31	26.00	29.51		
1980	571.70	510.50	33.53	27.67		
1981	629.89	547.50	54.04	28.35		
1982	700.02	623.18	47.46	29.38		
1983	775.59	688.75	53.88	32.96		
1984	947.35	809.44	103.07	34:84		
1985	2040.79	1097.47	205.21	42.05	595.84	100.22
1986	2090.73	1202.19	151.62	44.52	595.40	97.00
1987	2140.36	1282.47	142.37	50.81	563.20	101.51
1988	2390.47	1485.72	155.02	73.69	570.93	105.11
1989	2727.40	1760.49	181.54	84.94	583.59	116.84
1990	2821.86	1858.99	159.01	87.86	604.12	111.88
1991	2990.17	1981.11	187.28	90.65	627.59	103.54
1992	3296.91	2244.21	212.75	119.17	624.77	96.01
1993	4255.30	3194.49	256.47	125.74	582.91	95.69
1994	5126.88	3914.22	272.68	231.49	609.75	98.74
1995	6038.04	4589.68	291.83	278.09	759.38	119.06
1996	6909.82	5270.04	301.84	369.46	822.33	146.15

注:1.农牧业税中包括耕地占用税、农林特产税(1994年为农业特产税)和契税。

2.国营企业所得税中1985-1993年包括国营企业调节税,1994 年以后包括地方金融企业所得税。

a) The agricultural and animal husbandry taxes include the tax on the use of cultivated land, the taxes on special agricultural and forest products (only the tax on special agricultural productors in 1994) and contract tax.

b) During the years 1985 to 1993, the income tax levied on state-owned enterprises inclueded the tax for adjusting income. Since 1994, it has also included the income tax levied on financial enterprises.

7-9 国家财政主要支出项目
GOVERNMENT EXPENDITURES BY ACCOUNT ITEM

单位：亿元 (100 million yuan)

年 份 Year	国内基本建设支出 Expenditures for Capital Construction	增拨企业流动资金 Additional Appropriation for Enterprises' Circulating Capital	挖潜改造资金和科技三项费用 Innovation Funds and Science and Technology Promotion Funds	地质勘探费 Geological Prospecting Expenses	工交商部门事业费 Operating Expenses of Department of Industry, Transportation and Commerce	支援农村生产支出和各项农业事业费 Expenditure for Suporting Agricultural Production and Agricultural Operating Expenses
1970	298.36	31.23	14.78	8.76	6.58	15.91
1971-1975	1575.61	218.67	136.02	61.04	45.79	161.00
1975	326.96	41.84	31.47	14.16	12.76	42.53
1976-1980	1854.09	266.40	289.27	97.61	89.09	345.73
1976	311.25	45.36	34.34	15.96	13.12	46.01
1977	300.88	65.68	39.45	17.26	14.43	50.68
1978	451.92	66.60	63.24	20.15	17.79	76.95
1979	443.68	52.05	71.79	21.67	20.90	89.97
1980	346.36	36.71	80.45	22.57	22.85	82.12
1981-1985	1880.33	83.62	428.22	124.30	141.21	437.19
1981	257.55	22.84	65.30	21.85	23.68	73.68
1982	269.12	23.63	69.02	23.05	23.83	79.88
1983	344.98	12.89	78.71	23.60	27.88	86.66
1984	454.12	9.96	111.77	26.22	30.66	95.93
1985	554.56	14.30	103.42	29.58	35.16	101.04
1986-1990	2641.57	54.58	706.00	162.75	200.58	836.08
1986	596.08	9.94	129.85	30.60	36.56	124.30
1987	521.64	12.06	124.93	30.29	33.13	134.16
1988	494.76	9.59	151.01	32.51	38.95	158.74
1989	481.70	12.09	146.30	33.16	45.01	197.12
1990	547.39	10.90	153.91	36.19	46.93	221.76
1991-1995	3136.39	94.32	1735.39	261.92	396.74	1665.93
1991	559.62	13.08	180.81	38.34	52.41	243.55
1992	555.90	10.63	223.62	44.07	64.58	269.04
1993	591.93	18.48	421.38	49.06	76.22	323.42
1994	639.72	17.33	415.13	64.13	100.77	399.70
1995	789.22	34.80	494.45	66.32	102.76	430.22
1996	907.44	42.93	523.02	68.56	120.41	510.07

续表 1 continued

单位：亿元 (100 million yuan)

年 份 Year	文教科学卫生事业费 Operating Expenses for Culture, Education Science & Health Care	抚恤和社会救济费 Pensions and Relief Funds for Social Welfare	国 防 费 Expenditure for National Defense	行政管理费 Expenditure for Government Administration	价格补贴支出 Price Subsidies
1970	43.65	6.53	145.26	25.27	
1971－1975	341.98	46.99	750.10	176.85	
1975	81.29	12.88	142.46	38.83	
1976－1980	576.68	104.16	867.81	257.45	208.05
1976	85.49	24.07	134.45	41.01	
1977	90.20	18.76	149.04	43.32	
1978	112.66	18.91	167.84	49.09	11.14
1979	132.07	22.11	222.64	57.24	79.02
1980	156.26	20.31	193.84	66.79	117.71
1981－1985	1171.73	123.50	893.74	510.49	1009.13
1981	171.36	21.72	167.97	70.88	159.41
1982	196.96	21.43	176.35	81.60	172.22
1983	223.54	24.04	177.13	102.20	197.37
1984	263.17	25.16	180.76	125.23	218.34
1985	316.70	31.15	191.53	130.58	261.79
1986－1990	2439.40	219.39	1170.15	1133.21	1623.25
1986	379.93	35.58	200.75	168.03	257.48
1987	402.75	37.40	209.62	179.33	294.60
1988	486.10	41.77	218.00	220.89	316.82
1989	553.33	49.60	251.47	261.86	373.55
1990	617.29	55.04	290.31	303.10	380.80
1991－1995	5203.97	419.64	2321.40	2906.06	1674.07
1991	708.00	67.32	330.31	343.60	373.77
1992	792.96	66.45	377.86	424.58	321.64
1993	957.77	75.27	425.80	535.77	299.30
1994	1278.18	95.14	550.71	729.43	314.47
1995	1467.06	115.46	636.72	872.68	364.89
1996	1704.25	128.03	720.06	1040.80	453.91

注: 行政管理费中包括公检法支出和外交支出。

a) Expenditure for government administration includes the expenditures for public security, procuratorial work and the court of justice and for foreign affairs.

7－10 国家财政分费用类别支出

GOVERNMENT EXPENDITURE BY CATEGORY OF EXPENSES

单位：亿元 (100 million yuan)

年份 Year	支出合计 Total Expenditures	经济建设费 Expenditure for Economic Construction	社会文教费 Expenditure for Culture and Education	国防费 Expenditure for National Defence	行政管理费 Expenditure for Government Administration	其他 Expenditure for Others
1970	649.41	392.61	52.22	145.26	32.00	27.32
1971－1975	3917.94	2261.12	426.25	750.10	196.71	283.76
1975	820.88	481.66	103.55	142.46	41.81	51.40
1976－1980	5282.44	3164.28	760.64	867.81	280.06	209.65
1976	806.20	466.22	120.06	134.45	43.38	42.09
1977	843.53	493.73	119.43	149.04	45.18	36.15
1978	1122.09	718.98	146.96	167.84	52.90	35.41
1979	1281.79	769.89	175.18	222.64	63.07	51.01
1980	1228.83	715.46	199.01	193.84	75.53	44.99
1981－1985	7483.18	4196.61	1477.44	893.74	587.41	327.98
1981	1138.41	630.76	211.46	167.97	82.63	45.59
1982	1229.98	675.37	242.98	176.35	90.84	44.44
1983	1409.52	794.75	282.51	177.13	103.08	52.05
1984	1701.02	968.18	332.06	180.76	139.80	80.22
1985	2004.25	1127.55	408.43	191.53	171.06	105.68
1986－1990	12865.67	6230.03	2978.15	1170.15	1520.66	966.68
1986	2204.91	1158.97	485.09	200.75	220.04	140.06
1987	2262.18	1153.47	505.83	209.62	228.20	165.06
1988	2491.21	1258.39	581.18	218.00	271.60	162.04
1989	2823.78	1291.19	668.44	251.47	386.26	226.42
1990	3083.59	1368.01	737.61	290.31	414.56	273.10
1991－1995	24387.46	10125.54	6256.29	2321.40	3355.90	2328.33
1991	3386.62	1428.47	849.65	330.31	414.01	364.18
1992	3742.20	1612.81	970.12	377.86	463.41	318.00
1993	4642.30	1834.79	1178.27	425.80	634.26	569.18
1994	5792.62	2393.69	1501.53	550.71	847.68	499.01
1995	6823.72	2855.78	1756.72	636.72	996.54	577.96
1996						

注：本表不含国内外债务还本付息支出和用国外借款收入按排的基本建设支出。

a) The expenditue for the payment of the principal and innterest of the domestic and foreign debts and the expenditure for capital construction using foreign loans are excluded in this table.

7－11 国家用于教育支出
GOVRNMENT EXPENDITURE FOR EDUCATION

单位：亿元 (100 million yuan)

年　份 Year	合　计 Total	预算内教育支出 Budgetary Expendi－ture for Education	教　育 事业费 Educa－tional Operating Expenses	教　育 基建投资 Investment in Capital Construction for Education	各部门事业费中用于教育的支出 Expenditure for Education in the Operating Expenses of Various Departments	城市教育费附加支出 Extra－charges for Education in Urban Areas	支援不发达地区资金用于教育支出 Expenditure for Education in the Funds for Supporting Under－developed Areas	农村教育费附加支出 Extra－charges for Education in Rural Areas
1970	27.56	27.56	25.76					
1971－1975	220.72	220.72	207.85	6.52	6.35			
1975	53.18	53.18	48.26	3.14	1.78			
1976－1980	399.22	399.22	340.27	31.34	27.44		0.17	
1978	75.05	75.05	65.60	4.45	5.00			
1979	93.16	93.16	76.96	9.26	6.94			
1980	114.15	114.15	94.18	11.35	8.45		0.17	
1981－1985	823.35	822.23	678.33	88.39	52.45		3.06	1.12
1981	122.79	122.79	102.48	11.06	8.68		0.57	
1982	137.61	137.61	115.68	12.36	9.16		0.41	
1983	155.24	155.24	127.85	17.21	9.66		0.52	
1984	180.88	180.88	148.16	20.57	11.41		0.74	
1985	226.83	225.71	184.16	27.19	13.54		0.82	1.12
1986－1990	1800.15	1649.82	1388.41	149.74	105.83		5.84	150.33
1986	274.72	263.20	214.32	31.85	15.83		1.20	11.52
1987	293.93	272.62	226.66	28.29	16.61		1.06	21.31
1988	356.66	328.26	278.72	26.50	21.85		1.19	28.40
1989	412.39	375.39	316.16	33.47	24.55		1.21	37.00
1990	462.45	410.35	352.55	29.63	26.99		1.18	52.10
1991－1995	4121.62	3763.78	3085.41	258.78	217.60	195.92	6.07	357.84
1991	532.39	485.39	410.40	43.24	30.26		1.49	47.00
1992	621.71	566.71	452.52	48.97	37.22	26.70	1.30	55.00
1993	754.90	691.58	558.21	53.55	39.55	39.46	1.01	63.32
1994	1018.78	939.15	772.78	55.22	54.57	55.56	1.02	79.63
1995	1193.84	1080.95	891.50	58.00	56.00	74.20	1.25	112.89

注：1991年以前农村教育费附加包括城市和农村教育费附加支出两个部分。

a) Prior to 1991, the data on the extra charges for education in rural areas included those in urban and rural areas.

7－12 国家财政用于农业的支出
GOVERNMENT EXPENDITURE FOR AGRICULTURE

单位：亿元　　　　(100 million yuan)

年　份 Year	农业支出 Total	支援农村生产支出和农村水利气象等部门的事业费 Expenditure for Supporting Agricultural Production and Agricultural Operating Expenses	农业基本建设支出 Expenditure for Capital Construction	农业科技三项费用 Science & Technology Promotion Funds	农村救济费 Rural Relief Funds	其　他 Others
1970	49.40	15.91	22.52		3.14	7.83
1971－1975	401.22	161.00	174.75	0.43	23.75	41.29
1975	98.96	42.53	35.56	0.10	7.42	13.35
1976－1980	693.55	345.87	238.03	5.60	42.82	61.23
1976	110.49	46.01	39.91	0.78	10.48	13.31
1977	108.12	50.68	35.98	0.93	8.40	12.13
1978	150.66	76.95	51.14	1.06	6.88	14.63
1979	174.33	90.11	62.41	1.52	9.80	10.49
1980	149.95	82.12	48.59	1.31	7.26	10.67
1981－1985	658.48	437.19	158.57	8.25	49.51	4.96
1981	110.21	73.68	24.15	1.18	9.08	2.12
1982	120.49	79.88	28.81	1.13	8.60	2.07
1983	132.87	86.66	34.25	1.81	9.38	0.77
1984	141.29	95.93	33.63	2.18	9.55	
1985	153.62	101.04	37.73	1.95	12.90	
1986－1990	1167.77	836.08	247.70	12.96	71.03	
1986	184.20	124.30	43.87	2.70	13.33	
1987	195.72	134.16	46.81	2.28	12.47	
1988	214.07	158.74	39.67	2.39	13.27	
1989	265.94	197.12	50.64	2.48	15.70	
1990	307.84	221.76	66.71	3.11	16.26	
1991－1995						
1991	347.57	243.55	75.49	2.93	25.60	
1992	376.02	269.04	85.00	3.00	18.98	
1993	440.45	323.42	95.00	3.00	19.03	
1994	532.98	399.70	107.00	3.00	23.28	
1995	567.22	430.22	110.00	3.00	24.00	
1996		510.07				

7-13 国家财政用于抚恤和社会福利支出

GOVERNMENT EXPENDITURE FOR PENSIONS AND SOCIAL WELFARE

单位：亿元 (100 million yuan)

年份 Year	合计 Total	抚恤支出 Pension for Disable and Bereaved Families	离退休费 Pension for Retires	社会福利救济费 Relief Funds for Social Welfare	自然灾害救济费 Relief Funds for Natural Disasters	其他 Others
1952	2.95	1.23		0.66	1.06	
1957	5.29	1.52		1.36	2.41	
1962	8.14	1.73		2.39	4.02	
1965	10.94	2.31		2.92	5.71	
1970	6.53	2.67		3.86		
1975	12.88	3.75		3.47	5.66	
1978	18.91	2.93	2.34	4.62	9.02	
1979	22.11	3.57	2.89	5.41	10.24	
1980	20.31	4.51	3.41	5.36	7.03	
1981	21.72	4.54	3.44	5.08	8.66	
1982	21.43	4.86	3.48	5.45	7.64	
1983	24.04	5.39	3.62	6.58	8.45	
1984	25.16	6.20	3.64	7.92	7.40	
1985	31.15	7.13	4.88	7.71	10.25	1.18
1986	35.58	8.77	5.77	8.69	10.64	1.71
1987	37.40	9.87	6.68	9.04	9.91	1.90
1988	41.77	11.32	7.59	9.73	10.64	2.49
1989	49.60	14.43	8.56	10.80	12.88	2.93
1990	55.04	16.61	9.60	12.07	13.33	3.43
1991	67.32	17.21	10.32	13.18	22.51	4.10
1992	66.45	18.45	12.40	14.36	15.89	5.35
1993	75.27	20.78	14.09	17.01	15.40	7.99
1994	95.14	24.78	20.12	20.55	19.42	10.27
1995	115.46	29.11	22.78	24.19	27.27	12.11
1996	128.03	32.78	10.67	28.98	39.06	16.54

注：1.1975年以前离退休费包括在抚恤支出中。

2.1976—1984年自然灾害救济费中包括抗震救灾费。

a) Prior to 1976, the pension for disables and the bereaved families and the pension for the retirees were counted together under thee item "pensions".

b) The relief funds for natural disasters in 1976-1984 included the earthquake relief funds.

7-14 中央财政和地方财政收支总额

TOTAL REVENUE AND EXPENDITURES OF CENTRAL AND LOCAL GOVERNMENTS

单位：亿元 (100 million yuan)

年份 Year	财政收入 Total Revenue	中央 Central Government	地方 Local Governments	财政支出 Total Expenditures	中央 Central Government	地方 Local Governments
1970	662.90	182.95	479.95	649.41	382.37	267.04
1971-1975	3919.71	576.43	3343.28	3919.44	2125.14	1794.30
1975	815.61	96.63	718.98	820.88	409.40	411.48
1976-1980	5089.61	904.32	4185.29	5282.44	2625.34	2657.10
1976	776.58	98.91	677.67	806.20	377.63	428.57
1977	874.46	113.85	760.61	843.53	393.70	449.83
1978	1132.26	175.77	956.49	1122.09	532.12	589.97
1979	1146.38	231.34	915.04	1281.79	655.08	626.71
1980	1159.93	284.45	875.48	1228.83	666.81	562.02
1981-1985	7402.75	2583.02	4819.73	7483.18	3725.64	3757.54
1981	1175.79	311.07	864.72	1138.41	625.65	512.76
1982	1212.33	346.84	865.49	1229.98	651.81	578.17
1983	1366.95	490.01	876.94	1409.52	759.60	649.92
1984	1642.86	665.47	977.39	1701.02	893.33	807.69
1985	2004.82	769.63	1235.19	2004.25	795.25	1209.00
1986-1990	12280.60	4104.41	8176.19	12865.67	4420.27	8445.40
1986	2122.01	778.42	1343.59	2204.91	836.36	1368.55
1987	2199.35	736.29	1463.06	2262.18	845.63	1416.55
1988	2357.24	774.76	1582.38	2491.21	845.04	1646.17
1989	2664.90	822.52	1842.38	2823.78	888.77	1935.01
1990	2937.10	992.42	1944.68	3083.59	1004.47	2079.12
1991-1995	22442.10	9038.39	13403.71	24387.46	7323.13	17064.33
1991	3149.48	938.25	2211.23	3386.62	1090.81	2295.81
1992	3483.37	979.51	2503.86	3742.20	1170.44	2571.76
1993	4348.95	957.51	3391.44	4642.30	1312.06	3330.24
1994	5218.10	2906.50	2311.60	5792.62	1754.43	4038.19
1995	6242.20	3256.62	2985.58	6823.72	1995.39	4828.33
1996	7407.99	3661.07	3746.92	7937.55	2151.27	5786.28

注：1.中央财政收入和地方财政收入是各级负责组织征收的收入数。

2.本表中不包括国内外债务收入、债务还本付息支出和利用国外借款收入安排的基本建设支出。

a) The revenue and expenditures of the central and local governments refer to revenue actually collected by the contral and local goverments.

b) In this table, the revenue from the domestic and foreign debts are not included in the government revenue. The expenditure for the payment of the principal and interest of the domestic and foreign debts and the expenditure for capital construction using foreign loans are excluded in the government expenditures.

7-15 中央和地方预算外资金收支

EXTRA-BUDGETARY REVENUE AND EXPENDITURES OF CENTRAL AND LOCAL GOVERNMENTS

单位: 亿元 (100 million yuan)

年份 Year	预算外资金收入 Total Extra-Budgetary Revenue	中央 Central Government	地方 Local Governments	预算外资金支出 Total Extra-Budgetary Expenditures	中央 Central Government	地方 Local Governments
1982	802.74	270.70	532.04	734.53	227.05	507.48
1983	967.68	359.90	607.78	875.81	300.38	575.43
1984	1188.48	470.54	717.94	1114.74	420.24	694.50
1985	1530.03	636.10	893.93	1375.03	562.05	812.98
1986	1737.31	716.63	1020.68	1578.37	640.94	937.43
1987	2028.80	828.03	1200.77	1840.75	741.61	1099.14
1988	2360.77	907.15	1453.62	2145.27	842.86	1302.41
1989	2658.83	1072.28	1586.55	2503.10	975.87	1527.23
1990	2708.64	1073.28	1635.36	2707.06	1037.69	1669.37
1991	3243.30	1381.10	1862.20	3092.26	1263.27	1828.99
1992	3854.92	1707.73	2147.19	3649.90	1592.81	2057.09
1993	1432.54	245.90	1186.64	1314.30	198.87	1115.43
1994	1862.53	283.32	1579.21	1710.39	225.02	1485.37
1995	2406.50	317.57	2088.93	2331.26	351.38	1979.88

注: 1.1982年预算外资金开始建立年度统计报告。

2.1993年及以后预算外收支包括的范围有较大调整，与以前年份不可比(下表同)。

a) The annual statistical reports on extra-budgetary revenue and expenditure started in 1982.

b) The coverage of the extra-budgetary revenue and expenditures has been adjusted to a big extent since 1993 and the data are not comparable with those in the previous years.

7-16 国家预算外资金分项目收支

EXTRA-BUDGETARY REVENUE AND EXTRA-EXPENDITURES BY ITEM

单位: 亿元 (100 million yuan)

年份 Year	预算外收入 Extra-Budgetary Revenue	#地方财政预算外资金 Extra-budgetary Funds of Local Governments	#行政事业单位预算外资金 Extra-budgetary Funds of Administrative Units and institutions	预算外支出 Extra-budgetary Expenditures	#固定资产投资 Investment in Fixed Assets	#城市维护支出 Expenditure for City Maintenance	#行政事业支出 Administrative and Operating Expenditures
1982	802.74	45.27	101.15	734.53	366.02	24.39	44.15
1983	967.68	49.79	113.88	875.81	374.44	28.62	38.84
1984	1188.48	55.23	142.52	1114.74	449.38	29.06	45.32
1985	1530.03	44.08	233.22	1375.03	571.28	28.40	64.73
1986	1737.31	43.20	294.22	1578.37	576.45	31.28	81.36
1987	2028.80	44.61	358.41	1840.75	740.43	38.89	107.57
1988	2360.77	48.94	438.94	2145.27	815.28	45.23	134.95
1989	2658.83	54.36	500.66	2503.10	864.86	33.70	153.75
1990	2708.64	60.59	576.95	2707.06	925.91	35.43	187.10
1991	3243.30	68.77	697.00	3092.26	1054.47	38.85	221.28
1992	3854.92	90.88	885.45	3649.90	1343.64	49.85	275.68
1993	1432.54	114.71	1317.83	1314.30	290.07	68.47	369.86
1994	1862.53	140.03	1722.50	1710.39	604.49	85.59	553.80
1995	2406.50	171.65	2234.85	2331.26	895.50	104.85	742.51

7－17 分地区财政收入决算总表 (1996年)

FINAL STATEMENT OF GOVERNMENT REVENUE BY REGION (1996)

单位：万元 (10 000 yuan)

地 区 Region	收入合计 Total Revenue	工商税收 Industrial and Commercial Taxes	农牧业税和耕地占用税 Agriculture and Animal Husbandry Taxes and Tax on the Use of Cultivated Land	企业所得税 Enterprises' Income Tax	国有企业上交利润 Profits of State－owned Enterprises Handed Over to the Higher Authorities	国有企业亏损补贴 Subsidies to Loss－making State－owned Enterprises
地方合计 Total	**37469164**	**26766899**	**3694627**	**4219900**	**214587**	**－2802075**
北 京 Beijing	1509030	1774797	18060	237816	－49028	－592887
天 津 Tianjin	790403	665775	8101	111764		－87900
河 北 Hebei	1517776	942598	124303	231654	8488	－58954
山 西 Shanxi	841716	607103	51807	80007	－2756	－60526
内蒙古 Inner Mongolia	572571	342301	113751	56853	5230	－27683
辽 宁 Liaoning	2116883	1654845	101689	201815	6755	－170986
吉 林 Jilin	763998	496128	81494	68930	8098	－58792
黑龙江 Heilongjiang	1268755	922104	182582	65077	7471	－70696
上 海 Shanghai	2804733	2712792	80150	401141	－1200	－454969
江 苏 Jiangsu	2231711	1634702	211776	283533	4944	－104637
浙 江 Zhejiang	1396293	1275505	99008	246638	－1158	－301054
安 徽 Anhui	1145934	680598	189856	139454	9962	－71114
福 建 Fujian	1421160	854408	137393	137255	27949	－14017
江 西 Jiangxi	770936	464709	109217	61146	7701	－6478
山 东 Shandong	2416742	1575814	218475	365781	5990	－81169
河 南 Henan	1620619	872179	195766	198258	43918	－38047
湖 北 Hubei	1245090	727572	165585	123997	5238	－109940
湖 南 Hunan	1303559	755986	160227	63768	22993	－51672
广 东 Guangdong	4794470	3592082	219728	570691	27254	－173583
广 西 Guangxi	905102	506513	147328	77240	18796	－20141
海 南 Hainan	307034	197651	39096	22451	1635	－4303
四 川 Sichuan	2090094	1244338	323471	199235	27914	－63728
贵 州 Guizhou	494609	270121	133913	35024	3218	－15544
云 南 Yunnan	1300129	738729	351684	94214	11494	－78216
西 藏 Tibet	24388	20645	39	6814	1053	－11630
陕 西 Shaanxi	676022	451069	104044	52884	5876	－44583
甘 肃 Gansu	433733	279786	55634	32494	3622	－2255
青 海 Qinghai	95798	69519	11307	5991	1602	－9596
宁 夏 Ningxia	126807	84079	9948	11033	325	－1588
新 疆 Xinjiang	483069	352451	49195	36942	1203	－15387

续表 1 continued

单位：万元 (10 000 yuan)

地　　区 Region	能源交通重点建设基金收入 Revenue Raised from Funds for Key Construction Projects in Energy Industry & Transportation	基本建设贷款归还收入 Revenue Raised from the Repayment of loans for Capital Construction	其他收入 Other Revenue	国家预算调节基金 Budget Adjustment Funds	所得税退税 Income Tax Rebate	专项收入 Special Income	罚没收入和行政性收费 Penalty and Collect Fee
地方合计 Total	**13596**	**4811**	**1340469**	**13770**	**−260156**	**1489375**	**2773361**
北　京 Beijing	2854		23765	2081	−17492	67451	41613
天　津 Tianjin	668		17514	927	−6945	57276	23223
河　北 Hebei	2332		49977	950	−50	66417	150061
山　西 Shanxi	130	410	61988	111	−1519	35236	69725
内蒙古 Inner Mongolia	114	30	20532	132	−445	23679	38077
辽　宁 Liaoning	1049	297	47778	915	−477	100694	172509
吉　林 Jilin	339	550	40265	138	−1170	31534	96484
黑龙江 Heilongjiang	131		36078	102	−734	57335	69305
上　海 Shanghai	294		2603	257	−110207	97725	76147
江　苏 Jiangsu	60	903	14373	212	−1369	91443	95771
浙　江 Zhejiang	113		9950	123	−42220	69366	40022
安　徽 Anhui	308		80225	745	−17490	42329	91061
福　建 Fujian	434		121956	429	−12953	38771	129535
江　西 Jiangxi	37		29942	186	−2	24114	80364
山　东 Shandong	175		60505	46	−3737	125789	149073
河　南 Henan	1034		82837	2055	−918	67844	195693
湖　北 Hubei	227		133654	293	−994	47220	152238
湖　南 Hunan	15		94032	938	−12179	51646	217805
广　东 Guangdong	1759	899	70116	1449	−165	132136	352104
广　西 Guangxi	147	1450	35843	365	−6211	32104	111668
海　南 Hainan	137		13977	45	−1371	5797	31919
四　川 Sichuan	270		101706	320	−3777	64650	195695
贵　州 Guizhou	289	268	20986	376	−2006	18209	29755
云　南 Yunnan	303		85404	184	−6418	57783	44968
西　藏 Tibet	247		5803		−1173		2590
陕　西 Shaanxi	19		30329	176	−4228	25735	54701
甘　肃 Gansu	32		20744	103	−251	27896	15928
青　海 Qinghai	30	4	6996	62	−378	4869	5392
宁　夏 Ningxia	3		6508	3	−465	5449	11512
新　疆 Xinjiang	46		14083	47	−2812	18878	28423

7－18 分地区财政支出决算总表 (1996年)

FINAL STATEMENT OF GOVERNMENT EXPENDITURE BY REGION (1996)

单位: 万元　　　　(10 000 yuan)

地 区 Region	支出合计 Total Expenditure	基本建设 Expenditure for Capital Construction	企业挖潜改造资金 Expenditure for Innovation Enterprises	简易建筑费 Expenditure for Simple Construction	地质勘探费 Expenditure for Geological Prospecting	科技三项费用 Expenditure for Science and Technology Promotion
地方合计 Total	**57862800**	**5041938**	**3491887**	**91215**	**11970**	**492253**
北 京 Beijing	1874472	216640	134018	1152	90	16166
天 津 Tianjin	1132066	232021	94689	350		11649
河 北 Hebei	2318975	89171	235227	2572	143	20261
山 西 Shanxi	1331823	56292	30523	3735	200	9730
内蒙古 Inner Mongolia	1263825	75551	65970	5133		6695
辽 宁 Liaoning	3147796	296897	359745	2848		46343
吉 林 Jilin	1455266	75673	52485	3517	1028	44606
黑龙江 Heilongjiang	2088833	107722	222634	15875	3550	19897
上 海 Shanghai	3331773	587971	312079	810		3132
江 苏 Jiangsu	3109426	210028	191317	2362	577	32899
浙 江 Zhejiang	2137083	95309	184975	1393		22041
安 徽 Anhui	1787143	121416	111646	1140	100	10256
福 建 Fujian	2003058	200824	59055	5590		19687
江 西 Jiangxi	1318475	46892	53029	1920	345	6133
山 东 Shandong	3589836	248334	200531	4764	22	34165
河 南 Henan	2552947	129062	119683	556		20260
湖 北 Hubei	1974425	79338	53989	3642		16867
湖 南 Hunan	2177430	133256	115772	11559		15411
广 东 Guangdong	6012263	928276	324641	2497		47764
广 西 Guangxi	1570121	106553	62534	2885	79	8400
海 南 Hainan	451649	49070	2559	891		1338
四 川 Sichuan	3267262	238860	199694	4003	1291	30142
贵 州 Guizhou	995772	62868	29326	1660	50	5712
云 南 Yunnan	2703945	354440	152214	1486	2736	14085
西 藏 Tibet	368458	48560	2027	290	550	1211
陕 西 Shaanxi	1217909	70191	43330	2253		10343
甘 肃 Gansu	909538	54909	19947	2290	314	5374
青 海 Qinghai	327145	15465	11968	1112	700	2102
宁 夏 Ningxia	295196	26209	15355	306	50	2441
新 疆 Xinjiang	1148890	84140	30925	2624	145	7143

续表 1 continued

单位：万元 (10 000 yuan)

地 区 Region	流动资金 Expenditure for Circulating Funds	支援农业生产 Expenditure for Supporting Agriculture Production	农林水利气象部门事业费 Expenditure for Operating Expenses of Departments of Agriculture, Forestry, Water Conservancy and Meteorology	工业交通部门事业费 Expenditure for Operating Expenses of Departments of Industry & Transportation	商业部门事业费 Expenditure for Operating Expenses of Department of Commerce	城市维护费 Expenditure for City Maintenance
地方合计 Total	**138976**	**1773278**	**2085406**	**692196**	**139325**	**2902344**
北 京 Beijing	5294	36618	26203	23723	4513	65105
天 津 Tianjin		12199	15065	10510	779	103307
河 北 Hebei		56002	85666	22036	3933	98750
山 西 Shanxi	17871	47925	55379	15965	2193	58740
内蒙古 Inner Mongolia	51071	74840	14600	3746	59338	245111
辽 宁 Liaoning		99696	92223	41000	6886	226343
吉 林 Jilin	2761	26549	62417	29262	10691	69719
黑龙江 Heilongjiang	2480	56786	91012	25120	3590	110462
上 海 Shanghai	70068	44083	31135	21667	2912	106344
江 苏 Jiangsu		86163	84191	38322	7862	203062
浙 江 Zhejiang	5400	76713	73458	45865	2647	160099
安 徽 Anhui	2218	49128	65467	16280	3664	111771
福 建 Fujian	1650	59509	69315	25694	3320	96494
江 西 Jiangxi		44241	53123	23636	5786	62711
山 东 Shandong	4463	76363	144956	31091	5699	226014
河 南 Henan	11145	59938	93413	19838	5771	109746
湖 北 Hubei	51	56758	81363	19936	5324	81573
湖 南 Hunan		71090	99809	20522	4904	120508
广 东 Guangdong	9798	167233	161642	53199	10480	322352
广 西 Guangxi	700	67316	62191	15216	2951	50297
海 南 Hainan		18368	16834	1705	722	16050
四 川 Sichuan	1685	94209	132059	28970	10116	167227
贵 州 Guizhou	1045	44846	51421	13491	3143	35308
云 南 Yunnan	1240	204910	120144	53140	14371	96744
西 藏 Tibet	5	10892	16910	19459	632	3293
陕 西 Shaanxi	189	66367	64738	27644	8382	44151
甘 肃 Gansu	38	32079	55051	9275	1131	40759
青 海 Qinghai	55	8331	21871	7379	559	5120
宁 夏 Ningxia	820	15500	19963	3035	920	9499
新 疆 Xinjiang		32395	63547	14616	1698	41458

续表 2 continued

单位: 万元 (10 000 yuan)

地 区 Region	文教卫生事业费 Expenditure for Operating Expenses of Departments of Culture, Education and Public Health	科学事业费 Expenditure for Operating Expenses for Department of Science	其他部门事业费 Expenditure for Operating Expenses of Other Departments	抚恤和社会福利救济费 Expenditure for Pensions and Relief Funds for Social Welfare	国防费 Expenditure for National Defence	行政管理费 Expenditure for Government Administration
地方合计 Total	**11494771**	**513099**	**3319787**	**1267443**	**49753**	**6086208**
北 京 Beijing	349825	29380	83990	45050	700	99744
天 津 Tianjin	193482	8187	35341	18392	916	62898
河 北 Hebei	506319	15177	189625	71907	1837	250175
山 西 Shanxi	296603	9036	75182	37435	1832	202147
内蒙古 Inner Mongolia	9808	83593	33275	1207	173468	63028
辽 宁 Liaoning	468552	27752	263255	65937	5579	206366
吉 林 Jilin	304089	16033	103622	36455	650	140450
黑龙江 Heilongjiang	353180	17868	151001	35271	1513	170890
上 海 Shanghai	550285	41606	100847	32365	1021	118457
江 苏 Jiangsu	770824	28570	145319	75441	2652	331798
浙 江 Zhejiang	470551	20587	94703	46406	2034	260477
安 徽 Anhui	383845	11120	104578	44093	855	210821
福 建 Fujian	402437	17777	108623	33857	4148	188543
江 西 Jiangxi	273216	8087	92726	33601	859	154009
山 东 Shandong	795184	27256	192101	88632	2708	402325
河 南 Henan	552026	16743	145353	58055	1169	380429
湖 北 Hubei	377531	10390	112231	50923	1265	224878
湖 南 Hunan	424783	12879	134337	52841	2170	242749
广 东 Guangdong	1119781	63799	286734	77491	2526	509190
广 西 Guangxi	312994	12307	115004	38079	2391	207579
海 南 Hainan	83577	3765	31292	9299	346	61265
四 川 Sichuan	671408	30154	222706	74792	4257	388652
贵 州 Guizhou	198400	9472	58297	27035	1171	147961
云 南 Yunnan	500857	29123	143408	92600	2987	302168
西 藏 Tibet	60089	1168	11466	5033	165	80130
陕 西 Shaanxi	267839	8898	100098	31890	654	185309
甘 肃 Gansu	185149	10055	38964	20856	543	132670
青 海 Qinghai	64025	2918	30290	5682	463	52299
宁 夏 Ningxia	54238	2634	10968	4205	382	27890
新 疆 Xinjiang	258571	10550	54133	20545	753	170471

续表 3 continued

单位：万元 (10 000 yuan)

地区 Region	公检法部门 Expenditure for Public Security Agency, Procuratorial Agency and Court of Justice	价格补贴支出 Expenditure for Price Subsidies	支援不发达地区支出 Expenditure for Supporting Under-Developed Areas	其他支出 Other Expenditures	专项支出 Special Expenditure	农业综合开发支出 Expenditure for Comprehensive Development of Agriculture
地方合计 Total	**3607431**	**3305103**	**554460**	**4716604**	**1433692**	**692485**
北京 Beijing	140251	131393		233410	53777	11396
天津 Tianjin	59466	55026		87640	57914	3848
河北 Hebei	155206	129880	17777	117911	59874	29950
山西 Shanxi	84514	76447	22243	79115	37001	18361
内蒙古 Inner Mongolia	127019	7236	38001	22187	18656	
辽宁 Liaoning	189210	170862	1729	266442	86985	26406
吉林 Jilin	84578	185118	1509	70361	29920	16472
黑龙江 Heilongjiang	113133	261242	33758	108009	55166	25879
上海 Shanghai	196444	104383		679012	116099	21486
江苏 Jiangsu	192699	129965	5467	173639	88175	65011
浙江 Zhejiang	129154	66948	8202	103935	65219	28921
安徽 Anhui	84118	112856	23189	116347	43520	41723
福建 Fujian	119448	101795	10103	298495	36112	26996
江西 Jiangxi	81111	142800	14436	78791	26496	27165
山东 Shandong	203321	174658	3907	306228	139312	55237
河南 Henan	171045	182734	27645	216417	66136	34112
湖北 Hubei	108137	145292	20041	258768	47907	17702
湖南 Hunan	142646	167881	23816	203916	51304	19619
广东 Guangdong	498712	149398	57903	623040	123540	36058
广西 Guangxi	102123	89676	29998	124917	30546	19545
海南 Hainan	30631	26809	2459	47668	5282	5385
四川 Sichuan	215558	165833	63972	136552	60855	57109
贵州 Guizhou	61675	49469	40821	59466	16307	11342
云南 Yunnan	130633	98882	66841	82976	40507	22466
西藏 Tibet	21238	29387	7889	9809	4	3545
陕西 Shaanxi	80005	58169	4040	18291	22996	12592
甘肃 Gansu	43456	55144	13943	97206	19684	11891
青海 Qinghai	17803	20949	8285	9429	5274	3768
宁夏 Ningxia	12826	18661	9417	26575	5836	4909
新疆 Xinjiang	75262	76427	27834	44238	19757	14935

7－19 财 政 价 格 补 贴

GOVERNMENT EXPENDITURE FOR PRICE SUBSIDIES

单位：亿元 (100 million yuan)

年 份 Year	合 计 Total	粮棉油价格补贴 Subsidies on Price increases in Grain, Cotton and Edible Oil	平抑物价等补贴 Sunsidies on Curbing Prices Increase	肉食价格补贴 Subsidies on Increase in MeatPrice	其他价格补贴 Other Price Subsidies
1978	11.14	11.14			
1979	79.20	54.85			24.35
1980	117.71	102.80			14.91
1981	159.41	142.22			17.19
1982	172.22	156.19			16.03
1983	197.37	182.13			15.24
1984	218.34	201.67			16.67
1985	261.79	198.66		33.52	29.61
1986	257.48	169.37		42.24	45.87
1987	294.60	195.43		42.74	56.43
1988	316.82	204.03		40.40	72.39
1989	373.55	262.52		41.29	69.74
1990	380.80	267.61		41.78	71.41
1991	373.77	267.03		42.46	64.28
1992	321.64	224.35		38.54	58.75
1993	299.30	224.75		29.86	44.69
1994	314.47	202.03	41.25	25.41	45.78
1995	364.89	228.91	50.17	24.17	61.64
1996	453.91	311.39	53.38	27.46	61.68

注：财政价格补贴，1985年以前冲减财政收入，1986年以后作为支出项目列于财政支出。

a) The government expenditures for price subsidies were listed as a negative revenue item prior to 1986, but they have been listed as a government expenditure item since 1986.

7-20 国家财政债务收入、支出

GOVERNMENT DEBT FINANCE

单位：亿元　　　　　　　　　　　　　　　　　　　　　　　　　　　　(100 million yuan)

年份 Year	债务收入 Total Debt Incurred	国内债务 Domestic Debts	国外借款 Foreign Debts	国内其他债务 Other Domestic Debts	债务支出 Total Payment for the Debts	国内债务还本付息 Payment for the Princi-pal and Interest of the Domes-tic Debts	国外借款还本付息 Payment for the Princi-pal and Interset of the Foreign Debts	归还人民银行借款和利息 Payment of the Loans from People's Bank and Their Interest
1950	3.02	3.02			0.03	0.03		
1951	8.18	0.01	5.49	2.68	0.42	0.40	0.01	0.01
1952	9.78		9.78		3.92	0.58	0.23	3.11
1953	9.62		9.62		0.91	0.65	0.26	
1954	17.20	8.36	8.84		2.21	0.89	1.32	
1955	22.76	6.19	16.57		6.56	1.58	4.98	
1956	7.24	6.07	1.17		7.22	1.25	5.97	
1957	6.99	6.84	0.15		8.26	2.18	6.08	
1958	7.98	7.98			9.04	1.81	7.23	
1959					9.69	2.58	7.11	
1960					10.46	3.73	6.73	
1961					10.93	4.35	6.58	
1962					10.37	3.95	6.42	
1963					7.58	4.72	2.86	
1964					5.23	4.27	0.96	
1965					6.36	5.66	0.70	
1966					3.91	3.91		
1967					2.01	2.01		
1968					2.00	2.00		
1972					0.50	0.50		
1973					0.50	0.50		
1974					0.50	0.50		
1979	35.31		35.31					
1980	43.01		43.01		28.58		24.40	4.18
1981	73.08		73.08		62.89		57.89	5.00
1982	83.86	43.83	40.03		55.52		49.62	5.90
1983	79.41	41.58	37.83		42.47		36.56	5.91
1984	77.34	42.53	34.81		28.91		22.74	6.17
1985	89.85	60.61	29.24		39.56		32.59	6.97
1986	138.25	62.51	75.74		50.16	7.98	34.49	7.69
1987	169.55	63.07	106.48		79.83	23.18	51.96	4.69
1988	270.78	92.17	138.61	40.00	76.75	28.44	42.58	5.73
1989	282.97	56.07	144.06	82.84	72.36	19.30	45.83	7.23
1990	375.45	93.46	178.21	103.78	190.40	113.75	68.21	8.44
1991	461.40	199.30	180.13	81.97	246.80	156.69	80.22	9.89
1992	669.68	395.64	208.91	65.13	438.57	342.42	80.26	15.89
1993	739.22	314.78	357.90	66.54	336.22	224.30	89.22	22.70
1994	1175.25	1028.57	146.68		499.36	364.96	107.17	27.23
1995	1549.76	1510.86	38.90		878.36	779.46	71.69	27.21
1996	1967.28	1847.77	119.51		1311.91	1223.17	60.76	27.98

注：1.1981年国库券收入48.66 亿元，弥补了1980年和1981年的预算赤字，未列入当年预算，故1981年债务收入中不包括此项数字。

2.1987年由财政负责偿还的重点建设债券54亿元和1989年发行的保值公债125亿元未列入当年债务合计中。

3.国内其他债务1951年为向银行借款，1988 年以后为财政专项债券、特种国债等。

4.1995年债务支出未包括转作下年债务还本付息支出4.6亿元。

a) In 1981, the debt incurred excluded an amount of 4.866 billion yuan of treasury bill issued in the year which made up the deficits in 1980 and 1981, and was not included in the 1981 government budget.

b) The government bonds for supporting key construction projects totalling 5.4 billion yuan issued in 1984 and would be repaid by the government finance were not included in the debts of 1987. The indexed government bonds totalling 12.5 billion yuan issued in 1987 were not included in the debt of 1989.

c) Other domestic debts in 1951 refered to loan from bank, and in the years after 1988 refered to special government financial debts and special national debts, etc.

d) In 1995, the payment for debts did not include an amount of 460 million yuan used for the repayment for the capital and interest, which was carried down to be the debts of the next year.

7－21 国家外债余额
BALANCE OF FOREIGN DEBTS

债务类型	Type of Debts	1991	1992	1993	1994	1995	1996
总计(亿美元)	**Total (USD100 million)**	**605.61**	**693.21**	**835.73**	**928.06**	**1065.90**	**1162.75**
按债务类型分	**By Type of Debt**						
外国政府贷款	Loans from Foreign Governments	95.06	114.95	143.15	195.91	220.58	221.64
国际金融组织贷款	Loans from International Financial Institutions	70.71	84.15	104.64	129.39	147.99	167.39
国际商业贷款	International Commercial Loans	315.90	354.79	410.80	473.35	526.27	569.44
其他	Others	123.94	139.32	177.14	129.41	171.06	204.28
按偿还期限分	**By Repayment Terms**						
长期债务余额	Balance of Long－term Debts	502.57	584.75	700.27	823.91	946.74	1021.67
短期债务余额	Balance of Short－term Debts	103.04	108.46	135.46	104.15	119.16	141.08
构成(％)	**Percentage (％)**	**100.0**	**100.0**	**100.0**	**100.0**	**100.0**	**100.0**
按债务类型分	**By Type of Debt**						
外国政府贷款	Loans from Foreign Governments	15.7	16.6	17.1	21.1	20.7	19.1
国际金融组织贷款	Loans from International Financial Institutions	11.7	12.1	12.5	14.0	13.9	14.4
国际商业贷款	International Commercial Loans	52.1	51.2	49.2	51.0	49.4	49.0
其他	Others	20.5	20.1	21.2	13.9	16.0	17.5
按偿还期限分	**By Repayment Terms**						
长期债务余额	Balance of Long－term Debts	83.0	84.4	83.8	88.8	88.8	87.9
短期债务余额	Balance of Short Term of Debts	17.0	15.6	16.2	11.2	11.2	12.1

7－22 外债风险指标
RISK INDICATORS ON FOREIGN DEBTS

单位：％ (％)

年份 Year	偿债率 Debt Service Ratio	负债率 Liability Ratio	债务率 Foreign Debt Ratio
1985	2.8	5.6	53.4
1986	20.3	7.8	70.0
1987	12.7	9.4	75.2
1988	6.3	10.0	84.4
1989	8.0	11.5	83.1
1990	8.5	14.8	87.0
1991	8.0	15.0	87.0
1992	7.3	14.1	90.7
1993	9.7	14.0	94.5
1994	9.1	17.0	77.8
1995	7.3	15.5	69.9
1996	6.7	14.3	75.6

注：1. 偿债率指偿还外债本息与当年贸易和非贸易外汇收入(国际收支口径)之比。
2. 负债率指外债余额与当年国民生产总值之比。
3. 债务率指外债余额与当年贸易和非贸易外汇收入(国际收支口径)之比。

a) Debt service ratio refers to the ratio of the payment of principal and interest of foreign debts to the foreign exchange receipts from exports and non－trade services of the current year.
b) Liability ratio refers to the ratio of the balance of foreign debts to the gross national product in the current year.
c) Foreign debt ratio refers to the ratio of the balance of foreign debts to the foreign exchange receipts from exports and non－trade services in the current year.

主 要 统 计 指 标 解 释

财政收入 国家财政参与社会产品分配所取得的收入，是实现国家职能的财力保证。财政收入所包括的内容几经变化，目前主要包括：(1) 各项税收 包括增值税、营业税、消费税、土地增值税、城市维护建设税、资源税、城市土地使用税、印花税、固定资产投资方向调节税、个人所得税、企业所得税、关税、农牧业税和耕地占用税等。

(2) 专项收入 包括征收排污费、征收城市水资源费收入，教育费附加收入等。

(3) 其他收入 包括基本建设贷款归还收入、国家能源交通重点建设基金收入、国家预算调节基金等。

(4) 国有企业计划亏损补贴 这项为负收入，冲减财政收入。

财政支出 国家财政将筹集起来的资金进行分配使用，以满足经济建设和各项事业的需要，主要包括：

(1) 基本建设支出 指按国家有关规定，属于基本建设范围内的基本建设有偿使用、拨款、资本金支出以及经国家批准对专项和政策性基建投资贷款，在部门的基建投资额中统筹支付的贴息支出。

(2) 企业挖潜改造资金 指国家预算内拨给的用于企业挖潜、革新和必造方面的资金。包括各部门企业挖潜改造资金和企业挖潜改造贷款资金，为农业服务的县办“五小”企业技术改造补助，挖潜改造贷款利息支出。

(3) 地质勘探费用 国家预算用于地质勘探单位的勘探工作费用，包括地质勘探管理机构及其事业单位经费、地质勘探经费。

(4) 科技三项费用 国家预算用于科技支出的费用，包括新产品试制费、中间试验费、重要科学研究补助费。

(5) 支援 农村生产支出 国家财政支援农村集体（户）各项生产的支出。包括对农村举办的小型农田水利和打井、喷灌等的补助费；对农村水土保持措施的补助费；对农村举办的小水电站的补助费；特大抗旱的补助费；农村开荒补助费；扶持乡镇企业资金；农村农技推广和植保补助费；农村草场和畜禽保护补助费；农村造林和林木保护补助费；农村水产补助费；发展粮食生产专项资金。

(6) 农林水利气象等部门的事业费用 国家财政用于农垦、农场、农业、畜牧、农机、林业、森工、水利、水产、气象、乡镇企业的技术推广、良种推广（示范)、植物（畜禽、森林）保护、水质监测、勘探设计、资源调查、干部训练等项费用，园艺特产场补助费，中等专业学校经费，飞播牧草试验补助费，营林机构、气象机构经费，渔政费以及农业管理事业费等。

(7) 工业交通商业等部门的事业费 国家预算支付给工交商各部门用于事业发展的经费。包括勘探设计费、中等专业学校经费、技术学校经费、干部训练费。

(8) 文教科学卫生事业费 国家预算用于文化、出版、文物、教育、卫生、中医、公费医疗、体育、档案、地震、海洋、通讯、电影电视、计划生育、党政群干部训练、自然科学、社会科学、科协等项事业的经费支出和高技术研究专项经费。主要包括工资、补助工资、福利费、离退休费、助学金、公务费、设备购置费、修缮费、业务费、差额补助费。

(9) 抚恤和社会福利救济费 国家预算用于抚恤和社会福利救济事业的经费，包括由民政部门开支的烈士家属和牺牲病残人员家属的一次性、定期抚恤金，革命伤残人员的抚恤金，各种伤残补助费、烈军属、复员退伍军人生活补助费、退伍军人安置费，优抚事业单位经费，烈士纪念建筑物管理、维修费，自然灾害救济事业费和特大自然灾害灾后重建补助费等。

(10) 国防支出 国家预算用于国防建设和保卫国家安全的支出，包括国防费、国防科研事业费、民兵建设以及专项工程支出等。

(11) 行政管理费 包括行政管理支出，党派团体补助支出，外交支出，公安安全支出，司法支出，法院支出，检察院支出和公检法办案费用补助。

(12) 价格补贴支出　经国家批准，由国家财政拨给的政策性补贴支出，主要包括粮食加价款，粮、棉、油差价补贴，棉花收购价外奖励款，副食品风险基金，市镇居民的肉食价格补贴，平抑市价肉食、蔬菜价差补贴等以及经国家批准的教材课本、报刊新闻纸等价格补贴。

中央财政收入和地方财政收入　按财政体制划分的中央本级收入和地方本级收入。1994 年分税制财政体制以后，属于中央财政的收入包括关税、海关代征消费税和增值税，消费税，中央企业所得税，地方银行和外资银行及非银行金融企业所得税，铁道、银行总行、保险总公司等集中缴纳的营业税、所得税、利润和城市维护建设税，增值税的 75% 部分，海洋石油资源税和证券（印花）税 50% 部分。属于地方财政的收入包括营业税，地方企业所得税，个人所得税，城镇土地使用税，固定资产投资方向调节税，城镇维护建设税，房产税，车船使用税，印花税，屠宰税，农牧业税，农业特产税，耕地占用税，契税，增值税 25% 部分，证券交易税（印花税）的 50% 部分和除海洋石油资源税以外的其他资源税。

中央财政支出和地方财政支出　根据政府在经济和社会活动中的不同职责，划分中央和地方政府的责权，按照政府的责权划分确定的支出。中央财政支出包括国防支出，武装警察部队支出，中央级行政管理费和各项事业费，重点建设支出以及中央政府调整国民经济结构、协调地区发展，实施宏观调控的支出。地方财政支出主要包括地方行政管理和各项事业费，地方统筹的基本建设、技术改造支出，支援农村生产支出，城市维护和建设经费，价格补贴支出等。

预算外资金收支　预算外资金是有关单位凭借国家权力或由国家授权而取得的没有纳入国家预算管理的财政性资金。其收入包括地方财政部门的各项附加收入，集中事业收入，专项收入等，事业行政单位的专用基金，经营性服务纯收入，行政事业性收费，专项资金，中小学勤工俭学收入，税收分成等。其支出包括固定资产投资支出，城市维护支出，福利奖励支出，行政事业支出等。

Explanatory Notes on Main Statistical Indicators

Government Revenue refers to the revenue of the government finance by means of participating in the distribution of the social products, which is the financial resources for ensuring the government to function. The contents of government revenue have been changed several times. Now it includes the following main items:

(1) Various tax revenues, including value added tax, business tax, consumption tax, land value added tax, tax on city maintenance and construction, resources tax, tax on use of urban land, stamp tax, tax on adjustment of the orientation of investment in fixed assets, personal income tax, enterprise income tax, tariff, tax on agriculture and animal husbandry and tax on occupancy of cultivated land, etc.

(2) Special revenues, including revenue collected from imposing fee on sewage treatment, revenue collected from imposing fee on urban water resources, and extra－charges for education, etc.

(3) Other revenues, including revenue from the repayment of capital construction loan, the funds for the state key construction projects in energy industry and transportation, and the funds for state budget adjustment, etc.

(4) Planned subsidies for the losses of the state－owned enterprises. This is an item of negative revenue, used to eat up part of the government revenue.

Government Expenditure refers to the distribution and use of the funds the government finance has raised, so as to meet the needs of economic construction and various causes. It includes the following main items:

(1) Expenditure for capital construction: It refers to the non－gratuitous use and appropriation of funds for capital construction in the range of capital construction, outlay of capital as well as the loans on capital construction approved by the government for special purpose or policy purpose and the expenditure with discount paid in an overall way within the amount of the funds appropriated to the departments for capital construction.

(2) Innovation funds of the enterprises: They refer to the funds appropriated from the government budget for the enterprises to tap the latent power, upgrade the technology and carry out innovation, including the innovation fund of the departments, loan of the enterprises for innovation, subsidies on the innovation of the small fertilizer plant, small cement plant, small coal mines, small machinery plant and small steel plant, the expenditure of interest for the loan for innovation.

(3) Geological prospecting expenses: They refer to the expenses appropriated from the government budget to the geological prospecting units for the expenditure of the prospecting work, including the expenditures of the administrative agencies for geological prospecting and their institutional units as well as the geological prospecting expenditure.

(4) expenditures for science and technology promotion: They refer to the expenses appropriated from the government budget for the scientific and technological expenditure, including new products development expenditure, expenditure for intermediate trial and subsidies on important scientific researches.

(5) Expenditure for supporting rural production: It refers to the expenditures appropriated from the government budget for supporting the various expenditures of the rural collective units or households for production, including the subsidies to the small water conservancy projects and well drilling, sprinkling irrigation projects run by the villages; subsidies on the rural water and soil conserving measures; subsidies to the small power stations run by the villages; subsidies to the expenditure for fighting against particularly severe draughts; subsidies on the rural waste land exclamation; fund for supporting the township enterprises; subsidies to the expenditure for popularization of the agricultural technologies and plant protection in the rural areas; subsidies to the expenditure for the protection of grasslands and cattle and fowls; subsidies on afforestation and forest protection in rural areas; subsidies on the rural aquatic products industry; special fund for developing grain production.

(6) Operating expenses of the departments of farming, forestry, water conservancy and meteorology etc.: They refer to the expenses appropriated from the government budget for the expenditures of agricultural exclamation, farms, agriculture, animal husbandry, agricultural machinery, forestry, timber industry, water conservancy, aquatic products industry, meteorology, technology popularization in township enterprises, popularization (demonstration) of improved varieties, plant (cattle and fowls, forest) protection, water quality monitoring, prospecting and designing, resources investigation, cadres training, subsidies to horticulture gardens, expenditure of specialized secondary schools, subsidies on the experiments of sowing herbage seeds by flights, expenditures of afforestation agencies and meteorology agencies, expenses for fishery administration and operating expenses for agricultural administration, etc.

(7) Operating expenses of the departments of industry, transport and commerce: They refer to the expenses appropriated from the government budget to the departments of industry, transport and commerce for the expenditure of business development, including expenses for prospecting and designing, expenditures of specialized secondary schools, expenditures of the technical training schools and expenditures for cadres training, etc.

(8) Operating expenses of the departments of culture, education, science and public health: They refer to the expenses appropriated from the government budget for the expenditures of the causes of culture, publication, cultural relics, education, public health, traditional Chinese medical science, free medical services, sports, archives, earthquake, ocean, communications, broadcasting, film and television, family planning; expenditure for training of cadres of government, party and mass organization; expenditures for natural sciences, social sciences, associations for science and technology and the special expenditure for the high - tech researches. They include mainly wages, extra wages, welfare funds, pension for the retirees, stipend, expenses for official business, expenses for equipment purchases, expenses for repairs, business expenses and subsidies to the units which are unable to support their expenditures by their own earnings.

(9) Pension for the disabled or for the families of the bereaved and relief funds for social welfare: They refer to the funds appropriated from the government budget for the expenditures of pension for the disabled or for the families of the bereaved and relief funds for social welfare, including the lump - sum or regular pension paid by the departments of civil affairs to the members of martyrs' families and families of those who died for the public interest, pension to the revolutionary disabled, subsidies for permanent disability of various kinds, subsidies to the military martyrs' dependents and the demobilized armymen, expenditure for settling down the demobilized armymen, operating expenses of the consoling institutions, expenses for management and repair of the commemorative buildings for the martyrs, the expenses managed by the departments of civil affairs for the retirees and those who have quitted their work, expenses for social relief in rural and urban areas, operating expenses for providing relief to the areas of natural calamity and subsidies on the reconstruction after the particularly severe natural calamities, etc.

(10) Expenditures for national defence: They refer to the funds appropriated from the government budget for the expenditures for building up national defence and safeguarding national security, including expenses of national defence, expenses of scientific researches on national defence, expenses for building up people's militia and expenditure for special projects, etc.

(11) Administrative expenses: They include expenditure for administration, subsidies to the parties and mass organizations, diplomatic expenditure, expenditure for public security, judicial expenditure, law court expenditure, procuratorial expenditure and subsidies to the expenses for treating the cases by the public security departments, procuratorial organs and law courts.

(12) Expenditure for price subsidies: It refers to the expenditure appropriated, with the approval of the government, from the government budget for the policy subsidies to price adjustment, including the fund for the increase of grain prices, the subsidies to the difference between the selling prices and purchasing prices of grains, cotton and edible oil, awards in addition to the purchasing prices of cotton, risk fund for non - staple food, subsidies on the prices of meat and meat products, subsidies on the price difference for curbing the high market prices of meat, meat products and vegetables and the subsidies approved by the government on the prices of textbooks and newsprint of newspapers and periodicals.

Revenue of the central government and revenue of the local governments: In accordance with the classification of the structure of the government finance in 1994 on the basis of the classification of channels for collection of tax revenues, the revenue of the central government and the revenue of the local governments have different coverage. The revenue of the central government includes tariff, consumption tax and value added tax levied by the customs, consumption tax, income tax of the enterprises subordinate to the central government, income taxes of the local banks, foreign – funded banks and non – bank financial institutions, business tax, income tax and profits of railways, head offices of banks, head office of insurance company, which are handed over to the government in a centralized way, tax on city maintenance and construction, 75% of the value added tax, tax on ocean petroleum resources, 50% of the tax on stock dealing (stamp tax). The revenue of the local governments includes business tax, income tax of the enterprises subordinate to the local government, personal income tax, tax on the use of urban land, tax on the adjustment of the investment in fixed assets, tax on town maintenance and construction, tax on real estates, tax on the use of vehicles and ships, stamp tax, slaughter tax, tax on agriculture and animal husbandry, tax on special agricultural products, tax on the occupancy of cultivated land, contract tax, 25% of the value added tax, 50% of the tax on stock dealing (stamp tax) and tax on resources other than the ocean petroleum resources.

Expenditure of the central government and expenditure of the local governments: According to the different functions of the central government and local governments in the economic and social activities, the rights of affairs administration are classified between the central government and local governments; and the classification of the expenditure between the central government and local governments are made on the basis of the classification of the rights of affairs administration between them. The expenditure of the central government includes the expenditure for national defence, expenditure for armed police forces, the administrative expenses and various operating expenses at the level of central government, expenditure for key projects and the expenditure of the central government for adjusting the national economic structure, coordinating the development among different regions and exercising the macro – economic regulation and control. The expenditure of the local governments includes mainly the administrative expenses and various operating expenses at the level of local governments, the expenditure for capital construction and technological innovation with the funds raised by the local government, expenditure for supporting rural production, expenditure for city maintenance and construction and expenditure for price subsidies, etc.

Extra – budgetary revenue and expenditure Extra – budgetary fund is the government financial fund obtained by the units concerned by government power or the power authorized by the government and not included in the government budget. The extra – budgetary revenue includes revenue from various extra – charges, revenue from undertakings and special revenue etc., fund for special purpose in the institutional and administrative units, net income from profit – making services, administrative charges and business charges, special fund, income from the part – work and part – study program in secondary and primary schools, and income from deducting a certain percentage from the tax revenue, etc. The extra – budgetary expenditure includes the expenditure for the investment in fixed assets, expenditure for city maintenance, expenditure for welfare and for encouragement and awards, and administrative and business expenditure, etc.

八 物价指数

PRICE INDICES

简要说明

一、本篇价格指数资料，反映生产、流通、消费与投资等环节的价格变动趋势和变动幅度。主要包括居民消费价格指数、商品零售价格指数、农业生产资料价格指数、农产品收购价格指数、工业品出厂价格指数（生产者价格指数）、原材料燃料动力购进价格指数、固定资产投资价格指数。

二、价格指数统计由国家统计局城市社会经济调查总队组织实施，各省、自治区、直辖市城市社会经济调查队及抽选出的市、县城调队依据国家统计局统一制定的价格统计调查制度向基层采集原始数据汇总后上报。

三、我国消费、零售价格指数都是采用分层抽样调查方法编制的，即在全国选择兼顾不同经济区域和分布合理的地区、以及有代表性的商品作为样本，对市场价格进行经常性的调查，以样本推断总体。目前，我国抽选出的调查市、县226个。编制过程有五大要素：

1. 调查地区和调查点的选择。调查地区选择的方法参照住户调查方法的第一阶段，在此基础上选定经营规模大、商品种类多的商场（包括集市）作为调查点。

2. 代表商品和代表规格品的选择。代表商品是选择那些消费量大、价格变动有代表性的商品；代表规格品的确定是根据商品零售资料、3.6万户城市居民和6.7万户农村居民的消费支出记帐资料，按照有关规定筛选的。筛选原则：(1) 与社会生产和人民生活关系密切；(2) 销售数量（金额）大；(3) 市场供应保持稳定；(4) 价格变动趋势有代表性；(5) 所选的代表规格品之间差异大。

3. 价格调查方式。采用派员直接到调查点登记调查，同时全国聘请近万名辅助调查员协助登记调查。

4. 权数的确定。商品零售价格指数的计算权数是根据全社会商品零售额统计确定的，居民消费价格指数的计算权数是根据9万多户城乡居民家庭消费支出构成确定的。

5. 计算公式的选择。商品零售价格指数和居民消费价格指数都是采用派氏公式（$K = \Sigma P_1Q_1/\Sigma P_oQ_1$）编制的。

四、工业品价格指数采用重点调查方法统计，固定资产投资价格指数采用重点调查与典型调查相结合的方法。调查范围包括抽中的各种经济类型的工业、建筑业企业及建设单位。

五、报告频率：月报——月后六日，各省、自治区、直辖市城调队传输上报的主要有全国居民消费价格指数数据、商品零售价格指数数据、农业生产资料价格指数等数据；月后十七日，传输上报工业品价格指数数据。

半年报——七月二十五日，传输上报农产品收购价格指数数据，传输上报固定资产投资价格指数数据。

年报——年后二十五日，传输上报各种价格指数数据。

BRIEF INTRODUCTION

I. The data on the price indices in this chapter show the changing trend and the change rates in production, circulation, consumption and investment, etc., including mainly consumer price indices of residents, retail price indices, price indices of agricultural means of production, purchasing price indices of farm products, producers' price indices of industrial products, purchasing price indices of raw materials, fuels and power, and price indices of investment in fixed assets.

II. The statistics of price indices is organized by the Urban Socio-economic Survey Organization, SSB. The urban socio-economic survey organizations of the provinces, autonomous regions and municipalities directly under the central government as well as the urban socio-economic survey organizations of the selected cities and counties collect statistical data from the grassroots units in accordance with the scheme of price survey stipulated by the SSB, tabulate them and report them to the higher agencies.

III. The data for calculation of the consumer price indices of residents and the retail price indices in China are collected with the stratified sampling method. Areas distributed in different economic regions are selected as the sample areas and the representative commodities are selected as the sample commodities. Regular surveys are conducted to collect the data on the market prices. The data on the population are estimated on the basis of the sample. At present, 226 cities and counties have been selected for this purpose. There are 5 major steps in the process of calculation of the price indices:

(1) The selection of the areas and places for survey: The selection of the sample areas is similar as the first stage of the household survey. When the sample areas are selected, the large scale markets with a good deal of varieties of commodities (including fairs) are selected as the survey places.

(2) The selection of the representative commodities and their specifications or varieties: The representative commodities are the commodities consumed in large quantity and representative in price changes. The representative specifications or varieties are determined according to the data on the retail sales of commodities and the account data of the residents of 36 thousand urban households and 67 thousand rural households, following the related instructions for selection. In principle, only those specifications or varieties of the commodities can be selected: (1) They are closely related to the social production and people's livelihood; (2) They are sold in large quantities (or big values); (3) They are stable in the market supply; (4) The changes of their prices are representative in trend; (5) There is great difference among the specifications or varieties selected.

(3) Survey way: Enumerators are sent to the survey places to take the records of the prices. Nearly 10 thousand assistant enumerators are invited to assist the survey work.

(4) The determination of the weights: The weights for calculation of the retail price indices are determined according to the total retail sales of commodities. The weights for calculation of the consumer price indices are determined according to the composition of the consumption expenditures of more than 90 thousand urban and rural households.

(5) The determination of the formula for calculation: Both the retail price indices and the consumer price indices of residents are calculated with the Paasche formula:

$$K = P_1Q_1/P_0Q_1$$

IV. The data for the calculation of the price indices of industrial products are collected by the key unit survey. The data for the calculation of the price indices of the investment in fixed assets are collected by the survey on key units and typical units. The coverage of the survey includes the industrial and construction enterprises and construction units.

V. Frequency of the reports. Monthly reports: On the 6th of the month, the urban socio-economic survey organizations of the provinces, autonomous regions and municipalities directly under the central government should report the consumer price indices of residents, retail price indices and price indices of agricultural means of production of the previous month by fax to the Urban Socio-economic Survey Organization, SSB. On the 17th day of the month, they should report the price indices of the industrial products by fax to USSO, SSB.

Semi-annual reports: On July 25th, the provincial urban survey organizations should report by fax the purchasing price indices of farm products and price indices of investment in fixed assets in the first half of the year.

Annual reports: On January 25th, the provincial urban survey organizations should report by fax the data of all price indices of the previous year.

8-1 各种物价总指数

GENERAL PRICE INDICES

(上年=100) (preceding year=100)

年份 Year	商品零售价格指数 General Retail Price Index	居民消费价格指数 General Consumer Price Index	城市居民消费价格指数 Urban Areas	农村居民消费价格指数 Rural Areas	农产品收购价格指数 General Purchasing Price Index of Farm Products	农村工业品零售价格指数 General Rural Retail Price Index of Industrial Products	工农业商品综合比价指数 General Price Parity Index of Industrial and Farm Products
1978	100.7		100.7		103.9	100.0	96.2
1979	102.0		101.9		122.1	100.1	82.0
1980	106.0		107.5		107.1	100.8	94.1
1981	102.4		102.5		105.9	101.0	95.4
1982	101.9		102.0		102.2	101.6	99.4
1983	101.5		102.0		104.4	101.0	96.7
1984	102.8		102.7		104.0	103.1	99.1
1985	108.8	109.3	111.9	107.6	108.6	103.2	95.0
1986	106.0	106.5	107.0	106.1	106.4	103.2	97.0
1987	107.3	107.3	108.8	106.2	112.0	104.8	93.6
1988	118.5	118.8	120.7	117.5	123.0	115.2	93.7
1989	117.8	118.0	116.3	119.3	115.0	118.7	103.2
1990	102.1	103.1	101.3	104.5	97.4	104.6	107.4
1991	102.9	103.4	105.1	102.3	98.0	103.0	105.1
1992	105.4	106.4	108.6	104.7	103.4	103.1	99.7
1993	113.2	114.7	116.1	113.7	113.4	111.8	98.6
1994	121.7	124.1	125.0	123.4	139.9	117.2	83.8
1995	114.8	117.1	116.8	117.5	119.9	114.7	95.7
1996	106.1	108.3	108.8	107.9	104.2	106.2	101.9

注:工农业商品综合比价指数是以农产品收购价格指数为100, 下表同。

a) The general purchasing price index of farm products is taken as 100 in calculating the general price parity of index industrial and farm products. The same as in the following table.

8-2 各种物价总指数

GENERAL PRICE INDICES

(1978=100) (1978=100)

年份 Year	商品零售价格指数 General Retail Price Index	居民消费价格指数 General Consumer Price Index (1985=100)	城市居民消费价格指数 Urban Areas	农村居民消费价格指数 Rural Areas (1985=100)	农产品收购价格指数 General Purchasing Price Index of Farm Products	农村工业品零售价格指数 General Rural Retail Price Index of Industrial Products	工农业商品综合比价指数 General Price Parity Index of Industrial and Farm Products
1978	100.0		100.0		100.0	100.0	100.0
1979	102.0		101.9		122.1	100.1	82.0
1980	108.1		109.5		130.8	100.9	77.1
1981	110.7		112.2		138.5	101.9	73.6
1982	112.8		114.4		141.5	103.5	73.1
1983	114.5		116.7		147.7	104.5	70.8
1984	117.7		119.9		153.6	107.7	70.1
1985	128.1	100.0	134.2	100.0	166.8	111.1	66.6
1986	135.8	106.5	143.6	106.1	177.5	114.7	64.6
1987	145.7	114.3	156.2	112.7	198.8	120.2	60.5
1988	172.7	135.8	188.5	132.4	244.5	138.5	56.6
1989	203.4	160.2	219.2	157.9	281.2	164.4	58.5
1990	207.7	165.2	222.0	165.1	273.9	172.0	62.8
1991	213.7	170.8	233.3	168.9	268.4	177.2	66.0
1992	225.2	181.7	253.4	176.8	277.5	182.7	65.8
1993	254.9	208.4	294.2	201.0	314.7	204.3	64.9
1994	310.2	258.6	367.8	248.0	440.3	239.4	54.4
1995	356.1	302.8	429.6	291.4	527.9	274.6	52.0
1996	377.8	327.9	467.4	314.4	550.1	291.6	53.0

8-3 居民消费价格分类指数(1996年)

CONSUMER PRICE INDICES BY CATEGORY (1996)

(上年=100) (preceding year=100)

项 目	Item	全国 National Indices	城市 Urban Indices	农村 Rural Indices
居民消费价格指数	**General Consumer Price Index**	**108.3**	**108.8**	**107.9**
食品	**Food**	**107.6**	**107.7**	**107.5**
粮食	Grain	106.5	107.7	105.4
细粮	Flour and Rice	106.1	107.5	104.8
粗粮	Coarse Food Grain	113.4	114.8	113.0
淀粉及薯类	Starches and Tubers	107.8	106.5	109.0
干豆类及豆制品	Bean and Its Products	120.6	121.4	120.0
油脂	Oil or Fat	92.1	91.5	92.5
肉禽及其制品	Meal, Poultry and Their Products	104.5	103.9	105.2
蛋	Eggs	116.5	117.0	115.8
水产品	Aquatic Products	106.0	106.7	105.0
菜	Vegetables	119.1	117.7	120.7
鲜菜	Fresh Vegetables	119.7	118.3	121.6
干菜	Dried Vegetables	115.4	110.5	117.6
菜制品	Vegetable Products	114.3	113.5	114.9
调味品	Flavoring	114.9	114.1	115.2
糖	Carbohydrate	102.1	103.0	101.6
食糖	Sugar	95.6	95.4	95.7
糖果	Candy	109.4	108.3	110.2
烟草	Tobacco	104.9	103.6	105.6
酒和饮料	Liquor and Beverages	106.1	106.0	106.1
干鲜瓜果	Dried and Fresh Melons and Fruits	104.5	105.1	103.7
鲜果	Fresh Fruits	103.1	103.4	102.5
干果	Dried Fruits	110.9	113.7	107.9
糕点	Cake	110.0	110.5	109.3
奶及奶制品	Milk and Its Products	110.8	112.7	107.4
其他食品	Other Food	107.9	108.9	106.7
饮食业	Catering Trade	109.4	109.0	110.0
主食	Staple Food	111.3	112.0	110.3
炒菜	Fried Dishes	107.6	106.6	109.2
地方小吃	Local Snack	110.7	110.1	111.8
衣着	**Clothing**	**107.4**	**107.7**	**107.2**
服装	Garments	107.1	107.6	106.6
衣着材料	Clothing Material	105.6	105.9	105.5
棉布	Cotton Cloth	109.4	108.9	109.5
棉花化纤混纺布	Blend Cloth	104.3	105.0	104.1
化纤布	Chemical Fiber Cloth	104.6	104.2	104.8
呢绒	Woolen Fabric	107.2	109.2	105.6
绸缎	Silk	104.2	104.4	104.1

续表 1 continued

(上年＝100) (preceding year＝100)

项 目	Item	全国 National Indices	城市 Urban Indices	农村 Rural Indices
毛线	Knitting Wool	105.3	105.3	105.3
鞋袜帽及其他衣着	Footwear, Hats & Other Clothing	109.6	109.0	110.1
鞋	Shoes	109.5	108.8	110.1
袜子	Socks and Stockings	111.4	111.8	111.1
帽子	Hats	107.0	108.2	106.7
其他衣着	Other Clothing	110.2	109.6	110.5
家庭设备及用品	**Household Facilities and Articles**	**103.8**	**102.8**	**104.7**
耐用消费品	Durable Consumer Goods	100.8	100.1	101.5
家具	Furniture	102.7	102.9	102.4
家庭设备	Household Facilities	99.9	99.0	101.0
室内装饰品	Interior Decorations	103.4	103.2	103.5
床上用品	Bed Articles	106.2	105.4	106.7
家庭日用杂品	Daily Use Household Articles	108.3	108.7	108.2
其他日用品	Other Articles for Daily Use	104.7	103.5	106.2
医疗保健用品	**Medicine and Medical Articles**	**109.3**	**109.0**	**109.5**
医疗器具及保健用品	Medical Appliances and Articles	108.6	109.7	107.9
中药材及中成药	Traditional Chinese Medicine	112.7	112.7	112.7
西药	Western Medicine	106.9	106.2	107.2
交通和通讯工具	**Means of Transportation and Communication**	**98.8**	**98.1**	**99.3**
交通工具	Means of Transportation	99.0	98.6	99.3
通讯工具	Means of Communication	98.2	97.1	99.5
娱乐教育文化用品	**Recreation, Education and Culture Articles**	**110.4**	**110.4**	**110.5**
文娱用耐用消费品	Durable Consumer Goods for Recreational Use	97.7	97.2	98.0
教材及参考书	Teaching Materials and Reference Books	134.8	135.5	134.4
文化娱乐用品	Cultural and Recreational Articles	119.8	120.8	118.7
文娱用品	Cultural and Recreational Articles	106.0	105.3	106.6
报纸杂志	Newspapers and Magazines	139.4	141.9	136.8
居住	**Residence**	**111.4**	**118.4**	**107.1**
住房	Housing	108.7	120.6	103.8
建筑材料	Building Materials	100.5	99.8	100.7
房租	Rent	134.2	146.7	119.8
水电燃料	Water, Electricity and Fuels	114.2	116.9	111.9
服务项目	**Services**	**116.0**	**117.0**	**115.1**
电讯费	Telecommunication	103.5	103.3	104.0
邮费	Postage	109.6	109.5	109.7
交通费	Traffic	117.0	120.3	113.9
洗理美容费	Bathing and Haircut	115.6	113.9	117.2
文娱费	Recreation	122.8	125.5	118.2
学杂保育费	Tuition and Child Care	120.0	121.4	118.8
修理及其他服务费	Repair and Other Services	109.7	109.2	110.4
医疗保健服务费	Medical and Health Care Services	112.4	115.7	111.0

8－4 全国商品零售价格分类指数(1996年)

RETAIL PRICE INDICES BY CATEGORY OF COMMODITIES (1996)

(上年＝100) (preceding year＝100)

项 目	Item	全国 National Indices	城市 Urban Indices	农村 Rural Indices
商品零售价格指数	**General Retail Price Index**	**106.1**	**105.8**	**106.4**
食品	**Food**	**107.7**	**107.9**	**107.5**
粮食	Grain	107.5	109.4	105.8
细粮	Flour and Rice	106.2	108.3	104.3
粗粮	Coares Food Grain	118.6	122.7	116.3
油脂	Oil or Fat	92.1	91.9	92.4
肉禽蛋	Meal, Poultry and Eggs	106.4	106.2	106.6
水产品	Aquatic Products	105.6	106.3	104.7
鲜菜	Fresh Vegetables	118.4	117.3	120.0
干菜	Dried Vegetables	114.1	113.6	114.6
鲜果	Fresh Fruits	102.8	103.1	102.4
干果	Dried Fruits	110.3	113.0	107.7
其他食品	Other Food	108.8	109.5	108.0
调味品	Condiments	114.3	113.6	114.8
食糖	Sugar	95.8	95.3	96.0
糖果	Candy	109.5	108.7	110.2
糕点	Cake	110.2	110.9	109.3
奶及奶制品	Milk and Its Products	110.3	111.8	107.3
罐头	Canned Food	108.2	110.2	106.4
饮食业	Catering Trade	108.6	107.9	109.6
主食	Staple Food	110.7	111.4	109.8
炒菜	Fried Dishes	107.1	106.0	109.1
地方小吃	Local Snack	110.5	110.3	110.9
饮料烟酒	**Beverages, Tobacco and Liquor**	**105.1**	**104.8**	**105.5**
饮料	Beverages	106.2	106.4	105.9
烟酒	Tobacco and Liquor	104.8	104.2	105.4
服装鞋帽	Garments, Shoes and Hats	108.5	108.5	108.4
服装	Garments	107.3	107.6	106.9
鞋	Shoes	109.4	109.2	109.6
其他衣着	Other Clothing	111.7	111.7	111.7
纺织品	**Textiles**	**106.4**	**106.7**	**106.2**
棉布	Cotton Cloth	109.3	109.0	109.5
棉花化纤混纺布	Blend Cloth	105.1	105.6	104.8
化纤布	Chemical Fiber Cloth	104.9	104.9	104.9
呢绒	Woolen Fabric	107.9	109.4	105.4
绸缎	Silk	104.2	104.5	103.8
其他纺织品	Other Textiles	107.0	106.4	107.6
中西药品	**Traditional Chinese and Western Medicines**	**108.8**	**108.4**	**109.3**
中药	Traditional Chinese Medicine	112.8	113.1	112.5
西药	Western Medicine	106.2	105.3	107.3
医疗用品	Medical Articles	106.8	106.7	107.1
化妆品	**Cosmetics**	**105.0**	**104.7**	**105.5**
报纸杂志	**Newspapers and Magazines**	**136.9**	**137.7**	**136.2**
文化体育用品	**Cultural and Sports Goods**	**106.7**	**105.7**	**108.1**
文化用品	Cultural Goods	106.2	105.0	108.1
体育用品	Sports Goods	108.1	107.9	108.3
日用品	**Articles for Daily Use**	**105.3**	**105.6**	**104.9**
一般日用品	Ordinary Articles for Daily Use	105.7	105.6	105.7
家具	Furniture	103.7	104.6	102.2
日用杂品	Sundries for Daily Use	107.1	107.7	106.4
家用电器	**Household Appliances**	**98.7**	**98.3**	**99.4**
首饰	**Jewelry**	**99.4**	**99.4**	**99.6**
燃料	**Fuels**	**105.0**	**105.0**	**105.0**
建筑装璜材料	**Building Decoration Materials**	**101.2**	**100.4**	**101.9**
机电产品	**Mechanical and Electrical Products**	**95.8**	**95.0**	**97.9**

8－5 各地区居民消费价格指数和商品零售价格指数(1996年)

CONSUMER PRICE INDICES AND RETAIL PRICE INDICES OF COMMODITIES BY REGION (1996)

(上年＝100)　　　　(preceding year＝100)

地区 Region	居民消费价格指数 Consumer Price Index			商品零售价格指数 Retail Price Index of commodities		
	全省(区、市) Province	城市 Urban Areas	农村 Rural Areas	全省(区、市) Province	城市 Urban Areas	农村 Rural Areas
全国 National Index	**108.3**	**108.8**	**107.9**	**106.1**	**105.8**	**106.4**
北京 Beijing	111.6			107.3		
天津 Tianjin	109.0			105.1		
河北 Hebei	107.1	107.6	106.8	106.2	106.0	106.3
山西 Shanxi	107.9	108.3	107.3	106.2	106.0	106.5
内蒙古 Inner Mongolia	107.6	107.5	107.7	105.8	105.9	105.6
辽宁 Liaoning	107.9	108.2	106.8	105.4	105.5	104.9
吉林 Jilin	107.2	107.7	105.8	105.1	105.1	105.0
黑龙江 Heilongjiang	107.1	107.6	105.8	105.1	105.2	105.1
上海 Shanghai	109.2			105.0		
江苏 Jiangsu	109.3	110.8	107.1	106.8	106.8	106.8
浙江 Zhejiang	107.9	109.8	107.0	105.8	106.4	105.1
安徽 Anhui	109.9	110.1	109.7	107.1	107.0	107.2
福建 Fujian	105.9	106.9	105.4	104.5	104.4	104.7
江西 Jiangxi	108.4	108.1	108.6	106.6	106.4	106.7
山东 Shandong	109.6	110.5	109.0	107.0	106.7	107.4
河南 Henan	110.5	109.5	110.9	107.9	106.2	109.4
湖北 Hubei	109.4	110.2	107.9	106.5	106.2	106.9
湖南 Hunan	107.7	107.2	108.2	105.2	105.2	105.1
广东 Guangdong	107.0	107.2	106.5	104.4	104.1	105.0
广西 Guangxi	106.5	105.5	107.4	104.5	104.1	104.9
海南 Hainan	104.3	104.8	103.7	102.3	102.7	101.4
四川 Sichuan	109.3	109.8	109.1	107.7	106.4	108.8
贵州 Guizhou	109.1	110.6	107.8	106.9	107.2	106.5
云南 Yunnan	108.7	108.2	108.8	106.6	105.0	108.4
西藏 Tibet						
陕西 Shaanxi	109.7	110.3	109.6	108.1	107.7	109.5
甘肃 Gansu	110.2	110.3	109.7	106.6	106.1	107.9
青海 Qinghai	110.8	111.4	108.8	107.8	108.1	107.3
宁夏 Ningxia	106.8	106.6	106.9	106.7	106.3	107.4
新疆 Xinjiang	110.5	110.4	110.6	108.8	108.7	109.0

8-6 各地区居民消费价格分类指数(1996年)

CONSUMER PRICE INDICES BY CATEGORY AND BY REGION(1996)

(上年=100) (preceding year=100)

地区 Region	总指数 General Index	食品 Food	#粮食 Grain	#油脂 Oil or Fat	#肉禽及其制品 Meat and Poultry	#蛋 Eggs	#水产品 Aquatic Products	#菜 Vegetables	#酒和饮料 Liquor and Beverages
全国 National Index	**108.3**	**107.6**	**106.5**	**92.1**	**104.5**	**116.5**	**106.0**	**119.1**	**106.1**
北京 Beijing	111.6	107.7	112.2	90.8	101.5	118.1	104.5	113.2	106.9
天津 Tianjin	109.0	106.7	106.1	90.4	100.0	119.7	105.3	109.5	104.3
河北 Hebei	107.1	106.6	107.6	90.1	100.4	117.9	101.4	118.3	104.3
山西 Shanxi	107.9	108.0	109.3	92.5	99.9	118.7	101.7	116.6	106.9
内蒙古 Inner Mongolia	107.6	105.2	108.2	87.5	98.6	117.7	100.8	110.5	108.8
辽宁 Liaoning	107.9	105.5	108.1	87.1	96.5	119.3	103.5	116.3	105.2
吉林 Jilin	107.2	105.0	104.2	85.5	96.3	115.1	97.9	110.8	109.2
黑龙江 Heilongjiang	107.1	104.6	102.4	91.0	96.5	111.9	102.0	117.1	108.1
上海 Shanghai	109.2	109.7	109.4	95.6	107.4	124.5	111.8	122.8	105.5
江苏 Jiangsu	109.3	109.6	108.0	91.6	106.5	115.5	106.8	136.6	105.2
浙江 Zhejiang	107.9	106.7	106.6	92.8	107.5	117.2	111.9	110.8	105.6
安徽 Anhui	109.9	109.0	107.8	92.1	106.6	114.0	102.8	125.7	106.5
福建 Fujian	105.9	105.4	100.4	98.9	107.1	116.4	106.8	106.7	106.3
江西 Jiangxi	108.4	108.3	109.1	92.0	109.2	115.7	109.4	115.0	104.5
山东 Shandong	109.6	110.2	108.1	89.1	105.0	118.2	105.4	131.5	106.3
河南 Henan	110.5	111.5	108.8	91.1	103.9	118.5	105.2	142.1	105.0
湖北 Hubei	109.4	107.9	101.8	90.5	107.9	116.0	107.7	121.3	105.6
湖南 Hunan	107.7	105.7	104.8	95.4	108.6	116.0	110.2	104.8	103.5
广东 Guangdong	107.0	105.8	101.7	98.3	106.8	115.3	104.9	103.2	105.6
广西 Guangxi	106.5	105.4	99.8	93.8	104.3	115.7	102.6	113.5	103.4
海南 Hainan	104.3	103.0	105.4	94.9	102.7	113.9	99.1	100.5	100.8
四川 Sichuan	109.3	108.6	109.2	91.3	106.9	114.9	113.2	120.6	107.3
贵州 Guizhou	109.1	109.4	107.2	92.4	105.8	115.0	105.6	128.0	108.0
云南 Yunnan	108.7	108.8	104.8	90.8	105.2	109.9	102.1	127.4	106.3
西藏 Tibet									
陕西 Shaanxi	109.7	109.4	111.9	89.0	98.7	117.1	102.4	129.3	109.2
甘肃 Gansu	110.2	107.9	113.7	87.9	97.0	114.2	99.9	119.6	107.5
青海 Qinghai	110.8	107.3	117.1	85.9	99.9	111.3	97.4	108.2	106.2
宁夏 Ningxia	106.8	106.2	108.4	91.1	98.6	113.7	97.4	115.5	107.9
新疆 Xinjiang	110.5	110.3	116.4	89.0	100.4	113.7	102.0	128.0	104.9

续表 1 continued

(上年=100) (preceding year=100)

地区 Region	#干鲜瓜果 Melons and Fruits	#饮食业 Catering Trade	衣着 Cloth-ing	家用设备及用品 Household Appli-ances	医疗保健用品 Health Care	交通和通讯工具 Means of Transpor-tation & Communi-cation	娱乐教育文化用品 Recrea-tional, Educational & Cultural Goods	居住 Resi-dence	服务项目 Services
全国 National Index	**104.5**	**109.4**	**107.4**	**103.8**	**109.3**	**98.8**	**110.4**	**111.4**	**116.0**
北京 Beijing	105.6	106.2	119.1	104.6	110.1	102.1	110.1	129.2	120.0
天津 Tianjin	109.5	110.2	104.8	103.4	106.6	100.8	107.8	137.1	117.4
河北 Hebei	102.7	107.8	108.9	104.5	105.0	98.8	107.3	113.3	109.8
山西 Shanxi	108.3	109.0	107.3	102.3	107.6	97.1	110.4	112.5	114.4
内蒙古 Inner Mongolia	103.3	113.0	106.6	105.6	106.1	98.6	114.2	106.8	124.7
辽宁 Liaoning	101.7	110.0	107.8	103.9	108.8	99.6	113.1	118.5	114.2
吉林 Jilin	103.6	112.5	107.4	105.1	107.9	99.8	111.1	117.0	111.9
黑龙江 Heilongjiang	101.7	108.3	108.9	103.7	106.9	97.5	109.8	112.2	119.1
上海 Shanghai	107.2	111.0	108.8	99.9	107.6	98.6	105.3	109.7	118.9
江苏 Jiangsu	105.7	110.8	108.7	102.6	107.9	97.9	109.7	117.3	112.3
浙江 Zhejiang	103.3	107.6	107.1	104.0	113.3	99.1	111.0	110.5	115.0
安徽 Anhui	102.6	113.0	107.3	104.0	107.5	99.4	110.0	117.4	119.7
福建 Fujian	102.3	104.6	105.1	102.9	109.3	97.8	106.6	113.1	108.5
江西 Jiangxi	99.7	108.7	104.6	103.3	110.5	98.6	116.8	106.2	117.4
山东 Shandong	106.1	109.3	107.2	103.8	110.8	97.9	111.8	114.7	116.8
河南 Henan	100.6	110.6	107.9	104.1	108.7	98.7	110.4	110.6	121.6
湖北 Hubei	104.9	111.1	104.7	104.5	108.2	100.4	111.9	120.2	118.8
湖南 Hunan	101.3	107.3	105.3	106.2	113.7	101.7	118.5	108.8	112.4
广东 Guangdong	106.6	106.8	105.3	103.1	110.5	99.1	106.8	106.5	119.5
广西 Guangxi	106.4	109.9	106.1	102.9	108.6	95.4	111.7	107.7	112.7
海南 Hainan	109.3	105.4	103.9	103.0	107.5	95.1	108.2	109.2	107.6
四川 Sichuan	104.5	110.8	107.6	104.5	108.8	98.8	113.1	115.9	114.1
贵州 Guizhou	103.3	117.6	105.9	105.1	105.9	97.5	107.5	111.5	116.4
云南 Yunnan	102.9	110.0	107.1	104.8	110.3	98.8	108.4	115.2	111.2
西藏 Tibet									
陕西 Shaanxi	102.9	113.8	110.8	104.2	107.2	100.2	112.8	112.7	117.1
甘肃 Gansu	104.8	108.6	109.0	105.5	109.4	98.6	110.4	111.8	132.2
青海 Qinghai	107.9	111.7	111.0	106.1	110.1	99.8	128.3	110.2	129.9
宁夏 Ningxia	109.5	109.3	109.8	105.8	107.5	97.2	108.1	107.8	106.6
新疆 Xinjiang	114.0	112.1	109.5	107.3	111.8	98.9	109.8	114.6	117.5

8-7 各地区商品零售价格分类指数(1996年)

RETAIL PRICE INDICES BY CATEGORY OF COMMODITIES BY REGION (1996)

(上年=100) (preceding year=100)

地区 Region	总指数 General Index	食品 Food	#粮食 Grain	#油脂 Oil or Fat	#肉禽蛋 Meat, Poultry & Eggs	#水产品 Aquatic Products	#鲜菜 Vegetables	#鲜果 Fresh Fruits	#干果 Dried Fruits
全国 National Index	**106.1**	**107.7**	**107.5**	**92.1**	**106.4**	**105.6**	**118.4**	**102.8**	**110.3**
北京 Beijing	107.3	107.7	112.1	90.8	104.1	104.5	113.3	104.6	109.2
天津 Tianjin	105.1	107.9	115.4	90.9	105.9	106.1	109.4	109.7	113.7
河北 Hebei	106.2	107.1	108.4	90.1	103.6	99.8	118.5	102.2	110.0
山西 Shanxi	106.2	108.5	110.3	92.6	104.8	102.9	115.4	105.1	120.4
内蒙古 Inner Mongolia	105.8	105.3	108.7	87.5	101.2	100.3	110.0	102.2	110.8
辽宁 Liaoning	105.4	105.8	111.2	87.4	101.6	103.1	115.3	101.3	105.1
吉林 Jilin	105.1	104.3	105.3	85.3	99.7	98.4	109.8	102.8	103.9
黑龙江 Heilongjiang	105.1	104.2	103.3	91.0	98.6	101.4	115.9	101.5	102.9
上海 Shanghai	105.0	111.6	117.5	95.8	108.3	111.1	124.3	103.1	144.7
江苏 Jiangsu	106.8	110.8	108.4	91.6	108.0	106.8	138.0	103.5	116.9
浙江 Zhejiang	105.8	107.7	106.5	92.0	108.8	112.3	111.9	99.5	112.5
安徽 Anhui	107.1	109.5	108.4	92.4	108.0	101.9	127.2	100.2	108.7
福建 Fujian	104.5	105.5	101.2	98.5	108.5	107.6	106.7	101.6	107.3
江西 Jiangxi	106.6	108.3	110.3	92.1	110.2	108.9	113.0	97.1	106.0
山东 Shandong	107.0	111.0	109.7	89.5	108.0	104.2	128.5	108.4	108.1
河南 Henan	107.9	111.0	109.3	91.7	107.2	106.1	144.9	97.8	110.1
湖北 Hubei	106.5	108.3	102.8	90.7	108.5	108.2	120.0	102.9	111.2
湖南 Hunan	105.2	105.8	104.9	95.7	109.5	109.0	100.8	99.7	106.7
广东 Guangdong	104.4	105.5	103.9	98.8	107.3	105.3	103.3	104.3	112.0
广西 Guangxi	104.5	105.6	102.1	93.7	105.3	104.1	114.5	104.7	116.2
海南 Hainan	102.3	103.9	107.5	93.3	103.3	99.2	102.3	108.3	110.2
四川 Sichuan	107.7	108.9	110.5	91.2	107.9	110.0	119.8	103.5	104.7
贵州 Guizhou	106.9	110.4	109.2	93.4	107.6	103.7	128.3	103.0	103.1
云南 Yunnan	106.6	108.3	106.0	91.1	105.4	101.5	126.3	101.3	108.1
西藏 Tibet									
陕西 Shaanxi	108.1	109.5	113.5	89.2	101.3	101.4	128.7	97.9	115.8
甘肃 Gansu	106.6	107.4	113.4	87.0	100.0	100.7	117.9	104.9	121.3
青海 Qinghai	107.8	108.2	118.3	87.4	101.1	99.8	107.5	107.5	116.2
宁夏 Ningxia	106.7	107.4	108.8	91.9	100.1	97.5	114.4	105.6	120.0
新疆 Xinjiang	108.8	111.3	116.0	88.5	102.0	102.5	127.8	113.9	111.4

续表 1 continued

(上年=100) (preceding year=100)

地区 Region	#饮食业 Catering Trade	饮料烟酒 Beverages, Tobacco and Liquor	服装鞋帽 Clothing, Shoes and Hats	纺织品 Textiles	中西药品 Traditional Chinese & Western Medicines	化妆品 Cosmetics	报纸杂志 Newspapers and Magazines
全国 National Index	**108.6**	**105.1**	**108.5**	**106.4**	**108.8**	**105.0**	**136.9**
北京 Beijing	106.2	106.1	120.0	109.6	109.8	102.4	130.1
天津 Tianjin	107.2	103.9	104.7	101.5	104.0	105.6	130.9
河北 Hebei	109.4	104.2	109.5	107.3	105.3	107.0	122.3
山西 Shanxi	109.3	105.3	108.5	104.6	107.1	101.9	139.1
内蒙古 Inner Mongolia	109.3	105.6	107.6	108.5	106.7	107.9	146.0
辽宁 Liaoning	107.1	104.2	109.1	107.0	108.2	104.4	141.5
吉林 Jilin	111.9	108.2	108.6	107.3	109.7	105.6	135.0
黑龙江 Heilongjiang	108.1	105.4	109.6	109.7	106.6	105.9	141.3
上海 Shanghai	111.7	102.5	108.5	104.8	106.0	101.8	117.1
江苏 Jiangsu	111.0	104.1	109.7	106.5	107.8	104.0	145.3
浙江 Zhejiang	108.9	101.7	107.8	108.1	112.1	104.3	135.0
安徽 Anhui	112.4	105.2	108.4	105.9	106.4	105.7	140.6
福建 Fujian	103.5	103.4	107.6	103.9	109.1	102.9	132.8
江西 Jiangxi	107.6	105.1	106.6	103.6	110.3	107.2	148.5
山东 Shandong	107.7	105.0	107.5	106.1	111.6	109.6	134.5
河南 Henan	110.1	110.9	109.3	106.5	108.2	103.1	144.3
湖北 Hubei	111.5	105.2	105.6	105.8	105.8	109.0	144.7
湖南 Hunan	107.3	101.6	105.7	102.1	113.0	103.3	147.2
广东 Guangdong	105.1	104.7	106.7	106.6	110.9	103.7	130.4
广西 Guangxi	109.6	105.8	106.4	107.0	109.0	103.1	140.1
海南 Hainan	106.6	101.9	101.8	105.2	109.2	101.4	143.4
四川 Sichuan	110.1	106.8	109.6	106.1	108.1	105.3	143.2
贵州 Guizhou	119.3	104.8	105.8	106.0	105.8	109.4	122.3
云南 Yunnan	110.3	109.1	107.5	108.3	110.0	105.2	135.6
西藏 Tibet							
陕西 Shaanxi	113.2	108.5	113.1	109.4	108.6	114.2	136.3
甘肃 Gansu	104.2	103.3	111.0	106.7	108.8	99.5	137.0
青海 Qinghai	112.3	104.5	111.3	107.8	110.4	101.9	142.2
宁夏 Ningxia	110.2	104.9	112.4	105.3	107.0	101.8	142.5
新疆 Xinjiang	102.6	104.6	109.8	109.3	110.2	106.0	133.7

续表 2 continued

(上年=100) (preceding year=100)

地 区 Region	文化体育用品 Cultural and Sports Goods	日用品 Articles for Daily Use	家用电器 Household Appliances	首饰 Jewelery	燃料 Fuels	建筑装璜材料 Building Decoration Materials	机电产品 Mechanical and Electrical Products
全 国 National Index	**106.7**	**105.3**	**98.7**	**99.4**	**105.0**	**101.2**	**95.8**
北 京 Beijing	108.7	108.4	101.0	97.2	103.6	110.1	93.0
天 津 Tianjin	107.5	105.6	100.2	99.4	116.5	101.4	96.9
河 北 Hebei	107.7	105.6	99.9	99.2	109.6	103.4	96.1
山 西 Shanxi	108.1	103.9	98.5	99.8	101.9	101.3	94.5
内蒙古 Inner Mongolia	110.3	105.9	101.3	98.8	103.9	101.2	97.6
辽 宁 Liaoning	106.2	104.8	99.5	99.4	102.4	100.8	96.5
吉 林 Jilin	105.5	106.8	99.8	98.6	103.4	101.7	96.9
黑龙江 Heilongjiang	106.5	103.8	98.2	99.1	105.7	101.2	97.4
上 海 Shanghai	103.2	106.8	94.6	101.2	103.1	96.6	88.0
江 苏 Jiangsu	104.0	105.4	97.4	98.9	108.0	100.4	95.1
浙 江 Zhejiang	106.9	106.7	99.0	99.6	104.4	102.2	96.1
安 徽 Anhui	105.1	105.8	99.4	99.5	111.3	103.5	98.1
福 建 Fujian	102.1	103.7	98.6	99.5	103.9	97.0	97.0
江 西 Jiangxi	107.2	104.8	97.9	99.6	106.4	101.1	96.5
山 东 Shandong	106.1	104.3	98.6	99.6	106.1	101.0	95.2
河 南 Henan	109.8	104.2	98.4	99.9	107.7	101.1	97.3
湖 北 Hubei	107.9	105.6	98.1	99.8	106.8	101.3	98.0
湖 南 Hunan	105.9	105.8	99.4	98.8	103.6	98.4	97.2
广 东 Guangdong	106.4	104.3	98.6	99.0	100.7	98.7	95.8
广 西 Guangxi	105.6	103.4	97.5	98.9	101.7	99.0	94.0
海 南 Hainan	102.5	103.0	96.5	100.0	95.2	97.4	92.9
四 川 Sichuan	109.1	105.4	98.7	101.4	108.0	104.1	98.8
贵 州 Guizhou	107.4	104.9	100.4	99.0	106.1	101.1	98.3
云 南 Yunnan	108.7	104.3	97.8	99.3	105.1	102.7	95.1
西 藏 Tibet							
陕 西 Shaanxi	107.4	105.8	98.7	99.9	106.1	102.4	97.3
甘 肃 Gansu	105.7	105.7	100.6	100.5	106.6	99.9	94.3
青 海 Qinghai	106.6	108.0	100.1	100.4	107.6	101.5	97.5
宁 夏 Ningxia	107.6	104.7	98.5	100.4	104.7	107.7	95.7
新 疆 Xinjiang	107.2	107.6	100.3	100.8	108.7	103.8	97.6

8－8 各地区服务项目价格分类指数(1996年)

SERVICES PRICE INDICES BY CATEGORY AND BY REGION (1996)

(上年＝100) (preceding year＝100)

地区 Region	总指数 General Index	电讯费 Telecommunication	邮费 Postage	交通费 Traffic	洗理美容费 Bathing and Haircut	文娱费 Recreation	学杂保育费 Tuition and Children Care	修理及其他服务费 Repair and Other Services	医疗保健服务费 Medical & Health Care Services
全国 National Index	**116.0**	**103.5**	**109.6**	**117.0**	**115.6**	**122.8**	**120.0**	**109.7**	**112.4**
北京 Beijing	120.0	100.0	110.0	198.5	118.2	117.2	105.7	106.6	100.0
天津 Tianjin	117.4	100.1	108.5	115.7	136.7	125.4	120.8	107.9	151.2
河北 Hebei	109.8	108.6	108.9	123.9	113.1	114.1	105.3	111.6	103.2
山西 Shanxi	114.4	102.7	111.2	115.2	113.5	110.9	117.3	114.1	109.7
内蒙古 Inner Mongolia	124.7	105.5	109.5	120.2	113.1	120.7	136.2	117.9	105.4
辽宁 Liaoning	114.2	106.0	111.9	120.7	110.4	119.8	116.1	108.5	106.0
吉林 Jilin	111.9	103.4	109.9	118.9	109.2	117.8	110.3	114.4	107.5
黑龙江 Heilongjiang	119.1	102.7	109.9	113.1	108.9	122.9	134.7	113.8	107.3
上海 Shanghai	118.9	110.7	107.5	107.0	114.4	171.3	116.4	104.4	106.2
江苏 Jiangsu	112.3	100.6	109.7	112.4	119.4	123.1	115.5	109.6	104.2
浙江 Zhejiang	115.0	104.8	109.8	110.8	120.0	123.7	118.2	116.2	105.1
安徽 Anhui	119.7	107.5	109.9	117.9	116.2	126.0	122.3	113.5	125.9
福建 Fujian	108.5	109.2	107.8	113.8	109.5	112.2	105.7	108.5	109.1
江西 Jiangxi	117.4	100.9	109.1	115.9	117.9	116.7	128.5	107.4	107.4
山东 Shandong	116.8	99.6	108.3	111.3	114.7	120.5	124.0	108.0	120.1
河南 Henan	121.6	99.6	110.1	108.1	116.6	118.3	134.4	112.6	115.3
湖北 Hubei	118.8	105.3	110.7	119.6	116.8	116.3	124.8	108.1	112.8
湖南 Hunan	112.4	101.3	110.2	128.3	109.8	113.4	108.0	106.6	121.2
广东 Guangdong	119.5	104.7	107.0	115.6	114.4	107.7	137.2	110.3	115.4
广西 Guangxi	112.7	101.2	109.7	112.8	118.4	113.6	115.6	105.6	110.1
海南 Hainan	107.6	117.8	109.1	106.2	108.0	117.1	105.2	104.1	109.1
四川 Sichuan	114.1	99.9	109.6	110.7	116.6	122.7	112.8	110.4	128.9
贵州 Guizhou	116.4	110.3	107.8	119.0	111.9	128.0	116.7	114.8	110.7
云南 Yunnan	111.2	102.2	109.1	113.3	128.4	116.4	112.0	113.5	101.2
西藏 Tibet									
陕西 Shaanxi	117.1	109.4	108.8	123.0	107.4	145.5	114.2	114.7	106.3
甘肃 Gansu	132.2	105.5	109.9	108.7	113.7	131.1	171.2	109.5	108.6
青海 Qinghai	129.9	101.2	106.2	112.7	112.3	125.4	156.6	103.2	104.8
宁夏 Ningxia	106.6	103.1	110.9	108.7	107.3	125.1	99.6	120.0	103.9
新疆 Xinjiang	117.5	106.9	112.8	124.3	124.6	143.0	116.6	109.1	106.5

8-9 各地区农业生产资料价格分类指数(1996年)

PRICE INDICES OF AGRICULTURAL MEANS OF PRODUCTION BY CATEGORY AND BY REGION (1996)

(上年=100) (preceding year=100)

地区 Region		总指数 General Index	小农具 Small Farm Tools	饲料 Forage	幼禽家畜 Young Livestock & Fowls	半机械化农具 Semi-mechanized Farm Implements	机械化农具 Mechanized Farm Implements	化学肥料 Chemical Ferti-lizer	农药及农药械 Pestici-de & Its Appli-ances	农机用油 Oil for Farm Machi-nery
全国	**National Index**	**108.4**	**113.2**	**109.6**	**102.7**	**105.5**	**103.6**	**110.8**	**109.5**	**103.9**
北京	Beijing									
天津	Tianjin									
河北	Hebei	108.0	113.5	110.6	97.5	106.9	105.7	109.9	112.0	107.0
山西	Shanxi	111.5	117.9	115.1	92.8	105.7	109.0	122.7	111.8	104.4
内蒙古	Inner Mongolia	109.9	120.2	114.4	86.6	103.9	111.8	115.2	121.1	100.0
辽宁	Liaoning	109.0	111.8	111.9	92.1	108.0	106.5	112.2	108.1	102.7
吉林	Jilin	111.5	112.0	108.9	96.3	102.9	104.4	116.2	102.5	104.5
黑龙江	Heilongjiang	110.3	111.5	111.4	91.6	106.8	109.3	119.6	108.3	100.3
上海	Shanghai									
江苏	Jiangsu	106.6	111.4	107.3	100.6	105.8	101.3	108.1	108.2	102.7
浙江	Zhejiang	106.7	118.1	115.0	104.5	104.8	100.9	106.6	108.5	102.2
安徽	Anhui	107.2	112.3	116.1	110.2	107.2	99.4	108.5	107.9	104.2
福建	Fujian	106.2	106.0	103.0	104.5	98.6	102.1	109.3	108.4	105.2
江西	Jiangxi	107.0	111.5	110.8	99.5	99.7	102.4	104.4	116.4	104.3
山东	Shandong	105.5	113.0	107.7	101.7	108.7	102.1	106.3	107.9	103.8
河南	Henan	107.9	117.7	104.9	102.4	104.2	103.5	108.6	114.4	108.2
湖北	Hubei	108.6	118.1	107.0	103.4	101.9	103.9	109.7	107.6	103.0
湖南	Hunan	107.3	118.6	104.4	108.6	101.2	100.5	107.9	109.8	100.8
广东	Guangdong	104.7	108.4	103.7	109.7	101.0	102.3	104.6	108.6	101.8
广西	Guangxi	103.8	103.9	101.7	108.3	100.8	98.6	101.7	113.0	102.8
海南	Hainan	106.8	104.1	107.0	102.8	106.4	105.2	110.9	109.9	101.9
四川	Sichuan	114.0	121.4	111.4	95.8	112.1	103.2	118.0	110.1	107.3
贵州	Guizhou	108.1	109.6	121.7	94.9	105.6	109.1	111.6	105.9	106.8
云南	Yunnan	113.3	108.8	118.3	106.4	101.9	101.5	117.8	110.0	103.5
西藏	Tibet									
陕西	Shaanxi	110.3	110.7	108.7	105.7	103.9	104.8	116.8	106.3	103.2
甘肃	Gansu	110.7	107.9	115.9	103.9	107.3	104.4	120.1	110.6	103.5
青海	Qinghai	112.6	110.3	113.9	102.0	108.9	103.7	124.8	109.2	112.7
宁夏	Ningxia	109.0	109.8	103.2	88.8	106.8	102.5	115.8	109.1	102.9
新疆	Xinjiang	115.5	113.6	125.7	108.9	118.4	113.3	119.9	112.6	106.0

8-10 农产品收购价格分类指数

FARM PRODUCTS PURCHASING PRICE INDICES BY CATEGORY OF COMMODITIES

(上年=100) (preceding year=100)

年份 Year	总指数 General Index	粮食 Grain	小麦 Wheat	稻谷 Rice	玉米 Corn	高粱 Sorghum	黄豆 Soybeans	经济作物 Industrial Crops	食用植物油及油料 Edible Vegetable Oil and Oil Bearing Crops	棉花 Cotton
1978	103.9	100.7	100.0	100.0	100.0	100.0	124.7	107.4	104.3	112.0
1979	122.1	130.5	131.1	130.2	130.0	127.9	124.0	123.4	132.7	125.3
1980	107.1	107.9	107.8	107.8	107.8	107.8	110.5	110.9	105.5	116.2
1981	105.9	109.7	105.2	105.2	105.2	105.2	157.8	106.9	104.9	104.8
1982	102.2	103.8	103.8	100.8	103.8	103.8	103.9	101.6	101.5	101.5
1983	104.4	110.3	110.2	110.2	110.2	110.2	110.2	100.3	100.6	100.2
1984	104.0	112.0	100.6	100.0	100.0	100.0	100.0	101.3	101.2	101.1
1985	108.6	101.8	100.1	102.0	101.9	104.8	102.8	101.5	104.3	97.7
1986	106.4	109.9	104.3	106.3	115.5	128.6	120.2	103.6	104.6	99.5
1987	112.0	108.0	103.4	113.2	104.1	123.4	103.4	103.3	106.0	104.7
1988	123.0	114.6	115.2	119.8	104.7	100.4	109.1	111.3	119.7	108.6
1989	115.0	126.9	121.9	130.7	131.8	120.7	122.8	116.7	119.8	122.7
1990	97.4	93.2	92.0	92.6	97.6	97.6	98.4	111.9	101.1	129.1
1991	98.0	93.8	94.2	95.9	88.2	94.1	99.8	101.6	97.9	102.1
1992	103.4	105.3	110.1	97.4	108.2	106.9	119.5	96.5	95.8	95.0
1993	113.4	116.7	105.4	124.6	119.2	119.1	122.7	112.6	120.7	111.5
1994	139.9	146.6	152.2	154.0	151.3	133.8	114.6	144.4	157.6	160.4
1995	119.9	129.0	133.1	120.8	140.9	143.2	113.1	122.5	103.1	131.5
1996	104.2	105.8	109.2	104.2	95.4	104.9	128.2	105.7	96.6	103.2

续表 1 continued

(上年=100) (preceding year=100)

年份 Year	麻 Jute and Ambary Hemp	烟叶 Tobacco	糖料 Sugarcane and Beetroots	茶叶 Tea	竹木材 Bamboo and Timber	工业用油漆 Oil and Lacquer for Industrial Use	禽畜产品 Livestock Products, Poultry and Eggs	肉畜 Livestock for Slaughtering	#肥猪 Fattened Hogs	禽蛋 Poultry Eggs
1978	104.4	102.6	102.4	104.6	101.0	110.1	100.5	100.3	100.3	101.7
1979	112.3	107.4	130.8	118.3	115.0	105.6	122.6	124.2	124.4	120.3
1980	112.1	109.9	108.0	105.4	115.8	112.1	103.4	102.7	102.4	100.4
1981	104.5	122.5	109.1	106.6	127.0	99.6	101.1	100.3	100.2	106.7
1982	101.0	101.3	102.6	101.9	105.9	100.7	100.3	100.3	100.1	101.6
1983	98.4	100.5	100.2	99.7	100.2	100.1	100.5	99.9	99.7	107.3
1984	103.5	100.2	103.6	100.1	103.2	101.0	104.1	103.0	102.1	103.7
1985	109.5	102.4	102.1	113.5	155.5	101.6	124.1	122.6	121.1	115.1
1986	117.8	100.2	104.8	114.3	114.9	99.8	103.0	104.5	104.4	112.1
1987	74.1	105.9	110.3	112.6	120.3	103.9	117.9	119.0	118.6	123.7
1988	77.3	107.1	116.1	130.7	136.7	126.9	140.2	149.1	150.6	118.7
1989	115.1	95.5	135.1	92.6	105.2	107.0	110.2	109.6	110.5	115.6
1990	100.2	114.9	107.2	96.1	84.5	91.1	92.3	93.1	92.9	99.9
1991	101.7	100.7	104.5	112.7	102.4	109.5	97.4	97.4	96.6	93.6
1992	110.5	101.6	90.8	111.2	107.3	112.6	106.3	107.3	106.3	100.1
1993	101.9	109.8	100.0	117.3	111.1	83.9	114.2	114.7	114.5	113.3
1994	133.8	113.8	124.6	97.5	111.8	110.5	144.6	152.4	154.6	125.4
1995	131.6	144.3	142.6	120.4	105.1	109.0	115.8	116.2	116.0	113.5
1996	105.5	120.5	118.6	102.2	104.4	103.7	103.3	102.0	102.2	113.2

续表 2 continued

(上年=100) (preceding year=100)

年份 Year	#鸡蛋 Chicken Eggs	皮张 Hides and Skins	鬃毛 Bristles	蚕茧蚕丝 Silkworm Cocoons and Silk	干鲜果 Dried and Fresh Fruits	干鲜菜及调味品 Dried and Fresh Vegetables and Condiments	#鲜菜 Fresh Vegetables	药材 Crude Drugs	土副产品 Local Products	水产品 Aquatic Products
1978	100.8	101.5	102.0	100.1	110.4	103.0	100.3	102.7	105.4	102.5
1979	123.2	111.7	108.5	122.0	102.8	109.8	112.2	102.1	103.9	118.2
1980	101.0	112.7	104.7	101.8	106.5	108.5	107.3	102.7	105.2	101.8
1981	106.9	104.5	102.7	100.0	101.7	104.8	107.2	101.2	101.0	100.6
1982	100.5	99.6	99.8	100.6	102.7	100.0	99.3	102.1	101.3	101.0
1983	99.8	97.1	97.6	101.2	108.9	106.8	103.6	106.6	103.2	103.2
1984	101.6	108.0	116.4	100.0	121.0	99.9	98.7	106.3	101.7	109.8
1985	115.8	139.4	169.0	105.5	124.7	122.2	150.4	122.7	108.1	151.3
1986	110.7	117.0	82.1	107.4	108.0	104.8	101.2	77.9	112.9	110.4
1987	126.6	112.6	113.4	124.0	109.2	119.5	126.2	111.8	115.5	122.8
1988	116.5	122.5	134.6	187.8	139.6	122.2	130.9	162.1	119.1	134.3
1989	112.4	101.9	109.9	106.7	90.2	101.3	117.3	70.7	142.5	99.8
1990	102.9	80.9	74.9	96.7	97.5	94.1	96.3	95.5	92.4	98.8
1991	94.2	108.7	97.4	99.7	106.8	112.4	107.8	115.9	105.5	104.7
1992	98.8	117.6	102.8	95.7	92.8	117.3	111.4	114.8	109.9	108.1
1993	110.4	119.1	112.0	104.7	100.5	113.7	122.9	96.8	112.1	122.1
1994	116.6	133.1	132.1	155.5	119.9	124.6	135.1	99.6	120.0	122.0
1995	112.1	114.3	111.6	80.4	113.2	117.8	122.7	118.7	121.6	112.4
1996	114.5	96.5	92.7	86.5	99.5	103.6	102.0	111.6	102.2	103.4

8-11 农产品收购价格分类指数

FARM PRODUCTS PURCHASING PRICE INDICES BY CATEGORY OF COMMODITIES

(1978年=100) (1978=100)

年份 Year	总指数 General Index	粮食 Grain	小麦 Wheat	稻谷 Rice	玉米 Corn	高粱 Sorghum	黄豆 Soybeans	经济作物 Industrial Crops	食用植物油及油料 Edible Vegetable Oil and Oil Bearing Crops	棉花 Cotton
1978	100.0	100.0	100.0	100.0	100.0	100.0	100.0	100.0	100.0	100.0
1979	122.1	130.5	131.1	130.2	130.0	127.9	124.0	123.4	132.7	125.3
1980	130.8	140.8	141.3	140.4	140.1	137.9	137.0	136.9	140.0	145.6
1981	138.5	154.5	148.7	147.7	147.4	145.0	216.2	146.3	146.9	152.6
1982	141.5	160.3	154.3	148.8	153.0	150.6	224.7	148.6	149.1	154.9
1983	147.7	176.9	170.1	164.0	168.6	165.9	247.6	149.1	150.0	155.2
1984	153.6	198.1	171.1	164.0	168.6	165.9	247.6	151.0	151.8	156.9
1985	166.8	201.6	171.3	167.3	171.8	173.9	254.5	153.3	158.3	153.3
1986	177.5	221.6	178.6	177.8	198.5	223.6	305.9	158.8	165.6	152.5
1987	198.8	239.3	184.7	201.3	206.6	275.9	316.3	164.0	175.5	159.7
1988	244.5	274.3	212.8	241.2	216.3	277.0	345.1	182.6	210.1	173.4
1989	281.2	348.1	259.4	315.2	285.1	334.4	423.8	213.1	251.7	212.8
1990	273.9	324.4	238.6	291.9	278.3	326.4	417.0	238.4	254.4	274.7
1991	268.4	304.3	224.8	279.9	245.4	307.1	416.2	242.2	249.1	280.5
1992	277.5	320.4	247.5	272.6	265.6	328.3	497.3	233.8	238.6	266.5
1993	314.7	373.9	260.8	339.7	316.6	391.0	610.2	263.2	288.0	297.1
1994	440.3	548.1	396.9	523.1	479.0	523.2	699.3	380.1	453.9	476.5
1995	527.9	707.0	528.3	631.9	674.9	749.2	790.9	465.6	468.0	626.6
1996	550.1	748.0	576.9	658.4	643.9	786.2	1013.9	492.1	452.1	646.7

续表 1 continued

(1978年＝100) (1978＝100)

年份 Year	麻 Jute and Ambary Hemp	烟叶 Tobacco	糖料 Sugarcane and Beetroots	茶叶 Tea	竹木材 Bamboo and Timber	工业用油漆 Oil and Lacquer for Industrial Use	禽畜产品 Livestock Products, Poultry and Eggs	肉畜 Livestock for Slaugh－tering	#肥猪 Fattened Hogs	禽蛋 Poultry Eggs
1978	100.0	100.0	100.0	100.0	100.0	100.0	100.0	100.0	100.0	100.0
1979	112.3	107.4	130.8	118.3	115.0	105.6	122.6	124.2	124.4	120.3
1980	125.9	118.0	141.3	124.7	133.2	118.4	126.8	127.6	127.4	120.8
1981	131.6	144.6	154.1	132.9	169.1	117.9	128.2	127.9	127.6	128.9
1982	132.9	146.5	158.1	135.4	179.1	118.7	128.5	128.3	127.8	130.9
1983	130.7	147.2	158.4	135.0	179.5	118.8	129.2	128.2	127.4	140.5
1984	135.3	147.5	164.1	135.2	185.2	120.0	134.5	132.0	130.1	145.7
1985	148.2	151.0	167.6	153.4	288.0	122.0	166.9	161.9	157.5	167.7
1986	174.5	151.3	175.6	175.4	330.9	121.7	171.9	169.2	164.4	188.0
1987	129.3	160.3	193.7	197.5	398.1	126.5	202.7	201.3	195.0	232.5
1988	100.0	171.6	224.9	258.1	544.2	160.5	284.2	300.1	293.7	276.0
1989	115.1	163.9	303.9	239.0	572.5	171.7	313.1	329.0	324.5	319.1
1990	115.3	188.3	325.7	229.7	483.7	156.4	289.0	306.3	301.5	318.8
1991	117.3	189.7	340.4	258.8	495.3	171.3	281.5	298.3	291.2	298.4
1992	129.6	192.7	309.1	287.8	531.5	192.9	299.2	320.1	309.6	298.7
1993	132.0	211.6	309.1	337.6	590.5	161.8	341.7	367.1	354.5	338.4
1994	176.6	240.8	385.1	329.2	660.2	178.8	494.1	559.5	548.1	424.4
1995	232.4	347.5	549.2	396.4	693.9	194.9	572.2	650.1	635.8	481.7
1996	245.2	418.7	651.4	405.1	724.4	202.1	591.1	663.1	649.8	545.3

续表 2 continued

(1978年＝100) (1978＝100)

年份 Year	#鸡蛋 Chicken Eggs	皮张 Hides and Skins	鬃毛 Bristles	蚕茧蚕丝 Silkworn Cocoons and Silk	干鲜果 Dried and Fresh Fruits	干鲜菜及调味品 Dried and Fresh Vegetables and Condiments	#鲜菜 Fresh Vegetables	药材 Crude Drugs	土副产品 Local Products	水产品 Aquatic Products
1978	100.0	100.0	100.0	100.0	100.0	100.0	100.0	100.0	100.0	100.0
1979	123.2	111.7	108.5	122.0	102.8	109.8	112.2	102.1	103.9	118.2
1980	124.4	125.9	113.6	124.2	109.5	119.1	120.4	104.9	109.3	120.3
1981	133.0	131.6	116.7	124.2	111.3	124.9	129.1	106.1	110.4	121.0
1982	133.7	131.0	116.4	124.9	114.3	124.9	128.2	108.3	111.8	122.3
1983	133.4	127.2	113.6	126.4	124.5	133.3	132.8	115.5	115.4	126.2
1984	135.6	137.4	132.3	126.4	150.7	133.2	131.0	122.8	117.4	138.5
1985	157.0	191.5	223.5	133.4	187.9	162.8	197.1	150.6	126.9	209.6
1986	173.8	224.1	183.5	143.3	202.9	170.6	199.5	117.3	143.2	231.4
1987	220.0	252.3	208.1	177.6	221.6	203.9	251.7	131.2	165.4	284.2
1988	256.3	309.1	280.1	333.6	309.3	249.1	329.5	212.7	197.0	381.6
1989	288.1	315.0	307.9	356.0	279.0	252.4	386.5	150.4	280.8	380.9
1990	296.4	254.8	230.6	344.2	272.1	237.5	372.2	143.6	259.5	376.3
1991	279.2	277.0	224.6	343.2	290.6	266.9	401.2	166.4	273.7	394.0
1992	275.9	325.7	230.9	328.4	269.6	313.1	447.0	191.1	300.8	425.9
1993	304.6	388.0	258.6	343.9	271.0	356.0	549.3	184.9	337.2	520.0
1994	355.2	516.4	341.6	534.8	324.9	443.6	742.1	184.2	404.6	635.4
1995	398.2	590.2	381.2	430.0	367.8	522.6	910.6	218.6	492.0	714.2
1996	455.9	569.5	353.4	372.0	366.0	541.4	928.8	244.0	502.8	738.5

8-12 分行业工业品出厂价格指数
EX-FACTORY PRICE INDICES OF INDUSTRIAL PRODUCTS BY SECTOR

(上年=100) (preceding year=100)

年份 Year	总指数 General Index	冶金工业 Metallurgical Industry	电力工业 Power Industry	煤炭工业 Coal Industry	石油工业 Petroleum Industry	化学工业 Chemical Industry	机械工业 Machine Buiding Industry	建筑材料工业 Building Materials Industry
1980	100.5	106.2	98.4	106.4	102.1	98.2	97.5	102.5
1981	100.2	101.8	101.6	102.6	99.3	97.2	98.6	101.6
1982	99.8	101.0	98.9	101.9	100.5	99.6	99.3	102.2
1983	99.9	101.3	105.6	101.5	106.3	101.0	99.3	102.7
1984	101.4	103.8	102.1	102.6	112.0	102.4	101.1	102.0
1985	108.7	114.3	103.4	117.6	107.2	102.9	111.8	115.4
1986	103.8	107.4	102.4	96.8	104.6	102.9	102.8	113.7
1987	107.9	107.0	103.1	102.8	104.0	112.2	104.9	105.6
1988	115.0	115.4	101.7	110.6	106.8	120.4	111.8	113.4
1989	118.6	121.0	105.9	112.2	108.4	119.4	121.2	123.6
1990	104.1	110.3	107.4	106.2	107.1	101.6	102.8	99.6
1991	106.2	114.2	116.9	113.1	118.8	102.4	102.8	106.1
1992	106.8	114.2	108.8	116.1	115.3	102.7	106.6	111.1
1993	124.0	157.7	135.9	139.7	171.3	108.3	119.7	142.8
1994	119.5	106.8	139.5	122.2	148.7	115.4	109.5	107.6
1995	114.9	105.5	109.5	111.3	121.2	126.2	106.3	106.4
1996	102.9	97.7	113.1	113.7	104.6	103.4	101.6	104.3

续表 1 continued

(上年=100) (preceding year=100)

年份 Year	森林工业 Timber Industry	食品工业 Food Industry	纺织工业 Textile Industry	缝纫工业 Tailoring Industry	皮革工业 Leather Industry	造纸工业 Paper Industry	文教艺术用品工业 Cultural, Educational & Handicrafts Articles
1980	104.5	101.2	101.6	100.8	102.4	100.5	101.6
1981	111.3	102.3	99.1	99.9	101.7	100.6	99.0
1982	105.8	103.1	96.5	96.1	99.5	100.3	100.0
1983	100.3	100.8	94.8	95.7	100.9	101.1	99.9
1984	103.2	101.7	96.6	100.4	100.6	99.7	100.4
1985	114.9	105.5	104.3	105.1	112.1	113.7	103.2
1986	107.1	102.5	102.6	100.0	101.7	105.7	99.6
1987	144.9	109.4	108.3	109.6	102.9	112.1	120.0
1988	119.6	116.3	122.3	116.2	114.4	120.7	112.1
1989	115.7	114.3	122.4	118.9	118.3	123.0	111.0
1990	94.6	101.0	107.2	109.1	106.3	102.3	107.3
1991	100.4	103.3	104.1	109.0	109.0	102.9	105.8
1992	105.9	106.2	99.3	100.8	112.8	102.7	102.3
1993	131.8	113.5	103.8	117.9	111.8	108.9	110.6
1994	106.9	123.4	136.8	116.1	121.9	106.6	109.1
1995	99.5	123.4	117.3	116.5	121.7	144.5	111.4
1996	98.2	104.2	96.0	108.2	111.3	116.1	101.5

8-13 工业品出厂价格分类指数

EX-FACTORY PRICE INDICES OF INDUSTRIAL PRODUCTS

(上年=100) (preceding year=100)

类 别	Item	1990	1991	1992	1993	1994	1995	1996
全部工业品	**Total Industry Products**	**104.1**	**106.2**	**106.8**	**124.0**	**119.5**	**114.9**	**102.9**
生产资料	**Means of Production**	**104.4**	**108.0**	**109.3**	**133.7**	**116.7**	**113.6**	**103.5**
采掘工业	Mining & Quarrying Industry	107.9	112.8	112.6	146.5	133.1	119.7	108.9
原材料工业	Raw Materials Industry	105.9	111.8	110.2	140.4	117.9	113.6	101.7
加工工业	Manufacturing Industry	102.5	103.8	107.4	122.7	111.1	112.0	104.1
生活资料	**Consumer Goods**	**103.6**	**103.2**	**103.2**	**109.6**	**123.8**	**116.9**	**102.1**
食品类	Food	101.3	103.6	106.4	113.9	123.4	123.2	104.7
衣着类	Clothing	107.3	105.4	100.8	106.2	136.4	115.6	100.5
一般日用品	Articles for Daily Use	103.0	103.3	102.8	108.9	112.3	115.1	102.9
耐用消费品	Durable Consumer Goods	99.3	96.5	101.7	108.8	108.4	105.4	97.7

8-14 各地区固定资产投资价格指数

PRICE INDICES OF INVESTMENT IN FIXED ASSETS BY REGION

(上年=100) (preceding year=100)

地 区 Region	1995				1996			
	固定资产投资 Investment in Fixed Assets	建筑安装工程 Construction and Installation	设备工、器具 Purchase of Equipment, Tools and Instruments	其他费用 Others	固定资产投资 Investment in Fixed Assets	建筑安装工程 Construction and Installation	设备工、器具 Purchase of Equipment, Tools and Instruments	其他费用 Others
全 国 National Index	**105.9**	**104.7**	**106.3**	**112.4**	**104.0**	**105.1**	**101.6**	**104.3**
北 京 Beijing	113.9	113.0	126.3	106.1	108.2	111.6	102.3	100.1
天 津 Tianjin	107.6	108.3	104.4	111.6	102.5	102.9	100.9	103.4
河 北 Hebei	106.9	106.0	106.2	115.1	103.9	106.0	99.9	101.9
山 西 Shanxi	106.8	107.1	106.2	105.8	104.9	105.0	104.2	105.8
内蒙古 Inner Mongolia	103.9	101.7	106.6	110.6	105.3	108.4	98.7	102.8
辽 宁 Liaoning	104.9	104.0	105.6	108.2	102.2	102.9	100.4	102.3
吉 林 Jilin	109.6	106.8	112.1	120.0	102.9	105.7	98.4	99.2
黑龙江 Heilongjiang	106.5	106.7	108.3	101.3	103.4	103.3	104.9	101.3
上 海 Shanghai	103.1	101.9	104.8	107.0	106.9	108.9	101.7	107.7
江 苏 Jiangsu	107.4	107.1	105.3	113.8	103.2	102.9	102.6	106.4
浙 江 Zhejiang	107.2	105.7	104.2	118.9	101.3	101.6	100.4	100.9
安 徽 Anhui	106.5	102.4	107.7	131.1	103.4	104.3	101.8	102.1
福 建 Fujian	104.8	103.3	106.6	110.7	104.7	103.7	100.6	118.3
江 西 Jiangxi	107.2	105.7	107.0	120.2	105.8	109.2	99.5	104.5
山 东 Shandong	106.6	105.7	106.2	113.8	103.1	103.2	101.6	107.2
河 南 Henan	105.9	103.8	111.3	104.0	103.9	103.9	103.8	104.6
湖 北 Hubei	105.0	103.5	107.9	106.4	104.0	105.2	101.8	103.4
湖 南 Hunan	109.5	110.4	104.7	114.7	104.9	108.2	99.3	99.2
广 东 Guangdong								
广 西 Guangxi	103.4	101.8	106.2	105.5	103.6	104.2	102.9	101.5
海 南 Hainan								
四 川 Sichuan	101.2	98.4	104.4	110.7	104.8	106.8	99.9	103.5
贵 州 Guizhou	107.6	107.9	104.3	113.5	105.4	109.1	99.6	102.0
云 南 Yunnan	104.0	102.5	105.8	110.4	104.3	105.4	102.5	101.2
西 藏 Tibet								
陕 西 Shaanxi	107.9	107.2	106.2	115.0	107.8	110.6	98.8	111.7
甘 肃 Gansu	109.4	107.9	110.9	115.5	104.9	107.6	100.5	99.0
青 海 Qinghai	105.3	104.3	106.7	108.7	103.5	104.4	99.6	102.1
宁 夏 Ningxia	109.3	109.7	105.9	114.3	107.4	104.0	112.2	119.0
新 疆 Xinjiang	106.2	105.1	112.7	125.0	105.6	105.1	102.0	116.4

主要统计指标解释

零售价格指数 是反映城乡商品零售价格变动趋势的一种经济指数。零售物价的调整变动直接影响到城乡居民的生活支出和国家的财政收入，影响居民购买力和市场供需平衡，影响消费与积累的比例。因此，计算零售价格指数，可以从一个侧面对上述经济活动进行观察和分析。

居民消费价格指数 是反映一定时期内城乡居民所购买的生活消费品价格和服务项目价格变动趋势和程度的相对数。是综合了城市居民消费价格指数和农民消费价格指数计算取得。利用居民消费价格指数，可以观察和分析消费品的零售价格和服务价格变动对城乡居民实际生活费支出的影响程度。

城市居民消费价格指数 是反映城市职工及其家庭所购买的生活消费品和服务项目价格变动趋势及其程度的相对数。编制城市居民消费价格指数，可以观察和分析消费品的零售价格和服务项目价格变动对职工货币工资的影响，作为研究职工生活和确定工资政策的依据。

农村居民消费价格指数 是反映农村居民家庭所购买的生活消费品的价格和服务项目价格变动趋势和程度的相对数。用它可以观察农村消费品的零售价格和服务项目价格变动对农村居民生活消费支出的影响，直接反映农民生活水平的实际变化情况，为分析和研究农村居民生活问题提供依据。

农产品收购价格指数 是反映国有商业、集体商业、个体商业、外贸部门、国家机关、社会团体等各种经济类型的商业企业和有关部门收购农产品价格的变动趋势和程度的相对数。农产品收购价格指数可以观察和研究农产品收购价格总水平的变化情况，以及对农民货币收入的影响，作为制订和检查农产品价格政策的依据。计算指数所选的商品有 11 个大类、包括 276 种农副土特产品。采用加权倒数平均公式（即按报告期实际收购金额加权综合法）计算。

农村工业品零售价格指数 是反映农村市场工业品零售价格水平变动趋势和程度的相对数。通过农村工业品零售价格指数，可以观察工业品零售价格变动对农民货币支出的影响。

工业品出厂价格指数 是反映全部工业产品出厂价格总水平的变动趋势和程度的相对数。其中除包括工业企业售给商业、外贸、物资部门的产品外，还包括售给工业和其他部门的生产资料以及直接售给居民的生活消费品。通过工业生产价格指数能观察出厂价格变动对工业总产值的影响。

固定资产投资价格指数 是反映固定资产投资额价格变动趋势和程度的相对数。固定资产投资额是由建筑安装工程投资完成额、设备、工器具购置投资完成额和其他费用投资完成额三部分组成的。编制固定资产投资价格指数应首先分别编制上述三部分投资的价格指数，然后采用加权算术平均法求出固定资产投资价格总指数。

编制固定资产投资价格指数可以准确地反映固定资产投资中涉及的各类商品和取费项目价格变动趋势和变动幅度，消除按现价计算的固定资产投资指标中的价格变动因素，真实地反映固定资产投资的规模、速度、结构和效益，为国家科学地制定，检查固定资产投资计划并提高宏观调控水平，为完善国民经济核算体系提供科学的，可靠的依据。

Explanatory Notes on Main Statistical Indicators

Retail Price Index reflects the general change in retail prices of commodities. The change and adjustment in retail prices directly affect the living expenditure of urban and rural residents, government revenue, purchasing power of residents and the equilibrium of market supply and demand, and the ratio of consumption to accumulation. Therefore, the calculation of retail price index is useful to analyze the changes of the above economic activities.

Consumer Price Index reflects the relative change in prices of consumer goods and services purchased by urban and rural residents, and is a composite index derived from the urban consumer price index and the rural consumer price index. Consumer price index can be used to analyze the impact of consumer price change on actual expenditure for living cost of urban and rural residents.

Urban Consumer Price Index reflects the relative change in prices of consumer goods and services purchased by urban and staff and workers and their families and can be used to observe and analyze the impact of price changes in consumer goods and services on money wages of staff and workers, and provide basis for policy making concerning the living cost and wages of staff and workers.

Rural Consumer Price Index reflects the relative change in prices of consumer goods and services purchased by rural households and can be used to observe the impact of change in prices of consumer goods and services on living expenditure and actual change in peasants' living cost. It provides basis for analysis and research on peasants' living cost and welfare.

Index of Purchasing Prices of Farm Products reflets the relative change in purchasing prices of farm products purchased by state-owned, collective-owned, and individual commercial enterprises, foreign trade sectors, government agencies, social organizations and other units of various types of ownership. It is used to observe the impact of change in purchasing prices of farm products on money income of peasants and is calculated with the method of weighted harmonic mean, taking the amount of purchases during a given period as the weight. Number of products involved in the current calculation totalled 276 in 11 categories.

Retail Price Index of Rural Industrial Products reflects the relative change in prices of industrial products in rural market and can be used to observe the impact of the price change on farmers' money expenditure.

Ex-factory Price Index of Industrial Products reflects the change in general ex-factory prices of all industrial products, including sales of industrial products to commercial enterprises, foreign trade sectors, materials supplying and distributing sectors as well as sales of production means to industry and other sectors and sales of consumer goods to residents. It can be used to analyze the impact of ex-factory prices on gross industrial output value.

Price Index of Investment in Fixed Assets reflects the change in prices of investment in fixed assets. The investment in fixed assests consists of three components, namely the investment in construction and installation, the investment in purchases of equipment and instrument, and the investment in other items. Price index of investment in fixed assets is calculated as the weighted arithmetic mean of the price indices of the three components of investment in fixed assets.

Price index of investment in fixed assets reflects the changes of prices in various goods and services involved in investmetn in fixed assets and therefore can be used to observe the actual size, speed, structure, and efficiency of investment in fixed assets and provides reliable and scientific data for government planning, management, decision making, and further improving the current national accounting system.

九 人民生活

PEOPLE'S LIVELIHOOD

简要说明

一、本篇资料反映我国人民生活状况，包括就业、居民收支、消费水平、住房及主要消费品拥有量、文化、教育、卫生、公用设施等。

二、居民消费水平是按人口平均计算的居民消费额，它综合反映一个国家（或地区）人民物质文化生活水平。居民消费额是所有常住居民在核算期内对货物和服务的全部最终消费支出。全国居民消费水平分为农业居民消费水平和非农业居民消费水平，农业居民和非农业居民人口的划分是以公安部门的户籍人口分类为基础，再将部队人数和农转非的人数归到非农业人口中。

三、本篇中有关城镇居民生活状况的数据来源于城市住户调查资料，是对城市居民家庭抽样调查汇总的结果。主要内容包括家庭人口及其构成、家庭现金收支、主要商品购买数量及支出金额、劳动就业状况、居住状况和耐用消费品的拥有量等。

城市住户调查是由国家统计局城市社会经济调查总队组织实施，各省、自治区、直辖市城调队及抽中的城市城调队依据国家统计局统一制定的城市住户调查方案收集资料逐级汇总上报。

城市住户调查是采用固定样本户进行连续记帐调查方式，一般连续调查3年，每年轮换三分之一。调查户是按“二阶段”、“划类选点”、“等距抽样”随机抽选的。

第一阶段，在全国范围内划类选点直接抽选调查城市。把全国市县按人口规模划分为特大、大、中、小、县城五种类型，然后在此基础上按六大行政区分组。每一个大行政区内又按城市职工平均工资水平高低排列，再把各城市的职工人数累计起来进行等距抽样，每隔100万职工抽取一个样本城市，作为调查城市。

第二阶段，在抽中的城市内采用多阶段和二相抽样相结合的方法抽取调查户。特大、大城市采用三阶段抽选一相调查样本，即先抽选调查街道，从抽中街道再抽调查居委会、最后从抽中居委会抽选调查户，中小城市及县城采用二阶段抽选一相调查样本，即直接抽选居委会、再从中抽选调查户。第二相样本是在一相样本基础上，采取分层抽选经济性调查户。

按上述办法国家统计局共抽选出调查市县226个、调查户36000户。

四、有关农村居民生活的统计资料主要来源于国家统计局农调总队的农村居民住户调查。主要内容包括农村居民家庭基本情况、人均总收入和纯收入、生活消费支出、主要消费品消费量、耐用消费品拥有量等。

国家统计局农调总队的农村住户调查采取多阶段、随机起点、对称等距的抽样方法。抽样时一般分为省抽县、县抽村、村抽户等几个阶段。各省、自治区、直辖市共抽中857个调查县、占全国总县数的35%左右。

农村住户调查的抽样框编制以近三年人均纯收入作为有关标识，按高低顺序排队，再以近三年平均分配人口为辅助资料进行累计，计算抽样距离，采用随机起点对称等距抽样方法，抽选确定调查村。村抽选调查户时，则利用全村各户的上年人均纯收入作为有关标识，按高低顺序排队，以家庭常住人口作为辅助资料，逐户累计，计算抽样距离，采用随机起点，对称等距抽样方法抽选确定调查户。要求抽样误差不得超过±3%。

农村住户调查的调查范围包括857个调查县、9000多个调查村、67000多户调查户。

为保证农村住户调查资料的准确性，国家统计局农调总队为调查户设置了两本帐，现金帐和实物帐，并聘请了近万名辅助调查员帮助做好记帐工作，及时核实、汇总住户调查资料。

为解决调查户的厌烦情绪及样本老化问题，增强抽样调查网点的代表性，更加准确及时地反映农村社会经济情况，国家统计局农调总队对农村住户调查网点实行样本轮换制度，每四年为一个周期。

BRIEF INTRODUCTION

I. The data in this chapter show the conditions of China's people's livelihood; including employment, income and expenditure of the residents, level of consumption, housing condition, possessionl of the consumer goods, culture, education, health care and public facilities.

II. The level of consumption is the per capita consumption of the residents. It reflects the level of the material and cultural life of the people of a country or an area. The amount of the consumption of the residents is the final expenditure of the inhabitants for the consumption of the goods and services in the accounting period. The level of the consumption of the national residents is classified into two parts: the level of the consumption of the agricultural residents and the level of the consumption of the non – agricultural residents. The classification of agricultural and non – agricultural residents is mainly made according to the classification of the population of registered residence, stipulated by the department of public security. The military personnel and the persons who have transferred from agricultural activities to non – agricultural activities are included in the non – agricultural population.

III. The data on the livelihood of the urban residents in this chapter come from the data collected by the sample survey on the urban households. The main content of the survey includes the population in the household and its composition, the cash income and expenditure of the household, the quantity of major commodities purchased and the expenditure for them, the employment of the household members, the housing condition and the ownership of the durable consumer goods.

The survey on the urban households is organized by the Urban Socio – economic Survey Organization, SSB. The urban socio – economic survey organizations of the provinces, autonomous regions and municipalities directly under the central government as well as the urban socio – economic survey organizations of the selected cities and counties collect the data in accordance with the survey scheme stipulated by SSB and report them to the higher organization.

The survey on the urban households is conducted in such a way that the selected households by sampling method should keep accounts for successive three years and be interviewed by the enumerators. By a rotation sampling scheme, one thirds of the old sample households should be replaced by the new sample households every year. The respondent households are selected by the two – stage stratified systematic random sampling scheme.

At the first stage, the cities and counties are firstly classified into 5 categories by their population size, namely the particularly large cities, large cities, medium – sized cities, small cities and counties. Secondly, they are grouped into the 6 administrative regions (north eastern region, north region, eastern region, central region, north western region and south western region). In each administrative region, the cities and counties are arranged in the order of the average wages of their staff and workers in the urban areas. Thirdly, the number of the staff and workers of the cities are accumulated and the sample cities or counties are selected by a systematic sampling scheme; the sampling interval is one million staff and workers.

At the second stage, the sample households are selected by the multi – stage and two – phase sampling scheme. In the particularly large and large cities, the first phase sample is selected by three – stage sampling method: Firstly, the sample sub – districts are selected; Secondly, the sample residents' committees are selected from the sample sub – districts; Thirdly, the sample households are selected from the sample residents' committees. In the medium – sized and small cities and counties, the first phase sample is selected by two – stage sampling method: Firstly, the sample residents' committees are directly selected; Secondly, the sample households are selected from the sample residents' committees. The second phase sample is composed of the sample households which are surveyed in a regular way and these households are selected with stratified sampling method from the households in the first phase sample.

Totally, 226 cities and counties and 36, 000 households are selected by the State Statistical Bureau in the way mentioned above.

IV. The data on the livelihood of the rural residents come mainly from the data collected by the sample survey on the rural households, which is organized by the Rural Socio – economic Survey Organization, SSB. The main content of the survey includes the basic condition of the rural households, the per capita total income and net income, the expenditure for the residential consumption, the consumption of major consumer goods and the quantity of durable consumer goods owned.

The sample survey on the rural households organized by the Rural Socio – economic Survey Organization, SSB is conducted with a multi – stage balanced systematic sampling scheme with a random start. In the sampling process, the sample counties are selected by the provinces; the sample villages are selected by the sample counties; and the sample households are selected by the sample villages. Totally, 857 sample counties have been selected by the provinces, autonomous regions and municipalities under the leadership of the central government, accounting for about 35% of the total number of counties in the whole country.

In the survey on the rural households, the per capita net income in the recent three years is chosen as the characteristic in the order arrangement in compiling the sampling frame. Secondly, the average population in the recent three years is used as the auxiliary data; the population is accumulated; the sampling interval is determined and the sample villages are selected with the balanced systematic sampling method with a random start. Thirdly, the per capita net income in the previous year is chosen as the characteristic in the order arrangement in compiling the household sampling frame. The resident population is used as the auxiliary data; the population of the households is accumulated; the sampling interval is determined and the sample households are selected with the balanced systematic sampling method with a random start. It is required that the sampling error should not exceed ±3%.

Totally, 857 counties, more than 9, 000 villages and more than 67, 000 rural households are included in the sample of the survey on the rural households.

In order to ensure the accuracy of the data of the survey on the rural households, two accounts are designed for the respondent households by the Rural Socio – economic Survey Organization, SSB, the cash account and the account on goods in kind. Nearly 10 thousand assistant enumerators have been invited to help the households to keep good accounts and check and tabulate the data of the survey.

In order to overcome the sick feeling of the respondent households and solve the problem of ageing sample, make the sample more representative of the population and able to reflect the rural social and economic situation more accurately and timely, a rotation sampling scheme is implemented by the Rural Socio – economic Survey Organization, SSB in selecting the rural sample households. One cycle covers four years.

9－1 人民物质文化生活提高情况

IMPROVEMENT IN PEOPLE'S MATERIAL AND CULTURAL LIFE

项目	Item	1978	1980	1985	1990	1995	1996
就业	**Employment**						
每一农村劳动力负担人数 (人)	Number of Dependents per Rural Laborer (persons)	2.53	2.26	1.74	1.64	1.56	1.55
每一城镇就业者负担人数 (人)	Number of Dependents per Urban Employee (persons)	2.06	*1.77	1.81	1.77	1.73	1.72
城镇失业率 (%)	Urban Unemployment Rate (%)	5.3	4.9	1.8	2.5	2.9	3.0
收入	**Income of Rural and Urban Residents**						
农村居民家庭人均纯收入 (元)	Annual Per Capita Net Income of Rural Residents (yuan)	133.6	191.3	397.6	686.3	1577.7	1926.1
农村居民家庭人均纯收入指数(1978＝100)	Index of Annual Per Capita Net Income of Rural Residents(1978＝100)	100.0	185.7	359.2	415.7	512.5	558.6
城镇居民家庭人均生活费收入 (元)	Annual Per Capita Income Available for Living cost of Urban Residents(yuan)	316	439	685	1387	3893	4377
城镇居民家庭人均生活费收入指数 (1978＝100)	Index of Annual Per Capita Income Available for Living of Urban－Residents (1978＝100)	100.0	127.0	161.6	197.8	287.2	296.7
职工年平均工资(元)	Annual Average Wages of Staff and Workers(yuan)	615	762	1148	2140	5500	6210
消费水平 (元)	**Annual Per Capita Consumption(yuan)**						
全国居民	Per Capita Consumption of All Residents	184	236	437	803	2311	2677
农民	Agricultural Residents	138	178	347	571	1479	1756
非农业居民	Nonagricultural Residents	405	496	802	1686	5044	5620
储蓄	**Savings**						
城乡居民年底储蓄存款余额 (亿元)	Balance of Savings Deposit of Rural and Urban Residents(year－end) (100 million yuan)	210.6	399.5	1622.6	7034.2	29662.3	38520.8
平均每人储蓄存款余额 (元)	Per Capita Balance of Saving Deposit (yuan)	21.88	40.47	153.29	615.24	2448.98	3163.80
住房面积 (平方米)	**Per Capita Floor Space of Residential Buildings (sq.m)**						
农村平均每人住房	Rural Areas	8.1	9.4	14.7	17.8	21.0	21.7
城市平均每人居住	Urban Areas	3.6	3.9	5.2	6.7	8.1	8.5
交通	Traffic						
城镇每百户拥有摩托车	Number of Motor Cycles per 100 Households in Urban Areas					6.3	7.9
城市每万人拥有公共车辆	Number of Buses per 10 000 Persons in Cities	3.3	3.5	3.9	4.8	7.3	7.3
城市公用事业	**Pubilc Utilities in Urban Areas**						
自来水普及率 (%)	Rate of Access to Tap Water (%)	81.0	81.4	81.0	89.2	93.0	94.9
煤气液化气普及率 (%)	Rate of Access to Gas and Liquefied Gas (%)	13.9	16.8	22.4	42.2	70.0	73.2
每万人拥有绿地 (公顷)	Green Area per 10 000 Persons (hectare)	10.6	9.6	13.7	32.2	36.7	35.2
文化	**Culture**						
城镇每百户有彩色电视机 (台)	Number of Color TV Sets per 100 Households in Urban Areas			17.2	59.0	89.8	93.5
农村每百户有电视机(台)	Number of TV sets per 100 Households in Rural Areas		0.4	11.7	44.4	80.7	88.0
每百人每天报纸(份)	Newspapers per 100 Persons per Day	3.66	3.92	5.21	3.87	4.07	4.04
每人每年有图书杂志 (册)	Number of Books and Magazines per Person per Year	4.74	5.82	8.78	6.55	7.19	7.78
教育	**Education**						
学龄儿童入学率(%)	Enrollment Ratio of School－Age Children (%)	95.50	93.93	95.95	97.83	98.50	98.80
每万人口中在校大学生数 (人)	Number of University Students per 10 000 Persons (person)	8.90	11.59	16.09	18.04	24.00	24.68
卫生	**Public Health**						
每万人有医院、卫生院病床 (张)	Number of Hospital Beds per 10 000 Persons	19.28	20.08	21.06	22.95	23.41	23.41
每万人有医生数(人)	Number of Doctors per 10 000 Persons (person)	10.73	11.68	13.35	15.42	15.84	15.86

注：1.带* 号为1981 年数。
2.城市平均每人居住面积为建设部统计数字。

a) Figures with (*) are data in 1981.

b) Data on the per capital floor space of residential buildings in urban areas are obtained from the Ministry of Construetion.

9-2 居 民 消 费 水 平

PER CAPITA CONSUMPTION

本表绝对数按当年价格计算，指数按可比价格计算。

The absolute figures in this table are calculated at current prices, while the indices are calculated at comparable prices.

年份地区 Year Region	绝对数(元) Value (yuan)			城乡消费水平对比(农业居民=1) Ratio of Consumption of Nonpeasants to Peasants	指数(上年=100) Index(Preceding year=100)			指数(1978=100) Index (1978=100)		
	全国居民 All Household	农业居民 Farmer	非农业居民 Non-Farmer		全国居民 All Households	农业居民 Peasants	非农业居民 Non-Peasants	全国居民 All Households	农业居民 Peasants	非农业居民 Non-Peasants
1978	184	138	405	2.9	104.1	104.3	103.3	100.0	100.0	100.0
1980	236	178	496	2.8	108.7	108.8	106.3	115.8	115.5	111.9
1985	437	347	802	2.3	113.1	114.1	108.2	181.3	194.4	147.5
1987	550	417	1089	2.6	105.6	104.3	108.7	200.0	207.9	172.0
1988	693	508	1431	2.8	107.4	106.0	108.9	214.9	220.4	187.3
1989	762	553	1568	2.8	99.5	99.2	98.4	213.8	218.8	184.4
1990	803	571	1686	3.0	103.4	100.3	107.5	221.0	219.5	198.1
1991	896	621	1925	3.1	108.3	106.7	109.3	239.4	234.2	216.6
1992	1070	718	2356	3.3	112.9	109.8	115.4	270.3	257.2	249.9
1993	1331	855	3027	3.5	108.1	106.1	108.9	292.2	272.8	272.1
1994	1781	1138	3979	3.5	106.5	106.5	104.1	311.2	290.6	283.3
1995	2311	1479	5044	3.4	108.9	109.6	105.9	338.8	318.6	300.0
1996	2677	1756	5620	3.2	106.9	109.7	102.5	362.2	349.5	307.5
北京 Beijing	3519	2083	4303	2.1	112.9	108.6	113.7			
天津 Tianjin	3380	1852	4546	2.5	107.1	108.3	106.6			
河北 Hebei	1686	1281	3716	2.9	110.6	111.0	106.8			
山西 Shanxi	1589	1012	3413	3.4	108.5	108.4	106.8			
内蒙古 Inner Mongolia	1729	1264	2682	2.1	105.5	111.1	100.4			
辽宁 Liaoning	2900	1566	4540	2.9	106.2	102.3	107.3			
吉林 Jilin	2292	1291	3665	2.8	108.0	106.9	108.0			
黑龙江 Heilongjiang	2649	1449	4131	2.9	104.9	103.9	104.3			
上海 Shanghai	6712	4359	7699	1.8	109.4	107.2	109.4			
江苏 Jiangsu	2557	1936	4456	2.3	116.0	118.6	110.9			
浙江 Zhejiang	2831	2138	5926	2.8	108.2	106.8	109.4			
安徽 Anhui	1669	1300	3441	2.6	107.2	109.4	101.8			
福建 Fujian	2944	2544	4648	1.8	110.5	113.1	103.5			
江西 Jiangxi	1559	1266	2632	2.1	111.9	112.8	109.1			
山东 Shandong	1943	1342	3788	2.8	112.6	109.9	111.5			
河南 Henan	1382	1075	3016	2.8	110.1	111.8	102.6			
湖北 Hubei	1954	1325	3759	2.8	109.4	107.3	108.5			
湖南 Hunan	1752	1294	3884	3.0	107.8	109.0	103.2			
广东 Guangdong	3832	2407	7192	3.0	115.2	110.8	116.0			
广西 Guangxi	1664	1141	4245	3.7	112.4	115.5	104.8			
海南 Hainan	2197	1548	4345	2.8	105.6	103.8	105.5			
四川 Sichuan	1624	1211	3689	3.0	109.1	107.3	110.2			
贵州 Guizhou	1258	915	3463	3.8	106.5	104.4	107.5			
云南 Yunnan	1484	1064	3958	3.7	101.2	101.1	101.7			
西藏 Tibet	1202	762	3981	5.2	116.6	107.4	105.2			
陕西 Shaanxi	1431	939	3398	3.6	100.7	98.8	103.1			
甘肃 Gansu	1172	764	3028	4.0	105.7	106.0	102.0			
青海 Qinghai	1689	983	3431	3.5	98.9	96.8	100.3			
宁夏 Ningxia	1643	1102	3101	2.8	104.1	109.6	96.0			
新疆 Xinjiang	2146	1713	2573	1.5	108.4	106.4	109.7			

注：1.城乡消费水平对比，没有剔除城乡价格不可比的因素。

2.分地区各项指标为1995年数据。

3.广东省的数据没有和第三产业普查数据衔接。

a) The effect of price differentials between urban and rural areas has not been removed in expenditure the calculation of the ratio of consumption of non-peasants to peasants.

b) Figures by region in this table were data in 1995.

c) Data of Guangdong Province are not consistent with the data obtained from the First Tertiary Industry Census.

9-3 全国城乡储蓄存款年末余额
OUTSTADING AMOUNT OF SAVINGS DEPOSIT IN URBAN AND RURAL AREAS (YEAR-END)

单位：亿元 (100 million yuan)

年份 Year	总计 Total	城镇储蓄 Urban Households	定期 Fixed Deposits	活期 Current Deposits	农户储蓄 Rural Households	#定期 Fixed Deposits
1952	8.6	8.6	4.8	3.8		
1957	35.2	27.9	19.6	8.3	7.3	
1962	41.1	31.4	25.6	5.8	9.7	
1965	65.2	52.3	43.4	8.9	12.9	
1970	79.5	64.5	53.8	10.7	15.0	
1975	149.6	114.6	94.5	20.1	35.0	
1978	210.6	154.9	128.9	26.0	55.7	
1980	399.5	282.5	228.6	53.9	117.0	76.3
1984	1214.7	776.6	615.3	161.3	438.1	285.5
1985	1622.6	1057.8	841.2	216.6	564.8	384.0
1986	2237.6	1471.5	1189.3	282.2	766.1	539.9
1987	3073.3	2067.6	1647.9	419.7	1005.7	708.4
1988	3801.5	2659.2	2045.2	614.0	1142.3	788.3
1989	5146.9	3734.8	3102.5	632.3	1412.1	1079.6
1990	7034.2	5192.6	4396.2	796.4	1841.6	1455.1
1991	9110.3	6790.9	5715.6	1075.3	2319.4	1826.3
1992	11545.4	8678.1	7035.4	1642.7	2867.3	2273.9
1993	15203.5	11627.3	9125.8	2501.5	3576.2	2845.2
1994	21518.8	16702.8	13028.1	3674.7	4816.0	3810.6
1995	29662.3	23466.7	18765.0	4701.7	6195.6	5013.2
1996	38520.8	30850.2	24579.0	6271.2	7670.7	6294.4

9-4 城乡居民家庭人均收入及指数
PER CAPITA ANNUAL INCOME OF URBAN AND RURAL HOUSEHOLD AND THE RELATED INDEX

年份 Year	农村居民家庭人均纯收入(元) Per Capital Annual Net Income of Rural Household (yuan)	指数 Index (1978=100)	城镇居民家庭人均生活费收入 (元) Per Capital Annual Income Available for Living of Urban Households (yuan)	指数 Index (1978=100)
1978	133.6	100.0	316.0	100.0
1980	191.3	185.7	439.4	127.0
1985	397.6	359.2	685.3	161.6
1986	423.8	370.7	827.9	182.5
1987	462.6	390.0	916.0	185.6
1988	544.9	415.0	1119.4	187.9
1989	601.5	408.3	1260.7	181.7
1990	686,3	415.7	1387.3	197.8
1991	708.6	424.0	1544.3	209.5
1992	784.0	449.0	1826.1	228.3
1993	921.6	463.4	2336.5	251.6
1994	1221.0	486.7	3179.2	273.7
1995	1577.7	512.5	3892.9	287.2
1996	1926.1	558.6	4377.2	296.7

9－5 城镇居民家庭基本情况
BASIC CONDITIONS OF URBAN HOUSEHOLDS

项　　目	Item	1985	1990	1994	1995	1996
调查户数 (户)	**Number of Households Surveye (households)**	**24338**	**35660**	**34940**	**35520**	**36370**
平均每户家庭人口 (人)	**Average Household Size (persons)**	**3.89**	**3.50**	**3.28**	**3.23**	**3.20**
平均每户就业人口 (人)	**Average Number of Employeed Persons per Household (persons)**	**2.15**	**1.98**	**1.88**	**1.87**	**1.86**
平均每户就业面 (%)	**Percentage of Employment per Household(%)**	**55.27**	**56.57**	**57.32**	**57.89**	**58.13**
平均每一就业者负担人数(包括就业者本人)(人)	**Number of Persons Supported by Each Empl－oyee including the employee himself or herself (persons)**	**1.81**	**1.77**	**1.74**	**1.73**	**1.72**
平均每人全部年收入(元)	**Per Capita Annual Income (yuan)**	**748.92**	**1522.79**	**3502.31**	**4288.09**	**4844.78**
#生活费收入	Per Capita Income Available for Living cost	685.32	1387.27	3179.15	3892.94	4377.15
国有单位职工工资	Wages of Staff & Workers in State－Owned Units	455.88	857.59	2112.70	2590.03	2899.34
集体及其它经济类型单位职工工资	Wages of Staff and Workers in Collective－Owned and Other Ownship Units	113.52	170.39	.314.26	400.40	450.14
职工从工作单位得到的其他收入	Other Income of Staff and Workers from Their Working Units	44.88	99.11	219.64	228.67	262.10
个体经营劳动者收入	Income of Individual Laborers	10.20	18.71	61.63	90.60	115.92
被聘用或留用的离退休人员收入	Income of Reemployed Retirees	4.56	15.51	34.18	42.86	47.23
其他就业者收入	Income of Other Employees	1.95	3.79	7.01	8.44	9.59
其他劳动收入	Part－Time Income	12.36	22.61	70.86	96.91	116.37
财产性收入	Property Income	3.74	15.60	68.84	90.43	111.98
转移性收入	Transfer Income	65.88	250.01	474.34	587.61	660.42
特别收入	Special Income	35.95	69.46	138.84	152.14	171.68
平均每人消费性支出(元)	**Per Capita Annual Living Expenditures for Consumption (yuan)**	**673.20**	**1278.89**	**2851.34**	**3537.57**	**3919.47**
#食　品	Food	351.72	693.77	1422.49	1766.02	1904.71
衣　着	Clothing	98.04	170.90	390.38	479.20	527.95
家庭设备用品及服务	Household Facilities, Articles and Service	57.87	108.45	251.42	296.94	298.15
医疗保健	Medicine and Medical Service	16.71	25.67	82.89	110.11	143.28
交通通讯	Transportation and Communications	14.39	40.51	132.68	171.01	199.12
娱乐教育文化服务	Recreation,Education and Cultural Service	55.01	112.26	250.75	312.71	374.95
居住	Residence	32.23	60.86	193.16	250.18	300.85
杂项商品与服务	Miscellaneous Commodities and Services	47.23	66.57	127.56	151.39	170.45

注：1.本表至9－14表为城镇居民家庭收支抽样调查材料。

2.生活费收入系指居民家庭全部收入中，扣除赡养、赠送支出及非家庭人口中的经常用饭人口所交的搭伙费后能用于安排家庭日常生活的实际收入。

a) Data in Tables 9－5 to 9－14 are obtained from sample survey on income and expenditure of urban households.

b) Income available for living cost refers to the actual income of the surveyed households,which can be spent as living cost, excluding financial support and gifts to others, and the money received from the non－household members for taking meals regularly in the household.

9－6 城镇居民家庭平均每人全年购买的主要商品数量

PER CAPTITA PURCHASES OF MAIOR COMMODITIES IN URBAN HOUSEHOLDS

项目		Item		1985	1990	1993	1994	1995	1996
粮食	(千克)	Grain	(kg)	134.76	130.72	97.78	101.67	97.00	94.68
鲜菜	(千克)	Fresh Vegetables	(kg)	144.36	138.70	120.64	120.74	116.47	118.51
食用植物油	(千克)	Edible Vegetable Oil	(kg)	5.76	6.40	7.14	7.53	7.11	7.13
猪肉	(千克)	Pork	(kg)	16.68	18.46	17.40	17.12	17.24	17.07
牛羊肉	(千克)	Beef and Mutton	(kg)	2.04	3.28	3.36	3.10	2.44	3.29
家禽	(千克)	Poultry	(kg)	3.24	3.42	3.70	4.13	3.97	3.97
鲜蛋	(千克)	Fresh Eggs	(kg)	6.84	7.25	8.86	9.68	9.74	9.64
水产品	(千克)	Aquatic Products	(kg)	7.08	7.69	8.02	8.53	9.20	9.25
食糖	(千克)	Sugar	(kg)	2.52	2.14	1.77	1.91	1.68	1.71
卷烟	(盒)	Cigarettes	(pack)	36.12	35.12	32.23	30.53	28.58	27.70
酒	(千克)	Liquor	(kg)	7.80	9.25	9.71	10.00	9.93	9.72
棉布	(米)	Cotton Cloth	(m)	2.61	1.33	0.66	0.49	0.47	0.41
化纤布	(米)	Chemical Fiber Cloth	(m)	1.47	1.46	1.18	1.07	1.04	1.02
呢绒	(米)	Woolen Fabric	(m)	0.36	0.26	0.20	0.19	0.19	0.17
绸缎	(米)	Silk and Satin	(m)	0.50	0.41	0.24	0.23	0.18	0.15
皮鞋	(双)	Leather Shoes	(pair)	0.55	0.61	0.75	0.77	0.82	0.82
煤炭	(千克)	Coal	(kg)	270.57	206.04	135.99	130.54	129.52	126.50

9－7 城镇居民家庭平均每百户年底耐用消费品拥有量

NUMBER OF MAJOR DURABLE CONSUMER GOODS OWNED PER 100 URBAN HOUSEHOLDS AT YEAR－END

(unit)

项目		Item	1985	1990	1993	1994	1995	1996
呢大衣	(件)	Woolen Coat	116.20	169.98	204.11	202.40	204.15	207.48
毛毯	(条)	Woolen Blanket	86.79	123.82	140.78	142.34	139.75	141.91
大衣柜	(个)	Wardrobe	102.08	99.85	92.46	88.53	88.30	87.21
沙发	(个)	Sofa	131.49	157.30	189.59	206.62	210.12	213.84
写字台	(张)	Writing Desk	80.06	87.23	89.85	88.50	88.14	87.89
组合家具	(套)	Composite Furniture	4.29	19.29	34.05	41.87	46.23	49.51
沙发床	(个)	Soft Bed	5.53	16.45	28.39	34.28	36.46	39.49
自行车	(辆)	Bicycle	152.27	188.59	197.16	192.00	194.26	193.23
缝纫机	(台)	Sewing Machine	70.82	70.14	66.58	64.38	63.67	62.65
电风扇	(台)	Electric Fan	73.91	135.50	151.64	153.79	167.35	168.07
洗衣机	(台)	Washing Machine	48.29	78.41	86.36	87.29	88.97	90.06
电冰箱	(台)	Refrigerator	6.58	42.33	56.68	62.10	66.22	69.67
彩色电视机	(台)	Color Television Set	17.21	59.04	79.46	86.21	89.79	93.50
黑白电视机	(台)	Black and White Television Set	66.86	52.36	35.92	30.47	27.97	25.53
立体声收录机	(台)	Stereo Rasio Cassette Player	18.88	35.51	34.03	28.65	27.52	26.51
普通收录机	(台)	Ordinary Rasio Cassette Player	22.28	34.24	41.50	44.31	45.31	46.15
照相机	(架)	Camera	8.52	19.22	26.48	29.83	30.56	32.13

9-8 城镇居民家庭基本情况 (1996年)

项 目	Item	全 国 All Cities	按城市规模分 (Grouped by Size) #特大城市 Especial-ly Large Cities	#大城市 Large Cities	#中等城市 Medium-sized Cities
调查户数 (户)	Number of Households Surveyed (household)	36370	7400	4600	6850
比重 (%)	Proportion (%)	100.00	20.34	12.64	18.83
平均每户家庭人口 (人)	Average Household Size (person)	3.20	3.15	3.14	3.20
平均每户就业人口 (人)	Average Number of Employees per Household (person)	1.86	1.84	1.79	1.86
平均每户就业面(%)	Percentage of Employeed Persons per Household(%)	58.13	58.41	57.01	58.13
平均每一就业者负担人数(包括就业者本人)(人)	Number of Persons Supported by Each Employee (including the employee himself or herself) (person)	1.72	1.71	1.75	1.72
平均每人全部年收入(元)	Per Capita Annual Income (yuan)	4844.78	6079.76	4903.10	4640.98
平均每人生活费收入(元)	Per Capita Income Available for Living cost (yuan)	4377.15	5673.64	4468.70	4149.05
平均每人消费性支出(元)	Per Capita Annual Expenditure for Consumption (yuan)	3919.47	5038.28	3978.68	3716.08

9-9 城镇居民家庭平均每人全年消费性支出及构成 (1996年)

单位: 元

项 目	Item	总平均 Average	最低收入户 lowest Income Households (first decile)	#困难户 Difficult Households First Five (Percent)
消费性支出	**Total Expenditures for Consumption**	**3919.47**	**2327.30**	**2175.53**
食品	Food	1904.71	1356.24	1283.93
#粮食	Grain	271.54	254.80	251.46
肉禽及其制品	Meat, Poultry and Related Products	438.76	312.96	291.20
蛋类	Eggs	78.73	60.18	58.40
水产品	Aquatic Products	131.91	86.68	81.22
奶及奶制品	Milk and Dairy Products	36.59	18.27	16.00
衣着	Clothing	527.95	232.86	208.27
#服装	Clothing	323.85	130.62	115.87
家庭设备用品及服务	Household Facilities, Articles and Services	298.15	112.25	97.26
#耐用消费品	Durable Consumer Goods	161.27	46.04	38.08
医疗保健	Medicine and Medical Services	143.28	91.24	81.07
交通通讯	Transportation and Communications	199.12	75.05	66.05
娱乐教育文化服务	Recreation, Education and Cultural Services	374.95	191.53	182.78
#文娱用耐用消费品	Durable Consumer Goods for Recreational Use	89.80	14.58	12.80
居住	Residence	300.85	198.95	194.38
#住房	Housing	124.14	64.88	63.56
杂项商品	Miscellaneous Commodities	170.45	69.17	61.80

BASIC CONDITIONS OF URBAN HOUSEHOLDS (1996)

of Cities)		按收入等级分 (Grouped by Percentile of Households)							
#小城市 Small Cities	#县城 County Towns	最低收入户 Lowest Income Households (first decile)	#困难户 Difficult Households (first five percent)	低收入户 Low Income Households (second decile)	中等偏下户 Lower Middle Income Households (second quintile)	中等收入户 Middle Income Households (third quintile)	中等偏上户 Upper Middle Income Households (fourth quintile)	高收入户 High Income Households (ninth decile)	最高收入户 Highest Income Households (tenth decile)
2700	7415	3637	1819	3637	7274	7274	7274	3637	3637
7.42	20.38	10.00	5.00	10.00	20.00	20.00	20.00	10.00	10.00
3.18	3.25	3.57	3.62	3.46	3.32	3.20	3.10	2.96	2.81
1.88	1.88	1.71	1.67	1.81	1.86	1.89	1.90	1.87	1.85
59.12	57.85	47.98	46.13	52.31	56.02	59.06	61.29	63.18	65.84
1.69	1.73	2.09	2.17	1.91	1.78	1.69	1.63	1.58	1.52
5448.16	4089.04	2453.62	2242.92	3148.62	3779.82	4579.98	5599.28	6826.77	9250.44
4914.88	3610.57	2156.12	1936.55	2808.52	3397.17	4146.18	5075.43	6190.26	8432.96
4545.30	3233.09	2327.30	2175.53	2780.75	3265.47	3816.34	4482.00	5204.35	6485.78

PER CAPITA ANNUAL EXPENDITURE OF URBAN HOUSEHOLDS FOR CONSUMPTION AND IT'S COMPOSITION (1996)

(yuan)

低收入户 Low Income Households (second decile)	中等偏下户 Lower Middle Households Income (second quintile)	中等收入户 Middle Households Income (third quintile)	中等偏上户 Upper Middle Households Income (fourth quintile)	高收入户 High Households Income (ninth decile)	最高收入户 Highest Households Income (tenth decile)
2780.75	**3265.47**	**3816.34**	**4482.00**	**5204.35**	**6485.78**
1570.80	1724.35	1902.79	2113.15	2284.93	2583.17
261.56	265.19	270.40	280.14	280.88	296.20
366.70	400.28	446.37	487.87	522.84	567.71
69.06	75.14	79.57	85.02	90.21	95.71
105.77	116.72	134.04	149.89	159.12	181.98
26.57	30.65	36.77	42.35	50.19	57.98
316.41	414.89	526.86	637.99	769.77	925.25
181.21	245.15	318.79	393.94	490.51	605.50
143.33	196.06	259.89	347.33	490.15	731.19
61.35	93.42	133.64	184.19	289.00	460.41
96.96	120.62	135.40	159.78	192.21	250.43
110.30	142.94	190.36	244.16	312.74	396.34
233.15	293.09	356.74	431.01	511.49	735.28
25.02	48.40	69.29	107.50	140.52	307.95
220.17	256.95	293.56	344.55	375.56	474.59
67.61	91.40	116.60	151.77	177.16	245.93
89.63	116.57	150.72	204.03	267.50	389.52

9-10 按收入等级分的城镇居民家庭平均每人全年购买商品数量(1996年)

PER CAPITA ANNUAL PURCHASES OF MAJOR COMMODITIES OF URBAN HOUSEHOLDS BY LEVEL OF INCOME (1996)

项目 Item	总平均 Average	最低收入户 Lowest Income Households (first decile)	#困难户 Difficult Householdsfirst five percent	低收入户 Low Income Households (second decile)	中等偏下户 Lower Middle Income Households (second quintile)	中等收入户 Middle Income Households (third quintile)	中等偏上户 Upper Middle Income (fourth quintile)	高收入户 High Income Households (ninth decile)	最高收入户 Highest Income Households (tenth decile)
淀粉及薯类(千克) Starches and Tubers (kg)	14.19	13.84	13.74	13.42	13.65	14.22	14.60	14.60	15.68
大豆(千克) Soybeans (kg)	0.28	0.24	0.23	0.22	0.26	0.28	0.30	0.30	0.40
豆腐(千克) Bean Curd (kg)	6.10	5.42	5.54	5.55	5.79	6.01	6.45	6.58	7.41
食用植物油(千克) Edible Vegetable Oil (kg)	7.13	6.78	6.84	6.98	7.08	7.31	7.21	7.19	7.37
食用动物油(千克) Edible Animal Oil (kg)	0.52	0.57	0.55	0.49	0.53	0.53	0.51	0.49	0.55
猪肉(千克) Pork (kg)	17.07	13.69	12.97	15.19	16.07	17.24	18.20	19.77	20.59
牛肉(千克) Beef (kg)	2.01	1.42	1.39	1.76	1.84	2.05	2.24	2.28	2.58
羊肉(千克) Mutton (kg)	1.29	0.83	0.77	1.04	1.20	1.28	1.47	1.53	1.79
家禽(千克) Poultry (kg)	3.97	2.73	2.54	3.22	3.63	4.02	4.48	4.77	5.34
鲜蛋(千克) Fresh Eggs (kg)	9.64	7.57	7.43	8.63	9.27	9.71	10.32	10.79	11.60
鱼(千克) Fish (kg)	4.04	3.12	3.00	3.52	3.85	4.09	4.40	4.49	4.94
虾(千克) Shrimp (kg)	0.73	0.48	0.46	0.61	0.64	0.73	0.83	0.87	1.02
鲜菜(千克) Fresh Vegetables (kg)	118.51	104.55	103.58	108.74	112.52	117.48	125.19	128.79	140.85
食糖(千克) Sugar (kg)	1.71	1.46	1.40	1.62	1.69	1.70	1.74	1.88	1.94
糖果(千克) Candy (kg)	0.64	0.39	0.36	0.49	0.55	0.63	0.70	0.83	1.05
卷烟(盒) Cigarettes (pack)	27.70	22.82	21.49	25.61	26.31	26.81	30.18	31.35	32.75
白酒(千克) Liquor (kg)	2.85	2.41	2.30	2.54	2.86	2.88	3.18	2.78	3.10
果酒(千克) Fruit Wine (kg)	0.10	0.06	0.05	0.06	0.08	0.09	0.13	0.11	0.17
啤酒(千克) Beer (kg)	5.98	3.78	3.56	4.76	5.41	6.00	7.06	7.00	8.15
其他酒(千克) Other Liquor (kg)	0.79	0.66	0.56	0.73	0.76	0.81	0.94	0.80	0.70
鲜瓜果(千克) Fresh Melons and Fruits (kg)	40.72	26.46	24.14	32.62	37.27	41.34	45.62	49.26	56.15
糕点(千克) Cake (kg)	3.29	2.12	1.91	2.63	3.00	3.35	3.73	4.10	4.34
鲜乳品(千克) Fresh Dairy Products (kg)	4.83	2.52	2.27	3.45	3.93	4.84	5.62	6.59	7.91
奶粉(千克) Milk Powder (kg)	0.41	0.22	0.20	0.31	0.37	0.42	0.47	0.54	0.59
酸奶(千克) Sour Cream (kg)	0.32	0.11	0.09	0.37	0.23	0.33	0.34	0.39	0.56
男士服装(件) Men's Clothing (piece)	1.96	1.09	0.99	1.38	1.68	2.00	2.31	2.63	2.89
女士服装(件) Women's Clothing (piece)	2.62	1.32	1.17	1.75	2.22	2.66	3.12	3.53	4.10
儿童服装(件) Children's Clothing (piece)	0.95	0.61	0.57	0.75	0.88	0.97	1.10	1.20	1.21
棉布(米) Cotton Cloth (m)	0.41	0.24	0.22	0.27	0.33	0.35	0.49	0.64	0.71
棉花化纤混纺布(米) Cotton/Chemical Fabric Blend Cloth (m)	0.18	0.09	0.07	0.10	0.14	0.18	0.21	0.27	0.31
化纤布(米) Chemical Fiber Cloth (m)	1.02	0.57	0.52	0.72	0.89	1.04	1.19	1.37	1.46
呢绒(米) Woolen Fabric (m)	0.17	0.07	0.07	0.09	0.14	0.16	0.22	0.23	0.28
绸缎(米) Silk and Satin (m)	0.15	0.06	0.05	0.09	0.11	0.14	0.19	0.22	0.24
毛线(千克) Knitting Wool (kg)	0.28	0.16	0.14	0.20	0.24	0.29	0.32	0.33	0.50
皮鞋(双) Leather Shoes (pair)	0.82	0.49	0.45	0.64	0.73	0.85	0.93	1.03	1.15
布鞋(双) Cloth Shoes (pair)	0.27	0.25	0.26	0.26	0.26	0.26	0.27	0.26	0.31
其他鞋(双) Other Shoes (pair)	1.43	1.04	0.99	1.20	1.36	1.48	1.59	1.65	1.72

9-11 按收入等级分的城镇居民家庭平均每百户年底耐用消费品拥有量 (1996年)

NUMBER OF DURABLE CONSUMER GOODS OWNED PER 100 URBAN HOUSEHOLDS AT YEAR-END BY LEVEL OF INCOME (1996)

项目 Item	总平均 Average	最低收入户 Lowest Income Households (first decile)	#困难户 Difficult households (first five percent)	低收入户 Low Income Households (second decile)	中等偏下户 Lower Middle Income Households (second quintile)	中等收入户 Middle Income Households (third quintile)	中等偏上户 Upper Middle Income Households (fourth quintile)	高收入户 High Income Households (ninth decile)	最高收入户 Highest Income Households (tenth decile)
毛皮大衣 (件) Fur Coat	47.11	27.29	26.07	36.99	39.89	47.51	50.40	62.06	69.22
呢大衣 (件) Woolen Coat	207.48	163.22	154.77	176.69	194.33	206.80	222.90	239.62	247.29
毛毯 (条) Woolen Blanket	141.91	106.56	101.58	120.04	133.04	145.16	155.70	156.45	168.32
地毯 (平方米) Carpet (sq.m)	132.74	69.28	65.80	99.08	117.16	123.31	156.00	175.44	190.68
组合家具 (套) Composite Furniture (set)	49.51	38.68	35.68	43.47	47.60	50.11	53.05	55.30	56.13
沙发床 (个) Soft Bed	39.49	25.66	23.79	31.48	36.72	38.38	45.78	45.67	50.32
沙发 (个) Sofa	213.84	161.38	148.76	183.02	200.58	208.05	235.75	248.08	257.25
大衣柜 (个) Wardrobe	87.21	80.53	79.62	83.34	84.96	87.95	87.82	92.59	94.19
写字台 (张) Writing Desk	87.89	74.24	72.63	82.71	83.59	88.20	92.58	94.23	99.04
摩托车 (辆) Motorcycle	7.94	4.91	5.74	6.22	6.31	8.38	8.63	9.79	11.85
自行车 (辆) Bicycle	193.23	177.40	174.22	186.83	192.74	195.07	199.30	196.25	197.57
家用三轮车 (辆) Tricycle	3.29	4.23	4.24	5.37	3.01	3.28	2.54	2.52	3.07
缝纫机 (台) Sewing Machine	62.65	60.95	61.26	62.46	62.09	62.13	61.92	63.61	67.17
洗衣机 (台) Washing Machine	90.06	78.53	76.03	84.41	87.42	90.77	94.20	95.23	97.69
电风扇 (台) Electric Fan	168.07	148.10	144.19	158.43	162.00	169.24	173.55	176.56	188.01
电冰箱 (台) Refrigerator	69.67	50.40	46.80	59.38	65.95	70.70	75.42	80.49	82.30
冰柜 (台) Freezer	3.48	3.01	3.19	3.14	2.43	2.85	3.86	3.77	6.63
彩色电视机 (台) Color TV Set	93.50	74.55	72.81	84.96	90.34	94.02	98.68	101.88	107.55
黑白电视机 (台) Black/White TV Set	25.53	36.34	39.34	30.39	26.42	24.26	22.55	21.70	20.41
录放像机 (台) Videorecorder	20.15	12.05	10.43	13.40	17.29	19.92	22.59	25.62	30.85
游戏机 (台) Computer Game	20.40	12.69	10.76	15.20	18.60	21.58	23.81	23.90	24.22
组合音响 (套) Hi-Fi Stereo Component System	12.20	6.15	5.61	8.12	10.65	10.88	14.31	16.45	19.60
立体声收录机(台) Stereo Radio Cassette Player	26.51	20.30	19.06	22.71	24.54	28.34	27.97	28.58	31.86
普通收录机 (台) Ordinary Radio Cassette Player	46.15	41.14	40.49	44.33	45.67	46.24	46.79	48.98	49.65
照相机 (架) Camera	32.13	17.79	16.08	21.55	26.48	30.84	37.36	44.29	48.31
钢琴 (架) Piano	0.85	0.22	0.19	0.43	0.65	0.62	0.87	1.70	1.83
中高档乐器 (件) Other Medium and High Grade Musical Instrument	6.92	2.94	2.62	3.56	5.28	7.42	8.34	10.16	10.42
家用冷暖风机(台) Air Conditioners (Heaters Pump)	3.27	1.64	1.64	2.63	2.84	3.08	3.73	4.16	5.00
空调器 (台) Air Conditioner	11.61	3.79	3.41	5.68	7.77	10.10	14.35	18.39	23.83
电炊具 (台) Electric Cooking Appliances	91.10	71.35	68.87	78.22	85.09	90.32	98.40	101.88	111.99
淋浴热水器 (台) Shower	34.16	18.06	16.61	22.72	27.69	33.75	40.69	45.74	50.81
排油烟机 (台) Range Hoods	38.42	21.28	19.30	26.74	32.85	37.96	46.14	48.86	53.42
吸尘器 (台) Dust Catcher	10.35	4.05	3.99	5.66	8.35	9.66	12.74	14.16	18.12

9-12 各地区城镇居民平均每人全年家庭收入来源(1996年)
SOURCES OF PER CAPITA ANNUAL INCOME OF URBAN RESIDENTS BY REGION (1996)

单位：元 (yuan)

地区 Region	可支配收入 Disposable Income	实际收入 Real Income	#生活费收入 Annual Income Available forLiving cost	国有单位职工工资 Wages of Staff & Workers in State-Owned Units	集体单位职工工资 Wages of Staff & Workers in Collective-Owned Units	其他经济类型单位职工全部工资 Wages of Staff & Workers in Other Ownership	职工从单位得到的其他收入 Other Income of Staff & Workers from Working Units	转移收入 Transfer Income
全国 National Average	**4838.90**	**4844.78**	**4377.15**	**2899.34**	**351.76**	**98.39**	**262.10**	**825.87**
北京 Beijing	7332.01	7338.76	6885.56	4360.69	242.90	169.59	733.00	1372.06
天津 Tianjin	5967.71	5975.94	5525.48	3220.61	192.18	266.34	278.22	1394.98
河北 Hebei	4442.81	4446.44	4072.24	2952.82	308.77	22.94	154.54	662.15
山西 Shanxi	3702.69	3706.22	3290.91	2427.01	179.17	6.79	273.35	592.30
内蒙古 Inner Mongolia	3431.81	3446.44	3101.73	2265.42	150.79	3.09	108.94	544.04
辽宁 Liaoning	4207.23	4209.59	3746.13	2227.41	510.96	96.64	309.17	722.52
吉林 Jilin	3805.53	3806.45	3453.70	2399.12	289.76	31.12	145.99	672.28
黑龙江 Heilongjiang	3768.31	3769.20	3324.84	2176.52	234.06	3.38	261.28	777.12
上海 Shanghai	8178.48	8191.41	7721.42	3605.32	417.38	829.23	463.13	2141.71
江苏 Jiangsu	5185.79	5188.01	4688.80	2659.91	811.38	92.97	198.80	1149.02
浙江 Zhejiang	6955.79	6960.41	6345.32	3672.86	752.05	167.50	300.84	1261.03
安徽 Anhui	4512.77	4515.48	4027.16	2632.73	499.92	13.17	292.21	768.39
福建 Fujian	5172.93	5176.42	4586.01	2773.47	399.28	163.64	197.14	895.70
江西 Jiangxi	3780.20	3782.33	3401.57	2406.67	235.73	2.05	260.61	610.85
山东 Shandong	4890.28	4893.33	4494.00	3414.74	480.19	65.84	276.32	470.60
河南 Henan	3755.44	3756.78	3450.11	2404.50	220.43	16.51	166.91	649.13
湖北 Hubei	4364.04	4367.00	3854.62	2784.06	276.00	4.21	293.18	658.88
湖南 Hunan	5052.12	5059.72	4280.14	3700.04	275.82	0.01	202.51	619.36
广东 Guangdong	8157.81	8166.13	7487.89	4410.68	653.16	475.98	406.81	1051.34
广西 Guangxi	5033.33	5045.14	4457.88	3555.66	196.04	13.95	65.95	630.15
海南 Hainan	4926.43	4968.10	4436.37	3276.30	106.66	5.41	215.49	792.47
四川 Sichuan	4482.70	4484.80	4000.26	2876.26	334.17	15.77	256.21	670.15
贵州 Guizhou	4221.24	4225.77	3675.04	2588.36	152.45	10.83	138.17	1049.98
云南 Yunnan	4977.95	4999.04	4466.46	2998.65	307.78	18.98	475.24	881.28
西藏 Tibet	6556.28	6566.62	5912.29	5172.21	156.38	0.00	0.00	1058.66
陕西 Shaanxi	3809.64	3810.69	3487.37	2472.38	127.95	12.16	128.54	792.72
甘肃 Gansu	3353.94	3354.52	3108.25	2424.68	152.08	1.38	59.80	618.21
青海 Qinghai	3834.21	3834.27	3571.65	2807.13	93.65	0.14	111.65	651.69
宁夏 Ningxia	3612.12	3616.14	3276.58	2383.57	243.38	14.82	152.66	582.63
新疆 Xinjiang	4649.86	4689.08	4275.23	3263.55	102.50	6.52	324.68	635.94

9－13 各地区城镇居民家庭平均每人全年消费性支出 (1996年)

PER CAPITA ANNUAL EXPENDITURE FOR CONSUMPTION OF URBAN RESIDENTS BY REGION (1996)

单位：元 (yuan)

地 区 Region	消费性支出 Expenditure for Consumption	食品 Food	粮食 Grain	淀粉及薯类 Starches and Tubers	干豆类及豆制品 Beans and Bean Products	油脂类 Oil and Fats	肉禽及制品 Meat, Poulty and Related Products
全 国 National Average	**3919.47**	**1904.71**	**271.54**	**21.87**	**32.01**	**69.03**	**438.76**
北 京 Beijing	5729.52	2671.52	286.45	24.22	37.31	62.24	581.95
天 津 Tianjin	4679.61	2398.47	296.52	30.23	43.33	80.49	485.65
河 北 Hebei	3424.35	1533.42	239.45	20.20	21.94	77.65	321.20
山 西 Shanxi	3035.59	1400.26	353.34	36.00	33.15	72.43	218.20
内蒙古 Inner Mongolia	2767.84	1249.58	253.80	23.89	17.80	48.61	279.24
辽 宁 Liaoning	3493.02	1749.76	282.64	27.05	31.63	56.15	355.92
吉 林 Jilin	3037.32	1438.94	259.59	28.49	35.00	55.75	308.57
黑龙江 Heilongjiang	3110.92	1437.24	268.24	26.09	29.85	72.85	281.34
上 海 Shanghai	6763.12	3415.50	294.14	24.53	57.33	78.97	705.77
江 苏 Jiangsu	4057.50	2070.29	274.02	21.74	47.99	65.03	504.11
浙 江 Zhejiang	5764.27	2704.43	277.22	20.59	55.17	52.12	540.60
安 徽 Anhui	3607.43	1938.62	286.97	16.31	50.12	83.44	451.75
福 建 Fujian	4248.47	2610.66	451.77	16.71	31.36	127.69	578.38
江 西 Jiangxi	2942.11	1579.21	240.52	12.35	36.89	75.61	428.84
山 东 Shandong	3770.99	1645.74	221.61	20.54	22.88	45.00	331.36
河 南 Henan	3009.35	1439.32	318.20	26.05	27.67	53.50	269.83
湖 北 Hubei	3713.51	1731.43	233.35	17.96	32.92	69.93	357.27
湖 南 Hunan	4098.26	1986.57	239.57	14.17	35.93	96.72	482.76
广 东 Guangdong	6736.09	3186.77	312.08	14.44	26.32	87.54	943.11
广 西 Guangxi	4339.42	2188.14	264.35	14.97	31.20	78.80	770.98
海 南 Hainan	3815.28	2237.13	244.93	8.90	12.29	72.74	740.75
四 川 Sichuan	3787.59	1925.30	238.81	22.78	26.58	86.32	515.37
贵 州 Guizhou	3572.78	1918.76	281.35	15.14	31.85	75.05	493.60
云 南 Yunnan	4007.48	1971.54	285.90	22.62	26.39	75.11	481.34
西 藏 Tibet	4536.68	2592.26	382.07	40.98	11.87	81.08	547.25
陕 西 Shaanxi	3211.24	1461.62	261.73	24.72	31.69	62.13	253.82
甘 肃 Gansu	2838.52	1443.01	274.22	27.67	21.24	67.12	270.12
青 海 Qinghai	3177.78	1651.16	338.19	24.62	10.36	48.52	340.50
宁 夏 Ningxia	3038.95	1377.25	246.89	25.56	22.22	78.87	281.02
新 疆 Xinjiang	3457.14	1531.88	236.28	19.19	12.31	65.58	422.45

续表 1 continued

单位：元 (yuan)

地区 Region	蛋类 Eggs	水产品类 Aquatic Products	菜类 Vegetables	调味品 Condiments	糖类 Sugar	烟草类 Tobacco	酒和饮料 Liquor and Beverages
全国 National Average	**78.73**	**131.91**	**206.65**	**27.92**	**24.88**	**83.89**	**84.97**
北京 Beijing	101.38	123.17	261.13	56.39	44.59	70.20	146.19
天津 Tianjin	143.60	193.38	217.45	45.19	25.75	93.56	108.18
河北 Hebei	99.90	63.00	180.66	23.84	24.95	71.24	95.40
山西 Shanxi	85.81	25.03	169.49	22.15	17.81	95.92	60.82
内蒙古 Inner Mongolia	50.97	37.12	117.47	20.37	19.31	60.26	70.48
辽宁 Liaoning	84.42	116.83	260.75	27.42	22.68	80.69	98.46
吉林 Jilin	70.14	63.96	187.55	26.51	14.36	45.27	64.88
黑龙江 Heilongjiang	75.99	72.38	161.15	23.61	20.45	54.05	81.87
上海 Shanghai	91.88	492.25	308.07	41.60	50.17	164.38	134.17
江苏 Jiangsu	87.76	198.93	213.34	30.38	22.99	93.53	80.93
浙江 Zhejiang	70.16	422.36	261.83	31.86	28.70	168.60	119.71
安徽 Anhui	112.34	108.71	224.28	28.20	19.66	118.75	129.61
福建 Fujian	90.94	336.42	236.92	35.82	25.63	139.09	153.48
江西 Jiangxi	60.51	95.12	189.58	22.80	17.46	51.01	46.64
山东 Shandong	111.51	94.90	166.29	21.43	20.93	53.08	96.56
河南 Henan	100.25	32.23	162.20	23.38	17.97	71.60	88.56
湖北 Hubei	59.53	86.49	216.48	24.95	21.04	90.66	68.78
湖南 Hunan	65.36	96.77	224.65	21.59	25.43	92.59	68.12
广东 Guangdong	61.85	377.49	291.73	28.57	36.21	64.57	61.08
广西 Guangxi	58.35	152.54	201.12	18.47	26.05	38.99	48.45
海南 Hainan	26.18	304.40	242.36	34.70	22.83	46.41	51.25
四川 Sichuan	77.70	57.64	218.21	37.29	32.17	109.86	76.96
贵州 Guizhou	66.71	43.81	235.55	30.82	33.52	125.77	79.17
云南 Yunnan	55.97	54.55	231.11	26.29	20.81	151.61	59.36
西藏 Tibet	67.65	74.43	312.86	19.69	65.79	252.40	130.52
陕西 Shaanxi	60.91	31.71	159.10	27.81	18.48	76.71	60.82
甘肃 Gansu	51.35	37.17	167.49	29.88	22.76	97.66	87.24
青海 Qinghai	52.97	43.70	175.59	26.98	29.92	121.05	110.66
宁夏 Ningxia	44.50	37.77	164.42	23.43	20.98	90.09	55.48
新疆 Xinjiang	45.15	45.81	175.80	21.26	31.55	48.31	53.52

续表 2 continued

单位：元 (yuan)

地 区 Region	干鲜瓜果类 Dried and Fresh Melons and Fruits	坚果及果仁 Nuts and Kernels	糕点类 Cake	奶及奶制品 Milk and Dairy Products	其他食品 Other Food	在外用餐 Dining Out	食品加工服务费 Food Processing Service Fees
全 国 National Average	**117.69**	**22.24**	**40.69**	**36.59**	**28.43**	**186.21**	**0.69**
北 京 Beijing	202.92	51.24	97.18	84.98	80.50	359.08	0.41
天 津 Tianjin	160.50	35.92	67.01	56.10	39.08	276.14	0.39
河 北 Hebei	109.01	18.14	35.66	40.27	14.15	76.16	0.62
山 西 Shanxi	78.12	10.55	30.43	26.33	23.05	40.75	0.90
内蒙古 Inner Mongolia	79.54	16.25	24.13	37.57	14.24	77.50	1.04
辽 宁 Liaoning	135.19	25.39	33.52	38.91	19.56	51.86	0.69
吉 林 Jilin	108.52	16.73	26.01	24.71	33.54	69.04	0.33
黑龙江 Heilongjiang	113.04	17.75	23.36	30.51	13.29	71.02	0.41
上 海 Shanghai	206.89	42.16	99.15	129.38	63.20	431.39	0.06
江 苏 Jiangsu	97.50	22.99	41.17	35.20	34.39	196.69	1.61
浙 江 Zhejiang	177.81	39.83	57.49	39.43	31.24	309.03	0.68
安 徽 Anhui	93.87	17.94	39.88	28.29	10.91	117.23	0.35
福 建 Fujian	204.09	18.85	31.74	38.64	10.92	82.07	0.14
江 西 Jiangxi	81.05	21.89	29.06	18.26	23.67	127.47	0.47
山 东 Shandong	111.29	22.33	58.30	38.74	35.29	172.66	1.03
河 南 Henan	82.57	18.78	35.61	26.24	8.54	75.34	0.79
湖 北 Hubei	64.58	16.35	33.28	18.21	23.35	295.75	0.56
湖 南 Hunan	125.75	20.74	32.62	20.34	33.30	289.47	0.68
广 东 Guangdong	172.13	21.61	58.07	35.66	85.34	508.46	0.51
广 西 Guangxi	131.84	17.63	29.11	22.27	14.77	268.05	0.19
海 南 Hainan	87.23	3.84	31.91	24.05	13.02	269.26	0.08
四 川 Sichuan	103.02	20.12	31.35	38.55	12.27	219.32	0.99
贵 州 Guizhou	112.38	23.92	39.76	38.15	22.57	168.66	0.98
云 南 Yunnan	110.64	18.18	50.36	25.27	16.46	259.22	0.36
西 藏 Tibet	152.81	27.16	26.45	281.63	26.69	88.60	2.33
陕 西 Shaanxi	92.30	20.82	40.47	33.41	20.37	183.76	0.85
甘 肃 Gansu	82.57	20.25	20.74	31.92	28.48	103.69	1.42
青 海 Qinghai	85.09	17.47	29.10	50.26	20.28	125.37	0.51
宁 夏 Ningxia	96.19	20.76	24.13	26.43	18.67	99.52	0.33
新 疆 Xinjiang	104.08	22.06	33.58	45.92	25.57	122.85	0.61

续表 3 continued

单位：元 (yuan)

地　区 Region	衣　着 Clothing	服　装 Garments	衣着材料 Clothing Materials	鞋帽袜及其他衣着 Shoes, Hats, Hoses & Other Clothing	衣着加工服务费 Tailoring and Laundering Service Fees	家庭设备用品及服务 Household Facilities, Articles and Services	耐用消费品 Durable Consumer Goods
全　国 National Average	**527.95**	**323.85**	**56.23**	**132.26**	**15.61**	**298.15**	**161.27**
北　京 Beijing	847.02	512.35	89.06	216.37	29.25	436.31	246.61
天　津 Tianjin	572.41	349.24	60.48	146.34	16.34	372.27	228.21
河　北 Hebei	553.15	302.35	83.82	150.53	16.45	281.69	173.29
山　西 Shanxi	529.73	347.83	57.35	114.49	10.07	202.20	102.01
内蒙古 Inner Mongolia	475.51	254.29	76.04	126.05	19.14	192.44	87.91
辽　宁 Liaoning	609.63	365.36	48.62	179.29	16.36	167.58	84.55
吉　林 Jilin	543.19	329.63	53.42	147.05	13.09	161.49	69.37
黑龙江 Heilongjiang	586.34	359.83	51.86	161.42	13.23	162.47	78.42
上　海 Shanghai	589.62	363.61	61.63	136.40	27.98	637.28	417.56
江　苏 Jiangsu	485.29	280.72	60.15	124.95	19.47	364.72	211.96
浙　江 Zhejiang	662.37	412.57	70.88	151.58	27.34	650.11	398.02
安　徽 Anhui	478.20	297.49	52.85	113.52	14.35	232.77	125.44
福　建 Fujian	423.04	308.71	28.27	70.87	15.18	249.76	132.38
江　西 Jiangxi	312.52	174.97	45.51	78.90	13.14	196.56	92.31
山　东 Shandong	657.56	356.25	110.69	163.55	27.07	354.42	207.41
河　南 Henan	488.52	304.06	64.38	103.76	16.32	215.52	110.55
湖　北 Hubei	547.64	350.53	46.25	136.35	14.51	279.58	146.73
湖　南 Hunan	507.06	313.03	47.99	130.28	15.76	334.06	145.35
广　东 Guangdong	460.85	343.38	15.53	96.79	5.16	531.97	278.03
广　西 Guangxi	379.09	246.90	38.64	84.99	8.56	344.15	195.32
海　南 Hainan	243.84	186.07	7.55	48.83	1.38	222.21	95.85
四　川 Sichuan	492.07	329.08	31.46	124.82	6.71	293.22	151.63
贵　州 Guizhou	409.21	247.69	35.38	114.92	11.22	304.90	140.51
云　南 Yunnan	511.27	346.19	34.27	125.53	5.27	284.49	155.41
西　藏 Tibet	853.17	618.38	32.83	195.56	6.39	182.47	85.75
陕　西 Shaanxi	426.47	242.03	61.86	106.97	15.60	318.43	170.34
甘　肃 Gansu	407.75	214.28	75.75	100.12	17.60	188.20	88.94
青　海 Qinghai	454.57	275.30	51.13	110.47	17.67	195.27	97.62
宁　夏 Ningxia	526.53	301.18	75.04	129.64	20.68	214.49	108.07
新　疆 Xinjiang	600.41	352.17	70.37	156.24	21.63	254.04	116.32

续表 4 continued

单位：元 (yuan)

地　区 Region	室内装饰品 Interior Decorations	床上用品 Bed Articles	家庭日用杂品 Household Articles for Daily Use	家具材料 Furniture Materials	家务服务 Household Services	医疗保健 Medicine and Medical Services	交通和通讯 Transportation and Communications
全　国 National Average	**12.39**	**20.18**	**73.09**	**5.13**	**26.10**	**143.28**	**199.12**
北　京 Beijing	15.75	24.69	131.63	0.76	16.88	217.82	257.02
天　津 Tianjin	13.99	22.98	71.07	0.93	35.09	141.00	247.15
河　北 Hebei	15.34	22.82	58.12	1.39	10.72	155.08	185.82
山　西 Shanxi	13.85	15.08	52.43	2.20	16.62	145.89	144.96
内蒙古 Inner Mongolia	12.22	15.45	50.85	6.65	19.36	134.50	133.30
辽　宁 Liaoning	7.09	13.83	47.76	5.06	9.29	135.60	154.07
吉　林 Jilin	7.89	11.35	60.41	2.33	10.13	137.96	137.35
黑龙江 Heilongjiang	7.50	14.17	45.05	0.84	16.49	173.68	137.33
上　海 Shanghai	11.90	33.16	97.41	11.67	65.58	147.78	467.85
江　苏 Jiangsu	9.46	18.43	89.00	7.01	28.86	94.40	233.48
浙　江 Zhejiang	19.46	32.57	85.66	20.97	93.42	246.32	307.82
安　徽 Anhui	7.00	11.74	67.39	2.56	18.63	75.23	196.13
福　建 Fujian	6.56	23.02	57.52	2.12	28.15	78.17	190.16
江　西 Jiangxi	8.74	14.14	64.29	3.30	13.78	71.94	119.68
山　东 Shandong	24.47	21.57	81.83	4.01	15.13	147.29	183.01
河　南 Henan	11.36	17.66	50.35	4.81	20.79	125.97	131.74
湖　北 Hubei	10.64	11.38	89.75	5.81	15.29	113.16	175.41
湖　南 Hunan	18.29	21.61	100.59	13.33	34.90	149.81	210.63
广　东 Guangdong	13.35	43.13	142.43	4.20	50.82	240.97	421.82
广　西 Guangxi	10.67	21.87	83.73	4.72	27.84	106.33	252.30
海　南 Hainan	6.01	13.01	85.95	5.61	15.77	125.95	140.55
四　川 Sichuan	13.93	21.52	70.33	5.62	30.19	135.29	145.34
贵　州 Guizhou	16.46	19.28	80.08	4.88	43.70	93.04	154.85
云　南 Yunnan	18.18	32.41	59.88	1.23	17.38	180.51	208.30
西　藏 Tibet	9.65	33.81	45.32	0.49	7.45	151.91	107.68
陕　西 Shaanxi	13.62	20.93	72.50	4.51	36.53	144.75	167.61
甘　肃 Gansu	10.50	20.11	52.10	6.64	9.91	130.42	123.19
青　海 Qinghai	13.15	22.29	52.97	0.53	8.70	190.13	168.08
宁　夏 Ningxia	13.00	11.91	57.35	2.87	21.29	171.77	209.98
新　疆 Xinjiang	15.96	16.74	72.93	7.78	24.30	155.85	191.48

续表 5 continued

单位：元 (yuan)

地区 Region	交通 Transportation	通讯 Communications	娱乐教育文化服务 Recreation, Education and Cultural Services	文娱用耐用消费品 Recreational Durable Consumer Goods	教育 Education	文化娱乐 Recreation
全国 National Average	**96.18**	**102.95**	**374.95**	**89.80**	**204.00**	**81.15**
北京 Beijing	154.56	102.46	699.15	207.80	276.83	214.52
天津 Tianjin	109.30	137.85	435.56	96.12	230.16	109.28
河北 Hebei	88.33	97.49	336.37	92.70	186.73	56.95
山西 Shanxi	79.37	65.59	316.73	53.03	223.94	39.76
内蒙古 Inner Mongolia	70.52	62.79	274.78	39.18	176.66	58.94
辽宁 Liaoning	64.41	89.66	303.62	53.92	202.88	46.81
吉林 Jilin	61.07	76.28	243.28	39.03	144.96	59.30
黑龙江 Heilongjiang	55.47	81.86	246.69	50.21	142.43	54.05
上海 Shanghai	199.02	268.84	779.28	327.43	280.56	171.30
江苏 Jiangsu	106.90	126.59	337.28	57.10	184.25	95.92
浙江 Zhejiang	153.02	154.80	538.00	167.39	250.30	120.31
安徽 Anhui	79.00	117.13	302.37	40.86	201.46	60.05
福建 Fujian	79.57	110.58	245.33	56.08	137.88	51.36
江西 Jiangxi	45.82	73.86	246.63	51.27	142.99	52.37
山东 Shandong	100.53	82.47	377.95	89.44	203.77	84.75
河南 Henan	64.35	67.39	211.41	39.41	118.89	53.10
湖北 Hubei	77.61	97.80	436.90	79.15	283.95	73.80
湖南 Hunan	104.09	106.54	460.88	60.33	314.50	86.05
广东 Guangdong	250.17	171.64	746.68	223.81	372.45	150.41
广西 Guangxi	172.40	79.90	530.48	131.48	318.39	80.60
海南 Hainan	65.26	75.29	385.35	30.27	293.80	61.28
四川 Sichuan	70.67	74.67	380.37	96.83	201.49	82.05
贵州 Guizhou	70.05	84.80	287.60	79.87	129.26	78.48
云南 Yunnan	95.60	112.70	364.15	102.77	181.91	79.48
西藏 Tibet	76.05	31.63	248.64	73.01	149.52	26.11
陕西 Shaanxi	73.16	94.46	294.25	59.25	165.17	69.82
甘肃 Gansu	65.24	57.96	249.55	58.00	132.79	58.75
青海 Qinghai	89.12	78.96	244.39	20.19	159.62	64.58
宁夏 Ningxia	78.67	131.31	262.57	53.54	136.91	72.12
新疆 Xinjiang	89.21	102.27	323.24	71.88	170.19	81.18

续表 6 continued

单位：元 (yuan)

地区 Region	居住 Residence	住房 Housing	水电燃料及其他 Water, Electricity, Fuels and Others	杂项商品和服务 Miscellaneous Commodities and Services	个人消费 Personal Consumption	其他商品 Other Commodities	其他服务 Other Services
全国 National Average	**300.85**	**124.14**	**176.71**	**170.45**	**134.78**	**17.01**	**18.67**
北京 Beijing	286.99	150.60	136.40	313.68	279.56	8.18	25.93
天津 Tianjin	320.88	116.89	203.99	191.89	147.18	13.78	30.93
河北 Hebei	260.63	105.77	154.86	118.19	94.85	8.00	15.35
山西 Shanxi	163.29	50.55	112.74	132.52	103.10	21.16	8.27
内蒙古 Inner Mongolia	186.06	78.40	107.67	121.67	97.41	9.61	14.65
辽宁 Liaoning	244.31	79.05	165.27	128.44	107.97	10.92	9.56
吉林 Jilin	253.19	82.57	170.62	121.92	100.22	10.15	11.55
黑龙江 Heilongjiang	258.44	81.66	176.78	108.75	87.31	8.24	13.19
上海 Shanghai	392.62	97.91	294.71	333.19	271.01	32.15	30.03
江苏 Jiangsu	306.11	114.47	191.64	165.94	123.35	18.17	24.42
浙江 Zhejiang	404.50	177.57	226.92	250.71	203.15	21.23	26.32
安徽 Anhui	256.41	84.29	172.12	127.70	109.01	7.22	11.47
福建 Fujian	309.45	104.43	205.02	141.89	123.20	13.39	5.30
江西 Jiangxi	276.97	153.31	123.66	138.58	102.55	18.95	17.08
山东 Shandong	231.69	92.49	139.20	173.34	128.51	26.24	18.59
河南 Henan	281.61	147.54	134.07	115.25	89.94	6.69	18.62
湖北 Hubei	287.13	118.48	168.65	142.25	106.33	18.89	17.04
湖南 Hunan	267.79	113.78	154.02	181.45	129.48	22.00	29.97
广东 Guangdong	751.20	370.74	380.46	395.84	304.04	48.94	42.86
广西 Guangxi	376.06	159.43	216.63	162.87	123.46	19.41	20.00
海南 Hainan	280.17	129.53	150.64	180.07	110.34	33.00	36.73
四川 Sichuan	272.48	106.42	166.06	143.53	118.89	9.57	15.07
贵州 Guizhou	257.57	108.56	149.01	146.83	119.79	15.82	11.22
云南 Yunnan	294.03	179.24	114.79	193.19	157.24	13.07	22.88
西藏 Tibet	178.35	52.70	125.64	222.20	181.01	34.59	6.61
陕西 Shaanxi	264.29	127.72	136.58	133.82	107.04	14.07	12.71
甘肃 Gansu	163.50	58.59	104.91	132.89	90.03	23.05	19.81
青海 Qinghai	125.23	36.22	89.02	148.95	114.06	16.76	18.13
宁夏 Ningxia	132.50	33.66	98.84	143.87	112.19	20.27	11.42
新疆 Xinjiang	184.93	66.52	118.41	215.31	168.88	17.94	28.50

9-14 各地区城镇居民家庭平均每百户年底耐用消费品拥有量(1996年)

NUMBER OF MAJOR DURABLE CONSUMER GOODS OWNED PER 100 URBAN HOUSEHOLDS AT THE YEAR-END BY REGION (1996)

(unit)

地区 Region	毛皮大衣 (件) Fur Coat	呢大衣 (件) Woolen Coat	毛毯 (条) Woole Blanket	地毯 (平方米) Carpet (sq.m)	组合家俱 (套) Composite Furniture (sets)	沙发床 (个) Soft Bed	沙发 (个) Sofa	大衣柜 (个) Wardrobe	写字台 (张) Writing Desk
全 国 National Average	**47.11**	**207.48**	**141.91**	**132.74**	**49.51**	**39.49**	**213.84**	**87.21**	**87.89**
北 京 Beijing	86.00	239.00	130.20	244.60	64.20	69.80	210.00	96.00	103.80
天 津 Tianjin	49.20	286.00	141.20	81.20	65.00	39.80	118.60	72.60	62.00
河 北 Hebei	50.00	219.04	137.69	121.07	60.08	44.07	248.81	83.99	90.62
山 西 Shanxi	47.57	196.09	156.03	106.04	58.86	30.41	197.74	69.80	86.34
内蒙古 Inner Mongolia	54.25	234.51	158.82	198.84	47.48	25.95	299.82	75.04	66.88
辽 宁 Liaoning	51.25	193.45	100.26	237.42	44.52	39.88	115.03	58.86	54.13
吉 林 Jilin	49.83	194.51	103.43	205.04	47.35	35.20	145.95	54.32	45.32
黑龙江 Heilongjiang	70.53	234.20	125.77	242.17	44.47	40.30	163.77	64.13	54.73
上 海 Shanghai	21.20	260.20	172.00	206.00	23.80	23.80	115.20	94.40	54.60
江 苏 Jiangsu	36.88	273.99	133.00	128.67	30.90	23.99	149.94	93.25	99.72
浙 江 Zhejiang	42.32	220.97	149.42	169.42	33.16	19.81	167.10	94.26	104.00
安 徽 Anhui	41.32	180.78	128.62	64.33	29.89	24.24	143.64	84.39	104.81
福 建 Fujian	43.55	181.44	143.69	40.39	46.69	28.99	164.99	86.11	105.25
江 西 Jiangxi	28.64	183.47	139.32	65.85	23.81	29.41	229.07	93.98	113.14
山 东 Shandong	47.43	220.24	153.34	152.09	58.28	54.71	322.21	84.54	92.80
河 南 Henan	48.12	223.36	118.10	85.08	49.50	40.61	239.31	94.61	93.97
湖 北 Hubei	41.99	274.67	139.98	102.64	54.77	37.32	213.77	91.13	107.92
湖 南 Hunan	47.80	182.30	152.90	85.60	64.90	32.80	190.70	99.70	109.60
广 东 Guangdong	39.83	105.00	180.21	23.23	57.26	54.85	145.61	158.06	121.62
广 西 Guangxi	15.64	122.63	101.16	29.97	66.46	31.67	175.74	104.74	99.16
海 南 Hainan	31.70	46.30	123.50	12.70	40.00	38.10	76.10	109.50	99.50
四 川 Sichuan	43.83	206.42	148.45	54.29	78.46	41.01	281.56	96.75	106.26
贵 州 Guizhou	47.13	202.38	161.00	104.50	45.75	33.50	259.63	92.88	94.63
云 南 Yunnan	52.39	133.31	185.37	97.18	60.32	38.77	379.99	87.29	103.32
西 藏 Tibet	155.00	228.00	305.00	881.00	99.00	39.00	286.00	69.00	73.00
陕 西 Shaanxi	30.24	199.19	137.62	83.26	43.49	46.10	176.10	76.41	85.24
甘 肃 Gansu	48.39	203.72	205.12	143.95	44.91	63.48	289.24	80.90	96.49
青 海 Qinghai	75.33	267.39	247.68	256.37	48.68	54.10	392.03	76.82	101.35
宁 夏 Ningxia	56.89	225.36	198.80	186.16	33.40	54.30	363.90	80.48	92.64
新 疆 Xinjiang	63.34	253.01	205.75	428.16	42.90	72.92	547.80	89.12	82.19

续表 1 continued

(unit)

地区 Region	摩托车 (辆) Motorcycle	自行车 (辆) Bicycle	家用三轮车 (辆) Tricycle	缝纫机 (架) Sewing Machine	洗衣机 (台) Washing Machine	电风扇 (台) Electric Fan	电冰箱 (台) Refriger-ator	冰柜 (台) Freezer	彩色电视机 (台) Color TV Set
全国 National Average	**7.94**	**193.23**	**3.29**	**62.65**	**90.06**	**168.07**	**69.67**	**3.48**	**93.50**
北京 Beijing	3.40	249.00	10.80	61.20	101.40	138.80	105.40	13.60	119.20
天津 Tianjin	8.20	232.00	11.80	75.80	96.80	122.60	98.20	10.00	107.40
河北 Hebei	14.24	257.97	5.57	71.67	94.72	157.66	77.15	7.57	95.48
山西 Shanxi	10.91	213.33	1.47	67.30	91.25	68.95	52.17	2.46	90.38
内蒙古 Inner Mongolia	10.92	249.28	2.34	49.40	88.43	38.26	50.53	3.60	84.94
辽宁 Liaoning	4.07	163.10	3.33	48.04	86.48	58.55	69.81	4.87	93.63
吉林 Jilin	3.04	179.72	1.64	49.46	87.15	50.84	52.05	2.22	89.16
黑龙江 Heilongjiang	2.97	172.20	2.70	60.00	86.90	37.20	47.50	4.37	86.40
上海 Shanghai	1.00	124.00	0.60	73.00	82.20	224.00	100.60	1.60	112.60
江苏 Jiangsu	8.99	237.96	3.57	69.31	96.59	267.11	72.28	2.27	87.97
浙江 Zhejiang	4.71	228.52	2.90	80.19	85.94	284.39	95.94	1.29	100.97
安徽 Anhui	6.12	159.67	2.25	56.20	86.49	228.97	73.95	1.95	82.76
福建 Fujian	12.47	203.22	1.73	70.76	89.91	250.93	71.26	1.44	93.95
江西 Jiangxi	4.32	185.76	0.76	68.47	78.81	246.36	64.58	1.86	79.49
山东 Shandong	13.81	231.33	6.49	67.68	85.94	187.98	79.42	12.28	95.17
河南 Henan	7.43	237.27	7.80	66.10	87.67	217.92	59.77	3.54	84.59
湖北 Hubei	3.50	172.39	0.97	62.32	92.23	233.63	81.37	2.26	87.29
湖南 Hunan	5.60	148.90	1.10	60.60	95.20	255.30	80.60	3.70	90.20
广东 Guangdong	30.52	224.64	2.48	84.49	96.09	336.93	76.45	1.59	112.51
广西 Guangxi	14.25	248.01	3.60	85.84	89.20	322.46	67.04	1.42	83.84
海南 Hainan	18.00	130.80	0.90	68.60	70.30	179.90	42.70	1.30	92.90
四川 Sichuan	3.07	97.02	1.49	44.10	93.27	196.70	77.62	0.79	100.45
贵州 Guizhou	2.63	35.00	0.38	52.37	95.88	89.00	72.75	1.75	90.25
云南 Yunnan	7.70	183.51	3.98	59.81	93.61	35.89	62.53	0.31	91.57
西藏 Tibet	7.00	232.00	2.00	32.00	88.00	2.00	54.00	2.00	98.00
陕西 Shaanxi	2.92	181.67	1.02	63.16	90.32	139.71	59.38	1.49	94.61
甘肃 Gansu	3.44	195.01	0.58	55.11	91.43	35.38	52.37	1.74	95.04
青海 Qinghai	5.96	164.27	1.27	56.55	102.98	1.97	53.90	2.81	100.28
宁夏 Ningxia	5.01	229.86	1.79	48.93	91.33	61.68	55.06	0.93	100.20
新疆 Xinjiang	7.31	185.28	0.26	48.80	92.80	44.12	64.86	1.12	89.93

续表 2 continued

(unit)

地 区 Region	黑白电视机 (台) Black/White TV Set	录放像机 (台) Videore-corder	游戏机 (台) Computer Games	组合音响 (套) Hi-Fi Stereo Component System	立体声录音机 (台) Stereo Recorder	普通录音机 (台) Ordinary Recorder	照相机 (架) Camera	钢琴 (架) Piano
全 国 National Average	**25.53**	**20.15**	**20.40**	**12.20**	**26.51**	**46.15**	**32.13**	**0.85**
北 京 Beijing	30.80	57.80	37.60	16.60	46.20	67.60	87.20	2.00
天 津 Tianjin	28.40	35.40	39.40	13.40	39.40	36.00	55.00	0.40
河 北 Hebei	26.88	16.47	23.36	10.47	27.59	50.08	33.03	0.60
山 西 Shanxi	20.23	7.78	12.46	7.90	18.11	41.96	22.01	0.41
内蒙古 Inner Mongolia	20.98	5.93	13.11	8.61	26.71	39.29	18.18	0.31
辽 宁 Liaoning	23.44	20.77	19.51	12.44	18.90	48.44	34.04	1.51
吉 林 Jilin	25.33	17.69	18.83	10.94	27.33	39.49	24.24	0.89
黑龙江 Heilongjiang	29.93	16.17	15.60	12.80	24.73	41.27	24.43	1.13
上 海 Shanghai	27.20	51.20	36.20	14.80	50.40	48.80	52.40	2.40
江 苏 Jiangsu	37.67	21.35	22.53	10.64	27.82	48.19	30.09	0.64
浙 江 Zhejiang	33.94	28.97	24.00	10.71	28.45	57.74	38.97	0.90
安 徽 Anhui	30.84	13.72	14.47	9.85	26.43	39.44	26.06	0.37
福 建 Fujian	30.04	15.31	17.71	13.30	21.29	45.00	22.04	0.80
江 西 Jiangxi	46.02	10.68	17.37	8.39	27.46	47.12	24.24	0.51
山 东 Shandong	18.84	22.75	26.15	10.89	28.73	50.11	37.47	1.37
河 南 Henan	24.48	10.83	13.18	9.25	28.30	42.17	23.19	0.58
湖 北 Hubei	32.60	14.94	17.81	11.11	25.75	46.85	29.57	0.83
湖 南 Hunan	22.30	17.30	20.50	10.40	15.20	56.50	30.80	1.00
广 东 Guangdong	14.53	37.93	17.96	35.22	26.91	54.22	41.04	1.28
广 西 Guangxi	40.34	17.30	19.82	14.14	27.02	47.43	25.65	0.76
海 南 Hainan	11.00	21.30	10.10	13.70	32.30	52.20	15.30	0.60
四 川 Sichuan	19.24	20.58	27.09	12.50	19.10	44.68	33.98	0.41
贵 州 Guizhou	19.13	20.75	25.13	10.25	15.75	35.38	29.75	0.63
云 南 Yunnan	23.72	23.91	22.68	14.38	26.03	51.02	40.90	0.96
西 藏 Tibet	4.00	42.00	34.00	15.00	47.00	44.00	50.00	0.00
陕 西 Shaanxi	15.06	12.29	16.43	4.46	23.82	42.41	30.03	0.51
甘 肃 Gansu	16.21	10.16	14.18	9.62	22.76	44.04	22.68	0.66
青 海 Qinghai	11.14	12.93	18.77	7.76	37.92	39.78	35.05	0.28
宁 夏 Ningxia	11.67	10.63	20.46	8.75	27.89	45.28	27.84	0.31
新 疆 Xinjiang	20.66	15.33	26.09	8.46	30.89	44.31	36.08	0.78

续表 3 continued

(unit)

地　区 Region	其他高中档乐器 (件) Other Medium and High-Grade Musical Instrument	家用冷暖风机 (台) Air Conditioners and Heaters	空调器 (台) Air Conditioner	电炊具 (台) Electric Cooking Appliances	淋浴热水器 (个) Shower	排油烟机 (台) Range Hoods	吸尘器 (台) Dust Catcher
全　国 National Average	**6.92**	**3.27**	**11.61**	**91.10**	**34.16**	**38.42**	**10.35**
北　京 Beijing	19.20	4.60	14.20	46.60	52.00	47.20	20.40
天　津 Tianjin	6.20	2.20	15.20	28.20	39.40	43.60	17.60
河　北 Hebei	7.39	3.62	6.80	36.54	29.25	35.22	10.11
山　西 Shanxi	5.15	0.82	1.16	24.63	9.77	25.66	4.41
内蒙古 Inner Mongolia	7.55	1.02	0.20	113.69	9.43	20.42	6.30
辽　宁 Liaoning	7.21	4.74	0.30	69.17	35.06	51.22	22.16
吉　林 Jilin	6.11	1.26	0.00	124.28	25.20	47.74	16.50
黑龙江 Heilongjiang	5.60	4.67	0.40	149.87	13.87	43.47	18.63
上　海 Shanghai	6.80	4.40	49.80	180.80	42.40	44.40	38.80
江　苏 Jiangsu	5.81	7.07	14.79	118.33	33.38	37.79	12.74
浙　江 Zhejiang	8.71	7.03	24.52	98.45	52.00	51.48	17.35
安　徽 Anhui	4.12	4.49	14.27	68.12	27.95	31.32	3.37
福　建 Fujian	7.72	1.84	7.56	137.72	49.07	30.16	1.89
江　西 Jiangxi	5.34	3.14	7.03	63.39	33.31	28.64	3.73
山　东 Shandong	7.07	5.52	6.57	56.94	29.59	49.83	12.34
河　南 Henan	4.83	3.38	12.02	32.05	18.10	23.71	3.39
湖　北 Hubei	7.23	4.41	19.08	83.48	30.32	35.24	4.25
湖　南 Hunan	6.20	2.80	13.60	39.40	40.90	37.60	4.00
广　东 Guangdong	9.35	3.78	54.90	109.64	85.05	67.03	3.83
广　西 Guangxi	6.52	0.86	7.32	151.27	54.99	38.69	2.61
海　南 Hainan	5.40	1.00	3.00	134.10	31.30	18.00	0.70
四　川 Sichuan	7.14	1.32	9.73	98.23	56.67	30.00	5.10
贵　州 Guizhou	5.13	1.88	0.50	80.00	20.75	32.25	4.75
云　南 Yunnan	11.15	4.17	0.58	168.41	44.19	48.99	7.02
西　藏 Tibet	7.00	6.00	3.00	19.00	3.00	10.00	6.00
陕　西 Shaanxi	5.31	0.54	11.27	44.22	23.51	34.50	4.19
甘　肃 Gansu	3.77	2.07	0.08	23.43	15.92	22.68	4.44
青　海 Qinghai	4.67	2.55	0.00	10.93	7.66	32.38	3.80
宁　夏 Ningxia	10.35	0.78	0.00	128.24	26.89	28.84	7.82
新　疆 Xinjiang	10.13	1.30	1.17	75.20	33.36	38.85	15.07

9-15 农村居民家庭基本情况

BASIC CONDITIONS OF RURAL HOUSEHOLDS

项　　目	Item	1980	1985	1990	1994	1995	1996
调查户数　　(户)	**Number of Households Surveyed**	**15914**	**66642**	**66960**	**67420**	**67340**	**67610**
调查户人口　(人)	**Number of Residents Surveyed (person)**						
常住人口	Number of Permanent Residents in the Households Surveyed	88090	341525	321429	306418	301878	298530
平均每户常住人口	Average Number of Permanent Residents per Household	5.54	5.12	4.80	4.54	4.48	4.42
平均每户整半劳力	Average Number of Able-bodied and Semi-ablebodied Laborers per Household	2.45	2.95	2.92	2.89	2.88	2.84
平均每个劳动力负担人口(含本人)	Average Number of Persons Supported by a Laborer (including the laborer himself or herself)	2.26	1.74	1.64	1.57	1.56	1.55
平均每人年收入　(元)	**Per Capita Annual Income　(yuan)**						
总收入	Total Revenue	216.22	547.31	990.38	1789.38	2337.87	2806.73
纯收入	Net Income	191.33	397.60	686.31	1220.98	1577.74	1926.07
现金收入	Cash Income	113.12	357.39	676.67	1233.48	1595.56	1927.01
按纯收入分组户数占调查户比重(%)	**Percentage of Households Grouped by per Capita Annual Net Income　(%)**						
100元以下	Under 100 Yuan	9.80	0.96	0.22	0.30	0.22	0.13
100-200	(元) Yuan	51.80	11.26	1.80	0.59	0.38	0.18
200-300	(元) Yuan	25.30	25.61	6.57	1.55	0.81	0.36
300-400	(元) Yuan	8.60	24.00	11.99	2.93	1.55	0.66
400-500	(元) Yuan	2.90	15.85	14.37	4.61	2.40	1.20
500-600	(元) Yuan		9.06	13.99	6.20	3.70	1.88
600-800	(元) Yuan		8.02	20.83	15.25	9.59	5.56
800-1000	(元) Yuan	1.60	2.93	12.45	15.71	11.58	8.00
1000-1500	(元) Yuan		1.89	12.20	26.29	26.60	23.74
1500-2000	(元) Yuan		0.26	3.47	12.93	17.25	19.89
2000元以上	2000 (元) Yuan and Over		0.16	2.11	13.64	25.92	38.40
平均每人年支出　(元)	**Per Capita Annual Expenditure　(yuan)**						
总支出	Total Expenditure	195.52	485.51	903.47	1635.53	2138.33	2535.16
家庭经营费用支出	Expenditure for Household Business	24.61	121.39	241.09	458.57	621.71	709.42
生活消费支出	Expenditure for Consumption	162.21	317.42	584.63	1016.81	1310.36	1572.08
其他非生产性支出	Other Nonproductive Expenditures	8.42	9.57	18.80	46.23	55.28	82.48
现金支出	Cash Expenditure	122.93	389.19	741.17	1330.40	1766.67	2137.39
生产费用	Productive Costs	14.05	98.93	183.35	373.87	517.06	587.76
缴纳税金和上交集体承包费支出等	Taxes and Payments to Collective Units	0.24	16.35	33.38	59.16	76.96	94.45
生活消费支出	Expenditure for Consumption	83.83	194.68	374.74	648.19	859.43	1076.22
储蓄借贷支出	Expenditure for Savings and Credit	15.91	57.96	102.11	174.40	220.86	249.90

注: 本表至9-26表为农村住户抽样调查资料。

a) Data in Tables 9-15 to 9-26 are obtained from the sample surveys on rural households.

9－16 农村居民家庭平均每人总收入和纯收入

PER CAPITA ANNUAL GROSS AND NET INCOME OF RURAL HOUSEHOLDS

单位：元 (yuan)

项　目	Item	1978	1980	1985	1990	1994	1995	1996
总收入	**Gross Income**	**151.79**	**216.22**	**547.31**	**990.38**	**1789.38**	**2337.87**	**2806.73**
基本收入	Basic Income	142.27	193.82	517.40	954.59	1705.66	2231.12	2684.56
劳动者报酬收入	Labourers' Remuneration	88.26	106.38	72.15	138.80	262.98	353.70	450.84
集体组织劳动报酬	From Collective Organization	85.25	100.44	17.45	27.02	53.42	68.73	90.34
企业劳动报酬	From Enterprises	3.01	5.94	27.71	54.06	198.78	256.63	311.51
#乡村企业劳动报酬	From Township Enterprises	3.01	5.94	22.15	42.01	85.34	111.45	130.70
其他单位劳动报酬	From Other Units			26.99	57.72	10.78	28.34	48.99
家庭经营收入	Income from Household Business Operation	54.01	87.44	445.25	815.79	1442.68	1877.42	2233.72
转移性和财产性收入	Transfer Income and Property Income	9.52	22.40	29.91	35.79	83.72	106.75	122.17
纯收入	**Net Income**	**133.57**	**191.33**	**397.60**	**686.31**	**1220.98**	**1577.74**	**1926.07**
按收入来源分	**By Source**							
基本收入	Basic Income	124.05	168.93	367.69	657.35	1144.83	1479.49	1813.29
劳动者收入	Labourers' Remuneration	88.26	106.38	71.71	138.80	262.98	353.70	450.84
家庭经营纯收入	Net Income form Household Business	35.79	62.55	295.98	518.55	881.85	1125.79	1362.45
农业收入	Farming	15.15	21.93	191.46	330.11	590.42	775.12	924.40
林业收入	Forestry			6.16	7.53	12.90	13.52	16.13
牧业收入	Animal Husbandry	12.01	25.71	44.36	86.04	97.62	111.76	141.01
渔业收入	Fishery	1.42		3.59	7.11	10.96	15.69	17.50
手工业收入	Handicraft	5.19	2.87	8.11	10.89	15.13	18.97	24.83
采集、捕猎收入	Gathering and Hunting		5.80	10.13	14.36	19.60	21.40	23.40
工业收入	Industry			2.18	9.15	10.83	13.63	19.84
建筑业收入	Construction			7.41	12.18	25.18	34.53	44.74
运输业收入	Transportation		6.24	8.47	13.45	20.84	27.76	36.00
商业收入	Commerce				10.75	24.20	30.21	39.56
饮食业收入	Catering Services			6.13	1.94	3.30	4.05	4.53
服务业收入	Service Trade			3.25	6.77	14.29	17.18	21.97
其他收入	Others			4.73	8.27	36.58	41.97	48.54
转移性和财产性收入	Transfer Income and Property Income	9.52	22.40	29.91	28.96	76.15	98.25	112.78
按收入性质分	**Grouped by Type of Income**							
生产性纯收入	Productive Income	124.05	168.93	367.69	657.35	1144.83	1479.49	1813.29
第一产业收入	Primary Industry	113.47	149.62	298.28	510.86	780.91	996.51	1192.61
第二产业收入	Secondary Industry	10.58	19.31	29.47	70.68	210.14	287.24	372.37
第三产业收入	Tertiary Industry			39.95	75.81	153.78	195.74	248.31
非生产性纯收入	Nonproductive Income	9.52	22.40	29.91	28.96	76.15	98.25	112.78

9－17 各地区农村居民家庭平均每人纯收入

PER CAPITA NET INCOME OF RURAL HOUSEHOLDS BY REGION

单位：元 (yuan)

地 区 Region	1978	1980	1985	1990	1993	1994	1995	1996
全 国 National Average	**133.57**	**191.33**	**397.60**	**686.31**	**921.62**	**1220.98**	**1577.74**	**1926.07**
北 京 Beijing	224.80	290.46	775.08	1297.05	1882.58	2400.69	3223.65	3561.94
天 津 Tianjin	178.40	277.92	564.55	1069.04	1473.12	1835.71	2406.38	2999.68
河 北 Hebei	91.50	175.78	385.23	621.67	803.80	1107.25	1668.73	2054.95
山 西 Shanxi	101.61	155.78	358.32	603.51	718.33	884.20	1208.30	1557.19
内蒙古 Inner Mongolia	100.30	181.32	360.41	607.15	777.95	969.91	1208.38	1602.34
辽 宁 Liaoning	165.20	273.02	467.84	836.17	1160.98	1423.45	1756.50	2149.98
吉 林 Jilin	179.20	236.30	413.74	803.52	891.61	1271.63	1609.60	2125.56
黑龙江 Heilongjiang	167.90	205.38	397.84	759.86	1028.36	1393.58	1766.27	2181.86
上 海 Shanghai	290.00	397.35	805.92	1907.32	2726.98	3436.61	4245.61	4846.13
江 苏 Jiangsu	152.10	217.94	492.60	959.06	1266.87	1831.53	2456.86	3029.32
浙 江 Zhejiang		219.18	548.60	1099.04	1745.94	2224.64	2966.19	3462.99
安 徽 Anhui	101.70	184.82	369.41	539.16	724.50	973.20	1302.82	1607.72
福 建 Fujian	134.90	171.74	396.45	764.41	1210.51	1577.74	2048.59	2492.49
江 西 Jiangxi	140.70	180.94	377.31	669.90	869.81	1218.19	1537.36	1869.63
山 东 Shandong	101.20	194.33	408.12	680.18	952.74	1319.73	1715.09	2086.31
河 南 Henan	101.40	160.78	329.37	526.95	695.85	909.81	1231.97	1579.19
湖 北 Hubei	106.50	169.88	421.24	670.80	783.18	1172.74	1511.22	1863.62
湖 南 Hunan	134.40	219.71	395.26	664.24	851.87	1155.00	1425.16	1792.25
广 东 Guangdong	182.30	274.37	495.31	1043.03	1674.78	2181.52	2699.24	3183.46
广 西 Guangxi	119.50	173.68	302.96	639.45	892.07	1107.02	1446.14	1703.13
海 南 Hainan				696.22	991.99	1304.52	1519.71	1746.08
四 川 Sichuan	116.70	187.90	315.07	557.76	698.27	946.33	1158.29	1453.42
贵 州 Guizhou	108.00	161.46	287.83	435.14	579.67	786.84	1086.62	1276.67
云 南 Yunnan	123.90	150.12	338.34	540.86	674.79	802.95	1010.97	1229.28
西 藏 Tibet			352.97	649.71	889.49	975.95	1200.31	1353.26
陕 西 Shaanxi	133.00	142.49	295.26	530.80	652.99	804.84	962.89	1165.10
甘 肃 Gansu	98.40	153.33	255.22	430.98	550.83	723.73	880.34	1100.59
青 海 Qinghai			342.95	559.78	672.56	869.34	1029.77	1173.80
宁 夏 Ningxia	115.90	178.06	321.17	578.13	636.39	866.97	998.75	1397.80
新 疆 Xinjiang	199.17	198.01	394.30	683.47	777.62	946.82	1136.45	1290.01

9-18 各地区农村居民家庭平均每人按来源分的纯收入(1996年)

PER CAPITA NET INCOME OF RURAL HOUSEHOLDS BY SOURCE AND BY REGION (1996)

单位：元 (yuan)

地区 Region	纯收入 Net Income	基本收入 Basic Income	劳动者报酬 Labourers' Remuneration	家庭经营收入 Income from Household Business Operation	转移性收入 Transfer Income	财产性收入 Property Income
全国 National Average	**1926.07**	**1813.29**	**450.84**	**1362.45**	**70.19**	**42.59**
北京 Beijing	3561.94	3290.73	2152.98	1137.75	184.42	86.80
天津 Tianjin	2999.68	2871.62	1238.87	1632.75	61.43	66.63
河北 Hebei	2054.95	1965.81	574.60	1391.21	40.24	48.90
山西 Shanxi	1557.19	1499.13	420.63	1078.51	36.62	21.44
内蒙古 Inner Mongolia	1602.34	1550.15	125.98	1424.17	23.39	28.80
辽宁 Liaoning	2149.98	2059.35	605.17	1454.18	36.87	53.77
吉林 Jilin	2125.56	1940.46	279.02	1661.44	32.25	152.84
黑龙江 Heilongjiang	2181.86	2075.42	171.37	1904.05	31.10	75.35
上海 Shanghai	4846.13	4517.81	3239.76	1278.05	147.40	180.92
江苏 Jiangsu	3029.32	2868.33	1119.41	1748.92	104.56	56.43
浙江 Zhejiang	3462.99	3289.07	1360.26	1928.81	121.00	52.92
安徽 Anhui	1607.72	1508.24	346.35	1161.89	68.04	31.44
福建 Fujian	2492.49	2295.18	661.02	1634.17	125.58	71.73
江西 Jiangxi	1869.63	1804.93	409.23	1395.70	53.47	11.24
山东 Shandong	2086.31	1989.53	522.92	1466.61	49.23	47.55
河南 Henan	1579.19	1508.36	220.33	1288.03	46.74	24.09
湖北 Hubei	1863.62	1754.12	272.65	1481.48	66.12	43.38
湖南 Hunan	1792.25	1719.18	352.07	1367.11	58.25	14.82
广东 Guangdong	3183.46	2928.23	821.97	2106.27	199.99	55.24
广西 Guangxi	1703.13	1590.90	239.13	1351.77	97.40	14.83
海南 Hainan	1746.08	1575.48	73.04	1502.45	102.96	67.63
四川 Sichuan	1453.42	1340.61	291.80	1048.80	82.63	30.17
贵州 Guizhou	1276.67	1206.25	191.53	1014.72	57.78	12.63
云南 Yunnan	1229.28	1096.73	139.22	957.51	67.63	64.93
西藏 Tibet	1353.26	1257.72	122.64	1135.07	58.52	37.03
陕西 Shaanxi	1165.10	1091.96	196.71	895.25	46.01	27.12
甘肃 Gansu	1100.59	1037.12	146.78	890.34	44.28	19.19
青海 Qinghai	1173.80	1133.06	134.03	999.03	36.78	3.96
宁夏 Ningxia	1397.80	1346.89	225.83	1121.06	22.34	28.57
新疆 Xinjiang	1290.01	1161.71	55.46	1106.25	53.35	74.95

9-19 农村居民家庭平均每人生活消费支出

PER CAPTA LIVING EXPENDITURE OF RURAL HOUSEHOLDS

单位: 元 (yuan)

指标	Item	1978	1980	1985	1990	1994	1995	1996
生活消费支出	**Living Expenditure**	**116.06**	**162.21**	**317.42**	**584.63**	**1016.81**	**1310.36**	**1572.08**
按消费类别分	**By Category of Consumption**							
食品	Food	78.59	100.19	183.43	343.76	598.47	768.19	885.49
#主食	Staple Food	51.33	60.58	83.24	135.47	241.44	316.72	360.84
副食	Non-Staple Food	24.67	35.27	73.01	146.09	256.11	316.40	359.08
其他食品	Other Food	2.59	4.36	22.56	49.45	75.91	102.60	122.92
衣着	Clothing	14.74	19.99	30.86	45.44	70.32	89.79	113.77
居住	Residence	11.95	22.46	57.90	101.37	142.34	182.21	219.06
家庭设备用品及服务	Household Facilities, Articles and Services			16.25	30.90	55.46	68.48	84.22
医疗保健	Medicines and Medical Services			7.65	19.02	32.07	42.48	58.26
交通通讯	Transportation and Communications	10.78	19.57	5.48	8.42	24.02	33.76	47.08
文教娱乐用品及服务	Cultural, Educational and Recreational Articles and Services			12.45	31.38	75.11	102.39	132.46
其他商品及服务	Other Commodities and Services			3.40	4.34	19.02	23.06	31.74
按消费性质分	**By Source of Consumption**							
货币性消费	**Consumption Paid in Money**	**47.64**	**83.83**	**194.68**	**374.74**	**648.19**	**859.43**	**1076.22**
食品	Food	18.91	31.13	77.27	155.85	264.01	353.22	423.80
衣着	Clothing	13.12	19.61	30.03	44.03	69.67	88.66	112.70
居住	Residence	6.13	14.13	42.62	81.15	109.24	147.86	186.24
家庭设备用品及服务	Household Facilities,Articles and Services			15.97	30.74	55.09	68.08	83.96
医疗保健	Medicines and Medical Services			7.55	18.98	32.06	42.47	58.26
交通通讯	Transportation and Communications	9.48	18.96	5.48	8.41	24.01	33.73	47.07
文教娱乐用品及服务	Cultural, Educational and Recreational Articles and Services			12.36	31.33	75.09	102.35	132.46
其他商品及服务	Other Commodities and Services			3.40	4.25	19.02	23.06	31.73
实物性消费	**Consumption in kind**	**68.42**	**78.38**	**122.74**	**209.89**	**368.62**	**450.93**	**495.86**
食品	Food	59.68	69.06	106.16	187.91	334.46	414.97	461.69
衣着	Clothing	1.62	0.38	0.83	1.41	0.65	1.13	1.07
居住	Residence	5.82	8.33	15.28	20.22	33.10	34.35	32.82
家庭设备用品及服务	Household Facilities, Articles and Services			0.28	0.16	0.37	0.40	0.26
医疗保健	Medicines and Medical Services			0.10	0.04	0.01	0.01	
交通通讯	Transportation and Communications	1.30	0.61	...	0.01	0.01	0.03	0.01
文教娱乐用品及服务	Cultural, Educational and Recreational Articles and Services			0.09	0.05	0.02	0.04	
其他商品及服务	Other Commodities and Services				0.09			0.01

9-20 各地区农村居民家庭平均每人生活消费支出 (1996 年)
PER CAPITA LIVING EXPENDITURE OF RURAL HOUSEHOLDS BY REGION (1996)

单位: 元 (yuan)

地区 Region		生活消费支出合计 Living Expenditure	食品 Food	衣着 Clothing	居住 Residence	家庭设备及服务 Household Facilities, Articles and Services	医疗保健 Medicines and Medical Services	交通和通讯 Transportation and Communications	文教、娱乐用品及服务 Cultural, Educational and Recreational Articles and Services	其他商品及服务 Other Commodities and Services
全国	**National Average**	**1572.08**	**885.49**	**113.77**	**219.06**	**84.22**	**58.26**	**47.08**	**132.46**	**31.74**
北京	Beijing	2564.51	1193.34	256.29	278.66	188.57	152.98	139.52	259.60	95.55
天津	Tianjin	1957.39	1027.67	192.82	307.62	85.29	98.40	54.90	140.50	50.19
河北	Hebei	1398.94	729.92	133.58	210.49	77.98	60.08	57.91	106.74	22.24
山西	Shanxi	1174.29	685.68	130.91	108.59	58.80	44.85	22.08	93.88	29.50
内蒙古	Inner Mongolia	1437.62	835.57	116.90	161.56	60.95	62.22	57.51	119.81	23.10
辽宁	Liaoning	1763.57	996.48	176.57	218.63	72.52	76.59	55.25	139.18	28.35
吉林	Jilin	1513.19	803.38	159.43	176.97	68.19	66.18	58.27	144.14	36.63
黑龙江	Heilongjiang	1537.30	853.51	148.35	220.60	57.75	80.11	40.38	111.96	24.64
上海	Shanghai	3867.86	1656.56	255.52	815.50	363.36	107.80	199.73	347.11	122.27
江苏	Jiangsu	2414.43	1235.62	165.97	408.32	178.91	76.83	92.37	191.81	64.60
浙江	Zhejiang	2701.69	1366.74	191.29	463.00	163.34	113.80	101.70	208.94	92.88
安徽	Anhui	1309.35	746.24	92.62	188.87	72.82	48.69	26.74	109.45	23.92
福建	Fujian	1913.25	1151.23	109.45	231.25	92.18	45.31	81.16	158.30	44.37
江西	Jiangxi	1553.10	945.51	87.19	215.61	72.33	47.73	42.07	120.52	22.14
山东	Shandong	1652.51	871.53	131.26	265.35	97.63	64.09	58.81	143.51	20.33
河南	Henan	1206.43	670.89	110.12	182.75	57.18	48.12	21.67	91.32	24.38
湖北	Hubei	1636.41	974.42	104.04	189.31	75.54	52.16	38.79	168.54	33.61
湖南	Hunan	1736.71	1025.32	96.04	229.74	84.74	58.66	38.70	176.96	26.55
广东	Guangdong	2584.16	1333.17	106.03	434.57	163.18	92.46	98.98	289.01	66.76
广西	Guangxi	1399.07	795.30	65.07	200.40	67.27	46.29	32.24	166.09	26.41
海南	Hainan	1288.98	844.22	61.68	122.76	61.80	28.53	23.87	124.83	21.29
四川	Sichuan	1349.88	863.94	83.26	157.50	65.43	45.26	23.54	97.25	13.70
贵州	Guizhou	1068.09	774.62	60.20	78.25	47.41	17.48	16.79	61.16	12.18
云南	Yunnan	1209.16	743.33	74.64	175.14	56.12	40.28	23.91	75.17	20.57
西藏	Tibet	773.02	504.00	104.38	34.54	70.81	15.50	14.14	11.35	18.30
陕西	Shaanxi	1097.59	622.77	86.14	142.32	55.61	54.18	23.91	98.10	14.56
甘肃	Gansu	986.34	669.36	57.25	87.11	37.58	39.25	14.96	67.07	13.76
青海	Qinghai	1052.33	700.76	93.14	101.97	40.19	41.33	20.25	35.57	19.12
宁夏	Ningxia	1235.67	743.56	95.16	140.19	67.55	57.22	28.56	82.63	20.80
新疆	Xinjiang	1346.57	613.36	160.32	220.18	76.01	66.25	62.39	99.17	48.89

9-21 各地区农村居民家庭平均每人生活消费现金支出 (1996年)

PER CAPITA LIVING CASH EXPENDITURE FOR CONSUMPTION OF RURAL HOUSEHOLDS BY REGION (1996)

单位：元 (yuan)

地区 Region	生活消费支出合计 Living Expenditure	食品 Food	衣着 Clothing	居住 Residence	家庭设备及服务 Household Facilities, Articles and Services	医疗保健 Medicines and Medical Services	交通和通讯 Transportation and Communications	文教、娱乐用品及服务 Cultural, Educational and Recreational Articles and Services	其他商品及服务 Other Commodities and Services
全　国 National Average	**1076.22**	**423.80**	**112.70**	**186.24**	**83.96**	**58.26**	**47.07**	**132.46**	**31.73**
北　京 Beijing	2341.20	970.53	256.29	278.23	188.50	152.98	139.52	259.60	95.54
天　津 Tianjin	1538.76	622.71	192.82	294.00	85.25	98.40	54.90	140.50	50.18
河　北 Hebei	1001.23	350.02	132.79	193.48	77.96	60.08	57.91	106.74	22.24
山　西 Shanxi	782.39	303.08	130.33	100.16	58.51	44.85	22.08	93.88	29.51
内蒙古 Inner Mongolia	886.13	302.76	115.92	143.86	60.95	62.22	57.51	119.81	23.10
辽　宁 Liaoning	1205.49	488.82	176.45	168.94	71.91	76.59	55.25	139.18	28.35
吉　林 Jilin	1192.73	513.35	159.42	146.54	68.19	66.18	58.27	144.14	36.63
黑龙江 Heilongjiang	1063.45	443.98	148.35	156.30	57.72	80.11	40.38	111.96	24.65
上　海 Shanghai	3365.01	1164.68	255.30	805.53	362.60	107.80	199.73	347.11	122.26
江　苏 Jiangsu	1793.76	654.79	164.98	372.97	175.42	76.83	92.37	191.81	64.59
浙　江 Zhejiang	2222.20	901.77	190.90	448.89	163.32	113.80	101.70	208.94	92.87
安　徽 Anhui	874.60	370.14	91.98	130.86	72.81	48.69	26.74	109.45	23.93
福　建 Fujian	1364.35	659.27	109.44	174.35	92.15	45.31	81.16	158.30	44.37
江　西 Jiangxi	982.54	406.75	86.19	184.82	72.33	47.73	42.07	120.52	22.13
山　东 Shandong	1124.23	410.54	127.26	202.41	97.37	64.09	58.71	143.51	20.32
河　南 Henan	740.45	253.39	107.81	136.60	57.16	48.12	21.67	91.32	24.38
湖　北 Hubei	940.06	335.92	101.41	134.27	75.35	52.16	38.79	168.54	33.61
湖　南 Hunan	1126.16	435.29	95.13	210.13	84.74	58.66	38.70	176.96	26.55
广　东 Guangdong	2114.42	891.47	104.78	408.30	162.67	92.46	98.98	289.01	66.77
广　西 Guangxi	1015.91	441.34	65.03	171.25	67.27	46.29	32.24	166.09	26.41
海　南 Hainan	827.03	418.25	61.68	86.78	61.80	28.53	23.87	124.83	21.30
四　川 Sichuan	775.04	318.36	82.88	128.72	65.34	45.26	23.54	97.25	13.70
贵　州 Guizhou	502.96	218.62	60.17	69.20	47.35	17.48	16.79	61.16	12.18
云　南 Yunnan	755.95	321.30	73.56	145.05	56.12	40.28	23.91	75.17	20.56
西　藏 Tibet	547.45	289.32	104.02	24.41	70.41	15.50	14.14	11.35	18.30
陕　西 Shaanxi	701.17	249.52	85.47	119.84	55.61	54.18	23.91	98.10	14.55
甘　肃 Gansu	443.35	154.49	57.14	59.16	37.52	39.25	14.96	67.07	13.76
青　海 Qinghai	545.69	226.82	92.82	69.61	40.17	41.33	20.25	35.57	19.12
宁　夏 Ningxia	737.54	257.43	95.13	128.22	67.55	57.22	28.56	82.63	20.81
新　疆 Xinjiang	1001.72	306.00	154.99	188.26	75.77	66.25	62.39	99.17	48.89

9-22 各地区农村居民家庭平均每人主要食品消费量 (1996年)

PER CAPITA CONSUMPTION OF MAJOR FOOD IN RURAL HOUSEHOLDS BY REGION (1996)

单位：公斤 (kg)

地区 Region	粮食 Grain	蔬菜 Vege-tables	食油 Edible Oil	猪牛羊肉 Pork, Beef and Mutton	家禽 Poultry	蛋类及其制品 Eggs and Related Products	水产品 Aquatic Products	食糖 Sugar	酒 Liquor
全国 National Average	**256.19**	**106.26**	**6.07**	**12.90**	**1.93**	**3.35**	**3.68**	**1.37**	**7.11**
北京 Beijing	167.75	107.15	8.59	13.23	1.13	5.57	4.17	1.34	16.82
天津 Tianjin	236.97	94.27	7.41	9.84	0.35	6.72	6.65	0.67	9.76
河北 Hebei	221.42	91.39	5.03	6.78	0.25	6.62	2.10	0.80	6.94
山西 Shanxi	220.30	81.86	4.53	4.60	0.21	3.12	0.34	1.18	2.19
内蒙古 Inner Mongolia	276.26	82.76	4.95	18.43	0.46	2.32	1.02	1.15	8.46
辽宁 Liaoning	259.41	205.82	6.99	14.30	1.37	5.97	4.39	0.56	9.82
吉林 Jilin	281.47	149.05	5.34	10.68	1.64	5.32	3.91	0.81	14.29
黑龙江 Heilongjiang	295.38	104.34	7.44	7.22	1.54	5.39	3.62	0.90	13.20
上海 Shanghai	282.03	88.95	5.53	15.46	4.47	6.21	11.46	2.94	15.18
江苏 Jiangsu	273.58	117.30	8.84	13.75	3.69	9.66	10.36	1.84	9.81
浙江 Zhejiang	257.97	81.64	4.34	15.06	3.54	3.51	11.19	2.64	22.18
安徽 Anhui	254.86	81.07	6.51	8.70	2.38	3.64	3.84	1.56	7.24
福建 Fujian	261.45	105.01	5.46	14.40	4.94	2.78	8.69	2.39	12.35
江西 Jiangxi	317.55	154.22	7.20	12.78	2.03	2.92	4.15	1.53	5.33
山东 Shandong	240.73	118.55	5.26	7.61	1.27	8.19	3.38	1.11	9.49
河南 Henan	249.44	65.47	4.95	5.59	0.38	2.62	0.58	1.15	3.73
湖北 Hubei	289.26	155.09	10.08	15.27	1.46	3.47	5.44	1.34	6.98
湖南 Hunan	298.71	137.18	8.27	16.95	2.26	2.53	4.69	1.40	7.26
广东 Guangdong	249.17	111.83	6.62	19.52	7.38	2.76	11.89	3.10	3.58
广西 Guangxi	236.66	120.07	4.84	12.95	4.16	0.85	2.09	1.24	6.93
海南 Hainan	224.83	49.36	2.61	9.28	4.64	0.75	8.65	1.13	3.56
四川 Sichuan	247.44	137.67	5.39	22.99	1.50	2.55	1.03	1.47	5.88
贵州 Guizhou	236.08	126.29	5.89	20.87	0.91	0.92	0.26	0.80	5.41
云南 Yunnan	260.26	127.82	4.54	22.33	2.10	1.59	0.90	1.46	5.45
西藏 Tibet	253.77	31.72	5.70	13.11	0.03	0.93	0.01	2.77	1.29
陕西 Shaanxi	234.90	55.01	4.53	5.36	0.15	1.00	0.12	0.77	2.19
甘肃 Gansu	242.90	29.82	4.42	5.84	0.33	1.07	0.09	0.54	1.39
青海 Qinghai	270.99	42.50	8.50	14.18	0.15	0.27	0.19	0.73	1.95
宁夏 Ningxia	278.98	73.62	6.72	9.20	0.84	1.30	0.43	1.48	0.97
新疆 Xinjiang	233.88	71.14	7.37	10.30	1.12	1.00	0.50	0.44	1.36

9-23 各地区农村居民家庭平均每人主要衣着消费量 (1996年)

PER CAPITA CONSUMPTION OF CLOTHING IN RURAL HOUSEHOLDS BY REGION (1996)

地区 Region	棉布 (米) Cotton Cloth (m)	化纤布 (米) Chemical Fiber Cloth (m)	呢绒 (米) Woolen Fabric (m)	绸缎 (米) Silk and Satin (m)	毛线及毛线织品 (公斤) Knitting Wool and Woolen Knitwear (kg)	胶鞋、球鞋、皮鞋 (双) Rubber, Gymshoes and Leather Shoes (pair)
全国 National Average	**0.47**	**1.83**	**0.07**	**0.03**	**0.14**	**0.74**
北京 Beijing	0.94	1.89	0.08	0.01	0.25	0.74
天津 Tianjin	0.80	1.46	0.07	0.17	0.24	0.75
河北 Hebei	0.72	2.79	0.05	0.02	0.16	0.55
山西 Shanxi	0.56	2.26	0.03	0.03	0.14	0.57
内蒙古 Inner Mongolia	0.80	2.01	0.06	0.24	0.16	0.54
辽宁 Liaoning	0.57	2.12	0.11	0.02	0.17	0.88
吉林 Jilin	0.44	1.68	0.05	0.01	0.19	1.09
黑龙江 Heilongjiang	0.52	1.49	0.07	0.02	0.13	0.85
上海 Shanghai	0.95	1.65	0.16	0.04	0.24	0.66
江苏 Jiangsu	0.50	2.04	0.15	0.02	0.22	0.71
浙江 Zhejiang	0.50	2.13	0.18	0.01	0.27	0.84
安徽 Anhui	0.47	1.59	0.06	0.02	0.15	0.69
福建 Fujian	0.20	1.15	0.06	0.01	0.09	0.55
江西 Jiangxi	0.20	1.99	0.04	…	0.10	0.81
山东 Shandong	0.90	2.33	0.10	0.02	0.22	0.60
河南 Henan	0.34	2.20	0.04	0.01	0.15	0.45
湖北 Hubei	0.27	1.83	0.04	0.01	0.12	0.87
湖南 Hunan	0.22	1.85	0.03	0.01	0.09	0.90
广东 Guangdong	0.23	1.59	0.03	…	0.09	0.75
广西 Guangxi	0.18	1.53	…	…	0.05	0.64
海南 Hainan	0.15	1.18	0.03	…	0.02	0.68
四川 Sichuan	0.41	1.28	0.04	0.01	0.10	0.92
贵州 Guizhou	0.49	1.24	0.03	0.02	0.08	1.05
云南 Yunnan	0.33	1.51	0.03	…	0.09	0.81
西藏 Tibet	1.53	0.39	0.39	0.08	0.47	1.27
陕西 Shaanxi	0.46	2.26	0.03	0.03	0.13	0.52
甘肃 Gansu	0.47	1.25	0.04	0.02	0.14	0.54
青海 Qinghai	0.63	1.84	0.04	0.12	0.10	0.71
宁夏 Ningxia	0.33	2.17	0.06	0.02	0.11	0.51
新疆 Xinjiang	0.74	2.17	0.49	0.25	0.13	1.06

9－24 农村居民家庭平均每人主要消费品消费量

PER CAPITA CONSUMPTION OF MAJOR CONSUMER GOODS IN RURAL HOUSEHOLDS

品　　名	Item	1978	1980	1985	1990	1994	1995	1996
粮食(原粮)(公斤)	Grain (Unprocessed) (kg)	247.83	257.16	257.45	262.08	260.56	258.92	256.19
#细　粮　(公斤)	Wheat and Rice (kg)	122.51	162.92	208.83	215.02	211.98	210.74	210.79
蔬　　菜　(公斤)	Fresh Vegetables (kg)	141.50	127.21	131.13	134.00	107.86	104.62	106.26
食　　油　(公斤)	Edible Oil (kg)	1.97	2.49	4.04	5.17	5.66	5.80	6.07
猪牛羊肉　(公斤)	Pork, Beef and Mutton (kg)	5.76	7.75	10.97	11.34	11.00	11.29	12.90
家　　禽　(公斤)	Poultry (kg)	0.25	0.66	1.03	1.26	1.63	1.83	1.93
蛋及制品　(公斤)	Eggs and Related Products (kg)	0.80	1.20	2.05	2.41	3.03	3.22	3.35
鱼　　虾　(公斤)	Fish and Shrimp (kg)	0.84	1.10	1.64	2.13	2.68	3.06	3.37
食　　糖　(公斤)	Sugar (kg)	0.73	1.06	1.46	1.50	1.34	1.28	1.37
酒　　　　(公斤)	Liquor (kg)	1.22	1.89	4.37	6.14	6.03	6.53	7.11
棉　　布　(米)	Cotton Cloth (m)	5.63	4.30	2.54	0.90	0.56	0.44	0.47
化 纤 布　(米)	Chemical Fiber Cloth (m)	0.41	0.94	2.50	1.74	1.78	1.70	1.83
呢　　绒　(米)	Woolen Fabric (m)	0.02	0.06	0.14	0.08	0.08	0.06	0.07
绸　　缎　(米)	Silk and Satin (m)	0.02	0.06	0.07	0.04	0.03	0.02	0.03
毛线及毛线织品(公斤)	Knitting Wool and Knitwear (kg)	0.02	0.05	0.04	0.07	0.10	0.12	0.14
胶鞋、球鞋、皮鞋(双)	Rubber Shoes, Gymshoes and Leather Shoes (pair)	0.32	0.51	0.55	0.67	0.65	0.69	0.74

9－25 农村居民家庭平均每百户年底耐用消费品拥有量

NUMBER OF DURABLE CONSUMER GOODS OWNED PER100 RURAL HOUSEHOLDS AT THE YEAREND

(unit)

品　　名	Item	1978	1980	1985	1990	1994	1995	1996
自行车　(辆)	Bicycle	30.73	36.87	80.64	118.33	136.50	147.02	139.82
缝纫机　(架)	Sewing Machine	19.80	23.31	43.21	55.19	62.75	65.74	64.62
钟　(只)	Clock	24.33	30.95	37.32	49.01	65.71	67.94	74.39
手　表　(只)	Wristwatch	27.42	37.58	126.32	172.22	174.20	169.09	154.78
# 电子表　(只)	Electronic Watch				23.21	36.83	40.44	41.67
电风扇　(台)	Electric Fan			9.66	41.36	80.91	88.96	100.46
洗衣机　(台)	Washing Machine			1.90	9.12	15.30	16.90	20.54
家用电冰箱　(台)	Refrigerator			0.06	1.22	4.00	5.15	7.27
摩托车　(辆)	Motorcycle				0.89	3.19	4.91	8.45
沙　发　(个)	Sofa			13.07	36.98	60.01	65.41	74.08
大衣柜　(个)	Wardrobe			53.37	75.67	85.53	84.88	82.59
写字台　(张)	Desk			38.21	56.08	77.15	79.00	80.66
收音机　(台)	Radio Set	17.44	33.54	54.19	45.15	31.19	31.05	28.53
黑白电视机　(台)	Black and White TV Set			10.94	39.72	61.77	63.81	65.06
彩色电视机　(台)	Color TV Set		0.39	0.80	4.72	13.52	16.92	22.91
收录机　(台)	Radio Cassette Player			4.33	17.83	26.08	28.25	31.15
照相机　(架)	Camera				0.70	1.16	1.42	1.94

9-26 各地区农村居民家庭平均每百户主要耐用消费品拥有量 (1996年底)

NUMBER OF DURABLE CONSUMER GOODS OWNED PER 100 RURAL HOUSEHOLDS BY REGION AT THE END OF 1996

(unit)

地区 Region	自行车 (辆) Bicyle	缝纫机 (架) Sewing Machine	手表 (只) Watch	#电子表 Electronic Watch	电风扇 (台) Electric Fan	洗衣机 (台) Washing Machine	电冰箱 (台) Refrigerator
全国 National Average	**139.82**	**64.62**	**154.78**	**41.67**	**100.46**	**20.54**	**7.27**
北京 Beijing	260.40	66.80	224.27	72.80	123.07	84.53	66.13
天津 Tianjin	231.33	88.50	220.67	80.67	131.00	68.17	34.83
河北 Hebei	196.88	87.95	177.10	69.43	124.40	47.31	12.88
山西 Shanxi	128.14	84.29	103.95	59.14	25.43	31.76	4.29
内蒙古 Inner Mongolia	113.16	79.08	121.41	48.54	3.30	17.14	0.87
辽宁 Liaoning	153.17	74.66	156.08	42.54	33.12	53.49	10.58
吉林 Jilin	126.25	96.69	130.56	47.50	6.00	45.75	2.63
黑龙江 Heilongjiang	104.90	78.32	133.22	38.22	3.22	40.24	2.45
上海 Shanghai	244.17	86.33	265.00	72.00	289.33	66.83	64.83
江苏 Jiangsu	184.15	64.29	193.09	39.41	182.18	37.15	13.62
浙江 Zhejiang	232.19	89.07	249.26	36.81	236.19	20.07	27.15
安徽 Anhui	128.61	60.55	130.06	23.55	140.94	5.29	3.74
福建 Fujian	124.74	75.43	232.23	45.20	162.29	21.37	9.37
江西 Jiangxi	137.18	46.16	147.51	30.98	110.00	1.55	2.00
山东 Shandong	197.26	75.48	149.71	49.33	124.93	12.33	11.26
河南 Henan	147.88	81.24	93.83	34.95	100.40	15.57	3.93
湖北 Hubei	114.94	53.39	132.61	29.15	120.88	13.94	2.61
湖南 Hunan	96.54	39.81	120.05	20.43	120.32	6.00	2.30
广东 Guangdong	216.91	77.81	240.70	60.70	273.36	17.89	9.34
广西 Guangxi	154.42	73.51	137.49	13.33	146.75	1.99	1.30
海南 Hainan	106.81	64.58	113.33	37.64	78.61	2.08	1.67
四川 Sichuan	59.11	21.71	172.49	21.13	92.69	10.25	2.07
贵州 Guizhou	21.16	26.07	135.94	29.33	8.71	5.98	0.40
云南 Yunnan	86.04	47.25	154.21	30.79	5.79	10.67	1.08
西藏 Tibet	77.71	36.88	115.21	35.63	0.42	1.67	
陕西 Shaanxi	127.34	69.91	126.80	51.13	37.84	17.48	0.63
甘肃 Gansu	125.11	66.94	162.00	95.89	3.50	10.72	0.50
青海 Qinghai	79.67	50.67	156.50	76.67	0.33	12.33	0.50
宁夏 Ningxia	177.50	73.83	153.67	72.33	12.83	28.83	3.50
新疆 Xinjiang	182.60	65.07	102.27	47.13	7.47	20.87	4.60

续表 1 continued

(unit)

地 区 Region	摩托车 (辆) Motorcycle	收音机 (台) Radio	黑白电视机 (台) Black and White TV Set	彩色电视机 (台) Color Tv Set	收录机 (台) Radio Cas-sette Player	照相机 (架) Camera
全 国National Average	**8.45**	**28.53**	**65.06**	**22.91**	**31.15**	**1.94**
北 京 Beijing	17.47	46.13	47.60	76.27	58.13	17.73
天 津 Tianjin	16.83	62.50	59.00	60.33	48.17	10.50
河 北 Hebei	16.31	42.95	72.43	36.21	36.57	2.17
山 西 Shanxi	7.52	21.90	57.90	33.00	30.19	1.71
内蒙古 Inner Mongolia	10.34	29.22	64.42	21.94	34.08	1.17
辽 宁 Liaoning	9.05	35.45	59.31	43.76	32.59	3.17
吉 林 Jilin	5.81	30.38	73.75	25.81	40.13	1.25
黑龙江 Heilongjiang	3.94	33.65	71.78	27.60	31.88	1.44
上 海 Shanghai	33.17	48.83	72.17	53.33	41.50	6.67
江 苏 Jiangsu	14.65	34.71	77.26	28.24	34.62	3.88
浙 江 Zhejiang	9.89	22.11	67.74	39.48	31.56	4.30
安 徽 Anhui	1.68	32.74	81.16	13.55	29.90	0.97
福 建 Fujian	21.20	19.94	59.54	38.46	31.77	2.51
江 西 Jiangxi	7.76	26.41	77.71	10.24	28.20	0.86
山 东 Shandong	15.55	50.05	74.26	25.00	29.43	2.86
河 南 Henan	4.00	44.50	65.38	18.33	22.69	1.10
湖 北 Hubei	5.91	22.33	77.82	11.52	23.64	0.73
湖 南 Hunan	2.78	10.14	69.14	7.84	18.84	0.76
广 东 Guangdong	22.50	38.63	49.22	38.98	50.16	2.30
广 西 Guangxi	3.90	14.98	64.37	8.40	24.89	0.43
海 南 Hainan	14.58	40.42	15.69	21.11	30.97	2.08
四 川 Sichuan	2.87	12.07	71.84	9.98	24.02	0.60
贵 州 Guizhou	2.10	5.49	43.04	3.75	18.62	0.58
云 南 Yunnan	1.63	15.42	45.33	17.25	36.38	1.33
西 藏 Tibet	0.63	33.96	6.04	5.42	49.38	0.21
陕 西 Shaanxi	4.41	28.15	55.95	22.07	20.90	0.81
甘 肃 Gansu	2.89	28.94	48.72	18.83	35.94	1.06
青 海 Qinghai	4.50	30.83	48.50	15.83	48.17	2.33
宁 夏 Ningxia	5.67	27.17	54.33	37.33	39.83	1.50
新 疆 Xinjiang	10.27	16.27	61.60	22.20	57.20	2.13

9-27 城乡新建住宅面积和居民居住情况

LIVING CONDITIONS OF URBAN AND RURAL RESIDENTS

年份 Year	城镇新建住宅面积（亿平方米）Floor Space of Newly-Built Residntial Buildings in Urban Areas (100 million sq.m)	#城镇个人 Owned by Individuals in Urban Areas	农村新建房屋面积（亿平方米）Floor Space of Newly-Built Houses in Rural Areas (100 million sq.m)	人均居住面积(平方米) Per Capita Living Space (sq.m)	
				城市 Urban	农村 Rural
1978	0.38		1.00	3.6	8.1
1980	0.92		5.00	3.9	9.4
1985	1.88	0.63	7.22	5.2	14.7
1986	1.93	0.72	9.84	6.0	15.3
1987	1.93	0.83	8.84	6.1	16.0
1988	2.03	0.94	8.45	6.3	16.6
1989	1.56	0.78	6.76	6.6	17.2
1990	1.73	0.65	6.91	6.7	17.8
1991	1.93	0.68	7.54	6.9	18.5
1992	2.40	0.86	6.19	7.1	18.9
1993	3.07	0.98	4.81	7.5	20.7
1994	3.57	1.23	6.18	7.8	20.2
1995	3.75	1.33	6.99	8.1	21.0
1996	3.94	1.46	8.28	8.5	21.7

注：本表"人均居住面积"城市为建设部统计数字，农村为农村住户抽样调查资料。

a) Data on per capita living space of the urban residents are provided by the Ministry of Construction. Data on per capita living space of the rural residents are obtained from the sample surveys on rural households.

9-28 农民家庭房屋使用情况

LIVING CONDITIONS OF RURAL HOUSEHOLDS

本表为农村住户抽样调查资料。

Data in this table are obtained from the sample surveys on rural households.

项目	Item	1980	1985	1990	1994	1995	1996
本年新建房屋	**Rooms Newly Built Within the Year**						
间数（间/户）	Number of Rooms Per Household (room)		0.30	0.19	0.17	0.21	0.20
面积（平方米/人）	Per Capita Floor Space of Houses(sq.m)		1.08	0.82	0.73	0.78	0.96
#砖木结构	Brick and Wood Structure		0.70	0.47	0.36	0.37	0.40
钢筋混凝土结构	Reinforced Concrete Structure		0.09	0.23	0.24	0.33	0.46
房屋价值（元/间）	Value per Room (yuan)		747.43	1906.72	2976.03	3420.19	4603.08
每平方米价值(元)	Value per Square Meter (yuan)		40.17	92.32	152.38	200.30	253.24
生活用房面积（平方米/人）	Per Capita Living Floor Space (sq.m)		0.91	0.69	0.61	0.68	0.81
楼房面积（平方米/人）	Per Capita Floor Space of Multi-Floor Buildings (sq.m)				0.11	0.14	0.19
年末使用房屋	**Rooms Used at the End of Year**						
间数（间/户）	Number of Rooms per Household (room)	4.06	5.11	5.61	5.19	5.14	5.00
居住面积（平方米/人）	Per Capita Floor Space (sq.m)	9.40	14.70	17.83	20.22	21.01	21.69
#砖木结构	Brick and Wood Structure		7.47	9.84	11.53	11.91	11.69
钢筋混凝土结构	Reinforced Concrete Structures		0.31	1.22	2.67	3.10	4.44
房屋价值（元/间）	Value per Room (yuan)	269.17	465.75	803.06	1473.13	1864.68	2565.81

主要统计指标解释

城镇居民家庭就业人口　指城镇居民从事社会劳动并取得劳动报酬或经营收入的人口。就业人口包括通过国家统筹规划和指导由劳动部门介绍就业，自愿组织起来就业和自谋职业等方式，在国有制、集体所有制、中外合资、中外合作、外资在华独资的企事业单位和私营企业单位工作或从事个体劳动的有固定性职业或临时性职业的人口。被聘用和留用的离退休人员也计入就业人口。本指标可以反映城镇居民的就业情况，是计算就业面、负担系数的重要资料。

城镇居民家庭全部收入　指被调查城镇居民家庭全部的实际现金收入，包括经常或固定得到的收入和一次性收入。不包括周转性收入，如提取银行存款、向亲友借入款、收回借出款以及其他各种暂收款。

城镇居民家庭可支配收入　指被调查城镇居民家庭在支付个人所得税之后，所余下的实际收入。

城镇居民家庭消费性支出　指被调查的城镇居民家庭用于日常生活的全部支出，包括购买商品支出和文化生活、服务等非商品性支出。不包括罚没、丢失款和缴纳的各种税款（如个人所得税、牌照税、房产税等），也不包括个体劳动者生产经营过程中发生的各项费用。

城镇居民家庭购买商品支出　指被调查的城镇居民家庭购买商品的全部支出，包括从商店、工厂、饮食业、工作单位食堂、集市以及直接从农民购买各种商品的开支。共分九类：食品：衣着品、日用品、文化娱乐用品、书报杂志、药及医疗用品、房屋及建筑材料、燃料、其他商品。不论自用的或赠送亲友的都包括在内。

农村居民家庭纯收入　指农村常住居民家庭总收入中，扣除从事生产和非生产经营费用支出、缴纳税款和上交承包集体任务金额以后剩余的，可直接用于进行生产性、非生产性建设投资、生活消费和积蓄的那一部分收入。它是反映农民家庭实际收入水平的综合性的主要指标。农民家庭纯收入，既包括从事生产性和非生产性的经营收入，又包括取自在外人口寄回带回和国家财政救济、各种补贴等非经营性收入；既包括货币收入，又包括自产自用的实物收入。但不包括向银行、信用社和向亲友借款等属于借贷性的收入。

农村居民家庭整半劳动力　指农村常住居民家庭成员中有劳动能力并经常参加实际劳动的人员。是生产的基本要素指标之一，是发展生产增加农民家庭收入的重要源泉。按规定，农村男 18 周岁至 50 周岁、女 18 周岁至 45 周岁为整劳动力；男 16 周岁到 17 周岁、51 周岁到 60 周岁，女 16 周岁到 17 周岁、46 周岁至 55 周岁为半劳动力。农民家庭整半劳动力，既包括在上述规定劳动年龄内和在劳动年龄以外有劳动能力并经常参加实际劳动的男女整半劳动力；也包括农民家庭常住人员中属于职工的劳动力。但不包括在劳动年龄内已丧失劳动能力的人员。

农村居民家庭生活消费支出　指农村常住居民家庭年内用于日常生活的全部开支。它是用来反映和研究农民家庭实际生活消费水平高低的重要指标。农民家庭生活消费支出，包括用于吃、穿、住、烧、用等生活消费品开支和文化、生活服务费用开支两大部分。

农村居民家庭商品性生活消费支出　指农村常住居民家庭用其货币收入，在市场上购买食品、衣着、家庭用家具器皿、日用杂品、燃料、耐用消费品、以及文教卫生用品等生活消费总量。包括向国有商店、集体商店和集市贸易市场以及其他流通渠道购买的全部生活消费品。农民家庭商品性生活消费支出，是农民家庭生活消费支出的一个重要组成部分，是用来反映和分析农民家庭生活消费水平的商品化程度，及其由自给性经济向商品经济发展趋势的重要指标，也是研究和预测农民家庭对市场消费品需求，制定商品供应计划的重要依据。

全国城乡储蓄存款余额　全国城乡储蓄存款，包括城镇居民储蓄存款和农民个人储蓄存款两部分。不包括居民的手存现金和工矿企业、部队、机关团体等集团存款。储蓄存款余额，是指城乡居民存入银行及农村信用社储蓄的时点数（存入数扣除取出数的余额），如月末、季末或年末数额。

Explanatory Notes on Main Statistical Indicators

Employed Population in Urban Households refers to urban residents engagd in certain work and receiving payment for their labour or income from their business operation, including those who work in state-owned or collective units, joint ventures, foreign-owned units and private units with permanent or temporary jobs. The self – employed individuals and reemployed retirees are also included. This indicator reflects the situation of urban employment and is the basic data for calculating employment rate and dependency ratio.

Total Income of Urban Households refers to the total actual cash income of the sample households, including regular or fixed income and occasional income. The income of a circulating nature such as withdrawal from bank deposits, loans borrowed from relatives or friends, repayment of loans received and various temporary collection of money is excluded.

Disposable Income refers to the income of the sample households which can be used for daily expenses, i. e. total income minus income tax.

Expenditure for Consumption refers to total expenditure of the sample households for consumption in daily life, including expenditure for various commodities and expenses for non-commodity items such as culture and service, etc., but excluding fines and confiscation, loss, tax payments (such as income tax, license tax, real estates tax, etc.) and various expenses by individual laborers for business purposes.

Expenditure for Purchases of Commodities refers to total expenses of the sample households for the purchases of commodities from shops, factories, catering trade, canteens, markets and the peasants. This expenditure is classified into nine items: food, clothing, daily-life necessities, cultural and recreational articles, newspapers and magazines, medicines and medical appliances, housing and building materials, fuels and other commodities. No matter whether the commodities are purchased for their own consumption or for gifts to relatives and friends, they are all included.

Net Income of Rural Households refers to the total income of the permanet residents of the rural households during a year after the deduction of the expenses for productive and non – productive business operation, the payment for taxes and the payment for collective units for their contracted tasks. The net income can be spent for investments in productive and non-productive construction, for consumption in daily life and for savings deposit. It is a comprehensive indicator to show the actual level of the income of the peasants' household. The net income of the rural households includes not only the income from the productive and non – productive business operation, but also the income from the non – business operation, such as the money remitted or brought back by the members of the household who are in other places, the government relief payment and various subsidies. It includes not only the money income, but also the income in kind. But the income from borrowing from banks, friends and relatives is excluded.

Able – bodied and Semi – ablebodied Laborers of Rural Households refer to permanent residents of rural households who are able to work and actually engaged in social labour, which are one factor of production and sources of rural household income. According to the relevant regulations, male aged 18-50, female aged 18-45 are considered as able – bodied laborers; male aged 16-17 and 51-60, female aged 16-17 and 46-55 are considered as semi – ablebodied laborers. Those who are not in the above age range but able to work and actually engaged in social labour are also considered as able – bodied or semi – ablebodied laborers, while those who are within the above age range but unable to work are not counted as able – bodied or semi – ablebodied laborers.

Expenditure of Rural Households for Consumption refers to total expenses of rural households on daily life, including expenses on food, clothing, housing, fuel, articles for daily use, and expenses on cultural life and services. This indicator is used to show the actual consumption level of peasants.

Expenditure of Rural Honseholds on Commodities refers to total expenses of the permanent residents of the rural households on purchases of food, clothing, furniture, household appliances, articles for daily use, fuels, durable goods, and cultural, educational and medicinal articles, including purchases from state-owned shops, collective shops, free markets, and etc. Expenditure of peasants for purchase of commodities is an important part of peasants' consumption expenditure, which reflects the extent of commercialization of peasants' consumption and the developing process from self-sufficient economy toward commodity economy. It provides basis for the analysis and research of peasants' market demand and for the formulation of the plan of commodity supply.

The Outstanding Amount of Savings Deposits of Urban and Rural Residents includes two parts: the bank savings deposit of urban residents and the bank savings deposit of rural residents. The cash hold by residents and the deposits of organizations such as enterprises, army units, institutions, etc. are not included. The outstanding amount of saving deposits is the amount of saving deposits at a certain point of time such as the end of month, quarter, or year.

十 城市概况

GENERAL SURVEY OF CITIES

简要说明

一、本篇资料反映我国城市社会、经济发展和城市建设的规模、速度、效益及综合水平等基本情况，主要内容有四部分：

1. 全国城市分布情况和全国城市社会经济主要指标；

2. 不同分组的城市社会经济主要指标；

3. 省会城市和计划单列市主要经济指标；

4. 城市房屋及公用设施指标。

前三部分资料由各省、自治区、直辖市统计局依据国家统计局制定的城市基本情况统计报表制度收集整理提供。

统计范围包括全国所有城市。

报告频率：年报——年后5月30日，上报城市基本情况统计数据软盘。

二、“城市概况”中的有关城市面积、房屋及公用设施方面的资料均由建设部计划统计司提供。该资料的收集通过两个渠道：

一是建设部系统统计调查资料，由建设部制订并颁发年度统计报表制度，一般是以计划期为周期，一定五年不变。目前执行的是1991年制发的报表制度。统计范围是各城市建设系统企事业单位。

二是非建设系统统计调查资料，由建设部会同国家统计局制发《建设系统以外市政公用设施统计报表制度》，目前执行的是1991年制发的报表制度。统计范围是社会非建设部门企事业单位经营和自管的市政公用设施。

BRIEF INTRODUCTION

I. The data in this chapter show the social and economic development as well as the scale, growth rate, economic efficiency, overall level and other basic conditions of China's cities. The main content is composed of the following four parts:

(1) The distribution of the cities in China and the main indicators on the social and economic development of them;

(2) The main indicators on the social and economic development of the cities by different city groups;

(3) The main indicators on the social and economic development of the provincial capitals and the important cities separately listed in the national plan;

(4) The indicators on the urban residential buildings and public facilities.

The data of the first three parts are prepared and provided by the statistical bureaus of the provinces, autonomous regions and municipalities directly under the central government in accordance with the statistical reporting scheme on the basic situations of the cities, which is stipulated by the SSB.

The statistical coverage includes all the cities in China.

The frequency of the reports: The annual report on the basic situation of the cities is required to be submitted with the floppy disk on May 30 of the next year.

II. The data on the areas, buildings and public facilities of the cities in the "General Survey of Cities" are provided by the Department of Planning and Statistics, Ministry of Construction. The data are collected through two channels:

(1) The data of statistical inquiry on the units in the system of the Ministry of Construction are collected in accordance with the annual statistical reporting scheme, which is stipulated and issued by the Ministry of Construction and no revision is made during the five-year planning period. The statistical reporting scheme being implemented at present was stipulated and issued in 1991. The statistical coverage includes the enterprises and institutions in the system of urban construction.

(2) The data of statistical inquiry on the units outside the system of construction are collected in accordance with the "scheme of statistical reporting on the municipal administration and public facilities outside the system of construction", which was jointly stipulated and issued by the Ministry of Construction and the State Statistical Bureau in 1991. The statistical coverage includes the urban public facilities run and managed by the enterprises and institutions outside the system of urban construction.

10-1 全国城市数(1996年)
NUMBER OF CITIES (1996)

单位: 个 (number)

地区 Region	合计 Total	按人口分组 Grouped by Population				
		200万以上 2 million and Over	100-200万 1 million-2 million	50-100万 0.5 million-1 million	20-50万 0.2 million-0.5 million	20万以下 Under 0.2 million
全国 National Total	**666**	**11**	**23**	**44**	**195**	**393**
北京 Beijing	1	1				
天津 Tianjin	1	1				
河北 Hebei	34		2	3	6	23
山西 Shanxi	22		1	1	4	16
内蒙古 Inner Mongolia	20		1	1	5	13
辽宁 Liaoning	31	1	3	5	8	14
吉林 Jilin	28		2		11	15
黑龙江 Heilongjiang	31	1	1	6	10	13
上海 Shanghai	1	1				
江苏 Jiangsu	44	1	1	3	17	22
浙江 Zhejiang	35		1	1	5	28
安徽 Anhui	21			3	9	9
福建 Fujian	23		1		5	17
江西 Jiangxi	21		1		7	13
山东 Shandong	48		3	4	19	22
河南 Henan	38		1	5	9	23
湖北 Hubei	35	1		3	11	20
湖南 Hunan	29		1	3	8	17
广东 Guangdong	54	1		3	25	25
广西 Guangxi	18			2	4	12
海南 Hainan	8				1	7
四川 Sichuan	37	2			14	21
贵州 Guizhou	13		1		3	9
云南 Yunnan	17		1		2	14
西藏 Tibet	2					2
陕西 Shaanxi	13	1			4	8
甘肃 Gansu	14		1		2	11
青海 Qinghai	3			1		2
宁夏 Ningxia	5				2	3
新疆 Xinjiang	19		1		4	14

10-2 城市社会经济主要指标(1996年)

MAIN SOCIAL AND ECONOMIC INDICATORS OF TOTAL CITIES (1996)

指标	Item	全部城市合计 Total Cities		占全国比重(%) Percentage	
		地区 Counties Included	市区 Counties Excluded	地区 Counties Included	市区 Counties Excluded
年底人口数 (万人)	**Population (year-end) (10 000 persons)**	**93198.9**	**51511.3**	**76.1**	**42.1**
#非农业人口	Non-agricultural Population	26108.3	20779.1	88.6	70.5
从业者人数 (万人)	**Number of Employed Persons(10000 persons)**	**51300.5**	**28958.2**	**74.5**	**42.1**
#职工人数	Staff and Workers	13135.2	10550.4	88.5	71.1
按产业分	Grouped by industry				
第一产业	Primary Industry	23681.2	10247.5	68.1	29.5
第二产业	Secondary Industry	14332.1	10154.7	88.6	62.8
第三产业	Tertiary Industry	13287.3	8556.1	74.2	47.8
土地面积(万平方公里)	**Total Area (10 000 sq.km)**	**348.1**	**173.9**	**36.3**	**18.1**
国内生产总值	**Gross Domestic Product**	**63614.7**	**47074.2**	**92.7**	**68.6**
第一产业	Primary Industry	11888.4	5986.3	85.6	43.1
第二产业	Secondary Industry	29803.3	23581.6	88.7	70.2
第三产业	Tertiary Industry		17506.3		83.0
农林牧渔业总产值 (当年价格.亿元)	**Gross Agricultural Output Value (at current prices) (100 million yuan)**	**20371.8**	**10279.0**	**87.0**	**43.9**
年末实有耕地面积(万公顷)	**Area of Cultivated Land (year-end 10 000 hectares)**	**6830.7**	**2925.8**		
主要农产品产量	**Output of Major Agricultural Products**				
猪肉 (万吨)	Pork (10 000 tons)	3176.8	1499.2	78.7	37.1
牛羊肉 (万吨)	Beef and Mutton (10 000 tons)	509.0	214.6	69.3	29.2
水果 (万吨)	Fruits (10 000 tons)	3832.6	1901.5	82.4	40.9
水产品 (万吨)	Aquatic Products (10 000 tons)	2779.2	1726.1	98.8	61.4
工业企业单位数 (乡及乡以上.个)	**Number of Industrial Enterprises (units)**	**500498.0**	**335759.0**	**86.5**	**58.0**
#国有经济	State-owned	93243.0	63806.0	81.9	56.1
股份制经济	Share-holding	7378.0	5336.0	89.1	64.4
工业总产值 (当年价格.亿元)	**Gross Industral Output Value (at current prices) (100 million yuan)**	**96929.5**	**75146.8**	**97.3**	**75.5**
#乡及乡以上工业总产值	Enterprises at and Above Township Level	61668.9	51061.4	95.0	78.7
#国有经济	State-owned	26628.1	23220.0	93.9	81.9
股份制经济	Share-holding	3258.3	2758.0	98.7	83.5
独立核算工业企业财务指标 (亿元)	**Financial Indicators of Industrial Enterprises with Independent Accounting System (100 million yuan)**				
产品销售收入	Product Sales	55426.9	46563.4	95.6	80.3
利税总额	Pre-tax Profits	5032.3	4331.3	97.8	84.1
资产总额	Total Assets	68219.7	58803.4	94.3	81.3
固定资产原价	Original Value of Fixed Assets	48981.3	42779.7	94.1	82.2
每百元资产提供利税 (元)	Pre-tax Profits per 100 Yuan Assets (yuan)	7.4	7.4		
每百元固定资产原价实现产值 (元)	Gross Output Value per 100 Yuan Original Value of Fixed Assets (yuan)	123.3	117.1		
运输邮电	**Transportation, Postal and Telecommunications Services**				
客运量(发送) (亿人)	Passenger Traffic (100 million persons)	111.1	85.6	89.2	68.8
货运量(发送) (亿吨)	Freight Traffic (100 million tons)	116.9	90.0	90.2	69.4
年底邮电局所数 (个)	Number of Post and Telecommunications Offices (year-end)	57248.0	31862.0	79.0	44.0
邮电业务总量	Revenue of Postal and Telecommunications				

续表 1 continued

指 标 Item		全部城市合计 Total Cities		占全国比重(%) Percentage	
		地 区 Counties Included	市 区 Counties Excluded	地 区 Counties Included	市 区 Counties Excluded
(1990年不变价.亿元)	Services (at 1990 constant prices) (100 million yuan)	1207.8	962.5	90.0	71.7
年末电话机数 (万部)	Number of Telephone Sets (year-end) (10 000 units)	6574.5	5283.4	93.3	75.0
年用电量(亿千瓦小时)	**Annual Electricity Consumption (100 million kwh)**	**8498.8**	**6641.3**	**79.3**	**62.0**
固定资产投资额(亿元)	**Total Investment in Fixed Assets (100 million yuan)**	**12513.5**	**10584.4**	**54.5**	**46.1**
#国有单位	State-owned Units	9095.0	7887.0	75.4	65.4
城镇集体	Urban Collective Owned Units	550.2	420.8	64.1	49.0
房地产开发投资额 (亿元)	**Total Investment in Real Estate Development (100 million yuan)**	**3184.5**	**2998.2**		
#住宅	**Residential Buildings**	**1731.8**	**1636.0**		
社会消费品零售总额 (亿元)	**Total Retail Sales of Consumer Goods (100 million yuan)**	**22284.4**	**17394.4**	**90.0**	**70.2**
批发零售贸易业和餐饮业网点数 (万个)	**Number of Establishments in Wholesale, Retail Sale and Catering Trades (10 000 units)**	**1574.3**	**995.9**	**84.7**	**53.6**
批发零售贸易业和餐饮业人员数 (万人)	**Number of Employed Personnel in Wholesale, Retail Sale and Catering Trades (10 000 persons)**	**4662.6**	**3232.5**	**88.4**	**61.3**
实际利用外资金额 (亿美元)	**Amount of Foreign Capital Actually Utilized (USD100 million)**	**467.8**	**417.0**	**85.4**	**76.1**
在校学生数 (万人)	**Student Enrollment (10 000 persons)**				
普通高等学校	Number of Regular Institutes of Higher Education (unit)	313.0	309.7		
中等专业学校	Number of Specialized Secondary Schools (unit)	405.2	377.7	95.8	89.3
普通中学	Number of Regular Secondary Schools (unit)	4643.2	2611.1	80.9	45.5
农业、职业中学	Number of Agricultural and Vocational Secondary Schools (unit)	398.4	269.2	84.2	56.9
技工学校	Number of Technical Schools (unit)	182.9	165.6	95.4	86.3
小学	Number of Primary Schools (unit)	10325.8	5359.7	75.8	39.4
成人高等学校	Number of Schools of Higher Education for Aduals (unit)		256.2		96.5
成人中等教育学校	Number of Secondary Schools for Adults (unit)	655.5	417.7	10.9	6.9
卫生机构数 (个)	**Number of Health Institutions (unit)**	**163590.0**	**114247.0**	**86.6**	**60.5**
#医院、卫生院	Hospitals	43249.0	23011.0	63.6	33.9
卫生机构床位数(万张)	**Number of Beds in Health Institutions (10 000 units)**	**271.1**	**203.6**	**87.5**	**65.7**
#医院床位数	Hospital Beds	232.5	177.8	81.1	62.0
卫生技术人员 (万人)	**Number of Medical Technical Personnel (10 000 persons)**	**368.9**	**278.8**	**85.6**	**64.7**
#医生	Doctors	161.8	122.3	83.4	63.0
职工工资总额 (亿元)	**Total Wages of Staff and Workers (100 million yuan)**	**7947.9**	**6789.5**	**87.5**	**74.8**
年底全国城乡储蓄存款余额 (亿元)	**Outstanding Amount of Savings Deposit in Urban and Rural Areas (year-end) (100 million yuan)**	**35366.0**	**27224.1**	**91.8**	**70.7**

注: 1.独立核算工业企业财务中的产品销售收入和利税总额均未包括增值税,以下表同。
a) Product sales revenue and pre-tax profits of industrial enterprises with independent accounting system do not include tax on value added. The same as in the following tables.

10－3 按东中西部划分的城市社会经济主要指标(1996年)

指标	Item	东部地区 Cities in Eastern Region 地区 Counties Included	比重 Percent－age(%)	市区 Counties Excluded	比重 Percent－age(%)
年底人口数 (万人)	**Population (year－end) (10 000 persons)**	**44721.6**	**48.0**	**26511.6**	**51.5**
#非农业人口	Non－agricultural Population	13117.8	50.2	10688.2	51.4
从业者人数 (万人)	**Number of Employed Persons(10000 persons)**	**25050.2**	**48.8**	**15255.1**	**52.7**
#职工人数	Staff and Workers	6616.5	50.4	5406.8	51.2
按产业分	Grouped by industry				
第一产业	Primary Industry	10159.4	42.9	4744.0	46.3
第二产业	Secondary Industry	8021.1	56.0	5836.0	57.5
第三产业	Tertiary Industry	6869.7	51.7	4675.1	54.6
土地面积(万平方公里)	**Total Area (10 000 sq.km)**	**107.5**	**30.9**	**45.2**	**26.0**
国内生产总值	**Gross Domestic Product**	**39478.0**	**62.1**	**30201.1**	**64.2**
第一产业	Primary Industry	6380.7	53.7	3458.9	57.8
第二产业	Secondary Industry	19024.5	63.8	15224.3	64.6
第三产业	Tertiary Industry	14072.9	64.2	11517.9	65.8
农林牧渔业总产值 (当年价格.亿元)	**Gross Agricultural Output Value (at current prices)(100 million yuan)**	**11435.4**	**56.1**	**6225.8**	**60.6**
年末实有耕地面积(万公顷)	**Area of Cultivated Land (year－end 10 000 hectares)**	**2713.0**	**39.7**	**1207.8**	**41.3**
主要农产品产量	**Output of Major Agricultural Products**				
猪肉 (万吨)	Pork (10 000 tons)	1411.3	44.4	720.0	48.0
牛羊肉 (万吨)	Beef and Mutton (10 000 tons)	267.2	52.5	115.5	53.8
水果 (万吨)	Fruits (10 000 tons)	2745.6	71.6	1445.6	76.0
水产品 (万吨)	Aquatic Products (10 000 tons)	2261.6	81.4	1467.2	85.0
工业企业单位数 (乡及乡以上.个)	**Number of Industrial Enterprises (units)**	**281141.0**	**56.2**	**196823.0**	**58.6**
#国有经济	State－owned	47141.0	50.6	33154.0	52.0
股份制经济	Share－holding	3949.0	53.5	3057.0	57.3
工业总产值 (当年价格.亿元)	Gross Industral Output Value (at current prices)(100 million yuan)	65675.8	67.8	52414.4	69.7
#乡及乡以上工业总产值	Enterprises at and Above Township Level	41187.1	66.8	34633.6	67.8
#国有经济	State－owned	14259.1	53.5	12568.9	54.1
股份制经济	Share－holding	2173.6	66.7	1825.6	66.2
独立核算工业企业财务指标 (亿元)	**Financial Indicators of Industrial Enter－prises with Independent Accounting System (100 million yuan)**				
产品销售收入	Product Sales	37648.8	67.9	32000.3	68.7
利税总额	Pre－tax Profits	3142.8	62.5	2669.9	61.6
资产总额	Total Assets	43301.3	63.5	37669.4	64.1
固定资产原价	Original Value of Fixed Assets	29624.5	60.5	26038.9	60.9
每百元资产提供利税 (元)	Pre－tax Profits per 100 Yuan Assets (yuan)	7.3		7.1	
每百元固定资产原价实现产值 (元)	Gross Output Value per 100 Yuan Original Value of Fixed Assets (yuan)	138.2		132.2	
运输邮电	**Transportation, Postal and Telecommunica－tions Services**				
客运量(发送) (亿人)	Passenger Traffic (100 million persons)	54.3	48.9	43.1	50.3
货运量(发送) (亿吨)	Freight Traffic (100 million tons)	68.3	58.4	53.5	59.4
年底邮电局所数 (个)	Number of Post and Telecommunications Offices (year－end)	22291.0	38.9	14518.0	45.6

MAIN SOCIAL AND ECONOMIC INDICATORS OF CITIES BY EASTERN, CENTRAL AND WESTERN REGIONS (1996)

中部地区 Cities in Central Region				西部地区 Cities in Western Region			
地区 Counties Included	比重 Percentage (%)	市区 Counties Excluded	比重 Percentage (%)	地区 Counties Included	比重 Percentage (%)	市区 Counties Excluded	比重 Percentage (%)
32760.0	**35.2**	**16824.8**	**32.7**	**15717.3**	**16.9**	**8175.0**	**15.9**
9118.6	34.9	7032.3	33.8	3871.9	14.8	3058.6	14.7
17271.3	**33.7**	**9017.7**	**31.1**	**8979.1**	**17.5**	**4685.5**	**16.2**
4526.0	34.5	3555.6	33.7	1992.7	15.2	1588.0	15.1
8539.9	36.1	3373.3	32.9	4981.9	21.0	2130.2	20.8
4300.3	30.0	2999.5	29.5	2010.6	14.0	1319.1	13.0
4431.0	33.3	2644.8	30.9	1986.6	15.0	1236.2	14.4
147.8	**42.5**	**66.4**	**38.2**	**92.8**	**26.7**	**62.4**	**35.9**
16915.6	**26.6**	**11644.0**	**24.7**	**7221.1**	**11.4**	**5229.2**	**11.1**
4038.4	34.0	1825.7	30.5	1469.4	12.4	701.7	11.7
7549.2	25.3	5775.3	24.5	3229.6	10.8	2582.1	10.9
5327.9	24.3	4043.0	23.1	2522.2	11.5	1945.4	11.1
6590.5	**32.4**	**2944.4**	**28.6**	**2345.9**	**11.5**	**1108.8**	**10.8**
3091.8	**45.3**	**1291.9**	**44.2**	**1025.9**	**15.0**	**426.1**	**14.6**
1190.1	37.5	519.2	34.6	575.4	18.1	260.0	17.3
197.7	38.9	78.5	36.6	44.0	8.7	20.7	9.6
503.3	13.1	271.5	14.3	583.6	15.2	184.4	9.7
464.4	16.7	232.3	13.5	53.1	1.9	26.6	1.5
151243.0	**30.2**	**96374.0**	**28.7**	**68114.0**	**13.6**	**42562.0**	**12.7**
32591.0	35.0	21264.0	33.3	13511.0	14.5	9388.0	14.7
2040.0	27.6	1376.0	25.8	1389.0	18.8	903.0	16.9
23237.8	**24.0**	**16598.6**	**22.1**	**8016.0**	**8.3**	**6133.8**	**8.2**
14428.9	23.4	11490.6	22.5	6052.9	9.8	4937.1	9.7
8343.9	31.3	7180.3	30.9	4025.2	15.1	3470.9	14.9
677.3	20.8	593.1	21.5	407.3	12.5	339.3	12.3
12281.7	22.2	9972.9	21.4	5496.4	9.9	4590.2	9.9
1247.7	24.8	1058.3	24.4	641.7	12.8	603.1	13.9
16526.6	24.2	14080.9	23.9	8391.8	12.3	7053.1	12.0
13022.4	26.6	11385.3	26.6	6334.4	12.9	5355.5	12.5
7.5		7.5		7.6		8.6	
105.5		96.1		90.4		88.1	
30.5	27.4	22.4	26.2	26.3	23.7	20.1	23.4
33.6	28.7	25.3	28.1	15.0	12.8	11.3	12.5
23676.0	41.4	10276.0	32.3	11281.0	19.7	7068.0	22.2

续表 1 continued

指 标 Item	东部地区 Cities in Eastern Region			
	地区 Counties Included	比重 Percentage(%)	市区 Counties Excluded	比重 Percentage(%)
邮电业务总量（1990年不变价.亿元） Revenue of Postal and Telecommunications Services(at 1990 constant prices) (100 million yuan)	835.6	69.2	655.6	68.1
年末电话机数 (万部) Number of Telephone Sets (year-end) (10 000 units)	4327.9	65.8	3446.3	65.2
年用电量(亿千瓦小时) Annual Electricity Consumption (100 million kwh)	**4691.6**	**55.2**	**3608.9**	**54.3**
固定资产投资额(亿元) Total Investment in Fixed Assets (100 million yuan)	**7729.6**	**61.8**	**6571.1**	**62.1**
#国有单位 State-owned Units	5323.3	58.5	4643.4	58.9
城镇集体 Urban Collective Owned Units	361.9	65.8	270.7	64.3
房地产开发投资额(亿元) Total Investment in Real Estate Development (100 million yuan)	**2544.6**	**79.9**	**2397.5**	**80.0**
#住宅 Residential Buildings	1359.6	78.5	1288.2	78.7
社会消费品零售总额(亿元) Total Retail Sales of Consumer Goods (100 million yuan)	**13887.5**	**62.3**	**11026.6**	**63.4**
批发零售贸易业和餐饮业网点数 (万个) Number of Establishments in Wholesale, Retail Sale and Catering Trades(10 000 units)	**816.6**	**51.9**	**537.1**	**53.9**
批发零售贸易业和餐饮业人员数 (万人) Number of Employed Personnel in Wholesale, Retail Sale and Catering Trades (10 000 persons)	**2467.8**	**52.9**	**1764.4**	**54.6**
实际利用外资金额(亿美元) Amount of Foreign Capital Actually Utilized (USD100 million)	**416.7**	**89.1**	**372.6**	**89.3**
在校学生数 (万人) Student Enrollment (10 000 persons)				
普通高等学校 Number of Regular Institutes of Higher Education (unit)	157.4	50.3	155.3	50.1
中等专业学校 Number of Specialized Secondary Schools(unit)	196.6	48.5	182.8	48.4
普通中学 Number of Regular Secondary Schools (unit)	2380.7	51.3	1409.5	54.0
农业、职业中学 Number of Agricultural and Vocational Secondary Schools (unit)	197.9	49.7	142.9	53.1
技工学校 Number of Technical Schools (unit)	87.1	47.6	79.7	48.1
小学 Number of Primary Schools (unit)	5009.6	48.5	2748.4	51.3
成人高等学校 Number of Schools of Higher Education for Aduals (unit)	141.6	51.9	133.1	52.0
成人中等教育学校 Number of Secondary Schools for Adults (unit)	223.6	34.1	184.3	44.1
卫生机构数 (个) Number of Health Institutions (unit)	**83948.0**	**51.3**	**61302.0**	**53.7**
#医院、卫生院 Hospitals	19209.0	44.4	10549.0	45.8
卫生机构床位数(万张) Number of Beds in Health Institutions (10 000 units)	**129.9**	**47.9**	**101.1**	**49.6**
#医院床位数 Hospital Beds	112.7	48.5	87.9	49.5
卫生技术人员 (万人) Number of Medical Technical Personnel (10 000 persons)	**177.3**	**48.1**	**139.2**	**49.9**
#医生 Doctors	79.0	48.8	61.3	50.1
职工工资总额 (亿元) Total Wages of Staff and Workers (100 million yuan)	**4638.1**	**58.4**	**4034.5**	**59.4**
年底全国城乡储蓄存款余额 (亿元) Outstanding Amount of Savings Deposit in Urban and Rural Areas (year-end) (100 million yuan)	**22892.0**	**64.7**	**17614.5**	**64.7**

注: 1.东中西部地区所占比重是指占全部城市的比重。

续表 2 continued

中部地区 Cities in Central Region				西部地区 Cities in Western Region			
地区 Counties Included	比重 Percentage (%)	市区 Counties Excluded	比重 Percentage (%)	地区 Counties Included	比重 Percentage (%)	市区 Counties Excluded	比重 Percentage (%)
259.3	21.5	212.2	22.0	112.9	9.3	94.7	9.8
1603.0	24.4	1286.5	24.3	643.6	9.8	550.6	10.4
2517.7	29.6	2013.4	30.3	1289.5	15.2	1018.9	15.3
3191.3	25.5	2678.4	25.3	1592.7	12.7	1334.9	12.6
2486.8	27.3	2152.9	27.3	1284.8	14.1	1090.7	13.8
129.5	23.5	100.9	24.0	58.8	10.7	49.1	11.7
378.0	11.9	355.7	11.9	261.9	8.2	245.0	8.2
220.3	12.7	207.1	12.7	151.9	8.8	140.7	8.6
5811.6	26.1	4369.3	25.1	2585.4	11.6	1998.6	11.5
519.7	33.0	314.6	31.6	237.9	15.1	144.1	14.5
1571.5	33.7	1040.2	32.2	623.3	13.4	427.9	13.2
34.7	7.4	30.7	7.4	16.4	3.5	13.8	3.3
98.5	31.5	97.8	31.6	57.2	18.3	56.6	18.3
142.1	35.1	134.1	35.5	66.5	16.4	60.7	16.1
1640.7	35.3	863.6	33.1	621.8	13.4	338.0	12.9
156.8	39.4	95.5	35.5	43.7	11.0	30.7	11.4
64.7	35.4	59.1	35.7	31.1	17.0	26.8	16.2
3677.3	35.6	1789.5	33.4	1638.9	15.9	821.8	15.3
80.7	29.6	77.6	30.3	50.7	18.6	45.4	17.7
343.6	52.4	163.5	39.2	88.4	13.5	69.9	16.7
49964.0	30.5	33046.0	28.9	29678.0	18.1	19899.0	17.4
14202.0	32.8	7606.0	33.1	9838.0	22.7	4856.0	21.1
93.5	34.5	67.7	33.2	47.7	17.6	34.8	17.1
79.6	34.2	59.5	33.5	40.2	17.3	30.3	17.1
127.8	34.7	93.5	33.5	63.8	17.3	46.1	16.5
54.1	33.4	40.0	32.7	28.7	17.8	21.0	17.2
2213.2	27.8	1837.3	27.1	1096.7	13.8	917.7	13.5
8494.7	24.0	6538.7	24.0	3979.3	11.3	3070.9	11.3

a) Percentages of cities in the eastern, central and western regions refer to the percentages to all cities.

10－4 按人口分组的城市社会经济主要指标(1996年)

不包括市辖县。

指标	Item	200万以上 2 million and Over 绝对数 Total	比重 Percentage (%)
年底人口数 (万人)	**Population (year－end) (10 000 persons)**	**5411.8**	**10.5**
#非农业人口	Non－agricultural Population	4224.6	20.3
从业者人数 (万人)	**Number of Employed Persons(10000 persons)**	**3265.3**	**11.3**
#职工人数	Staff and Workers	2367.9	22.4
按产业分	Grouped by industry		
第一产业	Primary Industry	313.0	3.1
第二产业	Secondary Industry	1491.8	14.7
第三产业	Tertiary Industry	1460.5	17.1
土地面积(万平方公里)	**Total Area (10 000 sq.km)**	**3.2**	**1.8**
国内生产总值	**Gross Domestic Product**	**8557.2**	**18.2**
第一产业	Primary Industry	246.5	4.1
第二产业	Secondary Industry	4094.4	17.4
第三产业	Tertiary Industry	4216.3	24.1
农林牧渔业总产值 (当年价格.亿元)	**Gross Agricultural Output Value (at current prices)(100 million yuan)**	**452.8**	**4.4**
年末实有耕地面积(万公顷)	**Area of Cultivated Land (year－end10 000 hectares)**	**89.6**	**3.1**
主要农产品产量	**Output of Major Agricultural Products**		
猪肉 (万吨)	Pork (10 000 tons)	73.7	4.9
牛羊肉 (万吨)	Beef and Mutton (10 000 tons)	3.4	1.6
水果 (万吨)	Fruits (10 000 tons)	62.5	3.3
水产品 (万吨)	Aquatic Products (10 000 tons)	55.4	3.2
工业企业单位数 (乡及乡以上.个)	**Number of Industrial Enterprises (units)**	**62625.0**	**18.7**
#国有经济	State－owned	13044.0	20.4
股份制经济	Share－holding	853.0	16.0
工业总产值 (当年价格.亿元)	**Gross Industral Output Value (at current prices) (100 million yuan)**	**12905.3**	**17.2**
#乡及乡以上工业总产值	Enterprises at and Above Township Level	10806.0	21.2
#国有经济	State－owned	5317.4	22.9
股份制经济	Share－holding	658.7	23.9
独立核算工业企业财务指标 (亿元)	**Financial Indicators of Industrial Enter－prises with Independent Accounting System (100 million yuan)**		
产品销售收入	Product Sales	10920.8	23.5
利税总额	Pre－tax Profits	1034.7	23.9
资产总额	Total Assets	14484.7	24.6
固定资产原价	Original Value of Fixed Assets	9482.3	22.2
每百元资产提供利税 (元)	Pre－tax Profits per 100 Yuan Assets (yuan)	7.1	
每百元固定资产原价实现产值 (元)	Gross Output Value per 100 Yuan Original Value of Fixed Assets (yuan)	116.4	
运输邮电	**Transportation, Postal and Telecommunica－tions Services**		
客运量(发送) (亿人)	Passenger Traffic (100 million persons)	8.4	9.8
货运量(发送) (亿吨)	Freight Traffic (100 million tons)	14.9	16.6
年底邮电局所数 (个)	Number of Post and Telecommunications Offices (year－end)	4029.0	12.6

MAIN SOCIAL AND ECONOMIC INDICATORS OF CITIES BY POPULATION (1996)

Counties under the jurisdiction of city governments are excluded.

100－200 万 1 million－2 million		50－100 万 0.5 million－1 million		20－50 万 0.2 million－0.5 million		20 万以下 Under 0.2 million	
绝对数 Total	比重 Percentage (%)	绝对数 Total	比重 Percentage (%)	绝对数 Total	比重 Percentage (%)	绝对数 Total	比重 Percentage (%)
4099.7	**8.0**	**4299.0**	**8.3**	**15552.9**	**30.2**	**22148.0**	**43.0**
3094.2	14.9	3000.8	14.4	5951.4	28.6	4508.1	21.7
2566.1	**8.9**	**2829.1**	**9.8**	**8645.0**	**29.9**	**11652.7**	**40.2**
1685.8	16.0	1582.2	15.0	2785.4	26.4	2129.1	20.2
279.4	2.7	437.3	4.3	3264.7	31.9	5953.1	58.1
1228.8	12.1	1433.6	14.1	2982.4	29.4	3018.0	29.7
1057.9	12.4	958.1	11.2	2397.9	28.0	2681.7	31.3
3.6	**2.1**	**7.0**	**4.0**	**40.1**	**23.1**	**120.0**	**69.0**
5926.7	**12.6**	**5614.7**	**11.9**	**13064.8**	**27.8**	**13910.8**	**29.6**
234.9	3.9	264.9	4.4	1900.8	31.8	3339.2	55.8
3096.6	13.1	3172.5	13.5	6712.7	28.5	6505.6	27.6
2595.3	14.8	2177.4	12.4	4451.2	25.4	4066.0	23.2
392.2	**3.8**	**477.5**	**4.6**	**3265.5**	**31.8**	**5690.9**	**55.4**
85.4	**2.9**	**120.1**	**4.1**	**875.2**	**29.9**	**1755.5**	**60.0**
48.9	3.3	67.6	4.5	487.1	32.5	821.9	54.8
6.5	3.0	9.6	4.5	67.6	31.5	127.5	59.4
58.0	3.0	77.7	4.1	558.7	29.4	1144.5	60.2
129.1	7.5	77.8	4.5	631.4	36.6	832.3	48.2
38372.0	**11.4**	**37385.0**	**11.1**	**93256.0**	**27.8**	**104121.0**	**31.0**
7714.0	12.1	7334.0	11.5	17032.0	26.7	18682.0	29.3
701.0	13.1	560.0	10.5	1682.0	31.5	1540.0	28.9
8546.5	**11.4**	**9298.2**	**12.4**	**22009.3**	**29.3**	**22387.5**	**29.8**
6663.5	13.0	7440.9	14.6	14781.4	28.9	11369.6	22.3
4171.5	18.0	3754.5	16.2	6223.9	26.8	3752.8	16.2
352.9	12.8	426.2	15.5	821.0	29.8	499.3	18.1
6292.3	13.5	6898.6	14.8	13057.5	28.0	9394.2	20.2
632.9	14.6	697.2	16.1	1036.3	23.9	930.1	21.5
8837.8	15.0	9063.4	15.4	16168.7	27.5	10248.8	17.4
6915.2	16.2	6830.3	16.0	12326.6	28.8	7225.3	16.9
7.2		7.7		6.4		9.1	
94.9		106.3		116.3		150.6	
11.8	13.8	9.7	11.3	28.8	33.6	26.9	31.4
12.0	13.4	10.1	11.2	21.6	24.0	31.3	34.8
3923.0	12.3	3241.0	10.2	9076.0	28.5	11593.0	36.4

续表 1 continued

指标	Item	200 万以上 2 million and Over 绝对数 Total	比重 Percentage (%)
邮电业务总量（1990年不变价. 亿元）	Revenue of Postal and Telecommunications Services(at 1990 constant prices) (100 million yuan)	165.3	17.2
年末电话机数 （万部）	Number of Telephone Sets (year-end) (10 000 units)	1258.7	23.8
年用电量(亿千瓦小时)	**Annual Electricity Consumption (100 million kwh)**	**755.7**	**11.4**
固定资产投资额(亿元)	**Total Investment in Fixed Assets (100 million yuan)**	**3032.1**	**28.6**
#国有单位	State-owned Units	2362.7	30.0
城镇集体	Urban Collective Owned Units	68.1	16.2
房地产开发投资额（亿元）	**Total Investment in Real Estate Development (100 million yuan)**	**1527.4**	**50.9**
#住宅	Residential Buildings	770.5	47.1
社会消费品零售总额（亿元）	**Total Retail Sales of Consumer Goods (100 million yuan)**	**4227.3**	**24.3**
批发零售贸易业和餐饮业网点数 （万个）	**Number of Establishments in Wholesale, Retail Sale and Catering Trades (10 000 units)**	**120.7**	**12.1**
批发零售贸易业和餐饮业人员数 （万人）	**Number of Employed Personnel in Wholesale, Retail Sale and Catering Trades (10 000 persons)**	**648.5**	**20.1**
实际利用外资金额（亿美元）	**Amount of Foreign Capital Actually Utilized (USD100 million)**	**138.8**	**33.3**
在校学生数 （万人）	**Student Enrollment (10 000 persons)**		
普通高等学校	Number of Regular Institutes of Higher Education (unit)	119.6	38.6
中等专业学校	Number of Specialized Secondary Schools (unit)	67.8	18.0
普通中学	Number of Regular Secondary Schools (unit)	289.8	11.1
农业、职业中学	Number of Agricultural and Vocational Secondary Schools (unit)	39.0	14.5
技工学校	Number of Technical Schools (unit)	29.7	17.9
小学	Number of Primary Schools (unit)	465.8	8.7
成人高等学校	Number of Schools of Higher Education for Aduals (unit)	105.9	41.3
成人中等教育学校	Number of Secondary Schools for Adults (unit)	83.9	20.1
卫生机构数 （个）	**Number of Health Institutions (unit)**	**21091.0**	**18.5**
#医院、卫生院	Hospitals	2406.0	10.5
卫生机构床位数(万张)	**Number of Beds in Health Institutions (10 000 units)**	**35.0**	**17.2**
#医院床位数	Hospital Beds	32.2	18.1
卫生技术人员 （万人）	**Number of Medical Technical Personnel (10 000 persons)**	**56.2**	**20.2**
#医生	Doctors	24.5	20.0
职工工资总额 （亿元）	**Total Wages of Staff and Workers (100 million yuan)**	**1926.9**	**28.4**
年底全国城乡储蓄存款余额 （亿元）	**Outstanding Amount of Savings Deposit in Urban and Rural Areas (year-end) (100 million yuan)**	**5789.5**	**21.3**

注：工业企业单位数为乡及乡以上单位。

续表 2 continued

100－200 万 1 million－2 million		50－100 万 0.5 million－1 million		20－50 万 0.2 million－0.5 million		20 万以下 Under 0.2 million	
绝对数 Total	比重 Percentage (%)	绝对数 Total	比重 Percentage (%)	绝对数 Total	比重 Percentage (%)	绝对数 Total	比重 Percentage (%)
147.4	15.3	163.7	17.0	286.9	29.8	199.2	20.7
762.1	14.4	749.4	14.2	1433.0	27.1	1080.2	20.4
1239.1	**18.7**	**1172.8**	**17.7**	**1945.6**	**29.3**	**1528.1**	**23.0**
1564.2	**14.8**	**1562.0**	**14.8**	**2736.9**	**25.9**	**1689.3**	**16.0**
1199.3	15.2	1118.2	14.2	2102.4	26.7	1104.4	14.0
63.2	15.0	54.2	12.9	126.0	29.9	109.2	26.0
413.9	**13.8**	**367.4**	**12.3**	**485.4**	**16.2**	**204.1**	**6.8**
253.6	15.5	190.4	11.6	293.7	18.0	127.7	7.8
2393.4	**13.8**	**2249.9**	**12.9**	**4502.5**	**25.9**	**4021.4**	**23.1**
106.9	**10.7**	**103.4**	**10.4**	**293.3**	**29.5**	**371.6**	**37.3**
406.2	**12.6**	**395.3**	**12.2**	**866.3**	**26.8**	**916.1**	**28.3**
40.1	**9.6**	**58.3**	**14.0**	**106.8**	**25.6**	**73.0**	**17.5**
80.5	26.0	41.6	13.4	51.8	16.7	16.3	5.3
73.0	19.3	62.1	16.5	111.9	29.6	62.7	16.6
214.7	8.2	232.5	8.9	784.2	30.0	1089.9	41.7
29.9	11.1	33.0	12.3	81.4	30.3	85.7	31.8
32.9	19.9	31.7	19.1	50.5	30.5	20.8	12.6
355.6	6.6	440.4	8.2	1638.2	30.6	2459.7	45.9
48.9	19.1	29.2	11.4	48.6	19.0	23.6	9.2
80.9	19.4	59.9	14.3	67.3	16.1	125.8	30.1
17144.0	**15.0**	**14452.0**	**12.6**	**28079.0**	**24.6**	**33481.0**	**29.3**
2100.0	9.1	2102.0	9.1	6607.0	28.7	9796.0	42.6
31.8	**15.6**	**28.5**	**14.0**	**56.4**	**27.7**	**51.9**	**25.5**
27.3	15.4	25.9	14.6	48.6	27.4	43.8	24.6
42.7	**15.3**	**37.1**	**13.3**	**73.9**	**26.5**	**68.9**	**24.7**
18.8	15.4	15.9	13.0	31.9	26.1	31.2	25.5
1108.3	**16.3**	**1025.1**	**15.1**	**1639.1**	**24.1**	**1090.0**	**16.1**
4033.3	**14.8**	**3641.3**	**13.4**	**7567.8**	**27.8**	**6192.1**	**22.7**

a) Number of industrial enterprises refers to the enterprises at and above township level.

10－5 14个沿海开放城市和个经济特区城市社会经济指标(1996年)
MAIN SOCIAL AND ECONOMIC INDICATORS OF 14 OPEN COASTAL CITIS AND CITIS IN SPECIAL ECONOMIC ZONES (1996)

指　　标	Item	14个沿海开放城市合计 Total of 14 Open Coastal Citis		4个经济特区合计 Total of 4 Cities in Special Economic Zones	
		地　区 Counties Intcuded	市　区 Counties Exctuded	地　区 Counties Intcuded	市　区 Counties Exctuded
年底人口数　(万人)	**Population (year－end)　(10 000 persons)**	**9004.2**	**3351.4**	**699.0**	**315.0**
＃非农业人口	Non－agricultural Population	3570.8	2524.7	312.4	240.3
从业者人数　(万人)	**Number of Employed Persons(10000 persons)**	**5245.9**	**2074.9**	**609.6**	**417.5**
＃职工人数	Staff and Workers	1776.4	1307.3	215.3	192.3
按产业分	Grouped by industry				
第一产业	Primary Industry	1725.1	216.0	107.0	22.9
第二产业	Secondary Industry	1951.9	961.3	302.5	239.8
第三产业	Tertiary Industry	1568.9	897.6	200.0	154.9
土地面积(万平方公里)	**Total Area　(10 000 sq.km)**	**14.0**	**2.2**	**0.7**	**0.4**
国内生产总值	**Gross Domestic Product**	**11245.9**	**6675.9**	**1779.5**	**1553.9**
第一产业	Primary Industry	1306.2	221.4	83.7	33.4
第二产业	Secondary Industry	5550.3	3342.6	881.4	778.9
第三产业	Tertiary Industry	4389.3	3111.9	814.4	741.6
农林牧渔业总产值 **(当年价格.亿元)**	Gross Agricultural Output Value **(at current prices)(100 million yuan)**	**2394.0**	**437.3**	**147.5**	**59.4**
年末实有耕地面积(万公顷)	**Area of Cultivated Land (year－end 10 000 hectares)**	**417.0**	**49.7**	**10.8**	**2.2**
主要农产品产量	**Output of Major Agricultural Products**				
猪肉　(万吨)	Pork　(10 000 tons)	209.3	41.4	15.1	8.7
牛羊肉　(万吨)	Beef and Mutton　(10 000 tons)	28.0	1.8	0.1	0.1
水果　(万吨)	Fruits　(10 000 tons)	677.2	85.0	20.1	7.1
水产品　(万吨)	Aquatic Products　(10 000 tons)	1007.8	265.7	46.2	16.2
工业企业单位数 (乡及乡以上.个)	**Number of Industrial Enterprises (units)**	**77286.0**	**43573.0**	**8782.0**	**7212.0**
＃国有经济	State－owned	12759.0	8611.0	1199.0	1040.0
股份制经济	Share－holding	1163.0	684.0	86.0	80.0
工业总产值 **(当年价格.亿元)**	Gross Industral Output Value **(at current prices)(100 million yuan)**	**19465.9**	**10964.8**	**2743.7**	**2332.0**
＃乡及乡以上工业总产值	Enterprises at and Above Township Level	13192.4	8878.2	2196.1	2026.0
＃国有经济	State－owned	4221.0	3510.8	206.9	190.6
股份制经济	Share－holding	841.1	586.0	91.3	87.3
独立核算工业企业财务指标　(亿元)	**Financial Indicators of Industrial Enter－prises with Independent Accounting System　(100 million yuan)**				
产品销售收入	Product Sales	12519.6	8872.7	2090.1	1990.3
利税总额	Pre－tax Profits	1161.7	896.1	152.8	151.0
资产总额	Total Assets	14525.8	10924.8	2436.1	2303.3
固定资产原价	Original Value of Fixed Assets	9120.7	6933.3	1508.6	1407.0
每百元资产提供利税　(元)	Pre－tax Profits per 100 Yuan Assets　(yuan)	8.0	8.2	6.3	6.6
每百元固定资产原价实现产值　(元)	Gross Output Value per 100 Yuan Original Value of Fixed Assets　(yuan)	149.2	133.1	143.1	142.9
运输邮电	**Transportation, Postal and Telecommunica－tions Services**				
客运量(发送)　(亿人)	Passenger Traffic　(100 million persons)	12.1	6.7	2.4	2.3
货运量(发送)　(亿吨)	Freight Traffic　(100 million tons)	16.8	12.4	1.0	0.8
年底邮电局所数　(个)	Number of Post and Telecommunications Offices　(year－end)	4754.0	2199.0	758.0	634.0
邮电业务总量	Revenue of Postal and Telecommunications				

续表 1 continued

指 标	Item	14个沿海开放城市合计 Total of 14 Open Coastal Citis		4个经济特区合计 Total of 4 Cities in Special Economic Zones	
		地 区 Counties Intcuded	市 区 Counties Exctuded	地 区 Counties Intcuded	市 区 Counties Exctuded
(1990年不变价. 亿元)	Services(at 1990 constant prices) (100 million yuan)	202.7	144.8	82.7	73.3
年末电话机数 (万部)	Number of Telephone Sets (year-end) (10 000 units)	1351.1	1032.0	214.7	172.3
年用电量(亿千瓦小时)	**Annual Electricity Consumption (100 million kwh)**	**936.1**	**592.5**	**176.9**	**155.9**
固定资产投资额(亿元)	**Total Investment in Fixed Assets (100 million yuan)**	**2676.1**	**2224.6**	**393.5**	**358.6**
#国有单位	State-owned Units	1838.9	1586.4	261.6	241.5
城镇集体	Urban Collective Owned Units	82.0	42.9	25.6	24.1
房地产开发投资额 (亿元)	**Total Investment in Real Estate Development (100 million yuan)**	**1285.1**	**1159.3**	**228.8**	**223.3**
#住宅	Residential Buildings	699.1	640.8	103.6	100.3
社会消费品零售总额 (亿元)	**Total Retail Sales of Consumer Goods (100 million yuan)**	**4306.1**	**2859.5**	**676.3**	**580.8**
批发零售贸易业和餐饮业网点数 (万个)	**Number of Establishments in Wholesale, Retail Sale and Catering Trades(10 000 units)**	**173.3**	**75.6**	**19.6**	**15.3**
批发零售贸易业和餐饮业人员数 (万人)	**Number of Employed Personnel in Wholesale, Retail Sale and Catering Trades (10 000 persons)**	**617.2**	**390.0**	**82.2**	**70.5**
实际利用外资金额 (亿美元)	**Amount of Foreign Capital Actually Utilized (USD100 million)**	**171.0**	**146.9**	**52.9**	**46.2**
在校学生数 (万人)	**Student Enrollment (10 000 persons)**				
普通高等学校	Number of Regular Institutes of Higher Education (unit)	50.7	50.0	3.0	3.0
中等专业学校	Number of Specialized Secondary Schools(unit)	53.1	45.6	2.2	2.1
普通中学	Number of Regular Secondary Schools (unit)	495.7	188.1	40.0	19.0
农业、职业中学	Number of Agricultural and Vocational Secondary Schools (unit)	49.4	26.8	3.3	2.4
技工学校	Number of Technical Schools (unit)	23.0	20.5	0.7	0.7
小学	Number of Primary Schools (unit)	883.7	299.6	96.5	41.5
成人高等学校	Number of Schools of Higher Education for Aduals (unit)	38.1	35.7	1.8	1.6
成人中等教育学校	Number of Secondary Schools for Adults (unit)	54.8	45.7	2.2	1.8
卫生机构数 (个)	**Number of Health Institutions (unit)**	**23361.0**	**15505.0**	**1999.0**	**1876.0**
#医院、卫生院	Hospitals	4024.0	1343.0	192.0	125.0
卫生机构床位数(万张)	**Number of Beds in Health Institutions (10 000 units)**	**32.6**	**21.7**	**2.2**	**1.8**
#医院床位数	Hospital Beds	27.8	18.0	2.0	1.7
卫生技术人员 (万人)	**Number of Medical Technical Personnel (10 000 persons)**	**45.9**	**31.1**	**3.7**	**2.9**
#医生	Doctors	20.7	14.1	1.7	1.4
职工工资总额 (亿元)	Total Wages of Staff and Workers (100 million yuan)	1486.6	1198.4	248.5	233.5
年底全国城乡储蓄存款余额 (亿元)	**Outstanding Amount of Savings Deposit in Urban and Rural Areas (year-end) (100 million yuan)**	**6921.5**	**5092.6**	**1125.8**	**992.0**

注: 1.海南经济特区资料请查阅本年鉴各分省资料表。
2.工业企业单位数为乡及乡以上单位。

a) Data on Hainan Special Economic Zone are included in the tables by province in this yearbook.
b) Number of industrial enterprises refers to enterprises at and above township level.

10-6 省会城市和计划单列市主要经济指标(1996年)
MAIN SOCIAL AND ECONOMIC INDICATORS OF PROVINCIAL CAPITALS AND SEPARATE PLANNING CITIES (1996)

包括市辖县。
Counties under the jurisdiction of city governments are included.

城市名称 City	年底总人口(万人) Total Population (year-end) (10 000)	#非农业人口 Nonagricultural Population	农业总产值(万元) Gross Agricultural Output Value (10 000 yuan)	工业总产值(万元) Gross Industrial Output Value (10 000 yuan)	客运总量(万人) Total Passenger Traffic (10000 persons)	货运总量(万吨) Total Freight Traffic (10 000 tons)
北京 Beijing	1078	710	1689207	18533430	15370	12896
天津 Tianjin	898	513	1422900	25224200	3124	23659
石家庄 Shijiazhuang	855	186	2460775	10965776	2271	4077
太原 Taiyuan	287	187	239666	3901907	1891	13456
呼和浩特 Hohhot	197	83	317003	1060061	1201	2884
沈阳 Shenyang	671	420	1254901	10212166	9726	13874
长春 Changchun	677	267	1729213	6066793	4795	9363
哈尔滨 Harbin	908	420	2513710	7176086	6297	8154
上海 Shanghai	1304	932	2009500	50459098	5197	40213
南京 Nanjing	525	265	962679	12247400	11207	12711
杭州 Hangzhou	603	197	1173294	14792192	4533	1551
合肥 Hefei	416	125	601733	4053269	999	566
福州 Fuzhou	570	145	1841212	7169556	9113	8465
南昌 Nanchang	402	157	687821	3176138	3048	3050
济南 Jinan	543	230	1384146	8344464	5208	10964
郑州 Zhengzhou	589	191	626296	7919257	9466	11063
武汉 Wuhan	716	416	1098393	10126592	9518	12450
长沙 Changsha	568	167	1011363	5015680	9353	7113
广州 Guangzhou	656	403	1429078	20685796	15638	22638
南宁 Nanning	278	107	533484	1578373	4959	4715
海口 Haikou	50	41	37335	642262	4235	2248
成都 Chengdu	981	310	1683751	9542987	24669	13074
贵阳 Guiyang	310	135	311117	2188705	54138	4228
昆明 Kunming	379	160	589171	4653436	2858	14513
拉萨 Lhasa	14	12				
西安 Xi'an	655	261	822622	5473938	9854	10577
兰州 Lanzhou	276	148	245038	3372639	1477	3558
西宁 Xining	110	67	65246	715525	723	168
银川 Yinchuan	91	49	161159	740956	2009	1105
乌鲁木齐 Urumqi	148	122	78143	1819076	1424	5807
大连 Dalian	537	254	1606608	12978993	10752	19175
宁波 Ningbo	530	120	1386494	17374730	21152	10312
厦门 Xiamen	123	55	322500	4325007	1349	2189
青岛 Qingdao	690	255	2317434	11173672	11818	12500
深圳 Shenzhen	103	79	273246	14276969	8281	3652
重庆 Chongqing	1530	415	2582495	9768220	26911	19088

续表 1 continued

包括市辖县。

Counties under the jurisdiction of city governments are included.

城市名称 City	批发零售贸易业和餐饮业网点 (个) Number of Establishments in Wholsale, Retail Sale and Catering Trades (units)	批发零售贸易业和餐饮业人员 (人) Number of Employed Persons in Wholsale, Retail Sale and Catering Trades (persons)	地方财政预算内收入 (万元) Budgetary Revenue of Local Governments (10 000 yuan)	城乡居民年底储蓄余额 (万元) Outstanding Amount of Savings Deposit of Urban and Rural Residents (year-end) (10 000 yuan)	全部职工人数 (万人) Number of Staff and Workers (10 000 persons)	工资总额 (万元) Total Wages (10 000 yuan)
北京 Beijing	257089	1145076	1509030	17069786	461	4423882
天津 Tianjin	186855	583859	1285729	7240011	284	2120492
石家庄 Shijiazhuang	152722	468234	234915	4236977	115	650743
太原 Taiyuan	43433	228819	220286	2571193	115	679795
呼和浩特 Hohhot	20565	103914	58789	853145	48	217747
沈阳 Shenyang	158290	674088	399348	5806769	219	1137898
长春 Changchun	147685	430674	231116	3318786	132	832837
哈尔滨 Harbin	159315	668274	315000	4187342	222	1025435
上海 Shanghai	196406	1456699	2884986	18680000	457	4927045
南京 Nanjing	70042	282190	361643	3589993	146	1172621
杭州 Hangzhou	118551	335424	268438	4638459	122	973592
合肥 Hefei	55571	227228	124339	1041589	63	363090
福州 Fuzhou	82436	252404	301576	3197445	90	560623
南昌 Nanchang	53325	216878	120605	1732110	89	455265
济南 Jinan	160547	474534	243335	2886000	100	700636
郑州 Zhengzhou	75503	260990	228619	3237011	102	615494
武汉 Wuhan	130384	625070	362123	3395860	210	1223885
长沙 Changsha	128256	489928	255191	2181953	89	512648
广州 Guangzhou	260188	1259607	852406	12932258	203	2395597
南宁 Nanning	61085	176583	129718	1439865	47	281810
海口 Haikou	17332	144248	48054	1301500	25	197218
成都 Chengdu	226238	707004	379021	4339490	165	1034811
贵阳 Guiyang	58081	142696	113499	1164121	69	368379
昆明 Kunming	63002	167908	325537	2285116	93	679215
拉萨 Lhasa						
西安 Xi'an	100504	583808	237753	3940163	141	756364
兰州 Lanzhou	62558	245296	119915	1733203	85	540594
西宁 Xining	21499	59615	31043	549532	35	211705
银川 Yinchuan	13021	47079	38126	560206	26	139675
乌鲁木齐 Urumqi	36431	125090	180306	1554034	65	490230
大连 Dalian	113919	440872	503910	5294278	127	936097
宁波 Ningbo	122969	305319	320426	2840023	79	660757
厦门 Xiamen	28226	100300	271788	1611054	48	512892
青岛 Qingdao	126933	376914	379674	3499219	118	782257
深圳 Shenzhen	85491	398965	1317490	5822300	89	1284558
重庆 Chongqing	229662	719411	398425	3731863	212	1128892

注:本表按当年价格计算。

a) The data in value terms in this table are calculated at current prices.

10-7 城市公用事业基本情况

BASIC STATISTICS ON URBAN PUBLIC UTILITIES

本表1990 年以后各项指标按全社会范围计算的,1985 年以前各项指标只按城建部门管理的范围计算。

Data since 1990 have covered the public utilities of all urban units, whereas data in the preceding years only covered the urban units under the city construction department.

项目	Item	1985	1990	1995	1996
自来水年供水量 (亿吨)	**Annual Supply of Tap Water (100 million tons)**	**128.0**	**382.3**	**496.6**	**466.1**
#生活用水量	Water Consumption for Residential use	51.9	100.1	158.1	167.1
平均每人生活用水 (吨)	**Per Capita Water Consumption for Residential use (ton)**	**55.1**	**67.9**	**71.3**	**75.9**
用水普及率 (%)	**Percentage of Population with Access to Tap Water (%)**	**81.0**	**89.2**	**93.0**	**94.9**
公共汽(电)车总数 (辆)	**Number of Public Transportation Vehicles (Buses and Trolley Buses etc.) (unit)**	**45155**	**62215**	**136821**	**148109**
平均每万人拥有 (辆)	Number of Public Transportation Vehicles per 10 000 Population (unit)	3.9	4.8	7.3	7.3
铺装道路长度 (公里)	**Length of Paved Roads (km)**	**38282**	**94820**	**130308**	**132583**
平均每万人拥有 (公里)	Length of Paved Roads per 10 000 Population (km)	3.3	6.4	7.0	7.0
铺装道路面积(万平方米)	**Area of Paved Roads (10 000 sq.m)**	**35872**	**89160**	**135810**	**143139**
每万人拥有 (万平方米)	Area of Paved Roads per 10 000 Population (10 000 sq.m)	3.1	6.0	7.3	7.6
下水道长度 (公里)	**Length of Sewer Pipelines (km)**	**31556**	**57787**	**110293**	**112812**
平均每万人拥有 (公里)	Length of Sewer Pipelines per 10 000 Population (km)	2.7	3.9	6.0	6.0
人工煤气供气量(万立方米)	**Coal Gas Supply (10 000 cu.m)**	**249754**	**1747065**	**1266894**	**1348076**
#家庭用量	Consumption of Coal Gas for Residential Use	107060	274127	456585	472904
煤气管道长度 (公里)	**Length of Gas Pipelines (km)**	**10567**	**16312**	**33890**	**38486**
天然气供气量(万立方米)	**Natural Gas Supply (10 000 cu.m)**	**162099**	**642289**	**673354**	**637832**
液化气家庭用量 (万吨)	**Consumption of Liquefied Gas for Residential use (10 000 tn)**	**54.7**	**142.8**	**370.2**	**394.7**
用气普及率 (%)	**Percentage of Population with Access to Gas (%)**	**22.4**	**42.2**	**70.0**	**73.2**
城市绿化	**Afforestation in Cities**				
绿地面积 (公顷)	Public Green Areas (hectare)	159291	474613	678310	665119
每万人绿地面积 (公顷)	Public Green Areas per 10 000 Population (hectare)	13.7	32.2	36.7	35.2
公园动物园个数 (个)	**Number of Parks and Zoos**	**1026**	**1970**	**3619**	**3630**
公园动物园面积 (公顷)	**Area of Parks and Zoos (hectare)**	**21896**	**40081**	**72857**	**68055**
环境卫生	**Enviromental Sanitation**				
清运垃圾 (万吨)	Volume of Garbage Disposal (10 000 tons)	4477	6767	10748	10825
清运粪便 (万吨)	Volume of Disposal of Excrement and Urine (10 000 tons)	1731	2385	3071	2930
每万人有公厕 (座)	Number of Public Lavatories per 10 000 Population	5.8	6.6	6.1	5.8

注: 人均拥有指标按城市人口中非农业人口计算。

a) Data on the public utilities per 10 000 population are based on the non-agricultural population in urban areas.

10－8 各地区城市房屋建筑及住房情况 (1996 年)

BASIC STATISTICS ON BUILDING CONSTRUCTION AND HOUSING CONDITION IN CITIES BY REGION (1996)

地区 Region	建成区面积 (平方公里) Developed Areas (sq.km)	征用土地面积 (平方公里) Land Put in Requisition for State Construction Projects (sq.km)	市区人口密度(人/平方公里) Population Density of Urban Districts (persons/sq.km)	年末全市实有房屋建筑面积 (万平方米) Total Floor Space of Buildings (year－end) (10 000sq.m)	年末全市实有住宅建筑面积 (万平方米) Total Floor Space of Residential Buildings (year－end) (10 000sq.m)	年末全市住房居住面积 (万平方米) Total Living Space of Residential Buildings (year－end) (10 000sq.m)	解决缺房户 (户) Number of Households with Their Housing Problems Solved
全国 National Total	**20214.18**	**1018.05**	**367**	**611315**	**335402**	**166850.26**	**871873**
北京 Beijing	476.80	9.80	2453	23063	11741	5639.06	109827
天津 Tianjin	374.30	3.16	1363	13608	6804	3643.00	67000
河北 Hebei	893.34	9.04	1771	25335	14350	6936.17	30415
山西 Shanxi	556.02	6.63	592	16217	8452	4513.74	21617
内蒙古 Inner Mongolia	567.68	2.71	127	12322	6786	3485.81	19141
辽宁 Liaoning	1456.72	20.19	1218	49418	28102	14128.52	101893
吉林 Jilin	815.33	6.43	751	18233	10838	5507.77	22144
黑龙江 Heilongjiang	1282.28	2.19	226	30509	17919	9252.36	70928
上海 Shanghai	412.27	32.90	4671	23593	13135	7028.00	20998
江苏 Jiangsu	1186.39	47.06	2112	40865	21386	10390.98	20963
浙江 Zhejiang	833.73	36.08	988	35032	22418	11137.90	10299
安徽 Anhui	767.42	48.51	1480	16935	9026	4408.34	30937
福建 Fujian	345.48	14.03	1103	14187	8301	3877.62	13424
江西 Jiangxi	481.83	16.81	436	13142	7102	3969.37	11621
山东 Shandong	1342.99	26.26	571	44263	23320	11733.23	25489
河南 Henan	917.57	22.43	1780	27753	14302	7035.34	30500
湖北 Hubei	1539.79	341.75	410	36412	20781	10810.63	17546
湖南 Hunan	645.42	20.72	786	22407	11735	5178.54	33926
广东 Guangdong	1551.92	177.28	806	38863	21850	8967.65	53362
广西 Guangxi	509.12	11.56	391	15238	8118	3413.15	28006
海南 Hainan	180.33	8.71	2051	3759	2561	1488.64	7463
四川 Sichuan	1089.74	119.89	540	37723	19613	9925.33	49806
贵州 Guizhou	229.33	4.57	286	6911	3603	2114.96	608
云南 Yunnan	260.65	17.12	244	9514	4872	2619.70	5393
西藏 Tibet	71.80	0.36	179	718	447	291.10	259
陕西 Shaanxi	379.23	7.64	1342	12446	6109	3271.13	12427
甘肃 Gansu	403.03	1.92	280	8724	4415	2278.96	18345
青海 Qinghai	92.79	0.38	5	1906	869	469.82	71
宁夏 Ningxia	109.17	0.68	267	2769	1331	757.22	5399
新疆 Xinjiang	441.71	1.24	25	9450	5116	2576.22	32066

10－9 各地区城市自来水情况（1996年）

BASIC STATISTICS ON TAP WATER SUPPLY IN CITIES BY REGION (1996)

地区 Region		年末自来水生产能力（万吨/日） Production Capacity of Tap Water (year－end) (10 000 tons/day)	年末供水管道长度（公里） Length of Water Supply Pipelines (year－end) (km)	全年供水总量（万吨） Total Annual Volume of Water Supply (10 000tons)	＃生活用水 For Residential Use	＃生产用水 For Productive Use	用水人口（万人） Number of Residents with Access to Tap Water (10 000)	人均日生活用水量（升） Per Capita Daily Con－sumption of Tap Water for Residential Use (liter)
全　国	**National Total**	**19989.96**	**202613**	**4660652**	**1670673**	**2618145**	**21996.98**	**208.08**
北　京	Beijing	495.32	8274	102762	62187	29861	636.06	267.86
天　津	Tianjin	266.80	4403	71821	23812	40359	509.30	128.09
河　北	Hebei	929.29	8266	212793	60731	120947	1023.38	162.59
山　西	Shanxi	343.33	4881	82634	29289	50117	610.11	131.52
内蒙古	Inner Mongolia	231.59	3690	63307	21539	40154	391.46	150.75
辽　宁	Liaoning	1321.80	18162	317076	105044	177368	1627.12	176.87
吉　林	Jilin	624.97	4127	142585	33633	99776	645.84	142.67
黑龙江	Heilongjiang	608.88	8050	147976	48352	89981	990.29	133.77
上　海	Shanghai	1258.00	8208	295310	100511	147288	961.00	286.55
江　苏	Jiangsu	1424.36	14488	349423	135429	192948	1300.70	285.26
浙　江	Zhejiang	834.89	11506	185897	69358	96642	1059.93	179.28
安　徽	Anhui	894.62	5177	193707	54947	134537	705.04	213.52
福　建	Fujian	511.65	3848	114045	38762	61483	460.78	230.47
江　西	Jiangxi	568.06	3392	129107	43127	74644	526.84	224.27
山　东	Shandong	1162.42	14494	222512	75344	133619	1483.58	139.14
河　南	Henan	897.77	8025	207886	73399	125950	1073.78	187.28
湖　北	Hubei	1375.54	11069	359760	131984	217868	1385.22	261.04
湖　南	Hunan	1148.64	5848	290825	77634	184306	702.23	302.89
广　东	Guangdong	1865.62	18488	392534	193667	174102	1744.11	304.22
广　西	Guangxi	577.85	3895	146683	55291	79618	492.08	307.84
海　南	Hainan	111.51	1377	26130	15294	6010	147.07	284.91
四　川	Sichuan	1113.73	13575	262163	92514	145353	1458.18	173.82
贵　州	Guizhou	189.00	2722	45859	17139	27106	308.00	152.46
云　南	Yunnan	210.60	4402	44395	19349	24661	338.45	156.63
西　藏	Tibet	12.59	295	1865	1351	514	23.59	156.90
陕　西	Shaanxi	304.01	3572	74170	37237	32264	488.98	208.64
甘　肃	Gansu	286.61	2853	79692	18921	60327	348.57	148.72
青　海	Qinghai	47.49	647	15679	5905	8367	83.63	193.45
宁　夏	Ningxia	139.72	1357	34914	7310	20875	97.00	206.47
新　疆	Xinjiang	233.30	3522	47142	21613	21100	374.66	158.05

10－10 各地区城市煤气、液化石油气、天然气情况(1996年)

BASIC STATISTICS ON SUPPLY OF GAS, LIQUEFIED PETROLEUM GAS AND NATURAL GAS IN CITIES BY REGION (1996)

地区 Region	人工煤气生产能力(万立方米/日) Production Capacity of Coal Gas (10 000 cu.m/day)	输气管道长度(公里) Length of Gas Pipelines (km)		全年供气总量 Total Gas Supply			用气人口(万人) Population with Access to Gas (10 000 persons)		
		人工煤气 Coal Gas	天然气 Natural Gas	人工煤气(万立方米) Coal Gas (10 000 cu.m)	液化石油气(吨) Liquefied Petroleum Gas (ton)	天然气(万立方米) Natural Gas (10 000 cu.m)	人工煤气 Coal Gas	液化石油气 Lique-fied Petro-leum Gas	天然气 Natural Gas
全国 National Total	**2406.83**	**38486**	**18752**	**1348076**	**5758374**	**637832**	**3490.00**	**8864.27**	**1470.01**
北京 Beijing	250.00	1995	1158	88132	177492	13504	191.70	269.86	96.95
天津 Tianjin	134.50	2260	2407	20099	67031	13442	136.20	127.20	171.80
河北 Hebei	49.80	2195	327	41577	143928	3081	193.64	425.45	14.62
山西 Shanxi	182.00	2372		68713	17709		266.56	83.16	
内蒙古 Inner Mongolia	16.40	528		6456	32283		53.16	158.29	
辽宁 Liaoning	218.40	4015	3088	85766	334455	35606	355.11	597.01	327.53
吉林 Jilin	111.50	1701	502	17394	111372	6639	136.47	283.00	25.90
黑龙江 Heilongjiang	204.00	1667	373	17928	245327	2521	152.77	538.21	30.93
上海 Shanghai	490.00	5294		194646	161887		579.60	190.20	
江苏 Jiangsu	136.73	2758		264956	551084		229.52	714.97	
浙江 Zhejiang	58.40	757		16571	502379		43.51	462.87	
安徽 Anhui	92.20	1581		31084	229134		133.78	233.85	
福建 Fujian	10.00	308		3814	200274		22.13	257.46	
江西 Jiangxi	27.00	974		31218	37784		99.13	154.45	
山东 Shandong	100.00	2856	969	35482	189587	77412	255.62	679.68	20.40
河南 Henan	9.00	1027	1882	52105	94491	46956	74.19	252.68	127.65
湖北 Hubei	98.10	1702		132199	210396		128.93	690.52	
湖南 Hunan	20.00	770		74920	134656		58.15	335.91	
广东 Guangdong	68.00	1280	64	15076	1040439	78	115.14	1165.60	2.80
广西 Guangxi		140		2091	133666		15.25	284.09	
海南 Hainan					34734			65.86	
四川 Sichuan		321	7976	111150	67693	435778	28.32	109.00	649.85
贵州 Guizhou		493	5	3553	17415	275	39.30	57.68	1.50
云南 Yunnan	70.00	844		13446	35773		80.90	102.49	
西藏 Tibet					1075			12.70	
陕西 Shaanxi	5.00	359		11194	49807		40.93	193.01	
甘肃 Gansu	55.80	184		5411	733693		49.92	55.30	
青海 Qinghai		17		24	25812		2.50	30.85	
宁夏 Ningxia		81		3071	17762		7.57	51.79	
新疆 Xinjiang			1		159236	2540		281.13	0.08

10－11 各地区城市集中供热情况 (1996 年)

BASIC STATISTICS ON HEATING IN CITIES BY REGION (1996)

地区 Region	供应能力 Heating Capacity		供热总量 Volume Supplied		管道长度(公里) Length of Pipelines(km)		供热面积
	蒸汽 (吨/小时) Steam (ton/hour)	热水 (兆瓦) Hot Water (1 billion kw)	蒸汽 (吨) Steam (ton)	热水 (万百万千焦) Hot Water (1 billion joule)	蒸汽 Steam	热水 Hot Water	(万平方米) Heating Area (10 000 sq.m)
全国 National Total	**62316**	**103960**	**17615**	**56307**	**9577**	**24012**	**73433.31**
北京 Beijing	2908	3052	1677	7808	344	1847	5866.00
天津 Tianjin	10932	1763	2771	1348		1440	3114.00
河北 Hebei	3025	5593	757	2972	422	1734	5425.54
山西 Shanxi	3495	4367	755	3053	516	1321	3729.51
内蒙古 Inner Mongolia	1423	3817	140	2899	37	963	3218.19
辽宁 Liaoning	11584	14065	3442	7912	1236	4526	15248.58
吉林 Jilin	2977	5085	567	5020	227	2134	6268.57
黑龙江 Heilongjiang	3388	8698	1044	8602	562	3572	8830.50
上海 Shanghai							
江苏 Jiangsu	2001		600		175		1501.07
浙江 Zhejiang	669		351		66		387.60
安徽 Anhui	1800	28	453	84	37	17	176.49
福建 Fujian		45		93		39	2804.10
江西 Jiangxi							
山东 Shandong	8722	48640	2335	7568	1758	2440	6272.40
河南 Henan	1855	842	674	742	279	536	2091.45
湖北 Hubei	750	12	234	30	46	1	422.00
湖南 Hunan	827	74	149	15	55	336	579.71
广东 Guangdong							
广西 Guangxi							
海南 Hainan							
四川 Sichuan							
贵州 Guizhou							
云南 Yunnan							
西藏 Tibet							
陕西 Shaanxi	2004	893	284	515	232	226	1437.30
甘肃 Gansu	1682	2068	564	2404	295	919	2304.52
青海 Qinghai	8	28	1	22	1	4	24.00
宁夏 Ningxia	1094	2036	455	2281	3003	426	1208.20
新疆 Xinjiang	1172	2854	362	2939	286	1531	2523.58

10-12 各地区城市市政工程情况(1996年)

BASIC STATISTICS ON MUNICIPAL ENGINEERING IN CITIES BY REGION(1996)

地区 Region	年末实有铺装道路长度(公里) Length of Paved Roads (year-end) (km)	年末实有铺装道路面积(万平方米) Area of Paved Roads (year-end) (10 000 sq.m)	城市桥梁(座) Number of Bridges (unit)	城市下水道总长度(公里) Length of Sewer Pipelines (km)	城市污水日处理能力(万吨) Daily Disposal Capacity of Sewage (10 000 tons)	城市路灯(盏) Number of Street Lights (unit)
全国 National Total	**132583**	**142796.91**	**29491**	**112812.00**	**1153.13**	**2765984**
北京 Beijing	3309	3366.00	573	3712.00	66.60	104316
天津 Tianjin	3234	3530.00	458	5446.00	66.90	79551
河北 Hebei	5614	6006.42	1067	5887.00	69.00	134561
山西 Shanxi	3738	4370.63	687	2256.00	43.47	71499
内蒙古 Inner Mongolia	2335	2299.68	232	2228.00	18.70	41216
辽宁 Liaoning	8721	9014.97	1190	7190.00	18.90	161004
吉林 Jilin	3412	3511.29	410	3044.70	21.80	76234
黑龙江 Heilongjiang	7966	6805.93	557	4330.70	32.00	99956
上海 Shanghai	3117	3755.00	1690	2898.00	49.30	120361
江苏 Jiangsu	8552	9710.87	4079	8859.60	104.25	255695
浙江 Zhejiang	6061	6314.84	4407	5197.00	107.12	119687
安徽 Anhui	5078	5126.31	831	3258.00	16.00	75681
福建 Fujian	3015	2865.00	927	2522.00	36.53	69367
江西 Jiangxi	2602	2502.90	601	1708.00	5.00	47302
山东 Shandong	13227	16740.07	2378	9840.00	68.92	179723
河南 Henan	4015	5282.55	708	4772.00	41.23	116042
湖北 Hubei	10328	10337.89	1768	5271.00	45.40	142311
湖南 Hunan	4094	3741.21	534	3145.00	52.15	57250
广东 Guangdong	11666	14539.52	2143	13183.00	174.70	307062
广西 Guangxi	3093	3297.74	392	2308.00	17.85	79306
海南 Hainan	1129	1592.37	109	1493.00	2.40	30681
四川 Sichuan	6702	6373.69	2050	5458.29	16.93	191825
贵州 Guizhou	1472	1258.05	315	1479.00	4.30	25402
云南 Yunnan	1913	1811.48	449	1513.00	17.90	41856
西藏 Tibet	231	231.80	44	200.00		5631
陕西 Shaanxi	2103	2269.63	334	1969.00	12.70	43028
甘肃 Gansu	2263	2253.61	250	1483.24	20.75	34387
青海 Qinghai	399	426.00	53	186.00		6706
宁夏 Ningxia	634	729.22	69	330.00		14568
新疆 Xinjiang	2560	2732.24	186	1641.00	22.33	33776

10－13 各地区城市公共汽(电)车、出租汽车情况 (1996年)

BASIC STATISTICS ON BUSES, TROLLEY BUSES AND TAXIS IN CITIES BY REGION (1996)

地区 Region	年末实有公共汽(电)车(辆) Number of Public Transportation Vehicles(year－end)				营运线路长度(公里) Length of Operating Routes (km)				运客总数(万人次) Number of Passengers Carried (10 000 person－times)	出租汽车(辆) Number of Taxis
	公共汽车 Buses	无轨电车 Trolley Buses	有轨电车 Tram Cars	地铁 Subways	公共汽车 Buses	无轨电车 Trolley Buses	有轨电车 Tram Cars	地铁 Subways		
全国 National Total	**143473**	**4118**		**518**	**75651**			**57**	**2562308**	**585369**
北京 Beijing	7163	536		401	1771			42	353127	53246
天津 Tianjin	2524			21	1877				51645	27565
河北 Hebei	3555				2375				38167	24770
山西 Shanxi	2573	99			5717				43324	15474
内蒙古 Inner Mongolia	1700				1678				16894	10540
辽宁 Liaoning	8469	917			6755				265321	50112
吉林 Jilin	4401	203			1510				74728	28698
黑龙江 Heilongjiang	6343	392			3116				105642	25631
上海 Shanghai	10771	608		96	1429			15	234444	38554
江苏 Jiangsu	7962				3544				104583	25403
浙江 Zhejiang	6419	156			4182				86985	18191
安徽 Anhui	3485				1528				63420	21469
福建 Fujian	2474	32			2013				53164	6637
江西 Jiangxi	2150	73			1404				41341	4078
山东 Shandong	8362	225			8792				124002	30636
河南 Henan	5624	148			2762				60326	28694
湖北 Hubei	9404	242			6105				159928	19818
湖南 Hunan	7050				2328				81728	13633
广东 Guangdong	13037	100			4171				186573	44517
广西 Guangxi	1783				1071				38942	7725
海南 Hainan	2178				655				7057	4687
四川 Sichuan	8768	144			5005				133527	23670
贵州 Guizhou	4968				1036				39537	5377
云南 Yunnan	2654				826				28363	10083
西藏 Tibet	720				83				89	899
陕西 Shaanxi	2115	151			1081				43225	15028
甘肃 Gansu	1403	92			923				36201	7460
青海 Qinghai	830				170				18393	4719
宁夏 Ningxia	723				433				5188	2036
新疆 Xinjiang	3865				1368				66444	16019

10－14 各地区城市园林绿化情况 (1996年)

BASIC STATISTICS ON PARKS, GARDENS AND GREEN AREAS IN CITIES BY REGION(1996)

地　区 Region	城市园林绿地面积(公顷) Total Area of Parks, Gardens and Green Areas in Cities (hectare)	#公共绿地 Public Green Areas	公　园(个) Number of Parks	公园面积(公顷) Area of Parks (hectare)	年游人量(万人次) Number of Visitors to Parks and Zoos in the Year (10 000 person－times)	全年植树(万株) Number of Trees Planted in the Year (10 000 trees)
全　国　National Total	**665119**	**99945.38**	**3630**	**68055.15**	**117632**	**29395**
北　京　Beijing	11823	4194.00	91	3779.70	10377	220
天　津　Tianjin	3151	1618.40	150	728.40	4305	90
河　北　Hebei	17325	3785.01	122	2432.57	3216	161
山　西　Shanxi	8154	1899.80	80	1325.75	1353	150
内蒙古　Inner Mongolia	13225	1906.52	69	1542.71	979	106
辽　宁　Liaoning	54075	8064.50	185	4660.60	7574	528
吉　林　Jilin	16198	2823.31	61	1696.75	1138	487
黑龙江　Heilongjiang	28866	6119.28	113	3621.02	6152	406
上　海　Shanghai	6150	1602.65	88	637.89	9459	261
江　苏　Jiangsu	50558	7528.33	283	5262.95	6154	2393
浙　江　Zhejiang	20458	3482.76	271	2202.34	8668	245
安　徽　Anhui	28257	4034.27	94	3222.37	3719	288
福　建　Fujian	13530	2102.96	159	1459.86	2490	447
江　西　Jiangxi	15707	2465.82	87	1522.57	1133	76
山　东　Shandong	43068	6948.68	279	4108.91	6321	632
河　南　Henan	16087	3081.21	114	1905.28	3570	301
湖　北　Hubei	71372	8179.91	209	5551.44	3721	1091
湖　南　Hunan	24777	2733.74	99	2283.01	2327	121
广　东　Guangdong	88825	11719.68	432	7574.43	16527	17157
广　西　Guangxi	38374	2467.07	70	2205.45	3076	646
海　南　Hainan	3892	1044.32	18	698.21	419	198
四　川　Sichuan	44475	3503.23	213	3018.10	7332	525
贵　州　Guizhou	7595	1454.00	36	1352.19	928	55
云　南　Yunnan	8348	2029.79	80	1931.56	2781	2176
西　藏　Tibet	1950	457.58	3	52.36	31	14
陕　西　Shaanxi	7907	1455.88	77	1070.02	1614	131
甘　肃　Gansu	3893	951.66	58	651.73	877	174
青　海　Qinghai	1041	201.00	9	166.00	215	7
宁　夏　Ningxia	1901	219.73	13	99.70	312	3
新　疆　Xinjiang	14137	1870.29	67	1291.28	864	306

10-15 各地区城市公共卫生情况 (1996年)

BASIC STATISTICS ON URBAN SANITATION IN CITIES BY REGION (1996)

地区 Region		清扫面积 (万平方米) Area Cleaned (10 000 sq.m)	生活垃圾清运量 (万吨) Volume of Garbage Disposal (10 000 tons)	粪便清运量 (万吨) Volume of Excrement and Urine Disposal (10 000 tons)	环卫机械 Environmental Sanitation Equipment 总数 (台) Total (unit)	总功率 (千瓦) Total Power (kw)	公共厕所 (座) Number of Public Lavatories (unit)
全国	**National Total**	**122788.33**	**10825.40**	**2930.47**	**40256**		**109570**
北京	Beijing	3978.00	445.00	247.00	2353		6758
天津	Tianjin	4278.00	185.27	15.79	796		3033
河北	Hebei	5961.91	512.19	115.40	1721		5354
山西	Shanxi	3637.68	333.56	129.42	1074		3322
内蒙古	Inner Mongolia	2867.56	343.79	97.23	1152		3485
辽宁	Liaoning	14370.77	916.79	250.53	3148		14856
吉林	Jilin	6286.26	550.74	142.79	1650		7062
黑龙江	Heilongjiang	7648.52	944.80	225.95	2787		10459
上海	Shanghai	3132.50	419.42	217.04	3515		1114
江苏	Jiangsu	6252.14	425.80	198.33	2144		6932
浙江	Zhejiang	4220.51	411.50	200.41	1840		3369
安徽	Anhui	3035.21	257.35	35.94	1009		4465
福建	Fujian	2520.71	164.39	49.95	858		1263
江西	Jiangxi	1580.24	177.49	25.50	712		1985
山东	Shandong	10323.51	535.35	96.51	2565		4623
河南	Henan	5535.80	454.02	70.62	1460		4277
湖北	Hubei	5925.29	747.71	129.68	1761		5428
湖南	Hunan	2044.71	270.98	27.86	1008		2594
广东	Guangdong	11396.94	900.09	128.25	2897		3913
广西	Guangxi	2329.59	178.64	27.70	763		1097
海南	Hainan	1846.29	68.79	18.71	217		381
四川	Sichuan	5259.81	534.33	258.99	1636		5918
贵州	Guizhou	679.44	93.32	15.79	530		1680
云南	Yunnan	1340.11	92.25	43.09	664		1322
西藏	Tibet	132.27	19.30	2.82	43		225
陕西	Shaanxi	2012.29	168.61	40.83	588		1340
甘肃	Gansu	1466.78	222.77	53.92	415		916
青海	Qinghai	283.68	180.00	21.30	143		235
宁夏	Ningxia	514.70	59.50	12.60	214		935
新疆	Xinjiang	1927.11	211.65	30.52	593		1229

10－16 各地区城市设施水平 (1996 年)

LEVEL OF PUBLIC FACILITIES IN CITIES BY REGION(1996)

地 区 Region	人均居住面积(平方米) Per Capita Living Space (sq.m)	城市人口用水普及率(%) Percentage of Population with Access to Tap Water	城市煤气普及率(%) Percentage of Population with Access to Gas	每万人拥有公共汽(电)车辆(标台) Number of Public Buses and Trolley Buses per 10000 Persons	人均拥有铺装道路面积(平方米) Per Capita Area of Paved Roads (sq.m)	人均公共绿地面积(平方米) Per Capita Public Green Areas (sq.m)	每万人拥有公共厕所(座) Number of Public Lavatories per 10 000 Population
全 国 National Total	**8.47**	**94.89**	**73.21**	**7.29**	**7.56**	**5.29**	**5.8**
北 京 Beijing	9.17	100.00	92.72	17.65	5.59	6.96	11.2
天 津 Tianjin	7.73	100.00	92.77	5.95	7.53	3.45	6.5
河 北 Hebei	8.42	98.83	83.18	4.42	7.88	4.97	7.0
山 西 Shanxi	8.37	95.91	67.32	5.03	8.41	3.66	6.4
内蒙古 Inner Mongolia	7.67	86.32	50.13	3.97	5.45	4.52	8.3
辽 宁 Liaoning	7.55	96.71	85.32	7.25	6.01	5.38	9.9
吉 林 Jilin	7.31	82.63	59.39	5.67	4.68	3.76	9.4
黑龙江 Heilongjiang	7.37	84.82	66.19	5.98	6.24	5.61	9.6
上 海 Shanghai	8.66	100.00	91.45	15.74	4.46	1.90	1.3
江 苏 Jiangsu	9.02	99.02	86.58	6.55	8.90	6.90	6.4
浙 江 Zhejiang	12.68	98.02	93.78	10.06	11.69	6.45	6.2
安 徽 Anhui	7.32	93.86	57.38	5.15	8.00	6.30	7.0
福 建 Fujian	9.91	96.03	76.04	5.92	7.79	5.72	3.4
江 西 Jiangxi	8.27	91.36	55.40	4.38	5.47	5.39	4.3
山 东 Shandong	9.18	93.00	77.22	6.94	13.53	5.61	3.7
河 南 Henan	7.65	94.10	49.51	5.15	5.75	3.36	4.7
湖 北 Hubei	9.01	95.80	69.56	7.51	8.78	6.94	4.6
湖 南 Hunan	8.06	97.74	64.81	8.76	6.15	4.50	4.3
广 东 Guangdong	9.02	95.20	90.01	6.13	10.20	8.22	2.7
广 西 Guangxi	7.98	97.67	75.99	4.37	8.37	6.26	2.8
海 南 Hainan	10.74	97.56	61.47	15.54	14.86	9.75	3.6
四 川 Sichuan	8.39	95.34	66.09	6.55	5.35	2.94	5.0
贵 州 Guizhou	7.98	91.86	37.25	10.96	4.76	5.50	6.4
云 南 Yunnan	8.98	97.69	68.52	8.71	6.77	7.58	4.9
西 藏 Tibet	17.43	100.00	82.20	32.30	15.00	29.62	14.7
陕 西 Shaanxi	7.42	97.08	53.72	5.35	5.21	3.34	3.1
甘 肃 Gansu	7.39	93.30	35.48	5.14	7.60	3.21	3.1
青 海 Qinghai	5.51	97.79	47.00	10.71	6.00	2.83	3.3
宁 夏 Ningxia	8.05	94.49	64.25	6.03	7.89	2.38	10.1
新 疆 Xinjiang	8.15	97.06	86.14	9.94	8.37	5.73	3.8

主 要 统 计 指 标 解 释

年底自来水生产能力 指年底城建部门管理的自来水厂和自备水源的社会单位取水、净化、送水、出厂输水干管等环节的实际生产能力。

年底供水管道长度 指从送水泵到用户水表之间所有管道的长度。

全年供水总量 指公用自来水厂和自备水源的社会单位全年的供水总量，包括有效供水量及损失水量。

生活用水量 指居民日常生活与公共福利设施的用水量。包括居民、饮食店、旅馆、医院、理发店、浴池、洗衣店、游泳池、商店、学校、机关、部队等单位的用水量。

城市人口用水普及率 指城市用水的非农业人口数（不包括临时人口和流动人口）与城市非农业人口总数之比。计算公式：

用水普及率＝（城市用水的非农业人口数÷城市非农业人口数）×100％

人工煤气生产能力 指城市煤气厂制气、净化、输送等环节的综合实际生产能力。

输气管道长度 指由压缩机、鼓风机、储气罐的出口到用户立管之间的全部管道长度。

全年供气总量 指全年售给各类用户的全部煤气量。包括工业用量、家庭用量和其他用量。

城市用气普及率 指使用煤气（包括人工煤气、液化石油气、天然气）的城市非农业人口数（不包括临时人口和流动人口）与城市非农业人口总数之比。计算公式：

$$\text{城市煤气普及率} = \frac{\text{城市用气的非农业人口数}}{\text{城市非农业人口总数}} \times 100\%$$

城市供热能力 指热电厂、热力公司和达到标准的集中采暖锅炉房向城市输送的供热源的设计能力。每小时向城市输送的蒸汽、热水能力。

城市供热总量 指热电厂、热力公司和达到标准的集中采暖锅炉房全年向城市输送的全部蒸汽、热水量。

城市供热管道长度 指热电厂、热力公司和达到标准的集中采暖锅炉房管理的集中供热热源到用户之间的全部供气、供热水的管道长度。

年底实有铺装道路长度 指除土路外，路面经过铺装宽度在3.5米以上的道路，包括高级、次高级道路和普通道路。

城市桥梁 指城市范围内，修建在河道上的桥梁和道路与道路立交、道路跨越铁路的立交桥，以及人行天桥。包括永久性桥和半永久性桥，不包括临时性桥、铁路桥、涵洞。

城市下水道总长度 指所有排水总管、干管、支管及暗渠、检查井、连接井进出水口等长度之和。

城市污水日处理能力 指污水处理厂每昼夜处理污水量的设计能力。

年末实有公共汽（电）车 指年底可参加营运的全部车辆数，包括年底营运车辆数和库存查封未参加营运的车辆，不包括非营运车辆，如架线车、油罐车、工程车、货车及其他专用车辆和借人的客运车辆。

营运线路长度 指设置的固定营运线路长度，包括郊区营运线路长度。不包括临时行驶的线路长度。

城市园林绿地面积 指城市公共绿地、专用绿地、生产绿地、防护绿地、郊区风景名胜区的全部面积。

公共绿地 指供游览休息的各种公园、动物园、植物园、陵园以及花园、游园和供游览休息用的林荫道绿地、广场绿地。不包括一般栽植的行道树及林荫道的面积。

东、中、西部划分 将全国30个省、自治区和直辖市（未包括台湾省）划分为东、中、西部。东部为沿海12个省、区、市，包括北京、天津、河北、辽宁、上海、江苏、浙江、福建、山东、广东、广西、海南。西部为西北和西南9个省、区，包括四川、贵州、云南、西藏、陕西、甘肃、青海、宁夏、新疆。中部为东、西部以外省、区，包括山西、内蒙、吉林、黑龙江、安徽、江西、河南、湖北、湖南。

Explanatory Notes on Main Statistical Indicators

Production Capacity of Tap Water at the Year-end refers to the actual comprehensive production capacity of the waterworks administered by the urban construction department and those owned by enterprises or institutions, taking the capacity of the main links, such as water inflow, purification, conveyance and outflow of the trunk pipelines into account.

Length of Water Supply Pipelines at the Year-end refers to the total length of all the pipelines between the water pumps and the users' water meters.

Annual Volume of Water Supply refers to the total volume of water supplied by the public water-works and those owned by individual enterprises and institutions during the whole year, including both the effective water supply and loss during the water supply.

Consumption of Water for Residential Use refers to the water consumption of households for daily life and the water consumption of public welfare facilities, including the consumption of restaurants, hotels, hospitals, barber shops, public bathhouses, laundries, swimming pools, shops, schools, institutions, army units and other units.

Percentage of Urban Population with Access to Tap Water refers to the ratio of the urban non-agricultural population (excluing temporary and mobile population) with access to tap water to the total urban non-agricultural population. The formula is:

$$\text{Percentage of Population with Access to Tap Water} = \frac{\text{Urban Non-agricultural Population with Access to Tap Water}}{\text{Urban Non-agricultural Population}} \times 100\%$$

Production Capacity of Gaswork Gas refers to the actual comprehensive production capacity of the urban gasworks in gas generation, purification and delivery.

Length of Gas Pipelines refers to the total pipeline length between the outlet of the compressor, blower or gas tank and the shaft pipe of users.

Volume of Gas Supply refers to the total volume of gas sold to users in a year, including the volume for industrial use, residential use and other uses.

Percentage of Urban Population with Access to Gas refers to the ratio of the urban non-agricultural population with access to gas (including gas, liquefied petroleum gas and natural gas) to the urban non-agricultural population (excluding temporary and mobile population). The formula is:

$$\text{Percentage of Population with Access to Gas} = \frac{\text{Urban Non-agricultural Population with Access to Gas}}{\text{Urban Non-agricultural Population}} \times 100\%$$

Heating Capacity in Urban Area refers to the capacity of hourly supply of steam and hot water to cities by thermal power plants, heating corporations and centralized heating boiler rooms which meet certain standard.

Heating Vloume in Urban Area refers to the total volume of steam and hot water supplied to cities every year by thermal power plants, heating corporations and centralized heating boiler rooms which meet certain standard.

Length of Heating Pipelines refers to the total length of pipelines for centralized supply of steam and hot water from the thermal power plants, heating corporations and centralized heating boiler rooms which meet certain standard to the users.

Length of Paved Roads at the Year-end refers to the length of roads with a paved surface, and with a width of more than 3.5 meters, including high-quality, medium-quality and ordinary roads.

Urban Bridges refer to bridges over river courses, great separated junctions and overpasses in urban areas. Permanent bridges and semi-permanent bridges are included. Temporary bridges, railway bridges and culverts are excluded.

Length of Urban Sewage Pipes refers to the total length of general drainage, trunks. branch and blind drainage, inspection wells, connection wells, inlets and outlets, etc.

Daily Disposal Capacity of Urban Sewage refers to the designed 24-hour capacity of sewage disposal at the sewage treatment works.

Number of Public Vehicles (Buses and Trolley-buses) at the Year-end refers to the total number of operational buses available at the year-end, including the year-end operational vehicles and vehicles in stock. Non-operational vehicles such as stringing cars, tank cars, machine-shop cars, trucks and other special vehicles and the borrowed passenger vehicles are excluded.

Length of Routes in Operation refers to the length of designated regular routes in operation, including the length of suburban routes in operation. The length of temporary operational lines is not included.

Area of Urban Gardens and Green Areas refers to the total area of urban public green land, special green land, production green land, protection green land and suburban scenic spots.

Public Green Area refers to green areas of various parks, zoos, botanical gardens, cemeterise, amusement parks, tree-flanked boulevards green-land squares for tourism and relaxing. Areas with trees planted along-side the streets and boulevards are excluded.

Distinction between Eastern Region, Central Region, Western Region China's 30 provinces, autonomous regions and municipalities (Taiwan provice is not included) are divided into eastern region, central region and western region. Eastern region is the coastal region, covers 12 provinces, autonomous region and municipalities, namely, Beijing, Tianjin, Hebei, Liaoning, Shanghai, Jiangsu, Zhejiang, Fujian, Shandong, Guangdong, Guangxi, Hainan. Western region covers nine provinces and autonomous regions located in Northwest and Southwest of China, namely Sichuan, Guizhou, Yunan, Tibet, Shanxi, Gansu, Qinghai, Ningxia, Xinjiang. Central region covers all the provinces and autonomous region except that of Eastern region and Western region, namely, Shanxi, Inner Mongolia, Jilin, Heilongjiang, Anhui, Jiangxi, Henan, Hubei, Hunan.

十一 农业

AGRICULTURE

简要说明

一、本篇资料反映我国农业生产和农村经济的基本情况，内容主要包括农村劳动力、耕地、农业机械拥有量、农林牧渔业产值、主要产品产量、水利设施与除涝治碱、农村居民家庭拥有生产性固定资产、国营农场基本情况和乡镇企业基本情况等方面的统计资料。

二、本篇资料来源：除水利设施和除涝治碱情况、国营农场基本情况、乡镇企业情况及农村住户有关资料外，其余资料均来源于国家统计局农调总队的农林牧渔业综合统计报表。

农林牧渔业综合统计报表制度的统计范围包括各省、自治区、直辖市辖区内及新疆生产建设兵团所属的各种经济类型的全部农林牧渔业以及各非农行业附属的农林牧渔业生产单位。军委系统的农业生产（除军马外）也包括在内，但不包括农业科学试验机构进行的农业生产。

农林牧渔业综合统计报表是按照国家统计局统一要求，由各省、自治区、直辖市统计局收集、汇总报送的。目前多数指标仍沿用逐级上报制度，并辅以多种调查方法。如农业生产条件中的部分指标及林业生产情况、渔业生产情况等指标均取自同级业务部门的统计资料，有关农业主要产品生产情况指标，凡能从国家抽样调查中直接取材的，则根据国家统计局农调总队农产量抽样调查数量填报，其他农林牧渔业产量指标可根椐本省的实际情况，采取抽样调查、重点调查的全面调查相结合的办法，或利用部门统计资料和住户调查资料加工推算。

国家统计局农调总队的农产量抽样调查采取多阶段、随机起点、对称等距的抽样方法。抽样一般分为省抽县、县抽村、村抽地块、地块抽样本等几个阶段。抽样框的编制以近三年粮食平均亩产作为有关标识，按高低顺序排队，以近三年粮食平均播种面积作为辅助资料。农产量抽样调查共抽选了1.8万个农产量抽样调查村、315万多个样本进行实割实测调查，误差系数要求不超过±2%。农产量抽样调查与农村住户调查一样，实行样本轮换制度，四年为一个周期。

国营农场基本情况资料主要取材于农业部农垦局汇总的统计报表，其调查范围涉及全国除西藏外的29个省、自治区、直辖市，统计方法为逐级上报、全面汇总，指标设置及统计口径均与国家统计局一致。

灌溉、水库和除涝、治水、治碱情况及各地区水利设施和除涝、治碱面积资料，主要来源于水利部规划司汇总的统计报表，其统计范围包括各省、自治区、直辖市，以县为基本统计单位，资料收集采取逐级汇总上报的方式，有些特殊指标如灌区数、大型水库、跨县的中小型水库，由地区直接统计，上报省水利厅。

乡镇企业的有关资料主要来源于农业部乡镇企业局。乡镇企业的统计范围为各省、自治区、直辖市全部乡镇企业，包括乡办、村办、合作办、个人办的各种行业的乡镇企业，有关数据依乡镇企业财务决算及统计年报汇总资料整理而得。

BRIEF INTRODUCTION

I. The data in this chapter show the basic conditions of agricultural production and rural economy, including mainly rural labour force, cultivated land, quantity of agricultural machinery, output of farming, forestry, animal husbandry and fishery, output of major products, facilities of water conservancy and efforts to eliminate waterlogging and combat alkalinity, productive fixed assets owned by the rural households, basic conditions of the state – owned farms and township enterprises.

II. The data sources in this chapter: Except the data on facilities of water conservancy and efforts to eliminate waterlogging and combat alkalinity, productive fixed assets owned by the rural households, basic conditions of the state – owned farms and township enterprises, all the data are collected in accordance with the "scheme of statistical reporting on farming, forestry, animal husbandry and fishery", which is stipulated by the Rural Socio – economic Survey Organization, SSB.

The statistical coverage of the "scheme of statistical reporting on farming, forestry, animal husbandry and fishery" includes all the activities of farming, forestry, animal husbandry and fishery of all types of ownerships under the jurisdiction of the provinces, autonomous regions and municipalities directly under the central government and subordinate to the Xinjiang Corps for Production and Construction as well as the production units of farming, forestry, animal husbandry and fishery subordinate to the non – agricultural trades. The agricultural production (except army horse raising) under the administration of Military Commission is also included, but the agricultural production engaged by the institutions of agricultural scientific experiment is excluded.

The data in statistical reporting summary tables on farming, forestry, animal husbandry and fishery are collected and tabulated by the statistical bureaus of the provinces, autonomous regions and municipalities directly under the central government in accordance with the unified requirements of the State Statistical Bureau. At present, the data on most indicators are collected with the traditional method of reporting level by level, supplemented with various other methods. For example, the data on the indicators on the conditions of agricultural production and the data on the production of forestry and fishery are collected from the concerned statistical data of the specialized departments of the same level. Whatever data are available in the results of the sample survey on the output of agricultural products, the data are collected and filled out. The data on other indicators of the production of farming, forestry, animal husbandry and fishery can be collected with the method of sample survey, key unit survey or complete enumeration in the light of the specific conditions of the provinces. They can also be estimated on the basis of the statistical data of the concerned departments or the data collected from the sample survey on rural households.

The multi – stage balanced systematic sampling scheme with random start is used in the sample survey on the crop yield organized by the Rural Socio – economic Survey Organization, SSB. The sampling process is classified into several stages, namely the stage of selecting sample counties by the provinces, the stage of selecting sample villages by the sample counties, the stage of selecting sample plots by the sample villages and the stage of selecting sample cuts from the sample plots. The sampling frame is compiled with the units arranged in the order of the average yield in the recent three years. The average sown area of grain crops in the recent three years is used as the auxiliary data. Totally, 18 thousand sample villages and 3. 15 million sample cuts have been selected in the sample survey on the yield of crops. The sampling error is required not to exceed 2%. Like the sample survey on households, a rotation sampling scheme is used in the sample survey on the yield of crops; One cycle covers 4 years.

The data on the basic conditions of the state – owned farms come from the statistical reports tabulated by the Bureau of Reclamation, Ministry of Agriculture. The statistical coverage includes 29 provinces, autonomous regions and municipalities directly under the central government; only Tibet is not included. The data are collected from the grassroots units in accordance with the statistical reporting scheme and tabulated and reported level by level. The content of indicators and calculation methods are the same as those stipulated by the State Statistical Bureau.

The data on irrigation and reservoirs, the data on the efforts to eliminate waterlogging, prevent floods by water control and combat alkalinity as well as the data on the facilities of water conservancy and the area of waterlogging eliminated and the improved area of saline – alkaline land come mainly from the statistical reports of the Department of Programme, Ministry of Water Conservancy. The statistical coverage includes provinces, autonomous regions and municipalities directly under the central government. County is the basic statistical unit. The data are collected from the counties in accordance with the statistical reporting scheme and tabulated and reported level by level. The data on some special indicators such as the number of irrigated areas, large reservoirs and the medium – sized and small reservoirs which cut across counties are collected directly by the prefectures and reported to the water conservancy departments of the provinces.

The data on the township enterprises come mainly from the Bureau of Township Enterprises, Ministry of Agriculture. The statistical coverage of township enterprises includes the township enterprises of all trades in the provinces, autonomous regions and municipalities directly under the central government, including those run by townships, villages, individuals and jointly run by them. The data are collected from the final financial accounts of the township enterprises and the tabulated annual reports.

11－1 农村基层组织和农业基本情况

BASIC CONDITIONS OF RURAL GRASSROOTS UNITS AND AGRICULTURE

指　　标	Item	1992	1993	1994	1995	1996
乡镇数 (个)	Number of Township and Town Governments	48250	48179	48075	47136	45484
#镇数	Number of Town Governments	14135	15223	16433	17282	17998
村民委员会 (个)	Number of Villagers' Committees	806032	802352	802052	740150	740128
乡村户数 (万户)	Number of Rural Households (10 000 units)	22849.0	22983.8	23165.2	23281.5	23437.6
乡村劳动力 (万人)	Number of Rural Laborers (10 000 persons)	43801.6	44255.7	44654.1	45041.8	45288.0
男	Male	23449.9	23653.1	23854.1	24037.4	24154.9
女	Female	20351.7	20602.6	20800.1	21004.4	21133.1
按行业分乡村劳动力(万人)	Number of Rural Laborers by Sector (10 000 persons)	43801.6	44255.7	44654.1	45041.8	45288.0
农林牧渔业	Farming, Forestry, Animal Husbandry & Fishery	34037.0	33258.2	32690.3	32334.5	32260.4
工业	Industry	3468.2	3659.0	3849.5	3970.7	4018.5
建筑业	Construction	1658.8	1886.8	2057.3	2203.6	2304.3
交通运输业、仓储及邮电通信业	Transportation	706.3	799.9	908.3	983.0	1027.6
批发零售贸易业餐饮业	Wholesale, Retail Sale and Catering Trades	813.7	948.8	1084.3	1170.4	1261.5
其他非农行业	Other Non－agricultural Trades	3117.6	3703.1	4064.5	4379.7	4415.7
年末实有耕地面积(千公顷)	Cultivated Areas (Year－end) (1 000 hectares)	95425.8	95101.4	94906.7	94970.9	
水田	Paddy Fileds	25597.2	25028.0	24762.9	24850.5	
旱地	Dry Fileds	69828.6	70073.4	70143.8	70120.4	
年内减少耕地面积(千公顷)	Decrease in Cultivated Area by Cause (1 000 hectares)	738.7	732.3	708.7	621.1	
#国家基建占地	Capital Construction of the Government	131.7	161.0	132.6	111.9	
乡村集体占地	Village Collective Construction	64.1	86.0	80.2	84.9	
农民个人建房占地	Peasant Housing Construction	23.9	24.0	33.0	31.6	
农业机械总动力 (万千瓦)	Total Agricultural Machinery Power (10 000kw)	30308.4	31816.6	33802.5	36118.1	38546.9
农用大中型拖拉机 (台)	Number of large and Medium Agricultural Tractors (unit)	758904	721216	693154	671846	670848
农用大中型拖拉机(万千瓦)	Capacity of Large and Medium Agricultural Tractors (10 000 kw)	2630.2	2532.5	2463.5	2404.0	2415.1
小型拖拉机 (万台)	Number of Mini－tractors (10 000 unit)	750.7	788.3	823.7	864.6	918.9
小型拖拉机 (万千瓦)	Capacity of Mini－tractors (10 000 kw)	6720.0	7042.7	7399.7	7848.0	8385.2
大中型拖拉机机引农具 (万部)	Number of Large and Medium Tractor Towing Farm Machinery (10 000 unit)	104.4	100.1	98.0	99.1	105.0
小型拖拉机机引农具(万部)	MiniTractor Towing Farm Machinery(10 000unit)	830.8	865.7	866.2	958.0	1091.2
柴油机 (万台)	Number of Diesel Engines (10 000 unit)	437.7	455.4	471.2	491.2	509.0
柴油机 (万千瓦)	Capacity of Diesel Engines (10000 kw)	3441.6	3613.1	3731.0	3839.0	3981.8
农用载重汽车 (辆)	Number of Trucks for Agricultural Use (unit)	642356	690469	747981	793520	836899
农用载重汽车(万千瓦)	Capacity of Trucks for Agricultural Use (10000 kw)	4851.9	5245.8	5719.4	6090.9	6422.7
渔用机动船 (艘)	Number of Motorized Fishing Boats (unit)	335875	334656	351327	376813	358869
渔用机动船 (万吨)	Loading Capacity of Motorized Fishing Boats (10 000 tons)	421.5	413.4	446.8	512.5	469.5
渔用机动船 (万千瓦)	Capacity of Motorized Fishing Boats (10 000 kw)	786.1	804.4	831.0	965.6	864.1
灌溉面积 (千公顷)	Irrigated Area (1 000 hectares)	48590.1	48727.9	48759.1	49281.2	50381.4
化肥施用量 (万吨)	Consumption of Chemical Fertilizers(10 000tons)	2930.2	3151.9	3317.9	3593.7	3827.9
乡村办水电站个数(个)	Number of Hydropower Stationsin Rural Areas (unit)	48082	45153	48722	40699	37743
乡村办水电站发电能力 (万千瓦)	Generating Capacity of Hydropower Station in Rural Areas (10 000 kw)	478.6	481.7	503.7	1269.4	675.1
农村用电量 (亿千瓦小时)	Electricity Consumed in Rural Areas (100 million kwh)	1106.9	1244.8	1473.9	1655.7	1676.5
农作物总播种面积(千公顷)	Total Sown Area (1 000 hectares)	149007	147741	148241	149879	152381
粮食	Grain Crops	110560	110509	109544	110060	112548
谷物	Cereal	92520	88912	87537	89310	92208
#稻谷	Rice	32090	30355	30171	30744	31407
小麦	Wheat	30496	30235	28981	28860	29611
玉米	Corn	21044	20694	21152	22776	24498
豆类	Beans	8983	12377	12736	11232	10543
薯类	Tubers	9057	9220	9270	9519	9798
油料	Oil－bearing Crops	11489	11142	12081	13101	12555
棉花	Cotton	6835	4985	5528	5422	4722
麻类	Fiber Crops	434	420	372	376	350
糖料	Sugar Crops	1906	1687	1755	1820	1846
烟叶	Tobacco	2093	2089	1490	1470	1853
蔬菜	Vegetables	7031	8084	8921	9515	10491
茶园面积 (千公顷)	Area of Tea Plantations (1 000 hectares)	1084.2	1170.7	1134.8	1115.3	1103
果园面积 (千公顷)	Area of Orchards (1 000 hectares)	5818.3	6432.0	7264.4	8097.6	8553

11-2 主要农牧渔业生产情况

OUTPUT OF FARMING, ANIMAL HUSBANDRY AND FISHERY

指　标	Item	1992	1993	1994	1995	1996
农产品产量　(万吨)	Yield of Farm Crops　(10 000 tons)					
粮食	Grain	44266	45649	44510	46662	50454
谷物	Cereal	40169.6	40517.4	39389.1	41611.6	45127.1
#稻谷	Rice	18622	17751	17593	18523	19510.3
小麦	Wheat	10159	10639	9930	10221	11056.9
玉米	Corn	9538	10270	9928	11199	12747.1
豆类	Beans	1252	1950.4	2095.6	1787.5	1790.3
薯类	Tubers	2844	3181	3025	3263	3536
油料	Oil-Bearing Crops	1641.2	1803.9	1989.6	2250.3	2210.6
#花生	Peanuts	595.3	842.1	968.2	1023.5	1013.8
油菜籽	Rapeseeds	765.3	693.9	749.2	977.7	920.1
芝麻	Sesame	51.6	56.3	54.8	58.3	57.5
棉花	Cotton	450.8	373.9	434.1	476.8	420.3
麻类	Fiber Crops	93.8	96.0	74.7	89.7	79.5
#黄红麻	Jute and Ambary Hemp	61.9	67.2	35.5	37.1	36.5
甘蔗	Sugarcane	7301.1	6419.4	6092.7	6541.7	6687.6
甜菜	Beetroots	1506.9	1204.8	1252.6	1398.4	1672.6
烟叶	Tobacco	349.9	345.1	223.8	231.4	323.4
#烤烟	Flue-Cured Tobacco	311.9	303.6	194.0	207.2	294.6
蚕茧	Silkworm Cocoons	69.2	75.7	81.3	80.0	50.8
#桑蚕茧	Mulberry Silkworm Cocoons	66.0	71.2	77.7	76.0	47.1
茶叶	Tea	56.0	60.0	58.8	58.9	59.3
水果	Fruits	2440.1	3011.2	3499.8	4214.6	4652.8
农产品单位面积产量(公斤/公顷)	Yield of Farm Crops per Hectare (kg/hectare)					
谷物	Cereal	4342	4557	4500	4659	4894
棉花	Cotton	660	750	785	879	890
花生	Peanuts	2000	2492	2564	2687	2804
油菜籽	Rapeseeds	1281	1309	1296	1416	1367
芝麻	Sesames	692	747	794	908	969
黄红麻	Jute and Ambary Hemp	2233	2451	2020	2534	2491
甘蔗	Sugarcane	58605	59012	57671	58136	56225
甜菜	Beetroots	22832	20124	17936	20132	25483

续表 1 continued

指 标	Item	1992	1993	1994	1995	1996
烤烟	Flue－Cured Tobacco	1687	1654	1491	1584	1750
大牲畜年底头数 (万头)	Number of Large Animals (year－end,10 000 heads)	13485	13988	14919	15862	16650
#役畜	Draught Animals	7760	8063	8455	8812	9192
#牛	Cattle and Buffaloes	10784.0	11315.7	12331.8	13206.0	13981.3
#乳牛	Cows	313.9	342.1	384.3	417.4	447.0
马	Horses	1001.7	995.9	1003.8	1007.1	1019.3
驴	Donkeys	1098.3	1088.6	1092.3	1074.5	1073.3
骡	Mules	561.0	549.8	555.2	538.9	540.1
骆驼	Camels	40.1	37.3	35.6	35.1	35.5
肉猪出栏头数(万头)	Number of Slaughtered Fattened Hogs (10 000 heads)	35170	37824	42103	48051	52663
猪年底头数 (万头)	Number of Hogs (year－end,10 000 heads)	38421	39300	41462	44169	45736
羊年底只数 (万只)	Number of Sheep and Goats (year－end,10 000 heads)	20733	21731	24053	27686	30337
山羊	Goats	9761	10570	12308	14959	17068
绵羊	Sheep	10972	11162	11745	12726	13269
肉类产量 (万吨)	Output of Meat (10 000 tons)	3430.7	3841.5	4499.3	5260.1	5915.1
#猪牛羊肉	Pork Beef and Mutton	2940.6	3225.3	3692.7	4265.3	4772.6
猪肉	Pork	2635.3	2854.4	3204.8	3648.4	4037.7
牛肉	Beef	180.3	233.6	327.0	415.4	494.9
羊肉	Mutton	125.0	137.3	160.9	201.5	240.0
禽肉	Meat of Poultry	454.2	573.6	755.2	934.7	1074.6
兔肉	Meat of Rabbits	18.5	20.4	22.9	26.8	30.6
奶类 (万吨)	Milk (10 000 tons)	563.9	563.7	608.9	672.8	735.8
#牛奶	Cow Milk	503.1	498.6	528.8	576.4	629.4
绵羊毛 (吨)	Sheep Wool (ton)	238192	240309	254659	277375	298102
山羊毛 (吨)	Goat Wool (ton)	17496	19020	24559	29973	35284
羊绒 (吨)	Cashmere (ton)	5886	6479	7336	8482	9585
禽蛋 (万吨)	Poultry Eggs (10 000 tons)	1019.9	1179.8	1479.0	1676.7	1954.0
水产品总产量(万吨)	Total Aquatic Products (10 000 tons)	1557.1	1823.0	2143.1	2517.2	3288.1
海水产品	Seawater Aquatic Products	993.7	1076.0	1241.5	1439.1	2012.9
淡水产品	Freshwater Aquatic Products	623.4	747.0	901.6	1078.1	1275.2

11－3 农村基层组织情况

BASIC CONDITIONS OF RURAL GRASSROOTS UNITS

年份地区 Year · Region	乡镇数（个）Number of Township and Town Governments	#镇数 Town Govern－ments	村民委员会（个）Number of Villagers' Committees	乡村户数（万户）Number of Households (10 000 households)	乡村人口数（万人）Rural Population (10 000 persons)	乡村劳动力（万人）Number of Rural Labor－ers (10 000 persons)	男 Male	女 Female
1978	52781		690000	17347.0	80320.0	30638.0	16548.4	14089.6
1980	54183		710000	17673.0	81096.0	31835.9	17379.7	14456.2
1985	91138	7956	940617	19077.0	84419.7	37065.1	20153.2	16911.9
1986	71521	9755	847894	19575.0	85007.2	37989.8	20692.4	17297.4
1987	68296	10280	830302	20168.0	85713.1	39000.4	21212.5	17787.9
1988	56002	10609	740375	20859.0	83725.4	40066.7	21727.7	18339.0
1989	55764	11060	746432	21504.0	87831.0	40938.8	22218.3	18720.5
1990	55838	11392	743278	22237.0	89590.3	42009.5	22551.8	19457.7
1991	55542	11882	804153	22566.0	90525.1	43092.5	23121.9	19970.6
1992	48250	14135	806032	22849.0	91154.4	43801.6	23449.9	20351.7
1993	48179	15223	802352	22984.0	91333.5	44255.7	23653.1	20602.6
1994	48075	16433	802052	23165.0	91526.2	44654.1	23854.1	20800.1
1995	47136	17282	740150	23282.0	91674.6	45041.8	24037.4	21004.4
1996	45484	17998	740128	23437.6	91941.0	45288.0	24154.9	21133.1
北京 Beijing	276	103	4072	124.6	368.9	164.2	82.9	81.3
天津 Tianjin	226	78	3878	113.2	394.8	167.9	89.9	78.0
河北 Hebei	1970	849	50063	1390.1	5319.3	2583.2	1389.2	1194.0
山西 Shanxi	1936	519	32362	606.6	2278.7	953.2	528.6	424.7
内蒙古 Inner Mongolia	1551	270	13958	345.9	1418.6	604.3	350.7	253.7
辽宁 Liaoning	1203	580	16444	631.8	2219.9	871.4	492.8	378.5
吉林 Jilin	912	444	10139	351.1	1436.9	629.1	366.3	262.8
黑龙江 Heilongjiang	1159	407	14423	426.7	1842.5	599.4	387.1	212.3
上海 Shanghai	207	198	2939	123.9	384.5	227.0	109.6	117.4
江苏 Jiangsu	1978	998	35962	1511.2	5305.0	2758.5	1417.2	1341.3
浙江 Zhejiang	1841	960	43322	1070.1	3590.8	2096.0	1143.8	952.2
安徽 Anhui	1859	862	30605	1250.0	4979.3	2618.7	1395.4	1223.3
福建 Fujian	969	587	14916	606.9	2639.9	1166.9	634.5	532.4
江西 Jiangxi	1797	611	20925	707.2	3199.9	1543.3	811.8	731.5
山东 Shandong	2385	1334	88914	1982.6	7096.7	3565.0	1907.3	1657.7
河南 Henan	2150	655	48364	1891.2	7753.0	3847.8	2022.8	1825.0
湖北 Hubei	1873	866	32783	996.9	4027.2	1792.8	943.6	849.3
湖南 Hunan	2313	934	47595	1432.7	5321.9	2765.7	1499.9	1265.8
广东 Guangdong	1678	1551	22869	1336.3	5747.8	2548.9	1319.4	1229.5
广西 Guangxi	1360	657	14818	840.7	3901.2	1997.2	1048.6	948.6
海南 Hainan	307	203	2740	101.7	484.4	206.1	105.7	100.3
四川 Sichuan	6298	2289	75860	2651.3	9387.4	5152.7	2715.9	2436.8
贵州 Guizhou	1478	688	25842	689.7	2979.5	1614.3	840.9	773.4
云南 Yunnan	1575	379	13419	783.0	3352.2	1855.9	955.8	900.1
西藏 Tibet	922	36	7206	35.9	208.9	95.3	47.7	47.6
陕西 Shaanxi	2190	553	32469	680.6	2754.4	1330.5	737.2	593.3
甘肃 Gansu	1532	172	17761	428.7	1974.7	886.9	465.8	421.1
青海 Qinghai	441	37	4008	64.8	326.0	158.3	81.2	77.1
宁夏 Ningxia	299	58	2586	78.2	369.7	168.7	88.5	80.2
新疆 Xinjiang	799	120	8886	184.1	876.9	318.8	175.0	143.8

注：乡村人口数是指户口在乡村的常住人口，本指标是按1964年建镇标准划分的，包括后来的新建制镇人口，故本表数字大于人口篇的乡村总人口。

a)Total rural population refers to persons residing and registered in rural areas. This indicator is calcu－lated on the basis of of the 1964 town classification standards which includes rural population in what are now established towns. Therefore, the population figures shown here are larger than the rural population shown in Chapter 3.

11-4 乡村劳动力

RURAL LABOR FORCE BY SECTOR

本表分行业劳动力是按从事的主行业划分的，如以农业为主、兼营商业的，仍作为农林牧渔业劳动力。
The number of labourers by sector in this table is classified by main activity. For example, those engaged primanily in agriculture and secondarily in commerce are classified under farming,forestry,animal husbandry and fishery.

(年底数) 单位：万人 (year-end) (10 000 persons)

年份 地区 Year Region		农林牧渔业 Farming, Forestry, Animal Husbandry and Fishery	工业 Industry	建筑业 Construction	交通运输业、仓储及邮电通信业 Transportation and Storage	批发零售贸易业餐饮业 Wholesale, Retail Sale and Catering Trades	其他非农行业 Other Non-agricultural Trades
	1978	28455.6					
	1980	29808.4					
	1985	30351.5	2741.0	1130.1	434.1	462.6	1945.8
	1986	30467.9	3139.3	1308.6	506.1	531.8	2036.1
	1987	30870.0	3297.2	1431.3	562.5	606.9	2232.5
	1988	31455.7	3412.8	1525.5	607.3	657.1	2408.3
	1989	32440.5	3255.6	1501.8	614.2	652.4	2474.3
	1990	33336.4	3228.7	1522.8	635.3	693.2	2593.1
	1991	34186.3	3267.9	1533.8	655.0	722.8	2726.7
	1992	34037.0	3468.2	1658.8	706.3	813.7	3117.6
	1993	33258.2	3659.0	1886.8	799.9	948.8	3703.1
	1994	32690.3	3849.5	2057.3	908.3	1084.3	4064.5
	1995	32334.5	3970.7	2203.6	983.0	1170.4	4379.7
	1996	32260.4	4018.5	2304.3	1027.6	1261.5	4415.7
北京	Beijing	66.9	42.8	10.5	8.2	6.3	29.5
天津	Tianjin	80.2	50.8	9.6	9.3	7.6	10.4
河北	Hebei	1621.8	365.9	184.1	85.6	116.5	209.3
山西	Shanxi	635.4	123.5	43.8	50.8	34.0	65.9
内蒙古	Inner Mongolia	514.1	18.3	18.9	10.6	11.4	31.0
辽宁	Liaoning	605.1	85.3	50.3	31.4	39.0	60.4
吉林	Jilin	534.2	21.3	16.5	11.2	13.1	32.8
黑龙江	Heilongjiang	494.8	34.0	17.4	12.9	16.3	24.0
上海	Shanghai	66.0	100.8	6.5	3.6	5.0	45.1
江苏	Jiangsu	1530.2	515.6	233.6	92.3	80.0	306.8
浙江	Zhejiang	1123.1	446.5	104.4	64.1	95.4	262.6
安徽	Anhui	1953.6	164.4	126.3	48.0	64.8	261.6
福建	Fujian	775.8	114.9	71.5	33.9	42.7	128.1
江西	Jiangxi	1103.2	94.1	51.2	19.5	27.8	247.5
山东	Shandong	2475.1	357.9	270.2	101.8	118.5	241.5
河南	Henan	2815.8	292.5	239.1	94.9	107.2	298.4
湖北	Hubei	1296.5	131.5	86.3	40.7	60.2	177.7
湖南	Hunan	2089.3	175.8	102.6	39.7	58.8	299.5
广东	Guangdong	1439.8	354.3	184.7	72.6	99.3	398.2
广西	Guangxi	1579.9	61.1	70.2	27.4	37.6	221.1
海南	Hainan	165.9	5.9	7.7	6.1	7.0	13.5
四川	Sichuan	3903.7	243.5	228.0	57.6	103.0	616.9
贵州	Guizhou	1376.6	48.8	19.2	14.1	18.8	136.8
云南	Yunnan	1642.2	47.6	40.8	29.1	23.5	72.6
西藏	Tibet	88.6	1.3	1.0	1.4	1.2	1.8
陕西	Shaanxi	1046.1	65.5	62.2	29.9	34.8	92.1
甘肃	Gansu	672.0	35.5	35.7	17.2	17.3	109.3
青海	Qinghai	137.1	5.7	3.1	3.5	2.8	6.2
宁夏	Ningxia	139.1	5.4	5.5	4.9	4.4	9.5
新疆	Xinjiang	288.5	8.1	3.7	5.4	7.3	5.8

注：工业劳动力中包括村及村以下办的工业的劳动力。
a) The number of industrial laborers includes those working in enterprises at village and lower levels.

11－5 耕地面积(1995年)

AREA UNDER CULTIVATION (1995)

本表实有耕地面积数字偏小，有待进一步核查。

The cultivated area in this table is under estimated and must be further verified.

单位：千公顷 (1 000 hectares)

年份地区 Year Region	年末实有耕地面积 Cultivated Area (year-end)	水田 Paddy Fields	旱地 Dry Fields	年内减少 Decrease in Cultivated Area in the Year	#国家基建占地 Capital Construction	#乡村集体占地 Village Collective Construction	#农民个人建房占地 Peasant Housing Construction
1978	99389.5	25419.7	73969.8	800.9	144.5		
1980	99305.2	25322.2	73983.0	940.8	97.7		
1985	96846.3	25033.0	71813.3	1597.9	134.3	92.3	97.0
1986	96229.9	25055.1	71174.7	1108.3	109.6	58.5	84.5
1987	95888.7	25104.1	70784.5	817.5	104.6	52.0	57.5
1988	95721.8	25077.7	70644.1	644.7	87.8	37.4	37.6
1989	95656.0	25265.8	70390.2	517.5	70.1	34.6	27.4
1990	95672.9	25518.9	70154.1	467.4	66.3	30.3	36.7
1991	95653.6	25706.5	69947.1	488.0	71.9	33.4	20.5
1992	95425.8	25597.2	69828.6	738.7	131.7	64.1	23.9
1993	95101.4	25028.0	70073.4	732.3	161.0	86.0	24.0
1994	94906.7	24762.9	70143.8	708.7	132.6	80.2	33.0
1995	94970.9	24850.5	70120.4	621.1	111.9	84.9	31.6
北京 Beijing	399.5	23.7	375.8	2.9	1.5		
天津 Tianjin	426.1	48.5	377.7	1.5	1.1	0.2	
河北 Hebei	6517.3	126.5	6390.7	19.4	8.6	2.6	1.5
山西 Shanxi	3645.1	8.8	3636.3	15.4	2.5	2.3	2.2
内蒙古 Inner Mongolia	5491.4	84.3	5407.1	77.5	3.8	12.0	1.0
辽宁 Liaoning	3389.7	468.6	2921.1	27.0	2.7	1.3	0.7
吉林 Jilin	3953.2	425.2	3528.0	19.5	2.9	1.8	0.7
黑龙江 Heilongjiang	8995.3	868.8	8126.5	23.4	5.2	8.9	0.5
上海 Shanghai	290.0	253.9	36.1	4.8	1.7	2.2	0.2
江苏 Jiangsu	4448.3	2669.7	1778.6	23.7	11.7	2.5	1.7
浙江 Zhejiang	1617.8	1344.9	272.9	22.2	7.5	7.5	2.3
安徽 Anhui	4291.1	1857.6	2433.5	13.5	5.6	4.3	2.2
福建 Fujian	1204.0	972.5	231.5	9.5	3.2	0.4	0.3
江西 Jiangxi	2308.4	1946.9	361.6	8.0	3.1	0.6	0.7
山东 Shandong	6696.0	156.7	6539.3	34.4	10.9	10.0	2.7
河南 Henan	6805.8	446.6	6359.2	31.0	4.5	2.0	2.1
湖北 Hubei	3358.0	1780.4	1577.6	21.4	4.2	3.0	0.7
湖南 Hunan	3249.7	2562.9	686.8	18.3	3.5	1.2	0.8
广东 Guangdong	2317.3	1698.7	618.7	35.2	5.0	2.6	0.4
广西 Guangxi	2614.2	1540.3	1073.9	29.0	3.8	0.9	0.5
海南 Hainan	429.2	248.2	181.0	3.9	1.1	0.1	0.1
四川 Sichuan	6189.6	3156.0	3033.6	32.8	7.6	10.0	2.7
贵州 Guizhou	1840.0	768.4	1071.6	7.0	1.9	0.9	0.9
云南 Yunnan	2870.6	958.8	1911.9	35.5	3.2	1.7	1.0
西藏 Tibet	222.1	0.8	221.3	0.4	0.1	...	
陕西 Shaanxi	3393.4	176.0	3217.4	54.0	1.9	1.4	2.6
甘肃 Gansu	3482.5	9.3	3473.2	3.5	0.5	0.3	0.6
青海 Qinghai	589.9	...	589.9	1.2	0.2	...	0.2
宁夏 Ningxia	807.2	170.9	636.3	3.8	0.7	0.1	0.2
新疆 Xinjiang	3128.3	76.7	3051.6	41.6	2.0	4.2	2.3

注：年内减少数包括因各种原因占用的耕地和因灾废弃而实际减少了的耕地。

a) The decrease in cultivated area includes the decrease caused by the occupation of cultivated land for various reasons and the abandoned area caused by natural disasters.

11－6 农、林、牧、渔业总产值及指数

GROSS OUTPUT VALUE OF FARMING, FORESTRY, ANIMAL HUSBANDRY AND FISHERY AND THE RELATED INDICES

本表绝对数按当年价格计算，指数按可比价格计算。

The data in terms of value in this table are calculated at current prices, while the related indices are calculated at comparable prices.

年份地区 Year Region	绝对数(亿元) Gross Output Value of Farming, Forestry, Animal Husbandry and Fishery (100 million yuan)					指数(上年=100) Indices of Gross Output of Farming, Forestry, Animal Husbandry and Fishery (perceding year=100)				
	农林牧渔业总产值 Total	农业 Farming	林业 Forestry	牧业 Animal Hus-bandry	渔业 Fishery	农林牧渔业总产值 Total	农业 Farming	林业 Forestry	牧业 Animal Hus-bandry	渔业 Fishery
1978	1397.00	1117.50	48.06	209.27	22.07					
1980	1922.60	1454.10	81.38	354.23	32.85	101.4	99.7	112.2	107.0	107.7
1985	3619.49	2506.39	188.68	798.31	126.11	103.4	99.8	104.5	117.2	118.9
1986	4013.01	2771.75	201.19	875.71	164.36	103.4	102.7	96.4	105.6	120.5
1987	4675.70	3160.49	221.98	1068.37	224.86	105.8	106.4	99.7	103.2	118.1
1988	5865.27	3666.89	275.30	1600.61	322.47	103.9	101.4	102.3	112.6	111.6
1989	6534.73	4100.58	284.92	1800.38	348.85	103.1	102.4	100.4	105.5	107.2
1990	7662.09	4954.26	330.27	1967.00	410.56	107.6	108.0	103.1	107.0	110.0
1991	8157.03	5146.43	367.90	2159.22	483.48	103.7	100.9	108.0	108.8	107.6
1992	9084.71	5588.02	422.61	2460.52	613.56	106.4	104.2	107.7	108.8	115.3
1993	10995.53	6605.14	494.00	3014.40	881.99	107.8	105.2	108.0	110.8	118.4
1994	15750.47	9169.22	611.07	4671.99	1298.19	108.6	103.2	108.9	116.7	120.0
1995	20340.86	11884.63	709.94	6044.98	1701.31	110.9	107.9	105.0	114.8	119.4
1996	23428.66	13547.15	778.07	7082.98	2020.46	109.4	107.8	105.7	111.4	114.0
北京 Beijing	168.92	89.15	2.83	71.10	5.84	99.1	97.3	106.2	102.3	86.6
天津 Tianjin	142.29	90.17	0.96	39.03	12.13	107.2	108.5	110.3	103.5	110.6
河北 Hebei	1298.04	801.26	24.80	437.59	34.38	109.4	104.0	103.0	119.1	123.2
山西 Shanxi	352.63	241.18	15.30	94.74	1.41	114.3	114.9	111.3	113.7	111.8
内蒙古 Inner Mongolia	465.33	299.53	13.97	148.56	3.27	123.7	131.4	103.8	114.9	99.7
辽宁 Liaoning	892.64	455.14	13.90	306.96	116.63	117.8	119.9	106.4	114.8	120.2
吉林 Jilin	595.83	363.67	7.57	216.79	7.80	119.1	117.6	94.5	123.8	109.8
黑龙江 Heilongjiang	805.66	558.68	16.80	216.38	13.80	112.7	111.0	110.0	116.0	115.8
上海 Shanghai	200.96	87.64	0.67	85.46	27.18	108.3	110.1	134.6	107.2	106.8
江苏 Jiangsu	1824.19	1062.39	23.48	498.97	239.35	107.4	108.7	107.5	103.1	111.8
浙江 Zhejiang	961.97	517.29	54.76	184.99	204.92	106.7	107.9	105.8	103.2	107.2
安徽 Anhui	1124.51	683.66	43.87	302.63	94.36	111.6	105.6	115.6	114.9	151.0
福建 Fujian	891.89	383.18	66.94	206.71	235.05	111.8	109.6	109.5	111.9	116.4
江西 Jiangxi	733.49	386.32	46.33	231.18	69.65	108.4	107.5	105.3	103.1	133.6
山东 Shandong	2180.23	1090.64	49.97	730.71	308.91	108.1	108.2	107.9	108.6	106.7
河南 Henan	1639.52	1085.55	41.61	501.69	10.67	114.7	109.8	110.7	124.4	115.1
湖北 Hubei	1140.76	670.27	33.62	337.02	99.86	106.8	101.4	108.0	114.2	113.2
湖南 Hunan	1226.32	649.19	45.71	461.01	70.41	108.3	103.1	103.2	115.1	120.7
广东 Guangdong	1577.89	825.59	49.64	398.12	304.53	106.1	103.4	103.0	109.6	110.4
广西 Guangxi	899.58	450.52	38.14	341.84	69.09	108.1	99.6	100.3	121.4	120.4
海南 Hainan	224.54	102.30	43.80	42.71	35.73	105.4	108.8	95.4	107.4	111.6
四川 Sichuan	1734.35	1028.85	50.18	620.06	35.24	105.5	105.0	106.7	105.7	113.2
贵州 Guizhou	398.17	265.57	14.99	114.46	3.15	104.5	105.6	94.5	103.9	107.2
云南 Yunnan	567.51	369.36	43.21	146.03	8.91	107.4	107.4	106.3	107.4	118.4
西藏 Tibet	38.53	19.22	0.88	18.41	0.03	103.2	104.8	134.5	100.1	100.0
陕西 Shaanxi	458.51	322.93	19.07	113.68	2.83	113.3	117.4	104.5	105.1	116.9
甘肃 Gansu	328.12	235.24	6.58	85.46	0.85	112.6	115.7	101.2	107.4	106.6
青海 Qinghai	56.16	29.98	0.91	25.14	0.12	103.9	111.8	105.2	96.1	93.1
宁夏 Ningxia	69.17	48.61	1.38	17.98	1.19	119.2	120.7	151.5	114.0	106.6
新疆 Xinjiang	430.96	334.07	6.19	87.56	3.14	102.1	100.6	101.0	107.7	112.3

11－7 农、林、牧、渔业分项产值

GROSS OUTPUT VALUE OF FARMING, FORESTRY, ANIMAL HUSBANDRY AND FISHERY BY BRANCH

绝对数和构成按当年价格计算，指数按可比价格计算。

The data in value terms in this table are calculated at current prices, while the related indices are calculated at comparable prices.

指　标	Item	绝对数(亿元) Value (100 million yuan)		构　成(%) Composition (%)		指　数 Index
		1995	1996	1995	1996	1995＝100
农林牧渔业总产值	**Total**	**20340.86**	**23428.66**	**100.0**	**100.0**	**109.4**
农业产值	**Farming**	**11884.63**	**13547.15**	**58.4**	**57.8**	**107.8**
种植业	Planting	11050.02	12584.79	54.3	53.7	107.1
主产品产值	Main Products	10572.79	12058.27	52.0	51.5	107.3
粮食作物	Grain Crops	6090.05	6919.02	29.9	29.5	121.5
#谷物	Cereal	5306.40	6063.31	26.1	25.9	122.3
其他作物	Other Crops	4482.74	5139.25	22.0	21.9	96.3
副产品产值	Sideline Products	477.23	526.52	2.3	2.2	103.4
粮食作物	Grain Crops	413.03	466.95	2.0	2.0	107.5
#谷物	Cereal	364.56	415.24	1.8	1.8	106.8
其他作物	Other Crops	64.20	59.56	0.3	0.3	77.6
其他农业	Other Farming	834.61	962.35	4.1	4.1	113.9
采集野生植物	Wild Plant Gathering	248.70	269.62	1.2	1.2	104.6
农民家庭工业	Household Handicraft Industry	585.91	692.73	2.9	3.0	116.7
林业产值	**Forestry**	**709.94**	**778.07**	**3.5**	**3.3**	**105.7**
营林	Afforestation and its Added－value	193.25	207.00	1.0	0.9	100.2
林产品	Forest Products	257.24	294.97	1.3	1.3	114.2
村及村以下竹木采伐	Lumbering in Village and Lower Levels	259.44	276.51	1.3	1.2	102.5
牧业产值	**Animal Husbandry**	**6044.98**	**7082.98**	**29.7**	**30.2**	**111.4**
牲畜	Livestock	3877.75	4470.75	19.1	19.1	110.6
大牲畜繁殖、增长、增重	Breeding of Large Domestic Animals	345.99	400.83	1.7	1.7	112.9
猪	Hogs	3239.46	3743.29	15.9	16.0	110.3
羊	Sheep and Goats	286.65	320.21	1.4	1.4	111.7
其他	Others	5.65	6.42			107.8
家禽饲养	Poultry Raising	855.70	1029.16	4.2	4.4	114.9
活的畜禽产品	Live Livestock and Poultry Products	1157.46	1408.20	5.7	6.0	114.8
捕猎	Hunting	7.66	9.88			126.9
其他动物及产品	Other Animals and Their Products	176.39	164.99	0.9	0.7	88.3
渔业产值	**Fishery**	**1701.31**	**2020.46**	**8.4**	**8.6**	**114.0**
海水产品	Seawater Aquatic Products	876.15	992.88	4.3	4.2	109.9
#养殖	Cultured	287.00	299.15	1.4	1.3	103.4
淡水产品	Freshwater Aquatic Products	825.16	1027.58	4.1	4.4	118.5
#养殖	Cultured	698.88	878.11	3.4	3.7	125.4

11－8 主要农业机械和农产品加工机械拥有量
OWNERSHIP OF AGRICULTURAL MACHINERY AND MACHINERY FOR PROCESSING FARM PRODUCTS

(年底数) (year－end)

年份地区 Year Region	农业机械总动力(万千瓦) Total Power of Agricultural Machinery (10 000 kw)	农用大中型拖拉机 Large and Medium Agricultural Tractors		小型拖拉机 Mini－Tractors		大中型拖拉机机引农具(部) Number of Large and Medium Tractor Towing Farm Machinery (unit)	小型拖拉机机引农具(部) Number of Mini－Tractor Towing Farm Machinery (unit)
		Number (台) (unit)	Capacity (万千瓦) (10 000 kw)	Number (台) (unit)	Capacity (万千瓦) (10 000 kw)		
1978	11749.9	557358	1756.2	1373000	1172.0	1192000	1454000
1980	14745.7	666823	2369.3	1874000	1615.5	1369000	2191000
1985	20912.5	852357	2743.6	3824000	3367.0	1128000	3202000
1986	22950.0	866463	2807.0	4526000	4003.0	1006000	3830000
1987	24836.0	880952	2876.0	5300000	4713.0	1035000	4134000
1988	26575.0	870187	2896.0	5958000	5319.0	971000	5201000
1989	28067.0	848220	2814.0	6543000	5848.0	991000	6043000
1990	28707.7	813512	2745.5	6981000	6231.4	974000	6488000
1991	29388.6	784466	2682.4	7304000	6528.6	991000	7327000
1992	30308.4	758904	2630.2	7507000	6720.0	1044000	8308000
1993	31816.6	721216	2532.5	7883000	7042.7	1001000	8657000
1994	33802.5	693154	2463.5	8237000	7399.7	980000	8662000
1995	36118.1	671846	2404.0	8646266	7848.0	991220	9579774
1996	38546.9	670848	2415.1	9189200	8385.2	1049900	10911500
北京 Beijing	468.4	12272	57.4	38200	38.1	24600	12300
天津 Tianjin	558.0	8330	38.5	34500	32.1	10500	30400
河北 Hebei	5133.4	32961	134.4	1010100	935.7	51400	1017300
山西 Shanxi	1426.2	22793	84.5	191400	187.5	37200	185400
内蒙古 Inner Mongolia	958.5	31165	131.9	345400	353.2	44200	325200
辽宁 Liaoning	1040.3	29717	124.9	131900	120.1	46700	118200
吉林 Jilin	718.0	28239	97.9	265400	242.6	42000	478400
黑龙江 Heilongjiang	1254.8	73000	308.1	443600	408.1	186200	400800
上海 Shanghai	157.7	9838	36.6	14200	12.6	21500	14200
江苏 Jiangsu	2297.4	30483	115.4	765300	677.2	56800	1292200
浙江 Zhejiang	1641.8	6251	18.2	286800	243.9	2700	231400
安徽 Anhui	2017.0	8959	34.0	1005400	798.1	11500	1654000
福建 Fujian	786.5	3325	11.7	157600	140.3	900	60000
江西 Jiangxi	691.3	7767	25.8	68700	61.2	1800	49400
山东 Shandong	4308.9	102571	330.3	716700	602.8	202300	1108500
河南 Henan	3557.5	52050	176.9	1305100	1263.7	76300	1810900
湖北 Hubei	1222.2	70297	146.8	164700	131.2	30500	230200
湖南 Hunan	1616.0	4805	20.5	194400	174.0	2500	47900
广东 Guangdong	1457.8	3931	15.7	336000	260.7	3800	330800
广西 Guangxi	1148.0	11259	39.8	282800	268.2	7300	269500
海南 Hainan	184.8	2683	8.5	26700	24.2	2200	2400
四川 Sichuan	1673.2	5769	18.0	153200	166.1	5700	121200
贵州 Guizhou	425.2	8074	22.0	45400	43.5	1600	8600
云南 Yunnan	1003.3	9101	38.5	242500	224.0	7200	105600
西藏 Tibet	63.6	2837	11.9	16000	14.6	1400	2100
陕西 Shaanxi	802.0	19519	66.2	223800	239.7	26400	253000
甘肃 Gansu	783.9	13520	51.7	284000	284.2	16400	374700
青海 Qinghai	196.6	3312	13.9	121800	108.5	5100	88200
宁夏 Ningxia	256.0	3667	14.5	120800	114.0	4500	92000
新疆 Xinjiang	698.9	52353	220.6	196800	215.1	118700	196700

续表 1 continued

(年底数) (year－end)

年份地区 Year Region	柴油机 Diesel Engines		农用载重汽车 Trucks for Agricultural Use		渔用机动船 Motorized Fishing Boats		
	Number (台) (unit)	Capacity (万千瓦) (10 000kw)	Number (辆) (unit)	Capacity (万千瓦) (10 000kw)	Number (艘) (unit)	Loading Capacity (万 吨) (10 000 tons)	Power (万千瓦) (10 000 kw)
1978	2657000	2523.3	73770	468.2	47176	132.5	213.7
1980	2899000	2719.5	137668	879.5	61022	153.6	258.5
1985	2865000	2567.8	429554	3075.6	172582	217.0	367.2
1986	3043000	2690.0	499164	3581	205923	256.0	424.0
1987	3202000	2818.0	550192	3966	238628	283.1	486.0
1988	3490000	2998.0	591406	4325	265126	301.9	545.0
1989	3867000	3207.0	625116	4634	289205	329.8	609.0
1990	4111000	3348.5	624384	4621	320927	353.1	696.0
1991	4330000	3447.1	616637	4690.5	329843	388.2	733.4
1992	4377000	3441.6	642356	4851.9	335875	421.5	786.1
1993	4554275	3613.1	690469	5245.8	334656	413.4	804.4
1994	4711516	3731.0	747981	5719.4	351327	446.8	831.0
1995	4912068	3839.0	793520	6090.9	376813	512.5	965.6
1996	5090000	3981.8	836899	6422.7	358869	469.5	864.1
北 京 Beijing		0.5	22165	157.6	4		
天 津 Tianjin	20000	18.5	27060	222.2	1023	1.5	3.6
河 北 Hebei	1305000	1110.2	79639	650.0	8636	14.4	25.7
山 西 Shanxi	11000	14.4	54715	471.4	1		
内蒙古 Inner Mongolia	85000	66.8	14052	118.8	30	0.1	0.2
辽 宁 Liaoning	48000	48.5	32269	252.1	32366	31.2	66.7
吉 林 Jilin	155000	84.7	8102	67.1	438	0.2	1.0
黑龙江 Heilongjiang	137000	111.2	9272	74.5	2541	0.4	2.0
上 海 Shanghai			2042	13.2	1200	2.5	4.7
江 苏 Jiangsu	128000	129.3	26077	159.9	54206	53.4	83.8
浙 江 Zhejiang	77000	38.6	23858	162.9	54862	166.6	305.7
安 徽 Anhui	214000	175.2	35582	252.3	10584	11.7	8.4
福 建 Fujian	53000	37.2	18734	166.0	53214	62.0	107.6
江 西 Jiangxi	76000	69.7	24173	173.9	10116	2.9	4.8
山 东 Shandong	1229000	1001.2	71231	447.9	42583	50.4	93.4
河 南 Henan	406000	370.0	53106	388.2	533	0.2	
湖 北 Hubei	128000	117.1	16727	118.7	12619	3.0	6.9
湖 南 Hunan	479000	217.0	56159	443.0	8447	2.0	3.5
广 东 Guangdong	89000	65.7	66336	474.4	37671	29.3	69.6
广 西 Guangxi	116000	66.4	25915	235.7	11194	15.2	38.8
海 南 Hainan	28000	14.1	7264	46.8	13356	21.3	35.0
四 川 Sichuan	202000	138.4	60506	477.1	1442	0.3	0.8
贵 州 Guizhou	35000	21.8	11751	93.0	190	0.1	0.2
云 南 Yunnan	30000	17.0	33402	293.9	1017	0.4	0.9
西 藏 Tibet			3600	29.0			
陕 西 Shaanxi	20000	20.2	18068	141.0	256	0.1	0.2
甘 肃 Gansu	9000	9.6	13178	111.9	14		
青 海 Qinghai	1000	3.0	4749	39.8	19		
宁 夏 Ningxia	1000	0.7	4808	42.4	8		0.1
新 疆 Xinjiang	8000	14.9	12359	98.1	299	0.2	0.2

11－9 灌溉面积、农用化肥施用量、农村水电及用电情况

IRRIGATED AREA CONSUMPTION OF CHEMICAL FERTILIZERS, NUMBER OF HYDROPOWER STATIONS AND ELECTRICITY CONSUMPTION IN RURAL AREAS

年份地区 Year Region	灌溉面积(千公顷) Irrigated Area (1 000 hectares)	化肥施用量(万吨) Consumption of Chemical Fertilizers (10 000 tons)	氮肥 Nitrogenous Fertilizer	磷肥 Phosphate Fertilizer	钾肥 Potash Fertilizer	复合肥 Compound Fertilizer	乡村办水电站 Hyrdopower Station in Rural Areas 个数 Number	发电能力(万千瓦) Generating Capacity (10000kw)	农村用电量(亿千瓦时) Electricity Consumed in Rural Area (100 million kwh)
1978	44965.3	884.0					82387	228.4	253.1
1980	44888.1	1269.4	934.2	273.3	34.6	27.3	80319	304.1	320.8
1985	44035.9	1775.8	1204.9	310.9	80.4	179.6	55754	380.2	508.9
1986	44225.8	1930.6	1312.6	359.8	77.4	180.8	54136	387.9	586.7
1987	44403.0	1999.3	1326.8	371.9	91.9	208.7	51978	394.1	658.8
1988	44375.9	2141.5	1417.1	382.1	101.2	241.2	51558	428.9	712.0
1989	44917.2	2357.1	1536.8	418.9	120.5	280.9	50862	416.8	790.5
1990	47403.1	2590.3	1638.4	462.4	147.9	341.6	52387	428.8	844.5
1991	47822.1	2805.1	1726.1	499.6	173.9	405.5	49644	456.9	963.2
1992	48590.1	2930.2	1756.1	515.7	196.0	462.4	48082	478.6	1106.9
1993	48727.9	3151.9	1835.1	575.1	212.3	529.4	45153	481.7	1244.8
1994	48759.1	3317.9	1882.0	600.7	234.8	600.6	48722	503.7	1473.9
1995	49281.2	3593.7	2021.9	632.4	268.5	670.8	40699	520.2	1655.7
1996	50381.4	3827.9	2145.3	658.4	289.6	734.7	37743	675.1	1676.4
北京 Beijing	323.2	18.9	12.4	1.0	0.2	5.3	39	1.5	20.2
天津 Tianjin	351.6	13.7	8.4	1.5	0.4	3.5			35.8
河北 Hebei	4248.2	259.3	149.7	44.8	12.2	52.5	119	2.3	15.0
山西 Shanxi	1205.5	81.5	41.7	19.5	3.5	16.8	133	3.0	48.8
内蒙古 Inner Mongolia	1851.2	61.9	36.3	11.8	1.7	12.1	7	0.7	16.7
辽宁 Liaoning	1228.0	110.7	71.7	12.3	5.4	21.4	61	2.2	89.0
吉林 Jilin	936.0	107.1	66.8	5.4	6.0	28.8	64	3.5	22.1
黑龙江 Heilongjiang	1335.3	115.1	54.5	28.5	5.7	26.4	23	1.4	24.3
上海 Shanghai	285.4	21.8	16.4	2.2	1.1	2.2			62.5
江苏 Jiangsu	3837.8	306.7	184.7	46.9	11.4	63.6	12	0.8	252.2
浙江 Zhejiang	1412.7	98.3	68.6	12.6	5.5	11.7	2105	47.1	181.2
安徽 Anhui	2971.4	248.5	142.5	40.5	16.8	48.7	449	6.6	36.4
福建 Fujian	935.2	111.0	55.1	16.0	20.6	19.3	3494	70.6	50.0
江西 Jiangxi	1889.1	112.8	57.8	21.6	17.4	15.9	2685	21.9	29.1
山东 Shandong	4692.7	373.3	192.3	55.4	25.8	99.7	38	7.3	152.4
河南 Henan	4191.1	345.3	186.6	80.3	21.8	56.6	511	6.2	103.7
湖北 Hubei	2384.6	240.0	134.7	47.3	15.5	42.6	1131	168.3	50.6
湖南 Hunan	2667.1	167.1	94.7	23.6	27.1	21.8	5772	37.0	38.9
广东 Guangdong	1489.2	187.9	93.4	27.0	31.8	35.8	6230	125.2	203.6
广西 Guangxi	1470.7	135.0	57.1	21.6	28.0	28.3	2255	14.2	25.2
海南 Hainan	175.1	18.6	8.4	1.4	2.1	6.8	133	2.2	0.1
四川 Sichuan	2925.3	258.4	161.9	52.7	9.3	34.5	4591	94.5	82.6
贵州 Guizhou	618.7	61.0	36.2	11.4	3.5	9.8	730	11.4	7.9
云南 Yunnan	1283.5	97.2	55.6	16.9	8.3	16.4	4137	26.8	25.1
西藏 Tibet	147.7	2.9	1.4	0.7	0.1	0.7	200	2.1	0.2
陕西 Shaanxi	1287.4	115.5	69.4	17.6	5.2	23.3	2358	6.4	45.9
甘肃 Gansu	939.0	57.0	29.3	14.9	1.3	11.6	161	2.0	30.4
青海 Qinghai	176.1	6.6	3.1	1.2	0.2	2.0	46		2.1
宁夏 Ningxia	281.4	18.0	12.1	2.2	0.1	3.7			6.5
新疆 Xinjiang	2841.4	77.0	42.7	19.6	1.8	12.9	259	9.9	17.8

11－10 灌溉、水库和除涝、治水、治碱情况

IRRIGATION, RESERVOIRS, FLOOD PREVENTION, WATER AND SOIL CONSERVATION AND IMPROVEMENT OF SALINE－ALKALINE LAND

项　目	Item	1985	1990	1994	1995	1996
年底灌区数　(处)	Number of Irrigation Areas (year－end)	5281	5363	5523	5562	5608
3.3万公顷以上	33 000 Hectares and Over	71	72	74	74	75
2.0－3.3万公顷	20 000－33000 Hectares	66	76	98	99	108
灌区有效灌溉面积(万公顷)	Effective Irrigated Areas (10 000 hectares)	2077.7	2123.1	2235.3	2249.9	2206.2
3.3万公顷以上	33 000 Hectares and Over	599.6	604.7	628.8	631.4	615.0
2.0－3.3万公顷	20 000－33000 Hectares	167.0	189.6	242.9	244.4	266.5
水库　(座)	Number of Reservoirs	83219	83387	84558	84775	84905
大型水库	Large	340	366	381	387	394
中型水库	Medium－sized	2401	2499	2572	2593	2618
小型水库	Small	80478	80522	81605	81795	81893
水库库容量　(亿立方米)	Capacity of Reservoirs (100 million cu.m)	4301	4660	4751	4797	4571
大型水库	Large	3076	3397	3456	3493	3260
中型水库	Medium－sized	661	690	713	719	724
小型水库	Small	564	573	582	585	587
易涝面积　(万公顷)	Total Area Liable to Flooding or Water－logging (10 000 hectares)	2420.7	2446.7	2442.5	2442.5	2458.2
除涝面积　(万公顷)	Flooded or Waterlogged Area Under Control (10 000 hectares)	1858.4	1933.7	1997.9	2006.5	2027.9
占易涝面积比重　(%)	Percentage to Total Area Liable to Flooding or Waterlogging (%)	76.8	79.0	81.8	82.2	82.5
水土流失面积(万公顷)	Total Area of Soil Erosion (10 000 hectares)	12920	13600	16300	16300	18266.4
治理水土流失面积(万公顷)	Area of Soil Erosion Under Control (10 000 hectares)	4640	5300	6410	6690	6932.1
占流失面积比重　(%)	Percentage to Total Area of Soil Erosion (%)	35.9	39.0	39.3	41.0	38.0
盐碱耕地面积　(万公顷)	Total Area of Saline－Alkaline Land (10 000 hectares)	769.3	753.9	765.6	765.6	772.5
治碱面积　(万公顷)	Improved Area of Saline－Alkaline Land (10 000 hectares)	456.9	499.5	535.1	543.4	551.3
占盐碱耕地面积比重(%)	Percentage to Total Area of Saline－Alkaline Land (%)	59.4	66.3	69.9	71.0	71.4
堤防长度　(万公里)	Total Length of Dikes (10 000 km)	17.7	22.0	24.6	24.7	24.8
堤防保护面积　(万公顷)	Area of Land Protected by Dikes (10 000 hectares)	3106.0	3200.0	3024.6	3060.9	3268.6

注：大型水库库容：1亿立方米以上；中型水库库容：1千万至1亿立方米；小型水库库容：10万至1千万立方米。

a) The capacity of the large reservoirs is over 100 million cu.m, while that of the medium ones is from 10 million to 100 million cu.m,and that of the samll ones is from 100 000 to 10 million cu.m.

11－11 各地区水利设施和除涝、治碱面积(1996年)

WATER CONSERVANCY FACILITIES AND AREA WITH FLOOD PREVENTION MEASURES AND IMPROVED AREA OF SALINE－ALKALINE LAND BY REGION (1996)

地区 Region	水库数(座) Numder of Reservoirs	水库总库容量(亿立方米) Capacity of Reservoirs (100 million cu.m)	除涝面积(万公顷) Flooded Area Under Control (10 000 hectares)	除涝面积占易涝面积% Percentage to Total Area Liable to Flood	治碱面积(千公顷) Improved Area of Saline－Alkaline Land (1 000 ha)	治碱面积占盐碱地面积% Precentage to Total Area of Saline－Alkaline Land
全国 National Total	**84905**	**4571.4**	**2027.9**	**82.49**	**5513.15**	**71.37**
北京 Beijing	84	92.1	15.9	94.50	42.85	92.07
天津 Tianjin	119	26.9	40.4	98.12	212.91	91.22
河北 Hebei	1144	149.3	162.8	87.30	797.94	78.38
山西 Shanxi	766	44.2	8.9	78.72	207.84	60.80
内蒙古 Inner Mongolia	446	72.8	24.0	57.58	282.76	53.54
辽宁 Liaoning	930	307.0	97.7	97.14	315.49	82.03
吉林 Jilin	1324	306.6	99.9	89.50	135.84	49.52
黑龙江 Heilongjiang	559	74.0	289.0	68.65	195.86	34.56
上海 Shanghai			6.5	91.06	26.93	77.99
江苏 Jiangsu	1010	190.0	273.2	93.23	665.26	91.02
浙江 Zhejiang	3673	344.6	46.9	88.73	4.52	68.59
安徽 Anhui	4828	184.7	207.0	86.46	97.57	86.54
福建 Fujian	2916	78.6	11.1	51.98	21.54	55.24
江西 Jiangxi	9721	264.4	33.1	69.99		
山东 Shandong	5666	191.6	251.0	84.99	884.70	85.33
河南 Henan	2407	265.1	174.3	82.65	664.88	83.26
湖北 Hubei	5822	502.7	119.0	88.24		
湖南 Hunan	13321	295.3	44.7	85.26		
广东 Guangdong	6427	380.1	49.8	84.91		
广西 Guangxi	4437	225.5	19.4	53.65	95.76	32.11
海南 Hainan	996	93.2	1.0	92.96		
四川 Sichuan	9303	121.3	9.4	54.90	0.52	19.55
贵州 Guizhou	1903	72.0	4.3	47.09		
云南 Yunnan	4921	77.3	20.3	78.50	3.64	62.54
西藏 Tibet						
陕西 Shaanxi	1076	41.1	13.3	86.99	61.57	73.59
甘肃 Gansu	286	85.5	1.2	36.37	77.69	59.03
青海 Qinghai	143	5.2			9.87	50.03
宁夏 Ningxia	195	18.4			68.90	79.45
新疆 Xinjiang	482	60.7	3.8	60.46	638.31	67.66

11－12 农村居民家庭平均每户生产性固定资产原值

ORIGINAL VALUE OF PRODUCTIVE FIXED ASSETS PER RURAL HOUSEHOLD

本表为农村住户抽样调查资料。
Data in this table are obtained from the sample surveys on rural households.

(年底数) 单位: 元 (year－end) (yuan)

指标	Item	1985	1990	1993	1994	1995	1996
合计	**Total**	**792.53**	**1258.06**	**1950.31**	**2347.63**	**2774.27**	**3605.07**
役畜、产品畜	Draught Animals and Commodity Animals	339.01	402.36	521.11	687.19	839.21	905.05
大中型铁木农具	Large and Medium Wood and Iron Farm Tools	48.50	70.32	120.18	136.07	153.89	200.31
农林牧渔业机械	Machinery of Farming, Forestry, Animal Husbandry and Fishery	67.65	197.07	349.90	419.69	523.92	768.25
工业机械	Industrial Machinery	16.13	42.12	67.22	81.13	81.93	113.36
运输机械	Transport Machinery	112.84	215.82	317.41	359.27	444.73	608.43
生产用房	Buildings for Productive Purpose	174.33	269.92	517.29	585.32	672.01	899.87
其他	Others	34.07	60.45	57.20	78.96	58.57	109.80

11－13 农村居民家庭平均每百户拥有生产性固定资产数量

NUMBER OF PRIDUCTIVE FIXED ASSETS FER 100 RURAL HOUSEHOLDS

本表为农村住户抽样调查资料。
Data in this table are obtained from the sample surveys on rural households.

(年底数) (year－end)

指标		Item	1985	1990	1993	1994	1995	1996
汽车	(辆)	Motor Vehicles	0.25	0.28	0.33	0.40	0.51	0.78
大中型拖拉机	(台)	Large and Medium Tractors	0.35	0.45	0.64	0.79	0.77	0.99
小型及手扶拖拉机	(台)	Small and Walking Tractors	2.71	5.30	8.40	8.77	9.93	12.46
机动脱粒机	(台)	Motorized Threshing Machines	1.91	3.55	5.57	5.15	6.33	6.87
胶轮大车	(辆)	Carts with Rubber Tires	5.49	7.89	9.60	9.32	9.29	8.78
胶轮手推车	(辆)	Hand Carts with Rubber Tires	36.86	40.17	41.71	40.68	40.27	37.57
抽水机	(台)	Water Pumps	0.89	1.83	2.87	3.09	3.52	4.07
农用水泵	(台)	Pumps	1.69	3.86	8.54	7.90	9.07	10.97
机动船	(条)	Motor Boats	0.74	0.28	0.25	0.25	0.26	0.29

11－14 各地区农村居民家庭平均每户生产性固定资产原值(1996年底)

ORIGINAL VALUE OF PRODUCTIVE FIXED ASSETS PER RURAL HOUSEHOLD BY REGION (END OF 1996)

本表为农村住户抽样调查资料。

Data in this table are obtained from the sample surveys on rural households.

单位:元 (yuan)

地区 Region		合计 Total	役畜和产品畜 Draught Animals and Animals Commodity	大中型铁木农具 Large and Medium Wood and Iron Farm Tools	农林牧渔业机械 Machinery of Farming, Animal Husbandry and Fishery	工业机械 Industrial Machinery	运输机械 Transport Machinery	生产用房 Buildings for Productive Purpose	其他 Others
全国	**National Average**	**3605.07**	**905.05**	**200.31**	**768.25**	**113.36**	**608.43**	**899.87**	**109.80**
北京	Beijing	2972.41	209.16	35.29	708.31	11.47	1438.24	322.00	247.94
天津	Tianjin	4803.54	663.14	160.56	992.03	40.67	1344.47	1602.69	
河北	Hebei	5146.35	630.90	178.29	1679.88	173.59	1645.37	700.09	138.23
山西	Shanxi	2257.66	698.13	66.58	327.67	56.65	915.78	192.85	
内蒙古	Inner Mongolia	5834.94	2031.23	323.54	1401.63	93.08	519.58	968.40	497.48
辽宁	Liaoning	3108.86	761.49	134.03	455.47	34.79	804.84	879.07	39.17
吉林	Jilin	4767.51	1825.19	265.97	1268.99	19.98	461.99	925.39	
黑龙江	Heilongjiang	5573.02	1467.01	417.86	2449.15	43.39	484.73	710.88	
上海	Shanghai	1660.03	118.40	69.42	92.58	16.67	36.67	1326.29	
江苏	Jiangsu	2826.86	230.63	93.30	794.05	200.35	409.92	1014.57	84.05
浙江	Zhejiang	5494.23	176.30	249.39	1013.54	612.47	713.80	2728.72	
安徽	Anhui	3573.62	761.10	287.50	1230.97	49.01	150.43	920.23	174.37
福建	Fujian	2410.05	577.93	204.12	179.85	61.60	395.74	965.06	25.73
江西	Jiangxi	2310.98	727.42	263.91	112.07	58.55	286.93	777.28	84.82
山东	Shandong	3109.11	528.18	176.20	885.20	83.95	593.82	653.89	187.87
河南	Henan	3782.26	662.85	197.75	1513.47	123.06	581.07	529.36	174.70
湖北	Hubei	2291.60	790.90	209.61	215.09	106.33	352.42	617.24	
湖南	Hunan	2348.72	487.98	266.77	234.24	89.55	318.98	858.52	92.68
广东	Guangdong	3249.61	765.29	179.60	405.64	55.55	806.00	847.00	190.53
广西	Guangxi	3090.17	1109.32	152.90	351.04	152.28	643.99	593.59	87.04
海南	Hainan	4454.77	2131.31	124.03	771.71	102.96	735.76	247.31	341.69
四川	Sichuan	2870.45	776.49	163.49	93.49	53.33	282.62	1257.33	243.70
贵州	Guizhou	2282.27	1160.92	139.81	20.78	64.19	109.01	787.58	
云南	Yunnan	4025.06	1513.07	85.63	307.20	134.67	557.80	1413.33	13.37
西藏	Tibet	11559.83	6619.34	186.50	165.18	128.50	2174.27	2192.30	93.74
陕西	Shaanxi	2228.55	533.05	163.77	464.50	92.23	456.77	518.25	
甘肃	Gansu	2897.36	937.41	203.76	738.79	99.94	333.45	584.00	
青海	Qinghai	6725.11	2047.52	250.97	2323.50	88.08	838.50	802.31	374.23
宁夏	Ningxia	5607.97	1360.02	230.64	1061.87	277.23	1504.75	1112.21	61.26
新疆	Xinjiang	7483.18	2914.17	474.13	1650.47	73.45	1542.43	828.52	

11－15 各地区农村居民家庭平均每百户拥有主要生产性固定资产数量(1996年底)

NUMBER OF MAJOR PRODUCTIVE FIXED ASSETS PER100 RURAL HOUSEHOLDS BY REGION (END OF 1996)

本表为农村住户抽样调查资料。

Data in this table are obtained from the sample surveys on rural households.

地区 Region	汽车 (辆) Motor Vehicles	大中型拖拉机 (台) Large and Medium Tractors	小型和手扶拖拉机 (台) Mini and Walking Tractors	机动脱粒机 (台) Motorized Threshing Machines	胶轮大车 (辆) Carts with Rubber Tires	胶轮手推车 (辆) Hand Carts with Rubber Tires	抽水机 (台) Water Pumps	役畜 (头) Draught Animals	产品畜 (头) Commodity Animals
全　国National Average	**0.78**	**0.99**	**12.46**	**6.87**	**8.78**	**37.57**	**4.07**	**54.99**	**56.26**
北　京　Beijing	4.13	0.80	14.93	0.27	5.20	64.00	0.67	6.60	39.07
天　津　Tianjin	1.88	2.83	20.35	8.58	28.08	39.58	5.38	39.10	21.50
河　北　Hebei	1.75	2.22	26.70	9.75	20.49	43.31	6.05	39.33	26.23
山　西　Shanxi	1.64	1.02	13.83	1.00	6.17	38.87	0.29	48.11	38.19
内蒙古　Inner Mongolia	1.17	1.02	23.77	2.65	29.97	46.33	3.08	119.37	126.36
辽　宁　Liaoning	0.85	1.22	8.68	3.49	27.25	33.76	1.27	47.67	19.47
吉　林　Jilin	0.44	1.06	14.81	3.19	42.50	11.19	2.44	77.41	153.53
黑龙江　Heilongjiang	0.48	2.73	31.49	3.85	16.44	12.12	2.99	62.55	68.22
上　海　Shanghai	0.17		1.17	8.57	2.00	49.83	0.17	3.83	65.33
江　苏　Jiangsu	0.44	0.41	12.04	18.98	8.88	34.75	1.37	8.73	26.68
浙　江　Zhejiang	0.67	0.22	5.30	29.32	3.33	50.17	4.07	9.03	18.85
安　徽　Anhui	0.11	0.88	20.98	11.42	1.10	45.93	5.11	41.63	27.65
福　建　Fujian	0.86	0.53	4.00	3.79	0.57	36.05	3.27	34.95	62.65
江　西　Jiangxi	0.59	0.11	2.42	6.65	2.78	36.41	3.42	61.62	31.11
山　东　Shandong	0.43	1.42	12.60	6.14	19.00	77.65	13.23	39.82	15.43
河　南　Henan	0.59	2.33	25.73	7.09	5.10	72.11	4.88	44.49	23.63
湖　北　Hubei	0.55	1.48	4.52	1.42	6.76	28.08	3.91	63.06	24.22
湖　南　Hunan	0.46	0.24	2.95	8.33	1.05	10.76	5.11	28.89	25.66
广　东　Guangdong	0.15	0.27	8.29	8.07	1.43	24.26	3.89	42.22	32.26
广　西　Guangxi	0.78	0.22	6.25	5.68	1.71	17.29	6.01	89.18	35.89
海　南　Hainan	1.53	0.69	8.47	10.00	2.36	11.11	10.83	106.64	136.81
四　川　Sichuan	0.55	0.18	1.23	4.07	0.60	4.25	6.09	41.49	92.12
贵　州　Guizhou	0.09	0.49	0.49	1.12	2.14	5.31	0.96	82.32	58.52
云　南　Yunnan	0.65	0.13	8.04	5.38	2.21	27.63	1.17	87.50	67.81
西　藏　Tibet	4.17	0.63	17.81	5.31	13.13	23.76	0.21	359.06	513.96
陕　西　Shaanxi	0.36	0.92	11.68	1.89	0.81	70.05	0.55	39.95	74.55
甘　肃　Gansu	0.44	1.06	16.08	1.11	2.00	71.06	0.33	87.76	24.44
青　海　Qinghai	0.67	1.83	37.25	3.10	8.50	58.50		132.17	130.67
宁　夏　Ningxia	1.50	0.17	31.75	1.18	1.33	74.42	0.17	90.92	40.00
新　疆　Xinjiang	1.20	2.83	19.20	1.90	26.00	51.27	0.20	133.40	314.73

11－16 各地区农村居民家庭平均每人经营耕地情况(1996年)

PER CAPITA AREA OF CULTIVATED LAND MANAGED BY RURAL HOUSEHOLDS BY REGION (1996)

本表为农村住户抽样调查资料。

Data in this table are obtained from the sample surveys on rural households.

单位：亩 (mu)

地区 Region	经营耕地面积 Area of Cultivated Land Under Management	#承包地 Contracted Land	#自留地 Family Plots	经营山地面积 Hilly Area Under Management	#承包地 Contracted Land	#自留地 Family Polts	#植树造林面积 Afforesded Hilly Area	经营水面面积 Water Area Under Management
全国 National Average	**2.30**	**2.06**	**0.18**	**0.46**	**0.31**	**0.13**	**0.06**	**0.02**
北京 Beijing	0.93	0.83	0.04	0.03	0.02		0.01	
天津 Tianjin	1.64	1.59	0.03	0.01	0.01			
河北 Hebei	2.03	1.93	0.09	0.10	0.10		0.07	
山西 Shanxi	2.76	2.57	0.15	0.12	0.10		0.02	0.02
内蒙古 Inner Mongolia	10.17	7.97	1.97	0.17	0.11	0.05	0.02	0.26
辽宁 Liaoning	2.96	2.68	0.25	0.28	0.10	0.17	0.07	0.01
吉林 Jilin	4.73	4.36	0.32	0.08	0.06	0.01	0.05	
黑龙江 Heilongjiang	8.24	7.72	0.41	0.03	0.02	0.02		0.02
上海 Shanghai	1.02	0.90	0.11					0.01
江苏 Jiangsu	1.26	1.16	0.09					0.03
浙江 Zhejiang	0.94	0.85	0.07	0.82	0.45	0.24	0.07	0.02
安徽 Anhui	1.44	1.38	0.04	0.52	0.36	0.16	0.03	0.01
福建 Fujian	0.82	0.71	0.07	1.04	0.46	0.46	0.27	0.01
江西 Jiangxi	1.30	1.19	0.08	0.63	0.42	0.19	0.06	0.06
山东 Shandong	1.44	1.38	0.05	0.02	0.01	0.01		
河南 Henan	1.50	1.41	0.06	0.01	0.01	0.01	0.01	
湖北 Hubei	1.60	1.47	0.09	0.59	0.25	0.33	0.04	0.04
湖南 Hunan	1.42	1.27	0.09	0.54	0.33	0.20	0.10	0.04
广东 Guangdong	0.88	0.76	0.07	0.37	0.20	0.15	0.09	0.08
广西 Guangxi	1.43	1.20	0.10	0.62	0.31	0.26	0.15	0.01
海南 Hainan	1.35	1.02	0.17	0.67	0.35	0.20	0.25	0.04
四川 Sichuan	1.08	0.97	0.10	0.26	0.09	0.17	0.04	0.01
贵州 Guizhou	1.18	0.96	0.16	0.40	0.26	0.12	0.05	
云南 Yunnan	2.42	2.10	0.19	1.19	0.65	0.49	0.11	0.01
西藏 Tibet	2.51	2.40	0.11					
陕西 Shaanxi	2.60	2.43	0.10	0.71	0.55	0.14	0.08	
甘肃 Gansu	5.86	5.35	0.44	0.63	0.53	0.06	0.04	
青海 Qinghai	2.62	2.27	0.29	6.79	6.79			
宁夏 Ningxia	4.01	3.36	0.30	1.74	1.73		0.03	
新疆 Xinjiang	3.96	3.63	0.20					0.01

11－17 农作物总播种面积

TOTAL SOWN AREAS OF FARM CROPS

单位：千公顷 (1 000 hectares)

年份 地区 Year Region	农作物总播种面积 Total Sown Area	粮食作物播种面积 Sown Area of Grain Crops	谷物 Cereal	#稻谷 Rice	#小麦 Wheat	#玉米 Corn	豆类 Soybeans
1978	150104	120587		34421	29183	19961	
1980	146379	117234		33879	29228	20353	
1985	143626	108845		32070	29218	17694	
1986	144204	110933		32266	29616	19124	
1987	144957	111268		32193	28798	20212	
1988	144869	110123		31987	28785	19692	
1989	146554	112205		32700	29841	20353	
1990	148362	113466		33064	30753	21401	
1991	149586	112314	94073	32590	30948	21574	9163
1992	149007	110560	92520	32090	30496	21044	8983
1993	147741	110509	88912	30355	30235	20694	12377
1994	148241	109544	87537	30171	28981	21152	12736
1995	149879	110060	89310	30744	28860	22776	11232
1996	152381	112548	92208	31407	29611	24498	10543
北京 Beijing	538.3	427.0	408.8	23.1	171.2	207.8	13.1
天津 Tianjin	573.5	451.5	402.7	61.7	147.6	162.9	45.9
河北 Hebei	8872.1	7137.3	6068.6	141.8	2591.2	2524.9	637.6
山西 Shanxi	3946.5	3243.0	2490.9	5.8	940.4	836.6	410.7
内蒙古 Inner Mongolia	5291.0	4424.3	3212.9	89.7	1094.5	1116.1	795.8
辽宁 Liaoning	3627.8	3073.1	2698.0	478.1	177.9	1576.7	265.1
吉林 Jilin	4063.0	3624.5	3198.4	434.1	76.6	2481.3	341.1
黑龙江 Heilongjiang	8883.7	7778.8	5330.9	1107.5	1231.4	2663.7	2211.1
上海 Shanghai	545.7	357.4	343.7	210.5	65.3	8.3	12.0
江苏 Jiangsu	7914.1	5877.4	5378.5	2335.9	2216.3	467.8	318.3
浙江 Zhejiang	3963.8	2877.2	2548.6	2138.2	222.3	38.8	152.5
安徽 Anhui	8361.5	6029.0	5039.0	2238.5	2065.8	614.8	482.1
福建 Fujian	2900.8	2031.9	1535.1	1405.2	64.1	31.6	135.6
江西 Jiangxi	6015.3	3570.6	3179.9	3052.6	72.0	40.2	231.3
山东 Shandong	10976.0	8237.3	7169.7	151.6	4031.6	2826.7	481.2
河南 Henan	12257.4	8965.3	7694.7	479.9	4868.2	2150.2	610.5
湖北 Hubei	7579.0	4880.3	4152.6	2448.6	1230.1	405.1	308.1
湖南 Hunan	7927.4	5133.9	4458.4	4064.1	170.4	163.3	289.2
广东 Guangdong	5437.5	3524.6	2881.1	2713.4	22.5	103.7	124.3
广西 Guangxi	6010.5	3708.0	3050.7	2430.8	25.2	558.5	334.8
海南 Hainan	890.8	571.6	409.7	390.5		17.1	16.6
四川 Sichuan	12986.6	10027.6	7454.0	3020.1	2364.9	1762.1	572.9
贵州 Guizhou	4323.7	2890.1	2050.1	741.3	584.2	636.0	289.4
云南 Yunnan	5105.1	3698.2	2881.6	939.2	664.3	993.8	505.9
西藏 Tibet	225.0	191.9	176.6	1.2	52.5	3.0	14.5
陕西 Shaanxi	4777.3	4052.9	3196.0	156.9	1597.8	1087.4	441.8
甘肃 Gansu	3763.8	2925.7	2279.0	6.7	1352.4	430.5	304.5
青海 Qinghai	564.4	394.8	297.9		210.6		59.0
宁夏 Ningxia	977.9	781.9	615.4	64.0	313.9	121.5	93.3
新疆 Xinjiang	3081.2	1660.8	1604.1	75.9	985.4	467.9	44.8

续表 1 continued

单位: 千公顷 (1 000 hectares)

年份地区 Year Region		薯类 Tubers	油料 Oilbearing Crops	#花生 Peanuts	#油菜籽 Rapeseeds	棉花 Cotton	麻类 Fiber Crops	#黄红麻 Jute and Ambary Hemp	糖料 Sugar Crops
	1978	11796	6222	1768	2599	4867	751	412	879
	1980	10153	7928	2339	2844	4920	666	314	922
	1985	8572	11800	3319	4494	5141	1231	991	1525
	1986	8685	11414	3253	4916	4306	762	345	1470
	1987	8867	11180	3022	5267	4844	967	272	1357
	1988	9054	10619	2977	4937	5535	735	277	1669
	1989	9097	10504	2946	4993	5203	563	286	1529
	1990	9121	10900	2907	5503	5588	495	300	1679
	1991	9078	11530	2880	6133	6538	453	270	1947
	1992	9057	11489	2976	5976	6835	434	277	1906
	1993	9220	11142	3379	5300	4985	420	274	1687
	1994	9270	12081	3776	5783	5528	372	176	1755
	1995	9519	13101	3809	6907	5422	376	147	1820
	1996	9798	12555	3616	6734	4722	350	147	1846
北京	Beijing	5.1	10.7	10.2		2.7			
天津	Tianjin	2.9	18.4	6.4		6.5	0.3	0.3	
河北	Hebei	431.1	601.1	374.1	40.7	427.6	4.4	3.5	7.2
山西	Shanxi	341.5	317.4	23.9	10.9	92.6	1.1		23.2
内蒙古	Inner Mongolia	415.6	506.0	0.3	118.1		3.9		127.0
辽宁	Liaoning	110.0	95.1	67.1	0.3	12.4	0.4		27.2
吉林	Jilin	85.0	119.8	15.9			1.7		29.5
黑龙江	Heilongjiang	236.8	127.8	2.2	31.9		84.7		290.7
上海	Shanghai	1.7	70.6	1.1	69.6	3.1			1.1
江苏	Jiangsu	180.6	631.1	123.6	498.0	485.9	1.5	0.9	4.5
浙江	Zhejiang	176.1	295.7	9.5	282.6	66.7	4.3	4.1	11.3
安徽	Anhui	507.9	1098.8	165.9	851.1	413.7	40.7	33.5	4.8
福建	Fujian	361.2	121.6	99.4	20.5		0.7	0.4	37.9
江西	Jiangxi	159.4	1055.3	140.0	853.6	107.4	13.1	3.9	37.0
山东	Shandong	586.4	821.0	771.7	44.3	481.9	5.1	4.5	1.0
河南	Henan	660.1	1181.1	713.4	259.2	933.3	51.2	49.9	4.3
湖北	Hubei	419.5	1059.7	90.8	855.3	474.4	28.6	8.6	16.6
湖南	Hunan	386.4	943.6	126.2	805.2	174.1	30.0	2.1	27.6
广东	Guangdong	519.2	347.5	331.6	13.3		2.6	2.6	237.6
广西	Guangxi	322.5	351.4	212.6	126.7	2.3	9.0	7.7	505.6
海南	Hainan	145.3	51.3	46.0			0.2	0.2	73.7
四川	Sichuan	2000.7	1024.1	183.9	823.9	154.4	51.0	24.2	34.1
贵州	Guizhou	550.6	447.0	32.1	406.5	2.7	3.8	0.3	10.1
云南	Yunnan	310.7	148.5	36.1	98.5	1.8	4.2	0.1	202.6
西藏	Tibet	0.8	18.3		18.3				
陕西	Shaanxi	415.1	312.9	31.3	168.2	59.6	1.4		2.2
甘肃	Gansu	342.2	336.5	0.2	120.9	19.9	2.3		28.6
青海	Qinghai	37.9	135.9		130.9				0.0
宁夏	Ningxia	73.2	113.0						13.0
新疆	Xinjiang	11.9	194.1	0.5	85.2	799.3	3.4		87.4

续表 2 continued

单位：千公顷　　　　(1 000 hectares)

年份地区 Year Region	#甘蔗 Sugarcane	#甜菜 Beetroots	烟叶 Tobacco	#烤烟 Fluecured Tobacco	蔬菜 Vegetables	茶园面积 Area of Tea Plantations at Year-end	果园面积 Area of Orchards at Year-end
1978	549	331	784	613	3331	1048	1657
1980	479	443	512	397	3163	1041	1783
1985	965	561	1313	1077	4753	1045	2736
1986	950	521	1125	895	5304	1024	3672
1987	859	498	1128	913	5572	1044	4508
1988	924	745	1555	1304	6032	1056	5066
1989	959	569	1798	1503	6290	1065	5372
1990	1009	670	1593	1342	6338	1061	5179
1991	1164	783	1804	1562	6546	1060	5318
1992	1246	660	2093	1849	7031	1084	5818
1993	1088	599	2089	1835	8084	1171	6432
1994	1057	698	1490	1302	8921	1135	7264
1995	1125	695	1470	1309	9515	1115	8098
1996	1189	656	1853	1683	10491	1103	8553
北　京 Beijing					87.6		57.5
天　津 Tianjin					87.3		33.4
河　北 Hebei		7.2	6.7	5.0	529.4		998.0
山　西 Shanxi		23.2	9.2	8.8	174.1		292.3
内蒙古 Inner Mongolia		127.0	8.1	7.1	88.1		86.9
辽　宁 Liaoning		27.2	27.3	24.8	342.2		455.8
吉　林 Jilin		29.5	31.9	22.6	198.8		98.4
黑龙江 Heilongjiang		290.7	101.9	97.6	293.7		60.2
上　海 Shanghai	1.1				88.2		12.1
江　苏 Jiangsu	3.7	0.9	1.6	1.4	612.4	18.1	149.2
浙　江 Zhejiang	11.3		0.9		313.1	134.6	242.1
安　徽 Anhui	4.8		34.9	34.3	383.4	121.4	93.6
福　建 Fujian	37.9		50.6	49.3	433.4	130.4	556.6
江　西 Jiangxi	37.0		16.7	11.8	484.7	58.1	292.3
山　东 Shandong		1.0	63.1	62.5	1085.8	3.4	962.2
河　南 Henan	4.2	0.1	165.0	160.4	694.9	18.5	447.5
湖　北 Hubei	16.6		79.7	51.9	656.4	112.6	219.6
湖　南 Hunan	27.6		100.4	85.4	492.4	85.5	305.5
广　东 Guangdong	219.5	18.1	30.1	24.6	899.1	49.7	797.3
广　西 Guangxi	505.6		32.9	21.8	610.3	25.8	560.4
海　南 Hainan	73.7		0.4		118.6	6.1	89.9
四　川 Sichuan	33.9	0.2	147.3	102.9	874.2	101.0	313.0
贵　州 Guizhou	9.9	0.3	340.1	321.2	282.3	38.5	40.3
云　南 Yunnan	202.4	0.2	503.9	494.6	217.3	164.5	185.1
西　藏 Tibet					9.3	3.0	1.5
陕　西 Shaanxi	0.2	2.0	65.3	62.4	194.3	31.0	702.0
甘　肃 Gansu		28.6	32.3	31.0	116.9	0.8	303.0
青　海 Qinghai			0.1		11.6		5.7
宁　夏 Ningxia		13.0	1.0	1.0	32.0		40.3
新　疆 Xinjiang		87.4	1.8	1.0	79.0		151.3

11－18 主要农产品产量
YIELD OF MAJOR FARM CROPS

单位：万吨 (10 000 tons)

年份 地区 Year Region	粮食 Grain	谷物 Cereal	#稻谷 Rice	#小麦 Wheat	#玉米 Corn	豆类 Beans	薯类 Tubers	油料 Oil-Bearing Crops
1978	30477.0		13693.0	5384.0	5595.0		3174.0	521.8
1980	32056.0		13991.0	5521.0	6260.0		2873.0	769.1
1985	37911.0		16857.0	8581.0	6383.0		2604.0	1578.4
1986	39151.0		17222.0	9004.0	7086.0		2534.0	1473.8
1987	40298.0		17426.0	8590.0	7924.0		2820.0	1527.8
1988	39408.0		16911.0	8543.0	7735.0		2697.0	1320.3
1989	40755.0		18013.0	9081.0	7893.0		2730.0	1295.2
1990	44624.0		18933.0	9823.0	9682.0		2743.0	1613.2
1991	43529.0	39566.3	18381.0	9595.0	9877.0	1247.1	2716.0	1638.3
1992	44265.8	40169.6	18622.2	10158.7	9538.3	1252.0	2844.2	1641.2
1993	45648.8	40517.4	17751.4	10639.0	10270.4	1950.4	3181.1	1803.9
1994	44510.1	39389.1	17593.3	9929.7	9927.5	2095.6	3025.4	1989.6
1995	46661.8	41611.6	18522.6	10220.7	11198.6	1787.5	3262.6	2250.3
1996	50453.5	45127.1	19510.3	11056.9	12747.1	1790.3	3536.0	2210.6
北京 Beijing	237.4	231.8	16.0	93.9	119.7	3.0	2.6	2.9
天津 Tianjin	207.0	199.2	47.4	67.4	75.4	6.6	1.3	3.1
河北 Hebei	2789.5	2557.1	92.2	1139.1	1168.4	89.9	142.6	120.7
山西 Shanxi	1077.1	934.2	3.2	300.7	457.5	50.6	92.3	37.3
内蒙古 Inner Mongolia	1535.3	1301.7	51.0	318.9	751.5	109.6	124.0	81.4
辽宁 Liaoning	1660.1	1575.8	338.9	59.4	969.5	43.4	40.9	17.0
吉林 Jilin	2326.6	2211.9	347.4	20.6	1753.4	74.9	39.8	21.7
黑龙江 Heilongjiang	3046.6	2519.4	636.0	329.5	1445.0	428.6	98.6	16.8
上海 Shanghai	226.3	222.4	163.4	27.0	5.2	3.3	0.6	16.2
江苏 Jiangsu	3476.4	3301.1	1870.2	1014.3	259.9	79.4	95.9	147.5
浙江 Zhejiang	1516.8	1406.0	1277.3	62.5	13.7	32.3	78.5	52.1
安徽 Anhui	2674.1	2372.3	1327.4	748.3	264.1	65.9	235.9	177.2
福建 Fujian	952.2	777.8	743.3	17.9	8.0	23.2	151.2	23.0
江西 Jiangxi	1766.3	1664.1	1641.8	9.7	9.0	38.5	63.7	101.0
山东 Shandong	4332.7	3836.0	113.6	2052.7	1603.4	117.8	378.9	309.3
河南 Henan	3839.9	3433.3	314.8	2026.8	1038.3	103.6	303.0	278.5
湖北 Hubei	2484.4	2288.7	1721.8	378.8	165.8	58.4	137.3	181.8
湖南 Hunan	2701.5	2540.2	2449.9	30.4	47.7	44.9	116.4	118.1
广东 Guangdong	1839.2	1607.3	1549.2	5.9	37.1	21.6	210.3	74.2
广西 Guangxi	1509.3	1416.7	1258.4	3.3	151.0	37.6	55.0	51.6
海南 Hainan	197.7	159.4	154.9		3.9	1.9	36.4	8.0
四川 Sichuan	4495.7	3714.3	2182.3	720.3	716.9	100.1	681.3	156.8
贵州 Guizhou	1012.6	838.1	459.4	104.1	262.4	32.0	142.5	55.6
云南 Yunnan	1246.2	1083.3	536.1	146.7	369.2	78.1	84.8	18.8
西藏 Tibet	77.7	72.8	0.5	26.1	1.3	4.1	0.8	3.5
陕西 Shaanxi	1217.3	1049.2	104.7	405.7	472.3	58.0	110.1	37.4
甘肃 Gansu	820.6	690.8	5.0	351.0	215.2	53.3	76.5	43.1
青海 Qinghai	123.8	97.1		76.7		13.0	13.8	17.1
宁夏 Ningxia	257.9	235.6	54.0	86.3	79.7	7.5	14.8	7.9
新疆 Xinjiang	805.3	789.7	50.3	433.1	282.5	9.3	6.4	31.0

续表 1 continued

单位: 万吨

年份 地区 Year Region	#花生 Peanuts	#油菜籽 Rapeseeds	#芝麻 Sesame	棉花 Cotton	麻类 Fiber Crops	#黄红麻 Jute and Ambary Hemp	甘蔗 Sugarcane	甜菜 Beetroots
1978	237.7	186.8	32.2	216.7	135.1	54.4	2111.6	270.2
1980	360.0	238.4	25.9	270.7	143.6	54.9	2280.7	630.5
1985	666.4	560.7	69.1	414.7	444.8	206.0	5154.9	891.9
1986	588.2	588.1	61.8	354.0	192.7	71.0	5021.9	830.6
1987	617.1	660.5	52.6	424.5	208.4	56.9	4736.3	814.0
1988	569.3	504.4	40.4	414.9	127.0	54.0	4906.4	1281.0
1989	536.3	543.6	33.8	378.8	112.4	66.0	4879.5	924.3
1990	636.8	695.8	46.9	450.8	109.7	72.6	5762.0	1452.5
1991	630.3	743.6	43.5	567.5	88.4	51.3	6789.8	1628.9
1992	595.3	765.3	51.6	450.8	93.8	61.9	7301.1	1506.9
1993	842.1	693.9	56.3	373.9	96.0	67.2	6419.4	1204.8
1994	968.2	749.2	54.8	434.1	74.7	35.5	6092.7	1252.6
1995	1023.5	977.7	58.3	476.8	89.7	37.1	6541.7	1398.4
1996	1013.8	920.1	57.5	420.3	79.5	36.5	6687.6	1672.6
北京 Beijing	2.9			0.3				
天津 Tianjin	1.4		0.1	0.5	0.1	0.1		
河北 Hebei	100.5	4.3	2.2	25.8	1.2	1.1		6.9
山西 Shanxi	4.8	1.0	1.4	7.2	0.1			66.0
内蒙古 Inner Mongolia	0.1	10.5	0.2		1.0			320.7
辽宁 Liaoning	13.4		0.6	1.1				58.6
吉林 Jilin	3.5		0.2		0.2			70.2
黑龙江 Heilongjiang	0.4	3.3			23.7			491.9
上海 Shanghai	0.3	15.9		0.4			6.7	
江苏 Jiangsu	39.6	106.3	1.4	53.7	0.5	0.3	20.6	2.3
浙江 Zhejiang	2.3	49.4	0.4	6.8	2.7	2.7	63.9	
安徽 Anhui	49.2	119.0	8.1	27.0	9.8	8.5	18.3	
福建 Fujian	20.9	2.0	0.1		0.1	0.1	253.9	
江西 Jiangxi	33.1	63.5	4.4	12.3	2.1	0.9	185.8	
山东 Shandong	299.9	8.7	0.6	37.2	1.3	1.1		1.6
河南 Henan	218.6	41.1	18.2	73.6	11.2	10.9	20.3	0.2
湖北 Hubei	30.8	134.9	15.0	43.0	7.5	4.1	85.6	
湖南 Hunan	22.5	94.5	0.9	19.0	5.0	0.3	129.2	
广东 Guangdong	73.0	1.0	0.2		0.7	0.7	1392.0	131.1
广西 Guangxi	40.5	10.5	0.6	0.1	1.8	1.5	2830.5	
海南 Hainan	7.7		0.3				329.3	
四川 Sichuan	32.3	123.3	0.5	12.3	7.6	4.0	172.4	0.2
贵州 Guizhou	4.9	50.0		0.1	0.3		35.6	0.1
云南 Yunnan	4.3	13.6		0.1	0.3		1143.1	0.3
西藏 Tibet		3.5						
陕西 Shaanxi	6.6	19.1	1.9	3.1	0.1		0.3	2.4
甘肃 Gansu	0.1	18.1		2.6	0.2			119.1
青海 Qinghai		16.6						
宁夏 Ningxia								46.5
新疆 Xinjiang	0.1	10.2		94.0	1.9			354.5

续表 2 continued

(10 000 tons)

烟 叶 Tobacco	#烤 烟 Flue-Cured Tobacco	蚕 茧 (吨) Silkworm Cocoons (ton)	#桑蚕茧 Mulberry Silkworm Cocoons	茶 叶 (吨) Tea (ton)	水 果 (吨) Fruits (ton)	#苹 果 Apples	#柑 桔 Citrus	#梨 Pears	#葡 萄 Grapes	#香 蕉 Bananas
124.2	105.2	228150	173300	268000	6569700	2275150	382700	1516950	103850	85350
84.5	71.7	325750	249800	303700	6792550	2363100	712600	1466300	110000	61300
242.5	207.5	371354	335760	432337	11639456	3614111	1808347	2136766	361409	631017
170.7	137.4	369069	336214	460468	13477471	3336783	2547983	2347600	441590	1251094
194.3	163.6	402152	353537	507972	16679158	4263836	3223848	2489040	640878	2029498
273.4	233.7	440804	394397	545417	16661004	4344394	2560013	2721242	792247	1829672
283.0	240.5	488098	434758	534876	18319316	4498920	4561104	2564959	874245	1403736
262.7	225.9	534421	480179	540070	18744222	4319315	4854935	2352753	858525	1455927
303.1	267.0	583656	550541	541581	21761256	4540445	6332543	2497760	915882	1981170
349.9	311.9	692205	659522	559827	24400930	6555836	5160081	2846121	1125102	2450988
345.1	303.6	756667	711622	599941	30112154	9069557	6560974	3217130	1354770	2700680
223.8	194.0	813078	776941	588468	34998152	11129017	6805445	4042932	1522083	2897832
231.4	207.2	800218	759835	588553	42146267	14007662	8224984	4942445	1741707	3125003
323.4	294.6	508312	470942	593386	46528224	17047250	8456587	5806627	1883142	2535591
		3			494626	172088		90779	14440	
					212078	71164		18271	37980	
1.6	1.0	1312	1292		5031989	1561759		1977097	304721	
1.6	1.5	4789	4789		1210037	919660		79181	30687	
1.8	1.6	1055			198456	39200		104341	12617	
5.6	5.0	29411	253		2480339	1505993		477330	185421	
5.8	3.9	836	6		310614	57618		113390	46238	
18.1	16.9	879			144632	78073		10933	8621	
		250	250		268273		85361	13504	28346	
0.3	0.3	92206	92206	11023	1232903	440737	42886	282530	62707	
0.2		83700	83700	98999	2276300	611	1804133	59000	79700	
6.2	6.1	23789	23534	46674	598176	218354	4426	236069	30797	
7.7	7.6	104	104	101766	2838125	137	1316360	48884	18978	516744
2.1	1.5	8420	8420	20543	503928		332978	30926	3871	
14.2	14.0	43170	41393	1539	8439096	6056428		754478	210555	
27.7	26.9	16483	13323	5322	2472601	1820507	5937	138724	101520	
14.7	9.4	12564	12385	43674	1296999	42984	598310	341635	35805	
15.2	13.8	1707	1677	54854	1050100		895864	20151	11131	
5.3	4.2	22485	22470	36162	3811727		984262	23956		1204830
5.0	3.3	16606	16606	19448	2399293		794750	55346		531352
				3776	361641		10020			177032
26.2	18.5	122019	122019	59425	2251003	138831	1443055	209006	76814	10256
54.5	52.3	1501	1498	15931	194637	4785	59326	29115	6618	8704
90.2	88.4	6991	6991	68169	590057	65763	62433	136243	9008	86673
				77	5077	3049		775		
11.5	11.1	14579	14573	5831	3621473	2958884	15169	244382	48928	
7.3	7.0	456	456	173	908948	515087	1317	177459	9434	
					29062	18935		7807	159	
0.2	0.2	175	175		136182	109159		7282	5180	
0.4	0.2	2822	2822		1159852	247444		118033	502866	

11－19 主要农产品单位面积产量

YIELD OF MAJOR FARM CROPS PER HECTARE

单位：公斤/公顷 (kg/hectare)

年份 地区 Year Region	谷物 Cereals	棉花 Cotton	花生 Peanuts	油菜籽 Rapeseeds	芝麻 Sesame	黄红麻 Jute and Ambary Hemp	甘蔗 Sugar－cane	甜菜 Beet－roots	烤烟 Flue－Cured Tobacco
1978		450	1350	720	510	1320	38505	8175	1725
1980		555	1545	840	330	1755	47565	14250	1815
1985		810	2010	1245	660	2085	53430	15915	1920
1986		825	1815	1200	615	2055	52860	15960	1530
1987		870	2040	1260	600	2085	55140	16350	1785
1988		750	1905	1020	570	1950	53115	17190	1800
1989		735	1815	1095	465	2310	50850	16245	1605
1990		810	2190	1260	705	2415	57120	21660	1680
1991	4206	870	2190	1215	645	1905	58350	20790	1710
1992	4342	660	2000	1281	692	2233	58605	22832	1687
1993	4557	750	2492	1309	747	2449	59012	20124	1654
1994	4500	785	2564	1296	794	2020	57671	17936	1491
1995	4659	879	2687	1416	908	2534	58136	20132	1584
1996	4894	890	2804	1367	969	2491	56225	25483	1750
北京 Beijing	5670.3	935.6	2827.6		766.7				
天津 Tianjin	4946.0	776.3	2280.2		668.7	3038.7			
河北 Hebei	4213.6	604.3	2685.9	1053.6	565.2	3113.8		9525	1951.7
山西 Shanxi	3750.0	782.1	2010.7	917.5	971.6			28484	1742.3
内蒙古 Inner Mongolia	4052.0		2180.0	886.6	644.9			25250	2246.1
辽宁 Liaoning	5841.0	869.9	2003.1	1207.1	868.3			21550	2030.8
吉林 Jilin	6915.6		2170.4		953.6			23799	1718.4
黑龙江 Heilongjiang	4726.0		1900.0	1033.8				16922	1735.4
上海 Shanghai	6471.0	1381.7	2948.1	2281.7			60023		
江苏 Jiangsu	6138.0	1106.1	3208.9	2135.3	1553.5	3158.4	56340	26709	1786.8
浙江 Zhejiang	5517.0	1025.1	2402.8	1747.8	1190.4	6607.9	56349		
安徽 Anhui	4707.9	652.6	2966.5	1398.1	1020.9	2537.2	38065		1773.3
福建 Fujian	5066.8		2104.6	953.9	681.8	2352.8	67003		1532.2
江西 Jiangxi	5233.2	1145.8	2366.2	743.8	717.0	2288.6	50212		1259.1
山东 Shandong	5350.3	772.6	3886.1	1972.7	1293.9	2545.8		16714	2237.9
河南 Henan	4462.0	788.3	3064.4	1586.4	893.9	2190.0	48190		1678.5
湖北 Hubei	5511.5	906.7	3388.3	1577.0	1396.5	4826.4	51581		1820.1
湖南 Hunan	5697.6	1089.6	1781.8	1173.3	1001.0	1424.8	46835		1610.4
广东 Guangdong	5578.7		2202.7	743.4	822.4	2812.9	63411		1698.7
广西 Guangxi	4643.9	443.1	1903.7	832.4	578.2	1975.3	55987		1514.0
海南 Hainan	3890.0		1669.8		603.9	1979.2	44661		
四川 Sichuan	4983.0	799.0	1758.9	1496.3	695.3	1663.3	50832	13639	1800.1
贵州 Guizhou	4088.0	297.8	1542.4	1230.3	555.8	1397.0	36114	5312	1627.3
云南 Yunnan	3759.3	341.6	1196.2	1382.0	477.1	961.5	56473	18927	1787.2
西藏 Tibet	4122.3			1918.3					
陕西 Shaanxi	3282.9	524.5	2120.2	1132.7	971.9		15775	11928	1777.6
甘肃 Gansu	3031.2	1289.0	4468.8	1494.1				41618	2262.4
青海 Qinghai	3257.9			1265.0					
宁夏 Ningxia	3828.4							35766	2167.0
新疆 Xinjiang	4922.8	1176.6	1960.8	1190.8	1000.0			40558	1470.6

11－20 主要林产品产量

OUTPUT OF MAJOR FOREST PRODUCTS

单位：吨 (ton)

年份地区 Year Region	橡胶 Rubber	松脂 Pine Resin	生漆 Lacquer	油桐籽 Tung－Oil Seeds	油茶籽 Tea－Oil Seeds	核桃 Walnuts
1978	101600	337600	2200	391150	478900	113000
1980	112945	420750	2450	303350	490350	118900
1985	187901	343947	2168	378770	619229	121917
1986	209709	416287	2874	346227	437746	136335
1987	237578	522917	3296	341742	518398	147241
1988	239810	461370	3334	358697	462622	177098
1989	242766	486837	2951	334757	667245	160054
1990	264243	435244	2683	350770	523313	149560
1991	296353	440431	2954	327544	620727	151644
1992	309348	469331	3350	437154	629112	163862
1993	326062	580780	3376	421027	487942	192159
1994	374002	569270	3219	434539	630737	209997
1995	424025	548133	2976	404929	623128	230867
1996	402450	580819	7054	407744	696633	237989
北京 Beijing						5733
天津 Tianjin						540
河北 Hebei						21742
山西 Shanxi						34236
内蒙古 Inner Mongolia						
辽宁 Liaoning						2314
吉林 Jilin						
黑龙江 Heilongjiang						
上海 Shanghai						
江苏 Jiangsu				13	25	1
浙江 Zhejiang		5815	25	1443	25246	3156
安徽 Anhui		3738	74	2012	4271	97
福建 Fujian	400	89598	42	14674	51281	79
江西 Jiangxi		29945		11339	162715	
山东 Shandong						8244
河南 Henan			266	29900	3750	13534
湖北 Hubei		2039	389	24863	15182	1744
湖南 Hunan		12499	31	43121	268737	2194
广东 Guangdong	26302	128037	67	3969	31246	
广西 Guangxi	3017	264347	25	43878	116080	167
海南 Hainan	225793	1239			16	
四川 Sichuan		2868	3924	119600	4229	27720
贵州 Guizhou		3272	813	78512	8279	3852
云南 Yunnan	146938	37330	324	18560	4888	55448
西藏 Tibet						
陕西 Shaanxi		92	978	15409	688	30433
甘肃 Gansu			96	451		19912
青海 Qinghai						93
宁夏 Ningxia						55
新疆 Xinjiang						6695

11－21 牲畜饲养情况
NUMBER OF LIVESTOCK

单位：万头(只)　　(10 000 heads)

年份 地区 Year Region		大牲畜年底头数 Large Animals (year－end)	#役畜 Draught Animals	牛 Cattle and Buffaloes	#乳牛 Cows	马 Horses	驴 Donkeys
1978		9389.0	5023.0	7072.4	47.5	1124.5	748.1
1980		9524.6	5088.0	7167.6	64.1	1104.2	774.8
1985		11381.8	6646.4	8682.0	162.7	1108.1	1041.5
1986		11896.1	6905.0	9166.7	184.6	1098.8	1068.9
1987		12191.1	7113.1	9465.1	216.4	1069.1	1084.6
1988		12537.8	7219.1	9794.8	222.2	1054.0	1105.2
1989		12804.8	7432.0	10075.2	252.6	1029.4	1113.6
1990		13021.3	7606.0	10288.4	269.1	1017.4	1119.8
1991		13192.6	7682.1	10459.2	294.6	1009.4	1115.8
1992		13485.1	7759.5	10784.0	313.9	1001.7	1098.3
1993		13987.5	8062.7	11315.7	342.1	995.9	1088.6
1994		14918.7	8454.6	12331.8	384.3	1003.8	1092.3
1995		15861.7	8812.0	13206.0	417.4	1007.1	1074.5
1996		16649.5	9192.4	13981.3	447.0	1019.3	1073.3
北京	Beijing	20.6	7.4	12.6	5.7	1.2	3.1
天津	Tianjin	40.4	24.6	23.6	2.9	1.7	11.0
河北	Hebei	926.9	517.6	639.6	48.3	49.4	164.2
山西	Shanxi	384.8	247.6	281.1	11.4	9.1	45.4
内蒙古	Inner Mongolia	734.9	270.3	408.3	80.4	149.5	95.0
辽宁	Liaoning	505.4	232.2	330.9	7.2	42.2	93.5
吉林	Jilin	572.2	264.0	457.6	10.2	76.3	16.7
黑龙江	Heilongjiang	742.2	327.9	615.6	97.3	111.0	8.5
上海	Shanghai	6.7	0.7	6.7	6.0		
江苏	Jiangsu	137.3	71.6	116.5	3.4	2.4	15.7
浙江	Zhejiang	49.5	34.1	49.5	2.9		
安徽	Anhui	743.3	447.6	724.7	1.1	4.4	11.4
福建	Fujian	132.0	94.0	131.8	2.2	0.1	
江西	Jiangxi	386.9	290.0	386.9	2.4		
山东	Shandong	1669.6	1032.9	1434.5	9.4	41.8	151.6
河南	Henan	1540.0	1026.2	1384.5	2.6	39.9	73.1
湖北	Hubei	435.7	301.6	431.3	4.1	2.4	1.5
湖南	Hunan	471.8	354.1	469.4	7.1	1.9	0.3
广东	Guangdong	472.1	338.2	472.0	2.5	0.1	
广西	Guangxi	855.8	582.6	821.2	0.6	32.7	
海南	Hainan	149.4	81.0	149.4	0.0		
四川	Sichuan	1209.4	516.8	1133.3	4.3	62.9	6.5
贵州	Guizhou	749.6	512.6	667.2	1.6	80.6	0.1
云南	Yunnan	984.5	557.8	802.2	7.8	93.2	32.1
西藏	Tibet	560.8	120.6	510.0		36.2	13.6
陕西	Shaanxi	345.7	220.8	286.3	9.6	3.2	37.6
甘肃	Gansu	631.6	385.2	383.2	22.9	37.4	141.2
青海	Qinghai	505.5	60.3	443.2	8.1	37.3	10.1
宁夏	Ningxia	95.8	57.0	58.9	7.1	1.5	21.9
新疆	Xinjiang	589.4	215.1	349.8	78.3	101.2	119.4

续表 1 continued

单位: 万头(只) (10 000 heads)

年份 地区 Year Region	骡 Mules	骆驼 Camels	肉猪出栏头数 Slaughtered Fattened Hogs	猪年底头数 Hogs (year-end)	羊年底只数 Sheep and Goats (year-end)	山羊 Goats	绵羊 Sheep
1978	386.8	57.4	16110.0	30129.0	16994.0	7354.0	9640.0
1980	416.6	61.4	19860.7	30543.1	18731.1	8068.4	10662.7
1985	497.2	53.0	23875.2	33139.6	15588.4	6167.4	9421.0
1986	511.3	50.4	25721.5	33719.1	16622.9	6722.0	9900.9
1987	524.8	47.5	26177.0	32773.3	18034.2	7768.7	10265.5
1988	536.6	47.2	27570.3	34221.8	20152.7	9095.6	11057.1
1989	539.1	47.5	29023.3	35281.0	21164.2	9813.4	11350.8
1990	549.4	46.3	30991.0	36240.8	21002.1	9720.5	11281.6
1991	560.6	44.1	32897.1	36964.6	20621.0	9535.5	11085.5
1992	561.0	40.1	35169.7	38421.1	20732.9	9761.0	10971.9
1993	549.8	37.3	37823.8	39300.1	21731.4	10569.6	11161.8
1994	555.2	35.6	42103.2	41461.5	24052.8	12308.3	11744.5
1995	538.9	35.1	48051.0	44169.2	27685.6	14959.3	12726.3
1996	540.1	35.5	52663.4	45735.7	30337.3	17068.4	13269.0
北京 Beijing	3.7		355.3	240.0	81.7	41.7	40.0
天津 Tianjin	4.1		173.1	87.8	69.8	24.2	45.6
河北 Hebei	73.7		2740.4	2235.9	1781.2	904.6	876.6
山西 Shanxi	49.3		651.9	616.0	1052.9	473.3	579.6
内蒙古 Inner Mongolia	67.5	14.6	639.9	770.1	3561.8	1311.9	2249.9
辽宁 Liaoning	38.9		1640.6	1426.5	403.1	164.1	238.9
吉林 Jilin	21.7		1069.2	847.4	391.8	53.1	338.7
黑龙江 Heilongjiang	7.1		1199.0	1281.2	567.5	120.8	446.7
上海 Shanghai			478.7	207.6	46.7	35.9	10.8
江苏 Jiangsu	2.8		2832.6	2063.9	1370.3	1311.7	58.6
浙江 Zhejiang			1363.5	1231.6	221.3	108.6	112.7
安徽 Anhui	2.8		1897.7	1681.7	682.1	674.7	7.4
福建 Fujian			1401.2	1144.7	112.6	112.6	
江西 Jiangxi			2384.2	1978.7	71.8	71.8	0.1
山东 Shandong	41.7		3605.6	2609.9	5079.5	3961.8	1117.7
河南 Henan	42.5		3292.2	3113.6	2849.8	2615.1	234.7
湖北 Hubei	0.5		3240.7	2513.7	327.2	323.3	3.9
湖南 Hunan	0.2		5579.0	3545.6	390.2	389.9	0.4
广东 Guangdong			2558.9	2235.0	30.0	30.0	
广西 Guangxi	1.9		2854.3	2555.0	181.8	181.8	
海南 Hainan			222.7	303.5	66.9	66.9	
四川 Sichuan	6.7		8055.9	7081.6	1335.4	971.7	363.7
贵州 Guizhou	1.7		1095.4	1653.9	260.9	235.6	25.3
云南 Yunnan	57.0		1512.3	2334.4	776.6	653.8	122.8
西藏 Tibet	1.0		12.2	22.6	1692.9	583.2	1109.8
陕西 Shaanxi	18.6		827.4	904.5	740.9	576.7	164.2
甘肃 Gansu	67.2	2.7	645.5	706.0	1174.6	273.8	900.9
青海 Qinghai	13.3	1.7	85.2	107.1	1569.5	201.0	1368.6
宁夏 Ningxia	13.5	0.1	95.2	98.2	310.3	96.9	213.4
新疆 Xinjiang	2.8	16.3	153.8	138.2	3136.2	498.1	2638.1

11－22 畜产品产量

OUTPUT OF LIVESTOCK PRODUCTS

年份 地区 Year Region	肉类产量 (万吨) Output of Meat (10000 tons)	#猪牛羊肉 Output of Pork, Beef and Mutton				#禽肉 Meat of Poulty	#鱼肉 Meat of Rabbits	奶类 (万吨) Milk (10 000 tons)
			猪肉 Pork	牛肉 Beef	羊肉 Mutton			
1978		856.3						
1980		1205.4	1134.1	26.9	44.4			136.7
1985	1926.5	1760.7	1654.7	46.7	59.3	160.2	5.6	289.4
1986	2112.4	1917.1	1796.0	58.9	62.2	187.9	7.4	332.9
1987	2215.5	1986.0	1834.9	79.2	71.9	219.4	10.1	378.8
1988	2479.5	2193.6	2017.6	95.8	80.2	274.4	11.5	418.9
1989	2628.5	2326.2	2122.8	107.2	96.2	282.0	10.3	435.8
1990	2857.0	2513.5	2281.1	125.6	106.8	322.9	9.6	475.1
1991	3144.4	2723.8	2452.3	153.5	118.0	395.0	10.8	524.3
1992	3430.7	2940.6	2635.3	180.3	125.0	454.2	18.5	563.9
1993	3841.5	3225.3	2854.4	233.6	137.3	573.6	20.4	563.7
1994	4499.3	3692.7	3204.8	327.0	160.9	755.2	22.9	608.9
1995	5260.1	4265.3	3648.4	415.4	201.5	934.7	26.8	672.8
1996	5915.1	4772.6	4037.7	494.9	240.0	1074.6	30.6	735.8
北京 Beijing	38.2	27.6	24.6	1.9	1.1	10.5		20.1
天津 Tianjin	22.7	17.8	13.1	3.0	1.7	4.6	0.1	11.4
河北 Hebei	352.7	287.6	207.7	60.8	19.1	55.6	3.2	47.9
山西 Shanxi	72.0	66.1	50.4	9.2	6.5	4.2	1.0	32.6
内蒙古 Inner Mongolia	100.5	92.1	59.1	11.9	21.1	5.4	0.3	56.6
辽宁 Liaoning	255.1	190.4	152.9	34.3	3.2	62.0	0.5	18.6
吉林 Jilin	184.5	130.9	102.5	25.7	2.6	51.6	0.2	12.1
黑龙江 Heilongjiang	165.7	131.9	97.4	31.0	3.5	32.3		186.7
上海 Shanghai	63.5	25.3	25.0	.0	0.3	38.2		21.8
江苏 Jiangsu	320.2	228.0	201.4	7.5	19.1	88.1	3.1	10.9
浙江 Zhejiang	119.6	100.9	98.0	0.9	2.0	18.6	0.2	9.0
安徽 Anhui	235.1	194.9	157.5	29.6	7.7	39.1	0.5	2.7
福建 Fujian	141.5	117.2	113.6	2.3	1.3	23.1	1.1	6.5
江西 Jiangxi	221.9	195.5	189.6	5.1	0.7	26.2	0.2	3.5
山东 Shandong	652.1	429.4	306.2	80.2	43.1	202.1	12.4	74.3
河南 Henan	425.1	371.4	270.1	73.0	28.3	46.9	1.8	10.8
湖北 Hubei	309.5	276.0	261.1	11.0	3.9	33.4	0.1	4.3
湖南 Hunan	404.7	366.5	353.6	8.5	4.4	37.9	0.1	0.6
广东 Guangdong	331.9	209.7	203.3	6.1	0.4	121.9	0.3	5.9
广西 Guangxi	295.5	240.7	229.5	9.8	1.4	54.7	0.1	0.9
海南 Hainan	33.7	22.8	19.1	2.3	1.4	10.9		0.2
四川 Sichuan	661.1	578.5	547.3	20.7	10.6	77.6	5.0	28.4
贵州 Guizhou	108.9	103.5	95.3	6.1	2.0	5.0		1.6
云南 Yunnan	144.3	135.9	124.9	7.7	3.3	7.8		10.9
西藏 Tibet	11.9	11.9	0.7	6.4	4.8	0.0		16.6
陕西 Shaanxi	82.8	75.5	63.4	7.5	4.5	6.6	0.1	40.4
甘肃 Gansu	68.0	62.8	47.4	8.7	6.7	3.4	0.2	10.9
青海 Qinghai	18.7	18.5	5.8	6.3	6.4	0.2		18.6
宁夏 Ningxia	13.1	11.0	6.6	2.4	1.9	1.9		16.9
新疆 Xinjiang	60.3	52.5	10.4	15.2	26.9	4.8	0.1	54.2

续表 1 continued

年份地区 Year Region	#牛奶 Cow Milk	绵羊毛 (吨) Sheep Wool (ton)	#细羊毛 Fine Wool	#半细羊毛 Semi-Fine Wool	山羊毛 (吨) Goat Wool (ton)	羊绒 (吨) Cashmere (ton)	禽蛋 (万吨) Poulty Eggs (10 000 tons)	蜂蜜 (万吨) Honey (10 000 tons)
1978	88.3	138000			10000	4000		
1980	114.1	175728	69035	34587	11687	4005		9.6
1985	249.9	177953	85861	32070	10512	2989	534.7	15.5
1986	289.9	185196	89758	32048	11501	3470	555.0	17.2
1987	330.1	208909	100059	37040	12611	4003	590.2	20.4
1988	366.0	221737	110677	40832	14326	4710	695.5	19.5
1989	381.3	237332	120111	42556	16168	5435	719.8	18.9
1990	415.7	239457	119457	44246	16506	5751	794.6	19.3
1991	464.4	239607	108613	55839	16498	5930	922.0	20.6
1992	503.1	238192	106201	52478	17496	5886	1019.9	17.8
1993	498.6	240309	109969	53634	19020	6479	1179.8	17.5
1994	528.8	254659	113357	58337	24559	7336	1479.0	17.7
1995	576.4	277375	112000	72588	29973	8482	1676.7	17.8
1996	629.4	298102	121020	71049	35284	9585	1954.0	18.4
北　京 Beijing	20.1	367	2	33	356	68	24.7	0.1
天　津 Tianjin	11.3	1014	10	45	100	2	24.4	
河　北 Hebei	40.1	19284	4219	5992	4282	580	268.0	0.6
山　西 Shanxi	29.6	8096	2584	977	1503	533	42.3	0.3
内蒙古 Inner Mongolia	54.3	62003	34817	12945	3106	3534	20.2	0.1
辽　宁 Liaoning	17.0	9538	5331	3469	729	285	115.9	0.4
吉　林 Jilin	11.3	15373	13389	1928	128	5	56.5	0.2
黑龙江 Heilongjiang	185.0	19067	6255	12719	143	19	95.1	0.3
上　海 Shanghai	21.8	82		3			14.9	
江　苏 Jiangsu	10.5	2354	1786	49	128	2	190.7	0.7
浙　江 Zhejiang	9.0	2266	2266				33.6	4.5
安　徽 Anhui	2.7	268		237	134	16	66.9	0.8
福　建 Fujian	6.2				5		31.4	0.6
江　西 Jiangxi	3.5				2		35.4	0.7
山　东 Shandong	22.0	38541	9544	15064	13639	1527	360.9	1.0
河　南 Henan	5.5	6249	2016	3325	2974	69	190.7	1.5
湖　北 Hubei	4.3	130	6	31	28		101.6	1.1
湖　南 Hunan	0.6	5			32		58.8	0.5
广　东 Guangdong	5.6				9		33.1	0.9
广　西 Guangxi	0.9						15.2	0.4
海　南 Hainan	0.2						0.2	0.1
四　川 Sichuan	28.0	3284	270	847	314	17	87.7	2.2
贵　州 Guizhou	1.6	418	96	235	31		6.4	0.1
云　南 Yunnan	10.0	1715	347	1119	83	1	7.4	0.5
西　藏 Tibet	13.6	8047	91	5268	1013	593	0.2	
陕　西 Shaanxi	20.6	4089	1918	516	1282	755	41.6	0.3
甘　肃 Gansu	10.5	18359	6631	1610	2050	407	14.1	0.2
青　海 Qinghai	18.1	15974	316	4460	507	195	1.2	
宁　夏 Ningxia	16.9	3862	220	178	444	208	4.7	
新　疆 Xinjiang	48.8	57717	28906		2262	769	10.3	0.2

11-23 水产品产量

OUTPUT OF AQUATIC PRODUCTS

单位: 千吨 (1 000 tons)

年份 地区 Year Region	水产品总产量 Total Aquatic Products	海水产品 Seawater Aquatic Products	天然生产 Naturally Grown	人工养殖 Arti-ficially Cultured	鱼类 Fish	虾蟹类 Shrimps, Prawns and Crabs	贝类 Shell-fish	藻类 Algae	其他 Others
1978	4655.0	3598.0	3145.0	453.0	2564.0	507.0	268.0	259.0	
1980	4497.0	3257.1	2813.0	444.1	2341.2	420.5	233.7	261.7	
1985	7051.5	4197.4	3485.1	712.3	2745.3	706.2	473.0	272.9	
1986	8236.0	4754.0	3896.0	858.0	3094.0	769.0	658.0	233.0	
1987	9554.0	5482.0	4382.0	1100.0	3516.0	840.0	889.0	237.0	
1988	10609.0	6057.0	4633.0	1424.0	3629.0	1033.0	1144.0	251.0	
1989	11517.0	6612.0	5036.0	1576.0	3830.0	1057.0	1375.0	300.0	50.0
1990	12370.0	7133.0	5509.0	1624.0	4232.0	1071.0	1473.0	275.0	82.0
1991	13508.0	8001.0	6096.0	1905.0	4662.0	1194.0	1586.0	400.0	159.0
1992	15571.0	9337.0	6913.0	2424.0	5176.0	1274.0	2044.0	568.0	275.0
1993	18230.0	10760.4	7673.4	3087.0	5573.9	1386.6	2885.9	693.9	220.1
1994	21431.3	12415.0	8958.3	3456.7	6473.7	1708.9	3236.4	745.2	250.8
1995	25171.8	14391.3	10268.4	4123.0	7581.0	1848.0	3927.1	749.1	286.1
1996	32880.9	20128.8	12489.8	7639.0	8235.2	2046.5	8526.8	929.1	391.3
	(28130.1)	(15596.4)	(11219.9)	(4376.5)	(8235.2)	(2046.5)	(3994.4)	(929.1)	(391.3)
北 京 Beijing	78.3								
天 津 Tianjin	169.9	29.4	27.3	2.1	15.1	9.4	4.9		
河 北 Hebei	506.9	283.0	215.0	68.0	81.7	72.0	111.2	0.2	17.9
山 西 Shanxi	19.6								
内蒙古 Inner Mongolia	52.8								
辽 宁 Liaoning	2580.2	2353.5	1240.7	1112.8	675.1	219.0	1200.6	225.2	33.5
吉 林 Jilin	120.8								
黑龙江 Heilongjiang	290.2								
上 海 Shanghai	280.4	145.0	144.3	0.7	106.2	21.1	15.5		2.2
江 苏 Jiangsu	2457.2	795.0	661.0	134.0	366.6	102.7	238.3	5.1	82.3
浙 江 Zhejiang	3421.4	2992.3	2597.2	395.1	1729.8	715.9	518.3	17.9	10.5
安 徽 Anhui	1107.0								
福 建 Fujian	3582.3	3168.0	1738.2	1429.9	1460.1	214.9	1226.8	245.5	20.8
江 西 Jiangxi	1001.0								
山 东 Shandong	5866.9	5185.6	2588.3	2597.4	1233.9	369.0	3042.4	418.9	121.3
河 南 Henan	205.1								
湖 北 Hubei	1746.4								
湖 南 Hunan	1031.2								
广 东 Guangdong	5096.3	3260.4	1914.8	1345.6	1526.0	208.3	1472.4	7.1	46.6
广 西 Guangxi	1768.9	1233.5	702.2	531.3	442.5	90.5	660.8		39.6
海 南 Hainan	475.7	392.4	370.3	22.1	322.8	23.1	26.3	9.1	11.0
四 川 Sichuan	473.2								
贵 州 Guizhou	35.0								
云 南 Yunnan	102.0								
西 藏 Tibet	1.3								
陕 西 Shaanxi	41.4								
甘 肃 Gansu	8.6								
青 海 Qinghai	2.2								
宁 夏 Ningxia	20.0								
新 疆 Xinjiang	48.0								

续表 1 continued

单位：千吨 (1 000 tons)

年份地区 Year Region	淡水产品 Freshwater Aquatic Products	天然生产 Naturally Grown	人工养殖 Artificially Cultured	鱼类 Fish	虾蟹类 Shrimps, Prawns and Crabs	贝类 Shellfish	其他 Other
1978	1057.0	295.0	762.0	997.0	37.0	23.0	
1980	1239.9	339.7	900.2	1163.5	51.4	25.0	
1985	2854.1	476.4	2377.7	2764.8	55.4	33.9	
1986	3482.0	538.0	2944.0	3364.0	62.0	56.0	
1987	4072.0	600.0	3472.0	3938.0	81.0	53.0	
1988	4552.0	654.0	3898.0	4408.0	85.0	59.0	
1989	4905.0	735.0	4170.0	4728.0	95.0	73.0	9.0
1990	5237.0	783.0	4454.0	5049.0	94.0	76.0	18.0
1991	5507.0	915.0	4592.0	5304.0	107.0	85.0	11.0
1992	6234.0	901.0	5334.0	5984.0	124.0	105.0	22.0
1993	7469.6	1028.5	6441.1	7105.9	133.3	162.9	67.5
1994	9016.2	1165.9	7850.4	8592.3	202.9	152.7	68.2
1995	10780.5	1372.9	9407.6	10209.4	270.5	207.5	93.1
1996	12752.2	1762.7	10989.5	11778.0	362.8	484.0	127.3
	(12533.7)	(1596.9)	(10936.8)	(11778.0)	(362.8)	(265.5)	(127.3)
北京 Beijing	78.3		78.3	78.3			
天津 Tianjin	140.5	17.1	123.4	136.8	1.5	2.3	
河北 Hebei	223.9	49.8	174.1	215.8	5.3	1.3	1.5
山西 Shanxi	19.6	0.3	19.3	19.6			...
内蒙古 Inner Mongolia	52.8	20.3	32.5	52.1	0.6		...
辽宁 Liaoning	226.7	10.5	216.1	217.4	9.2		...
吉林 Jilin	120.8	33.9	86.9	120.2	0.1	0.4	
黑龙江 Heilongjiang	290.2	51.9	238.3	288.0	2.2	0.1	...
上海 Shanghai	135.4	6.3	129.1	130.8	4.1	0.3	0.3
江苏 Jiangsu	1662.2	252.4	1409.8	1440.3	110.7	91.0	20.2
浙江 Zhejiang	429.1	59.1	370.0	384.4	7.2	31.0	6.6
安徽 Anhui	1107.0	190.9	916.1	964.1	73.4	53.0	16.6
福建 Fujian	414.3	52.7	361.6	363.5	6.6	36.1	8.1
江西 Jiangxi	1001.0	202.9	798.2	931.7	22.5	35.3	11.5
山东 Shandong	681.3	74.4	606.9	655.9	17.4	7.2	0.7
河南 Henan	205.1	12.1	193.0	199.0	2.4	1.0	2.8
湖北 Hubei	1746.4	258.3	1488.1	1657.8	41.6	38.9	8.2
湖南 Hunan	1031.2	154.7	876.5	940.7	10.3	61.0	19.3
广东 Guangdong	1835.9	149.9	1686.0	1688.7	33.5	86.3	27.4
广西 Guangxi	535.4	82.8	452.6	489.8	7.2	36.6	1.7
海南 Hainan	83.3	9.3	74.1	81.0	0.6	1.8	
四川 Sichuan	473.2	38.2	435.1	470.5	0.7	0.2	1.8
贵州 Guizhou	35.0	3.6	31.4	34.6	0.3	0.1	...
云南 Yunnan	102.0	18.0	84.0	96.3	5.2	0.3	0.2
西藏 Tibet	1.3	1.3		1.3			
陕西 Shaanxi	41.4	1.2	40.2	41.3	0.1		...
甘肃 Gansu	8.6	0.3	8.3	8.6			
青海 Qinghai	2.2	1.5	0.7	2.2			
宁夏 Ningxia	20.0	0.3	19.6	19.9	...		
新疆 Xinjiang	48.0	8.4	39.5	47.6			0.3

注：括号内的数据为旧口径统计的数据。

a)The data in the bracket are the data calculated in accordance with the old statistical coverage.

11－24 农村居民家庭平均每户饲养动物及其产品的产品量

OUTPUT OF LIVESTOCK, POULTRY, SMALL ANIMALS AND FISHERY PER RURAL HOUSHOLD

本表为农村住户抽样调查资料。

Data in this table are obtained from the sample surveys on rural hoseholds.

单位：公斤 (kg)

年份 地区 Year Region	出售、自宰猪肉 Pork Slaughter－ed by Peasants Themselves & Sold	出售、自宰羊肉 Mutton Slaugh－tered by Peasants Themselves & Sold	羊毛 Wool	牛羊奶 Milk	出售、自宰家禽 Poultry Slaugh－tered by Peasants Themselves & Sold	禽蛋 Poultry	兔毛 Rabbit Hair	蜂蜜 Honey	蚕茧 Silkworm Cocoons	水产品 Fishery Products
1980	91.44	2.51				11.55		0.25		
1985	111.51	4.38	1.18	10.94	11.24	21.23	0.05	0.34	1.80	11.36
1986	116.16	4.74	1.50	15.95	8.14	21.58	0.09	0.35	1.78	13.10
1987	114.78	4.97	1.29	15.59	10.84	20.58	0.06	0.39	2.08	14.11
1988	110.01	4.84	1.73	14.53	11.72	20.89	0.03	0.38	2.25	16.07
1989	107.56	4.81	1.65	12.15	10.46	20.59	0.03	0.26	2.55	13.04
1990	111.85	5.57	1.55	13.59	10.58	20.02	0.04	0.24	2.86	12.21
1991	123.06	6.15	1.29	15.11	12.00	24.75	0.08	0.34	3.15	16.11
1992	125.86	6.02	1.08	15.66	11.40	25.64	0.14	0.28	3.34	17.15
1993	134.23	5.19	1.19	14.31	15.40	25.73	0.09	0.21	3.60	16.75
1994	131.86	5.08	1.07	13.13	15.48	27.78	0.06	0.17	3.90	16.74
1995	132.03	5.47	1.16	13.56	15.98	27.96	0.05	0.16	3.69	16.72
1996	145.72	8.53	1.42	16.71	17.28	22.44	0.04	0.09	2.54	18.17
北　京 Beijing	60.95	9.09	0.03	0.01	4.58	21.78		0.05		16.49
天　津 Tianjin	210.48	3.10		92.21	4.66	27.64				50.42
河　北 Hebei	83.58	5.99	0.70	10.56	11.38	40.12		0.06		6.68
山　西 Shanxi	53.03	9.45	0.60	12.17	2.83	33.83		0.45	0.82	
内蒙古 Inner Mongolia	115.37	75.80	23.08	62.14	3.19	16.11				0.04
辽　宁 Liaoning	142.99	2.48	0.44	0.53	14.46	22.10		0.06	4.69	29.88
吉　林 Jilin	100.80	0.69	0.31	4.70	5.84	25.80		0.06		4.56
黑龙江 Heilongjiang	82.47	3.06	1.17	72.32	11.26	38.93			0.07	10.38
上　海 Shanghai	113.40	2.20	0.03		24.87	9.49	0.35			10.76
江　苏 Jiangsu	144.68	5.32		10.36	26.62	50.69	0.03	0.02	7.25	26.27
浙　江 Zhejiang	105.37	3.36	0.03	17.84	8.45	17.30	0.09	0.22	20.12	30.46
安　徽 Anhui	135.03	3.83		0.01	17.63	17.60	0.07	0.03	4.50	7.99
福　建 Fujian	162.61	1.39		0.34	34.06	17.63		0.04		34.17
江　西 Jiangxi	253.16	0.58			17.27	16.99	0.11	0.12	0.45	39.87
山　东 Shandong	115.72	8.56	0.02	0.44	22.25	32.93	0.17	0.23	2.95	2.51
河　南 Henan	105.71	9.67	0.01	4.10	5.74	23.99		0.09	0.01	3.78
湖　北 Hubei	197.12	0.74			12.18	41.76		0.17	1.17	31.35
湖　南 Hunan	249.67	1.10			12.11	12.45		0.03		20.17
广　东 Guangdong	189.57	0.15		1.60	98.57	6.38		0.11	1.84	133.76
广　西 Guangxi	239.74	0.92			42.95	3.36		0.10	3.08	16.49
海　南 Hainan	153.52	2.67			43.41	3.11		0.05	0.21	65.98
四　川 Sichuan	235.35	1.46	0.08	1.57	14.81	18.63	0.07	0.05	5.31	7.86
贵　州 Guizhou	175.28	1.92	0.25		8.43	9.13		0.04	0.12	1.59
云　南 Yunnan	194.68	2.60	0.05	20.36	14.33	11.91	0.10	0.25	1.07	8.61
西　藏 Tibet	34.34	65.98	9.50	338.57	0.56	8.76				
陕　西 Shaanxi	74.43	6.65	1.39	22.36	2.65	16.74		0.03	1.92	1.01
甘　肃 Gansu	59.73	7.43	2.25	0.04	2.98	10.59	0.01	0.08	0.09	0.11
青　海 Qinghai	65.85	58.18	22.11	71.59	1.31	3.42	0.01	0.08		
宁　夏 Ningxia	62.19	27.53	4.42	409.39	21.84	33.17			1.09	1.89
新　疆 Xinjiang	23.10	62.09	7.61	34.93	7.61	8.20			0.89	5.73

11-25 农村居民家庭平均每户饲养动物及其产品的出售量

SALES OF LIVESTOCK, POULTRY, SMALL ANIMALS AND FISHERY PER RURAL HOUSEHOLD

本表为农村住户抽样调查资料。

Data in this table are obtained from the sample surveys on rural households.

年份 地区 Year Region		肥猪 (头) Fat-tened Hogs (head)	菜羊 (只) Mutton Sheep and Goat (head)	每百户(Per100 households) 牛 (头) Cattle (head)	每百户(Per100 households) 牛肉 (公斤) Beef (kg)	家禽 (只) Poultry (head)	蛋类 (公斤) Poultry Eggs (kg)	羊毛 (公斤) Wool (kg)	兔毛 (公斤) Rabbit Hair (kg)	牛羊奶 (公斤) Milk (kg)	蚕茧 (公斤) Silk-worm Coco-ons (kg)	蜂蜜 (公斤) Honey (kg)	水产品 (公斤) Aquatic Prod-ucts (kg)
1980		0.99	0.17										
1985		1.02	0.24	1.05		5.13	11.35	0.90	0.05	5.64	1.85	0.21	8.94
1986		1.07	0.21	1.14		4.76	11.41	1.21	0.07	7.66	1.73	0.33	10.36
1987		1.08	0.23	1.25		4.78	9.86	0.97	0.05	8.93	2.04	0.35	11.08
1988		0.93	0.25	1.37		6.01	10.28	1.16	0.03	9.08	2.20	0.25	13.07
1989		0.93	0.25	2.00		4.55	9.77	0.83	0.03	7.00	2.50	0.22	10.58
1990		0.99	0.33	2.28		4.10	9.06	0.94	0.02	8.08	2.80	0.18	9.84
1991		1.06	0.29	2.83		6.04	12.51	0.77	0.03	9.01	3.07	0.18	13.79
1992		1.11	0.26	2.49		6.11	13.56	0.69	0.05	8.62	3.26	0.15	14.99
1993		1.54	0.26	5.99	25.73	6.43	13.13	0.67	0.05	7.78	3.41	0.14	14.07
1994		1.39	0.25	3.74	17.36	6.14	15.23	0.66	0.05	8.21	3.75	0.11	13.49
1995		1.11	0.24	3.48	17.32	6.37	15.85	0.76	0.03	8.49	3.53	0.12	13.20
1996		1.32	0.39	6.65	20.66	6.37	11.40	1.01	0.03	11.28	2.19	0.07	14.45
北京	Beijing	0.46	0.26	0.27	20.00	2.25	20.93	0.03		0.01		0.05	16.36
天津	Tianjin	2.24	0.20	3.50	57.50	2.80	23.78			92.00			48.17
河北	Hebei	0.76	0.39	3.31	5.69	6.17	28.77	0.62		9.58		0.06	5.75
山西	Shanxi	0.52	0.29	2.00	68.52	1.51	22.35	0.32		9.21	0.82	0.43	
内蒙古	Inner Mongolia	0.63	3.69	17.72	32.38	0.96	4.46	18.93		20.00			0.04
辽宁	Liaoning	1.21	0.16	2.17	1.48	7.91	3.51	0.41		0.33	3.09	0.01	23.13
吉林	Jilin	1.35	0.11	14.38	45.31	3.18	9.26	0.84		1.31		0.07	1.08
黑龙江	Heilongjiang	1.53	0.07	61.30	13.08	1.99	18.66	0.90		65.96	0.07		7.96
上海	Shanghai	1.22	0.07		0.33	13.15	0.62		0.19				8.57
江苏	Jiangsu	1.96	0.43	1.35	0.71	11.84	21.16		0.03	10.28	6.06		15.95
浙江	Zhejiang	1.02	0.12	0.52	0.04	3.45	12.32	0.03	0.06	17.15	16.37	0.22	29.75
安徽	Anhui	1.36	0.22	12.13	10.35	4.38	4.43		0.05		4.37	0.03	4.52
福建	Fujian	1.95	0.05	1.97	6.00	11.47	12.62			0.26		0.04	24.84
江西	Jiangxi	2.21	0.02	2.22	15.22	5.45	8.27				0.45	0.07	30.87
山东	Shandong	0.12	0.46	10.17	3.76	7.03	12.06	0.02	0.07	0.41	2.81	0.20	2.17
河南	Henan	0.91	0.57	7.52	22.64	2.21	11.54		0.10	4.02	0.01	0.04	2.52
湖北	Hubei	1.62	0.04	0.66	15.79	2.77	25.38				0.99	0.09	16.73
湖南	Hunan	2.62	0.06	0.19	6.59	3.52	5.04					0.03	14.96
广东	Guangdong	1.86		1.29	19.45	41.33	0.55			1.54	1.74	0.10	122.35
广西	Guangxi	2.68	0.05	2.60	4.11	13.11	1.42				3.08	0.09	13.72
海南	Hainan	2.57	0.16	17.36	43.47	12.43	2.57				0.21	0.06	60.56
四川	Sichuan	1.92	0.07	1.19	15.53	6.10	9.49	0.04	0.07	0.31	4.66	0.04	5.59
贵州	Guizhou	0.84	0.08	2.14	47.28	2.60	4.94	0.09			0.08	0.02	0.60
云南	Yunnan	1.67	0.09	4.88	8.00	3.82	5.93		0.10	19.81	0.88	0.02	5.90
西藏	Tibet	0.17	0.53	17.50	187.71	0.39	0.84			3.07			
陕西	Shaanxi	0.61	0.31	2.12	12.75	1.44	12.86	0.84		17.68	1.82	0.01	0.88
甘肃	Gansu	0.39	0.46	8.78	7.00	0.96	2.96	0.88	0.01	0.03	0.09	0.03	
青海	Qinghai	0.37	2.32	14.50	41.67	0.46	1.75	18.98	0.01	21.68		0.08	
宁夏	Ningxia	0.05	1.64	7.33	17.33	8.21	27.52	2.75		401.66	1.09		1.84
新疆	Xinjiang	0.24	2.14	14.40	181.93	1.98	3.08	3.18		12.43	0.87		5.69

11－26 主要农产品产量与解放前最高年产量比较

OUTPUT OF MAJOR AGRICULTURAL PRODUTS IN COMPARISON WITH PEAK YEAR PRIOR TO 1949

产品名称	Item	解放前最高年 Peak Year prior to 1949 年份 Year	产量 Output	指数(以解放前最高年为100) Indices (peak year prior to 1949=100) 1949	1952	1996
种植业 (万吨)	**Planting (10 000 tons)**					
粮食	Grain	1936	15000.00	75.45	109.28	336.36
#稻谷	Rice	1936	5735.00	84.83	119.32	340.20
小麦	Wheat	1936	2330.00	59.27	77.81	474.55
玉米	Corn	1936	1010.00		166.83	1262.09
大豆	Soybeans	1936	1130.00	45.04	84.25	117.03
薯类	Tubers	1936	635.00	155.12	257.17	556.85
棉花	Cotton	1936	84.90	52.30	153.59	495.05
花生	Peanuts	1933	317.10	39.99	73.04	319.71
油菜籽	Rapeseeds	1934	190.70	38.49	48.87	482.49
芝麻	Sesame	1933	99.10	32.90	48.54	58.02
黄红麻	Jute and Ambary Hemp	1945	5.50	34.55	278.18	663.64
桑蚕茧	Mulberry Silkworm Cocoons	1931	22.10	14.03	28.05	213.12
柞蚕茧	Tussah Silkworm Cocoons	1921	9.40	12.77	64.89	397.87
茶叶	Tea	1932	22.50	18.22	36.44	263.56
甘蔗	Sugarcane	1940	565.20	46.74	125.90	1183.23
甜菜	Beetroots	1939	32.90	58.05	145.59	5083.89
烤烟	Flued－Cured Tobacco	1948	17.90	24.02	124.02	1645.81
苹果	Apples	1926	12.10		97.52	14090.91
柑桔	Citrus	1926	40.10		51.62	2108.98
香蕉	Bananas	1927	10.30		106.80	2462.14
畜牧业 (万头.只)	**Animal Husbandry (10 000 head)**					
大牲畜年底头数	Large Animals (year－end)	1935	7151.00	83.93	106.92	232.83
牛	Cattle and Buffaloes	1935	4827.00	91.02	117.26	273.59
马	Horses	1935	649.00	75.12	94.45	157.06
驴	Donkeys	1935	1215.00	78.14	97.17	88.34
骡	Mules	1935	460.00	31.98	35.59	117.41
猪年底头数	Hogs (year－end)	1934	7853.00	73.54	114.31	582.40
羊年底只数	Sheep and Goats (year－end)	1937	6252.00	67.74	98.82	485.24
水产品 (万吨)	**Aquatic Products (10 000 tons)**	**1936**	**150.00**	**30.00**	**111.33**	**1875.53**

11－27 受灾面积和成灾面积

AREAS COVERED AND AFFECTED BY NATURAL DISASTER

单位：千公顷 (1 000 hectares)

年份地区 Year Region		受灾面积 Areas Covered	成灾面积 Areas Affected	成灾面积占受灾面积% Percentage of Disaster Areas Affected to Areas Covered	水灾 Flood		旱灾 Drought	
					受灾面积 Areas Covered	成灾面积 Areas Affected	受灾面积 Areas Covered	成灾面积 Areas Affected
	1978	50790	21800	42.9	2850	920	40170	17970
	1980	44530	22320	50.1	9150	5030	26110	12490
	1985	44370	22710	51.2	14200	8950	22990	10060
	1986	47140	23660	50.2	9160	5580	31040	14760
	1987	42090	20390	48.4	8690	4100	24920	13030
	1988	50870	23940	47.1	11950	6130	32900	15300
	1989	46990	24450	52.0	11330	5920	29360	15260
	1990	38470	17820	46.3	11800	5600	18180	7810
	1991	55470	27810	50.1	24600	14610	24910	10560
	1992	51330	25900	50.4	9420	4460	32980	17050
	1993	48830	23130	47.4	16390	8610	21100	8660
	1994	55040	31380	57.0	17330	10740	30430	17050
	1995	45821	22267	48.6	12731	7630	23455	10401
	1996	46989	21234	45.2	18145	10855	20151	6247
北京	Beijing	137.7	60.3	43.8	31.0	19.0	92.0	31.3
天津	Tianjin	334.3	140.0	176.5	124.0		183.3	
河北	Hebei	3373.1	1880.9	55.8	1544.4	1176.9	1426.7	500.0
山西	Shanxi	1667.3	951.0	57.0	613.3	474.0	800.0	387.0
内蒙古	Inner Mongolia	1968.7	795.0	30.2	190.0	147.0	1533.3	464.0
辽宁	Liaoning	1009.5	586.0	51.5	145.5	114.9	800.0	422.0
吉林	Jilin	989.6	614.0	55.3	142.9	102.7	808.7	482.0
黑龙江	Heilongjiang	3216.3	997.0	28.9	384.0	162.0	2531.0	680.0
上海	Shanghai	42.5	5.3	12.5	42.5			
江苏	Jiangsu	1613.7	395.5	24.5	745.0	265.5	624.7	29.3
浙江	Zhejiang	807.7	413.3	51.2	332.0	244.7	170.7	56.7
安徽	Anhui	3024.3	754.7	25.0	1838.7	520.0	1066.7	166.7
福建	Fujian	718.7	350.7	48.8			96.0	23.3
江西	Jiangxi	1023.7	655.7	64.1	649.0	482.0	133.3	14.0
山东	Shandong	4167.7	1463.7	35.1	1107.0	685.0	2388.0	682.7
河南	Henan	3896.7	1599.3	41.0	1413.3	709.3	2055.3	593.3
湖北	Hubei	3149.7	1872.0	59.4	2120.0	1534.0	236.7	80.7
湖南	Hunan	2861.7	1784.0	62.3	2371.0	1571.0	374.7	84.7
广东	Guangdong	1491.7	452.0	30.3	202.0	102.0	366.7	36.7
广西	Guangxi	1943.3	911.0	46.9	1060.7	623.3	444.0	173.3
海南	Hainan	578.7	269.7	46.6			120.7	16.7
四川	Sichuan	2557.3	986.0	37.2	912.0	521.0	1200.0	264.0
贵州	Guizhou	1201.2	740.7	61.7	666.5	453.3	148.0	53.3
云南	Yunnan	1507.7	681.3	45.2	441.0	242.9	553.3	129.3
西藏	Tibet	18.0	15.7	87.4	6.0	2.7	12.0	
陕西	Shaanxi	1862.4	863.0	45.4	495.7	333.0	1200.0	443.3
甘肃	Gansu	1103.3	550.3	49.9	302.0	97.0	604.0	313.3
青海	Qinghai	155.0	68.1	44.0	58.0	41.8	68.0	16.0
宁夏	Ningxia	131.3	76.3	58.1	52.3	26.0	56.0	37.0
新疆	Xinjiang	436.0	300.7	69.0	156.0	120.0	57.0	16.7

11－28 国营农场基本情况

BASIC STATISTICS ON STATE FARMS

(农垦系统)
The data in this table cover those of the land reclamation department.

指标	Item	1994	1995	1996
农场数 (个)	**Number of Farms**	**2157**	**2129**	**2128**
职工人数 (万人)	**Number of Staff and Workers (10 000 persons)**	**517.5**	**502.1**	**488.3**
耕地面积 (万公顷)	**Cultivated Area (10 000 hectares)**	**449.1**	**456.0**	**470.0**
农业机械总动力 (亿瓦)	**Total Power of Agricultural Machinery (100 million watts)**	**97.8**	**101.6**	**107.6**
农业机械拥有量 (台．辆)	**Ownership of Agricultural Machinery (unit)**			
大中型农用拖拉机	Large and Medium Agricultural Tractors	62730	60853	60600
小型及手扶拖拉机	Mini and Walking Agricultural Tractors	144966	143403	184000
农用排灌动力机械	Machinery for Agricultural Drainage and Irrigation	99434	93104	108100
联合收割机	Combine Harvesters	14652	14584	14900
农用载重汽车	Trucks for Agricultural Use	19516	19188	18900
农用化肥施用量 (万吨)	**Consumption of Chemical Fertilizers (10 000 tons)**	**96.5**	**112.9**	**118.0**
农业总产值 (亿元)	**Gross Agricultural Output Value (100 million yuan)**	**441.9**	**583.0**	**650.0**
农作物总播种面积(千公顷)	**Sown Area of Farm Crops (1 000 hectares)**	**4419.8**	**4472.7**	**4606.0**
粮食作物	Grain	3074.4	3153.8	3357.0
棉花	Cotton	416.5	396.2	413.5
油料	Oil－Bearing Crops	353.2	351.3	329.6
糖料	Sugar Crops	161.9	163.7	171.1
麻类	Fiber Crops	2.5	2.5	1.9
年底实有茶园面积	Area of Tea Plantations (year－end)	44.0	41.8	39.5
年底实有桑园面积	Area of Mulberry Plantations (year－end)	2.3		1.6
年底实有果园面积	Area of Orchards (year－end)	161.1	168.9	168.4
年底实有橡胶园面积	Area of Rubber Plantations (year－end)	383.6	377.2	377.5
主要农产品产量	**Yield of Major Farm Crops**			
粮食作物 (万吨)	Grain (10 000 tons)	1079.5	1251.9	1551.3
棉花 (万吨)	Cotton (10 000 tons)	50.0	53.8	50.9
油料 (万吨)	Oil－Bearing Crops (10 000 tons)	43.1	47.8	33.0
糖料 (万吨)	Sugar Crops (10 000 tons)	634.6	661.3	767.3
麻类 (万吨)	Fiber Crops (10 000 tons)	0.6	0.8	0.5
茶叶 (万吨)	Tea (10 000 tons)	4.4	4.0	4.2
桑蚕茧 (吨)	Mulberry Silkworm Cocoons (ton)	1184.0		
水果 (万吨)	Fruits (10 000 tons)	89.4	99.7	92.4
干胶 (万吨)	Rubber (10 000 tons)	30.4	33.6	31.4
畜牧业、渔业生产	**Production of Animal Husbandry and Fishery**			
大牲畜年底头数 (万头)	Number of Large Animals(year－end)(10 000 heads)	228.1	235.5	245.4
猪年底头数 (万头)	Number of Hogs (10 000 heads)	406.5	450.3	444.5
羊年底只数 (万只)	Number of Sheep and Goats (10 000 heads)	576.5	926.1	993.5
#绵羊	Sheep	727.2	760.5	801.0
畜产品产量 (万吨)	**Output of Livestock Products (10 000 tons)**			
猪牛羊肉产量	Pork, Beef and Mutton	46.8	53.4	57.3
#猪肉	Pork	36.9	42.5	45.1
牛奶	Milk	102.8	102.9	103.9
禽蛋	Poultry Eggs	23.1	24.0	22.9
羊毛	Sheep Wool	1.9	1.8	2.1
水产品总产量 (万吨)	**Total output of Aquatic Products (10 000 tons)**	**30.6**	**35.9**	**38.3**

注: 1994年和1995年化肥施用量为折纯量, 1993年为实物量。
a) In 1994 & 1995, the consumption of chemical fertilizers refers to the quantity of 100% content; In 1993, it is the actual quantity in natural form.

11－29 乡镇企业单位数

NUMBER OF TOWNSHIP AND VILLAGE ENTERPRISES

本表1978－1983年为乡、村两级数，1984年以后为乡镇企业全部数。

Data in 1978－1983 included only the enterprises run by townships and villages. Since 1984 the data have covered all township and village enterprises.

单位：万个 (10 000 units)

年份 地区 Year Region	合计 Total Enterprises	乡办 Enterprises Run by Townships	村办 Enterprises Run by Villages	农业 Agriculture	工业 Industry	建筑业 Construction	交通运输业 Transportation	商业饮食服务业及其他 Commerce, Catering Trade and Other Services
1978	152.4	32.0	120.5	49.5	79.4	4.7	6.5	12.4
1980	142.5	33.7	108.2	37.8	75.8	5.1	8.9	14.8
1985	1222.5	42.0	143.0	22.4	493.0	8.3	10.6	688.1
1986	1515.3	42.6	130.2	24.0	635.5	89.3	262.0	504.6
1987	1750.2	42.0	116.3	23.1	708.3	90.3	325.2	603.4
1988	1888.2	42.4	116.7	23.3	773.5	95.6	372.6	623.2
1989	1868.6	40.6	113.0	22.7	736.5	92.6	379.9	637.1
1990	1850.4	38.8	106.6	22.4	722.0	90.4	381.4	634.2
1991	1908.9	38.2	106.0	23.1	742.6	88.8	400.3	654.1
1992	2079.2	39.3	112.7	24.7	793.8	98.4	436.2	726.1
1993	2452.9	43.4	125.1	27.9	918.4	121.7	486.4	898.5
1994	2494.5	42.3	122.8	24.7	698.6	83.0	369.3	1318.9
1995	2202.7	41.7	120.1	27.8	718.2	106.7	495.2	854.8
1996	2336.3	40.6	114.3	28.9	756.4	104.6	546.5	761.7
北京 Beijing	7.7	0.5	1.2	0.1	1.7	0.3	2.6	2.3
天津 Tianjin	9.7	0.3	0.9	.0	2.9	0.2	2.5	3.4
河北 Hebei	181.3	1.9	5.8	1.0	63.6	5.5	44.7	54.6
山西 Shanxi	82.9	0.7	4.0	0.9	17.3	2.8	36.4	22.3
内蒙古 Inner Mongolia	71.6	1.6	1.7	1.5	13.7	3.0	23.4	24.4
辽宁 Liaoning	80.2	1.4	4.0	0.7	24.2	2.5	20.5	28.2
吉林 Jilin	70.3	0.7	1.7	0.8	16.8	4.8	19.6	25.8
黑龙江 Heilongjiang	76.8	1.0	2.0	0.5	18.1	3.7	24.2	23.5
上海 Shanghai	1.6	0.5	1.0	0.0	1.6	0.0	0.0	0.0
江苏 Jiangsu	91.4	3.4	7.1	0.1	49.9	4.5	13.8	19.5
浙江 Zhejiang	92.9	2.2	4.4	.0	59.7	0.5	12.7	17.3
安徽 Anhui	70.1	2.5	6.1	1.1	27.9	5.6	13.2	19.0
福建 Fujian	72.7	1.5	5.0	1.4	22.3	3.1	14.5	27.6
江西 Jiangxi	82.0	1.7	3.1	0.8	30.9	6.5	13.8	27.3
山东 Shandong	178.3	2.1	11.1	1.7	58.2	8.0	44.2	54.7
河南 Henan	131.5	1.6	5.6	0.7	54.3	7.5	27.0	38.0
湖北 Hubei	159.8	2.3	13.9	4.7	49.4	11.9	29.5	56.5
湖南 Hunan	200.4	2.5	9.9	4.6	64.6	11.3	41.0	68.2
广东 Guangdong	145.0	2.7	10.2	1.8	41.3	7.5	29.0	52.6
广西 Guangxi	87.8	1.1	1.8	0.8	21.7	2.4	17.9	37.7
海南 Hainan	13.0	0.2	0.2	0.1	2.5	0.5	3.9	4.9
四川 Sichuan	148.9	4.0	6.1	1.6	40.3	3.4	29.6	65.3
贵州 Guizhou	25.1	0.7	0.3	0.1	6.9	0.3	5.7	10.7
云南 Yunnan	96.5	0.7	2.9	2.6	25.0	1.6	30.7	28.5
西藏 Tibet	0.1	0.1	.0	.0	.0	.0	.0	0.1
陕西 Shaanxi	82.0	1.1	2.9	0.9	22.0	4.6	23.2	23.8
甘肃 Gansu	35.8	0.8	0.9	0.3	10.8	1.4	9.7	11.6
青海 Qinghai	0.9	0.1	0.1	.0	0.3	.0	0.1	0.5
宁夏 Ningxia	11.9	0.1	0.2	0.1	2.8	0.4	5.1	3.0
新疆 Xinjiang	28.3	0.4	0.3	0.2	5.5	0.8	8.1	10.6

注：1994年乡镇企业局调整报送单位、范围，即生产规模过小，不符合标准的企业不填正式报表。

a) Since 1994, samll township and village enterprises not up to standard are not required to fill in and repoort statistical questionnaires.

11－30 乡镇企业职工人数

NUMBER OF STAFF AND WORKERS EMPLOYED IN TOWNSHIP AND VILLAGE ENTERPRISES

本表1978－1983 年为乡、村两级数，1984 年以后为乡镇企业全部数。

Data in 1978－1983 included only the enterprises run by townships and villages. Since 1984 the data have covered all township and village enterprises.

单位：万人 (10 000 persons)

年份 地区 Year Region		合计 Number of Staff and Workers Employed in Total Enterprises	乡办 Enter－prises Run by Townships	村办 Enter－prises Run by Villages	农业 Agri－culture	工业 Industry	建筑业 Con－struction	交通运输业 Trans－portation	商业饮食服务业及其他 Commerce,Ca－tering Trade and Other Services
	1978	2826.6	1257.6	1568.9	608.4	1734.4	235.6	103.8	144.3
	1980	2999.7	1393.8	1605.9	456.1	1942.3	334.7	113.6	153.1
	1985	6979.0	2111.4	2215.7	252.4	4136.7	790.0	114.2	1685.8
	1986	7937.1	2274.9	2266.4	240.8	4762.0	1270.4	541.3	1122.8
	1987	8805.2	2397.5	2320.8	244.2	5266.7	1374.0	623.1	1297.2
	1988	9545.5	2490.4	2403.5	250.0	5703.4	1484.8	684.2	1423.1
	1989	9366.8	2383.6	2336.6	239.3	5624.1	1403.7	699.4	1400.3
	1990	9264.8	2333.2	2259.2	236.1	5571.7	1346.8	711.2	1398.9
	1991	9609.1	2431.0	2336.0	243.1	5813.6	1384.3	732.3	1435.8
	1992	10581.1	2608.3	2540.5	254.8	6336.4	1540.7	796.9	1652.3
	1993	12345.3	2880.8	2886.9	285.4	7259.6	1826.9	931.4	2042.0
	1994	12018.2	2960.7	2938.1	260.8	6961.6	1621.8	725.7	2448.3
	1995	12862.1	3029.4	3031.1	313.5	7564.7	1932.5	952.0	2099.4
	1996	13508.3	2958.8	2994.0	336.0	7860.1	1948.8	1062.3	1924.3
北京	Beijing	101.2	38.1	47.5	2.1	62.0	18.5	5.7	8.5
天津	Tianjin	113.7	27.6	56.0	0.1	86.6	7.2	7.7	9.7
河北	Hebei	911.5	128.8	192.8	19.7	545.1	119.8	75.2	123.2
山西	Shanxi	438.2	53.0	107.8	8.3	244.2	46.4	74.4	56.5
内蒙古	Inner Mongolia	275.5	40.1	29.6	15.8	97.7	42.9	42.7	64.2
辽宁	Liaoning	445.0	97.4	118.7	15.5	253.2	55.9	41.2	70.2
吉林	Jilin	225.1	31.0	31.6	8.1	94.6	32.2	32.4	53.6
黑龙江	Heilongjiang	259.6	46.3	35.4	3.7	119.8	30.7	42.1	49.8
上海	Shanghai	136.2	76.2	58.0	0.0	136.2	0.0	0.0	0.0
江苏	Jiangsu	879.5	363.1	252.2	1.7	701.3	88.4	29.7	48.1
浙江	Zhejiang	786.4	215.4	140.4	1.1	678.6	45.2	20.8	36.0
安徽	Anhui	795.5	176.2	164.4	17.8	442.1	148.6	66.0	103.8
福建	Fujian	493.2	87.7	109.3	22.2	290.5	54.4	33.8	79.7
江西	Jiangxi	308.8	63.4	41.3	6.5	175.2	40.0	23.4	57.5
山东	Shandong	1369.6	273.0	403.3	30.5	789.2	240.6	99.2	173.5
河南	Henan	941.0	139.1	211.4	11.5	571.8	162.1	67.3	116.3
湖北	Hubei	747.9	157.4	168.5	41.3	369.7	118.5	60.0	138.7
湖南	Hunan	828.5	163.0	141.0	48.8	399.2	163.6	59.5	134.7
广东	Guangdong	1118.6	231.7	359.0	13.5	759.1	98.5	52.3	152.9
广西	Guangxi	382.1	65.4	42.4	18.8	165.8	45.4	35.9	92.8
海南	Hainan	48.4	6.2	3.2	3.8	14.4	6.3	6.8	14.6
四川	Sichuan	766.9	266.4	116.5	14.5	384.2	160.5	48.6	139.7
贵州	Guizhou	94.0	28.1	5.8	0.9	55.6	8.0	8.0	18.7
云南	Yunnan	324.1	54.3	59.9	16.8	122.9	58.9	36.5	60.7
西藏	Tibet	1.9	1.0	0.2	0.1	0.6	0.6	0.1	0.0
陕西	Shaanxi	368.0	48.2	63.3	6.6	166.5	76.4	42.4	57.3
甘肃	Gansu	217.1	49.9	24.5	3.5	84.7	58.8	30.0	34.4
青海	Qinghai	9.1	4.6	2.3	0.2	5.6	1.8	0.2	1.1
宁夏	Ningxia	43.3	7.4	3.3	0.7	15.4	8.7	9.8	7.4
新疆	Xinjiang	78.2	18.8	4.7	2.0	28.4	9.8	10.6	20.6

11－31 各地区乡村企业主要财务和经济效益指标(1996年)

MAIN FINANCIAL INDICATORS AND RATIOS OF ENTERPRISES RUN BY TOWNSHIPS AND VILLAGES BY REGION (1996)

地　区 Region		营业收入(亿元) Business Income (100 million yuan)	利润总额(亿元) Total Profits (100 million yuan)	#应交所得税 Income Taxes Payable	实交各种税金(亿元) Taxes Paid (100 million yuan)	利税总额(亿元) Total Pre-tax Profits (100 million yuan)
全　国	**National Total**	**36616.4**	**2035.6**	**304.7**	**826.5**	**3475.2**
北　京	Beijing	507.2	22.7	4.3	13.5	41.2
天　津	Tianjin	785.2	74.7	11.7	15.0	102.6
河　北	Hebei	2198.3	202.9	11.6	35.2	247.6
山　西	Shanxi	543.8	43.4	7.8	16.0	80.5
内蒙古	Inner Mongolia	279.5	23.0	1.4	7.2	34.1
辽　宁	Liaoning	1842.7	138.4	25.9	29.0	225.6
吉　林	Jilin	253.4	17.1	3.0	6.0	31.5
黑龙江	Heilongjiang	575.3	33.4	3.1	9.9	51.5
上　海	Shanghai	1191.3	60.3	7.3	48.2	108.1
江　苏	Jiangsu	5603.8	169.5	32.7	131.7	382.8
浙　江	Zhejiang	3037.5	109.5	25.1	96.8	256.1
安　徽	Anhui	2053.9	179.3	33.5	32.3	279.3
福　建	Fujian	1378.8	59.4	4.2	32.6	98.8
江　西	Jiangxi	320.2	21.1	1.5	10.9	35.1
山　东	Shandong	4215.2	300.2	64.2	83.5	513.2
河　南	Henan	2020.5	169.6	11.4	29.2	219.7
湖　北	Hubei	2403.9	120.8	17.3	43.0	215.2
湖　南	Hunan	1187.6	68.2	7.7	33.4	115.6
广　东	Guangdong	3124.5	124.5	15.0	74.2	222.5
广　西	Guangxi	673.1	28.8	1.6	15.1	46.6
海　南	Hainan	37.4	3.1	0.2	1.3	4.8
四　川	Sichuan	1262.2	17.7	5.9	29.5	64.5
贵　州	Guizhou	52.4	0.6	0.4	2.0	4.6
云　南	Yunnan	379.7	8.4	2.1	13.2	26.0
西　藏	Tibet					
陕　西	Shaanxi	374.1	19.9	2.7	8.1	32.2
甘　肃	Gansu	196.5	14.1	1.8	4.9	24.5
青　海	Qinghai	13.5	0.5	0.1	0.6	1.2
宁　夏	Ningxia	25.7	1.3	0.1	1.1	2.8
新　疆	Xinjiang	79.0	3.0	0.8	3.2	7.2

续表 1 continued

地　区 Region	工资总额 (亿元) Total Wages (100 million yuan)	年末固定资产原值 (亿元) Original Value of Fixed Assets (year-end) (100 million yuan)	本年提取折旧基金 (亿元) Depreciation Funds Drawn in this Year (100 million yuan)	固定资产净值平均余额 (亿元) Average Balance of Net Value of Fixed Assets (100 million yuan)	年末流动资产 (亿元) Circulating Funds (year-end) (100 million yuan)
全　国 National Total	**2511.4**	**11149.4**	**761.5**	**7878.5**	**12610.3**
北　京 Beijing	43.7	214.3	12.8	145.6	301.4
天　津 Tianjin	37.3	202.4	18.6	142.6	295.0
河　北 Hebei	129.5	632.3	53.0	443.1	537.2
山　西 Shanxi	59.9	195.8	12.1	137.2	188.1
内蒙古 Inner Mongolia	28.1	80.4	6.2	50.3	74.2
辽　宁 Liaoning	83.5	410.9	25.6	283.1	602.0
吉　林 Jilin	19.1	91.0	5.1	67.2	93.6
黑龙江 Heilongjiang	29.6	116.6	6.7	87.1	127.9
上　海 Shanghai	78.4	455.3	28.9	352.7	685.3
江　苏 Jiangsu	298.0	1655.6	97.0	1193.8	2189.3
浙　江 Zhejiang	210.0	1099.3	68.2	738.5	1443.8
安　徽 Anhui	154.3	426.4	31.4	303.1	386.1
福　建 Fujian	97.8	393.1	19.5	278.2	414.1
江　西 Jiangxi	36.9	125.4	7.3	90.7	101.8
山　东 Shandong	247.7	1328.1	105.1	971.1	1451.0
河　南 Henan	125.7	564.6	48.7	393.3	508.8
湖　北 Hubei	134.1	401.7	33.1	284.1	414.6
湖　南 Hunan	117.0	274.2	19.3	190.6	263.3
广　东 Guangdong	316.6	1353.1	89.5	938.0	1408.9
广　西 Guangxi	42.4	172.2	13.7	119.2	146.1
海　南 Hainan	3.4	25.3	1.0	19.8	15.8
四　川 Sichuan	115.8	464.2	28.7	326.4	501.3
贵　州 Guizhou	6.9	41.3	3.9	24.9	43.1
云　南 Yunnan	30.8	153.6	10.0	106.7	162.5
西　藏 Tibet					
陕　西 Shaanxi	30.3	126.6	7.7	89.0	115.8
甘　肃 Gansu	20.5	70.1	3.9	49.7	66.6
青　海 Qinghai	1.7	11.4	0.7	7.8	7.6
宁　夏 Ningxia	3.0	18.9	0.8	13.6	14.7
新　疆 Xinjiang	9.6	45.5	3.3	31.3	49.9

续表 2 continued

地区 Region	每百元固定资产原值实现利润(元) Profits per 100 Yuan Original Value of Fixed Assets (yuan)	每百元资金实现利润(元) Profits per 100 Yuan of Capital (yuan)	每百元资金实现的利润税金(元) Pre-tax Profits per 100 Yuan of Capital (yuan)	每百元营业收入实现利润(元) Profits per 100 Yuan of Business Income (Yuan)	每百元固定资产原值实现营业收入(元) Business Income per 100 Yuan Original Value of Fixed Assets (yuan)	每百元营业收入占用的流动资金(元) Circulating Funds per 100 Yuan of Business Income (yuan)
全 国 National Total	**31.2**	**8.6**	**14.6**	**5.6**	**328.4**	**34.4**
北 京 Beijing	19.2	4.4	8.0	4.5	236.6	59.4
天 津 Tianjin	50.7	15.0	20.6	9.5	388.1	37.6
河 北 Hebei	39.2	17.3	21.2	9.2	347.7	24.4
山 西 Shanxi	41.1	11.3	21.0	8.0	277.7	34.6
内蒙古 Inner Mongolia	42.4	14.9	22.0	8.2	347.6	26.6
辽 宁 Liaoning	54.9	13.7	22.3	7.5	448.5	32.7
吉 林 Jilin	34.6	9.3	17.0	6.8	278.4	37.0
黑龙江 Heilongjiang	44.2	13.7	21.1	5.8	493.5	22.2
上 海 Shanghai	23.7	5.3	9.5	5.1	261.6	57.5
江 苏 Jiangsu	23.1	4.4	10.0	3.0	338.5	39.1
浙 江 Zhejiang	23.3	4.3	10.1	3.6	276.3	47.5
安 徽 Anhui	65.5	22.1	34.4	8.7	481.6	18.8
福 建 Fujian	25.1	7.4	12.2	4.3	350.8	30.0
江 西 Jiangxi	28.0	9.3	15.4	6.6	255.4	31.8
山 东 Shandong	38.6	10.8	18.5	7.1	317.4	34.4
河 南 Henan	38.9	15.8	20.5	8.4	357.9	25.2
湖 北 Hubei	53.6	14.8	26.4	5.0	598.5	17.2
湖 南 Hunan	42.2	12.7	21.5	5.7	433.1	22.2
广 东 Guangdong	16.4	4.5	8.1	4.0	230.9	45.1
广 西 Guangxi	27.0	9.0	14.6	4.3	390.9	21.7
海 南 Hainan	19.1	7.5	11.7	8.3	148.0	42.2
四 川 Sichuan	13.9	1.8	6.7	1.4	271.9	39.7
贵 州 Guizhou	11.2	0.7	5.5	1.2	126.8	82.3
云 南 Yunnan	16.9	2.7	8.2	2.2	247.2	42.8
西 藏 Tibet						
陕 西 Shaanxi	25.4	8.2	13.3	5.3	295.5	31.0
甘 肃 Gansu	34.9	10.3	17.9	7.2	280.3	33.9
青 海 Qinghai	10.4	2.4	6.2	3.3	118.8	56.5
宁 夏 Ningxia	14.7	4.0	8.3	5.2	135.8	57.3
新 疆 Xinjiang	15.8	3.1	7.5	3.8	173.7	63.2

主要统计指标解释

农林牧渔业总产值 是以货币表现的农、林、牧、渔业全部产品的总量，它反映一定时期内农业生产总规模和总成果。

农、林、牧、渔业的统计范围包括国有经济的各种专业农（农、林、牧、渔）场以及国家各级机关团体学校、部队；集体所有制的乡、镇、村各级办农场；工矿企业经营的农、林、牧、渔业，农村各种经济组织和农户经营的农林牧渔业和农民家庭兼营的商品性工业等。

（1）农业 包括种植业和其他农业。

种植业 包括谷物、豆类、薯类、棉、油料、糖料、麻类、烟叶、蔬菜、药材、瓜类和其他农作物的种植，以及茶园、桑园、果园的生产经营。

其他农业 包括采集野生植物的果实、纤维、树胶、树脂、油料以及柴草、野生药材、菌类等及农民家庭兼营的商品性工业。

（2）林业 包括林木的栽培（不包括茶园、桑园和果园的栽培、管理和收获等活动）、林产品的采集和村及村以下合作经济组织和农户的竹木采伐。

（3）牧业 包括除渔业养殖以外的一切动物饲养和放牧以及野生动物的捕猎和饲养。

（4）渔业 包括水生动物和海藻类植物的养殖和捕捞。

农业总产值的计算方法通常是按农林牧渔业产品及其副产品的产量分别乘以各自单位产品价格求得，少数生产周期较长，当年没有产品或产品产量不易统计的，则采用间接方法匡算其产值，然后将四业产品产值相加即为农业总产值。

1957 年以前的农业总产值中包括了厩肥和农民自给性手工业（如农民自制衣服、鞋、袜，自已从事粮食初步加工等）。1958 年及以后的农业总产值，林业中增加了村及村以下竹木采伐产值；牧业中取消费厩肥产值；副业中取消了农民自给性手工业产值，增加了村及村以下办的工业产值；渔业中增加了海洋捕捞水产品产值。1980 年及以后的农业总产值，在副业中增加了农民家庭兼营工业商品部分的产值。从 1984 年起村及村以下办工业产值划归工业。从 1993 年起，取消副业。将野生动物的捕猎划入牧业，野生植物采集和农民家庭兼营商品性工业划归农业。

粮食产量 指全社会的产量。包括国有经济经营的、集体统一经营的和农民家庭经营的粮食产量，还包括工矿企业办的农场和其他生产单位的产量。粮食除包括稻谷、小麦、玉米、高粱、谷子及其他杂粮外，还包括薯类和豆类。其产量计算方法，豆类按去豆荚后的干豆计算；薯类（包括甘薯和马铃薯，不包括芋头和木薯）1963 年以前按每 4 公斤鲜薯折 1 公斤粮食计算，从 1964 年开始及以后改为按 5 公斤鲜薯折 1 公斤粮食计算。城市郊区作为蔬菜的薯类（如：马铃薯等）按鲜品计算，并且不做为粮食统计。其他粮食一律按脱粒后的原粮计算。

油料产量 指全部油料作物的生产量。包括花生、油菜籽、芝麻、向日葵籽、胡麻籽（亚麻籽）和其他油料。不包括大豆，也不包括木本油料和野生油料。花生以带壳干花生计算。

水产品产量 指人工养殖的水产品和天然生长的水产品的捕捞量。包括海水的鱼类、虾蟹类、贝类和藻类以及内陆水域的鱼类、虾蟹类和贝类，不包括淡水生植物。

猪、牛、羊肉产量 指当年出栏并已屠宰后除去头蹄下水后带骨肉（即胴体重）的重量。

耕地面积 指年初可以用来种植农作物、经常进行耕锄的田地，除包括熟地、当年新开荒地、连续撂荒未满三年的耕地和当年的休闲地（轮歇地）外，还包括以种植农作物为主并附带种植桑树、茶树、果树和其他林木的土地，以及沿海、沿湖地区已围垦利用的“海涂”、“湖田”等面积。但不包括属于专业性的桑园、茶园、果园、果木苗圃、林地、芦苇地、天然或人工草地面积。

农作物播种面积 指实际播种或移植有农作物的面积。凡是实际种植有农作物的面积，不论种植在耕地上还是种植在非耕地上，均包括在农作物播种面积中。在播种季节基本结束后，因遭灾而重新改种和补种的农作物面积，也包括在内。

有效灌溉面积 指具有一定的水源，地块比较平整，灌溉工程或设备已经配套，在一般年景下当年能够进行正常灌溉的耕地面积。

农用化肥施用量 指本年内实际用于农业生产的化肥数量。包括氮肥、磷肥、钾肥和复合肥。化肥施用量要求按折纯量计算数量。折纯法化肥施用量是把氮肥、磷肥和钾肥分别按含氮、含五氧化二磷、含氧化钾的百分之一百成份折算后的数量。复合肥按其所含主要成分折算。

农业机械总动力 指主要用于农、林、牧、渔业的各种动力机械的动力总和。包括耕作机械、排灌机械、收获机械、农用运输机械、植物保护机械、牧业机械、林业机械、渔业机械和其他农业机械〔内燃机按引擎马力折成瓦（特）计算，电动机按功率折成瓦（特）计算〕。不包括专门用于乡、镇、村、组办工业、基本建设、非农业运输、科学试验和教学等非农业生产方面用的动力机械与作业机械。

农林牧渔业劳动力 指直接参加农林牧渔业生产劳动的劳动力。

期初（末）畜禽存栏头（只）数 指本期期初（末）农村各种合作经济组织和国营农场、农民个人、机关、团体、学校、工矿企业、部队等单位以及城镇居民饲养的大牲畜、猪、羊、家禽等畜禽的存栏头（只）数。

谷物 指籽实主要供作粮食的作物。这类作物包括稻谷、小麦、玉米、谷子、高粱和其他谷物，不包括豆类和薯类作物。

Explanatory Notes on Main Statistical Indicators

Gross Output Value of Farming, Forestry, Animal Husbandry and Fishery refers to the total volume of products of farming, forestry, animal husbandry and fishery in value terms, which reflects the total scale and total result of agricultural production during a given period of time.

The statistical coverage of farming, forestry, animal husbandry and fishery are as follows:

In terms of ownership, China's agriculture includes specialized state farms (farming, forestry, animal husbandry, fishery), farms managed by various government agencies, organizations, schools, research institutions, and army; farms managed by rural collective organizations at levels of township, town, and village; farming, forestry, animal husbandry, fishery run by mining and industrial enterprises; farming, forestry, animal husbandry and fishery and some commodity industries run by various rural collective organizations and individual farmers.

(1) Farming includes cultivation of farm crops and other agricultural activities.

Cultivation includes the cultivation of grain crops, beans, tubers, cotton, oil-bearing crops, sugar crops, fiber crops, tobacco, vegetables, medicinal herbs, melons and gourds, and cultivation and management of tea plantations, mulberry fields and orchards.

Other agricultural activities includes gathering fruits, fiber, gum and resin of wild plants, oil-bearing plants, grass, wild medicinal herbs, fungus plants, and commodity industries of the rural households.

(2) Forestry refers to planting trees of various kinds (excluding tea plantations, mulberry fields and orchards), gathering of forest products, and cutting and felling of bamboo and trees by villages and other cooperative organizations under villages.

(3) Animal husbandry refers to raising and grazing of all animals except fishery and aquaculture, and hunting and raising of wild animals.

(4) Fishery refers to cultivation and catching of fish and other aquatic animals and cultivation and collection of seaweed and other aquatic plants.

Gross output value of agriculture is obtained by first multiplying the output of each product or by-product by its price, resulting in the output value of each single item. For a small number of products, annual output of which is not available or difficult to get due to the long production/growing process involved, the output value is estimated through an indirect approach. The sum of output value of all products of farming, forestry, animal husbandry, and fishery is then equal to the gross output value of agriculture.

Prior to 1957, China's gross agricultural output value included barnyard manure and handicraft products for self-consumption (clothes, shoes, stockings, and initial grain processing undertaken by peasants). Since 1958, cutting and felling of bamboo and trees by villages and other cooperative organizations under villages have been included in forestry; value of barnyard manure has been excluded from animal husbandry; self-consumed handicrafts has been excluded from sideline occupations, while the output value of industries run by villages and cooperative organizations under village had been included in sideline occupations and the output value of fish catches by motor fishing boats has been added to fishery. Since 1980, the value of handicraft products made for sale by individuals in households had been added to sideline occupations. Since 1984, industries run by villages and cooperative organizations under villages have been included in the sector of industry. Since 1993, the subdivision of sideline occupations has been canceled, and the hunting of wild animals has been classified into animal husbandry, and the gathering of wild plants and commodity industry run by rural household have been included in farming.

Grain Yield refers to the yield in the whole country including grains produced by state farms, collective units, industrial enterprises and mines. Grain includes rice, wheat, corn, sorghum, millet and other miscellaneous grains as well as tubers and beans. Output of beans refers to dry beans without pods. The output of tubers (sweet potatoes and potatoes, not including taros and cassava) was converted into that of grain at the ratio 4:1, i. e. four kilograms of fresh tubers was equivalent to one kilogram of grain up to 1963. Since 1964 the ratio for conversion has been 5:1. Tubers supplied as vegetables (such as potatoes) in cities and suburbs are calculated as fresh vegetables and their output is not included in the output of grain. Ouptut of all other grains refers to husked grain.

Yield of Oil-bearing Crops refers to the total yield of oil-bearing crops of various kinds, including peanuts, (dry, in shell) rapeseeds, sesame, sunflower seeds, flax seeds, and other oil-bearing crops. Soybeans, oil-bearing woody plants, and wild oil – bearing crops are not included.

Output of Aquatic Products refers to catches of both artificially cultured and naturally grown aquatic products, including fish, shrimps, crabs and shellfish in sea and inland water as well as seaweed. Freshwater plants are not included.

Output of Pork, Beef, and Mutton refers to the meat of slaughtered hogs, cattle, sheep and goats with head, feet, and offal taken away.

Cultivated Area (Area under cultivation) refers to farmland which is plowed constantly for growing crops, including cultivated land, newly cultivated land in the current year, farmland left without cultivation for less than three years and fallow land in the current year, rotation land, rotation land of grass and crops, farmland with some fruit trees, mulberry trees and other trees and cultivated seashore land, lake land, and etc. The land of mulberry fields, tea plantations, orchards, nurseries of young plants, forest land, reed land, natural and man – made grassland and other land are not included in cultivated land.

Sown Area of Crops refers to area of land sown or trans planted with crops regardless of being in cultivated area or non-cultivated area. Area of land resown due to natural disasters is also included.

Irrigated Area refers to areas that are effectively irrigated, i. e. level land which has water source and complete sets of irrigation facilities to lift and move adequate water for irrigation purpose under normal conditions.

Consumption of Chemical Fertilizers in Agriculture refers to the quantity of chemical fertilizers applied in agriculture in the year, including nitrogenous fertilizer, phosphate ferttilizer, potash ferilizer, and compound fertilizer. The consumption of chemical fertilizers is required in calculation to convert the gross weight into weight containing 100% effective component (eg. 100% nitrogen content in nitrogenous fertilizer, 100% phosphorous pentoxide content in phosphate fertilizer, 100% potasium oxide content in potash fertilizer). Compound fertilizer is converted with its major component.

Total Power of Farm Machinery refers to total mechanical power of machinery used in farming, forestry, animal husbandry, and fishery, including ploughing, irrigation and drainage, harvesting, transport, plant protection, stock breeding, forestry and fishery. The power of internal combustion engines is required to convert horsepowers into watts and the power of electric motors is required to be converted into watts. Machinery employed for non-agricultural purposes, such as the machines used in township-run and village – run industry, construction, non-agricultural transport, scientific experiments and teaching, is excluded.

Laborers Engaged in Farming, Forestry, Animal Husbandry and Fishery refers to the total laborers who are directly engaged in production of farming, forestry, animal husbandry and fishery.

Number of Livestock or Poultry on Hand at the Beginning (or End) of the Reference Period refers to the total number of large animals, pigs, sheep, fowls, etc. raised by rural cooperative organizations, state farms, rural individuals, government agencies, schools, industrial and mining enterprises, army, and urban residents at the beginning (or end) of the reference period.

Cereals refer to seeds of various kinds of crops which are used mainly for grain. Cereals include paddy, wheat, maize, millet, Chinese sorghum, etc., except beans and tubers.

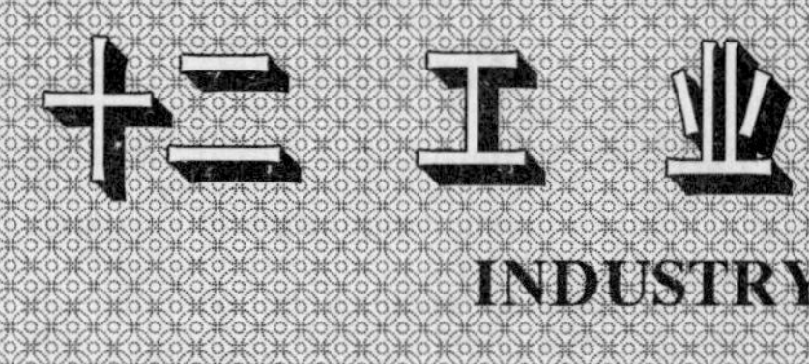

简要说明

一、本篇主要包括以下几部分汇总资料：

1．全部工业企业按经济类型、行业和地区分组的企业单位数和工业总产值（其中工业总产值均按新规定计算）；

2．乡及乡以上独立核算工业企业按地区和行业分组的主要经济指标和经济效益指标，主要包括工业总产值、工业增加值、资本金、流动资产、固定资产、流动负债、长期负债、所有者权益、产品销售收入、销售成本、销售税金及附加、销售利润、利润总额、利税总额、工业增加率、资金利税率、产值利税率、成本费用利润率，流动资产周转次数、全员劳动生产率；

3．国有独立核算工业企业主要指标（同乡及乡以上独立核算工业企业）；

4．城镇联营工业、农村联营工业、城镇个体工业、农村个体工业的户数、从业人数、工业总产值、上交税金、自有资金；

5．重点工业企业的技术经济指标；

6．主要工业产品产量；

7．主要工业产品生产能力。

二、资料来源：资料由国家统计局工业交通司整理提供。其中1995年以前和1996年度资料是根据国家统计局工业统计报表制度由各省、自治区、直辖市统计局收集、汇总、报送的，1995年度资料，均通过第三次全国工业普查取得。重点工业企业的技术经济指标和主要工业产品生产能力为1995年数据。

三、1991—1994年全部工业按各种经济类型分的总产值及指数，根据1995年第三次工业普查数据作了相应调整，与以往年鉴数据有所不同。

BRIEF INTRODUCTION

I. The data in this chapter cover the following summary data:

(1) The number of industrial enterprises and the gross industrial output value of all industrial enterprises classified by ownership, by industrial branch and by region;

(2) The main economic indicators and main indicators on economic benefit of the industrial enterprises with independent (self – supporting) accounting system at township and higher levels classified by region and by industrial division: including mainly gross industrial output value, industrial value added, capital, working capital (circulating assets), fixed assets, liquid liabilities, long – term liabilities, creditors' equity, sales income, sales cost, sales tax and extra – charges, sales profit, total profits, pre – tax profits, ratio of industrial value added to gross industrial output value, ratio of pre – tax profits to capital, ratio of pre – tax profits to gross output value, ratio of profits to cost and charges, number of times of the turnover of working capital and overall labour productivity;

(3) The main indicators of the state – owned independent accounting industrial enterprises: the same as (2).

(4) The number of units, number of employed persons, gross industrial output value, amount of taxes paid and the capital owned of the urban joint – owned industry, rural joint – owned industry, urban individual – run industry, rural individual – run industry;

(5) The indicators on technical economy of the key industrial enterprises;

(6) The output of major industrial products;

(7) The production capacity of major industrial products.

II. Data sources: All the data are prepared and provided by the Department of Industrial and Transport Statistics, SSB. Among them, the annual data before 1995 and in 1996 were collected, tabulated and reported by the statistical bureaus of provinces, autonomous regions and municipalities directly under the central government. The annual data of 1995 were collected in the Third National Industrial Census. The statistical data on the indicators on technical economy of the key industrial enterprises and on the production capacity of major industrial products were data of 1995.

III. The data on the gross output value of all industrial enterprises and the indices by ownership in 1991 – 1994 have been adjusted in accordance with the data of the Third National Industrial Census undertaken in 1995. Therefore the data are somewhat different from those published in the yearbooks of the previous years.

12－1 各种经济类型工业企业单位数和总产值

NUMBER OF INDUSTRIAL ENTERPRISES AND GROSS INDUSTRIAL OUTPUT VALUE BY OWNERSHIP

分 类	Item	1992	1993	1994	1995	1996
企业单位数 (万个)	**Number of Industrial Enterprises (10 000 units)**	**861.21**	**991.16**	**1001.71**	**734.15**	**798.65**
国有工业	State－owned Enterprises	10.33	10.47	10.22	11.80	11.38
集体工业	Collective－Owned Enterprises	164.06	180.36	186.30	147.50	159.18
#乡办工业	Township Enterprises	22.95	20.98	21.77	22.88	20.23
村办工业	Village Enterprises	70.97	77.73	78.87	68.99	67.84
合作经营工业	Cooperative Enterprises	54.64	64.42	68.92	37.16	51.86
城乡个体工业	Individual－owned Enterprises in Urban and Rural Areas	685.40	797.12	800.74	568.82	621.07
其他经济类型工业	Enterprises of Other Types of Ownership	1.42	3.21	4.45	6.03	7.02
工业总产值 (亿元)	**Gross Industrial Output Value (100 million yuan)**	**34599**	**48402**	**70176**	**91894**	**99595**
国有工业	State－owned Enterprises	17824	22725	26201	31220	28361
集体工业	Collective owned Enterprises	12135	16464	26472	33623	39232
#乡办工业	Township Enterprises	3534	5374	8102	11932	11730
村办工业	Village Enterprises	3632	5163	9658	11847	15900
合作经营工业	Cooperative Enterprises	870	1322	2611	2134	3387
城乡个体工业	Individual－owned Enterprises in Urban and Rural Areas	2006	3861	7082	11821	15420
其他经济类型工业	Enterprises of Other Types of Ownership	2688	5174	9018	15231	16582

注：1. 工业总产值按当年价格计算。

2. 1991－1994 年工业总产值数据根据 1995 年第三次工业普查数据作相应调整，故与以往年鉴数据不同。(12－3 和 12－4 表同)

3. 1996 年工业总产值按新规定计算。

a) The gross industial output value is calculated at current prices.

b) The data of the gross industial output value in 1991－1994 have been adjusted in accordance with the data of the Third Industrial Cencus, so that they are different from the data in the previous yearbooks. Tables 12－3 and 12－4 table are the same.

c) The gross industial output value in 1996 was calculated in accordance with new stipulations.

12-2 工业分行业职工人数

NUMBER OF STAFF AND WORKERS IN INDUSTRY BY INDUSTRIAL BRANCH

单位: 万人 (10 000 persons)

行　　业	Item	1992	1993	1994	1995	1996
全国总计	**National Total**	**6621**	**6626**	**6580**	**6610**	**6450**
按经济类型分	**Grouped by Ownership**					
国有经济企业	State-Owned Enterprises	4521	4498	4369	4397	4278
集体经济企业	Collective-Owned Enterprises	1862	1700	1604	1503	1429
其他经济企业	Enterprises of Other Ownership	238	428	607	710	743
按轻重工业分	**Grouped by Light & Heavy Industry**					
轻工业	Light Industry	2738	2736	2633	2634	2606
重工业	Heavy Industry	3883	3890	3947	3975	3844
按行业分	**Grouped by Sector**					
采掘业	**Mining and Quarrying**	**899**	**887**	**904**	**914**	**886**
煤炭采选业	Coal Mining and Processing	555	516	527	521	505
石油和天然气开采业	Petroleum and Natural Gas Extraction	83	123	117	128	125
黑色金属矿采选业	Ferrous Metals Mining and Dressing	24	20	22	22	21
有色金属矿采选业	Nonferrous Metals Mining and Dressing	68	53	62	62	60
非金属矿采选业	Nonmetal Minerals Mining and Dressing		60	62	63	58
其他矿采选业	Other Minerals Mining and Dressing	56	2	3	2	2
木材及竹材采运业	Logging and Transport of Timber and Bamboo	112	112	112	116	114
制造业	**Manufacturing**	**5510**	**5230**	**5432**	**5439**	**5293**
食品加工业	Food Processing		187	192	198	198
食品制造业	Food Production	475	126	126	124	119
饮料制造业	Beverage Production		113	117	121	121
烟草加工业	Tobacco Processing		29	34	33	33
纺织业	Textile Industry	743	684	691	673	634
服装及其他纤维制品制造	Garments and Other Fiber Products	174	164	181	175	168
皮革毛皮羽绒及其制品业	Leather, Furs, Down and Related Products	87	85	92	99	91
木材加工及竹藤棕草制品业	Timber Processing, Bamboo, Cane, Palm Fiber and Straw Products	73	73	77	73	72
家具制造业	Furniture Manufacturing	40	34	35	35	31
造纸及纸制品业	Papermaking and Paper Products	127	125	128	133	128
印刷业记录媒介的复制	Printing and Record Medium Reproduction	103	93	99	97	96
文教体育用品制造业	Cultural, Educational and Sports Goods	32	33	34	39	37
石油加工及炼焦业	Petroleum Refining and Coking	88	68	71	72	76
化学原料及化学制品制造业	Raw Chemical Materials and Chemical Products	408	389	405	412	407
医药制造业	Medical and Pharmaceutical Products	91	91	97	102	102
化学纤维制造业	Chemical Fiber	38	43	45	47	49
橡胶制品业	Rubber Products	81	76	77	77	75
塑料制品业	Plastic Products	103	101	101	109	105
非金属矿物制品业	Nonmetal Mineral Products	408	396	401	425	407
黑色金属冶炼及压延加工业	Smelting and Pressing of Ferrous Metals	320	341	346	346	337
有色金属冶炼及压延加工业	Smelting and Pressing of Nonferrous Metals	92	92	101	101	101
金属制品业	Metal Products	184	192	196	193	181
普通机械制造业	Ordinary Machinery	964	419	442	405	422
专用设备制造业	Special Purposes Equipment		305	294	304	280
交通运输设备制造业	Transport Equipment	240	338	345	370	354
电气机械及器材制造业	Electric Equipment and Machinery	197	226	233	244	236
电子及通信设备制造业	Electronic and Telecommunications	167	151	163	172	163
仪器仪表及文化办公用机械	Instruments, Meters, Cultural and Clerical Machinery	72	86	90	86	82
其他制造业	Other Manufacturing	203	219	271	177	129
电力煤气及水生产供应业	**Electricity Power,Gas & Water Production & Supply**	**213**	**222**	**244**	**257**	**272**
电力蒸汽热水生产供应业	Electricity Power, Steam and Hot Water Production and Supply	182	174	191	201	212
煤气的生产和供应业	Gas Production and Supply		16	18	18	18
自来水的生产和供应业	Tap Water Production and Supply	31	32	35	38	42

注: 1993年数据, 分项之和不等于总计。

a) In 1993, the sum of figures by item is not equal to total.

12－3 工 业 总 产 值

GROSS INDUSTRIAL OUTPUT VALUE

本表按当年价格计算。

Data in this table are calculated at current prices.

单位：亿元 (100 million yuan)

年 份 Year	工业总产值 Total Industry	国有工业 State－owned Industry	集体工业 Collective Owned Industry	城乡个体工业 Individual Owned Industry	其他经济类型工业 Industry of Other Types of Ownership
1952	349	145	11	72	121
1957	704	378	134	6	186
1962	920	808	112		
1965	1402	1263	139		
1970	2117	1855	262		
1975	3207	2601	606		
1978	4237	3289	948		
1980	5154	3916	1213	1	24
1985	9716	6302	3117	180	117
1990	23924	13064	8523	1290	1047
1991	26625	14955	8783	1287	1600
1992	34599	17824	12135	2006	2634
1993	48402	22725	16464	3861	5352
1994	70176	26201	26472	7082	10421
1995	91894	31220	33623	11821	15231
	(82297)	(26841)	(29253)	(11971)	(14232)
1996	99595	28361	39232	15420	16582

注：1.1949－1957年其他经济类型工业为公私合营和私营工业的数字(下表同)。

2.1995年括号内数字和1996年数据均按新规定计算。

a) Industry of other types of ownership in 1949－1957 refer to joint state－private enterprises and private enterprises.

b) Figures in brackets in 1995 and data in 1996 were calculated in accordance with the new stipulations.

12－4 工 业 总 产 值 指 数

INDICES OF GROSS INDUSTRIAL OUTPUT VALUE

本表按可比价格计算。

Data in this table are calculated at comparable prices.

(上年＝100) (Preceding year＝100)

年 份 Year	工业总产值 Total Industry	国有工业 State－owned Industry	集体工业 Collective Owned Industry	城乡个体工业 Individual－owned Industry	其他经济类型工业 Industry of Other Types of Ownership
1978	113.55	114.44	110.58		
1979	108.81	108.88	108.57		
1980	109.27	105.61	119.24		
1981	104.29	102.53	109.01	234.57	131.60
1982	107.82	107.05	109.54	178.95	127.73
1983	111.19	109.39	115.53	220.59	133.90
1984	116.28	108.92	134.85	197.47	156.81
1985	121.39	112.94	132.69	189.60	139.54
1986	111.67	106.18	117.97	167.57	134.16
1987	117.69	111.30	123.24	156.59	166.39
1988	120.79	112.61	128.16	147.34	161.53
1989	108.54	103.86	110.48	123.77	142.68
1990	107.76	102.96	109.02	121.11	139.33
1991	114.77	108.62	118.40	125.29	150.11
1992	124.70	112.40	133.30	147.00	164.80
1993	127.30	105.70	135.00	166.20	192.50
1994	124.20	106.50	124.90	156.30	174.30
1995	120.30	108.20	115.20	151.50	137.20
1996	116.59	105.13	120.88	120.00	123.77

12－5 各地区工业企业单位数和工业总产值(1996年)

NUMBER OF INDUSTRIAL ENTERPRISES AND GROSS INDUSTRIAL OUTPUT VALUE BY REGION (1996)

地区 Region	企业单位数Number of Enterprises		工业总产值(亿元) Gross Output Value(100 million yuan)		
	总计 (万个) Total (10 000 units)	#乡及乡以上(个) At Township and Higher Levels	总产值 (当年价格) Total (at current prices)	#乡及乡以上At Township& Higher Levels	
				1990年不变价格 at 1990 constant prices	当年价格 at current prices
全国 National Total	**798.65**	**578790**	**99595.33**	**52402.10**	**64887.80**
北京 Beijing	4.05	16907	1853.34	1316.34	1632.17
天津 Tianjin	4.29	11073	2386.43	1354.50	1666.26
河北 Hebei	37.97	24299	5045.43	2105.84	2727.35
山西 Shanxi	19.45	11745	2055.11	842.26	1127.22
内蒙古 Inner Mongolia	11.59	11646	938.71	453.88	643.72
辽宁 Liaoning	27.67	33703	5602.18	2516.60	3354.61
吉林 Jilin	18.99	13605	1537.69	932.11	1232.57
黑龙江 Heilongjiang	15.13	21031	2374.33	1227.58	1967.72
上海 Shanghai	3.34	15595	5066.57	3640.24	4329.52
江苏 Jiangsu	58.31	42795	11555.60	7244.46	7919.25
浙江 Zhejiang	67.57	35130	8820.53	3765.40	4009.40
安徽 Anhui	49.05	24435	3618.37	1689.89	2293.14
福建 Fujian	23.89	23315	3210.69	1526.02	1804.16
江西 Jiangxi	34.01	20898	1335.57	751.74	964.02
山东 Shandong	38.23	31232	9126.64	4664.80	5871.32
河南 Henan	68.99	29277	5274.70	2001.40	2906.89
湖北 Hubei	53.54	25986	4836.33	2399.30	2957.72
湖南 Hunan	66.43	28356	3280.57	1252.75	1758.70
广东 Guangdong	44.04	43408	10530.92	6443.93	7490.49
广西 Guangxi	27.02	14737	1733.83	839.89	1057.19
海南 Hainan	2.03	1794	215.94	120.16	165.93
四川 Sichuan	44.86	44868	4168.74	2421.23	2926.87
贵州 Guizhou	16.12	10074	629.17	430.95	514.11
云南 Yunnan	25.84	9316	1291.37	650.50	1016.53
西藏 Tibet	0.62	429	10.36	6.02	9.73
陕西 Shaanxi	16.30	13677	1239.25	785.11	952.73
甘肃 Gansu	8.90	7643	836.73	445.09	653.36
青海 Qinghai	1.83	1968	139.06	90.71	127.28
宁夏 Ningxia	2.91	1854	201.62	127.99	180.20
新疆 Xinjiang	5.68	7994	679.50	355.43	627.61

注:工业总产值均按新规定计算。

a) The data of gross industrial output value were calculated in accordance with the new stipulations.

12－6 按经济类型分工业总产值

GROSS INDUSTRIAL OUTPUT VALUE BY OWNERSHIP

本表按当年价格计算。

Data in this table are calculated at current prices.

单位：亿元 (100 million yuan)

年份 地区 Year Region	国有工业 State-owned Industry	集体工业 Collective Owned Industry	城乡个体工业 Individual-owned Industry	其他经济类型工业 Industry of Other Types of Ownership
1985	6302.12	3117.19	179.75	117.41
1986	6971.12	3751.54	308.54	163.06
1987	8250.09	4781.74	502.39	278.77
1988	10351.28	6587.49	790.49	495.32
1989	12342.91	7858.05	1057.66	758.44
1990	13063.75	8522.73	1290.30	1047.56
1991	14954.58	10084.75	1609.10	1599.58
1992	17824.15	14101.19	2506.80	2633.58
1993	22724.67	20213.21	4402.05	5352.06
1994	26200.84	31434.04	8853.23	10421.35
1995	31219.66	33622.64	11820.57	15230.87
	(26841.00)	(29253.00)	(11971.00)	(14232.00)
1996	28361.08	39232.18	15419.82	16582.25
北京 Beijing	887.01	472.46	26.10	467.77
天津 Tianjin	587.86	987.05	20.73	790.79
河北 Hebei	1344.38	2225.20	1064.16	411.69
山西 Shanxi	750.53	761.04	480.36	63.18
内蒙古 Inner Mongolia	452.56	202.44	210.94	72.77
辽宁 Liaoning	1947.05	1812.08	1240.36	602.69
吉林 Jilin	870.07	318.52	186.61	162.49
黑龙江 Heilongjiang	1387.01	591.73	220.47	175.12
上海 Shanghai	1678.62	1263.73	7.19	2117.03
江苏 Jiangsu	2244.68	6862.21	748.30	1700.41
浙江 Zhejiang	947.82	3993.06	2858.04	1021.61
安徽 Anhui	954.57	1811.29	592.17	260.34
福建 Fujian	450.37	1198.70	493.61	1068.01
江西 Jiangxi	623.61	429.33	185.63	97.00
山东 Shandong	2423.77	4475.20	1160.21	1067.46
河南 Henan	1561.15	2183.72	1132.99	396.84
湖北 Hubei	1428,90	2020.52	977.37	409.54
湖南 Hunan	962.70	1131.50	1045.59	140.78
广东 Guangdong	1544.58	3552.69	970.51	4463.14
广西 Guangxi	578.53	513.71	464.41	177.18
海南 Hainan	71.20	27.92	32.44	84.38
四川 Sichuan	1570.84	1297.94	799.87	500.09
贵州 Guizhou	376.08	113.86	93.58	45.65
云南 Yunnan	802.07	300.73	120.13	68.44
西藏 Tibet	6.96	2.12	0.57	0.71
陕西 Shaanxi	671.48	328.68	131.52	107.57
甘肃 Gansu	486.23	212.90	97.36	40.24
青海 Qinghai	106.60	21.80	7.27	3.39
宁夏 Ningxia	125.88	26.66	15.75	33.33
新疆 Xinjiang	517.96	93.38	35.58	32.58

注：1995年括号内数据和1996年数据均按新规定计算。

a) Figures in brackets in 1995 and data in 1996 were calculated in accordance with the new stipulations.

12－7 乡及乡以上工业企业单位数和工业总产值 (1996年)

单位: 个、亿元

地区 Region		国有企业 State－owned Enterprises			集体企业 Collective Owned Enterprises			股份制经济企业 Share Holding Enterprises	
		企业单位数 Number of Enter－prises	总产值 Gross Output Value		企业单位数 Number of Enter－prises	总产值 Gross Output Value		企业单位数 Number of Enter－prises	总产值 Gross Output Value	
			1990年不变价格 At 1990 Constant Prices	当年价格 At Current Prices		1990年不变价格 At 1990 Constant Prices	当年价格 At Current Prices		1990年不变价格 At 1990 Constant Prices	当年价格 At Current Prices
全国	**National Total**	**113837**	**20032.39**	**28361.08**	**394779**	**17693.65**	**19944.47**	**8282**	**2791.32**	**3302.17**
北京	Beijing	4828	675.37	887.01	8412	258.24	277.39	407	14.27	21.25
天津	Tianjin	2069	417.42	587.86	6962	253.23	287.61	17	36.41	41.74
河北	Hebei	4750	906.53	1344.38	17054	857.38	971.28	351	87.67	100.34
山西	Shanxi	2962	490.02	750.53	8361	298.23	313.51	85	18.52	23.11
内蒙古	Inner Mongolia	3372	298.22	452.56	7407	99.71	118.39	187	15.40	23.13
辽宁	Liaoning	5379	1265.47	1947.05	25046	737.53	804.87	295	109.83	133.53
吉林	Jilin	3017	611.00	870.07	9680	180.06	200.01	161	41.94	51.91
黑龙江	Heilongjiang	5183	784.32	1387.01	14581	296.38	405.59	259	68.66	86.89
上海	Shanghai	3612	1219.80	1678.62	7607	450.70	533.87	49	297.81	349.88
江苏	Jiangsu	4812	1805.45	2244.68	33355	3783.27	3974.16	315	215.09	235.99
浙江	Zhejiang	4080	763.22	947.82	26105	2066.23	2039.97	1081	286.28	354.46
安徽	Anhui	3404	672.33	954.57	20267	811.05	1078.23	160	85.11	120.41
福建	Fujian	3060	314.17	450.37	12022	251.26	285.78	374	70.05	79.58
江西	Jiangxi	5391	453.03	623.61	13908	212.56	243.41	188	12.81	14.73
山东	Shandong	6420	1677.08	2423.77	20498	2043.07	2380.09	696	291.97	315.04
河南	Henan	5750	1074.85	1561.15	21038	653.32	948.90	833	103.19	149.88
湖北	Hubei	6569	1079.05	1428.90	18213	977.57	1119.28	405	168.44	220.51
湖南	Hunan	5513	656.43	962.70	21607	493.64	655.22	130	18.27	21.88
广东	Guangdong	6783	1086.78	1544.58	23063	1390.19	1482.77	339	434.43	444.07
广西	Guangxi	3620	444.29	578.53	9523	254.92	301.48	168	47.47	61.00
海南	Hainan	959	46.88	71.20	457	7.85	10.35	32	27.57	36.82
四川	Sichuan	7263	1234.55	1570.84	35090	761.33	855.94	923	250.71	308.06
贵州	Guizhou	2515	306.88	376.08	6362	79.82	92.38	161	17.37	17.43
云南	Yunnan	2754	481.04	802.07	5979	113.71	146.02	164	19.48	25.46
西藏	Tibet	240	4.36	6.96	156	1.17	2.06	…	…	…
陕西	Shaanxi	3149	521.68	671.48	9794	164.35	173.68	258	30.18	31.22
甘肃	Gansu	1724	307.24	486.23	5719	110.31	126.89	72	5.20	7.51
青海	Qinghai	713	72.73	106.60	1157	15.22	17.29	23	0.95	1.23
宁夏	Ningxia	569	83.23	125.88	1134	17.79	20.99	50	8.68	14.26
新疆	Xinjiang	3377	278.98	517.96	4222	53.57	77.07	99	7.57	10.85

注: 工业总产值均按新规定计算。

NUMBER AND GROSS INDUSTRIAL OUTPUT VALUE OF INDUSTRIAL ENTERPRISES AT AND ABOVE TOWNSHIP LEVEL(1996)

(unit) (100 million yuan)

外商投资经济企业 Foreign Funded Enterprises			港澳台投资经济企业 Enterprises Funded by Overseas Chinese from Hong Kong,Macao & Taiwan			轻工业企业 Enterprises of Light Industry			重工业企业 Enterprises of Heavy Industry		
企业单位数 Number of Enter-prises	总产值 Gross Output Value		企业单位数 Number of Enter-prises	总产值 Gross Output Value		企业单位数 Number of Enter-prises	总产值 Gross Output Value		企业单位数 Number of Enter-prises	总产值 Gross Output Value	
	1990年不变价格 At 1990 Constant Prices	当年价格 At Current Prices		1990年不变价格 At 1990 Constant Prices	当年价格 At Current Prices		1990年不变价格 At 1990 Constant Prices	当年价格 At Current Prices		1990年不变价格 At 1990 Constant Prices	当年价格 At Current Prices
19846	**5970.61**	**6658.07**	**24525**	**4883.20**	**5458.91**	**287294**	**24270.18**	**28280.20**	**291496**	**28131.92**	**36607.61**
1487	272.28	326.02	959	75.99	95.06	8355	402.95	522.44	8552	913.39	1109.74
1123	500.17	579.57	711	120.13	139.20	5623	583.70	678.69	5450	770.81	987.57
657	104.92	136.64	654	90.32	108.01	11224	861.18	1005.10	13075	1244.66	1722.25
122	15.09	18.65	133	16.65	16.88	3916	161.70	188.53	7829	680.56	938.69
146	18.07	23.19	133	17.38	20.41	5511	163.77	216.37	6135	290.11	427.35
1192	268.16	313.43	586	94.11	109.26	12672	678.31	796.26	21031	1838.29	2558.35
451	80.32	88.03	126	15.30	18.79	6394	271.13	324.97	7211	660.98	907.60
440	49.38	55.85	230	22.49	24.89	10433	414.86	573.86	10598	812.72	1393.86
1664	1127.60	1152.92	1344	322.85	352.24	9009	1582.93	1875.79	6586	2057.31	2453.73
1823	711.28	745.53	1853	570.41	562.21	21325	3555.11	3765.50	21470	3689.35	4153.74
1401	307.95	320.41	1154	253.72	255.40	19533	2223.54	2254.70	15597	1541.85	1754.70
183	56.31	65.11	198	46.70	47.17	12572	854.24	1111.60	11863	835.65	1181.54
1732	236.77	263.99	4286	623.21	689.87	13492	930.91	1056.00	9823	595.11	748.16
308	47.02	51.16	253	13.43	15.01	10078	323.67	381.39	10820	428.07	582.63
1935	408.90	480.11	1047	173.32	199.81	16600	2339.13	2784.30	14632	2325.67	3087.02
632	74.14	107.68	840	89.61	130.15	14537	817.72	1187.68	14740	1183.68	1719.22
252	91.43	102.58	378	63.79	66.35	13618	1057.46	1287.27	12368	1341.84	1670.45
276	35.55	51.97	300	23.89	31.86	12555	500.51	687.58	15801	752.23	1071.12
2777	1328.79	1493.33	7969	2089.19	2398.72	25964	3967.22	4344.25	17444	2476.71	3146.24
271	53.17	69.91	345	24.20	27.45	6936	390.60	484.88	7801	449.29	572.31
104	16.73	19.32	117	17.23	21.49	911	86.91	111.21	883	33.24	54.72
336	74.39	82.90	396	50.60	52.76	22037	1051.12	1186.85	22831	1370.11	1740.02
107	11.25	12.40	79	7.31	6.21	3972	175.30	191.37	6102	255.65	322.75
142	18.05	21.82	161	13.92	14.78	4240	321.51	562.83	5076	328.99	453.70
8	0.21	0.22	4	0.10	0.10	198	1.69	2.19	231	4.33	7.54
147	32.40	39.46	119	28.04	25.55	6077	277.28	323.82	7600	507.84	628.91
25	9.98	13.93	40	10.48	16.49	3700	103.66	127.79	3943	341.43	525.57
6	0.21	0.29	9	0.33	0.33	880	20.69	26.35	1088	70.02	100.94
33	15.83	16.43	31	1.26	1.24	824	23.56	30.72	1030	104.42	149.49
66	4.28	5.24	70	7.26	11.22	4108	127.82	189.91	3886	227.61	437.70

a)The data of gross industrial output value were calculated in accordance with the new stipulations.

续表 1 continued

单位：个、亿元 (unit) (100 million yuan)

地区 Region	大型企业 Large Enterprises			中型企业 Medium-sized Enterprises			小型企业 Small Enterprises		
	企业单位数 Number of Enter-prises	总产值 Gross Output Value		企业单位数 Number of Enter-prises	总产值 Gross Output Value		企业单位数 Number of Enter-prises	总产值 Gross Output Value	
		1990年不变价格 At 1990 Constant Prices	当年价格 At Current Prices		1990年不变价格 At 1990 Constant Prices	当年价格 At Current Prices		1990年不变价格 At 1990 Constant Prices	当年价格 At Current Prices
全　国 National Total	**7052**	**18260.94**	**24756.65**	**16862**	**8049.55**	**9539.30**	**554876**	**26091.62**	**30591.86**
北　京 Beijing	224	668.79	867.13	291	89.09	115.98	16392	558.46	649.06
天　津 Tianjin	260	717.71	914.75	480	131.33	151.39	10333	505.47	600.12
河　北 Hebei	340	644.83	990.09	796	269.50	341.88	23163	1191.51	1395.38
山　西 Shanxi	130	310.62	507.44	251	91.30	126.70	11364	440.34	493.08
内蒙古 Inner Mongolia	78	165.03	258.97	260	86.34	127.44	11308	202.51	257.31
辽　宁 Liaoning	530	1229.55	1876.37	1018	288.82	357.43	32155	998.23	1120.82
吉　林 Jilin	173	520.40	731.97	495	123.79	166.86	12937	287.92	333.75
黑龙江 Heilongjiang	266	638.06	1127.66	507	136.12	197.54	20258	453.40	642.52
上　海 Shanghai	522	2084.48	2495.04	802	438.73	503.88	14271	1117.04	1330.59
江　苏 Jiangsu	533	1778.63	2028.57	1929	1442.16	1551.42	40333	4023.67	4339.26
浙　江 Zhejiang	342	867.96	981.40	1172	840.37	846.05	33616	2057.07	2181.95
安　徽 Anhui	159	415.66	623.30	504	227.02	283.58	23772	1047.21	1386.26
福　建 Fujian	84	231.81	293.69	274	203.66	249.39	22957	1090.55	1261.08
江　西 Jiangxi	103	214.40	309.98	375	148.67	181.86	20420	388.67	472.18
山　东 Shandong	768	1593.20	2223.94	1904	818.48	996.13	28560	2253.12	2651.26
河　南 Henan	342	740.73	1075.86	853	310.45	450.91	28082	950.22	1380.13
湖　北 Hubei	276	681.36	915.15	654	321.68	385.41	25056	1396.26	1657.16
湖　南 Hunan	209	381.63	576.91	512	143.87	194.56	27635	727.25	987.23
广　东 Guangdong	594	1821.39	2374.82	1398	985.07	1095.99	41416	3637.47	4019.68
广　西 Guangxi	134	227.69	289.84	439	194.85	247.28	14164	417.34	520.07
海　南 Hainan	25	51.61	69.54	82	30.58	40.18	1687	37.97	56.21
四　川 Sichuan	379	925.11	1147.01	815	342.01	415.74	43674	1154.11	1364.13
贵　州 Guizhou	102	186.12	234.58	139	51.39	57.92	9833	193.44	221.61
云　南 Yunnan	86	303.37	539.05	251	116.16	152.09	8979	230.97	325.38
西　藏 Tibet	...	...	...	6	1.06	1.15	423	4.97	8.58
陕　西 Shaanxi	200	381.82	452.26	267	76.51	107.14	13210	326.78	393.33
甘　肃 Gansu	94	233.21	385.87	130	44.14	58.30	7419	167.73	209.18
青　海 Qinghai	27	42.94	68.80	54	15.81	18.97	1887	31.97	39.51
宁　夏 Ningxia	27	56.34	79.19	60	25.18	37.12	1767	46.46	63.90
新　疆 Xinjiang	45	146.50	317.47	144	55.42	78.99	7805	153.51	231.15

12－8 各地区按经济类型分的独立核算工业企业资本金 (1996年)

CAPITAL OF INDUSTRIAL ENTERPRISES WITH INDEPENDENT ACCOUNTING SYSTEM BY OWNERSHIP AND REGION (1996)

单位: 亿元 (100 million yuan)

地区 Region	资本金合计 Total Capital	#国有经济 State－owned Enterprises	#集体经济 Collective Owned Enterprises	#联营经济 Joint Owned Enter－prises	#股份制经济 Share Holding Enterprises	#外商投资经济 Foreign Funded Enterprises,	#港澳台投资经济 Enterprises Funded by Ovreseas Chi－nese from HongKong Marcao & Taiwan
全国 National Total	**24893.51**	**11806.82**	**4221.95**	**254.72**	**1330.50**	**3124.38**	**2424.13**
北京 Beijing	751.07	397.26	69.51	8.19	18.82	192.02	63.42
天津 Tianjin	598.65	293.15	54.60	9.36	16.24	165.62	59.69
河北 Hebei	949.93	556.85	184.48	4.29	50.94	86.60	56.71
山西 Shanxi	509.20	370.06	102.02	1.89	10.63	11.37	13.09
内蒙古 Inner Mongolia	385.83	304.16	33.28	0.92	21.13	13.57	10.63
辽宁 Liaoning	1529.42	945.23	190.55	6.62	69.52	251.84	59.81
吉林 Jilin	568.30	415.51	57.00	0.74	18.67	65.98	9.54
黑龙江 Heilongjiang	687.24	530.14	80.59	1.06	31.01	30.93	12.00
上海 Shanghai	1784.36	780.19	136.26	71.55	187.50	454.59	146.64
江苏 Jiangsu	2012.25	676.56	675.76	33.71	83.56	332.88	203.99
浙江 Zhejiang	1192.03	370.84	436.94	14.93	111.06	151.47	95.93
安徽 Anhui	638.26	349.05	134.65	2.81	77.80	41.42	25.28
福建 Fujian	854.15	197.71	89.76	8.38	31.72	138.67	381.45
江西 Jiangxi	309.83	214.69	51.34	2.31	4.96	22.75	11.04
山东 Shandong	1605.56	841.79	350.74	5.82	70.84	249.10	84.32
河南 Henan	929.49	553.03	232.35	2.88	41.18	42.33	56.29
湖北 Hubei	865.83	574.13	131.02	6.51	61.30	60.22	31.90
湖南 Hunan	581.05	377.24	113.12	1.38	14.53	58.09	14.31
广东 Guangdong	3046.38	656.97	615.59	39.63	162.24	583.46	979.33
广西 Guangxi	489.88	249.17	73.94	2.04	30.26	37.63	16.79
海南 Hainan	97.10	42.68	4.04	2.10	25.75	12.05	9.98
四川 Sichuan	1073.14	643.74	178.62	9.83	141.92	60.96	32.75
贵州 Guizhou	243.35	191.69	30.50	2.86	4.35	5.04	7.75
云南 Yunnan	357.45	251.69	56.44	3.34	19.32	13.31	12.92
西藏 Tibet	15.93	13.19	1.35	0.82	...	0.36	0.21
陕西 Shaanxi	435.38	335.04	54.64	4.33	14.84	17.31	8.60
甘肃 Gansu	322.47	262.19	39.53	3.76	1.59	7.58	7.67
青海 Qinghai	86.17	79.62	4.92	0.20	0.24	0.19	0.41
宁夏 Ningxia	100.98	77.52	7.38	0.25	3.27	11.21	1.11
新疆 Xinjiang	311.85	255.74	31.03	2.22	5.33	5.83	10.56

12－9 各地区按经济类型分的独立核算工业企业资产 (1996年)

TOTAL ASSETS OF INDUSTRIAL ENTERPRISES WITH INDEPENDENT ACCOUNTING SYSTEM BY OWNERSHIP AND REGION (1996)

单位: 亿元 (100 million yuan)

地区 Region	资产总计 Total Assets	#国有经济 State-owned Enterprises	#集体经济 Collective Owned Enterprises	#联营经济 Joint Owned Enter-prises	#股份制经济 Share Holding Enterprises	#外商投资经济 Foreign Funded Enterprises,	#港澳台投资经济 Enterprises Funded by Ovreseas Chi-nese from HongKong Marcao & Taiwan
全 国 National Total	**90015.77**	**52757.03**	**15696.12**	**810.63**	**5497.73**	**8067.97**	**6885.45**
北 京 Beijing	2875.55	1838.96	311.40	28.41	49.79	471.03	166.11
天 津 Tianjin	2402.94	1355.22	234.86	44.14	88.88	508.73	171.11
河 北 Hebei	3859.16	2579.58	683.08	12.15	169.53	219.04	167.10
山 西 Shanxi	2181.23	1776.09	311.10	3.81	31.15	29.06	29.71
内蒙古 Inner Mongolia	1369.42	1111.29	114.52	2.75	58.71	46.74	31.71
辽 宁 Liaoning	6150.00	4302.25	776.09	35.44	304.78	546.40	165.95
吉 林 Jilin	2529.08	1968.94	242.36	2.78	89.16	183.64	38.66
黑龙江 Heilongjiang	3053.23	2417.19	306.31	2.06	185.61	84.04	53.93
上 海 Shanghai	6487.43	3203.78	542.91	222.18	764.13	1327.42	407.72
江 苏 Jiangsu	7713.83	3025.62	2761.01	139.68	354.28	855.07	558.82
浙 江 Zhejiang	4506.42	1550.19	1817.75	49.21	380.28	384.23	288.18
安 徽 Anhui	2414.29	1481.11	500.46	10.96	244.07	99.57	54.54
福 建 Fujian	2253.46	861.10	202.95	20.04	122.04	315.40	719.85
江 西 Jiangxi	1474.83	1135.62	183.22	9.93	27.36	89.37	24.94
山 东 Shandong	6874.89	3926.30	1769.68	16.22	347.12	558.47	234.94
河 南 Henan	3734.99	2516.88	719.62	7.84	182.08	112.01	191.94
湖 北 Hubei	3631.99	2408.29	545.46	18.63	361.69	219.71	75.12
湖 南 Hunan	2215.36	1655.49	386.43	3.29	45.19	79.82	36.54
广 东 Guangdong	9857.18	2839.36	1537.06	103.06	714.09	1468.41	3164.09
广 西 Guangxi	1616.61	1095.09	249.97	5.34	101.73	106.94	46.18
海 南 Hainan	389.54	193.50	10.07	12.44	89.47	39.40	43.17
四 川 Sichuan	4713.33	3055.51	736.97	28.17	611.70	171.34	87.81
贵 州 Guizhou	960.80	803.06	98.51	6.10	21.02	14.31	14.77
云 南 Yunnan	1649.01	1319.22	197.32	7.51	61.31	34.54	28.08
西 藏 Tibet	30.32	24.95	2.73	1.65	...	0.71	0.28
陕 西 Shaanxi	1792.85	1483.72	173.04	8.89	49.03	47.38	28.45
甘 肃 Gansu	1242.60	1065.27	129.18	1.51	5.05	18.53	22.32
青 海 Qinghai	343.64	321.80	17.77	0.62	0.83	0.80	0.83
宁 夏 Ningxia	341.25	269.47	30.31	0.82	15.55	20.95	3.29
新 疆 Xinjiang	1350.54	1172.18	103.99	5.00	22.09	14.91	29.31

12－10 各地区独立核算工业企业主要指标 (1996 年)

MAIN INDICATORS OF INDUSTRIAL ENTERPRISES WITH INDEPENDENT ACCOUNTING SYSTEM BY REGION (1996)

单位: 亿元 (100 million yuan)

地区 Region		企业单位数 (个) Number of Enterprises	工业总产值 Gross Industrial Output Value	工业增加值 Value Added of Industry	资本金合计 Total Capital	流动资产合计 Total Circu－lating Funds	流动资产年平均余额 Annual Average Balance of Circulating Funds
全国	**National Total**	**506445**	**62740.16**	**18026.11**	**24893.51**	**39542.35**	**37862.96**
北京	Beijing	15002	1522.29	450.82	751.07	1293.85	1218.30
天津	Tianjin	10490	1635.96	309.11	598.65	1118.55	1044.83
河北	Hebei	22797	2677.71	863.75	949.93	1557.53	1472.84
山西	Shanxi	11180	1116.31	401.28	509.20	809.32	769.58
内蒙古	Inner Mongolia	9602	619.93	226.05	385.83	541.77	503.92
辽宁	Liaoning	31410	3294.78	919.33	1529.42	2584.33	3196.04
吉林	Jilin	12867	1202.75	376.26	568.30	1036.17	967.80
黑龙江	Heilongjiang	18641	1896.10	801.18	687.24	1328.79	1305.74
上海	Shanghai	15007	4247.12	1079.39	1784.36	3155.29	3042.42
江苏	Jiangsu	38506	7726.34	1825.82	2012.25	3723.57	3496.72
浙江	Zhejiang	33001	3934.75	937.43	1192.03	2167.75	2086.09
安徽	Anhui	22189	2196.09	644.47	638.26	1044.37	980.45
福建	Fujian	21968	1770.54	488.05	854.15	987.46	922.83
江西	Jiangxi	19031	930.22	274.79	309.83	630.19	581.64
山东	Shandong	27245	5741.13	1715.25	1605.56	2920.92	2694.50
河南	Henan	26135	2812.45	844.79	929.49	1617.98	1524.42
湖北	Hubei	20769	2662.21	745.22	865.83	1550.60	1444.30
湖南	Hunan	24250	1659.04	557.63	581.05	920.53	849.31
广东	Guangdong	36294	7308.51	1910.00	3046.38	4554.03	4156.01
广西	Guangxi	12640	1010.64	307.32	489.88	637.74	616.59
海南	Hainan	1267	155.53	36.43	97.10	129.20	121.67
四川	Sichuan	33583	2730.13	843.96	1073.14	2115.61	1984.97
贵州	Guizhou	8361	472.04	174.66	243.35	449.95	399.43
云南	Yunnan	5989	967.41	478.28	357.45	661.78	636.45
西藏	Tibet	324	8.42	5.50	15.93	9.12	6.90
陕西	Shaanxi	12839	919.66	297.58	435.38	787.57	735.75
甘肃	Gansu	6994	646.26	213.67	322.47	480.11	449.38
青海	Qinghai	1442	120.89	42.28	86.17	122.39	112.66
宁夏	Ningxia	1651	177.06	56.64	100.98	146.99	138.67
新疆	Xinjiang	4971	577.88	199.20	311.85	458.88	402.74

续表 1 continued

单位: 亿元 (100 million yuan)

地 区 Region	固定资产合计 Total Fixed Assets	固定资产原价合计 Original Value of Fixed Assets	固定资产净值年平均余额 Annual Average Balance of Net Value of Fixed Assets	流动负债合计 Total Liquid Liabilities	长期负债合计 Long-Term Liabilities	所有者权益合计 Creditors' Equity
全 国 National Total	**43301.60**	**52026.64**	**34493.20**	**40880.47**	**17384.59**	**31680.97**
北 京 Beijing	1318.10	1631.99	1045.02	1240.18	475.10	1153.32
天 津 Tianjin	1079.69	1338.28	892.14	1069.37	502.94	832.99
河 北 Hebei	2062.80	2429.74	1568.70	1637.07	857.50	1342.22
山 西 Shanxi	1232.20	1544.28	995.80	833.96	510.33	836.95
内蒙古 Inner Mongolia	751.55	898.38	561.50	566.09	306.68	496.65
辽 宁 Liaoning	3196.19	4070.90	2501.91	2807.11	1191.59	2149.07
吉 林 Jilin	1282.57	1477.13	947.87	1187.85	607.92	733.30
黑龙江 Heilongjiang	1542.16	2143.40	1291.11	1433.87	636.15	983.21
上 海 Shanghai	2605.36	2987.71	2054.39	2876.58	817.38	2782.61
江 苏 Jiangsu	3363.22	4005.75	2765.87	3822.98	1171.73	2721.50
浙 江 Zhejiang	1960.73	2208.10	1573.36	2165.35	678.17	1662.90
安 徽 Anhui	1153.34	1327.39	932.66	1088.69	464.51	861.08
福 建 Fujian	1039.90	1197.03	852.88	911.94	398.77	931.92
江 西 Jiangxi	745.17	875.47	583.08	727.10	350.93	396.93
山 东 Shandong	3339.72	4040.26	2696.30	3160.34	1388.06	2326.49
河 南 Henan	1892.93	2361.42	1551.37	1701.09	800.20	1231.00
湖 北 Hubei	1793.18	2100.48	1306.56	1590.59	808.49	1232.79
湖 南 Hunan	1154.89	1419.84	936.84	1062.52	408.41	742.38
广 东 Guangdong	4318.50	5066.23	3653.11	4603.84	1740.69	3504.93
广 西 Guangxi	874.74	977.27	686.36	752.12	301.74	562.48
海 南 Hainan	215.55	227.64	174.26	137.97	103.13	148.45
四 川 Sichuan	2243.10	2755.01	1758.07	2276.62	951.18	1485.46
贵 州 Guizhou	465.03	567.27	358.87	462.31	203.43	295.06
云 南 Yunnan	846.34	889.44	609.16	657.03	336.50	655.49
西 藏 Tibet	19.67	23.53	14.71	7.55	2.24	20.54
陕 西 Shaanxi	891.50	1077.17	696.87	868.58	390.74	525.04
甘 肃 Gansu	698.83	870.08	526.60	473.98	308.97	459.68
青 海 Qinghai	197.30	253.40	162.16	135.37	106.17	102.10
宁 夏 Ningxia	181.53	236.92	158.12	142.93	80.68	117.64
新 疆 Xinjiang	835.82	1025.13	637.54	479.48	484.27	386.79

续表 2 continued

单位: 亿元 (100 million yuan)

地区 Region	产品销售收入 Sales Revenue	产品销售成本 Cost of Sales	产品销售税金及附加 Sales Tax and Extra Charges	产品销售利润 Sales Profit	利润总额 Total Profits	本年应交增值税 Value Added Tax Payable	利税总额 Total Pre-tax Profits
全国 National Total	**57969.98**	**47065.82**	**1180.16**	**7608.35**	**1489.74**	**2477.25**	**5147.15**
北京 Beijing	1580.14	1309.73	22.60	197.45	33.05	66.87	122.53
天津 Tianjin	1498.67	1242.54	14.94	199.09	67.60	57.20	139.73
河北 Hebei	2508.78	2039.31	37.47	360.44	107.09	110.39	254.95
山西 Shanxi	989.93	746.86	17.06	179.45	35.89	58.37	111.31
内蒙古 Inner Mongolia	596.84	475.98	12.63	89.97	8.55	34.42	55.60
辽宁 Liaoning	3125.46	2606.57	48.67	399.82	10.38	154.24	213.29
吉林 Jilin	1136.16	926.05	26.29	156.26	-12.33	55.67	69.63
黑龙江 Heilongjiang	1793.29	1365.02	55.89	333.51	107.00	111.44	274.32
上海 Shanghai	4250.51	3478.87	48.03	510.00	210.68	182.89	441.61
江苏 Jiangsu	6873.68	5812.63	67.37	779.40	141.73	241.10	450.20
浙江 Zhejiang	3706.58	3106.37	44.01	439.01	98.05	145.14	287.20
安徽 Anhui	1976.60	1608.46	50.74	236.87	51.04	77.50	179.29
福建 Fujian	1617.13	1321.87	31.78	174.28	55.12	58.30	145.20
江西 Jiangxi	803.45	660.66	16.19	95.53	-5.72	39.29	49.76
山东 Shandong	5102.39	4108.88	95.34	726.32	206.80	223.82	525.96
河南 Henan	2492.01	1986.83	61.69	361.58	93.72	106.46	261.87
湖北 Hubei	2305.57	1891.15	47.66	292.77	43.93	89.82	181.41
湖南 Hunan	1487.09	1167.73	63.82	192.53	10.81	69.57	144.20
广东 Guangdong	6808.08	5608.78	94.59	794.25	178.75	215.92	489.26
广西 Guangxi	944.37	764.72	19.57	107.83	-14.13	44.31	49.75
海南 Hainan	149.84	123.74	3.57	11.70	-1.68	4.26	6.14
四川 Sichuan	2573.92	2015.42	59.09	379.46	7.16	115.06	181.31
贵州 Guizhou	434.00	313.67	28.36	62.91	-4.01	25.82	50.17
云南 Yunnan	962.92	589.92	152.85	203.16	93.29	77.15	323.29
西藏 Tibet	7.77	4.87	0.27	1.95	0.68	0.35	1.30
陕西 Shaanxi	832.70	652.41	21.80	122.73	-11.49	37.91	48.21
甘肃 Gansu	607.60	490.09	16.68	84.75	-1.78	31.00	45.90
青海 Qinghai	101.11	85.09	1.97	11.93	-9.91	4.93	-3.02
宁夏 Ningxia	163.12	131.52	3.36	23.41	0.87	9.58	13.81
新疆 Xinjiang	540.29	430.06	15.87	80.00	-11.41	28.48	32.94

12-11 独立核算工业企业主要指标 (1996年)

单位: 亿元

行业	Item	企业单位数 (个) Number of Enterprises (unit)	工业总产值 Gross Industrial Output Value	工业增加值 Value Added of Industry
全国总计	**National Total**	**506445**	**62740.16**	**18026.11**
按经济类型分	**Grouped by Ownership**			
国有经济	State-owned Enterprises	86982	27289.35	8742.42
集体经济	Collective Owned Enterprises	351987	19086.12	5162.95
股份制经济	Share Holding Enterprises	7760	3281.03	952.54
外商投资经济	Foreign Funded Enterprises	19425	6581.46	1533.36
港澳台投资经济	Enterprises Funded by Overseas Chinese from HongKong,Macao and Taiwan	23987	5381.36	1320.22
按轻重工业分	**Grouped by Light & Heavy Industry**			
轻工业	Light Industry	247893	26999.70	7208.27
以农产品为原料	Using Farm Products as Raw Materials	167234	17985.94	4954.94
以非农产品为原料	Using Non-Farm Products as Raw Materials	80659	9013.76	2253.33
重工业	Heavy Industry	258552	35740.45	10817.85
采掘工业	Mining and Quarrying	30766	4149.70	2082.37
原料工业	Raw Materials Industry	56415	13896.76	4154.65
加工工业	Manufacturing Industry	171371	17693.99	4580.82
按企业规模分	**Grouped by Size of Enterprises**			
大型企业	Large	7057	24726.74	7825.72
中型企业	Medium-sized	16870	9547.03	2475.49
小型企业	Small	482518	28466.39	7724.91
按行业分	**Grouped by Sector**			
#煤炭采选业	Coal Mining and Dressing	12206	1428.82	684.90
石油和天然气开采业	Petroleum and Natural Gas Extraction	133	1639.29	992.81
黑色金属矿采选业	Ferrous Metals Mining and Dressing	2077	145.78	56.36
有色金属矿采选业	Nonferrous Metals Mining and Dressing	3822	347.83	121.01
非金属矿采选业	Nonmetal Minerals Mining and Dressing	11657	464.12	164.72
其他矿采选业	Other Minerals Mining and Dressing	154	6.00	2.52
木材及竹材采运业	Logging and Transport of Timber and Bamboo	1354	177.66	89.85
食品加工业	Food Processing	30213	3471.62	712.18
食品制造业	Food Manufacturing	15647	1154.09	290.07
饮料制造业	Beverage Manufacturing	14130	1422.77	457.41
烟草加工业	Tobacco Processing	416	1202.19	757.43
纺织业	Textile Industry	24297	4722.29	1039.96
服装及其他纤维制品制造	Garments and Other Fiber Products	19502	1776.66	447.06
皮革毛皮羽绒及其制品业	Leather, Furs, Down and Related Products	9728	1112.20	278.45
木材加工及竹藤棕草制品业	Timber Processing, Bamboo, Cane, Palm Fiber and Straw Products	15259	513.24	143.33
家具制造业	Furniture Manufacturing	8716	281.65	79.58
造纸及纸制品业	Papermaking and Paper Products	13893	1215.33	329.21
印刷业记录媒介的复制	Printing and Record Medium Reproduction	15378	531.47	170.17
文教体育用品制造业	Cultural, Educational and Sports Goods	5204	431.24	121.20
石油加工及炼焦业	Petroleum Processing and Coking	2612	2212.10	559.47
化学原料及制品制造业	Raw Chemical Materials and Chemical Products	28635	4471.36	1188.62
医药制造业	Medical and Pharmaceutical Products	5396	1151.10	356.93
化学纤维制造业	Chemical Fiber	1374	802.47	194.97
橡胶制品业	Rubber Products	4656	749.20	188.46
塑料制品业	Plastic Products	19432	1337.93	324.38
非金属矿物制品业	Nonmetal Mineral Products	61887	3559.69	1055.20
黑色金属冶炼及压延加工业	Smelting and Pressing of Ferrous Metals	6730	3745.84	998.76
有色金属冶炼及压延加工业	Smelting and Pressing of Nonferrous Metals	4611	1424.55	306.53
金属制品业	Metal Products	30388	1943.78	490.86
普通机械制造业	Ordinary Machinery	29750	2680.92	726.69
专用设备制造业	Special Purpose Equipment	19309	1988.14	520.27
交通运输设备制造业	Transport Equipment	20339	3785.01	928.81
电气机械及器材制造业	Electric Equipment and Machinery	19200	3059.76	740.98
电子及通信设备制造业	Electronic and Telecommunications Equipment	7984	3051.09	663.31
仪器仪表文化办公用机械	Instruments,Meters,Cultural and Office Machinery	5774	528.73	144.30
其他制造业	Other Manufacturing	16073	822.99	242.97
电力蒸汽热水生产供应业	Electric Power, Steam and Hot Water Production and Supply	12644	2805.44	1317.28
煤气的生产和供应业	Gas Production and Supply	407	80.59	
自来水的生产和供应业	Tap Water Production and Supply	5297	232.34	100.40

MAIN INDICATORS OF INDUSTRIAL ENTERPRISES WITH INDEPENDENT ACCOUNTING SYSTEM (1996)

(100 million yuan)

资本金合计 Total Capital	资产总计 Total Assets	流动资产合计 Circulating Funds	流动资产年平均余额 Annual Average Balance of Circulating Funds	固定资产合计 Fixed Assets	固定资产原价 Original Value of Fixed Assets	固定资产净值年平均余额 Annual Average Balance of Net Value of Fixed Assets
24893.51	**90015.77**	**39542.35**	**37862.96**	**43301.60**	**52026.64**	**34493.20**
11806.82	52757.03	20670.94	19721.30	28328.09	34764.96	22140.84
4221.95	15696.12	8562.33	8745.54	6017.51	7160.63	5075.14
1330.50	5497.73	2671.99	2452.17	2273.96	2487.62	1666.25
3124.38	8067.97	3774.10	3408.26	3274.17	3647.66	2658.98
2424.13	6885.45	3301.66	3009.75	2956.82	3445.97	2595.78
9909.90	31464.94	15684.09	14677.10	13039.34	14901.55	10787.73
6583.98	19888.16	9820.52	9168.26	8418.29	9598.44	6893.58
3325.91	11576.79	5863.57	5508.85	4621.05	5303.11	3894.15
14983.61	58550.82	23858.26	23185.85	30262.26	37125.08	23705.47
2158.65	7341.34	2388.48	2998.38	4413.57	6309.05	3639.99
6901.42	26402.06	8745.39	8290.61	15872.49	18956.84	12262.46
5923.54	24807.42	12724.38	11896.86	9976.20	11859.19	7803.02
10528.54	45043.56	17734.07	16820.82	23581.03	28935.68	18222.32
3426.26	15145.34	6762.75	6437.54	7189.25	8455.91	5665.40
10938.71	29826.87	15045.53	14604.59	12531.32	14635.05	10605.48
787.43	2964.04	984.68	943.48	1826.22	2368.90	1563.81
718.63	2798.63	780.31	740.41	1804.07	2955.58	1426.42
108.25	310.13	118.40	104.47	113.20	137.50	89.45
127.21	493.62	174.83	166.87	285.76	351.62	226.86
360.24	532.93	227.38	214.99	272.42	336.07	229.04
1.10	4.26	2.31	2.13	1.67	2.09	1.61
110.61	404.55	171.04	166.75	197.32	265.49	179.31
688.69	3047.63	1581.50	1463.61	1275.58	1491.32	1071.04
493.79	1414.65	625.55	582.92	641.51	738.10	547.17
558.39	2025.91	931.24	864.38	899.06	977.61	711.60
221.21	1474.26	778.29	704.67	565.06	526.13	438.37
1306.12	5783.35	2712.53	2602.66	2572.46	3088.76	2151.34
438.26	1397.26	821.08	766.24	472.90	565.59	409.88
259.80	916.81	559.86	521.57	283.77	340.53	247.88
172.09	568.44	273.16	249.54	252.14	290.23	210.85
88.59	283.30	161.12	150.22	103.48	123.88	88.84
413.77	1583.67	662.63	606.49	815.69	817.05	579.22
225.46	716.42	319.09	288.21	340.08	421.77	284.17
134.40	409.49	234.08	215.73	137.67	159.46	115.08
577.42	2242.99	749.13	733.61	1318.39	1773.02	985.81
1421.09	6039.25	2460.77	2282.17	3090.89	3529.32	2281.99
381.69	1682.17	903.77	819.42	624.66	654.74	456.14
361.59	1416.54	472.05	456.13	785.39	921.42	654.94
212.52	920.89	454.21	415.69	384.29	385.99	261.42
485.31	1512.15	727.32	683.46	636.81	769.43	539.34
1489.73	5476.19	2133.75	2002.03	2855.06	3284.79	2330.23
1768.00	7268.60	2807.25	2753.15	4082.75	4500.98	2675.16
477.85	2009.63	831.95	781.75	1027.69	1193.08	820.54
768.19	2147.42	1178.31	1112.50	804.96	949.61	668.20
959.12	4121.52	2284.79	2174.23	1551.01	1899.47	1210.50
664.95	2876.74	1583.89	1514.61	1095.91	1373.57	868.02
1230.39	5631.47	2947.00	2750.03	2138.26	2377.16	1509.93
921.85	3794.23	2195.42	2042.33	1235.46	1432.81	1000.00
820.13	3652.07	2152.42	1926.28	1079.07	1317.34	862.62
222.23	823.14	470.22	447.73	275.07	352.72	225.63
230.81	712.26	411.96	385.88	239.52	283.26	239.06
2483.98	8653.74	2091.93	1893.98	5966.93	7620.59	5180.40
144.10	374.10	118.82	112.08	241.05	276.84	204.06
356.90	899.56	182.84	251.32	677.37	768.69	687.82

续表 1 continued

单位：亿元

行业	Item	流动负债合计 Liquid Liabilities	长期负债合计 Long-Term Liabilit-ies	所有者权益 Creditors' Equity
全国总计	**National Total**	**40880.47**	**17384.59**	**31680.97**
按经济类型分	**Grouped by Ownership**			
国有经济	State-owned Enterprises	22371.10	11953.27	18406.18
集体经济	Collective Owned Enterprises	8971.80	2227.34	4483.90
股份制经济	Share Holding Enterprises	2227.31	880.88	2388.89
外商投资经济	Foreign Funded Enterprises	3539.35	1033.34	3480.16
港澳台投资经济	Enterprises Funded by Overseas Chinese from HongKong,Macao and Taiwan	3220.23	1155.30	2494.65
按轻重工业分	**Grouped by Light & Heavy Industry**			
轻工业	Light Industry	16899.73	4672.29	9847.20
以农产品为原料	Using Farm Products as Raw Materials	11107.42	3010.65	5741.04
以非农产品为原料	Using Non-Farm Products as Raw Materials	5792.31	1661.64	4106.16
重工业	Heavy Industry	23980.74	12712.30	21833.77
采掘工业	Mining and Quarrying	2278.68	2101.10	2957.15
原料工业	Raw Materials Industry	9237.67	6590.79	10560.61
加工工业	Manufacturing Industry	12464.39	4020.41	8316.01
按企业规模分	**Grouped by Size of Enterprises**			
大型企业	Large	17157.55	10075.72	17782.14
中型企业	Medium-sized	7752.23	2902.76	4477.11
小型企业	Small	15970.69	4406.11	9421.72
按行业分	**Grouped by Sector**			
#煤炭采选业	Coal Mining and Dressing	1003.81	831.04	1128.41
石油和天然气开采业	Petroleum and Natural Gas Extraction	586.48	993.68	1217.14
黑色金属矿采选业	Ferrous Metals Mining and Dressing	119.48	37.75	152.63
有色金属矿采选业	Nonferrous Metals Mining and Dressing	194.94	129.47	168.06
非金属矿采选业	Nonmetal Minerals Mining and Dressing	238.05	87.90	206.82
其他矿采选业	Other Minerals Mining and Dressing	2.15	0.41	1.70
木材及竹材采运业	Logging and Transport of Timber and Bamboo	208.17	49.92	145.70
食品加工业	Food Processing	1926.01	377.72	739.97
食品制造业	Food Manufacturing	751.72	198.65	462.34
饮料制造业	Beverage Manufacturing	1030.20	315.50	678.58
烟草加工业	Tobacco Processing	777.42	120.32	570.37
纺织业	Textile Industry	3425.43	1099.60	1253.45
服装及其他纤维制品制造	Garments and Other Fiber Products	793.23	109.68	490.53
皮革毛皮羽绒及其制品业	Leather, Furs, Down and Related Products	566.64	88.06	260.35
木材加工及竹藤棕草制品业	Timber Processing, Bamboo, Cane, Palm Fiber and Straw Products	299.09	98.92	170.56
家具制造业	Furniture Manufacturing	158.55	32.18	91.57
造纸及纸制品业	Papermaking and Paper Products	754.18	373.18	455.36
印刷业记录媒介的复制	Printing and Record Medium Reproduction	312.38	118.44	283.06
文教体育用品制造业	Cultural, Educational and Sports Goods	209.39	34.09	166.04
石油加工及炼焦业	Petroleum Processing and Coking	670.52	603.77	962.99
化学原料及制品制造业	Raw Chemical Materials and Chemical Products	2649.93	1405.05	1978.20
医药制造业	Medical and Pharmaceutical Products	853.18	266.31	561.66
化学纤维制造业	Chemical Fiber	491.26	388.44	535.73
橡胶制品业	Rubber Products	469.79	157.16	293.26
塑料制品业	Plastic Products	759.64	245.72	505.84
非金属矿物制品业	Nonmetal Mineral Products	2471.13	1192.64	1811.51
黑色金属冶炼及压延加工业	Smelting and Pressing of Ferrous Metals	3077.11	1124.10	3065.47
有色金属冶炼及压延加工业	Smelting and Pressing of Nonferrous Metals	906.65	483.25	620.16
金属制品业	Metal Products	1216.90	277.94	650.00
普通机械制造业	Ordinary Machinery	2192.11	563.44	1360.61
专用设备制造业	Special Purpose Equipment	1543.92	369.51	969.67
交通运输设备制造业	Transport Equipment	2841.20	882.58	1903.48
电气机械及器材制造业	Electric Equipment and Machinery	2105.51	434.97	1250.50
电子及通信设备制造业	Electronic and Telecommunications Equipment	1915.36	544.77	1186.18
仪器仪表文化办公用机械	Instruments,Meters,Cultural and Office Machinery	448.77	107.36	266.54
其他制造业	Other Manufacturing	391.25	72.45	248.17
电力蒸汽热水生产供应业	Electric Power, Steam and Hot Water Production and Supply	1972.32	2835.63	3843.27
煤气的生产和供应业	Gas Production and Supply	106.41	72.78	194.60
自来水的生产和供应业	Tap Water Production and Supply	167.74	150.59	580.86

续表 2 continued

(100 million yuan)

产　品 销售收入 Sales Revenue	产　品 销售成本 Cost of Sales	产品销售 税金及附加 Sales Tax and Extra Charges	产　品 销售利润 Sales Profit	利润总额 Total Profits	本年应交 增值税 Value Added Tax Payable	利税总额 Total Pre-tax Profits
57969.98	**47065.82**	**1180.16**	**7608.35**	**1489.74**	**2477.25**	**5147.15**
27163.55	21637.48	863.45	3969.85	412.64	1461.05	2737.13
15898.12	13234.21	178.89	1867.11	435.33	510.64	1124.85
3084.06	2428.87	42.70	483.86	193.65	141.79	378.13
5927.27	4836.44	56.89	650.29	258.65	192.93	508.47
4887.93	4108.59	29.26	499.72	148.87	136.48	314.61
23959.38	19516.17	721.15	2649.10	463.95	858.42	2043.52
15902.74	12918.28	640.93	1700.75	265.78	588.42	1495.13
8056.64	6597.89	80.22	948.35	198.16	270.00	548.38
34010.60	27549.65	459.01	4959.25	1025.79	1618.83	3103.63
3793.74	2747.28	102.56	834.85	236.37	260.93	599.87
14415.41	12040.89	215.30	1830.32	421.76	801.48	1438.54
15801.45	12761.48	141.14	2294.08	367.66	556.42	1065.22
24651.49	19431.28	744.91	3732.91	1073.94	1327.41	3146.25
8980.83	7341.45	174.59	1134.20	14.01	389.47	578.07
24337.65	20293.08	260.66	2741.24	401.80	760.37	1422.82
1346.51	957.53	21.59	313.78	39.64	99.94	161.16
1515.32	1102.52	57.38	341.62	160.14	130.22	347.75
123.92	95.36	3.82	19.57	2.40	6.30	12.52
307.43	226.45	3.13	66.15	18.21	9.10	30.44
380.92	287.40	8.95	59.17	12.28	16.22	37.45
4.11	3.01	0.10	0.77	0.17	0.20	0.47
169.56	107.14	10.01	47.74	2.54	4.03	16.58
3099.24	2766.83	13.43	211.34	−13.41	52.18	52.19
1066.03	872.09	6.94	113.63	16.59	42.74	66.26
1290.75	912.30	99.08	168.30	45.18	73.24	217.50
1179.89	537.92	462.24	170.94	119.71	107.82	689.77
4117.95	3628.60	19.10	372.13	−71.30	130.02	77.82
1491.47	1273.78	8.91	145.42	33.13	33.43	75.47
960.10	832.20	5.12	86.26	17.46	20.97	43.54
426.92	357.11	4.95	44.20	5.73	15.66	26.35
235.21	192.16	2.38	28.06	6.64	7.04	16.06
1065.92	869.02	8.18	155.69	27.18	49.88	85.23
470.83	369.33	4.06	79.89	21.09	23.39	48.54
381.90	318.09	2.46	44.03	13.78	9.94	26.18
2251.88	1854.26	123.31	248.12	58.55	106.25	288.11
3974.28	3184.58	44.58	599.06	119.30	155.15	319.03
1043.34	728.78	6.05	207.74	65.86	55.37	127.28
747.46	634.55	5.72	96.41	20.26	31.43	57.42
661.46	543.82	21.16	76.93	10.72	25.18	57.06
1165.20	985.56	7.72	130.53	17.72	33.74	59.17
3053.20	2453.55	38.09	405.08	3.16	142.88	184.12
3628.87	3150.62	23.54	410.32	62.08	175.27	260.89
1269.51	1102.87	6.15	140.78	1.12	45.75	53.02
1665.26	1399.85	11.32	189.20	19.59	48.70	79.61
2389.83	1872.55	15.73	400.12	46.75	105.98	168.46
1766.87	1400.47	10.71	277.71	20.47	64.41	95.58
3538.62	2904.09	50.39	468.21	82.69	121.91	254.99
2751.27	2212.46	14.51	368.08	67.34	97.52	179.37
2771.17	2303.04	11.83	332.25	131.31	68.46	211.61
497.79	395.89	2.73	68.33	6.84	16.45	26.02
697.87	588.40	7.65	72.34	13.80	20.06	41.51
3895.01	3170.21	28.70	588.27	285.41	311.56	625.67
99.91	106.82	0.44	−13.92	−8.88	2.45	−6.00
221.05	167.75	2.88	42.31	15.68	10.96	29.51

12－12 国有独立核算工业企业主要指标 (1996 年)

单位: 亿元

行　　业	Item	企业单位数（个） Number of Enterprises (unit)	工业总产值 Gross Industrial Output Value	工业增加值 Value Added of Industry
全 国 总 计	**National Total**	**86982**	**27289.35**	**8742.42**
按轻重工业分	**Grouped by Light & Heavy Industry**			
轻工业	Light Industry	43119	8481.37	2518.79
以农产品为原料	Using Farm Products as Raw Materials	31843	6508.98	1992.16
以非农产品为原料	Using Non－Farm Products as Raw Materials	11276	1972.39	526.63
重工业	Heavy Industry	43863	18807.97	6223.63
采掘工业	Mining and Quarrying	5117	3025.70	1695.49
原料工业	Raw Materials	12752	9097.41	2813.33
加工工业	Manufacturing	25994	6684.86	1714.81
按企业规模分	**Grouped by Size of Enterprises**			
大型企业	Large	4946	17282.16	5948.85
中型企业	Medium－sized	10817	5227.87	1432.67
小型企业	Small	71219	4779.32	1360.90
按行业分	**Grouped by Sector**			
#煤炭采选业	Coal Mining and Dressing	2011	1059.46	539.32
石油和天然气开采业	Petroleum and Natural Gas Extraction	71	1495.25	953.39
黑色金属矿采选业	Ferrous Metals Mining and Dressing	276	53.66	23.24
有色金属矿采选业	Nonferrous Metals Mining and Dressing	887	173.45	65.49
非金属矿采选业	Nonmetal Minerals Mining and Dressing	1147	118.14	52.90
其他矿采选业	Other Minerals Mining and Dressing	24	1.43	0.49
木材及竹材采运业	Logging and Transport of Timber and Bamboo	877	167.50	86.45
食品加工业	Food Processing	9586	1585.16	287.71
食品制造业	Food Manufacturing	4934	378.77	90.24
饮料制造业	Beverage Manufacturing	3367	703.68	235.69
烟草加工业	Tobacco Processing	304	1165.03	742.93
纺织业	Textile Industry	4031	1619.49	327.80
服装及其他纤维制品制造	Garments and Other Fiber Products	1177	113.59	28.32
皮革毛皮羽绒及其制品业	Leather, Furs, Down and Related Products	764	76.54	19.93
木材加工及竹藤棕草制品业	Timber Processing, Bamboo, Cane, Palm Fiber and Straw Products	1254	75.50	20.95
家具制造业	Furniture Manufacturing	615	18.09	5.53
造纸及纸制品业	Papermaking and Paper Products	1795	418.79	115.58
印刷业记录媒介的复制	Printing and Record Medium Reproduction	3596	194.84	68.16
文教体育用品制造业	Cultural, Educational and Sports Goods	487	38.10	11.33
石油加工及炼焦业	Petroleum Processing and Coking	403	1877.27	475.95
化学原料及制品制造业	Raw Chemical Materials and Chemical Products	5723	2292.01	568.35
医药制造业	Medical and Pharmaceutical Products	2044	537.49	144.15
化学纤维制造业	Chemical Fiber	249	240.17	52.76
橡胶制品业	Rubber Products	621	279.07	65.79
塑料制品业	Plastic Products	1667	151.67	30.77
非金属矿物制品业	Nonmetal Mineral Products	7392	993.64	297.65
黑色金属冶炼及压延加工业	Smelting and Pressing of Ferrous Metals	1046	2653.23	749.02
有色金属冶炼及压延加工业	Smelting and Pressing of Nonferrous Metals	750	748.84	156.91
金属制品业	Metal Products	2641	235.93	63.61
普通机械制造业	Ordinary Machinery	4391	947.00	261.67
专用设备制造业	Special Purpose Equipment	4484	892.51	224.73
交通运输设备制造业	Transport Equipment	4303	1875.81	442.71
电气机械及器材制造业	Electric Equipment and Machinery	2659	607.70	156.04
电子及通信设备制造业	Electronic and Telecommunications Equipment	1579	700.46	195.89
仪器仪表文化办公用机械	Instruments, Meters, Cultural and Office Machinery	1179	147.38	42.83
其他制造业	Other Manufacturing	1098	57.86	15.13
电力蒸汽热水生产供应业	Electric Power, Steam and Hot Water Production and Supply	4781	2112.28	1007.51
煤气的生产和供应业	Gas Production and Supply	283	72.79	
自来水的生产和供应业	Tap Water Production and Supply	2342	190.83	86.66

MAIN INDICATORS OF STATE-OWNED INDUSTRIAL ENTERPRISES WITH INDEPENDENT ACCOUNTING SYSTEM (1996)

(100 million yuan)

资本金合计 Total Capital	资产总计 Total Assets	流动资产合计 Circulating Funds	流动资产年平均余额 Annual Average Balance Circulating Funds	固定资产合计 Fixed Assets	固定资产原价 Original Value of Fixed Assets	固定资产净值年平均余额 Annual Average Balance of Net Value of Fixed Assets
11806.82	**52757.03**	**20670.94**	**19721.30**	**28328.09**	**34764.96**	**22140.84**
2639.38	13687.41	6181.99	5913.79	6338.96	7186.89	5183.84
1747.38	9600.09	4454.34	4201.69	4359.33	4930.93	3487.75
891.99	4087.32	1727.64	1712.10	1979.63	2255.97	1696.09
9167.44	39069.62	14488.95	13807.50	21989.14	27578.07	16957.00
1735.04	6556.33	2035.55	1956.54	4091.72	5923.59	3365.60
4928.11	19488.20	6147.76	5886.83	12160.93	14716.57	9209.37
2504.29	13025.09	6305.64	5964.13	5736.48	6937.91	4382.03
7739.67	34223.44	12732.27	12222.93	19016.16	23872.73	14690.48
2020.07	10013.81	4237.21	4033.87	5093.69	6006.97	4004.32
2047.08	8519.77	3701.46	3464.50	4218.25	4885.26	3446.04
686.97	2640.24	827.76	801.54	1679.89	2192.34	1436.28
713.72	2719.30	772.87	734.09	1797.35	2948.60	1421.63
88.64	232.43	72.87	69.04	84.01	102.70	63.72
88.24	376.66	122.53	117.51	227.61	283.71	179.10
93.97	326.03	126.10	121.17	181.79	224.82	151.70
0.44	2.05	0.99	0.68	0.84	1.05	0.83
107.01	391.54	165.35	161.62	192.62	260.73	176.44
342.02	1842.20	910.83	856.76	829.12	983.02	694.56
119.25	584.34	248.42	237.23	280.45	323.83	230.18
209.19	1110.18	523.46	479.08	495.69	528.41	377.86
207.41	1416.70	753.71	681.57	535.44	494.32	414.38
467.86	2723.77	1170.58	1147.13	1296.12	1563.44	1056.61
37.89	153.94	82.71	77.65	58.02	70.95	49.21
30.80	150.01	84.06	81.50	53.68	66.68	46.93
44.54	199.39	78.03	71.87	106.51	117.53	78.39
6.61	33.59	15.25	14.28	15.93	19.32	13.99
143.03	738.04	280.92	262.11	410.38	426.51	294.52
97.55	354.51	138.33	126.31	188.00	233.71	154.44
12.41	70.28	37.13	35.47	25.59	28.81	19.30
481.46	1885.79	601.15	611.48	1133.77	1592.38	890.73
789.27	3831.45	1361.00	1277.41	2192.16	2498.93	1568.24
148.34	890.02	457.40	430.76	356.26	370.75	252.46
105.66	552.21	158.70	155.55	311.09	364.43	238.46
68.67	416.21	204.96	188.62	179.71	178.60	117.16
56.62	284.44	122.83	116.08	130.77	154.24	101.85
512.77	2439.03	867.85	821.32	1358.98	1526.39	1050.48
1410.71	5916.79	2124.74	2084.23	3517.28	3893.41	2257.88
287.70	1406.62	535.64	504.45	765.24	912.32	603.64
91.93	496.62	260.88	247.49	198.32	238.10	155.03
401.37	2164.63	1121.70	1085.29	905.59	1129.22	698.45
350.76	1759.35	908.80	892.57	745.48	954.72	585.64
661.44	3410.80	1762.79	1640.62	1365.72	1594.40	986.83
191.96	1136.06	618.94	598.75	421.45	504.33	340.84
190.41	1311.58	742.22	687.19	419.42	505.63	310.69
85.10	398.36	206.68	201.34	155.73	205.10	128.76
18.62	87.97	45.80	44.28	34.36	40.66	28.29
1874.86	6561.08	1647.31	1503.52	4522.41	5877.96	3882.26
137.37	355.30	109.47	102.91	233.59	269.34	197.43
324.13	797.76	156.57	226.42	606.76	696.86	635.30

续表 1 continued

单位：亿元

行业	Item	流动负债合计 Liquid Liabilities	长期负债合计 Long-Term Liabilit-ies	所有者权益 Creditors' Equity
全国总计	**National Total**	**22371.10**	**11953.27**	**18406.18**
按轻重工业分	**Grouped by Light & Heavy Industry**			
轻工业	Light Industry	7470.38	2596.17	3602.55
以农产品为原料	Using Farm Products as Raw Materials	5573.44	1746.08	2266.25
以非农产品为原料	Using Non-Farm Products as Raw Materials	1896.94	850.09	1336.31
重工业	Heavy Industry	14900.72	9357.11	14803.63
采掘工业	Mining and Quarrying	1935.88	1997.59	2619.32
原料工业	Raw Materials	6412.12	4905.76	8164.82
加工工业	Manufacturing	6552.71	2453.75	4019.49
按企业规模分	**Grouped by Size of Enterprises**			
大型企业	Large	12785.33	8135.54	13295.83
中型企业	Medium-sized	5139.16	2101.26	2764.25
小型企业	Small	4446.60	1716.47	2346.10
按行业分	**Grouped by Sector**			
#煤炭采选业	Coal Mining and Dressing	842.52	786.04	1011.45
石油和天然气开采业	Petroleum and Natural Gas Extraction	580.99	992.11	1144.88
黑色金属矿采选业	Ferrous Metals Mining and Dressing	77.97	26.45	127.90
有色金属矿采选业	Nonferrous Metals Mining and Dressing	142.72	110.00	122.80
非金属矿采选业	Nonmetal Minerals Mining and Dressing	139.83	60.02	126.17
其他矿采选业	Other Minerals Mining and Dressing	1.05	0.17	0.82
木材及竹材采运业	Logging and Transport of Timber and Bamboo	204.32	47.21	139.27
食品加工业	Food Processing	1245.00	250.71	345.69
食品制造业	Food Manufacturing	340.54	109.94	133.76
饮料制造业	Beverage Manufacturing	623.21	188.90	298.00
烟草加工业	Tobacco Processing	745.77	113.57	551.24
纺织业	Textile Industry	1646.58	661.94	411.54
服装及其他纤维制品制造	Garments and Other Fiber Products	89.60	18.95	45.31
皮革毛皮羽绒及其制品业	Leather, Furs, Down and Related Products	106.17	22.21	21.42
木材加工及竹藤棕草制品业	Timber Processing, Bamboo, Cane, Palm Fiber and Straw Products	95.65	54.07	49.67
家具制造业	Furniture Manufacturing	17.92	6.58	9.11
造纸及纸制品业	Papermaking and Paper Products	364.19	197.30	176.28
印刷业记录媒介的复制	Printing and Record Medium Reproduction	142.42	72.95	136.82
文教体育用品制造业	Cultural, Educational and Sports Goods	41.09	10.55	18.65
石油加工及炼焦业	Petroleum Processing and Coking	536.30	525.92	823.55
化学原料及制品制造业	Raw Chemical Materials and Chemical Products	1564.65	1065.83	1197.84
医药制造业	Medical and Pharmaceutical Products	482.25	174.31	233.27
化学纤维制造业	Chemical Fiber	200.40	208.77	142.97
橡胶制品业	Rubber Products	223.32	91.05	101.85
塑料制品业	Plastic Products	141.91	75.08	67.40
非金属矿物制品业	Nonmetal Mineral Products	1038.64	605.44	790.43
黑色金属冶炼及压延加工业	Smelting and Pressing of Ferrous Metals	2389.63	954.20	2571.66
有色金属冶炼及压延加工业	Smelting and Pressing of Nonferrous Metals	586.63	393.95	426.29
金属制品业	Metal Products	286.53	90.67	119.08
普通机械制造业	Ordinary Machinery	1148.66	369.09	645.38
专用设备制造业	Special Purpose Equipment	961.60	264.31	539.41
交通运输设备制造业	Transport Equipment	1774.57	536.93	1097.38
电气机械及器材制造业	Electric Equipment and Machinery	631.83	182.97	320.93
电子及通信设备制造业	Electronic and Telecommunications Equipment	712.22	282.06	317.48
仪器仪表文化办公用机械	Instruments, Meters, Cultural and Office Machinery	216.58	80.59	101.18
其他制造业	Other Manufacturing	51.35	15.35	21.19
电力蒸汽热水生产供应业	Electric Power, Steam and Hot Water Production and Supply	1488.18	1999.56	3071.78
煤气的生产和供应业	Gas Production and Supply	97.49	70.15	187.37
自来水的生产和供应业	Tap Water Production and Supply	139.17	130.35	527.91

续表 2 continued

(100 million yuan)

产品销售收入 Sales Revenue	产品销售成本 Cost of Sales	产品销售税金及附加 Sales Tax and Extra Charges	产品销售利润 Sales Profit	利润总额 Total Profits	本年应交增值税 Value Added Tax Payable	利税总额 Total Pre-tax Profits
27163.55	**21637.48**	**863.45**	**3969.85**	**412.64**	**1461.05**	**2737.13**
7868.44	6112.98	557.90	942.62	−17.12	377.82	918.59
6043.54	4650.40	541.83	671.77	−24.28	299.52	817.07
1824.90	1462.57	16.07	270.85	7.16	78.30	101.53
19295.11	15524.50	305.55	3027.23	429.76	1083.23	1818.54
2915.26	2089.13	80.02	686.15	157.84	225.85	463.72
10133.30	8465.29	171.53	1293.53	288.75	620.42	1080.70
6246.55	4970.08	54.00	1047.55	−16.84	236.96	274.12
17662.00	13923.81	657.99	2736.64	571.10	1023.83	2252.92
5144.29	4150.85	143.90	677.09	−77.54	254.22	320.58
4357.26	3562.82	61.56	556.13	−80.92	183.00	163.64
1031.41	718.32	13.20	266.45	22.93	82.64	118.77
1448.01	1072.51	52.01	309.97	131.01	126.77	309.79
50.21	37.15	2.23	9.44	−1.09	3.22	4.35
156.62	111.02	1.04	40.73	4.23	5.79	11.06
105.50	69.27	3.67	24.79	−1.16	7.67	10.18
1.14	0.96	0.01	0.13	0.01	0.03	0.06
161.65	101.16	9.68	46.49	2.03	3.79	15.50
1425.92	1294.06	4.75	81.59	−59.67	26.91	−28.01
359.36	303.65	1.86	36.75	−5.75	14.52	10.63
645.22	442.28	69.86	88.45	17.46	41.85	129.17
1141.33	511.67	455.67	165.96	117.72	105.83	679.23
1508.08	1338.27	5.82	132.34	−95.60	61.63	−28.14
96.09	82.36	0.34	10.67	−0.91	1.99	1.42
69.02	59.32	0.29	7.54	−4.32	2.06	−1.97
66.30	55.40	0.67	8.18	−3.56	3.64	0.75
17.14	14.07	0.14	2.20	−0.24	0.69	0.59
371.34	297.50	2.34	64.89	2.00	21.90	26.23
178.99	137.24	1.44	36.34	3.95	10.53	15.92
38.89	30.94	0.23	6.34	−0.07	1.96	2.12
1930.52	1588.53	113.96	213.28	42.01	95.05	251.02
2097.16	1693.03	16.58	350.77	37.92	82.12	136.63
500.48	371.14	2.78	90.37	9.34	23.61	35.72
230.23	201.18	1.05	24.30	−5.60	9.66	5.11
254.36	206.41	11.25	31.04	−0.27	10.85	21.83
131.62	108.76	0.56	18.74	−1.68	3.79	2.67
901.48	705.15	7.72	137.88	−33.91	57.29	31.10
2646.20	2278.83	16.78	326.27	47.95	146.89	211.63
697.43	594.90	3.04	92.04	−4.52	32.21	30.73
225.39	182.23	1.34	34.24	−5.94	9.54	4.94
897.08	684.13	5.06	179.57	−13.56	45.96	37.46
835.33	655.17	3.71	145.54	−17.59	31.04	17.16
1813.42	1486.98	20.33	267.36	8.42	61.82	90.57
579.09	454.33	2.79	100.49	−1.37	25.78	27.19
632.76	502.77	2.19	102.61	17.10	19.40	38.70
135.36	101.00	0.75	27.69	−6.53	6.43	0.64
54.07	45.98	0.58	5.53	−1.98	1.68	0.28
3248.88	2696.83	22.17	434.46	218.04	257.90	498.11
88.16	96.25	0.38	−14.40	−8.71	2.32	−6.01
182.79	139.58	2.15	34.81	13.49	9.93	25.56

12－13 各地区国有独立核算工业企业主要指标 (1996 年)

单位: 亿元

地　　区 Region	企业单位数(个) Number of Enter-prises	工　业 总产值 Gross Industrial Output Value	工　业 增加值 Value Added of Industry	资本金 合　计 Total Capital	流动资产 合　计 Total Circu-lating Funds	流动资产 年平均余额 Annual Average Balance Circulating Funds	固定资产 合　计 Total Fixed Assets	固定资产 原价合计 Original Value of Fixed Assets
全　国 National Total	**86982**	**27289.35**	**8742.42**	**11806.82**	**20670.94**	**19721.30**	**28328.09**	**34764.96**
北　京 Beijing	4025	836.67	212.75	397.26	710.49	707.97	967.30	1227.37
天　津 Tianjin	1918	558.84	129.15	293.15	545.79	518.45	720.50	910.56
河　北 Hebei	4053	1317.33	457.17	556.85	933.52	898.28	1483.30	1798.48
山　西 Shanxi	2751	745.44	273.69	370.06	598.32	569.28	1073.11	1356.07
内蒙古 Inner Mongolia	2449	437.52	165.62	304.16	406.50	383.32	643.05	786.07
辽　宁 Liaoning	4374	1909.79	560.41	945.23	1645.55	1601.30	2422.00	3161.12
吉　林 Jilin	2673	860.60	261.46	415.51	759.61	719.87	1080.93	1245.59
黑龙江 Heilongjiang	3807	1334.07	628.30	530.14	963.27	959.46	1312.94	1873.44
上　海 Shanghai	3236	1635.18	400.18	780.19	1346.70	1393.21	1551.21	1678.46
江　苏 Jiangsu	3853	2175.51	561.00	676.56	1293.80	1202.92	1505.86	1862.97
浙　江 Zhejiang	3118	902.71	243.70	370.84	630.05	603.78	794.82	960.70
安　徽 Anhui	2529	909.35	275.14	349.05	589.89	559.77	740.03	879.79
福　建 Fujian	2415	436.10	144.34	197.71	310.50	297.21	471.28	551.93
江　西 Jiangxi	4436	603.42	169.29	214.69	460.79	429.06	595.98	727.67
山　东 Shandong	4855	2371.63	809.72	841.79	1440.33	1330.97	2132.21	2667.58
河　南 Henan	4243	1523.49	496.84	553.03	1023.32	963.71	1352.44	1751.30
湖　北 Hubei	3997	1264.42	358.33	574.13	980.92	924.80	1251.09	1515.44
湖　南 Hunan	3770	912.85	311.05	377.24	639.58	587.69	917.91	1117.07
广　东 Guangdong	5228	1476.12	468.42	656.97	1131.20	1068.46	1418.07	1599.77
广　西 Guangxi	2565	549.17	162.20	249.17	394.38	391.03	638.78	720.48
海　南 Hainan	560	65.46	15.78	42.68	69.62	68.22	102.69	114.59
四　川 Sichuan	5117	1506.38	472.08	643.74	1328.25	1251.90	1535.07	1917.39
贵　州 Guizhou	1941	343.48	126.59	191.69	363.49	325.72	406.97	499.62
云　南 Yunnan	2008	770.70	418.39	251.69	519.19	498.55	686.55	707.24
西　藏 Tibet	176	6.40	4.29	13.19	6.52	4.96	17.13	20.89
陕　西 Shaanxi	2677	643.67	214.62	335.04	609.52	577.41	779.82	947.46
甘　肃 Gansu	1544	483.87	157.51	262.19	386.65	363.94	624.06	780.17
青　海 Qinghai	562	104.53	36.41	79.62	110.31	102.01	189.33	243.32
宁　夏 Ningxia	427	123.25	40.87	77.52	107.88	102.62	152.21	201.79
新　疆 Xinjiang	1675	481.41	167.13	255.74	365.00	315.42	761.46	940.61

MAIN INDICATORS OF STATE－OWNED INDUSTRIAL ENTERPRISES WITH INDEPENDENT ACCOUNTING SYSTEM BY REGION (1996)

(100 million yuan)

固定资产净值年平均余额 Average Balance of Net Value of Fixed Assets	流动负债合计 Total Liquid Liabili－ties	长期负债合计 Long－Term Liabilit－ies	所有者权益合计 Creditors′ Equity	产品销售收入 Sales Revenue	产品销售成本 Cost of Sales	产品销售税金及附加 Sales Tax and Extra Charges	产品销售利润 Sales Profit	利润总额 Total Profits	本年应交增值税 Value Added Tax Payable	利税总额 Total Pre－tax Profits
22140.84	**22371.10**	**11953.27**	**18406.18**	**27163.55**	**21637.48**	**863.45**	**3969.85**	**412.64**	**1461.05**	**2737.13**
760.31	708.77	371.57	757.75	930.40	784.23	15.34	113.71	16.96	43.90	76.20
599.96	546.72	391.95	418.92	594.08	498.65	10.89	75.56	2.04	24.13	37.06
1106.47	1018.70	654.84	896.64	1326.71	1073.66	25.82	201.72	37.98	74.92	138.71
860.70	628.87	453.58	693.64	694.84	518.01	10.14	142.97	27.14	44.13	81.41
478.63	441.82	264.77	404.70	442.59	352.08	10.59	67.57	0.87	27.99	39.45
1890.93	1853.01	923.52	1529.69	1942.29	1616.03	37.45	259.37	－5.96	112.90	144.39
781.98	911.27	490.32	567.35	836.15	685.66	22.12	113.87	－20.28	42.27	44.12
1102.67	1085.48	545.16	786.54	1314.15	966.66	49.90	276.47	92.06	94.26	236.21
1173.25	1347.80	548.74	1305.42	1724.32	1447.68	30.54	222.37	61.71	82.01	174.26
1222.60	1333.02	581.93	1110.44	2125.03	1774.59	34.01	256.72	19.09	91.52	144.62
654.51	624.57	323.61	602.02	1040.41	880.00	17.07	120.03	13.00	49.67	79.74
599.60	672.34	337.95	470.82	850.22	677.83	39.81	104.51	－7.21	47.72	80.32
383.94	305.34	241.00	312.05	438.70	334.29	18.44	65.45	25.28	29.08	72.80
473.99	556.74	278.16	300.77	545.33	446.62	12.84	67.45	－9.44	30.45	33.85
1715.92	1602.34	964.75	1359.21	2425.38	1932.91	67.34	356.59	59.04	134.69	261.07
1089.54	1096.74	579.35	833.80	1392.62	1094.93	48.75	217.26	37.25	72.07	158.08
918.72	1065.68	465.12	877.48	1160.54	942.78	30.87	160.31	8.67	52.83	92.38
723.84	765.86	325.28	562.40	895.83	681.90	55.21	136.44	5.24	49.15	109.60
1075.06	1210.75	563.79	1061.49	1555.28	1259.18	43.21	205.10	24.93	70.87	139.01
500.29	500.82	215.60	378.61	524.05	421.99	14.15	67.95	－15.82	29.63	27.96
83.09	72.28	41.71	79.51	68.07	55.53	2.05	5.34	－3.59	2.36	0.82
1207.57	1423.60	674.96	956.94	1498.49	1144.05	42.28	243.08	2.80	73.61	118.69
313.70	382.77	179.80	240.49	330.70	231.61	25.24	51.24	－5.00	21.08	41.32
474.08	508.70	273.13	537.38	773.23	436.78	147.66	178.09	91.67	67.87	307.20
13.17	6.30	1.75	16.90	5.94	3.85	0.19	1.47	0.42	0.33	0.94
608.49	707.87	348.99	421.35	602.68	473.35	18.55	91.39	－20.46	28.86	26.94
464.82	383.50	287.27	394.52	472.64	380.19	14.41	70.09	－4.94	25.86	35.33
155.68	122.41	100.18	99.21	88.23	74.33	1.77	10.51	－9.28	4.44	－3.08
132.78	106.88	70.15	92.44	115.42	93.98	1.75	17.55	－0.92	7.25	8.08
574.56	380.15	454.37	337.67	449.24	354.13	15.05	69.69	－10.60	25.21	29.66

12－14 全部独立核算“三资”工业主要经济指标 (1996年)

单位：亿元

行业	Item	企业单位数（个） Number of Enterprises (unit)	工业总产值 Gross Industrial Output Value
全国总计	**National Total**	**43542**	**11972.63**
按经济类型分	**Group by Ownership**		
外商投资经济	Foreign Funded Enterprises	19425	6581.46
中外合资经营企业	Joint Ventures	13229	4681.84
中外合作经营企业	Cooperative Enterprises	2058	647.85
外资企业	Ventures Exclusively with Foreign Investment	4138	1251.76
港、澳、台投资经济	Enterprises Funded by Hong Kong,Macao and Taiwan	23987	5381.36
与大陆合资经营企业	Joint Ventures	14610	3698.99
与大陆合作经营企业	Cooperative Enterprises	2919	594.03
港、澳、台独资企业	Venturse Exclusively with Investment from Hong Kong, Macao and Taiwan	6458	1088.34
按轻重工业分	**Grouped by Light & Heavy Industry**		
轻工业	Light Industry	29540	7001.37
以农产品为原料	Using Farm Products as Raw Materials	19249	4206.12
以非农产品为原料	Using Non－Farm Products as Raw Materials	10291	2795.26
重工业	Heavy Industry	14002	4971.26
采掘工业	Mining ang Quarrying	317	163.56
原料工业	Raw Materials Industry	2718	1173.39
加工工业	Manufacturing Industry	10967	3634.30
按行业分	**Grouped by Sector**		
#煤炭采选业	Coal Mining and Dressing	21	2.54
石油和天然气开采业	Petroleum and Natural Gas Extraction	6	137.91
黑色金属矿采选业	Ferrous Metals Mining and Dressing	13	0.55
有色金属矿采选业	Nonferrous Metals Mining and Dressing	47	5.04
非金属矿采选业	Nonmetal Minerals Mining and Dressing	215	12.58
其他矿采选业	Other Minerals Mining and Dressing	2	0.00
木材及竹材采运业	Logging and Transport of Timber and Bamboo	4	0.06
食品加工业	Food Processing	1709	695.24
食品制造业	Food Manufacturing	1764	346.64
饮料制造业	Beverage Manufacturing	991	341.69
烟草加工业	Tobacco Processing	10	10.95
纺织业	Textile Industry	3382	819.11
服装及其他纤维制品制造	Garments and Other Fiber Products	5100	769.85
皮革毛皮羽绒及其制品业	Leather, Furs, Down and Related Products	2097	539.29
木材加工及竹藤棕草制品业	Timber Processing, Bamboo, Cane, Palm Fiber and Straw Products	1161	128.48
家具制造业	Furniture Manufacturing	712	76.28
造纸及纸制品业	Papermaking and Paper Products	945	193.03
印刷业记录媒介的复制	Printing and Record Medium Reproduction	745	92.63
文教体育用品制造业	Cultural, Educational and Sports Goods	1067	205.60
石油加工及炼焦业	Petroleum Processing and Coking	117	49.84
化学原料及制品制造业	Raw Chemical Materials and Chemical Products	2323	599.90
医药制造业	Medical and Pharmaceutical Products	803	214.69
化学纤维制造业	Chemical Fiber	298	129.06
橡胶制品业	Rubber Products	400	147.57
塑料制品业	Plastic Products	2756	398.20
非金属矿物制品业	Nonmetal Mineral Products	2337	396.91
黑色金属冶炼及压延加工业	Smelting and Pressing of Ferrous Metals	303	188.48
有色金属冶炼及压延加工业	Smelting and Pressing of Nonferrous Metals	364	164.76
金属制品业	Metal Products	2096	462.62
普通机械制造业	Ordinary Machinery Manufacturing	1255	354.44
专用设备制造业	Special Purpose Equipment Manufacturing	1131	159.29
交通运输设备制造业	Transport Equipment Manufacturing	1322	802.70
电气机械及器材制造业	Electric Equipment and Machinery	1990	788.67
电子及通信设备制造业	Electronic and Telecommunications Equipment	2532	1875.08
仪器仪表文化办公用机械	Instruments, Meters, Cultural and Office Machinery	921	215.54
其他制造业	Other Manufacturing	2319	236.99
电力蒸汽热水生产供应业	Electric Power, Steam and Hot Water Production and Supply	244	405.84
煤气的生产和供应业	Gas Production and Supply	24	3.65
自来水的生产和供应业	Tap Water Production and Supply	15	0.40

MAIN INDICATORS OF INDUSTRIAL JOINT VENTURES, COOPERATIVES ENTERPRISES AND ENTERPRISES EXCLUSIVELY FUNDED FROM ABROAD WITH INDEPENDENT ACCOUNTING SYSTEM (1996)

(100 million yuan)

工业增加值 Value Added of Industry	资产总计 Total Assets	负债合计 Total Liabilities	所有者权益 Creditors' Equity	产品销售收入 Sales Revenue	利税总额 Total Pre-tax Profits	本年应交增值税 Value Added Tax Payable
2859.59	**14960.72**	**8982.36**	**5978.43**	**10820.53**	**823.76**	**329.61**
1533.36	8067.97	4587.72	3480.16	5927.27	508.47	192.93
1168.06	6320.57	3640.81	2679.68	4350.77	381.02	160.06
219.85	596.22	316.26	279.96	460.73	68.82	17.27
145.45	1151.17	630.66	520.51	1115.77	58.63	15.59
1320.22	6885.45	4390.95	2494.65	4887.93	314.61	136.48
924.10	4980.61	3239.45	1741.17	3339.59	251.21	107.12
145.62	737.12	510.45	226.81	531.09	16.61	12.79
250.50	1167.72	641.05	526.67	1017.25	46.78	16.58
1654.51	7558.84	4518.56	3040.42	6293.85	390.79	170.74
1055.55	4487.12	2666.80	1820.46	3750.91	238.32	103.76
598.95	3071.72	1851.76	1219.95	2542.94	152.48	66.97
1205.08	7401.87	4463.79	2938.01	4526.68	432.96	158.87
48.25	99.86	18.93	80.93	81.27	38.46	3.75
362.56	2667.84	1699.17	968.68	1083.38	109.59	54.85
794.27	4634.17	2745.70	1888.41	3362.03	284.91	100.27
0.67	2.14	1.30	0.84	2.49	0.23	0.09
37.70	71.51	2.83	68.69	61.36	37.31	3.20
0.21	0.68	0.30	0.38	0.50	0.03	0.01
1.82	4.74	3.24	1.50	4.87	0.54	0.14
4.41	18.62	9.99	8.63	10.60	0.32	0.31
0.00	0.00	0.00	0.00	0.00	0.00	0.00
0.02	0.11	0.05	0.07	0.03	0.00	0.00
129.81	582.89	394.20	188.68	659.95	14.74	8.23
86.72	477.10	260.05	217.04	342.59	30.22	16.94
102.09	527.51	267.81	259.71	320.62	42.40	17.47
4.56	18.47	8.28	10.18	10.70	3.41	0.59
179.59	1016.78	646.95	369.81	701.04	21.56	13.55
183.98	593.98	352.32	241.67	673.22	27.05	10.66
121.10	407.02	272.26	134.76	479.11	17.52	6.59
29.26	157.89	99.87	58.02	114.30	6.44	4.58
18.84	91.96	59.62	32.34	65.90	3.14	1.58
46.62	332.41	192.14	140.41	178.98	13.92	6.73
31.65	143.38	72.43	70.94	83.34	10.07	4.14
54.56	164.89	94.48	70.40	179.57	7.71	2.33
9.55	106.70	79.27	27.43	46.10	3.09	0.76
200.56	765.42	470.96	294.46	500.51	63.28	26.18
78.93	307.96	155.70	152.25	186.69	38.84	13.87
26.20	199.32	130.17	69.14	113.16	4.57	3.75
35.99	201.43	110.89	90.55	131.90	10.53	3.68
94.24	507.67	283.41	224.26	356.27	15.02	9.41
116.68	857.66	499.20	358.39	334.99	12.53	14.48
40.31	256.44	161.98	94.46	174.40	9.95	4.69
32.09	203.01	124.24	78.77	139.57	1.77	3.37
92.79	599.92	372.34	227.58	423.78	10.31	7.27
76.55	553.79	299.91	253.88	353.81	35.47	15.49
38.04	211.49	112.87	98.63	146.59	12.21	5.06
182.30	1090.57	682.43	408.14	769.25	84.66	27.32
152.96	925.66	564.06	361.60	722.09	40.91	20.23
337.87	1691.16	1037.01	654.15	1725.77	142.58	36.89
47.36	206.89	121.93	84.96	215.78	11.73	3.51
67.87	225.17	119.55	105.62	199.87	9.66	3.95
194.39	1427.68	912.66	515.02	384.03	80.06	32.47
0.98	7.29	4.00	3.29	5.96	0.01	0.04
0.11	2.89	1.23	1.66	0.37	-0.06	0.02

12－15 按行业分独立核算工业企业主要经济效益指标 (1996 年)

行 业	Branch	工业增加值率 (%) Ratio of Value Added to Gross Industrial Output Value (%)	每百元固定资产原价实现的利税(元) Pre-tax Profits per 100 Yuan Original Value of Fixed Assets (yuan)
全国总计	**National Total**	**25.51**	**9.89**
按轻重工业分	**Grouped by Light & Heavy Industry**		
轻工业	Light Industry	24.01	13.71
重工业	Heavy Industry	26.61	8.36
按行业分	**Grouped by Sector**		
煤炭采选业	Coal Mining and Dressing	42.40	6.80
石油和天然气开采业	Petroleum and Natural Gas Extraction	52.98	11.77
黑色金属矿采选业	Ferrous Metals Mining and Dressing	35.12	9.11
有色金属矿采选业	Nonferrous Metals Mining and Dressing	32.55	8.66
非金属矿采选业	Nonmetal Minerals Mining and Dressing	33.15	11.14
其他矿采选业	Other Minerals Mining and Dressing	39.07	22.49
木材及竹材采运业	Logging and Transport of Timber and Bamboo	48.18	6.25
食品加工业	Food Processing	19.23	3.50
食品制造业	Food Production	22.37	8.98
饮料制造业	Beverage Production	28.03	22.25
烟草加工业	Tobacco Processing	53.87	131.10
纺织业	Textile Industry	19.63	2.52
服装及其他纤维制品制造	Garments and Other Fiber Products	23.25	13.34
皮革毛皮羽绒及其制品业	Leather, Furs, Down and Related Products	23.30	12.79
木材加工及竹藤棕草制品业	Timber Processing, Bamboo, Cane, Palm Fiber and Straw Products	25.65	9.08
家具制造业	Furniture Manufacturing	26.23	12.96
造纸及纸制品业	Papermaking and Paper Products	23.99	10.43
印刷业记录媒介的复制	Printing and Record Medium Reproduction	28.29	11.51
文教体育用品制造业	Cultural, Educational and Sports Goods	26.00	16.42
石油加工及炼焦业	Petroleum Processing and Coking	21.63	16.25
化学原料及制品制造业	Raw Chemical Materials and Chemical Products	23.73	9.04
医药制造业	Medical and Pharmaceutical Products	27.24	19.44
化学纤维制造业	Chemical Fiber	21.18	6.23
橡胶制品业	Rubber Products	22.22	14.78
塑料制品业	Plastic Products	21.93	7.69
非金属矿物制品业	Nonmetal Mineral Products	26.85	5.61
黑色金属冶炼及压延加工业	Smelting and Pressing of Ferrous Metals	23.02	5.80
有色金属冶炼及压延加工业	Smelting and Pressing of Nonferrous Metals	18.92	4.44
金属制品业	Metal Products	22.81	8.38
普通机械制造业	Ordinary Machinery Manufacturing	23.88	8.87
专用设备制造业	For Special Purposes Equipment Manufacturing	23.10	6.96
交通运输设备制造业	Transport Equipment Manufacturing	21.31	10.73
电气机械及器材制造业	Electric Equipment and Machinery	21.34	12.52
电子及通信设备制造业	Electronic and Telecommunications Equipment	19.84	16.06
仪器仪表文化办公用机械	Instruments, Meters, Cultural and Office Machinery	24.78	7.38
其他制造业	Other Manufacturing	27.23	14.65
电力蒸汽热水生产供应业	Electric Power, Steam and Hot Water Production and Supply	38.38	8.21
煤气的生产和供应业	Gas Production and Supply		－2.17
自来水的生产和供应业	Tap Water Production and Supply	40.77	3.84

MAIN INDICATORS ON ECONOMIC BENIFIT OF INDUSTRIAL ENTERPRISES WITH INDEPENDENT ACCOUNTING SYSTEM BY INDUSTRIAL BRANCH (1996)

资金利税率 (%) Ratio of Pre-tax Profits to Total (%)	产值利税率 (%) Ratio of Pre-tax Profits to Gross Output Value (%)	每百元销售收入实现的利润 (元) Profits per 100 Yuan of Gross Sales Revenue (yuan)	工业成本费用利润率 (%) Ratio of Profits to Industrial Cost (%)	流动资产周转次数 (次/年) Number of Times of Annual of Turnover Circulating Funds (times/year)	全员劳动生产率 (元/人.年) Overall Labor Productivity (yuan/person)
7.11	**8.20**	**2.57**	**3.05**	**1.53**	**22018**
8.02	7.57	1.94	2.27	1.63	21768
6.62	8.68	3.02	3.61	1.47	22188
6.43	11.28	2.94	3.93	1.43	11813
16.05	21.21	10.57	14.46	2.05	82598
1.36	8.59	1.94	2.39	0.15	15937
7.73	8.75	5.92	7.67	1.84	16222
8.43	8.07	3.22	3.95	1.77	13752
12.57	7.83	4.14	5.28	1.93	19208
4.79	9.33	1.50	2.28	1.02	8290
2.06	1.50	-0.43	-0.47	2.12	28981
5.86	5.74	1.56	1.76	1.83	20637
13.80	15.29	3.50	4.47	1.49	31131
60.35	57.38	10.15	21.90	1.67	245330
1.64	1.65	-1.73	-1.93	1.58	12832
6.42	4.25	2.22	2.50	1.95	17130
5.66	3.91	1.82	2.02	1.84	19869
5.72	5.13	1.34	1.53	1.71	14540
6.72	5.70	2.82	3.28	1.57	16004
7.19	7.01	2.55	3.03	1.76	17722
8.48	9.13	4.48	5.49	1.63	15469
7.91	6.07	3.61	4.17	1.77	17792
16.76	13.02	2.60	3.12	3.07	73019
6.99	7.13	3.00	3.60	1.74	24716
9.98	11.06	6.31	7.97	1.27	30083
5.17	7.16	2.71	3.15	1.64	33982
8.43	7.62	1.62	1.91	1.59	19977
4.84	4.42	1.52	1.73	1.70	20377
4.25	5.17	0.10	0.12	1.53	13590
4.81	6.96	1.71	1.94	1.32	27670
3.31	3.72	0.09	0.10	1.62	24493
4.47	4.10	1.18	1.35	1.50	17886
4.98	6.28	1.96	2.39	1.10	15018
4.01	4.81	1.16	1.40	1.17	14909
5.99	6.74	2.34	2.77	1.29	21537
5.90	5.86	2.45	2.87	1.35	23991
7.59	6.94	4.74	5.49	1.44	34617
3.86	4.92	1.37	1.63	1.11	15341
6.64	5.04	1.98	2.25	1.81	16543
8.84	22.30	7.33	8.86	2.06	62942
-1.90	-7.45	-8.89	-7.85	0.89	
3.14	12.70	7.09	8.95	0.88	23169

12－16 各地区独立核算工业企业主要经济效益指标 (1996 年)
MAIN INDICATORS ON ECONOMIC BENIFIT OF INDUSTRIAL ENTERPRISES WITH INDEPENDENT ACCOUNTING SYSTEM BY REGION (1996)

地区 Region	工业增加值率 (%) Ratio of Value Added to Gross Industrial Output Value (%)	百元固定资产原价实现利税 (元) Pre－tax Profits per 100 Yuan of Original Value of Fixed Asstes (yuan)	资金利税率 (%) Ratio of Pre－tax Profits to Total Capital (%)	产值利税率 (%) Ratio of Pre－tax Profits to Gross Output Value (%)	百元销售收入实现利润 (元) Pre－tax Profits per 100 Yuan of Sales Revenue (yuan)	工业成本费用利润率 (%) Ratio of Profits to Industrial Cost (%)	流动资产周转次数 (次/年) Number of Times of Turnover of Circulating Fund (times/year)
全国 National Average	**25.51**	**9.89**	**7.11**	**8.20**	**2.57**	**3.05**	**1.53**
北京 Beijing	25.38	7.51	5.41	8.05	2.09	2.43	1.30
天津 Tianjin	16.73	10.44	7.21	8.54	4.51	5.26	1.43
河北 Hebei	28.61	10.49	8.38	9.52	4.27	5.07	1.70
山西 Shanxi	31.96	7.21	6.31	9.97	3.63	4.59	1.29
内蒙古 Inner Mongolia	36.46	5.22	8.97	1.43	1.73	1.18	
辽宁 Liaoning	24.56	5.24	3.74	6.47	0.33	0.39	0.98
吉林 Jilin	27.05	4.71	3.63	5.79	－1.09	－1.29	1.17
黑龙江 Heilongjiang	42.25	10.56	14.47	5.97	7.63	1.37	
上海 Shanghai	22.12	14.78	8.66	10.40	4.96	5.84	1.40
江苏 Jiangsu	20.97	11.24	7.19	5.83	2.06	2.36	1.97
浙江 Zhejiang	20.84	13.01	7.85	7.30	2.65	3.06	1.78
安徽 Anhui	26.43	13.51	9.37	8.16	2.58	3.06	2.02
福建 Fujian	25.23	12.13	8.18	8.20	3.41	4.01	1.75
江西 Jiangxi	26.52	5.68	4.27	5.35	－0.71	－0.83	1.38
山东 Shandong	26.52	13.02	9.76	9.16	4.05	4.86	1.89
河南 Henan	26.81	11.09	8.51	9.31	3.76	4.53	1.63
湖北 Hubei	25.11	8.64	6.59	6.81	1.91	2.24	1.60
湖南 Hunan	30.10	10.16	8.07	8.69	0.73	0.89	1.75
广东 Guangdong	23.85	9.66	6.27	6.69	2.63	3.05	1.64
广西 Guangxi	27.04	5.09	3.82	4.92	－1.50	－1.76	1.53
海南 Hainan	21.46	2.70	2.07	3.95	－1.12	－1.28	1.23
四川 Sichuan	27.21	6.58	4.84	6.64	0.28	0.34	1.30
贵州 Guizhou	32.79	8.84	6.62	10.63	－0.92	－1.19	1.09
云南 Yunnan	42.57	36.35	25.95	33.42	9.69	15.37	1.51
西藏 Tibet	61.80	5.52	6.02	15.44	8.75	12.43	1.13
陕西 Shaanxi	28.51	4.48	3.37	5.24	－1.38	－1.69	1.13
甘肃 Gansu	28.83	5.28	4.70	7.10	－0.29	－0.35	1.35
青海 Qinghai	30.90	－1.19	－1.10	－2.50	－9.80	－11.38	0.90
宁夏 Ningxia	27.74	5.83	4.65	7.80	0.53	0.64	1.18
新疆 Xinjiang	30.17	3.21	3.17	5.70	－2.11	－2.57	1.34

12－17 国有独立核算工业企业主要财务指标

FINANCIAL INDICATORS OF STATE－OWNED INDUSTRIAL ENTERPRISES WITH INDEPENDENT ACCOUNTING SYSTEM

单位：亿元 (100 million yuan)

年份 Year	固定资产原价 Original Value of Fixed Assets	固定资产净值 Net Value of Fixed Assets	亏损企业亏损总额 Total Loss of Loss－making Enterprises	利润总额 Total Profits	利润和税金总额 Total Pre－tax Profits
1978	3193.40	2225.70	42.06	508.80	790.70
1979	3466.70	2378.60	36.38	562.80	864.40
1980	3730.10	2528.00	34.30	585.40	907.10
1981	4032.30	2709.30	45.96	579.70	923.30
1982	4375.00	2914.00	47.57	597.70	972.20
1983	4767.80	3161.00	32.11	640.90	1032.80
1984	5170.00	3395.50	26.61	706.20	1152.80
1985	5956.20	3980.80	32.44	738.20	1334.10
1986	6744.80	4543.80	54.49	689.90	1341.40
1987	7677.90	5242.40	61.04	787.00	1514.10
1988	8795.20	6040.40	81.92	891.90	1774.90
1989	10160.84	7033.20	180.19	743.01	1773.14
1990	11610.27	8088.31	348.76	388.11	1503.14
1991	13556.75	9507.19	367.00	402.17	1661.15
1992	15669.78	10982.65	369.27	535.10	1944.12
1993	19066.39	13304.37	452.64	817.26	2454.70
1994	23101.98	15677.52	482.59	829.01	2876.25
1995	30935.70	17474.10	639.57	665.60	2874.20
1996	34764.96	22140.84	790.68	412.64	2737.13

12－18 按行业分国有独立核算工业企业主要经济效益指标 (1996年)

行 业	Branch	工业增加值率 (%) Ratio of Value Added to the Gross Output Value (%)	每百元固定资产原价实现的利税 (元) Pre－tax Profits per 100 yuan Original Value of Fixed Assets(%)
全 国 总 计	**National Average**	**27.70**	**7.87**
按轻重工业分	**Grouped by Light & Heavy Industry**		
轻工业	Light Industry	26.09	12.78
重工业	Heavy Industry	28.41	6.59
按行业分	**Grouped by Sector**		
煤炭采选业	Coal Mining and Dressing	44.31	5.42
石油和天然气开采业	Petroleum and Natural Gas Extraction	55.24	10.51
黑色金属矿采选业	Ferrous Metals Mining and Dressing	37.72	4.24
有色金属矿采选业	Nonferrous Metals Mining and Dressing	34.53	3.90
非金属矿采选业	Nonmetal Minerals Mining and Dressing	39.84	4.53
其他矿采选业	Other Minerals Mining and Dressing	32.24	5.71
木材及竹材采运业	Logging and Transport of Timber and Bamboo	49.16	5.94
食品加工业	Food Processing	16.93	－2.85
食品制造业	Food Production	20.82	3.28
饮料制造业	Beverage Production	28.66	24.45
烟草加工业	Tobacco Processing	54.52	137.41
纺织业	Textile Industry	17.54	－1.80
服装及其他纤维制品制造	Garments and Other Fiber Products	22.62	2.00
皮革毛皮羽绒及其制品业	Leather, Furs, Down and Related Products	23.29	－2.95
木材加工及竹藤棕草制品业	Timber Processing, Bamboo, Cane, Palm Fiber and Straw Products	24.34	0.64
家具制造业	Furniture Manufacturing	27.28	3.05
造纸及纸制品业	Papermaking and Paper Products	23.97	6.15
印刷业记录媒介的复制	Printing and Record Medium Reproduction	30.31	6.81
文教体育用品制造业	Cultural, Educational and Sports Goods	25.44	7.36
石油加工及炼焦业	Petroleum Processing and Coking Products	21.56	15.76
化学原料及制品制造业	Raw Chemical Materials and Chemical Products	22.02	5.47
医药制造业	Medical and Pharmaceutical Products	23.34	9.63
化学纤维制造业	Chemical Fiber	18.88	1.40
橡胶制品业	Rubber Products	20.24	12.22
塑料制品业	Plastic Products	18.05	1.73
非金属矿物制品业	Nonmetal Mineral Products	26.24	2.04
黑色金属冶炼及压延加工业	Smelting and Pressing of Ferrous Metals	24.14	5.44
有色金属冶炼及压延加工业	Smelting and Pressing of Nonferrous Metals	18.15	3.37
金属制品业	Metal Products	23.27	2.07
普通机械制造业	Ordinary Machinery Manufacturing	23.80	3.32
专用设备制造业	For Special Purposes Equipment Manufacturing	21.87	1.80
交通运输设备制造业	Transport Equipment Manufacturing	20.22	5.68
电气机械及器材制造业	Electric Equipment and Machinery	22.13	5.39
电子及通信设备制造业	Electronic and Telecommunications Equipment	24.28	7.65
仪器仪表文化办公用机械	Instruments, Meters, Cultural and Office Machinery	25.37	0.31
其他制造业	Other Manufacturing	23.07	0.69
电力蒸汽热水生产供应业	Electric Power, Steam and Hot Water Production and Supply	37.99	8.47
煤气的生产和供应业	Gas Production and Supply		－2.23
自来水的生产和供应业	Tap Water Production and Supply	42.79	3.67

MAIN INDICATORS ON ECONOMIC BENIFIT OF STATE-OWNED INDUSTRIAL ENTERPRISES WITH INDEPENENT ACCOUNTING SYSTEM BY INDUSTRIAL BRANCH (1996)

资金利税率 (%) Ratio of Pre-tax Profits to Total Capital (%)	产值利税率 (%) Ratio of Pre-tax Profits to Gross Output Value (%)	每百元销售收入实现的利润 (元) Profits per 100 yuan Sales Revenue (yuan)	工业成本费用利润率 (%) Ratio of Profits to Industrial Cost (%)	流动资产周转次数 (次/年) Number of Times of Turnover of Circulating Funds (times/year)
6.54	**10.03**	**1.52**	**1.86**	**1.38**
8.28	10.83	-0.22	-0.27	1.33
5.91	9.67	2.23	2.71	1.40
5.31	11.21	2.22	3.05	1.29
14.37	20.72	9.05	12.16	1.97
3.28	8.11	-2.17	-2.84	0.73
3.73	6.38	2.70	3.69	1.33
3.73	8.62	-1.10	-1.52	0.87
3.97	4.20	0.88	1.01	1.68
4.58	9.25	1.26	1.94	1.00
-1.81	-1.77	-4.18	-4.48	1.66
2.27	2.81	-1.60	-1.79	1.51
15.07	18.36	2.71	3.61	1.35
61.98	58.30	10.31	22.66	1.67
-1.28	-1.74	-6.34	-7.05	1.31
1.12	1.25	-0.95	-1.07	1.24
-1.53	-2.57	-6.26	-7.06	0.85
0.50	0.99	-5.37	-6.20	0.92
2.09	3.26	-1.40	-1.63	1.20
4.71	6.26	0.54	0.66	1.42
5.67	8.17	2.21	2.81	1.42
3.87	5.56	-0.18	-0.22	1.10
16.71	13.37	2.18	2.62	3.16
4.80	5.96	1.81	2.20	1.64
5.23	6.65	1.87	2.29	1.16
1.30	2.13	-2.43	-2.75	1.48
7.14	7.82	-0.11	-0.13	1.35
1.23	1.76	-1.28	-1.50	1.13
1.66	3.13	-3.76	-4.50	1.10
4.87	7.98	1.81	2.08	1.27
2.77	4.10	-0.65	-0.75	1.38
1.23	2.09	-2.64	-3.15	0.91
2.10	3.96	-1.51	-1.91	0.83
1.16	1.92	-2.11	-2.59	0.94
3.45	4.83	0.46	0.55	1.11
2.89	4.47	-0.24	-0.29	0.97
3.88	5.52	2.70	3.25	0.92
0.19	0.43	-4.82	-6.12	0.67
0.39	0.48	-3.66	-4.13	1.22
9.25	23.58	6.71	7.96	2.16
-2.00	-8.26	-9.88	-8.53	0.86
2.97	13.39	7.38	9.27	0.81

12－19 各地区国有独立核算工业企业主要经济效益指标 (1996年)

MAIN INDICATORS ON ECONOMIC BENIFIT OF STATE－OWNED INDUSTRIAL ENTERPRISES WITH INDEPENDENT ACCOUNTING SYSTEM BY REGION(1996)

地区 Region	工业增加值率 (%) Ratio of Value to Gross Output Value (%)	百元固定资产原价实现利税 (元) Pre－tax Pro－fits per 100 Yuan Origi－nal Value of Fixed Assets (yuan)	资金利税率 (%) Ratio of Pre－tax Profits to Total Capital (%)	产值利税率 (%) Ratio of Pre－tax Profits to Gross Output Value (%)	百元销售收入实现利润 (元) Pre－tax Profits per 100 Yuan Sales (yuan)	工业成本费用利润率 (%) Ratio of Profits to Industrial Cost (%)	流动资产周转次数 (次/年) Number of Times of Turnover of Circulating Fund (times/year)
全　国National Average	**27.70**	**7.87**	**6.54**	**10.03**	**1.52**	**1.86**	**1.38**
北　京　Beijing	21.33	6.21	5.19	9.11	1.82	2.12	1.31
天　津　Tianjin	19.37	4.07	3.31	6.63	0.34	0.40	1.15
河　北　Hebei	29.81	7.71	6.92	10.53	2.86	3.46	1.48
山　西　Shanxi	32.20	6.00	5.69	10.92	3.91	5.08	1.22
内蒙古　Inner Mongolia	33.05	5.02	4.58	9.02	0.20	0.24	1.15
辽　宁　Liaoning	25.26	4.57	4.13	7.56	－0.31	－0.36	1.21
吉　林　Jilin	25.88	3.54	2.94	5.13	－2.43	－2.90	1.16
黑龙江　Heilongjiang	41.17	12.61	11.45	17.71	7.01	9.33	1.37
上　海　Shanghai	21.06	10.38	6.79	10.66	3.58	4.19	1.24
江　苏　Jiangsu	22.43	7.76	5.96	6.65	0.90	1.05	1.77
浙　江　Zhejiang	22.60	8.30	6.34	8.83	1.25	1.45	1.72
安　徽　Anhui	26.42	9.13	6.93	8.83	－0.85	－1.03	1.52
福　建　Fujian	28.52	13.19	10.69	16.69	5.76	7.38	1.48
江　西　Jiangxi	24.81	4.65	3.75	5.61	－1.73	－2.05	1.27
山　东　Shandong	29.29	9.79	8.57	11.01	2.43	2.97	1.82
河　南　Henan	28.58	9.03	7.70	10.38	2.67	3.31	1.45
湖　北　Hubei	24.91	6.10	5.01	7.31	0.75	0.89	1.25
湖　南　Hunan	29.62	9.81	8.36	12.01	0.58	0.75	1.52
广　东　Guangdong	27.43	8.69	6.49	9.42	1.60	1.93	1.46
广　西　Guangxi	25.71	3.88	3.14	5.09	－3.02	－3.61	1.34
海　南　Hainan	21.64	0.72	0.54	1.25	－5.27	－6.16	1.00
四　川　Sichuan	27.24	6.19	4.83	7.88	0.19	0.23	1.20
贵　州　Guizhou	32.28	8.27	6.46	12.03	－1.51	－2.01	1.02
云　南　Yunnan	46.51	43.44	31.58	39.86	11.86	20.49	1.55
西　藏　Tibet	62.54	4.50	5.18	14.69	7.07	9.88	1.20
陕　西　Shaanxi	29.10	2.84	2.27	4.19	－3.39	－4.21	1.04
甘　肃　Gansu	27.98	4.53	4.26	7.30	－1.05	－1.27	1.30
青　海　Qinghai	30.65	－1.27	－1.20	－2.95	－10.52	－12.22	0.86
宁　夏　Ningxia	28.59	4.00	3.43	6.56	－0.80	－0.96	1.12
新　疆　Xinjiang	30.22	3.15	3.33	6.16	－2.36	－2.91	1.42

12－20 主要工业产品产量
OUTPUT OF MAJOR INDUSTRIAL PRODUCTS

年份 地区 Year Region	化学纤维（万吨） Chemical Fiber (10 000 tons)	#合成纤维 Synthetic Fiber	纱（万吨） Yarn (10 000 tons)	布（亿米） Cloth (100 000 000 m)	毛线（万吨） Knitting Wool (10 000tn)	呢绒（万米） Woolen Goods (10 000 m)
1952			65.60	38.30	0.20	423
1957	0.02		84.40	50.50	0.57	1817
1962	1.36	0.04	54.80	25.30	0.78	3242
1965	5.01	0.52	130.00	62.80	1.10	4240
1970	10.09	3.62	205.20	91.50	2.17	5776
1975	15.48	6.57	210.80	94.00	2.66	6943
1978	28.46	16.94	238.20	110.30	3.78	8885
1980	45.03	31.41	292.60	134.70	5.73	10095
1985	94.78	77.06	353.50	146.70	12.59	21816
1986	101.73	83.07	397.80	164.70	14.91	25187
1987	117.50	98.20	436.80	173.00	20.47	26538
1988	130.12	112.47	465.70	187.90	22.50	28609
1989	148.09	128.20	476.70	189.20	25.00	27962
1990	165.42	143.43	462.60	188.80	23.80	29505
1991	191.03	167.03	460.80	181.70	28.25	31141
1992	213.04	188.17	501.70	190.70	35.06	33792
1993	237.37	208.86	501.50	203.00	34.35	35383
1994	280.33	246.72	489.50	211.30	43.96	41900
1995	341.17	308.87	542.20	260.18	51.38	65392
1996	375.45	337.05	512.21	209.10	48.25	45953.68
北　京 Beijing	2.56	2.56	6.75	2.26	0.53	1463.30
天　津 Tianjin	8.82	8.16	10.51	3.97	0.93	801.50
河　北 Hebei	7.24	5.79	38.09	16.27	14.62	3572.32
山　西 Shanxi	2.78	1.81	6.12	3.09	0.12	122.58
内蒙古 Inner Mongolia	0.45	0.11	1.89	0.87	0.35	1053.74
辽　宁 Liaoning	20.72	18.40	15.88	4.73	0.44	745.41
吉　林 Jilin	5.40	1.35	4.67	1.34	0.11	451.30
黑龙江 Heilongjiang	14.11	13.48	3.12	0.76	0.04	306.59
上　海 Shanghai	38.61	34.79	22.79	5.23	1.41	3567.82
江　苏 Jiangsu	105.94	99.67	83.33	34.55	14.28	19133.91
浙　江 Zhejiang	43.34	39.78	28.14	15.95	2.08	4207.15
安　徽 Anhui	6.55	6.55	22.05	8.87	0.19	341.69
福　建 Fujian	24.12	23.28	7.66	3.60	0.71	334.78
江　西 Jiangxi	4.80	1.84	10.56	3.33	0.06	281.13
山　东 Shandong	19.61	17.09	65.54	28.55	4.82	2472.00
河　南 Henan	9.90	6.70	42.70	13.08	0.42	845.00
湖　北 Hubei	5.75	3.72	48.41	19.63	0.84	927.08
湖　南 Hunan	4.07	3.62	13.42	4.65	0.06	2.67
广　东 Guangdong	32.12	32.02	15.37	12.14	4.43	1957.36
广　西 Guangxi	1.78	1.78	7.23	1.27	0.26	72.78
海　南 Hainan	1.75	1.75	0.12	0.14		
四　川 Sichuan	6.93	5.54	16.83	11.62	0.28	313.77
贵　州 Guizhou	0.39	0.39	2.18	1.22	0.05	17.00
云　南 Yunnan	0.87	0.36	3.16	1.28	0.08	25.89
西　藏 Tibet						6.78
陕　西 Shaanxi	2.23	1.95	12.72	7.32	0.14	691.57
甘　肃 Gansu	2.26	2.26	1.43	0.34	0.51	683.13
青　海 Qinghai			0.56	0.26	0.11	94.58
宁　夏 Ningxia	0.45	0.45	0.12	0.05	0.14	99.50
新　疆 Xinjiang	1.91	1.87	20.85	2.72	0.22	1361.35

续表 1 continued

年份地区 Year Region		丝（万吨） Silk (10 000 tons)	机制纸及纸板（万吨） Machine-Made Paper and Paperboards (10 000 tons)	缝纫机（万架） Sewing Machines (10 000units)	自行车（万辆） Bicycles (10000units)	表（万只） Watches (10 000units)	日用陶瓷器（亿件） Household Ceramics (100 million pcs)
1952		0.56	37.00	6.60	8.00		
1957		0.99	91.00	27.80	80.60	0.04	20.20
1962		0.47	112.00	77.90	137.10	81.80	18.80
1965		0.91	173.00	123.80	183.80	108.30	19.70
1970		1.67	241.00	235.20	368.80	358.10	19.30
1975		2.31	341.00	356.70	623.20	809.00	29.20
1978		2.97	439.00	486.50	854.00	1410.80	34.70
1980		3.54	535.00	767.80	1302.40	2267.50	34.80
1985		4.22	911.00	991.20	3227.70	5447.10	36.40
1986		4.72	999.00	989.40	3568.30	7332.00	43.00
1987		5.19	1141.00	970.00	4116.70	6159.40	47.30
1988		5.10	1270.00	983.20	4140.10	6788.90	53.20
1989		5.23	1333.00	956.30	3676.80	7559.70	50.80
1990		5.66	1372.00	761.00	3141.60	8671.30	52.70
1991		6.07	1479.00	763.80	3676.80	7824.90	59.00
1992		7.42	1725.00	833.20	4083.60	8658.80	62.70
1993		9.40	1914.00	840.60	4149.60	19290.80	67.90
1994		10.64	2138.00	861.20	4364.90	47776.80	83.55
1995		11.34	2812.30	970.61	4472.25	48191.29	89.28
1996		9.49	2638.20	683.69	3361.18	47975.64	99.96
北京	Beijing		15.27	0.27		347.60	0.01
天津	Tianjin		45.89	11.37	381.52	497.52	0.03
河北	Hebei		258.32	4.26	15.31	121.90	8.08
山西	Shanxi	0.06	68.72	0.99	0.01	10.07	2.71
内蒙古	Inner Mongolia		20.14		0.25		0.04
辽宁	Liaoning	0.46	95.68	0.12	87.95	316.45	0.06
吉林	Jilin		57.91		0.57	66.61	0.23
黑龙江	Heilongjiang		65.34		0.02	16.06	0.11
上海	Shanghai	0.07	38.85	315.61	747.25	1237.24	
江苏	Jiangsu	2.17	163.95	57.40	442.85	423.06	2.60
浙江	Zhejiang	2.85	218.79	102.47	499.27	123.96	1.62
安徽	Anhui	0.55	97.86	23.87	57.54	156.82	1.43
福建	Fujian		95.00	0.49	64.31	6845.27	7.45
江西	Jiangxi	0.08	38.24		16.11	75.50	6.01
山东	Shandong	0.56	336.39	4.30	172.61	589.41	8.43
河南	Henan	0.14	204.36	13.95	153.26	81.57	9.14
湖北	Hubei	0.13	85.18	0.81	23.36	98.92	0.43
湖南	Hunan	0.01	103.41	7.86	1.42	42.28	12.55
广东	Guangdong	0.25	229.93	114.41	653.44	35964.94	24.70
广西	Guangxi	0.17	86.24	1.14	37.03	848.37	8.99
海南	Hainan		2.17			0.24	0.10
四川	Sichuan	1.78	119.78	0.11	1.33	59.20	1.97
贵州	Guizhou		12.78			0.96	0.17
云南	Yunnan	0.07	39.42	4.61	3.87	2.92	2.12
西藏	Tibet						
陕西	Shaanxi	0.12	85.46	19.60	1.84	48.75	0.52
甘肃	Gansu		19.51	0.04	0.05		0.13
青海	Qinghai		1.65				
宁夏	Ningxia		14.96				0.30
新疆	Xinjiang	0.03	16.98				0.03

续表 2 continued

年份 地区 Year Region		合成洗涤剂（万吨） Synthetic Detergents (10000tons)	原盐（万吨） Salt (10 000 tons)	糖（万吨） Sugar (10 000 tons)	食用植物油（万吨） Edible Vegetable Oil (10000tons)	罐头（万吨） Canned Food (10000tons)	饮料酒（万吨） Alcoholic Beverages (10000tons)	#啤酒 Beer	卷烟（万箱） Cigarettes (10 000 cases)
1952			495.00	45.00	98.00	1.30	23.00		265.00
1957			828.00	86.00	110.00	6.20	67.00		446.00
1962		2.40	994.00	34.00	76.00	7.30	79.00	5.00	244.00
1965		3.00	1147.00	146.00	139.00	12.20	89.00	10.00	478.00
1970		9.30	1109.00	135.00	103.00	19.30	121.00	9.00	783.00
1975		22.30	1481.00	174.00	156.00	35.10	212.00	16.00	992.00
1978		32.40	1953.00	227.00	177.00	48.80	247.00	27.00	1182.00
1980		39.30	1728.00	257.00	222.00	57.20	368.00	69.00	1520.00
1985		100.50	1479.00	451.00	401.00	142.50	851.00	310.00	2370.00
1986		117.50	1761.00	525.00	441.00	164.10	985.00	413.00	2596.00
1987		119.20	1764.00	506.00	478.00	161.50	1195.00	540.00	2881.00
1988		131.90	2264.00	461.00	480.00	220.90	1357.00	656.00	3096.00
1989		146.60	2829.00	501.00	496.00	232.50	1285.00	643.00	3195.00
1990		151.40	2023.00	582.00	544.00	157.10	1386.00	692.00	3298.00
1991		146.20	2410.00	640.00	644.00	193.00	1539.00	838.00	3226.00
1992		166.60	2838.00	829.00	661.00	224.30	1753.00	1021.00	3285.00
1993		188.30	2943.00	771.00	965.00	230.30	1971.00	1192.00	3376.00
1994		217.00	2996.00	592.00	723.00	247.30	2233.00	1415.00	3432.00
1995		299.80	2977.72	558.64	1144.50	310.57	2559.66	1568.82	3485.02
1996		262.20	2903.57	640.20	946.54	282.61	2650.85	1681.91	3401.92
北　京	Beijing	9.31			0.25	0.41	103.76	92.87	16.55
天　津	Tianjin	12.07	226.71		9.63	1.72	10.72	4.83	16.02
河　北	Hebei	5.32	369.65	0.62	33.86	29.56	140.63	111.10	109.49
山　西	Shanxi	16.68	0.01	4.31	13.88	1.62	29.29	9.90	20.14
内蒙古	Inner Mongolia	1.06	83.22	27.21	15.16	1.82	48.71	34.42	24.13
辽　宁	Liaoning	6.92	232.46	4.04	29.62	8.14	144.61	118.75	40.30
吉　林	Jilin	3.12		6.95	20.81	0.77	89.92	75.87	59.10
黑龙江	Heilongjiang	2.94		46.43	75.94	2.06	145.28	108.44	74.09
上　海	Shanghai	32.57			17.38	3.43	27.97	21.81	104.19
江　苏	Jiangsu	23.98	359.48	0.02	81.65	6.35	154.56	70.93	83.35
浙　江	Zhejiang	6.60	59.60	0.40	28.37	36.83	226.84	141.16	85.78
安　徽	Anhui	18.25	21.55		79.12	14.61	132.78	70.01	190.20
福　建	Fujian	0.63	75.45	16.68	19.43	49.07	118.64	110.21	79.41
江　西	Jiangxi	4.21	25.94	8.64	16.42	3.03	52.49	38.43	38.63
山　东	Shandong	19.94	708.64	1.90	112.08	25.43	361.04	216.95	231.27
河　南	Henan	12.47	33.10		47.75	12.33	128.77	80.80	290.95
湖　北	Hubei	11.73	192.88	0.78	101.08	6.39	129.84	75.99	210.71
湖　南	Hunan	6.57	62.30	5.85	43.42	4.87	51.82	26.64	258.62
广　东	Guangdong	26.37	28.17	118.56	34.25	11.97	142.86	98.44	158.97
广　西	Guangxi	4.33	10.63	237.51	31.05	18.27	60.81	23.30	93.81
海　南	Hainan	0.22	19.93	17.63	0.57	15.90	2.97	0.85	8.80
四　川	Sichuan	16.37	234.06	10.27	41.62	12.71	190.49	76.43	186.46
贵　州	Guizhou	0.21		1.27	13.91	0.15	42.25	7.63	197.74
云　南	Yunnan	8.37	44.03	83.65	2.46	1.20	33.16	10.97	656.38
西　藏	Tibet				0.07		0.45	0.45	
陕　西	Shaanxi	4.15	5.79	0.08	13.03	2.98	27.93	18.06	121.47
甘　肃	Gansu	3.54	5.14	8.00	16.42	1.52	21.10	15.69	25.00
青　海	Qinghai	0.88	68.24		3.32	0.03	3.18	1.27	3.10
宁　夏	Ningxia	1.93	0.08	3.05	6.47	0.26	5.99	5.16	3.70
新　疆	Xinjiang	1.49	36.54	36.34	37.54	9.16	22.00	14.55	13.56

续表 3 continued

年份地区	中成药(万吨) Chinese Patent Medicine (10 000 tons)	家用电冰箱(万台) Household Refrigera－tors (10 000 units)	电风扇(万台) Electric Fans (10 000 units)	家用洗衣机(万台) Household Washing Machines (10 000 units)	收音机(万台) Radio (10 000 units)	录音机(万台) Recorders (10 000 units)	电视机(万台) Television Sets (10 000 units)	#彩色 Color TV Sets	照相机(万架) Cameras (10 000 units)
1952					1.70				
1957		0.16			35.20	0.10			0.01
1962		0.09			90.30		0.36		2.05
1965		0.30			81.50	0.50	0.44		1.72
1970		0.52			323.10	1.40	1.05	…	4.04
1975		1.80			935.60	3.20	17.78	0.29	18.49
1978		2.80	137.80	0.04	1167.70	4.70	51.73	0.38	17.89
1980	10.30	4.90	723.70	24.50	3003.80	74.30	249.20	3.21	37.28
1985	17.50	144.81	3174.60	887.20	1600.30	1393.10	1667.66	435.28	178.97
1986	20.70	225.02	3528.70	893.40	1589.50	1756.80	1459.40	414.60	202.54
1987	24.20	401.34	3660.70	990.20	1763.80	1978.00	1934.37	672.72	256.70
1988	27.50	757.63	4495.50	1046.80	1548.90	2540.40	2505.07	1037.66	312.26
1989	22.60	670.79	4991.90	825.43	1834.70	2349.00	2766.54	940.02	245.18
1990	22.60	463.06	5799.30	662.68	2103.00	3023.50	2684.70	1033.04	213.22
1991	26.90	469.94	6219.10	687.17	1969.10	2873.70	2691.41	1205.06	478.18
1992	32.20	485.76	6837.00	707.93	1648.90	3231.80	2867.82	1333.08	526.48
1993	36.20	596.66	7387.30	895.85	1754.20	3647.90	3032.97	1435.76	1930.46
1994	37.90	768.12	8613.50	1094.24	4132.30	8395.60	3283.26	1689.15	2830.02
1995	61.36	918.54	12966.67	948.41	8204.55	8581.36	3496.23	2057.74	3326.15
1996	40.80	979.65	10291.68	1074.72	5650.72	8632.82	3541.81	2537.60	4120.77
北京 Beijing	1.87	6.27	12.18	13.14	5.74	44.25	37.20	31.24	234.32
天津 Tianjin	0.33	0.29	8.37	60.02			157.34	117.80	79.28
河北 Hebei	1.24					2.05	14.91	9.61	
山西 Shanxi	0.47		0.24	39.87			0.12	0.11	
内蒙古 Inner Mongolia	0.20				0.24	0.72	22.87	17.02	
辽宁 Liaoning	0.41	9.36	10.05	16.22	1.70	1.21	56.72	50.15	
吉林 Jilin	1.21	5.09		1.98		2.62	3.08	3.08	
黑龙江 Heilongjiang	0.57		0.10		1.45		59.72	59.13	0.08
上海 Shanghai	1.08	93.12	169.23	141.52	94.32	148.41	187.63	42.59	198.99
江苏 Jiangsu	1.19	20.71	1939.64	117.79	106.39	476.41	410.54	258.34	28.97
浙江 Zhejiang	0.74	62.14	830.02	121.16	69.37	45.96	368.40	36.27	18.09
安徽 Anhui	4.73	109.11	86.39	152.50	0.70		44.99	8.57	
福建 Fujian	0.56		7.39		204.74	343.27	104.22	102.92	0.01
江西 Jiangxi	1.69	27.07	53.93		27.80	21.40	32.16	20.25	21.78
山东 Shandong	1.72	193.83	350.95	137.54	0.08	2.36	80.48	69.44	84.54
河南 Henan	1.86	112.80	18.73			0.58	38.41	27.22	
湖北 Hubei	2.77		32.83	31.19	3.75	0.46	7.01	5.60	
湖南 Hunan	1.09	3.72	26.06		18.66	22.53	14.86	1.10	
广东 Guangdong	7.57	270.13	6492.76	169.53	5087.87	7458.72	1234.81	1128.53	3440.62
广西 Guangxi	3.28		67.67		19.42	60.35	30.36	3.81	
海南 Hainan	0.36						0.76	0.76	
四川 Sichuan	3.55	1.78	184.25	25.07	0.38	0.59	522.37	485.40	
贵州 Guizhou	0.77	1.27		3.78			43.20	1.22	
云南 Yunnan	0.52	1.68		1.00			3.89	2.45	
西藏 Tibet	0.01								
陕西 Shaanxi	0.44	56.18	0.88	8.09	8.10	0.94	62.39	54.01	6.22
甘肃 Gansu	0.27	5.11		34.32			0.97	0.68	7.87
青海 Qinghai	0.03								
宁夏 Ningxia	0.10						0.30		
新疆 Xinjiang	0.18						2.10	0.30	

续表 4 continued

年份地区 Year Region	原煤 (亿吨) Coal (100 million tons)	原油 (万吨) Crude Oil (10 000 tons)	天然气 (亿立方米) Natural Gas (100 million cu.m)	发电量 (亿千瓦小时) Electricity (100 million kwh)	#水电 Hydro-power	生铁 (万吨) Pig Iron (10 000 tons)	钢 (万吨) Steel (10 000 tons)	成品钢材 (万吨) Steel Products (10 000 tons)
1952	0.66	44.00	0.08	73.00	13.00	193.00	135.00	106.00
1957	1.31	146.00	0.70	193.00	48.00	594.00	535.00	415.00
1962	2.20	575.00	12.10	458.00	90.00	805.00	667.00	455.00
1965	2.32	1131.00	11.00	676.00	104.00	1077.00	1223.00	881.00
1970	3.54	3065.00	28.70	1159.00	205.00	1706.00	1779.00	1188.00
1975	4.82	7706.00	88.50	1958.00	476.00	2449.00	2390.00	1622.00
1978	6.18	10405.00	137.30	2566.00	446.00	3479.00	3178.00	2208.00
1980	6.20	10595.00	142.70	3006.00	582.00	3802.00	3712.00	2716.00
1985	8.72	12490.00	129.30	4107.00	924.00	4384.00	4679.00	3693.00
1986	8.94	13069.00	137.60	4495.00	945.00	5064.00	5220.00	4058.00
1987	9.28	13414.00	138.90	4973.00	1000.00	5503.00	5628.00	4386.00
1988	9.80	13705.00	142.60	5452.00	1092.00	5704.00	5943.00	4689.00
1989	10.54	13764.00	150.49	5848.00	1183.00	5820.00	6159.00	4859.00
1990	10.80	13831.00	152.98	6212.00	1267.00	6238.00	6635.00	5153.00
1991	10.87	14099.00	160.73	6775.00	1247.00	6765.00	7100.00	5638.00
1992	11.16	14210.00	157.88	7539.00	1307.00	7589.00	8094.00	6697.00
1993	11.50	14524.00	167.65	8395.00	1518.00	8739.00	8956.00	7716.00
1994	12.40	14608.00	175.59	9281.00	1674.00	9741.00	9261.00	8428.00
1995	13.61	15004.95	179.47	10070.30	1905.77	10529.27	9535.99	8979.80
1996	13.97	15733.39	201.14	10813.10	1879.66	10722.50	10124.06	9338.02
北京 Beijing	0.10			141.56	8.03	732.17	794.74	654.34
天津 Tianjin		646.60	7.58	146.04		169.04	200.99	440.89
河北 Hebei	0.82	524.05	3.65	651.41	15.35	1258.23	908.62	721.10
山西 Shanxi	3.49		0.49	526.89	7.37	1432.79	355.78	253.85
内蒙古 Inner Mongolia	0.73			323.78	1.25	428.12	431.95	291.44
辽宁 Liaoning	0.60	1504.31	19.62	583.96	45.15	1358.46	1369.27	1209.29
吉林 Jilin	0.26	373.60	2.10	293.98	60.91	117.71	119.11	101.57
黑龙江 Heilongjiang	0.82	5601.67	23.33	410.25	5.11	69.21	84.15	73.49
上海 Shanghai				428.64		964.03	1441.92	1175.74
江苏 Jiangsu	0.26	122.04	0.15	756.87	0.49	253.71	446.62	795.58
浙江 Zhejiang	0.01			448.36	52.25	88.59	143.69	234.46
安徽 Anhui	0.51	8.03		325.82	11.64	463.48	361.31	307.69
福建 Fujian	0.12			284.10	150.87	101.10	80.49	115.97
江西 Jiangxi	0.24			183.29	46.98	133.86	173.02	139.87
山东 Shandong	0.89	2911.64	11.91	793.03	0.80	544.87	447.56	312.58
河南 Henan	1.08	587.19	11.38	593.99	16.80	319.07	309.87	285.71
湖北 Hubei	0.15	86.52	0.71	476.04	270.70	625.97	707.73	645.62
湖南 Hunan	0.60			339.09	166.02	213.09	189.95	165.91
广东 Guangdong	0.10	1288.50	22.27	908.66	127.56	140.83	224.66	276.28
广西 Guangxi	0.13	10.61		226.14	138.79	88.74	87.26	77.34
海南 Hainan		0.07		32.81	12.15	1.31	0.35	3.97
四川 Sichuan	0.96	21.28	80.37	618.00	268.80	609.02	688.50	552.75
贵州 Guizhou	0.61		1.21	248.76	103.71	103.41	59.53	51.56
云南 Yunnan	0.31			253.65	182.45	181.17	161.83	171.71
西藏 Tibet				4.26	2.92			
陕西 Shaanxi	0.46	221.47	0.15	268.68	32.88	107.49	54.07	47.98
甘肃 Gansu	0.22	172.79	0.30	235.65	84.32	124.40	146.59	104.32
青海 Qinghai	0.03	140.12	1.27	61.75	33.54		40.71	32.35
宁夏 Ningxia	0.16	55.79	0.62	111.63	8.33	6.98	6.33	7.97
新疆 Xinjiang	0.30	1457.10	14.06	136.03	24.49	85.64	87.47	86.70

续表 5 continued

年份 地区 Year Region	铁合金 (万吨) Ferro-alloys (10 000tons)	焦炭 (万吨) Coke (10 000tons)	水泥 (万吨) Cement (10 000tons)	平板玻璃 (万重量箱) Plate Glass (10 000 weight cases)	木材 (万立方米) Timber (10 000 cu.m)	硫酸 (万吨) Sulfuric Acid (10000tons)	纯碱 (万吨) Soda Ash (10000tons)
1952	1.70	289.00	286.00	198.00	1233.00	19.00	19.20
1957	10.50	830.00	686.00	430.00	2787.00	63.20	50.60
1962	19.70	1342.00	600.00	367.00	2375.00	96.80	51.90
1965	33.90	1333.00	1634.00	599.00	3978.00	234.00	88.20
1970	59.50	2330.00	2575.00	928.00	3782.00	291.40	107.70
1975	76.90	3680.00	4626.00	1262.00	4703.00	484.70	124.30
1978	93.90	4946.00	6524.00	1784.00	5162.00	661.00	132.90
1980	99.40	4343.00	7986.00	2466.00	5359.00	764.30	161.30
1985	149.40	4802.00	14595.00	4942.00	6323.00	676.40	201.10
1986	159.70	5276.00	16606.00	5202.00	6502.00	763.10	214.60
1987	184.60	5795.00	18625.00	5803.00	6408.00	983.30	236.30
1988	208.40	6108.00	21014.00	7293.00	6218.00	1111.30	260.90
1989	238.20	6624.00	21029.00	8442.00	5802.00	1153.30	304.20
1990	244.20	7328.00	20971.00	8067.00	5571.00	1196.90	379.50
1991	246.00	7352.00	25261.00	8712.00	5807.00	1332.90	393.60
1992	264.80	7984.00	30822.00	9359.00	6174.00	1408.70	455.00
1993	300.00	9320.00	36788.00	11086.00	6390.00	1336.50	534.90
1994	336.10	11477.00	42118.00	11925.00	6615.00	1536.50	581.40
1995	431.88	13510.05	47560.59	15731.71	6766.86	1811.00	597.71
1996	418.02	13643.10	49118.90	16069.37	6710.27	1883.57	669.29
北京 Beijing	3.65	399.66	665.93	461.69	3.66	10.85	
天津 Tianjin	1.59	183.53	207.88	211.14		8.11	66.69
河北 Hebei	9.09	1096.49	3406.92	2509.84	58.04	93.10	74.34
山西 Shanxi	28.17	5396.86	1307.56	236.30	35.74	62.16	1.59
内蒙古 Inner Mongolia	8.30	378.39	399.84	388.14	540.73	9.42	27.73
辽宁 Liaoning	30.24	831.18	1743.06	1591.57	146.09	108.66	71.98
吉林 Jilin	34.93	143.79	608.48	178.13	590.67	13.64	3.99
黑龙江 Heilongjiang	0.86	169.99	655.36	562.97	1285.09	8.10	0.08
上海 Shanghai	24.36	637.70	443.77	687.63		36.24	4.21
江苏 Jiangsu	5.23	212.52	4040.28	1131.59	76.04	175.43	74.81
浙江 Zhejiang	14.94	57.53	3546.83	450.41	221.62	41.21	14.95
安徽 Anhui	1.66	295.59	2269.60	262.25	280.36	135.55	9.56
福建 Fujian	6.07	42.97	1504.52	297.98	494.97	30.25	6.31
江西 Jiangxi	8.74	167.02	1062.16	21.68	276.48	54.27	1.17
山东 Shandong	2.76	343.41	5623.79	1367.99	167.56	129.87	131.50
河南 Henan	13.03	418.52	3088.00	1832.36	164.24	80.75	35.00
湖北 Hubei	9.33	394.31	1786.66	549.62	159.75	127.54	37.08
湖南 Hunan	27.49	236.44	2300.28	765.87	322.58	98.11	12.87
广东 Guangdong	1.28	55.07	5283.23	660.05	266.08	130.20	15.41
广西 Guangxi	28.78	65.08	1933.52	221.33	388.42	53.08	
海南 Hainan			183.55		33.93	1.67	
四川 Sichuan	34.88	749.88	3051.32	556.96	457.60	191.50	51.41
贵州 Guizhou	36.55	478.87	522.00	51.33	74.88	21.11	0.15
云南 Yunnan	25.00	388.87	1152.28	155.65	412.12	115.21	4.64
西藏 Tibet	0.08		23.11		21.30		
陕西 Shaanxi	8.79	272.07	915.89	308.89	116.06	58.65	7.94
甘肃 Gansu	17.62	87.10	589.15	478.19	61.78	69.31	9.41
青海 Qinghai	14.93	3.46	76.10	51.12	7.40	1.92	1.16
宁夏 Ningxia	18.44	38.82	164.96	55.32	20.14	10.03	
新疆 Xinjiang	1.22	97.99	562.87	23.39	26.94	7.64	5.31

续表 6 continued

年份 地区 Year Region	烧碱(万吨) Caustic Soda (10000tons)	农用氮、磷、钾化肥(万吨) Chemical Fertilizer (10000tons)	#氮肥 Nitro-genous	#磷肥 Phosphate	化学农药(万吨) Chemical Pesticide (10 000 tons)	电石(万吨) Calcium Carbide (10 000 tons)	塑料(万吨) Plastics (10 000 tons)	轮胎外胎(万条) Tires Cover (10 000 units)
1952	7.90	3.90		3.90	0.20	1.10	0.20	42.00
1957	19.80	15.10	12.90	2.20	6.50	4.90	1.30	88.00
1962	29.00	46.40	33.80	12.60	8.80	19.40	4.00	128.00
1965	55.60	172.60	103.70	68.80	19.30	44.00	9.70	232.00
1970	89.20	243.50	152.30	90.70	32.10	69.60	17.60	425.00
1975	128.90	524.70	370.90	153.10	42.20	98.30	33.00	700.00
1978	164.00	869.30	763.90	103.30	53.30	123.80	67.90	939.00
1980	192.30	1232.10	999.30	230.80	53.70	152.00	89.80	1146.00
1985	235.30	1322.20	1143.80	176.00	21.10	195.30	123.40	1926.00
1986	251.80	1359.70	1159.20	234.00	20.30	215.00	132.10	1924.00
1987	273.90	1672.20	1342.30	325.90	16.10	241.20	152.60	2333.00
1988	300.50	1740.20	1365.30	369.20	17.90	225.60	190.40	2991.00
1989	321.10	1802.50	1424.10	372.80	20.80	246.10	205.80	3226.00
1990	335.40	1879.70	1463.60	411.40	22.80	228.00	227.00	3209.00
1991	354.10	1979.50	1510.10	459.70	25.50	235.80	283.00	3940.00
1992	379.50	2047.90	1570.50	462.20	28.10	242.50	330.80	5183.00
1993	395.40	1956.30	1525.60	419.00	25.70	264.20	359.90	6391.00
1994	429.60	2272.80	1736.30	504.40	29.00	292.00	401.40	9302.00
1995	531.82	2548.14	1859.18	662.64	41.65	345.67	516.87	7945.84
1996	573.78	2809.04	2136.05	651.17	44.75	309.22	576.86	8805.67
北京 Beijing	11.54	12.72	12.13	0.59		1.35	68.46	298.06
天津 Tianjin	50.75	11.31	9.06	1.47	2.95	5.24	25.94	133.66
河北 Hebei	32.38	186.65	156.94	29.72	5.34	16.46	18.24	207.86
山西 Shanxi	13.07	116.60	98.38	17.74	0.35	68.65	2.11	99.06
内蒙古 Inner Mongolia	12.89	20.95	19.49	1.46		17.76	2.65	13.21
辽宁 Liaoning	37.49	82.04	73.85	6.92	1.68	6.48	58.53	309.53
吉林 Jilin	10.25	33.33	33.17	0.17	0.49	8.72	10.51	100.46
黑龙江 Heilongjiang	9.99	44.77	44.42	0.35	0.29	7.82	37.38	219.82
上海 Shanghai	41.08	28.37	25.82	2.56	1.69	8.16	65.46	942.69
江苏 Jiangsu	57.56	184.30	136.47	47.02	8.93	5.63	64.58	336.37
浙江 Zhejiang	26.21	70.89	61.77	8.47	4.42	13.57	13.67	647.64
安徽 Anhui	11.69	188.31	128.30	59.44	0.74	9.74	5.89	164.95
福建 Fujian	12.90	56.66	48.08	8.58	1.30	13.08	8.23	747.67
江西 Jiangxi	9.74	37.86	22.73	15.12	0.58	8.77	4.78	29.91
山东 Shandong	78.51	239.40	216.16	22.09	2.91	4.44	63.98	2646.12
河南 Henan	30.76	241.09	204.82	35.86	0.59	8.79	16.57	455.72
湖北 Hubei	18.37	225.31	134.15	90.95	3.22	9.19	10.50	231.37
湖南 Hunan	21.23	158.86	124.72	34.05	4.01	12.45	7.09	48.76
广东 Guangdong	16.04	59.71	39.92	19.80	1.40	1.03	43.68	310.39
广西 Guangxi	10.12	49.84	33.68	16.15	0.78	9.09	2.22	145.33
海南 Hainan		2.17	1.59	0.58				9.14
四川 Sichuan	33.30	350.31	250.73	98.95	2.50	9.98	5.80	141.90
贵州 Guizhou	2.32	57.54	36.02	21.52		7.22	0.93	187.01
云南 Yunnan	3.83	133.93	70.57	63.35	0.11	9.26	1.12	77.70
西藏 Tibet								
陕西 Shaanxi	8.30	83.21	55.87	27.03	0.16	16.62	2.53	14.37
甘肃 Gansu	5.90	40.01	23.86	16.15	0.31	9.45	13.57	9.99
青海 Qinghai	1.25	15.55	0.69	0.38		0.37	0.21	
宁夏 Ningxia	3.51	40.14	36.44	3.70		18.31	2.62	193.24
新疆 Xinjiang	2.80	37.21	36.20	1.01		1.59	19.59	83.76

续表 7 continued

年份 地区 Year Region	交流电动机（万千瓦） Alternating Current Motors (10 000 kw)	金属切削机床（万台） Metal-Cutting Machine Tools (10 000 units)	汽车（万辆） Motor Vehicles (10 000 units)	#载重汽车 Trucks	拖拉机（14.7千瓦及以上 万台） Tractors (14.7kw & over 10 000 uints)	小型拖拉机（万台） Mini-tractors (10 000units)
1952	64.00	1.37				
1957	146.00	2.80	0.79	0.62		
1962	343.00	2.25	0.97	0.78	0.71	0.01
1965	405.00	3.96	4.05	2.65	0.96	0.36
1970	1456.00	13.89	8.72	4.71	3.19	5.14
1975	2799.00	17.49	13.98	7.76	7.84	20.94
1978	3195.00	18.32	14.91	9.61	11.35	32.42
1980	2570.00	13.36	22.23	13.55	9.77	21.79
1985	3484.00	16.72	43.72	26.90	4.50	82.25
1986	3967.00	16.37	36.98	22.91	2.86	77.45
1987	4172.00	17.22	47.18	29.84	3.71	110.60
1988	4511.00	19.17	64.47	40.33	4.72	133.57
1989	4095.00	17.87	58.35	36.34	3.98	111.81
1990	3528.00	13.45	51.40	28.97	3.94	110.14
1991	3825.00	16.39	71.42	38.25	5.27	134.78
1992	5243.00	22.87	106.67	47.67	5.70	139.07
1993	5450.00	26.20	129.85	59.79	3.77	96.14
1994	5946.00	20.65	136.69	66.30	4.67	135.51
1995	6010.59	20.34	145.27	59.60	6.33	206.30
1996	5312.83	17.74	147.52	62.51	8.37	209.66
北 京 Beijing	151.88	0.28	13.74	3.52		0.91
天 津 Tianjin	78.56	0.12	15.27	5.64	0.94	0.02
河 北 Hebei	328.76	0.19	1.27	0.35	0.09	17.58
山 西 Shanxi	54.98	0.07	0.12	0.03		0.66
内蒙古 Inner Mongolia	29.38	0.03	0.05	0.01		0.39
辽 宁 Liaoning	865.35	1.27	2.78	1.02	0.01	2.45
吉 林 Jilin	20.89	0.07	23.22	11.66	0.16	6.27
黑龙江 Heilongjiang	97.99	0.12	4.46	0.75	0.02	7.16
上 海 Shanghai	513.73	1.54	20.17	0.02	1.90	
江 苏 Jiangsu	946.22	3.36	11.02	4.45	0.43	31.85
浙 江 Zhejiang	413.08	4.02	1.00	0.24	0.68	5.32
安 徽 Anhui	174.84	0.26	3.40	1.18		22.41
福 建 Fujian	115.90	0.17	0.32	0.18		4.75
江 西 Jiangxi	78.79	0.40	6.32	5.77	0.05	2.04
山 东 Shandong	251.35	2.70	1.58	0.42	1.79	46.80
河 南 Henan	218.39	0.14	1.50	1.41	1.65	28.92
湖 北 Hubei	105.22	0.42	13.91	8.63	0.42	0.90
湖 南 Hunan	182.06	0.14	0.40			1.60
广 东 Guangdong	217.36	0.53	1.18	0.38		2.88
广 西 Guangxi	40.39	0.30	8.25	5.93		10.29
海 南 Hainan			0.28	0.01		0.01
四 川 Sichuan	153.42	0.44	14.14	8.18		5.10
贵 州 Guizhou	5.80	0.03	0.31	0.20		1.11
云 南 Yunnan	75.68	0.62	1.75	1.67		3.05
西 藏 Tibet						
陕 西 Shaanxi	105.26	0.32	1.00	0.81		1.98
甘 肃 Gansu	29.53	0.07				1.32
青 海 Qinghai		0.04				
宁 夏 Ningxia	34.97	0.08			0.07	1.22
新 疆 Xinjiang	23.06	0.01	0.07	0.06	0.15	2.67

注：1.广东省电子产品录音机、收音机、表等1994年的产品产量包括用国外进口零部件组装的产成品产量。

2.收音机产量1996年比1995年下降较多，主要是因为广东省部分企业停产或转产。

a) The output of electronic products such as taperecorders, radios, watches in Guangdong Province in 1994 included those which were assembled with the spare parts imported from abroad.

12－21 工业产品产量
OUTPUT OF INDUSTRIAL PRODUCTS

产品名称		Item		1995	1996
化学纤维	(万吨)	Chemical Fiber	(10 000 tons)	341.17	375.45
＃合成纤维		Synthetic Fiber		308.87	337.05
纱	(万吨)	Yarn	(10 000 tons)	542.20	512.21
＃纯棉纱		Pure Cotton Yarn		315.85	276.31
布	(亿米)	Cloth	(100 million m)	260.18	209.10
＃纯棉布		Pure Cotton Cloth		131.84	105.63
针棉织品	(万吨)	Cotton Knitwear	(10 000 tons)	89.40	75.34
毛线	(万吨)	Knitting Wool	(10 000 tons)	51.38	48.25
＃纯毛		Pure Wool		13.81	9.72
丝	(万吨)	Silk	(10 000 tons)	11.34	9.49
呢绒	(万米)	Woolen Piece Goods	(10000m)	65392.00	45953.68
机制纸浆	(万吨)	Machine－made Pulp	(10 000 tons)	1268.90	1211.79
机制纸及纸板	(万吨)	Machine－made Paper and Paperboard	(10 000 tons)	2812.30	2638.20
家具	(万件)	Furniture	(10 000 units)	61865.05	50164.24
家用电冰箱	(万台)	Household Refrigerator	(10 000 units)	918.54	979.65
家用电冰箱压缩机	(万台)	Household Refrigerator Compressor	(10 000 units)	1035.10	943.12
＃无氟压缩机		Fluorine－free Compressor		40.00	62.52
冷冻箱	(万台)	Freezer	(10 000 units)	322.67	355.28
冷藏箱	(万台)	Fridge	(10 000 units)	47.03	53.15
家用洗衣机	(万台)	Household Washing Machines	(10 000 units)	948.41	1074.72
干衣机	(万台)	Dryer	(10 000 units)	18.91	10.05
吸尘器	(万台)	Dust Catcher	(10 000 units)	805.50	879.74
电风扇	(万台)	Electric Fan	(10 000 units)	12966.67	10291.68
房间空气调节器	(万台)	House Air Conditioner	(10 000 units)	682.56	786.21
＃窗式		Window Air Conditioner		222.63	240.75
分体式		Separete Air Conditioner		310.40	422.00
排油烟机	(万台)	Smoke Absorber	(10 000 units)	522.50	309.18
电淋浴器	(万台)	Electric Shower	(10 000 units)	139.79	88.08
微波炉	(万台)	Microwave Oven	(10 000 units)	99.79	302.26
日用精铝制品	(万吨)	Fine Aluminum Products for Daily－Use	(10 000 tons)		15.91
日用陶瓷器	(亿件)	Household Ceramics	(100 million pcs)	89.28	99.96
日用玻璃制品	(万吨)	Daily－Use Glassware	(10 000 tons)	1213.54	775.17
合成洗涤剂	(万吨)	Synthetic Detergents	(10 000 tons)	299.80	262.20
原盐	(万吨)	Salt	(10 000 tons)	2977.72	2903.57
糖	(万吨)	Sugar	(10 000 tons)	558.64	640.20
卷烟	(万箱)	Cigarettes	(10 000 cases)	3485.02	3401.92
罐头	(万吨)	Canned Food	(10 000 tons)	310.57	282.61
＃肉类罐头		Meat		25.22	20.29
水果罐头		Fruit		126.22	124.70
蔬菜罐头		Vegetables		95.28	100.53
饮料酒(混合量)	(万吨)	Alcoholic Beverages	(10 000 tons)	2559.66	2650.85
＃白酒(商品量)		Liquor(commodity)		791.01	801.33
啤酒		Beer		1568.82	1681.91
乳制品	(万吨)	Dairy Products	(tons)	52.57	50.41
＃奶粉		Milk Powder		35.22	35.01
柠檬酸	(万吨)	Citric Acid	(tons)	15.55	15.18
食用植物油	(万吨)	Edible Vegetable Oil	(10 000 tons)	1144.50	946.54
＃精炼		Fine Edible Vegetable Oil		244.37	297.14
中成药	(万吨)	Traditional Chinese Patent Medicine	(10 000 tons)	61.36	40.80
化学原料药	(万吨)	Chemical Raw Medicine	(10 000 tons)	48.68	42.90
家用电热蒸煮具	(万个)	Household Electric Steaming or Boiling Utensil	(10 000 units)	4312.11	2861.07
家用电热烘烤器具	(万个)	Househole Electric Oven	(10 000 units)		395.72
家用食品切碎机	(万台)	househole Electric Food Cutter	(10 000 units)	956.18	890.70
家用电子消毒碗柜	(万台)	hoesthole Electric Disinfecter	(10 000 units)	127.43	77.94
电视机	(万台)	Television Set	(10 000 units)	3496.23	3541.81
＃彩色电视机		Color TV Set		2057.74	2537.60
录像机	(万部)	Vediocorder	(10 000 units)	208.36	273.77
摄像机	(部)	Pickup Camera		46251.00	137903.00
组合音响	(万部)	Hi－Fi Stereo Compoment System	(10 000 units)	2465.71	2042.24

续表 1 continued

产品名称		Item		1995	1996
照相机	(万架)	Camera	(10 000 units)	3326.15	4120.77
缝纫机	(万架)	Sewing Machine	(10 000 units)	970.61	683.69
表	(万只)	Clock	(10 000 units)	48191.29	47975.64
收音机	(万台)	Radio	(10 000 units)	8204.55	5650.72
录音机	(万台)	Recorder	(10 000 units)	8581.36	8632.82
农用化肥	(万吨)	Chemical Fertilizer	(10 000 tons)	2548.14	2809.04
#氮肥		Nitrogen Fertilizer		1859.18	2136.05
磷肥		Phosphate Fertilizer		662.64	651.17
化学农药	(万吨)	Chemical Pesticide	(10 000 tons)	41.65	44.75
乙烯	(万吨)	Ethylene	(10 000 tons)	240.05	303.96
电石(折合量)	(万吨)	Calcium Carbide (equivalent)	(10 000 tons)	345.67	309.22
塑料	(万吨)	Plastics	(10 000 tons)	516.87	576.86
合成橡胶	(万吨)	Synthetic Rubber	(10 000 tons)	58.56	59.97
轮胎外胎	(万条)	Tires	(10 000 units)	7945.84	8805.67
矿山设备	(万吨)	Mining Equipment	(10 000 tons)	86.94	49.62
石油设备	(万吨)	Petroleum Equipment	(10 000 tons)	30.30	15.08
化工设备	(万吨)	Equipment for Chemical Industry	(10 000 tons)	41.34	29.14
发电设备	(万千瓦)	Generating Equipment	(10 000 kw)	1667.91	2353.47
交流电动机	(万千瓦)	Alternating Current Motor	(10 000 kw)	6010.59	5312.83
金属切削机床	(万台)	Metal－Cutting Machine	(10 000 units)	20.34	17.74
大型机床	(台)	Large Machine Tools	(unit)	1926.00	1475.00
#重型机床		Heavy－duty Machine Tools		219.00	155.00
高精度机床		High－Precision Machine Tools		898.00	877.00
数控机床		Namerically Controlled Machine Tools		7291.00	8142.00
汽车	(万辆)	Motor Vehicle	(10 000 units)	145.27	147.52
#载重汽车		Truck		59.60	62.51
客车		Bus		21.62	18.95
轿车		Car		33.70	38.29
#普通型轿车		Ordinary Car		3.27	3.80
摩托车	(万辆)	Motorcycle	(10 000 units)	825.41	916.75
自行车	(万辆)	Bicycle	(10 000 units)	4472.25	3361.18
#赛车型自行车		Racing Bicycle		734.03	181.41
大中型拖拉机	(万台)	Large and Medium Tractor	(10 000 units)	6.33	8.37
小型拖拉机	(万台)	Mini－tractor	(10 000 units)	206.30	209.66
内燃机	(万千瓦)	Internal Combustion Engines	(10 000 kw)	15819.00	22152.79
联合收割机	(台)	Combine Harvester	(unit)	17393.00	45726.00
机动脱粒机	(万台)	Motorized Thrasher	(10 000 units)	76.64	61.65
铁路机车	(台)	Locomotive	(unit)	974.00	1050.00
#蒸汽机车		Steam Locomotive		8.00	1.00
内燃机车		Diesel Locomotive		816.00	892.00
电力机车		Electric Locomotive		150.00	157.00
铁路客车	(辆)	Railway Passenger Coach	(unit)	2395.00	2616.00
铁路货车	(万辆)	Railway Freight Car	(10 000 units)	3.73	3.28
微波通信设备	(万部)	Microwave Communication Equipment	(10 000 units)	15.50	0.89
载波通信设备	(万部)	Carrier Communication Equipment	(10 000 units)	4.46	1.69
移动通信设备	(万部)	Mobile Communication Equipment	(10 000 units)	1213.13	1142.39
#手持机		Hand Telephone		149.19	358.58
无线寻呼系统设备		Wireless Pageing Equipment		573.28	704.94
电话单机	(万部)	Telephone Set	(10 000 units)	9956.36	7960.82
传真机	(万部)	Fax	(10 000 units)	136.12	137.87
激光照排机	(部)	Laser Photocomposer		515.00	164.00
磁带(折6.30毫米)	(亿米)	Tape(converted into 6.30 mm)	(100 000 000 m)	548.34	516.08
软磁盘	(亿片)	Floppy Disk	(100 000 000 units)	13.23	8.11
唱片	(万片)	Gramophone Record	(10 000 units)	195.00	150.00
激光盘	(万片)	Compact Disc	(10 000 units)	1600.55	1022.00
电子计算机	(部)	Computer		1416.00	1331.00
微型电子计算机	(万部)	Micro－computer	(10 000 units)	83.57	138.83
#便携式		Portable Micro－computer		5.16	5.50
半导体集成电路	(亿块)	Semiconductor Intergrated Circuit	(100 000 000 units)	55.17	38.90
#大规模		Large		7.83	6.40
复印机械	(万台)	Duplicator	(10 000 units)	21.75	63.87

续表 2 continued

产品名称		Item		1995	1996
缩微机械	(台)	Micro－copy Machine	(units)	341.00	500.00
原煤	(亿吨)	Coal	(100 000 000 tons)	13.61	13.97
原油	(万吨)	Crude Oil	(10 000 tons)	15004.94	15733.39
汽油	(万吨)	Gasoline	(10 000 tons)	3051.56	3280.60
柴油	(万吨)	Diesel Oil	(10 000 tons)	3972.60	4419.25
天然气	(亿立方米)	Natural Gas	(100 000 000 cu.m)	179.47	201.14
#气层气		Gas from Gas Stratum		100.81	121.49
发电量	(亿千瓦小时)	Electricity	(100 000 000 kwh)	10070.30	10813.10
#水电		Hydropower		1905.77	1879.66
生铁	(万吨)	Pig Iron	(10 000 tons)	10529.27	10722.50
钢	(万吨)	Steel	(10 000 tons)	9535.99	10124.06
成品钢材	(万吨)	Steel Products	(10 000 tons)	8979.80	9338.02
#重轨		Heavy Rail		101.67	73.21
普通大型钢材		Ordinary Rolled－Steel, Large		118.11	115.27
普通中型钢材		Ordinary Rolled－Steel, Medium		287.44	395.23
普通小型钢材		Ordinary Rolled－Steel, Small		2471.04	2427.54
优质型材		High Quality Section Steel		638.81	600.08
线材		Wire Rod		1687.15	1833.97
特厚钢板		Heavy Steel Plate		40.33	49.62
中厚钢板		Medium Steel Plate		962.62	1073.70
薄钢板		Steel Sheet		1146.19	1245.19
硅钢片		Silicon Steel Sheet		74.54	76.64
无缝钢管		Seamless Steel Pipe		327.04	334.04
铁合金	(万吨)	Ferroalloy	(10 000 tons)	431.88	418.02
焦炭	(万吨)	Coke	(10 000 tons)	13510.05	13643.10
水泥	(万吨)	Cement	(10 000 tons)	47560.59	49118.90
平板玻璃	(万重量箱)	Plate Glass	(10 000 wt.cases)	15731.71	16069.37
大理石板材	(万平方米)	Marble Plate	(10 000 sq.m)	5495.27	5103.22
花岗岩板材	(万平方米)	Granite Plate	(10 000 sq.m)	16197.16	11558.35
水磨石板材	(万平方米)	Terrazzo Plates	(10 000 sq.m)	6013.68	2924.14
木材	(万立方米)	Timber	(10 000 cn.m)	6766.86	6710.27
硫酸	(万吨)	Sulphuric Acid	(10 000 tons)	1811.00	1883.57
纯碱	(万吨)	Soda Ash	(10 000 tons)	597.71	669.29
烧碱	(万吨)	Caustic Soda	(10 000 tons)	531.82	573.78
合成氨	(万吨)	Synthetic Ammonia	(10 000 tons)	2765.90	3094.18

注: 1.纱包括纯棉纱、棉混纺纱、纯化纤纱,不包括棉线、代用纤维纱和手工纺纱。
2.布包括纯棉布、棉混纺布、纯化纤布,不包括代用纤维布、手工织布。
3.针棉织品为折用棉纱量。
4.农用化肥按有效成分100%计算。
5.发电设备指500千瓦以上的,包括水轮发电机组、汽轮发电机和燃气轮发电机。
6.金属切削机床不包括台钻、砂轮机、抛光机。
7.拖拉机是指14.7千瓦及以上的轮式和履带式拖拉机。用本厂自产的拖拉机装配的推土机,只计推土机产量,不计拖拉机产量。
8.原煤包括无烟煤、烟煤、褐煤,不包括石煤。
9.原油包括天然原油和人造原油,1995年不包括人造原油。
10.成品钢材已剔除重复加工的钢材。
11.根据第三次工业普查最后核定, 1995年个别产品略有调整, 故与上年年鉴数据不一致。

a) Yarn includes pure and blended cotton yarn, pure chemical－fiber yarn, but excludes cotton thread, substitute fiber yarn and hand－made yarn.
b) Cloth includes pure and blended cotton cloth, pure chemical－fiber cloth and canvas, but excludes substitute fiber cloth, hand－woven cloth and cord fabric.
c) Knitwear refers to cotton yarn substitutes.
d) The output of chemical fertilizers is calculated on the basis of 100 % effective content.
e) Power generating equipment refers to units with a generating capacity of 500 kw and over, including hydroturbine generating units, steam turbine generating units and gas turbine generating units.
f) Metal－cutting machine tools exclude bench drills, grinders and polishing machines.
g) Tractors refer to both wheel and crawler tractors with a haulage capacity of 14.7 kw and over. The tractors which are refitted into bulldozers by the same tractor factories are deducted.
h) Coal includes anthracite, bituminous coal and lignite, but excludes stone coal.
i) Crude oil includes natural and synthetic crue oil. But the synthetic crue oil was excluded in 1995.
j) The output of rolled steel final products excludes the steel products reprocessed.

12－22 现有生产能力利用率 (1995年)

UTILIZATION RATE OF EXISTING PRODUCTION CAPACITY

生产能力名称		Production Capacity		现有生产能力利用率(%) Utilization Rate (%)
石油加工		Oil Processing		
蒸馏设备	(万吨/年)	Distillation Equipment	(10 000 tons/year)	70.2
裂化设备	(万吨/年)	Cracking Equipment	(10 000 tons/year)	80.1
加氢精制设备	(万吨/年)	Hydrofining Equipment	(10 000 tons/year)	59.4
焦化设备	(万吨/年)	Coking Equipment	(10 000 tons/year)	83.3
铁矿石原矿开采	(万吨/年)	Iron Ore Mining	(10 000 tons/year)	84.9
锰矿石原矿开采	(万吨/年)	Manganese Ore Mining	(10 000 tons/year)	66.4
炼铁	(万吨/年)	Iron－smelting	(10 000 tons/year)	88.0
炼钢	(万吨/年)	Steel－making	(10 000 tons/year)	81.6
平炉钢	(万吨/年)	Open－hearth Steel	(10 000 tons/year)	90.1
转炉钢	(万吨/年)	Converter Steel	(10 000 tons/year)	92.4
电炉钢	(万吨/年)	Electric Steel	(10 000 tons/year)	56.4
初轧	(万吨/年)	Rough Rolling	(10 000 tons/year)	85.6
钢材	(万吨/年)	Rolled－Steel	(10 000 tons/year)	62.0
热轧钢材	(万吨/年)	Hot－rolling	(10 000 tons/year)	63.7
冷加工钢材	(万吨/年)	Cold－working	(10 000 tons/year)	53.0
线材	(万吨/年)	Wire Rod	(10 000 tons/year)	75.1
中厚钢板	(万吨/年)	Medium Steel Plate	(10 000 tons/year)	83.3
薄钢板	(万吨/年)	Steelsheet	(10 000 tons/year)	92.0
无缝钢管	(万吨/年)	Seamless Steel Pipe	(10 000 tons/year)	68.0
铜精矿含铜量	(吨/年)	Copper ConcentrateOre (Copper Content)	(ton/year)	74.1
粗铜冶炼	(吨/年)	Crude Copper Smelting	(ton/year)	88.2
电解铜	(吨/年)	Electrolytic Coppers	(ton/year)	75.3
铜加工	(吨/年)	Copper Processing	(ton/year)	51.4
铅精矿含铅量	(吨/年)	Lead Concentrate Ore (Lead Content)	(ton/year)	59.4
锌精矿含锌量	(吨/年)	Lead Concentrate Ore (Zinc Content)	(ton/year)	62.8
粗铅冶炼	(吨/年)	Crude Lead Smelting	(ton/year)	65.8
电解铅	(吨/年)	Electrolytic Lead	(ton/year)	64.6
电解锌	(吨/年)	Electrolytic zinc	(ton/year)	63.4
蒸馏锌冶炼	(吨/年)	Distilled Zinc	(ton/year)	91.9
氧化铝	(万吨/年)	Aluminum Oxide	(10 000 tons/year)	66.3
电解铝	(吨/年)	Electrolytic Aluminum	(ton/year)	84.6
石棉采矿	(万吨/年)	Asbestos (ore)	(10 000 tons/year)	73.9
原料云母	(吨/年)	Mica (Raw Material)	(ton/year)	29.6
水泥	(万吨/年)	Cement	(10 000 tons/year)	72.9
平板玻璃	(万重量箱/年)	Plate Glass		85.0
卫生陶瓷	(万件/年)	Sanitary Ceramics Wares	(10 000 weight cases/year)	83.0
耐火材料制品	(吨/年)	Refractory Material Products	(ton/year)	26.2
锯材	(万立方米/年)	Sawn Wood	(10 000 cu.m./year)	41.4
胶合板	(万立方米/年)	Plywood	(10 000 cu.m./year)	54.8
纤维板	(万立方米/年)	Fibreboard	(10 000 cu.m./year)	65.2
刨花板	(万立方米/年)	Sharing Board	(10 000 cu.m./year)	61.8
硫酸	(吨/年)	Sulphuric Acid	(ton/year)	84.7
浓硝酸	(吨/年)	Concentrated Nitric Acid	(ton/year)	69.6
烧碱	(吨/年)	Caustic Soda	(ton/year)	86.1
纯碱	(吨/年)	Soda Ash	(ton/year)	86.1
电石	(吨/年)	Calcium Carbide	(ton/year)	81.2
合成氨	(吨/年)	Synthetic Ammonia	(ton/year)	85.8
农用氮、磷、钾化学肥	(吨/年)	Chemical Fertilizer	(ton/year)	72.6
氮肥	(吨/年)	Nitrogenous Fertilizer	(ton/year)	78.9
#农用尿素	(吨/年)	Ures for Agricultural Use	(ton/year)	93.9
磷肥	(吨/年)	Phosphate Fertilizer	(ton/year)	60.3
钾肥	(吨/年)	Potash Fertilizer	(ton/year)	71.8
化学农药	(吨/年)	Chemical Pesticide	(ton/year)	41.6
乙烯	(吨/年)	Ethylene	(ton/year)	93.3

续表 1 continued

生产能力名称		Production Capacity		现有生产能力利用率(%) Utilization Rate (%)
丙烯	(吨/年)	Propylene	(ton/year)	87.5
纯苯	(吨/年)	Pure Benzene	(ton/year)	83.5
冰醋酸	(吨/年)	Glacial Acetic Acid	(ton/year)	82.0
塑料树脂及共聚物	(吨/年)	Plastic Resin and Copolymer	(ton/year)	77.1
合成橡胶	(吨/年)	Synthetic Rubber	(ton/year)	91.3
合成纤维单体	(吨/年)	Synthetic Fibre (Monomer)	(ton/year)	92.8
合成纤维聚合物	(吨/年)	Synthetic Fiber (Polymerizate)	(ton/year)	93.3
轮胎外胎	(万条/年)	Tire (Cover)	(10 000 units/year)	54.7
轮胎内胎	(万条/年)	Inner Tube of Tire	(10 000 units/year)	37.4
中成药	(吨/年)	Chinese Patent Machine	(ton/year)	34.3
内燃机制造	(万千瓦/年)	Internal Combustion Engine	(10 000 kw/year)	43.9
柴油机制造	(万千瓦/年)	Diesel Engine	(10 000 kw/year)	56.6
金属切削机床制造	(台/年)	Metal-cutting Machine Tool	(Unite/year)	46.2
大中型拖拉机制造	(台/年)	Large and Medium Tractor	(unit/year)	60.6
小型拖拉机制造	(台/年)	Mini-tractor	(unit/year)	65.9
汽车制造	(辆/年)	Motor Vehicle	(unit/year)	44.3
载货汽车制造	(辆/年)	Truck	(unit/year)	35.9
轿车制造	(辆/年)	Car	(unit/year)	64.9
摩托车制造	(辆/年)	Motorcycle		61.6
黑白电视机	(万部/年)	Black-and-white TY Set	(10 000 units/year)	47.8
彩色电视机	(万部/年)	Color TV Set	(10 000 units/year)	46.1
普及型录像机	(万部/年)	Ordinary Vediocorder	(10 000 units/year)	40.3
摄像机	(万部/年)	Pickup Camera	(10 000 units/year)	12.3
录放音机	(万部/年)	Radio Cassette Player	(10 000 units/year)	57.2
黑白显像管	(万只/年)	Black and White Kinescope	(10 000 units/year)	67.7
彩色显像管	(万只/年)	Tricoler Tube	(10 000 units/year)	98.1
化学纤维	(吨/年)	Chemical Fiber	(ton/year)	76.4
#合成纤维	(吨/年)	Synthetic Fiber	(ton/year)	74.1
粘胶纤维	(吨/年)	Viscose	(ton/year)	94.7
印染布	(万米/年)	Printed an Dyed Fabric	(10 000 meters/year)	23.6
原盐	(万吨/年)	Crude Salt	(10 000 tons/year)	65.8
机制糖	(年生产糖:吨)	Machine-processed Suger	(ton/year)	56.7
机制甘蔗糖	(年生产糖:吨)	Machine-processed Sugarcane Suger	(ton/year)	58.5
机制甜菜糖	(年生产糖:吨)	Machine-processed Beet Suger	(ton/year)	48.6
奶粉	(吨/年)	Milk Powder	(ton/year)	44.1
啤酒	(吨/年)	Beer	(ton/year)	73.5
白酒	(吨/年)	Liquor	(ton/year)	64.9
卷烟	(万箱/年)	Cigarettes	(10 000 cases/year)	81.2
机制纸浆	(万吨/年)	Machine-made Pulp	(10 000 tons/year)	60.0
机制纸及纸板	(万吨/年)	Machine-made Paper and Paperboard	(10 000 tons/year)	81.0
肥皂	(万吨/年)	Soap	(10 000 tons/year)	42.2
合成洗涤剂	(吨/年)	Synthetic Detergents	(tons/year)	53.8
日用玻璃制品	(万吨/年)	Glass Products for Daily Use	(10 000 tons/year)	61.5
自行车	(万辆/年)	Bicycle	(10 00 units/year)	54.5
缝纫机	(万架/年)	Sewing Machine	(10 000 units/year)	56.0
手表	(万只/年)	Clock	(10 000 units/year)	72.8
照相机	(万台/年)	Camera	(10 000 units/year)	57.7
电影胶片	(万米/年)	Movie Film	(10 000 meters/year)	25.5
彩色照相胶卷	(万平方米/年)	Colour Photoaraph Film	(10 000 meters/year)	22.1
磁带	(万米/年)	Tape	(10 000 meters/year)	52.0
复印机械	(台/年)	Duplicator	(unit/year)	34.0
家用电风扇	(万台/年)	Household Electric Fans	(10 000 units/year)	65.1
家用电冰箱	(万台/年)	Household Refrigerators	(10 000 units/year)	50.4
家用洗衣机	(万台/年)	Household Washing Machines	(10 000 units/year)	43.4
家用空气调节器	(万台/年)	Household Air Cunditioner	(10 000 units/year)	33.5
吸尘器	(万台/年)	Dust Catcher	(10 000 units/year)	43.2
排油烟机	(万台/年)	Smoke Absober	(10 000 units/year)	40.2

12－23 重点工业企业主要技术经济指标

MAJOR TECHNIC INDICATORS OF MAJOR INDUSTRY ENTERPRISES

指　　标	Item	1995
电力工业	**Power Industry**	
周波合格率(平均数)　(%)	Freguency Quality Ratio(Average Number)　(%)	99.49
发电标准煤耗　(克/千瓦小时)	SCE Consumption for Power Generation　(g/kwh)	368.60
供电标准煤耗　(克/千瓦小时)	SCE Consumption for Power Supply　(g/kwh)	402.60
发电厂用电率　(%)	Rate of Electricity Consumption of Power Plant　(%)	6.78
线路损失率　(%)	Rate of Transmission Line Loss　(%)	8.77
发电设备容量平均利用小时　(小时)	Average Operating Hours of Generating Equipment　(hr)	5220.75
煤炭工业	**Coal Industry**	
掘进工作面平均月进度　(米/个)	Average Monthly Advancement of Heading Face　(m)	118.88
生产掘进率　(米/万吨)	Drivage Ratio of Production　(m/10 000ton)	138.92
回采工作面(平均)个数　(个)	Average Number of Production Face	2303.17
商品煤灰分　(%)	Ash Content of Commodity Coal　(%)	20.06
商品煤含矸率　(%)	Waste Content of Commodity Coal　(%)	0.26
洗精煤灰分　(%)	Ash Content of Clean Coal　(%)	10.43
原煤生产坑木消耗　(立方米/万吨)	Timber Consumption of Raw Coal Production　(cu.m/10 000tons)	36.52
原煤全员效率　(吨/工)	Overall Labor Productivity of Raw Coal　(tons/person)	1.52
回采工效率　(吨/工)	Working Efficiency of Coal Workers　(tons/person)	6.68
掘进工效率　(吨/工)	Heading Efficiency　(tons/person)	0.13
石油工业	**Petroleum Industry**	
石油和天然气开采	Oil and Natural Gas Production	
注水井利用率　(%)	Utilization Rate of Jnjection Well　(%)	94.72
原油商品率　(%)	Commodity Rate of Crude Oil　(%)	96.41
油田原油损耗率　(%)	Proportion of Crude Oil Loss in Oil Feild　(%)	1.82
原油生产用电单耗　(千瓦小时/吨)	Power Consumption per Ton Crude Oil Production　(kwh/t)	135.47
石油加工	Oil Processing	
原油加工损失率　(%)	Proportion of Crude Oill in Processing　(%)	1.54
燃料油商品率　(%)	Commodity Rate of Fuel Oil　(%)	84.83
石油产品质量合格率　(%)	Rate of Oil Production Qualified　(%)	99.95
加工原油耗电　(千瓦小时/吨)	Power Consumption per Ton Crude Oil Processing　(kwh/t)	59.64
加工原油耗燃料油　(千克/吨)	Fuel Oil Consumption Per Ton Crude Oil Processing　(kg/t)	21.01
钢铁工业	**Iron and Steel Industry**	
铁矿	Iron Ore	
露天采矿	Opencast Mining	
采出矿石品位　(%)	Grade of Run－of－the Mine　(%)	31.47
采矿工人实物劳动生产率　(吨/人)	Overall Labor Productivity of Mining Workers in Kind　(ton/person)	6035.26
坑下采矿	Underground Mining	
采出矿石品位　(%)	Grade of Run－of－the Mine　(%)	35.53
采矿工人实物劳动生产率　(吨/人)	Overall Labor Productivity of Mining Workers in Kind　(ton/person)	557.32
铁矿选矿	Iron Ore Dressing	
铁精粉品位　(%)	Grade of Iron Ore Concentrate　(%)	62.72
尾矿品位　(%)	Grade of Tailings　(%)	11.89
炼铁	Iron－Making	
生铁合格率　(%)	Qualified Rate of Pig Iron　(%)	99.84
入炉焦比　(千克/吨)	Coke Ratio　(kg/ton)	553.10
炼铁工人实物劳动生产率(吨/人)	Overall Labor Productivity of Iron－smelting Workers in Kind　(ton/person)	799.00
炼钢生产	Steel－making	
转炉炼钢(包括复合吹炼钢)	Converter Steel－making (including compound blowing)	
钢锭合格率　(%)	Qualified Rate of Steel Ingot　(%)	99.01
转炉工人实物劳动生产率　(吨/人)	Overall Labor Productivity of Converter Workers in Kind　(tn/person)	678.53
钢压延加工	Steel Press Forging	
钢材合格率　(%)	Rate of Steel Qualified　(%)	98.11
化学工业	**Chemical Industry**	
硫酸(100%)	Sulphuric Acid	

续表 1 continued

指 标		Item		1995
合格率	(%)	Qualified Rate of Sulphuric Acid	(%)	99.97
耗硫铁矿(折含硫35%)	(千克/吨)	Consumption of Pyrite Ore Converted into 35% Sulphur)	(kg/ton)	1024.75
耗硫磺(实物)	(千克/吨)	Sulphur Consumption	(kg/ton)	343.96
耗电	(千瓦小时/吨)	Electric Power Consumption	(kwh/ton)	117.53
工人实物劳动生产率	(吨/人)	Overall Labor Productivity of Workers in Kind	(ton/person)	359.58
纯碱(氨碱法)		Soda Ash (ammonia soda process)		
合格率	(%)	Qualified Rate of Soda Ash	(%)	99.89
合成氨(大型)		Synthetic Ammonia(large-sized)		
工人实物劳动生产率	(吨/人)	Overall Labor Productivity of Workers in Kind	(ton/person)	2725.36
电石(300升/公斤)		Calcium Carbide	(300 liters/kg)	
耗电炉电	(千瓦小时/吨)	Electric Furnace Power Consumption	(kwh/ton)	3596.67
建筑材料工业		**Building Materials Industry**		
水泥		Cement		
出厂水泥合格率	(%)	Qualified Rate of Exfactory Cement	(%)	100.00
每吨水泥综合能耗	(千克)	Comprehensive Energy Consumption per Ton Cement	(kg)	168.40
回转窑运转率(重点企业)	(%)	Running Factor of Rotary Kiln	(%)	72.93
全员水泥实物劳动生产率	(吨/人)	Overall Labor Productivity of Cement Workers in Kind	(tn/person)	241.37
森林工业		**Forest Industry**		
木材采运		Wood logging and Transportation		
每台集材拖拉机集材量	(立方米/台)	Skidding Volume per Skidding Tractor	(cu.m)	3488.00
木材采运工人实物劳动生产率	(立方米/人)	Overall Lobar Productivity of Wood Logging & Transport Timber Workers in Kind	(cu.m/person)	119.00
木材加工		Wood Processing		
锯材出材率	(%)	Recovery of Sawn Timber	(%)	57.55
机械工业		**Machinery Industry**		
金属切削机床利用率	(%)	Utilization Ratio of Metal-cutting Machine Tool	(%)	57.63
钢材利用率	(%)	Ulitization Ratio of Rolled Steel	(%)	62.44
化学纤维工业		**Chemical Fibre Industry**		
合成纤维		Synthetic Fibre		
每吨锦纶用原料量	(千克/吨)	Raw Materials Consumption per Ton Polyamide Fibre	(kg/ton)	1122.21
每吨锦纶用电量	(千瓦小时/吨)	Electric Power Consumption per Ton Polyamide Fiber	(kwh/ton)	2564.40
每吨涤纶短纤维用原料量	(千克/吨)	Raw Materlals Consumption per Ton Polyester Staple Fiber	(kg/ton)	1038.81
每吨涤纶长丝用原料量	(千克/吨)	Raw Materlals Consumption per Ton Polyester Filament Yarn	(kg/ton)	1101.86
纺织工业		**Textile Industry**		
棉纺织业		Cotton Textile Industry		
棉布织机设备利用率	(%)	Operating Rate of Cotton Fabric Loom	(%)	92.35
毛纺织业		Wool Spinning Industry		
毛线入库一等品率	(%)	Rate of First Grade Knitting Yarn Wool in Storage	(%)	97.97
精纺毛织品入库一等品率	(%)	Rate of First Grade Worsted Wool Fabrec in Storage	(%)	95.62
粗纺毛织品入库一等品率	(%)	Rate of Grade One Wooll Fabrec in Storage	(%)	95.30
轻工业		**Light Industry**		
造纸		Papermaking		
机制纸及纸板成品率	(%)	Rate of End Product of Machine-made Paper and Paperboard	(%)	94.25
每吨本色化学木浆用碱	(千克)	Caustic Soda Consumption per Ton Unbleached Chemical Pulp	(kg)	436.47
每吨新闻纸耗电	(千瓦小时)	Electric Power Consumption Per Ton Newsprint	(kwh)	600.85
机制糖		Machine-made Sugar		
甘蔗产糖率	(%)	Ratio of Sugar Output to Sugarcane	(%)	10.70
甘蔗糖成品合格率	(%)	Qualified Rate of Sugarcane Sugar	(%)	96.53
甜菜产糖率	(%)	Ratio of Sugar Output to Beetroot	(%)	12.01
每百吨甘蔗耗用标准煤	(吨)	SCE Consumption per100 Ton Sugarcane	(t)	6.16
每百吨甜菜耗用标准煤	(吨)	SCE Consumption per100 Ton Beetroot	(t)	9.55
家用洗衣机		Household Washing Machine		
双缸洗衣机一次合格率	(%)	Rate of Double Tub Washing Machine Qualified at First Time	(%)	91.46
家用电冰箱		Household Refrigerator		
家用电冰箱一次合格率	(%)	Rate of Household Refrigeretors Qualifieds at the first Time	(%)	95.87

主 要 统 计 指 标 解 释

工业 指从事自然资源的开采，对采掘品和农产品进行加工和再加工的物质生产部门。具体包括：(1) 对自然资源的开采，如采矿、晒盐、森林采伐等（但不包括禽兽捕猎和水产捕捞）；(2) 对农副产品的加工、再加工，如粮油加工、食品加工、轧花、缫丝、纺织、制革等；(3) 对采掘品的加工、再加工，如炼铁、炼钢、化工生产、石油加工、机器制造、木材加工等，以及电力、自来水、煤气的生产和供应等；(4) 对工业品的修理、翻新，如机器设备的修理、交通运输工具（包括小卧车）的修理等。

1984 年以前农村的村及村以下办工业归属农业，1984 年以后划归工业。

工业统计调查单位 工业统计调查单位分为两类：独立核算法人工业企业和工业活动单位。

(1) 独立核算法人工业企业 是指从事工业生产经营活动的单位。独立核算法人工业企业应同时具备以下条件：①依法成立，有自己的名称、组织机构和场所，能够承担民事责任；②独立拥有和使用资产，承担负债，有权与其他单位签订合同；③独立核算盈亏，并能够编制资产负债表。

(2) 工业活动单位 是指在一个场所从事一种或主要从事一种工业生产活动的经济单位。它包括独立核算工业企业按主营业务活动（即工业生产活动）划分的主营业务活动单位和非工业企业所属的工业生产活动单位(即原非独立核算工业生产单位)。工业活动单位，一般应同时具备以下三个条件：①具有一个场所，从事一种或主要从事一种工业活动；②单独组织工业生产、经营或业务活动；③单独核算收入和支出。

国有经济工业（即过去的全民所有制工业或国营工业） 指生产资料归国家所有的一种经济类型。包括中央和地方各级国家机关、部队、科研机构、学校、人民团体和国有经济企事业单位等举办的国有经济工业。1957 年以前的公私合营和私营工业，后均改造为国营工业，1992 年改为国有工业，这部分工业的资料不单独分列时，均包括在国有工业内。

集体经济工业 指生产资料归公民集体所有的一种经济类型，是社会主义公有制经济的组成部分。包括城乡所有使用集体投资举办的企业，以及部分个人通过集资自愿放弃所有权并依法经工商行政管理机关认定为集体所有制的企业。

其他经济类型工业 指除国有经济、集体经济、私营经济、个体经济、联营经济以外的其他经济类型工业企业（单位)。包括股份制经济（股份有限公司，有限责任公司)；外商投资经济（中外合资经营、中外合作经营、外资企业)；港、澳、台投资经济（与大陆合资经营、与大陆合作经营、港、澳、台独资企业）及其他经济类型的工业。

轻工业 指主要提供生活消费品和制作手工工具的工业。按其所使用的原料不同，可分为两大类：(1) 以农产品为原料的轻工业，是指直接或间接以农产品为基本原料的轻工业。主要包括食品制造、饮料制造、烟草加工、纺织、缝纫、皮革和毛皮制作、造纸以及印刷等工业；(2) 以非农产品为原料的轻工业，是指以工业品为原料的轻工业。主要包括文教体育用品、化学药品制造、合成纤维制造、日用化学制品、日用玻璃制品、日用金属制品、手工工具制造、医疗器械制造、文化和办公用机械制造等工业。

重工业 是指为国民经济各部门提供物质技术基础的主要生产资料的工业。按其生产性质和产品用途，可以分为下列三类：(1) 采掘（伐）工业，是指对自然资源的开采，包括石油开采、煤炭开采、金属矿开采、非金属矿开采和木材采伐等工业；(2) 原材料工业，指向国民经济各部门提供基本材料、动力和燃料的工业。包括金属冶炼及加工、炼焦及焦炭化学、化工原料、水泥、人造板以及电力、石油和煤炭加工等工业；(3) 加工工业，是指对工业原材料进行再加工制造的工业。包括装备国民经济各部门的机械设备制造工业、金属结构、水泥制品等工业，以及为农业提供的生产资料如化肥、农药等工业。

根据上述划分原则，修理业中以重工业产品为修理作业对象的划为重工业，反之划为轻工业。

工业总产值 是以货币表现的工业企业在一定时期内生产的已出售或可供出售工业产品总量，它反映一定时间内工业生产的总规模和总水平。它包括：在本企业内不再进行加工，经检验、包装入库（规定不需包装的产品除外）的成品价值，工业性作业价值，自制半成品、在产品期末初差额价值。工业总产值采用“工厂法”计算，即以工业企业作为一个整体，按企业工业生产活动的最终成果来计算，企业内部不允许重复计算，不能把企业内部各个车间（分厂）生产的成果相加。但在企业之间、行业之间、地区之间存在着重复计算。

轻重工业总产值的划分也是按“工厂法”计算的，即一个工业企业在正常情况下生产的主要产品的性质属于轻工业，则该企业的全部总产值作为轻工业总产值；一个工业企业生产的主要产品的性质属于重工业，则该企业的全部总产值作为重工业总产值。

工业增加值 是指工业行业在报告期内以货币表现的工业生产活动的最终成果。

固定资产原价 固定资产原值指企业在建造、购置、安装、改建、扩建、技术改造某项固定资产时所支出的全部货币总额。它一般包括买价、包装费、运杂费和安装费等。

固定资产净值 是指固定资产原价减去历年已提折旧额后的净额。

流动资产 流动资产是指可以在一年或者超过一年的一个营业周期内变现或者耗用的资产，包括现金及各种存款、短期投资、应收及预付货款、存货等。

利税总额 指企业利润总额、产品销售税金及附加和应交增值税之和。

资产利税率 指在一定时期内已实现的利润、税金总额与同期的资产（固定资产净值和流动资产）之比。计算公式：

$$资产利税率（\%）=\frac{报告期累计实现利税总额}{固定资产净值平均余额+流动资产平均余额}\times 100\%$$

资金利税率反映每单位（通常是每万元）资金所提供的利润税金额。它是考察和评价部门或企业资金运用的经济效益，分析资金投入效果的主要分析指标。

工业成本费用利润率 指在一定时期内实现的利润与成本费用之比，是反映工业生产成本及费用投入的经济效益指标，同时也是反映降低成本的经济效益的指标。计算公式：

$$工业成本费用利润率（\%）=\frac{利润总额}{成本费用总额}\times 100\%$$

工业增加值率 指在一定时期内工业增加值占同期工业总产值的比重，反映降低中间消耗的经济效益。计算公式：

$$工业增加值率（\%）=\frac{工业增加值（现价）}{工业总产值（现价）}\times 100\%$$

流动资产周转次数 指在一定时期内流动资产完成的周转次数，反映流动资产的周转速度。计算公式：

$$流动资金周转次数=\frac{产品销售收入}{全部流动资产平均余额}$$

产品销售率 指一定时期内销售产值与同期全部工业总产值之比，反映工业产品生产已实现销售的程度。计算公式：

$$工业产品销售率（\%）=\frac{报告期现价工业销售产值}{报告期现价工业总产值}\times 100\%$$

产品销售收入 指企业销售产品的销售收入和提供劳务等主要经营业务取得的业务总额。

产品销售成本 指企业销售产品和提供劳务等主要经营业务的实际成本。

产品销售税金及附加 指企业销售产品和提供工业性劳务等主要经营业务应负担的城市维护建设税、消费税、资源税和教育费附加。

产品销售利润 指企业销售产品和提供工业性劳务等主要经营业务收入扣除其成本、费用、税金后的利润。

利润总额 指企业实现的利润。

应交增值税 指企业在报告期内应交纳的增值税额。

产值利税率 指报告期已实现的利润、税金总额（包括利润总额、产品销售税金及附加和应交增值税）占同期全部工业总产值的百分比，计算公式为：

$$\text{产值利税率（\%）}=\frac{\text{利税总额}}{\text{工业总产值}}\times 100\%$$

全员劳动生产率 指根据产品的价值量指标计算的平均每一个职工在单位时间内的产品生产量。是考核企业经济活动的重要指标，是企业生产技术水平、经营管理水平、职工技术熟练程度和劳动积极性的综合表现。目前我国的全员劳动生产率是将工业企业的工业增加值除以同一时期全部职工的平均人数来计算的。计算公式：

$$\text{全员劳动生产率}=\frac{\text{工业增加值}}{\text{全部职工平均人数}}$$

为了使各年度的全员劳动生产率数字可以比较，1990 年以前各年的全员劳动生产率均按指数换算成 1990 年不变价格。

资本金 指企业在工商行政管理部门登记的注册资金合计。企业资本金按投资主体可分为国家资本金、法人资本金、个人资本金和外商资本金等。资本金合计包括企业各种投资主体注册的全部资本金。

总资产 指企业拥有或控制的全部资产。包括流动资产、长期投资、固定资产、无形及递延资产、其他长期资产、递延税项等，即为企业资产负债表的资产总计项。

(1) 流动资产 指企业可以在一年内或者超过一年的一个生产周期内变现或耗用的资产合计。包括现金及各种存款、短期投资、应收及预付款项、存货等。

(2) 固定资产 指企业固定资产净值、固定资产清理、在建工程、待处理固定资产损失所占用的资金合计。

(3) 无形资产 指企业长期使用而没有实物形态的资产。包括专利权、非专利技术、商标权、著作权、土地使用权、商誉等。

总负债 指企业承担并需要偿还的全部债务。包括流动负债和长期负债、递延税项等，即为企业资产负债表的负债合计项。

(1) 流动负债 指企业在一年内或者超过一年的一个营业周期内需要偿还的债务合计，其中包括短期借款、应付及预收款项、应付工资、应交税金和应交利润等。

(2) 长期负债 指企业在一年以上或者超过一年的一个生产周期以上需要偿还的债务合计，其中包括长期借款、应付债务、长期应付款项等。

所有者权益 指企业投资人对企业净资产的所有权。企业净资产等于企业全部资产减去全部负债后的余额，其中包括投资者对企业的最初投入，以及资本公积金、盈余公积金和未分配利润，对股份制企业即为股东权益。

Explanatory Notes on Main Statistical Indicators

Industry refers to the material production sector which is engaged in extraction of natural resources and processing and reprocessing of minerals and agricultural products, including (1) extraction of natural resources, such as mining, salt production, logging (but not including hunting and fishing); (2) processing and reprocessing of farm and sideline produces, such as rice husking, flour milling, wine making, oil pressing, cotton ginning, silk reeling, spinning and weaving, and leather making; (3) manufacture of industrial products, such as steel making, iron smelting, chemicals manufacturing, petroleum processing, machine building, timber processing; water and gas production and electricity generation and supply; (4) repairing of industrial products such as the repairing of machinery and means of transport (including cars).

Prior to 1984, the rural industry run by villages and cooperative organizations under village was classified into agriculture. Since 1984, it has been grouped into industry.

Units of Industrial Statistics and Inquiry: They are classified into two categories (1) corporate Industrial enterprises with independent accounting system (2) Industrial Establishmeants.

(1) Corporate industrial enterprises with independent accounting system refer to enterprises engaging in industrial production activities, which meet the following requirements: 1. They are established legally, having their own names, organizations, location, able to take civil liability; 2. They possess and use their assets independently, assume liabilities, and are entitled to sign contracts with other units; 3. They are financially independent and compile their own balance sheets.

(2) Industrial establishments refer to economic units which located in one single place and engaged entirely or primarily in one kind of industrial activity, including financially independent industrial enterprises and units engaged in industrial activities under the non-industrial enterprises (or financially dependent). Industrial establishments generally meet the following requirements: ① They have each one location and are engaged in one kind of industrial activity each; ② They operate and manage their industrial production activities separately; ③ They have accounts of income and expenditures separately.

State-owned Industry refers to industrial enterprises where the means of production or income are owned by the state. Joint state-private industries and private industries which existed before 1957 have been transformed into state industries. Statistics on these enterprises has been included in the state-owned industries since 1957 when separation of data was no longer necessary.

Collective Owned Industry refers to industrial enterprises where the means of production are owned collectively, including urban and rural enterprises invested by collectives and some enterprises which were formerly owned privately but have been registered in industrial and commercial administration agency as collective units through raising fund from the public.

Industry of Other Types of Ownerships refers to industrial enterprises (units) of the ownerships other than the state – owned economy, collective economy, private economy, individual economy and joint – owned economy. They include the enterprises of share – holding economy (companies limited by shares and companies limited with liabilities.), foreign – funded economy (Sino – foreign joint ventures, Sino – foreign cooperative enterprises and foreign ventures exclusively with their own investment), economy funded by the entrepreneurs from Hong Kong, Macao and Taiwan (joint ventures and cooperative enterprises with the mainland as well as ventures exclusively with their own investment) and other types of ownership.

Light Industry refers to the industry which produces consumer goods and hand tools. It consists of two categories, depending on the materials used:

(1) Industries using farm products as raw materials. These are branches of light industry which directly or indirectly use farm products as basic raw materials, including the manufacture of food and beverages, tobacco processing, textile, clothing, fur and leather manufacturing, paper making, printing, etc.

(2) Industries using non-farm products as raw materials. These are branches of light industry which use manufactured goods as raw materials, including the manufacture of cultural, educational articles and sports goods, chemicals, synthetic fiber, chemical products for daily use, glass products for daily use, metal products for daily use, hand tools, medical apparatus and instruments, and the manufacture of cultural and clerical machinery.

Heavy Industry refers to the industry which produces capital goods, and provides various sectors of the national economy with necessary material and technical basis. It consists of the following three branches according to the purpose of production or the use of products:

(1) Mining, quarrying and logging industry refers to the industry that extracts natural resources, including extraction of petroleum, coal, metal and non-metal ores and logging.

(2) Raw materials industry refers to the industry that provides various sectors of the national economy with raw materials, fuels and power. It includes smelting and processing of metals, coking and coke chemistry, chemical materials and building materials such as cement, plywood, and power, petroleum refining and coal dressing.

(3) Manufacturing industry refers to the industry that processes raw materials. It includes machine-building industry which equips sectors of the national economy, industries of metal structure and cement products, industries producing means of agricultural production, such as chemical fertilizers and pesticides.

According to the above principle of classification, the repairing trades which are engaged primarity in repairing products of heavy industry are classified into heavy industry while these engaged in repairing products of light industry are classified into light industry.

Gross Industrial Output Value is the total volume of industrial products sold or available for sale in value terms which reflects the total achievements and overall scale of industrial production during a given period. It includes the value of the finished products, which are not to be further processed in the enterprises and have been inspected, packed and put in storage, the value of industrial services rendered to other units and the changes in the value of the semi – finished products and products in process between the beginning and closing of the period (only the enterprises with long production cycle are required to calculatc the changes). The gross industrial output value is calculated with "factory method". No double calculations are to be made within the same enterprise. However, double counting does occur among different enterprises.

Output value of light and heavy industries is also classified with the "factory" method. Under normal conditions, if the major products of an industrial enterprise belong to light industry products, the gross output value of that enterprise is classified wholly into light industry; the same principle applies to heavy industry.

Value Added of Industry refers to the final results of industrial production of the industrial trade in money terms during the reference period.

Original Value of Fixed Assets refers to the original value of all fixed assets owned by industrial enterprises, calculated at the cost paid at the time of purchase, installation, reconstruction, expansion, and technical innovation and transformation of the said assets, which includes expenses on purchase, package, transportation, and installation, etc.

Net Value of Fixed Assets is obtained by deducting depreciation over years from the original value of fixed assets.

Working Capital (Circulating Assets) refers to assets which can be cashed in or spent or consumed in an operating cycle of one year or over one year, which includes cash, various deposits, short term investment, and receivable payments, and advance payments, stock, etc.

Total Value of Profit and Tax (Pre – tax Profits) refers to the sum of the total profits, products sales tax and surcharges and the value added tax payable of industrial enterprises. It is also called pre – tax profits.

Ratio of Pre – tax Profits to Assets refers to the ratio of pre – tax profits realized in a given period to total assets (net fixed assets plus working capital), which reflects the economic efficiency of the assets utilization and is calculated as follows:

$$\text{Ratio of Pre-tax Profits to Assets (\%)} = \frac{\text{Pre-tax Profits in Reference Period}}{\text{Average Net Fixed Assets} + \text{Average Balance of Working Capital}} \times 100\%$$

Ratio of Profits to Total Industrial Costs refers to the ratio of profits realized in a given period to the total costs in the same period, which reflects the economic efficiency of input cost and is calculated as follows:

$$\text{Ratio of Profits to Total Industrial Cost (\%)} = \frac{\text{Total Profits}}{\text{Total Costs}} \times 100\%$$

Value Added Rate of Industry refers to the ratio of value added of industry in a given period to the gross output value in the same period, which reflects the economic efficiency of cutting down the intermediate input and is calculated as follows:

$$\text{Value Added Rate of Industry (\%)} = \frac{\text{Value Added of Industry (at Current Prices)}}{\text{Gross Output Value (at Current Prices)}} \times 100\%$$

Number of Times of the Turnover of Working Capital refers to the number of times of turnover of working capital in a given period of time, which reflects the speed of the turnover of working capital and is calculated as follows:

$$\text{Turnover of Working Capital (\%)} = \frac{\text{Sales Revenue of Products}}{\text{Average Balance of Total Working Capital}} \times 100\%$$

Sales Rate of Industrial Products refers to the ratio of total sales in a given period to the gross output value in the same period, which reflects the extent of industrial output sold and is calculated as follows:

$$\text{Sales Rate of Industrial Products (\%)} = \frac{\text{Total Sales (at Current Prices)}}{\text{Gross Output Value (at Current Prices)}} \times 100\%$$

Sales Revenue of Industrial Products refers to the revenue from the sales of products by industrial enterprises and the revenue from services provided and etc.

Sales Cost of Industrial Products refers to the actual cost of products of industrial enterprises and industrial services provided, etc..

Tax and Extra Charges on Sales of Products refer to the tax on city maintenance and construction, consumption tax, resources tax and extra charges for education, which should be borne by the enterprises in selling products and providing industrial services.

Sales Profit of Products refers to the profit gained by the enterprises by deducting cost, charges and taxes from the business income of the enterprises obtained in selling products and providing industrial services.

Total Profits refer to the profits gained by the enterprises.

Value Added Tax Payable refers to the amount of the value added tax which should be paid by the enterprises in the reporting period.

Ratio of Pre-tax Profits to Gross Output Value refers to the ratio of the total amount of pre-tax profits gained (including total profits, sales tax and extra charges of products as well as the value added tax payable) in the reporting period to the gross output value in the same period (the ratio is expressed in percentage). The formula is as follows:

$$\text{Ratio of Pre-tax Profits to Gross Output Value (\%)} = \frac{\text{Total Amount of Pre-tax Profits}}{\text{Gross Output Value}} \times 100\%$$

Overall Labour Productivity of Industrial Enterprises refers to the average output per staff and worker in industrial enterprises in value terms. At present, the value added and the average number of staff and workers of an industrial enterprises in a given period are used to calculate the overall labour productivity. The formula used is:

$$\text{Overall Labour Productivity} = \frac{\text{Value Added of Industry}}{\text{Average Number of Staff and Workers}}$$

For the purpose of comparison of the overall labour productivity among different years, the data on the overall labour productivity of the years prior to 1990 have been adjusted on the basis of 1990 constant prices.

Capital refers to the corporation's capital registered in the departments of administration for industry and commerce.

According to the different nature of investors, corporations' capital can be divided into state capital, legal person's capital, personal capital, foreign capital, etc. Total capital includes total registered capital of all investors in the corporation.

Total Assets refer to all assets which are owned or controlled by enterprises, including circulating assets, long-term investment, fixed assets, intangible assets and deferred assets, other long-term assets, and deferred taxes, etc. The summation of above items is equal to total assets shown in the balance sheets of the enterprises.

(1) Circulating assets (working capital) refer to assets which can be cashed in or spent or consumed in an operating cycle of one year or over one year, including cash, all kinds of deposits, short term investment, receivables, advance payment, stock, etc.

(2) Fixed assets refer to the net value of fixed assets, clearance of fixed assets, project under construction, fixed assets losses in suspense. These are corporations' fund holdings.

(3) Intangible assets refer to the assets without material form used by enterprises over a long time, such as patents, non-patent technologies, trade marks, copyright, land use right, business reputation, etc.

Total Liabilities refer to the debts that enterprises are responsible for repayment, including liquid liabilities, long-term liabilities and deferred taxes, etc. Total liabilities correspond to the summation item of liabilities shown in the balance sheets of the enterprises.

(1) Liquid liabilities (also called quick liabilities or immediate liabilities) refer to enterprises total debt payable within an operating cycle of one year or over one year, including short term loans, payables and advance payments, wages payable, taxes payable and profit payable, etc.

(2) Long-term liabilities refers to total debt payable within an operating cycle of one year or over one year, including long-term loans, payable liabilities, long-term payables, etc.

Creditors' Equity refers to investors' ownership of net assets of the enterprise. It is equal to the total assets of the enterprise minus its total liabilities, including the primary input from investors, capital accumulation fund, surplus accumulation fund and undistributed profit. It is the stock holders' equity in stock companies.

十三 建筑业

CONSTRUCTION

简要说明

一、本篇资料反映我国建筑业概况和发展情况。主要包括建筑业企业生产经营情况，指标有企业个数、从业人员数、建筑业总产值、建筑业增加值、房屋建筑面积、机械设备价值、资本金、资产负债、利润税金、劳动生产率、工程质量优良品率、技术装备率等。此外，还包括勘察设计机构和人员情况，农村建筑队主要指标。

二、本篇中的建筑业企业资料由国家统计局固定资产投资司提供，根据建筑业发展的实际情况，建筑业统计范围从 1996 年年报起由原城镇及城镇以上各种经济类型的建筑业企业扩大到凡具有建筑业资质等级四级及四级以上的各种经济类型的建筑业企业。勘察设计机构和人员表由建设部勘察设计司提供。农村建筑队资料由农业部乡镇企业局提供。资料来源分别依据国家统计局制定的“建筑业统计报表制度”、建设部制定的“勘察设计报表制度”及农业部制定的“乡镇企业统计报表制度”规定收集的有关年报资料。

BRIEF INTRODUCTION

I. The data in this chapter show the general situation and the development of the construction in China. They cover mainly the situation of production and management of the enterprises of construction, including the number of employed persons, gross output value and value added of construction, floor space of the buildings, value of the mechanical equipment, capital, assets and liabilities, profits and taxes, labour productivity, percentage of high quality projects, per capita machinery etc. They also cover the situation of prospecting and designing institutions and the personnel as well as the main indicators of the rural construction teams.

II. The data on the enterprises of construction in this chapter are provided by the Department of Statistics of Investment in Fixed Assets, SSB. In line with the actual situation of the development of construction, the coverage of construction statistics has been enlarged since 1996 when the annual statistical reports were submitted. The original coverage includes all the construction enterprises of various types of ownership at and above town level. The new coverage includes all the construction enterprises of various types of ownership up to the working standard at or above 4th grade. The data on prospecting and designing institutions and the personnel are provided by the Department of Prospecting and Designing, Ministry of Construction. The data on the main indicators of the rural construction teams are provided by the Bureau of Township Enterprises, Ministry of Agriculture. The annual data are collected in accordance with the " reporting scheme of construction statistics" stipulated by the State Statistical Bureau, the " prospecting and designing statistical reporting scheme" stipulated by the Ministry of Construction and the " township enterprises statistical reporting scheme" stipulated by the Ministry of Agriculture.

13－1 建筑业企业概况

MAIN INDICATORS ON CONSTRUCTION ENTERPRISES

年　份 Year	总　计 Total	#国　有 State－owned	#城镇集体 Urban Collective Owned	#农村建筑队 Rural Construction Teams
企业单位数(个) Number of Enterprises				
1980	57404	1996	4608	50800
1985	93750	3385	7765	82600
1986	88771	3608	8977	76186
1987	87474	3788	9837	73849
1988	87224	3798	10336	73090
1989	80106	3927	9179	67000
1990	74145	4275	9052	60818
1991	73094	4638	9187	59269
1992	77857	4985	9551	63321
1993	94582	6363	14130	70486
1994	94942	7251	15196	69842
1995	96935	7531	15348	71017
1996	108555	9109	29044	67191
从业人员(万人) Number of Persons Engaged (10 000 persons)				
1980	982.7	481.8	166.2	334.7
1985	1701.4	576.7	334.8	789.9
1986	1800.6	617.3	376.4	806.9
1987	1852.5	618.2	405.9	828.8
1988	1899.4	623.5	421.3	854.6
1989	1773.4	614.7	390.1	768.6
1990	1716.7	621.0	389.7	706.0
1991	1783.3	638.9	419.4	725.0
1992	1961.2	681.2	476.3	803.6
1993	2156.7	657.1	455.7	926.8
1994	2448.8	818.2	601.9	969.3
1995	2511.9	824.3	631.9	980.4
1996	2992.3	855.9	1171.4	870.4
建筑业总产值(亿元) Gross Output Value (100 million yuan)				
1980	346.98	220.90	66.03	60.05
1985	985.10	474.51	200.59	310.00
1986	1330.80	566.83	241.24	522.73
1987	1603.61	660.11	292.54	650.96
1988	1959.42	776.96	354.69	827.77
1989	2169.48	878.57	404.41	886.50
1990	1947.58	935.19	409.82	602.56
1991	2284.78	1062.48	501.85	720.45
1992	3298.70	1432.13	742.31	1124.26
1993	5498.35	2054.83	1163.85	2060.28
1994	7684.36	3033.66	1519.45	2952.34
1995	9505.00	3670.25	1899.47	3632.60
1996	11579.15	4160.21	3695.67	3296.90

注：1. 1996年国有、城镇集体栏内的建筑业企业的统计范围是资质等级四级及四级以上建筑业企业；农村集体建筑队是指资质等级四级以下的乡、村建筑队，因此数据存在着与以前年度不可比因素。

2. 从业人员1993 年以前是年末数，1993 年(含1993 年)以后是年平均人数，下表同。

a) The statistical coverage of thestate－owned and the urban collective owned construction enterprises in 1996 included the fourth and higher grade construction enterprises. The statistical coverage of the rural collective owned construction teams in 1996 included the township and village construction teams lower than the fourth grade. Therefore the data were not entirely comparable with the data of the previous years.

b) The number of persons engaged prior to 1993 refers to the yearend number. Since 1993,it refers to the annual avaerage number. The same sa in the following table.

13-2 建筑业企业主要经济指标(1996年)

指 标		Item		合 计 Total Enterprises	国有经济 State-owned
建筑业企业个数	(个)	Number of Construction Enterprises		41364	9109
从业人员	(万人)	Number of Persons Engaged	(10 000 persons)	2121.87	855.93
自有固定资产原价	(亿元)	Fixed Assets Owned (original value)	(100 million yuan)	2685.89	1677.82
自有固定资产净价	(亿元)	Fixed Assets Owned (net value)	(100 million yuan)	1976.22	1182.43
自有机械设备台数	(万台)	Number of Machinery and Equipment Owned	(10 000 set)	564.96	187.08
自有机械设备净价	(亿元)	Net Value of Machinery and Equipment Owned	(100 million yuan)	881.44	469.22
自有机械设备总功率	(万千瓦)	Total Power of Machinery and Equipment Owned	(10 000 kw)	9804.80	4213.30
建筑业总产值	(亿元)	Gross Output Value of Construction	(100 million yuan)	8282.25	4160.21
建筑业增加值	(亿元)	Value Added of Construction	(100 million yuan)	2405.62	1299.81
#固定资产折旧	(亿元)	Depreciation of Fixed Assets	(100 million yuan)	145.59	91.88
应付工资	(亿元)	Wages Payable	(100 million yuan)	1153.14	573.68
应付福利费	(亿元)	Welfare Expenses Payable	(100 million yuan)	122.86	67.75
工程结算税金及附加	(亿元)	Taxes and Extra Charges on Project Settle Accounts	(100 million yuan)	229.68	111.46
管理费用中的税金	(亿元)	Taxes in Management Expenses	(100 million yuan)	18.27	7.58
工程结算利润	(亿元)	Profits of Project Settle Accounts	(100 million yuan)	669.99	385.67
施工面积	(万平方米)	Floor Space of Buildings Under Construction	(10 000 sq.m)	129087.0	48372.8
竣工面积	(万平方米)	Floor Space of Buildings Completed	(10 000 sq.m)	60047.9	17491.3
利润总额	(亿元)	Total Profits	(100 million yuan)	109.35	20.71
利税总额	(亿元)	Total Pre-tax Profits	(100 million yuan)	357.30	139.74
劳动生产率		Overall Labor Productivity			
按总产值计算	(元/人)	In Terms of Gross Output Value	(yuan/person)	39033	48604
按增加值计算	(元/人)	In Terms of Value-Added	(yuan/person)	11337	15186
技术装备率	(元/人)	Value of Machines per Labourer	(yuan/person)	4154	5482
动力装备率	(千瓦/人)	Power of Machines per Labourer	(kw/person)	4.6	4.9
房屋建筑面积竣工率	(%)	Rat of Floor Space of Buildings Completed	(%)	46.5	36.2
工程质量优良品率	(%)	Rate of High Quality Projects	(%)	29.7	43.5
产值利润率	(%)	Ratio of Profit to Gross Output Value	(%)	1.3	0.5
产值利税率	(%)	Ratio of Pre-tax Profit to Gross Output Value	(%)	4.3	3.4

注：1996年建筑业企业的统计范围改为资质等级四级及四级以上的企业，口径比以前大，因此有关数据与以前年份不可比，以后各表同。

MAIN ECONOMIC INDICATORS ON CONSTRUCTION ENTERPRISES (1996)

集体经济 Collective Owned	私营经济 Private Enterprises	联营经济 Joint Owned	股份制经济 Share Holding	外商投资经济 Foreign Funded	港澳台投资经济 Enterprises Funded by Entrepreneurs from Hong Kong, Macao and Taiwan	其他经济 Others
29044	535	187	1601	388	417	83
1171.42	8.64	6.65	60.49	8.62	8.67	1.44
897.31	8.05	6.04	73.46	11.66	9.69	1.87
705.53	6.84	5.11	57.84	9.17	7.63	1.68
351.69	2.22	2.52	15.99	2.70	2.38	0.38
369.27	2.95	3.24	26.83	4.93	4.49	0.51
5060.30	19.10	23.80	331.00	29.20	124.10	4.00
3695.68	28.17	20.35	276.18	50.51	46.85	4.30
990.77	8.03	5.54	75.83	12.93	11.18	1.53
47.34	0.42	0.24	4.11	0.83	0.69	0.07
526.04	3.93	2.67	36.97	4.45	4.65	0.76
50.09	0.41	0.32	3.37	0.44	0.44	0.05
106.59	0.90	0.56	7.21	1.60	1.12	0.23
9.84	0.07	0.07	0.45	0.14	0.09	0.03
247.48	2.32	1.62	22.87	5.47	4.14	0.41
74668.4	430.3	303.1	4449.9	352.1	449.0	61.3
39827.3	252.5	157.9	1982.1	174.2	181.6	35.0
77.66	0.51	0.58	7.69	1.23	0.90	0.08
194.10	1.48	1.21	15.36	2.96	2.12	0.34
31549	32601	30593	45658	58630	52798	29831
8458	9292	8331	12536	15002	12466	10628
3154	3417	4868	4436	5720	5174	3535
4.3	2.2	3.6	5.5	3.4	14.3	2.8
53.3	58.7	52.1	43.3	49.5	40.4	57.1
22.5	20.1	38.8	24.9	27.4	16.6	21.4
2.1	1.8	2.8	2.8	2.4	1.9	1.8
5.3	5.3	5.9	5.6	5.9	4.5	7.8

a) The statistical coverage of construction enterprises in 1996 included the fourth and higher grade construction enterprlses.It was a larger one than that of the previous years.Therefore the data were not entirely comparable with the previous ones.The same as in the following tables.

13-3 各地区历年建筑业总产值

TOTAL OUTPUT VALUE OF CONSTRUCTION IN VARIOUS YEARS BY REGION

单位：万元 (10 000 yuan)

地区	Region	1992	1993	1994	1995	1996
全国	**National Total**	**21744411**	**32535297**	**46533226**	**57937454**	**82822497**
北京	Beijing	1254417	2106545	3015335	3706600	4680761
天津	Tianjin	494585	605935	1238873	1583452	1685191
河北	Hebei	1100582	1601928	2136309	2612875	3363064
山西	Shanxi	665470	864224	1325196	1468445	1568405
内蒙古	Inner Mongolia	506882	712390	801084	826458	876393
辽宁	Liaoning	2215285	3186542	3851674	4072948	3976734
吉林	Jilin	740935	1087963	1162682	1279957	1358990
黑龙江	Heilongjiang	1194852	1528188	1802635	2055718	2229620
上海	Shanghai	1176810	997983	3096794	3914166	4406801
江苏	Jiangsu	1141847	1946716	3609629	5372145	10140598
浙江	Zhejiang	656598	1252329	2212708	3536617	8362780
安徽	Anhui	554502	569108	1145237	1400973	2399465
福建	Fujian	373591	852666	1305249	1661711	2083515
江西	Jiangxi	350750	502643	672653	759825	972574
山东	Shandong	986646	1410939	2064248	2579473	5780205
河南	Henan	703286	1012547	1455175	1820659	2715574
湖北	Hubei	802770	1199016	1692795	2274060	2844273
湖南	Hunan	560615	817781	1154568	1487927	2783849
广东	Guangdong	2165648	4560600	4890276	6358305	6240552
广西	Guangxi	397297	686803	849761	928668	1233093
海南	Hainan	102371	120504	222287	175922	151799
四川	Sichuan	1377041	2044121	2884099	3582520	6715859
贵州	Guizhou	264163	376533	486942	538861	660970
云南	Yunnan	383195	370374	843283	946891	1733649
西藏	Tibet	24075	24189	27730	35846	66122
陕西	Shaanxi	485333	751613	980260	1065612	1294163
甘肃	Gansu	325051	410030	515297	608068	1037164
青海	Qinghai	114867	132007	164114	204865	277727
宁夏	Ningxia	134831	156638	186909	202162	253697
新疆	Xinjiang	490116	646441	739425	875728	928911

注：1992年的建筑业总产值包括附营施工单位完成的部分。

a) The total output value of coustruction enterprises in 1991 and 1992 included the output value of the affiliated construction units.

13-4 各地区历年建筑业增加值

VALUE ADDED OF CONSTRUCTION IN VARIOUS YEARS BY REGION

单位：万元 (10 000 yuan)

地区	Region	1992	1993	1994	1995	1996
全国	**National Total**	**6145665**	**8356309**	**13221143**	**16686358**	**24056186**
北京	Beijing	371077	601749	880241	1071808	1348018
天津	Tianjin	112485	155782	364477	463342	510525
河北	Hebei	311900	428047	622007	753626	1004433
山西	Shanxi	196147	209633	388467	457235	533155
内蒙古	Inner Mongolia	139641	211665	267967	274225	321049
辽宁	Liaoning	626348	830713	1150259	1257086	1352915
吉林	Jilin	195032	278472	358850	390506	451124
黑龙江	Heilongjiang	335844	566177	553728	642264	675666
上海	Shanghai	297443	222322	682109	874100	995145
江苏	Jiangsu	319102	485581	905461	1275984	2540378
浙江	Zhejiang	171440	289902	530486	843427	2099332
安徽	Anhui	160396	165411	339063	441310	731606
福建	Fujian	103454	219327	326032	422848	561023
江西	Jiangxi	98851	109146	186018	216570	260372
山东	Shandong	284938	402304	630366	783397	1770885
河南	Henan	195539	245853	408568	585294	849905
湖北	Hubei	240589	337293	553597	776716	941654
湖南	Hunan	164501	203282	340530	430640	804491
广东	Guangdong	586253	824084	1321791	1853664	1854934
广西	Guangxi	115458	176126	237820	283733	365971
海南	Hainan	27784	44240	47803	47202	35148
四川	Sichuan	423052	609782	886370	1117663	1985461
贵州	Guizhou	76493	115039	154018	170791	207235
云南	Yunnan	112209	55665	222159	295731	496463
西藏	Tibet	7220	6088	9695	13947	31016
陕西	Shaanxi	147099	200170	312102	339780	440665
甘肃	Gansu	100399	127787	181481	219400	382693
青海	Qinghai	39222	41427	61751	75236	92589
宁夏	Ningxia	36990	28935	58404	64952	89034
新疆	Xinjiang	148759	164305	239525	283882	323300

13-5 各地区历年建筑业企业利税总额

TOTAL PRE-TAX PROFITS OF CONSTRUCTION ENTERPRISES IN VARIOUS YEARS BY REGION

单位: 万元 (10 000 yuan)

地 区 Region	1992	1993	1994	1995	1996
全 国 National Total	**1028527**	**1594867**	**2082680**	**2422400**	**3573012**
北 京 Beijing	64405	124387	182159	187381	221922
天 津 Tianjin	16007	31192	39323	54144	58548
河 北 Hebei	53055	77749	90107	103554	146653
山 西 Shanxi	26557	56657	44859	41212	46759
内蒙古 Inner Mongolia	17181	32513	34271	27842	25609
辽 宁 Liaoning	117415	171784	178750	140497	151009
吉 林 Jilin	37864	60625	50901	44937	29538
黑龙江 Heilongjiang	60220	88740	92138	87607	70609
上 海 Shanghai	54023	38912	162099	195193	206789
江 苏 Jiangsu	53141	96645	153642	208029	398725
浙 江 Zhejiang	32135	58969	101138	148758	397947
安 徽 Anhui	15980	16592	39409	42770	103433
福 建 Fujian	18923	46461	63779	79230	97241
江 西 Jiangxi	9526	16994	18194	18971	31383
山 东 Shandong	58215	82703	101242	114772	337597
河 南 Henan	31010	38345	54570	72512	123414
湖 北 Hubei	30714	51208	65889	90905	116323
湖 南 Hunan	24715	33990	43524	57345	119595
广 东 Guangdong	159554	230269	284167	394706	352925
广 西 Guangxi	18511	43902	30127	37736	50406
海 南 Hainan	5166	6278	10093	10065	5348
四 川 Sichuan	53213	83589	103812	122298	254376
贵 州 Guizhou	6933	13059	14231	13994	17030
云 南 Yunnan	16309	14497	35466	37779	75743
西 藏 Tibet	852	1636	1350	1540	3821
陕 西 Shaanxi	11254	27536	26780	32904	39839
甘 肃 Gansu	11957	15193	19351	13351	54189
青 海 Qinghai	1833	2833	4360	5631	8189
宁 夏 Ningxia	4677	4647	8752	6583	7301
新 疆 Xinjiang	17182	26961	28199	30156	20752

13-6 各地区历年建筑业企业利润总额

TOTAL PROFITS OF CONSTRUCTION ENTERPRISES IN VARIOUS YEARS BY REGION

单位：万元 (10 000 yuan)

地 区	Region	1992	1993	1994	1995	1996
全 国	**National Total**	**459745**	**641328**	**725172**	**741983**	**1093504**
北 京	Beijing	30984	61432	94385	77857	88896
天 津	Tianjin	3992	14108	6497	10286	13731
河 北	Hebei	23121	28796	26417	26402	40251
山 西	Shanxi	8975	30437	3606	-54	-2263
内蒙古	Inner Mongolia	3725	10201	8538	1730	-2282
辽 宁	Liaoning	55730	78370	63354	18513	28388
吉 林	Jilin	18490	25341	14872	6165	-12983
黑龙江	Heilongjiang	32155	35485	33767	30573	4700
上 海	Shanghai	21147	15971	79876	85316	81808
江 苏	Jiangsu	23998	35880	62598	80113	142671
浙 江	Zhejiang	15216	24098	35975	59357	165803
安 徽	Anhui	4659	-607	4828	943	29130
福 建	Fujian	7652	16901	22312	24957	23532
江 西	Jiangxi	1921	3999	-393	-4437	2569
山 东	Shandong	29670	41662	40597	40985	150203
河 南	Henan	12646	10951	14696	20707	40204
湖 北	Hubei	10420	15608	20091	21700	27263
湖 南	Hunan	9236	10410	9445	10494	35440
广 东	Guangdong	96482	102899	128910	190605	143255
广 西	Guangxi	7821	18363	6383	7983	11299
海 南	Hainan	2688	3338	3573	1127	841
四 川	Sichuan	18054	26663	21899	19470	60582
贵 州	Guizhou	275	514	185	-1497	-2880
云 南	Yunnan	7389	7085	9484	12004	18013
西 藏	Tibet	431	952	444	329	1564
陕 西	Shaanxi	1324	9567	2064	3256	1528
甘 肃	Gansu	4133	3294	2829	-5403	12741
青 海	Qinghai	-743	-1043	-692	-830	-658
宁 夏	Ningxia	1487	-42	3098	358	-1217
新 疆	Xinjiang	6667	10692	5535	2975	-8625

13－7 各地区历年建筑业劳动生产率

LABOR PRODUCTIVITY OF CONSTRUCTION ENTERPRISES IN VARIOUS YAERS BY REGION

按建筑业增加值计算。

In terms of value added.

单位：元 (yuan)

地区	Region	1992	1993	1994	1995	1996
全国	**National Average**	**5155**	**6219**	**9144**	**11140**	**11337**
北京	Beijing	5853	7924	11998	12969	16344
天津	Tianjin	5477	8659	10814	16177	18077
河北	Hebei	4527	5488	7348	9885	9816
山西	Shanxi	5410	5442	9349	11486	12142
内蒙古	Inner Mongolia	4156	6317	8857	9436	9252
辽宁	Liaoning	4778	5855	9056	10658	11661
吉林	Jilin	4717	6538	8248	9997	11780
黑龙江	Heilongjiang	4835	8331	8772	10153	10365
上海	Shanghai	6886	10043	12842	14967	18331
江苏	Jiangsu	5830	6973	8008	12808	12045
浙江	Zhejiang	5373	7021	10038	13386	14748
安徽	Anhui	4373	5026	8655	11367	9875
福建	Fujian	5640	7326	9488	12354	12754
江西	Jiangxi	4047	3525	6730	8140	8049
山东	Shandong	6237	7626	9519	11720	9725
河南	Henan	4466	4746	6767	8686	8735
湖北	Hubei	4761	5292	10513	12862	12308
湖南	Hunan	5088	5845	9002	10633	10593
广东	Guangdong	6913	5744	10247	10455	12868
广西	Guangxi	5210	6934	9080	11129	9468
海南	Hainan	4636	9986	7544	7374	7663
四川	Sichuan	4510	6022	8099	9636	8849
贵州	Guizhou	3654	5240	6739	8024	9454
云南	Yunnan	5133	5069	9130	10582	10842
西藏	Tibet	6270	4845	9699	13471	19311
陕西	Shaanxi	5064	4212	10353	11309	10531
甘肃	Gansu	5040	6298	8461	10421	8202
青海	Qinghai	5070	5562	7553	10520	6952
宁夏	Ningxia	4572	3447	7917	6771	9354
新疆	Xinjiang	4866	6597	9547	11236	11348

13-8 各地区按经济类型分的建筑业企业单位数(1996年)
NUMBER OF CONSTRUCTION ENTERPRISES BY TYPE OF OWNERSHIP AND REGION (1996)

单位：个

地 区	Region	总 计 Total	国有经济 State-owned	集体经济 Collective Owned	私营经济 Private Enterprises	联营经济 Joint Owned	股份制经济 Share Holding	外商投资经济 Foreign Funded	港澳台投资经济 Funded by Entrepreneurs from Hong Kong,Macao and Taiwan	其他经济 Other Types of Ownership
全 国	**National Total**	**41364**	**9109**	**29044**	**535**	**187**	**1601**	**388**	**417**	**83**
北 京	Beijing	1292	391	717	3	3	55	64	56	3
天 津	Tianjin	335	125	186		4	3	10	7	
河 北	Hebei	1729	502	1149	15	4	38	7	8	6
山 西	Shanxi	770	224	487	35	3	13	4	1	3
内蒙古	Inner Mongolia	835	212	523	18	2	73	3	4	
辽 宁	Liaoning	2386	557	1729	9	5	43	19	23	1
吉 林	Jilin	815	402	374	3		26	4	5	1
黑龙江	Heilongjiang	1696	588	941	17	1	139	3	4	3
上 海	Shanghai	918	257	471	4	22	37	64	62	1
江 苏	Jiangsu	2958	539	2251	5	10	84	32	35	2
浙 江	Zhejiang	3133	354	2113	154	27	417	34	19	15
安 徽	Anhui	1478	248	1161	6	5	38	5	8	7
福 建	Fujian	1424	201	1033	39	26	75	28	22	
江 西	Jiangxi	1010	236	748	8	4	13	1		
山 东	Shandong	4010	714	3053	44	4	101	43	49	2
河 南	Henan	2278	520	1625	27	10	58	11	27	
湖 北	Hubei	1696	403	1198	10	6	48	13	17	1
湖 南	Hunan	1656	278	1347	5	2	13		1	10
广 东	Guangdong	1873	565	1206	9	11	25	17	38	2
广 西	Guangxi	815	177	609	6	5	17	1		
海 南	Hainan	110	36	71			1		2	
四 川	Sichuan	4157	595	3321	56	13	137	12	11	12
贵 州	Guizhou	560	145	390	8	5	12			
云 南	Yunnan	941	117	771	14	3	29	2	2	3
西 藏	Tibet	43	20	23						
陕 西	Shaanxi	796	155	586	22	5	25	1		2
甘 肃	Gansu	513	96	368	1	3	33	3	5	4
青 海	Qinghai	212	84	109	3	1	9	3	1	2
宁 夏	Ningxia	357	125	178	9	2	30	4	6	3
新 疆	Xinjiang	568	243	306	5	1	9		4	

13-9 各地区按经济类型分的建筑业企业从业人员(1996年)

NUMBER OF STAFF AND WORKERS IN CONSTRUCTION ENTERPRISES BY TYPE OF OWNERSHIP AND REGION(1996)

单位: 万人 (10 000 persons)

地区 Region	建筑业企业从业人员 Number of staff and workers	国有经济 State-owned Enterprises	集体经济 Collective Owned Enterprises	私营经济 Private Enterprises	联营经济 Joint Owned Enterprises	股份制经济 Share Holding Enterprises	外商投资经济 Foreign Funded Enterprises	港澳台投资经济 Enterprises Funded by Entrepreneurs from Hong Kong,Macao and Taiwan	其他经济 Enterprises of Other Types of Ownership
全国 National Average	**2121.87**	**855.93**	**1171.42**	**8.64**	**6.65**	**60.49**	**8.62**	**8.67**	**1.44**
北京 Beijing	82.48	51.48	26.62	0.03	0.03	2.61	0.95	0.72	0.03
天津 Tianjin	28.24	23.16	4.71		0.07	0.18	0.08	0.04	
河北 Hebei	102.32	48.35	50.50	0.25	0.75	2.17	0.11	0.05	0.15
山西 Shanxi	43.91	33.20	10.01	0.24	0.13	0.24	0.01	0.01	0.07
内蒙古 Inner Mongolia	34.70	14.08	18.19	0.40	0.08	1.86	0.05	0.02	
辽宁 Liaoning	116.02	51.45	62.50	0.18	0.07	1.40	0.25	0.13	0.03
吉林 Jilin	38.29	26.96	9.83	0.05		1.21	0.17	0.05	0.02
黑龙江 Heilongjiang	65.19	36.48	24.46	0.10	0.06	3.94	0.06	0.05	0.04
上海 Shanghai	54.29	29.42	18.00	0.10	1.04	1.96	2.23	1.53	0.01
江苏 Jiangsu	210.91	58.50	147.14	0.25	0.12	3.68	0.45	0.76	0.01
浙江 Zhejiang	142.34	21.76	102.35	2.53	0.55	12.69	1.51	0.78	0.18
安徽 Anhui	74.09	26.07	46.10	0.06	0.11	1.48	0.09	0.09	0.10
福建 Fujian	43.99	16.76	23.11	0.38	0.83	2.00	0.51	0.39	
江西 Jiangxi	32.35	15.50	16.60	0.10	0.01	0.14			
山东 Shandong	182.10	39.11	134.81	0.86	0.07	5.53	1.00	0.69	0.03
河南 Henan	97.30	48.60	45.98	0.21	0.31	1.81	0.14	0.25	
湖北 Hubei	76.51	36.83	36.20	0.10	0.26	2.89	0.09	0.14	0.01
湖南 Hunan	75.94	24.32	50.72	0.25	0.04	0.33		0.01	0.28
广东 Guangdong	144.15	60.42	78.04	0.14	0.12	2.41	0.47	2.52	0.02
广西 Guangxi	38.66	16.80	21.15	0.19	0.09	0.39	0.03		
海南 Hainan	4.59	2.35	2.11			0.01		0.12	
四川 Sichuan	224.37	72.30	142.89	1.48	0.97	6.08	0.24	0.19	0.22
贵州 Guizhou	21.92	13.61	7.83	0.06	0.21	0.22			
云南 Yunnan	45.79	15.77	28.34	0.30	0.07	1.16	0.06	0.04	0.04
西藏 Tibet	1.61	1.18	0.43						
陕西 Shaanxi	41.84	22.90	17.91	0.22	0.19	0.58			0.04
甘肃 Gansu	46.66	15.76	27.74	0.01	0.26	2.67	0.07	0.05	0.10
青海 Qinghai	13.32	10.15	2.98	0.02	0.03	0.10	0.02		0.01
宁夏 Ningxia	9.52	4.86	3.94	0.11	0.14	0.38	0.02	0.02	0.05
新疆 Xinjiang	28.49	17.79	10.23	0.04	0.02	0.38		0.03	

注: 从业人员为年平均人数。

a) Number of staff and workers refers to the annual average number.

13-10 各地区建筑业企业技术装备情况

NUMBER AND POWER OF MACHINERY AND EQUIPMENT OWNED BY CONSTRUCTION ENTERPRISES BY REGION

年份 地区 Year Region	自有机械设备总台数(台) Number of Machinery and Equipment Owned	自有机械设备总功率(万千瓦) Total Power of Machinery and Equipment Owned (10 000 kw)	#施工机械功率 Power of Construction Machines	自有机械设备净值(万元) Net Value of Machinery and Equipment Owned(10 000yuan)	技术装备率(元/人) Value of Machines per Labourer (yuan/person)	动力装备率(千瓦/人) Power of Machines per Labourer (kw/person)
1991	2528110	4250.2	2780.6	2722151	2572	4.0
1992	2531578	4431.9	3006.6	3147398	2719	3.8
1993	2608091	4948.9	3349.6	4671699	4105	4.3
1994	2952629	5712.7	4012.5	4981982	3446	4.0
1995	3482784	7056.5	4399.4	6386383	4264	4.7
1996	5649612	9804.8	6448.9	8814352	4154	4.6
北京 Beijing	160958	416.1	288.4	357499	4334	5.0
天津 Tianjin	52166	135.9	95.9	199449	7062	4.8
河北 Hebei	325257	468.9	366.9	395090	3861	4.6
山西 Shanxi	92584	189.1	145.0	189704	4320	4.3
内蒙古 Inner Mongolia	78477	133.3	97.2	109499	3156	3.8
辽宁 Liaoning	259320	578.1	427.7	501735	4325	5.0
吉林 Jilin	65084	177.3	114.8	151981	3969	4.6
黑龙江 Heilongjiang	133210	351.5	251.3	277813	4262	5.4
上海 Shanghai	100451	182.5	128.4	380817	7015	3.4
江苏 Jiangsu	497471	545.9	444.7	729648	3460	2.6
浙江 Zhejiang	422889	448.0	374.3	728762	5120	3.1
安徽 Anhui	180657	250.2	198.5	288713	3897	3.4
福建 Fujian	124190	177.4	133.7	221146	5028	4.0
江西 Jiangxi	75284	102.3	78.4	99598	3079	3.2
山东 Shandong	673934	799.4	623.8	629145	3455	4.4
河南 Henan	253176	312.7	232.7	325821	3349	3.2
湖北 Hubei	250146	324.5	243.4	437469	5718	4.2
湖南 Hunan	259718	298.9	241.7	281425	3706	3.9
广东 Guangdong	511102	711.7	592.8	718047	4981	4.9
广西 Guangxi	118835	139.1	110.3	143426	3710	3.6
海南 Hainan	8510	18.4	14.3	27261	5943	4.0
四川 Sichuan	514223	2189.2	664.9	761997	3396	9.8
贵州 Guizhou	41202	72.7	50.3	84808	3869	3.3
云南 Yunnan	126340	203.6	126.6	215488	4706	4.4
西藏 Tibet	3035	19.7	12.2	20739	12913	12.3
陕西 Shaanxi	112388	187.4	149.3	190484	4552	4.5
甘肃 Gansu	98102	161.9	101.4	139696	2994	3.5
青海 Qinghai	24626	40.8	27.4	39633	2976	3.1
宁夏 Ningxia	25710	39.8	28.9	39884	4190	4.2
新疆 Xinjiang	60567	128.6	83.6	127572	4478	4.5

13－11 各地区国有经济建筑业企业技术装备情况

NUMBER AND POWER OF MACHINERY AND EQUIPMENT OF STATE－OWNED CONSTRUCTION ENTERPRISES BY REGION

年份 地区 Year Region	自有机械设备总台数(台) Number of Machinery and Equipment Owned	自有机械设备总功率(万千瓦) Total Power of Machinery and Equipment Owned (10 000 kw)	#施工机械功率 Power of Construction Machinery	自有机械设备净值(万元) Net Value of Machinery and Equipment Owned(10 000 yuan)	技术装备率(元/人) Value of Machinery per Labourer (yuan/person)	动力装备率(千瓦/人) Power of Machinery per Labourer (kw/person)
1991	1519637	3248.9	2036.3	2213621	3465	5.1
1992	1410064	3314.6	2137.4	2464943	3618	4.9
1993	1309360	3323.8	2149.6	2848367	4335	5.1
1994	1476295	3900.2	2555.7	3567576	4361	4.8
1995	1637276	3984.6	2780.5	4161384	5048	4.8
1996	1870826	4213.3	2995.3	4692164	5482	4.9
北京 Beijing	81024	204.3	113.6	227575	4421	4.0
天津 Tianjin	35906	108.8	73.0	177906	7682	4.7
河北 Hebei	122192	256.6	185.9	231590	4790	5.3
山西 Shanxi	56949	153.7	116.4	168747	5082	4.6
内蒙古 Inner Mongolia	30955	67.6	47.0	64547	4583	4.8
辽宁 Liaoning	102077	288.7	201.4	263464	5121	5.6
吉林 Jilin	47247	133.2	87.4	122220	4534	4.9
黑龙江 Heilongjiang	71048	258.6	179.5	184219	5049	7.1
上海 Shanghai	48369	136.8	93.8	265537	9026	4.7
江苏 Jiangsu	141378	247.0	194.4	306507	5240	4.2
浙江 Zhejiang	53258	97.0	69.0	128946	5925	4.5
安徽 Anhui	55380	139.6	113.0	175882	6747	5.4
福建 Fujian	27878	65.6	45.9	99724	5949	3.9
江西 Jiangxi	28561	60.5	45.3	61531	3971	3.9
山东 Shandong	183721	194.0	129.3	202751	5185	5.0
河南 Henan	115520	195.1	135.9	209260	4305	4.0
湖北 Hubei	89843	208.0	160.3	325252	8831	5.6
湖南 Hunan	64721	139.2	103.7	150680	6194	5.7
广东 Guangdong	142953	306.9	232.6	362720	6003	5.1
广西 Guangxi	40373	89.4	68.3	96814	5763	5.3
海南 Hainan	3306	11.4	9.0	16637	7091	4.9
四川 Sichuan	142302	344.8	244.9	309988	4287	4.8
贵州 Guizhou	22201	53.5	35.6	67755	4977	3.9
云南 Yunnan	28270	82.0	57.9	94413	5986	5.2
西藏 Tibet	2657	19.4	11.9	19899	16892	16.5
陕西 Shaanxi	42252	135.0	104.5	141261	6168	5.9
甘肃 Gansu	29464	67.3	45.5	62963	3996	4.3
青海 Qinghai	13678	32.8	21.0	33430	3292	3.2
宁夏 Ningxia	11338	24.2	16.0	24294	4994	5.0
新疆 Xinjiang	36005	92.2	53.2	95650	5378	5.2

13-12 各地区建筑业总产值(1996年)

TOTAL OUTPUT VALUE OF CONSTRUCTION BY REGION (1996)

单位：万元 (10 000 yuan)

地区 Region	建筑业总产值 Total Output Value	建筑工程产值 Output Value of Construction	安装工程产值 Output Value of Installation	房屋、构筑物修理产值 Output Value of Building Repair and Maintenance	非标准设备制造产值 Output Value of Non-Standard Equipment Manufacturing
全国 National Total	**82822497**	**71585030**	**9267856**	**1413746**	**555866**
北京 Beijing	4680761	4202093	334409	138508	5751
天津 Tianjin	1685191	1391441	248332	19866	25553
河北 Hebei	3363064	2896562	418137	19923	28442
山西 Shanxi	1568405	1333399	219536	10399	5071
内蒙古 Inner Mongolia	876393	715332	99534	58347	3180
辽宁 Liaoning	3976734	3116074	667732	141927	51001
吉林 Jilin	1358990	1088122	243772	19803	7292
黑龙江 Heilongjiang	2229620	1709943	465683	19989	34005
上海 Shanghai	4406801	3705696	573703	101178	26224
江苏 Jiangsu	10140598	8994083	951995	143085	51435
浙江 Zhejiang	8362780	7305238	890252	134383	32907
安徽 Anhui	2399465	2040381	293921	39995	25168
福建 Fujian	2083515	1871974	185139	21176	5227
江西 Jiangxi	972574	892760	69477	7366	2971
山东 Shandong	5780205	4671931	935908	127910	44456
河南 Henan	2715574	2253075	400952	34283	27264
湖北 Hubei	2844273	2523344	261281	40016	19632
湖南 Hunan	2783849	2472478	222428	69757	19185
广东 Guangdong	6240552	5756629	404412	57309	22202
广西 Guangxi	1233093	1133305	78445	10763	10580
海南 Hainan	151799	148085	2699	795	219
四川 Sichuan	6715859	5941311	595870	139734	38945
贵州 Guizhou	660970	575895	79428	3522	2126
云南 Yunnan	1733649	1527775	152023	16292	37558
西藏 Tibet	66122	64731	1300	12	79
陕西 Shaanxi	1294163	1159012	119904	5112	10135
甘肃 Gansu	1037164	843398	171910	15826	6030
青海 Qinghai	277727	226746	46476	2521	1984
宁夏 Ningxia	253697	211287	37693	3588	1129
新疆 Xinjiang	928911	812931	95503	10360	10116

13-13 各地区按经济类型分的建筑业总产值(1996年)

TOTAL OUTPUT VALUE OF CONSTRUCTION BY TYPE OF OWNERSHIP AND REGION (1996)

单位: 万元　　　　(10 000 yuan)

地区 Region	建筑业总产值 Total Output Value	国有经济 State-owned Enterprises	集体经济 Collective Owned Enterprises	私营经济 Private Enterprises	联营经济 Joint Owned Enterprises	股份制经济 Share Holding Enterprises	外商投资经济 Foreign Funded Enterprises	港澳台投资经济 Enterprises Funded by Entrepreneurs from Hong Kong, Macao and Taiwan	其他经济 Enterprises of Other Types of Ownership
全国 National Total	**82822497**	**41602097**	**36956751**	**281736**	**203467**	**2761792**	**505132**	**468517**	**43005**
北京 Beijing	4680761	3181252	1238649	232	1022	124603	81932	52062	1007
天津 Tianjin	1685191	1459173	206341		669	9022	7017	2971	
河北 Hebei	3363064	2191638	1087488	3670	1057	70485	5151	1123	2452
山西 Shanxi	1568405	1364009	186112	5706	2650	7045	1327		1555
内蒙古 Inner Mongolia	876393	441462	381670	7396	2024	40728	1696	1416	
辽宁 Liaoning	3976734	2215449	1656514	8839	2833	55890	19376	16939	894
吉林 Jilin	1358990	1043830	260266	2425		40704	9488	1976	300
黑龙江 Heilongjiang	2229620	1406694	687662	3651	1220	124329	1911	2806	1347
上海 Shanghai	4406801	2847725	1057594	3961	55145	210015	109158	122591	612
江苏 Jiangsu	10140598	3698025	6044725	18142	3468	266967	46954	61754	562
浙江 Zhejiang	8362780	1498098	5820054	112494	26398	750467	85820	59843	9606
安徽 Anhui	2399465	1111747	1221648	1455	3865	44951	11137	2267	2396
福建 Fujian	2083515	1061512	836235	14330	40809	83361	30456	16813	
江西 Jiangxi	972574	587136	379123	1742	571	3794	208		
山东 Shandong	5780205	1909520	3575628	18120	1908	211982	37621	24866	560
河南 Henan	2715574	1678352	976203	5068	5343	32117	5347	13145	
湖北 Hubei	2844273	1869986	791426	3025	7164	164249	2043	5960	420
湖南 Hunan	2783849	1241762	1512196	6380	304	13855		480	8871
广东 Guangdong	6240552	3201167	2782448	8235	5670	137122	34103	71315	490
广西 Guangxi	1233093	718825	487166	7189	3174	15428	1310		
海南 Hainan	151799	98423	52299			404		673	
四川 Sichuan	6715859	2792240	3647245	35687	20679	201095	8417	4939	5558
贵州 Guizhou	660970	521770	130204	811	3549	4636			
云南 Yunnan	1733649	929557	760082	4740	1774	30140	1983	1844	3529
西藏 Tibet	66122	56848	9273						
陕西 Shaanxi	1294163	939676	335945	4987	2039	10965	1		550
甘肃 Gansu	1037164	501091	446463	309	5981	80160	1646	489	1024
青海 Qinghai	277727	227313	47292	201	1396	1131	301	48	44
宁夏 Ningxia	253697	157564	80076	1830	2124	9201	728	945	1228
新疆 Xinjiang	928911	650252	258723	1111	630	16944		1252	

13－14 各地区按行业分的建筑业总产值(1996年)

TOTAL OUTPUT VALUE OF CONSTRUCTION BY BRANCH AND REGION (1996)

单位: 万元 (10 000 yuan)

地区	Region	建筑业总产值 Total	土木工程建筑业产值 Output Value of Civil Engineering	#房屋建筑业 Building	#矿山建筑业 Mines	#铁路、隧道公路、桥梁建筑业 Railways, Tunnels, Highways, and Bridges	线路管道设备安装业 Output Value of Line and Equipment Installation	#设备安装业 Equipment Installa－tion	建筑物装修装饰业 Output Value of Building Decoration
全国	**National Total**	**82822497**	**73194728**	**58713680**	**779799**	**8399789**	**7694118**	**4277222**	**1933652**
北京	Beijing	4680761	3963589	3453934	1526	395535	576604	265509	140567
天津	Tianjin	1685191	1399923	809079	6020	403164	263100	113678	22168
河北	Hebei	3363064	2998477	2316421	51259	445294	332889	164570	31697
山西	Shanxi	1568405	1400107	652400	67519	630725	161644	76710	6653
内蒙古	Inner Mongolia	876393	808189	653771	16043	60966	58565	37929	9639
辽宁	Liaoning	3976734	3261542	2309916	72135	448860	662451	433282	52740
吉林	Jilin	1358990	1222163	804235	45439	292273	128037	74250	8790
黑龙江	Heilongjiang	2229620	1674712	1251804	40745	286330	507056	392354	47853
上海	Shanghai	4406801	3707016	2856923	8697	336573	392304	190032	307481
江苏	Jiangsu	10140598	9050130	8003443	30123	517774	798127	455487	292341
浙江	Zhejiang	8362780	7404971	6297431	39380	699058	656729	325464	301080
安徽	Anhui	2399465	2145199	1636339	82520	276797	227321	137203	26945
福建	Fujian	2083515	1881131	1414930	8920	223594	158033	55747	44351
江西	Jiangxi	972574	918156	808661	1293	31419	46528	13276	7890
山东	Shandong	5780205	4974843	4298599	105852	287522	600416	398942	204945
河南	Henan	2715574	2334873	1859044	60933	308145	338623	201628	42078
湖北	Hubei	2844273	2588497	2030291	7659	239342	222658	118506	33118
湖南	Hunan	2783849	2588195	2111522	6579	282220	180871	131157	14783
广东	Guangdong	6240552	5613316	4515036	4380	665816	393055	211862	234180
广西	Guangxi	1233093	1146500	897335	2953	161766	77264	47487	9329
海南	Hainan	151799	151134	100780	2100	42816	665	260	
四川	Sichuan	6715859	6274147	5414124	32373	487581	387465	164896	54247
贵州	Guizhou	660970	565336	357823	20402	99962	91379	46253	4255
云南	Yunnan	1733649	1690634	1390207	8513	182109	31730	5567	11285
西藏	Tibet	66122	66122	52102		10110			
陕西	Shaanxi	1294163	1171730	640395	27519	381652	118388	86244	4045
甘肃	Gansu	1037164	886202	788513	17533	48076	144992	67633	5970
青海	Qinghai	277727	239044	106388	4320	22204	33850	19705	4833
宁夏	Ningxia	253697	214052	177126	3582	21218	33515	6724	6130
新疆	Xinjiang	928911	854797	705111	3482	110887	69858	34869	4256

13－15 各地区建筑业增加值(1996年)

VALUE ADDED OF CONSTRUCTION BY REGION (1996)

单位: 万元 (10 000 yuan)

地区	Region	建筑业增加值合计 Total Value Added of Construction	本年提取的固定资产折旧 Depreciation of Fixed Assets of the Year	主营业务应付工资 Wages Payable in Major Management Projects	主营业务应付福利费 Welfare Expenses Payable in Major Management Projects	管理费用中的劳动、待业保险费 Insurance in Management Expenses	工程结算税金及附加 Taxes and Extra Charges on Project Settle Accounts	工程结算利润 Profits of Project Settle Accounts	管理费用中的税金 Taxes in Management Enpenses	转作奖金的利润 Bonus Transferred from Profits
全　国	**National Total**	**24056186**	**1455884**	**11531443**	**1228556**	**730355**	**2296771**	**6699893**	**182737**	**69453**
北　京	Beijing	1348018	70373	598223	63229	42631	126207	444692	6819	4157
天　津	Tianjin	510525	42771	180692	20233	29723	42307	193363	2510	1075
河　北	Hebei	1004433	65288	449446	57884	37228	97777	289385	8625	1200
山　西	Shanxi	533155	40970	217759	21344	25744	45202	178418	3820	103
内蒙古	Inner Mongolia	321049	19462	164804	19290	11063	24228	79787	3663	1248
辽　宁	Liaoning	1352915	87344	634460	75500	40883	115404	392882	7217	775
吉　林	Jilin	451124	27810	226355	23321	13973	40482	117338	2039	193
黑龙江	Heilongjiang	675666	40679	322185	37816	13524	61915	196438	3994	885
上　海	Shanghai	995145	58121	383406	46109	42775	118933	341119	6048	1366
江　苏	Jiangsu	2540378	123465	1380182	145767	45248	243038	598412	13016	8750
浙　江	Zhejiang	2099332	94025	1193127	93222	21184	223050	476434	9094	10805
安　徽	Anhui	731606	37809	340638	38558	25210	68350	217586	5953	2498
福　建	Fujian	561023	27389	269335	29071	14116	69125	148109	4584	707
江　西	Jiangxi	260372	17414	136194	13673	6013	25484	58504	3330	242
山　东	Shandong	1770885	110238	804799	94948	39535	171775	547418	15619	13447
河　南	Henan	849905	47480	390324	43602	30614	76423	256134	6787	1458
湖　北	Hubei	941654	77654	385560	40359	39033	81606	310912	7454	925
湖　南	Hunan	804491	43003	405012	44454	19663	77193	211819	6962	3614
广　东	Guangdong	1854934	118719	877382	86794	41198	195478	529157	14192	7985
广　西	Guangxi	365971	24171	183082	18779	16547	35308	85114	3799	829
海　南	Hainan	35148	1661	20208	1987	617	3767	6215	740	48
四　川	Sichuan	1985461	121155	1021218	108614	70987	176815	473407	16979	3713
贵　州	Guizhou	207235	18356	98889	9779	6594	17827	53854	2083	146
云　南	Yunnan	496463	38610	219462	24407	28060	50288	128829	7442	636
西　藏	Tibet	31016	7356	9063	869	258	896	11224	1361	11
陕　西	Shaanxi	440665	33660	190807	23848	23690	34377	130656	3934	308
甘　肃	Gansu	382693	18399	189813	17100	14741	31607	101611	9841	418
青　海	Qinghai	92589	9184	45089	5319	3908	7837	20289	1010	48
宁　夏	Ningxia	89034	5933	43981	4838	3930	7258	21984	1260	152
新　疆	Xinjiang	323300	27386	149945	17841	21664	26816	78801	2561	1712

注: 建筑业增加值合计等于其中前七项之和减去最后一项。

a)Total value added of construction equals to the sum of the first seven component items in the table minus the last items "bonus transferred from profits".

13–16 各地区按经济类型分的建筑业增加值(1996年)

VALUE ADDED OF CONSTRUCTION BY TYPE OF OWNERSHIP AND REGION (1996)

单位：万元　　　　(10 000 yuan)

地区	Region	建筑业增加值 Total Value Added of Construction	国有经济 State-owned Enterprises	集体经济 Collective Owned Enterprises	私营经济 Private Enterprises	联营经济 Joint Owned Enterrises	股份制经济 Share Holding EnterPrises	外商投资经济 Foreign Funded EnterPrises	港澳台投资经济 Enterprises Funded by Entrepreneurs from Hong Kong,Macao and Taiwan	其他经济 Enterprises of Types of Other Ownership
全国	**National Total**	**24056186**	**12998115**	**9907749**	**80297**	**55405**	**758284**	**129253**	**111764**	**15321**
北京	Beijing	1348018	973499	303926	140	365	33584	20256	15815	433
天津	Tianjin	510525	448657	56306		205	1892	2246	1219	
河北	Hebei	1004433	645072	336024	1104	506	18983	1196	460	1089
山西	Shanxi	533155	474811	52251	1988	483	2721	472	9	420
内蒙古	Inner Mongolia	321049	173288	128910	2691	1060	14309	426	365	
辽宁	Liaoning	1352915	752865	566101	3050	626	18030	7530	4286	427
吉林	Jilin	451124	345807	85749	839		15500	2491	629	110
黑龙江	Heilongjiang	675666	438794	198100	1600	348	35087	670	484	583
上海	Shanghai	995145	627638	270471	873	9472	40592	22316	22245	1538
江苏	Jiangsu	2540378	1012076	1433552	5898	773	63737	9258	14971	114
浙江	Zhejiang	2099332	354526	1476125	28505	6361	193095	23375	14190	3156
安徽	Anhui	731606	386872	325533	349	2272	13455	1573	731	820
福建	Fujian	561023	279184	234198	3771	10903	22469	6539	3958	
江西	Jiangxi	260372	163651	95327	583	174	622	14		
山东	Shandong	1770885	636915	1030339	6140	395	76522	13906	6422	247
河南	Henan	849905	564430	265719	1567	2891	8330	3189	3778	
湖北	Hubei	941654	662346	222548	1184	2583	50680	948	1282	83
湖南	Hunan	804491	393729	400891	1790	189	5009		215	2668
广东	Guangdong	1854934	1060343	727582	1910	1848	38679	8917	15419	236
广西	Guangxi	365971	235141	125036	2379	644	2579	192		
海南	Hainan	35148	19665	14391			238		853	
四川	Sichuan	1985461	979648	925653	9661	6827	56861	2596	2250	1965
贵州	Guizhou	207235	162261	41794	277	1416	1488			
云南	Yunnan	496463	269650	215579	1237	515	7614	380	776	712
西藏	Tibet	31016	27390	3626						
陕西	Shaanxi	440665	336345	98628	1631	885	2953	9		214
甘肃	Gansu	382693	203679	150808	21	2182	24875	433	336	359
青海	Qinghai	92589	77243	14401	55	281	374	197	27	11
宁夏	Ningxia	89034	54545	28867	710	1014	3371	125	265	136
新疆	Xinjiang	323300	238042	79313	346	184	4635		781	

13－17 各地区按经济类型分的建筑业企业资本金(1996年)

CAPITAL OF CINSTRUCTION ENTERPRISES BY TYPE OF OWNERSHIP AND REGION (1996)

单位：万元 (10 000 yuan)

地 区 Region	资本金合计 Total Capital	国有经济 State－owned Enter－prises	集体经济 Collec－tive Owned Enter－Prises	私营经济 Private Enter－prises	联营经济 Joint Owned Enter－prises	股份制经济 Share Holding Enter－Prises	外商投资经济 Foreign Funded Enter－Prises	港澳台投资经济 Enterpris－es Funded by Entre－preneurs from Hong Kong,Macao and Taiwan	其他经济 Enter－prises of Types of Other Owner－ship
全 国 National Total	**19361229**	**8817802**	**9262292**	**98219**	**82751**	**718319**	**184354**	**174587**	**22905**
北 京 Beijing	805811	514174	200647	663	1060	38822	26255	23614	577
天 津 Tianjin	383679	319240	51428		1501	2798	3585	5126	
河 北 Hebei	860195	450309	377268	3389	2125	22173	1543	1295	2093
山 西 Shanxi	362025	297371	53346	1999	2233	2604	3663	220	590
内蒙古 Inner Mongolia	273735	139889	103983	3830	844	23949	624	616	
辽 宁 Liaoning	1256649	644562	571470	1300	547	21051	9255	8224	240
吉 林 Jilin	329967	255779	60079	919		11379	795	999	16
黑龙江 Heilongjiang	689629	390112	247732	2082	118	45286	1213	378	2708
上 海 Shanghai	762838	412904	215117	413	15375	42764	38451	33814	4000
江 苏 Jiangsu	1669240	579775	1011968	1909	2629	45775	10067	16929	187
浙 江 Zhejiang	1631648	245705	1142704	32057	7929	160378	27930	11231	3714
安 徽 Anhui	571376	250694	294961	863	4961	14712	1838	2297	1051
福 建 Fujian	504029	164642	269542	6450	7711	36351	8804	10529	
江 西 Jiangxi	279594	130710	144863	922	558	2087	454		
山 东 Shandong	1374397	433266	857163	5194	1451	45232	17829	14038	223
河 南 Henan	707268	409860	264435	2074	1325	15729	5055	8791	
湖 北 Hubei	731683	370778	313152	3748	3645	29731	6580	3949	100
湖 南 Hunan	651672	230177	411711	2267	550	3932		100	2935
广 东 Guangdong	1609930	741230	796128	5259	4563	32176	11959	17922	693
广 西 Guangxi	356713	175714	168475	3210	980	8091	244		
海 南 Hainan	45148	27043	16505			250		1350	
四 川 Sichuan	1848361	715276	1034803	13205	12903	60522	4264	5201	2186
贵 州 Guizhou	208070	135240	68521	602	1747	1958			
云 南 Yunnan	353516	130691	209912	1262	327	10720	350	193	61
西 藏 Tibet	14472	10629	3843						
陕 西 Shaanxi	342690	215471	119078	2460	1931	3401	150		198
甘 肃 Gansu	284098	135222	119637	163	2792	21082	2012	2307	882
青 海 Qinghai	85887	64216	19814	78	57	1324	154	121	123
宁 夏 Ningxia	102520	57144	31713	1090	2787	7221	1279	958	327
新 疆 Xinjiang	264390	169980	82291	812	103	6820		4385	

13-18 各地区建筑业企业资产(1996年)

ASSETS OF CONSTRUCTION ENTERPRISES BY REGION (1996)

单位: 万元 (10 000 yuan)

地区 Region	资产合计 Total Assets	#流动资产 Circulating Funds	#固定资产 Fixed Assets	#专项工程 Special Projects	#无形及递延资产 Intangible and Deferred Assets
全国 National Total	**92428516**	**67541292**	**19762208**	**1235011**	**735716**
北京 Beijing	6381093	5157283	785243	85216	27336
天津 Tianjin	1948560	1386062	450373	21513	10897
河北 Hebei	3255183	2162025	945236	30443	23796
山西 Shanxi	2184869	1515011	582802	49467	10742
内蒙古 Inner Mongolia	1134321	788832	296738	6512	11608
辽宁 Liaoning	5113176	3576823	1285942	57688	51730
吉林 Jilin	1693130	1144679	462152	22371	8798
黑龙江 Heilongjiang	2602391	1832865	681604	10016	20960
上海 Shanghai	4944223	3878967	636767	90306	77274
江苏 Jiangsu	9386068	7507764	1523164	111945	38141
浙江 Zhejiang	6641432	4910861	1371258	90130	45610
安徽 Anhui	2228763	1538988	583664	37254	10330
福建 Fujian	3103290	2475771	459091	34329	29565
江西 Jiangxi	1321256	946942	295620	7367	10201
山东 Shandong	6040547	4148174	1403555	89539	68860
河南 Henan	2554272	1712514	713558	28767	24324
湖北 Hubei	3209684	2135648	911007	48861	31942
湖南 Hunan	2438586	1660376	636269	48930	30374
广东 Guangdong	11375738	9203031	1617649	127859	87701
广西 Guangxi	1848344	1410119	352261	17022	17425
海南 Hainan	201714	143093	51443	5021	1019
四川 Sichuan	5716193	3672071	1672816	101276	45470
贵州 Guizhou	1022041	731240	207496	9446	14299
云南 Yunnan	1409660	939314	388479	19012	8513
西藏 Tibet	117114	70193	40686		51
陕西 Shaanxi	1617950	1045401	485229	39622	12077
甘肃 Gansu	1075059	665419	349080	15461	5983
青海 Qinghai	363819	218408	129469	5566	1355
宁夏 Ningxia	360662	236084	103359	6999	5500
新疆 Xinjiang	1139380	727336	340195	17072	3837

13－19 各地区按经济类型分的建筑业企业资产(1996年)

ASSETS OF CONSTRUCTION ENTERPRISES BY TYPE OF OWNERSHIP AND REGION (1996)

单位：万元　　　　(10 000 yuan)

地区	Region	资产合计 Total Assets	国有经济 State-owned Enterprises	集体经济 Collective Owned Enterprises	私营经济 Private Enterprises	联营经济 Joint Owned Enterprises	股份制经济 Share Holding Enterprises	外商投资经济 Foreign Funded Enterprises	港澳台投资经济 Enterprises Funded by Entrepreneurs from Hong Kong, Macao and Taiwan	其他经济 Enterprises of Other Types of Ownership
全　国	**National Total**	**92428516**	**53556313**	**34133141**	**258423**	**204627**	**3090650**	**593447**	**544234**	**47682**
北　京	Beijing	6381093	4918900	1154630	666	1758	148566	89554	65844	1174
天　津	Tianjin	1948560	1687778	234095		2105	9106	7928	7548	
河　北	Hebei	3255183	2373989	796622	3749	1130	66524	3870	3482	5815
山　西	Shanxi	2184869	1965074	191496	4767	4192	13849	4535	209	746
内蒙古	Inner Mongolia	1134321	681689	354443	12494	3754	75521	4076	2345	
辽　宁	Liaoning	5113176	3072124	1897906	7645	6085	77566	28072	22236	1542
吉　林	Jilin	1693130	1361912	252465	3013		65193	6887	3442	217
黑龙江	Heilongjiang	2602391	1754935	713823	6307	1683	118467	1494	3185	2497
上　海	Shanghai	4944223	3094884	1390822	1741	34469	202076	114821	99427	5983
江　苏	Jiangsu	9386068	4193655	4838223	2442	5014	241319	44781	59982	653
浙　江	Zhejiang	6641432	1439371	4405880	104587	18762	535777	86206	42191	8660
安　徽	Anhui	2228763	1318136	832460	2914	9731	53016	7771	2900	1835
福　建	Fujian	3103290	1203307	1596252	21619	51050	156903	38219	35941	
江　西	Jiangxi	1321256	791778	518510	5418	596	4500	454		
山　东	Shandong	6040547	2483531	3189315	14841	5863	258791	54889	32987	330
河　南	Henan	2554272	1759112	724449	4650	2132	29470	14294	20165	
湖　北	Hubei	3209684	2217761	629887	4594	7812	329951	9432	9300	947
湖　南	Hunan	2438586	1293366	1129798	2624	577	8662		303	3257
广　东	Guangdong	11375738	6390687	4518522	8821	8384	302641	51647	94159	878
广　西	Guangxi	1848344	1340988	474547	4876	2359	23634	1940		
海　南	Hainan	201714	142178	48377			356		10804	
四　川	Sichuan	5716193	2947060	2492412	27122	23507	194383	9287	13722	8700
贵　州	Guizhou	1022041	843417	169423	883	2421	5896			
云　南	Yunnan	1409660	802554	567287	3727	840	30510	755	1433	2553
西　藏	Tibet	117114	108786	8328						
陕　西	Shaanxi	1617950	1293345	304083	5076	2331	12381	169		564
甘　肃	Gansu	1075059	671229	303229	63	4425	82109	10404	2766	834
青　海	Qinghai	363819	314903	45758	102	216	1874	531	348	88
宁　夏	Ningxia	360662	222317	110780	2325	3130	17489	1431	2781	409
新　疆	Xinjiang	1139380	867549	239317	1358	299	24121		6736	

13－20 各地区建筑业企业负债及所有者权益(1996年)

LIABILITIES AND CREDITORS' EQUITY OF CONSTRUCTION ENTERPRISES BY REGION (1996)

单位：万元 (10 000 yuan)

地 区 Region	负债合计 Total Liabilities	#流动负债 Liquid Liabilities	#长期负债 Long－Term Liabilities	所有者权益 Creditors' Equity	#股 本 Stocks
全 国 National Total	**68958281**	**64808821**	**3752013**	**23470236**	**1094435**
北 京 Beijing	5158627	5003406	155221	1222465	58190
天 津 Tianjin	1472811	1337704	120719	475748	10869
河 北 Hebei	2241637	2059729	159281	1013546	16592
山 西 Shanxi	1714897	1586094	126849	469972	32323
内蒙古 Inner Mongolia	834397	770722	59384	299924	12797
辽 宁 Liaoning	3713976	3463228	211568	1399200	41473
吉 林 Jilin	1236640	1184102	52538	456490	10879
黑龙江 Heilongjiang	1848945	1723211	125735	753445	43462
上 海 Shanghai	3953077	3717915	190967	991146	15313
江 苏 Jiangsu	7311690	7074939	177832	2074379	140285
浙 江 Zhejiang	4666064	4525387	140678	1975368	173142
安 徽 Anhui	1608682	1523624	83849	620081	24179
福 建 Fujian	2453915	2370952	59638	649374	86811
江 西 Jiangxi	975304	896627	60214	345951	9852
山 东 Shandong	4433655	3981963	350345	1606893	61839
河 南 Henan	1703281	1575280	120295	850991	30768
湖 北 Hubei	2328484	2072397	249498	881200	34439
湖 南 Hunan	1677962	1566034	111928	760624	11871
广 东 Guangdong	9225987	8820727	404478	2149752	184847
广 西 Guangxi	1427811	1354926	72885	420533	10991
海 南 Hainan	148722	131736	16082	52992	1861
四 川 Sichuan	3710168	3448034	244278	2006025	26006
贵 州 Guizhou	784500	747084	37416	237541	1320
云 南 Yunnan	993176	892360	94619	416484	4745
西 藏 Tibet	64137	62182	1955	52977	383
陕 西 Shaanxi	1201272	1079375	112090	416678	8891
甘 肃 Gansu	731327	650770	76709	343731	19146
青 海 Qinghai	265827	244754	14409	97992	327
宁 夏 Ningxia	255980	229132	22210	104682	6446
新 疆 Xinjiang	815330	714429	98342	324051	14389

13－21 各地区按经济类型分的建筑业企业所有者权益(1996年)

CREDITORS' EQUITY OF CONSTRUCTION ENTERPRISES BY TYPE OF OWNERSHIP AND REGION (1996)

单位：万元 (10 000 yuan)

地区	Region	总计 Total Enter－prises	国有经济 State－owned Enter－prises	集体经济 Collec－tive Owned Enter－Prises	私营经济 Private Enter－prises	联营经济 Joint Owned Enter－prises	股份制经济 Share Holding Enter－Prises	外商投资经济 Foreign Funded Enter－Prises	港澳台投资经济 Enterpris－es Funded by Entre－preneurs from Hong Kong,Macao and Taiwan	其他经济 Enter－prises of Other Types of Owner－ship
全　国	**National Total**	**23470236**	**11873611**	**10092772**	**107944**	**80108**	**919588**	**187327**	**185591**	**23295**
北　京	Beijing	1222465	808122	305305	519	836	42946	34482	29637	618
天　津	Tianjin	475748	398955	62320		1390	4982	3540	4561	
河　北	Hebei	1013546	600893	377769	2512	986	25360	1936	1829	2261
山　西	Shanxi	469972	410138	46837	3390	2123	2870	3899	194	521
内蒙古	Inner Mongolia	299924	168214	100994	3793	542	24758	688	935	
辽　宁	Liaoning	1399200	741201	612173	1801	1418	24400	8845	9023	339
吉　林	Jilin	456490	362992	75101	911		13587	2424	1327	147
黑龙江	Heilongjiang	753445	464190	237745	3504	1579	42466	1030	803	2128
上　海	Shanghai	991146	558972	252130	316	14736	99336	26631	35009	4016
江　苏	Jiangsu	2074379	766966	1215072	1453	1815	56784	13820	18275	194
浙　江	Zhejiang	1975368	379058	1308097	44820	7748	190248	30169	11356	3873
安　徽	Anhui	620081	318425	275237	856	7330	13092	1915	2073	1152
福　建	Fujian	649374	249708	318888	6019	12477	34346	11914	16024	
江　西	Jiangxi	345951	193235	149337	1099	484	1709	87		
山　东	Shandong	1606893	581444	932332	5079	306	58468	16248	12787	228
河　南	Henan	850991	547661	273278	1962	1492	15098	5023	6478	
湖　北	Hubei	881200	514758	273176	2574	3549	77166	6100	3762	114
湖　南	Hunan	760624	325741	424446	2150	492	5392		269	2133
广　东	Guangdong	2149752	1089879	975162	4285	1768	44718	12431	20853	656
广　西	Guangxi	420533	238719	170787	1933	987	7959	148		
海　南	Hainan	52992	30653	20628			327		1384	
四　川	Sichuan	2006025	882508	1024354	12371	9526	68602	3921	2595	2148
贵　州	Guizhou	237541	177118	57531	549	568	1775			
云　南	Yunnan	416484	169620	230185	1159	380	13336	348	50	1406
西　藏	Tibet	52977	46524	6453						
陕　西	Shaanxi	416678	300403	107742	2995	1891	3263	125		259
甘　肃	Gansu	343731	184906	129642	63	2862	23207	293	2060	697
青　海	Qinghai	97992	80715	15375	42	183	1182	193	248	54
宁　夏	Ningxia	104682	62090	29218	1038	2491	7563	1117	815	349
新　疆	Xinjiang	324051	219800	85457	751	150	14650		3242	

13－22 各地区按经济类型分的建筑业企业负债(1996年)

LIABILITIES OF CONSTRUCTION ENTERPRISES BY TYPE OF OWNERSHIP AND REGION (1996)

单位：万元　　　　　　　　　　　　　　　　　　　　　　　　　　(10 000 yuan)

地区	Region	负债合计 Total Liabilities	国有经济 State-owned Enterprises	集体经济 Collective Owned Enterprises	私营经济 Private Enterprises	联营经济 Joint Owned Enterprises	股份制经济 Share Holding Enterprises	外商投资经济 Foreign Funded Enterprises	港澳台投资经济 Enterprises Funded by Entrepreneurs from Hong Kong,Macao and Taiwan	其他经济 Enterprises of Other Types of Ownership
全国	**National Total**	**68958281**	**41682702**	**24040369**	**150479**	**124519**	**2171061**	**406120**	**358643**	**24387**
北京	Beijing	5158627	4110778	849325	147	923	105620	55072	36207	556
天津	Tianjin	1472811	1288822	171775		715	4124	4388	2987	
河北	Hebei	2241637	1773096	418853	1238	144	41164	1933	1653	3554
山西	Shanxi	1714897	1554936	144660	1377	2068	10979	637	15	225
内蒙古	Inner Mongolia	834397	513475	253449	8701	3212	50763	3388	1410	
辽宁	Liaoning	3713976	2330922	1285733	5844	4667	53166	19227	13213	1203
吉林	Jilin	1236640	998920	177364	2101		51606	4463	2115	70
黑龙江	Heilongjiang	1848945	1290745	476078	2803	105	76001	464	2381	368
上海	Shanghai	3953077	2535912	1138692	1425	19733	102740	88190	64418	1967
江苏	Jiangsu	7311690	3426689	3623151	988	3199	184535	30961	41707	459
浙江	Zhejiang	4666064	1060313	3097783	59767	11014	345529	56037	30835	4787
安徽	Anhui	1608682	999711	557223	2058	2401	39923	5856	827	683
福建	Fujian	2453915	953600	1277364	15600	38573	122557	26305	19917	
江西	Jiangxi	975304	598542	369173	4318	112	2791	367		
山东	Shandong	4433655	1902087	2256983	9762	5558	200324	38641	20199	102
河南	Henan	1703281	1211452	451171	2688	640	14372	9271	13687	
湖北	Hubei	2328484	1703004	356710	2020	4263	252785	3331	5539	833
湖南	Hunan	1677962	967624	705352	474	85	3270		33	1123
广东	Guangdong	9225987	5300807	3543360	4536	6616	257923	39216	73305	222
广西	Guangxi	1427811	1102269	303760	2942	1372	15675	1792		
海南	Hainan	148722	111525	27749			28		9420	
四川	Sichuan	3710168	2064551	1468059	14751	13981	125781	5366	11127	6552
贵州	Guizhou	784500	666299	111892	334	1853	4121			
云南	Yunnan	993176	632934	337102	2568	460	17174	407	1383	1147
西藏	Tibet	64137	62261	1875						
陕西	Shaanxi	1201272	992942	196341	2082	440	9118	45		305
甘肃	Gansu	731327	486322	173586		1564	58902	10111	706	136
青海	Qinghai	265827	234188	30383	60	33	692	338	100	34
宁夏	Ningxia	255980	160227	81562	1286	639	9927	314	1966	60
新疆	Xinjiang	815330	647748	153860	607	149	9471		3494	

13－23 各地区建筑业企业总收入(1996年)

TOTAL INCOME OF CONSTRUCTION ENTERPRISES BY REGION (1996)

单位: 万元 (10 000 yuan)

地区 Region	企业总收入 Total Income of Enterprises	工程结算收入 Revenue of Project Settled Accounts	#工程结算成本 Costs of Project Settled Accounts	#工程结算利润 Profits of Project Settled Accounts	其他业务收入 Other Revenue from Business	#其他业务利润 Other Profit from Business
全国 National Total	**75874491**	**71893332**	**62896668**	**6699893**	**3981159**	**555067**
北京 Beijing	4648052	4313392	3742493	444692	334660	58322
天津 Tianjin	1726719	1670681	1435011	193363	56038	5583
河北 Hebei	3263848	3111277	2724114	289385	152571	19630
山西 Shanxi	1685218	1566712	1343092	178418	118506	13396
内蒙古 Inner Mongolia	871034	827669	723654	79787	43365	3390
辽宁 Liaoning	4054463	3840414	3332128	392882	214049	29501
吉林 Jilin	1396162	1321428	1163609	117338	74734	9100
黑龙江 Heilongjiang	2186098	2116489	1858136	196438	69609	3929
上海 Shanghai	4283104	3799605	3339553	341119	483499	75821
江苏 Jiangsu	7826608	7406627	6565176	598412	419981	48366
浙江 Zhejiang	6769145	6509315	5809830	476434	259830	36545
安徽 Anhui	2302271	2200632	1914697	217586	101639	11069
福建 Fujian	1976682	1916282	1699048	148109	60400	8793
江西 Jiangxi	796733	777680	693692	58504	19053	1562
山东 Shandong	5174762	4945229	4226036	547418	229533	30455
河南 Henan	2522198	2431276	2098719	256134	90922	10492
湖北 Hubei	2883706	2624390	2231871	310912	259316	41065
湖南 Hunan	2480482	2390946	2101935	211819	89535	14586
广东 Guangdong	5976365	5743461	5018826	529157	232903	61554
广西 Guangxi	1062743	1015309	894887	85114	47434	5666
海南 Hainan	139273	137073	127090	6215	2200	826
四川 Sichuan	5691206	5415250	4765028	473407	275957	27095
贵州 Guizhou	660262	623226	551546	53854	37036	3510
云南 Yunnan	1615031	1550006	1370890	128829	65025	7064
西藏 Tibet	75816	75556	63435	11224	261	81
陕西 Shaanxi	1287606	1197413	1032379	130656	90194	11878
甘肃 Gansu	1013035	971278	838060	101611	41757	2189
青海 Qinghai	267931	253896	225770	20289	14035	2333
宁夏 Ningxia	254769	236022	206780	21984	18748	2501
新疆 Xinjiang	983170	904800	799183	78801	78370	8765

13－24 各地区按经济类型分的建筑业企业总收入(1996年)
TOTAL INCOME OF CONSTRUCTION BY TYPE OF OWNERSHIP AND REGION (1996)

单位：万元 (10 000 yuan)

地区	Region	企业总收入 Total Income	国有经济 State－owned Enter－prises	集体经济 Collec－tive Owned Enter－Prises	私营经济 Private Enter－prises	联营经济 Joint Owned Enter－prises	股份制经济 Share Holding Enter－Prises	外商投资经济 Foreign Funded Enter－Prises	港澳台投资经济 Enterpris－es Funded by Entre－preneurs from Hong Kong,Macao and Taiwan	其他经济 Enter－prises of Other Types of Owner－ship
全国	**National Total**	**75874491**	**41688555**	**30312697**	**231251**	**170243**	**2461835**	**473749**	**491952**	**44208**
北京	Beijing	4648052	3421288	974431	228	1032	113185	84789	52093	1007
天津	Tianjin	1726719	1501655	206806		678	6810	7472	3299	
河北	Hebei	3263848	2229828	963505	3282	585	58899	4263	1077	2408
山西	Shanxi	1685218	1503933	165161	4183	2234	6825	1327		1555
内蒙古	Inner Mongolia	871034	459340	365173	5300	1792	36389	1696	1343	
辽宁	Liaoning	4054463	2294446	1654668	9062	2475	55786	19253	17067	1705
吉林	Jilin	1396162	1083718	258577	2287		40194	9109	1976	300
黑龙江	Heilongjiang	2186098	1411412	647625	3566	1161	117746	1911	1525	1151
上海	Shanghai	4283104	2713871	1135721	3701	48861	183042	102413	93091	2404
江苏	Jiangsu	7826608	3162004	4230094	13600	4173	224708	32697	158770	562
浙江	Zhejiang	6769145	1486694	4474416	92778	19681	573971	73083	40986	7536
安徽	Anhui	2302271	1130504	1110955	1182	4295	43066	7963	2077	2230
福建	Fujian	1976682	1068682	751955	11976	27772	70436	27712	18150	
江西	Jiangxi	796733	502832	288333	2354	829	2355	29		
山东	Shandong	5174762	1897481	2999442	15246	1391	198535	40638	21778	250
河南	Henan	2522198	1672415	798237	3845	5127	25083	5825	11666	
湖北	Hubei	2883706	1963710	675571	2459	4882	230807	2836	3264	177
湖南	Hunan	2480482	1214618	1237609	6522	125	13103		480	8024
广东	Guangdong	5976365	3377983	2358359	7096	5789	135609	38372	52736	420
广西	Guangxi	1062743	641108	406402	6848	1815	6468	101		
海南	Hainan	139273	97512	41043			404		314	
四川	Sichuan	5691206	2755097	2699051	23638	19454	172320	8092	5158	8396
贵州	Guizhou	660262	531580	121057	790	3057	3779			
云南	Yunnan	1615031	885090	693902	3811	1674	22852	2215	2076	3411
西藏	Tibet	75816	68103	7713						
陕西	Shaanxi	1287606	986072	284112	4254	2086	10531	1		550
甘肃	Gansu	1013035	527939	392540	309	5941	83296	1506	515	989
青海	Qinghai	267931	221711	43190	179	1396	1079	282	48	46
宁夏	Ningxia	254769	165849	74735	1787	1309	8619	163	1221	1086
新疆	Xinjiang	983170	712082	252314	966	630	15937		1240	

13－25 各地区建筑业企业利税总额(1996年)

TOTAL PRE－TAX PROFITS OF CONSTRUCTION ENTERPRISES BY REGION (1996)

地区	Region	利税总额合计(万元) Total Pre－tax Profits (10000yuan)	利润总额 Total Profits	工程结算税金及附加 Taxes and Extra Charges on Project Settle Accounts	管理费用中的税金 Taxes in management Expenses	产值利税率 Ratio of Pre－tax Profits to Output Value (%)	资产利税率 Ratio of Pre－tax Profits to Assets (%)
全国	**National Total or Average**	**3573012**	**1093504**	**2296771**	**182737**	**4.3**	**3.9**
北京	Beijing	221922	88896	126207	6819	4.7	3.5
天津	Tianjin	58548	13731	42307	2510	3.5	3.0
河北	Hebei	146653	40251	97777	8625	4.4	4.5
山西	Shanxi	46759	－2263	45202	3820	3.0	2.1
内蒙古	Inner Mongolia	25609	－2282	24228	3663	2.9	2.3
辽宁	Liaoning	151009	28388	115404	7217	3.8	3.0
吉林	Jilin	29538	－12983	40482	2039	2.2	1.7
黑龙江	Heilongjiang	70609	4700	61915	3994	3.2	2.7
上海	Shanghai	206789	81808	118933	6048	4.7	4.2
江苏	Jiangsu	398725	142671	243038	13016	3.9	4.2
浙江	Zhejiang	397947	165803	223050	9094	4.8	6.0
安徽	Anhui	103433	29130	68350	5953	4.3	4.6
福建	Fujian	97241	23532	69125	4584	4.7	3.1
江西	Jiangxi	31383	2569	25484	3330	3.2	2.4
山东	Shandong	337597	150203	171775	15619	5.8	5.6
河南	Henan	123414	40204	76423	6787	4.5	4.8
湖北	Hubei	116323	27263	81606	7454	4.1	3.6
湖南	Hunan	119595	35440	77193	6962	4.3	4.9
广东	Guangdong	352925	143255	195478	14192	5.7	3.1
广西	Guangxi	50406	11299	35308	3799	4.1	2.7
海南	Hainan	5348	841	3767	740	3.5	2.7
四川	Sichuan	254376	60582	176815	16979	3.8	4.5
贵州	Guizhou	17030	－2880	17827	2083	2.6	1.7
云南	Yunnan	75743	18013	50288	7442	4.4	5.4
西藏	Tibet	3821	1564	896	1361	5.8	3.3
陕西	Shaanxi	39839	1528	34377	3934	3.1	2.5
甘肃	Gansu	54189	12741	31607	9841	5.2	5.0
青海	Qinghai	8189	－658	7837	1010	2.9	2.3
宁夏	Ningxia	7301	－1217	7258	1260	2.9	2.0
新疆	Xinjiang	20752	－8625	26816	2561	2.2	1.8

13－26 各地区按经济类型分的建筑业企业利税总额(1996年)

PRE－TAX PROFITS OF CONSTRUCTION ENTERPRISES BY TYPE OF OWNERSHIP AND BY REGION (1996)

单位：万元 (10 000 yuan)

地区 Region	利税总额合计 Total Pre－tax Profits	国有经济 State－owned Enter－prises	集体经济 Collec－tive Owned Enter－Prises	私营经济 Private Enter－prises	联营经济 Joint Owned Enter－prises	股份制经济 Share Holding Enter－Prises	外商投资经济 Foreign Funded Enter－Prises	港澳台投资经济 Enterpris－es Funded by Entre－preneurs from Hong Kong,Macao and Taiwan	其他经济 Enter－prises of Other Types of Owner－ship
全国 National Total	**3573012**	**1397443**	**1940989**	**14806**	**12084**	**153555**	**29629**	**21168**	**3339**
北京 Beijing	221922	140774	68828	－80	50	5496	4668	2162	25
天津 Tianjin	58548	42278	15185		－5	158	739	191	
河北 Hebei	146653	73149	69429	317	28	3074	362	23	274
山西 Shanxi	46759	35638	10233	389	75	364	30	－23	53
内蒙古 Inner Mongolia	25609	5789	17912	193	121	1354	65	177	
辽宁 Liaoning	151009	51948	90469	861	72	5061	1001	1528	71
吉林 Jilin	29538	13370	10775	211		4468	724	－16	5
黑龙江 Heilongjiang	70609	33206	31834	47	28	5354	57	－4	87
上海 Shanghai	206789	112403	72028	13	1617	10139	5951	4124	514
江苏 Jiangsu	398725	131599	248889	400	133	12511	1668	3496	27
浙江 Zhejiang	397947	59930	277955	5835	1377	44752	3955	3667	478
安徽 Anhui	103433	28307	73101	65	942	387	389	77	165
福建 Fujian	97241	44696	42691	471	3518	4377	1492	－3	
江西 Jiangxi	31383	11024	20257	108	41	8	－55		
山东 Shandong	337597	64769	250802	1386	28	15653	3959	964	35
河南 Henan	123414	60646	57430	348	527	1632	490	2346	
湖北 Hubei	116323	61254	44519	61	283	10321	－277	152	11
湖南 Hunan	119595	39559	77538	504	15	1081		118	777
广东 Guangdong	352925	189148	145379	531	418	10166	4964	2300	17
广西 Guangxi	50406	19834	29535	688	112	330	－95		
海南 Hainan	5348	2151	3318			108		－230	
四川 Sichuan	254376	84265	156118	1486	1738	10037	277	124	330
贵州 Guizhou	17030	10432	6134	60	171	234			
云南 Yunnan	75743	28892	44777	440	127	1024	89	34	359
西藏 Tibet	3821	3041	780						
陕西 Shaanxi	39839	23544	15536	312	97	349	－21		25
甘肃 Gansu	54189	12970	37922	3	458	3537	－790	18	70
青海 Qinghai	8189	6161	1844	16	49	77	50	5	－13
宁夏 Ningxia	7301	2938	4373	66	46	－80	－64	－5	27
新疆 Xinjiang	20752	3726	15397	76	19	1587		－55	

13－27 各地区按经济类型分的建筑业企业利润总额(1996年)

TOTAL PROFITS OF CONSTRUCTION ENTERPRISES BY TYPE OF OWNERSHIP AND BY REGION (1996)

单位：万元 (10 000 yuan)

地区 Region	利润总额合计 Total Profits	国有经济 State－owned Enter－prises	集体经济 Collec－tive Owned Enter－Prises	私营经济 Private Enter－prises	联营经济 Joint Owned Enter－prises	股份制经济 Share Holding Enter－Prises	外商投资经济 Foreign Funded Enter－Prises	港澳台投资经济 Enterpris－es Funded by Entre－preneurs from Hong Kong, Macao and Taiwan	其他经济 Enter－prises of Other Types of Owner－ship
全　国　National Total	**1093504**	**207062**	**776607**	**5070**	**5766**	**76924**	**12277**	**9039**	**759**
北　京　Beijing	88896	48844	35176	－88	29	2134	2174	629	－2
天　津　Tianjin	13731	5817	7180		－25	35	613	110	
河　北　Hebei	40251	8170	30228	188	18	1228	241	－12	191
山　西　Shanxi	－2263	－6040	3586	167		36	－5	－23	15
内蒙古　Inner Mongolia	－2282	－7406	4816	2	59	105	13	130	
辽　宁　Liaoning	28388	－12456	35583	548	－12	3143	536	1002	44
吉　林　Jilin	－12983	－18617	1868	95		3252	498	－65	－15
黑龙江　Heilongjiang	4700	－2704	7115	－76		436	－23	－50	2
上　海　Shanghai	81808	40567	32192	－85	325	7192	5	1597	15
江　苏　Jiangsu	142671	38971	96953	－110	－15	4852	680	1331	8
浙　江　Zhejiang	165803	20198	113884	1914	290	25594	1675	2278	－29
安　徽　Anhui	29130	－3887	33444	8	605	－1256	106	29	81
福　建　Fujian	23532	8693	10976	－58	2476	1390	586	－531	
江　西　Jiangxi	2569	－2447	5134	33	5	－98	－57		
山　东　Shandong	150203	8389	129304	562	－15	8843	2827	293	
河　南　Henan	40204	9110	27967	163	235	609	120	2002	
湖　北　Hubei	27263	5582	16248	－14	100	5678	－363	27	6
湖　南　Hunan	35440	5981	28592	100	10	562		100	94
广　东　Guangdong	143255	79688	52260	295	128	6525	3606	754	－2
广　西　Guangxi	11299	1762	9128	462	－22	66	－98		
海　南　Hainan	841	－134	1120			91		－236	
四　川　Sichuan	60582	4497	49378	577	1166	4952		－68	79
贵　州　Guizhou	－2880	－3433	445	－1	71	38			
云　南　Yunnan	18013	1160	16288	228	51	25	23	－16	253
西　藏　Tibet	1564	1332	232						
陕　西　Shaanxi	1528	－1822	3279	107	10	－31	－21		7
甘　肃　Gansu	12741	－4577	17071	1	252	799	－831	－8	33
青　海　Qinghai	－658	－811	85	3	3	35	40	3	－16
宁　夏　Ningxia	－1217	－2338	1579	15	1	－368	－68	－31	－8
新　疆　Xinjiang	－8625	－15026	5495	32	19	1060		－206	

13－28 各地区按经济类型分的建筑业企业工程结算利润(1996年)

PROFITS OF PROJECT SETTLED ACCOUNTS OF CONSTRUCTION ENTERPRISES BY TYPE OF OWNERSHIP AND REGION (1996)

单位：万元 (10 000 yuan)

地区	Region	总计 Total	国有经济 State－owned Enter－prises	集体经济 Collec－tive Owned Enter－Prises	私营经济 Private Enter－prises	联营经济 Joint Owned Enter－prises	股份制经济 Share Holding Enter－Prises	外商投资经济 Foreign Funded Enter－Prises	港澳台投资经济 Enterpris－es Funded by Entre－preneurs from Hong Kong, Macao and Taiwan	其他经济 Enter－prises of Other Types of Owner－ship
全　国	**National Total**	**6699893**	**3856713**	**2474838**	**23186**	**16206**	**228695**	**54744**	**41402**	**4110**
北　京	Beijing	444692	310535	101938	41	102	12995	11541	7420	119
天　津	Tianjin	193363	168677	21561		90	520	1718	797	
河　北	Hebei	289385	195244	88001	325	62	4693	530	292	239
山　西	Shanxi	178418	162768	14072	541	197	674	87		79
内蒙古	Inner Mongolia	79787	46431	29376	505	466	2712	124	174	
辽　宁	Liaoning	392882	218739	158758	1086	229	7637	3607	2694	131
吉　林	Jilin	117338	88355	22648	269		4939	1037	71	19
黑龙江	Heilongjiang	196438	135630	50663	280	52	9405	146	123	139
上　海	Shanghai	341119	204137	98576	118	1602	18368	7852	9582	884
江　苏	Jiangsu	598412	261356	311208	3058	283	13719	4266	4494	29
浙　江	Zhejiang	476434	101716	299657	7495	1245	55431	6337	3974	580
安　徽	Anhui	217586	122719	89802	147	1316	2343	813	264	183
福　建	Fujian	148109	79967	52955	897	4831	5549	2741	1169	
江　西	Jiangxi	58504	34355	23773	135	72	171			
山　东	Shandong	547418	208133	304004	1506	195	24797	6060	2637	86
河　南	Henan	256134	170150	79333	499	1090	1949	1514	1598	
湖　北	Hubei	310912	227370	63580	338	547	18355	219	458	44
湖　南	Hunan	211819	118513	90704	526	14	1490	119	119	453
广　东	Guangdong	529157	310610	193619	746	846	13711	5180	4353	93
广　西	Guangxi	85114	56918	26308	1282	104	502	1		
海　南	Hainan	6215	3499	2499			154		62	
四　川	Sichuan	473407	260482	191866	2148	1508	15754	726	600	323
贵　州	Guizhou	53854	45553	7695	70	265	270			
云　南	Yunnan	128829	70567	55250	485	124	1654	105	120	523
西　藏	Tibet	11224	9963	1261						
陕　西	Shaanxi	130656	104909	24574	299	63	739	－2		75
甘　肃	Gansu	101611	51958	41260		765	7413	－31	131	115
青　海	Qinghai	20289	17030	2854	21	13	230	141	7	－9
宁　夏	Ningxia	21984	13510	7281	243	100	728	30	86	6
新　疆	Xinjiang	78801	56918	19763	123	23	1794		180	

13-29 各地区建筑业劳动生产率(1996年)

LABOR PRODUCTIVITY OF CONSTRUCTION BY REGION (1996)

单位：元 (yuan)

地区 Region	按建筑业总产值计算的劳动生产率 Overall Labor Productivity in terms of Total Output Value	#国有经济企业 State-owned Enterprises	#集体经济企业 Collective Owned Enterprises	按建筑业增加值计算的劳动生产率 Overall Labor Productivity in terms of Added-Value	#国有经济企业 State-owned Enterprises	#集体经济企业 Collective Owned Enterprises
全 国 National Average	**39033**	**48604**	**31549**	**11337**	**15186**	**8458**
北 京 Beijing	56750	61799	46522	16344	18911	11415
天 津 Tianjin	59672	63010	43806	18077	19374	11954
河 北 Hebei	32867	45329	21533	9816	13342	6654
山 西 Shanxi	35719	41081	18591	12142	14300	5219
内蒙古 Inner Mongolia	25255	31346	20977	9252	12304	7085
辽 宁 Liaoning	34277	43064	26503	11661	14634	9057
吉 林 Jilin	35488	38722	26478	11780	12828	8724
黑龙江 Heilongjiang	34203	38557	28116	10365	12027	8100
上 海 Shanghai	81173	96803	58758	18331	21335	15027
江 苏 Jiangsu	48080	63217	41082	12045	17301	9743
浙 江 Zhejiang	58751	68835	56867	14748	16290	14423
安 徽 Anhui	32387	42645	26502	9875	14840	7062
福 建 Fujian	47367	63324	36181	12754	16655	10133
江 西 Jiangxi	30065	37890	22835	8049	10561	5742
山 东 Shandong	31742	48829	26524	9725	16287	7643
河 南 Henan	27910	34532	21233	8735	11613	5780
湖 北 Hubei	37177	50771	21863	12308	17983	6148
湖 南 Hunan	36657	51049	29815	10593	16186	7904
广 东 Guangdong	43293	52981	35653	12868	17549	9323
广 西 Guangxi	31900	42786	23029	9468	13996	5911
海 南 Hainan	33094	41950	24797	7663	8382	6823
四 川 Sichuan	29933	38618	25525	8849	13549	6478
贵 州 Guizhou	30153	38331	16639	9454	11920	5341
云 南 Yunnan	37861	58933	26817	10842	17096	7606
西 藏 Tibet	41169	48258	21662	19311	23252	8469
陕 西 Shaanxi	30928	41027	18758	10531	14685	5507
甘 肃 Gansu	22230	31801	16094	8202	12926	5436
青 海 Qinghai	20852	22386	15876	6952	7607	4834
宁 夏 Ningxia	26653	32389	20318	9354	11212	7324
新 疆 Xinjiang	32607	36558	25291	11348	13383	7753

13－30 各地区建筑业企业工程质量

CONSTRUCTION QUALITY OF CONSTRUCTION ENTERPRISES BY REGION

年份 地区 Year Region		单位工程竣工个数(个) Number of Projects Completed	#优良品 High Quality	单位工程优良品率(%) Percentage of High Quality Projects	房屋建筑竣工面积(万平方米) Floor Space of Buildings Completed (10 000 sq.m)	#优良品 High Quality	房屋建筑竣工面积优良品率(%) Percentage of Floor Space of High Quality Buildings
	1991	222304	70024	31.5	19791.7	6374.1	32.2
	1992	238909	77895	32.6	23476.9	7828.1	33.3
	1993	305041	118443	38.8	28684.8	9000.1	31.4
	1994	286884	89346	31.1	32383.3	10429.3	32.2
	1995	293698	94783	32.3	35666.3	11906.0	33.4
	1996	419246	124436	29.7	60047.9	19935.3	33.2
北京	Beijing	13193	2305	17.5	1967.1	773.3	39.3
天津	Tianjin	5734	2256	39.3	551.3	220.4	40.0
河北	Hebei	17740	7202	40.6	2600.3	1087.5	41.8
山西	Shanxi	11417	5973	52.3	614.5	204.0	33.2
内蒙古	Inner Mongolia	5820	1640	28.2	617.4	221.0	35.8
辽宁	Liaoning	22855	6188	27.1	2613.2	1024.2	39.2
吉林	Jilin	7234	2607	36.0	789.9	290.7	36.8
黑龙江	Heilongjiang	8992	2873	32.0	1253.7	449.7	35.9
上海	Shanghai	11151	3684	33.0	1360.3	412.1	30.3
江苏	Jiangsu	47408	13716	28.9	8001.4	3209.8	40.1
浙江	Zhejiang	39002	8529	21.9	5705.3	1828.8	32.1
安徽	Anhui	19564	6467	33.1	1971.9	421.5	21.4
福建	Fujian	11430	3134	27.4	1422.9	184.5	13.0
江西	Jiangxi	6144	1454	23.7	993.7	234.3	23.6
山东	Shandong	39750	11380	28.6	4514.8	1245.7	27.6
河南	Henan	19284	6130	31.8	2726.5	989.9	36.3
湖北	Hubei	13513	3689	27.3	1880.7	346.2	18.4
湖南	Hunan	12647	3525	27.9	2393.1	628.7	26.3
广东	Guangdong	19579	6787	34.7	5061.8	1859.3	36.7
广西	Guangxi	7378	1660	22.5	1239.9	228.7	18.4
海南	Hainan	720	185	25.7	95.0	28.9	30.4
四川	Sichuan	35478	11403	32.1	6791.4	2491.0	36.7
贵州	Guizhou	5960	794	13.3	507.6	139.7	27.5
云南	Yunnan	11156	3861	34.6	1487.6	509.4	34.2
西藏	Tibet	261	123	47.1	112.2	16.9	15.0
陕西	Shaanxi	6882	2333	33.9	824.9	380.9	46.2
甘肃	Gansu	6483	2179	33.6	949.3	288.9	30.4
青海	Qinghai	1749	574	32.8	139.0	33.9	24.4
宁夏	Ningxia	2993	373	12.5	215.5	49.7	23.1
新疆	Xinjiang	7729	1412	18.3	645.9	135.7	21.0

13-31 各地区国有经济建筑业企业工程质量

CONSTRUCTION QUALITY OF STATE-OWNED CONSTRUCTION ENTERPRISES BY REGION

年份 地区 Year Region	单位工程竣工个数(个) Number of Projects Completed	#优良品 High Quality	单位工程优良品率(%) Percentage of High Quality Projects	房屋建筑竣工面积(万平方米) Floor Space of Buildings Completed (10 000 sq.m)	#优良品 High Quality	房屋建筑竣工面积优良品率(%) Percentage of Floor Space of High Quality Buildings
1991	114741	47602	41.5	9270.9	3427.7	37.0
1992	119590	51902	43.4	10660.2	4142.3	38.9
1993	128248	59163	46.1	12085.4	4671.4	38.7
1994	124918	52651	42.1	14143.0	5331.2	37.7
1995	132356	58273	44.0	15182.4	5937.9	39.1
1996	141350	61529	43.5	17491.3	7326.9	41.9
北京 Beijing	4457	1345	30.2	1075.8	556.1	51.7
天津 Tianjin	2996	1455	48.6	378.8	171.3	45.2
河北 Hebei	8614	4351	50.5	1033.6	490.5	47.5
山西 Shanxi	8327	5374	64.5	377.4	142.6	37.8
内蒙古 Inner Mongolia	2094	842	40.2	189.8	69.8	36.7
辽宁 Liaoning	8054	3337	41.4	869.9	390.4	44.9
吉林 Jilin	4712	2080	44.1	503.7	189.4	37.6
黑龙江 Heilongjiang	5099	1964	38.5	489.0	204.2	41.8
上海 Shanghai	4465	2508	56.2	602.5	248.9	41.3
江苏 Jiangsu	12287	4476	36.4	1933.9	1013.0	52.4
浙江 Zhejiang	5040	1433	28.4	570.4	176.2	30.9
安徽 Anhui	6353	3257	51.3	398.0	139.9	35.2
福建 Fujian	2740	1131	41.3	417.3	63.1	15.1
江西 Jiangxi	2355	765	32.5	333.7	120.0	36.0
山东 Shandong	9334	4064	43.5	782.8	317.6	40.6
河南 Henan	7356	3147	42.8	865.0	318.7	36.8
湖北 Hubei	5665	2893	51.1	653.3	165.9	25.4
湖南 Hunan	4054	1960	48.3	467.0	194.3	41.6
广东 Guangdong	7295	3740	51.3	1720.5	877.5	51.0
广西 Guangxi	2868	900	31.4	378.5	110.6	29.2
海南 Hainan	241	48	19.9	38.2	11.5	30.1
四川 Sichuan	9183	4246	46.2	1597.5	698.7	43.7
贵州 Guizhou	2088	473	22.7	256.1	84.7	33.1
云南 Yunnan	3729	1922	51.5	445.3	199.4	44.8
西藏 Tibet	186	95	51.1	20.4	9.9	48.6
陕西 Shaanxi	2810	1397	49.7	286.8	138.8	48.4
甘肃 Gansu	1804	776	43.0	224.5	86.1	38.4
青海 Qinghai	931	441	47.4	81.7	21.1	25.9
宁夏 Ningxia	1398	197	14.1	97.2	27.1	27.9
新疆 Xinjiang	4815	912	18.9	402.8	89.4	22.2

13-32 各地区房屋建筑面积

FLOOR SPACE OF BUILDING CONSTRUCTION BY REGION

单位：万平方米　　　　(10 000 sq.m)

年份 地区 Year Region	房屋建筑面积 Floor Space of Building Construction		国有经济企业 State-owned Construction Enterprises		集体经济企业 Collective Owned Construction Enterprises	
	施工面积 Under Construction	竣工面积 Completed	施工面积 Floor Space Under Construction	竣工面积 Floor Space Completed	施工面积 Floor Space Under Construction	竣工面积 Floor Space Completed
1985	35491.8	17072.7	19295.8	8563.1	16196.0	8509.6
1986	37773.9	18601.0	20266.3	8870.5	17507.6	9730.5
1987	39856.6	19437.9	21153.1	9209.0	18703.5	10228.9
1988	42735.2	19060.7	22297.0	8899.3	20438.2	10161.4
1989	40649.9	19723.4	21399.0	9143.3	19250.9	10580.1
1990	37923.0	19552.5	20303.2	9361.7	17619.7	10190.9
1991	41054.2	20256.3	21395.4	9566.2	19658.8	10690.1
1992	51885.4	24045.5	25896.1	10968.0	25989.3	13077.5
1993	65374.2	28684.8	32118.1	12085.4	32724.1	16379.0
1994	78032.2	32383.3	39445.8	14143.0	37004.4	17674.0
1995	89862.8	35666.3	44562.9	15182.4	41829.5	19262.0
1996	129087.0	60047.9	48372.8	17491.3	74668.4	39827.3
北京 Beijing	5328.4	1967.1	3405.6	1075.8	1752.2	820.9
天津 Tianjin	1560.9	551.3	1274.9	378.8	277.1	165.4
河北 Hebei	5112.1	2600.3	2603.9	1033.6	2350.3	1477.8
山西 Shanxi	1583.1	614.5	1130.3	377.4	415.6	221.1
内蒙古 Inner Mongolia	1224.9	617.4	492.5	189.8	614.4	366.8
辽宁 Liaoning	5123.9	2613.2	2223.2	869.9	2761.7	1679.1
吉林 Jilin	1308.7	789.9	925.6	503.7	311.0	240.3
黑龙江 Heilongjiang	2236.7	1253.7	957.0	489.0	1102.0	662.9
上海 Shanghai	3876.1	1360.3	2330.9	602.5	1200.9	618.4
江苏 Jiangsu	15320.4	8001.4	5015.5	1933.9	9718.4	5802.1
浙江 Zhejiang	12427.6	5705.3	1471.6	570.4	9520.4	4459.7
安徽 Anhui	4014.6	1971.9	1155.6	398.0	2759.4	1517.2
福建 Fujian	3516.6	1422.9	1440.5	417.3	1836.0	901.4
江西 Jiangxi	2082.5	993.7	853.9	333.7	1210.0	649.8
山东 Shandong	11007.1	4514.8	2231.6	782.8	8345.8	3554.3
河南 Henan	5335.9	2726.5	2291.8	865.0	2897.3	1774.9
湖北 Hubei	4548.8	1880.7	2224.6	653.3	2008.4	1123.5
湖南 Hunan	4662.0	2393.1	1285.2	467.0	3333.6	1898.3
广东 Guangdong	13737.3	5061.8	5356.6	1720.5	7879.0	3233.7
广西 Guangxi	2574.8	1239.9	1071.2	378.5	1451.9	837.4
海南 Hainan	253.7	95.0	168.7	38.2	84.2	56.5
四川 Sichuan	12991.8	6791.4	4067.6	1597.5	8404.3	4904.1
贵州 Guizhou	1213.9	507.6	764.2	256.1	413.7	234.6
云南 Yunnan	2496.3	1487.6	1009.3	445.3	1411.2	991.2
西藏 Tibet	118.3	112.2	26.2	20.4	92.0	91.8
陕西 Shaanxi	1849.7	824.9	851.5	286.8	950.3	510.7
甘肃 Gansu	1779.4	949.3	602.8	224.5	945.7	638.6
青海 Qinghai	250.0	139.0	150.6	81.7	93.9	55.7
宁夏 Ningxia	344.2	215.5	175.7	97.2	144.4	104.0
新疆 Xinjiang	1207.4	645.9	814.1	402.8	383.3	235.1

13－33 勘察设计机构和人员数(1996年)

NUMBER OF PROSPECTING AND DESIGNING INSTITUTIONS AND THEIR STAFF AND WORKERS (1996)

地区及部门 Region and Sector	单位数(个) Number of Insti－tutions	年底职工人数(人) Number of Staff & Workers at Year－end	高级职称 Senior Title	中级职称 Middle Title	初级职称 Junior Title	非技术人员 Non－techni－cians
全　国　National Total	**11731**	**782874**	**117963**	**226792**	**249323**	**188796**
地方所属单位合计　Local Institutions－subtotal	**9816**	**431866**	**58550**	**128217**	**159956**	**85143**
北　京　Beijing	207	15204	3180	4699	4773	2552
天　津　Tianjin	160	9263	1746	3009	3135	1373
河　北　Hebei	352	14334	1582	4706	5540	2506
山　西　Shanxi	352	13522	1592	4067	4908	2955
内蒙古　Inner Mongolia	149	12939	1202	3327	4954	3456
辽　宁　Liaoning	659	26660	4307	8735	8627	4991
吉　林　Jilin	407	18785	2539	5431	7135	3680
黑龙江　Heilongjiang	332	16160	2250	4303	4158	5449
上　海　Shanghai	306	19474	3385	6293	6301	3495
江　苏　Jiangsu	361	20026	2709	6143	7837	3337
浙　江　Zhejiang	265	9731	1342	2743	3756	1890
安　徽　Anhui	547	19539	2240	5787	8025	3487
福　建　Fujian	331	11828	1507	3722	4803	1796
江　西　Jiangxi	364	11427	1463	3291	4413	2260
山　东　Shandong	653	27573	3519	8602	11475	3977
河　南　Henan	472	16523	1996	4649	6616	3262
湖　北　Hubei	537	25669	3647	7805	9649	4568
湖　南　Hunan	349	15557	1857	4661	6011	3028
广　东　Guangdong	626	30466	4255	8599	12032	5580
广　西　Guangxi	322	11709	1791	3861	3969	2088
海　南　Hainan	54	1859	196	417	752	494
四　川　Sichuan	874	36315	4734	10503	13537	7541
贵　州　Guizhou	230	9792	1043	2981	4137	1631
云　南　Yunnan	234	12156	1288	2991	4460	3417
西　藏　Tibet	9	208	17	46	86	59
陕　西　Shaanxi	149	7363	1119	1840	2304	2100
甘　肃　Gansu	187	8829	914	2593	3065	2257
青　海　Qinghai	75	3114	347	946	1262	559
宁　夏　Ningxia	69	2512	397	668	870	577
新　疆　Xinjiang	84	3329	386	799	1366	778

续表 1 continued

地 区 及 部 门 Region and Sector	单位数(个) Number of Insti－tutions	年底职工人数(人) Number of Staff & Workers at Year－end	高级职称 Senior Title	中级职称 Middle Title	初级职称 Junior Title	非技术人员 Non－techni－cians
部门所属单位合计 Institutions Under Ministries or Departments－subtotal	**1915**	**351008**	**59413**	**98575**	**89367**	**103653**
国家教委 State Education Commission	36	2704	898	882	563	361
地矿部 Ministry of Geology and Mineral Resources	186	32430	1781	5723	7939	16987
建设部 Ministry of Construction	86	12336	2990	3842	3260	2244
电力部 Ministry of Electric Power	160	37343	6304	11725	9368	9946
水利部 Ministry of Water Conservancy	22	16984	1802	4295	4194	6693
核工业总公司 China National Nuclear Corporation	83	15946	2924	4136	4138	4748
石油天然气总公司 China National Petroleum Corporation	117	17290	2548	4600	5949	4193
煤炭部 Ministry of Coal Industry	100	17334	4003	4874	3559	4898
机械部 Ministry of Machinery Industry	55	14262	3482	4699	3203	2878
航空工业总公司 Aviation Industries of China	48	3638	676	1217	968	777
航天总公司 China Aerospace Corporation	16	1388	395	418	355	220
冶金部 Ministry of Metallurgical Industry	113	30654	5704	7979	7233	9738
化工部 Ministry of Chemical Industry	68	16316	3606	4964	3816	3930
轻工总会 China National Council of Light Industry	21	4832	1309	1561	1294	668
纺织总会 China National Textlle Council	14	1585	571	459	362	193
电子工业部 Ministry of Electronics Industry	34	10760	1442	2904	2438	3976
铁道部 Ministry of Railways	169	35787	3916	9845	9019	13007
交通部 Ministry of Communications	47	10063	2128	2906	2461	2568
邮电部 Ministry of Posts and Telecommunications	92	6608	1114	2216	2266	1012
农业部 Ministry of Agriculture	22	2563	374	724	927	538
林业部 Ministry of Forestry	14	1938	503	665	411	359
国内贸易部 Ministry of Domestic Trade	14	1510	380	553	363	214
广播电影电视部 Ministry of Radio,Film and Television	3	363	109	128	73	53
有色金属工业总公司 China National Nonferrous Metals Industry Corporation	104	22364	3746	5837	5478	7303
石化总公司 China Perochemical Corporation	66	14026	2407	4865	4465	2289
船舶总公司 China State Shipbuilding Corporation	28	2225	574	670	630	351
兵器总公司 China Weapon Industry Corporation	88	6290	1162	2092	1756	1280
国家建材局 State Adminidtration of Building Materials Industries	50	7575	1563	2402	1841	1769
国家医药局 State Pharmaceutical Administration of China	5	1299	283	455	380	181
国家民航总局 General Civil Aviation Administration of China	12	766	132	294	272	68
国务院非工交部门 Non－industrial and Non－transport Departments of the State Council	42	1829	587	645	386	211

主要统计指标解释

建筑业统计单位 指从事房屋、构筑物建造和设备安装活动的生产单位。根据不同的组织方式，建筑业统计的调查单位可分为法人建筑业企业和附营建筑施工单位。法人建筑业企业是指专门组织的独立核算的法人建筑业企业。它应同时具备的条件是：①依法成立，有自己的名称、组织机构和场所，能够承担民事责任；②独立拥有和使用资产，承担负债，有权与其他单位签订合同；③独立核算盈亏，能够编制资产负债表。附营建筑施工单位是指建筑业以外行业的企业、事业单位为完成本单位固定资产建造任务而自行组织的建筑施工单位。它应同时具备的条件是：①具有一个场所，从事或主要从事建筑安装活动；②单独组织生产经营活动；③在企业内部单独核算收支。

建筑业总产值（即自行完成施工产值） 指建筑业企业或附营建筑施工单位自行完成的按工程进度计算的建筑安装生产总值。建筑业产值包括：

① 建筑工程产值：指列入建筑工程预算内的各种工程价值。

② 设备安装工程产值：指设备安装工程价值。

③ 房屋、构筑物修理产值：指房屋、构筑物修理所完成的价值，但不包括被修理房屋、构筑物本身的价值和生产设备的修理价值。

④ 非标准设备制造产值：指加工制造没有定型的、非标准的生产设备的加工费和原材料价值，不论是现场还是附属加工厂为本单位承建工程制造的非标准设备的价值，都应计算产值。

建筑业增加值 指建筑业企业在报告期内以货币表现的建筑业生产经营活动的最终成果。目前建筑业增加值采用分配法计算，即从收入的角度出发，根据生产要素在生产过程中应得的收入份额计算。具体计算公式为：

建筑业增加值=本年提取的固定资产折旧+应付工资+应付福利费+管理费用中的劳动待业保险金、税金+工程结算税金及附加+工程结算利润－转作奖金的利润。

房屋建筑施工面积 指在报告期内施工的全部房屋建筑面积。包括本期内新开工的、上期施工跨入本期继续施工、上期停建本期复工的房屋建筑面积；不包括上期开工后又停工，本期未施工的房屋建筑面积。

房屋建筑竣工面积 指在报告期内，按照设计所规定的工程内容全部完成，达到了设计规定的交工条件，经有关部门检查验收鉴定合格的房屋建筑面积。

自有机械设备年末总台数 指归本企业（或单位）所有，属于本企业固定资产的生产性机械设备年末总台数。包括施工机械、生产设备、运输设备以及其他设备。

自有机械设备年末总功率 指本企业（或单位）自有施工机械、生产设备、运输设备以及其他设备等列为在册固定资产的生产性机械设备年末总功率，按设定能力或查定能力计算。包括机械本身的动力和为该机械服务的单独动力设备，如电动机等。计算单位用千瓦，动力换算可按1马力=0.735千瓦折合成千瓦数。电焊机、变压器、锅炉不计算动力。

工程结算收入 指企业（或单位）按工程的分部分项自行完成的建筑产品价值并已与甲方在报告期内办理结算手续的工程价款收入，以及向甲方收取的除工程价款以外的按规定列作营业收入的各种款项，如临时设施费、劳动保险费、施工机械调迁费等以及向甲方收取的各种索赔款。

工程结算利润 指已结算工程实现的利润。如为亏损以“－”号表示。其计算公式为：

工程结算利润=工程结算收入－工程结算成本－工程结算税金及附加

企业总收入 指与企业生产经营直接有关的各项收入，包括工程结算收入和其他业务收入，即：

企业总收入=工程结算收入+其他业务收入

Explanatory Notes on Main Statistical Indicators

Statistical Unit in Construction refers to the establishment engaged in the construction of buildings and structures and in the installation of equipment. They can be divided into two categories: corporate construction enterprises and affiliated construction units, depending upon their way of organization. A corporate construction enterprise is a legal entity with independent accounting system, especially set up to undertake construction activities. It should meet the following 3 requirements: ①being set up in line with relevant legal basis, having its full name, organization and location, and capable of taking civil liabilities; ②independently possessing and using its assets and assuming its liabilities, and entitled to sign contracts with other institutons; and ③ making independent accounts of its profits and losses, and capable of compiling its own balance sheet. On the other hand, the affiliated construction units are subsidiary constructing units that are established by enterprises or institutions in other industries to take construction projects to build up their fixed assets. They should also meet 3 requirements: ① engaged exclusively or mainly in construction and installation activities with a fixed site; ② organizing independently their production/management; and ③ with independent accounting capability in the enterprises to which they are attached.

Gross Output Value of Construction (Output Value of Projects Under Construction) refers to the gross output value of construction and installation projects that are undertaken by construction enterprises or affiliated constructing units, calculated in line with the planned schedule. It includes:

(1) Output value of construction projects, that is the value of projects covered by the project budgets;

(2) Output value of installation projects, that is the value of the installation of equipment;

(3) Output value of repair of buildings and structures, that is the value created through the repairs of buildings or structures, but does not include the value of buildings or structures being repaired and the value of the repair of production equipment;

(4) Output value of manufactured non-standard equipment, that is the value of non-standard production equipment (including raw materials and manufacturing cost) made for the construction project, irrespective of whether the equipment is manufactured on the construction site or by subsidiary workshops.

Value Added of Construction refers to the final result of the activities of production and management of construction in monetary terms in the reference period. At present, the value added of construction is calculated with the method of distribution. In other words, it is the sum of incomes of various production factors in the production process. The formula is as follows:

Value added of construction = depreciation of fixed assets in the year + wages payable + welfare expenses payable + insurance premium and tax for waiting for employment in the administrative expenses + taxes and surcharges on project settlement + profit gained from project settlement − profit used as bonus.

Floor Space of Buildings Under Construction refers to floor space of buildings under construction during the reference period, including newly started buildings, buildings started earlier and continued during the reference period, and buildings suspended earlier but restarted during the reference period. Excluded are buildings started and then suspended earlier that have not been restarted during the reference time.

Floor Space of Buildings Completed refers to the floor space of buildings that are completed in the reference period in accordance with the requirements of the design, up to the standard for putting them into use, and have been checked and accepted by concerned departments as qualified ones.

Total Number of Machinery and Equipment Owned by the Construction Enterprises (or Units) by the End of Year refers to the number of machines and equipment owned by the enterprises (or units, and listed as the fixed assets of the enterprises (or units) by the end of the year, including machinery and equipment for construction, production and transportation.

Total Power of Machinery and Equipment Owned by the Construction Enterprises (or Untits) by the End of Year refers to the total power of machinery and equipment owned by the enterprises (or units), and listed as the fixed assets of the enterprises (or units) by the end of the year, including machinery and equipment for construction, production and transportation. The power of the machinery is calculated on basis of the designed or verified capacity, covering the power of the machinery/equipment and the separate power equipment serving the machinery/equipment (such as electric motors), but excluding welders, transformers and boilers. The unit used for the calculation of power is kilowatt, with horsepower converted to kilowatt by 1 horsepower = 0.735 kilowatt.

Income from Settlement of Projects refers to the income received by the construction enterprise/unit from the completed portion of the project through settlement procedures with the contractee during the reference period, and other charges to the contractee as operational costs, such as facility fee, labour insurance premium, moving cost of construction unit, as well as various types of claims to the contractee.

Profit from Settlement of Projects refers to profit realized through settled projects. It is calculated with the following formula:

$$\text{Profit from Settlement of Projects} = \text{Income from Settlement of Projects} - \text{Settled Cost} - \text{Settled Taxes and Other Cost}$$

Total Revenue of Enterprises refers to the sum of income from production and operation of enterprises, including income from settlement of projects and other operational income, namely:

$$\text{Total Revenue of Enterprises} = \text{Income from Settlement of Projects} + \text{Other Operational Income}$$

十四　运输和邮电

TRANSPORTATION, POSTAL AND TELECOMMUNICATIONS SERVICES

简要说明

一、本篇资料反映我国当前交通运输业和邮电通信业发展的基本状况。

交通运输业资料主要包含：五种运输方式的线路里程、运输设备拥有量、技术质量情况，各种运输方式完成的货物运输量和旅客运输量，铁路运输的固定资产构成及财务主要情况，主要港口码头长度及泊位情况，沿海主要港口货物吞吐量，独立核算公路、水运、港口企业基本情况等。

邮电通信业资料主要包含：全国邮电局（所）及邮路情况，邮电通信主要电路及设备拥有量，主要的邮电业务完成情况，邮电通信企业主要财务指标，邮电通信发展水平等资料。

二、本篇资料由国家统计局工业交通统计司负责整理、编辑。有关交通运输资料分别来源于铁道部计划司、交通部计划司、民航总局计划司、公安部交通管理局、中国石油天然气总公司、中国石化总公司和各省（市）统计局。邮电通信业资料来源于邮电部计划建设司。

三、各部分资料具体的调查范围及统计单位

1．铁路资料：包括国家铁路运营情况和地方铁路运营情况，不含军用铁路及铁路专用线和专用铁道。国家铁路运营资料来源于各铁路局下属分局及所属运输企业。地方铁路运营概况资料来源于各省地方铁路管理部门，由中国地方铁路协会负责收集。

2．公路、水运、港口资料：公路和水路线路里程为年末通车和通航里程数，不含在建和未正式投入使用的公路和航道。这部分资料由交通部负责收集提供。公路车辆拥有量由公安部交通管理局下属各省厅车管部门提供给各地政府统计部门；船舶拥有量由交通部下属各省厅航务或港务管理部门提供给各地政府统计部门，由统计部门逐级审核、加工、汇总。公路、水路客货运输量资料，按照交通部和国家统计局 1992 年联合发布的《公路、水路运输全行业统计工作规定》的要求，由交通部和国家统计局分工负责收集整理。目前国家统计局负责全社会独立核算公路、水运、港口企业基本情况调查，交通部计划司根据《公路、水路运输全行业统计报表制度》负责汇总公路、水路运输全行业统计资料。公路、水路运输全行业统计，是以全面调查和非全面调查两种方式进行。统计范围：凡在中华人民共和国注册从事公路、水路营业性客、货运输或在中华人民共和国境内从事非营业性客、货运输的单位、私人（包括个体联户），不论其隶属关系、所有制形式如何，均纳入统计。沿海、内河主要港口的生产能力及吞吐量由交通部负责统计。

3．管道运输资料：管道运输统计包括输原油、输成品油、输天然气、输其他气体的管线长度、输送能力及完成的运输量。具体包括：油气田企业直接通向炼油厂、化工厂、电站等用户及装车站、油码头的管道，炼油厂通向用户（包括商业石油公司油库）的成品油气管道，独立核算的管道运输企业通向用户及装车（站）栈桥、油码头的管道。管道运输统计数据主要来源于中国石油天然气总公司和中国石化总公司所属的管道运输企业，由两家总公司分别负责收集审核本部门统计数据。

4．民航运输资料：民航运输统计对象为我国境内从事民用航空运输飞行和通用飞行的航空运输企业，包括民航总局直属企业和非民航总局直属企业，不含外国航空公司。统计范围：各航空公司国内运输、港澳台运输、国际运输的运输航线、运输量及飞机构成情况和通用飞行完成情况等。资料来自国内各航空公司、民航机场，由民航总局负责收集、整理。

5. 邮电通信资料：邮电通信包括邮政和电信业务。邮电业务量按业务范围分为国内业务量和国际及港澳业务量（对台业务量统计在港澳中）。按管理体制分为中央国营业务总量和地方国营业务总量。全部资料均为邮电部门经营管理的公用网资料，不含非邮电部门经营管理的公网和专用网资料。资料来源于各省邮电管理部门以及所属邮电局（所）及邮电通信企业，由邮电部计划建设司负责收集、整理。

BRIEF INTRODUCTION

I. The data in this chapter cover mainly the basic conditions of the development of transport, post and telecommunications at present in China.

The data of transport cover mainly the length of the routes of five means of transportation, the ownership of the transport equipment, the technological quality, the freight traffic and passenger traffic accomplished by various means of transportation, the composition of the fixed assets and main financial conditions in the railway transport, the length of major ports and the situation of births, the cargo handled at principal sea ports, and the basic conditions of the highway, waterway and ports enterprises with independent accounting system etc.

The data of post and telecommunications cover mainly the situation of post and telecommunications offices and postal routes, the telephone lines, telegraph lines and the ownership of the telecommunication facilities, the principal postal and telecommunications services rendered, main financial indicators of postal and telecommunications enterprises, and the level of the development of the postal and telecommunications services, etc.

II. The data in this chapter are prepared and edited by the Department of Industrial and Transport Statistics, SSB. The data on transport come from the Department of Planning, Ministry of Railways; Department of Planning, Ministry of Communications; Department of Planning, Civil Aviation Administration of China, Traffic Management Bureau, Ministry of Public Security, China National Petroleum Corporation, China Petrochemical Corporation and the statistical bureaus of provinces, autonomous regions and municipalities directly under the central government. The data on posts and telecommunications come from the Department of Planning and Construction, Ministry of Posts and Telecommunications.

III. The statistical coverage and statistical units of the various data:

(1) Data on railways cover the operation and management of the national and local railways, not including the railways for military purpose, industrial lines and special railways. The data on the operation and management of the national railways come from the railway sub – bureaus and the transport enterprises subordinate to them . The data on the operation and management of local railways come from the provincial administrative departments of the local railways, and are collected by the China Association of Local Railways.

(2) Data on highways, waterways and ports: The length of highways and waterways refer to the length open to traffic or navigation at the end of the year, not including the highways and waterways under construction but not officially put into use. The data mentioned above are provided by the Ministry of Communications. The data on the ownership of the highway vehicles are provided by the divisions of vehicle management under the provincial departments of public security, subordinate to the Traffic Management Bureau, Ministry of Public Security, to the provincial statistical bureaus. The data on the ownership of ships are provided by the divisions of navigation or ports management under the provincial departments of communications, subordinate to the Ministry of Communications, to the provincial statistical bureaus. The provincial statistical bureaus examined, processed and tabulated the data. The data on the passenger traffic and freight traffic by highways and waterways are collected and prepared separately by the Ministry of Communications and the State Statistical Bureau in accordance with the "Provisions on the Statistical Work of the Whole Trades of Highway and Waterway Transport", jointly issued by the Ministry of Communications and the State Statistical Bureau in 1992. At present, the State Statistical Bureau is responsible for the survey on the basic conditions of the highway, waterway and ports enterprises in the whole country; the Department of Planning, Ministry of Communications is responsible for tabulating the statistical data of the whole trades of highway and waterway transport in accordance with the above – mentioned Provisions. The statistical data of the whole trades of highway and waterway transport are collected by the method of complete enumeration and the method of sample survey. Statistical coverage: All the units and individuals (including joint – households) registered in the People's Republic of China and engaged in highway or waterway freight or passenger transport business or those engaged in non – business freight or passenger transport within the boundary of the People's Republic of China, whatever their subordinate relationships and ownerships are, are included in the coverage of transport statistics. The Min-

istry of Communications is responsible for collecting the statistical data on the handling capacity of the seaports and inland river ports and the volume of freight handled.

(3) The data on the pipeline transport: The statistics of pipeline transport cover the length, transport capacity and the volume transported of the petroleum (crude oil) pipelines, petroleum products (refined oil) pipelines, natural gas pipelines and other gas pipelines. The coverage of statistics of pipeline transport includes the pipelines leading directly from the enterprises of oil fields or gas fields to the users such as refineries, chemical plants, power stations, etc. and to the loading stations and ports or piers, the petroleum products pipelines leading from the refineries to the users (including the oil depots of the commercial oil companies) and the pipelines leading from the enterprises engaged in pipeline transport with independent accounting system to the users and causeways and ports or piers. The data sources of the pipeline transport statistics are mainly the enterprises engaged in the pipeline transport subordinate to the China National Petroleum Corporation and China Petrochemical Corporation. The two corporations collect and examine the statistical data from the units subordinate to them respectively.

(4) The data on the civil aviation transport: The statistical units of the civil aviation transport include the enterprises engaged in the civil aviation transport flights and flights for general purpose, including the enterprises directly under the Civil Aviation Administration of China or not under the CAAC, but excluding the foreign companies. The statistical data cover the air lines and transport volume of the domestic transport, the transport between China mainland and Hong Kong, Macao and Taiwan, and the international transport engaged by the air companies as well as the composition of aircraft; the statistical data also cover the data on flights for general purpose etc . The data are collected from the domestic air companies and civil aviation airports. The Civil Aviation Administration of China is responsible for collecting and tabulating them.

(5) The data on post and telecommunications: The business volume of post and telecommunications is classified by business area into the domestic volume, the volume between China mainland and Hong Kong, Macao and Taiwan and the international volume. The business volume of post and telecommunications is also classified by administration into the volume accomplished by the enterprises subordinate to the central government and the volume accomplished by the enterprises subordinate to the local governments. All the data are the data of the public network administered by the department of post and telecommunications, excluding the data of the public network and the special network administered by the departments other than post and telecommunications. The data come from the post and telecommunications offices and enterprises of telecommunications subordinate to the provincial departments of posts and telecommunications. The Department of Planning and Construction, Ministry of Posts and Telecommunications is responsible for collecting and tabulating them.

14－1 各地区交通运输、邮电通讯业职工人数(1996年底)

NUMBER OF STAFF AND WORKERS ENGAGED IN TRANSPORTATION, POST AND TELECOMMUNICATIONS BY REGION (END OF 1996)

单位：万人

(10 000 persons)

地区 Region		铁路运输业 Railway Transpor－tation	公路运输业 Highway Transpor－tation	管道运输业 Pipeline Transpor－tation	水上运输业 Waterway Transpor－tation	航空运输业 Air Transpo rtation	交通运输辅助业 Transporta－tion－Subsidiary Trades	其他交通运输业 Other Transpor－tation	邮电通信业 Postand Telecommu－nications
全国	**National Total**	**221.4**	**206.3**	**3.6**	**75.7**	**10.8**	**151.6**	**4.6**	**115.4**
北京	Beijing	7.9	4.1		…	1.0	3.4		3.7
天津	Tianjin	3.5	4.9		1.4	0.2	3.8	…	1.7
河北	Hebei	12.5	10.0	1.0	0.4	0.2	6.6	…	5.2
山西	Shanxi	12.4	6.3		…	0.3	2.4	0.1	3.3
内蒙古	Inner Mongolia	9.4	3.8		…	0.1	6.5	…	3.2
辽宁	Liaoning	15.8	12.8	0.5	1.7	0.7	8.8	0.9	5.5
吉林	Jilin	11.2	5.7	0.2	0.1	0.3	3.1	1.3	3.8
黑龙江	Heilongjiang	20.8	6.9	0.1	0.7	0.2	7.1	0.1	5.4
上海	Shanghai	3.9	4.8		6.2	1.0	7.3	0.1	4.0
江苏	Jiangsu	6.8	12.2	0.8	12.5	0.3	12.4	0.9	6.4
浙江	Zhejiang	2.9	8.0		5.3	5.5	…	5.2	
安徽	Anhui	5.1	10.1		5.5	0.2	3.6	…	3.3
福建	Fujian	3.4	4.3	0.1	2.5	0.4	2.9	…	3.3
江西	Jiangxi	6.3	5.7		2.2	0.2	3.4	0.3	2.7
山东	Shandong	8.2	14.0	0.4	2.4	0.3	7.7	…	5.9
河南	Henan	13.4	13.2	0.1	0.9	0.1	7.0	…	5.5
湖北	Hubei	9.9	11.8	0.1	7.0	0.3	10.0	0.1	5.0
湖南	Hunan	9.4	9.7		3.9	0.1	5.9	…	4.9
广东	Guangdong	8.3	8.6		10.4	1.2	13.6	0.1	12.0
广西	Guangxi	6.2	4.5		2.7	0.2	4.7	…	2.9
海南	Hainan	0.3	0.6		0.6	0.3	1.9	…	1.0
四川	Sichuan	9.6	17.6	0.2	8.5	1.0	10.9	0.1	7.0
贵州	Guizhou	3.8	3.0		0.3	0.1	2.6	…	2.1
云南	Yunnan	5.6	5.8		0.1	0.4	2.9	0.2	3.3
西藏	Tibet	1.2			0.1	0.2	…	0.3	
陕西	Shaanxi	11.2	5.0		…	0.6	2.7	0.1	3.1
甘肃	Gansu	6.3	3.4		…	0.3	2.1	0.1	1.8
青海	Qinghai	1.8	1.3		…	…	0.4	0.1	0.7
宁夏	Ningxia	1.5	0.8	0.1	…	…	0.5		0.6
新疆	Xinjiang	3.9	6.1			0.5	1.6	…	2.6

14－2 交通运输业基本情况

BASIC CONDITIONS OF TRANSPORTATION

指　标	Item	1992	1993	1994	1995	1996
运输线路长度　(万公里)	**Length of Transportation Routes (10000km)**					
铁路营业里程	Railways in Operation	5.36	5.38	5.40	5.46	5.67
＃电气化里程	Electrified Railways	0.84	0.89	0.90	0.97	1.01
公路	Highways	105.67	108.35	111.78	115.70	118.58
内河	Navigable Inland Waterways	10.97	11.02	10.27	11.06	11.08
民航	Total Civil Aviation Routes	83.66	96.08	104.56	112.90	116.65
＃国际航线	International Routes	30.30	27.87	35.19	34.82	38.63
管道	Petroleum and Gas Pipelines	1.59	1.64	1.68	1.72	1.93
客运量总计　(万人)	**Total Passenger Traffic　(10 000 persons)**	**860855**	**996634**	**1092883**	**1172596**	**1244722**
铁路	Railways	99693	105458	108738	102745	94162
国家	National Railways	98788	104580	108009	102081	93550
地方	Local Railways	905	878	729	664	612
公路	Highways	731774	860719	953940	1040810	1122110
水运	Waterways	26502	27074	26165	23924	22895
民用航空	Civil Aviation	2886	3383	4038	5117	5555
旅客周转量总计(亿人公里)	**Total Passenger－Kilometers (100 million passenger－km)**	**6949**	**7858**	**8591**	**9002**	**9143**
铁路	Railways	3152	3483	3636	3546	3325
国家	National Railways	3148	3479	3633	3543	3322
地方	Local Railways	3.90	3.92	3.23	3.09	3.36
公路	Highways	3193	3701	4220	4603	4909
水运	Waterways	198	196	184	172	161
民用航空	Civil Aviation	406	478	552	681	748
货运量总计　(万吨)	**Total Freight Traffic　(10 000 tons)**	**1045899**	**1115771**	**1180273**	**1234810**	**1296200**
铁路	Railways	157627	162663	163093	165855	168803
国家	National Railways	152317	156660	157155	159346	161678
地方	Local Railways	5310	6003	5938	6509	7125
公路	Highways	780941	840256	894914	940387	983860
水运	Waterways	92490	97938	107091	113194	127430
民用航空	Civil Aviation	57.5	69.4	82.9	101.1	115.0
管道输油(气)量	Petroleum and Gas Pipelines	14783	14845	15092	15274	15992
货物周转量总计(亿吨公里)	**Total Freight Ton－kilometers (100 million ton－km)**	**29218**	**30510**	**33261**	**35730**	**36454**
铁路	Railways	11576	11955	12458	12870	12971
国家	National Railways	11549	11923	12426	12836	12922
地方	Local Railways	27	31	31	34	49
公路	Highways	3755	4071	4486	4695	5011
水运	Waterways	13256	13861	15687	17552	17863
民用航空	Civil Aviation	13.4	16.6	18.6	22.3	24.9
管道输油(气)量	Petroleum and Gas Pipelines	617	608	612	590	585
民用汽车拥有量　(万辆)	Number of Civil Motor Vehicles Owned (10 000 units)	691.74	817.58	941.95	1040.00	1100.08
载客汽车辆数　(万辆)	Number of Buses and Cars (10 000 units)	226.16	285.98	349.74	417.90	488.02
载客汽车客位　(万客位)	Number of Seats in Buses and Cars (10 000 units)	3103.63	3940.08	4843.91	5213.27	6191.82
载货汽车辆数　(万辆)	Number of Trucks (10 000 units)	441.45	501.00	560.08	585.43	575.03
＃普通载货汽车	Ordinary Trucks	427.86	483.27	543.60	568.58	558.16
载货汽车吨位　(万吨)	Trucks Capacity (10 000 tons)	1834.60	2114.27	2396.34	2370.93	2280.62
＃普通载货汽车	Ordinary Trucks	1760.37	2006.34	2280.26	2257.07	2167.10
其他机动车　(万辆)	Number of Other Motor Vehicles (10000units)	716.21	949.38	1208.89	1494.62	1773.13
公路部门营运车辆　(万辆)	Number of Motor Vehicles Owned by Highway Departments (10 000 units)	30.87	28.96	27.92	27.49	28.81
私人汽车拥有量　(万辆)	Number of Motor Vehicles Owned by Individuals (10 000 units)	118.20	155.77	205.42	249.96	289.67
民用运输船舶拥有量　(艘)	Number of Civil Transport Vessels (unit)					
机动船	Motor Vessles	302313	307285	293472	299717	269879
驳船	Barges	71255	65196	59913	57998	56128
帆船	Sailing Boats	13123	10453	8295	7253	4946
私人运输船舶拥有量　(艘)	Number of Private－Owned Transport Vessels (unit)					
机动船	Motor Vessles	190262	190820	198241	182060	157370
驳船	Barges	9192	9458	7379	7964	6533
帆船	Sailing Boats	11453	7882	7529	6712	4556
沿海主要港口货物吞吐量　(万吨)	Volume of Freight Handled in Major Coastal Ports (10 000 tons)	60380	67835	74370	80166	85152

14-3 各地区运输线路长度(1996年底)

LENGTH OF TRANSPORTATION ROUTES BY REGION (END OF 1996)

单位：公里 (km)

地区 Region		国家铁路 National Railways 营业里程 Length of Railways in Operation	正线延展里程 Extention Length of the Trunk Lines	内河航道里程 Length of Navigable Inland Waterways	公路里程 Total Length of Highways	等级路 Express-way and Class I to IV Highway	高速 Express-way	一级 First Class	二级 Second Class	等外路 Highway Below Class IV
全 国	**National Total**	**56678**	**76721**	**110844**	**1185789**	**948068**	**3422**	**11779**	**96990**	**237721**
北 京	Beijing	1067	1731		12084	11616	144	227	995	468
天 津	Tianjin	526	958	90	4264	4181	101	387	786	83
河 北	Hebei	3603	6044	75	54146	51081	278	342	5811	3065
山 西	Shanxi	2485	3710	170	35911	32572	170	197	4928	3339
内蒙古	Inner Mongolia	5073	5919	602	45744	37467		13	1427	8277
辽 宁	Liaoning	3568	4970	508	43753	42754	509	436	6292	999
吉 林	Jilin	3480	3810	1134	32098	30379	133	83	1945	1719
黑龙江	Heilongjiang	4943	6589		48987	47794		307	2504	1193
上 海	Shanghai	256	414	2100	3881	3870	65	154	512	11
江 苏	Jiangsu	751	1298	23832	26659	24752	318	1458	5173	1907
浙 江	Zhejiang	938	1394	10592	34924	29637	158	189	2885	5287
安 徽	Anhui	1821	2776	5612	36182	33285	123	227	4418	2897
福 建	Fujian	1025	1037	3888	47196	37192		286	2944	10004
江 西	Jiangxi	2116	2926	4937	34963	21986		153	2310	12977
山 东	Shandong	2351	3659	1891	57271	56882	255	1846	13255	389
河 南	Henan	2338	4454	1104	50907	47999	294	78	6481	2908
湖 北	Hubei	2016	2747	7916	49757	33477		751	5440	16280
湖 南	Hunan	2293	3120	10050	59554	31159	45	163	2122	28395
广 东	Guangdong	777	1454	10808	89631	76275	714	3326	8298	13356
广 西	Guangxi	1725	1917	4521	42696	27375		66	1448	15321
海 南	Hainan	219	238	403	14897	10756		59	648	4141
四 川	Sichuan	2881	2883	7904	101646	61678		585	3244	39968
贵 州	Guizhou	1423	1480	1899	32700	12948		52	294	19752
云 南	Yunnan	1592	1643	1324	70279	62936	45	41	1066	7343
西 藏	Tibet				22391	10461			566	11930
陕 西	Shaanxi	1939	2296	998	40200	32884	57	228	1689	7316
甘 肃	Gansu	2322	3275	219	35338	24777	13		2575	10561
青 海	Qinghai	1095	1098		17383	13056			1202	4327
宁 夏	Ningxia	714	787	397	8738	8106		87	1304	632
新 疆	Xinjiang	1343	2096		31609	28733		38	4428	2876
不分地区	Not Classified by Region			7870						

14－4 运输线路长度

LENGTH OF TRANSPORTATION ROUTES

(年底数) 单位:万公里　　　　(year－end) (10 000 km)

年份 Year	铁路营业里程 Length of Railways in Operation	#电气化里程 Electrified Railways	公路 Length of Highways	内河 Length of Navigable Inland Waterways	民航 Length of Civil Aviation Routes	#国际航线 International Routes	管道 Length of Petroleum and Gas Pipelines
1952	2.29		12.67	9.50	1.31	0.51	
1957	2.67		25.46	14.41	2.64	0.43	…
1962	3.46	0.01	46.35	16.19	3.53	0.44	0.02
1965	3.64	0.01	51.45	15.77	3.94	0.45	0.04
1970	4.10	0.03	63.67	14.84	4.06	0.44	0.12
1975	4.60	0.07	78.36	13.56	8.42	3.71	0.53
1978	4.86	0.10	89.02	13.60	14.89	5.53	0.83
1980	4.99	0.17	88.33	10.85	19.53	8.12	0.87
1985	5.21	0.42	94.24	10.91	27.72	10.60	1.17
1986	5.25	0.44	96.28	10.94	32.43	10.76	1.30
1987	5.26	0.46	98.22	10.98	38.91	14.89	1.38
1988	5.28	0.57	99.96	10.94	37.38	12.83	1.43
1989	5.32	0.64	101.43	10.90	47.19	16.64	1.51
1990	5.34	0.69	102.83	10.92	50.68	16.64	1.59
1991	5.34	0.78	104.11	10.97	55.91	17.74	1.62
1992	5.36	0.84	105.67	10.97	83.66	30.30	1.59
1993	5.38	0.89	108.35	11.02	96.08	27.87	1.64
1994	5.40	0.90	111.78	10.27	104.56	35.19	1.68
1995	5.46	0.97	115.70	11.06	112.90	34.82	1.72
1996	5.67	1.01	118.58	11.08	116.65	38.63	1.93

14－5 运输线路质量

QUALITY OF TRANSPORTATION ROUTES

指标	Item	1978	1990	1994	1995	1996
铁路营业里程 (公里)	**Length of Railways in Operation (km)**	**48618**	**53378**	**53992**	**54616**	**56678**
#复线里程 (公里)	Double－Tracking Length (km)	7630	13024	15475	16909	18423
复线里程比重 (%)	Proportion (%)	15.7	24.4	28.7	31.0	32.5
#自动闭塞里程 (公里)	Automatic Blocking Length (km)	5981	10370	12613	12910	15254
自动闭塞里程比重 (%)	Proportion (%)	12.3	19.4	23.3	23.6	26.9
公路线路里程 (公里)	**Length of Highways (km)**	**890236**	**1028348**	**1117821**	**1157009**	**1185789**
#有路面里程 (公里)	Paved Highways (km)	651068	883464	998077	1043390	1077583
有路面里程比重 (%)	Proportion (%)	73.1	85.9	89.3	90.2	90.9
内河航道里程 (公里)	**Length of Navigable Inland Waterways (km)**	**135952**	**109192**	**110593**	**110562**	**110844**
#水深一米以上 (公里)	Depths of One Meter and Over (km)	57408	60358	64091	64323	64915
水深一米以上比重 (%)	Proportion (%)	42.2	55.4	58.0	58.2	58.6

14－6 客运量
PASSENGER TRAFFIC

单位：万人 (10 000 persons)

年份 Year	客运量总计 Total	铁路 Railways	国家 National Railways	地方 Local Railways	公路 Highways	水运 Waterways	民用航空 Civil Aviation
1952	24518	16352	16352		4559	3605	2
1957	63821	31262	31262		23772	8780	7
1962	122154	75003	74067	936	30737	16397	17
1965	96334	41245	40708	537	43693	11369	27
1970	130056	52455	51646	809	61812	15767	22
1975	192969	70465	69648	817	101350	21015	139
1978	253993	81491	80729	762	149229	23042	231
1980	341785	92204	91246	958	222799	26439	343
1985	620206	112110	110913	1197	476486	30863	747
1986	688212	108579	107358	1221	544259	34377	997
1987	746422	112479	111414	1065	593682	38951	1310
1988	809592	122645	121595	1050	650473	35032	1442
1989	791376	113807	112798	1009	644508	31778	1283
1990	772682	95712	94888	824	648085	27225	1660
1991	806048	95080	94208	872	682681	26109	2178
1992	860855	99693	98788	905	731774	26502	2886
1993	996634	105458	104580	878	860719	27074	3383
1994	1092883	108738	108009	729	953940	26165	4038
1995	1172596	102745	102081	664	1040810	23924	5117
1996	1244722	94162	93550	612	1122110	22895	5555

14－7 旅客周转量
PASSENGER－KILOMETERS

单位：亿人公里 (100 million passenger－km)

年份 Year	旅客周转量总计 Total	铁路 Railways	国家 National Railways	地方 Local Railways	公路 Highways	水运 Waterways	民用航空 Civil Aviation
1952	248	200.64	200.64		22.64	24.50	0.24
1957	496	361.30	361.30		88.07	46.38	0.80
1962	1085	859.01	857.26	1.75	141.46	83.92	1.17
1965	697	478.99	477.81	1.18	168.20	47.37	2.48
1970	1031	718.19	715.94	2.25	240.06	71.01	1.79
1975	1435	954.09	952.59	1.50	374.48	90.59	15.39
1978	1743	1093.22	1090.81	2.41	521.30	100.63	27.91
1980	2281	1383.16	1380.37	2.79	729.50	129.12	39.56
1985	4437	2416.14	2412.51	3.63	1724.88	178.65	116.72
1986	4897	2586.71	2583.11	3.60	1981.74	182.06	146.31
1987	5411	2843.06	2840.00	3.06	2190.43	195.92	182.05
1988	6209	3260.31	3257.31	3.01	2528.24	203.92	216.95
1989	6075	3037.41	3034.38	3.04	2662.11	188.27	186.79
1990	5628	2612.63	2610.10	2.53	2620.32	164.91	230.48
1991	6178	2828.10	2824.84	3.21	2871.74	177.20	301.32
1992	6949	3152.24	3148.29	3.95	3192.64	198.35	406.12
1993	7858	3483.30	3479.38	3.92	3700.70	198.45	477.60
1994	8591	3636.05	3632.81	3.23	4220.30	183.50	551.58
1995	9002	3545.70	3542.61	3.09	4603.10	171.80	681.30
1996	9143	3325.37	3322.01	3.36	4908.79	160.57	747.84

14-8 货运量

FREIGHT TRAFFIC

单位：万吨 (10 000 tons)

年份 Year	货运量总计 Total	铁路 Railways	国家 National Railways	地方 Local Railways	公路 Highways	水运 Waterways	民用航空 Civil Aviation	管道输油(气)量 Petroleum and Gas Pipelines
1952	31516	13217	13217		13158	5141	0.2	
1957	80365	27421	27421		37505	15438	0.8	
1962	85521	35261	34598	663	32794	17464	1.8	
1965	121083	49100	48358	742	48987	22993	2.7	
1970	150359	68132	66552	1580	56779	25444	3.7	
1975	202478	88955	86746	2209	72499	34987	4.7	6032
1978	248946	110119	107492	2627	85182	43292	6.4	10347
1980	546537	111279	108584	2695	382048	42676	8.9	10525
1985	745763	130709	127516	3193	538062	63322	19.5	13650
1986	853557	135635	132219	3416	620113	82962	22.4	14825
1987	948229	140653	136949	3704	711424	80979	29.9	15143
1988	982195	144948	140553	4395	732315	89281	32.8	15618
1989	988435	151489	146804	4685	733781	87493	31.0	15641
1990	970602	150681	146209	4472	724040	80094	37.0	15750
1991	985793	152893	147898	4995	733907	83370	45.2	15578
1992	1045899	157627	152317	5310	780941	92490	57.5	14783
1993	1115771	162663	156660	6003	840256	97938	69.4	14845
1994	1180273	163093	157155	5938	894914	107091	82.9	15092
1995	1234810	165855	159346	6509	940387	113194	101.1	15274
1996	1296200	168803	161678	7125	983860	127430	115.0	15992

注：从1979年起，公路运输包括社会车辆完成数量，从1984年起，还包括私营运输完成的数量。

a) Since 1979, the freight traffic by highways has included the quantities transported by trucks of non-highway departments。Since 1984, it has also included the quantities transported by private trucks.

14-9 货物周转量

FREIGHT TON-KILOMETERS

单位：亿吨公里 (100 million ton-km)

年份 Year	货物周转量总计 Total	铁路 Railways	国家 National Railways	地方 Local Railways	公路 Highways	水运 Waterways	民用航空 Civil Aviation	管道输油(气)量 Petroleum and Gas Pipelines
1952	762	601.60	601.60		14.49	145.75	0.02	
1957	1810	1345.90	1345.90		47.98	415.58	0.08	
1962	2236	1721.08	1719.08	2.00	62.13	452.59	0.15	
1965	3464	2698.69	2696.39	2.30	95.06	670.24	0.25	
1970	4566	3495.97	3491.35	4.62	138.05	931.34	0.35	
1975	7296	4255.65	4246.14	9.51	202.65	2574.67	0.60	262
1978	9829	5345.19	5333.46	11.73	274.14	3779.16	0.97	430
1980	12026	5716.87	5707.32	9.55	764.00	5052.76	1.41	491
1985	18365	8125.66	8111.60	14.06	1903.20	7729.30	4.15	603
1986	20148	8764.78	8750.09	14.69	2117.99	8647.87	4.81	612
1987	22228	9471.49	9455.65	15.84	2660.39	9465.06	6.50	625
1988	23825	9877.59	9860.19	17.40	3220.39	10070.38	7.30	650
1989	25591	10394.18	10372.95	21.23	3374.80	11186.80	6.90	629
1990	26207	10622.38	10601.20	21.18	3358.10	11591.90	8.20	627
1991	27986	10972.00	10948.07	23.93	3428.00	12955.40	10.10	621
1992	29218	11575.55	11548.51	27.04	3755.39	13256.20	13.42	617
1993	30510	11954.64	11923.42	31.22	4070.50	13860.80	16.61	608
1994	33261	12457.50	12426.20	31.44	4486.30	15686.60	18.59	612
1995	35730	12870.25	12836.01	34.24	4694.90	17552.20	22.30	590
1996	36454	12970.46	12921.85	48.61	5011.20	17862.50	24.93	585

注：从1979年起，公路运输包括社会车辆完成数量，从1984年起，还包括私营运输完成的数量。

a) Since 1979, the freight traffic by highways has included the volume transported by trucks of non-highway departments。Since 1984, it has also included the volume transported by private trucks.

14-10 旅客运输平均运距

AVERAGE TRANSPORT DISTANCE OF PASSENGERS

单位：公里 (km)

年份 Year	总计 Total	铁路 Railways	公路 Highways	水运 Waterways	民用航空 Civil Aviation
1952	101	123	50	68	1200
1957	78	116	37	53	1143
1962	89	115	46	51	688
1965	72	116	38	42	919
1970	79	137	39	45	814
1975	74	135	37	43	1107
1978	69	134	35	44	1208
1980	67	150	33	49	1153
1985	72	216	36	58	1563
1986	71	238	36	53	1468
1987	72	253	37	50	1390
1988	77	266	39	58	1505
1989	77	267	41	59	1456
1990	73	273	40	61	1388
1991	77	297	42	68	1383
1992	81	316	44	75	1407
1993	79	330	43	73	1412
1994	79	334	44	70	1366
1995	77	345	44	72	1331
1996	73	353	44	70	1346

14-11 货物运输平均运距

AVERAGE TRANSPORT DISTANCE OF FREIGHT

单位：公里 (km)

年份 Year	总计 Total	铁路 Railways	公路 Highways	水运 Waterways	管道 Petroleum and GasPipelines	民用航空 Civil Aviation
1952	242	452	11	284		1188
1957	225	502	13	269		1034
1962	263	488	19	259		836
1965	286	549	19	291		924
1970	304	513	24	366		954
1975	360	478	28	736	434	1292
1978	395	485	32	873	416	1521
1980	220	514	20	1184	467	1573
1985	243	636	31	1216	442	2128
1986	236	646	34	1042	413	2143
1987	234	673	37	1174	413	2183
1988	243	681	44	1128	416	2226
1989	258	686	46	1281	402	2226
1990	270	705	46	1447	398	2218
1991	284	718	46	1554	399	2234
1992	279	734	48	1433	417	2330
1993	274	735	48	1415	409	2393
1994	282	791	50	1465	406	2241
1995	289	807	50	1551	386	2206
1996	281	768	51	1402	366	2168

14-12 各地区全社会货运量(1996年)

FREIGHT TRAFFIC BY REGION (1996)

单位: 万吨 (10 000 tons)

地区 Region	合计 Total	国家铁路 National Railways	地方铁路 Local Railways	公路 Highways	水运 Waterways
全国 National Total	**1296200**	**161678**	**7125**	**983860**	**127430**
北京 Beijing	32880	2851	69	29960	
天津 Tianjin	22541	1845	823	19491	382
河北 Hebei	74475	11332	469	62235	439
山西 Shanxi	70413	26397	360	43560	96
内蒙古 Inner Mongolia	33862	8910	67	24885	
辽宁 Liaoning	84062	12985	428	69984	665
吉林 Jilin	27644	6154	40	21394	56
黑龙江 Heilongjiang	51396	13583	265	37177	371
上海 Shanghai	30334	1320		25023	3991
江苏 Jiangsu	81255	4361		50571	26323
浙江 Zhejiang	63875	1928		47400	14547
安徽 Anhui	39335	5170	233	29124	4808
福建 Fujian	30587	2500		24732	3355
江西 Jiangxi	22603	2736	87	18413	1367
山东 Shandong	76598	9693	533	64204	2168
河南 Henan	55845	9850	861	44800	334
湖北 Hubei	37060	3779	187	29825	3269
湖南 Hunan	50435	4880	63	42191	3301
广东 Guangdong	99111	5185	649	71742	21535
广西 Guangxi	28359	2666	1420	22386	1887
海南 Hainan	9558	253		7459	1846
四川 Sichuan	88943	7341	389	78408	2805
贵州 Guizhou	12182	2770		9192	220
云南 Yunnan	42088	2481	65	39390	152
西藏 Tibet	400			400	
陕西 Shaanxi	30011	3365		26600	46
甘肃 Gansu	20597	2780		17785	32
青海 Qinghai	3799	552		3247	
宁夏 Ningxia	5402	1587	120	3695	
新疆 Xinjiang	20719	2423		18296	
不分地区 Not Classified by Region	49833			291	33435

注: 不分地区合计中, 包括公路和水运部门的直属企业、民航、管道完成数。

a) The freight traffic not classified by region includes that completed by enterprises directly under the departments of highways and waterways, civil aviation and pipelines.

14－13 各地区全社会货物周转量(1996年)
FREIGHT TON－KILOMETERS BY REGION (1996)

单位: 亿吨公里 (100 million ton－km)

地 区 Region	合 计 Total	国家铁路 National Railways	地方铁路 Local Railways	公 路 Highways	水 运 Waterways
全 国 National Total	**36454.1**	**12921.8**	**48.61**	**5011.2**	**17862.5**
北 京 Beijing	372.4	293.9	0.05	78.5	
天 津 Tianjin	356.1	260.2	4.18	41.2	50.5
河 北 Hebei	2097.6	1541.2	3.85	473.6	79.0
山 西 Shanxi	737.5	535.2	1.54	200.8	…
内蒙古 Inner Mongolia	789.1	619.0	0.02	170.1	
辽 宁 Liaoning	1384.2	1003.3	1.14	225.3	154.5
吉 林 Jilin	501.9	422.3	0.03	78.5	1.1
黑龙江 Heilongjiang	903.3	766.5	3.39	128.6	4.8
上 海 Shanghai	211.6	44.9		48.8	117.9
江 苏 Jiangsu	1154.8	380.1		289.4	485.3
浙 江 Zhejiang	900.8	178.9		266.2	455.7
安 徽 Anhui	941.4	568.1	1.35	206.2	165.7
福 建 Fujian	594.6	141.2		148.8	304.6
江 西 Jiangxi	443.6	298.6	0.31	112.7	32.0
山 东 Shandong	1258.9	709.9	3.95	336.2	208.9
河 南 Henan	1639.0	1295.0	7.95	326.2	9.9
湖 北 Hubei	833.6	552.3	0.96	160.4	119.9
湖 南 Hunan	1012.8	712.1	0.46	240.1	60.1
广 东 Guangdong	918.0	240.2	2.74	246.8	428.3
广 西 Guangxi	578.9	304.9	14.22	170.6	89.2
海 南 Hainan	271.3	1.5		33.1	236.8
四 川 Sichuan	868.1	501.0	1.36	278.0	87.7
贵 州 Guizhou	317.7	262.0		51.1	4.6
云 南 Yunnan	352.3	125.3	0.41	225.4	1.2
西 藏 Tibet	4.7			4.7	
陕 西 Shaanxi	518.4	412.1		106.1	0.2
甘 肃 Gansu	508.0	417.9		90.1	…
青 海 Qinghai	64.7	35.8		29.0	
宁 夏 Ningxia	141.9	108.1	0.72	33.1	
新 疆 Xinjiang	399.6	190.7		209.0	
不分地区 Not Classifi－ed by Region	15376.7			2.7	14764.4

注: 不分地区合计中,包括公路和水运部门的直属企业、民航、管道完成数。

a) The freight ton－kilometers not classified by region includes those completed by enterprises directly under the departments of highways and waterways, and by civil aviation and pipelines.

14－14 营业铁路基本情况
BASIC STATISTICS ON RAILWAYS IN OPERATION

项　目	Item	1978	1985	1990	1994	1995	1996
营业里程　(公里)	**Length of Railways in Operation (km)**	**48618**	**52119**	**53378**	**53992**	**54616**	**56678**
正式营业	In Formal Operation	45539	49433	50310	50759	50866	51291
临时营业	In Temporary Operation	3079	2686	3068	3233	3750	5386
正式营业里程比重　(%)	Proportion of the Length in Formal Operation	93.7	94.8	94.3	94.0	93.1	90.5
复线里程　(公里)	**Double－Tracking Length (km)**	**7630**	**9989**	**13024**	**15475**	**16909**	**18423**
占营业里程比重　(%)	As Percentage of the Length of Rail－ways in Operation	15.7	19.2	24.4	28.7	31.0	32.5
电气化线路里程　(公里)	**Length of Electrified Railways (km)**	**1030**	**4151**	**6941**	**8966**	**9703**	**10082**
占营业里程比重　(%)	As Percentage of Railways in Operation	2.1	8.0	13.0	16.6	17.8	17.8
内燃机牵引线路里程(公里)	**Length of Diesel Engine Routes (km)**	**6550**	**10822**	**16097**	**20692**	**24749**	**29190**
占营业里程比重　(%)	As Percentage of Railways in Operation	13.5	20.8	30.2	38.3	45.3	51.5
调度集中里程　(公里)	**Length Under Centralized Traffic Control**		**1307**	**1169**	**1114**	**1226**	**2635**
占营业里程比重　(%)	As Percentage of Railways in Operation		2.5	2.2	2.1	2.2	4.7
自动闭塞里程　(公里)	**Automatic Blocking Length (km)**	**5981**	**6921**	**10370**	**12613**	**12910**	**15254**
占营业里程比重　(%)	As Percentage of Railways in Operation	12.3	13.3	19.4	23.3	23.6	26.9
半自动闭塞里程　(公里)	**Semi－automatic Blocking Length (km)**	**34759**	**42625**	**38832**	**40607**	**40859**	**41154**
占营业里程比重　(%)	As Percentage of Railways in Operation	71.5	81.8	72.7	75.2	74.8	72.6
无缝线路里程　(公里)	**Length of Continuous Welded Rail (km)**	**6530**	**10439**	**14644**	**20093**	**21854**	**23365**
占正线里程比重　(%)	As Percentage of the Trunk Lines	12.2	16.7	21.7	37.2	40.0	41.2
有电气集中的车站　(个)	**Number of Stations with Electric Interlocking (unit)**	**1336**	**2320**	**3535**	**4385**	**4587**	**4804**
占营业车站比重　(%)	As Percentage of Railways Stations in Operation	27.7	46.9	62.9	73.9	73.9	82.5

14－15 铁路机车年末数
NUMBER OF RAILWAY LOCOMOTIVES(YEAR END)

单位：辆　　(unit)

项　目	Item	1978	1985	1990	1994	1995	1996
国家铁路	**Number of Locomotives Owned by National Railways**	**9854**	**11772**	**13592**	**14694**	**15146**	**15403**
蒸汽机车	Steam Locomotives	7828	7674	6279	4665	4347	3781
＃前进型	Qianjin Model	2772	4429	4188	3224	2985	2537
解放型	Jiefang Model	2019	1403	400	74	28	
建设型	Jianshe Model	1092	1216	1644	1364	1329	1220
内燃机车	Diesel Locomotives	1805	3511	5680	7673	8282	8944
＃东风1 型	Dongfeng Model Ⅰ	672	796	888	814	791	
东风 2 型	Dongfeng Model Ⅱ	130	131	130	126	120	
东风 4 型	Dongfeng Model Ⅳ	326	955	2351	3913	4362	4790
北　京	Beijing Model	60	285	349	368	362	366
N D2	N D2 Model		238	282	281	281	
N D5	N D5 Model		219	415	410	410	404
电力机车	Electric Locomotives	221	587	1633	2356	2517	2678
＃韶山1 型	Shaoshan Model Ⅰ	154	505	816	814	814	815
地方铁路	**Number of Locomotives Owned by Local Railways**	**325**	**368**	**378**	**391**	**398**	**389**
蒸汽机车	Steam Locomotives	211	239	253	263	260	260
内燃机车	Diesel Locomotives	114	129	125	128	129	129

14－16 铁路客货车拥有量

NUMBER OF RAILWAY PASSENGER COACHES AND FREIGHT CARS OWNED

项　目	Item	1978	1985	1990	1994	1995	1996
客车(辆)	**Passenger Coaches (coach)**	**14844**	**20872**	**27261**	**31018**	**32404**	**33778**
软卧车	Soft Berth Coaches	435	679	1061	1387	1537	1692
硬卧车	Hard Berth Coaches	2155	2633	4351	6900	7607	8367
软座车	Soft Seat Coaches	78	260	330	568	574	720
硬座车	Hard Seat Coaches	8888	13700	17503	17822	18076	18043
软硬座车	Soft and Hard Seat Coaches	131	114	63	37	35	33
餐　车	Dining Cars	820	1221	1520	1611	1695	1766
行李邮政车	Luggage and Post Cars	1149	1498	1686	1830	1949	2037
公务车	Business Cars	85	87	77	83	87	84
简易及代用客车	Simple and Substitute Cars	528	79	42	12	9	
其　他	Others	575	601	628	768	835	1036
货车(辆)	**Freight Cars (coach)**	**250138**	**300886**	**364966**	**415919**	**432731**	**443893**
按车型分	Grouped by Type of Car						
棚　车	Covered Cars	40054	52667	66668	78605	80437	82022
敞　车	Open Cars	150745	185684	232999	258006	268179	273019
平　车	Flat Cars	20747	18753	18726	24178	27461	31215
毒品车	Hazardous Materials Cars			1229	1579	1580	1900
罐　车	Tank Cars	33045	31837	33646	35938	37119	37162
保温车	Refrigerator Cars	2439	3991	5150	6687	7030	7430
其　他	Others	3108	7944	6548	10926	10925	11145
按载重量分	Grouped by Capacity of Car						
20吨及以下	20 Tons and Under	1400	1476	949	1658	1458	
25－40吨	25－40 Tons	44409	21520	8699	8370	8786	10932*
50吨	50 Tons	106792	104456	92442	56020	48287	38979
51－59吨	51－59 Tons	18068	16544	15500	23192	27951	32381
60吨	60 Tons	72453	153198	238680	322318	342086	357317
65吨	65 Tons	3380	1571	6825	3236	3546	3646
73吨及以上	73 Tons and Over	294	306	329	778	385	410
其他	Others	3342	1815	1542	347	232	228
货车总载重量(万吨)	**Total Loading Capacity of Freight Cars (10 000 tons)**	**1230.2**	**1612.5**	**2055.3**	**2397.4**	**2502.9**	**2579.5**
平均每辆车载重量(吨)	**Average Loading Capacity per Car (ton)**	**49.8**	**53.9**	**56.6**	**57.6**	**57.9**	**58.1**

注：带*号的数据是载重量40吨及以下(含20吨及以下)货车数。
a) The data with the symbol * refer to the number of freight cars with the loading capacity of 40 tons and under, including the loading capacity of 20 tons and under.

14－17 铁路运输固定资产情况

FIXED ASSETS OF RAILWAY TRANSPORTATION

单位：亿元　　(100 million yuan)

项　目	Item	1985	1990	1994	1995	1996
固定资产原值	**Original Value of Fixed Assets**	**791.5**	**1253.9**	**3321.4**	**3613.6**	**4171.5**
#生产用	Fixed Assets for Productive Purpose	714.6	1116.1	3003.4	3526.0	4117.3
#机车车辆	Locomotives, Coaches and Freight Cars	172.1	312.1	668.1	776.9	869.1
线　路	Lines	408.3	545.2	1754.9	1850.7	2080.1
通信线路	Communications Lines	12.4	19.5	39.3	43.2	53.5
通信信号设备	Communications & Signalling Equipment	18.6	35.4	71.9	80.8	102.1
房屋及建筑物	Buildings	56.9	107.4	252.1	489.9	586.0
机械动力设备	Machinery and Power Equipment	28.6	47.7	97.9	84.0	92.2
传导设备	Conduction Equipment	13.5	34.6	83.9	72.5	83.9
非生产用	Fixed Assets for Non－productive Purposes	59.7	106.8	209.3		
未使用	Unused Fixed Assets	12.7	24.5	57.4	73.2	47.2
不需用	Non－required Fixed Assets	0.7	1.0	7.4	2.1	1.5
封存及租出的	Sealed－up for Safekeeping and Leased	3.6	4.4	41.0	12.3	5.5
土　地	Land	0.3	0.3	0.4	0.4	84.5
固定资产净值	**Net Value of Fixed Assets**	**589.5**	**889.3**	**2189.7**	**2409.4**	**2882.3**
固定资产折旧	**Depreciation of Fixed Assets**	**202.1**	**364.6**	**1131.6**	**1204.1**	**1289.2**

注：1995年起生产用固定资产统计口径变更为在用固定资产，原非生产用固定资产包括其中。
a) Since 1995, the fixed assets for productive purposes have changed to be the fixed assets in use, and included the fixed assets for non－productive purpose.

14-18 铁路货物运输量(按货类分)

RAILWAY FREIGHT TRAFFIC BY CATEGORY OF CARGO

本表统计范围为国家铁路。

The coverage of this table is national railways, excluding local railways.

项目 Item	1995 货运量(万吨) Freight Traffic (10 000 tons)	1995 货物周转量(百万吨公里) Freight Ton-kilometers (million ton-kilometers)	1995 平均运距(公里) Average Transport Distance (km)	1996 货运量(万吨) Freight Traffic (10 000 tons)	1996 货物周转量(百万吨公里) Freight Ton-kilometers (million ton-kilometers)	1996 平均运距(公里) Average Transport Distance (km)
总计 Total	**159346**	**1283601**	**807**	**161678**	**1292185**	**799**
煤 Coal	67357	377718	561	72058	404847	562
焦炭 Coke	7371	61271	831	3829	30269	791
石油 Petroleum	3765	29315	779	7307	63693	872
钢铁 Steel and Iron	10661	50978	478	9490	102568	1081
金属矿石 Metal Ores	9179	101771	1109	11237	55389	493
非金属矿石 Nonmetal Ores	9438	56161	595	9408	56052	596
矿建材料 Mineral Building Materials	10510	57417	546	9887	58200	589
水泥 Cement	4714	22512	478	4250	18884	444
木材 Timber	3978	64185	1613	3946	63020	1597
化肥和农药 Chemical Fertilizers and Pesticides	4225	42006	994	4136	41585	1005
粮食 Grain	6711	89924	1340	6023	83414	1385
棉花 Cotton	124	3585	2891	121	3456	2855
盐 Salt	1003	8038	801	1156	9616	832
其他 Others	20310	318720	1585	18830	301192	1600

14-19 铁路平均每日装车数

DAILY AVERAGE NUMBER OF FERIGHT CAR LOADINGS

单位：车 (car)

年份 Year	合计 Total	#煤 Coal	#石油 Petroleum	#钢铁 Steel and Iron	#矿物性建筑材料 Mineral Building Materials	#粮食 Grain
1952	12334	3911	116	450	1719	1251
1957	21259	6973	254	709	3740	1217
1962	23893	11145	615	792	1795	1136
1965	32784	11299	1013	1485	4537	1342
1970	42264	14685	2370	1912	5088	1249
1975	51789	17376	3685	2495	7595	1263
1978	62234	21595	3641	3425	9301	1335
1980	61298	21627	3294	3399	8256	1590
1985	67228	25333	3448	3963	7765	2247
1986	68911	25744	3694	4446	7268	2285
1987	70004	25874	3863	4376	7056	2649
1988	70398	26513	3774	4035	7044	2580
1989	72919	28479	3785	4010	6936	2490
1990	72368	29323	3811	4165	5858	2530
1991	72911	29103	3823	4127	5628	2878
1992	74109	29523	3880	4146	5564	2919
1993	76306	30039	4059	4756	5959	3022
1994	75664	30183	3969	4636	5168	3430
1995	76416	30754	4230	4406	4818	2985
1996	76895	32720	4195	4426	4533	2670

14－20 铁路货车平均静载重
AVERAGE STATIC LOAD OF FREIGHT CARS

单位：吨/车 (ton/car)

年 份 Year	合 计 Total	#煤 Coal	#石 油 Petroleum	#钢 铁 Steel and Iron	#矿物性建筑材料 Mineral Building Materials	#粮 食 Grain
1952	28.9	32.5	27.3	27.8	32.5	32.0
1957	34.7	38.3	35.0	37.2	38.8	39.2
1962	39.0	42.3	39.5	41.4	43.0	40.5
1965	39.8	44.6	40.4	42.6	44.0	43.7
1970	42.5	46.9	42.8	43.5	47.2	45.5
1975	45.4	49.4	44.3	46.3	48.6	47.8
1978	46.9	50.6	46.3	47.5	49.9	50.3
1980	48.0	52.5	46.3	49.0	52.6	54.2
1985	51.6	55.7	46.2	51.9	55.3	54.6
1986	52.2	56.2	46.3	52.8	56.0	55.3
1987	53.2	57.2	46.5	53.6	56.7	56.6
1988	54.1	57.9	46.7	54.2	57.4	57.3
1989	54.8	58.3	46.8	54.6	57.6	57.8
1990	55.0	58.5	47.0	55.0	57.9	58.3
1991	55.2	58.7	46.7	55.6	58.0	58.5
1992	55.8	59.1	47.1	56.4	58.3	58.9
1993	56.1	59.3	47.4	57.1	58.5	59.1
1994	56.6	59.6	47.6	57.8	59.0	59.3
1995	56.8	59.9	47.6	58.2	59.2	59.4
1996	57.1	60.0	47.5	58.5	59.4	59.6

14－21 铁路主要干线客货运输量(1996年)
PASSENGER AND FREIGHT TRAFFIC OF PRINCIPAL TRUNK RAILWAYS (1996)

线路名称 Name	客运量(万人) Passenger Traffic (10 000 persons)	旅客周转量(百万人公里) Passenger-kilometers (million passenger-km)	货运量(万吨) Freight Traffic (10 000 tons)	货物周转量(百万吨公里) Freight Ton-kilometers (million ton-km)
京沈 Beijing－Shenyang	4672	21381	3756	94531
哈大 Harbin－Dalian	8012	14109	3232	55534
津沪 Tianjin－Shanghai	8849	39349	3934	107315
京广 Beijing－Guangzhou	11362	57032	8306	182298
南北同蒲 Datong－Taiyuan－Fenglingdu	1000	3796	8177	19949
太焦新焦 Yuci－Mengyuan Taiyuan－Jiaozuo, Xinxiang－Jiaozuo	323	1066	4777	9971
焦枝 Jiaozuo－Zhicheng	616	3771	1988	28281
枝柳 Zhicheng－Liuzhou	528	1336	506	18252
滨洲 Harbin－Manzhouli	1796	2956	2750	18357
滨绥 Harbin－Suifenhe	1183	2318	983	17081
京包 Beijing－Baotou	1352	4107	3562	47077
石太 Shijiazhuang－Taiyuan	1138	2018	3736	17251
石德 Shijiazhuang－Dezhou	181	1218	272	11792
浙赣 Hangzhou－Zhuzhou	2267	15645	2245	30656
陇海 Lianyungang－Lanzhou	3882	26965	5528	82899
胶济 Qingdao－Jinan	1043	3973	3289	21528
京秦 Beijing－Qinhuangdao	117	960	555	11719
兖石 Yanzhou－Shijiusuo	102	182	768	5211
荷兖 Heze－Yanzhou	99	220	140	2516
新荷 Xinxiang－Heze	27	182	490	2625

14－22 铁路主要干线客货运输密度(1996年)

PASSENGER AND FREIGHT TRAFFIC DENSITY OF PRINCIPAL TRUNK RAILWAYS (1996)

线路名称 Name		客运线路里程（公里）Length of Passenger Traffic (km)	客运密度（万人公里/公里）Passenger Traffic Density (10 000 passenger－km/km)	货运线路里程（公里）Length of Freight Traffic (km)	货运密度（万吨公里/公里）Freight Traffic Density (10 000 ton－km/km)
京沈	Beijing－Shenyang	844	2533	828	11417
哈大	Harbin－Dalian	944	1495	941	5902
津沪	Tianjin－Shanghai	1323	2974	1318	8142
京广	Beijing－Guangzhou	2313	2466	2283	7985
南北同蒲	Datong－Taiyuan－Fenglingdu	865	439	827	2412
太焦新焦	Yuci－Mengyuan Taiyuan－Jiaozuo, Xinxiang－Jiaozuo	497	214	460	2168
焦枝	Jiaozuo－Zhicheng	798	473	798	3544
枝柳	Zhicheng－Liuzhou	850	157	847	2155
滨洲	Harbin－Manzhouli	935	316	960	1912
滨绥	Harbin－Suifenhe	554	418	554	3083
京包	Beijing－Baotou	827	497	810	5812
石太	Shijiazhuang－Taiyuan	231	874	251	6873
石德	Shijiazhuang－Dezhou	181	673	180	6551
浙赣	Hangzhou－Zhuzhou	947	1652	947	3237
陇海	Lianyungang－Lanzhou	1759	1533	1756	4721
胶济	Qingdao－Jinan	567	701	571	3770
京秦	Beijing－Qinhuangdao	293	328	280	4185
兖石	Yanzhou－Shijiusuo	321	57	323	1613
荷兖	Heze－Yanzhou	115	191	117	2150
新荷	Xinxiang－Heze	166	110	166	1581

14－23 铁路主要站旅客发送量

NUMBER OF PASSENGERS DISPATCHED FROM PRINCIPAL RAILWAY STATIONS

单位：万人 (10 000 persons)

车站名称	Name of Railway Station	1991	1992	1993	1994	1995	1996
沈阳	Shenyang	1612	1533	1666	1673	1503	1399
本溪	Benxi	982	988	1033	1074	977	854
锦州	Jinzhou	486	502	537	556	518	438
吉林	Jilin	421	430	508	513	482	405
北京	Beijing	2331	2502	2526	2529	2297	1541
北京南	Southern Beijing	636	618	687	708	648	566
天津	Tianjin	884	907	950	960	937	876
石家庄	Shijiazhuang	789	773	781	745	680	657
太原	Taiyuan	709	731	791	815	787	700
郑州	Zhengzhou	983	1052	972	893	962	992
武昌	Wuchang	655	690	713	750	733	719
洛阳	Luoyang	310	316	361	345	318	298
西安	Xi'an	907	981	1056	1075	1037	959
济南	Jinan	639	426	170	370	373	549
徐州	Xuzhou	560	599	381	385	281	371
蚌埠	Bengbu	365	386	407	376	360	358
镇江	Zhenjiang	359	373	385	377	342	313
常州	Changzhou	523	585	642	639	604	439
无锡	Wuxi	770	845	870	820	813	743
苏州	Suzhou	657	714	756	725	711	671
上海	Shanghai	2066	2267	2394	2502	2534	2492
杭州	Hangzhou	890	914	880	889	893	815
南昌	Nanchang	423	456	448	454	461	508
广州	Guangzhou	1029	1231	1389	1549	1560	1465
深圳	Shenzhen	846	1019	1014	950	789	812
柳州	Liuzhou	363	419	451	439	413	380
成都	Chengdu	914	979	972	975	903	809
重庆	Chongqing	456	502	511	506	400	440
贵阳	Guiyang	348	376	439	482	511	540

14－24 铁路主要站货物发送量
VOLUME OF FREIGHT DISPATCHED FROM PRINCIPAL RAILWAY STATIONS

单位：万吨　　　　(10 000 tons)

车站名称	Name of Railway Station	1991	1992	1993	1994	1995	1996
七台河	Qitaihe	1007	1027	997	1025	1046	1143
恒山	Hengshan	628	573	533	509	543	561
竣德	Junde	608	555	559	519	508	550
鹤岗	Hegang	838	813	805	779	746	649
双鸭山	Shuangyashan	746	598	636	735	643	560
大官屯	Daguantun	1070	1047	1001	981	861	767
灵山	Lingshan	1302	1312	1297	1234	1050	1008
甘井子	Ganjingzi	576	559	545	490	438	489
大连港	Daliangang	707	649	543	409	–	
本溪	Benxi	514	461	448	436	419	410
阜新	Fuxin	624	602	612	532	557	640
白云鄂博	Baiyun'ebo	805	802	809	865	995	939
石景山南	Southern Shijingshan	385	317	261	415	474	419
古冶	Guye	800	809	891	974	822	896
唐山	Tangshan	476	453	458	461	431	406
沙河驿镇	Shaheyizhen	763	791	849	993	994	883
秦皇岛南	Southern Qinhuangdao	311	347	326	292	461	408
白羊墅	Baiyangshu	777	852	993	890	1017	1025
云岗	Yungang	797	782	626	534	546	573
云岗西	Western Yungang	756	868	1064	1073	1007	1051
新高山	Xingaoshan	695	760	932	1057	1224	1198
介休	Jiexiu	523	545	525	509	535	540
鹤壁北	Northern Hebi	409	365	352	300	269	292
晋城北	Northern Jincheng	1182	1196	1200	1217	1272	1259
长治北	Northern Changzhi	648	638	620	674	637	684
蜜县	Mixian	646	662	606	628	654	645
平顶山东	Eastern Pindingshan	1740	1810	1907	1990	2084	2174
武昌东	Eastern Wuchang	575	574	572	576	535	549
邹县	Zouxian	443	448	424	468	475	532
青龙山	Qinglongshan	476	460	410	480	486	470
茂名	Maoming	503	467	412	402	447	415

14－25 铁路运输主要财务指标
FINANCIAL INDICATORS OF RAILWAY TRANSPORTATION

单位：亿元　　　　(100 million yuan)

指标	Item	1985	1990	1994	1995	1996
运输总收入	**Total Transportation Revenue**	**213.9**	**411.1**	**582.8**	**632.1**	**756.1**
客运收入	Revenue from Passenger Traffic	45.5	110.9	173.3	201.5	237.1
货运收入	Revenue from Freight Traffic	157.6	272.1	346.0	357.6	406.2
行李包裹收入	Revenue from Luggage	3.8	8.6	13.7	15.8	17.0
邮运收入	Revenue from Postal Delivery	0.6	1.0	1.7	1.9	2.5
其他收入	Other Revenue	6.5	18.4	48.1	55.2	93.3
运输总成本	**Total Transportation Costs**	**111.5**	**253.9**	**570.9**	**640.6**	**704.5**
工资	Wages and Salaries	15.7	42.8	115.8	139.6	161.4
材料	Materials	13.6	32.6	70.1	85.5	80.5
燃料	Fuel	20.1	38.5	97.6	101.1	106.0
电力	Electricity	2.4	9.0	30.0	32.2	40.4
折旧	Depreciation	50.2	108.8	65.8	73.7	96.8
其他	Other Costs	9.4	22.3	191.5	208.5	219.4
营业外收支净额	**Non－operating Net Revenue or Expenditure**	**10.0**	**24.1**	**29.0**	**33.4**	**40.2**
应缴税金	**Taxes Payable**		**21.6**	**30.4**	**32.3**	**36.3**
实现利润	**Profits**	**64.0**	**113.1**	**－29.1**	**－64.1**	**－13.8**

14－26 铁路运输技术经济主要指标
PRINCIPAL ECONOMIC AND TECHNICAL INDICATORS OF RAILWAY TRANSPORTAION

指标	Item	1985	1990	1995	1996
货运机车日产量(万吨公里)	Average Daily Ton－kilometers of Freight Locomotives (10 000 ton－km)	77.4	86.0	93.1	93.0
蒸汽机车	Steam Locomotives	75.4	62.8	55.2	53.9
内燃机车	Diesel Locomotives	80.6	105.4	104.1	101.7
电力机车	Electric Locomotives	85.3	98.6	101.4	100.3
货运机车平均牵引总重(吨)	Average Total Tonnage of Freight Locomotives(ton)	2211	2414	2597	2603
蒸汽机车	Steam Locomotives	2192	2097	2000	1984
内燃机车	Diesel Locomotives	2216	2578	2663	2632
电力机车	Electric Locomotives	2378	2634	2840	2865
货运机车日车公里(公里)	Daily Distance per Freight Locomotive (km)	412	418	424	422
客运机车日车公里(公里)	Daily Distance per Passenger Locomotive (km)	463	486	496	491
蒸汽机车每万吨公里耗煤(公斤)	Coal Consumption of Steam Locomotives (kg/10 000 ton－km)	106.0	125.1	137.4	141.9
内燃机车每万吨公里耗油(公斤)	Oil Consumption of Diesel Locomotives (kg/10 000 ton－km)	28.8	24.4	24.2	24.6
电力机车每万吨公里耗电(千瓦小时)	Electricity Consumption of Electric Locomotives (kwh/10000 ton－km)	121.5	111.0	109.4	109.9
货物列车出发正点率(%)	Punctuality Rate of Freight Trains at Departure (%)	93.5	93.2	95.2	95.2
货物列车运行正点率(%)	Punctuality Rate of Freight Trains in Running (%)	91.3	92.5	94.4	94.6
旅客列车出发正点率(%)	Punctuality Rate of Passenger Trains at Departure (%)	99.3	99.1	99.3	99.4
旅客列车运行正点率(%)	Punctuality Rate of Passenger Trains in Running (%)	94.8	92.9	92.7	82.5
旅客列车技术速度(公里/小时)	Technical Speed of Passenger Trains (km/hr)	55.1	56.6	58.3	58.7
旅客列车旅行速度(公里/小时)	Travelling Speed of Passenger Trains (km/hr)	43.9	46.3	49.0	49.5
每一旅客列车编成数(辆)	Number of Coaches per Passenger Train (coach)	15.1	15.6	16.1	16.2
客运列车密度 (列/日)	Density of Passenger Trains (train/day)	14.0	15.3	17.8	17.3
客运密度(万人公里/公里)	Density of Passenger Transportation (10 000 passenger－km/km)	479.4	489.0	649.0	586.1
每万名旅客拥有座卧车数(辆)	Number of Coaches per 10 000 Passengers (coach)	0.16	0.25	0.32	0.32
每百万旅客人公里拥有座卧车数 (辆)	Number of Coaches per 1 Million Passengers (coach)	0.07	0.09	0.09	0.07
货物列车技术速度(公里/小时)	Technical Speed of Freight Trains (km/hr)	43.3	44.0	44.3	44.1
货物列车旅行速度(公里/小时)	Running Speed of Freight Trains (km/hr)	28.1	29.2	30.2	30.4
直达货物列车比重 (%)	Proportion of Through Freight Trains (%)	45.0	46.5	46.5	46.2
货物列车密度 (列/日)	Density of Freight Trains (train/day)	32.1	35.8	39.4	38.0
货运密度(万吨公里/公里)	Density of Freight Transportation (10 000ton－km/km)	1612.0	1986.1	2350.0	2279.9
万吨货运量拥有货车(辆)	Number of Cars per 10 000 Tons of Freight Traffic (car)	2.36	2.50	2.72	2.74
每百万货物吨公里拥有货车数 (辆)	Number of Freight Cars per 1 000 000 Ton－km (car)	0.37	0.34	0.34	0.34
货车周转时间 (天)	Turning Around Time of Freight Cars (day)	3.48	4.09	4.50	4.48
一次货物作业时间(小时)	Handling Time of Freight (hour)	14.2	16.9	17.9	17.8
每车中转停留时间(小时)	Transfer Waiting Time per Car (hour)	3.7	4.1	4.5	4.6
货车静载重(准轨) (吨)	Static Load of Freight Cars (Standard Gauge) (ton)	51.6	55.0	56.8	57.2
货车载重力利用率 (%)	Utilization Rate of Loading Capacity of Freight Cars (%)	95.4	97.2	97.6	98.3

14－27 各地区民用运输船舶拥有量
NUMBER OF CIVIL TRANSPORT VESSELS OWNED BY REGION

年份 地区 Year Region	机动船 Motor Vessels				驳船 Barges			帆船 Sailing Boats	
	艘数（艘） Number (unit)	净载重量（吨） Dead Weight Tonnage (ton)	载客量（客位） Passenger Capacity (seat)	拖船功率（千瓦） Drawing Power (kw)	艘数（艘） Number (unit)	净载重量（吨） Dead Weight Tonnage (ton)	载客量（客位） Passenger Capacity (seat)	艘数（艘） Number (unit)	净载重量（吨） Net Loading Capacity (ton)
1980	64307	12789410	545042	1514998	119464	5951401	100312	113031	1204001
1985	260296	20898230	877963	1665030	132682	8670224	99643	82022	758541
1986	287313	21896214	999223	2054939	112104	8860487	109714	41766	410832
1987	319563	24356898	1076389	1895839	119673	8483471	88800	36674	390773
1988	352478	25902613	1000286	1626481	93678	8695906	58226	28350	286393
1989	351450	27290103	1095018	1759366	88903	8958617	52459	19175	202640
1990	325858	29090082	1138937	1750351	82482	9066738	62926	17564	184269
1991	307127	29959203	1169982	1845705	78410	9588216	61526	15057	148500
1992	302313	31225749	1177035	1844101	71255	9437823	46337	13123	141511
1993	307285	34682035	1124114	1734606	65196	8891435	43801	10453	81569
1994	293472	39591864	1065140	1678066	59913	8898065	26335	8270	54921
1995	299717	40940087	979985	1707115	57998	9449652	17722	7253	40298
1996	269879	39774235	988046	1616585	56128	9315335	15148	4946	30938
北京 Beijing									
天津 Tianjin	159	107883	977	139766	432	46228			
河北 Hebei	42	239569		5437	23	20500			
山西 Shanxi	200	3650	1023		1	60		10	200
内蒙古 Inner Mongolia									
辽宁 Liaoning	707	390424	12438	19856	57	24213			
吉林 Jilin	350	8439	10638	4306	43	17520			
黑龙江 Heilongjiang	206	3728	2708	36612	247	96280			
上海 Shanghai	3862	719403	18676	88498	3048	242232			
江苏 Jiangsu	104532	4721227	55387	313686	22558	1872000	7727		
浙江 Zhejiang	57937	2561108	107268	58590	6007	431211	4234		
安徽 Anhui	26312	2116258	45567	76557	3975	580197	1340		
福建 Fujian	3865	1317263	38329	11316	55	14900		72	1428
江西 Jiangxi	5388	287481	14834	15856	490	86153		206	804
山东 Shandong	4017	857751	14908	86241	7641	903245			
河南 Henan	3263	310342	2412	6669	596	66080			
湖北 Hubei	4670	369157	41093	119273	2363	706864			
湖南 Hunan	9195	382328	43386	25781	1098	151447			
广东 Guangdong	23874	2498781	88734	64768	1600	379916			
广西 Guangxi	9930	862542	80674	25874	300	81990	340		
海南 Hainan	364	718569	14064	3847	64	12515	156	76	
四川 Sichuan	6497	219892	188469	139200	2959	659533	901	3663	26711
贵州 Guizhou	1346	14691	16587	7691	212	35839	300	394	869
云南 Yunnan	725	11937	13794	4071	70	14767			
西藏 Tibet									
陕西 Shaanxi	760	4372	8768	615	15	2076		358	713
甘肃 Gansu	179	581	7553	235	4	85	150	167	213
青海 Qinghai									
宁夏 Ningxia									
新疆 Xinjiang									
直属企业 Enterprises Directly Under the Ministry of Communications	1499	21046859	159759	361840	2270	2869484			

14－28 民用汽车拥有量

年份 地区 Year Region	民用汽车总计(万辆) Total Number (10 000 units)	载客汽车 Buses and Cars 辆数(万辆) Number (10 000 units)	客位(万客位) Number of Seats (10000seats)	载货汽车 Trucks 辆数(万辆) Number (10 000 units)	#普通载货汽车 Ordinary Trucks	吨位(万吨) Capacity (10 000 tons)	#普通载货汽车 Ordinary Trucks	其他机动车(万辆) Number of Other Motor Vehicles (10 000 units)
1978	135.84	25.90		100.17				
1980	178.29	35.08		129.90				
1985	321.12	79.45	1404.93	223.20		929.25		156.18
1986	361.95	96.61	1642.15	246.57		1038.60		228.29
1987	408.07	111.46	1800.41	281.21	272.60	1236.62	1176.69	278.22
1988	464.39	130.38	2041.12	317.85	308.89	1349.87	1292.61	334.21
1989	511.32	146.43	2186.37	346.37	336.43	1480.76	1429.46	396.80
1990	551.36	162.19	2372.64	368.48	357.57	1519.40	1460.84	462.33
1991	606.11	185.24	2631.56	398.62	386.67	1633.11	1572.67	557.02
1992	691.74	226.16	3103.63	441.45	427.86	1834.60	1760.37	716.21
1993	817.58	285.98	3940.08	501.00	483.27	2114.27	2006.34	949.38
1994	941.95	349.74	4843.91	560.33	543.86	2396.33	2280.30	1208.89
1995	1040.00	417.90	5213.27	585.43	568.58	2370.93	2257.07	1494.62
1996	1100.08	488.02	6191.82	575.03	558.16	2280.62	2167.10	1773.13
北　京 Beijing	62.18	43.05	500.18	18.35	18.03	59.26	55.28	18.38
天　津 Tianjin	32.34	12.28	100.96	19.15	18.62	62.73	58.94	33.04
河　北 Hebei	69.40	26.66	533.26	38.26	36.99	195.15	184.93	111.01
山　西 Shanxi	38.41	13.84	136.00	22.84	22.62	129.29	127.67	33.35
内蒙古 Inner Mongolia	21.04	9.42	120.37	11.17	10.86	49.30	48.11	23.62
辽　宁 Liaoning	63.48	28.97	497.76	32.64	31.25	154.34	146.73	61.13
吉　林 Jilin	26.80	15.07	117.12	10.51	10.05	35.67	33.31	25.99
黑龙江 Heilongjiang	40.12	15.69	345.12	22.82	20.91	109.02	89.91	18.85
上　海 Shanghai	34.28	19.66	197.64	12.66	12.15	45.23	41.49	10.26
江　苏 Jiangsu	47.09	23.21	244.31	22.69	21.89	92.29	87.45	189.84
浙　江 Zhejiang	37.44	14.79	155.33	21.91	21.61	79.22	75.54	74.78
安　徽 Anhui	28.10	11.38	226.47	15.31	15.01	63.20	62.00	33.81
福　建 Fujian	20.13	8.74	105.52	11.11	10.75	35.89	34.64	75.13
江　西 Jiangxi	17.35	6.73	97.15	9.36	9.28	36.91	36.57	27.51
山　东 Shandong	82.96	30.69	319.53	48.51	47.12	165.34	153.92	236.45
河　南 Henan	51.41	23.69	342.55	26.46	25.61	111.60	107.17	99.68
湖　北 Hubei	37.90	17.78	193.99	18.96	18.43	91.56	88.56	43.64
湖　南 Hunan	37.49	14.55	182.75	22.11	21.78	90.43	87.90	45.46
广　东 Guangdong	116.33	49.58	456.45	64.00	62.56	212.23	203.61	376.98
广　西 Guangxi	23.71	10.69	106.32	12.17	11.97	42.54	41.67	60.79
海　南 Hainan	9.87	5.61	60.23	4.19	4.02	17.60	16.96	20.62
四　川 Sichuan	62.55	31.12	338.69	29.44	28.87	91.67	89.11	53.85
贵　州 Guizhou	16.55	6.20	77.60	9.60	9.51	32.70	32.31	7.25
云　南 Yunnan	38.81	14.43	144.23	23.76	23.28	90.81	88.46	27.20
西　藏 Tibet	3.05	1.14	29.12	1.86	1.79	14.25	13.66	0.71
陕　西 Shaanxi	26.53	10.36	122.19	15.05	14.61	47.82	45.58	23.62
甘　肃 Gansu	16.50	6.84	213.30	9.03	9.03	35.37	35.37	16.40
青　海 Qinghai	6.57	2.90	33.12	3.44	3.35	14.77	14.33	4.23
宁　夏 Ningxia	5.76	1.95	22.94	3.62	3.56	14.74	14.35	4.64
新　疆 Xinjiang	25.93	11.00	171.60	14.02	12.67	59.68	51.56	14.93

注：1.小轿车包括在载客汽车中。

2.公路部门营运汽车总计中含公路部门直属企业营运汽车。

NUMBER OF CIVIL MOTOR VEHICLES OWNED

公路部门营运汽车 Vehicles Owned by Department of Highway Transportation					私人汽车 Private Vehicles				
合计 (万辆)	载客汽车 Buses and Cars		普通载货汽车 Ordinary Trucks		合计 (万辆)	载客汽车 Buses and Cars		普通载货汽车 Ordinary Trucks	
Number-Subtotal (10000 units)	辆数 (万辆) Number (10 000 units)	客位 (万客位) Numberof Seats (10000seats)	辆数 (万辆) Number (10 000 units)	吨位 (万吨) Capacity (10 000 tons)	Number-Subtotal (10 000 units)	辆数 (万辆) Number (10 000 units)	客位 (万客位) Numberof Seats (10000seats)	辆数 (万辆) Number (10 000 units)	吨位 (万吨) Capacity (10 000 tons)
18.50	3.34		14.80						
19.95	4.07		15.88						
27.73	8.32		19.41		28.49	1.93	42.89	26.48	110.41
29.27	9.06		20.20		34.71	3.44	74.16	31.23	127.09
30.32	9.63	418.13	20.25	119.87	42.29	7.34	119.60	34.43	151.89
30.69	10.16	441.84	19.93	124.11	60.42	15.29	200.69	44.80	194.51
30.85	10.49	457.23	19.73	124.74	73.12	20.28	250.05	52.50	224.32
31.30	10.76	468.92	19.82	127.06	81.62	24.07	277.47	57.30	250.85
31.67	11.53	497.35	19.36	126.54	96.04	30.36	351.66	65.42	281.45
30.87	12.70	528.87	17.59	118.42	118.20	41.87	498.98	75.82	320.16
28.96	12.82	509.56	15.53	108.37	155.77	59.85	740.59	93.18	414.64
27.92	13.05	493.94	14.22	101.21	205.42	78.62	1015.08	122.62	499.32
27.49	13.73	480.61	13.12	94.56	249.96	114.15	1322.63	131.01	537.79
28.81	15.41	499.58	12.74	91.83	289.67	143.04	1615.50	142.07	541.58
0.41	0.12	4.40	0.29	2.69	17.36	14.04	152.67	3.33	10.24
0.36	0.04	1.82	0.28	2.44	8.43	4.97	37.28	3.38	15.65
1.39	0.61	21.20	0.74	5.26	26.39	13.93	231.21	9.09	36.38
0.74	0.22	9.13	0.52	4.13	12.41	6.04	45.90	6.31	38.09
0.45	0.26	8.98	0.19	1.14	8.21	4.10	52.45	4.02	17.82
1.24	0.53	21.62	0.69	6.08	15.55	9.95	136.53	5.56	22.75
0.66	0.35	12.31	0.30	2.22	5.21	3.21	19.22	1.97	6.82
0.47	0.28	9.79	0.18	1.45	10.88	5.51	121.11	5.22	26.12
0.67	0.08	2.21	0.49	4.92	0.92	0.60	2.07	0.32	0.50
1.85	1.03	34.99	0.79	6.72	5.16	3.45	31.47	1.69	5.84
1.84	1.15	28.66	0.63	3.64	11.19	4.60	58.33	6.57	22.93
1.37	0.61	22.53	0.73	4.76	7.21	4.07	81.31	3.07	13.48
0.86	0.59	12.79	0.25	1.55	5.58	1.95	22.80	3.59	12.33
0.42	0.30	10.91	0.11	0.66	3.27	1.29	17.96	1.97	8.70
2.38	0.86	30.21	1.46	10.91	11.22	5.77	53.10	5.38	19.31
2.35	1.20	41.93	1.12	6.89	14.98	7.80	105.35	7.11	30.70
1.15	0.66	22.76	0.48	3.18	5.36	2.57	25.43	2.77	11.24
1.04	0.77	27.63	0.25	1.58	13.78	5.05	62.15	8.65	35.28
1.70	1.40	38.12	0.23	1.95	39.26	14.78	77.97	24.36	80.38
0.95	0.60	13.99	0.34	1.25	6.83	2.12	23.57	4.66	15.07
0.07	0.07	2.25	...	...	2.43	0.64	10.04	1.75	7.38
2.69	1.89	54.18	0.78	3.99	18.92	10.04	69.65	8.86	24.23
0.34	0.20	7.49	0.14	0.79	5.82	1.92	21.40	3.90	12.89
0.78	0.49	16.80	0.28	1.98	11.51	2.86	25.71	8.63	27.47
0.20	0.02	0.81	0.18	1.24	1.01	0.14	3.52	0.86	6.11
0.50	0.35	12.64	0.14	0.92	7.38	4.54	43.56	2.81	8.18
0.37	0.26	10.68	0.10	0.55	4.00	2.04	26.55	1.95	7.97
0.20	0.08	2.57	0.12	0.74	1.27	0.52	8.02	0.73	3.03
0.13	0.08	3.29	0.05	0.25	1.72	0.57	5.54	1.15	4.62
1.17	0.31	12.72	0.84	7.82	6.40	3.97	43.63	2.40	10.08

a) Cars are included in passenger vehicles.

b) Vehicles owned by department of highway transportation include those vehicles owned by enterprises directly under the department of highway transportation.

14-29 各地区私人运输船舶拥有量

NUMBER OF PRIVATE-OWNED TRANSPORT VESSELS BY REGION

年份 地区 Year Region	机动船 Motor Vessels				驳船 Barges			帆船 Sailing Boats	
	艘数(艘) Number	净载重量(吨) Dead Weight Tonnage (ton)	载客量(客位) Passenger Capacity (seat)	拖船功率(千瓦) Drawing Power (kw)	艘数(艘) Number	净载重量(吨) Dead Weight Tonnage (ton)	载客量(客位) Passenger Capacity (seat)	艘数(艘) Number	净载重量(吨) Net Loading Capacity (ton)
1985	133165	2139297	140722	52736	12253	417664	2267	54781	437324
1986	169347	2871841	192835	53772	9971	299853	4706	26147	209416
1987	189581	3490660	222945	75304	12897	299854	12088	18584	164468
1988	217268	4397174	265022	61191	12953	392015	6706	18504	156947
1989	221024	4542693	283113	67449	12032	573692	12692	14521	137353
1990	206589	4257594	283248	70250	10927	586650	3352	13652	125806
1991	200357	4517888	312280	54028	11673	519506	9075	12194	106465
1992	190262	3976814	326587	60481	9192	503787	11622	11453	107498
1993	190820	5961873	302898	85806	9458	636200	3103	7882	57862
1994	198241	7112807	261908	59848	7379	506187	5116	7529	46621
1995	182060	6942745	276555	78867	7964	749329	180	6712	33147
1996	157370	4821091	289402	55129	6533	657652	1240	4556	25178
北京 Beijing									
天津 Tianjin	7	126	180	132	2	109			
河北 Hebei									
山西 Shanxi	125	1663	155						
内蒙古 Inner Mongolia									
辽宁 Liaoning	153	2907							
吉林 Jilin	210	107	2801	990	8	3900			
黑龙江 Heilongjiang	16		167	1892	5	1000			
上海 Shanghai	1933	85629							
江苏 Jiangsu	52540	1917135	10866	9165	2738	287035	760		
浙江 Zhejiang	53553	1482045	42962	547	242	8117			
安徽 Anhui	11209	84815	12220	364	28	6180			
福建 Fujian	1543	49829	18439					20	100
江西 Jiangxi	2827	79798	6805					199	762
山东 Shandong	2359	200395	502	26871	2826	311447			
河南 Henan									
湖北 Hubei	2096	122037	6633	11226	84	11924			
湖南 Hunan	5712	144615	22256	692	151	1386			
广东 Guangdong	10766	275049	13830	265	83	1179			
广西 Guangxi	4396	161252	44665		12		124		
海南 Hainan	232	14064	2070		51	180	156	76	
四川 Sichuan	5026	175242	73181	2236	241	19672		3342	22521
贵州 Guizhou	1277	11946	14800	528	52	4309	200	394	869
云南 Yunnan	545	8323	3585	221	10	1214			
西藏 Tibet									
陕西 Shaanxi	689	3581	6991					358	713
甘肃 Gansu	156	533	6294					167	213
青海 Qinghai									
宁夏 Ningxia									
新疆 Xinjiang									

14－30 交通部直属水运分货类运输量

WATERWAY FREIGHT TRAFFIC CARRIED BY ENTERPRISES DIRECTLY UNDER MINISTRY OF COMMUNICATIONS BY TYPE OF FREIGHT

项目 Item		1995			1996		
		货运量（万吨）Freight Traffic (10 000tons)	货物周转量（百万吨公里）Freight Ton－kilometers (million ton－km)	平均运距（公里）Average Shipping Distance (km)	货运量（万吨）Freight Traffic (10 000tons)	货物周转量（百万吨公里）Freight Ton－kilometers (million ton－km)	平均运距（公里）Average Shipping Distance (km)
总计	**Total**	**33370**	**1513181**	**4535**	**33434**	**1476443**	**4416**
煤炭	Coal	9072	274678	3028	9287	250339	2696
石油	Petroleum	7841	158879	2026	7767	12705	164
金属矿石	Metal Ores	4675	183244	3919	4667	200510	4296
钢铁	Steel and Iron	1266	97717	7721	1112	102845	9249
矿建材料	Mineral Building Materials	981	9359	954	824	6471	785
水泥	Cement	198	10010	5048	227	11891	5238
木材	Timber	185	10893	5902	190	11267	5930
非金属矿石	Nonmetal Ores	1239	67938	5484	1256	69982	5572
化肥和农药	Chemical Fertilizers and Pesticides	466	53643	11521	721	91635	12709
盐	Salt	152	3457	2273	118	3179	2694
粮食	Grain	2214	289911	13092	1901	239180	12582
其他	Others	5082	353453	6955	5364	476440	8882

14－31 沿海主要港口货物吞吐量

VOLUME OF FREIGHT HANDLED IN MAJOR COASTAL PORTS

单位：万吨 (10 000 tons)

港口	Seaport	1978	1980	1985	1990	1995	1996
总计	**Total**	**19834**	**21731**	**31154**	**48321**	**80166**	**85152**
大连	Dalian	2864	3263	4381	4952	6417	6427
营口	Yingkou	33	24	98	237	1156	1493
秦皇岛	Qinhuangdao	2219	2641	4419	6945	8382	8312
天津	Tianjin	1131	1192	1856	2063	5787	6188
烟台	Yantai	458	506	689	668	1361	1430
青岛	Qingdao	2002	1708	2611	3034	5103	6003
日照	Rizhao				925	1452	1575
连云港	Lianyungang	594	739	929	1137	1716	1583
上海	Shanghai	7955	8483	11291	13959	16567	16402
宁波	Ningbo		326	1040	2554	6853	7639
汕头	Shantou	153	176	201	279	716	1553
广州	Guangzhou	1050	1210	1772	4163	7299	7450
湛江	Zhanjiang	947	1075	1231	1557	1885	1769
海口	Haikou	76	72	170	288	468	537
八所	Basuo	307	278	388	431	275	266
三亚	Sanya	45	38	78	37	42	32
其他中型港口	Other Medium－sized Ports				5092	14687	16493

14－32 沿海主要港口码头泊位数(1996年底)

NUMBER OF BERTHS IN MAJOR COASTAL PORTS (END OF 1996)

名 称 Name	总 计 Total			生 产 用 For Productive Use			非 生 产 用 For Nonproductive Use	
	码头长度(米) Length of Quay Line (m)	泊位个数(个) Number of Berths (unit)	#万吨级 10 000 Ton Class	码头长度(米) Length of Quay Line (m)	泊位个数(个) Number of Berths (unit)	#万吨级 10 000 Ton Class	码头长度(米) Length of Quay Line (m)	泊位个数(个) Number of Berths (unit)
总 计 Total	**254848**	**1539**	**406**	**235891**	**1281**	**406**	**18957**	**258**
#大 连 Dalian	15993	62	32	11635	62	32	4358	
营 口 Yingkou	3089	22	9	3008	19	9	81	3
秦皇岛 Qinhuangdao	6859	44	23	5769	25	23	1090	19
天 津 Tianjin	12050	70	45	10861	60	45	1189	10
烟 台 Yantai	3524	26	9	3198	23	9	326	3
青 岛 Qingdao	9487	47	24	8934	44	24	553	3
日 照 Rizhao	3515	25	10	3195	18	10	320	7
连云港 Lianyungang	5273	29	20	4824	25	20	449	4
上 海 Shanghai	22721	226	69	18995	138	69	3726	88
宁 波 Ningbo	6035	52	17	5214	39	17	821	13
汕 头 Shantou	2285	23	3	2174	19	3	111	4
广 州 Guangzhou	12839	144	27	11100	114	27	1739	30
湛 江 Zhanjiang	6328	39	23	5280	29	23	1048	10
海 口 Haikou	1719	15	2	1719	15	2		
八 所 Basuo	1412	8	4	1412	8	4		
三 亚 Sanya	602	5		602	5			

14－33 内河主要港口码头泊位数(1996年底)

NUMBER OF BERTHS IN MAJOR PORTS OF INLAND RIVERS (END OF 1996)

名 称 Name	总 计 Total			生 产 用 For Productive Ues			非 生 产 用 For Nonproductive Use	
	码头长度(米) Length of Quay Line (m)	泊位个数(个) Number of Berths (unit)	#万吨级 10 000 Ton Class	码头长度(米) Length of Quay Line (m)	泊位个数(个) Number of Berths (unit)	#万吨级 10 000 Ton Class	码头长度(米) Length of Quay Line (m)	泊位个数(个) Number of Berths (unit)
总 计 Total	**223528**	**5229**	**44**	**217419**	**5142**	**44**	**6109**	**87**
#重 庆 Chongqing	2769	51		2389	44		380	7
涪 陵 Fuling	1280	15		1280	15			
万 县 Wanxian	3250	22		2120	13		1130	9
巴 东 Badong	592	10		592	10			
宜 昌 Yichang	933	18		828	16		105	2
枝 城 Zhicheng	1509	15		1293	12		216	3
沙 市 Shashi	820	19		664	15		156	4
城陵矶 Chenglingji	752	12		712	11		40	1
武 汉 Wuhan	4750	69		3701	51		1049	18
黄 石 Huangshi	949	15		869	13		80	2
武 穴 Wuxue	1052	14		663	8		389	6
九 江 Jiujiang	861	12		861	12			
安 庆 Anqing	801	15		727	13		74	2
池 州 Chizhou	555	10		520	9		35	1
铜 陵 Tongling	542	9		481	8		61	1
芜 湖 Wuhu	2267	41		2112	38		155	3
马鞍山 Maanshan	746	14		746	14			
南 京 Nanjing	5730	62	14	4998	49	14	732	13
镇 江 Zhenjiang	3099	32	8	3035	30	8	64	2
高 港 Gaogang	810	13	1	786	12	1	24	1
江 阴 Jiangyin	724	11	1	724	11	1		
张家港 Zhangjiagang	2263	13	10	2181	12	10	82	1
南 通 Nantong	3573	39	7	3193	34	7	380	5

14－34 民用航空航线及飞机架数

NUMBER OF CIVIL AVIATION ROUTES AND CIVIL AIRCRAFTS

指　标	Item	1985	1990	1994	1995	1996
民用航空航线条数（条）	**Number of Civil Aviation Routes**	**268**	**437**	**727**	**797**	**876**
国际航线	International Routes	27	44	84	85	98
地区航线	Regional Routes	8	8	13	18	21
国内航线	Domestic Routes	233	385	630	694	757
民用航空线里程（公里）	**Length of Civil Aviation Routes (km)**	**277217**	**506762**	**1045592**	**1128961**	**1166521**
国际航线	International Routes	105959	166350	351858	348175	386341
地区航线	Regional Routes	10935	10919	18446	29992	33870
国内航线	Domestic Routes	160323	329493	675288	750794	746310
民用航班飞行机场（个）	**Number of Civil Airports**	**82**	**94**	**127**	**139**	**142**
#可降波音737 以上机型	Airports Serving Boeing 737 or Larger Aircraft	10	47	62	81	106
民用飞机架数（架）	**Number of Civil Aircraft**	**404**	**421**	**681**	**720**	**750**
#波音747	Boeing 747	6	11	15	16	16
波音737	Boeing 737	15	21	108	115	130
波音707	Boeing 707	10	9	5	1	
波音767	Boeing 767	2	6	16	17	17
MD－82	MD－82	5	25	38	39	39
A310	Airbus A310	2	2	3	3	3
图154	Tupolov 154	2	20	35	33	32
波音757	Boeing 757		9	40	44	45
B－146	B－146		10	14	14	14
安12	Antonov 12	2	2	1	1	2
安24	Antonov 24	28	23	6	5	3
运7	Yun 7	13	45	67	67	64
肖特360	Short 360	7	7	3	2	

注：1985年和1990年民航机场和飞机数为民航总局直属企业数，1994年以后为民航全行业数字。（下表同）

a) The number of civil airports and aircraft in 1985 and 1990 refers to those owned by enterprises directly under CAAC. Since 1994, it refers to those owned by all enterprises of civil aviation. The same as in the following table.

14－35 民用航空运输量及通用飞行时间

CIVIL AVIATION TRAFFIC AND FLYING TIME OF GENERAL AVIATION

指　标	Item	1985	1990	1994	1995	1996
客运量（万人）	**Passenger Traffic (10 000 persons)**	**747**	**1660**	**4039**	**5117**	**5555**
国际航线	International Routes	75	114	288	368	440
地区航线	Regional Routes	77	200	306	330	334
国内航线	Domestic Routes	595	1346	3446	4419	4782
旅客周转量（万人公里）	**Passenger－tons (10 000 person－km)**	**1167163**	**2304797**	**5515802**	**6813036**	**7478419**
国际航线	International Routes	381769	516910	968129	1149710	1361709
地区航线	Regional Routes	79302	211333	354129	376094	384951
国内航线	Domestic Routes	706092	1576554	4193544	5287232	5731759
货(邮)运量（吨）	**Freight Traffic (ton)**	**195059**	**369722**	**829434**	**1011145**	**1149715**
国际航线	International Routes	37922	81102	186731	229632	247126
地区航线	Regional Routes	22895	49153	77501	78956	81033
国内航线	Domestic Routes	134242	239467	565202	702557	821556
货邮周转量（万吨公里）	**Freight Ton－kilometers (10 000 ton－km)**	**41513**	**81825**	**185766**	**222981**	**249325**
国际航线	International Routes	21990	43830	98094	115894	124217
地区航线	Regional Routes	3118	6348	10157	10483	10918
国内航线	Domestic Routes	16405	31647	77515	96604	114190
总周转量（万吨公里）	**Total Air Traffic Ton－kilometers (10 000 ton－km)**	**127102**	**249950**	**584122**	**714385**	**806078**
国际航线	International Routes	50615	82595	170017	201250	225802
地区航线	Regional Routes	9064	22199	36510	38475	39559
国内航线	Domestic Routes	67423	145156	377594	474660	540717
通用飞行时间(小时)	**Flying Time of General Aviation(hr)**	**43022**	**34919**	**30743**	**39485**	**43071**
#农林业飞行	Flight for Agriculture and Forestry	14841	22540	15196	16838	18933
航空探矿	Minerals Exploration	5310	2337	1952	1527	838
航空护林	Forest Protection Service	3785	3573	2846	2410	2909
播种造林	Afforestation	6547	4605	2839	1713	2636

14－36 输油(气)管道长度和运输量(1996年底)

LENGTH AND TRAFFIC OF PETROLEUM AND GAS PIPELINES (END OF 1996)

本表是中国石油天然气总公司和中国石油化工总公司数据。

Data in this table are provided by China National Petroleum Corporation and China Petro－chemical Corporation.

项目	Item	条数 Number of Pipe－lines	输油(气)里程(公里) Length of Pipelines (km)	输油(气)能力(万吨) Capacity of Pipeline Traffic (10 000 tons)	输油(气)量(万吨.千万立方米) Pipeline Traffic (10 000 tons or 10 million cu.m)	输油(气)周转量(万吨公里.千万立方米公里) Ton－kilometer or Cabic Meter－kilometers (10 000 ton－km or 10 million cu.m－km)
总计	**Total**	**419**	**19261.36**	**31006.27**	**15991.64**	**5846530.52**
#输油管	Petroleum Pipelines	188	10090.16	29592.56	14879.30	5645927.08
输气管	Gas Pipelines	231	9171.20	1413.71	1112.34	200603.44
输原油管道	**Crude Oil Pipelines**	**84**	**8698.27**	**24594.10**	**13501.22**	**5611058.29**
石油管道局	China National Petroleum Pipeline Bureau	12	4485.49	11230.00	6516.23	5012375.00
大庆石油管理局	Daqing Petroleum Administration Bureau	8	111.65	797.00	835.00	8061.00
新疆石油管理局	Xinjiang Petroleum Administration Bureau	5	928.35	1645.00	1217.90	159997.98
江汉石油管理局	Jianghan Petroleum Administration Bureau	3	118.30	280.00	51.40	3815.49
胜利石油管理局	Shengli Petroleum Administration Bureau	6	421.59	2060.00	969.78	71717.64
吉林省油田管理局	Jilin Provincial Oil Fields Administra－tion Bureau	4	24.46	239.60	240.01	1915.99
华北石油管理局	North China Petroleum Administration Bureau	7	733.62	1528.00	269.99	56298.10
大港石油管理局	Dagang Petroleum Administration Bureau	4	80.80	1200.00	393.60	9192.16
玉门石油管理局	Yumen Petroleum Administration Bureau	4	31.75	420.00	139.60	713.21
辽河石油勘探局	Liaohe Petroleum Prospecting Bureau	8	466.30	1390.00	1079.12	109659.63
青海石油管理局	Qinghai Petroleum Administration Bureau	4	448.62	261.50	258.36	54765.05
河南石油勘探局	Henan Petroleum Prospecting Bureau	3	92.70	400.00	173.64	5677.74
茂名石油公司	Maoming Petroleum Industrial Co.	2	165.16	1700.00	717.06	60270.78
长庆石油勘探局	Changqing Petroleum Prospecting Bureau	3	150.85	175.00	29.86	1373.07
中原石油勘探局	Zhongyuan Petroleum Prospecting Bureau	1	3.64	40.00	38.67	104.76
吐哈石油勘探指挥部	Turpan－Hami Petroleum Prospecting Headquarters	8	81.67	328.00	278.73	2674.58
塔里木勘探开发指挥部	Tarim Prospecting Exploration Headquarters	2	353.32	900.00	292.27	52446.11
成品油管道	**Refined Oil Pipelines**	**104**	**1391.89**	**4998.46**	**1378.08**	**34868.79**
燕山石化公司	Yanshan Petrochemical Co.	7	25.80	469.00	63.57	309.70
天津石化公司	Tianjin Petrochemical Co.	6	28.27	336.00	79.00	246.67
沧州炼油厂	Cangzhou Refinery	4	12.90	71.35	10.23	42.97
抚顺石化公司	Fushun Petrochemical Co.	9	826.70	463.00	129.58	24798.84
锦州石化公司	Jinzhou Petrochemical Co.	5	93.91	283.00	153.62	3391.06
锦西炼油化工总厂	Jinxi Refinery & Petrochemical Corporation	2	3.80	131.40	2.15	7.53
鞍山炼油厂	Anshan Refinery	2	6.12	481.00	56.40	237.53
大连石化公司	Dalian Petrochemical Co.	2	10.50	80.00	36.62	188.16
大连西太平洋有限公司	Dalian West Picific Ocean LTD	6	37.60	422.00	46.60	279.60
大庆石化总厂	Daqing Petrochemical Corporation	7	51.54	188.80	74.97	85.34
镇海石化总厂	Zhenhai Petrochemical Corporation	5	46.50	112.90	38.70	328.99
九江炼油厂	Jiujiang Refinery	4	18.73	268.50	3.88	17.75
荆门炼油厂	Jingmen Refinery	5	11.90	56.00	19.30	36.58
武汉石化厂	Wuhan Petrochemical Factory	4	15.50	349.00	40.20	157.29
安庆石化总厂	Anqing Petrochemical Corporation	3	2.10	10.50	28.38	23.32

续表 1 continued

项 目 Item		条数 Number of Pipe－lines	输油(气)里程(公里) Length of Pipelines (km)	输油(气)能力(万吨) Capacity of Pipeline Traffic (10 000 tons)	输油(气)量(万吨.千万立方米) Pipeline Traffic (10 000 tons or 10 million cu.m)	输油(气)周转量(万吨公里.千万立方米公里) Ton－kilometer or Cabic Meter－kilometers (10 000 ton－km or 10 million cu.m－km)
广州石化总厂	Guangzhou Petrochemical Corporation	13	50.31	323.01	306.88	1048.62
茂名石油工业公司	Maoming Petroleum Industrial Co.	9	99.51	363.00	179.98	3315.60
兰州炼油厂	Lanzhou Refinery	9	36.20	500.00	17.63	65.00
齐鲁石油化工公司	Qilu Petrochemical Co.	1	3.00	60.00	88.27	264.81
吉化炼油厂	Jihua Refinery	1	11.00	30.00	2.13	23.43
天然气管道	**Natural Gas Pipelines**	**204**	**8909.90**	**1082.91**	**1050.56**	**199984.42**
石油管道局	Pipeline Bureau of Ministry of Petroleum	1	361.89	40.00	31.45	11382.00
四川石油管理局	Sichuan Petroleum Administration Bureau	125	5686.76		701.50	173038.72
大庆石油管理局	Daqing Petroleum Administration Bureau	7	208.70	195.50	68.37	1654.00
胜利石油管理局	Shengli Petroleum Administration Bureau	1	142.60	60.00	25.84	3684.78
华北石油管理局	North China Petroleum Administration Bureau	6	102.93	16.13	18.14	1090.06
辽河石油勘探局	Liaohe Petroleum Prospecting Bureau	21	816.22	282.60	69.78	1678.85
大港石油管理局	Dagang Petroleum Administration Bureau	2	132.07	100.00	28.98	1836.78
中原石油勘探局	Zhongyuan Petroleum Prospecting Bureau	13	416.61	92.72	38.38	2375.90
吉林省油田管理局	Jilin Provincial Oil Fields Administra－tion Bureau	2	56.34	12.08	3.36	100.25
滇黔桂石油勘探局	Yunna-Guizhou-Guangxi Petroleum Prospec－ting Bureau	5	18.63	77.79	11.51	5.88
江汉石油管理局	Jianghan Petroleum Administration Bureau	3	12.50	11.30	5.10	22.05
新疆石油管理局	Xinjiang Petroleum Administration Bureau	6	441.90	59.95	35.59	2732.84
青海石油管理局	Qinghai Petroleum Administration Bureau	3	16.46	5.00		
长庆石油勘探局	Changqing Petroleum Prospecting Bureau	2	112.06	40.11	4.71	258.99
冀东石油勘探开发公司	Eastern Hebei Petroleum Prospecting and Exploiting Co.	1	15.10			
吐哈石油勘探指挥部	Turpan－Hami Petroleum Prospecting Headquarters	6	369.13	89.73	7.85	123.32
其他气体管道	**Other Gas pipelines**	**27**	**261.30**	**330.80**	**61.78**	**619.02**
燕山石化公司	Yanshan Petrochemical Co.	1	3.00	21.00	14.20	42.60
天津石油化工公司	Tianjin Petrochemical Co.	2	35.00	67.00	5.00	72.00
沧州炼油厂	Cangzhou Refinery	1	0.50	9.90	0.67	0.34
大连西太平洋有限公司	Dalian West Picific Ocean LTD	1	6.00	12.00	2.25	13.50
鞍山炼油厂	Anshan Refinery	1	2.70	5.00	0.40	1.08
锦州石化公司	Jinzhou Petrochemical Co.	1	3.00	3.00	1.55	4.66
锦西炼油化工总厂	Jinxi Refinery & Petrochemcial Corporation	1	56.50	6.00		
金陵石化公司	Jinling Petrochemical Co.	1	16.00	6.40	4.23	67.68
九江石油化工总厂	Jiujiang Petrochemical Corporation	1	4.00	50.00	2.13	8.52
镇海石化总厂	Zhenhai Petrochemical Corporation	4	26.60	58.50	4.84	36.10
武汉石化厂	Wuhan Petroleumical Factory	2	22.60	16.00	3.23	46.53
兰州炼油厂	Lanzhou Refinery	1	2.00	0.80	0.26	0.52
荆门炼油厂	Jingmen Refinery	1	3.00	1.20	0.73	2.19
石家庄炼油厂	Shijiazhuang Refinery	2	36.50	34.00	3.15	94.17
广州石化总厂	Guangzhou Petrochemical Corporation	1	0.50	0.98	0.07	0.03
茂名石化公司	Maoming Petrochemical Co.	5	21.40	38.02	17.00	183.57
齐鲁石化公司	Qilu Petrochemical Co.	1	22.00	1.00	2.07	45.54

14－37 各地区按经济类型分的独立核算公路、水路和港口企业资本金(1996年)

TOTAL CAPITAL OF HIGHWAY, WATERWAY AND PORT ENTERPRISES WITH INDEPENDENT ACCOUNTING SYSTEM BY TYPE OF OWNERSHIP AND REGION (1996)

单位：万元 (10 000 yuan)

地区 Region	资本金合计 Total Capital	国有经济 State－owned Enterprises	集体经济 Collective Owned Enterprises	其他经济 Enterprises of Other Type of Ownership
全国 National Total	**7480266**	**5135092**	**999716**	**1345458**
北京 Beijing	67260	45077	20643	1540
天津 Tianjin	402461	311942	20133	70386
河北 Hebei	266387	239659	24386	2342
山西 Shanxi	59358	39842	14396	5119
内蒙古 Inner Mongolia	47693	40125	6331	1237
辽宁 Liaoning	501759	393385	33290	75084
吉林 Jilin	58939	48645	10112	182
黑龙江 Heilongjiang	84765	68323	14835	1607
上海 Shanghai	1100645	756979	38444	305222
江苏 Jiangsu	572048	433575	103561	34912
浙江 Zhejiang	448072	281787	64834	101451
安徽 Anhui	138413	81485	56682	246
福建 Fujian	215786	142405	45357	28024
江西 Jiangxi	61776	48694	10227	2855
山东 Shandong	441478	372653	56035	12790
河南 Henan	118468	74435	40445	3588
湖北 Hubei	366498	162129	62056	142314
湖南 Hunan	164823	109012	53781	2031
广东 Guangdong	1380090	763499	98590	518001
广西 Guangxi	163295	120875	30842	11578
海南 Hainan	24216	23471	745	
四川 Sichuan	322786	195193	113281	14312
贵州 Guizhou	97174	41048	56101	26
云南 Yunnan	77915	72891	4743	281
西藏 Tibet	27741	27712	29	
陕西 Shaanxi	50698	44110	6522	65
甘肃 Gansu	50009	39968	3198	6843
青海 Qinghai	11974	11476	467	30
宁夏 Ningxia	14610	13865	745	
新疆 Xinjiang	143129	130832	8905	3392

14－38 各地区按经济类型分的独立核算公路、水路和港口企业资产总额(1996年)

TOTAL ASSETS OF HIGHWAY, WATERWAY AND PORT ENTERPRISES WITH INDEPENDENT ACCOUNTING SYSTEM BY TYPE OF OWNERSHIP AND REGION (1996)

单位：万元　　　　(10 000 yuan)

地 区 Region	资产合计 Total Assets	国有经济 State-owned Enterprises	集体经济 Collective Owned Enterprises	其他经济 Enterprises of Other Type of Ownership
全 国 National Total	**26629535**	**20945642**	**2589697**	**3094196**
北 京 Beijing	193900	132913	54845	6142
天 津 Tianjin	1427593	1192942	39735	194916
河 北 Hebei	1219331	1149097	59226	11008
山 西 Shanxi	269144	202738	53711	12695
内蒙古 Inner Mongolia	140881	117153	20316	3413
辽 宁 Liaoning	2336400	1967459	121352	247589
吉 林 Jilin	167842	129447	37345	1049
黑龙江 Heilongjiang	189832	151413	35982	2436
上 海 Shanghai	4758426	3876244	148996	733186
江 苏 Jiangsu	2235416	1851436	289007	94973
浙 江 Zhejiang	1199406	921370	213185	64851
安 徽 Anhui	392531	261205	128927	2399
福 建 Fujian	682235	438068	139922	104245
江 西 Jiangxi	182416	139806	26492	16118
山 东 Shandong	1959766	1747676	177812	34277
河 南 Henan	323884	228151	94307	1426
湖 北 Hubei	1031505	618260	142255	270990
湖 南 Hunan	424010	305090	116344	2576
广 东 Guangdong	4732132	3180086	321918	1230128
广 西 Guangxi	561430	455929	86671	18830
海 南 Hainan	83522	82737	784	
四 川 Sichuan	925266	693739	206524	25003
贵 州 Guizhou	104180	92020	12123	37
云 南 Yunnan	246544	233320	12383	841
西 藏 Tibet	56323	56030	294	
陕 西 Shaanxi	136589	123916	12499	175
甘 肃 Gansu	129297	109104	12648	7546
青 海 Qinghai	36943	35306	1235	402
宁 夏 Ningxia	32226	30938	1288	
新 疆 Xinjiang	450565	422049	21571	6945

14－39 各地区按经济类型分的独立核算公路、水路和港口企业利税总额(1996年)

TOTAL PER－TAX PROFITS OF HIGHWAY, WATERWAY AND PORT ENTERPRISES WITH INDEPENDENT ACCOUNTING SYSTEM BY TYPE OF OWNERSHIP AND REGION (1996)

单位: 万元 (10 000 yuan)

地区 Region	利税总额合计 Total Pre－tax Profits	国有经济 State－owned Enterprises	集体经济 Collective Owned Enterprises	其他经济 Enterprises of Other Type of Ownership
全国 National Total	**443080**	**314337**	**－3307**	**132047**
北京 Beijing	－675	－954	298	－20
天津 Tianjin	47063	26403	－40	20700
河北 Hebei	40804	41123	－331	12
山西 Shanxi	4531	－1730	5998	263
内蒙古 Inner Mongolia	2656	2082	129	444
辽宁 Liaoning	31981	27284	－869	5566
吉林 Jilin	－612	498	－1021	－90
黑龙江 Heilongjiang	90	253	－193	30
上海 Shanghai	111988	62967	－1303	50324
江苏 Jiangsu	2822	14376	－13114	1560
浙江 Zhejiang	16531	18737	－1466	－740
安徽 Anhui	－6992	－5045	－2045	97
福建 Fujian	18341	11513	4370	2458
江西 Jiangxi	388	－335	－426	1148
山东 Shandong	42974	35374	1364	6236
河南 Henan	9211	6232	3020	－41
湖北 Hubei	－696	639	－451	－884
湖南 Hunan	4482	7189	－2700	－6
广东 Guangdong	113105	69967	－122	43260
广西 Guangxi	9179	9642	876	－1340
海南 Hainan	－49	－54	5	
四川 Sichuan	4505	－493	3447	1551
贵州 Guizhou	－4743	－5017	272	2
云南 Yunnan	3757	3113	508	136
西藏 Tibet	98	64	33	
陕西 Shaanxi	－683	－399	－287	4
甘肃 Gansu	1745	372	346	1026
青海 Qinghai	－1398	－1508	85	26
宁夏 Ningxia	567	583	－16	
新疆 Xinjiang	－7887	－8539	326	325

14-40 各地区独立核算公路、水路和港口企业主要指标(1996年)

MAIN INDICATORS OF HIGHWAY, WATERWAY AND PORT ENTERPRISES WITH INDEPENDENT ACCOUNTING SYSTEM BY REGION (1996)

单位：万元 (10 000 yuan)

地区 Region	企业单位数(个) Number of Enterprises	流动资产合计 Total Circulating Funds	固定资产合计 Total Fixed Assets	固定资产原价合计 Original Value of Fixed Assets	流动负债合计 Total Liquid Liabilities	长期负债合计 Long-term Liabilities
全国 National Total	**10306**	**7192072**	**17115125**	**22700860**	**7618047**	**7421987**
北京 Beijing	587	66141	112495	165705	77099	24021
天津 Tianjin	711	391266	911513	1350073	327113	400683
河北 Hebei	374	313440	850563	1078723	256773	288712
山西 Shanxi	243	90010	166934	220139	138025	43481
内蒙古 Inner Mongolia	173	51119	84536	116480	67371	18492
辽宁 Liaoning	433	455719	1499930	1832924	543584	844723
吉林 Jilin	231	55878	108768	142701	77281	25816
黑龙江 Heilongjiang	287	54013	127220	180618	64089	31421
上海 Shanghai	497	1140241	3151608	4247628	1054155	1543147
江苏 Jiangsu	573	713882	1329727	1768749	802285	594554
浙江 Zhejiang	591	412506	716110	930035	471866	238149
安徽 Anhui	303	123543	247229	353355	153230	90578
福建 Fujian	448	186945	434263	527174	177600	226070
江西 Jiangxi	394	57496	118562	154456	69728	39436
山东 Shandong	360	469271	1312892	1640542	543051	533059
河南 Henan	386	96671	218040	293676	127360	52525
湖北 Hubei	498	320367	645811	931724	305875	272512
湖南 Hunan	373	133325	278211	371504	186629	56640
广东 Guangdong	669	1233065	3024233	4051613	1142880	1568097
广西 Guangxi	217	133956	385682	479878	146642	86224
海南 Hainan	129	36184	42726	50390	39854	7355
四川 Sichuan	700	309731	553008	752160	364952	239226
贵州 Guizhou	176	21731	78318	101973	34468	13784
云南 Yunnan	223	87603	146357	184905	113362	40656
西藏 Tibet	50	17071	39253	57621	17481	1612
陕西 Shaanxi	171	48862	80362	106658	59988	20182
甘肃 Gansu	138	28696	91976	122121	42252	17993
青海 Qinghai	57	14679	21944	33809	18096	6685
宁夏 Ningxia	41	10249	21374	31980	9608	6767
新疆 Xinjiang	273	118412	315480	421546	185350	89387

续表 1 continued

单位: 万元 (10 000 yuan)

地区 Region	所有者权益合计 Creditor Equity	营运收入 Operating Revenue	营运成本 Operating Costs	营运税金及附加 Tax and Extra Charges on Business Operating	营运利润 Operating Profits	利润总额 Total Profits
全国 National Total	**11390205**	**9638258**	**7532545**	**250293**	**1685250**	**144660**
北京 Beijing	91081	69194	60138	2126	3708	-3437
天津 Tianjin	699666	538234	426726	10656	99996	34762
河北 Hebei	673203	307807	217135	9337	74267	29946
山西 Shanxi	82106	85298	66690	2923	12608	-6307
内蒙古 Inner Mongolia	51792	59289	44234	2544	10195	-344
辽宁 Liaoning	941945	480151	373213	14914	89431	15434
吉林 Jilin	64745	67096	49134	2449	14635	-3548
黑龙江 Heilongjiang	94321	56221	37637	1964	14207	-2218
上海 Shanghai	2138188	1989756	1650639	40097	289288	68881
江苏 Jiangsu	829523	799699	616683	21091	148850	-21198
浙江 Zhejiang	476023	522358	379429	15667	105503	-1827
安徽 Anhui	148723	185471	150191	6207	25270	-13990
福建 Fujian	270375	240197	188170	8192	34232	9132
江西 Jiangxi	71600	65302	49844	1937	11531	-1855
山东 Shandong	877724	537553	383826	15665	130768	23252
河南 Henan	136060	189651	138306	5938	35560	1858
湖北 Hubei	429775	366735	290089	10999	53648	-13427
湖南 Hunan	178461	194615	147753	6367	37923	-3727
广东 Guangdong	1965048	1878001	1473212	39716	346762	67983
广西 Guangxi	319630	175915	132095	6003	28925	2204
海南 Hainan	35559	10304	5556	383	4106	-498
四川 Sichuan	306675	364803	282062	11608	53557	-9447
贵州 Guizhou	55925	28909	22956	915	3497	-5969
云南 Yunnan	91253	111295	85121	2910	20004	-55
西藏 Tibet	37230	15568	10746	529	2413	-472
陕西 Shaanxi	52412	52670	42731	1548	6418	-3728
甘肃 Gansu	69052	34079	26555	1282	5636	20
青海 Qinghai	10681	8036	5953	301	1732	-1764
宁夏 Ningxia	15851	14480	11908	357	2160	87
新疆 Xinjiang	175578	189571	163813	5668	18420	-15088

14－41 邮电业务基本情况

BASIC CONDITIONS OF POST AND TELECOMMUNCATIONS SERVICES

指　标	Item	1992	1993	1994	1995	1996
邮电业务总量 (亿元)	Business Volume of Post and Telecommu－nications Service (100 million yuan)	290.94	462.71	688.19	988.85	1342.04
函件 (亿件)	Number of Letters (100 million pcs)	57.18	68.70	76.50	79.55	78.68
包件 (万件)	Number of Parcels (10 000 pcs)	10948.0	13964.6	15908.2	15641.2	14920.0
邮政快件 (万件)	Pieces of Courier Services(10 000 pcs)	36573.1	41604.4	45224.8	45057.0	44437.5
特快专递 (万件)	Pieces of Express Mail Services (10 000 pcs)	959.2	2156.2	4019.5	5562.7	7096.6
报刊期发数 (万份)	Number of Newspapers and Magazines Circulation (10 000 copies)	25104.1	25510.6	24095.6	21688.6	21157.4
电报 (万份)	Number of Telegrams (10 000 pcs)	28189.3	25165.7	18579.6	13287.6	9610.7
传真 (份)	Number of Faxes	1712182	2706055	3423651	4423080	5650000
长途电话 (万张)	Number of Long－distance Calls	287379.6	506852.5	757639.1	1013966.4	1273950.8
年末直拨国际及港澳的用户 (万户)	Number of International Direct Dailing Subscribers to Foreign Countries as well as to Hong Kong and Macao at Year－end(10 000 subscribers)	212.1	472.2	1054.8	1709.7	2433.0
年末市内电话 (万户)	Local (Urban) Telephone Subscribers at Year－end (10 000 subscribers)	920.6	1407.4	2246.8	3263.6	4277.8
#住宅电话	Residencial Telephone Subscribers	415.4	800.4	1489.4	2358.4	3224.6
年末无线寻呼电话用户(万户)	Number of Subscribers of Pageing Service at Year－end(10 000 subscribers)	222.0	561.4	1033.0	1739.2	2536.2
年末移动电话用户 (户)	Number of Mobile Telephones Subscrib－ers at Year－end (subscribers)	176943	638268	1567780	3629416	6852752
年末农村电话 (户)	Number of Rural Telephones Subscribers at Year－end (subscribers)	2263403	3257855	4827477	8070047	12169172
邮电局所 (处)	Number of Post & Telecommunications Offices	54891	57005	60447	61898	72496
邮路及农村投递路线总长度 (公里)	Length of Postal Routes and Rural Delivery Routes (km)	5021487	5138275	5146517	5231930	5476991
汽车邮路	Highway Routes	712367	727380	757931	819412	917151
铁路邮路	Railway Routes	189359	189704	187871	183036	183884
长话电路 (路)	Number of Long－distance Telephone Lines(line)	234276	420323	615809	735545	998287
电报电路 (路)	Number of Telegraph Lines (line)	12338	13256	12607	12250	11569
邮电通信工具拥有量	Telecommunications Facilites					
市话交换机容量 (万门)	Capacity of Local (Urban) Telephone Exchanges (10 000 lines)	1355.50	2210.25	3723.39	5456.35	6923.67
农话交换机容量 (万门)	Capacity of Rural Telephone Exchanges (10 000 lines)	559.56	830.53	1202.86	1747.24	2367.56
电话机 (万部)	Number of Telephone Sets (10 000 units)	1888.82	2612.94	2887.44	5762.26	7046.75
城市电话	Urban Areas	1544.94	2147.51	2310.67	4709.26	5537.78
农村电话	Rural Areas	343.88	465.43	576.77	1053.00	1508.97

14-42 邮电业务量
POSTAL AND TELECOMMUNICATIONS SERVICES

年份 Year	邮电业务总量 (亿元) Business Volume of Post and Telecommunications (100 million yuan)	函件 (亿件) Number of Letters (100 million pcs)	包件 (万件) Number of Parcels (10 000pcs)	邮政快件 (万件) Pieces of Courier Services (10 000pcs)	特快专递 (万件) Pieces of Express Mail Services (10 000pcs)	报刊期发数 (万份) Newspapers and Magazines Circulation(10 000 copies)	集邮业务 (万枚) Philately (10 000 pcs)
1952	1.64	8.09	1395.8			1363	
1957	2.94	16.41	2517.5			3264	
1962	6.38	22.75	3938.4			2492	
1965	6.28	21.76	2996.0			5621	
1970	6.87	23.70	5822.3			3307	
1975	9.58	27.34	6880.0			7823	
1978	11.65	28.35	7400.5			11250	
1980	13.34	33.13	7153.2			16431	
1985	29.60	46.78	7612.7			30172	
1986	32.86	49.59	8448.3			28731	
1987	38.84	54.79	9806.8			31005	
1988	54.00	59.77	10546.2	5757.2	153.0	27443	
1989	64.81	57.28	9939.9	20672.8	247.3	17704	
1990	81.65	54.87	9690.1	29122.1	343.3	20078	
1991	204.38	52.11	9590.9	31116.9	566.7	23277	
1992	290.94	57.18	10948.0	36573.1	959.2	25104	
1993	462.71	68.70	13964.6	41604.4	2156.2	25511	210885
1994	688.19	76.50	15908.2	45224.8	4019.5	24096	236849
1995	988.85	79.55	15641.2	45057.0	5562.7	21689	239250
1996	1342.04	78.68	14920.0	44437.5	7096.6	21157	303436

续表 1 continued

年份 Year	长途电话 (万张) Number of Long Distance Telephone Calls (10 000 sheets)	年末长途直拨国际及港澳有权用户(户) Number of International Direct Dialling (IDD) Subscribers to Foreign Countries as well as to Hong Kong and Macao (year-end) (subscribers)	年末市内电话 (户) Number of Local Urban Telephone Subscribers (year-end) (subscribers)	住宅电话 (户) Residential	公用电话 (部) Public Telephone	#磁卡式 (部) Magnetism Card
1952	1628		295299			
1957	2090		464539			
1962	7123		699540			
1965	8869		771104			
1970	8570		784130			
1975	15151		1032827			
1978	18574		1191500			
1980	21404		1341715			
1985	38254		2189554			
1986	42303		2505124			
1987	51525		2930412			
1988	64617		3623033			
1989	78462	267143	4396195	895593		
1990	116292	583769	5384494	1527202	46046	
1991	172921	1018739	6708301	2390038	53799	
1992	287380	2120643	9205709	4154115	84111	
1993	506853	4721837	14073718	8003821	158380	7183
1994	757639	10547550	22467773	14894036	323988	19109
1995	1013966	17096661	32635609	23584045	692569	34965
1996	1273951	24329690	42778200	32246248	1087699	49636

14－43 邮电局所数及邮递线路

POSTAL AND TELECOMMUNICATIONS SERVICES FACILITIES

(年底数) (year－end)

年 份 Year	邮电局所 (处) Number of Post and Telecommunications Offices	信筒信箱 (处) Number of Post Boxes	邮路及农村投递线路总长度 (公里) Length of Postal Routes and Rural Delivery Routes (km)	#汽车邮路 Highway Routes	#铁路邮路 Railway Routes
1952	49541		1289727	73824	22725
1957	45375		2222620	268026	62416
1962	44513		2665448	321024	75640
1965	43787		3492766	397721	80239
1970	45027		3977104	481818	100345
1975	48707		4796298	557768	129056
1978	49623		4863282	572204	150249
1980	49471		4737124	582058	150819
1984	51463		4830590	638406	170513
1985	53107		4982061	663016	182178
1986	52777		5042029	703542	201919
1987	52882		5033001	695384	199883
1988	52881		5000820	681409	199095
1989	53092		4915447	675352	196178
1990	53629	181877	4983061	676747	191313
1991	54006	181939	4974768	685759	185872
1992	54891	183289	5021487	712367	189359
1993	57005	187966	5138275	727380	189704
1994	60447	193902	5146517	757931	187871
1995	61898	203011	5231930	819412	183036
1996	72496	217235	5476991	917151	183884

14－44 邮电通信电路(年底数)

TELECOMMUNICATIONS FACILITIES (YEAR－END)

单位：路 (line)

年 份 Year	长话电路 Long－Distance Telephone Circuits	#全自动电路 Automatic Circuits	#数字电路 Digital Circuits	#光缆电路 Circuits of Optical Cable	#数字微波 Digital Microwave	电报电路 Telegram Circuits	分组交换电路 Package Switch Circuits
1952	3777					4460	
1957	4684					4964	
1962	9380					5922	
1965	9913					6955	
1970	11696					6498	
1975	15981					7809	
1978	18801	388				8430	
1980	22011	636				9146	
1984	32354	2098				9685	
1985	37551	3624				9916	
1986	44085	6662				10150	
1987	53416	11474				10564	
1988	68460	21957		2717		11764	
1989	87139	38565		5670		11391	
1990	112437	64180		11453		11687	
1991	151779	106493		23613	29073	11933	
1992	234276	192485	109300	51352	63253	12338	
1993	420323	387391	298045	162861	130597	13256	
1994	615809	592575	518915	330359	176735	12607	1347
1995	735545	717635	677672	484231	173110	12250	4100
1996	998287	962729	965263	754143	188721	11569	9504

14－45 邮电通信设备拥有量

TELECOMMUNICATIONS FACILITIES

(年底数) (year－end)

年 份 Year	市话交换机容量 (门) Capacity of Local Telephone Exchanges (line)	农话交换机容量 (门) Capacity of Rural Telephone Exchanges (line)	电 话 机 (部) Number of Telephone Sets	城市电话 Urban Areas	农村电话 Rural Areas
1952	394694	76383	389849	347323	42526
1957	646621	326141	821925	636691	185234
1962	979527	1451148	1959487	1112155	847332
1965	1105845	1501123	2078794	1272221	806573
1970	1159135	1594953	2203028	1324680	878348
1975	1461711	2013333	3060432	1911143	1149289
1978	1749401	2309418	3688207	2364013	1324194
1980	2002931	2429072	4186364	2840661	1345703
1985	3365370	2769064	6259829	4761107	1498722
1986	3804917	2918638	7059126	5441423	1617703
1987	4645022	3094287	8057245	6282811	1774434
1988	5558395	3313825	9417924	7450969	1966955
1989	6679505	3667380	10893275	8683824	2209451
1990	8260484	4057715	12735416	10261012	2474404
1991	10331442	4590330	14989787	12156782	2833005
1992	13554970	5595581	18888188	15449378	3438810
1993	22102540	8305271	26129383	21475087	4654296
1994	37233853	12028591	28874424	23106704	5767720
1995	54563481	17472402	57622616	47092615	10530001
1996	69236692	23675555	70467514	55377766	15089748

注:电话交换机容量中不包括用户交换机容量。

a) The capacity of exchanges in this table excludes the capacity of exchanges owned by users.

14－46 邮电通信企业主要财务指标

MAIN FINANCIAL INDICATORS OF POSTAL AND TELECOMMUNICATIONS ENTERPRISES

单位：万元　　　　(10 000 yuan)

指　　标	Item	1985	1990	1995	1996
邮电企业合计	**Total**				
业务收入	Business Revenue	382128	1382069	10026147	16324333
业务成本	Business Cost	285437	910875	6984821	11366498
营业税金及附加	Business Taxes and Surcharges	12102	44660	426207	526606
业务收支差额	Balance of Business Revenue and Expenditures	84589	393939	2554777	3106888
收支差额总额	Total Balance of Revenue and Expenditures	92628	412599	839511	1058685
中央邮电企业	**Central Enterprises**				
业务收入	Business Revenue	334730	1226677	8668630	14160686
业务成本	Business Cost	245446	793562	5954954	9698369
营业税金及附加	Business Taxes and Surcharges	10646	39839	380162	468652
业务收支差额	Balance of Business Revenue and Expenditures	78638	360681	2427087	2945536
收支差额总额	Total Balance of Revenue and Expenditures	88144	385290	890244	1147747
地方邮电企业	**Local Enterprises**				
业务收入	Business Revenue	47398	155392	1357517	2163647
业务成本	Business Cost	39991	117313	1029867	1668129
营业税金及附加	Business Taxes and Surcharges	1456	4821	46045	57954
业务收支差额	Balance of Business Revenue and Expenditures	5951	33258	127690	161352
收支差额总额	Total Balance of Revenue and Expenditures	4484	27309	－50733	－89062

14－47 邮电通信水平

LEVEL OF POSTAL AND TELECOMMUNICATIONS SERVICES

指　　标　Item	1980	1985	1990	1995	1996
全国邮电通信水平					
National level					
平均每人每年发函件数 (件) Annual Average Number of Letters Mailed per Capita	3.4	4.5	4.8	6.61	6.62
平均每百人每年订报刊数 (份) Annual Average Number of Newspaper and Magazine Subscribed per 100 Persons	16.7	28.7	17.4	17.96	17.6
平均每百人拥有电话机部数 (部) Number of Telephone Sets Owned per 100 Persons	0.43	0.6	1.11	4.66	6.33
农村邮电通信水平					
Rural Level					
设有邮电局、所的乡(镇)比重 (%) Percentage of Townships with Post and Telecommunications Offices	66.4	64.8	69.0	78.1	78.2
通电话的乡(镇)比重 (%) Percentage of Townships with Telephone Communication	95.5	94.8	97.6	96.5	95.7
进入长话自动网的乡(镇)比重 (%) Percentage of Townships with Connected Autoexchange Net of Long Distance Call				55.1	71.2

主要统计指标解释

铁路营业里程 又称营业长度，指办理客货运输业务的铁路正线总长度。凡是全线或部分建成双线及以上的线路，以第一线的实际长度计算；复线、站线、段管线、岔线和特殊用途线以及不计算运费的联络线都不计算营业里程。铁路营业里程是反映铁路运输业基础设施发展水平的重要指标，也是计算客货周转量、运输密度和机车车辆运用效率等指标的基础资料。

铁路正线延展里程 是正线第一线、第二线、第三线和其他正线建筑里程之和，不包括站线、段管线、岔线及特殊用途线的延展里程。它是作为计算铁路线上钢轨、枕木及路基砂石需要量的主要依据。

铁路电气化里程 指在全部铁路营业里程中已安装了供电线路及设备，可以供电力机车牵引列车运行的区段的总里程。

铁路自动闭塞里程 为保证列车安全运行，在一个区间，同一时间内，一般只允许一列列车运行，这种保证列车在这个区间安全间隔运行的技术方法称为“闭塞”，自动闭塞里程是指装有列车自动完成闭塞作用设备的铁路里程。自动闭塞里程占铁路营业里程的比重也是反映铁路现代化的重要标志之一。

公路里程 指在一定时期内实际达到《公路工程技术标准 JTJ01－88》规定的等级公路，并经公路主管部门正式验收交付使用的公路里程数。其计算单位为：km。它包括大中城市的郊区公路以及通过小城镇街道部分的公路里程，也包括桥梁、渡口的长度，但不包括大中城市的街道、厂矿、林区生产用道和农业生产用道的里程。两条或多条公路共同经由同一路段，只计算一次，不得重复计算里程长度。公路里程是反映公路建设发展规模的重要指标，也是计算运输网密度等指标的基础资料。

内河航道里程 也称“内河通航里程”，是反映内河水运网规模、水平和发展情况的主要指标；是指在一定时期内，能通航运输船舶及排筏的天然河流、湖泊水库、运河及通航渠道的长度。包括全年季节性通航累计三个月以上的航道，但不包括仅供零散流放竹、木排的河道。

民用航空航线里程 指民航运输定期班机飞行的航线长度的总和。航线长度按机场之间的距离计算，通常有两种计算方法：将每条航线长度相加称为重复计算航线里程；如将两线或两条以上航线经过同一区段里程，只计算一次航线长度称为不重复计算航线里程。一般常用的是后者，它能确切反映民航运输网的规模，表明民航事业为国民经济服务和方便人民生活程度的主要指标。

输油（气）管道长度 也称“输油（气）里程”，是反映管道运输发展规模和水平的主要指标；是指油品（或天然气）的实际输送距离，一般按输油（气）管道的单线长度计算。若包括复线和备用线长度则称为输油（气）管道延展长度，是指管道铺设的实际长度。我们通常使用的是不包括复线的“输油（气）管道里程”。

货（客）运量 指在一定时期内，各种运输工具实际运送的货物（旅客）数量。是反映运输业为国民经济和人民生活服务的数量指标，也是制定和检查运输生产计划，研究运输发展规模和速度的重要指标。货运按吨计算，客运按人计算。货物不论运输距离长短，货物类别，均按实际重量统计；旅客不论行程远近或票价多少，均按一人一次作为客运量统计。半价票、小孩票也按一人统计。

货（客）运密度 指在一定时期内某种运输方式运输线路的某一区段平均每公里线路通过的货物（旅客）运输周转量。计算单位是吨（人）公里/公里。计算公式为：

$$货（客）运密度=\frac{货物（旅客）周转量}{营业线路长度}$$

货（客）运密度是反映交通运输线路上货物（旅客）运输量运输繁忙程度的主要指标。是平衡运输线路运输能力和通过能力，规划线路建设及改造、配备技术设备，研究运输网布局的重要依据。

货物（旅客）周转量 指在一定时期内，由各种运输工具运送的货物（旅客）数量与其相应运输距离的乘积之总和，是反映运输业生产总成果的重要指标，也是编制和检查运输生产计划，计算运输效率、劳动生产率以及核算运输单位成本的主要基础资料。通常以吨公里和人公里为计算单位。计算货物周转量通常按发出站与到达站之间的最短距离，也就是计费距离计算。

铁路货车平均静载重 指铁路货车在始发站静止状态下平均每车装载的货物重量，用以分析货车完成装车时车辆载重力的利用情况。计算单位为“吨”，计算公式为：

$$货车平均静载重（吨）=\frac{货物发送吨数}{装车数}$$

静载重的多少取决于运送货物的性质、种类、车辆的类型和装载技术的高低。根据货车的平均标记载重与静载重进行对比，可以反映货车载重能力的利用程度。计算公式为：

$$货车载重力利用率（\%）=\frac{货车平均静载重}{货车平均标记载重}\times 100\%$$

铁路货运机车日产量 指平均每台货运机车在一昼夜内所完成的总重吨公里数。它既包括载运货物的重量，也包括车辆本身的自重，它从时间和牵引能力两方面反映了机车运用效率。计算单位为“吨公里”，计算公式为：

$$货运机车平均日产量（吨公里）=\frac{货运总重吨公里数}{货运机车台日数}$$

沿海主要港口货物吞吐量 指由水运进出沿海主要港区范围，并经过装卸的货物数量，包括邮件及办理托运手续的行李、包裹以及补给运输船舶的燃、物料和淡水。其计量单位为吨。货物吞吐量的货种分类及其主要流向流量，反映了港口在国内外物资交流和对外贸易运输中的地位和作用。吞吐量可以分为进口、出口，又可以分为国内贸易和对外贸易。

邮电业务总量 指以货币表现的邮电部门用于传递信息和提供其他邮电服务的总数量。它综合反映了一定时期邮电工作的总成果，是研究邮电业务量构成和发展趋势的重要指标。根据邮电管理体制不同，分为中央国营业务总量和地方国营业务总量。它用各种邮电分类业务量，如函件件数、电报份数、长话张数、市内电话和农村电话的年均户数、订销报刊累计份数等，分别乘以相应的平均单价（不变价），加总后再加上出租电路和设备的收入、代用户维护电话交换机和线路等设备的收入、其他业务收入求得。

市内电话 指接入县城（包括个别城镇）及县以上城市的市内电话网上，并按市内电话进行经营管理的电话。按计费办法分为包月制和计次制两种。

(1) 住宅电话 指话机装在居民住宅里的电话。它包括私人付费、公费和免费三个部分。

(2) 私人付费电话 指住宅居民自费安装并自己缴纳通话费的电话。

无线寻呼电话用户 指携带小型寻呼机，接收市话用户通过无线寻呼中心，在规定范围内向其发出声音、数字或文字显示信息的用户。目前在邮电部门办理登记手续的无线寻呼电话用户，每一部寻呼机按一户计算。

移动电话用户 指在邮电部门登记，通过移动电话交换机进入移动电话网、占有移动电话号码的电话用户。用户数量以实际办理登记手续进入邮电部门移动电话网的户数进行计算，一部或一台移动电话统计为一户。

Explanatory Notes on Main Statistical Indicators

Length of Railways in Operation refers to the total length of the trunk line under passenger and freight transportation. The calculation is based on the actual length of the first line even if this line has a full or partial double track or more tracks, excluding double tracks, stationsidings, tracks under the charge of stations, branch lines, special-purpose lines and the non－payable connecting lines. The length of railways in operation is an important indicator to show the development of the intra-structure for the railway transport, and also the essential data to calculate volume of passenger freight transport, traffic density and utilization efficiency of the locomotives and carriages.

Extention Length of Trunk Lines refers to the sum of the first, the second, the third lines and other constructed length of the trunk railways, excluding the extention length of the station lines, lines under the jurisdiction of depots, sidings and lines for special purpose. It provides important information for the calculation of the needs for rails, sleepers, sand and stone for the construction of railways.

Length of Electrified Railways refers to the length of the section of railways in operation in which the power supply lines and other equipment are installed for the running of electrified locomotives. The proportion of the length of electrified railways to the total length of railways in operation is an important indicator to show the modernization of railways.

Automatic-blocking Length of Railways: Blocking is a spacing technique by which a section of the railway only allows one train to pass at a time, in order to ensure the traffic safety. Automatic blocking length of railways refers to railways installed with equipment to perform automatic blocking of trains, the proportion of automatic-blocking length to the total length of railways in operation is an important indicator to show the modernization of railways.

Length of Highways refers to the length of highways which are built in conformity with the grades specified by the highway engineering standard formulated by the Ministry of Communications, and have been formally checked and accepted by the departments of highways and put into use. The length of highways includes that of the suburb highways at large and medium－sized cities, highways passing through streets at small cities and towns, and also the length of bridges and ferries. It does not include the length of streets in big and medium－sized cities and highways built for the production purpose at factories, mines, forest areas and agricultural areas. If two or more highways go the same section of the way, the length of the section is only calculated for once and no duplication is allowed. The length of highways is an important indicator to show the development of the highway construction and to provide essential information to calculate the transport network density.

Length of Navigable Inland Waterways refers to the length of the natural rivers, lakes , reservoirs, canals, and ditches open to navigation during a given period, which enables the transport by ships and rafts. It includes the channels open to navigation for over 3 months accumulatively in a year, yet this does not include the river courses which are only used to float odd logs and bamboo rafts.

Length of Civil Aviation Routes refers to the length of all routes for regular civil aviation flights. There are usually two ways to calculate the distance between airports connected by the route length: One is to put the length of all air routes together, called duplicated calculation of the length of the routes ; the other is not to allow the duplication in calculation when two or more routes passing the same section. The latter is usually used, as it can precisely show the size of the civil aviation network and indicate the extent of civil aviation serving the national economy and the people.

Length of Oil (Gas) Pipelines refers to the actual transport distance of oil (or gas) products, and is in general calculated in the length of single pipe line. If the length of the double pipelines and alternate pipeline are included, it is called the extention length of the oil (gas) pipelines, which indicates the actual length of the pipelines built. Length of oil (gas) pipelines (excluding double pipelines) is usually used as a chief indicator to show the development, scale and level of the pipeline transportation.

Freight (Passenger) Traffic refers to the volume of freight (passenger) transported with various means. Freight transport is calculated in tons and passenger traffic is calculated in the number of persons. Despite the type of freight and travelling distance, the freight transport is calculated in the actual weight of the goods: and despite the travelling distance and ticket price, the passenger traffic is calculated by the principle that one person can be counted only once in one travel. The passenger who travel with a half-price ticket or a child ticket is also calculated as one person. The freight (passenger) traffic provides a quantitative measure to show how the transport industry serves the national economy and people, and is also an important indicator for planning the transport industry and for studying the development scale and speed of the transport industry.

Freight (Passenger) Traffic Density refers to the freight (passenger) traffic volume carried by a particular means of transportation during a given period through one kilometre of a specific section of transportation route, using ton (person) km/km as the measuring unit. The formula is as follows:

$$\text{Freight (Passenger) Traffic Density} = \frac{\text{Freight Ton-kilometers (Passenger-kilometers)}}{\text{Length of Route in Operation}}$$

Freight (passenger) traffic density reflects the degree of business of freight (passenger) traffic on transportation routes, and therefore provides important information for balancing transport capability, planning construction and upgrading of transport routes and studying the distribution of transport network.

Freight Ton-kilometers (Passenger-kilometers) refer to the sum of the products of the volume of transported cargo (passengers) multiplying by the transport distance, usually using ton-kilometre and passenger-kilometre as units for measurement. Normally, the shortest distance between the departure station and the destination station (i. e., the payable distance) is the basis to calculate the freight ton-kilometers. This is an important indicator to show the total results of the transport industry, to prepare and examine the transport plan and to measure the efficiency, the labour productivity and the unit cost of transport.

Static Load of Freight Cars refers to the average cargo weight as loaded by each freight car under the static condition at the departure station. It is used to show the utilization extent of the loading capacity of the freight cars. The formula is:

$$\text{Static Load (ton) of Freight Car} = \frac{\text{Tonnage of Goods Dispatched}}{\text{Number of Freight Cars Loaded}}$$

The static load of freight cars is determined by the nature and type of goods loaded, the type of vehicles, and the technique of loading. The difference between the average marked load and the static load of freight cars reflects the utilization of loading capacity of freight cars. For its calculation the following formula is applied:

$$\text{Utilization Rate of Capacity of Freight Cars (\%)} = \frac{\text{Average Static Load}}{\text{Average Marked Load}} \times 100\%$$

Average Daily Haul of Freight Locomotives refers to the average total ton-kilometres accomplished by each freight transport locomotive over day and night. It includes both the weight of the goods carried and the dead weight of the train itself. It is a comprehensive indicator reflecting the locomotive efficiency in terms of both time and the pulling force.

$$\text{Average Daily Haul of Freight .Transport Locomotive} = \frac{\text{Total Ton/Kilometres of Freight}}{\text{Daily Number of Freight Transport Locomotive}}$$

Volume of Freight Handled in Major Coastal Ports refers to the volume of cargo passing in and out the harbor area of the major coastal ports and having been loaded and unloaded. The volume includes that of the postal matters, registered luggages and fuels, materials and fresh water as supplies of the ships. The volume of freight handled may be classified as import, export, or as domestic trade and foreign trade. The volume of freight handled by type of cargo and by main flow direction reflects the position and function of the ports in the inflow of Chinese and foreign commodities and in the transportation for foreign trade.

Business Volume of Post and Telecommunications refers to the total amount of the information delivered and other post and telecommunications services provided by the post and telecommunications departments for the customers. It is derived by first multiplying the business volume of different types, such as number of letters, telegrams, long distance calls, city and rural telephone subscribers and accumulated number of newspapers and journals subscribed and sold, etc. by their respective average unit price (fixed price) and then adding these products together: plus the income from maintenance of telephone exchanges and lines, and the income from other business operations. The business volume of post and telecommunications indicates the total achievements made by the post and telecommunications department during a given period of time in a comprehensive way, and is an important indicator to study the composition and development of the post and telecommunications business.

Local (Urban) Telephone refers to telephones connected to urban telephone network (at and above county level). The telephone charge is either monthly fixed rate or numerical rate.

(1) Resident telephones refer to telephones installed in resident dwellings, including those with telephone charges paid by individuals, by public units and free of charge.

(2) Personal telephones refer to telephones installed and paid at one' s own expense.

Subscribers of Pageing Services refer to subscribers who carry small size pagers and receive audio signals, digital signals or literal signals sent out by city telephone through wireless paging center within assigned area. Each pager is counted as a subscriber.

Mobile Telephone Subscribers refer to the persons who own mobile telephone number connected with the mobile telephone communication network and registered by post and telecommunications organization. The number of subscribers is calculated only when the subscribers who have gone through all the register formalities and entered into the mobile telephone network. One mobile telephone is treated as a subscriber.

十五 国内贸易

DOMESTIC TRADE

简要说明

一、本篇资料反映我国国内市场发展情况和批发零售贸易业、餐饮业商品经营情况。主要内容有批发零售贸易业、餐饮业机构、人员、网点、批发零售贸易业商品流通，大中型批发零售贸易企业、餐饮企业财务状况，社会消费品零售总额、国内集市贸易等。

二、本篇资料除城乡集市贸易情况和农业生产资料销售量是由国家工商总局和国内贸易部分别提供外，其余部分均是根据国家统计局的批发零售贸易、餐饮业统计报表制度进行搜集和加工整理而得。

本报表的调查范围：机构、人员、网点报表为各种经济类型的独立核算批发、零售贸易、餐饮业法人企业以及其他行业独立核算法人单位附营的批发、零售贸易单位。财务状况报表为各种经济类型的独立核算的大中型批发、零售贸易法人企业和餐饮业法人企业。社会消费品零售总额报表为有零售业务的各种经济类型的企业、行政事业单位以及农民。以上统计报表从基层起报，自下而上逐级综合上报，主要采取全面调查方法，局部资料有的以抽样调查推断，有的利用工商、税务等部门的有关资料推算。

BRIEF INTRODUCTION

I. The data in this chapter show the development of China's domestic market and the sales of the commodities in wholesale and retail sale trades as well as catering trade, including mainly the organization, personnel, number of shops of the wholesale and retail sale trades as well as catering trade, the circulation of commodities in the wholesale and retail sale trades, the financial condition of the large and medium – sized enterprises of the wholesale and retail sale trades as well as catering trade, the total sales of the consumer goods in the whole country and the domestic fair trade, etc.

II. The data on the urban and rural fair trade are provided respectively by the State Administration for Industry and Commerce and the Ministry of Domestic Trade; the other data in this chapter are collected and processed in accordance with the statistical reporting scheme on wholesale and retail sale trades as well as catering trade, stipulated by the State Statistical Bureau.

Statistical coverage: All the corporate enterprises of wholesale and retail sale trades as well as catering trade of various types of ownership with independent accounting system and the units of wholesale and retail sale trades attached to the corporate units with independent accounting system in other sectors are included in the data on the organization, personnel, number of shops. All the large and medium – sized corporate enterprises of wholesale and retail sale trades as well as catering trade of various types of ownership with independent accounting system are included in the data on the financial condition. All the enterprises, administrative and institutional units of various types of ownership as well as peasants engaged in retail sale business are included in the data on the total sales of the consumer goods in the whole country. The statistical tables on the above – mentioned data are reported by the grassroots units and tabulated and reported to the higher authorities level by level. The method used in data collection is mainly complete enumeration, but a part of the data are estimated on the basis of sample surveys or the administrative registers of the department of industrial and commercial administration and the tax department.

15-1 国内贸易基本情况
BASIC CONDITIONS OF DOMESTIC TRADE

单位：亿元 (100 million yuan)

指标	Item	1992	1993	1994	1995	1996
全国批发零售贸易业	**Wholesale and Retail Sale Trades**					
网点数 (个)	**Number of Establishments**	**10063258**	**10405229**	**13276914**	**14961668**	**15989164**
#国有经济	State-owned	323827	222528	594924	629513	657560
集体经济	Collective Owned	1225671	598193	1081873	1137198	1150156
个体经济	Individual	8511408	9036037	11418700	12987688	13928679
人员数 (人)	**Number of Persons Engaged**	**24345456**	**22345635**	**37000908**	**41515693**	**44991244**
#国有经济	State-owned	4357749	3124657	9192220	9541929	9693126
集体经济	Collective Owned	7343087	3757057	7433213	7591288	7711974
个体经济	Individual	12601735	13954457	18995849	22460801	24933213
商品购进总额	**Total Purchases**	**20406.0**	**17101.4**	**32433.0**	**36983.6**	**38549.7**
#国有经济	State-owned	12614.4	10393.2	22135.0	24347.9	24646.5
集体经济	Collective Owned	5883.6	6062.0	8142.5	10033.4	10437.0
商品销售总额	**Total Sales**	**21200.4**	**19455.2**	**35161.0**	**40545.3**	**42546.9**
#国有经济	State-owned	12566.8	11935.4	23770.1	26673.5	27288.7
集体经济	Collective Owned	6474.2	6768.7	8897.7	10803.1	11210.6
商品库存总额	**Total Inventory**	**4184.1**	**4036.6**	**6100.9**	**6705.5**	**7227.3**
#国有经济	State-owned	2722.0	2328.8	4030.0	4327.2	4803.5
集体经济	Collective Owned	1250.4	1596.3	1702.3	1959.3	1930.9
全国餐饮业网点(个)	**Number of Establishments in Catering Trade**	**1739505**	**1584223**	**2173960**	**2493458**	**2587730**
#国有经济	State-owned	32802	14544	26359	27269	30019
集体经济	Colletive Owned	125728	24896	71134	78221	73287
个体经济	Individual	1580098	1400452	2004511	2359708	2460961
全国餐饮业人员(人)	**Number of Persons Engaged in Catering Trade**	**4802248**	**4521466**	**6350650**	**7100962**	**7753108**
#国有经济	State-owned	574400	335122	543853	563296	609998
集体经济	Collective Owned	960505	285057	740938	686432	760584
个体经济	Individual	3208028	3266572	4691347	5456207	5953550
社会消费品零售总额	**Total Retail Sales Of Consumer Goods**	**10993.7**	**12462.1**	**16264.7**	**20620.0**	**24774.1**
按地区分	By Region					
市	City	5470.3	7224.9	9661.2	12376.7	14951.2
县	County	1689.8	2039.5	2407.2	2919.6	3280.0
县以下	Under County Level	3833.6	3197.7	4196.3	5323.7	6542.9
按城乡分	By Urban and Rural Areas					
城镇	Urban Areas	5286.5	6904.0	9127.1	11719.4	14004.4
乡村	Rural Areas	5707.2	5558.1	7137.6	8900.6	10769.7
按经济类型分	By Ownership					
#国有单位	State-owned	4539.8	4676.4	5193.9	6154.1	6745.1
集体单位	Collective Owned	3068.2	2741.0	3375.2	3981.6	4567.0
个体	Individual	2228.0	3016.9	4626.6	6253.8	7923.7
按行业分	By Sector					
批发零售贸易业	Wholesales and Retail Sales Trade	7922.2	8726.9	11039.7	13801.3	16205.1
餐饮业	Catering Trade	589.7	800.1	1175.1	1579.2	2024.9
制造业	Manufacturing	939.4	1062.9	1272.8	1540.7	1775.3
其他行业	Others	1542.4	1872.2	2777.1	3698.8	4768.8
城乡集市个数(个)	**Number of Free Markets**	**79188**	**83001**	**84463**	**82892**	**85391**
城市	Urban Areas	14510	16450	17880	19892	20832
乡村	Rural Areas	64678	66551	66583	63000	64559
城乡集市贸易成交额	**Transaction Value of Free Markets**	**3530.0**	**5343.0**	**8981.6**	**11590.1**	**14694.9**
城市	Urban Areas	1583.0	2562.4	4569.1	6176.4	7882.5
乡村	Rural Areas	1947.0	2780.6	4412.5	5413.7	6812.4

注：1.社会消费品零售总额1992年数为社会商品零售总额。
2.批发、零售贸易业网点和人员1992年数为社会商业零售网点和人员。
3.批发、零售贸易业商品购、销、存总额1992年数为社会商业零售购、销、存总额。

a) Total retail sales of consumer goods in 1992 refer to the total retail sales of all goods.
b) The number of establishments and persons engaged in the wholesale and retailsales trade in 1992 refer to those of the retall trade in the whole country.
c) Total purchases, sales and inventory of wholesale and retailsales trade in 1992 refer to those of the retail trade in the whole country.

15-2 各地区批发、零售贸易业网点(1996年)

NUMBER OF ESTABLISHMENTS IN WHOLESALE AND RETAIL SALE TRADES BY REGION (1996)

单位：个 (unit)

地区 Region	合计 Total	国有经济 State-owned	集体经济 Collective Owned	私营经济 Private	个体经济 Individual	联营经济 Joint Owned	股份制经济 Share Holding	外商投资经济 Foreign Funded	港澳台投资经济 Funded by Entrepreneurs from Hong Kong, Macao & Taiwan	其他经济 Others
全国 National Total	**15989164**	**657560**	**1150156**	**199392**	**13928679**	**7695**	**22364**	**3395**	**2253**	**17670**
北京 Beijing	220108	16167	22986	3650	171790	637	3368	847	185	478
天津 Tianjin	161181	5863	12586	1636	140508	105	268	102	75	38
河北 Hebei	1102141	21188	36121	2235	1042283	78	205	2	29	
山西 Shanxi	394047	18565	29456	1714	343971	46	191	22	4	78
内蒙古 Inner Mongolia	247526	13997	14781	1518	216687	28	483	9	13	10
辽宁 Liaoning	652425	27187	42799	20023	561259	160	749	96	42	110
吉林 Jilin	459825	14715	13570	1267	429635	21	553	31	30	3
黑龙江 Heilongjiang	560934	19370	22711	5704	512319	34	735	13	25	23
上海 Shanghai	171156	18809	37209	6066	103925	1891	574	1196	604	882
江苏 Jiangsu	840521	34745	87641	11488	704131	569	1314	46	53	534
浙江 Zhejiang	877638	19784	48407	18090	788249	281	2552	32	28	215
安徽 Anhui	637059	24367	48039	2023	561963	174	408	56	17	12
福建 Fujian	407638	16582	35109	2682	344638	601	303	192	220	7311
江西 Jiangxi	434080	19718	26149	1158	386703	37	238	21	23	33
山东 Shandong	1451280	37042	50992	18531	1341096	197	2031	125	88	1178
河南 Henan	760894	36432	60478	412	662618	100	796	12	35	11
湖北 Hubei	862732	52516	43351	9044	756303	502	901	42	29	44
湖南 Hunan	1020467	29642	40997	5585	943747	108	332	11	11	34
广东 Guangdong	1183705	58902	169917	62601	887463	1150	1775	360	581	956
广西 Guangxi	632430	19425	39436	1749	570374	364	923	35	14	110
海南 Hainan	96557	8293	5589	2304	80015	51	42	66	82	115
四川 Sichuan	1312729	60653	143541	7033	1093139	292	2953	30	31	5057
贵州 Guizhou	248997	12577	15001	209	221005	28	117	17	15	28
云南 Yunnan	349190	19239	26584	2818	300222	51	241	14	7	14
西藏 Tibet	23393	1132	123	10	22075	53				
陕西 Shaanxi	347758	20533	49948	6295	270860	88	33			1
甘肃 Gansu	238814	13250	14167	1334	209586	7	75		1	394
青海 Qinghai	49126	3454	2767	111	42764	4	22		3	1
宁夏 Ningxia	43932	2581	2247	379	38695	2	28			
新疆 Xinjiang	200881	10832	7454	1723	180656	36	154	18	8	

15－3 各地区批发、零售贸易业人员(1996年)

NUMBER OF PERSONS ENGAGED IN WHOLESALE AND RETAIL SALE TRADES BY REGION (1996)

单位：人 (person)

地区 Region	合计 Total	国有经济 State－owned	集体经济 Collec－tive Owned	私营经济 Private	个体经济 Indivi－dual	联营经济 Joint Owned	股份制经济 Share Hold－ing	外商投资经济 Foreign Funded	港澳台投资经济 Funded by Entre－preneurs fromHong Kong, Macao & Taiwan	其他经济 Others
全 国 National Total	**44991244**	**9693126**	**7711974**	**1650947**	**24933213**	**114276**	**674822**	**77026**	**63493**	**72367**
北 京 Beijing	975735	374109	257490	38196	210253	12292	68221	9151	3259	2764
天 津 Tianjin	508332	142213	162521	14711	167924	1653	13514	3797	1558	441
河 北 Hebei	2955640	447818	291488	21399	2175545	705	12231	1650	4804	
山 西 Shanxi	1116866	284426	186639	10019	624326	1170	9431	297	28	530
内蒙古 Inner Mongolia	771727	256725	128565	20178	350762	233	14682	237	317	28
辽 宁 Liaoning	2175246	620499	455780	213070	831938	2245	46572	2038	2587	517
吉 林 Jilin	1239900	375917	158180	13521	663150	463	24867	1088	2693	21
黑龙江 Heilongjiang	1942825	605343	281957	50578	954049	1853	45988	179	1610	1268
上 海 Shanghai	1222088	449868	444312	49972	156411	32972	29883	32217	15326	11127
江 苏 Jiangsu	2496000	564313	653691	89018	1120583	8203	50158	5329	3402	1303
浙 江 Zhejiang	1870506	242376	258420	165750	1151104	5220	44658	1065	782	1131
安 徽 Anhui	1899037	377964	311126	20463	1171346	2650	12828	1087	1450	123
福 建 Fujian	1030831	173958	144646	24220	645270	7518	4969	1936	1719	26595
江 西 Jiangxi	1384243	245120	138476	10140	982377	414	5550	217	1888	61
山 东 Shandong	4021799	581179	431498	117480	2821400	4714	56188	2076	1265	5999
河 南 Henan	2103832	547374	338361	3175	1172750	756	39251	1201	654	310
湖 北 Hubei	2456993	559004	308311	81040	1455122	2895	49170	676	312	463
湖 南 Hunan	2868203	424466	283186	59141	2085130	3247	10666	1821	431	115
广 东 Guangdong	3717148	703202	979909	456025	1496946	14897	37126	7818	15542	5683
广 西 Guangxi	1208170	192555	190034	12677	793663	1486	16899	164	64	628
海 南 Hainan	308947	92338	31776	23591	150001	760	4175	888	1246	4172
四 川 Sichuan	2858798	520880	559943	71939	1643905	3888	46872	1710	1462	8199
贵 州 Guizhou	480494	116587	55225	1574	303319	294	3095	152	177	71
云 南 Yunnan	755580	169036	92678	9436	472638	640	10862	67	50	173
西 藏 Tibet	39392	9241	619	48	29293	191				
陕 西 Shaanxi	1260040	248933	373702	41460	583099	2359	10469			18
甘 肃 Gansu	630533	149488	105995	17341	354236	274	1864		710	625
青 海 Qinghai	110601	36197	15705	411	58120	16	97		53	2
宁 夏 Ningxia	108981	37902	14899	2840	52962	24	354			
新 疆 Xinjiang	472757	144095	56842	11534	255591	244	4182	165	104	

15-4 全国批发贸易业网点(1996年)

NUMBER OF ESTABLISHMENTS IN WHOLESALE TRADE (1996)

单位: 个 (unit)

项目	Item	合计 Total	市 City	县 County	县以下 Under County Level
合计	**Total**	**2026002**	**1008110**	**395615**	**622277**
按经济类型分	**By Type of Ownership**				
国有经济	State-Owned	399830	215350	119299	65181
集体经济	Collective-Owned	480018	210738	74379	194901
私有经济	Private	73823	57273	5439	11111
个体经济	Individual	1047849	505311	193916	348622
联营经济	Joint Owned	4342	3636	249	457
股份制经济	Share Holding	14529	11750	1703	1076
外商投资经济	Foreign Funded	1698	1523	41	134
港澳台投资经济	Funded by Overseas Chinese from Hong Kong, Macao and Taiwan	1165	1065	33	67
其他经济	Others	2748	1464	556	728
按行业分	**By Sector**				
食品、饮料、烟草和家庭日用批发业	Food, Beverage, Tabacco and Household Articles for Daily Use in Wholesale Trade	1366870	685452	274072	407346
食品、饮料、烟草	Food, Beverage, Tabacco	656791	299491	137239	220061
棉、麻、土畜产品	Cotton, Fiber, Local and Livesstock Products	34549	11925	10600	12024
纺织品、服装和鞋帽	Textile Products, Garments, Shoes and Hats	205385	130599	28783	46003
日用百货	Articles of Daily Use	261467	123711	55377	82379
日用杂品	Sundry Goods for Daily Use	62993	26142	16037	20814
五金、交电、化工	Hardwares, Electric Appliances and Chemicals	100668	68811	14014	17843
药品及医疗器械	Medicines and Medical Appliances	45017	24773	12022	8222
能源、材料和机械电子设备批发业	Energy, Materials, Machines Electronic Equipment in Wholesale Trade	345100	224656	60007	60437
能源	Energy	53781	30539	13321	9921
化工材料	Chemical Materials	33879	22846	4397	6636
木材	Timber	23311	11578	5875	5858
建筑材料	Building Materials	71566	46553	10571	14442
矿产品	Ore Products	4958	2689	1141	1128
金属材料	Metals	56196	36976	12244	6976
机械、电子设备	Machines and Electronic Equipment	44308	36614	4307	3387
汽车、摩托车及零配件	Spare and Component Parts for Autombiles and Motorcycles	26098	19863	2962	3273
再生物资回收	Collection of Materials for Regexeration	31003	16998	5189	8816
其它批发业	Other Wholesale Trade	314032	98002	61536	154494
工艺美术品	Handicraft Articles	6249	4024	658	1567
图书报纸	Books and Newspapers	11687	6429	3503	1755
农业生产资料	Agricultural Producer Goods	209978	43510	41938	124530
其它类未包括的	Others	86118	44039	15437	26642

15-5 全国批发贸易业人员(1996年)

NUMBER OF PERSONS ENGAGED IN WHOLESALE TRADE (1996)

单位: 人 (person)

项　目	Item	合计 Total	市 City	县 County	县以下 Under County Level
合计	**Total**	**13099023**	**8065147**	**2449228**	**2584648**
按经济类型分	**By Type of Ownership**				
国有经济	State-owned	6071628	3911050	1335827	824751
集体经济	Collective Owned	3600738	2157986	583226	859526
私有经济	Private	646091	509444	41066	95581
个体经济	Individual	2419845	1166889	468510	784446
联营经济	Joint Owned	55994	49939	1783	4272
股份制经济	Share Holding	233374	207359	15403	10612
外商投资经济	Foreign Funded	31699	29187	1126	1386
港澳台投资经济	Funded by Entrepreneurs from Hong Kong, Macao and Taiwan	19356	18043	508	805
其他经济	Others	20298	15250	1779	3269
按行业分	**By Sector**				
食品、饮料、烟草和家庭日用批发业	Food, Beverage, Tabacco and Household Articles for Daily Use in Wholesale Trade	7708265	4440573	1571117	1696575
食品、饮料、烟草	Food, Beverage, Tabacco	3757963	1866488	815638	1075837
棉、麻、土畜产品	Cotton, Fiber, Local and Livesstock Products	421290	198082	164351	58857
纺织品、服装和鞋帽	Textile Products, Garments, Shoes and Hats	765669	549553	101791	114325
日用百货	Articles of Daily Use	1159439	668901	220083	270455
日用杂品	Sundry Goods for Daily Use	317824	176911	73527	67386
五金、交电、化工	Hardwares, Electric Appliances and Chemicals	844541	665887	99625	79029
药品及医疗器械	Medicines and Medical Appliances	441539	314751	96102	30686
能源、材料和机械电子设备批发业	Energy, Materials, Machines Electronic Equipment in Wholesale Trade	3536198	2710138	512871	313189
能源	Energy	748926	527663	157784	63479
化工材料	Chemical Materials	286075	230863	26312	28900
木材	Timber	258940	166234	62196	30510
建筑材料	Building Materials	536500	405381	64538	66581
矿产品	Ore Products	54530	40025	10626	3879
金属材料	Metals	658803	506787	104264	47752
机械、电子设备	Machines and Electronic Equipment	498513	445144	32525	20844
汽车、摩托车及零配件	Spare and Component Parts for Automobiles and Motorcycles	241331	204869	19727	16735
再生物资回收	Collection of Materials for Regexeration	252580	183172	34899	34509
其它批发业	Other Wholesale Trade	1854560	914436	365240	574884
工艺美术品	Handicraft Articles	42447	34000	2943	5504
图书报纸	Books and Newspapers	62694	42816	14499	5379
农业生产资料	Agricultural Producer Goods	1093701	370559	285917	437225
其它类未包括的	Others	655718	467061	61881	126776

15－6 各地区批发贸易业网点

NUMBER OF ESTABLISHMENTS IN WHOLESALE TRADE BY REGION

单位：个 (unit)

年份 地区 Year Region	合计 Total	国有经济 State－owned	集体经济 Collec－tive Owned	私营经济 Private	个体经济 Indivi－dual	联营经济 Joint Owned	股份制经济 Share Hold－ing	外商投资经济 Foreign Funded	港澳台投资经济 Funded by Entre－preneurs from Hong Kong,Macao & Taiwan	其他经济 Others
1994	1401671	345086	375566	20300	645221	3056	5302	1060	612	5468
1995	1675156	365947	418658	42984	832201	3239	7376	659	562	3530
1996	2026002	399830	480018	73823	1047849	4342	14529	1698	1165	2748
北京 Beijing	21177	8002	9358	821		430	1979	284	121	182
天津 Tianjin	9733	2681	5847	835		75	110	95	69	21
河北 Hebei	91992	12843	13721	575	64704	37	111		1	
山西 Shanxi	44550	11391	5969	899	26101	40	135	7		8
内蒙古 Inner Mongolia	14676	6744	3717	284	3653	22	246	4	4	2
辽宁 Liaoning	107764	17423	23144	12792	53669	135	476	63	26	36
吉林 Jilin	41747	8467	4401	375	28157	18	297	20	11	1
黑龙江 Heilongjiang	62753	11267	6590	872	43507	17	464	6	17	13
上海 Shanghai	33131	7897	12136	2790	8067	834	192	567	315	333
江苏 Jiangsu	92766	24595	34712	6370	25656	361	966	19	18	69
浙江 Zhejiang	69986	14794	21733	5840	25065	206	2154	13	24	157
安徽 Anhui	102784	15774	26486	835	59294	53	305	28	6	3
福建 Fujian	46190	10027	12310	1522	20879	400	184	111	113	644
江西 Jiangxi	60637	11825	14177	353	34057	22	165	16	13	9
山东 Shandong	185013	24596	28438	11824	118323	127	1439	107	48	111
河南 Henan	130369	25624	26434	208	77558	42	484	11	7	1
湖北 Hubei	189528	37644	25621	4598	121019	116	472	30	18	10
湖南 Hunan	164373	16880	22248	2120	122842	60	200	3	6	14
广东 Guangdong	160432	36273	54927	13719	52529	784	1247	198	263	492
广西 Guangxi	50976	10105	21363	599	18218	305	310	12	7	57
海南 Hainan	19798	5226	3386	1220	9695	38	23	56	51	103
四川 Sichuan	155900	39970	70642	2115	40375	113	2197	16	5	467
贵州 Guizhou	35894	7817	6413	139	21395	19	71	17	13	10
云南 Yunnan	28114	9258	8735	1024	8872	41	167	10	2	5
西藏 Tibet	6287	189	12		6078	8				
陕西 Shaanxi	41758	9194	6114	484	25940	20	6			
甘肃 Gansu	27611	5937	4298	78	17285	5	8			
青海 Qinghai	2225	1167	974	62		2	17		3	
宁夏 Ningxia	5248	1238	1100	213	2677	1	19			
新疆 Xinjiang	22590	4982	5012	257	12234	11	85	5	4	

15-7 各地区批发贸易业人员

NUMBER OF PERSONS ENGAGED IN WHOLESALE TRADE BY REGION

单位：人 (person)

年份 地区 Year Region	合计 Total	国有经济 State-owned	集体经济 Collec-tive Owned	私营经济 Private	个体经济 Indivi-dual	联营经济 Joint Owned	股份制经济 Share Hold-ing	外商投资经济 Foreign Funded	港澳台投资经济 Funded by Entre-preneurs from Hong Kong,Macao & Taiwan	其他经济 Others
1994	10469523	5592739	3079382	171068	1399050	35911	149089	9959	5985	26340
1995	11564890	5813427	3185525	376025	1909145	39489	195971	9566	6029	29713
1996	13099023	6071628	3600738	646091	2419845	55994	233374	31699	19356	20298
北 京 Beijing	366035	200314	128880	8312		4476	19280	2405	873	1495
天 津 Tianjin	185821	83044	87335	7539		925	3105	3065	580	228
河 北 Hebei	574543	271478	133481	5811	161174	330	2243		26	
山 西 Shanxi	305062	169253	70335	5588	55908	624	3244	35		75
内蒙古 Inner Mongolia	199211	136976	45086	3099	8577	166	5045	38	213	11
辽 宁 Liaoning	955719	421871	280200	137549	98443	1771	14329	1056	347	153
吉 林 Jilin	382130	240327	71618	4975	58749	443	5471	196	347	4
黑龙江 Heilongjiang	623638	385400	106393	8445	110433	200	11706	79	433	549
上 海 Shanghai	507863	240537	179046	24787	15605	14733	7915	15677	4996	4567
江 苏 Jiangsu	818503	398870	307409	43229	43851	3796	20735	95	253	265
浙 江 Zhejiang	441596	178686	130077	54669	49653	2434	24877	189	136	875
安 徽 Anhui	569585	248828	169198	7906	138436	609	3952	522	107	27
福 建 Fujian	256272	116525	59613	10508	57179	4113	3564	1000	764	3006
江 西 Jiangxi	341112	157405	79114	2959	99151	204	1728	203	318	30
山 东 Shandong	1028023	371392	231169	69413	329755	2301	21169	1653	451	720
河 南 Henan	774820	384763	199562	1785	176216	599	11053	593	239	10
湖 北 Hubei	896184	364017	199009	41460	278669	1556	10794	367	149	163
湖 南 Hunan	730275	250731	155564	21319	296125	2718	3485	214	65	54
广 东 Guangdong	1121466	422352	393693	131744	127496	8534	23168	2950	8023	3506
广 西 Guangxi	233223	101561	88475	3785	32256	1097	5543	64	46	396
海 南 Hainan	128485	64232	20118	15242	23327	476	252	795	692	3351
四 川 Sichuan	735915	353783	256998	21590	76282	2847	23385	248	58	724
贵 州 Guizhou	144877	77461	26451	1226	37251	213	1927	152	152	44
云 南 Yunnan	166686	105847	41250	2286	13082	468	3655	47	6	45
西 藏 Tibet	10079	2348	95		7600	36				
陕 西 Shaanxi	246998	125730	52975	5729	62413	98	53			
甘 肃 Gansu	158862	85503	32715	1252	39280	52	60			
青 海 Qinghai	21998	15192	6520	141		7	85		53	
宁 夏 Ningxia	31580	18120	7448	1554	4191	15	252			
新 疆 Xinjiang	142462	79082	40911	2189	18743	153	1299	56	29	

15－8 全国零售贸易业网点(1996年)

NUMBER OF ESTABLISHMENTS IN RETAIL SALE TRADE (1996)

单位:个 (unit)

项 目	Item	合计 Total	市 City	县 County	县以下 Under County Level
合计	**Total**	**13963162**	**4459535**	**2163235**	**7340392**
按经济类型分	**By Type of Ownership**				
国有经济	State－Owned	257730	122539	75668	59523
集体经济	Collective－Owned	670138	280975	65955	323208
私有经济	Private	125569	78841	9874	36854
个体经济	Individual	12880830	3960650	2008016	6912164
联营经济	Joint Owned	3353	2323	509	521
股份制经济	Share Holding	7835	6462	790	583
外商投资经济	Foreign Funded	1697	1545	46	106
港澳台投资经济	Funded by Overseas Chinese from Hong Kong, Macao and Taiwan	1088	912	101	75
其他经济	Others	14922	5288	2276	7358
按零售行业分	**By Sector of Retail Sale**				
食品、饮料、烟草	Food, Beverage and Tabacco	5177416	1690769	790541	2696106
日用百货	Articles for Daily Use	3242769	962828	493305	1786636
纺织品、服装和鞋帽	Textile Products, Garments, Shoes and Hats	2018136	679373	342861	995902
日用杂品	Sundry Goods for Daily Use	799486	211939	147627	439920
五金、交电、化工	Hardwares, Electrical Appliances and Chemicals	583466	234272	98601	250593
药品及医疗器械	Medicines and Medical Appliances	123534	34758	29169	59607
图书报纸	Books and Newspapers	140856	58331	30180	52345
其它	Others	1877499	587265	230951	1059283

15－9 全国零售贸易业人员(1996年)

NUMBER OF PERSONS ENGAGED IN RETAIL SALE TRADE (1996)

单位:人 (person)

项 目	Item	合计 Total	市 City	县 County	县以下 Under County Level
合计	**Total**	**31892221**	**13012447**	**4913671**	**13966103**
按经济类型分	**By Type of Ownership**				
国有经济	State－Owned	3621498	2359859	805759	455880
集体经济	Collective－Owned	4111236	2456839	413055	1241342
私有经济	Private	1004856	740531	67372	196953
个体经济	Individual	22513368	6896534	3607080	12009754
联营经济	Joint Owned	58282	51199	2554	4529
股份制经济	Share Holding	441448	402600	11524	27324
外商投资经济	Foreign Funded	45327	39484	1268	4575
港澳台投资经济	Funded by Overseas Chinese from Hong Kong, Macao and Taiwan	44137	41506	949	1682
其他经济	Others	52069	23895	4110	24064
按零售行业分	**By Sector of Retail Sale**				
食品、饮料、烟草	Food, Beverage and Tabacco	10738924	4091313	1678401	4969210
日用百货	Articles for Daily Use	8614944	3728796	1241447	3644701
纺织品、服装和鞋帽	Textile Products, Garments, Shoes and Hats	4030888	1517717	707999	1805172
日用杂品	Sundry Goods for Daily Use	1670984	565770	307875	797339
五金、交电、化工	Hardwares, Electrical Appliances and Chemicals	1828788	1030952	281877	515959
药品及医疗器械	Medicines and Medical Appliances	405424	180647	101280	123497
图书报纸	Books and Newspapers	365464	195144	76148	94172
其它	Others	4236805	1702108	518644	2016053

15－10 各地区零售贸易业网点

NUMBER OF ESTABLISHMENTS IN RETAIL SALE TRADES BY REGION

单位：个 (unit)

年份 地区 Year Region	合计 Total	国有经济 State－owned	集体经济 Collec－tive Owned	私营经济 Private	个体经济 Indivi－dual	联营经济 Joint Owned	股份制经济 Share Hold－ing	外商投资经济 Foreign Funded	港澳台投资经济 Funded by Entre－preneurs from Hong Kong, Macao & Taiwan	其他经济 Others
1994	11875243	249838	706307	71326	10773479	9515	4208	387	370	59813
1995	13286512	263566	718540	95878	12155487	18604	4561	354	518	29004
1996	13963162	257730	670138	125569	12880830	3353	7835	1697	1088	14922
北京 Beijing	198931	8165	13628	2829	171790	207	1389	563	64	296
天津 Tianjin	151448	3182	6739	801	140508	30	158	7	6	17
河北 Hebei	1010149	8345	22400	1660	977579	41	94	2	28	
山西 Shanxi	349497	7174	23487	815	317870	6	56	15	4	70
内蒙古 Inner Mongolia	232850	7253	11064	1234	213034	6	237	5	9	8
辽宁 Liaoning	544661	9764	19655	7231	507590	25	273	33	16	74
吉林 Jilin	418078	6248	9169	892	401478	3	256	11	19	2
黑龙江 Heilongjiang	498181	8103	16121	4832	468812	17	271	7	8	10
上海 Shanghai	138025	10912	25073	3276	95858	1057	382	629	289	549
江苏 Jiangsu	747755	10150	52929	5118	678475	208	348	27	35	465
浙江 Zhejiang	807652	4990	26674	12250	763184	75	398	19	4	58
安徽 Anhui	534275	8593	21553	1188	502669	121	103	28	11	9
福建 Fujian	361448	6555	22799	1160	323759	201	119	81	107	6667
江西 Jiangxi	373443	7893	11972	805	352646	15	73	5	10	24
山东 Shandong	1266267	12446	22554	6707	1222773	70	592	18	40	1067
河南 Henan	630525	10808	34044	204	585060	58	312	1	28	10
湖北 Hubei	673204	14872	17730	4446	635284	386	429	12	11	34
湖南 Hunan	856094	12762	18749	3465	820905	48	132	8	5	20
广东 Guangdong	1023273	22629	114990	48882	834934	366	528	162	318	464
广西 Guangxi	581454	9320	18073	1150	552156	59	613	23	7	53
海南 Hainan	76759	3067	2203	1084	70320	13	19	10	31	12
四川 Sichuan	1156829	20683	72899	4918	1052764	179	756	14	26	4590
贵州 Guizhou	213103	4760	8588	70	199610	9	46		2	18
云南 Yunnan	321076	9981	17849	1794	291350	10	74	4	5	9
西藏 Tibet	17106	943	111	10	15997	45				
陕西 Shaanxi	306000	11339	43834	5811	244920	68	27			1
甘肃 Gansu	211203	7313	9869	1256	192301	2	67		1	394
青海 Qinghai	46901	2287	1793	49	42764	2	5			1
宁夏 Ningxia	38684	1343	1147	166	36018	1	9			
新疆 Xinjiang	178291	5850	2442	1466	168422	25	69	13	4	

15-11 各地区零售贸易业人员

NUMBER OF PERSONS ENGAGED IN RETAIL SALE TRADES BY REGION

单位：人　　(person)

年份 地区 Year Region	合计 Total	国有经济 State-owned	集体经济 Collective Owned	私营经济 Private	个体经济 Individual	联营经济 Joint Owned	股份制经济 Share Holding	外商投资经济 Foreign Funded	港澳台投资经济 Funded by Entrepreneurs from Hong Kong,Macao & Taiwan	其他经济 Others
1994	26531385	3599481	4353831	485116	17596799	46921	299022	16346	17501	116388
1995	29950803	3728502	4405763	704524	20551656	89040	323017	17411	30397	100493
1996	31892221	3621498	4111236	1004856	22513368	58282	441448	45327	44137	52069
北　京 Beijing	609700	173795	128610	29884	210253	7816	48941	6746	2386	1269
天　津 Tianjin	322511	59169	75186	7172	167924	728	10409	732	978	213
河　北 Hebei	2381097	176340	158007	15588	2014371	375	9988	1650	4778	
山　西 Shanxi	811804	115173	116304	4431	568418	546	6187	262	28	455
内蒙古 Inner Mongolia	572516	119749	83479	17079	342185	67	9637	199	104	17
辽　宁 Liaoning	1219527	198628	175580	75521	733495	474	32243	982	2240	364
吉　林 Jilin	857770	135590	86562	8546	604401	20	19396	892	2346	17
黑龙江 Heilongjiang	1319187	219943	175564	42133	843616	1653	34282	100	1177	719
上　海 Shanghai	714225	209331	265266	25185	140806	18239	21968	16540	10330	6560
江　苏 Jiangsu	1677497	165443	346282	45789	1076732	4407	29423	5234	3149	1038
浙　江 Zhejiang	1428910	63690	128343	111081	1101451	2786	19781	876	646	256
安　徽 Anhui	1329452	129136	141928	12557	1032910	2041	8876	565	1343	96
福　建 Fujian	774559	57433	85033	13712	588091	3405	1405	936	955	23589
江　西 Jiangxi	1043131	87715	59362	7181	883226	210	3822	14	1570	31
山　东 Shandong	2993776	209787	200329	48067	2491645	2413	35019	423	814	5279
河　南 Henan	1329012	162611	138799	1390	996534	157	28198	608	415	300
湖　北 Hubei	1560809	194987	109302	39580	1176453	1339	38376	309	163	300
湖　南 Hunan	2137928	173735	127622	37822	1789005	529	7181	1607	366	61
广　东 Guangdong	2595682	280850	586216	324281	1369450	6363	13958	4868	7519	2177
广　西 Guangxi	974947	90994	101559	8892	761407	389	11356	100	18	232
海　南 Hainan	180462	28106	11658	8349	126674	284	3923	93	554	821
四　川 Sichuan	2122883	167097	302945	50349	1567623	1041	23487	1462	1404	7475
贵　州 Guizhou	335617	39126	28774	348	266068	81	1168		25	27
云　南 Yunnan	588894	63189	51428	7150	459556	172	7207	20	44	128
西　藏 Tibet	29313	6893	524	48	21693	155				
陕　西 Shaanxi	1013042	123203	320727	35731	520686	2261	10416			18
甘　肃 Gansu	471671	63985	73280	16089	314956	222	1804		710	625
青　海 Qinghai	88603	21005	9185	270	58120	9	12			2
宁　夏 Ningxia	77401	19782	7451	1286	48771	9	102			
新　疆 Xinjiang	330295	65013	15931	9345	236848	91	2883	109	75	

15－12 全国餐饮业网点(1996年)

NUMBER OF ESTABLISHMENTS IN CATERING TRADE (1996)

单位:个 (unit)

项 目	Item	合计 Total	市 City	县 County	县以下 Under County Level
合计	**Total**	**2587730**	**932518**	**453763**	**1201449**
按经济类型分	**By Type of Ownership**				
国有经济	State－owned	30019	17488	9780	2751
集体经济	Collective Owned	73287	43278	7572	22437
私有经济	Private	16765	12228	1310	3227
个体经济	Individual	2460961	854216	434628	1172117
联营经济	Joint Owned	819	603	119	97
股份制经济	Share Holding	1235	1008	148	79
外商投资经济	Foreign Funded	1876	1698	48	130
港澳台投资经济	Funded by Entrepreneurs from Hong Kong, Macao and Taiwan	1570	1400	73	97
其他经济	Others	1198	599	85	514
按行业分	**By Sector**				
正餐	Dinner	1181732	423994	208240	549498
快餐	Fast Food	397561	145457	72609	179495
其它餐饮业	Other Catering Trade	1008437	363067	172914	472456

15－13 全国餐饮业人员(1996年)

NUMBER OF PERSONS ENGAGED IN CATERING TRADE (1996)

单位:人 (person)

项 目	Item	合计 Total	市 City	县 County	县以下 Under County Level
合计	**Total**	**7753108**	**3577596**	**1255524**	**2919988**
按经济类型分	**By Type of Ownership**				
国有经济	State－owned	609998	431146	144744	34108
集体经济	Collective Owned	760584	547980	61732	150872
私有经济	Private	158775	111890	13948	32937
个体经济	Individual	5953550	2243643	1028236	2681671
联营经济	Joint Owned	23542	20160	1172	2210
股份制经济	Share Holding	40487	36652	1692	2143
外商投资经济	Foreign Funded	103874	93482	1391	9001
港澳台投资经济	Funded by Entrepreneurs from Hong Kong, Macao and Taiwan	94671	87483	1348	5840
其他经济	Others	7627	5160	1261	1206
按行业分	**By Sector**				
正餐	Dinner	4321824	2128560	688858	1504406
快餐	Fast Food	1049829	461941	179445	408443
其它餐饮业	Other Catering Trade	2381455	987095	387221	1007139

15-14 各地区餐饮业网点

NUMBER OF ESTABLISHMENTS IN CATERING TRADE BY REGION

单位：个 (unit)

年份 地区 Year Region	合计 Total	国有经济 State-owned	集体经济 Collective Owned	私营经济 Private	个体经济 Individual	联营经济 Joint Owned	股份制经济 Share Holding	外商投资经济 Foreign Funded	港澳台投资经济 Funded by Entrepreneurs from Hong Kong, Macao & Taiwan	其他经济 Others
1994	2173960	26359	71134	15423	2004511	43697	285	784	891	10876
1995	2493458	27269	78221	18519	2359708	4314	546	1287	1069	2525
1996	2587730	30019	73287	16765	2460961	819	1235	1876	1570	1198
北 京 Beijing	35681	1905	3837	415	28956	85	122	227	80	54
天 津 Tianjin	25764	557	1038	27	24052	9	3	53	22	3
河 北 Hebei	167908	889	1845	340	164702	103	6	12	11	
山 西 Shanxi	69855	992	995	274	67562		11	11	10	
内蒙古 Inner Mongolia	40747	714	1575	193	38211		27	17	10	
辽 宁 Liaoning	84370	1354	2862	1276	78619	12	40	146	51	10
吉 林 Jilin	61332	699	697	183	59624	2	25	71	31	
黑龙江 Heilongjiang	80319	858	3813	406	75071	22	25	49	30	45
上 海 Shanghai	25250	1625	5198	386	17161	264	54	297	149	116
江 苏 Jiangsu	126750	1395	7229	833	116905	55	58	164	107	4
浙 江 Zhejiang	106405	632	1826	419	103375	11	61	53	22	6
安 徽 Anhui	131957	823	4156	101	126796	5	16	35	24	1
福 建 Fujian	58026	676	1245	277	54850	29	22	95	125	707
江 西 Jiangxi	76333	855	1187	223	74034		10	7	9	8
山 东 Shandong	213927	2040	3374	2587	205300	6	163	181	266	10
河 南 Henan	164517	1290	2127	171	160815		31	26	18	39
湖 北 Hubei	181026	1277	2093	2627	174797	8	55	45	118	6
湖 南 Hunan	140129	898	2167	177	136824	6	10	27	10	10
广 东 Guangdong	120789	1783	8513	3109	106510	163	107	210	347	47
广 西 Guangxi	97055	1015	2302	151	93511	2	16	22	18	18
海 南 Hainan	10419	86	62	128	9981	7	20	74	50	11
四 川 Sichuan	241726	3697	10632	292	226645	3	299	37	28	93
贵 州 Guizhou	42212	289	274	11	41625		6	2	4	1
云 南 Yunnan	68748	1022	594	575	66536	2	3	3	6	7
西 藏 Tibet	5422	5	40	6	5371					
陕 西 Shaanxi	87692	1464	3122	1320	81709	23	30	6	18	
甘 肃 Gansu	48882	450	167	91	48172	1	1			2
青 海 Qinghai	10422	95	90	10	10222		1		2	2
宁 夏 Ningxia	11141	122	54	42	10916		4	1	2	
新 疆 Xinjiang	52926	512	173	115	52109	1	9	5	2	

15－15 各地区餐饮业人员

NUMBER OF PERSONS ENGAGED IN CATERING TRADE BY REGION

单位：人 (person)

年份 地区 Year Region	合计 Total	国有经济 State－owned	集体经济 Collec－tive Owned	私营经济 Private	个体经济 Indivi－dual	联营经济 Joint Owned	股份制经济 Share Hold－ing	外商投资经济 Foreign Funded	港澳台投资经济 Funded by Entre－preneurs from Hong Kong, Macao & Taiwan	其他经济 Others
1994	6350650	543853	740938	93013	4691347	102688	13804	48798	91419	24790
1995	7100962	563296	686432	144902	5456207	29293	23337	80477	105477	11541
1996	7753108	609998	760584	158775	5953550	23542	40487	103874	94671	7627
北 京 Beijing	169341	39111	39034	1288	64557	2069	3578	14673	4671	360
天 津 Tianjin	77652	12600	14162	442	45676	346	123	3103	1181	19
河 北 Hebei	477914	20061	15000	3105	438047	444	222	654	381	
山 西 Shanxi	182808	13189	7384	2716	158054		61	738	666	
内蒙古 Inner Mongolia	125295	12645	10263	2570	97609		524	1209	475	
辽 宁 Liaoning	318190	27608	28925	19609	226972	110	2916	7821	4008	221
吉 林 Jilin	189749	14305	7922	2748	159082	17	600	2670	2405	
黑龙江 Heilongjiang	289674	20062	37682	5693	221183	346	614	2192	1817	85
上 海 Shanghai	234611	55675	76390	4755	50141	9432	3336	18470	15329	1083
江 苏 Jiangsu	381647	30032	65535	10843	263726	771	1677	5200	3822	41
浙 江 Zhejiang	230782	16567	17450	5105	186762	459	1759	2052	597	31
安 徽 Anhui	368714	16219	37084	1017	310650	81	671	1420	1566	6
福 建 Fujian	167691	8217	11468	4134	133143	1172	217	4309	3486	1545
江 西 Jiangxi	232624	10765	10646	2163	207706		136	375	792	41
山 东 Shandong	668955	35942	44165	14574	558672	68	4881	6186	4308	159
河 南 Henan	464734	24604	19034	2253	415486		1451	639	959	308
湖 北 Hubei	479446	24170	20983	5437	417528	541	1693	2588	6479	27
湖 南 Hunan	404374	23482	18535	1954	357066	48	574	1787	890	38
广 东 Guangdong	627667	65453	133881	42357	323314	6715	2124	18049	33922	1852
广 西 Guangxi	205712	17708	22195	1594	161262	63	1127	680	754	329
海 南 Hainan	49103	3506	1122	1994	34651	259	693	4444	1682	752
四 川 Sichuan	630822	68797	80037	5253	463481	95	7457	3498	1656	548
贵 州 Guizhou	75471	4014	2452	503	67926		148	177	246	5
云 南 Yunnan	155391	11333	6147	1120	135663	197	146	330	300	155
西 藏 Tibet	11479	22	215	12	11230					
陕 西 Shaanxi	253365	18422	26743	11328	190707	293	3340	425	2107	
甘 肃 Gansu	113455	6182	2217	1371	103650	11	24			
青 海 Qinghai	21686	1192	673	94	19640		7		58	22
宁 夏 Ningxia	27105	2642	851	777	22566		178	50	41	
新 疆 Xinjiang	117651	5473	2389	1966	107400	5	210	135	73	

15－16 社会消费品零售总额(按地区和城乡分)

TOTAL RETAIL SALES OF CONSUMER GOODS BY REGION AND BY URBAN－RUAL AREAS

单位：亿元 (100 million yuan)

年份地区 Year Region	社会商品零售总额 Total Retail Sales	社会消费品零售总额 Total Retail Sales of Consumer Goods	农业生产资料 Agricultural Producer Goods	按地区分 By Region 市 City	县 County	县以下 Under County Level	按城乡分 By Urban and Rural Areas 城镇 Urban Areas	乡村 Rural Areas
1952	276.8	262.7	14.1				125.6	151.2
1957	474.2	441.6	32.6				238.4	235.8
1962	604.0	543.7	60.3				318.5	285.5
1965	670.3	590.1	80.2				338.9	331.4
1970	858.0	728.8	129.2				400.0	458.0
1975	1271.1	1046.4	224.7				606.9	664.2
1978	1558.6	1264.9	293.7				748.2	810.4
1980	2140.0	1794.0	346.0	733.6	399.4	1007.0	950.3	1189.7
1985	4305.0	3801.4	503.6	1874.5	737.2	1693.3	1788.0	2517.0
1986	4950.0	4374.0	576.0	2018.0	902.0	2030.0	2094.0	2856.0
1987	5820.0	5115.0	705.0	2427.0	1030.0	2363.0	2470.0	3350.0
1988	7440.0	6534.6	905.4	3260.8	1264.3	2914.9	3217.6	4222.4
1989	8101.4	7074.2	1027.2	3666.8	1329.5	3105.1	3533.9	4567.5
1990	8300.1	7250.3	1049.8	3888.6	1337.4	3074.1	3735.0	4565.1
1991	9415.6	8245.7	1169.9	4529.8	1491.2	3394.6	4371.2	5044.4
1992	10993.7	9704.8	1288.9	5470.3	1689.8	3833.6	5286.5	5707.2
1993		12462.1		7224.9	2039.5	3197.7	6904.0	5558.1
1994		16264.7		9661.2	2407.2	4196.3	9127.1	7137.6
1995		20620.0		12376.7	2919.6	5323.7	11719.4	8900.6
1996		24774.1		14951.2	3280.0	6542.9	14004.4	10769.7
北京 Beijing		923.7		521.6	111.8	290.3		
天津 Tianjin		470.0		391.4	30.1	48.6		
河北 Hebei		1022.1		513.1	179.8	329.2		
山西 Shanxi		449.6		258.4	99.8	91.5		
内蒙古 Inner Mongolia		330.9		191.3	80.1	59.6		
辽宁 Liaoning		1289.4		1051.0	79.3	159.1		
吉林 Jilin		555.6		412.1	59.9	83.6		
黑龙江 Heilongjiang		782.2		554.2	124.1	103.8		
上海 Shanghai		1161.3		925.7	53.8	181.8		
江苏 Jiangsu		1932.9		1158.0	131.1	643.8		
浙江 Zhejiang		1599.4		855.9	163.5	579.9		
安徽 Anhui		727.1		341.2	161.5	224.4		
福建 Fujian		832.5		451.8	117.3	263.3		
江西 Jiangxi		490.4		213.6	116.0	160.8		
山东 Shandong		1691.7		1001.5	172.0	518.1		
河南 Henan		1118.9		549.0	241.6	328.2		
湖北 Hubei		1145.7		688.4	130.3	327.1		
湖南 Hunan		947.4		472.9	182.0	292.4		
广东 Guangdong		2577.9		1698.8	152.2	726.9		
广西 Guangxi		611.3		285.4	125.2	200.7		
海南 Hainan		121.6		75.9	16.6	29.1		
四川 Sichuan		1514.8		796.9	241.0	477.0		
贵州 Guizhou		233.5		118.0	60.2	55.3		
云南 Yunnan		414.2		192.1	116.9	105.2		
西藏 Tibet		26.5		11.1	7.7	7.6		
陕西 Shaanxi		432.1		270.2	82.8	79.2		
甘肃 Gansu		259.5		162.4	42.8	54.3		
青海 Qinghai		62.5		37.1	15.7	9.7		
宁夏 Ningxia		65.7		40.6	13.9	11.2		
新疆 Xinjiang		295.4		171.5	55.4	68.5		

注：1993年以前为社会商品零售总额，系社会消费品和农业生产资料零售额之和。

a) Prior to 1993, the data refer to the total retail sales of commodities in the whole country, which were the sum of the total retail sales of consumer goods and agricultural producer goods.

15－17 社会消费品零售总额(按经济类型分)

TOTAL RETAIL SALES OF CONSUMER GOODS BY OWNERSHIP

单位: 亿元

(100 million yuan)

年份 地区 Year Region		国有单位 State－owned	集体单位 Collective Owned	合营 Joint Owned	个体 Individual	其他 Others
	1952	45.0	50.3	1.1	168.6	11.8
	1957	176.3	195.8	76.0	12.9	13.2
	1962	306.7	256.0		14.3	27.0
	1965	355.5	289.3		12.5	13.0
	1975	708.3	536.0		1.8	25.0
	1978	851.0	674.4		2.1	31.1
	1980	1100.7	954.9	0.4	15.0	69.0
	1985	1740.0	1600.3	12.7	661.0	291.0
	1990	3285.9	2631.0	40.3	1569.6	773.3
	1992	4539.8	3068.2	80.3	2228.0	1077.4
	1993	4676.4	2741.0	36.3	3016.9	1991.5
	1994	5193.9	3375.2	70.4	4626.6	2998.6
	1995	6154.1	3981.6	73.3	6253.8	4157.3
	1996	6745.1	4567.0	125.3	7923.7	5413.0
北京	Beijing	314.8	217.3	24.0	241.8	125.8
天津	Tianjin	115.7	99.8	5.1	71.6	177.8
河北	Hebei	294.3	160.1	2.2	422.6	142.8
山西	Shanxi	149.5	79.7	0.5	145.2	74.7
内蒙古	Inner Mongolia	111.0	59.2	0.1	100.8	59.8
辽宁	Liaoning	255.8	170.5	1.0	526.1	336.0
吉林	Jilin	111.3	48.7	0.1	238.1	157.3
黑龙江	Heilongjiang	225.1	95.0	0.1	330.8	131.1
上海	Shanghai	454.3	350.2	30.1	67.0	259.7
江苏	Jiangsu	512.1	602.8	9.4	394.2	414.4
浙江	Zhejiang	254.6	216.1	11.1	703.5	414.1
安徽	Anhui	216.6	160.3	1.5	196.8	151.9
福建	Fujian	137.7	134.4	5.8	423.8	130.7
江西	Jiangxi	141.6	71.3	0.6	164.6	112.3
山东	Shandong	419.0	385.6	4.5	558.4	324.1
河南	Henan	335.1	207.0	1.9	399.1	175.9
湖北	Hubei	288.8	188.0	5.0	353.9	310.0
湖南	Hunan	204.5	120.3	1.2	407.8	213.6
广东	Guangdong	611.3	434.1	25.4	904.4	602.7
广西	Guangxi	140.1	86.8	1.0	253.5	130.0
海南	Hainan	27.9	7.3	1.3	51.3	33.8
四川	Sichuan	363.6	303.0	1.5	424.1	422.6
贵州	Guizhou	65.6	24.1	0.1	96.7	47.0
云南	Yunnan	146.9	75.1	0.5	105.4	86.2
西藏	Tibet	7.8	0.7	0.1	14.6	3.3
陕西	Shaanxi	142.3	84.2	1.6	97.9	106.1
甘肃	Gansu	84.4	39.8	0.7	97.6	37.0
青海	Qinghai	26.9	6.2		20.2	9.1
宁夏	Ningxia	26.0	8.4		16.2	15.1
新疆	Xinjiang	120.0	19.3	0.1	95.4	60.6

注: 1.供销合作社零售额1958－1961年包括在国有单位零售额中，其他各年包括在集体单位零售额中。
2.合营零售额1952－1958年是公私合营，1980年以后包括各种不同经济类型的合营和中外合营。
3.个体零售额1952－1957年包括私营。
4.1993年以前是社会商品零售总额，1993年及以后是社会消费品零售总额。
5.1993年以后，其他经济包括农对非、私营、股份制、外商投资、港澳台投资经济。
6.1992－1996年社会消费品零售总额含居民购买住房，1996年分地区额不含居民购买住房.

a) The retail sales of the supply and marketing cooperatives in 1958－1961 were included in those of the state－owned units, but were included in those of the collective owned units in other years.

b) The retail sales of the joint－owned units in 1952－1958 refered to those of the joint state－private units. Since 1958, it refered to those of the enterprises of various forms of domestic joint ownership and the Sinoforeign joint ventures.

c) The retail sales of the individuals in 1952－1957 included those of the private enterprises.

d) The data prior to 1993 refered to the total retail sales of all goods. Since 1993, they have refered to the total retail sales of consumer goods.

e) Since 1993, other types of ownership have included private, share holding, foreign funded enterprises and enterprises funded by the entrepreneurs from Hong Kong, Macao and Taiwan. The retail sales to the nonagricultural residents by the agricultural residents have also been included.

f) The total retail sales of consumer goods included purchasing house by resident during 1992 to 1996, and the toatl retail sales of consumer goods grouped by region excluded the purchases of houses by residents in 1996.

15－18 社会消费品零售总额(按行业分)

TOTAL RETAIL SALES OF CONSUMER GOODS BY SECTOR

单位：亿元 (100 million yuan)

年份 地区 Year Region	批发零售贸易业 Wholesale and Retail Sale Trades	餐饮业 Catering Trade	制造业 Manufacturing	其他行业 Others
1952	211.3	14.1	37.9	13.5
1957	399.5	24.2	33.9	16.6
1962	502.1	39.1	27.9	34.9
1965	594.6	31.2	24.2	20.3
1970	769.3	29.6	27.4	31.7
1975	1113.9	45.5	61.6	50.1
1978	1363.7	54.8	73.2	66.9
1980	1768.0	80.0	165.0	127.0
1985	3272.2	196.9	400.7	435.2
1986	3717.8	232.8	457.6	541.8
1987	4343.5	283.0	537.1	656.4
1988	5544.6	366.5	686.1	842.8
1989	6009.5	405.1	720.3	966.5
1990	6127.4	419.8	699.1	1053.8
1991	6903.9	492.0	788.0	1231.7
1992	7922.2	589.7	939.4	1542.4
1993	8726.9	800.1	1062.9	1872.2
1994	11039.7	1175.1	1272.8	2777.1
1995	13801.3	1579.2	1540.7	3698.8
1996	16205.1	2024.8	1775.3	4768.8
北京 Beijing	657.0	68.4	38.1	160.1
天津 Tianjin	267.1	36.5	37.6	128.8
河北 Hebei	709.5	77.1	93.4	142.0
山西 Shanxi	311.7	31.8	31.5	74.6
内蒙古 Inner Mongolia	221.4	26.0	27.4	56.1
辽宁 Liaoning	906.2	117.4	52.5	213.3
吉林 Jilin	360.3	57.3	26.6	111.4
黑龙江 Heilongjiang	600.9	54.3	37.6	89.4
上海 Shanghai	943.8	75.2	36.8	105.5
江苏 Jiangsu	1337.1	126.0	186.7	283.0
浙江 Zhejiang	1106.9	103.5	119.1	269.8
安徽 Anhui	468.9	49.7	72.2	136.3
福建 Fujian	590.1	73.2	40.8	128.4
江西 Jiangxi	309.7	32.4	41.5	106.8
山东 Shandong	1083.3	148.9	215.3	244.2
河南 Henan	728.8	96.0	151.6	142.4
湖北 Hubei	736.7	96.3	67.5	245.3
湖南 Hunan	622.7	71.1	57.8	195.8
广东 Guangdong	1678.8	352.0	140.2	406.9
广西 Guangxi	401.4	56.8	43.5	109.6
海南 Hainan	68.4	16.0	3.3	33.9
四川 Sichuan	912.7	126.3	123.2	352.6
贵州 Guizhou	156.9	12.0	10.9	53.6
云南 Yunnan	284.3	28.4	29.3	72.2
西藏 Tibet	16.9	4.5	0.8	4.2
陕西 Shaanxi	275.7	30.9	41.3	84.2
甘肃 Gansu	171.1	27.6	18.5	42.3
青海 Qinghai	44.3	4.7	3.5	10.0
宁夏 Ningxia	41.4	5.0	4.6	14.7
新疆 Xinjiang	191.1	19.4	22.2	62.6

注：1.1993年以前是社会商品零售总额，1993年及以后是社会消费品零售总额。

2.1993年及以后，其他经济包括农对非、私营、股份制、外商投资、港澳台投资经济。

a) The data prior to 1993 refered to the total retail sales of all goods. Since 1993, they have refered to the total retail saies of consumer goods.

b) Since 1993, other types of ownership have included private, share holding, foreign funded enterprises and enterprises funded by the entrepreneurs from Hong Kong, Macao and Taiwan. The retail sales to the nonagricultural residents by the agrcultural residents have also been included.

15－19 批发零售贸易业商品购进、销售和库存总额

TOTAL PURCHASES, SALES AND INVENTORY IN WHOLESALE AND RETAIL SALE TRADES

单位：亿元 (100 million yuan)

项目	Item	1995	1996
商品购进总额	**Total Purchases of Goods**	**36983.6**	**38549.7**
从生产者购进	From Producers	20035.3	20994.2
#农副产品购进	Purchase of Farm and Sideline Products	2900.5	2965.5
从批发零售贸易业购进	From Wholesale Trade	14873.5	15489.2
进口	Import	1595.9	1583.7
其他	Others	478.9	482.7
商品销售总额	**Total Sales**	**40545.3**	**42546.9**
批发额	Total Wholesale	32349.4	33506.6
对生产经营单位批发	To Units of Production Management	10474.6	10789.1
#对农民农业生产资料批发	Wholesale of Agricultural Producer Goods to Peasants	1435.7	1548.6
对批发、零售贸易业批发	To Wholtsale and Retail Sale Trades	16693.8	17979.1
出口	Export	5181.0	4738.4
零售额	Total Retail Sales	8195.9	9040.3
年末库存额	**Inventory (year－end)**	**6705.5**	**7227.3**

15－20 批发零售贸易业商品分类销售和库存总额

TOTAL VALUE AND INVENTORY IN WHOLESALE AND RETAIL SALE TRADES GROUPED BY CATEGORY OF COMMODITIES

单位：亿元 (100 million yuan)

商品分类	Commodity	批发额 Value in Wholesale Trade		零售额 Value in Retail Sale Trade		年末库存 Inventory (year－end)	
		1995	1996	1995	1996	1995	1996
总计	**Total**	**32349.4**	**33506.6**	**8195.9**	**9040.3**	**6705.5**	**7227.3**
食品饮料烟酒类	Food, Beverage,Tabacco and Liquor	7887.3	8346.2	2267.2	2413.5	2019.7	2439.0
纺织品类	Textile Products	1550.0	1299.9	343.1	375.8	339.8	302.0
服装鞋帽类	Garments, Shoes and Hats	1107.2	1164.3	785.2	876.7	301.2	325.8
日用品类	Articles for Daily Use	1070.6	1107.8	817.6	884.7	355.4	373.5
家用电器类	Household Electric Products	1281.0	1399.6	875.8	995.1	408.9	421.6
文化体育用品类	Culture and Sports Articles	320.6	345.9	187.1	220.1	108.0	115.1
化装品类	Cosmetics	119.7	140.9	120.0	147.8	52.6	57.2
首饰类	Jewelry	52.3	60.3	171.7	173.6	65.3	61.5
中西药品类	Medicines	597.8	670.6	506.7	579.8	261.6	251.2
书报杂志类	Books and Newspapers	178.4	291.4	157.2	231.1	68.6	86.5
石油及制品类	Petroleum and Petroleum Products	2445.9	2631.2	288.5	389.7	148.0	157.7
煤炭及制品类	Coal and Coal Products	660.5	828.5	99.4	103.1	66.5	83.5
化工材料及制品类	Chemical Materials and Products	3174.3	3408.2	100.2	114.8	387.5	448.5
木材类	Timber	264.6	221.9	46.8	36.4	52.6	45.1
建筑材料类	Building Materials	689.1	680.0	132.9	155.8	122.5	118.6
黑色金属材料类	Ferrous Metal Materials	2768.5	2620.0	112.1	97.9	364.2	356.0
有色金属材料类	Nonferrous Metal Materials	679.0	582.4	18.8	15.2	64.2	54.3
机电设备类	Mechanical and Electrical Products	3107.1	3235.9	510.0	498.7	471.6	496.7
其他类	Others	4395.2	4471.5	655.5	730.2	1047.4	1033.6
#生活消费品	Comsumer Goods	309.5	238.5	165.8	190.8	100.0	79.3

15－21 全国批发零售贸易业商品购进总额(1996年)

TOTAL PURCHASES IN WHOLESALE AND RETAIL SALE TRADES (1996)

单位: 亿元 (100 million yuan)

项 目	Item	商品购进总额 Total Goods Purchase	从生产者购进 From Producers	#农副产品 Farm and Sideline Products	从批发零售贸易业购进 From Wholesale Trade	进口 Import	其它 Others
合计	**Total**	**38549.7**	**20994.2**	**2965.5**	**15489.2**	**1583.7**	**482.7**
国有经济	State－owned	24646.5	14398.1	2176.6	8781.3	1253.1	214.0
集体经济	Collective Owned	10437.0	4680.0	708.4	5352.8	164.7	239.5
私有经济	Private	596.8	285.9	16.2	303.2	3.4	4.3
联营经济	Joint Owned	428.0	215.5	10.3	193.1	14.2	5.3
股份制经济	Share Holding	2088.3	1238.1	39.8	705.8	129.8	14.6
外商投资经济	Foreign Funded	134.5	63.0	4.2	59.5	8.5	3.5
港澳台投资经济	Funded by Entrepreneurs from Hong Kong, Macao and Taiwan	140.3	77.9	3.3	52.5	9.1	0.8
其他经济	Others	78.3	35.8	6.7	41.1	0.9	0.7

15－22 全国批发零售贸易业销售、库存总额(1996年)

TOTAL SALES AND INVENTORY IN WHOLESALE AND RETAIL SALE TRADES (1996)

单位: 亿元 (100 million yuan)

项 目	Item	商品销售总额 Total Sales	批发总额 Total Wholesale	对生产经营单位批发 To Units of Production Management	#对农民农业生产资料批发 Wholesale of Agricultural Producer Goodsto Peasants	对批发零售贸易业批发 To Wholesale and Retail Sale Trade	出口 Export	零售总额 Total Retail Sales	年末库存 Inventory (year－end)
合计	**Total**	**42546.9**	**33506.6**	**10789.1**	**1548.6**	**17979.1**	**4738.4**	**9040.3**	**7227.3**
国有经济	State－owned	27288.7	22391.7	6415.4	545.2	11714.3	4262.0	4897.0	4803.5
集体经济	Collective Owned	11210.6	8518.2	3555.7	976.4	4880.7	81.9	2692.4	1930.9
私有经济	Private	697.8	447.0	169.3	4.3	273.5	4.2	250.8	76.2
联营经济	Joint Owned	485.6	340.3	127.2	3.2	203.6	9.5	145.3	55.6
股份制经济	Share Holding	2416.6	1574.4	441.0	16.0	764.1	369.3	842.2	301.8
外商投资经济	Foreign Funded	175.3	86.9	17.5	1.6	63.9	5.5	88.4	26.3
港澳台投资经济	Funded by Entrepreneurs from Hong Kong, Macao & Taiwan	176.6	91.3	43.1	0.7	44.5	3.6	85.3	25.5
其他经济	Others	95.7	56.9	19.9	1.1	34.6	2.4	38.8	7.5

15－23 各地区批发、零售贸易业商品购进总额(1996年)

TOTAL PURCHASES IN WHOLESALE AND RETAIL SALE TRADES BY REGION (1996)

单位：亿元　　　　(100 million yuan)

地区 Region	合计 Total	国有经济 State－owned	集体经济 Collec－tive Owned	私营经济 Private	联营经济 Joint Owned	股份制经济 Share Hold－ing	外商投资经济 Foreign Funded	港澳台投资经济 Funded by Entre－preneurs from Hong Kong, Macao & Taiwan	其他经济 Others
全　国　National Total	**38549.7**	**24646.6**	**10437.0**	**596.8**	**428.0**	**2088.3**	**134.5**	**140.2**	**78.3**
北　京　Beijing	2072.5	1585.5	303.0	17.5	34.9	102.8	17.4	9.0	2.4
天　津　Tianjin	951.1	617.1	242.2	16.0	12.3	45.6	12.8	3.3	1.9
河　北　Hebei	1372.0	988.8	349.0	8.0	1.6	19.0	2.5	3.2	
山　西　Shanxi	600.2	433.7	145.6	5.1	0.6	14.0	1.0	0.0	0.2
内蒙古　Inner Mongolia	352.0	252.9	81.2	2.2	0.7	14.5	0.5	0.1	0.0
辽　宁　Liaoning	1809.0	1243.8	377.5	66.4	5.2	109.6	2.3	3.1	1.2
吉　林　Jilin	555.4	388.6	113.4	12.3	1.5	33.5	0.7	5.4	0.0
黑龙江　Heilongjiang	902.9	678.4	161.6	14.2	0.8	46.2	0.4	1.2	0.0
上　海　Shanghai	2694.9	1516.5	675.6	5.8	159.7	255.0	47.3	34.9	
江　苏　Jiangsu	4790.8	2350.0	1961.1	34.9	41.9	363.6	9.4	6.2	23.7
浙　江　Zhejiang	2891.0	1751.0	735.8	99.3	36.1	251.6	4.6	5.8	6.8
安　徽　Anhui	1101.2	723.9	287.4	5.6	1.5	79.6	0.8	2.3	0.1
福　建　Fujian	1094.6	779.9	205.9	25.6	21.5	46.2	8.3	5.1	2.3
江　西　Jiangxi	539.1	372.7	153.2	2.0	0.4	6.3	0.1	4.5	0.0
山　东　Shandong	2322.8	1461.2	688.9	24.1	11.6	131.1	3.3	2.2	0.4
河　南　Henan	1522.1	956.4	438.5	3.8	1.4	121.2	0.1	0.2	0.5
湖　北　Hubei	1431.4	1004.0	288.4	44.2	2.8	91.2	0.4	0.4	0.2
湖　南　Hunan	1214.3	810.3	346.0	32.3	1.4	22.9	1.0	0.4	0.2
广　东　Guangdong	4294.6	2575.1	1291.1	131.3	77.8	126.9	17.8	44.5	30.1
广　西　Guangxi	714.9	452.3	208.3	8.7	2.6	36.7	0.9		5.5
海　南　Hainan	90.5	73.0	12.4	0.1	0.1	1.8	0.2	2.1	1.0
四　川　Sichuan	1693.4	1049.6	519.6	8.5	4.7	102.3	2.7	4.8	1.2
贵　州　Guizhou	354.0	283.1	62.1	1.6	0.3	6.5	0.1	0.3	0.0
云　南　Yunnan	1290.0	1054.4	194.8	9.6	4.7	26.0	0.1	0.1	0.2
西　藏　Tibet	11.3	10.7	0.6	0.0	0.1				
陕　西　Shaanxi	644.6	444.0	167.4	11.3	1.6	20.2			0.1
甘　肃　Gansu	336.3	217.3	116.1	0.1	0.4	1.4		0.8	0.3
青　海　Qinghai	82.2	67.5	14.2		0.0	0.4		0.1	
宁　夏　Ningxia	89.5	65.2	21.7	1.9	0.0	0.7			
新　疆　Xinjiang	731.2	440.0	274.7	4.3	0.2	11.7	0.0	0.3	

15－24 各地区批发、零售贸易业商品销售总额(1996年)

TOTAL SALES IN WHOLESALE AND RETAIL SALE TRADES BY REGION (1996)

单位：亿元　　　　(100 million yuan)

地区 Region	合计 Total	国有经济 State-owned	集体经济 Collective Owned	私营经济 Private	联营经济 Joint Owned	股份制经济 Share Holding	外商投资经济 Foreign Funded	港澳台投资经济 Funded by Entrepreneurs from Hong Kong, Macao & Taiwan	其他经济 Others
全　国 National Total	**42546.9**	**27288.7**	**11210.6**	**697.8**	**485.7**	**2416.6**	**175.2**	**176.6**	**95.7**
北　京 Beijing	2251.7	1732.0	293.6	17.3	38.9	133.4	24.3	9.8	2.4
天　津 Tianjin	1004.5	647.1	254.1	16.5	12.5	53.8	15.7	3.1	1.8
河　北 Hebei	1490.8	1090.0	364.6	7.9	1.8	21.6	2.4	2.6	
山　西 Shanxi	665.2	483.8	156.4	6.3	0.7	16.5	1.2	0.0	0.3
内蒙古 Inner Mongolia	401.3	287.6	90.8	4.0	0.7	17.5	0.5	0.1	0.0
辽　宁 Liaoning	2046.2	1415.9	406.7	81.9	7.3	127.0	2.7	3.6	1.2
吉　林 Jilin	573.9	388.6	121.1	15.2	1.4	39.6	1.0	7.1	0.0
黑龙江 Heilongjiang	977.0	728.9	173.6	16.0	1.0	55.0	0.5	2.0	0.0
上　海 Shanghai	3361.3	1957.5	795.7	6.4	188.2	316.9	55.6	41.1	
江　苏 Jiangsu	5215.2	2554.6	2156.9	38.8	39.9	389.2	10.1	6.4	19.3
浙　江 Zhejiang	3155.8	1896.5	804.7	103.9	38.1	292.9	7.2	5.2	7.3
安　徽 Anhui	1153.0	750.2	314.0	5.9	1.4	78.3	0.5	2.6	0.1
福　建 Fujian	1186.2	856.4	213.8	26.9	21.7	50.1	9.6	5.2	2.5
江　西 Jiangxi	608.3	420.1	174.2	2.0	0.5	6.4	0.1	5.0	0.0
山　东 Shandong	2517.8	1586.5	736.4	28.1	12.1	149.5	3.4	1.4	0.4
河　南 Henan	1652.6	1051.2	470.7	4.0	1.4	124.6	0.1	0.2	0.5
湖　北 Hubei	1609.8	1105.3	337.3	48.7	3.3	114.0	0.4	0.7	0.2
湖　南 Hunan	1302.2	864.3	370.9	39.1	1.6	24.9	1.1	0.2	0.2
广　东 Guangdong	4646.6	2779.2	1276.2	174.3	97.7	164.8	33.8	71.5	49.2
广　西 Guangxi	786.6	503.3	219.9	10.3	2.5	44.0	0.9		5.8
海　南 Hainan	101.3	80.8	13.6	0.2	0.1	3.3	0.3	1.9	1.3
四　川 Sichuan	1871.1	1159.8	571.8	9.1	4.9	116.3	3.0	5.1	1.2
贵　州 Guizhou	428.2	351.0	65.4	1.8	0.3	9.0	0.1	0.5	0.0
云　南 Yunnan	1526.5	1270.2	209.8	9.9	5.0	31.2	0.1	0.2	0.2
西　藏 Tibet	11.1	10.4	0.5	0.0	0.1				
陕　西 Shaanxi	697.0	479.0	176.8	16.8	2.0	22.4			0.1
甘　肃 Gansu	349.5	233.1	111.9	0.1	0.4	1.5		0.8	1.7
青　海 Qinghai	85.8	71.4	13.6	0.2	0.0	0.4		0.2	
宁　夏 Ningxia	94.1	70.4	21.2	1.8	0.0	0.7			
新　疆 Xinjiang	776.3	463.7	294.9	4.4	0.3	12.0	0.6	0.4	

15－25 各地区批发、零售贸易业商品库存总额(1996年)

INVENTORY IN WHOLESALE AND RETAIL SALE TRADES BY REGION (1996)

单位：亿元 (100 million yuan)

地 区 Region	合计 Total	国有经济 State－owned	集体经济 Collec－tive Owned	私营经济 Private	联营经济 Joint Owned	股份制经济 Share Hold－ing	外商投资经济 Foreign Funded	港澳台投资经济 Funded by Entre－preneurs from Hong Kong, Macao & Taiwan	其他经济 Others
全 国 National Total	**7227.3**	**4803.5**	**1930.9**	**76.2**	**55.6**	**301.8**	**26.3**	**25.5**	**7.5**
北 京 Beijing	372.4	270.2	69.2	1.0	5.4	21.3	2.4	2.4	0.4
天 津 Tianjin	152.0	96.2	39.1	3.2	1.7	6.8	4.3	0.7	0.2
河 北 Hebei	254.2	175.9	69.6	1.2	0.6	4.4	0.9	1.7	
山 西 Shanxi	168.0	115.9	48.0	0.2	0.1	3.6	0.3		
内蒙古 Inner Mongolia	109.7	82.3	22.4	0.5	0.2	4.2	0.1		
辽 宁 Liaoning	350.0	247.0	75.0	7.8	1.0	17.2	1.1	0.7	0.3
吉 林 Jilin	237.7	190.3	35.7	2.3	0.2	8.5	0.2	0.6	
黑龙江 Heilongjiang	305.9	229.5	62.9	2.3	0.5	9.7	0.3	0.9	
上 海 Shanghai	323.9	186.4	80.2	0.1	19.4	28.1	5.6	4.1	
江 苏 Jiangsu	684.5	374.2	254.7	7.0	7.7	34.7	4.4	1.7	0.2
浙 江 Zhejiang	333.5	187.7	101.9	9.5	4.5	28.1	0.8	0.5	0.5
安 徽 Anhui	258.9	187.0	63.0	0.9	0.5	6.8	0.2	0.6	
福 建 Fujian	154.2	106.3	36.7	3.8	2.4	3.4	0.5	0.5	0.4
江 西 Jiangxi	151.0	111.9	35.3	0.8	0.1	2.3		0.7	
山 东 Shandong	446.4	278.4	136.8	3.4	2.2	24.0	1.0	0.4	0.1
河 南 Henan	359.6	236.7	97.1	1.1	0.2	24.4	0.1		0.1
湖 北 Hubei	329.6	233.9	81.8	0.5	0.2	12.7	0.2	0.4	0.1
湖 南 Hunan	283.4	185.3	87.8	5.1	0.4	4.2	0.4	0.1	0.1
广 东 Guangdong	496.5	313.2	131.1	14.2	5.7	17.8	3.1	8.1	3.3
广 西 Guangxi	135.8	91.3	34.6	1.4	0.4	6.8	0.1		1.2
海 南 Hainan	17.7	13.8	1.8	0.0		1.5	0.1	0.2	0.2
四 川 Sichuan	396.8	264.5	111.2	2.1	0.4	17.5	0.2	0.6	0.4
贵 州 Guizhou	94.9	73.3	19.4	0.4	0.1	1.5	0.1	0.1	
云 南 Yunnan	243.8	189.7	47.1	0.7	0.3	6.0			
西 藏 Tibet	8.0	7.7	0.3		0.1				
陕 西 Shaanxi	148.7	104.6	35.6	4.0	0.8	3.6			
甘 肃 Gansu	118.0	78.9	37.4	0.1	0.6	0.6		0.4	0.1
青 海 Qinghai	32.4	25.7	6.5		0.0	0.1			
宁 夏 Ningxia	32.1	24.2	7.2	0.6		0.1			
新 疆 Xinjiang	227.9	121.7	101.7	2.1	0.1	2.0		0.2	

15－26 国有商业和供销合作社农业生产资料销售量

SALES OF AGRICULTURAL PRODUCER GOODS BY STATE－OWNED COMMERCIAL UNITS AND SUPPLY AND MARKETING COOPERATIVES

年 份 Year	化学肥料 (万吨) Chemical Fertilizers (10 000 tons)	化学农药 (万吨) Chemical Pesticides (10 000 tons)	大中型拖拉机 (万台) Tractors (10 000 units)	手扶拖拉机 (万台) Mini－tractors (10 000 units)	农用动力机械 (万千瓦) Motor－driven Agricultural Machinery (10 000 kw)	农药械 (万架) Pesticide Sprinklers (10 000 units)
1952	29.5	1.5				25.1
1957	179.4	14.9				64.7
1962	310.5	21.3			62.2	38.3
1965	972.0	54.3			118.6	185.6
1970	1744.8	102.3			321.0	297.3
1975	2415.6	148.4	6.9	17.0	891.1	341.4
1978	4087.5	146.4	9.6	29.6	1037.1	355.8
1980	5531.1	152.7	7.4	21.9	639.8	541.6
1985	6231.8	65.3	3.2	28.3	723.4	730.0
1986	7571.6	65.9	2.5	28.9	810.5	780.8
1987	8055.2	77.4	4.4	39.0	957.8	931.2
1988	8761.4	73.6	4.5	44.2	1221.0	914.3
1989	9378.7	63.7	3.1	34.7	1014.6	748.0
1990	10023.6	61.5	3.6	40.0	898.1	699.2
1991	10702.2	62.6	4.8	43.5	983.6	782.9
1992	10119.4	53.8	5.2	45.0	1154.7	652.0
1993	8273.8	50.4	3.9	35.1	1437.2	583.5
1994	8192.3	48.6	3.3	43.6	1251.2	392.4
1995	7467.0	50.7	5.0	54.8	1461.1	733.4
1996	7648.8	48.2	5.9	55.4	1520.4	484.7

注:1.1995年以后化肥、农药、农药械销售量是供销社系统的数，1994年以前是农资公司系统的纯销售数。
2.1996年以前化学肥料单位是标准吨，1996年改为自然吨。

a) The sales of chemical fertilizers, chemical pesticides and pesticide sprinklers after 1995 refer to those by the supply and marketing cooperative and they refer to those by the companies of the agricultural producer goods in the previous years.

b) Unit of chemical fertilizers was converted into standard ton prior to 1996, and it has refered to real ton since 1996.

15－27 城乡集市贸易情况

FREE MARKETS IN URBAN AND RURAL AREAS

项 目	Item	1985	1990	1994	1995	1996
集市数(个)	**Number of Free Markets**	**61337**	**72579**	**84463**	**82892**	**85391**
城市	Urban Areas	8013	13106	17880	19892	20832
乡村	Rural Areas	53324	59473	66583	63000	64559
集市贸易成交额(亿元)	**Transaction Value(100 million yuan)**	**632.3**	**2168.2**	**8981.6**	**11590.1**	**14694.9**
城市	Urban Areas	120.7	837.8	4569.1	6176.4	7882.5
乡村	Rural Areas	511.6	1330.4	4412.5	5413.7	6812.4
在集市贸易成交额中	**Of the Transaction Value:**					
粮油类	Grain and Oil	49.6	146.8	594.7	904.0	1141.1
肉禽蛋类	Meat, Poultry and Eggs	140.1	618.8	1626.4	2221.3	2754.0
水产品类	Aquatic Products	33.2	182.4	628.5	870.1	1134.7
蔬菜类	Vegetables	48.8	264.2	850.0	1202.8	1590.0
干鲜果类	Dried and Fresh Fruits	25.5	183.5	571.9	781.9	980.4
农业生产资料类	Agricultural Producer Goods	13.9	23.0	49.9		
大牲畜类	Large Domestic Animals	32.6	38.3	78.8	105.5	123.4

注: 1985年商品分类数字为乡村集市数，1986年及以后为城乡集市数。

a) The transaction value by category of commodities in 1985 refered to the data of the rural free markets, and since 1986 the figures have refered to the data of the free markets in both rural and urban areas.

15－28 各地区大中型批发、零售贸易业增加值(1996年)

VALUE ADDED OF LARGE AND MEDIUM－SIZED ENTERPRISES IN WHOLESALE AND RETAIL SALE TRADES BY REGION (1996)

单位：万元 (10 000 yuan)

地区 Region	增加值合计 Total Value Added	本年提取的固定资产折旧 Deprecia－tion of Fixed Assets Deducted in the Year	本年应付工资总额 Total Wages Payable in the Year	本年应付福利费总额 Welfare Expenses Payable in the Year	劳动就业保险费 Employment Insurance	商品销售税金及附加 Taxes and Extra Charges on Goods Sales	利润总额 Total Profits	管理费用中税金额 Taxes in Manage－ment Expenses
全 国 National Total	**21128768.2**	**1170319.2**	**4025983.7**	**594468.8**	**547891.2**	**834199.9**	**13731424.6**	**224480.8**
北 京 Beijing	1402561.9	71005.3	265961.0	45022.3	44426.7	28409.5	933605.8	14131.3
天 津 Tianjin	426712.4	21907.4	111163.0	16113.4	23687.3	6775.1	242765.2	4301.0
河 北 Hebei	682037.4	39089.5	137128.7	18971.4	16423.6	14433.5	447143.8	8846.9
山 西 Shanxi	363713.8	32231.1	74757.8	9612.5	7209.9	12082.8	221386.2	6433.5
内蒙古 Inner Mongolia	173919.4	14837.3	34469.1	4848.6	3205.9	4304.4	109228.5	3025.6
辽 宁 Liaoning	1011731.5	55486.9	190764.0	24977.8	24665.3	26406.6	677222.9	12208.0
吉 林 Jilin	281996.1	28368.4	80777.8	9871.9	4863.9	5949.5	148876.2	3288.4
黑龙江 Heilongjiang	458090.8	27521.2	93011.6	14515.5	12300.1	11073.1	294391.5	5277.8
上 海 Shanghai	2134140.6	76940.7	384604.3	68067.1	65991.4	177368.6	1351163.7	10004.8
江 苏 Jiangsu	2084767.1	113005.9	451805.5	64117.3	60923.6	41819.6	1334686.8	18408.4
浙 江 Zhejiang	1431539.0	77028.7	244880.1	35922.1	37996.4	31405.7	993516.1	10789.9
安 徽 Anhui	575441.9	26941.1	105901.6	13399.9	10671.5	13446.8	398384.2	6696.8
福 建 Fujian	485602.4	24824.0	81259.2	16722.5	9202.1	18222.7	330453.5	4918.4
江 西 Jiangxi	273336.7	9378.5	45166.2	5551.5	7141.6	5099.7	197610.9	3388.3
山 东 Shandong	1491747.4	84927.3	269615.1	35635.4	36802.2	52543.0	994558.5	17665.9
河 南 Henan	817622.8	40182.9	187031.6	22582.6	22853.9	21727.1	515437.7	7807.0
湖 北 Hubei	629184.4	41303.7	133191.7	18389.2	17512.9	14606.4	395958.2	8222.3
湖 南 Hunan	621989.1	39240.8	141755.5	19575.7	17739.8	19001.6	374416.1	10259.6
广 东 Guangdong	1935400.0	118862.5	370113.6	57769.5	35860.9	53201.0	1278824.9	20767.6
广 西 Guangxi	353594.1	20975.8	82215.2	10491.8	11428.4	10462.4	212892.7	5127.8
海 南 Hainan	41553.4	3678.1	8305.2	1398.8	1389.8	1132.3	25250.3	398.9
四 川 Sichuan	920959.8	63496.6	184888.0	26679.8	30380.5	26192.9	575045.7	14276.3
贵 州 Guizhou	210382.7	11759.4	24284.4	3535.9	3934.9	7138.5	154544.5	5185.1
云 南 Yunnan	1270843.7	54344.7	129588.5	21988.6	15649.0	207327.0	833388.9	8557.0
西 藏 Tibet	3869.1	621.5	775.1	133.7	68.1	64.0	2204.0	2.7
陕 西 Shaanxi	230346.0	12900.1	39051.3	8558.8	4004.8	4312.9	158260.6	3257.5
甘 肃 Gansu	192546.1	17330.5	50449.6	6470.0	4696.1	6640.7	103798.5	3160.7
青 海 Qinghai	49935.0	3798.7	11450.2	1630.4	2404.6	835.4	28917.3	898.4
宁 夏 Ningxia	52360.0	4711.6	10809.5	1461.9	673.8	1165.2	32518.7	1019.3
新 疆 Xinjiang	520843.6	33619.0	80809.3	10452.9	13782.2	11051.9	364972.7	6155.6

15-29 各地区大中型餐饮业增加值(1996年)

VALUE ADDED OF LARGE AND MEDIUM-SIZED ENTERPRISES IN CATERING TRADES BY REGION (1996)

单位: 万元 (10 000 yuan)

地区 Region	增加值合计 Total Value Added	本年提取的固定资产折旧 Deprecia-tion of Fixed Assets Deducted in the Year	本年应付工资总额 Total Wages Payable in the Year	本年应付福利费总额 Welfare Expenses Payable in the Year	劳动就业保险费 Employment Insurance	商品销售税金及附加 Taxes and Extra Charges on Goods Sales	利润总额 Total Profits	管理费用中税金额 Taxes in Manage-ment Expenses
全 国 National Total	**824581.1**	**86816.6**	**247905.6**	**35115.5**	**25994.4**	**101132.3**	**317736.4**	**9880.3**
北 京 Beijing	116654.0	8848.7	31145.7	5997.4	3991.0	15449.5	50435.0	786.7
天 津 Tianjin	25634.0	1389.5	9121.3	912.6	1750.7	3273.2	8957.5	229.2
河 北 Hebei	12106.5	1192.3	3891.1	469.6	731.5	1918.0	3744.5	159.5
山 西 Shanxi	5667.5	366.7	1708.0	193.7	153.2	924.7	2249.3	71.9
内蒙古 Inner Mongolia	4012.0	656.6	1012.8	113.1	45.1	592.0	1552.7	39.7
辽 宁 Liaoning	34619.3	6409.1	10660.6	1591.9	555.5	4346.5	10776.7	279.0
吉 林 Jilin	8408.1	1522.4	2563.4	263.3	260.8	1030.5	2591.6	176.1
黑龙江 Heilongjiang	2854.6	524.2	1091.3	93.1	16.0	356.9	735.6	37.5
上 海 Shanghai	119486.0	7082.7	34131.9	5529.8	6752.0	10390.0	53913.9	1685.7
江 苏 Jiangsu	61389.6	4141.8	15760.2	2011.8	2404.4	6641.9	29809.1	620.4
浙 江 Zhejiang	51615.4	5613.2	13187.1	1922.6	1174.9	6111.3	23321.5	284.8
安 徽 Anhui	5657.9	958.9	2033.6	298.1	104.0	700.7	1457.6	105.0
福 建 Fujian	21967.8	1968.4	6243.0	772.4	235.5	3987.2	8711.1	50.2
江 西 Jiangxi	1241.6	55.7	364.9	93.4	31.3	135.1	511.9	49.3
山 东 Shandong	31258.5	4833.5	8371.1	1253.9	1196.4	3180.3	11988.7	434.6
河 南 Henan	14767.5	954.5	4885.1	527.0	841.8	1977.1	5469.4	112.6
湖 北 Hubei	11527.0	1339.4	3911.7	831.1	174.1	1884.9	3193.8	192.0
湖 南 Hunan	13639.7	768.5	4793.4	594.8	398.9	1974.7	4733.3	376.1
广 东 Guangdong	210292.2	25854.1	72404.8	9063.8	2607.6	28411.4	68642.5	3308.0
广 西 Guangxi	7509.7	758.6	2698.9	385.3	41.9	886.3	2654.1	84.6
海 南 Hainan	14756.5	6358.2	795.8	62.7	99.6	828.9	6546.5	64.8
四 川 Sichuan	21210.8	2805.4	8302.8	1021.4	1361.4	2764.8	4683.6	271.4
贵 州 Guizhou	1374.9	86.8	421.9	28.9		167.4	622.0	47.9
云 南 Yunnan	7707.1	460.9	2705.1	351.8	352.8	930.5	2773.0	133.0
西 藏 Tibet								
陕 西 Shaanxi	5942.3	481.7	1689.9	122.3	13.5	696.1	2853.0	85.8
甘 肃 Gansu	2967.4	242.5	1102.6	216.2	266.2	523.9	595.1	20.9
青 海 Qinghai	618.2	247.9	170.4	18.6	6.5	58.7	101.9	14.2
宁 夏 Ningxia	1248.8	168.1	319.1	37.1	8.8	181.5	488.1	46.1
新 疆 Xinjiang	8446.2	726.3	2418.1	337.8	419.0	808.3	3623.4	113.3

15－30 各地区大中型批发、零售贸易业资本金(1996年)

TOTAL CAPITAL OF LARGE AND MEDIUM－SIZED ENTERPRISES IN WHOLESALE AND RETAIL SALES TRADE BY REGION (1996)

单位：万元 (10 000 yuan)

地　区　Region	资本金合　计 Total Capital	#国有经济 State－owned	#集体经济 Collective Owned	#联营经济 Joint Owned	#外商投资经　济 Foreign Funded
全　国　National Total	**22663056.1**	**15294939.0**	**4027958.2**	**232298.1**	**368580.6**
北　京　Beijing	2048965.0	1697341.9	117500.2	47686.2	41550.8
天　津　Tianjin	751791.2	523457.4	73985.7	5084.1	33384.1
河　北　Hebei	663899.0	475601.6	151815.9	275.7	5805.3
山　西　Shanxi	383844.0	319493.9	40012.7	193.8	7155.0
内蒙古　Inner Mongolia	216853.0	170543.2	18926.4	280.0	755.3
辽　宁　Liaoning	1182813.5	862353.8	148148.2	5545.2	17003.5
吉　林　Jilin	429347.6	296593.9	32829.0	752.0	19123.0
黑龙江　Heilongjiang	501304.1	399817.4	27687.8	1682.6	
上　海　Shanghai	1524496.8	974967.2	252112.8	20097.0	31670.5
江　苏　Jiangsu	1948657.0	979621.2	624808.6	14309.1	48264.6
浙　江　Zhejiang	1627514.1	801286.9	423485.5	29429.0	22725.9
安　徽　Anhui	426241.4	274475.6	98181.2	1474.7	316.0
福　建　Fujian	575895.2	437010.8	55184.4	14255.9	6240.7
江　西　Jiangxi	237529.9	166841.9	40365.4	380.0	
山　东　Shandong	1408309.7	923830.8	328355.3	10061.6	7366.2
河　南　Henan	911016.2	560020.6	228215.4	112.5	4166.0
湖　北　Hubei	820236.2	624307.9	108208.1	17.8	
湖　南　Hunan	622865.2	464444.2	115710.7		1528.1
广　东　Guangdong	2020033.6	1288824.0	220788.1	76840.8	107525.6
广　西　Guangxi	452774.6	250283.8	135657.2	666.4	
海　南　Hainan	74901.2	64332.2	5983.1		
四　川　Sichuan	1678773.1	1119513.6	378728.7	1744.6	14000.0
贵　州　Guizhou	232536.0	209767.7	11249.7		
云　南　Yunnan	547254.5	438814.9	69368.3	729.1	
西　藏　Tibet	11814.4	11814.4			
陕　西　Shaanxi	340847.5	256663.7	30659.3		
甘　肃　Gansu	253126.0	202502.7	43644.5	680.0	
青　海　Qinghai	114799.4	106986.8	7812.6		
宁　夏　Ningxia	48369.8	40675.0	7605.4		
新　疆　Xinjiang	606246.9	352750.0	230928.0		

15－31 各地区大中型批发、零售贸易业企业资产(1996年)

ASSETS OF LARGE AND MEDIUM－SIZED ENTERPRISE IN WHOLESALE AND RETAIL SALE TRADES BY REGION (1996)

单位: 万元 (10 000 yuan)

地 区 Region	资产合计 Total Assets	#流动资产 Circulating Funds	#固定资产 Fixed Asset	#无形及递延资产 Intangible and Deferred Assets
全 国 National Total	**163823874.2**	**114902372.6**	**34041403.7**	**2692047.4**
北 京 Beijing	18289850.1	13493838.2	1929698.4	185922.4
天 津 Tianjin	4476669.1	3415371.4	699614.3	55494.6
河 北 Hebei	5244840.4	3603768.3	1225624.0	81445.5
山 西 Shanxi	2542711.1	1683867.5	676136.6	29298.3
内蒙古 Inner Mongolia	1440863.8	998923.6	356233.8	18440.8
辽 宁 Liaoning	8506155.6	6062839.3	1884844.3	137260.7
吉 林 Jilin	3014325.8	2137834.0	761293.3	55787.3
黑龙江 Heilongjiang	3969779.3	2907564.2	913530.8	37334.0
上 海 Shanghai	11695501.4	7967680.1	2204458.8	338549.4
江 苏 Jiangsu	14785365.9	9987231.8	3648497.5	242644.7
浙 江 Zhejiang	10196734.5	6978960.9	2246671.5	110681.1
安 徽 Anhui	3678218.1	2696081.8	790716.5	34237.2
福 建 Fujian	3788711.7	2640056.1	705353.0	47942.7
江 西 Jiangxi	1704485.2	1281358.1	304325.0	25838.5
山 东 Shandong	11563841.6	7551465.8	2974908.2	206726.1
河 南 Henan	6337736.0	4479180.8	1364841.3	122290.7
湖 北 Hubei	6164372.1	4279390.1	1379478.0	103036.5
湖 南 Hunan	4764567.5	3149610.8	1135889.6	119007.0
广 东 Guangdong	13562608.3	9096291.1	2927370.8	398781.0
广 西 Guangxi	2755129.6	1884964.2	691899.3	65262.2
海 南 Hainan	470464.9	320038.7	101093.8	6867.3
四 川 Sichuan	7410847.5	5040432.0	1852202.2	146275.3
贵 州 Guizhou	1550226.8	1142833.8	254178.3	17731.1
云 南 Yunnan	6711358.0	5314928.5	1082918.9	35514.9
西 藏 Tibet	43412.1	27842.7	15567.7	
陕 西 Shaanxi	2005367.7	1328964.9	466921.2	32971.8
甘 肃 Gansu	1550292.3	1026341.2	440744.9	13580.2
青 海 Qinghai	433157.2	309128.8	108752.1	2273.1
宁 夏 Ningxia	336363.6	219529.1	102099.7	6727.8
新 疆 Xinjiang	4829917.0	3876054.8	795539.9	14125.2

15-32 各地区大中型批发、零售贸易业企业负债及所有者权益(1996年)

LIABILITIES AND CREDITORS' EQUITY OF LARGE AND MEDIUM-SIZED ENTERPRISES IN WHOLESALE AND RETAIL SALE TRADES BY REGION (1996)

单位: 万元　　(10 000 yuan)

地区 Region	负债合计 Total Liabilities	#流动负债 Liquid Liabilities	#长期负债 Long-Term Liabilities	所有者权益 Creditors' Equity	#股本 Stocks
全国 National Total	**131078298.0**	**115732998.3**	**14243623.3**	**32745576.2**	**3719471.7**
北京 Beijing	14541567.7	10918480.1	3563021.9	3748282.4	453467.6
天津 Tianjin	3519593.8	3250855.1	175707.7	957075.3	138850.5
河北 Hebei	4523286.7	4059527.4	395510.4	721553.7	35496.8
山西 Shanxi	2004053.9	1699207.7	270721.8	538657.2	22552.9
内蒙古 Inner Mongolia	1265282.5	1126974.5	121403.9	175581.3	27065.1
辽宁 Liaoning	6893353.7	6291863.9	540371.8	1612801.9	206068.4
吉林 Jilin	2562624.2	2348822.8	213801.4	451701.6	67529.4
黑龙江 Heilongjiang	3294277.9	2963415.1	325878.7	675501.4	79060.1
上海 Shanghai	9112715.9	7899845.6	1133622.8	2582785.5	226143.2
江苏 Jiangsu	11656915.1	10495087.0	1161827.2	3128450.8	219298.9
浙江 Zhejiang	7334468.1	6692605.7	579222.1	2862266.4	352280.3
安徽 Anhui	3055158.3	2828071.3	221430.0	623059.8	37400.4
福建 Fujian	2754132.9	2541897.5	191785.0	1034578.8	112429.9
江西 Jiangxi	1476468.0	1343262.4	103421.2	228017.2	10809.7
山东 Shandong	9566693.2	8790803.9	741110.1	1997148.4	274908.1
河南 Henan	5454220.1	4897778.8	556441.3	883515.9	105044.6
湖北 Hubei	5069411.6	4295442.2	645333.7	1094960.5	137477.3
湖南 Hunan	3947337.0	3419407.8	527929.2	817230.5	63706.8
广东 Guangdong	10644283.4	9792606.6	763544.1	2918324.9	552145.1
广西 Guangxi	2081290.0	1896047.2	166211.2	673839.6	119540.2
海南 Hainan	387207.4	347147.4	40020.0	83257.5	8000.3
四川 Sichuan	5791625.6	5216926.8	455124.6	1619221.9	301921.0
贵州 Guizhou	1251843.7	1168095.4	74300.6	298383.1	10152.4
云南 Yunnan	5289590.6	4693941.0	529243.9	1421767.4	50444.3
西藏 Tibet	25120.0	25119.7	0.3	18292.1	
陕西 Shaanxi	1596570.8	1380811.6	210052.2	408796.9	29402.1
甘肃 Gansu	1220639.5	1104535.1	100923.4	329652.8	24323.1
青海 Qinghai	325129.3	281804.5	43043.2	108027.9	13430.6
宁夏 Ningxia	264407.8	226006.9	35771.2	71955.8	2276.2
新疆 Xinjiang	4169029.3	3736607.3	356848.4	660887.7	38246.4

15-33 各地区大中型批发、零售贸易业企业主要财务指标(1996年)
MAIN FINANCIAL INDICATORS OF LARGE AND MEDIUM-SIZED ENTERPRISES IN WHOLESALE AND RETAIL SALE TRADES BY REGION (1996)

单位: 万元 (10 000 yuan)

地区 Region	商品销售收入 Sales Revenue	商品销售成本 Costof Sales	商品销售税金及附加 Sales Tax and Extra Changes	商品销售利润 Sales Profits	管理费用中的税金 Taxs in Management Expenses
全国 National Total	**243515634.8**	**218277357.6**	**834199.9**	**12204259.8**	**224480.8**
北京 Beijing	14689131.5	13291365.3	28409.5	708723.4	14131.3
天津 Tianjin	6420858.5	5946935.7	6775.1	195431.0	4301.0
河北 Hebei	8732000.0	7723386.8	14433.5	402455.4	8846.9
山西 Shanxi	3610202.7	3168169.5	12082.8	198462.7	6433.5
内蒙古 Inner Mongolia	1898390.4	1688188.4	4304.4	97936.9	3025.6
辽宁 Liaoning	10779791.8	9628639.7	26406.6	594777.2	12208.0
吉林 Jilin	2896941.5	2572177.0	5949.5	128906.6	3288.4
黑龙江 Heilongjiang	4886668.3	4386592.1	11073.1	259013.3	5277.8
上海 Shanghai	20620059.9	18355463.0	177368.6	1202995.2	10004.8
江苏 Jiangsu	27653312.5	25091034.7	41819.6	1223163.0	18408.4
浙江 Zhejiang	20920102.2	19278304.1	31405.7	881837.0	10789.9
安徽 Anhui	6759094.6	6064622.0	13446.8	376873.5	6696.8
福建 Fujian	6415407.7	5853721.2	18222.7	292371.2	4918.4
江西 Jiangxi	3141135.8	2673961.3	5099.7	188928.4	3388.3
山东 Shandong	17282259.3	15401479.2	52543.0	909379.1	17665.9
河南 Henan	9937665.6	9017244.3	21727.1	464073.7	7807.0
湖北 Hubei	8324449.5	7525894.8	14606.4	355707.6	8222.3
湖南 Hunan	7152467.8	6426350.7	19001.6	354008.2	10259.6
广东 Guangdong	21454836.9	19427960.3	53201.0	1046151.6	20767.6
广西 Guangxi	4440736.1	3997856.0	10462.4	192397.0	5127.8
海南 Hainan	533554.4	466621.8	1132.3	23871.4	398.9
四川 Sichuan	10817693.8	9519798.6	26192.9	498107.3	14276.3
贵州 Guizhou	1911899.9	1650901.3	7138.5	144528.3	5185.1
云南 Yunnan	10162199.6	8426426.1	207327.0	832978.3	8557.0
西藏 Tibet	26850.2	21862.7	64.0	2117.1	2.7
陕西 Shaanxi	2982893.2	2662096.0	4312.9	142765.3	3257.5
甘肃 Gansu	1798277.7	1562396.7	6640.7	93633.1	3160.7
青海 Qinghai	448018.6	393909.5	835.4	27790.9	898.4
宁夏 Ningxia	517690.9	419389.7	1165.2	31180.2	1019.3
新疆 Xinjiang	6301043.9	5634609.1	11051.9	333695.9	6155.6

主要统计指标解释

社会消费品零售额 指各种经济类型的批发零售贸易业、餐饮业、制造业和其他行业对城乡居民和社会集团的消费品零售额。这个指标反映通过各种商品流通渠道向居民和社会集团供应的生活消费品来满足他们生活需要，是研究人民生活，社会消费品购买力、货币流通等问题的重要指标。社会消费品零售额包括：(1) 售给城乡居民作为生活用的商品和修建房屋用的建筑材料；(2) 售给机关、团体、学校、部队、企业、事业单位的职工食堂和旅店（招待所）附设专门供本店旅客食用，不对外营业的食堂的各种食品、燃料；企业、单位和国营农场直接售给本单位职工和职工食堂的自己生产的产品；(3) 售给部队干部、战士生活用的粮食、副食品、衣着品、日用品、燃料；(4) 售给来华的外国人、华侨、港澳台同胞的消费品；(5) 居民自费购买的中、西药品、中药材及医疗用品；(6) 报社、出版社直接售给居民和社会集团的报纸、图书、杂志、集邮公司出售的新、旧纪念邮票、特种邮票、首日封、集邮册、集邮工具等；(7) 旧货寄售商店自购、自销部分的商品；(8) 煤气公司、液化石油气站售给居民和社会集团的煤气灶具和罐装液化石油气；(9) 农民售给非农业居民和社会集团的商品。不包括售给国民经济各部门企业、事业单位（包括国有经济的农场）生产经营用的各种原材料、燃料、设备、工具等和售给批发零售贸易业、餐饮业作为转卖用的商品、旧货寄售商店受托寄售卖出的商品、服务业的营业收入、邮局出售邮票的收入、自来水、电力、煤气生产（供应）单位的产品供应收入，也不包括农民之间的商品销售。

批发零售贸易业商品购、销、存总额 指以各种经济类型的批发、零售贸易业（不包括个体）为总体的商品购、销、存。

商品购进总额 指从本企业（单位）以外的单位和个人购进（包括从国外直接进口）作为转卖或加工后转卖的商品。这个指标反映批发零售贸易业从国内、国外市场上购进商品的总量。商品购进总额包括：(1) 从工农业生产者购进的商品；(2) 从出版社、报社的出版发行部门购进的图书、杂志和报纸；(3) 从各种经济类型的批发零售贸易企业（单位）购进的商品；(4) 从其他单位购进的商品，如从机关、团体、企业、单位购进的剩余物资，从餐饮业、服务业购进的商品，从海关、市场管理部门购进的缉私和没收的商品，从居民收购的废旧商品等；(5) 从国（境）外直接进口的商品。不包括企业（单位）为自身经营用，和未通过买卖行为而收入的商品以及销售退回、商品升溢等。

商品销售总额 指对本企业（单位）以外的单位和个人出售（包括对国（境）外直接出口）的商品。这个指标反映批发零售贸易业在国内市场上销售商品以及出口商品的总量。商品销售总额包括：(1) 售给城乡居民和社会集团消费用的商品；(2) 售给工业、农业、建筑业、运输邮电业、批发零售贸易业、餐饮业、服务业等作为生产、经营使用的商品；(3) 售给批发零售贸易业作为转卖或加工后转卖的商品；(4) 对国（境）外直接出口的商品。不包括：出售本企业（单位）自用的废旧包装用品，未通过买卖行为付出的商品，经本单位介绍，由买卖双方直接结算，本单位只收取手续费的业务，购货退出的商品以及商品损耗和损失等。

批发零售贸易业年末库存 指年末各种经济类型的批发零售贸易企业（单位）已取得所有权的商品。它反映各地区、各批发零售贸易企业（单位）的商品库存情况，和对市场商品供应的保证程度。期末库存包括：(1) 存放在批发零售贸易业经营单位（如门市部、批发站、经营处）仓库、货场、货柜和货架中的商品；(2) 挑选、整理、包装中的商品；(3) 已记入购进而尚未运到本单位的商品，即发货单或银行承兑凭证已到而货未到部分；(4) 寄放他处的商品，如因购货方拒绝承付而暂时存放在购货方的商品和已办完加工成品收回手续而未提回的商品；(5) 委托其他单位代销（未作销售或调出）尚未售出的商品；(6) 代其他单位购进尚未交付的商品。不包括所有权不属于本单位的商品、拨付除批发零售贸易业以外的其他行业所属独立核算加工厂等加工生产尚未收回成品的商品、代国家物资储备部门保管的商品等。期末库存总额计算方法是：农副产品采购单位按购进价计算，批发单位按进货价计算，零售单位按什么价格核算就按什么价格计算。

城乡集市贸易成交额 指在农村集市和城市集市上买卖双方（包括农民、非农业居民、机关、团体、工商企业、个体商贩）成交的全部商品金额，是反映集市贸易规模的综合性指标。

法人机构 指独立核算批发零售贸易业、餐饮业法人企业。独立核算法人批发零售贸易企业、餐饮企业应同时具备以下条件：

（1）依法成立，有自己的名称、组织机构和场所，能够承担民事责任；

（2）独立拥有和使用（或授权使用）资产，承担负债，有权与其他单位签订合同；

（3）会计上独立核算，并能编制资产负债表。

网点 指本批发零售贸易企业（单位）设立的从事批发、零售贸易业务的自然单位［包括本企业（单位）自身］，凡具有独立固定的营业场所，配备一定的业务人员，不论单位大小，不论是否单独核算，均按自然网点计算，即有一个点就算一个网点。不包括同一营业场所内各柜组以及派出的流动推销小组，流动售货车等。

人员 指在批发、零售贸易网点工作并取得劳动报酬的从业人员。包括职工、聘请的离退休人员等。

Explanatory Notes on Main Statistical Indicators

Total Retail Sales of Consumer Goods refer to the sum of retail sales of consumer goods by the establishments in wholesale trade, retail sale trade, catering trade, manufacturing industry and other industries of different types of ownership, to urban and rural residents and social groups. This indicator is used to show the supply of consumers goods through various channels to households and institutions to meet their demands, and is therefore very important for the study of the issues on people's livelihood, on the purchasing power of consumer goods and on the circulation of money. The retail sales of consumer goods include: (1) commodities sold to urban and rural residents for residential use and building materials sold to them for the construction or repair of houses; (2) food and fuels sold to canteens of institutions, enterprises, schools, military units and to canteens of hotels and hostels that only serve their guests, and commodities produced by enterprises, institutions or state farms and sold directly to their employees or their canteens; (3) grain and non-staple food, clothing, daily articles and fuels sold to military personnel; (4) consumer goods sold to foreigners, overseas Chinese, and Chinese compatriots from Taiwan, Hong Kong and Macao during their stay in the mainland of China; (5) Chinese and western medicines, herbs and medical facilities purchased by residents; (6) newspapers, books and magazines directly sold to residents and social groups by publishers, new and old commemorative stamps, special stamps, first-day covers, stamp albums and other stamp-collection articles sold by stamp companies; (7) consumer goods purchased and then sold by second-hand shops; (8) stoves and other heating facilities and liquified gas sold by gas companies to households and institutions; and (9) commodities sold by farmers to non-agricultural residents and social groups. Excluded under this heading are: raw materials, fuels, equipment, tools sold to enterprises, institutions and state farms for production purpose; commodities sold to trade establishments for re-selling; commissioned sales at second-hand shops; operational income of urban public utilities; stamps sold at post offices; income of water, power, gas production and supply establishments from the supply of their products; and sales of commodities among farmers.

Purchase, Sales and Stock of Commodities by Wholesale and Retail Trade refer to the purchase, sales and stock of commodities by wholesale and retail establishments of different ownership (excluding individual sellers).

Total Purchases of Commodities refer to the purchases of commodities by the establishments from other establisments or individuals (including direct import from abroad) for the purpose of re-selling, either with or without further processing of the commodities purchased. This indicator is used to show the total value of purchases of commodities by wholesale and retail establishments from domestic and overseas markets. The total purchases include: (1) agricultural and industrial products purchased from producers; (2) books, magazines and newspapers purchased from distribution departments of the publishers; (3) commodities purchased from wholesale and retail establishments; (4) commodities purchased from other units, such as surplus materials purchased from government agencies, enterprises or institutions, commodities purchased from catering and service establishments, confiscated goods purchased from customs authorities or market management agencies, second-hand goods and wastes purchased from residents; and (5) commodities directly imported from abroad. Excluded are commodities purchased by establishments (units) for use in their own business operation, commodities obtained without buying or selling procedures, rejected commodities, etc.

Total Sales of Commodities refer to selling of commodities by the establishments to other establishments and individuals (including direct export). This indicator is used to show the total value of sales of commodities at domestic markets and export. The total sales include: (1) commodities sold to urban and rural residents and social groups for their consumption; (2) commodities sold to establishments in industry, agriculture, construction, transportation, post and telecommunications, wholesale and retail trades, catering trade and public utility for their production and operation; (3) commodities sold to wholesale and retail establishments for re-selling, with or without further processing; and (4) commodities for direct export to other countries. Excluded are selling of waste packaging materials used by the establishments (units) themselves, commodities transferred without buying or selling procedures, commission income from brokerage in transactions whose settlement is directly handled by buyers and sellers, rejected commodities in the purchase, loss in commodities, etc.

Commodity Stock of Wholesale and Retail Enterprises at Year-end refers to total commodities possessed by wholesale and retail enterprises (units) of various types of ownership, which reflects the commodity stock level of various wholesale and retail enterprises and the potential for market supply. It includes: (1) commodities located in storage, garages, counters, and shelves of operating units (such as sale stores, wholesale centers, and operating offices) of wholesale and retail enterprises; (2) commodities in the process of selecting, sorting, and packing; (3) commodities not arrived but recorded as purchase in the account, i. e. commodities not arrived but payment receipts for the commodities from the sellers or the banks arrived; (4) commodities deposited in other places rather than places mentioned above, for instance: commodities in the hold of purchasers temporarily due to the refusal of payment and commodities not taken back after going through the formalities; (5) commodities entrusted to other units to sell but not sold yet; (6) commodities purchased for other units but not delivered yet. Commodities not included as stock are those not owned by the enterprises (units), those allocated to financially independent factories rather than wholesale and retail enterprises for processing but not taken back yet, and finally those put in stock by wholesale and retail enterprises on behalf of the state material reserves units. In the calculation of the value of commodities stock at the end of period, the value is calculated at purchasing prices in agricultural goods purchasing units and wholesale units, and at the accounting prices in retail units.

Volume of Business (Transaction Value) at Urban and Rural Free Market refers to the value of all goods changed hands between sellers and buyers, including farmers, non-agricultural residents, institutions, organizations, enterprises and private peddlers, at urban and rural free markets. It is a comprehensive indicator used to show the size of the transaction at the free trade markets.

Corporate Enterprise refers to the corporate enterprises in the wholesale trade and retail sale trade with independent accounting system. An enterprise can be called a corporate enterprise only when it meets the following requirements:

(1) It is established according to law; it has its own name, organization and place for business operation and can assume the civil responsibility;

(2) It owns and uses (or uses with the holding power) its assets independently; assumes the liabilities and has the right to sign contracts with other units;

(3) It has the independent accounting system and is able to compile the balance sheet.

Establishment (Note: The Chinese term can be translated literally as a point in the commercial network) refers to the natural unit set up by the wholesale or retail sale enterprise (or unit) and engaged in the business of wholesale or retail sale trade, including the enterprise or unit itself. Every unit having an independent and fixed place for commercial business operation and a number of commercial business personnel engaged in it is called an establishment (or usually called a shop or store), regardless of its size or whether it has the independent accounting system or not. But the counters in the same place for business operation, the mobile selling groups or vending vehicles ("shop - on - wheels") dispatched by the shop cannot be counted as an establishment.

Personnel refers to the persons who are employed in the establishments of wholesale or retail sale trade and receive the remuneration payment, including staff and workers as well as the retirees invited to work in the establishments again.

十六 对外经济贸易和国际旅游

FOREIGN TRADE AND ECONOMIC COOPERATION AND INTERNATIONAL TOURISM

简要说明

一、本篇资料综合反映中国的对外贸易、利用外资、对外承包工程和劳务合作的历年概况数据，重点反映对外经济贸易和国际旅游的近况。

二、16—1 表综合反映“八五”期间我国对外贸易、利用外资、对外承包工程和劳务合作以及国际旅游业的总量变化情况。

三、16—2 表反映历年人民币对美元、日元、港币的年平均汇价。资料来源于国家外汇管理局，是根据当年国家外汇管理局提供的每日汇价进行加权平均计算而得出的当年年平均汇价。

四、16—3 至 16—12 表系统反映我国进出口贸易的规模、进出口商品结构、贸易伙伴国的进出口总额以及各省市、各地区三资企业的进出口变化情况。各表资料 1979 年及以前为外贸业务统计数字，来源于对外贸易经济合作部；1980 年及以后为海关进出口统计数字，来源于海关总署。进出口商品价值，出口按离岸价（FOB）、进口按到岸价（CIF）统计；进、出口商品的分类按联合国《国际贸易标准分类》（SITC）统计。1992 年以来，进、出口商品则按海关合作理事会制定的《商品名称及编码协调制度》（HS）目录进行了分类统计。

我国对各国（地区）进出口总额表中，出口货物按中华人民共和国关境外最终目的国（地），进口货物按中华人民共和国关境外原产国（地）统计。

各地区进出口商品总值分别按境内经营单位所在地和目的地、货源地列示。经营单位所在地是指中华人民共和国关境内进出口企业报关注册的登记地；境内货源地是指出口货物在中华人民共和国关境内的产地或原始发货地；境内目的地则指进口货物在中华人民共和国关境内的消费、使用地或最终运抵地。

五、16—13 表至 16—16 表和 16—19 表反映中国利用外资的总体状况。资料来源于对外贸易经济合作部，是根据对外贸易经济合作部和国家统计局于 1987 年 9 月共同制订的《利用外资统计制度》中的外资统 5 表、6 表的全面统计资料加工、整理而成。该制度统计范围是指我国境内所有的利用外资单位和部门，以及经批准在我国境内设立的中外合资经营企业、合作经营企业、外资企业、外商投资股份制企业、合作开发项目等具有法人资格的独立核算企业（包括港澳台地区投资企业）。

六、16—17 表反映各地区外商投资企业注册登记情况，资料来源于国家工商行政管理局，是根据国家工商行政管理局 1994 年制订的《工商行政管理系统统计报表制度》进行统计、加工、整理而得。凡经工商行政管理机关核准注册，在中华人民共和国境内的中外合资经营企业、中外合作经营企业、外商独资企业、中外股份公司、在华从事经营活动的外国及港澳台地区企业及外国公司在中国境内设立的分支机构均列入统计范围。该表以开业登记、变更登记、注销登记等管理资料为统计依据。

七、16—18 表反映历年中国对外承包工程和劳务合作的发展状况。资料来源于对外贸易经济合作部，是根据对外贸易经济合作部与国家统计局于 1993 年 10 月共同制订的《对外承包工程和劳务合作统计制度》中的承统 4 表通过全面调查方法进行加工、整理而得。该制度统计单位是经各级对外贸易经济合作部门批准的从事对外承包和劳务合作业务并具有法人地位的对外承包劳务企业。

八、16—20 表反映国际旅游业发展情况。入境国际旅游者（外国人、华侨、港澳同胞和台湾同胞）人数的资料来源于公安部边防局，它汇总了全国所有边境口岸的入境国际旅游者人数；旅行社接待国际旅游者人数的资料来源于国家旅游局；旅游外汇收入的资料，1993 年及以前由国家统计局根据国际旅游者在华消费外汇券情况逐级汇总获得，1994 年及以后由国家旅游局根据抽样调查资料加工推算而得。

九、16—24 表反映全国 52 个重点旅游城市接待过夜国际旅游者情况。1993 年及以前资料由国家统计局收集、汇总，1994 年后由国家旅游局汇总提供。

十、16—25 表和 16—26 表反映 1995 年末各地区不同经济类型的涉外饭店数量及规模情况。资料来源于国家旅游局。

BRIEF INTRODUCTION

I. The data in this chapter show the summary data of China's foreign trade, utilization of foreign capital, contracted projects and labour cooperation with the foreign countries or territories over the years, stressing on the recent situation of foreign trade and economic cooperation as well as international tourism.

II. The Table 16 – 1 shows the summary data of the total changes in China's foreign trade, utilization of foreign capital, contracted projects and labour cooperation with the foreign countries or territories in the Eighth Five – year Plan Period.

III. The Table 16 – 2 shows the average exchange rates of RMB yuan to US dollar, Japanese yen and Hong Kong dollar over the years. The data come from the State Administration of Exchange Control. The annual average exchange rate is calculated as the weighted mean of the daily exchange rates provided by the State Administration of Exchange Control in the year.

IV. The Tables from 16 – 3 to 16 – 12 show systematically the size of China's imports and exports, composition of import and export commodities, China's foreign trade with the related countries and territories, the changes in the import and export of the foreign – funded enterprises by region. The data in the years prior to 1980 were statistical data of foreign trade and come from the Ministry of Foreign Trade and Economic Cooperation. Since 1980, the data have been the statistical data of customs on imports and exports and come from the Customs Head Office. The values of export commodities are calculated at FOB and the values of import commodities are calculated at CIF. The UN Standard International Trade Classification (SITC) was used for the classification of the import and export commodities. However, the Harmonized Commodity Description and Coding System (HS) stipulated by the Customs Cooperation Council has been used in the classification of the import and export commodities since 1992.

In the table on China's total imports and exports with related countries and territories, the export commodities are calculated at the customs of the countries (or territories) of destination and the import commodities are calculated at the customs of the countries (or territories) of origin.

The total values of the import and export commodities by region are calculated respectively at the provinces where the import or export corporations are situated and at the provinces of destination or provinces of origin within the boundary of the People's Republic of China. The province where the import or export corporations are situated refers to the province where the import or export corporations have applied to and have been registered at the customs. The province of origin within the boundary of the People's Republic of China refers to the province where the export commodities are produced or originally delivered. The province of destination within the boundary of the People's Republic of China refers to the province where the import commodities are consumed, used or transported to the destination.

V. The Tables from 16 – 13 to 16 – 16 and the Table 16 – 19 show the overall situation of the utilization of foreign capital in China. The data come from the Ministry of Foreign Trade and Economic Cooperation and are tabulated in accordance with the Table FCS – 5 and Table FCS – 6 in the "Statistical Scheme on the Utilization of Foreign Capital", which are data of complete enumeration. The statistical coverage includes all the units and departments which have utilized foreign capital and all the Sino – foreign joint ventures, Sino – foreign cooperative enterprises, ventures exclusively with foreign investment, foreign – funded stock companies, Sino – foreign cooperative development projects and other corporate enterprises (including the enterprises funded by the entrepreneurs from Hong Kong, Macao and Taiwan) with independent accounting system which have been approved by the Chinese government to set up in the boundary of the people's Republic of China.

VI. The Table 16 – 17 shows the registration of the foreign – funded enterprises in various regions. The data come from the State Administration for Industry and Commerce and are tabulated in accordance with the " Statistical Reporting Scheme in the Administrative System of Administration for Industry and Commerce" stipulated by the State Administration for Industry and Commerce in 1994. The statistical coverage includes all the Sino – foreign joint ventures, Sino – foreign cooperative enterprises, ventures exclusively with foreign investment, Sino-foreign stock companies, foreign enterprises and enterprises of Hong Kong, Macao and Taiwan engaged in commercial activities and the branch offices of the foreign companies in China, which have been approved by and registered at the State Administration for Industry and Commerce to set up in the boundary of the People's Republic of China. The data in this table are collected on the basis of the registration on opening business, changes and cancellation.

VII. The Table 16-18 shows the development of the contracted projects and labour services cooperation with foreign countries over the years in China. The data come from the Ministry of Foreign Trade and Economic Cooperation and are collected with the method of complete enumeration and are tabulated in accordance with the Table CS-4 in the "Statistical Reporting Scheme on the Contracted Projects and Labour Services Cooperation with Foreign Countries" jointly stipulated by the Ministry of Foreign Trade and Economic Cooperation and the State Statistical Bureau in October, 1993. The statistical unit in the scheme is the corporate enterprise engaged in contracted projects and labour services cooperation with foreign countries and has been approved by the departments of foreign trade and economic cooperation at various levels.

VIII. The Table 16-20 shows the development of the international tourism. The data on the number of entries of the international tourists (including foreigners, overseas Chinese, compatriots from Hong Kong, Macao and Taiwan) are provided by Bureau of Frontier Defence, Ministry of Public Security, which tabulates all the data on the number of entries of the international tourists at all frontier ports in the whole country. The data on the number of international tourists received by the travel agencies come from China National Tourism Administration. The data on the foreign exchange earnings from international tourism prior to 1994 were collected by the State Statistical Bureau on the basis of the data on the payment of foreign exchange certificates by the international tourists, which were tabulated level by level to the higher authorities. Since 1994, the above data have been estimated by China National Tourism Administration according to the data collected by sample survey.

IX. The Table 16-24 shows the number of the international tourists who pass the night in the 52 key tourist cities in the country. The data before 1994 were collected and tabulated by the State Statistical Bureau. Since 1994, the data have been collected and tabulated by China National Tourism Administration.

X. The Table 16-25 and Table 16-26 show the number and capacity of the tourist hotels by ownership and by region at the end of 1995. The data are provided by China National Tourism Administration.

16－1 对外经济贸易和国际旅游

FOREIGN TRADE AND ECONOMIC COOPERATION AND INTERNATIONAL TOURISM

指标	Item	1992	1993	1994	1995	1996
进出口总额 (人民币亿元)	**Total Imports and Exports (RMB 100 million yuan)**	**9119.6**	**11271.0**	**20381.9**	**23499.9**	**24133.8**
出口总额	Total Exports	4676.3	5284.8	10421.8	12451.8	12576.4
进口总额	Total Imports	4443.3	5986.2	9960.1	11048.1	11557.4
进出口差额	Balance	233.0	－701.4	461.7	1403.7	1019.0
进出口总额 (亿美元)	**Total Imports and Exports (USD 100 million)**	**1655.3**	**1957.0**	**2366.2**	**2808.6**	**2899.0**
出口总额	Total Exports	849.4	917.4	1210.1	1487.8	1510.6
初级产品	Primary Goods	170.0	166.6	197.1	214.8	219.2
工业制成品	Manufactured Goods	679.4	750.8	1013.0	1273.0	1291.4
进口总额	Total Imports	805.9	1039.6	1156.1	1320.8	1388.4
初级产品	Primary Goods	132.6	142.1	164.8	244.1	254.4
工业制成品	Manufactured Goods	673.3	897.5	991.3	1076.7	1134.0
进出口差额	Balance	43.5	－122.2	54.0	167.0	122.2
对外签订利用外资协议(合同)项目 (个)	**Number of Projects for Utilization of Foreign Captial in the Signed Agreements & Contracts**	**48858**	**83595**	**47646**	**37184**	**24673**
对外借款	Foreign Loans	94	158	97	173	117
外商直接投资	Foreign Direct Investments	48764	83437	47549	37011	24556
对外签订利用外资协议(合同)金额 (亿美元)	**Total Amount of Foreign Capital to Be Utilized in the Signed Agreements & Contracts (USD 100 millon)**	**694.39**	**1232.73**	**937.56**	**1032.05**	**816.09**
对外借款	Foreign Loans	107.03	113.06	106.68	112.88	79.62
外商直接投资	Foreign Direct Investments	581.24	1114.36	826.80	912.82	732.76
外商其他投资	Other Foreign Investments	6.12	5.31	4.08	6.35	3.71
实际利用外资额 (亿美元)	**Total Amount of Foreign Capital Actually Used (USD 100 million)**	**192.02**	**389.60**	**432.13**	**481.33**	**548.04**
对外借款	Foreign Loans	79.11	111.89	92.67	103.27	126.69
外商直接投资	Foreign Direct Investments	110.07	275.15	337.67	375.21	417.26
外商其他投资	Other Foreign Investments	2.84	2.56	1.79	2.85	4.09
外商投资企业基本情况	**Registered Foreign－funded Enterprises**					
年底登记户数 (户)	Number of Registered Enterprises	84371	167507	206096	233564	240447
投资总额 (亿美元)	Total Investment (USD100 million)	1784.56	3823.89	4907.24	6390.09	7153.22
注册资本 (亿美元)	Registered Capital (USD 100 million)	1159.87	2456.31	3122.75	3991.23	4414.85
#外方	Capital from Foreign Partners	686.65	1501.82	1963.15	2568.84	2897.96
对外经济合作合同金额(亿美元)	**Contracted Amount of economic Cooperation with Foreign Coumtries & Territories (USD 100 million)**	**65.85**	**68.00**	**79.88**	**96.72**	**102.73**
对外承包工程	Constracted Projects	52.50	51.89	60.28	74.84	77.28
对外劳务合作	Labor Services	13.35	16.11	19.60	21.88	25.45
旅游人数总计 (万人)	**Number of International Tourists (10000 persons)**	**3811.5**	**4152.7**	**4368.4**	**4638.7**	**5112.8**
外国人	Foreigners	400.7	465.6	518.2	588.7	674.4
华侨	Overseas Chinese	16.5	16.6	11.5	11.6	15.5
港澳和台湾同胞	Compatriots from Hong Kong,Macao and Taiwan	3394.3	3670.5	3838.7	4038.4	4422.9
旅游外汇收入总额 (亿美元)	**Total Foreign Exchange Earnings from Intemational Tourism (USD 100 million)**	**39.5**	**46.8**	**73.2**	**87.3**	**102.0**
涉外饭店个数 (个)	**Number of Tourist Hotels**	**2354**	**2552**	**2995**	**3720**	**4418**

16－2 人民币对主要外币年平均汇价(中间价)
AVERAGE EXCHANGE RATE OF RMB YUAN AGAINST MAIN CONVERTIBLE CURRENCIES (MIDDLE RATE)

单位: 人民币.元 (RMB.yuan)

年 份 Year	100美元 100 US Dollars	100日元 100 Japanese Yen	100港元 100 Hong Kong Dollars
1981	170.51	0.7735	30.41
1982	189.26	0.7607	31.15
1983	197.57	0.8318	27.36
1984	232.70	0.9780	29.71
1985	293.67	1.2457	37.57
1986	345.28	2.0694	44.22
1987	372.21	2.5799	47.74
1988	372.21	2.9082	47.70
1989	376.59	2.7360	48.28
1990	478.38	3.3233	61.39
1991	532.27	3.9602	68.45
1992	551.49	4.3608	71.24
1993	576.19	5.2020	74.41
1994	861.87	8.4370	111.53
1995	835.07	8.9225	107.96
1996	831.42	7.6352	107.51

16－3 进出口贸易总额
TOTAL IMPORTS AND EXPORTS

本表1979年以前为外贸业务统计数，1980年以后为海关进出口统计数。
Data before 1979 were obtained from the Ministry of Foreign Trade, and the data since 1980 have been obtained from the Customs statistics.

年 份 Year	人民币 (亿元) 100 million Yuan				美 元 (亿元) USD 100 million			
	进出口总额 Total Imports & Exports	出口总额 Total Exports	进口总额 Total Imports	差 额 Balance	进出口总额 Total Imports & Exports	出口总额 Total Exports	进口总额 Total Imports	差 额 Balance
1952	64.6	27.1	37.5	−10.4	19.4	8.2	11.2	−3.0
1957	104.5	54.5	50.0	4.5	31.0	16.0	15.0	1.0
1962	80.9	47.1	33.8	13.3	26.6	14.9	11.7	3.2
1965	118.4	63.1	55.3	7.8	42.5	22.3	20.2	2.1
1970	112.9	56.8	56.1	0.7	45.9	22.6	23.3	−0.7
1975	290.4	143.0	147.4	−4.4	147.5	72.6	74.9	−2.3
1978	355.0	167.6	187.4	−19.8	206.4	97.5	108.9	−11.4
1980	570.0	271.2	298.8	−27.6	381.4	181.2	200.2	−19.0
1985	2066.7	808.9	1257.8	−448.9	696.0	273.5	422.5	−149.0
1986	2580.4	1082.1	1498.3	−416.2	738.5	309.4	429.1	−119.7
1987	3084.2	1470.0	1614.2	−144.2	826.5	394.4	432.1	−37.7
1988	3821.8	1766.7	2055.1	−288.4	1027.9	475.2	552.7	−77.5
1989	4155.9	1956.0	2199.9	−243.9	1116.8	525.4	591.4	−66.0
1990	5560.1	2985.8	2574.3	411.5	1154.4	620.9	533.5	87.4
1991	7225.8	3827.1	3398.7	428.4	1356.3	718.4	637.9	80.5
1992	9119.6	4676.3	4443.3	233.0	1655.3	849.4	805.9	43.5
1993	11271.0	5284.8	5986.2	−701.4	1957.0	917.4	1039.6	−122.2
1994	20381.9	10421.8	9960.1	461.7	2366.2	1210.1	1156.1	54.0
1995	23499.9	12451.8	11048.1	1403.7	2808.6	1487.8	1320.8	167.0
1996	24133.8	12576.4	11557.4	1019.0	2899.0	1510.6	1388.4	122.2

注: 进出口差额负数为入超。
A negative balance indicates an unfavourable balance of foreign trade.

16－4 海关历年出口商品分类金额

VALUE OF EXPORTS BY CATEGORY OF COMMODITIES (CUSTOMS STATISTICS)

单位：亿美元 (USD 100 million)

年份 Year	总额 Total	初级产品 Primary Goods	食品及主要供食用的活动物 Food and Live Animals Used Chiefly for Food	饮料及烟类 Beverages and Tobacco	非食用原料 Non－Edible Raw Materials	矿物燃料、润滑油及有关原料 Mineral Fuels, Lubricants and Related Materials	动、植物油脂及蜡 Animal and Vegetable Oils, Fats and Wax
1980	181.19	91.14	29.85	0.78	17.11	42.80	0.60
1981	220.07	102.48	29.24	0.60	19.48	52.28	0.88
1982	223.21	100.50	29.08	0.97	16.53	53.14	0.78
1983	222.26	96.20	28.53	1.04	18.92	46.66	1.05
1984	261.39	119.34	32.32	1.10	24.21	60.27	1.44
1985	273.50	138.28	38.03	1.05	26.53	71.32	1.35
1986	309.42	112.72	44.48	1.19	29.08	36.83	1.14
1987	394.37	132.31	47.81	1.75	36.50	45.44	0.81
1988	475.16	144.06	58.90	2.35	42.57	39.50	0.74
1989	525.38	150.78	61.45	3.14	42.12	43.21	0.86
1990	620.91	158.86	66.09	3.42	35.37	52.37	1.61
1991	718.43	161.45	72.26	5.29	34.86	47.54	1.50
1992	849.40	170.04	83.09	7.20	31.43	46.93	1.39
1993	917.44	166.66	83.99	9.01	30.52	41.09	2.05
1994	1210.06	197.08	100.15	10.02	41.27	40.69	4.95
1995	1487.80	214.85	99.54	13.70	43.75	53.32	4.54
1996	1510.66	219.25	102.32	13.42	40.46	59.29	3.76

续表 1 continued

单位：亿美元 (USD 100 million)

年份 Year	工业制成品 Manufactured Goods	化学品及有关产品 Chemicals and Related Products	轻纺产品、橡胶制品矿冶产品及其制品 Light and Textile Industrial Products, Rubber Products, Minerals Metallurgical Products	机械及运输设备 Machinery and Transport Equipment	杂项制品 Miscellaneous Products	未分类的其他商品 Products Not Otherwise Classified
1980	90.05	11.20	39.99	8.43	28.36	2.07
1981	117.59	13.42	47.06	10.87	37.25	8.99
1982	122.71	11.96	43.02	12.63	37.05	18.05
1983	126.06	12.51	43.65	12.21	38.04	19.65
1984	142.05	13.64	50.54	14.93	46.97	15.97
1985	135.22	13.58	44.93	7.72	34.86	34.13
1986	196.70	17.33	58.86	10.94	49.48	60.09
1987	262.06	22.35	85.70	17.41	62.73	73.87
1988	331.10	28.97	104.89	27.69	82.68	86.87
1989	374.60	32.01	108.97	38.74	107.55	87.33
1990	462.05	37.30	125.76	55.88	126.86	116.25
1991	556.98	38.18	144.56	71.49	166.20	136.55
1992	679.36	43.48	161.35	132.19	342.34	
1993	750.78	46.23	163.92	152.82	387.81	
1994	1012.98	62.36	232.18	218.95	499.37	0.12
1995	1272.95	90.94	322.40	314.07	545.48	0.06
1996	1291.41	88.79	285.11	353.13	564.26	0.12

注：1992 年、1993 年海关统计改用新商品目录，未分类的其他商品已包含在各大类中。下表同。

a) In 1992 and 1993, a new commodity catalogue has been used in the Customs statistics and the products not otherwise classified in the previous years have been classified and included in different categories of commodities. The same as in the following table.

16－5 海关历年进口商品分类金额

VALUE OF IMPORTS BY CATEGORY OF COMMODITIES (CUSTOMS STATISTICS)

单位：亿美元 (USD 100 million)

年 份 Year	总 额 Total	初级产品 Primary Goods	食品及主要供食用的活动物 Food and Live Animals Chiefly for Food	饮料及烟类 Beverages and Tobacco	非食用原料 Non－Edible Raw Materials	矿物燃料、润滑油及有关原料 Mineral Fuels, Lubricants and Related Materials	动、植物油脂及蜡 Animal and Vegetable Oils, Fats and Waxes
1980	200.17	69.59	29.27	0.36	35.54	2.03	2.39
1981	220.15	80.44	36.22	2.13	40.27	0.83	0.99
1982	192.85	76.34	42.01	1.30	30.12	1.83	1.08
1983	213.90	58.08	31.22	0.46	24.59	1.11	0.70
1984	274.10	52.08	23.31	1.16	25.42	1.39	0.80
1985	422.52	52.89	15.53	2.06	32.36	1.72	1.22
1986	429.04	56.49	16.25	1.72	31.43	5.04	2.05
1987	432.16	69.15	24.43	2.63	33.21	5.39	3.49
1988	552.75	100.68	34.76	3.46	50.90	7.87	3.69
1989	591.40	117.54	41.92	2.02	48.35	16.50	8.75
1990	533.45	98.53	33.35	1.57	41.07	12.72	9.82
1991	637.91	108.35	27.99	2.00	50.03	21.13	7.19
1992	805.85	132.55	31.46	2.39	57.75	35.70	5.25
1993	1039.59	142.10	22.06	2.45	54.38	58.19	5.02
1994	1156.14	164.86	31.37	0.68	74.37	40.35	18.09
1995	1320.84	244.17	61.32	3.94	101.59	51.27	26.05
1996	1388.38	254.40	56.72	4.97	106.97	68.77	16.97

续表 1 continued

单位：亿美元 (USD 100 million)

年 份 Year	工业制成品 Manufactured Goods	化学品及有关产品 Chemicals and Related Products	轻纺产品、橡胶制品矿冶产品及其制品 Light and Textile Industrial Products, Rubber Products, Minerats and Metal－lurgical Products	机械及运输设备 Machinery and Transport Equipment	杂项制品 Miscellaneous Products	未分类的其他商品 Products Not Otherwise Classified
1980	130.58	29.09	41.54	51.19	5.42	3.34
1981	139.71	26.06	40.35	58.66	5.58	9.06
1982	116.51	29.36	39.06	32.04	4.86	11.19
1983	155.82	31.83	62.89	39.88	7.82	13.40
1984	222.02	42.37	73.18	72.45	11.82	22.20
1985	369.63	44.69	118.98	162.39	19.02	24.55
1986	372.55	37.71	111.92	167.81	18.77	36.34
1987	363.01	50.08	97.30	146.07	18.78	50.78
1988	452.07	91.39	104.10	166.97	19.82	69.79
1989	473.86	75.56	123.35	182.07	20.73	72.15
1990	434.92	66.48	89.06	168.45	21.03	89.90
1991	529.57	92.77	104.93	196.01	24.39	111.47
1992	673.30	111.57	192.73	313.12	55.88	
1993	897.49	97.04	285.27	450.23	64.95	
1994	991.28	121.30	280.84	514.67	67.68	6.79
1995	1076.67	172.99	287.72	526.42	82.61	6.93
1996	1133.98	181.06	313.91	547.71	84.84	6.46

16－6 海关进出口商品分类金额

VALUE OF IMPORTS AND EXPORTS BY CATEGORY OF COMMODITIES (CUSTOMS STATISTICS)

单位：亿美元 (USD 100 million)

商品类别	Categories of Commodities	1995		1996	
		出口 Exports	进口 Imports	出口 Exports	进口 Imports
总额	**Total Value**	**1487.80**	**1320.84**	**1510.66**	**1388.38**
活动物；动物产品	**Live Animals & Animal Products**	**44.85**	**8.65**	**41.84**	**9.54**
活动物	Live Animals	5.03	0.36	4.87	0.47
肉及食用杂碎	Meat and Edible Haslets	10.22	0.95	10.86	1.57
鱼、甲壳动物、软体动物及其他水生无脊椎动物	Fish, Shellfish, Molluscs and Other Aquatic Invertebrates	20.87	5.99	17.38	5.97
乳品；蛋品；天然蜂蜜；其他食用动物产品	Dairy Products, Eggs, Natural Honey, Other Edible Animal Products	1.62	0.64	1.95	0.57
植物产品	**Vegetables, Fruits and Cereals**	**41.39**	**41.40**	**40.89**	**34.06**
食用蔬菜、根及块茎	Edible Vegetables,Roots and Stem Tubers	17.13	0.78	15.42	0.77
食用水果及坚果；甜瓜或柑桔属水果的果皮	Edible Fruits and Nuts,Muskmelon and Orange Peels	4.80	0.84	4.61	1.97
咖啡、茶、马黛茶及调味香料	Coffee, Tea and Spices	4.65	0.15	4.93	0.28
谷物	Cereals	0.76	35.81	1.87	25.55
含油子仁及果实；杂项子仁及果实；工业用或药用植物；稻草、秸秆及饲料	Oil Seeds and Kernels and Oleaginous Fruits,Other Seeds and Kernels and Fruits,Plants for Industrial and Medicinal Use, Straws and Forage	11.70	1.87	10.56	4.12
动植物油脂及分解产品；精制食用油脂；动植物蜡	**Animal and Vegetable Oils, Fats and Wax, Refined Edible Oils and Fats**	**4.59**	**26.23**	**3.82**	**16.95**
食品、饮料、酒及醋；烟草及代用品的制品	**Food, Beverages, Liquor and Vinegar, Tobacco and Tobacco Substitutes**	**46.27**	**19.26**	**50.76**	**24.10**
肉鱼甲壳和软体动物及其他水生无脊椎动物制品	Meat, Fish and Shellfish Products Mollusks and Other Aquatic Products	11.16	0.12	14.70	0.08
糖及糖食	Sugar and Sugar Products	2.34	9.35	3.05	4.28
谷物、粮食粉、淀粉或乳的制品；糕饼点心	Cereals, Grain, Starches or Milk and Pastry Products	2.11	0.23	2.35	0.17
蔬菜水果坚果或植物其他部分的制品	Products of Vegetables,Fruits and Nuts	10.83	0.15	10.47	0.16
饮料、酒及醋	Beverages, Liquor and Vinegar	3.91	0.37	3.97	0.42
烟草、烟草及烟草代用品的制品	Tobacco, Products of Tobacco and Tobacco Substitutes	9.99	3.59	9.76	4.57
矿产品	**Minerals**	**67.21**	**72.29**	**73.72**	**92.33**
盐；硫磺；泥土及石料；石膏料、石灰及水泥	Salt, Sulphur, Clay and Rock, Plaster Stone, Lime and Cement	12.66	1.19	13.76	1.49
矿砂、矿渣及矿灰	Ore, Slag and Mortar	1.23	19.77	0.67	21.97
矿物燃料、矿物油及蒸馏产品；沥青物质；矿物蜡	Mineral Fuels, Lubricants, Asphalt, Mineral Wax	53.32	51.33	59.29	68.87
化学工业及其相关工业的产品	**Chemicals and Related Products**	**84.21**	**104.03**	**84.27**	**104.13**
有机化学品	Organic Chemicals	32.19	32.88	31.44	31.22
药品	Medicinal and Pharmaceutical Products	6.20	2.54	5.95	2.65
肥料	Fertilizers	1.36	37.42	2.07	35.63
鞣料和染料浸膏；鞣酸及衍生物；	Tanning and Dyeing Extracts, Tannic				

续表 1 continued

单位: 亿美元 (USD 100 million)

商品类别	Categories of Commodities	1995		1996	
		出口 Exports	进口 Imports	出口 Exports	进口 Imports
染颜料及其他着色料; 油漆清漆; 油灰及类似胶粘剂; 墨水、油墨	Acid,Coloring and Dyeing Materials, Paint and Lacquer, Putty, Ink and Printing Ink	7.29	7.93	7.29	8.59
精油及香膏; 芳香料制品及化妆盥洗品	Essential Oils and Perfumed Materials, Cosmetics	2.64	0.48	2.69	0.53
塑料及其制品; 橡胶及其制品	**Plastics and Related Products,Rubber and Related Products**	**42.81**	**90.00**	**44.21**	**102.51**
塑料及其制品	Plastics and Related Products	35.35	80.15	35.89	88.19
橡胶及其制品	Rubber and Related Products	7.46	9.85	8.32	14.32
生皮、皮革、毛皮及制品; 鞍具挽具; 旅行用品、手提包及类似物品; 动物肠线(蚕胶丝除外)制品	**Raw Hides, Leather, Furs and Related Products,Saddle,Travel Articles, Handbags and Similar Containers**	**56.43**	**24.87**	**53.88**	**25.63**
生皮(毛皮除外)及皮革	Raw Hides and Leather	3.96	22.51	2.95	23.59
皮革制品; 鞍具挽具; 旅行用品、手提包及类似容器; 动物肠线制品	Leather Products,Saddle, Travel Articles, Handbags and Similar Containers	49.03	0.75	47.24	0.45
毛皮、人造毛皮及其制品	Furs,Artificial Furs and Related Products	3.44	1.61	3.69	1.59
木及木制品; 木炭; 软木及软木制品; 稻草、秸秆、针茅或其他编结材料制品; 篮筐及柳条编结品	**Wood and Wooden Products, Charcoal,Cork and Related Products, Straws, Plaited Products,Baskets and Wickerwork**	**21.47**	**15.76**	**20.53**	**15.71**
木浆及其他纤维状纤维素浆; 纸及纸板的废碎品; 纸、纸板及其制品	**Paper Pulp and Cellulose Pulp,Paper Waste Paper, Paperboard and Related Products**	**11.08**	**33.43**	**10.25**	**42.36**
木浆及其他纤维状纤维素浆; 纸及纸板的废碎品	Paper Pulp and Cellulose Pulp,Paper and Paper Board Waste	0.29	8.44	0.12	9.68
纸及纸板; 纸浆、纸或纸板制品	Paper and Paperboad, Paper Pulp, Paper or Paperboad Products	9.23	23.22	8.07	29.71
纺织原料及纺织制品	**Textile Materials and Products**	**358.78**	**158.19**	**349.69**	**166.83**
蚕丝	Natural Silk	11.73	1.76	8.96	1.57
羊毛、动物细毛或粗毛; 马毛纱线及其机织物	Wool,Wool Yarn and Woolen Woven Fabrics	7.73	16.56	8.18	15.35
棉花	Cotton	38.50	33.60	31.58	35.30
其他植物纺织纤维; 纸纱线及其机织物	Other Textile Fiber, Yarn and Related Woven Fabrics	4.40	1.99	3.45	1.53
化学纤维长丝	Chemical Fiber, Continuous Filament	6.38	33.79	5.67	38.61
化学纤维短纤	Chemical Fiber, Staple Fiber	26.55	31.90	23.32	32.83
絮胎毡呢及无纺织物; 特种纱线; 线绳索缆及制品	Wadding,Felt and Adhesive－Bond Fabrics, Special Yarn, Thread, Rope, Cable and Related Products	2.05	3.95	2.20	4.04
地毯及纺织材料的其他铺地制品	Carpets and Related Products	5.51	0.36	4.22	0.35
特种机织物; 簇绒织物; 花边; 装饰毯; 装饰带; 刺绣品	Special Woven Fabrics, Lace, Embroidery	5.44	5.52	5.97	5.53
浸渍、涂布、包覆或层压纺织物; 工业用纺织制品	Coated Textiles, Textile Products for Industrial Use	2.98	9.42	1.74	10.26
针织物及钩编织物	Knitwear and Crocheted Fabrics	9.07	9.75	7.86	11.18
针织或钩编织的服装及衣着附件	Knitted or Crocheted Garments and Clothing Accessories	69.37	1.79	76.27	1.82
非针织或钩编织的服装及衣着附件	Garments Not Knitted or Crocheted	143.45	7.26	145.72	8.07
其他纺织制成品; 成套物品; 旧衣	Other Textile Products, Secondhand				

续表 2 continued

单位：亿美元 (USD 100 million)

商品类别	Categories of Commodities	1995		1996	
		出口 Exports	进口 Imports	出口 Exports	进口 Imports
着旧纺织品；碎织物	Garments	25.62	0.54	24.55	0.39
鞋、帽、伞、杖、鞭及其零件；已加工的羽毛及其制品；人造花；人发制品	**Footwear, Headgear, Umbrellas, Canes, Whips, Processed Feather, Artificial Flowers, Wigs**	**81.59**	**4.51**	**85.45**	**4.56**
鞋靴、护褪和类似品及其零件	Parts of Footwear, Gaiters	66.62	3.41	71.03	3.53
帽类及其零件	Headgear And Accessories	3.65	0.06	4.03	0.06
雨伞阳伞、手杖、鞭子马鞭及其零件	Umbrellas,Canes,Whips and Accessories	4.91	0.73	4.38	0.64
已加工羽毛、羽绒及其制品；人造花；人发制品	Processed Feathers and Related Products, Artificial Flowers, Wigs	6.41	0.31	6.01	0.33
石料石膏水泥石棉云母及类似材料的制品；陶瓷产品；玻璃及其制品	**Gypsum, Cement, Asbestos, Mica,Ceramic Glass**	**26.63**	**9.48**	**26.39**	**10.12**
石料、石膏、水泥、石棉、云母及类似材料制品	Gypsum, Cement, Asbestos, Mica and Related Products	7.14	2.19	7.72	2.40
陶瓷产品	Ceramics	12.43	2.18	12.68	2.01
玻璃及其制品	Glass and Glassware	7.06	5.11	5.99	5.71
天然或养殖珍珠、宝石或半宝石、贵金属、包贵金属及其制品；仿首饰硬币	**Natural or Cultivated Pearls, Precious or Semi－Precious Stones, Jewelery of Precious Metal or Rolled Precious Metal, A rtificial Jewelery, Coins**	**17.52**	**10.27**	**12.78**	**10.49**
贱金属及其制品	**Base Metals and Related Products**	**120.79**	**121.66**	**104.07**	**126.71**
钢铁	Iron and Steel	47.87	58.81	30.93	68.00
钢铁制品	Iron and Steel Products	27.96	21.56	31.30	16.38
铜及其制品	Copper and Related Products	5.46	19.55	5.03	20.82
镍及其制品	Nickel and Related Products	0.31	0.54	0.10	0.65
铝及其制品	Aluminium and Related Products	7.01	13.68	5.23	13.34
铅及其制品	Lead and Related Products	1.47	0.09	2.07	0.12
锌及其制品	Zinc and Related Products	2.14	1.28	2.55	1.30
锡及其制品	Tin and Related Products	2.43	0.39	2.14	0.45
机器、机械器具、电气设备及零件；录音机及放声机、电视图象声音的录制和重放设备及零附件	**Machinery, Electric Equipment and Accessories, Recorders, Videorecorder and Accessories**	**276.67**	**469.96**	**310.65**	**490.28**
车辆、航空器、船舶及有关运输设备	**Locomotives, Vehicles, Aircraft, Ship and Related Transportation Equipment**	**41.16**	**53.65**	**41.81**	**53.50**
铁道及电车道机车、车辆及零件；铁道及电车轨道固定装置及零附件；各种机械(电动)；交通信号设备	Rail Locomotives, Tramcars and Accessories, Fixed Track Equipment, Signal Equipment for Transportation	12.60	1.93	11.36	0.66
车辆及其零件、附件，但铁道及电车道车辆除外	Vehicles and Related Parts and Accessories	18.33	27.19	17.16	22.09
航空器、航天器及零件	Aircraft, Spacecraft and Parts Thereof	1.44	13.62	1.74	26.49
船舶及浮动结构体	Ships and Related Products	8.79	10.91	11.54	4.26
光学、照相、电影、计量、检验、医疗或外科用仪器设备、精密仪器及设备；钟表；乐器；及其零附件	**Optical, Photographic, Film, Measuring and Checking and Medical Instruments and Equipment, Precision Instruments and Equipment, Clocks,Musical Instru－ments,Related Parts and Accessories**	**47.03**	**45.06**	**51.87**	**46.44**
其他	**Others**	**97.32**	**12.14**	**103.79**	**12.13**

16－7 我国同各国(地区)海关进出口总额

CHINA'S FOREIGN TRADE WITH RELATED COUNTRIES AND TERRITORIES (CUSTOMS STAT ISTICS)

单位: 万美元 (USD 10 000)

国别(地区) Country (Territory)	1995			1996		
	进出口总额 Total	出口总额 Exports	进口总额 Imports	进出口总额 Total	出口总额 Exports	进口总额 Imports
总计 Total	**28086311**	**14877957**	**13208354**	**28990362**	**15106571**	**13883791**
亚洲 Asia	**17005659**	**9200225**	**7805434**	**17469138**	**9124700**	**8344438**
#阿富汗 Afghanistan	4824	3160	1664	3476	3131	345
巴林 Bahrain	3254	1376	1878	4315	1434	2881
孟加拉国 Bangladesh	67804	63296	4508	68985	65563	3422
文莱 Brunei	3451	3448	3	3888	3886	2
缅甸 Myanmar	76735	61782	14953	65853	52112	13741
柬埔寨 Cambodia	5734	5162	572	7024	6337	687
塞浦路斯 Cyprus	4697	4437	260	6233	5601	632
朝鲜 Democratic People's Republic of Korea	54965	48604	6361	56567	49703	6864
香港 Hong Kong	4457414	3598343	859071	4073324	3290554	782770
印度 India	116281	76528	39753	140670	68754	71916
印度尼西亚 Indonesia	349032	143815	205217	370844	142802	228042
伊朗 Iran	50445	27789	22656	78074	39459	38615
伊拉克 Iraq	91	30	61	115	104	11
以色列 Israel	30606	18567	12039	29012	18864	10148
日本 Japan	5747122	2846669	2900453	33905829	3087448	2918381
约旦 Jordan	13622	11277	2345	10834	9218	1616
科威特 Kuwait	22937	10477	12460	21329	10186	11143
老挝 Laos	5422	4777	645	3484	2668	816
黎巴嫩 Lebanon	14163	14114	49	10319	10313	6
澳门 Macao	92198	79340	12858	69359	57271	12088
马来西亚 Malaysia	335159	128099	207060	361413	137065	224348
马尔代夫 Maldives	76	72	4	57	57	
蒙古 Mongolia	16195	6291	9904	19875	7236	12639
尼泊尔 Nepal	5360	5340	20	4015	3725	290
阿曼 Oman	49640	1488	48152	82335	1213	81122
巴基斯坦 Pakistan	101168	78862	22306	96375	62148	34227
菲律宾 the Philippines	130591	103014	27577	138730	101494	37236
卡塔尔 Qatar	9966	953	9013	7839	2163	5676
沙特阿拉伯 Saudi Arabia	128502	73391	55113	157690	74785	82905
新加坡 Singapore	689847	350064	339783	735051	374940	360111
韩国 Republic of Korea	1698104	668781	1029323	1999266	751118	1248148
斯里兰卡 Sri Lanka	24119	23919	200	19518	19156	362
叙利亚 Syria	15753	15582	171	15185	14874	311
泰国 Thailand	336252	175175	161077	201624	125495	189029
土耳其 Turkey	57458	43069	14389	50090	40679	9411
阿联酋 United Arab Emirates	122085	110110	11975	114485	107721	6764
也门共和国 Arab Republic of Yemen	45208	10789	34419	67656	10623	57033
越南 Viet Nam	105235	72029	33206	115063	84215	30848
台湾 Taiwan	1788200	309806	1478394	1898491	280268	1618223
非洲 Africa	**392113**	**249369**	**142744**	**403061**	**256659**	**146402**
#阿尔及利亚 ALgeria	7953	5750	2203	5453	5452	1
安哥拉 Angola	15807	2116	13691	27229	2854	24375
贝宁 Benin	7264	6652	612	7186	6990	196
布隆迪 Burundi	213	212	1	91	91	
喀麦隆 Cameroon	3770	1013	2757	4594	1091	3503
加那利群岛 Canary Islands	2450	2172	278	2483	2482	1
中非 Central Africa	114	98	16	513	228	285
塞卜泰 Ceuta	325	325		92	92	
刚果 Congo	938	593	345	2563	812	1751
吉布提 Djibouti	1001	987	14	981	981	
埃及 Egypt	45271	43965	1306	40792	40450	342
埃塞俄比亚 Ethiopia	3189	3128	61	4138	4117	21
加蓬 Gabon	12609	283	12326	18914	427	18487

续表 1 continued

单位：万美元 (USD 10 000)

国别（地区）	Country (Territory)	1995 进出口总额 Total	1995 出口总额 Exports	1995 进口总额 Imports	1996 进出口总额 Total	1996 出口总额 Exports	1996 进口总额 Imports
冈比亚	Gambia	5797	5790	7	4627	4627	
加纳	Ghana	7634	7143	491	8662	8327	335
几内亚	Guinea	2956	2750	206	3345	2970	375
几内亚(比绍)	Guinea－Bissau	109	109		46	46	
科特迪瓦	Cote D'Ivoir	5138	5094	44	6220	5220	1000
肯尼亚	Kenya	10550	10411	139	9315	9228	87
利比里亚	Liberia	3563	3553	10	11360	11360	
利比亚	Libya	10528	3332	7196	11272	5698	5574
马达加斯加	Madagascar	1716	1192	524	1727	1419	308
马里	Mali	6143	2509	3634	2883	1522	1361
毛里塔尼亚	Mauritania	3258	3207	51	1341	1321	20
毛里求斯	Mauritius	2320	2314	6	4359	4358	1
摩洛哥	Morocco	15223	11240	3983	9182	7459	1723
莫桑比克	Mozambique	1262	1153	109	1144	1124	20
尼日尔	Niger	819	805	14	147	146	1
尼日利亚	Nigeria	21245	15274	5971	17767	17085	682
留尼汪	Reunion	364	363	1	370	370	
卢旺达	Rwanda	117	115	2	392	379	13
塞内加尔	Senegal	3691	3644	47	3895	3735	160
塞舌尔	Seychelles	63	63		43	43	
塞拉利昂	Sierra Leone	427	427		640	640	
索马里	Somalia	163	31	132	106	46	60
南非	South Africa	132160	63335	68825	134696	68291	66405
苏丹	Sudan	11613	4162	7451	8674	4826	3848
坦桑尼亚	Tanzania	8372	7412	960	8315	6416	1899
多哥	Togo	12040	11980	60	8046	7864	182
突尼斯	Tunisia	7189	3628	3561	9297	6065	3232
乌干达	Uganda	1285	1284	1	921	796	125
布基纳法索	Burkina Faso	158	158		77	77	
扎伊尔	Zaire	4249	4103	146	4445	4271	174
赞比亚	Zambia	2147	1965	182	1546	972	574
津巴布韦	Zimbabwe	5220	1529	3691	8731	1885	6846
欧洲	**Europe**	**5079636**	**2298763**	**2780873**	**5152274**	**2386715**	**2765559**
#比利时	Belgium	213002	103297	109705	206525	104251	102274
丹麦	Denmark	62701	30852	31849	60652	28780	31872
英国	United Kingdom	476973	279767	197206	508192	320064	188128
德国	Federal Republic of Germany	1370931	567145	803786	1316896	584470	732426
法国	France	449020	184182	264838	414680	190687	223993
爱尔兰	Ireland	15533	10664	4869	13599	9175	4424
意大利	Italy	518222	206717	311505	508356	183761	324595
卢森堡	Luxembourg	6254	1264	4990	5046	1459	3587
荷兰	Netherlands	405007	323208	81800	445714	353855	91859
希腊	Greece	21274	19267	2006	26217	20418	5799
葡萄牙	Portugal	14470	10606	3864	16447	13380	3067
西班牙	Spain	189047	98464	90583	148582	96841	51741
奥地利	Austria	73228	16969	56259	46905	16793	30112
保加利亚	Bulgaria	5211	3244	1967	6138	2746	3392
捷克	Czecho	22747	13952	8785	23212	16582	6630
斯洛伐克	Slovakia	6809	3195	3614	7745	2574	5171
芬兰	Finland	79742	17575	62167	74897	19942	54955
直布罗陀	Gibraltar	546	546		390	390	
匈牙利	Hungary	35639	32547	3092	25877	21876	4001
冰岛	Iceland	730	429	301	951	359	592
马耳他	Malta	1484	1408	76	3805	1537	2268
挪威	Norway	44751	22269	22482	55234	33947	21287
波兰	Poland	55555	47196	8359	61597	56855	4742
罗马尼亚	Romania	35111	15696	19415	22441	15093	7348
瑞典	Sweden	139578	39603	99975	177157	39183	137974
瑞士	Switzerland	135128	41349	93779	139483	46208	93275

续表 2 continued

单位：万美元 (USD 10 000)

国别（地区）	Country (Territory)	1995 进出口总额 Total	1995 出口总额 Exports	1995 进口总额 Imports	1996 进出口总额 Total	1996 出口总额 Exports	1996 进口总额 Imports
南斯拉夫	Yugoslavia	988	965	23	1496	1436	60
斯洛文尼亚	Slovenia	1806	1751	55	2475	1565	910
克洛蒂亚	Croatia	2443	320	2123	3846	625	3221
马其顿	Macedonia	94	87	7	57	57	
波黑共和国	Bosnia and Herzegovina	10	10		8	8	
爱沙尼亚	Estonia	868	722	146	951	919	32
拉脱维亚	Latvia	1599	115	1484	1159	420	739
立陶宛	Lithuania	297	198	99	1144	1124	20
格鲁吉亚	Georgia	40	34	6	215	215	
亚美尼亚	Armenia	88	81	7	66	66	
阿塞拜疆	Azerbajan	378	107	271	140	119	21
白俄罗斯	Belorussia	3854	1001	2853	3710	947	2763
哈萨克	Kazakhstan	39099	7545	31554	45990	9530	36460
吉尔吉斯	Kirghizia	23104	10750	12354	10549	6868	3681
摩尔多瓦	Moldavia	129	92	37	145	47	98
俄罗斯	Russia	546330	166466	379864	684612	169276	515336
塔吉克	Tadzhikistan	2386	1462	924	1172	764	408
土库曼	Turkmenistan	1760	1127	633	1147	845	302
乌克兰	Ukraine	61306	7344	53962	56678	5854	50824
乌兹别克	Uzbekstan	11856	4757	7099	18726	3815	14911
拉丁美洲	**Latin America**	**611416**	**314706**	**296710**	**672940**	**312109**	**360831**
#阿根廷	Argentina	64400	27360	37040	85489	33662	51827
巴巴多斯	Barbados	132	132		109	109	
玻利维亚	Bolivia	471	470	1	578	319	259
巴西	Brazil	199062	75907	123155	224705	76297	148408
智利	Chile	64091	41042	23049	91899	46374	45525
哥伦比亚	Colombia	6593	5224	1369	4748	4660	88
多米尼加联邦	Commonwealth of Dominica	3717	3717		3346	3344	2
古巴	Cuba	35989	14633	21356	23814	10050	13764
库腊索岛	Curacao	651	651		633	633	
多米尼加共和国	Dominican Republic	3809	3807	2	2396	2391	5
厄瓜多尔	Ecuador	7362	4478	2884	13099	3931	9168
危地马拉	Guatemala	8150	4650	3500	4958	4943	15
洪都拉斯	Honduras	3138	3129	9	3043	2825	218
牙买加	Jamaica	2582	2150	432	2457	2442	15
墨西哥	Mexico	38956	19507	19449	51841	22117	29724
尼加拉瓜	Nicaragua	538	536	2	742	736	6
巴拿马	Panama	60325	59485	840	49000	48826	174
巴拉圭	Paraguay	13301	10565	2736	8041	7810	231
秘鲁	Peru	60515	14563	45952	65586	13830	51756
波多黎各	Puerto Rico	1534	1515	19	2283	2254	29
萨尔瓦多	El Salvador	4130	3632	498	2604	2602	2
苏里南	Surinam	733	522	211	393	369	24
特立尼达和多巴哥	Trinidad and Tobago	963	963		936	840	96
乌拉圭	Uruguay	13252	4715	8537	12610	5743	6867
委内瑞拉	Venezuela	8447	6872	1575	7771	5243	2528
北美洲	**North America**	**4504661**	**2624695**	**1879966**	**4702737**	**2830203**	**1872534**
#加拿大	Canada	421384	153253	268131	418587	161601	256986
美国	United States	4083179	2471350	1611829	4284073	2668549	1615524
大洋洲及太平洋岛屿	**Oceanic and Pacific Islands**	**492356**	**190198**	**302158**	**589812**	**196185**	**393627**
#澳大利亚	Australia	421074	162619	258455	510710	167330	343380
库克群岛	Cook Islands	25	20	5	40	40	
斐济	Fiji	2755	1575	1180	1645	1607	38
新西兰	New Zealand	57838	23203	34635	63443	23135	40308
诺福克岛	Norfolk Islands	4	4		5	5	
巴布亚新几内亚	Papua New Guinea	9363	1587	7776	12651	2752	9899
其他	**Others**	**469**	.	**469**	**398**		**398**

16-8 海关出口主要商品数量和金额

MAIN EXPORT COMMODITIES IN VOLUME AND VALUE (CUSTOMS STATISTICS)

金额单位：万美元

(USD 10 000)

品名 Item		1995 数量 Volume	1995 金额 Value	1996 数量 Volume	1996 金额 Value
活猪 (万头) Live Hogs	(10 000 heads)	253	27771	240	29147
活家禽 (万只) Live Poultry	(10 000 heads)	5263	12534	5377	12062
鲜冻牛肉 (万吨) Beef, Fresh and Frozen	(10 000 tons)	2	3391	3	5124
鲜冻猪肉 (万吨) Pork, Fresh and Frozen	(10 000 tons)	15	24535	13	21486
冻鸡 (吨) Frozen Chicken	(ton)	248573	55656	298509	63121
冻家兔肉 (吨) Frozen Rabbit Meat	(ton)	20187	4765	24113	6462
鲜蛋 (百万个) Fresh Eggs	(million units)	358	1667	520	2532
水产品 (万吨) Aquatic Products	(10 000 tons)	61	208728	64	173774
粮食 (万吨) Grain	(10 000 tons)	214	63530	198	68460
#大米 Rice		5	1624	27	11164
大豆 Soybeans		38	9967	19	6618
蔬菜 (万吨) Vegetables	(10 000 tons)	158	157130	167	153456
#鲜蔬菜 (吨) Fresh Vegetables	(ton)	81	48416	95	53739
金针菜 (吨) Day Lily	(ton)	2575	353	2797	408
干香菇 (吨) Dried Mushrooms	(ton)	21640	30978	14546	7442
黑木耳 (吨) Edible Fungus	(ton)	3966	2442	4721	2160
榨菜 (吨) Hot Pickled Mustard Tuber	(ton)	16938	726	16050	796
水果 (吨) Fruits	(ton)	397984	18175	41368	20233
#桔、柑、橙 Mandarins and Oranges		131798	5570	150897	6208
苹果 Apples		108946	4530	164976	6915
苦杏仁 (吨) Bitter Apricot Kernels	(ton)	11889	2096	11224	2238
核桃 (吨) Walnuts in Shell	(ton)	3255	364	1606	30
核桃仁 (吨) Walnut Meat	(ton)	9255	2517	13217	3810
栗子 (吨) Chestnuts	(ton)	36117	7731	32015	6612
食糖 (万吨) Sugar	(10 000 tons)	48	18710	66	24779
天然蜂蜜 (吨) Natural Honey	(ton)	86991	8748	83461	11066
茶叶 (吨) Tea	(ton)	166572	27475	169662	28250
辣椒干 (吨) Dried Chillies	(ton)	35706	5872	29350	6284
罐头 (吨) Canned Food	(ton)	847542	94123	860034	83313
猪肉罐头 Canned Pork		63822	11853	41593	7247
蔬菜罐头 Canned Vegetables		515847	56573	647072	49139
水果罐头 Canned Fruits		150209	13931	130986	18648
其他罐头 Other Canned Food		117664	11766	40383	8278
啤酒 (万升) Beer	(10 000 liters)	13091	5308	6662	3179
烤烟 (吨) Flue-Cured Tobacco	(ton)	56570	7732	51705	9027
山羊板皮 (万吨) Goat Hides	(10 000 ton)			25	17
未硝毛皮 (万吨) Raw Fur Skins	(10 000 ton)	92	287	141	479
#貂皮 Raw Mink Skins		10	98	1	29
棉花 (吨) Cotton	(ton)	21619	4680	4493	1248
生丝 (吨) Raw Silk	(ton)	12710	30055	12101	26527
山羊绒 (吨) Cashmere	(ton)	1829	13987	2481	18175
兔毛 (吨) Rabbit Hair	(ton)	4395	7109	3986	6754
食盐 (万吨) Salt	(10 000 tons)	34	1105	36	1249
氟石 (万吨) Fluorite	(10 000 tons)	123	11378	111	11775
重晶石 (万吨) Barite	(10 000 tons)	120	3590	186	5784
滑石 (万吨) Talcum	(10 000 tons)	159	8321	102	7492
铝矿砂 (万吨) Aluminum Ore	(10 000 tons)	45	2397	20	1435

续表 1 continued

金额单位：万美元 (USD 10 000)

品名 Item			1995 数量 Volume	1995 金额 Value	1996 数量 Volume	1996 金额 Value
钨矿砂	(吨) Tungsten Ore	(ton)	260	93	140	35
猪鬃	(吨) Bristles	(ton)	10511	6541	8519	5664
绵羊肠衣	(吨) Sheep Casings	(ton)	4723	8586	5908	11395
山羊肠衣	(吨) Goat Casings	(ton)	1127	1690	123824	1913
盐渍猪肠衣	(吨) Salted Pig Casings	(ton)	33071	15772	32930	19140
羽毛及绒	(吨) Feathers of Chicken, Duck and Goose	(ton)	23345	28142	21204	20884
药材	(吨) Medicinal Materials	(ton)	136549	43610	157639	33497
煤	(万吨) Coal	(10 000 tons)	2862	101069	2903	110997
焦炭、半焦炭	(万吨) Coke and Semi－Coke	(10 000 tons)	886	68292	779	61915
原油	(万吨) Crude Oil	(10 000 tons)	1885	223637	2033	277720
成品油	(万吨) Petroleum Products, Rened	(10 000 tons)	415	79224	417	86856
石蜡	(万吨) Paraffin Wax	(10 000 tons)	28	13179	29	14724
石油焦	(万吨) Petroleum Coke	(10 000 tons)	46	3322	51	4333
食用油籽	(万吨) Oil Seeds, Edibl	(10 000 tons)	53	39460	50	38625
#花生、花生仁	Peanuts and Shelled Peanuts		39	25687	35	25444
食用植物油	(吨) Edible Vegetable Oil	(ton)	495970	20935	313020	21774
桐油	(吨) Tung Oil	(ton)	25346	2270	18451	2039
糠醛	(吨) Barium Carbonate	(ton)	13733	1704	39836	4914
碳酸钡	(吨) Furfural	(ton)	148975	4444	113222	3313
合成有机染料	(吨) Synthetic Organic Dyestuffs	(ton)	91707	39252	95354	40097
医药品	(吨) Medicinal and Pharmaceutial Products	(ton)	146658	158152	136250	151609
#中式成药	Chinese Medicines		22196	13519	18708	12589
医用敷料	Pharmaceutical Dressings		45928	23380	44110	22919
香皂	Toilet Soap			4677		2227
洗衣粉	(吨) Detergents	(ton)	51377	2616	53549	2805
鞭炮烟花	(吨) Fireworks and Firecrackers	(ton)	127274	17243	128169	20192
蚊香	(吨) Mosquito－Repellent Incense	(ton)	15237	1487	9890	1103
松香	(吨) Resin	(ton)	219729	13491	176003	13101
轮胎	(万条) Rubber Tire	(10 000 units)	5503	43055	5744	46717
纸及纸板(未切成形)	(万吨) Paper and Paperboard	(10 000 tons)	49	35148	17	16441
棉纱	(吨) Cotton Yarn	(ton)	179895	57631	142033	45851
人造棉纱	(吨) Synthetic Cotton Yarn	(ton)	45716	17443	34338	12799
棉布	(万米) Cotton Cloth	(10 000 m)	372949	341124	304309	293420
涤棉布	(万米) Polyester Cotton Cloth	(10 000 m)	128323	77857	132086	79760
人棉布	(万米) Synthetic Cotton Cloth	(10 000 m)	108608	71634	67542	37807
真丝绸缎	(万米) Silks and Satins	(10 000 m)	18840	66282	14723	43869
呢绒	(万米) Woolen Goods	(10 000 m)	2906	16391	2577	14961
麻袋	(万条) Gunny Sacks	(10 000 units)	4350	1758	1806	710
毛毯	(万条) Woolen Blankets	(10 000 units)	29	646	12	232
地毯	(万平方米) Carpets	(10 000 sq.m)	2621	55074	1552	42226
水泥	(万吨) Cement	(10 000 tons)	819	29807	1180	45091
平板玻璃	(万平方米) Plate Glass	(10 000 sq.m)	5645	16974	4131	11293
玻璃制品	Glass Ware			23238		25214
家用陶瓷器	Procelain and Pottery Ware for Houshold Use			54669		54716
珍珠	Pearls			28154		3909
钢坯及粗锻件	(万吨) Billet and Crude Forgings	(10 000 tons)	443	107147	271	63883
钢材	(万吨) Steel Products	(10 000 tons)	567	219053	408	184791
钢铁丝	(吨) Iron and Steel Wire	(ton) (tn)	209275	11548	138292	9117
铸铁管	(吨) Pig Iron Casting Tube	(ton)	50332	2652	76081	3987

续表 2 continued

金额单位：万美元 (USD 10 000)

品名	Item	1995 数量 Volume	1995 金额 Value	1996 数量 Volume	1996 金额 Value
铜材 (吨)	Copper Products (ton)	87344	30023	80705	27631
铝材 (吨)	Aluminum Products (ton)	65436	12603	59118	12605
锌及锌合金 (吨)	Zinc and Zinc Alloys (ton)	191535	17939	226777	21824
锡及锡合金 (吨)	Tin and Tin Alloys (ton)	43307	23625	36128	20039
钨 (吨)	Tungsten (ton)	1167	1538	1039	1215
锑 (吨)	Antimony (ton)	25464	7318	31192	6261
农林用手工具	Hand Tools Used in Agriculture and Forestry		10210		75227
煤油炉 (万只)	Kerosene Cooking Stoves (10 000 units)	413	1118	379	1056
搪瓷器	Enamelware		8483		7930
锁	Locks		33239		29966
钨材及钨制品 (吨)	Tungsten Products and Related Products (ton)	144	644	223	785
缝纫机(含工业用. 万架)	Sewing Machines(including those for industrial use) (10000 units)	452	20812	407	20641
纺织机械	Textile Machinery		14486		12315
粮食加工机械	Grain-Processing Machinery		2001		2550
机床 (万台)	Machine Tools (10 000 units)	251	27429	198	25392
轴承 (万套)	Bearings (10 000 sets)	56503	29919	66453	34194
电扇 (万台)	Electric Fan (10 000 units)	9491	75585	12259	80871
干电池 (万打)	Dry Cells (10 000 doz.)	61537	29601	746378	32623
汽车用蓄电池 (个)	Storage Batteries for Motor Vehicles (pcs)	1449897	2665	1988593	2754
石墨电极 (吨)	Graphite Electrodes (ton)	25755	3282	17889	2428
汽车和拖拉机的零件	Parts and Accessories for Motor Vehicles and Tractors		37610		37964
自行车 (万辆)	Bicycles (10 000 units)	1262	53512	1217	46347
手电筒 (万个)	Flashligh (10 000 units)	32771	8938	32124	9788
家具	Furniture		110568		129528
服装(除针钩织. 万件)	Garments(excluding knitwear and crochet)(10000pcs)	340105	1345951	269960	1365665
针织、钩织服装 (万件)	Knitted or Crocheted Garments (10 000 pcs)	408993	649391	408655	713209
毛制	Wool	13572	82582	14160	71107
棉制	Cotton	280367	297435	258480	294148
其他	Other Fibers	115054	269374	136015	347954
皮鞋 (万双)	Leather Shoes (10 000 pairs)	49123	273678	52610	298127
橡胶、塑料底布鞋和球鞋 (万双)	Cloth Shoes with Outer Soles of Rubber or Artificial Plastic Materials and Gym Shoes (10 000 pairs)	71534	108763	63462	101228
医疗仪器及器械	Medical Instruments and Appliances		20556		25774
照相机 (架)	Cameras (pcs)	6150	57178	6180	69550
手表 (万只)	Wristwatche (10 000 units)	71380	103265	72974	96563
日用钟 (万只)	Clocks (10 000 units)	21498	30242	24304	33416
抽纱、刺绣品	Drawnwork and Embroidery		30558		26309
玩具	Toys		343062		392457
足球、篮球、排球 (万个)	Footballs, Basketballs and Volleyballs (10 000 units)	4460	8710	3935	7804
铅笔	Pencils		6954	26340	6613
伞 (万把)	Umbrellas (10 000 units)	40494	45449	37362	41439
藤编结品 (吨)	Rattan Plaited Products (ton)	25628	8465	21140	6064
草席及草编结品 (吨)	Straw Mats and Straw Plaited Products (ton)	29942	7521	24904	5864
柳编结品 (吨)	Wickerwork (ton)	65482	18213	56085	12936
鬃刷 (万打)	Bristle Brushes (10 000 doz.)	2393	4170	30150	4768
热水瓶 (万个)	Vacuum Flasks (10 000 units)	5702	9890	5038	9776

16－9 海关进口主要商品数量和金额
MAIN IMPORT COMMODITIES IN VOLUME AND VALUE (CUSTOMS STATISTICS)

金额单位：万美元　　(USD 10 000)

品名 Item		1995 数量 Volume	1995 金额 Value	1996 数量 Volume	1996 金额 Value
粮食 (万吨) Grain	(10 000 tons)	2081	373157	1223	295350
#小麦 (万吨) Wheat	(10 000 tons)	1159	202639	825	189040
大麦 (吨) Barley	(ton)	1273955	24054	1307870	30447
玉米 (万吨) Corn	(10 000 tons)	518	81608	44	7306
干豆 (吨) Dried Beans	(ton)	9959	279	193070	5092
大豆 (吨) Soybeans	(ton)	293938	7549	1107539	32035
食糖 (万吨) Sugar	(10 000 tons)	295	89758	125	39309
咖啡及咖啡精 (吨) Coffee and Coffee Extracts	(ton)	2058	621	12425	1719
可可豆 (吨) Cocoa Beans	(ton)	31630	4016	33433	4179
天然橡胶 (万吨) Natural Rubber	(10 000 tons)	32	42307	55	72026
合成橡胶 (吨) Synthetic Rubber	(ton)	311024	32710	367456	39685
原木 (万立方米) Logs	(10 000 cu.m)	258	36837	319	45778
纸浆 (万吨) Paper Pulp	(10 000 tons)	82	67211	147	77500
棉花(原棉) (万吨) Raw Cotton, not Carded or Combed	(10 000 tons)	74	137782	65	119622
黄(红)麻 (吨) Jute and Ambary Hemp	(ton)	31603	942	21161	669
纺织用合成纤维 (万吨) Synthetic Fiber Suitable for Spinning	(10 000 tons)	76	131594	97	139929
#锦纶纤维 (吨) Polyamide Fiber	(ton)	12471	2191	10961	2117
涤纶纤维 (吨) Polyester Fiber	(ton)	342074	54442	460486	56018
腈纶纤维 (吨) Polyacrylonitrile Fiber	(ton)	373984	70252	477826	78326
合成纤维纱线 (吨) Synthetic Fiber, Continuous Filament and Yarn	(ton)	611562	101809	676623	133410
#锦纶长丝 (吨) Polyamide Fiber, Continuous	(ton)	40059	11400	51887	15096
涤纶长丝 (吨) Polyester Fiber, Continuous	(ton)	418954	47998	463778	74045
纺织用再生纤维(吨) Regenerated Fiber Suitable for Spnning	(ton)	74342	19978	88589	16090
羊毛及条 (吨) Wool and Wool Top	(ton)	283668	94414	226213	85115
硫磺 (吨) Sulphur	(ton)	53000	352	467293	2950
工业用钻石 (万克拉) Diamond Used in Industry	(10 000 carat)	374	126	293	206
铁矿砂 (万吨) Iron Ore	(10 000 tons)	4115	122691	4387	132059
铬矿砂 (万吨) Chromium Ore	(10 000 tons)	138	20232	76	12434
药材 (吨) Medicinal Materials	(ton)	10650	4741	14537	4945
煤 (万吨) Coal	(10 000 tons)	161	7053	320	14593
动物油脂 (吨) Animal Oil and Fats	(ton)	307564	15721	211211	10465
食用植物油 (万吨) Edible Vegetable Oil	(10 000 tons)	213	145482	153	96598
其他植物油 (万吨) Other Vegetable Oil	(10 000 tons)	160	97673	113	60527
油籽及含油果实(吨) Oil Seeds and Oleaginous Fruits	(ton)				

续表 1 continued

金额单位：万美元 (USD 10 000)

品名 Item		1995 数量 Volume	1995 金额 Value	1996 数量 Volume	1996 金额 Value
（大豆除外） (excluding soybeans)		123258	3409	7126	308
己内酰胺 （吨） Caprolactam	(ton)	123830	18366	155227	20850
烧碱 （吨） Caustic Soda	(ton)	8768	367	15954	504
纯碱 （吨） Soda Ash	(ton)	75324	1256	62734	1066
合成有机染料 （吨） Synthetic Organic Dyestuffs	(ton)	24083	11867	28706	13121
医药品 （吨） Pharmaceutical Products	(ton)	20749	40728	19487	35109
化肥 （万吨） Chemical Fertilizers	(10 000 tons)				
（自然量） (actual weight)		1991	374150	1857	356324
#硫酸铵 （吨） Ammonium Sulphate	(ton)	125171	1062	88258	702
尿素 （万吨） Urea	(10 000 tons)	696	142697	601	124202
原形聚乙烯 （万吨） Polyethylene in Primary Forms	(10 000 tons)	183	144461	219	158193
原形聚丙烯 （万吨） Polypropylene in Primary Forms	(10 000 tons)	107	81306	113	81408
原形聚苯乙烯（万吨） Polystyrene in Primary Forms	(10 000 tons)	107	90983	129	103589
原形聚氯乙烯（万吨） Polyvinyl Chloride in Primary Forms	(10 000 tons)	58	57624	86	62508
农药 （吨） Pesticides	(ton)	34712	15974	32111	13755
纸及纸板 （万吨） Paper and Paperboard	(10 000 tons)	302	232168	449	232735
#新闻纸 （吨） Newsprint	(ton)	47057	3357	56310	19559
钢材 （万吨） Steel Products	(10 000 tons)	1377	651122	1584	696299
钢铁丝 （吨） Iron and Steel Wire	(ton)	321531	14607	155041	14435
铜及铜合金 （吨） Copper and Copper Alloys	(ton)	187504	40644	290945	57140
铝及铝合金 （吨） Aluminum and Aluminum Alloys	(ton)	387925	51389	366733	45778
锌及锌合金 （吨） Zinc and Zinc Alloys	(ton)	66703	6423	69512	6623
机床 （台） Machine Tools	(set)	134269	220075	125402	252231
电子计算器 （万台） Electronic Calculators	(10 000 units)	858	592	624	399
电视机 （万台） TV Sets	(10 000 units)	116	33540	42	24668
录音机和收录两用机 Recorders and Radio Cassette Players					
（万台）	(10 000 units)	333	16464	174	7361
汽车和汽车底盘（辆） Motor Vehicles and Chassis	(unit)	158115	153574	75362	833068
#小轿车 Cars		23802	17986	57942	37084
卡车 Trucks		11728	10881	5916	6423
自卸车 Dump Trucks		404	4280	470	5687
装有引擎的底盘 Chassis with Engines		736	4209	556	2500
汽车和拖拉机的零件 Parts for Motor Vehicles and Tractors			85469		107758
船舶 （艘） Ships	(unit)	1305	67440	1283	39327
医疗仪器及器械 Medical Instruments and Appliances			37381		39072
手表 （万只） Wristwatches	(10 000 units)	1682	6901	1417	6164

16－10 各地区进出口商品总值(按经营单位所在地分)

IMPORT AND EXPORT VALUE BY LOCATION OF CHINA'S FOREIGN TRADE MANAGING UNITS BY REGION

单位:万美元 (USD 10 000)

地区 Region	1994 进出口 Total	1994 出口 Exports	1994 进口 Imports	1995 进出口 Total	1995 出口 Exports	1995 进口 Imports	1996 进出口 Total	1996 出口 Exports	1996 进口 Imports
全 国 National Total	**23661996**	**12100632**	**11561364**	**28086311**	**14877957**	**13208354**	**28990362**	**15106571**	**13883791**
北 京 Beijing	2927426	834205	2093221	3703513	1024977	2678536	2933018	813118	2119900
天 津 Tianjin	554529	269121	285408	804358	406407	397951	954497	465174	489323
河 北 Hebei	315682	230266	85416	391775	286561	105214	419674	308251	111423
山 西 Shanxi	83887	65397	18490	140228	114255	25973	116790	93626	23164
内蒙古 Inner Mongolia	92482	47441	45041	99723	49968	49755	105122	52204	52918
辽 宁 Liaoning	1023753	605320	418433	1319890	824357	495533	1405689	862507	543182
吉 林 Jilin	279080	136597	142483	260704	109673	151031	210373	97196	113177
黑龙江 Heilongjiang	242759	124272	118487	238645	116640	122005	244765	108056	136709
上 海 Shanghai	1806221	915722	890499	2435732	1296379	1139353	2713798	1302792	1411006
江 苏 Jiangsu	1175685	668450	507235	1630988	978926	652062	2069901	1160014	909887
浙 江 Zhejiang	898715	608499	290216	1150972	769242	381730	1253074	804141	448933
安 徽 Anhui	156644	104641	52003	200801	139305	61496	222236	131382	90854
福 建 Fujian	1218953	643020	575933	1444560	790795	653765	1551334	838343	712991
江 西 Jiangxi	130702	80539	50163	132315	104194	28121	111524	85072	26452
山 东 Shandong	961950	586536	375414	1394352	816017	578335	1616447	918169	698278
河 南 Henan	163550	102380	61170	222904	135745	87159	196855	124001	72854
湖 北 Hubei	274586	171560	103026	340421	139968	142453	286178	152566	133612
湖 南 Hunan	215111	154338	60773	203888	147015	56873	186636	135363	51273
广 东 Guangdong	9665215	5019850	4645365	10392226	5657260	4734966	10991478	5934100	5057378
广 西 Guangxi	303700	129038	174662	309070	170198	138872	202607	126903	75704
海 南 Hainan	276046	95298	180748	235572	92323	143249	226312	65875	160437
四 川 Sichuan	309850	180430	129420	347996	226951	121045	373228	175727	197501
贵 州 Guizhou	46872	30408	16464	66427	44269	22158	48626	35576	13050
云 南 Yunnan	163181	96526	66655	214784	125734	89050	184984	104389	80595
西 藏 Tibet	64736	4487	60249	21722	868	20854	17662	2074	15588
陕 西 Shaanxi	142016	95790	46226	168287	126844	41443	174503	108556	65947
甘 肃 Gansu	50286	34687	15599	59952	36027	23925	47378	27347	20031
青 海 Qinghai	15253	12627	2626	15397	12999	2398	12822	11367	1455
宁 夏 Ningxia	17294	10923	6371	21963	16849	5114	18980	15473	3507
新 疆 Xinjiang	85832	42264	43568	117146	59211	57935	93871	47209	46662

16－11 各地区进出口商品总值(按境内目的地、货源地分)

IMPORT AND EXPORT VALUE OF COMMODITIES BY PLACES OF DESTINATION OR ORIGIN IN CHINA BY REGION

单位:万美元 (USD 10 000)

地区 Region	1994 进出口 Total	1994 出口 Exports	1994 进口 Imports	1995 进出口 Total	1995 出口 Exports	1995 进口 Imports	1996 进出口 Total	1996 出口 Exports	1996 进口 Imports
全国 National Total	**23661996**	**12100632**	**11561364**	**28086311**	**14877957**	**13208354**	**28990362**	**15106571**	**13883791**
北京 Beijing	1186671	385193	801478	1677116	595841	1081275	1493256	506739	986517
天津 Tianjin	665975	302387	363588	898685	443689	454996	1015843	468202	547641
河北 Hebei	340625	189829	150796	446826	248829	197997	421969	238801	183169
山西 Shanxi	141851	109293	32558	225355	180270	45085	215629	173639	41990
内蒙古 Inner Mongolia	102838	48124	54714	131356	51336	80020	100824	49127	51697
辽宁 Liaoning	1061835	516032	545803	1315040	709339	605701	1357209	730015	627194
吉林 Jilin	326181	165668	160513	288687	112455	176232	247595	108102	139493
黑龙江 Heilongjiang	437401	289519	147882	457910	295487	162423	431766	302572	129194
上海 Shanghai	2015443	993696	1021747	2589750	1313403	1276347	2789154	1313456	1475698
江苏 Jiangsu	1324279	695737	628542	1803053	1006202	796851	2227846	1195401	1032445
浙江 Zhejiang	978612	648205	330407	1273299	827857	445442	1442959	866359	576600
安徽 Anhui	171843	96627	75216	216033	132600	83433	239024	130574	108450
福建 Fujian	1203962	607939	596023	1506552	810646	695906	1588160	845078	743082
江西 Jiangxi	135004	65277	69727	146750	84398	62352	119326	77643	41683
山东 Shandong	1139582	650751	488831	1658036	902987	755049	1809000	999216	809784
河南 Henan	222165	108768	113397	287611	148865	137246	247651	140401	107250
湖北 Hubei	307790	150529	157261	374786	181949	192837	309932	141394	168538
湖南 Hunan	197117	125547	71570	234073	135186	98887	199699	133023	66676
广东 Guangdong	10105941	5327141	4778800	10852473	5904816	4947657	11201626	5997053	5204573
广西 Guangxi	324492	133676	190816	336123	163038	173085	241473	138744	102729
海南 Hainan	223480	43633	179847	188824	48148	140676	195243	39980	155263
四川 Sichuan	376680	152225	224455	394838	203752	191086	392211	179816	212395
贵州 Guizhou	48340	27017	21323	73897	39721	34176	61374	38025	23349
云南 Yunnan	167945	88221	79724	230786	117719	113067	220048	100732	119316
西藏 Tibet	55877	1890	53987	18964	1272	17692	16594	1920	14674
陕西 Shaanxi	172640	82216	90424	197695	103601	94094	182172	98474	83698
甘肃 Gansu	55445	31223	24222	76680	34203	42477	61062	27899	33163
青海 Qinghai	15436	11530	3906	15848	11802	4046	20512	10961	9551
宁夏 Ningxia	16845	10053	6792	24010	16669	7341	22365	16298	6067
新疆 Xinjiang	139701	42686	97015	146755	51877	94878	118840	36928	81912

16－12 各地区外商投资企业进出口商品总值

VALUE OF IMPORT AND EXPORT GOODS OF FOREIGN－FUNDED ENTERPRISES BY REGION

单位:万美元 (USD 10 000)

地区 Region	1994			1995			1996		
	进出口 Total	出口 Exports	进口 Imports	进出口 Total	出口 Exports	进口 Imports	进出口 Total	出口 Exports	进口 Imports
全国 National Total	**8764715**	**3471297**	**5293418**	**10981858**	**4687587**	**6294271**	**13711016**	**6150636**	**7560380**
北京 Beijing	196928	49256	147672	257567	70939	186628	322836	98814	224022
天津 Tianjin	290917	101300	189617	499966	198729	301237	701952	295097	406855
河北 Hebei	81633	27741	53892	98855	32607	67248	143842	54219	89623
山西 Shanxi	14927	7939	6988	16979	11625	5354	17877	12582	5295
内蒙古 Inner Mongolia	12081	4206	7875	15258	5217	10041	15352	7950	7402
辽宁 Liaoning	376665	162200	214465	500049	237075	262974	636982	317895	319087
吉林 Jilin	61945	14006	47939	85026	19315	65711	87094	26049	61045
黑龙江 Heilongjiang	39802	11337	28465	52559	16042	36517	72350	24264	48086
上海 Shanghai	760479	265848	494631	1121591	401810	719781	1486777	544661	942116
江苏 Jiangsu	556809	206638	350171	780884	293600	487284	1213709	506970	706739
浙江 Zhejiang	246146	103339	142807	306361	110982	195379	473156	202352	270804
安徽 Anhui	33378	7242	26136	36504	9736	26768	68130	15549	52581
福建 Fujian	721677	287056	434621	822886	354323	468563	952403	450087	502316
江西 Jiangxi	30988	4296	26692	19746	4463	15283	16049	5920	10129
山东 Shandong	412085	158898	253187	616403	253751	362652	851577	385182	466395
河南 Henan	40618	9575	31043	49820	11728	38092	61985	21802	40183
湖北 Hubei	65368	15528	49840	91490	18737	72753	112809	28523	84286
湖南 Hunan	29024	6360	22664	28483	6839	21644	36202	10781	25421
广东 Guangdong	4520498	1984452	2536046	5320356	2576243	2744113	6096722	3069026	3027696
广西 Guangxi	87540	14508	73032	81872	21778	60094	69871	26412	43459
海南 Hainan	65635	5312	60323	56863	5777	51086	63720	6822	56898
四川 Sichuan	52681	9539	43142	51516	9115	42401	114119	13118	101001
贵州 Guizhou	7050	1957	5093	8861	2895	5966	6785	4169	2616
云南 Yunnan	18672	2554	16118	20194	3435	16759	25566	4257	21309
西藏 Tibet	1766	122	1644	2484	30	2454	6321	235	6086
陕西 Shaanxi	21875	4318	17557	20457	4170	16287	35845	8427	27418
甘肃 Gansu	5825	1485	4340	5304	1946	3358	6616	2414	4202
青海 Qinghai	826	425	401	622	602	20	911	825	86
宁夏 Ningxia	2470	630	1840	1486	983	503	3747	2088	1659
新疆 Xinjiang	8407	3230	5177	10416	3095	7321	9711	4146	5565

16-13 我国利用外资概况

UTILIZATION OF FOREIGN CAPITAL

项目单位: 个; 金额单位: 亿美元 (USD 100 million)

年份 Year	总计 Total 项目 Number of Projects	总计 Total 金额 Value	对外借款 Foreign Loans 项目 Number of Projects	对外借款 Foreign Loans 金额 Value	外商直接投资 Direct Foreign Investments 项目 Number of Projects	外商直接投资 Direct Foreign Investments 金额 Value	外商其他投资额 Other Foreign Investments
签订利用外资协议(合同)额 Total Amount of Foreign Capital to Be Utilized Through the Signed Agreements and Contracts							
1979-1983	1471	239.78	79	150.62	1392	77.42	11.74
1984	1894	47.91	38	19.16	1856	26.51	2.24
1985	3145	98.67	72	35.34	3073	59.32	4.01
1986	1551	117.37	53	84.07	1498	28.34	4.96
1987	2289	121.36	56	78.17	2233	37.09	6.10
1988	6063	160.04	118	98.13	5945	52.97	8.94
1989	5909	114.79	130	51.85	5779	56.00	6.94
1990	7371	120.86	98	50.99	7273	65.96	3.91
1991	13086	195.83	108	71.61	12978	119.77	4.45
1992	48858	694.39	94	107.03	48764	581.24	6.12
1993	83595	1232.73	158	113.06	83437	1114.36	5.31
1994	47646	937.56	97	106.68	47549	826.80	4.08
1995	37184	1032.05	173	112.88	37011	912.82	6.35
1996	24673	816.09	117	79.62	24556	732.76	3.71
实际利用外资额 Total Amount of Foreign Capital Actually Used							
1979-1983		144.38		117.55		18.02	8.81
1984		27.05		12.86		12.58	1.61
1985		46.47		26.88		16.61	2.98
1986		72.58		50.14		18.74	3.70
1987		84.52		58.05		23.14	3.33
1988		102.26		64.87		31.94	5.45
1989		100.59		62.86		33.92	3.81
1990		102.89		65.34		34.87	2.68
1991		115.54		68.88		43.66	3.00
1992		192.02		79.11		110.07	2.84
1993		389.60		111.89		275.15	2.56
1994		432.13		92.67		337.67	1.79
1995		481.33		103.27		375.21	2.85
1996		548.04		126.69		417.26	4.09

16-14 对外签订利用外资协议(合同)额

AMOUNT OF UTILIZATION OF FOREIGN CAPITAL THROUGH SIGNED CONTRACTS OR AGREEMENTS AND FOREIGN INVESTMENT

本表为对外贸易经济合作部统计资料,下同。

Data in this table are obtained from the Ministry of Foreign Trade and Economic Cooperation. The same as in the following table.

项目单位: 个 金额单位: 万美元 (USD 10 000)

指标	Item	1995 项目 Number of Projects	1995 金额 Value	1996 项目 Number of Projects	1996 金额 Value
总计	**Total**	**37184**	**10320483**	**24673**	**8160959**
对外借款	Foreign Loans	173	1128800	117	796200
政府贷款	Government Loans	173	475400	117	420300
国际金融机构贷款	Loans from International Financial Organizations		368000		168200
其他	Others		285400		207700
外商直接投资	Foreign Direct Investments	37011	9128153	24556	7327642
合资经营	Joint Ventures	20455	3974142	12628	3187639
合作经营	Cooperative Operation	4787	1782507	2849	1429699
独资经营	Ventures Exclusively with Foreign Investmen;	11761	3365765	9062	2681032
合作开发	Cooperative Development	8	5739	17	29272
外商其他投资	Other Foreign Investment		63530		37117
国际租赁	International Lease		4210		3309
补偿贸易	Compensation Trade		40444		12888
加工装配	Processing and Assembly		18876		20920

16-15 实际利用外资额(按国别、地区分)

AMOUNT OF FOREIGN CAPITAL ACTUALLY USED BY COUNTRY OR TERRITORY

单位：万美元 (USD 10 000)

国别(地区) Country (Territory)		1995 总计 Total	1995 对外借款 Foreign Loans	1995 外商直接投资及其他投资 Foreign Direct and Other Investments	1996 总计 Total	1996 对外借款 Foreign Loans	1996 外商直接投资及其他投资 Foreign Direct and Other Investments
总计	**Total**	**4813269**	**1032700**	**3780569**	**5480416**	**1266900**	**4213516**
亚洲	**Asia**						
#缅甸	Myanmar				58		58
朝鲜	Korea DPR	1348		1348	1182		1182
香港	Hong Kong	2040183	21672	2018511	2087301	2141	2085160
印度尼西亚	Indonesia	11163		11163	9354		9354
以色列	Israel	690	622	68	2128		2128
日本	Japan	511332	190085	321247	609695	240481	369214
科威特	Kuwait	6502	3600	2902	4960	4700	260
柬埔寨	Cambodia	131		131	744		744
土耳其	Turkey	45		45	318		318
澳门	Macao	43982		43982	60628		60628
马来西亚	Malaysia	25900		25900	45995		45995
菲律宾	the Philippines	10578		10578	5551		5551
沙特阿拉伯	Saudi Arabia	10		10	60		60
新加坡	Singapore	186061		186061	224716		224716
韩国	Korea Rep.	119053	14343	104710	156612	6196	150416
泰国	Thailand	28824		28824	32818		32818
阿联酋	United Arab Emirates	150		150	630		630
越南	Viet Nam	2830		2830	145		145
台湾	Taiwan	316516		316516	348202		348202
非洲	**Africa**						
#利比里亚	Liberia	1251		1251	300		300
马达加斯加	Madagascar	72		72	217		217
毛里求斯	Mauritius	100		100	22		22
尼日利亚	Nigeria	38		38	170		170
欧洲	**Europe**						
#比利时	Belgium	19070	13663	5407	8177	3628	4549
丹麦	Denmark	8280	4745	3535	3005	120	2885
英国	United Kingdom	100931	9411	91520	140019	9826	130193
德国	Germany	52746	13693	39053	113045	61158	51887
法国	France	71626	42924	28702	92073	49608	42465
爱尔兰	Ireland	90		90	1003		1003
意大利	Italy	54780	27760	27020	34268	17324	16944
卢森堡	Luxembourg	1029		1029	3106	2080	1026
荷兰	Netherlands	14704	3293	11411	15459	2942	12517

续表 1 continued

单位：万美元 (USD 10 000)

国　别(地区) Country (Territory)	1995 总　计 Total	1995 对外借款 Foreign Loans	1995 外商直接投资及其他投资 Foreign Direct and Other Investments	1996 总　计 Total	1996 对外借款 Foreign Loans	1996 外商直接投资及其他投资 Foreign Direct and Other Investments
西班牙 Spain	46973	44341	2632	43016	40943	2073
奥地利 Austria	9261	7396	1865	7170	5435	1735
芬兰 Finland	5590	5104	486	2692	1982	710
匈牙利 Hungary	306		306	393		393
挪威 Norway	4153	4000	153	4140	1461	2679
罗马尼亚 Romania	77		77	148		148
瑞典 Sweden	54523	52119	2404	14894	9225	5669
瑞士 Switzerland	12044	4106	7938	24412	2971	21441
俄罗斯 Russia	2290		2290	1977		1977
捷克 Czech Rep.	729		729	1042		1042
拉丁美洲 Latin America						
#阿根廷 Argentina	431		431	194		194
巴哈马 Bahamas	29		29	1624		1624
凯曼群岛 Cayman Is.	1212		1212	5296		5296
玻利维亚 Bolivia	464		464	393		393
巴西 Brazil	98		98	644		644
智利 Chile	107		107	69		69
哥斯达黎加 Costa Rica	200		200	187		187
巴拿马 Panama	1566		1566	1547		1547
危地马拉 Guatemala				274		274
秘鲁 Peru	238		238	403		403
维尔京群岛 Virgin Islands	30376		30376	53761		53761
北美洲 North America						
#加拿大 Canada	61966	36262	25704	47965	14168	33797
美国 United States	313466	5093	308373	505070	160653	344417
百慕大 Bermuda	10914		10914	8612		8612
大洋洲及太平洋岛屿 Oceanian and Pacific Islands						
#澳大利亚 Australia	34334	11035	23299	19848	442	19406
新西兰 New Zealand	2072		2072	2243		2243
巴布亚新几内亚 Papua New Guinea	5		5	10		10
萨摩亚 Samoa	6339		6339	6563		6563
国际组织 International Organizations						
世界银行 World Bank	214945	214945		188000	188000	
农业发展基金 Interational Fund for Agricultural Development	1622	1622		1664	1664	
亚洲开发银行 Asian Development Bank	54142	54142		110200	110200	
其　他 Others	**312782**	**246724**	**66058**	**424004**	**329552**	**94452**

16-16 实际利用外资额(按地区分)

AMOUNT OF FOREIGN CAPITAL ACTUALLY USED BY REGION

金额单位：万美元 (USD 10 000)

地区、部门 Region and Sector	1995 总计 Total	1995 对外借款 Foreign Loans	1995 外商直接投资及其他投资 Foreign Direct and Other Investments	1996 总计 Total	1996 对外借款 Foreign Loans	1996 外商直接投资及其他投资 Foreign Direct and Other Investments
总计 National Total	**4813269**	**1032700**	**3780569**	**5480416**	**1266900**	**4213516**
省市合计 Regional Total	**3972081**	**250532**	**3721549**	**4824129**	**636158**	**4187971**
北京 Beijing	110648	2649	107999	172110	16820	155290
天津 Tianjin	158686	6593	152093	223645	8372	215273
河北 Hebei	61333	6665	54668	91710	8688	83022
山西 Shanxi	9361	2978	6383	19889	6081	13808
内蒙古 Inner Mongolia	8864	3083	5781	23000	15814	7186
辽宁 Liaoning	156838	14377	142461	189197	15415	173782
吉林 Jilin	48189	7387	40802	61717	16562	45155
黑龙江 Heilongjiang	62490	10804	51686	84279	27588	56691
上海 Shanghai	300543	11282	289261	483821	89727	394094
江苏 Jiangsu	532577	13495	519082	548919	27910	521009
浙江 Zhejiang	128968	3162	125806	163395	11345	152050
安徽 Anhui	51644	3388	48256	73644	22983	50661
福建 Fujian	414908	10518	404390	413562	5107	408455
江西 Jiangxi	34509	5621	28888	32377	2251	30126
山东 Shandong	276497	7599	268898	287161	23806	263355
河南 Henan	64914	17059	47855	78317	25961	52356
湖北 Hubei	88692	26180	62512	109890	41811	68079
湖南 Hunan	56011	5238	50773	75690	1160	74530
广东 Guangdong	1066967	40956	1026011	1325807	150400	1175407
广西 Guangxi	70841	3578	67263	78091	11778	66313
海南 Hainan	118433	12226	106207	89684	10776	78908
四川 Sichuan	61936	7777	54159	63122	19032	44090
贵州 Guizhou	9022	3319	5703	34253	31115	3138
云南 Yunnan	11955	2186	9769	7529	992	6537
西藏 Tibet				241	241	
陕西 Shaanxi	39244	6837	32407	36715	4106	32609
甘肃 Gansu	8274	1882	6392	22101	13099	9002
青海 Qinghai	224	60	164	1034	934	100
宁夏 Ningxia	625	235	390	4975	4420	555
新疆 Xinjiang	18888	13398	5490	28254	21864	6390
部门合计 Total of the Ministries and Other Departments	**841188**	**782168**	**59020**	**656287**	**630742**	**25545**

16－17 各地区年末实有外商投资企业注册登记情况

BASIC INDICATORS OF REGISTERED FOREIGN－FUNDED ENTERPRISES BY REGION AT THE END OF YEAR

地区 Region	企业数(户) Number of Registered Enterprises		投资总额(万美元) Total Investment (USD 10 000)		注册资本(万美元) Registered Capital (USD 10 000)		#外方 Capital Invested by Foreign Partner	
	1995	1996	1995	1996	1995	1996	1995	1996
全国 National Total	**233564**	**240447**	**63900854**	**71532202**	**39912303**	**44148483**	**25688423**	**28979610**
北京 Beijing	9691	9797	2881994	2992946	1511539	1581931	926890	981102
天津 Tianjin	8959	9235	1694370	1929335	1088166	1226054	767332	867121
河北 Hebei	5368	5389	1227769	1533753	819669	956859	426966	507747
山西 Shanxi	1364	1316	240442	403618	190270	226758	90798	101488
内蒙古 Inner Mongolia	1074	1134	198675	230708	142589	163067	65430	77413
辽宁 Liaoning	11284	12400	2807930	3253129	1743037	2032910	967480	1154723
吉林 Jilin	2990	3123	479011	623568	371051	440937	199645	243098
黑龙江 Heilongjiang	4388	4596	855361	991264	634846	716718	328426	380030
上海 Shanghai	14487	15927	6772912	7948581	3602881	4256650	2330897	2856518
江苏 Jiangsu	22950	23891	5323055	6725578	3240443	3975553	1843872	2436604
浙江 Zhejiang	11237	11388	2437107	2656186	1480607	1620769	816457	899864
安徽 Anhui	2949	3277	610297	822558	422852	541428	232027	297097
福建 Fujian	16527	17877	3671488	4427562	2288239	2759954	1854097	2281624
江西 Jiangxi	3016	2804	497927	526440	364733	376150	208767	221379
山东 Shandong	17988	18742	3742467	4172019	2577066	2797800	1328052	1484727
河南 Henan	4382	4392	895393	972870	675343	718883	335185	365349
湖北 Hubei	5758	5890	1364881	1567559	927780	1016750	544102	583075
湖南 Hunan	3263	3249	700202	739954	446043	463797	259654	275127
广东 Guangdong	59582	60597	20462715	21516727	12913175	13397669	9294880	9715810
广西 Guangxi	4876	4338	1345334	1179378	846254	743271	496966	445046
海南 Hainan	8606	7219	2113516	2201727	1237833	1296960	1005350	1044301
四川 Sichuan	5897	6229	1268022	1415695	930253	1020357	497587	549257
贵州 Guizhou	997	1008	196921	204142	157183	162663	95402	99609
云南 Yunnan	1286	1425	286967	331994	193779	225144	108627	123913
西藏 Tibet	51	2272	20278	560619	7221	372944	3408	221496
陕西 Shaanxi	1894	68	459273	23705	299787	9388	177187	4422
甘肃 Gansu	1037	1086	163630	180331	111446	121582	60054	65735
青海 Qinghai	97	117	14286	19113	11110	13314	5302	6321
宁夏 Ningxia	361	377	43040	47828	36830	40543	19711	22611
新疆 Xinjiang	656	600	142124	141792	98046	97717	49019	51522
国家工商行政管理总局 State Administration for Industry and Commercce	549	684	983467	1191523	542232	773963	348853	615481

16－18 我国对外承包工程和劳务合作

CONTRACTED PROJECTS AND LABOR COOPERATION WITH FOREIGN COUNTRIES OR TERRITORIES

年份 Year	签订合同的国家(地区)数(个) Number of Countries or Territories Which Signed Contracts	合同数(份) Number of Contracts	合同金额(亿美元) Contracted Value (USD 100 million)	完成营业额(亿美元) Value of Businness Fulfilled (USD 100 million)
总计 Total				
1976－1979	11	43	0.53	
1980	16	172	1.85	1.70
1981	36	363	5.04	
1982	38	314	5.07	3.48
1983	40	460	9.24	4.52
1984	52	740	17.37	6.23
1985	71	923	12.65	8.35
1986	83	944	13.59	9.73
1987	95	1449	18.89	12.60
1988	103	2126	21.72	14.30
1989	124	3100	22.12	16.86
1990	122	5175	26.04	18.67
1991	147	8438	36.09	23.63
1992	159	9405	65.85	30.49
1993	158	11605	68.00	45.38
1994	171	17491	79.88	59.78
1995	178	19321	96.72	65.88
1996	178	24891	102.73	76.96
对外承包工程 Contracted Projects				
1976－1979		33	0.35	
1980		138	1.40	1.23
1981		250	2.76	
1982		195	3.46	1.89
1983		280	7.99	3.15
1984		344	15.38	4.94
1985		465	11.16	6.63
1986		486	11.89	8.19
1987		616	16.48	11.14
1988		642	18.13	12.53
1989		776	17.81	14.84
1990		920	21.25	16.44
1991		1171	25.24	19.70
1992		1164	52.50	24.03
1993		1393	51.89	36.68
1994		1702	60.28	48.83
1995		1558	74.84	51.08
1996		1634	77.28	58.20
对外劳务合作 Labor Cooperation				
1976－1979		10	0.18	
1980		34	0.45	0.47
1981		113	2.28	
1982		119	1.61	1.59
1983		180	1.25	1.37
1984		396	1.99	1.29
1985		458	1.49	1.72
1986		458	1.70	1.54
1987		833	2.41	1.46
1988		1484	3.59	1.77
1989		2324	4.31	2.02
1990		4255	4.78	2.23
1991		7267	10.85	3.93
1992		8241	13.35	6.46
1993		10212	16.11	8.70
1994		15789	19.60	10.95
1995		17763	21.88	14.80
1996		23257	25.45	18.76

16－19 按行业分对外签订外商直接投资协议额(1996年)

AGREEMENT OF FOREIGN DIRECT INVESTMENT BY SECTOR(1996)

项目单位: 个; 金额单位: 万美元 (USD 10000)

行业	Sector	项目 Number of Projects	金额 Amount of Capital
全国总计	**National Total**	**24556**	**7327642**
农、林、牧、渔、水利业	Farming, Forestry, Animal Husbandry, Fishery and Water Conservancy	812	113931
工业	Industry	18280	5048588
建筑业	Construction	387	200059
交通运输、邮电业	Transportation, Postal and Telecommunications Services	196	159916
商业、饮食、物资供销业	Commerce, Catering Services, Material Supply and Marketing	1655	234674
房地产业、公用事业、服务业	Real Estate, Public Utilities and Services	1961	1285050
#旅游宾馆业	Tourist Hotels	81	29091
卫生体育和社会福利业	Health Care, Sports and Social Welfare	128	35441
教育、文化艺术业	Education, Culture and Arts	63	17062
科学研究和综合技术服务业	Scientific Research and Polytechnical Services	124	17494
其他	Others	950	215427

16－20 旅游事业发展情况

DEVELOPMENT OF INTERNATIONAL TOURISM

指标	Item	1980	1985	1990	1995	1996
旅游人数总计(万人)	**Total Number of International Tourists (10 000 persons)**	**570.25**	**1783.31**	**2746.18**	**4638.65**	**5112.75**
外国人	Foreigners	52.91	137.05	174.73	588.67	674.43
华侨	Overseas Chinese	3.44	8.48	9.11	11.58	15.46
港澳和台湾同胞	Compatriots from Hong Kong, Macao and Taiwan	513.90	1637.78	2562.34	4038.40	4422.86
在旅游人数总计中:	**Number of Tourists Received by**					
国际旅行社接待的	China International Travel Service	21.87	46.88	11.02	84.65	80.80
中国旅行社接待的	China Travel Service	69.47	77.33	106.46	47.74	59.25
旅游外汇收入总额(亿美元)	**Total Foreign Exchange Earnings from International Tourism (USD 100 million)**	**6.17**	**12.50**	**22.18**	**87.33**	**102.00**

16－21 接待外国旅游人数(按国别分)

NUMBER OF FOREIGN TOURISTS BY COUNTRY

单位: 万人 (10 000 persons)

国别	Country	1990	1994	1995	1996
总计	**Total**	**174.73**	**518.21**	**588.67**	**674.43**
#日本	Japan	46.33	114.12	130.52	154.88
美国	United States	23.32	46.98	51.49	57.64
英国	United Kingdom	7.89	16.70	18.49	20.52
澳大利亚	Australia	5.02	10.95	12.94	13.27
菲律宾	the Philippines	7.89	18.49	21.97	24.37
新加坡	Singapore	7.17	23.19	26.15	28.63
德国	Federal Republic of Germany	5.62	14.88	16.65	17.90
加拿大	Canada	4.76	11.32	12.88	15.66
法国	France	5.07	11.18	11.85	12.33
泰国	Thailand	6.79	16.37	17.33	19.33
韩国	Korea	5.47	34.03	52.95	69.39
俄罗斯	Russia	10.98	74.34	48.93	55.59
意大利	Italy	2.63	5.55	6.37	6.21
瑞士	Switzerland	1.15	2.81	3.43	3.34
荷兰	Netherlands	1.38	3.01	3.49	4.13
新西兰	New Zealand	1.00	2.04	2.29	3.02

注: 俄罗斯1990年和1994年的数据是前苏联的数据。
The data of Russia in 1990 1994 referred to the data of former USSR.

16－22 接待外国旅游人数(按性别、年龄和职业分)

NUMBER OF FOREIGN TOURISTS BY SEX, AGE AND OCCUPATION

单位：万人 (10 000 persons)

指标	Item	1990	1994	1995	1996
总计	**Total**	**174.73**	**518.21**	**588.67**	**674.43**
按性别分	**By Sex**				
男	Male	112.17	358.28	404.94	462.75
女	Female	62.56	159.93	183.73	211.68
按年龄分	**By Age**				
16岁及以下	16 and Under	14.84	22.15	22.89	24.48
17－30岁	17－30	45.42	127.66	147.35	152.16
31－50岁	31－50	73.43	243.47	280.24	313.37
51岁及以上	50 and Over	41.04	124.93	138.19	184.42
按职业分	**By Occupation**				
专业技术人员	Technicians	31.50	42.82	48.27	48.43
行政管理人员	Administrators	30.66	30.64	45.33	45.42
商人	Businessmen	36.96	106.42	117.17	117.88
办事员	Office Clerks		45.22	43.10	43.92
服务人员	Service Clerks		48.74	46.86	43.60
工人、农民	Workers and Farmers	33.34	59.72	59.79	57.90
其他职业人员	Others	23.27	115.79	146.06	181.26
无职业人员	Persons without Occupations	19.00	68.86	82.09	136.02

16－23 三大旅行社接待人数

NUMBER OF TOURISTS RECEIVED BY MAJOR TRAVEL SERVICES

单位：万人 (10 000 persons)

年份 Year	合计 Total	国际旅行社 China International Travel Service	中国旅行社 China Travel Service	中国青年旅行社 China Youth Travel Service	占接待人数比重(%) Proportion to total (Total＝100) 国际旅行社 China Inter－nationa Travel Service	中国旅行社 China Travel Service	中国青年旅行社 China Youth Travel Service
1978	68.64	12.46	56.18		18.15	81.85	
1984	92.39	21.87	69.47	1.05	23.67	75.19	1.14
1985	129.39	46.88	77.33	5.18	36.23	59.77	4.00
1986	113.36	45.93	59.53	7.90	40.52	52.51	6.97
1987	147.80	50.50	84.77	12.53	34.17	57.35	8.48
1988	177.74	52.62	110.39	14.73	29.61	62.11	8.29
1989	108.07	13.78	84.31	9.98	12.75	78.01	9.23
1990	131.00	11.02	106.46	13.52	8.41	81.27	10.32
1991	170.98	48.79	106.59	15.60	28.54	62.34	9.12
1992	175.91	64.69	96.23	14.99	36.77	54.70	8.52
1993	170.13	74.07	82.02	14.04	43.54	48.21	8.25
1994	165.44	81.02	61.94	22.48	48.97	37.44	13.59
1995	162.86	84.65	47.74	30.47	51.98	29.31	18.71
1996	171.46	80.80	59.25	31.41	47.12	34.56	18.32

16－24 重点城市接待旅游人数

NUMBER OF TOURISTS RECEIVED BY MAJOR CITIES

单位：万人次 (10 000 person－times)

城市 City	1990		1994		1995		1996	
	总计 Total	#外国人 Foreigners	总计 Total	#外国人 Foreigners	总计 Total	#外国人 Foreigners	总计 Total	#外国人 Foreigners
总计 Total	**931.67**	**272.25**	**1265.79**	**650.13**	**1371.02**	**705.72**	**1535.86**	**783.38**
北京 Beijing	100.07	63.75	202.97	160.02	206.87	166.52	218.89	176.16
天津 Tianjin	5.60	3.55	16.79	12.89	20.06	16.27	23.33	20.02
石家庄 Shijiazhuang	0.73	0.41	1.34	0.89	2.37	1.67	4.12	3.00
秦皇岛 Qinhuangdao	0.97	0.69	2.13	1.55	2.63	2.33	6.81	6.38
承德 Chengde	1.14	0.87	6.63	5.93	8.10	7.08	9.59	8.79
太原 Taiyuan	1.35	0.72	1.32	0.96	2.36	1.74	2.80	1.78
大同 Datong	1.19	0.81	2.33	2.04	2.47	1.98	3.64	3.06
呼和浩特 Hohhot	0.91	0.58	1.99	1.62	1.96	1.60	1.61	1.35
沈阳 Shenyang	4.19	2.63	8.71	6.63	10.37	8.67	10.79	9.18
大连 Dalian	5.20	3.58	11.86	9.29	13.11	10.56	16.25	12.77
长春 Changchun	2.48	1.61	3.14	2.45	2.97	2.45	3.32	2.71
吉林 Jilin	0.95	0.25	1.17	0.57	1.37	0.85	1.60	1.02
哈尔滨 Harbin	5.04	2.67	6.52	4.40	6.87	4.83	10.05	7.42
上海 Shanghai	89.30	46.06	132.18	101.97	136.79	107.54	143.19	115.48
南京 Nanjing	26.33	7.29	21.16	12.73	23.17	12.77	24.19	13.76
无锡 Wuxi	14.29	3.85	13.83	8.89	15.06	9.68	15.45	10.47
苏州 Suzhou	26.16	8.07	23.54	17.73	24.57	18.27	25.11	18.85
南通 Nantong	0.96	0.51	2.39	1.80	2.66	2.33	5.43	4.43
连云港 Lianyungang	0.24	0.15	0.39	0.26	0.45	0.33	0.49	0.36
杭州 Hangzhou	38.83	8.66	41.02	23.35	44.13	24.94	46.23	27.35
宁波 Ningbo	2.56	0.91	7.32	3.72	8.05	3.91	8.85	4.64
温州 Wenzhou	0.68	0.11	2.36	0.60	2.29	0.88	2.95	1.00
黄山 Huangshan			7.51	4.14	9.49	5.03	11.51	6.01
福州 Fuzhou	15.90	2.70	12.97	5.28	12.77	5.04	12.06	5.02
厦门 Xiamen	21.08	4.17	23.04	10.47	25.44	11.49	33.71	15.82
泉州 Quanzhou	23.90	0.96	30.87	0.89	34.82	1.44	40.05	1.87
漳州 Zhangzhou	1.38	0.14	2.92	0.57	2.47	0.62	2.87	0.60
九江 Jiujiang	0.77	0.19	1.21	0.48	1.57	0.53	1.40	0.31
济南 Jinan	2.06	1.27	3.83	2.16	5.25	2.87	6.45	3.60
青岛 Qingdao	5.24	2.23	12.43	7.91	17.33	13.02	17.83	13.56
烟台 Yantai	1.04	0.53	2.41	1.71	5.13	4.19	8.97	6.37
郑州 Zhengzhou	4.13	0.95	4.73	1.75	11.13	2.73	14.60	4.83
洛阳 Luoyang	2.82	1.79	6.01	4.21	6.44	4.41	6.51	4.95
武汉 Wuhan	8.54	2.29	13.19	6.18	19.04	9.68	20.98	13.25
长沙 Changsha	2.84	0.76	9.61	2.80	11.91	5.11	14.99	6.51
广州 Guangzhou	189.10	32.45	203.08	45.35	208.01	48.96	259.16	60.54
深圳 Shenzhen	148.24	9.32	186.39	31.08	221.91	35.32	233.78	34.98
珠海 Zhuhai	37.71	1.08	41.89	7.51	42.17	9.01	46.19	7.07
汕头 Shantou	17.67	5.88	12.93	6.22	11.46	5.82	11.40	5.17
湛江 Zhanjiang	1.76	0.29	1.89	0.43	1.35	0.30	1.10	0.31
南宁 Nanning	0.79	0.23	2.68	1.09	2.62	1.34	3.55	2.25
桂林 Guilin	48.49	14.77	35.45	29.09	35.59	28.50	40.88	31.05
北海 Beihai	0.32	0.07	0.59	0.15	0.51	0.23	0.74	0.28
海口 Haikou			12.70	2.93	18.74	3.85	22.68	4.75
三亚 Sanya			4.46	1.13	4.92	1.31	6.30	1.62
成都 Chengdu	13.13	4.42	13.06	8.25	11.64	7.73	12.23	8.18
重庆 Chongqing	6.26	1.87	12.49	8.45	12.49	8.49	15.62	10.80
贵阳 Guiyang	1.98	0.57	6.58	4.25	7.27	4.69	4.46	2.95
昆明 Kunming	14.82	4.98	37.87	28.53	39.76	30.46	45.06	32.94
西安 Xi'an	25.88	15.40	42.67	38.87	41.47	38.32	45.95	39.55
兰州 Lanzhou	2.70	1.95	3.21	2.55	3.31	2.36	3.90	2.91
乌鲁木齐 Urumqi	3.95	3.26	6.03	5.41	6.33	5.67	6.24	5.35

注：1.各重点城市接待旅游者有重复，故与全国旅游人数总计有差异。

2.黄山、海口、三亚等三市1990年前尚未列入重点旅游城市，无接待人数统计资料。

a) There was duplication in the calculation among major cities, so that the sum of figures of the major cities is not equal to the national total.

b) Before 1990, Huangshan, Haikou and Sanya were not listed in major cities, so there were no data on them.

16－25 各地区按经济类型分的涉外饭店个数(1996年底)

NUMBER OF TOURIST HOTELS BY OWNERSHIP AND BY REGION (END OF 1996)

单位：个 (unit)

地区 Region	涉外饭店个数 Total Number of Tourist Hotels	国有 State－owned	集体 Collective owned	私营 Private	联营 Joint Owned	股份制 Share Holding	外商投资 Foreign Funded	港澳台投资 Funded by Entrepreneurs from Hong Kong, Macao and Taiwan
全　国 National Total	**4418**	**2936**	**554**	**60**	**66**	**108**	**405**	**289**
北　京 Beijing	285	154	50	1	1		44	35
天　津 Tianjin	64	33	9	1	1	1	19	
河　北 Hebei	90	85	2			1	2	
山　西 Shanxi	48	41	3	1		3		
内蒙古 Inner Mongolia	52	40	6			1	4	1
辽　宁 Liaoning	156	84	19		1	4	16	32
吉　林 Jilin	77	63	1	1		2	10	
黑龙江 Heilongjiang	100	79	7	1		2	8	3
上　海 Shanghai	125	80	7		5	7	11	15
江　苏 Jiangsu	291	224	30		6	5	8	18
浙　江 Zhejiang	233	120	53		10	23	20	7
安　徽 Anhui	127	102	8		2	4	5	6
福　建 Fujian	151	82	13	8		4	22	22
江　西 Jiangxi	90	75	4	1			2	8
山　东 Shandong	211	167	18		1	5	17	3
河　南 Henan	98	87	5	1		3	1	1
湖　北 Hubei	186	156	11			7	6	6
湖　南 Hunan	144	113	9		2	3	12	5
广　东 Guangdong	994	513	185	38	21	11	130	96
广　西 Guangxi	129	81	9			7	21	11
海　南 Hainan	152	65	29	7	14	11	18	8
四　川 Sichuan	154	135	9		1	3	4	2
贵　州 Guizhou	40	37					3	
云　南 Yunnan	168	115	43		1	1	7	1
西　藏 Tibet	29	19	9				1	
陕　西 Shaanxi	59	41					10	8
甘　肃 Gansu	41	40					1	
青　海 Qinghai	12	11	1					
宁　夏 Ningxia	17	16						1
新　疆 Xinjiang	95	78	14				3	

16－26 各地区按规模分的涉外饭店个数(1996年底)

NUMBER OF TOURIST HOTELS BY CAPACITY AND BY REGION (END OF 1996)

单位：个 (unit)

地区 Region	涉外饭店个数 Total Number of Tourist Hotel	客房总数500间以上 with 500 Rooms and Over	客房总数300－499间 with 300－499 Rooms	客房总数200－299间 with 200－299 Rooms	客房总数100－199间 with 100－199 Rooms	客房总数99间以下 Less than with 100 Rooms
全国 National Total	**4418**	**78**	**240**	**418**	**1393**	**2289**
北京 Beijing	285	23	42	41	65	114
天津 Tianjin	64	1	5	7	19	32
河北 Hebei	90	1	6	6	43	34
山西 Shanxi	48		3	5	22	18
内蒙古 Inner Mongolia	52		1	3	8	40
辽宁 Liaoning	156	2	9	18	51	76
吉林 Jilin	77		6	6	22	43
黑龙江 Heilongjiang	100		2	7	21	70
上海 Shanghai	125	15	19	26	43	22
江苏 Jiangsu	291	1	13	21	105	151
浙江 Zhejiang	233	4	5	20	99	105
安徽 Anhui	127		3	4	49	71
福建 Fujian	151		7	19	51	74
江西 Jiangxi	90		1	6	29	54
山东 Shandong	211	1	5	18	67	120
河南 Henan	98		3	9	44	42
湖北 Hubei	186		3	17	79	87
湖南 Hunan	144		5	15	49	75
广东 Guangdong	994	20	42	78	238	616
广西 Guangxi	129	1	15	17	34	62
海南 Hainan	152		4	20	44	84
四川 Sichuan	154	3	10	24	62	55
贵州 Guizhou	40		2		15	23
云南 Yunnan	168	1	6	9	51	101
西藏 Tibet	29		2		6	21
陕西 Shaanxi	59	3	10	5	17	24
甘肃 Gansu	41	2	6	3	18	12
青海 Qinghai	12		2	2		8
宁夏 Ningxia	17			2	8	7
新疆 Xinjiang	95		3	10	34	48

主 要 统 计 指 标 解 释

利用外资 指我国各级政府、部门、企业和其他经济组织通过对外借款、吸收外商直接投资以及用其他方式筹措的境外现汇、设备、技术等。

对外借款 是我国利用外资的主要部分。包括我国通过外国政府贷款，国际金融组织贷款，外国银行商业贷款，出口信贷以及对外发行债券，股票等方式，从境外筹措的资金。

外商直接投资 是指外国企业和经济组织或个人（包括华侨、港澳台胞以及我国在境外注册的企业）按我国有关政策、法规，用现汇、实物、技术等在我国境内开办外商独资企业、与我国境内的企业或经济组织共同举办中外合资经营企业、合作经营企业或作合作开发资源的投资（包括外商投资收益的再投资）以及经政府有关部门批准的项目投资总额内，企业从境外借入的资金。

对外承包工程 包括各对外承包公司以招标议标承包方式承揽的下列业务（1）承包国外工程建设项目；(2）承包我国对外经援项目；(3）承包我国驻外机构的工程建设项目；(4）承包我国境内利用外资进行建设的工程项目；(5）与外国承包公司合营或联合承包工程项目时我国公司分包部分；(6）以服务成果向业主收费的技术服务项目（包括承担地形地貌测绘；地质资源勘探与普查；建设区域规划；提供设计文件、图纸、生产工艺技术资料和工程技术经济咨询；工程项目的可行性考察、研究和评估；进行技术指导和培训人员等）；(7）对外承包兼营的房屋开发业务。对外承包工程的营业额是以货币表现的本期内完成的对外承包工程的工作量，包括以前年度签订的合同和本年度新签订的合同在报告期完成的工作量。

对外劳务合作 指以收取工资的形式向业主或承包商提供技术和劳动服务的活动。我国对外承包公司在境外开办的合营企业，中国公司同时又提供劳务的，其劳务部分也纳入劳务合作统计。劳务合作营业额按报告期内向雇主提交的结算数（包括工资、加班费和奖金等）统计。

旅游人数 指来我国参观、访问、旅行、探亲、访友、休养、考察、参加会议和从事经济、科技、文化、教育、体育、宗教等活动的外国人、华侨、港澳和台湾同胞的人数。不包括外国在我国的常住机构，如使领馆、通讯社、企业办事处的工作人员；来我国常驻的外国专家、留学生以及在岸逗留不过夜人员。

国际旅游（外汇）收入 指入境旅游的外国人、华侨、港澳台同胞在中国大陆旅游过程中发生的一切旅游支出，对于国家来说就是国际旅游（外汇）收入。

进出口总额 海关进出口总额指实际进出我国国境的货物总金额。包括对外贸易实际进出口货物，来料加工装配进出口货物，国家间、联合国及国际组织无偿援助物资和赠送品，华侨、港澳台同胞和外籍华人捐赠品，租赁期满归承租人所有的租赁货物，进料加工进出口货物，边境地方贸易及边境地区小额贸易进出口货物（边民互市贸易除外），中外合资经营企业、中外合作经营企业、外商独资经营企业进出口货物和公用物品，到、离岸价格在规定限额以上的进出口货样和广告品（无商业价值、无使用价值和免费提供出口的除外），从保税仓库提取在中国境内销售的进口货物，以及其他进出口货物。进出口总额用以观察一个国家在对外贸易方面的总规模。我国规定出口货物按离岸价格统计，进口货物按到岸价格统计。

商品经营单位所在地进出口额 指所在地海关注册登记的有进出口经营权企业实际进出口额。

商品目的地进口额和商品货源地出口额 目的地进口额是指进口货物的消费、使用或最终抵运地的实际进口额。货源地出口额是指出口货物的产地或原始发货地的实际出口额。

国际收支表 是对我国与世界其他国家（地区）之间的各种经济往来进行的系统核算，它综合反映一定时期我国的国际收支平衡状况，包括对外贸易与非贸易往来收支、资金与资本往来收支，以及储备资产增减变动情况。国际收支表为分析国际收支结构变化和研究影响收支平衡因素，以及制定对外经济政策和采取相应的调控措施提供必要依据。

Explanatory Notes on Main Statistical Indicators

Utilization of Foreign Capital refers to remittance, equipment and technology financed from abroad, by loans, foreign direct investment and other forms undertaken by the Chinese governments at all levels, by various departments, enterprises and other economic units.

Foreign Loans a major part of China's utilization of foreign capital, refer to funds borrowed from abroad, including loans of foreign governments, loans of international financial institutions, commercial loans of foreign banks, export credit, and funds raised by Chinese bonds and shares issued abroad.

Direct Investment by Foreign Entrepreneurs refers to the investments inside China by foreign enterprises and economic organizations or individuals (including overseas Chinese, compatriots from Hong Kong and Macao, and Chinese enterprises registered abroad), following the relevant policies and laws of China, for the establishment of ventures exclusively with foreign own investment, Sino – foreign joint ventures and cooperative enterprises or for co-operative exploration of resources with enterprises or economic organizations in China. It includes the re-investment of the foreign entrepreneurs with the profits gained from the investment and the funds that enterprises borrow from abroad in the total investment of projects which are approved by the relevant department of the government.

Contracted Projects with Foreign Countries refer to projects undertaken by Chinese contractors (project contracting companies) through bidding process. They include: (1) overseas civil engineering construction projects financed by foreign investors; (2) overseas projects financed by the Chinese government through its foreign-aid programs; (3) construction projects of Chinese diplomatic missions, trade offices and other institutions stationed abroad; (4) construction projects in China financed by foreign investment; (5) sub-contracted projects to be taken by Chinese contractors through a joint umbrella project with foreign contractor (s); (6) technical assistance projects in the form of service results and chargeable to the owners (such as topographic surveying, geological prospecting, development zone programming, provision of designing documents, blueprint, materials on production process, technical consultation, project feasibility studies and evaluation, personnel training, etc.); and (7) housing development projects. The business income from international contracted projects is the work volume of contracted projects completed during the reference period, expressed in monetary terms, including completed work on projects signed in previous years.

Service Co-operation with Foreign Countries refers to the activities of providing technology and labour services to employers or contractors in the forms of receiving salaries and wages. Labour services providing by contractual joint ventures of Chinese international contracting corporations should be included in the statistics of service co-operation with foreign countries. The business income of labour service co-operation is the income in the form of wages and salaries, overtime pay, bonuses and other remuneration received from the employers during the reference period.

Number of Tourists refers to the number of foreigners, overseas Chinese, and compatriots from Hong Kong, Macao and Taiwan coming to China for sightseeing, visits, tours, family reunions, vacations, study tours and other activities of an economic, scientific and technological, cultural, physical culture and religious nature. This does not include the number of employees of foreign organizations stationed in China such as embassies, consulates, news agencies, the offices of corporations and enterprises and foreign experts and students residing in China and the persons staying briefly in China but not for passing the night.

Foreign Exchange Earnings from International Tourism refer to the total expenditures of the foreigners, overseas Chinese, compatriots from Hong Kong, Macao and Taiwan in the process of their tourism in the mainland of China. Their expenditures mentioned above are foreign exchange earnings to China.

Total Imports and Exports at Customs refer to the value of commodities imported into and exported from the boundary of China. They include the actual imports and exports through foreign trade, imported and exported goods under the processing and assembling trades and materials, supplies and gifts as aid given gratis between governments and by the United Nations and other international organizations, and contributions donated by overseas Chinese, compatriots in Hong Kong and Macao and Chinese with foreign citizenship, leasing commodities owned by tenant at the expiration of leasing period, the imported and exported commodities processed with imported materials, commodities trading in border areas (excluding mutual exchange goods), the imported and exported commodities and articles for public use of the Sino-foreign joint ventures, cooperatioe enterprises and ventures exclusively with foreign own investment. Also included are import or export of samples and advertising goods for whose CIF or FOB value are beyond the permitted ceiling (excluding goods of no trading or use value and free commodities for export), imported goods sold in China from bonded warehoues and other imported or exported goods. The indicator of the total imports and exports at customs can be used to observe the total size of external trade in a country. In accordance with the stipulation of the Chinese government, imports are calculated at CIF, while exports are caloulated at FOB

Import-Export Value by Location of China's Foreign Trade Managing Units refers to actual value of imports and exports carried out by corporations which have been registered by the local customhouse and are vested with right to run import-export business.

Import Value of Commodities by the Places of their Destination and Export Value of Commodities by the Places of their Origin in China: The former indicator refers to the value of import commodities of the places of their consumption, utilization or the places of their final destination. The latter indicator refers to the value of export commodities of the places of their origin or the places of the commodities dispatched.

Balance of Payments is a systematic account of the economic transactions between China and the rest of the world. Balance of payments mirrors China' s balance condition of international revenues and outlays, including revenue and expenditure of foreign trade and non-trade, revenue and expenditure of capital and funds, changes of reserve assets. Balance of payments provides the basis for analysis of the composition of international revenue and expenditure which are factors affecting the balance of payment, and for adopting relevant measures for regulation and control.

十七 金融和保险

FINANCE AND INSURANCE

简要说明

一、本篇反映近十年来我国金融保险业发展情况。有以下六个部分：一是银行、保险和农村信用社系统的机构人员，二是银行、农村信用社金融活动情况，三是存贷款利率调整情况，四是直接融资情况，五是中国国际收支状况，六是保险业务情况。

二、各部分资料来源：

1. 反映金融机构人员情况的表有“17—1 银行保险系统机构、人员数”及“17—8 农村信用社机构、人员数”，这两张表分别由中国人民银行总行和农村信用社人事部门根据有关的行政纪录汇总和填报。

2. 反映银行、农村信用社金融活动情况的资料包括：“17—2 国家银行信贷资金平衡表（资金来源）”，“17—3 国家银行信贷资金平衡表（资金运用）”，“17—4 国家银行现金收入”，“17—5 国家银行现金支出”，“17—6 国家银行现金投放回笼差额”，“17—7 黄金和外汇储备”，“17—9 农村信用社存贷款余额”。国家银行信贷资金平衡表及现金收支表的统计范围包括国家开发银行、中国进出口银行、农业发展银行、中国人民银行、中国工商银行、中国农业银行、中国银行、中国建设银行、交通银行、中信实业银行、邮政储蓄机构。中国人民银行总行调查统计司根据这些政策性银行或商业银行的基层行全面填报、并按各自系统汇总的资料，进行归并和汇总，最后得到国家银行的信贷收支及现金收支表。黄金和外汇储备表中的资料取自于中国人民银行的资产负债表，由该行有关部门提供。农村信用社存贷款余额表中的数据来自该社有关部门的统计汇总资料，其基础是基层信用社全面填报的统计报表。

3. 反映存贷款利率调整情况的有“17—10 主要存款项目利率表”和“17—11 主要贷款项目利率表”。其数据根据中国人民银行总行规定的、并对外发布的存贷款利率。

4. 反映直接融资情况的“17—12 国内有价证券发行情况”表，其资料取自中国证券管理委员会编制的《1995 中国证券统计年报》。

5. 反映中国国际收支状况的“17—13 国际收支概况表”，资料取自国家外汇管理局编制的“中国国际收支平衡表”。

6. 反映保险业务情况的“17—14 保险业务经济技术指标”，数据来自中国人民保险公司的财务决算资料。

BRIEF INTRODUCTION

I. The data in this chapter show the development of China's finance and insurance, including the following 6 parts: (1) The number of the institutions and personnel in the system of banking, insurance and rural credit cooperatives; (2) The banking activities of banks and rural credit cooperatives; (3) The changes of the interest rates of the deposits and loans; (4) The direct fund raising; (5) The international balance of payments in China; (6) The business of insurance.

II. Data sources:

(1) The tables showing the number of banking institutions and personnel include Table 17 – 1 "Number of Institutions and Personnel in the State Banking and Insurance System" and Table 17 – 8 "Number of Institutions and Personnel of the Rural Credit Cooperatives". The two tables are prepared by the personnel departments of the Headquarter of the People's Bank of China and the Rural Credit Cooperatives on the basis of the related administrative registers.

(2) The tables showing the banking activities of banks and rural credit cooperatives include Table 17 – 2 "Balance Table of the Credit Funds of the State Banks (Sources of Funds)", Table 17 – 3 "Balance Table of the Credit Funds of the State Banks (Uses of Funds)", Table 17 – 4 "Cash Revenue of the State Banks", Table 17 – 5 "Cash Expenditure of the State Banks", Table 17 – 6 "Balance Between the Cash Put into Circulation and Cash Withdrawn from Circulation", Table 17 – 7 "Gold and Foreign Exchange Reserves", Table 17 – 9 "Balances of Deposits and Loans of Rural Credit Cooperatives". The statistical coverage of the balance table of the credit funds of the national banks and the tables on the cash revenue and expenditure of the national banks include the State Development Bank, Export and Import Bank of China, Agricultural Development Bank of China, People's Bank of China, Industrial and Commercial Bank of China, Agricultural Bank of China, Bank of China, Construction Bank of China, Bank of Communications, CITIC Industrial Bank and savings deposit agencies of postal offices. The grassroots banks of these policy banks and industrial and commercial banks fill out the questionnaires and report to the higher authorities. The higher authorities tabulate the data level by level. Finally, the Department of Investigation and Statistics of the Head Office of the People's Bank of China tabulate the data and get the national total. The data in the table on the gold and foreign exchange reserves are extracted from the balance sheet of the People's Bank of China and provided by its concerned department. The data in the table on the balances of deposits and loans of rural credit cooperatives come from the summary data of the Rural Credit Cooperatives, which is processed on the basis of the grassroots cooperatives.

(3) The tables showing the changes of the interest rates include Table 17 – 10 "Interest Rates of Major Deposits" and Table 17 – 11 "Interest Rates of Major Loans". The data are collected from the interest rates of deposits and loans stipulated and published by the Head Office of the People's Bank of China.

(4) The table showing the direct fund raising is Table 17 – 12 "Issues of the Negotiable Securities". The data are collected from the "Annual Statistical Report on China's Securities in 1995" compiled by China Securities Regulatory Commission.

(5) The table showing the international balance of payments is Table 17 – 13 "Balance of Payments". The data are collected from "The Balance of Payments in China" compiled by the State Administration of Exchange Control.

(6) The table showing the business of insurance is Table 17 – 14 "Economic and Technical Indicators of Insurance Business". The data come from the final financial account of the People's Insurance Company of China.

17－1 银行保险系统机构、人员数(1996年底)

NUMBER OF INSTITUTIONS AND PERSONS ENGAGED IN FINANCE AND INSURANCE SYSTEM (END OF 1996)

项　目 Item	合　计 Total	中国人民银行 People's Bank of China	中国工商银行 Industrial and Commercial Bank of China	中国农业银行 Agricultural Bank of China	中国银行 Bank of China	中国建设银行 Construction Bank of China	中国人民保险公司 People's Insurance Company of China	交通银行 Bank of Communications	中国农业发展银行 Agricultural Development Bank of China
机构总数（个） Number of Institutions	**168101**	**2448**	**38219**	**65870**	**13863**	**35117**	**8038**	**2710**	**1836**
总行(公司) National Headquarters	12	2	1	1	1	1	4	1	1
省、市、区 Branches at Provincial Level	264	30	29	30	30	30	58	28	29
计划单列市 Branches in Separate Planning Cities	109	16	14	14	15	14	31		5
地(市)分支行 Branches in Prefectures and Cities at Prefectural Level	2803	319	362	324	253	325	889	61	270
县市、办事处 Branches in Counties	15012	1982	1981	2391	1522	2002	3871		1263
城市(郊区)办事处 City Offices	10141	8	1642	896	1690	3550	1926	429	
营业部 Business Offices	3053		370	701		506	1126	82	268
分理处、营业所 Small and Local Branches	48350		5972	33260	3546	4738		834	
储蓄所 Savings Deposit Offices	78372		23670	26470	6788	20356		1088	
其　他 Other	9985	91	4178	1783	18	3595	133	187	
职工人数（人） Number of Staff and Workers	**2098336**	**189195**	**565955**	**538780**	**198555**	**387385**	**126130**	**52612**	**39724**
总行(公司) National Headquarters	9009	2512	742	740	2362	1030	902	500	221
省、市、区 Branches at Provincial Level	68970	11739	8243	4808	18154	10599	6859	6459	2109
计划单列市 Branches in Separate Planning Cities	97369	5628	74863	1790	6636	5170	3176		106
地(市)分支行 Branches in Prefectures and Cities at Prefectural Level	225075	47414	13108	21947	36351	61723	31755	6523	6254
县市、办事处 Branches in Counties	653259	81725	134022	106971	59607	180465	64543		25926
城市(郊区)办事处 City Offices	288549	207	121149	31823	22264	92731	3958	13417	
营业部 Business Offices	64046		21214	22530			12322	4032	3948
分理处、营业所 Small and Local Branches	376320		61544	280677	24395	1950		7754	
储蓄所 Savings Deposit Offices	176101		98656	45431	27954			4060	
其　他 Other	142638	39970	32414	22063	832	33717	2615	9867	1160

17-2 金融机构信贷资金平衡表(资金来源)

CREDIT FUNDS BALANCE SHEET OF STATE BANKS-SOURCES OF FUNDS

(年末余额) 单位: 亿元 (year-end) (100 million yuan)

项目	Item	1994	1995	1996
资金来源合计	**All Sources**	**49558.4**	**64221.7**	**79033.7**
各项存款	Deposits	40502.5	53882.1	68595.6
企业存款	Deposits of Enterprises	13279.0	17323.8	22450.2
财政存款	Treasury Deposits	862.3	1005.4	1274.2
机关团体存款	Deposits of Government Agencies and Organizations	857.8	917.3	968.9
城乡储蓄存款	Urban and Rural Savings Deposits	21518.8	29662.3	38520.8
农业存款	Agricultural Deposits	1063.2	1196.2	1364.1
金融债券	Bonds	93.5	1683.8	2484.2
国家投资债券	State Investment Bonds	120.0	116.7	120.2
货币流通量	Currency in Circulation	7288.6	7885.3	8802.0
所有者权益	Creditors' Equity	3698.3	4113.4	4480.5
当年结益	Current Retained Profits	381.3	187.7	-31.1
其　他	Others	-2526.4	-3647.4	-5417.7

注: 金融机构包括银行、邮政储蓄、住房储蓄银行、城市信用合作银行、农村信用社、城市信用社、金融信托投资机构、财务公司等。

a) Financial Institution include banks, savings deposit agencies of postal officies, housing saving banks, urban credit cooperative banks, rural credit cooperatives, urban credit banks, financial trust investment agencies, finacial companies etc.

17-3 金融机构信贷资金平衡表(资金运用)

CREDIT FUNDS BALANCE SHEET OF STATE BANKS-USES OF FUNDS

(年末余额) 单位: 亿元 (year-end) (100 million yuan)

项目	Item	1994	1995	1996
资金运用合计	**All Uses**	**49558.4**	**64221.7**	**79033.7**
各项贷款	Loans	39976.0	50544.1	61156.6
短期贷款	Short-term Loans	26948.7	33372.0	40210.0
工业企业贷款	Loans to Industrial Enterprises	9948.3	11774.7	14213.3
商业企业贷款	Loans to Commercial Enterprises	10509.8	12837.1	15332.6
建筑企业贷款	Loans to Construction Enterprises	617.2	799.3	973.8
农业贷款	Agricultural Loans	1143.9	1544.8	1919.1
乡镇集体企业贷款	Loans to Urban Collective Enterprises	2002.4	2514.9	2821.9
个体工商业贷款	Loans to Individuals Engaged in Industrial and Commercial Business	155.9	196.2	279.8
三资企业贷款	Loans to Joint Venture, Cooperative Enterprises & Ventures Exclusively	792.3	999.1	1346.3
其他短期贷款	Other Short-term Loans	1779.0	2705.9	3323.2
中长期贷款	Medium-term & Long-term Loans	7774.9	10699.3	12672.6
信托类贷款	Credut Loans	2110	2643.2	2819.5
其他类贷款	Other Loans	3142.3	3829.6	5454.4
有价证券及投资	Securities & Investment	2462.4	4215.7	5644.9
国家投资债券贷款	Loans for Purchase of State Investment Bonds	89.3	75.5	69.1
金银占款	Purchase of Gold & Silver	140.4	201.9	234.3
外汇占款	Purchase of Foreign Exchanges	4481.8	6774.5	9578.7
库存现金	Vault Cash	641.7	721.3	661.6
财政透支	Overdraft from the Ministry of Finance	557.1	557.1	557.1
财政借款	Government Debt	1236.6	1131.6	1131.6

注: 1995 年其他贷款中含三资企业贷款。

a) Other loans in 1995 included loans to joint ventures, cooperative enterprises and ventures exclusively funds from abroad.

17-4 国家银行现金收入
CASH INCOME OF STATE BANKS

单位：亿元 (100 million yuan)

项目	Item	1980	1985	1990	1994	1995	1996
收入总计	**Total Income**	**1336**	**5499.1**	**17171.1**	**71247.1**	**96725.5**	**120263.3**
商品销售收入	Income from Commodity Sales	952.7	2863.7	5690.6	14384.7	17204.1	19108.9
服务事业收入	Income from Service Trade	104.9	321.6	958.9	3389.9	4202.5	5136.5
税款收入	Income from Taxes	5.4	36.1	126.8	388.7	516.0	644.4
农村信用社收入	Income from Rural Credit Cooperatives	54.2	580.4	1353.6	3330.8	3646.3	2820.6
乡镇企事业收入	Income from Township Enterprises and Non-profit Institutions		84.2	270.6	1516.2	2096.2	2669.2
个体经营收入	Income from Individual Business		36.1	138.6	881.7	1448.1	2104.8
储蓄存款收入	Income from Savings Deposits	142.9	1242.0	6910.5	36829.8	52522.7	68525.7
其他金融机构收入	Income from Other Financial Institutions			281.4	2268.7	3553.5	4752.1
汇兑收入	Income from Remittances	26.4	82.5	293.3	1285.4	1846.5	2133.5
债券收入	Income from Debts				647.7	805.6	588.2
其他收入	Other Income	49.5	252.5	1146.7	6323.5	8884.1	11779.4

17-5 国家银行现金支出
CASH EXPENDITURES OF STATE BANKS

单位：亿元 (100 million yuan)

项目	Item	1980	1985	1990	1994	1995	1996
支出总计	**Total**	**1352.6**	**5694.8**	**17471.4**	**72671.0**	**97322.3**	**121179.9**
工资及对个人其他支出	Wages and Other Payments to Individuals	617.4	1786.5	4177.5	11174.5	12930.6	14013.0
农副产品采购支出	Purchases of Agricultural and Sideline Products	128.1	834.8	1744.3	3144.5	3589.7	3695.5
行政企业管理费支出	Government and Enterprises Overhead	87.8	364.8	1100.2	4701.0	5608.5	6599.9
农村信用社支出	Expenditure for Rural Credit Cooperatives	296.7	1094.8	1946.7	4399.9	4691.1	3876.0
乡镇企事业支出	Expenditure for Township Enterprises and Non-profit Institutions		169.3	508.1	2059.1	2654.9	3172.8
个体经营支出	Expenditure for Individual Business		57.0	216.8	1239.1	1836.4	2488.8
储蓄存款支出	Expenditure for Savings Deposits	129.8	1008.9	5817.9	34435.4	49754.9	66787.5
其他金融机构支出	Expenditure for Other Financial Institutions			264.9	2124.9	2933.3	3601.2
汇兑支出	Expenditure for Remittances	38.4	93.2	272.9	1224.8	1698.1	2057.6
工矿产品收购支出	Expenditure for Purchases of Industrial and Mineral Products				958.5	1151.4	1335.3
债券支出	Expenditure for Debts				419.4	564.3	606.6
其他支出	Other Expenditure	54.4	285.5	1422.1	6789.9	9909.0	12945.7

17－6 国家银行现金投放回笼差额

CASH STATISTICS OF STATE BANKS

单位：亿元 (100 million yuan)

年　份 Year	现金收入 Cash Income	现金支出 Cash Expenditures	投　放 Currency Issuance
1957	516.7	512.2	－4.5
1962	633.2	614.0	－19.2
1965	675.7	686.5	10.8
1970	812.8	799.3	－13.5
1975	1128.2	1134.2	6.0
1978	1336.0	1352.6	16.6
1980	2033.2	2111.7	78.5
1985	5499.1	5694.8	195.7
1986	6613.3	6843.9	230.6
1987	8779.6	9015.7	236.1
1988	12810.5	13490.0	679.5
1989	15057.6	15267.6	210.0
1990	17171.1	17471.4	300.4
1991	21465.1	21998.5	533.4
1992	31248.0	32406.2	1158.2
1993	48883.8	50412.5	1528.7
1994	71247.1	72671.0	1423.9
1995	96725.5	97322.3	596.8
1996	120263.3	121179.9	916.6

注：投放栏中的负数表示现金回笼。

a) The negative amount in currency issuance indicates the amount of cash withdrawn.

17－7 黄 金 和 外 汇 储 备

GOLD AND FOREIGN EXCHANGE RESERVES

年　份 Year	黄金储备 (万盎司) Gold Reserve (10 000 Ounces)	国家外汇 (亿美元) Foreign Exchange Reserve (USD100 million)	年　份 Year	黄金储备 (万盎司) Gold Reserve (10 000 Ounces)	国家外汇 (亿美元) Foreign Exchange Reserve (USD100 million)
1979	1280	8.40	1988	1267	33.72
1980	1280	－12.96	1989	1267	55.50
1981	1267	27.08	1990	1267	110.93
1982	1267	69.86	1991	1267	217.12
1983	1267	89.01	1992	1267	194.43
1984	1267	82.20	1993	1267	211.99
1985	1267	26.44	1994	1267	516.20
1986	1267	20.72	1995	1267	735.97
1987	1267	29.23	1996	1267	1050.29

17－8 主要存款项目利率表(1990－1996)

INTEREST RATES OF MAJOR DEPOSITS (1990－1996)

本表为法定存款利率表。
The interest rates in this table refer to official interest rates.
单位：年利率%　(annual interest rate %)

项　目	Item	1991.4.21 Apr 21 1991	1993.5.15 May15 1993	1993.7.11 Jul 11 1993	1996.5.1 May1 1996	1996.8.23 Aug23 1996
城乡居民储蓄存款	**Saving Deposits of Urban and Rural Residents**					
活期	Current Deposits	1.80	2.16	3.15	2.97	1.98
定期	Fixed Deposits					
整存整取	Fixed Amount and Period					
三个月	3 Months	3.24	4.86	6.66	4.86	3.33
半年	6 Months	5.40	7.20	9.00	7.2	5.4
一年	1 Year	7.56	9.18	10.98	9.18	7.47
二年	2 Years	7.92	9.90	11.70	9.9	7.92
三年	3 Years	8.28	10.80	12.24	10.8	8.28
五年	5 Years	9.00	12.06	13.86	12.06	9
八年及以上	8 Years and Over	10.08	14.58	17.10		
零存整取、整存零取、存本取息	Three Convinient & Flexible Ways of Savings Deposits(c)					
一年	1 Year	6.12	7.20	9.00		5.4
三年	3 Years	6.84	9.18	10.98		7.47
五年	5 Years	7.56	10.80	12.24		8.28
定活两便	Current or Fixed Deposits as the Depositor Pleases	(见注1)(a)	(见注2)(b)	(见注2)(b)		
华侨人民币储蓄存款	**RMB Deposits of Overseas Chinese**					
一年	1 Year	8.28	10.80	12.24	7.2	
三年	2 Years	9.00	12.06	13.86	9.18	
五年	3 Years	9.90	14.58	17.10	10.8	
企事业单位机关团体和个体工商户存款	**Deposits of Enterprises,Institutions, Government Organizations and Individual Industrial and Commercial Households**					
活期	Current Deposits	1.80	2.16	3.15	2.97	1.98
定期	Fixed Deposits					
三个月	3 Months	3.24	4.86	6.66	4.86	3.33
半年	6 Months	5.40	7.20	9.00	7.2	5.4
一年	1 Year	7.56	9.18	10.98	9.18	7.47
二年	2 Years	7.92	9.90	11.70	9.9	7.92
三年	3 Years	8.28	10.80	12.24	10.8	8.28
五年	5 Years	9.00	12.06	13.86	12.06	9
八年及以上	8 Years and Over	10.08	14.58	17.10		

注：1. 按一年期以内定期整存整取同档次利率打九折计息。
2.按一年期以内定期整存整取同档次利率打六折计息。
a) 10% discount of the interest rate of the same term fixed amount and period deposit not longer than one year.
b) 40% discount of the interest rate of the same term fixed amount and period deposit not longer than one year.
c) Three convinient 7 flexible ways of savings deposits include: 1)desiting small sum of money every month and drawing out both principal and interest in a lump when the specified time comes up; 2) depositing a certain amount of money and drawing a small part out of it separately every time during the specified period; 3)depositing a fixed amount of money in a fixed period but only drawing out the interest when the specified period come

17－9 主要贷款项目利率表(1990－1996)
INTEREST RATES OF MAJOR LOANS (1990－1996)

本表为法定贷款利率表。
The interest rates in this table refer to official interest rates.

单位：年利率%　　(annual interest rate %)

项　目	Item	1991.4.21 Apr 21 1991	1993.5.15 May15 1993	1993.7.11 Jul 11 1993	1996.5.1 May1 1996	1996.8.23 Aug23 1996
1.一般流动资金	**Loans for General Circulating Funds**					
三个月	3 Months	–	–	–		
半年	6 Months	8.10	8.82	9.00	9.72	9.18
一年	1 Year	8.64	9.36	10.98	10.98	10.08
2.个体工商户贷款	**Loans to Individuals Engaged in Industrial and Commercial Business**	**在8.64％基础上浮20％ 20％ Floating Over8.64％**	**在9.36％基础上浮20％ 20％ Floating Over9.36％**	**在10.98％基础上浮20％ 20％ Floating Over10.98％**		
3.技术改造贷款	**Loans for Technical Innovation**	**8.46**	**9.18**	**10.98**		
4.基本建设贷款	**Loans for Capital Construction**					
一年以内	1 Year and Shorter Period	8.46	9.18	10.98	11.52	10.08
一年以上至三年	1－3 Years	9.00	10.80	12.24	13.14	10.98
三年以上至五年	3－5 Years	9.54	12.06	13.86	14.94	11.70
五年以上至十年	5－10 Years	9.72	12.24	14.04	15.12	12.42
十年以上	Over 10 Years	(见注)(a)				

注：自1991年4月21日以后,固定资产贷款5年期以上的利率均按五年期以上挡次利率执行。
a)Since April 21,1991, the interest rate of the loans for capital construction for five years and for have been the same rate.

17－10 国内有价证券发行情况 (1995年)
ISURANCE OF DOMESTIC SECURITES (1995)

单位：亿元　　(100 million yuan)

种　类	Kind	发行额 Total Value of Issued Securities	兑付额 Total Value of Redemption	年末余额 Balance (Year－end)
总计	**Total**			
国债	National Debt	1510.9	497.0	3300.3
#国库券	Treasury Bonds	1486.8	298.0	3028.7
财政债券	Fiscal Bonds		126.7	197.0
国家投资债券	Government Investment Bonds			
国家投资公司债券	Bonds Issued by Government Investment Company			
金融机构债券	Bonds Issued by Financial Institutions			
企业债	Corporate Bonds	216.1	533.9	332.7
股票	Shares	5.3	1030.9	5192.0

注：股票是指A种股票，股票兑付额是指筹资额。
a)Shares refer to A shares. The figure shown under the column "total value of redemption" for shares refers to the capital raised.

17－11 国际收支概况

BLANCE OF PAYMENTS

单位：亿美元　　　　　　　　　　　　　　　　　　　　　　　　(USD 100 million)

项　　目	Item	1985	1990	1994	1995	1996
经常项目差额	**Current Account Balance**	**−114.17**	**119.97**	**76.57**	**16.18**	**72.43**
对外贸易差额	Foreign Trade Balance	−131.23	91.65	72.90	180.50	195.35
出口	Exports	251.08	515.19	1025.61	1281.10	1510.77
进口	Imports	−382.31	−423.54	−952.71	−1100.60	−1315.42
非贸易往来差额	Non－Commercial Account Balance	14.63	25.58	−9.69	−178.67	−144.22
货运收入	Freight Transportation Income	8.67	21.63	37.65	43.30	29.56
货运支出	Freight Transportation Expenditures	−12.92	−22.33	−88.06	−130.00	103.17
港口供应与劳务收入	Seaport Supplies & Labor Income	3.60	2.89	7.60	8.74	2.37
港口供应与劳务支出	Seaport Supplies & Labor Expenditures	−3.00	−11.06	−6.95	−7.99	2.28
旅游收入	Tourism Income	12.50	22.18	73.23	87.30	102.00
旅游支出	Tourism Expenditures	−3.14	−4.70	−30.36	−36.88	44.74
投资收支差额	Investment Balance	8.41	10.56	−10.37	−117.74	−124.38
利润收入	Profit Income	0.06		0.01	0.01	0.07
利润支出	Profit Expenditures	−0.14	−0.46	−4.00	−99.53	116.79
利息收入	Interest Income	4.84	6.68	9.28	11.04	18.71
利息支出	Interest Expenditures	−0.68	−3.80	−25.06	−31.50	29.42
银行收入	Bank Income	8.97	23.50	48.09	40.86	54.40
银行支出	Bank Expenditures	−4.64	−15.36	−38.68	−38.62	51.34
其他非贸易往来收入	Other Non－Commercial Income	6.68	11.84	45.18	51.96	72.08
其他非贸易往来支出	Other Non－Commercial Expenditures	−6.17	−5.43	−37.62	−77.36	75.65
无偿转让差额	Nonrequited Transfer Balance	2.43	2.74	13.37	14.35	21.29
侨汇收入	Overseas Remittance Income	1.80	1.24	3.95	3.50	16.72
侨汇支出	Overseas Remittance Expenditures	−0.03	−0.05	−0.19		
无偿援助捐赠收入	Aids & Gratis Income	1.96	0.59	5.30	4.71	2.55
无偿援助捐赠支出	Aids & Gratis Expenditures	−1.45	−0.76	−1.50		
国际组织往来收入	Income from International Organizations	0.62	0.84	1.45	1.85	1.24
国际组织往来支出	Expenditures for International Organizations	−0.41	−0.15	−0.24	−0.32	0.78
居民其他收支差额	Other Balances of Residents	−0.06	1.03	4.60	4.60	1.56
资本往来项目差额	**Capital Account Balance**	**89.72**	**32.56**	**326.44**	**386.74**	**399.67**
长期资本往来差额	Long－Term Capital Investment Balance	67.01	64.54	357.56	382.49	415.54
长期资本流入	Long－Term Capital Inflow	95.31	116.11	607.89	660.67	697.21
长期资本流出	Long－Term Capital Outflow	−28.30	−51.57	−250.33	−278.18	281.67
外国在华直接投资	Foreign Direct Investments in China	16.59	34.87	337.87	377.36	401.80
我国在海外直接投资	Chinese Direct Investments Abroad	−6.29	−8.30	−20.00	−20.00	−21.14
外国在华证券投资	Foreign Purchases of Chinese Securities in China	7.64		44.93	17.24	23.72
我国在海外证券投资	Chinese Purchases of Foreign Securities Abroad	−22.63	−2.41	−3.80	−0.79	−6.28
外国政府贷款	Foreign Government Loans to China	4.86	14.41	33.75	34.65	24.88
偿还外国政府贷款	Payments on Foreign Government Loans		−5.78	−7.79	−8.60	5.45

续表 1 continued

单位: 亿美元 (USD 100 million)

项目	Item	1985	1990	1994	1995	1996
国际组织贷款	International Organizations' Loans to China	5.31	13.11	32.98	19.91	25.19
偿还国际组织贷款	Payments on International Organizations' Loans to China		−2.12	−10.00	−2.75	3.86
银行对外借款	Bank Loans from Abroad	26.92	13.46		33.40	16.00
银行偿还借款	Payments on Bank Loans from Abroad	−5.21	−8.99	−48.08	−61.66	56.30
延期付款差额	Deferred Payable Balance	−1.62	2.42	4.47	7.12	9.34
延期收款差额	Deferred Receivable Balance	−7.03	−0.51	−0.53	−7.14	−0.24
地方、部门对外借款	Local Government and Central Departments Loans from Abroad	2.41	21.36	33.22	37.97	28.57
地方、部门偿还借款	Payments on Local Government and Central Departments Loans from Abroad	−0.39	−9.69	−30.38	−20.97	19.38
"三来一补"外商提供设备	Equipment Offered by Foreign Investors through Compensation Trade	2.70	2.37	0.19	0.48	0.06
偿还"三来一补"设备款	Payable Rents for Equipment Offered by Foreign Investors through Compensation Trade	−0.71	−2.10	−0.33	−0.54	0.60
国际租赁应付设备款	Payable Rents for Equipment in International Leasing	0.27	6.19	8.12	14.09	10.25
我国对外提供贷款	China's Loans to Foreigners	−2.25	−1.95	−1.78	−1.75	3.82
收回对外贷款本金	Receipt of Principal on China's Loans to Foreigners	0.23	0.48	0.97	0.94	0.16
其他资本往来差额	Other Capital Balance	0.98	0.31	−10.55	−2.86	−7.35
短期资本往来差额	Short-Term Capital Balance	22.71	−31.98	−31.12	4.25	−15.87
延期付款差额	Deferred Payables Balance	0.29	0.72			
延期收款差额	Deferred Receivables Balance	−2.93	−0.64			
银行借还款差额	Bank Loans and Balance Due	25.17	−27.62	−4.14	12.19	−19.29
地方、部门借还款差额	Local Governments and Central Departments Loans and Balance Due	0.68	−1.15	10.04	11.54	12.56
其他资本往来差额	Other Capital Accounts Balance	−0.50	−3.29	−37.02	4.90	−9.14
误差与遗漏	**Errors and Losses**	**0.92**	**−31.31**	**−97.74**	**−178.10**	**−155.59**
储备资产增减额	**Changes in Reserves**	**23.52**	**−121.22**	**−305.27**	**−224.81**	**−316.51**
外汇	Foreign Exchange	25.07	−115.72	−304.21	−219.77	−314.31
在国际货币基金储备	China's Reserve in IMF (International Monetary Fund)	−0.77		−0.51	−4.61	−1.88
特别提款权	SDR (Special Drawing Rights)	−0.77	−0.58	−0.55	−0.43	−0.32
对基金信贷的使用	Trust Funds Utilization		−4.92			
黄金储备	Gold Reserves					

注: 1.进出口皆为离岸价。
2.储备资产增加为"－"。

a) Imports and exports are all calculated at free－on－board.
b) Reserve increases are shown by the negative sign"－".

17－12 中国人民保险集团公司保险业务经济技术指标

ECONOMIC AND TECHNICAL INDICATORS OF INSURANCE BUSINESS OF PEOPLE'S INSURANCE COMPANY OF CHINA

项　目	Item	1985	1990	1994	1995	1996
国内业务	**Domestic Business**					
承保额　(亿元)	Amount Insured (100 million yuan)	6895	19366	56496	66039	98179
企业财产	Enterprise Property	5668	14705	23581	26175	29893
运输工具	Transport Equipment	724	2337	7920	8702	9466
家庭财产	Household Property	503	2324	4796	695	4418
保　费　(万元)	Premium (10 000 yuan)	257297	1557614	3764154	4533179	5383333
企业财产险	Enterprise Property Insurance	100569	278483	519801	575276	648619
家庭财产险	Household Property Insurance	7760	92981	84503	93410	102756
运输工具及责任险	Transport Equipment and Liability Insurance	90984	409479	1408837	1897151	2096554
货物运输险	Cargo Transport Insurance	12079	137038	184132	208333	217505
养老金险	Pension Insurance	17650	232551	332373	339810	365299
人身意外伤害险	Personal Accident Insurance	14816	95557	266899	322881	376128
简易人身险	Industrial Life Insurance	8747	162689	832054	946358	1406673
农业险	Agricultural Insurance	4330	19248	50404	49620	57436
其他险	Others	344	129588	85151	100340	112363
已决赔款　(万元)	Settled Claim (10 000 yuan)	125371	683047	2303602	2363861	3054194
企业财产险	Enterprise Property Insurance	47449	97858	370761	325449	480894
家庭财产险	Household Property Insurance	4948	46822	85078	69631	76152
运输工具及责任险	Transport Equipment and Liability Insurance	64245	230364	1113073	1232281	1290601
货物运输险	Cargo Transport Insurance	1312	27975	74988	87474	86710
养老金险	Pension Insurance	24	131161	136910	55000	115881
人身意外伤害险	Personal Accident Insurance	1880	37656	139408	156014	177546
简易人身险	Industrial Life Insurance	180	57699	286405	335387	723255
农业险	Agricultural Insurance	5264	16722	53858	36450	39481
其他险	Others	69	36790	43121	66175	63674
国外业务	**Overseas Business**					
承保额　(亿美元)	Amount Insured (USD100 million)		599	34887	46450	28283
进口货物运输	Import Cargo Transport		198	1366	1851	2100
出口远洋货运	Marine Cargo Transport		144	1607	1516	2668
出口港澳货运	Export Cargo Transport to HongKong and Macao		99	906	875	704
船舶	Hull		158	1098	9448	8171
保　费　(万美元)	Premium (USD10 000)	23472	42318	613383	654519	628614
进口货物运输险	Import Cargo Transport Insurance	7323	6272	49142	52471	43014
出口远洋货物运输险	Marine Cargo Transport Insurance	4450	10394	93037	84364	70443
出口港澳货物险	Insurance for Export Cargo Transport to HongKong and Macao	1719	3861	27229	26569	17723
船舶险	Hull Insurance	3213	3518	71203	83588	85058
海上石油险	Marine Petroleum Insurance	1442	952	19512	20387	22063
飞机险	Aviation Insurance		1555	73486	86152	78537
其他险	Others	80	15766	279774	300988	311776
已决赔款　(万美元)	Settled Claim (USD10 000)	5555	24520	419118	304610	291525
进口货物运输险	Import Cargo Transport Insurance	1639	3453	27430	25838	23669
出口远洋货物运输险	Marine Cargo Transport Insurance	1150	3173	53936	40987	34485
出口港澳货物运输险	Insurance for Export Cargo Transport to HongKong and Macao	161	660	10208	9524	7485
船舶险	Hull Insurance	634	4372	50472	53967	69229
海上石油险	Marine Petroleum Insurance	1355	199	2382	6995	13385
飞机险	Aviation Insurance		8467	102315	9407	6407
其他险	Others	69	4196	170376	157892	136865
年内费用支出　(万元)	**Annual Expenditures in the Year (10 000 yuan)**	**11535**	**163093**	**621158**		

注:1.1993年起国外业务部分改为按人民币结算。

2.1994年统计口径较1993 年有较大变动,储蓄性业务(期满还本业务)不再算保费。

3.原人身险中人身意外伤害险及简易人身险,1996 年改为短期性人身险及储金性人身险。

a) The amount insured, premium and settled claim of the overseas business since 1993 have been valued in RMB.

b) There was a major change in the statistical coverage in 1994 as compared with 1993. The repayment of principal in the deposit business has been excluded in the premium since 1994.

c) The personal accident insurance and industrial life insurance were changed to be short－term personal insurance and personal insurance in saving nature in 1996.

主 要 统 计 指 标 解 释

信贷资金 国家银行用于发放贷款的资金叫信贷资金。中国人民银行信贷资金的来源有各项存款、对国际金融机构负债、流通中货币、银行自有资金及当年结益等。信贷资金的运用有各项贷款、黄金占款、外汇占款、财政借款及在国际金融机构中的资产等。

存款 企业、机关、团体或居民根据可以收回的原则，把货币资金存入银行或其他信用机构保管并取得一定利息的一种信用活动形式。根据存款对象的不同可划分为企业存款、财政存款、机关团体存款、基本建设存款、城镇储蓄存款、农村存款等科目。它是银行信贷资金的主要来源。

贷款 银行或其他信用机构根据必须归还的原则，按一定利率，为企业、个人等提供资金的一种信用活动形式。我国银行贷款分为流动资金贷款、固定资产贷款、城乡个体工商户贷款以及农业贷款等科目。

承保额 又叫保险金额。它是保险人对被保险人负提损失补偿或约定给付的金额。它是保险合同上的最高责任额，也是计算保费的依据。

保费 又叫保险费。是保险人根据保险合同的有关规定，为被保险人取得因约定危险事故发生所造成的经济损失补偿（或给付）权利，付给保险人的代价。包括财产险和人身险储金收入。

赔款 保险事故发生后，经查证确属保险责任范围以内的保险标的损失，保险人根据保险合同的规定履行赔偿义务，给予被保险人的款项叫做赔款。赔款可分为已决赔款和未决赔款两种。

Explanatory Notes on Main Statistical Indicators

Credit Funds refer to the funds issued as loans by state banks. The sources of credit funds of the People's Bank of China included deposits, liabilities to international financial institutions, currency in circulation, self-owned funds and current retained profits, etc. The credit funds can be used in forms of loans, gold, foreign exchange, government debt and assets in the international financial institutions.

Deposit is a form of credit by which enterprises, institutions, organizations or residents can put money into banks and other credit institutions for safekeeping and interest earning under the principle of free withdrawal. According to different depositors, deposits are divided into enterprise deposits, treasury deposits, deposits of government agencies and organizations, capital construction deposits, urban savings deposits, rural deposits and other deposits. Deposits are major sources of the credit funds of banks.

Loan is a form of credit by which banks and other credit institutions provide funds at certain interest rate to enterprises and individuals in the light of the principle of unconditional repayment. Loans from Chinese banks include circulating capital loans, fixed assets loans, loans to urban and rural individuals engaged in industrial and commercial business and agricultural loans.

Amount Insured refers to the amount of compensation for the loss or agreed sum of money to be paid by the insurer to the insurant. It is the maximum amount of liabilities written in the insurance contract and is also used as a basis to calculate the premium.

Premium is the fee paid by the insurant based on a proportion of the benefit he or she may get from the insurance plus the insurance value. It includes the income from the deposit of property insurance and presonal insurance.

Settled Claim is the compensation paid by the insurer to the insurant in accordance with the insurance contract for the loss which has been checked and found to be in the range of liability of the insurance after an accident has happened to the insured property or to a person who has insured his life. It is further divided into settled and unsettled claim.

十八　教育、科技和文化

EDUCATION, SCIENCE AND CULTURE

简要说明

一、本篇反映我国的教育文化事业的发展情况和科学技术活动基本情况。

二、教育部分包括高等教育（大专院校及研究生院）、中等教育（中等专业学校、技工学校、普通中学和职业中学）、初等教育（小学）、幼儿教育、特殊教育（盲聋哑和弱智儿童学校等）和各种类型的各级成人教育（成人高校、成人中等学校和初等学校）等，主要指标有各级各类学校的校数、在校学生数、招生数、毕业生数、教职工数、教师数等。

教育统计资料主要由国家教委计划建设司提供，其资料来源是通过教委制定的教育统计报表制度搜集加工整理而成。另外，技工学校的资料来源于劳动部培训司。

三、文化部分主要包括艺术、图书馆、群众文化、文物、广播、电影、电视、新闻出版等文化事业的机构、人员及业务活动情况。

1．艺术事业、图书馆事业、群众文化事业的资料主要来自文化部计财司。

2．文物资料来自国家文物局。

3．广播、电影、电视资料主要来源于广播电影电视部计财司。

4．新闻出版有关资料主要来自国家新闻出版署计财司。

上述文化资料都是由各有关部委根据所制定的统计报表制度而搜集整理的。主要有文化、文物统计报表，广播、电影、电视统计报表，新闻出版统计报表。

四、科学技术部分主要包括了我国科技活动的规模、构成、布局和发展状况的资料，收录了全国和省、自治区、直辖市及国务院有关部门1995年度的科技统计数据。

全国科技活动基本情况，综合地反映科技机构、大中型工业企业和高等学校三大科技活动主体单位的机构数、人员数和经费收支等情况，根据国家科委、国家教委、国防科工委和国家统计局科技统计综合年报汇总。

专业技术人员人数由中央组织部调配局提供，其统计对象和范围是：在事业、国有企业单位中，专职从事专业技术工作的人员以及原评有专业技术职务（职称）而现从事行政管理工作的人员。

科技成果、科技奖励、技术市场、开发区高新技术企业的统计数据及登记数，由国家科委综合计划司提供。

科协系统科技活动情况数据，由中国科协综合计划局提供。

测绘、气象、技术监督等科技服务部门发展情况资料，分别由国家测绘局、国家气象局、国家技术监督局综合司提供。

专利申请受理量和批准量全部由中国专利局提供。

国家统计局和国家科委合作编印了《中国科技统计年鉴》提供了1991年至1995年各年度科技活动和发展趋势更为详细的统计资料。

BRIEF INTRODUCTION

I. The data in this chapter show the development of China's education and culture as well as the basic conditions of the activities of China's science and technology.

II. The data on education cover the situations on higher education (universities and colleges as well as college of postgraduates), secondary education (specialized secondary schools, regular secondary schools, vocational secondary schools and technical training schools), primary education (primary schools), kindergartens and special education (universities and colleges for adults, secondary schools for adults and primary schools for adults) etc. The main indicators cover the number of schools of various levels and categories, the number of students enrolled, the number of new students enrolled, the number of graduates, the number of staff and workers, the number of teachers etc. The statistical data on education are mainly provided by the Department of Planning and Construction, State Education Commission. The data are collected and tabulated in accordance with the reporting scheme on educational statistics stipulated by the State Education Commission. In addition, the data on the technical training schools are provided by the Department of Training, Ministry of Labour.

III. The data on culture cover mainly the situations on institutions, personnel and business activities of arts, libraries, mass culture, cultural relics, broadcasting, films, televisions, news and publication etc..

(1) The data on the causes of arts, libraries, mass culture are provided by the Department of Planning and Finance, Ministry of Culture.

(2) The data on cultural relics are provided by the State Bureau of Cultural Relics.

(3) The data on broadcasting, film and television are mainly provided by the Department of Planning and Finance, Ministry of Broadcasting, Film and Television.

(4) The data on news and publication are mainly provided by the Department of Planning and Finance, State Agency of News and Publication.

The above-mentioned data on culture are collected and tabulated in accordance with the statistical reporting scheme stipulated by the ministries or commission concerned, including mainly the statistical reports on culture and cultural relics, statistical reports on broadcasting, films, televisions, statistical reports on news and publication.

IV. The data on science and technology cover mainly the scale, composition, distribution and development of the scientific and technological activities, including the statistical data of the provinces, autonomous regions and municipalities directly under the central government as well as the departments concerned under the State Council on science and technology.

The table on the basic conditions of the scientific and technological activities show in a summary way the number of institutions and personnel in scientific and technological institutions, large and medium-sized industrial enterprises and universities and colleges, the three main bodies engaged in the scientific and technological activities as well as their income and expenditure. The data are collected and tabulated in accordance with the annual reporting scheme on science and technology statistics of the State Commission for Science and Technology, State Education Commission, Commission of Science, Technology and Industry for National Defence and the State Statistical Bureau.

The data on the number of scientific and technological personnel are provided by the Bureau of Deployment, Department of Organization of the Central Committee of the Communist Party of China. The statistical coverage includes the full-time persons engaged in the scientific and technological work and the persons with technical titles but now engaged in administrative or managerial work in the institutions or state-owned enterprises.

The data on scientific and technological results, encouragement and reward on scientific and technological achievements, technical market and the high-tech enterprises in the developed areas are provided by the Department of Comprehensive Planning, State Commission for Science and Technology.

The data on the scientific and technological activities of the associations for science and technology are provided by the Bureau of Comprehensive Planning, China Associations for Science and Technology.

The data on the development of the mapping, meteorology, technological supervision and other service departments for science and technology are provided separately by the Comprehensive Departments of the National Bureau of Surveying and Mapping, China Meteorological Administration and China State Bureau of Technical Supervision.

The data on the number of patent applications examined and certified are provided by China's Patent Office.

"China Statistical Yearbook on Science and Technology" has been jointly compiled and published by the State Statistical Bureau and the State Commission for Science and Technology, which has provided more detailed statistical data on the scientific and technological activities in 1991 – 1995 and the trend of development.

18－1 教育事业基本情况

BASIC STATISTICS ON EDUCATION

指 标	Item	1980	1985	1990	1995	1996
学校数 (所)	**Number of Schools**					
普通高等学校	Regular Institutions of Higher Education	675	1016	1075	1054	1032
中等学校	Secondary Schools	124760	104848	100777	95216	94115
#专业学校	Specialized Secondary Schools	3069	3557	3982	4049	4099
普通中学	Regular Secondary Schools	118377	93221	87631	81020	79967
小学	Primary Schools	917316	832309	766072	668685	645983
专任教师(万人)	**Number of Full－time Teachers (10 000 persons)**					
普通高等学校	Regular Institutions of Higher Education	24.7	34.4	39.5	40.1	40.3
中等学校	Secondary Schools	317.1	296.7	349.2	388.3	404.0
#专业学校	Specialized Secondary Schools	12.8	17.4	23.4	25.7	26.7
普通中学	Regular Secondary Schools	302.0	265.2	303.3	333.4	346.5
小学	Primary Schools	549.9	537.7	558.2	566.4	573.6
招生数 (万人)	**New Student Enrollment (10 000 persons)**					
普通高等学校	Regular Institutions of Higher Education	28.1	61.9	60.9	92.6	96.6
中等学校	Secondary Schools	2011.8	1789.8	1815.8	2354.1	2384.2
#专业学校	Specialized Secondary Schools	46.8	66.8	73.0	138.1	152.3
普通中学	Regular Secondary Schools	1934.3	1606.9	1619.6	2025.9	2042.9
小学	Primary Schools	2942.3	2298.2	2064.0	2531.8	2524.7
在校学生(万人)	**Student Enrollment (10 000 persons)**					
普通高等学校	Regular Institutions of Higher Education	114.4	170.3	206.3	290.6	302.1
中等学校	Secondary Schools	5677.8	5092.6	5105.4	6191.5	6635.7
#专业学校	Specialized Secondary Schools	124.3	157.1	224.4	372.2	422.8
普通中学	Regular Secondary Schools	5508.1	4706.0	4586.0	5371.0	5739.7
小学	Primary Schools	14627.0	13370.2	12241.4	13195.2	13615.0
毕业生数(万人)	**Graduates (10 000 persons)**					
普通高等学校	Regular Institutions of Higher Education	14.7	31.6	61.4	80.5	83.9
中等学校	Secondary Schools	1629.9	1279.1	1497.5	1636.9	1725.4
#专业学校	Specialized Secondary Schools	41.0	42.9	66.1	83.9	101.9
普通中学	Regular Secondary Schools	1581.0	1194.9	1342.1	1429.0	1484.0
小学	Primary Schools	2053.3	1999.9	1863.1	1961.5	1934.1
每一教师负担学生数(人)	**Student－Teacher Ratio**					
普通高等学校	Regular Institutions of Higher Education	4.6	5.0	5.2	7.2	7.5
中等学校	Secondary Schools	17.9	17.2	14.6	15.9	16.4
小学	Primary Schools	26.6	24.9	21.9	23.3	23.7
国家财政性教育经费 (亿元)	**Government Expenditures for Education (100 million yuan)**	**114.2**	**226.8**	**462.5**	**1193.8**	
#预算内支出	Budgetary Expenditures for Education	114.2	225.7	410.4	1081.0	
#教育事业费	Operating Expenditures	94.2	184.2	352.5	891.5	
基建投资	Capital Construction Inversment in Education	11.4	27.2	29.6	58.0	

18－2 各级各类学校数

NUMBER OF SCHOOLS BY LEVEL AND TYPE

单位：所 (unit)

年份 Year	普通高等学校 Regular Institutions of Higher Education	中等学校 Secondary Schools	中等专业学校 Specialized Secondary Schools	中等技术学校 Technical Schools	中等师范学校 Teacher Training Schools	普通中学 Regular Secondary Schools	高中 Senior	初中 Junior	职业中学 Vocational Schools	小学 Primary Schools	幼儿园 Kindergartens	盲、聋哑学校 Schools for the Blind, Deaf and Deaf-mute
1952	201	6059	1710	794	916	4298	1181	3117		526964	6531	
1957	229	12474	1320	728	592	11096	2184	8912		547306	16420	66
1962	610	24756	1514	956	558	19521	4434	15087	3715	668318	17564	261
1965	434	80993	1265	871	394	18102	4112	13990	61626	1681939	19226	266
1970	434	106041	1087	685	402	104954				961131		
1975	387	125718	2213	1326	887	123505	39120	84385		1093317	171749	246
1978	598	165105	2760	1714	1046	162345	49215	113130		949323	163952	292
1980	675	124760	3069	2052	1017	118377	31300	87077	3314	917316	170419	292
1985	1016	104848	3557	2529	1028	93221	17318	75903	8070	832309	172262	350
1986	1054	104936	3782	2741	1041	92967	17111	75856	8187	820846	173376	387
1987	1063	105151	3913	2854	1059	92857	16930	75927	8381	807406	176775	414
1988	1075	104468	4022	2957	1065	91492	16524	74968	8954	793261	171845	446
1989	1075	102732	3984	2940	1044	89575	16050	73525	9173	777244	172634	483
1990	1075	100777	3982	2956	1026	87631	15678	71953	9164	766072	172322	555
1991	1075	99348	3925	2977	948	85851	15243	70608	9572	729158	164465	651
1992	1053	97784	3903	2984	919	84021	14850	69171	9860	712973	172506	754
1993	1065	96744	3964	3046	918	82795	14380	68415	9985	696681	165197	824
1994	1080	96562	3987	3093	894	82358	14242	68116	10217	682588	174657	871
1995	1054	95216	4049	3152	897	81020	13991	67029	10147	668685	180438	933
1996	1032	94115	4099	3206	893	79967	13875	66092	10049	645983	187324	980

注：中等学校不包括技工学校和工读学校，1962年以前的中等学校合计数中包括工农中学及预科（以下同）。

a) Secondary schools exclude schools for skilled workers and juvenile delinquents.The total number of secondary school in 1962 and previous years include secondary schools for workers and peasants, and preparatory classes. The same as following tables.

18－3 各级各类学校教职工数

NUMBER OF SCHOOL STAFF AND WORKERS BY LEVEL AND TYPE OF SCHOOL

单位：万人 (10 000 persons)

年份 Year	普通高等学校 Regular Institutions of Higher Education	中等学校 Secondary Schools	中等专业学校 Specialized Secondary Schools	中等技术学校 Technical Schools	中等师范学校 Teacher Training Schools	普通中学 Regular Secondary Schools	职业中学 Vocational Schools	小学 Primary Schools	幼儿园 Kindergartens	盲、聋哑学校 Schools for the Blind, Deaf and Deaf-mute
1952	7.2	26.0	8.1	3.9	4.2	17.6		152.8	1.9	
1957	15.5	53.4	13.6	10.6	3.0	39.4		198.1	10.1	0.1
1962	33.5	77.8	13.7	11.1	2.6	62.2	2.0	262.0	16.1	0.3
1965	33.3	110.5	12.2	10.1	2.1	67.7	30.6	407.5	16.2	0.4
1970	31.2	153.3	7.9	5.6	2.3	145.4		390.9		
1975	40.8	282.1	17.7	12.8	4.5	264.4		554.3	37.8	0.6
1978	51.8	415.4	23.7	17.6	6.1	391.7		562.0	46.9	0.7
1980	63.2	423.6	29.8	22.3	7.5	389.7	4.1	605.4	61.0	0.8
1985	87.1	417.6	40.3	31.3	9.0	355.7	21.6	602.1	79.8	1.1
1986	93.1	437.7	43.6	33.9	9.7	368.9	25.2	606.5	88.1	1.2
1987	96.9	455.3	45.9	35.7	10.2	381.3	28.1	608.5	94.1	1.3
1988	99.4	468.1	47.6	37.0	10.6	389.7	30.8	614.2	97.9	1.4
1989	100.4	473.9	48.2	37.6	10.6	393.1	32.6	619.5	101.2	1.5
1990	100.6	482.6	49.2	38.5	10.7	399.1	34.3	624.0	105.2	1.6
1991	100.9	490.6	49.4	38.8	10.6	405.4	35.8	619.4	106.2	1.9
1992	101.4	499.2	50.3	39.7	10.6	411.3	37.6	619.9	112.1	2.1
1993	102.1	504.1	51.1	40.3	10.8	413.3	39.7	621.8	112.6	2.3
1994	104.0	512.3	51.7	40.7	11.0	419.1	41.5	627.1	114.9	3.3
1995	104.1	525.9	53.0	41.8	11.2	429.5	43.4	632.4	116.0	2.7
1996	103.6	541.9	54.3	43.0	11.3	442.4	45.2	638.6	117.4	2.8

18－4 各级各类学校教师数

NUMBER OF TEACHERS BY LEVEL AND TYPE OF SCHOOL

单位：万人 (10 000 persons)

年份 Year	普通高等学校 Regular Institutions of Higher Education	中等学校 Secondary Schools	中等专业学校 Specialized Secondary Schools	中等技术学校 Technical Schools	中等师范学校 Teacher Training Schools	普通中学 Regular Secondary Schools	高中 Senior	初中 Junior	职业中学 Vocational Schools	小学 Primary Schools	幼儿园 Kindergartens	盲、聋哑学校 Schools for the Blind, Deaf and Deaf-mute
1952	2.7	13.0	3.5	1.5	2.0	9.4	1.3	8.1		143.5	1.4	
1957	7.0	29.4	5.8	4.3	1.5	23.4	4.0	19.4		188.4	5.0	0.1
1962	14.4	47.3	6.1	4.7	1.4	39.9	8.1	31.8	1.3	251.1	7.0	0.2
1965	13.8	70.9	5.5	4.4	1.1	45.7	7.8	37.9	19.7	385.7	6.2	0.3
1970	12.9	121.3	3.9	2.6	1.3	117.4				361.2		
1975	15.6	216.5	7.3	4.8	2.5	209.2	53.0	156.2		520.4	23.7	0.3
1978	20.6	328.1	9.9	6.9	3.0	318.2	74.1	244.1		522.6	27.7	0.4
1980	24.7	317.1	12.8	9.1	3.7	302.0	57.1	244.9	2.3	549.9	41.1	0.5
1985	34.4	296.7	17.4	12.8	4.6	265.2	49.2	216.0	14.1	537.7	55.0	0.7
1986	37.2	311.5	19.3	14.3	5.0	275.8	51.8	223.9	16.4	541.4	60.5	0.7
1987	38.5	326.6	21.0	15.6	5.4	287.0	54.4	232.7	18.5	543.4	65.1	0.8
1988	39.3	338.9	22.5	16.8	5.7	296.0	55.7	240.3	20.3	550.1	67.0	0.9
1989	39.7	342.3	22.9	17.1	5.8	298.0	55.4	242.7	21.4	554.4	70.9	0.9
1990	39.5	349.2	23.4	17.6	5.8	303.3	56.2	247.0	22.4	558.2	75.0	1.1
1991	39.1	355.7	23.2	17.5	5.7	309.0	57.3	251.7	23.5	553.2	76.9	1.2
1992	38.8	362.4	23.5	17.8	5.7	314.1	57.6	256.5	24.8	552.7	81.5	1.3
1993	38.8	366.8	23.9	18.1	5.8	316.7	55.9	260.8	26.2	555.2	83.6	1.5
1994	39.6	375.7	24.7	18.7	6.0	323.4	54.7	268.7	27.7	561.1	86.2	1.6
1995	40.1	388.3	25.7	19.5	6.2	333.4	55.1	278.4	29.2	566.4	87.5	1.8
1996	40.3	404.0	26.7	20.4	6.3	346.5	57.2	289.3	30.8	573.6	88.9	1.9

18－5 各级各类学校在校学生数

NUMBER OF STUDENT ENROLLMENT BY LEVEL AND TYPE OF SCHOOL

单位：万人 (10 000 persons)

年份 Year	普通高等学校 Regular Institutions of Higher Education	中等学校 Secondary Schools	中等专业学校 Specialized Secondary Schools	中等技术学校 Technical Schools	中等师范学校 Teacher Training Schools	普通中学 Regular Secondary Schools	高中 Senior	初中 Junior	职业中学 Vocational School	小学 Primary Schools	幼儿园 Kindergartens	盲、聋哑学校 Schools for the Blind, Deaf and Deaf-mute
1952	19.1	314.5	63.6	29.0	34.5	249.0	26.0	223.0		5110.0	42.4	
1957	44.1	708.1	77.8	48.2	29.6	628.1	90.4	537.7		6428.3	108.8	0.8
1962	83.0	833.5	53.5	35.3	18.2	752.8	133.9	618.9	26.7	6923.9	144.6	1.8
1965	67.4	1431.8	54.7	39.2	15.5	933.8	130.8	803.0	443.3	11620.9	171.3	2.3
1970	4.8	2648.3	6.4	3.2	3.2	2641.9	349.7	2292.2		10528.0		
1975	50.1	4536.8	70.7	40.5	30.2	4466.1	1163.7	3302.4		15094.1	620.0	2.7
1978	85.6	6637.2	88.9	52.9	36.0	6548.3	1553.1	4995.2		14624.0	787.7	3.1
1980	114.4	5677.8	124.3	76.1	48.2	5508.1	969.8	4538.3	45.4	14627.0	1150.8	3.3
1985	170.3	5092.6	157.1	100.9	56.2	4706.0	741.1	3964.8	229.5	13370.2	1479.7	3.8
1986	188.0	5321.6	175.7	114.6	61.1	4889.9	773.4	4116.6	256.0	13182.5	1629.0	4.1
1987	195.9	5403.1	187.4	122.3	65.1	4948.1	773.7	4174.4	267.6	12835.9	1807.8	4.3
1988	206.6	5246.1	205.2	136.8	68.3	4761.5	746.0	4015.5	279.4	12535.8	1854.5	4.5
1989	208.2	5054.0	217.7	149.3	68.5	4554.0	716.1	3837.9	282.3	12373.1	1847.7	4.7
1990	206.3	5105.4	224.4	156.7	67.7	4586.0	717.3	3868.7	295.0	12241.4	1972.2	5.1
1991	204.4	5226.8	227.7	161.6	66.1	4683.5	722.9	3960.6	315.6	12164.2	2209.3	5.6
1992	218.4	5354.4	240.8	174.3	66.6	4770.8	704.9	4065.9	342.8	12201.3	2428.2	6.1
1993	253.6	5383.7	282.0	209.8	72.2	4739.1	656.9	4082.2	362.6	12421.2	2552.5	6.4
1994	279.9	5707.1	319.8	241.4	78.4	4981.7	664.9	4316.7	405.6	12822.6	2630.3	7.2
1995	290.6	6191.5	372.2	287.4	84.8	5371.0	713.2	4657.8	448.3	13195.2	2711.2	8.3
1996	302.1	6635.7	422.8	334.8	88.0	5739.7	769.3	4970.4	473.3	13615.0	2666.3	9.0

18－6 各级各类学校招生数

NEW STUDENT ENROLLMENT BY LEVEL AND TYPE OF SCHOOL

单位：万人 (10 000 persons)

年份 Year	普通高等学校 Regular Institutions of Higher Education	中等学校 Secondary Schools	中等专业学校 Specialized Secondary Schools	中等技术学校 Technical Schools	中等师范学校 Teacher Training Schools	普通中学 Regular Secondary Schools	高中 Senior	初中 Junior	职业中学 Vocational Schools	小学 Primary Schools	盲、聋哑学校 Schools for the Blind, Deaf and Deaf-mute
1952	7.9	174.6	35.1	16.9	18.2	138.3	14.1	124.2		1149.3	
1957	10.6	261.6	12.3	6.0	6.3	249.3	32.3	217.0		1249.2	
1962	10.7	298.8	3.9	2.6	1.3	280.0	41.7	238.3	14.9	1586.3	
1965	16.4	673.0	20.8	14.6	6.2	345.7	45.9	299.8	306.5	3296.0	
1970	4.2	1420.7	5.4	2.5	2.9	1415.3	239.0	1176.3		2831.8	
1975	19.1	2478.0	34.4	18.4	16.0	2443.6	633.1	1810.5		3352.1	0.5
1978	40.2	2743.6	44.7	26.8	17.9	2698.9	692.9	2006.0		3315.4	0.6
1980	28.1	2011.8	46.8	25.3	21.5	1934.3	383.4	1550.9	30.7	2942.3	0.6
1985	61.9	1789.8	66.8	45.2	21.6	1606.9	257.5	1349.4	116.1	2298.2	0.7
1986	57.2	1824.4	67.7	45.0	22.7	1643.9	257.3	1386.6	112.8	2258.2	0.9
1987	61.7	1834.2	71.5	48.5	23.0	1649.5	255.2	1394.3	113.2	2094.6	0.9
1988	67.0	1781.9	77.6	54.1	23.6	1584.8	244.3	1340.5	119.5	2123.3	0.9
1989	59.7	1743.3	73.5	50.8	22.7	1551.5	242.1	1309.4	118.3	2151.5	0.9
1990	60.9	1815.8	73.0	50.3	22.7	1619.6	249.8	1369.9	123.2	2064.0	1.0
1991	62.0	1871.0	78.0	55.1	22.9	1655.2	243.8	1411.3	137.8	2072.7	1.2
1992	75.4	1939.8	87.9	63.8	24.1	1699.7	234.7	1465.0	152.1	2183.2	1.3
1993	92.4	1983.7	114.9	86.5	28.4	1707.3	228.3	1479.0	161.5	2353.5	1.2
1994	90.0	2157.6	122.5	93.5	29.1	1859.8	243.4	1616.4	175.3	2537.0	1.4
1995	92.6	2354.1	138.1	107.3	30.8	2025.9	273.6	1752.3	190.1	2531.8	1.7
1996	96.6	2384.2	152.3	120.8	31.6	2042.9	282.2	1760.7	188.9	2524.7	1.8

18－7 各级各类学校毕业生数

NUMBER OF GRADUATES BY LEVEL AND TYPE OF SCHOOL

单位：万人 (10 000 persons)

年份 Year	普通高等学校 Regular Institutions of Higher Education	中等学校 Secondary Schools	中等专业学校 Specialized Secondary Schools	中等技术学校 Technical Schools	中等师范学校 Teacher Training Schools	普通中学 Regular Secondary Schools	高中 Senior	初中 Junior	职业中学 Vocational Schools	小学 Primary Schools	盲、聋哑学校 Schools for the Blind, Deaf and Deaf-mute
1952	3.2	28.9	6.8	4.1	2.7	22.1	3.6	18.5		149.0	
1957	5.6	145.2	14.6	9.6	5.0	129.9	18.7	111.2		498.0	
1962	17.7	237.5	30.5	15.9	14.6	202.5	44.1	158.4	4.5	559.0	
1965	18.6	232.5	9.1	7.3	1.8	209.8	36.0	173.8	13.6	667.6	0.2
1970	10.3	689.3	2.8	1.7	1.1	686.5	67.6	618.9		1652.5	
1975	11.9	1519.5	24.8	12.3	12.4	1494.7	447.0	1047.7		1999.4	0.3
1978	16.5	2398.5	23.2	11.9	11.3	2375.3	682.7	1692.6		2287.9	0.3
1980	14.7	1629.9	41.0	20.1	20.9	1581.0	616.2	964.7	7.9	2053.3	0.4
1985	31.6	1279.1	42.9	26.1	16.8	1194.9	196.6	998.3	41.3	1999.9	0.4
1986	39.3	1388.5	49.6	32.1	17.5	1281.0	224.0	1057.0	57.9	2016.1	0.5
1987	53.2	1496.9	57.8	38.9	18.9	1364.1	246.8	1117.3	75.0	2043.0	0.4
1988	55.3	1548.4	59.6	39.2	20.4	1407.8	250.6	1157.2	81.0	1930.3	0.4
1989	57.6	1520.9	59.1	36.5	22.6	1377.5	243.2	1134.3	86.3	1857.1	0.5
1990	61.4	1497.5	66.1	42.8	23.4	1342.1	233.0	1109.1	89.3	1863.1	0.5
1991	61.4	1477.0	74.0	49.6	24.4	1308.5	222.9	1085.5	94.5	1896.7	0.5
1992	60.4	1499.4	74.3	50.7	23.6	1328.4	226.1	1102.3	96.7	1872.4	0.5
1993	57.1	1541.9	73.6	50.7	22.8	1365.9	231.7	1134.2	102.5	1841.5	0.6
1994	63.7	1542.4	72.9	50.4	22.6	1361.9	209.3	1152.6	107.6	1899.6	0.7
1995	80.5	1636.9	83.9	59.4	24.5	1429.0	201.6	1227.4	124.0	1961.5	0.7
1996	83.9	1725.4	101.9	73.8	28.1	1484.0	204.9	1279.0	139.6	1934.1	0.8

18－8 全国研究生数、派出国和毕业回国留学生数

NUMBER OF POSTGRADUATES, STUDENTS STUDYING ABROAD AND RETURNED STUDENTS

单位：人 (person)

年 份 Year	研究生数 Number of Postgraduates 在学人数 Student Enrollment	 招生数 New Student Enrollment	 毕业生数 Graduates	派出国的留学生数 Number of Students Studying Abroad	毕业回国的留学生数 Number of Returned Students
1952	2763	1785	627	231	
1957	3178	334	1723	529	347
1962	6130	1287	1019	114	980
1965	4546	1456	1665	454	199
1975				245	186
1978	10934	10708	9	860	248
1980	21604	3616	476	2124	162
1985	87331	46871	17004	4888	1424
1986	110371	41310	16950	4676	1388
1987	120191	39017	27603	4703	1605
1988	112776	35645	40838	3786	3000
1989	101339	28569	37232	3329	1753
1990	93018	29649	35440	2950	1593
1991	88128	29679	32537	2900	2069
1992	94164	33439	25692	6540	3611
1993	106771	42145	28214	10742	5128
1994	127935	50864	28047	19071	4230
1995	145443	51053	31877	20381	5750
1996	163322	59398	39652	20905	6570

18－9 高等学校分科在校学生数

STUDENT ENROLLMENT IN INSTITUTIONS OF HIGHER EDUCATION BY FIELD OF STUDY

单位：人 (person)

项目 Item	1995 合计 Total	 本科 Regular College Course	 专科 Specialized Subject (Three Years)	1996 合计 Total	 本科 Regular College Course	 专科 Specialized Subject (Three Years)
合 计 Total	**2906429**	**1638200**	**1268229**	**3021079**	**1794630**	**1226449**
哲 学 Philosophy	5826	3786	2040	5111	3343	1768
经济学 Economics	434084	210081	224003	461027	248947	212080
法 学 Law	92618	52469	40149	104683	61797	42886
教育学 Education	117367	56325	61042	121770	61103	60667
文 学 Literature	365551	147757	217794	383960	168824	215136
历史学 History	48355	24481	23874	47524	25034	22490
理 学 Science	309903	165516	144387	315357	175166	140191
工 学 Engineering	1166931	742965	423966	1212554	802817	409737
农 学 Agriculture	109791	69967	39824	106428	71544	34884
医 学 Medicine	256003	164853	91150	262665	176055	86610

18－10 高等学校分科招生数

NEW STUDENT ENROLLMENT IN INSTITUTIONS OF HIGHER EDUCATION BY FIELD OF STUDY

单位：人 (person)

项 目 Item	1995			1996		
	合 计 Total	本 科 Regular College Course	专 科 Specialized Subject (Three Years)	合 计 Total	本 科 Regular College Course	专 科 Specialized Subject (Three Years)
合 计 Total	**925940**	**447809**	**478131**	**965812**	**505323**	**460489**
哲 学 Philosophy	1747	873	874	1589	983	606
经济学 Economics	152694	66685	86009	153915	74458	79457
法 学 Law	31939	15681	16258	36687	19124	17563
教育学 Education	41258	15083	26175	45232	18285	26947
文 学 Literature	131587	42058	89529	138205	51262	86943
历史学 History	15672	6298	9374	15866	6984	8882
理 学 Science	100295	43366	56929	106236	49824	56412
工 学 Engineering	352463	203018	149445	366816	223058	143758
农 学 Agriculture	32590	17903	14687	32690	20166	12524
医 学 Medicine	65695	36844	28851	68576	41179	27397

18－11 高等学校分科毕业生数

GRADUATES OF INSTITUTIONS OF HIGHER EDUCATION BY FIELD OF STUDY

单位：人 (person)

项 目 Item	1995			1996		
	合 计 Total	本 科 Regular College Course	专 科 Specialized Subject (Three Years)	合 计 Total	本 科 Regular College Course	专 科 Specialized Subject (Three Years)
合 计 Total	**805397**	**325484**	**479913**	**838638**	**347194**	**491444**
哲 学 Philosophy	2110	1261	849	1960	1164	796
经济学 Economics	119042	32075	86967	127018	35726	91292
法 学 Law	23170	9393	13777	25852	10501	15351
教育学 Education	41898	14019	27879	40620	14482	26138
文 学 Literature	115969	29835	86134	120051	32296	87755
历史学 History	18117	6385	11732	16423	6241	10182
理 学 Science	100566	38029	62537	97260	39319	57941
工 学 Engineering	295839	148844	146995	315005	160435	154570
农 学 Agriculture	32975	16365	16610	33032	17443	15589
医 学 Medicine	55711	29278	26433	61417	29587	31830

18－12 高等学校分科专任教师数 (1996 年)

NUMBER OF FULL－TIME TEACHERS BY FIELD OF STUDY IN REGULAR HIGHER EDUCATIONAL INSTITUTIONS (1996)

单位: 人 (person)

项 目 Item	合计 Total	教授 Professors	副教授 Asso. Prof.	讲师 Lecturers	助教 Assistants	教员 Instructors
合 计 Total	**402469**	**33276**	**110640**	**161863**	**75423**	**21267**
哲 学 Philosophy	13159	970	3607	5710	2336	536
经济学 Economics	29708	1878	6800	12813	6392	1825
法 学 Law	9633	658	1966	4412	2042	555
教育学 Education	29617	1028	6064	13198	7379	1948
文 学 Literature	65882	3712	15640	26516	15380	4634
历史学 History	8196	772	2179	3568	1320	357
理 学 Science	78791	6682	25451	31483	11647	3528
工 学 Engineering	114387	10730	34630	44418	18909	5700
农 学 Agriculture	15704	1694	4579	5951	2781	699
医 学 Medicine	37392	5152	9724	13794	7237	1485

18－13 中等专业学校分科学生数 (1996 年)

NUMBER OF STUDENTS BY FIELD OF STUDY IN SPECIALIZED SECONDARY SCHOOLS (1996)

单位: 人 (person)

项 目 Item	1995			1996		
	毕业生数 Graduates	招生数 New Student Enrollment	在校学生数 Student Enrollment	毕业生数 Graduates	招生数 New Student Enrollment	在校学生数 Student Enrollment
合 计 Total	**839167**	**1380928**	**3721529**	**1018676**	**1523393**	**4227851**
工 科 Engineering	204977	400111	1090827	242784	466995	1316798
农 科 Agriculture	39828	47775	150261	45888	56679	160207
林 科 Forestry	10087	10835	36501	9773	12439	38060
医药卫生科 Health	90855	131068	396551	111449	139394	423815
财 经 Economics and Finance	124372	230368	578151	158141	233218	657361
管 理 Administration	65205	146327	365730	95575	165608	432433
政 法 Politics and Law	28693	39071	78641	31393	46942	96197
艺 术 Art	14313	41703	106729	21440	52204	137852
体 育 Physical Culture	11422	18810	52231	14349	21311	58286
师 范 Teacher Training	249415	314860	865907	287884	328603	906842

18－14 中等专业学校分类别专任教师数 (1996年)

FULL－TIME TEACHERS IN SPECIALIZED SECONDARY SCHOOLS BY FIELD OF STUDY (1996)

单位：人 (person)

项目	Item	合计 Total	高级讲师 Senior Lecturers	讲师 Lecturers	助理讲师 Assistant Lecturers	教员 Instructors
合计	**Total**	**267354**	**40193**	**110267**	**102129**	**14822**
中等技术学校	Secondary Technical Schools	204292	31915	87456	74819	10159
工业学校	Industry	80366	13168	34892	28545	3761
农业学校	Agriculture	24281	3493	9208	9998	1582
林业学校	Forestry	4070	692	1727	1513	138
医药学校	Health	31725	5952	14390	10604	779
财经学校	Economics and Finance	33862	4574	14688	12985	1615
政法学校	Politics and Law	6813	770	2726	2823	494
体育学校	Physical Culture	7382	996	3450	2495	441
艺术学校	Art	9631	1472	4114	3224	821
其他学校	Others	6162	798	2261	2632	528
中等师范学校	Secondary Teacher Training Schools	63062	8278	22811	27310	4663

18－15 技工学校数和学生数

NUMBER OF TECHNICAL SCHOOLS, STUDENTS,STAFF AND TEACHERS

年份 Year	学校数 (所) Schools	在校学生数 (万人) Student Enrollment (10 000 persons)	毕业生数 (万人) Graduates (10 000 persons)	招生数 (万人) New Student Enrollment (10 000 persons)	教职工数 (万人) Staff and Teachers (10 000 persons)
1985	3548	74.2	22.6	35.5	21.5
1986	3765	89.2	23.3	39.4	24.4
1987	3952	103.1	26.5	42.3	26.2
1988	3996	116.1	31.1	46.1	28.0
1989	4102	125.8	36.8	47.0	29.6
1990	4184	133.2	41.3	50.6	30.8
1991	4269	142.2	45.4	54.4	32.5
1992	4392	155.6	45.7	60.2	33.6
1993	4477	171.7	49.7	66.4	33.5
1994	4430	187.1	55.7	71.4	34.0
1995	4521	188.6	68.1	74.0	33.7
1996	4467	191.8	68.1	72.7	33.5

18－16 各类技工学校情况 (1996年)

STATISTICS ON VARIOUS TECHNICAL SCHOOLS (1996)

指 标		Item		合 计 Total	国务 各部门 Ministries of the State Council	省、自治区、直辖市 Provinces, Autonomous Regions and Municipalities
学校数	(所)	Number of Schools		4467	927	3540
在校学生数	(万人)	Number of Students	(10 000 persons)	191.8	35.1	156.7
#两年制	(万人)	Two－Year Programs	(10 000 persons)	44.8	4.5	40.3
三年制	(万人)	Three－Year Programs	(10 000 persons)	145.7	30.4	115.3
教职工数	(万人)	Teachers and Staff	(10 000 persons)	33.4	9.4	24.0
#文化技术理论课指导教师	(万人)	Classroom Teachers	(10 000 persons)	11.5	3.1	8.4
生产实习课指导教师	(万人)	Practical Training Teachers	(10 000 persons)	3.9	1.2	2.7

18－17 初中毕业生和小学毕业生升学率及小学学龄儿童入学率

PERCENTAGE OF GRADUATES OF JUNIOR SECONDARY SCHOOLS AND PRIMARY SCHOOLS ENTERING HIGHER LEVEL SCHOOLS, PERCENTAGE OF SCHOOL－AGE CHILDREN ENROLLED

年 份 Year	初中毕业生升学率 Percentage of Graduates of Junior Secondary Schools Entering Senior Secondary Schools			小学毕业生升学率 Percentage of Graduates of Primary Schools Entering Junior Secondary Schools			小学学龄儿童入学率 Percentage of School－Age Children Enrolled		
	初中毕业生数(万人) Graduates of Junior Secondary Schools (10 000 persons)	高级中等学校招生数(万人) Students Entering Senior Secondary Schools (10 000 persons)	升学率(%) Percentage of Graduates of Junior Secondary Schools Entering Senior Secon－dary Schools	小学毕业生数(万人) Graduates of Primary Schools (10 000 persons)	初级中等学校招生数(万人) Students Entering Junior Secondary Schools (10 000 persons)	升学率(%) Percentage of Graduates of Primary Schools Entering Junior Secondary Schools	学龄儿童数(万人) School－Age Children (10 000 persons)	已入学学龄儿童数(万人) School－Age Children Enrolled in Schools (10 000 persons)	入学率(%) Enrollment Rate (%)
1952	18.5	31.2	168.6	149.0	143.0	96.0	6642.4	3268.1	49.2
1957	111.2	44.2	39.7	498.0	219.9	44.2	8077.7	4986.6	61.7
1962	158.4	47.5	30.0	559.0	253.3	45.3	10836.0	6082.0	56.1
1965	173.8	121.6	70.0	667.6	550.7	82.5	11603.2	9829.1	84.7
1970	618.9	239.0	38.6	1652.5	1176.3	71.2			
1975	1047.7	633.1	60.4	1999.4	1810.5	90.6	12261.9	11868.5	96.8
1978	1692.6	692.9	40.9	2287.9	2006.0	87.7	12131.3	11585.4	95.5
1980	964.7	442.8	45.9	2053.3	1557.6	75.9	12219.6	11478.2	93.9
1985	998.3	416.2	41.7	1999.9	1367.0	68.4	10362.3	9942.8	96.0
1986	1057.0	429.2	40.6	2016.1	1402.0	69.5	10067.5	9702.1	96.4
1987	1117.3	437.0	39.1	2043.0	1410.9	69.1	9750.9	9477.2	97.2
1988	1157.2	439.6	38.0	1930.3	1359.0	70.4	9623.9	9351.4	97.2
1989	1134.3	434.6	38.3	1857.1	1328.4	71.5	9699.1	9450.7	97.4
1990	1109.1	450.4	40.6	1863.1	1389.2	74.6	9740.7	9529.7	97.8
1991	1085.5	462.9	42.6	1896.7	1435.1	75.7	9806.6	9594.8	97.8
1992	1102.3	478.1	43.4	1872.4	1491.7	79.7	11156.2	10845.5	97.2
1993	1134.2	500.5	44.1	1841.5	1505.6	81.8	11432.0	11170.9	97.7
1994	1166.4	541.1	46.4	1899.6	1644.9	86.6	11949.6	11758.2	98.4
1995	1244.3	601.6	48.3	1961.5	1781.1	90.8	12375.4	12192.5	98.5
1996	1297.8	633.4	48.8	1934.1	1791.4	92.6	12876.5	12723.3	98.8

注：1.1952年的初中升学率高于100%，是因为当年毕业的初中学生数少于当年高级中等学校的招生人数。
2.1994年以后各年的初中毕业生数包括职业初中毕业生数。

a) The percentage of graduates of junior Secondary schools entering senior Secondary schools in 1952 was higher than 100% because the number of students graduated from junior Secondary schools was less than the number of students enrolled in senior Secondary schools.

b) The number of the graduates of junior Secondary schools since 1994 has included the graduates of voctional schools.

18－18 平均每万人口在校学生数和大中小学学生构成

STUDENT ENROLLME NT PER 10 000 POPULATION AND COMPOSITION OF STUDENTS ENROLLED

年 份 Year	各级学校在校学生数占全国人口% Students as Percentage of Total Population	平均每万人口中 Number of Students per 10 000 Population			大中小学学生占学生总数(%) Students of Different Level as Percentage of Total Students (%)		
		大学生(人) University and College Students	中学生(人) Secondary School Students	小学生(人) Primary School Students	大学生 University and College Students	中学生 Secondary School Students	小学生 Primary School Students
1952	9.47	3.3	55	889	0.4	5.8	93.9
1957	11.11	6.8	110	994	0.6	9.9	89.5
1965	18.09	9.3	197	1602	0.5	10.9	88.6
1978	22.18	8.9	690	1519	0.4	31.1	68.5
1980	20.69	11.6	575	1482	0.6	27.8	71.6
1985	17.60	16.1	481	1263	0.9	27.3	71.8
1986	17.39	17.5	495	1226	1.0	28.5	70.5
1987	16.87	17.9	494	1174	1.1	29.3	69.6
1988	16.20	18.6	473	1129	1.1	29.2	69.7
1989	15.65	18.5	448	1098	1.2	28.7	70.2
1990	15.35	18.0	447	1071	1.2	29.1	69.7
1991	15.19	17.6	451	1050	1.2	29.7	69.1
1992	15.17	18.6	457	1041	1.2	30.1	68.7
1993	15.24	21.4	454	1048	1.4	29.8	68.8
1994	15.69	23.4	476	1070	1.5	30.3	68.2
1995	16.25	24.0	511	1089	1.5	31.5	67.1
1996	16.95	24.7	542	1112	1.5	32.3	66.2

18－19 各级学校教师负担学生数

STUDENT－TEACHER RATIO BY LEVEL OF SCHOOL

年 份 Year	高等学校 Institutions of Higher Education		中等学校 Secondary Schools		小学 Primary Schools	
	教师数(万人) Number of Teachers (10 000 persons)	平均每个教师负担学生数(人) Student－Teacher Ratio	教师数(万人) Number of Teachers (10 000 persons)	平均每个教师负担学生数(人) Student－Teacher Ratio	教师数(万人) Number of Teachers (10 000 persons)	平均每个教师负担学生数(人) Student－Teacher Ratio
1952	2.7	7.1	13.0	24.2	143.5	35.6
1957	7.0	6.3	29.4	24.1	188.4	34.1
1965	13.8	4.9	70.9	20.2	385.7	30.1
1978	20.6	4.2	328.1	20.2	522.6	28.0
1980	24.7	4.6	317.1	17.9	549.9	26.6
1985	34.4	5.0	296.7	17.2	537.7	24.9
1986	37.2	5.1	311.5	17.1	541.4	24.3
1987	38.5	5.1	326.6	16.5	543.4	23.6
1988	39.3	5.3	338.9	15.5	550.1	22.8
1989	39.7	5.2	342.3	14.8	554.4	22.3
1990	39.5	5.2	349.2	14.6	558.2	21.9
1991	39.1	5.2	355.7	14.7	553.2	22.0
1992	38.8	5.6	362.4	14.8	552.7	22.1
1993	38.8	6.5	366.8	14.7	555.2	22.4
1994	39.6	7.1	375.7	15.2	561.1	22.9
1995	40.1	7.2	388.3	15.9	566.4	23.3
1996	40.3	7.5	404.0	16.4	573.6	23.7

18－20 各级学校女学生和女教师数

NUMBER OF FEMALE STUDENTS AND TEACHERS BY LEVEL OF SCHOOL

单位：万人　　　　(10 000 persons)

项　　目	Item	1978	1980	1985	1990	1995	1996
女学生数	**Number of Female Students**	**9336.0**	**8778.3**	**8086.5**	**7880.8**	**9156.8**	**9623.2**
高等学校	Institutions of Higher Education	20.7	26.8	51.1	69.5	102.9	110.1
中等专业学校	Specialized Secondary Schools	29.4	39.2	60.7	102.0	187.1	217.0
普通中学	Regular Secondary Schools	2715.5	2180.1	1893.1	1920.1	2407.5	2599.7
职业中学	Vocational Secondary Schools		14.8	95.4	133.7	218.2	229.4
小　学	Primary Schools	6570.4	6517.4	5986.2	5655.5	6241.1	6467.0
女学生占学生总数的百分比	**Percentage of Female Students to Total Students**	**43.7**	**43.0**	**43.4**	**44.9**	**46.5**	**46.8**
高等学校	Institutions of Higher Education	24.2	23.4	30.0	33.7	35.4	36.4
中等专业学校	Specialized Secondary Schools	33.1	31.5	38.6	45.4	50.3	51.3
普通中学	Regular Secondary Schools	41.5	39.6	40.2	41.9	44.8	45.3
职业中学	Vocational Secondary Schools		32.6	41.6	45.3	48.7	48.5
小　学	Primary Schools	44.9	44.6	44.8	46.2	47.3	47.5
女教师数	**Number of Female Teachers**	**283.1**	**288.9**	**305.6**	**364.0**	**417.9**	**437.0**
高等学校	Institutions of Higher Education	5.2	6.3	9.2	11.5	13.2	13.8
中等专业学校	Specialized Secondary Schools	2.7	3.4	5.7	8.9	10.7	11.4
普通中学	Regular Secondary Schools	77.5	75.0	74.4	95.6	119.2	128.0
职业中学	Vocational Secondary Schools		0.3	3.5	10.7	10.8	11.9
小　学	Primary Schools	197.7	203.9	212.8	240.9	264.0	271.9
女教师占教师总数的百分比	**Percentage of Female Teachers to Total Teachers**	**32.5**	**32.4**	**35.2**	**38.4**	**42.0**	**42.9**
高等学校	Institutions of Higher Education	25.2	25.5	26.7	29.1	32.9	34.2
中等专业学校	Specialized Secondary Schools	27.3	26.6	32.8	38.0	41.6	42.7
普通中学	Regular Secondary Schools	24.4	24.8	28.1	31.5	35.8	36.9
职业中学	Vocational Secondary Schools		13.0	24.8	31.5	37.0	38.6
小　学	Primary Schools	37.8	37.1	39.6	43.2	46.6	47.4

18－21 各级各类成人学校基本情况 (1996 年)

STUDENT ENROLLMENT IN ADULT SCHOOLS BY LEVEL AND TYPE (1996)

项 目 Item	学校数 (所) Schools	毕业生数 (万人) Graduates (10 000 persons)	招生数 (万人) New Student Enrollment (10 000 persons)	在校学生数 (万人) Student Enrollment (10 000 persons)	教职工数 (万人) Teachers and Staff (10 000 persons)	#专任教师 Full－time Teachers
总 计 Total	**617498**	**9225.88**	**7969.54**	**6957.3**	**110.18**	**46.99**
成人高等学校 Adult Education Schools	**1138**	**77.15**	**94.52**	**265.57**	**21.42**	**9.86**
广播电视大学 Radio and TV Universities	46	18.79	19.71	52.66	4.77	2.18
职工、农民高等学院 Schools of Higher Education for Staff,Workers and Peasants	684	9.37	11.52	32.72	8.34	3.93
管理干部学院 Colleges for Management Cadres	164	6.18	6.72	15.38	3.75	1.45
教育学院 Pedagogical Colleges	240	8.06	8	20.54	4.42	2.23
独立函授学院 Independent Correspondence Colleges	4	0.35	0.45	1.36	0.14	0.07
普通高等学校办函授部或夜大学、干部专修科 Correspondence Department or Evening Universities Run by Institution of Higher Education		34.4	48.12	142.91		
成人中等学校 Secondary Schools for Adults	**453221**	**8484.86**	**7280.33**	**6018.59**	**68.93**	**31.18**
中等专业学校 Specialized Secondary Schools for Adults	5070	102.05	127.18	309.71	22.49	12.13
广播电视中等专业学校 Radio and TV Specialized Secondary Schools	173	16.15	24.94	61.24	1.65	0.81
干部中等专业学校 Specialized Secondary Schools for Cadres	231	5.71	7.57	17.58	1.2	4.33
职工中等专业学校 Specialized Secondary Schools for Staff	1978	34.95	43.34	109.22	8.36	0.6
农民中等专业学校 Specialized Secondary Schools for Peasants	519	8.04	11.37	27.22	2.08	1.25
函授中等专业学校 Specialized Corrspondence Secondary Schools	81	13.69	16.91	41.47	1.22	0.5
教师进修学校 Teacher Training Schools	2088	23.51	23.05	52.98	7.98	4.64
成人中学 Secondary Schools for Adults	5383	45.79	51.61	60.01	3.87	2.1
职工中学 Secondary Schools for Staff and Worker	1650	14.66	17.91	23.06	2.27	1.29
农民中学 Secondary Schools for Peasants	3733	31.13	33.7	36.95	1.6	0.81
成人技术培训学校 Technical Training Schools for Adults	442768	8337.02	7101.55	5648.87	42.57	16.94
职工技术培训学校 Technical Training Schools for Staff and Workers	12755	688.66	734.87	405.1	7.69	4.28
农民技术培训学校 Technical Training Schools for Peasants	430013	7648.37	6366.67	5243.77	34.88	12.65
成人初等学校 Primary Schools for Adults	**163139**	**663.87**	**594.69**	**673.14**	**19.83**	**5.95**
职工初等学校 Primary Schools for Staff and Workers	1546	11.95	12.82	14.45	0.42	0.21
农民初等学校 Primary Schools for Peasents	161593	651.92	581.87	658.69	19.41	5.74
#扫盲班 Literacy Courses	113143	406.78	338.71	409.79	13.89	3.91

18－22 各地区高等学校分类别学校数(1996年)

NUMBER OF INSTITUTIONS OF HIGHER EDUCATION BY REGION AND TYPE (1996)

单位：所 (unit)

地 区 Region	合计 Total	综合大学 Comprehensive Universities	理工院校 Science and Engineering	农业院校 Agriculture	林业院校 Forestry	医药院校 Medicine
全 国 National Total	**1032**	**79**	**280**	**53**	**10**	**123**
北 京 Beijing	65	3	21	2	1	6
天 津 Tianjin	20	1	6	1		2
河 北 Hebei	45	1	16	3		5
山 西 Shanxi	25	4	5	1		4
内蒙古 Inner Mongolia	19	1	2	2	1	3
辽 宁 Liaoning	61	4	21	3		6
吉 林 Jilin	40	3	14	2	1	4
黑龙江 Heilongjiang	38	4	10	2	1	5
上 海 Shanghai	41	2	16	2		4
江 苏 Jiangsu	66	5	25	1	1	8
浙 江 Zhejiang	36	2	7	2	1	4
安 徽 Anhui	35	1	8	1		4
福 建 Fujian	30	3	5	1	1	2
江 西 Jiangxi	31	5	6	2		6
山 东 Shandong	48	3	13	2		8
河 南 Henan	50	2	14	4		5
湖 北 Hubei	55	3	16	2		7
湖 南 Hunan	46	3	17	1	1	5
广 东 Guangdong	41	11	5	3		5
广 西 Guangxi	27	1	4	1		5
海 南 Hainan	5	2		1		1
四 川 Sichuan	64	4	21	5		5
贵 州 Guizhou	22	1	1	1		4
云 南 Yunnan	26	1	3	1	1	3
西 藏 Tibet	4	1		1		1
陕 西 Shaanxi	43	3	17	1	1	4
甘 肃 Gansu	17	1	3	1		2
青 海 Qinghai	7	1		1		1
宁 夏 Ningxia	7	1	1	1		1
新 疆 Xinjiang	18	2	3	2		3

续表 1 continued

单位: 所 (unit)

地 区 Region	师范院校 Teacher Training	语言院校 Linguistics and Literacy	财经院校 Economics and Finance	政法院校 Politics and Law	体育院校 Physical Culture	艺术院校 Art Institutes	其他院校 Others
全 国 National Total	**232**	**15**	**75**	**26**	**14**	**31**	**94**
北 京 Beijing	3	7	6	5	1	8	2
天 津 Tianjin	3	1	2		1	2	1
河 北 Hebei	12		2	1	1		4
山 西 Shanxi	7		3				1
内蒙古 Inner Mongolia	6		1				3
辽 宁 Liaoning	13	1	4	2	1	2	4
吉 林 Jilin	7		4	1	1	1	2
黑龙江 Heilongjiang	7		4		1		4
上 海 Shanghai	4	1	6	2	1	2	1
江 苏 Jiangsu	9		4	1	1	1	10
浙 江 Zhejiang	10	1	3	1		1	4
安 徽 Anhui	13		4				4
福 建 Fujian	8		1	1			8
江 西 Jiangxi	8		2	1			1
山 东 Shandong	14		3	1	1	2	1
河 南 Henan	13		3	1			8
湖 北 Hubei	8		4	2	1	2	10
湖 南 Hunan	11		4	1			3
广 东 Guangdong	6	1	2	1	1	2	4
广 西 Guangxi	8	1	2		1	1	3
海 南 Hainan	1						
四 川 Sichuan	16	1	3	1	1	2	5
贵 州 Guizhou	10		2			1	2
云 南 Yunnan	11		1	2		1	2
西 藏 Tibet							1
陕 西 Shaanxi	8	1	3	1	1	2	1
甘 肃 Gansu	6		1	1			2
青 海 Qinghai	3						1
宁 夏 Ningxia	2						1
新 疆 Xinjiang	5		1			1	1

18－23 各地区高等学校教职工数 (1996年)

NUMBER OF TEACHERS AND STAFF IN INSTITUTIONS OF HIGHER EDUCATION BY REGION (1996)

单位：人 (person)

地　区 Region	教职工总数 Total	校本部教职工 Number of Staff and Workers	专任教师 Full－time Teachers	教辅人员 Auxiliary Teaching Staff	行政人员 Administra－tive Personnel	工勤人员 Logistics Personnel
全　国 National Total	**1035808**	**846531**	**402469**	**122625**	**174447**	**146990**
北　京 Beijing	102304	78099	36387	12742	14778	14192
天　津 Tianjin	26203	20816	9811	3066	4320	3619
河　北 Hebei	40036	33425	15514	4523	7055	6333
山　西 Shanxi	21808	19158	8920	2241	4168	3829
内蒙古 Inner Mongolia	15356	13767	6683	2163	2832	2089
辽　宁 Liaoning	57727	48858	23079	6878	10915	7986
吉　林 Jilin	40052	32873	15497	4749	6605	6022
黑龙江 Heilongjiang	43204	34741	16403	4942	6999	6397
上　海 Shanghai	63988	48157	21018	8394	9316	9429
江　苏 Jiangsu	70761	56738	27372	8315	11714	9337
浙　江 Zhejiang	28107	23612	11530	3285	4648	4149
安　徽 Anhui	27525	22994	11499	3151	4568	3776
福　建 Fujian	20363	17213	8373	2446	3974	2420
江　西 Jiangxi	24336	19303	9656	2449	4077	3121
山　东 Shandong	51490	42319	20079	6065	9636	6539
河　南 Henan	40313	33449	16391	4281	7066	5711
湖　北 Hubei	66295	52583	25735	8291	10620	7937
湖　南 Hunan	39456	32406	15683	4315	6418	5990
广　东 Guangdong	42262	35149	16855	5393	7858	5043
广　西 Guangxi	17613	15012	7448	2098	3147	2319
海　南 Hainan	3529	2623	1379	301	536	407
四　川 Sichuan	69318	57238	26199	8243	12185	10611
贵　州 Guizhou	12795	11667	5600	1422	2601	2044
云　南 Yunnan	17296	15496	7518	2300	3469	2209
西　藏 Tibet	1838	1720	833	166	407	314
陕　西 Shaanxi	50981	42143	19730	6093	7749	8571
甘　肃 Gansu	15674	13147	6282	1850	2382	2633
青　海 Qinghai	2973	2824	1398	314	651	461
宁　夏 Ningxia	3926	3475	1762	403	669	641
新　疆 Xinjiang	18279	15526	7835	1746	3084	2861

18－24 各地区中等专业学校数 (1996 年)

NUMBER OF SPECIALIZED SECONDARY SCHOOLS BY REGION AND TYPE (1996)

单位: 所

地区	Region	合计 Total	中等技术学校 Technical Secondary Schools	工业学校 Engineering	农业学校 Agriculture	林业学校 Forestry	医药学校 Medicine	财经学校 Economics and Finance	政法学校 Politics and law	体育学校 Physical Culture	艺术学校 Art	其他学校 Others	中等师范学校 Secondary Teacher Training Schools
全国	**National Total**	**4099**	**3206**	**1023**	**367**	**53**	**550**	**591**	**147**	**169**	**162**	**144**	**893**
北京	Beijing	118	98	32	1	1	37	9	4	7	6	1	20
天津	Tianjin	78	68	25	3	1	7	9	3	5	4	11	10
河北	Hebei	203	137	36	22	1	20	29	9	8	6	6	66
山西	Shanxi	129	105	25	16	1	15	22	4	7	11	4	24
内蒙古	Inner Mongolia	106	84	27	12	2	16	15	5	1	4	2	22
辽宁	Liaoning	173	144	52	12	1	22	20	7	14	9	7	29
吉林	Jilin	120	97	26	9	3	11	14	5	6	2	21	23
黑龙江	Heilongjiang	114	84	26	10	6	16	15	5	3	2	1	30
上海	Shanghai	99	88	38	3	1	22	11	3	3	6	1	11
江苏	Jiangsu	213	177	77	10	1	22	34	5	12	12	4	36
浙江	Zhejiang	161	132	38	11	2	20	24	8	4	6	19	29
安徽	Anhui	152	111	44	13	2	20	22	4	2	3	1	41
福建	Fujian	110	85	25	12	2	15	18	4	3	5	1	25
江西	Jiangxi	105	79	26	12	2	13	14	5	3	3	1	26
山东	Shandong	255	194	70	17	1	30	37	8	17	10	4	61
河南	Henan	184	139	41	6	3	23	33	7	8	15	3	45
湖北	Hubei	250	215	77	23	5	35	37	8	8	15	7	35
湖南	Hunan	157	126	47	22	1	16	24	4	3	5	4	31
广东	Guangdong	247	201	65	12	2	38	38	11	14	13	8	46
广西	Guangxi	126	99	25	18	3	19	19	5	1	3	6	27
海南	Hainan	30	22	4	6		3	5	2	1	1		8
四川	Sichuan	298	191	60	28	1	38	37	5	4	6	12	107
贵州	Guizhou	111	83	21	15	2	14	20	4	2	2	3	28
云南	Yunnan	144	116	26	21	2	18	28	5	6	2	8	28
西藏	Tibet	16	11	2	1		3	2	1	1	1		5
陕西	Shaanxi	114	92	28	12	3	14	16	5	8	4	2	22
甘肃	Gansu	112	90	28	13	2	14	14	2	10	2	5	22
青海	Qinghai	34	23	7	2		7	3	2	1	1		11
宁夏	Ningxia	25	21	5	3	1	3	4	2	1	1	1	4
新疆	Xinjiang	115	94	20	22	1	19	18	5	6	2	1	21

18－25 各地区中等专业学校教职工数 (1996 年)

NUMBNER OF TEACHERS AND STAFF IN SPECIALIZED SECONDARY SCHOOLS BY REGION (1996)

单位: 人 (person)

地区 Region	教职工总数 Total	校本部教职工 Number of Teachers and Staff in Central Campus	专任教师 Full－time Teachers	教辅人员 Auxiliary Teaching Staff	行政人员 Administra－tive Personnel	工勤人员 Logistics Personnel
全国 National Total	**542848**	**505248**	**267354**	**48029**	**102253**	**87612**
北京 Beijing	15083	13951	6643	1549	3209	2550
天津 Tianjin	10440	9552	4767	929	2250	1606
河北 Hebei	27279	25746	13819	2379	4836	4712
山西 Shanxi	18467	17659	9375	1587	3621	3076
内蒙古 Inner Mongolia	15988	14996	7687	1718	2986	2605
辽宁 Liaoning	25935	24105	12502	2500	4844	4259
吉林 Jilin	17622	16469	8703	1513	3557	2696
黑龙江 Heilongjiang	18660	17155	8057	1642	3620	3836
上海 Shanghai	15329	13433	6173	1381	2755	3124
江苏 Jiangsu	28229	26059	13879	2454	5308	4418
浙江 Zhejiang	16273	15102	7964	1588	3159	2391
安徽 Anhui	17120	16077	8842	1511	3127	2597
福建 Fujian	12425	11811	6739	964	2505	1603
江西 Jiangxi	14302	13082	7234	1209	2456	2183
山东 Shandong	38030	35694	19898	3163	7297	5336
河南 Henan	29402	27017	14931	2370	5273	4443
湖北 Hubei	34677	32014	18344	2952	5934	4784
湖南 Hunan	24454	22598	11618	2414	4443	4123
广东 Guangdong	24911	23994	13360	2232	4823	3579
广西 Guangxi	17744	15696	8370	1531	2875	2920
海南 Hainan	2995	2906	1575	218	542	571
四川 Sichuan	38699	35217	18035	3673	7256	6253
贵州 Guizhou	12334	11999	6475	942	2985	1597
云南 Yunnan	15499	15150	8150	1234	2819	2947
西藏 Tibet	1462	1419	794	64	274	287
陕西 Shaanxi	16780	14820	7243	1472	3330	2775
甘肃 Gansu	12738	12141	6238	1106	2324	2473
青海 Qinghai	3062	3042	1701	258	488	595
宁夏 Ningxia	3014	2843	1447	290	557	549
新疆 Xinjiang	13895	13501	6791	1186	2800	2724

18－26 各地区高等学校和中等专业学校学生数 (1996 年)

ENROLLMENT OF INSTITUTIONS OF HIGHER EDUCATION AND SPECIALIZED SECONDARY SCHOOLS BY REGION (1996)

单位: 人 (person)

地 区 Region	高等学校 Institutions of Higher Education			中等专业学校 Specialized Secondary Schools		
	毕业生数 Number of Graduates	招生数 New Student Enrollment	在校学生数 Student Enrollment	毕业生数 Number of Graduates	招生数 New Student Enrollment	在校学生数 Student Enrollment
全 国 National Total	**838638**	**965812**	**3021079**	**1018676**	**1523393**	**4227851**
北 京 Beijing	46471	55349	190033	17233	30291	88248
天 津 Tianjin	18429	22664	71354	13259	21168	67033
河 北 Hebei	41837	42796	126645	54390	75129	201981
山 西 Shanxi	19943	21249	68842	33143	40849	117258
内蒙古 Inner Mongolia	10763	12180	38191	19176	21718	59792
辽 宁 Liaoning	51068	55048	182684	37503	41930	143911
吉 林 Jilin	29110	33531	105026	26851	46106	132985
黑龙江 Heilongjiang	33439	36448	116379	29018	39950	112316
上 海 Shanghai	39043	43841	147926	21640	32042	99470
江 苏 Jiangsu	61181	74274	220575	85623	153839	409877
浙 江 Zhejiang	25393	30541	96480	34400	72951	177194
安 徽 Anhui	26240	29794	89414	42653	47040	124795
福 建 Fujian	22316	24711	73401	26053	35682	105868
江 西 Jiangxi	24433	27302	84592	27170	46738	125342
山 东 Shandong	47835	56544	169184	78496	105468	289827
河 南 Henan	39133	44920	127948	63174	97237	248578
湖 北 Hubei	48741	56837	189909	69947	127276	354583
湖 南 Hunan	36416	42139	135759	44633	71324	212467
广 东 Guangdong	42644	55680	164017	56777	89482	249646
广 西 Guangxi	17526	21305	63528	30377	44732	126769
海 南 Hainan	3459	3953	12452	5621	7941	21355
四 川 Sichuan	59714	68685	208435	73539	103168	286058
贵 州 Guizhou	10035	11962	35747	21458	35114	89080
云 南 Yunnan	14546	17222	54043	29639	37032	109669
西 藏 Tibet	1242	909	3412	1500	1595	5636
陕 西 Shaanxi	36927	42607	134868	27828	40529	107111
甘 肃 Gansu	13314	15567	47578	17146	21965	61983
青 海 Qinghai	2033	2460	7780	4296	4186	13479
宁 夏 Ningxia	3277	3090	10484	4432	4600	12758
新 疆 Xinjiang	12130	12204	44393	21701	26311	72782

18－27 各地区普通中学分城乡学校和在校学生数 (1996 年)

NUMBER OF REGULAR SECONDARY SCHOOLS AND STUDENT ENROLLMENT BY URBAN AND RURAL AREAS AND BY REGION (1996)

地区 Region	学校数 (所) Numnber of Regular Secondary Schools							
	合计 Total	#高中 Senior Secondary Schools	城市 Urban Areas	#高中 Senior Secondary Schools	县镇 Counties and Towns	#高中 Senior Secondary Schools	农村 Rural Areas	#高中 Senior Secondary Schools
全国 National Total	**79967**	**13875**	**13429**	**5039**	**19506**	**5902**	**47032**	**2934**
北京 Beijing	724	296	332	203	180	69	212	24
天津 Tianjin	734	190	349	104	135	57	250	29
河北 Hebei	5175	577	680	200	1392	310	3103	67
山西 Shanxi	3370	380	435	161	422	133	2513	86
内蒙古 Inner Mongolia	1829	346	334	137	408	165	1087	44
辽宁 Liaoning	2447	411	756	224	359	127	1332	60
吉林 Jilin	1804	289	535	157	615	128	654	4
黑龙江 Heilongjiang	2725	470	768	226	705	185	1252	59
上海 Shanghai	798	271	443	154	304	108	51	9
江苏 Jiangsu	4230	936	580	205	1614	520	2036	211
浙江 Zhejiang	3240	553	441	167	2012	375	787	11
安徽 Anhui	4012	629	465	198	376	179	3171	252
福建 Fujian	1834	397	243	100	838	239	753	58
江西 Jiangxi	2785	493	324	145	790	267	1671	81
山东 Shandong	4820	659	826	250	336	127	3658	282
河南 Henan	6282	635	803	229	1156	259	4323	147
湖北 Hubei	3630	569	998	322	328	120	2304	127
湖南 Hunan	4722	707	583	232	1186	288	2953	187
广东 Guangdong	3882	848	623	320	1007	253	2252	275
广西 Guangxi	3117	420	217	76	513	200	2387	144
海南 Hainan	484	107	36	17	65	43	383	47
四川 Sichuan	6157	1086	961	388	2474	654	2722	44
贵州 Guizhou	1801	329	272	94	303	133	1226	102
云南 Yunnan	2242	442	230	117	556	242	1456	83
西藏 Tibet	88	19	17	9	70	10	1	
陕西 Shaanxi	2697	564	501	227	643	250	1553	87
甘肃 Gansu	1657	430	226	132	231	147	1200	151
青海 Qinghai	467	172	72	49	131	83	264	40
宁夏 Ningxia	438	114	58	25	78	50	302	39
新疆 Xinjiang	1776	536	321	171	279	181	1176	184

续表 1 continued

地区 Region	在校学生数（人） Student Enrollment (person) 合计 Total	# 高中 Senior Secondary Schools	城市 Urban Areas	# 高中 Senior Secondary Schools	县镇 Counties and Towns	# 高中 Senior Secondary Schools	农村 Rural Areas	# 高中 Senior Secondary Schools
全　国 National Total	**57396761**	**7692469**	**11514359**	**2761922**	**16509480**	**3746138**	**29372922**	**1184409**
北　京 Beijing	649330	118476	358073	81274	161947	31292	129310	5910
天　津 Tianjin	493551	77361	269455	45229	97187	23484	126909	8648
河　北 Hebei	3500931	413919	586304	117280	1154183	260551	1760444	36088
山　西 Shanxi	1613339	195010	347118	77327	348740	93678	917481	24005
内蒙古 Inner Mongolia	1138590	189988	310495	78189	374009	97221	454086	14578
辽　宁 Liaoning	2029776	315792	784277	153857	359696	130204	885803	31731
吉　林 Jilin	1287092	202849	507648	117618	451664	83459	327780	1772
黑龙江 Heilongjiang	1885641	260071	595211	131255	558938	109696	731492	19120
上　海 Shanghai	769270	145170	445583	85269	299225	57924	24462	1977
江　苏 Jiangsu	3235466	540796	498774	102859	1332038	322122	1404654	115815
浙　江 Zhejiang	2236452	323169	410609	109428	1427781	210109	398062	3632
安　徽 Anhui	2972792	320331	363670	85548	382258	130265	2226864	104518
福　建 Fujian	1818550	181564	236376	52791	1016950	113809	565224	14964
江　西 Jiangxi	2086329	263198	274229	88545	745227	151040	1066873	23613
山　东 Shandong	5122214	678617	979076	259461	484522	194887	3658616	224269
河　南 Henan	4544779	440222	598042	145510	1008965	239942	2937772	54770
湖　北 Hubei	2626686	409831	812349	222220	296881	116691	1517456	70920
湖　南 Hunan	3052116	408665	432425	109393	926488	199784	1693203	99488
广　东 Guangdong	3731877	450928	654225	161607	1102033	178809	1975619	110512
广　西 Guangxi	2163455	219593	208298	42512	426956	134637	1528201	42444
海　南 Hainan	342872	42958	35780	9001	95625	25955	211467	8002
四　川 Sichuan	3778387	463017	662153	146436	1718257	301710	1397977	14871
贵　州 Guizhou	1134710	135141	159205	41797	245588	75656	729917	17688
云　南 Yunnan	1334272	176038	151013	49457	434386	108237	748873	18344
西　藏 Tibet	34957	6080	12489	3720	22308	2360	160	
陕　西 Shaanxi	1572065	286194	349495	96663	507105	158660	715465	30871
甘　肃 Gansu	966394	176444	189802	59511	209303	81950	567289	34983
青　海 Qinghai	192854	47758	39893	11768	70263	25556	82698	10434
宁　夏 Ningxia	278158	53352	46787	13676	83216	30926	148155	8750
新　疆 Xinjiang	803856	149937	195505	62721	167741	55524	440610	31692

18－28 各地区普通中学分城乡招生数和毕业生数 (1996年)

NUMBER OF NEW STUDENT ENROLLMENT AND GRADUATES OF REGULAR SECONDARY SCHOOLS BY URBAN AND RURAL AREAS AND REGION (1996)

单位：人 (person)

地区	Region	招生数 New Student Enrollment 合计 Total	#高中 Senior Secondary Schools	城市 Urban Areas	#高中 Senior Secondary Schools	县镇 Counties and Towns	#高中 Senior Secondary Schools	农村 Rural Areas	#高中 Senior Secondary Schools
全国	**National Total**	**20429316**	**2822297**	**3849538**	**1001502**	**5793316**	**1372064**	**10786462**	**448731**
北京	Beijing	203412	42603	111223	29215	50918	11367	41271	2021
天津	Tianjin	169395	28215	92609	16620	32936	8495	43850	3100
河北	Hebei	1294346	157599	195713	44496	421872	98658	676761	14445
山西	Shanxi	579439	70898	119201	28345	123059	33933	337179	8620
内蒙古	Inner Mongolia	401520	67814	105322	28479	129055	33890	167143	5445
辽宁	Liaoning	660620	109365	256521	53465	117191	44443	286908	11457
吉林	Jilin	429471	69070	168266	39595	149609	28856	111596	619
黑龙江	Heilongjiang	652427	90282	195260	45300	190230	38238	266937	6744
上海	Shanghai	241908	53860	149773	31179	85193	21937	6942	744
江苏	Jiangsu	1077535	206025	156141	39667	432487	122671	488907	43687
浙江	Zhejiang	750322	118427	141503	40003	478209	77102	130610	1322
安徽	Anhui	1050361	116966	124055	31608	132062	46670	794244	38688
福建	Fujian	698487	70497	83822	19320	390876	44625	223789	6552
江西	Jiangxi	767189	93567	95006	30897	271548	53639	400635	9031
山东	Shandong	1696877	240391	300387	92645	169822	70140	1226668	77606
河南	Henan	1648917	151194	199668	50695	350146	81222	1099103	19277
湖北	Hubei	965064	151322	277129	80553	107714	43092	580221	27677
湖南	Hunan	1138385	160185	148904	42908	338990	77398	650491	39879
广东	Guangdong	1402732	181399	237097	60169	416878	71714	748757	49516
广西	Guangxi	846615	81859	72377	15865	156887	49367	617351	16627
海南	Hainan	130810	15456	12545	3170	34252	9223	84013	3063
四川	Sichuan	1282377	176733	211542	57398	588610	113819	482225	5516
贵州	Guizhou	429515	47892	54528	14765	88085	26776	286902	6351
云南	Yunnan	487695	58385	48664	16145	153994	35942	285037	6298
西藏	Tibet	13301	2642	4681	1630	8570	1012	50	
陕西	Shaanxi	591588	101190	124534	33860	185139	55671	281915	11659
甘肃	Gansu	354996	63001	64958	20746	73956	29177	216082	13078
青海	Qinghai	67600	17429	13466	4128	23602	8803	30532	4498
宁夏	Ningxia	97064	18631	15483	4523	27665	10844	53916	3264
新疆	Xinjiang	299348	59400	69160	24113	63761	23340	166427	11947

续表 1 continued

单位: 人 (person)

地区 Region	毕业生数 Number of Graduates							
	合计 Total	#高中 Senior Secondary Schools	城市 Urban Areas	#高中 Senior Secondary Schools	县镇 Counties and Towns	#高中 Senior Secondary Schools	农村 Rural Areas	#高中 Senior Secondary Schools
全国 National Total	**14839660**	**2049283**	**3016505**	**744862**	**4348247**	**988176**	**7474908**	**316245**
北京 Beijing	171436	25170	93639	18068	42412	6195	35385	907
天津 Tianjin	120679	18331	63631	10818	24580	5330	32468	2183
河北 Hebei	828443	93439	145307	28460	273935	57528	409201	7451
山西 Shanxi	444342	63353	95359	23646	98979	29989	250004	9718
内蒙古 Inner Mongolia	288361	53562	78939	22269	98590	27493	110832	3800
辽宁 Liaoning	573876	81143	193722	40141	101969	33221	278185	7781
吉林 Jilin	388570	52181	143890	30616	135759	21272	108921	293
黑龙江 Heilongjiang	497697	74005	153185	36469	152268	31354	192244	6182
上海 Shanghai	193192	37378	99434	23065	86404	13850	7354	463
江苏 Jiangsu	926863	135857	140862	27788	390877	79144	395124	28925
浙江 Zhejiang	574113	79251	99617	27348	371864	50975	102632	928
安徽 Anhui	815598	80038	105260	20451	108892	33833	601446	25754
福建 Fujian	405053	49416	55734	15074	230307	31123	119012	3219
江西 Jiangxi	585923	79410	86063	27312	201344	45327	298516	6771
山东 Shandong	1229666	186147	225774	70853	122609	51474	881283	63820
河南 Henan	1158971	138233	169194	45062	268242	74028	721535	19143
湖北 Hubei	692222	98932	219891	54488	79426	27754	392905	16690
湖南 Hunan	770242	107872	115867	29476	240301	52802	414074	25594
广东 Guangdong	946458	108762	182938	43117	271331	41281	492189	24364
广西 Guangxi	536552	64189	58995	11697	120229	40204	357328	12288
海南 Hainan	83571	11569	9369	2166	26010	7161	48192	2242
四川 Sichuan	960350	124180	167139	38603	434802	81161	358409	4416
贵州 Guizhou	292955	37791	44200	12170	66498	20257	182257	5364
云南 Yunnan	340272	52507	42379	15738	114750	31045	183143	5724
西藏 Tibet	8751	1328	3460	796	5249	532	42	
陕西 Shaanxi	397369	76401	90961	27499	129548	41393	176860	7509
甘肃 Gansu	256098	48060	51927	15954	57157	22073	147014	10033
青海 Qinghai	55389	11387	11823	3435	20636	5894	22930	2058
宁夏 Ningxia	81353	15913	13412	4012	26853	9201	41088	2700
新疆 Xinjiang	215295	43478	54534	18271	46426	15282	114335	9925

18－29 各地区普通中学按城乡和主办部门分的教职工数 (1996年)

NUMBER OF STAFF AND FULL－TIME TEACHERS IN REGULAR SECONDARY SCHOOLS BY URBAN AND RURAL AREAS, BY DEPARTMENT AND BY REGION (1996)

单位：人 (person)

地 区 Region	教职工数 Number of Teachers and Staff in Regular Secondary Schools						
		按主办部门分 By Departments			按城乡分 By Urban and Rural Areas		
	合计 Total	教育部门办 Schools Run by Educational Departments	其他部门办 Schools Run by Other Departments	集体办 Schools Run by Collective Units	城市 Urban Areas	县镇 Counties and Towns	农村 Rural Area
全 国 National Total	**4424448**	**3811506**	**381652**	**205277**	**1133755**	**1322912**	**1967781**
北 京 Beijing	71231	66318	4047		42110	16353	12768
天 津 Tianjin	50368	46323	3329	69	28016	10636	11716
河 北 Hebei	239967	212663	15904	9161	56519	84806	98642
山 西 Shanxi	146681	117061	19079	9601	38058	33308	75315
内蒙古 Inner Mongolia	107380	80454	18707	7740	32179	33616	41585
辽 宁 Liaoning	189329	151231	16946	20536	75604	36142	77583
吉 林 Jilin	123038	97922	18908	5933	51325	44542	27171
黑龙江 Heilongjiang	174556	111799	49074	11412	64018	54042	56496
上 海 Shanghai	74773	71511	2872		45157	26805	2811
江 苏 Jiangsu	263651	231682	7399	23799	53141	114369	96141
浙 江 Zhejiang	141479	137270	1681	1172	33209	87023	21247
安 徽 Anhui	178737	158087	10236	9366	34076	30095	114566
福 建 Fujian	121409	116219	2151	2068	20909	65181	35319
江 西 Jiangxi	145988	129171	13465	2850	26702	53868	65418
山 东 Shandong	375463	319525	16085	38240	86896	38659	249908
河 南 Henan	306676	265903	17798	22181	60123	75534	171019
湖 北 Hubei	218574	190478	20439	6876	79251	26770	112553
湖 南 Hunan	226002	198881	16100	9764	42484	69385	114133
广 东 Guangdong	236141	215475	8799	9816	53567	69472	113102
广 西 Guangxi	140084	124695	9388	3981	17252	34424	88408
海 南 Hainan	27961	21686	5714	201	3062	8192	16707
四 川 Sichuan	335634	305460	25426	3190	71262	155631	108741
贵 州 Guizhou	81466	70790	9266	850	16756	20584	44126
云 南 Yunnan	107239	98182	8761	96	15539	37547	54153
西 藏 Tibet	3982	3842	140		1450	2505	27
陕 西 Shaanxi	131298	108426	18447	3342	34034	42782	54482
甘 肃 Gansu	77653	63441	11233	2827	18439	17970	41244
青 海 Qinghai	19043	16013	2949	64	4605	7333	7105
宁 夏 Ningxia	22710	19216	3326	142	4576	7037	11097
新 疆 Xinjiang	85935	61782	23983		23436	18301	44198

续表 1 continued

单位：人 (person)

地区 Region	专任教师数 Number of Full－time Teachers						
	合计 Total	按主办部门分 By Department			按城乡分 By Urban and Rural Areas		
		教育部门办 Schools Run by Educational Departments	其他部门办 Schools Run by Other Departments	集体办 Schools Run by Collective Units	城市 Urban Areas	县镇 Counties and Towns	农村 Rural Areas
全国 National Total	**3464759**	**3037756**	**275249**	**135407**	**815514**	**1015590**	**1633655**
北京 Beijing	47384	44173	2687		26456	11470	9458
天津 Tianjin	35444	32550	2464		18461	7443	9540
河北 Hebei	194349	175001	11304	6639	41598	66424	86327
山西 Shanxi	115262	93267	14065	7379	27199	24935	63128
内蒙古 Inner Mongolia	79265	61425	12785	4745	22548	24496	32221
辽宁 Liaoning	139660	119546	12609	6958	52558	25930	61172
吉林 Jilin	91241	72767	13661	4616	36415	33109	21717
黑龙江 Heilongjiang	131327	86783	33281	9916	46442	39900	44985
上海 Shanghai	48749	46696	1785		29272	17639	1838
江苏 Jiangsu	192769	177202	5297	9795	33972	84400	74397
浙江 Zhejiang	115512	113276	1277	163	23791	73048	18673
安徽 Anhui	143679	128673	7804	6382	25846	22353	95480
福建 Fujian	98558	96150	1592	244	15422	53274	29862
江西 Jiangxi	123116	110951	10410	1397	21561	44653	56902
山东 Shandong	294849	252580	11625	29700	63104	27433	204312
河南 Henan	254773	220467	13138	20715	43661	60064	151048
湖北 Hubei	175575	156447	15459	3336	60283	20866	94426
湖南 Hunan	187056	166728	12434	7044	31806	55845	99405
广东 Guangdong	188829	176064	6122	5601	39872	55674	93283
广西 Guangxi	103923	92938	6658	2883	12914	24069	66940
海南 Hainan	20294	16457	3588	16	2414	5624	12256
四川 Sichuan	263445	240980	18966	2519	51796	119090	92559
贵州 Guizhou	66842	58606	7069	758	12956	15905	37981
云南 Yunnan	83840	77542	6118	62	11365	28137	44338
西藏 Tibet	3142	3020	122		1123	1997	22
陕西 Shaanxi	102723	85713	13691	2624	24845	33242	44636
甘肃 Gansu	63912	53632	8360	1807	13950	13718	36244
青海 Qinghai	15638	13392	2221	14	3409	5773	6456
宁夏 Ningxia	18375	15667	2591	94	3557	5320	9498
新疆 Xinjiang	65228	49063	16066		16918	13759	34551

18－30 各地区小学分城乡学校数和在校学生数(1996年)

BASIC STATISTICS ON PRIMARY SCHOOLS BY URBAN AND RURAL AREAS AND BY REGION (1996)

地 区 Region	学校数(所) Number of Primary Schools (unit)	城市 Urban Areas	县镇 Counties and Towns	农村 Rural Areas	在校学生数(人) Student Enrollment (person)	城市 Urban Areas	县镇 Counties and Towns	农村 Rural Areas
全 国 National Total	**645983**	**31610**	**79121**	**535252**	**136150042**	**17684113**	**23596818**	**94869111**
北 京 Beijing	2780	750	768	1262	999740	440226	268967	290547
天 津 Tianjin	3027	515	437	2075	879772	378841	156320	344611
河 北 Hebei	46503	1711	4194	40598	8828467	890486	1213186	6724795
山 西 Shanxi	40262	772	2375	37115	3345496	506550	429232	2409714
内蒙古 Inner Mongolia	13133	627	637	11869	2323818	422606	333861	1567351
辽 宁 Liaoning	14464	1408	619	12437	3790718	1162539	402187	2225992
吉 林 Jilin	10112	1193	1113	7806	2749146	774948	514674	1459524
黑龙江 Heilongjiang	15902	1134	1191	13577	3713483	887545	617830	2208108
上 海 Shanghai	1690	639	333	718	1076461	631575	286614	158272
江 苏 Jiangsu	25836	1831	9318	14687	6878170	842769	2457535	3577866
浙 江 Zhejiang	21411	1239	12552	7620	3637987	571266	2277048	789673
安 徽 Anhui	28248	1046	1662	25540	6231670	606403	534393	5090874
福 建 Fujian	15603	641	3906	11056	3920106	373278	1541061	2005767
江 西 Jiangxi	24584	612	6052	17920	4435576	323725	1355245	2756606
山 东 Shandong	40458	2346	1394	36718	9718611	1225642	589639	7903330
河 南 Henan	41466	1787	4546	35133	11055789	988385	1600802	8466602
湖 北 Hubei	28979	3047	1351	24581	6999023	1361615	509227	5128181
湖 南 Hunan	42337	1533	8058	32746	7659064	713402	1822499	5123163
广 东 Guangdong	24688	1946	1700	21042	8976384	1254611	1220739	6501034
广 西 Guangxi	16068	684	726	14658	6383673	381171	489249	5513253
海 南 Hainan	4330	125	153	4052	1113621	74119	135600	903902
四 川 Sichuan	65690	2411	7206	56073	10534662	980080	2172152	7382430
贵 州 Guizhou	19335	643	1129	17563	4893171	296336	425870	4170965
云 南 Yunnan	24078	347	1673	22058	4731182	192137	553398	3985647
西 藏 Tibet	790	30	96	664	284350	20857	38560	224933
陕 西 Shaanxi	36201	1411	4373	30417	4742680	647376	986103	3109201
甘 肃 Gansu	23658	492	697	22469	2857986	278793	254120	2325073
青 海 Qinghai	3451	101	280	3070	459552	68001	86323	305228
宁 夏 Ningxia	3852	106	107	3639	627920	72675	72992	482253
新 疆 Xinjiang	7047	483	475	6089	2301764	316156	251392	1734216

续表 1 continued

地区 Region	毕业生数(人) Number of Graduates (persons)	城市 Urban Areas	县镇 Counties and Towns	农村 Rural Areas	招生数(人) New Student Enrollment (person)	城市 Urban Areas	县镇 Counties and Towns	农村 Rural Areas
全国 National Total	**19340813**	**2726018**	**3458567**	**13156228**	**25246553**	**3147701**	**4407028**	**17691824**
北京 Beijing	162030	81525	36204	44301	156898	65063	42931	48904
天津 Tianjin	145705	77660	25065	42980	144438	55487	26150	62801
河北 Hebei	1216177	137103	170922	908152	1567433	159862	224758	1182813
山西 Shanxi	566667	81743	73088	411836	678629	99763	87484	491382
内蒙古 Inner Mongolia	421647	69971	61501	290175	450349	83522	65913	300914
辽宁 Liaoning	576164	198638	62703	314823	643884	189152	68117	386615
吉林 Jilin	389798	123523	74902	191373	468561	128357	85979	254225
黑龙江 Heilongjiang	606170	145177	101038	359955	633284	153132	107793	372359
上海 Shanghai	189751	120100	46106	23545	158333	88727	43695	25911
江苏 Jiangsu	902306	117737	304721	479848	1353076	150609	482933	719534
浙江 Zhejiang	639006	92830	401493	144683	638367	101644	402835	133888
安徽 Anhui	1049839	88486	86149	875204	1250433	117489	113892	1019052
福建 Fujian	646660	60534	266497	319629	714515	66516	293369	354630
江西 Jiangxi	737034	55055	219415	462564	877788	66658	272342	538788
山东 Shandong	1522936	201114	90869	1230953	1943659	232677	125489	1585493
河南 Henan	1651284	137628	228406	1285250	2399409	210250	350679	1838480
湖北 Hubei	901859	201604	65219	635036	1250494	249336	92121	909037
湖南 Hunan	1051335	100251	257166	693918	1415478	132492	337619	945367
广东 Guangdong	1272996	175228	178989	918779	1493611	223575	208586	1061450
广西 Guangxi	860834	55024	66082	739728	1009758	60737	84048	864973
海南 Hainan	149926	10566	22662	116698	184641	14275	21919	148447
四川 Sichuan	1232229	139637	276143	816449	1865252	154675	376327	1334250
贵州 Guizhou	552497	35232	52251	465014	959623	55127	79202	825294
云南 Yunnan	579797	27100	76094	476603	875184	34594	102114	738476
西藏 Tibet	15974	2994	5467	7513	73218	3646	6970	62602
陕西 Shaanxi	537901	87537	117957	332407	859687	110747	175720	573220
甘肃 Gansu	336205	41637	34370	260198	548661	51716	49326	447619
青海 Qinghai	58750	8781	12726	37243	86723	13054	16761	56908
宁夏 Ningxia	87470	10444	11140	65886	116516	13136	15220	88160
新疆 Xinjiang	279866	41159	33222	205485	428651	61683	46736	320232

18－31 各地区小学按城乡和主办部门分的教职工数（1996年）

NUMBER OF STAFF AND FULL－TIME TEACHERS IN PRIMARY SCHOOLS BY URBAN AND RURAL AREAS, BY DEPARTMENT AND BY REGION (1996)

单位：人 (person)

地区 Region	教职工数 Number of Teachers and Staff in Primary Schools						
	合计 Total	按主办部门分 By Department			按城乡分 By Urban and Rural Areas		
		教育部门办 Schools Run by Educational Departments	其他部门办 Schools Run by Other Departments	集体办 Schools Run by Collective Units	城市 Urban Areas	县镇 Counties and Towns	农村 Rural Areas
全国 National Total	**6385782**	**4498266**	**393327**	**1464806**	**1026933**	**1189274**	**4169575**
北京 Beijing	75301	71992	2617		37345	17939	20017
天津 Tianjin	62207	58729	3120	21	29411	12478	20318
河北 Hebei	300377	204539	14847	80164	48812	50816	200749
山西 Shanxi	188646	111970	19820	55748	31978	25166	131502
内蒙古 Inner Mongolia	172805	107644	21504	43053	28340	24961	119504
辽宁 Liaoning	235189	181201	16403	37175	67261	25941	141987
吉林 Jilin	180892	126740	20025	34066	49647	37165	94080
黑龙江 Heilongjiang	246032	134996	55493	54359	54648	44019	147365
上海 Shanghai	71610	68492	2841		37016	24130	10464
江苏 Jiangsu	318471	254907	7652	55623	48931	117650	151890
浙江 Zhejiang	162999	159209	1806	947	28028	98909	36062
安徽 Anhui	290565	165026	12079	112978	32950	27190	230425
福建 Fujian	185854	170326	2765	12014	19809	68526	97519
江西 Jiangxi	243202	162870	12818	66432	18791	72658	151753
山东 Shandong	463651	254168	13986	194758	72733	31146	359772
河南 Henan	431203	248535	17395	164726	52259	66206	312738
湖北 Hubei	345171	182065	20171	142012	76534	25617	243020
湖南 Hunan	318501	216231	16869	84899	38448	76779	203274
广东 Guangdong	392034	313148	10695	64341	63104	52355	276575
广西 Guangxi	227396	185706	11776	27833	20515	26749	180132
海南 Hainan	51376	36817	11486	2447	3677	7025	40674
四川 Sichuan	496420	398672	20812	75086	61793	118290	316337
贵州 Guizhou	181522	131909	8265	37063	15723	22244	143555
云南 Yunnan	200252	174143	9346	16469	10803	28843	160606
西藏 Tibet	14712	8212	249	4567	1384	3112	10216
陕西 Shaanxi	198460	129807	14614	51837	32523	43412	122525
甘肃 Gansu	136670	87883	9318	38859	15572	13205	107893
青海 Qinghai	29298	21695	2496	5069	3696	5913	19689
宁夏 Ningxia	33848	29201	3391	1243	4174	4583	25091
新疆 Xinjiang	131118	101433	28668	1017	21028	16247	93843

续表 1 continued

单位：人 (person)

地区 Region	专任教师数 Number of Full－time Teachers in Primary Schools						
	合计 Total	按主办部门分 By Department			按城乡分 By Urban and Rural Areas		
		教育部门办 Schools Run by Educational Departments	其他部门办 Schools Run by Other Departments	集体办 Schools Run by Collective Units	城市 Urban Areas	县镇 Counties and Towns	农村 Rural Areas
全国 National Total	**5735790**	**3983522**	**327980**	**1402148**	**871149**	**1054546**	**3810095**
北京 Beijing	62048	59534	2150		29961	15087	17000
天津 Tianjin	51202	48460	2575	1	23132	10385	17685
河北 Hebei	277339	185908	12392	78418	42322	46329	188688
山西 Shanxi	171537	99699	16677	54356	27002	22464	122071
内蒙古 Inner Mongolia	153232	94731	17009	40938	23603	21447	108182
辽宁 Liaoning	198408	153371	13280	31363	53876	22186	122346
吉林 Jilin	153537	104564	15973	32953	39598	29642	84297
黑龙江 Heilongjiang	213124	117367	42445	52534	44309	36386	132429
上海 Shanghai	53992	51704	2133		27781	17110	9101
江苏 Jiangsu	279613	223289	6621	49515	41653	102304	135656
浙江 Zhejiang	148510	145524	1602	882	24867	90601	33042
安徽 Anhui	269859	149497	10601	109353	29814	24984	215061
福建 Fujian	170791	156750	2491	11210	17983	61912	90896
江西 Jiangxi	229207	152403	11624	64112	17254	68617	143336
山东 Shandong	429345	227594	12005	189267	62833	28504	338008
河南 Henan	400151	225250	14642	159807	45485	60901	293765
湖北 Hubei	309804	162378	17331	129535	66178	23054	220572
湖南 Hunan	298500	200454	15008	82756	34346	71901	192253
广东 Guangdong	338242	265775	8792	61474	53258	46061	238923
广西 Guangxi	195583	157260	9965	26587	18093	23104	154386
海南 Hainan	43606	31723	9232	2258	3193	5866	34547
四川 Sichuan	441424	350427	17742	71817	52450	101237	287737
贵州 Guizhou	166526	118762	7226	36360	13892	20297	132337
云南 Yunnan	184303	159627	8090	16356	9666	25848	148789
西藏 Tibet	13916	7465	226	4542	1255	2700	9961
陕西 Shaanxi	181326	116631	12748	50434	27787	39626	113913
甘肃 Gansu	129823	82823	8154	38318	13935	12170	103718
青海 Qinghai	27350	20186	2218	4916	3430	5450	18470
宁夏 Ningxia	31343	27231	2915	1185	3732	4157	23454
新疆 Xinjiang	112149	87135	24113	901	18461	14216	79472

18－32 各地区职业中学基本情况 (1996 年)

BASIC STATISTICS ON VOCATIONAL SECONDARY SCHOOLS BY REGION (1996)

单位：人 (person)

地区 Region	学校数(所) Number of Schools	毕业生数 Number of Graduates	招生数 New Student Enrollment	在校学生数 Student Enrollment	教职工数 Number of Staff and Teachers	#专任教师 Full－time Teachers
全国 National Total	**10049**	**1395501**	**1889125**	**4732726**	**451676**	**307634**
北京 Beijing	177	22139	37545	99295	11546	6458
天津 Tianjin	143	12333	21765	63098	6555	4123
河北 Hebei	392	83979	125393	303659	29122	19854
山西 Shanxi	378	37705	49976	111898	13050	8892
内蒙古 Inner Mongolia	432	40056	69640	163562	18340	13217
辽宁 Liaoning	561	57709	61469	185244	21597	13561
吉林 Jilin	299	55460	58185	148086	14748	9939
黑龙江 Heilongjiang	361	42704	44401	117839	15862	10316
上海 Shanghai	73	25247	35409	91232	6438	3613
江苏 Jiangsu	441	82647	92206	258559	31882	21466
浙江 Zhejiang	498	61004	66851	174880	15213	10786
安徽 Anhui	748	95979	166030	412963	23515	18162
福建 Fujian	272	53192	57229	160359	14216	10214
江西 Jiangxi	354	37663	63227	135391	12607	8118
山东 Shandong	534	145995	150373	408101	40440	26104
河南 Henan	761	124134	204817	511823	33807	24445
湖北 Hubei	395	50422	69517	179415	17119	12685
湖南 Hunan	572	54955	94899	211564	21365	14910
广东 Guangdong	483	58695	80060	196504	18761	14309
广西 Guangxi	347	32996	51345	136015	11893	7725
海南 Hainan	37	2607	3164	7609	1390	928
四川 Sichuan	633	92058	98128	232153	31899	20652
贵州 Guizhou	258	20196	28254	68957	6572	4745
云南 Yunnan	217	28979	38168	97797	8347	5661
西藏 Tibet	1	220	200	230	16	9
陕西 Shaanxi	304	38027	69848	137586	12407	7684
甘肃 Gansu	180	12993	19533	45696	5765	4013
青海 Qinghai	29	7343	5141	13059	849	617
宁夏 Ningxia	32	2640	3349	8200	999	743
新疆 Xinjiang	137	15424	23003	51952	5356	3685

18－33 各地区幼儿园基本情况（1996年）

BASIC STATISTICS ON KINDERGRATENS BY REGION (1996)

地 区 Region	园 数 (所) Number of Kindergartens (unit)	班 数 (个) Number of Classes (unit)	幼儿数 (人) Student Enrollment (person)	教职工数 (人) Number of Staff and Teachers (person)	#教 师 Teachers
全 国 National Total	**187324**	**809394**	**26663270**	**1173807**	**888596**
北 京 Beijing	3056	9802	271752	33586	14792
天 津 Tianjin	5063	10006	284768	20355	10825
河 北 Hebei	3526	47284	1573627	58489	51037
山 西 Shanxi	9387	35221	1061310	47238	38389
内蒙古 Inner Mongolia	1366	14994	432436	21168	15469
辽 宁 Liaoning	9945	33659	936111	64877	43103
吉 林 Jilin	4361	18515	540223	33182	22844
黑龙江 Heilongjiang	3993	23957	645365	40868	27659
上 海 Shanghai	986	9212	271496	30058	18555
江 苏 Jiangsu	18763	60091	2061426	99009	83119
浙 江 Zhejiang	11915	32654	989519	50389	40678
安 徽 Anhui	2361	26567	1049434	26325	22432
福 建 Fujian	13315	30355	1026349	48008	41409
江 西 Jiangxi	5084	16363	584601	23757	19822
山 东 Shandong	47686	84644	2447263	125594	106063
河 南 Henan	3119	53807	2345674	30624	18880
湖 北 Hubei	3502	28126	1015997	47279	34690
湖 南 Hunan	2806	41175	1172659	51818	43898
广 东 Guangdong	8582	55001	2018878	96599	64339
广 西 Guangxi	3023	27136	891942	30270	22939
海 南 Hainan	512	3594	133663	6160	4103
四 川 Sichuan	17140	70238	2382507	91770	76163
贵 州 Guizhou	1317	11202	417933	14878	12218
云 南 Yunnan	1501	16750	533492	23158	17254
西 藏 Tibet	46	158	5141	416	271
陕 西 Shaanxi	2378	26574	795222	21725	16310
甘 肃 Gansu	1321	11247	403714	13281	8758
青 海 Qinghai	192	2340	70467	2443	1690
宁 夏 Ningxia	232	2353	78662	3766	2400
新 疆 Xinjiang	846	6369	221639	16717	8487

18－34 各地区特殊教育情况 (1996年)

BASIC STATISTICS ON SPECIAL EDUCATION BY REGION (1996)

单位: 人 (person)

地 区 Region	学校数(所) Number of Schools (unit)	毕业生数 Number of Graduates	招生数 New Student Enrollment	在校学生数 Student Enrollment	教职工数 Number of Staff and Teachers	#专任教师 Full－time Teachers
全 国 National Total	**1428**	**23795**	**48160**	**321063**	**39695**	**27016**
北 京 Beijing	31	1081	1050	7748	951	660
天 津 Tianjin	21	475	493	3310	790	571
河 北 Hebei	78	963	2231	12761	2165	1249
山 西 Shanxi	58	519	964	4853	1060	787
内蒙古 Inner Mongolia	19	82	303	1969	583	409
辽 宁 Liaoning	75	855	1159	8044	2756	1907
吉 林 Jilin	60	1188	956	9330	2343	1367
黑龙江 Heilongjiang	71	928	1024	7959	2827	1963
上 海 Shanghai	39	620	910	6164	1512	929
江 苏 Jiangsu	127	2737	5119	39793	3807	2784
浙 江 Zhejiang	60	1778	2261	22691	1462	1169
安 徽 Anhui	60	1172	3703	19043	1065	758
福 建 Fujian	71	2107	5453	33257	1231	918
江 西 Jiangxi	25	684	1915	7328	406	318
山 东 Shandong	137	1335	2634	18237	4458	2796
河 南 Henan	113	490	1399	8568	2284	1743
湖 北 Hubei	62	702	1220	5177	1382	985
湖 南 Hunan	48	700	1557	6725	1017	676
广 东 Guangdong	51	1619	3375	33025	1026	778
广 西 Guangxi	41	860	2498	15914	1700	1067
海 南 Hainan	1	80	147	949	72	47
四 川 Sichuan	94	749	1580	9294	1474	1113
贵 州 Guizhou	23	563	2582	12033	1370	751
云 南 Yunnan	12	681	1697	11577	462	344
西 藏 Tibet		5	3	51	2	2
陕 西 Shaanxi	25	553	1450	8685	568	411
甘 肃 Gansu	11	121	281	1523	325	235
青 海 Qinghai	2	32	84	3994	123	83
宁 夏 Ningxia	6	77	45	654	285	82
新 疆 Xinjiang	7	39	67	407	189	114

注: 特殊教育指盲、聋、哑和弱智儿童的教育。

a) Special educaation refers to the education for the blind, deaf, deaf－mute and the mentally retarded.

18－35 各地区盲、聋哑学校基本情况 (1996年)

BASIC STATISTICS ON SCHOOLS FOR THE BLIND AND DEAF－MUTES BY REGION (1996)

单位：人 (person)

地区 Region	学校数(所) Number of Schools (unit)	毕业生数 Number of Graduates	招生数 New Student Enrollment	在校学生数 Student Enrollment	教职工数 Number of Staff and Teachers	#专任教师 Full－time Teachers
全国 National Total	**980**	**8051**	**17794**	**90149**	**28462**	**19060**
北京 Beijing	7	160	280	1451	462	289
天津 Tianjin	8	131	155	741	455	315
河北 Hebei	63	299	996	4323	1406	914
山西 Shanxi	21	287	538	2589	813	563
内蒙古 Inner Mongolia	15	61	213	1202	513	343
辽宁 Liaoning	51	543	766	4815	1907	1369
吉林 Jilin	25	308	530	4119	1548	955
黑龙江 Heilongjiang	67	569	672	4845	2577	1741
上海 Shanghai	21	263	295	1539	893	471
江苏 Jiangsu	72	944	1349	8163	2546	1645
浙江 Zhejiang	43	448	778	4609	1168	895
安徽 Anhui	48	322	1178	4755	919	635
福建 Fujian	29	254	1077	4424	570	423
江西 Jiangxi	17	229	425	1650	298	231
山东 Shandong	109	811	1692	9041	3726	2211
河南 Henan	95	363	1167	6185	2051	1542
湖北 Hubei	57	426	794	3345	1279	889
湖南 Hunan	44	312	1151	3499	920	625
广东 Guangdong	20	274	814	6317	567	406
广西 Guangxi	15	110	448	2028	638	399
海南 Hainan	1	36	72	188	71	46
四川 Sichuan	85	298	900	3204	1166	831
贵州 Guizhou	13	93	378	1737	392	246
云南 Yunnan	10	181	462	1898	390	276
西藏 Tibet	0	0	0	0	0	0
陕西 Shaanxi	22	134	338	1639	517	366
甘肃 Gansu	8	90	176	803	276	191
青海 Qinghai	2	32	59	320	107	74
宁夏 Ningxia	5	37	29	356	110	67
新疆 Xinjiang	7	36	62	364	177	102

18－36 各地区教育经费来源和支出情况 (1996年)

SOURCES OF EDUCATIONAL FUNDS AND EXPENDITURES FOR EDUCATION BY REGION (1996)

单位: 万元

(10 000 yuan)

年份 地区 Year Region	合 计 Total	国家财政性教育经费 Government Appropria－tion for Education	#预算内教育经费 Budgetary	社会团体和公民个人办学经费 Funds of Social Organizations and Citizens for Running Schools	社会捐资和集资办学经费 Donations and Fund－Raising for Running Schools	学费和杂费 Tuition and Miscel－laneous Fee	其它教育经费 Other Educa－tional Funds
1991	7315028.2	6178286.0	4597308.1		628209.7	323475.6	185056.9
1992	8670490.5	7287505.8	5387381.7		696285.2	439319.3	247380.2
1993	10599374.4	8677618.3	6443914.0	33322.7	701856.1	871476.9	315100.4
1994	14887812.6	11747395.6	8839794.7	107795.2	974487.1	1469228.1	588906.6
1995	18779501.1	14115233.3	10283930.0	203671.5	1628414.0	2012422.5	819759.8
1996	22623393.5	16717045.5	12119133.6	261998.9	1884189.5	2610361.2	1149798.4
北 京 Beijing	943060.5	807115.9	655925.9		32428.7	57515.9	46000.0
天 津 Tianjin	361430.0	267918.2	210066.4	13065.4	5867.7	29940.6	44638.1
河 北 Hebei	1012933.6	710424.5	482649.3	4907.2	133878.7	128364.2	35359.0
山 西 Shanxi	562485.6	388520.8	284361.6	11673.2	98740.1	52971.1	10580.4
内蒙古 Inner Mongolia	397433.3	329467.8	239467.2	1521.2	22627.6	38152.5	5664.2
辽 宁 Liaoning	890098.5	717833.9	515632.9	11773.5	10312.4	76213.2	73965.5
吉 林 Jilin	555567.6	456599.4	324458.0	4206.8	26346.6	57079.7	11335.1
黑龙江 Heilongjiang	672083.2	566917.5	351379.8	4425.9	29860.4	60255.9	10623.5
上 海 Shanghai	985333.8	821833.0	609979.3	13862.1	20169.2	90571.2	38898.3
江 苏 Jiangsu	1659042.6	1245820.5	890397.0	6999.4	99559.2	202722.8	103940.7
浙 江 Zhejiang	1037933.6	694470.2	446014.1	36117.1	94747.1	113027.0	99572.2
安 徽 Anhui	713239.3	517116.6	368460.3	2766.2	61513.6	94532.1	37310.8
福 建 Fujian	771647.3	534263.2	380632.0	20873.6	109314.8	80362.3	26833.4
江 西 Jiangxi	425233.5	347347.0	252947.8	788.6	8401.8	51168.7	17527.4
山 东 Shandong	1518385.1	1123784.3	780240.3	6952.0	175190.2	162505.9	49952.7
河 南 Henan	1289905.9	889331.2	627167.3	5766.3	184297.2	171194.5	39316.7
湖 北 Hubei	1019650.5	629907.3	439724.8	10778.9	111823.4	183735.1	83405.8
湖 南 Hunan	989732.7	636639.5	428334.2	8013.5	91738.1	162014.4	91327.2
广 东 Guangdong	2255972.2	1391237.7	1103546.1	74097.0	295344.5	377677.1	117615.9
广 西 Guangxi	643120.6	465401.3	308668.9	3238.4	39457.9	83983.4	51039.6
海 南 Hainan	161153.8	116384.9	92383.9	2715.9	14381.7	25967.2	1704.1
四 川 Sichuan	1347054.2	1032396.2	738279.7	6828.0	84945.0	128853.2	94031.8
贵 州 Guizhou	253937.2	221754.7	180534.1	1110.8	7505.4	18500.6	5065.7
云 南 Yunnan	660790.3	562296.8	478108.6	1026.9	47512.8	33288.9	16664.9
西 藏 Tibet	50103.2	50103.2	50103.2				
陕 西 Shaanxi	550749.9	407891.6	316901.7	4804.3	59210.5	63268.3	15575.2
甘 肃 Gansu	303314.5	260529.8	194151.0	584.5	11206.4	24019.6	6974.2
青 海 Qinghai	76554.2	67609.9	57034.1	2827.8	1524.6	3821.5	770.4
宁 夏 Ningxia	79567.8	68734.4	53507.8	213.2	631.2	7617.1	2371.9
新 疆 Xinjiang	435879.0	387394.2	258076.3	61.2	5652.7	31037.2	11733.7

18－37 各类学校教育经费来源和支出情况 (1996 年)

SOURCES OF EDUCATIONAL FUNDS AND EXPENDITURES FOR EDUCATION IN VARIOUS SCHOOLS

单位：万元 (10 000 yuan)

学校类别	Type of Schools	合计 Total	国家财政性教育经费 Govern－ment Appro－priation for Educa－tion	#预算内教育经费 Budge－tary	社会团体和公民个人办学经费 Funds of Social Or－ganizations and Citi－zens for Running Schools	社会捐资和集资办学经费 Donations and Fund－Raising for Running Schools	学费和杂费 Tuition and Miscel－laneous Fee	其它教育经费 Other Educa－tional Funds
全国总计	**National Total**	**22623394**	**16717046**	**12119134**	**261999**	**1884190**	**2610361**	**1149798**
#中央	Central Government	2458715	2103711	1411479		27610	222373	105021
地方	Local Government	20164679	14613334	10707655	261999	1856580	2387988	1044777
事业性经费支出	Expenditure of Operating Expenses	18835546	14679163	11274799	157839	735810	2323812	938921
#中央	Central Government	1979845	1667232	1041440		23634	207775	81204
地方	Local Government	16855700	13011931	10233359	157839	712176	2116037	857717
基建支出	Expenditure for Capital Construction	3787848	2037883	844335	104160	1148380	286549	210877
#中央	Central Government	478870	436479	370039		3976	14598	23817
地方	Local Government	3308978	1601404	474295	104160	1144403	271951	187060
按学校类别分组	**Grouped by Type of Schools**							
高等学校	Institutions of Higher Education	3678981	2890358	2478535	14491	39245	553973	180915
普通高等学校	Regular Institutions of Higher Education	3267929	2625524	2299718	5667	36961	446237	153539
成人高等学校	Institutions of Higher Education for Adults	411052	264834	178817	8823	2284	107735	27376
中等专业学校	Specialized Secondary Schools	1814809	1177252	990510	15456	43870	477693	100539
中等技术学校	Tecnical Schools	1164300	763103	665361	8644	13156	328844	50554
中等师范学校	Teacher Training Schools	357722	217267	185182		21908	86186	32361
成人中专学校	Specialized Secondary Schools for Aults	292788	196883	139967	6812	8806	62663	17624
技工学校	Technical Schools	325106	251043	89824		6926	55104	12033
中学	Secondary Schools	6959018	5049600	3375466	106836	814625	656037	331920
普通中学	Regular Secondary Schools	6941063	5036409	3368607	106218	813708	653552	331175
高级中学	Senior Secondary Schools	1825630	1239673	839465	39654	181506	236551	128246
初级中学	Junior Secondary Schools	5115433	3796736	2529142	66564	632202	417001	202929
#农村	Rural	2597352	1850038	1321765		436815	231827	78672
成人中学	Secondary Schools for Adults	17955	13191	6858	619	916	2485	745
职业中学	Vocational Schools	842014	551432	372985	17798	53437	147863	71485
小学	Primary Schools	7663515	5750318	3978820	107308	892703	646191	266996
普通小学	Regular Primary Schools	7655924	5743254	3973702	107111	892597	646074	266889
#农村	#Rural Areas	4741600	3474620	2536513		680675	449018	137287
成人小学	Primary Schools for Adults	7591	7064	5118	198	106	117	107
特殊教育学校	Special Education Schools	64902	57533	46251		3574	1132	2663
幼儿园	Kindergartens	291366	192737	168344	110	13616	61359	23544
其它	Others	983683	796773	618399		16195	11010	159704
#留学生	Students Studying Abroad	29261	29261	29261				

18－38 全国科技活动基本情况

BASIC STATISTICS ON NATIONAL SCIENTIFIC AND TECHNOLOGICAL ACTIVITIES

指标	Item	1990	1994	1995	1996
科技机构数 (个)	**Number of Scientifice Technological Research Institutions**	**18772**	**23613**	**24259**	**23610**
#科研单位	In Research Institutions	8990	7805	7721	7636
大中型工业企业	In Large and Medium Industrial Enterprises	8116	12499	13107	12033
高等院校	In Institutes of Higher Education	1666	3309	3431	3398
科技活动人员数 (万人)	**Number of Persons Engaged in Scientific and Technological Activities (10 000 persons)**		**265.50**	**270.13**	**273.22**
#科学家、工程师	Scientists and Engineers		153.19	154.58	166.73
科技活动经费收入总额 (亿元)	**Funding for Scientific and Teachno－logical Activities (100 million yuan)**	**403.26**	**718.48**	**875.56**	**1016.91**
上级拨款	Appropriations from Higher Authorities	124.08	204.43	231.42	272.68
自筹资金	Funds Self－Raised	174.43	288.70	376.95	416.53
银行贷款	Bank Loans	49.04	108.95	113.68	143.63
其他收入	Others	55.71	116.40	153.51	184.06
科技活动经费支出总额 (亿元)	**Expenditures for Scientific and Technological Activities (100 million yuan)**	**369.13**	**695.38**	**802.19**	**952.54**
#内部支出	Internal Expenses	340.52	671.98	769.03	914.76
#劳务费	Service Fees		133.24	159.81	178.88
业务费	Professional Fees		206.01	252.52	299.88
管理费	Management Fees		39.81	45.07	
固定资产购建支出	Purchases of Fixed Assets		208.95	219.92	265.33
#研究与发展经费支出	Research and Development Expenses	125.43	222.00	286.00	327.00
研究与发展经费支出占国民生产总值(%)	**Proportion of Research and Development Expenses to GNP (%)**	**0.71**	**0.50**	**0.50**	**0.50**

注：本表数据根据国家科委、国家教委、国防科工委和国家统计局科技统计年报综合汇总。1996年主要数据包括建筑业企业和小型工业企业有关数据。

a) The data in this table are obtained from the statistical annual reports compiled by the State Commission for Science and Technolgy, State Education Commission, Commission of Science, Technolooogy and Industry for National Defence and State State Statistical Bureau.

18－39 重大科学技术研究成果和国家科技奖励数

NUMBER OF MAJOR ACHIEVEMENTS IN SCIENTIFIC AND TECHNOLOGICAL RESEARCH AND NATIONAL PRIZES WON

单位：项　　(item)

项目	Item	1980	1985	1990	1994	1995	1996
重大科学技术成果	Number of Major Achievements in Science and Technology	2687	10476	26829	30230	31000	31000
获国家发明奖	Number of National Invention Prizes Awarded	109	185	224		131	111
获国家科技进步奖	Number of National Scientific and Technological Progress Prizes Awarded		1761	505		607	536

18－40 全国县级以上政府部门属研究与开发机构及情报文献机构数、人员数(1996年)

STATE－OWNED RESEARCH AND DEVELOPMENT INSTITUTIONS AND INFORMATION AND LITERAATURE INSTITUTIONS AT AND ABOVE COUNTY LEVEL AND PERSONS ENGAGED (1996)

地区 Region	合计 Total Number		自然科学技术领域 Field of Natural Sciences and Technology		
	机构(个) Institutions (unit)	职工(人) Staff & Wor－kers(person)	机构(个) Institutions (unit)	职工(人) Staff & Workers (person)	#科技活动人员 S & T Personnel
全国 National Total	**5826**	**990974**	**5101**	**947383**	**598260**
北京 Beijing	476	185296	381	169214	111732
天津 Tianjin	156	32989	140	31302	19597
河北 Hebei	146	21962	134	21201	12312
山西 Shanxi	195	20268	165	19171	12763
内蒙古 Inner Mongolia	144	14897	119	14017	8534
辽宁 Liaoning	355	51329	325	49902	32616
吉林 Jilin	173	28782	142	27695	16059
黑龙江 Heilongjiang	242	22892	211	21914	13881
上海 Shanghai	264	78698	230	75706	44604
江苏 Jiangsu	338	50847	308	49743	34460
浙江 Zhejiang	165	16345	148	15770	10785
安徽 Anhui	203	18760	173	17999	12462
福建 Fujian	127	7942	107	7266	5450
江西 Jiangxi	127	16703	113	16080	8476
山东 Shandong	340	35155	306	33744	19930
河南 Henan	199	33758	168	32753	22022
湖北 Hubei	260	45510	238	44365	27670
湖南 Hunan	195	26993	180	26490	14971
广东 Guangdong	303	28794	276	27652	17562
广西 Guangxi	169	16288	142	15646	8482
海南 Hainan	43	3468	36	3358	1865
四川 Sichuan	324	96116	276	93735	56619
贵州 Guizhou	118	10383	106	9910	6495
云南 Yunnan	165	14913	146	14262	9320
西藏 Tibet	16	936	14	792	469
陕西 Shaanxi	201	72131	182	71067	46069
甘肃 Gansu	144	20989	127	20034	12791
青海 Qinghai	49	3621	43	3410	2357
宁夏 Ningxia	60	5124	50	4752	2008
新疆 Xinjiang	129	9085	115	8433	5899

续表 1 continued

地 区 Region		社会、人文科学技术领域 Field of Social Sciences and Humanities			科技情报和文献机构 Scientific－Technical and Literature Institutions		
		机 构(个) Institutions (unit)	职 工(人) Staff & Workers(person)	#科技活动人员 S & T Personnel	机 构(个) Institutions (unit)	职 工(人) Staff & Workers(person)	#科技活动人员 S & T Personnel
全 国	**National Total**	**305**	**18405**	**15224**	**420**	**25186**	**18956**
北 京	Beijing	52	4887	4276	43	11195	7960
天 津	Tianjin	5	488	346	11	1199	860
河 北	Hebei	1	315	300	11	446	381
山 西	Shanxi	18	748	592	12	349	314
内蒙古	Inner Mongolia	11	505	299	14	375	291
辽 宁	Liaoning	14	689	575	16	738	633
吉 林	Jilin	20	771	622	11	316	268
黑龙江	Heilongjiang	13	535	460	18	443	369
上 海	Shanghai	20	1260	1030	14	1732	1360
江 苏	Jiangsu	13	454	381	17	650	523
浙 江	Zhejiang	4	220	196	13	355	264
安 徽	Anhui	11	391	309	19	370	325
福 建	Fujian	5	280	249	15	396	355
江 西	Jiangxi	1	261	227	13	362	332
山 东	Shandong	12	611	489	22	800	591
河 南	Henan	14	590	509	17	415	321
湖 北	Hubei	9	524	406	13	621	432
湖 南	Hunan	2	240	176	13	263	214
广 东	Guangdong	12	705	615	15	437	351
广 西	Guangxi	7	257	229	20	385	306
海 南	Hainan	1	18	13	6	92	88
四 川	Sichuan	15	971	769	33	1410	957
贵 州	Guizhou	2	208	178	10	265	209
云 南	Yunnan	14	472	430	5	179	140
西 藏	Tibet	1	111	90	1	33	33
陕 西	Shaanxi	4	456	304	15	608	462
甘 肃	Gansu	9	667	524	8	288	249
青 海	Qinghai	4	160	131	2	51	41
宁 夏	Ningxia	6	232	198	4	140	100
新 疆	Xinjiang	5	379	301	9	273	227

18-41 全国县级以上政府部门属研究与开发机构及情报文献机构经费收入和支出总额（1996年）

TOTAL FUNDS AND TOTAL EXPENDITURES OF STATE-OWNED RESEARCH AND DEVELOPMENT INSTITUTIONS AND INFORMATION AND LITERATURE INSSSTITUTIONS AT AND ABOVE COUNTY LEVEL (1996)

单位：万元 (10 000 yuan)

地区 Region	合计 Total		自然科学技术领域 Field of Natural Sciences and Technology			
	经费收入总额 Funds	经费支出总额 Expenditures	经费收入总额 Funds	#政府拨款 Government Appropria-tions	经费支出总额 Expenditures	#基本建设支出 for Capital Construction
全国 National Total	**5321298**	**4965816**	**5144601**	**1794351**	**4788267**	**594925**
北京 Beijing	1427732	1303334	1358584	531725	1231059	189845
天津 Tianjin	147621	136856	142817	39065	132280	10398
河北 Hebei	92275	86092	90698	30354	84538	9908
山西 Shanxi	64521	64472	62192	23563	62221	8463
内蒙古 Inner Mongolia	31437	32206	30078	16121	30875	6737
辽宁 Liaoning	229480	225886	225382	79817	221842	23887
吉林 Jilin	112141	116256	109772	42112	112598	16491
黑龙江 Heilongjiang	75400	73836	73260	28108	71657	5391
上海 Shanghai	633978	552838	593758	154726	513717	49454
江苏 Jiangsu	330349	308574	325573	100597	304055	25539
浙江 Zhejiang	80020	73986	78137	29971	72285	8737
安徽 Anhui	70438	61687	68864	21974	60208	5683
福建 Fujian	31020	28094	28571	14859	26152	1533
江西 Jiangxi	50108	45891	49123	15849	44874	2459
山东 Shandong	156003	142448	150757	36763	137694	12714
河南 Henan	155305	144748	153140	42227	142947	15733
湖北 Hubei	226090	213895	223486	69192	211365	29329
湖南 Hunan	159398	145905	157886	27638	144418	11057
广东 Guangdong	246981	225702	241009	54534	219997	19397
广西 Guangxi	62766	55563	60481	16258	53470	4615
海南 Hainan	9745	9554	9315	5509	9132	492
四川 Sichuan	421635	421603	416187	194744	415988	65147
贵州 Guizhou	22275	22608	21373	12827	21695	2115
云南 Yunnan	71736	72942	69589	31848	71010	11142
西藏 Tibet	2766	2884	2198	2182	2339	162
陕西 Shaanxi	265621	259742	263496	117497	257160	47016
甘肃 Gansu	88374	89987	85388	30449	86927	9858
青海 Qinghai	8411	8646	7975	5936	8184	409
宁夏 Ningxia	18832	13821	18093	3842	13263	161
新疆 Xinjiang	28840	25759	27419	14064	24316	1053

续表 1 continued

单位：万元 (10 000 yuan)

地区 Region		社会、人文科学技术领域 Field of Social Sciences and Humanities				科技情报和文献机构 Scientific－Technological Information and Literature Institutions			
		经费收入总额 Funds	#政府拨款 Government Appropria－tions	经费支出总额 Expendi－tures	#基本建设支出 Government Appropria－tions	经费收入总额 Funds	#政府拨款 Government Appropria－tions	经费支出总额 Expendi－tures	#基本建设支出 for Capital Construction
全国	**National Total**	**50346**	**44652**	**50072**	**4703**	**126351**	**89718**	**127477**	**33090**
北京	Beijing	14254	12249	13334	209	54894	33397	58941	10871
天津	Tianjin	1523	1298	1420	50	3281	2529	3156	15
河北	Hebei	688	688	680		889	579	874	
山西	Shanxi	1690	1346	1684	77	639	534	567	
内蒙古	Inner Mongolia	800	736	798	98	559	529	533	10
辽宁	Liaoning	1656	1648	1730	27	2442	1746	2314	11
吉林	Jilin	1746	1713	3063	1458	623	495	595	10
黑龙江	Heilongjiang	1223	1118	1293	97	917	718	886	14
上海	Shanghai	5012	4783	4770	991	35208	32145	34351	20921
江苏	Jiangsu	1855	1627	1802	341	2921	1305	2717	7
浙江	Zhejiang	726	624	722		1157	723	979	6
安徽	Anhui	837	572	771	8	737	547	708	
福建	Fujian	814	811	749		1635	1388	1193	20
江西	Jiangxi	311	311	298		674	532	719	89
山东	Shandong	2328	2305	2102	630	2918	1561	2652	23
河南	Henan	1053	857	974	6	1112	904	827	
湖北	Hubei	1085	1068	1036		1519	1212	1494	40
湖南	Hunan	893	609	924	54	619	363	563	
广东	Guangdong	2688	2462	2819	233	3284	1389	2886	197
广西	Guangxi	600	581	531	2	1685	565	1562	
海南	Hainan	61	61	61		369	317	361	1
四川	Sichuan	2068	1904	1989	22	3380	2592	3626	398
贵州	Guizhou	454	445	452	5	448	317	461	2
云南	Yunnan	1260	1257	1171		887	664	761	
西藏	Tibet	469	469	469		99	99	76	
陕西	Shaanxi	981	633	1135	300	1144	931	1447	445
甘肃	Gansu	1968	1210	1998	95	1018	836	1062	
青海	Qinghai	336	336	352		100	90	110	10
宁夏	Ningxia	348	348	314		391	280	244	
新疆	Xinjiang	619	583	631		802	431	812	

18－42 中国科协系统科技活动情况 (1996 年)

项　　目	Item	科协合计 Total Number of Associations for Science and Technology	中国科协 China Associations
机构数　(个)	**Number of Associations or Learned Societies**	**389**	**1**
直属单位	Enterprises and Non－profit Organizations Attached to Associations or Learned Societies	1016	25
#院校	Universities and Colleges	120	1
人员数　(人)	**Personnel** (person)		
机关	Associations	6791	202
#科学家与工程师	Scientists and Engineers	3036	183
直属单位	Enterprises and Non－profit Organizations Attached to Associations or Learned Societies	11783	910
学会理事	Members of Boards of Directors		
#高级职称	Members with Senior Titles		
学术活动	**Academic Activities**		
国内学术会议	Domestic Academic Meetings		
次数　(次)	Number (time)	3723	17
参加人数　(人次)	Number of Participants (person－time)	291211	853
交流论文数　(篇)	Number of Papers Presented	51126	396
举办国际学术会议次数　(次)	International Meetings Held in China Number	117	8
参加人数　(人次)	Number of Participants (person－time)	14337	1012
交流论文数　(篇)	Number of Papers Presented	3739	197
科学考察	Scientific Investigation		
外派团组　(个)	Number of Study Tours Sent Aboard (unit)	434	75
外派总人数　(人次)	Total People Sent Aboard (person－time)	3114	589
#参加国际会议的人数　(人次)	Number of Participants in International Conferences (person－time)	241	30
#访问考察人数(人次)	Number of People Sent for Study Tour	1758	142
科技培训	**Training Program**		
院校培训人数　(人次)	Number of Persons Trained by Universities and Colleges (person－time)	43783	
培训班培训人数(人次)	Number of Persons Trained by Training Classes (person－time)	1313817	9590
外派研修生人数 (人)	Number of Trainees Sent Abroad	443	
科普活动	**Activities for Popular Science**		
讲座次数　(次)	Number of Lectures	43952	212
参加人数　(人次)	Number of Participants (person－time)	9134090	30300
展览次数　(次)	Number of Exhibitions	5138	35
参加人数　(人次)	Number of Participants (person－time)	15706830	1726685
青少年科技竞赛次数　(次)	Number of Teenagers Participating in Science－Technology Competitions	1768	1
被采纳科技建议 (项)	Technological Suggestions Adopted	28614	15
咨询活动	**Consultative Activities**		
完成合同　(项)	Number of Consultative Contracts Completed	2046649	2
决策咨询　(项)	Number of Consultation for Decision－making	1304070	2
合同实现金额 (万元)	Revenue from Fulfilment of Consultative Contracts (10 000 yuan)	145800	80
出版	**Publications**		
科技期刊总数　(种)	Number of Academic Journals (kind)	191	13
论文集种数　(种)	Number of Collections of Articles (kind)	179	10
发行量　(册)	Number of Copies Distributed (copies)	119592	19600
科技报纸种数　(种)	Number of Scientific & Technological Newspapers (kind)	113	3

BASIC STATISTICS ON SCIENTIFIC AND TECHNOLOGICAL ACTIVITIES OF CHINA ASSOCIATIONS FOR SCIENCE AND TECHNOLOGY (1996)

省科协 Provincial Associations	地(市)科协 Prefectural(city) Associations	学会合计 Total Number of Learned Societies	全国性学会 National Learned Societies	省学会 Provincial Learned Societies
30	**358**	**3220**	**165**	**3055**
235	756	987	92	895
18	101	80	7	73
1444	5145			
584	2269			
4695	6178	14824	687	14137
		169320	19145	150175
		117298	16990	100308
168	3538	15156	2422	12734
31766	258592	1256833	219832	1037001
5823	44907	408263	144374	263889
18	91	589	211	378
7956	5369	94334	47899	46435
2674	868	38274	27727	10547
189	170	1156	399	757
1337	1188	7863	3068	4795
108	103	3278	1670	1608
766	850	3492	1161	2331
4675	39108	10378	2990	7388
171941	1132286	1242195	191849	1050346
337	106	235	91	144
578	43162	19017	1249	17768
388512	8715278	8214826	559257	7655569
240	4863	1962	123	1839
4232403	9747742	7942004	2393898	5548106
197	1570	12211	33	12178
146	28453	16821	139	16682
11783	2034864	40863	205	40658
1860	1302208	43499	234	43265
70379	75341	28649	1711	26938
41	137	1901	648	1253
32	137	3364	1554	1810
22306	77686	1047791	334090	713701
33	77	139	21	118

18-43 大中型工业企业技术开发基本情况

BASIC STATISTICS ON TECHNICAL DEVELOPMENT OF LARGE AND MEDIUM-SIZED INDUSTRIAL ENTERPRISES

指标	Item	1990	1994	1995	1996
有技术开发机构的企业 (个)	Number of Enterprises Having Institutions for Technical Development	7289			8179
占全部企业的比重 (%)	Percentage to Total Number of Enterprises	54.33			34.00
技术开发机构数 (个)	Institutions for Number of Technical Development	8116	12499	13107	12033
企业技术开发人员总计(万人)	Number of Personnel Engaged in Technical Development in Enterprises (10 000 persons)	77.1	117.9	123.4	113.6
#科学家和工程师	Scientists and Engineers	31.4	44.5	45.2	47.7
技术开发机构中的人数(万人)	Number of Personnel in Institutions for Techical Development (10 000 persons)	33.3	41.1	40.9	38.5
#科学家和工程师	Scientists and Engineers	14.8	19.9	19.9	23.6
技术开发经费筹集额 (亿元)	Funds of Technical Development (100 million yuan)	146.0	348.5	427.7	452.6
#上级拨款	Appropriations from Higher Authorities	11.0	24.4	27.1	32.0
#企业自筹	Funds Self-raised by Enterprises	87.0	234.4	305.7	313.8
技术开发经费支出额 (亿元)	Expenditures for Technical Development (100 million yuan)	133.1	339.2	366.2	384.9
#开发新产品用款	Expenditure for New Product Development	52.7	132.7	165.0	207.3
技术开发经费支出占产品销售收入的比重 (%)	Technical Development Funds as Percentage of Sales Revenue (%)	1.38	1.37	1.19	1.10
技术开发项目数 (项)	Number of Projects for Technical Development	39438	77363	66000	81218
#上级计划	Planned by Higher Authorities	16701			
#企业自选	Self-selected by Enterprises	19973			
#新产品项目	Projects for New Product Development	17512			57158
项目当年投资 (亿元)	Investment in Projects in the Year (100 million yuan)	77.5			
已完成项目 (项)	Number of Projects Completed	20375			
已投产(使用)项目 (项)	Number of Projects Put into Production or Use	18188			

18－44 高等学校研究与发展人员及经费(1996年)
FUNDS AND PERSONNEL IN INSTITUTIONS OF HIGHER EDUCATION FOR RESEARCH AND DEVELOPMENT (1996)

学科分类	Field of Stu	研究与发展人员(人) Number of Persons Engaged in Research and Development (person)	科学家和工程师 Scientists and Engineers	其他技术人员 Other Technical Personnel	收入总额(万元) Funds (10 000 yuan)	支出总额(万元) Expenditures (10 000 yuan)
合　计	**Total**	**306850**	**292520**	**14330**	**439340**	**372223**
理、工、农、医学科领域	Basic Sciences	241742	229021	12721	420648	357206
自然科学	Natural Sciences	45659	44123	1536		
工程科学	Engineering	106567	100850	5717		
医　学	Medical Science	69402	65042	4360		
农　学	Agriculture	20114	19006	1108		
人文、社会科学领域	Humanities and Social Sciences	65108	63499	1609	18692	15017

注：高等学校中研究与发展(R&D)人员是指本年度从事研究与发展工作时间占本人教学、科研工作总时间10%以上的人员。

a) The personnel engaged in research and development in universities and colleges refers to those who devote 10% or more of work time to research and development.

18－45 高等学校理、工、农、医学科研究与发展机构及人员(1996年)
RESEARCH AND DEVELOPMENT INSTITUTIONS AND PERSONNEL IN THE FIELDS OF BASIC SCIENCES IN UNIVERSITIES AND COLLEGES (1996)

学科分类	Field of Study	机构(个) Number of Institutions	研究与发展人员(人) Number of Persons Engaged in Research & Development in the Institutions (person)	科学家和工程师 Scientists and Engineers	其他技术人员 Other Technical Personnel
合　计	**Total**	**1634**	**27983**	**26265**	**1718**
自然科学	Natural Sciences	287	4658	4488	170
工程科学	Engineering	685	14260	13218	1042
医　学	Medical Science	419	6254	5929	325
农　学	Agricultural Sciences	243	2811	2630	181

注：研究与发展机构中的研究与发展人员是高等学校研究与发展人员的一部分，均已折合为全时人员，即本年度从事研究与发展工作时间占本人教学、科研工作总时间90%以上的人员。

a) The personnel engaged in research and development in the R&D institutions is a part of the personnel engaged in research and development in universities and colleges. Data in this table on full－time research and development personnel refer to those who devote 90% or more of work time to research and development.

18－46 国有企事业单位专业技术人员数

NUMBER OF SCIENTIFIC AND TECHNICAL PERSONNEL IN STATE－OWNED ENTERPRISSES AND INSTITUTIONS

(年底)单位：人　　(year－end)(persons)

年份和地区 Year and Region	合计 Total	工程技术人员 Engineering	农业技术人员 Agriculture	卫生技术人员 Health Care	科学研究人员 Scientific Research	教学人员 Teaching
1978.6.30	4345000	1571000	294000	1276000	310000	894000
1980	5276000	1862000	311000	1530000	323000	1250000
1985	7817000	3404000	451000	2161000	336000	1465000
1990	10808572	5100773	550954	2719864	291314	2145667
1991	17168413	5024000	463050	2757993	341934	8581436
1992	17596532	5204950	476853	2827599	337146	8749984
1993	18124140	5363632	496279	2916255	333851	9014123
1994	18658689	5535329	519827	2995940	321036	9286557
1995	19133834	5625850	535731	3035335	302879	9634039
1996	19856213	5680795	579157	3130788	303177	10162296
北京 Beijing	379692	137535	5591	67663	3680	165223
天津 Tianjin	289893	98356	2594	61148	1993	125802
河北 Hebei	731047	128102	20975	98922	3525	479523
山西 Shanxi	445350	90375	11767	64143	3603	275462
内蒙古 Inner Mongolia	372945	78643	18951	57009	1848	216494
辽宁 Liaoning	854970	253243	25334	151508	5448	419437
吉林 Jilin	537519	131810	19903	88951	3722	293133
黑龙江 Heilongjiang	674304	173885	29181	123875	4889	342474
上海 Shanghai	390923	142943	3726	76975	5274	162005
江苏 Jiangsu	1029603	285907	32421	157871	5392	548012
浙江 Zhejiang	573697	125584	17472	103331	4357	322953
安徽 Anhui	563191	105178	19650	77893	3425	357045
福建 Fujian	454796	87619	13500	50092	3179	300406
江西 Jiangxi	472887	82469	14427	81152	2276	292563
山东 Shandong	1161379	252767	40156	190529	7068	670859
河南 Henan	836760	125454	21918	127628	4382	557378
湖北 Hubei	835538	179213	26842	175949	4242	449292
湖南 Hunan	712144	124863	19239	109875	5448	452719
广东 Guangdong	925973	184825	15449	147155	4610	573934
广西 Guangxi	572010	113350	20111	93804	3362	341383
海南 Hainan	95570	14409	3819	16307	536	60499
四川 Sichuan	1250808	236341	44085	191057	6418	772907
贵州 Guizhou	376876	61851	22374	62508	2148	227995
云南 Yunnan	510180	85226	31721	87806	3466	301961
西藏 Tibet	25576	2893	1857	7365	317	13144
陕西 Shaanxi	432587	96512	17127	65176	2872	250900
甘肃 Gansu	292060	55510	14857	45111	1805	174777
青海 Qinghai	82923	16521	4758	16225	822	44597
宁夏 Ningxia	100139	20176	6241	16932	838	55952
新疆 Xinjiang	325286	58108	22306	55332	2691	186849

注：分地区数据不含中央属单位国有企事业单位人数。

a) The regional data exclude the personnel in the state－owned enterprises and institution under the central govenment.

18－47 全国技术市场成交额

TRANSACTION VALUE IN TECHNICAL MARKET BY REGION

单位：万元 (10 000 yuan)

地　区　Region	1990	1991	1992	1993	1994	1995	1996
全　国　National Total	**750969**	**948054**	**1508895**	**2075508**	**2288696**	**2683447**	**3002045**
北　京　Beijing	202697	224344	313066	235497	371821	411681	458152
天　津　Tianjin	29938	34260	50656	63044	95188	121200	133475
河　北　Hebei	19699	27190	38305	67153	68371	84278	97853
山　西　Shanxi	8300	11118	8657	37005	10723	18454	11644
内蒙古　Inner Mongolia	2049	3075	5337	22306		12601	16044
辽　宁　Liaoning	76025	96707	131726	161988	215709	228615	242570
吉　林　Jilin	12196	22687	43174	57236	60485	51217	76492
黑龙江　Heilongjiang	18624	33774	54055	75903	95107	110522	114177
上　海　Shanghai	51500	93311	152458	154427	220927	230409	256499
江　苏　Jiangsu	34481	47895	72260	161456	138057	181563	238126
浙　江　Zhejiang	13623	16236	30830	86663	71966	97768	107293
安　徽　Anhui	3854	6997	27636	22446	11531	21853	24904
福　建　Fujian	4354	6485	13545	33324	25117	30550	46205
江　西　Jiangxi	6721	8907	12271	24905	14176	21555	24929
山　东　Shandong	43099	47621	82955	138207	166977	185946	222509
河　南　Henan	36396	48231	70750	84098	106797	122798	142122
湖　北　Hubei	45168	30447	57661	70550	115265	125912	105576
湖　南　Hunan	24530	42871	50211	77132	94955	105434	140209
广　东　Guangdong	20261	32081	63934	180802	95885	125972	131112
广　西　Guangxi	3419	4208	6305	23986	13543	20622	25181
海　南　Hainan	95	505	738	44562			27878
四　川　Sichuan	60671	72110	145103	125283	201929	221882	200630
贵　州　Guizhou				11243	582	9561	53397
云　南　Yunnan	10243	8137	12082	26353	11927	39125	1606
西　藏　Tibet				962			
陕　西　Shaanxi	18561	24443	36166	34789	32173	55501	44756
甘　肃　Gansu	1397	1589	21175	27091	21513	25157	24180
青　海　Qinghai	345	361	1157	3428	692	1375	7886
宁　夏　Ningxia	927	422	1160	2938	1630	1822	2121
新　疆　Xinjiang	1796	2042	5522	20731	18252	20074	24519

18-48 开发区高新技术企业主要经济指标 (1996年)

MAIN ECONOMIC INDICATORS OF HIGH-TECH ENTERPRISES IN DEVELOPMENT AREAS (1996)

开发区 Develop Area		企业数 (个) Number of Enterprises	职工人数(人) Number of Staff & Workers (person)	总产值 (万元) Gross Output Value (10000 yuan)	总收入 (万元) Total Income (10000 yuan)	出口总额(千美元) Exports (1000 US dollars)
全国	**NationalTotal**	**13722**	**1290980**	**21422906**	**23002587**	**4302264**
北京	Beijing	3407	122358	1981069	3043234	261476
天津	Tianjin	1479	63342	861609	969442	424027
石家庄	Shijiazhuang	205	28573	265463	305408	114633
保定	Baoding	59	18411	174111	173714	16141
太原	Taiyuan	117	18302	143667	142348	12914
包头	Baotou	82	11600	92183	90849	12841
沈阳	Shenyang	870	49487	619081	770455	24518
大连	Dalian	607	53170	552722	586641	91949
鞍山	Anshan	82	11913	88659	73557	4095
长春	Changchun	725	46750	500131	551144	30297
吉林	Jilin	83	27646	280518	295421	25180
哈尔滨	Harbin	258	54961	601204	684295	185728
大庆	Daqing	133	13426	200998	186425	735
上海	Shanghai	240	46574	882196	968799	309890
南京	Nanjing	143	31618	842214	1021394	66234
常州	Changzhou	109	23330	251754	244542	64309
无锡	Wuxi	58	16794	591462	536261	405837
苏州	Suzhou	170	38767	1232953	698289	261375
杭州	Hangzhou	194	12512	527039	589885	24997
合肥	Hefei	143	28704	484442	457722	33071
福州	Fuzhou	88	10622	405037	371721	38114
夏门	Xiamen	38	6652	197114	183447	155676
南昌	Nanchang	92	11298	146778	205589	6403
济南	Jinan	269	37975	648033	745007	43338
青岛	Qingdao	110	53100	1003993	978948	161778
淄博	Zibo	78	31577	306166	315486	42881
潍坊	Weifang	41	12061	165725	166177	23339
威海	Weihai	54	21329	261029	219038	73021
郑州	Zhengzhou	140	15510	336710	413721	66555
洛阳	Luoyang	152	26101	279708	290558	48986
武汉	Wuhan	394	36433	640502	746960	95166
襄樊	Xiangfan	42	25183	158638	154910	6939
长沙	Changsha	191	17390	373912	336375	30716
株洲	Zhuzhou	66	4367	95951	138893	12605
广州	Guangzhou	408	19274	336715	536695	44974
深圳	Shenzhen	30	9018	586538	554630	201852
珠海	Zhuhai	56	4594	130612	126006	26207
惠州	Huizhou	40	15642	570055	541405	254598
中山	Zhongshan	194	36260	627550	585115	380368
佛山	Foshan	26	5987	282329	292058	63767
南宁	Nanning	125	4684	85963	90041	5033
桂林	Guilin	96	13874	131480	129665	26802
海南	Hainan	6	500	2719	3013	180
成都	Chengdu	119	26923	365018	354236	9961
重庆	Chongqing	270	23229	308162	362744	29468
绵阳	Mianyang	55	8178	781066	542228	1741
贵阳	Guiyang	55	20885	79170	73124	12286
昆明	Kunming	69	8345	102399	150851	11967
西安	Xi'an	862	32675	628265	769502	41654
宝鸡	Baoji	32	14308	98103	90546	5736
兰州	Lanzhou	236	12906	83893	95641	2285
乌鲁木齐	Urumqi	124	5862	30098	48434	7621

18－49 测绘部门生产完成情况（1996 年）

STATISTICS ON PROJECTS COMPLETED BY SURVEYING AND MAPPING DEPARTMENTS BY REGION (1996)

地 区 Region	大地测量 Geodesy 平面控制测量（点） Horizontal Control Survey (point)	高程控制测量（公里） Vertical Control Survey (kilometer)	测图合计（幅） Mapping	#1:10 000－1:50 000	地图印刷（色令） Map Printing (color ream)
全 国 National Total	**6112**	**24994**	**89242**	**8099**	**152217**
北 京 Beijing	820		2958		6174
天 津 Tianjin	611	2437	3607		45
河 北 Hebei		1006	2473	101	730
山 西 Shanxi	37		1316	238	
内蒙古 Inner Mongolia		658	1710	566	415
辽 宁 Liaoning	109		4006		3728
吉 林 Jilin			2802	334	150
黑龙江 Heilongjiang	664	2100	7229	651	18957
上 海 Shanghai			7647		
江 苏 Jiangsu	685	881	10071	1018	8381
浙 江 Zhejiang	1091	1448	2432	314	11743
安 徽 Anhui			2946	1	907
福 建 Fujian	180	259	1661		4893
江 西 Jiangxi			1213	80	
山 东 Shandong	569	798	2728	730	12425
河 南 Henan	20	1820	1341	525	3949
湖 北 Hubei	20		5840	516	8805
湖 南 Hunan	368	2294	2888	535	7411
广 东 Guangdong	77	639	2692		80
广 西 Guangxi	91	562	3051	536	2652
海 南 Hainan	242	1398	200		
四 川 Sichuan	1	2500	7507	512	34021
贵 州 Guizhou	50		212	158	43
云 南 Yunnan		117	1760		2569
西 藏 Tibet					
陕 西 Shaanxi	130	3358	4979	1000	23149
甘 肃 Gansu	41	343	252	140	74
青 海 Qinghai			772	111	132
宁 夏 Ningxia	144	200	434		20
新 疆 Xinjiang	162	2176	2515	33	764

18－50 各地区测绘资料提供情况 (1996 年)

STATISTICS ON OUTPUT OF SURVEYING AND MAPPING MATERIALS BY REGION (1996)

地区 Region	地形图合计 (张) Topograghic Maps	# 1:10 000 (scale)	# 1:25 000－1:100 000 (scale)	航空照片 (片) Aerial Photo－graph (piece)	大地成果 (点) Geodetic Results (point)	1:100 万以下交通图和挂图 (张) Traffic Maps and Wall Maps (scale less than 1:1 000 000)
全　国　National Total	**623958**	**124338**	**162797**	**62764**	**36005**	**94056**
北　京　Beijing	43056	4738	919			3957
天　津　Tianjin	14057	1515	2383		1753	637
河　北　Hebei	10139	3172	6967	650	555	1544
山　西　Shanxi	8431	3114	2203		1153	8297
内蒙古　Inner Mongolia	10472	422	10050	103	1245	849
辽　宁　Liaoning	5488	2684	2804		278	1040
吉　林　Jilin	6757	2217	4540	3864	1664	1269
黑龙江　Heilongjiang	7418	871	6507	1099	533	21750
上　海　Shanghai	281175	1133	42		3145	4106
江　苏　Jiangsu	8875	6850	2025		516	6562
浙　江　Zhejiang	9070	6960	2110	2430	817	
安　徽　Anhui	15598	13412	2129	1018	1500	100
福　建　Fujian	24158	21660	2449	4800	1203	8
江　西　Jiangxi	3893	2668	1225	6	170	147
山　东　Shandong	9684	3364	4707	8304	6614	40
河　南　Henan	4500	1936	2564	1607	473	
湖　北　Hubei	5847	2899	2948	782	885	1369
湖　南　Hunan	8598	4145	4453	7128	2574	368
广　东　Guangdong	12143	8600	3543			390
广　西　Guangxi	3082	1826	1133	149	326	3798
海　南　Hainan	7751	4701	2601	913	426	208
四　川　Sichuan	18750	10675	6376			
贵　州　Guizhou	5178	2342	2836	405	301	263
云　南　Yunnan	13797	3811	8951	2277	3870	10591
西　藏　Tibet	2408	82	2270		127	6955
陕　西　Shaanxi	9890	3823	6067	1145	200	765
甘　肃　Gansu	5744	799	4945	3013	3013	4528
青　海　Qinghai	5575	742	4761	6297	178	780
宁　夏　Ningxia	1991	1280	711	84	80	5991
新　疆　Xinjiang	11688	1897	8833		588	6965
国家基础地理信息中心 National Geomatics Center of China	48745		48745	19690	1818	779

18－51 气象台站数和卫星云图接收、使用情况 (1996 年)

METEOROLOGICAL OBSERVATORIES, STATIONS AND THE RECEPTION AND USE OF SATELLITE CLOUD IMAGES (1996)

地区和单位 Region, City and Units	气象台站总数 (个) Number of Meteorological Observatories and Stations (unit)	气象台 Meteorological Observatories	气象站 Meteorological Stations	独立农区气象试验站 Independent Agro-Meteorological Experimental Stations	卫星云图接收站点数 (个) Number of Satellite Cloud Images Receiving Stations	#极轨卫星 Polar Orbiting Meteorological Satellites	#同步卫星 Geostationary Meteorological Satellites	使用卫星云图资料单位数 (个) Number of Units Using Satellite Cloud Images
全　国　National Total	**2591**	**347**	**2182**	**58**	**179**	**45**	**159**	**214**
北　京　Beijing	24	2	21		1		1	
天　津　Tianjin	15	3	12		4	1	3	
河　北　Hebei	147	12	135		5	2	5	4
山　西　Shanxi	116	11	105		2	1	2	2
内蒙古　Inner Mongolia	123	12	105	6	6	4	2	9
辽　宁　Liaoning	62	14	45	3	4	2	3	4
吉　林　Jilin	65	9	53	3	3	1	3	2
黑龙江　Heilongjiang	88	13	72	2	2	2	2	24
上　海　Shanghai	11	4	7		1	1	1	2
江　苏　Jiangsu	80	12	66	2	28	1	27	12
浙　江　Zhejiang	71	11	59		20	1	19	10
安　徽　Anhui	82	16	65	1	18	1	18	16
福　建　Fujian	73	9	61	3	1	1	1	
江　西　Jiangxi	92	14	77	1	2	1	1	10
山　东　Shandong	119	16	102	1	16	1	16	11
河　南　Henan	127	18	106	3	5	1	5	3
湖　北　Hubei	86	13	71	2	2	1	2	20
湖　南　Hunan	104	14	86	4	1	1	1	5
广　东　Guangdong	95	19	75	1	6	2	5	2
广　西　Guangxi	105	11	89	5	5	4	2	
海　南　Hainan					1	1	1	2
四　川　Sichuan	203	21	180	2	3	1	2	10
贵　州　Guizhou	89	10	78	1	10	1	9	3
云　南　Yunnan	135	18	114	3	3	1	2	
西　藏　Tibet	41	8	32	1	2	2	1	
陕　西　Shaanxi	105	10	92	3	7	1	6	
甘　肃　Gansu	97	13	80	4	3	1	2	1
青　海　Qinghai	57	9	46	1	2	2	2	1
宁　夏　Ningxia	24	4	19	1	2	2	2	
新　疆　Xinjiang	111	15	92	4	6	2	6	
大连市　Dalian	8	1	7		1		1	
宁波市　Ningbo	9	1	8		2		2	5
青岛市　Qingdao	7	1	6		1		1	1
厦门市　Xiamen	2	1	1		1		1	5
重庆市　Chongqing	16	1	15		1	1	1	
国家气象中心　National Meteorological Center	1	1						
国家卫星气象中心　National Satellite Meteorological Center					2	1	1	50
气象科学研究院　Chinese Academy of Meteorological Science	1			1				

18－52 农气观测站和农业气象预报台站数 (1996 年)

AGRO－METEOROLOGICAL OBSERVATION STATIONS AND FORECAST OBSERVATORIES AND STATIONS (1996)

单位：个

地区和单位 Region, City and Units	农气观测站点数 Agro－Meteorological Observation Stations and Sub－stations				农业气象预报台站 Agro－Meteorological Forecast Observatories and Stations
	开展农气观测站数 Agro－Meteorological Observation Stations	农作物观测点 Agricultural Observation Points	土壤湿度测定点 Soil Mois－ture Measure－ment Points	物候观测点 Phenological Observation Points	
全 国 National Total	**1140**	**796**	**827**	**593**	**1214**
北 京 Beijing	7	7	7	7	2
天 津 Tianjin	7	7	7	7	
河 北 Hebei	145	27	143		30
山 西 Shanxi	35	31	35	31	33
内蒙古 Inner Mongolia	39	28	39	35	38
辽 宁 Liaoning	46	24	46	23	56
吉 林 Jilin	46	22	46	22	46
黑龙江 Heilongjiang	34	34	34	34	41
上 海 Shanghai	1	1	1	1	10
江 苏 Jiangsu	43	29	39	16	31
浙 江 Zhejiang	14	14	1	1	53
安 徽 Anhui	22	22	15	22	22
福 建 Fujian	23	16	1	23	38
江 西 Jiangxi	80	80	2	5	90
山 东 Shandong	57	18	57	16	110
河 南 Henan	117	42	117	30	101
湖 北 Hubei	28	28	28	28	31
湖 南 Hunan	23	23		23	32
广 东 Guangdong	26	26	1	26	91
广 西 Guangxi	24	24	13	22	86
海 南 Hainan	6	6		6	1
四 川 Sichuan	71	68	47	58	97
贵 州 Guizhou	18	18	3	18	9
云 南 Yunnan	29	29	8	20	22
西 藏 Tibet	4	4	4		1
陕 西 Shaanxi	37	31	30	21	22
甘 肃 Gansu	22	21	22	21	22
青 海 Qinghai	25	20	24	20	17
宁 夏 Ningxia	16	11	16	8	16
新 疆 Xinjiang	62	60	25	36	36
大连市 Dalian	5	2	5	2	6
宁波市 Ningbo	7	7	1		8
青岛市 Qingdao	6	1	6	1	7
重庆市 Chongqing	14	14	4	9	9
气象科学研究院 Chinese Academy of Meteorological Science Institute	1	1	1	1	

18-53 地震监测情况 (1996年)
SITUATION OF EARTHQUAKE MONITORING (1996)

单位：个

地 区 Region	地震台数总数 Total Number of Earthquake Stations	基本台 Standard	综合台 Compre-hensive	观测台 Monitor-ing	地方台站 Local	企业台站 Enter-prises Managing	强震观测点 Number of Observa-tion for Spot Strong Earthquake	骨干测报点 Number of Main Observa-tion Spots	一般测报点 Number of Normal Observa-tion Spots
全 国 National Total	**1241**	**44**	**137**	**215**	**597**	**248**	**241**	**1753**	**5682**
北 京 Beijing	12	1	5	6					
天 津 Tianjin	18		9	1	4	4		41	31
河 北 Hebei	80	1	9	17	38	15		336	1407
山 西 Shanxi	112	1	7	7	52	45	12	76	109
内蒙古 Inner Mongolia	72	1	4	17	33	17		66	207
辽 宁 Liaoning	66	2	10	6	30	18		75	278
吉 林 Jilin	24	1	8		12	3		65	205
黑龙江 Heilongjiang	17	1	2	7	4	3		16	28
上 海 Shanghai	2	1	1				1		-
江 苏 Jiangsu	45	1	14		19	11	6	32	155
浙 江 Zhejiang	10	1	4	1	3	1		18	10
安 徽 Anhui	33		5	9	12	7		62	162
福 建 Fujian	29	1	10	3	14	1		4	106
江 西 Jiangxi	9	1	2		6			3	8
山 东 Shandong	57	1	5	19	22	10	1	129	1037
河 南 Henan	40	1	3	8	15	13		19	324
湖 北 Hubei	26	2		7	9	8	3	43	37
湖 南 Hunan	31	1		6	14	10		11	6
广 东 Guangdong	21	1	3	10	7		10	78	125
广 西 Guangxi	25	1	7		14	3		58	146
海 南 Hainan	9	2		3	4			4	8
四 川 Sichuan	66	2	7	17	27	13	7	127	258
贵 州 Guizhou									
云 南 Yunnan	128	10		20	91	7	15	75	8
西 藏 Tibet	6	1		5					
陕 西 Shaanxi	37	1	4	10	14	8		59	72
甘 肃 Gansu	159	2	6	16	97	38	8	248	906
青 海 Qinghai	33	1	4	2	20	6	9	14	11
宁 夏 Ningxia	29	2	3	5	14	5	3	28	22
新 疆 Xinjiang	45	3	5	13	22	2	23	42	16

18－54 国家监督抽查产品质量情况

RESULTS OF SAMPLING CHECK ON PRODUCT QUALITY UNDER STATE SUPERVISION

年 份 Year	抽查企业(个) Number of Enterprises Selected	无不合格品企业数(个) Number of Enterprises without Products Unqualified	抽查产品 Products Selected in Sampling		合格产品(种) Number of Products Qualified (kind)	样品合格率(%) Rate of Sample Products Qualified(%)
			(类) Number of Types	(种) Number of Kinds		
1988	2983		181	4031	3072	76.2
1989	3948	2795	180	5437	4092	75.3
1990	2495	1838	131	3457	2657	76.9
1991	2845	2186	138	3902	3122	90.0
1992	6845	4477	231	9007	6312	70.1
1993	8110	5509	281	9915	6980	70.4
1994	4640	3090	164	6036	4216	69.8
1995	5288	3851	185	6713	5061	75.4
1996	6779	5052	217	8318	6420	77.2

18－55 各地区产品质量情况 (1996 年)

QUALITY OF PRODUCTS BY REGION (1996)

单位: % (%)

地 区 Region	产品质量等级品率 Rates of Grade Products			新产品产值率 Rate of New Products	质量损失率 Rate of Loss Due to Bad Quality
	优等品率 Rate of Products with Excellent Quality	一等品率 Rate of Products with First Grade Quality	合格品率 Rate of Products with Qualified Quality		
全 国 National Total	**16.28**	**33.53**	**47.34**	**12.74**	**0.81**
北 京 Beijing	19.65	35.97	36.51	28.62	0.65
天 津 Tianjin	18.78	48.57	30.10	10.23	0.67
河 北 Hebei	17.11	32.25	50.64	7.11	2.04
山 西 Shanxi	19.06	21.93	59.01	1.86	1.30
内蒙古 Inner Mongolia	16.75	32.92	48.60	0.37	0.75
辽 宁 Liaoning	8.90	20.14	70.45	10.21	0.62
吉 林 Jilin	12.11	76.82	9.39	12.89	0.73
黑龙江 Heilongjiang	17.76	29.58	35.30	6.62	3.23
上 海 Shanghai	11.81	48.43	39.31	24.80	0.99
江 苏 Jiangsu	17.23	26.59	55.91	15.80	1.35
浙 江 Zhejiang	27.24	31.12	38.91	11.95	0.35
安 徽 Anhui	23.27	36.44	40.24	16.99	0.19
福 建 Fujian	13.41	22.53	59.31	26.06	1.28
江 西 Jiangxi	0.26	4.15	95.54	7.29	0.82
山 东 Shandong	20.42	36.55	38.27	12.35	0.70
河 南 Henan	18.96	42.20	37.82	9.94	0.82
湖 北 Hubei	9.95	32.78	55.61	7.69	0.86
湖 南 Hunan	14.57	31.54	45.79	10.49	0.75
广 东 Guangdong	16.01	37.75	29.40	5.83	0.88
广 西 Guangxi	4.49	16.65	78.86	5.22	0.23
海 南 Hainan					
四 川 Sichuan	19.74	29.25	51.00	9.63	0.94
贵 州 Guizhou	7.67	25.19	62.02	2.85	1.53
云 南 Yunnan	0.06	28.88	71.06	2.44	1.02
西 藏 Tibet					
陕 西 Shaanxi	5.91	23.26	69.73	13.08	1.00
甘 肃 Gansu	5.64	6.22	88.14	11.00	0.35
青 海 Qinghai	10.39	23.55	62.95	6.29	0.92
宁 夏 Ningxia					
新 疆 Xinjiang	6.20	48.86	44.94	16.56	0.84

注: 本资料由 74 个重点工业城市数据汇总而成。
a) Data in this table are collected from 74 main industrial cities.

18－56 全国产品、商品质量监督检查情况 (1996年)

RESULTS OF SAMPLING CHECK ON THE QUALITY OF PRODUCTS AND COMMODITIES UNDER STATE SUPERVISION (1996)

项　目	Item	产品质量 Product Quality			商品质量 Commodity Quality	
		监督检验企业数 (个) Number of Enterprises Supervised & Checked	有不合格产品企业所占比例 (%) Proportion of Enterprises with Products Unqualified	批次合格率 (%) Rate of Batcha-Time Qualified (%)	检查商业企业数 (个) Number of Commeer-cial En-terprises	批次合格率 (%) Rate of Batch-Time Qualified (%)
全国总计	**Total**	**301839**	**23**	**78**	**258168**	**68**
农用产品	**Agricultural Products**	**15146**	**24**	**79**	**30169**	**70**
拖拉机	Tractors	83	16	84	451	65
农用化肥	Chemical Fertilizers	5876	24	78	11360	70
化学农药	Chemical Pesticides	775	13	89	5911	79
饲料	Forages	5767	28	77	4474	61
农用薄膜	Agricultural Films	542	15	85	822	78
种子	Seeds	538	27	80	1590	73
加工食品和饮料	**Food and Beverage**	**115946**	**32**	**70**	**104129**	**71**
食用植物油	Edible Vegetable Oil	10210	17	85	3650	75
糕点糖果	Cake	23884	31	71	14713	73
乳制品	Dairy Products	1037	27	74	3409	79
罐头	Canned Food	2032	34	67	10948	78
白酒	White Spirit	15632	29	72	16829	67
啤酒	Beer	1217	11	90	7389	72
冷冻饮料	Frozen Beverage	10313	46	56	3689	63
家用电器	**Household Electric Appliances**	**4343**	**17**	**85**	**10989**	**69**
收录机、音响设备	Radio and Casset Players, Hi-Fi Stereo Component Systems	277	20	83	1090	74
电视机、录像机	TV Sets, Videocorders	78	19	84	1154	88
洗衣机	Washing Machines	32		100	484	93
电风扇	Electric Fans	364	15	85	853	72
电话机	Telephone Sets	116	11	89	1272	70
冰箱、冷藏冷冻箱	Refrigerators, Freezers	80	3	97	337	90
电热器具	Electric Heating Appliances	964	17	84	1851	54
厨房电器具	Electric Cooking Utensils	491	19	80	713	69
抽油烟机	Smoke Absorbers	237	24	69	261	77
轻工产品	**Light Industry Products**	**27489**	**23**	**80**	**29341**	**66**
纸	Paper	1853	27	78	534	43
纸制品	Paper Products	5772	30	75	565	52
玩具	Toys	307	18	81	532	70
家具	Furniture	3824	22	81	1338	66

续表 1 continued

项目	Item	产品质量 Product Quality 监督检验企业数(个) Number of Enterprises Supervised & Checked	有不合格产品企业所占比例(%) Proportion of Enterprises with Products Unqualified	批次合格率(%) Rate of Batch-Time Qualified (%)	商品质量 Commodity Quality 检查商业企业数(个) Number of Commeercial Enterprises	批次合格率(%) Rate of Batch-Time Qualified (%)
铝制品压力锅	Aluminum Products	273	20	86	539	59
眼镜(架、片)	Spectacles (Glass & Frame)	1124	33	66	4952	54
灯泡灯管	Electric Bulbs & Fluorescence Tubes	632	25	76	881	52
镇流器	Ballast	204	27	62	355	42
电热燃气热水器	Water Heaters	196	6	94	258	74
纺织、鞋类产品	**Textile and Shoes**	**22458**	**16**	**84**	**15448**	**70**
布(印染、色织、坯布)	Cloth	1788	7	93	238	88
毛织品	Wool Fabrics	1135	9	92	1195	83
丝麻织品	Silk & Fabrics	513	14	88	174	89
针织品	Knit Goods	1391	15	82	469	56
鞋	Shoes	8503	22	80	8095	67
化工产品	**Chemical Products**	**7703**	**19**	**84**	**4120**	**71**
涂料、油漆	Paint	2889	27	77	2299	65
化学试剂	Chemical Reagent	698	13	89	155	71
建材产品	**Building Raw Materials**	**69600**	**16**	**85**	**13274**	**62**
水泥	Cement	12848	10	89	4866	70
水泥预制构件	Cement Prefabricated Components	16838	13	88	792	76
砖瓦	Bricks & Tiles	27782	18	82	1608	61
油毡油纸	Asphalt Felts & Oilpaper	975	18	80	645	55
平板玻璃	Plate Glass	225	20	81	172	38
水暖管件	Waterpipe	1033	21	85	1480	62
机械、电器产品	**Mechanical and Electrical Products**	**15646**	**14**	**88**	**23933**	**58**
轴承	Bearings	496	10	92	3025	64
阀门、泵	Valves	1655	15	88	2000	52
电线	Electric Wire	2633	25	75	7759	55
低压电器元件	Low-voltage Electric Elements	1884	13	89	4517	56
电动工具	Electric Tools	384	16	86	898	58
消防器材	Fire-fighting Equipment & Materials	184	17	81	79	49
电动机柴油机	Motors & Diesel Engines	539	11	91	126	64
冶金产品及金属制品	**Metallurgical and Metal Products**	**7150**	**22**	**82**	**5466**	**58**
线材	Wire Rod	1640	25	79	2124	67
型材	Section Steel	1566	27	77	1791	48
其他产品	**Others**	**4424**	**23**	**80**	**4267**	**58**

18－57 三种专利申请受理量

THREE TYPES OF PATENT APPLICATIONS EXAMINED

单位：项 (item)

指 标	Item	1985	1990	1994	1995	1996
申请受理量合计	**Total Applications Examined**	**14372**	**41469**	**77735**	**83045**	**102735**
1. 发 明	Creations and Inventions	8558	10137	19067	21636	28517
国 内	Domestic	4065	5832	11191	10018	11471
职 务	Service	2545	2482	3585	2993	3488
大专院校	Universities and Colleges		509	654	574	604
科研单位	Research Institutions		805	969	865	1036
工矿企业	Industrial and Mineral Enterprises		816	815	1086	1725
机关团体	Government Agencies and Organizations		352	1147	468	123
非职务	Non－service	1520	3350	7606	7025	7983
国 外	Foreign	4493	4305	7876	11618	17046
职 务	Service	4111	4018	7431	11045	16329
非职务	Non－service	382	287	445	573	717
2. 实用新型	Utility Models	5174	27615	45511	43741	49604
国 内	Domestic	5077	27488	45188	43429	49341
职 务	Service	1711	7424	9170	8727	10193
大专院校	Universities and Colleges		811	849	771	711
科研单位	Research Institutions		1521	1340	1376	1534
工矿企业	Industrial and Mineral Enterprises		3830	3381	4739	7544
机关团体	Government Agencies and Organizations		1262	3600	1841	404
非职务	Non－service	3366	20064	36018	34702	39148
国 外	Foreign	97	127	323	312	263
职 务	Service	74	55	174	190	142
非职务	Non－service	23	72	149	122	121
3. 外观设计	Designs	640	3717	13157	17668	24614
国 内	Domestic	269	3265	11428	15433	21395
职 务	Service	77	1713	6051	8193	11449
大专院校	Universities and Colleges		13	17	18	5
科研单位	Research Institutions		64	231	104	265
工矿企业	Industrial and Mineral Enterprises		1310	2672	6031	11032
机关团体	Government Agencies and Organizations		326	3131	2040	147
非职务	Non－service	192	1552	5377	7240	9946
国 外	Foreign	371	452	1729	2235	3219
职 务	Service	325	418	1466	2013	2994
非职务	Non－service	46	34	263	222	225

注：1985年是从4月1日开始统计的。

a) Data in 1985 referred to the period from April 1 to the end of the year.

18－58 三种专利申请批准量

THREE TYPES OF PATENT APPLICATIONS GRANTED

单位：项 (item)

指　标	Item	1985	1990	1994	1995	1996
批准量合计	**Total Applications Certified**	**138**	**22588**	**43297**	**45064**	**43780**
1. 发　明	Inventions	40	3838	3883	3393	2976
国　内	Domestic	38	1149	1659	1530	1383
职　务	Service	32	908	1035	932	825
大专院校	Universities and Colleges	18	326	285	258	228
科研单位	Research Institutions	11	331	354	304	247
工矿企业	Industrial and Mineral Enterprises	3	206	231	205	187
机关团体	Government Agencies and Organizations		45	165	165	163
非职务	Non－service	6	241	624	598	558
国　外	Foreign	2	2689	2224	1863	1593
职　务	Service	1	2496	2100	1748	1497
非职务	Non－service	1	193	124	115	96
2. 实用新型	Utility Models	60	16952	32819	30471	27171
国　内	Domestic	56	16744	32611	30195	26961
职　务	Service	32	5100	7587	6766	6393
大专院校	Universities and Colleges	21	698	786	623	611
科研单位	Research Institutions	6	1280	1126	1025	1029
工矿企业	Industrial and Mineral Enterprises	5	2249	3172	2627	3435
机关团体	Government Agencies and Organizations		873	2503	2491	1318
非职务	Non－service	24	11644	25024	23429	20568
国　外	Foreign	4	208	208	276	210
职　务	Service	3	132	85	154	135
非职务	Non－service	1	76	123	122	75
3. 外观设计	Designs	38	1798	6595	11200	13633
国　内	Domestic	17	1411	5507	9523	11381
职　务	Service	5	751	2969	5344	6537
大专院校	Universities and Colleges		7	7	10	15
科研单位	Research Institutions	2	35	34	156	111
工矿企业	Industrial and Mineral Enterprises	3	598	1581	2554	5035
机关团体	Government Agencies and Organizations		111	1347	2624	1376
非职务	Non－service	12	660	2538	4179	4844
国　外	Foreign	21	387	1088	1677	2252
职　务	Service	20	336	861	1402	2083
非职务	Non－service	1	51	227	275	169

注：1985 年是从 4 月 1 日开始统计的。

a) Data in 1985 referred to the period from April 1 to the end of the year.

18－59 各地区三种专利申请受理和批准量(1996年)
THREE TYPES OF PATENT APPLICATIONS EXAMINED AND GRANTED BY REGION (1996)

单位：项 (item)

地区 Region	申请受理量合计 Number of Patent Applications Examined	发明 Inventions	实用新型 Utility Models	外观设计 Designs	批准量合计 Number of Patent Applications Granted	发明 Inventions	实用新型 Utility Models	外观设计 Designs
全国 National Total	**82207**	**11471**	**49341**	**21395**	**39725**	**1383**	**26961**	**11381**
北京 Beijing	6595	1441	4255	899	3295	246	2563	486
天津 Tianjin	1743	284	1113	346	899	51	666	182
河北 Hebei	2944	522	2048	374	1526	45	1299	182
山西 Shanxi	953	195	679	79	521	45	420	56
内蒙古 Inner Mongolia	859	215	507	137	326	6	265	55
辽宁 Liaoning	5218	926	3668	624	2447	118	2025	304
吉林 Jilin	1626	287	1210	129	681	33	608	40
黑龙江 Heilongjiang	2776	459	2013	304	1202	34	1020	148
上海 Shanghai	3154	396	1773	985	1610	74	1024	512
江苏 Jiangsu	4980	561	3209	1210	2578	98	1781	699
浙江 Zhejiang	5162	403	2845	1914	2410	45	1377	988
安徽 Anhui	1243	223	857	163	555	19	441	95
福建 Fujian	2625	224	970	1431	1194	15	467	712
江西 Jiangxi	1199	205	764	230	495	20	401	74
山东 Shandong	6125	733	3779	1613	2630	84	1944	602
河南 Henan	2933	526	2083	324	1242	42	1057	143
湖北 Hubei	2195	377	1559	259	998	48	826	124
湖南 Hunan	2968	460	2119	389	1256	40	1023	193
广东 Guangdong	9946	510	2798	6638	5273	57	1399	3817
广西 Guangxi	1379	209	794	376	646	18	422	206
海南 Hainan	235	50	78	107	69	3	39	27
四川 Sichuan	3754	627	2336	791	1844	77	1329	738
贵州 Guizhou	774	125	485	164	259	11	195	53
云南 Yunnan	1290	266	665	359	602	33	336	233
西藏 Tibet	10	4	2	4	2		1	1
陕西 Shaanxi	1790	323	1227	240	968	35	797	136
甘肃 Gansu	601	140	396	65	286	22	219	45
青海 Qinghai	92	22	53	17	43	2	34	7
宁夏 Ningxia	178	31	126	21	105	3	96	6
新疆 Xinjiang	713	113	531	69	362	9	316	37
台湾 Taiwan	6147	614	4399	1134	3401	50	2571	780

18－60 按国别(地区)分的三种专利申请受理量及批准量 (1996 年)

THREE TYPES OF PATENT APPLICATIONS EXAMINED AND GRANTED BY COUNTRY (TERRITORY) (1996)

单位：项 (item)

国别(地区)	Country(Territory)	申请受理量合计 Number of Patent Applications Examined	发明 Inven-tions	实用新型 Utility Models	外观设计 Designs	批准量合计 Number of Patent Applica-tions Grant	发明 Inven-tions	实用新型 Utility Models	外观设计 Designs
总计	**Total**	**20528**	**17046**	**263**	**3219**	**4055**	**1593**	**210**	**2252**
日本	Japan	7137	5907	53	1177	1298	445	66	787
马来西亚	Malaysia	14	8		6	6		2	4
新加坡	Singapore	36	6	2	28	25	1	1	23
泰国	Thailand	5	3	1	1	1			1
澳门	Macao	1			1	2			2
香港	Hong Kong	819	64	46	709	612	12	50	550
南朝鲜	Republic of Korea	1598	1421	86	91	140	49	29	62
塞普路斯	Cyprus					1	1		
斯里兰卡	Sri Lanka	1	1						
印度	India	6	5		1	3		1	2
摩纳哥	Monaco	8	7	1					
南非	South Africa	13	9		4	2	1		1
联邦德国	Germany	1777	1680	6	91	222	148	10	64
荷兰	Holland	585	493	2	90	130	59	1	70
英国	England	564	506	9	49	109	66	5	38
瑞士	Switzerland	751	595		156	181	60		121
丹麦	Denmark	111	103	2	6	33	5		28
匈牙利	Hungary	11	11			12	12		
奥地利	Austria	100	92	1	7	20	14		6
比利时	Belgium	102	88		14	22	19	1	2
法国	France	866	740	1	125	169	115	1	53
挪威	Norway	46	46			3	2		1
原苏联	Former Soviet Union	20	20			4	4		
卢森堡	Luxembourg	16	12		4	4	4		
列支敦士登	Liechtenstein	29	29			1	1		
西班牙	Spain	47	43	4		15	1	3	11
南斯拉夫	Yugoslavia					1	1		
捷克	Czechoslovakia	8	4	4		2	1	1	
波兰	Poland	1	1			1	1		
爱尔兰	Ireland	15	15						
芬兰	Finland	210	185	1	24	12	9		3
保加利亚	Bulgaria	4	3		1	1			1
意大利	Italy	279	250	5	24	78	46	5	27
瑞典	Sweden	318	268		50	44	19		25
以色列	Israel	42	35	1	6	6	5		1
巴拿马	Panama								
巴西	Brazil	19	17	1	1	1	1		
美国	United States	4601	4066	27	508	813	449	25	339
加拿大	Canada	117	105	2	10	27	20		7
新西兰	New Zealand	29	22		7	8	1	1	6
澳大利亚	Australia	184	160	5	19	43	20	7	16

18－61 按国际专利标准分类的发明、实用新型专利申请量和批准量

TWO TYPES OF PATENT APPLICATIONS EXAMINED AND GRANTED BY INTERNATIONAL PATENT CLASSIFICATIONS AND UTILITY MODELS

单位：项 (item)

分类	Item	1995 申请量 Applica－tions Examined	1995 批准量 Applica－tions Granted	1996 申请量 Applica－tions Examined	1996 批准量 Applica－tions Granted
合计	**Total**	**66913**	**33862**	**68195**	**30147**
A 部(人类生活需要)	**Section A: Personal Use Items**	**17673**	**8755**	**18687**	**7540**
农、林、牧、渔	Agriculture, Forestry, Animal Husbandry and Fishery	1845	1045	2107	904
烘烤、食用面团	Baking and Edible Doughs	185	101	175	88
屠宰、加工	Butchering and Meat Processing	29	16	44	11
食品、食物及处理	Foods or Foodstuffs and their Treatment	1718	235	1423	248
烟类及用品	Tobacco, Cigars and Cigarettes	290	143	279	167
服 装	Clothing	490	293	633	277
帽类制品	Headwear	113	90	101	69
鞋 类	Footwear	586	352	646	323
男用服饰用品、珠宝	Haberdashery and Jewelry	184	101	179	82
手携及旅行用品	Hand or Traveling Articles	692	538	833	481
刷类用品	Brushware	226	118	233	132
家具、家庭日用品或设备	Furniture, Domestic Articles and Appliances	3842	2465	4264	2061
医学、兽医学、卫生学	Medical or Veterinary Science and Hygiene	6177	2517	6203	2084
救生、消防	Life－saving and Fire－fighting	209	117	258	110
医学、游戏、娱乐活动	Sports, Games, and Recreation	1087	624	1309	503
B 部(作业、运输)	**Section B: Industrial and Transportation**	**14224**	**8453**	**15390**	**7443**
物理或化学的方法或装置	Physical or Chemical Processes or Apparatus	949	559	792	489
破碎、研磨、粉碎	Crushing, Pulverizing,or Disintegrating	286	183	395	200
分选、分离	Separation of Solid Materials, Electrostatic Separation	109	78	166	64
离心装置、离心机	Centrifugal Apparatus or Equipment	42	35	70	33
喷射、雾化	Spraying or Atomizing General	255	140	264	125
机械振动的产生和传递	Generation or Transmission of Mechanical Vibrations	20	6	13	13
固体分离、分选	Separating Solids from Solid Wastes	110	80	131	69
清 洁	Janitorial	130	84	128	74
固体废料的处理	Disposal of Solid Waste	21	6	8	6
金属加工、冲裁	Mechanical Metal－Working and Stamping	592	294	483	272
铸造、粉末冶金	Casting and Powder Metallurgy	310	106	176	104
机床、其他金属加工	Machine Tools	791	518	821	476
磨削、抛光	Grinding and Polishing	207	171	209	130
简单工具	Hand Tools, Portable Power Tools, and Workshop Equipment	432	317	479	227
手工、切割工具、切断	Hand Cutting Tools, Cutting, and Severing	190	140	183	123
木材加工、保存、钉钉机	Wood Preservation and Nailing or Stapling Machines	236	148	258	147
加工水泥、粘土和石料	Cement, Clay or Stone	299	160	276	123
塑料制品的加工	Plastics	459	221	501	239
压力机	Presses	88	51	110	48
纸品制作、纸的加工	Paper Making and Processing Paper	56	37	88	33
叠层产品	Layered Products	212	99	189	78
印刷、打字机、印刷机	Printing, Lining Machines, and Typewriters	350	162	440	97
装订、图册、文件夹	Bookbinding, Albums, and Files	319	187	359	144
绘图具、办公附属用品	Writing or Drafting Devices	711	471	768	404
装饰艺术	Decorative Arts	324	169	309	113

续表 1 continued

单位: 项 (item)

分类	Item	1995 申请量 Applica-tions Examined	1995 批准量 Applica-tions Granted	1996 申请量 Applica-tions Examined	1996 批准量 Applica-tions Granted
一般车辆	Vehicles in General	1633	1059	2067	976
铁 路	Railways	227	126	179	88
无轨陆用车牌	Land Vehicles other than Rail	1436	944	1892	780
船舶、船只、有关设备	Ships and Related Equipment	187	115	226	88
飞行器、航空、宇宙航行	Aircraft and Aviation	67	26	81	10
输送、包装、存贮、搬运	Conveying and Packing Inflammatory Materials	2483	1383	2770	1332
卷扬、提升、牵引	Hoisting, Lifting, and Hauling	545	285	406	263
液体的贮运	Opening or Closing Bottles, Jars or Similar Containers	132	83	138	71
鞍具、室内装璜	Saddlery; Upholstery	16	10	15	4
C 部(化学、冶金)	**Section C: Chemistry and Metallurgy**	**5780**	**1752**	**4984**	**1763**
无机化学	Inorganic Chemistry	304	95	263	133
水、废污水、泥浆的处理	Treatment of Water, Waste Water, Sewage or Sludge	479	246	487	249
玻璃、石棉和渣棉	Glass; Mineral of Slag Wool	134	49	136	60
水泥、陶瓷等、隔音材料	Cements, Concrete, Artifical Stone; Ceramics, Refractories	356	79	271	38
肥料及制造	Fertilizers and Related Products	172	17	162	24
炸药、火柴	Explosives and Matches	28	15	22	10
有机化学	Organic Chemistry	1083	351	1013	354
有机高分子化合物	Organic Macromolecular Compounds	682	131	610	164
染料、涂料、抛光剂等	Dyes, Paints, Polishes,Resins,and Adhesives	670	77	508	85
石油、煤气及炼焦工业	Petroleum, Gas or Coke Industries, Inert Gases	370	147	373	148
动植物油、脂类	Animal or Vegetable Oils, Fats	219	74	186	65
生化、酒、醋、酶、遗传工程	Biochemistry, Beer, Spirits, Wine,Vimegar, Bicrobiology,Benzymology,Mutation or Genetic Engineering	457	111	364	103
糖或淀粉工业	Sugar Industry	17	8	13	6
大小原皮、毛皮、皮革	Skins, Hides, Pelts, Leather	19	14	22	8
黑色冶金	Metallurgy of Iron	155	99	117	92
冶金学、合金或有色合金	Metallurgy, Ferrous or Nonferrous Alloys	270	83	183	90
金属加工涂料、防腐防锈	Coating Metallic Materials	182	87	127	79
电解电泳方法及设备	Electrolytic or Electrophoretic Processes	154	61	99	47
晶体生长	Crystal Growth	29	8	28	8
D 部(纺织、造纸)	**Section D: Textiles and Papers Making**	**1262**	**608**	**1306**	**416**
线、纤维、纺纱	Natural or Artificial Threads or Fibers, Spinning	216	120	212	80
纺纱、整经或络经	Yarns, Mechanical Finishing of Yarns or Rope	30	17	26	8
织 造	Weaving	122	57	74	42
编带、花边、针织、整理	Braiding, Lace-Making, Knitting	162	63	151	39
缝纫、锈花、簇绒	Sewing, Embroidery, Tufting	102	41	92	28
织物等的处理、洗涤	Treatment of Textiles, Laundering	442	247	529	156
绳、除电缆外的缆绳	Ropes and Cables, other than Electric	22	6	18	7
造纸、纤维素的生产	Paper making, Production of Cellulose	166	57	204	56
E 部(固定建筑物)	**Section E: Fixed Construction**	**5481**	**2828**	**4951**	**2652**
道路、铁路和桥梁的建筑	Construction of Roads, Railways, or Bridges	325	153	324	144
水利工程、基础、运土	Hydraulic Engineering, Foundations, Soil-shifting	404	171	287	165
给水、排水	Water Supply, Sewage	706	366	632	296
建筑物	Building	1490	697	1333	647

续表 2 continued

单位: 项 (item)

分类	Item	1995 申请量 Applica-tions Examined	1995 批准量 Applica-tions Granted	1996 申请量 Applica-tions Examined	1996 批准量 Applica-tions Granted
锁、钥匙、门窗、保险箱	Locks, Keys, Windows or Door Fittings;Safes	1086	714	1135	570
一般门、窗、百叶窗、梯子	Doors, Windows, Shutters, or Roller Blinds in General;Ladders	838	371	768	442
钻井、采矿	Well Drilling, Mining	632	356	472	388
F 部(机械工程)	**Section F: Mechanical Engineering**	**9325**	**5858**	**9297**	**5195**
一般机器、发动机、蒸汽机	Machines or Engines in General;Engine Plants in General;Steam Engines	309	98	271	157
内燃机等	Combustion Engines	864	318	668	373
液力机械和其他发动机	Machines or Engines for Liquids	242	50	190	65
液体变容机械、泵	Positive-displacement Machines for Liquids; Pumps for Liquid or Elastic Fluids	950	600	1103	488
液压调节器、液压技术	Fluid-pressure Acuators;Hydrautic or Pneumatics in General	118	62	105	84
工程元件或部件	Engineering Elements or Units;General Measures for Producing and Maintaining Effectives Functioning of Machines or Installations; Thermal Insulation in General	2063	1574	2400	1352
气体或液体的贮藏或分配	Storage or Distribution of Gases or Liquids	81	57	79	56
照明	Lighting	367	262	360	183
蒸汽的生产	Steam Generation	152	134	79	55
燃烧设备、燃烧技术	Combustion Apparatus;Combustion Processes	528	310	426	237
采暖、炉灶、通风	Stoves, Ranges, Ventilation	2462	1695	2639	1612
制冷气体的液化和固化	Refrigeration or Cooling, Heat Pump Systems	399	160	293	115
干燥	Drying	134	94	95	67
炉、窑、灶、罐	Furnaces, Kilns, Ovens	198	146	165	87
一般热交换	Heat Exchange in General	321	211	260	173
武器	Weapons	93	51	85	66
弹药、爆破	Ammunition, Blasting Caps	44	36	79	25
G 部(物理)	**Section G: Physics**	**6634**	**2933**	**6604**	**2783**
测量、测试	Measurements, Testing	2048	1077	1927	1204
光学技术	Optics	315	168	254	138
照相术、电影术、电刻术	Photography, Cinematography, Electrography	412	159	288	101
测时技术	Horology	268	135	225	114
控制、调节技术	Controlling, Regulating	218	117	163	89
计算、推算、计数技术	Computing, Calculating, Counting	992	347	1285	271
核算装置	Measurement Devices	220	102	158	89
信号装置	Signalling	419	161	372	142
教育、密码、显示、广告等	Education, Cryptography, Advertising, Seals	1017	437	955	452
乐器、声学	Musical Instruments, Acoustics	158	87	184	58
信息的存储	Information Storage	506	101	753	88
仪器的零部件	Instrument Details	10	13	13	4
核物理、核工程	Nuclear physics, Nuclear Engineering	51	29	27	33
H 部(电学)	**Section H: Electricity**	**6534**	**2675**	**6976**	**2955**
基本电器元件	Basic Electric Elements	2464	1086	2799	955
电力的发电、变电或配电	Generation, Conversion, or Distribution of Electric Power	1189	663	1214	519
基本电子电路	Basic Electrionic Circuitry	363	99	315	92
电信技术	Telecommunications Techniques	1868	507	2093	548
其他类不包括的电技术	Electric Techniques Not Otherwise Provided for	650	320	555	241

注: 此表不包括外观设计分类。

a) Designs patents are excluded in this table.

18－62 文化艺术、文物事业单位数
NUMBER OF INS TITUTIONS FOR CULTURE, ART AND CULTURAL RELICS

单位: 个 (unit)

年 份 Year	电影放映单位 Film Projection Units	艺术表演团体 Art Performance Troupes	艺术表演场所 Art Performance Places	文 化 馆 Cultural Centers	公共图书馆 Public Libraries	博 物 馆 Museums
1949		1000	891	896	55	
1952	2285	2084	1510	2430	83	35
1957	9965	2884	2296	2748	400	72
1962	18483	3320	2249	2514	541	230
1965	20363	3458	2943	2598	562	214
1970	26569	2541	1432	2303	323	182
1975	59661	2836	1464	2598	629	242
1976		2906	1458	2609	768	
1977		2941	1448	2644	851	
1978	115946	3150	1095	2748	1218	349
1979	122121	3482	1255	2892	1651	
1980	125440	3533	1444	2912	1732	365
1981	130827	3483	1415	2893	1787	
1982	143650	3460	1424	2925	1889	
1983	162153	3444	1688	2946	2038	
1984	178387	3397	1684	3016	2217	
1985	182434	3317	1673	2965	2344	711
1986	173857	3195	2036	2993	2406	777
1987	166472	3094	2094	2973	2440	827
1988	161777	2985	2042	2975	2485	903
1989	152300	2850	2011	2955	2512	967
1990	146184	2805	2011	2955	2527	1013
1991	139639	2772	2024	2894	2535	1075
1992	133766	2753	2037	2900	2565	1106
1993	113000	2707	2024	2886	2579	1130
1994	94000	2698	1998	2887	2596	1161
1995	94000	2682	1972	2886	2615	1194
1996	69000	2664	1934	2892	2631	1219

18－63 文化艺术、文物和出版发行事业机构和人员情况（1996年）
NUMBER OF INSTITUTIONS AND PERSONNEL IN CULTURE, ART, CULTURAL RELICS, PUBLISHING AND DISTRIBUTION (1996)

机构类别	Catetory of Institution	机构数(个) Number of Institu－tions	从业人数(人) Number of Per－sons Engaged (person)
文化事业合计	**Culture**	**267851**	**1537120**
艺术事业	Art Institutions	4598	199836
艺术表演团体	Art Performance Troupes	2664	152809
话剧、儿童剧、滑稽剧团	Drama, Children, Plays and Comedy Troupes	92	8268
歌剧、舞剧、歌舞剧团	Opera, Ballet and Dance Troupes	61	7178
歌舞团、轻音乐团	Song and Dance Troupe, Light Muscic Troupe	300	22885
文工团、文宣队、乌兰牧骑	Cultural and Performance Troupes and Ulanmuchi (equestrain art troupes)	415	14120
戏曲剧团	Local Opera Troupes	1587	87355
#京剧	Local Beijing Opera Troupes	114	10737
曲艺、杂技、木偶、皮影团	Recitation and Ballad Troupes,Acrobatics and Circus Troupes,Puppet Show Troupes and Shadow Play Troupes	209	10812
艺术表演场所	Art Centers	1934	47027
剧场、影剧院	Theaters and Music Halls	1898	46198
书场、曲艺场	Storytelling Places, Recitation and Ballad Places	27	435
杂技、马戏场	Acrobatics, Circus Places	2	
音乐厅	Concert Halls	7	394
图书馆事业	Libraries	2631	46457
群众文化事业	Mass Culture	45253	127742
群众艺术馆	Mass Art Centers	392	12061
文化馆	Cultural Centers	2892	45361
文化站	Cultural Stations	41969	70320
#乡文化站	Township Cultural Stations	39121	58813
文化教育事业	Culture and Education	229	20439
其他文化事业	Other Cultural Units	215140	1142646
艺术创作机构	Art Creation Institutions	398	3242
艺术研究机构	Art Research Institutions	143	2924
艺术展览机构	Art Exhibition Institutions	35	1084
#美术馆	#Art Gallery	19	547
演出公司	Performance Companies	236	2703
其他	Others	214328	1132693
文物事业合计	**Cultural Relics**	**3317**	**59902**
文物机构	Cultural Relics Agencies	1984	27419
文物保护管理机构	Agency of Historical Relics Preservation	1871	21729
其他文物机构	Other Historical Relics Agency	72	3543
博物馆	Museums	1219	29343
综合性博物馆	Comprehensive Museum	725	15902
专门性博物馆	Special Museum	227	9004
纪念性博物馆	Memorial Museum	267	4437
文物商店	Cultural Relics Agencies	114	3140
出版发行事业合计	**Publishing and Distribution**	**14149**	**362611**
书刊出版社	Publishing Houses	528	39507
书刊印刷厂	Printing Houses	365	185820
书店	Book Stores	13256	137284

18-64 各地区文化艺术、文物事业单位数(1996年)
NUMBER OF INSTITUTIONS FOR CULTURE, ART AND CULTURAL RELICS BY REGION(1996)

单位: 个 (unit)

地区 Region	艺术表演团体 Art Performance Troupes	艺术表演场所 Art Performance Places	文化馆 Cultural Centers	公共图书馆 Public Libraries	博物馆 Museums
全国 National Total	**2664**	**1934**	**2892**	**2631**	**1219**
北京 Beijing	22	25	22	22	17
天津 Tianjin	17	30	18	31	15
河北 Hebei	138	101	169	143	34
山西 Shanxi	162	53	118	120	71
内蒙古 Inner Mongolia	117	29	102	106	18
辽宁 Liaoning	85	74	103	127	28
吉林 Jilin	67	60	89	57	16
黑龙江 Heilongjiang	92	49	121	96	29
上海 Shanghai	31	45	43	32	12
江苏 Jiangsu	131	139	108	97	73
浙江 Zhejiang	84	98	83	81	61
安徽 Anhui	93	108	101	83	30
福建 Fujian	92	79	80	79	70
江西 Jiangxi	78	60	100	104	80
山东 Shandong	118	111	140	131	54
河南 Henan	214	171	198	132	66
湖北 Hubei	106	86	134	99	88
湖南 Hunan	88	103	123	115	60
广东 Guangdong	136	69	115	115	114
广西 Guangxi	119	32	97	105	37
海南 Hainan	22	17	18	19	13
四川 Sichuan	139	123	214	168	55
贵州 Guizhou	28	14	85	88	5
云南 Yunnan	133	42	128	147	23
西藏 Tibet	25	19	35	1	2
陕西 Shaanxi	117	104	111	114	64
甘肃 Gansu	77	45	83	90	56
青海 Qinghai	14	3	42	41	9
宁夏 Ningxia	14	16	21	19	3
新疆 Xinjiang	89	24	91	68	11

18-65 各地区新闻出版事业机构和人员数(1996年)

NUMBER OF INSTITUTIONS AND PERSONS ENGAGED IN NEWS AND PUBLISHING UNDERTAKINGS BY REGION (1996)

地区 Region	书刊出版社 Publishing Houses		国家定点书刊印刷厂 Printing Houses		书店 Book Stores	
	机构数(个) Institutions (unit)	从业人员(人) Personnel (person)	机构数(个) Institutions (unit)	从业人员(人) Personnel (person)	机构数(个) Institutions (unit)	从业人员(人) Personnel (person)
全国 National Total	**528**	**39507**	**365**	**185820**	**13256**	**137284**
中央 Central Publishing House	205	17964	45	20216	142	3212
地方 Local Publishing House	323	21543	320	165604	13114	134072
北京 Beijing	10	628	10	4150	260	3734
天津 Tianjin	12	1079	10	4583	122	2089
河北 Hebei	7	461	25	11879	599	6558
山西 Shanxi	7	414	9	4975	449	3678
内蒙古 Inner Mongolia	7	452	6	2898	298	3552
辽宁 Liaoning	17	949	16	12114	253	5964
吉林 Jilin	14	727	14	5430	221	3858
黑龙江 Heilongjiang	12	712	8	5942	263	5134
上海 Shanghai	34	3243	22	10162	232	3876
江苏 Jiangsu	16	897	15	7924	844	8544
浙江 Zhejiang	14	668	9	3562	496	4801
安徽 Anhui	9	317	7	3833	612	4063
福建 Fujian	10	527	6	3172	329	3510
江西 Jiangxi	7	307	11	7324	347	4647
山东 Shandong	16	864	23	10206	912	9363
河南 Henan	11	549	18	10977	1191	8924
湖北 Hubei	13	918	19	7614	630	7306
湖南 Hunan	12	841	15	7691	581	5428
广东 Guangdong	17	1107	14	5428	532	7875
广西 Guangxi	7	404	8	4242	313	3709
海南 Hainan	4	203	2	692	59	1209
四川 Sichuan	20	1657	16	9876	962	10001
贵州 Guizhou	4	355	5	2914	486	2218
云南 Yunnan	8	450	4	2455	569	3331
西藏 Tibet	2	94	2	450	126	463
陕西 Shaanxi	15	1116	9	7610	457	3801
甘肃 Gansu	5	313	7	3572	394	2446
青海 Qinghai	1	118	3	919	177	1179
宁夏 Ningxia	3	150	3	741	97	762
新疆 Xinjiang	9	1023	4	2269	303	2049

18－66 图书出版分类构成情况 (1996年)
COMPOSITION OF BOOKS PUBLISHED (1996)

类　别	Category	种　数 (种) Number of Publications	印　数 (万册、张) Printed Copies (10 000 copies)	印　张 (千印张) Printed Sheets (1 000 sheet)
总　计	**Total**	**112813**	**715776**	**36045142**
使用"中国标准书号"合计	Publications with "China Standard Book Number"	110277	710986	35534929
马列主义、毛泽东思想	Marxism－Leninism, Mao Zedong Thought	132	139	24480
哲　学	Philosophy	1184	1071	132785
社会科学总论	General Social Sciences	1084	1087	110230
政治、法律	Politics and Law	3585	6365	624804
军　事	Military Affairs	278	269	29423
经　济	Economics	7027	7205	937623
文化、科学、教育、体育	Culture, Science, Education and Sports	48167	627265	26347619
语言、文字	Languages	3765	8645	1192206
文　学	Literature	9887	13547	1706030
艺　术	Arts	5959	9957	528400
历史、地理	History and Geography	4052	8500	569678
自然科学总论	General Natural Sciences	459	2759	98709
数理科学、化学	Mathematics and Chemistry	1686	2809	309065
天文学、地球科学	Astronomy and Geology	742	197	16842
生物科学	Biology	395	162	21975
医学、卫生	Medicine and Health Care	4276	4467	633616
农业科学	Agricultural Science	2329	2046	153415
工业技术	Industrial Technology	11191	9980	1477058
交通运输	Transportation	817	981	109571
航空、航天	Aeronautics and Aerospace	119	52	5246
环境科学	Environmental Science	218	88	11683
综合性图书	General Books	2931	3395	494471
不使用"中国标准书号"图书	Publications without "China Standard Book Number"	2536	4790	510213
#年　画	New Year's Pictures	1270	1908	38313

18－67 全国少年儿童读物类图书出版数量 (1996年)

NUMBER OF BOOKS PUBLISHED FOR CHILDREN BY REGION (1996)

地区 Region	种数 (种) Number of Publications	印数 (万册) Printed Copies (10 000 copies)	印张 (千印张) Printed Sheets (1 000 sheets)
全国 National Total	**3053**	**14387**	**504300**
中央 Central Publishing House	546	2272	93445
地方 Local Publishing House	2507	12115	410855
北京 Beijing	139	286	19613
天津 Tianjin	70	508	10298
河北 Hebei	83	1254	21873
山西 Shanxi	50	362	5856
内蒙古 Inner Mongolia	16	7	460
辽宁 Liaoning	199	577	16273
吉林 Jilin	79	134	5430
黑龙江 Heilongjiang	32	93	3464
上海 Shanghai	484	2108	137643
江苏 Jiangsu	121	697	31800
浙江 Zhejiang	122	468	11721
安徽 Anhui	81	102	5215
福建 Fujian	50	70	2790
江西 Jiangxi	32	29	1526
山东 Shandong	116	1219	15174
河南 Henan	180	1775	39720
湖北 Hubei	82	92	9411
湖南 Hunan	30	40	4159
广东 Guangdong	64	234	3005
广西 Guangxi	136	321	11424
海南 Hainan	6	7	1235
四川 Sichuan	182	1394	32587
贵州 Guizhou			
云南 Yunnan	50	86	7163
西藏 Tibet			
陕西 Shaanxi	35	52	4022
甘肃 Gansu	5	5	160
青海 Qinghai	9	41	675
宁夏 Ningxia	16	100	1623
新疆 Xinjiang	38	54	6535

18－68 全国图书发行流转情况 (1996 年)

BASIC STATISTICS ON DISTRIBUTION AND CIRCULATION OF BOOKS BY REGION (1996)

单位: 万册、万元 (10 000 copies) (10 000 yuan)

地 区 Region	图书购进 Purchases		图书销售 Sales		图书库存 Stock	
	册数 Copies	金额 Value	册数 Copies	金额 Value	册数 Copies	金额 Value
全 国 National Total	**1565329**	**5962484**	**1518040**	**5574204**	**277593**	**1175176**
中 央 Central Agencies & Organizations	64003	539833	56822	490934	34032	165487
地 方 Local Agencies & Organizations	1501326	5422651	1461218	5083270	243561	1009689
北 京 Beijing	17390	165128	17041	154685	4376	44080
天 津 Tianjin	16425	89896	16768	82779	4949	22608
河 北 Hebei	95038	252052	92608	242684	18854	35506
山 西 Shanxi	37817	118956	38805	116858	5911	15761
内蒙古 Inner Mongolia	17871	65051	16689	60404	3350	11848
辽 宁 Liaoning	46379	187426	44574	174490	8433	42236
吉 林 Jilin	32316	97494	32777	90445	4942	17710
黑龙江 Heilongjiang	33845	112586	32462	103656	9758	29956
上 海 Shanghai	55855	384516	52785	336866	13477	118399
江 苏 Jiangsu	97445	426705	94521	383720	13344	102849
浙 江 Zhejiang	59365	270442	59156	251980	6063	42968
安 徽 Anhui	68672	216185	71734	217791	7599	29780
福 建 Fujian	49484	177811	46414	168706	9469	23616
江 西 Jiangxi	49179	153706	47854	145576	6784	22923
山 东 Shandong	117199	433088	113807	412978	11353	51629
河 南 Henan	110862	293289	107953	282794	14397	34216
湖 北 Hubei	52481	222820	50814	193768	10469	56799
湖 南 Hunan	94112	306350	92388	293217	7906	37630
广 东 Guangdong	93980	334962	96494	320261	12445	59990
广 西 Guangxi	52630	180257	51498	174915	6765	26402
海 南 Hainan	12770	37637	10785	36346	3688	4103
四 川 Sichuan	119152	384397	110875	365836	21612	71337
贵 州 Guizhou	31746	73386	30180	69425	8441	14690
云 南 Yunnan	37714	120126	37214	110845	6376	24549
西 藏 Tibet	450	2045	340	1185	969	1346
陕 西 Shaanxi	53497	158193	49287	142958	13412	40341
甘 肃 Gansu	20716	70037	20181	67392	2393	8019
青 海 Qinghai	1702	9493	1772	8684	821	3892
宁 夏 Ningxia	5284	18357	4668	15830	1686	4720
新 疆 Xinjiang	19950	60260	18774	56196	3519	9786

18－69 图书、杂志和报纸出版数量

NUMBER OF BOOKS, MAGAZINES AND NEWSPAPER PUBLISEDS

年份 Year	图书 Books Published				杂志 Magazines Publised				报纸 Newspapers Publised			
	种数（种） Number of Publi－cations (kind)	#新出版 New Publi－cations	印数（亿册、张） Printed Copies (100 million copies)	印张数（亿印张） Printed Sheets (100 million sheets)	种数（种） Number of Publi－cations (kind)	每期平均印数（万册） Average Printed Copies per Issue (10 000 copies)	总印数（亿册） Total Printed Copies (100 million copies)	总印张数（亿印张） Printed Sheets (100 million sheets)	种数（种） Number of News－paper Publish－ed (kind)	每期平均印数（万份） Average Printed Copies per Issue (10 000 copies)	总印数（亿份） Total Printed Copies (100 million copies)	总印张数（亿印张） Printed Signa－tures (100 million sheets)
1952	13692	7940	7.9	17.0	354	1194.7	2.0	2.8	296	737.2	16.1	13.3
1957	27571	18660	12.8	35.0	634	1910.9	3.2	6.9	364	1130.7	24.4	23.8
1962	16548	8305	10.9	30.7	483	1267.3	2.0	4.2	273	1158.9	25.8	22.1
1965	20143	12352	21.7	56.2	790	2882.5	4.4	9.4	343	2476.6	47.4	40.3
1970	4889	3870	17.9	37.0	21	537.1	0.7	3.8	42	1300.9	46.5	50.3
1975	13716	10633	35.8	101.8	476	3657.3	4.4	14.7	180	3203.0	109.7	96.4
1978	14987	11888	37.7	135.4	930	6200.1	7.6	22.7	186	4280.1	127.8	113.5
1980	21621	17660	45.9	195.7	2191	10298.4	11.2	36.7	188	6236.0	140.4	141.7
1985	45603	33743	66.7	282.7	4705	23952.0	25.6	77.3	698	19107.0	199.8	174.0
1986	51789	39426	52.0	220.3	5248	21980.0	24.0	73.0	791	14627.7	193.9	172.2
1987	60213	42854	62.5	261.2	5687	24375.0	25.9	72.7	850	15524.4	204.9	183.2
1988	65961	46774	62.2	269.0	5865	23275.0	25.5	71.2	829	15170.2	207.2	189.7
1989	74973	55475	58.6	243.6	6078	17145.0	18.4	50.7	852	11574.6	156.2	143.6
1990	80224	55254	56.4	232.1	5751	16156.0	17.9	48.1	773	11595.0	160.5	148.7
1991	89615	58467	61.4	266.1	6056	18215.0	20.6	54.4	812	12433.0	176.6	165.6
1992	92148	58169	63.4	280.4	6486	20506.0	23.6	62.7	875	13440.9	189.1	190.8
1993	96761	66313	59.3	282.3	7011	20780.0	23.5	64.2	943	13626.8	192.6	224.4
1994	103836	69779	60.1	297.2	7325	19763.0	22.1	63.9	1015	13148.1	177.9	236.3
1995	101381	59159	63.2	316.8	7583	19794.0	23.4	67.0	1049	12551.2	178.9	257.9
1996	112813	63647	71.6	360.5	7916	19300.0	23.1	68.1	1083	12456.0	179.5	267.0

注: 1970、1979－1996年为省、自治区、直辖市级以上报纸的数字,其他年份均包括地市、县级报纸的数字。

a) The newspapers published in 1970, 1979－1996 refer to the newspapers published at or above provincial level while the data in other years also included those published at prefectural and counties level.

18－70 艺术表演团体演出情况 (1996年)

BASIC STATISTICS ON PERFORMANCE OF ART TROUPES (1996)

种类	Item	演出场数（万场） Number of Performances (10 000 shows)	#到农村演出 Shows in Rural Areas (10 000)	观众人数（万人次） Number of Spe－ctators (10 000 person－times)
总　计	**Total**	**41.9**	**27.0**	**47934.3**
国有剧团	Troupes Sponsored by State－owned Units	25.9	14.5	29510.6
集体经营剧团	Troupes Sponsored by Collective Units	16.2	12.7	18423.7
按剧种分:	Art Troupes			
话剧、儿童剧、滑稽剧团	Drama, Children's Play and Comedy Troupes	1.0		1328.0
歌舞剧团	Song and Dance Drama Troupes	4.4	0.9	4943.5
文工团、宣传队、乌兰牧骑	Cultural and Performance Troupes and Ulanmuchi (equestrain art troupes)	3.9	2.0	3863.4
乐团、合唱团	Philharmonic and Chorus Troupes			124.2
戏曲剧团	Local Opera Troupes	25.8	20.5	34249.6
#京　剧	Local Beijing Opera Troupes	0.8	0.2	1525.2
曲艺杂技木偶皮影团	Recitation and Ballad Troupes, Acrobatics and Circus Troupes, Puppet Show Troupes, and Shadow Play Troupes	5.9	2.2	3225.6

注: 歌舞剧团包括歌剧、舞剧、歌舞剧团、歌舞团和轻音乐团(下表同)。

a) Song and dance drama troupes include opera, dance and light music troupes. The same as in the following table.

18－71 艺术表演团体收支情况 (1996年)

INCOME AND EXPENDITURES OF ART TROUPES (1996)

种类	Item	补贴团数(个) Number of Troupes Receiving Government Subsidies (unit)	国家经费补贴(万元) Government Subsidies (10 000 yuan)	总收入(万元) Total Income (10 000 yuan)	# 演出收入 Income from Performances	总支出(万元) Total Expenditures (10 000 yuan)	经费自给率(%) Total Income/Total Expenditures Ratio (%)
总 计	**Total**	**2499**	**109781.1**	**184239.9**	**39869.5**	**183533.7**	**62.4**
国有剧团	Troupes Sponsored by State－owned Units	1839	99018.6	159617.2	30087.7	158707.9	57.1
集体经营剧团	Troupes Sponsored by Collective Units	660	10762.5	24622.7	9781.8	24825.8	96.2
按剧种分:	Art Troupes						
话剧、儿童剧、滑稽剧团	Drama, Children's Play and Comedy Troupes	89	9279.9	16191.8	2349.5	15920.3	57.0
歌舞剧团	Song and Dance Drama Troupes	329	26685.0	41156.4	7720.0	41126.0	56.2
文工团、宣传队、乌兰牧骑	Cultural and Performance Troupes and Ulanmuchi (equestrain art troupes)	397	8193.8	10469.0	1426.3	10475.5	35.1
乐团、合唱团	Philharmonic and Chorus Troupes	16	3257.6	5704.3	898.4	5413.3	60.6
戏曲剧团	Local Opera Troupes	1483	54168.6	93453.8	21516.6	93476.1	65.7
#京 剧	Local Beijing Opera Troupes	111	10821.1	16959.9	1690.4	17120.2	45.8
曲艺、杂技、木偶、皮影团	Recitation and Ballad Troupes, Acrobatics and Circus Troupes, Puppet Show Troupes and Shadow Play Troupes	184	8190.2	17215.6	5915.7	17073.5	85.3

注: 本表各项指标仅指文化部系统内的。

a) The data in this table only refer to those under the administration of cultural departments.

18－72 群众艺术馆、文化馆站业务活动及经费情况 (1996年)

BASIC STATISTICS ON ACTIVITIES AND EXPENDITURES OF MASS ART CENTERS AND CULTURAL CENTERS (1996)

项 目	Item	总 计 Total	群众艺术馆 Mass Art Centers	文化馆 Cultural Centers	文化站 Cultural Stations
单位数 (个)	Number of Units (unit)	45253	392	2892	41969
举办展览 (个)	Number of Exhibitions (unit)	76397	1447	12433	62517
组织文艺活动 (次)	Art Performances and Story－Telling Sessions (times)	247357	5030	48972	193355
举办训练班	Training Courses				
班 次 (次)	Number of Classes (times)	130592	4992	37288	88312
结业人次 (万人次)	Number of Persons Completing Courses (10 000 person－times)	432	16	74	342
群众艺术馆、文化馆负责指导单位	Units Responsible for Guiding Mass Art Centers and Cultural Centers				
农村集镇文化中心 (个)	Cultural Centers in County Towns (unit)	19626	1002	18624	
文化俱乐部、室 (个)	Cultural Clubs (unit)	127285	2293	124992	
文化户 (户)	Households Specializing in Cultural Activities (household)	178528	1535	176993	
群众业余演出团(队)(个)	Part－time Art Groups (unit)	28993	950	28043	
总支出 (万元)	Total Expenditures (10 000 yuan)	137775	19976	58239	59560
#预算内 (万元)	Budgetary Expenditures (10 000 yuan)	112581	17585	51435	43561
#业务费 (万元)	Professional Expenditures (10 000 yuan)	18143	2540	7265	8338
修缮费 (万元)	Maintenance Expenses (10 000 yuan)	7233	928	3023	3282

注: 本表各项指标仅指文化部系统内的。

a) The data in this table only refer to those under the administration of the cultural departments.

18－73 公共图书馆业务活动及经费情况 (1996年)
FACILITIES, SERVICES AND EXPENDITURES OF PUBLIC LIBRARIES (1996)

项目		Item	总计 Total	#省级公共图书馆 Public Libraries at Provincial Level	#县级公共图书馆 Public Libraries at County Level
总藏量	(万册、件)	Total Collections (10 000 volumes)	33685.8	8606.0	12980.6
书架总长度	(万米)	Total Length of Bookshelves (10 000 m)	965.8	325.9	277.5
发放借书证数	(万个)	Number of Library Cards Distributed (10 000 units)	529.1	71.7	283.4
图书流通情况		Circulation of Books			
总流通人次	(万人次)	Total Number of Circulation (10 000 person－times)	14856.4	918.0	9120.5
书刊外借册次	(万册次)	Number of Books Borrowed by the Readers (10 000 volume－times)	14853.3	766.1	9630.0
为读者服务举办各种活动		Service Activities Provided for Readers			
次数	(次)	Number of Activities (times)	31991.0	1309.0	23751.0
参加人数	(万人次)	Number of Readers Involved (10 000 person－times)	1280.6	131.8	628.9
总支出	(万元)	Total Expenditures (10 000 yuan)	88962.6	19262.9	29321.6
#预算内	(万元)	Budgetary Expenditures (10 000 yuan)	82639.1	17882.6	26915.0
#藏量购置费	(万元)	Purchase Expenses (10 000 yuan)	19626.3	5576.6	2994.6
本年新购藏量	(万册)	Number of Books Purchased During the Year (10 000 volumes)	797.3	129.8	330.6
公用房屋		Floor Space of Public Buildings			
建筑面积	(万平方米)	Floor Space of Buildings (10 000 sq.m)	441.4	63.5	233.3
#书库	(万平方米)	Stack Rooms (10 000 sq.m)	120.8	24.1	56.0
阅览室座席	(万个)	Seating Capacity of Reading Rooms (10 000 seats)	35.6	1.7	24.6

18－74 博物馆、文物机构业务活动及经费情况 (1996年)
FACILITIES, SERVICES AND EXPENDITURES OF MUSEUMS AND CULTURAL RELIC AGENCIES (1996)

项目		Item	博物馆 Museums	文物机构 Cultural Relic Agencies	文物保护管理机构 Protection and Management Agencies	其他文物机构 Other Agencies
藏品	(件)	Number of Collections (piece)	9242057	2021611	1986055	35556
#一级品	(件)	Grade One (piece)	41328	19570	19524	46
业务活动		Operations				
陈列展览	(个)	Number of Displays and Exhibitions	5191			
参观人数	(万人次)	Number of Visitors (10 000 person－times)	13554.8	46475.9	46475.9	
经费支出	(万元)	Total Expenditures (10 000 yuan)	85996.0	58358.7	49890.7	8468.0
#业务费	(万元)	Professional Expenditures (10 000 yuan)	13147.1			1417.4
#考古发掘费	(万元)	Archaeology and Excavation Expenses (10 000 yuan)	516.5	1505.8	1326.2	179.6
维修费	(万元)	Maintenance Expenses (10 000 yuan)	7836.8	11504.7	10149.9	1354.8
增加值	(万元)	Value Added (10 000 yuan)	49257.4	30411.6	27589.1	2822.5

18－75 摄制电影片产量

FILM PRODUCTION

年 份 Year	电影故事片厂 (个) Number of Feature Film Studios	故事片 (部) Feature Films (film)	美术片 (本) Cartoons (reel)	科学教育片 (本) Popular Science Films (reel)	纪录片 (本) Documentary Films (reel)
1952	4	4	2	41	157
1957	11	40	5	84	272
1962	16	34	17	94	133
1965	16	52	21	240	378
1975	15	27	11	214	313
1978	12	46	26	289	202
1980	17	82	32	337	242
1985	20	127	45	357	419
1986	20	134	46	383	417
1987	22	146	45	353	347
1988	22	158	38	344	350
1989	22	136	53	334	259
1990	22	134	51	326	296
1991	22	130	46	351	283
1992	22	170	56	354	307
1993	22	154	47	252	300
1994	22	148	32	182	22
1995	30	146	37	40	111
1996	30	110	58	33	39

注：本表电影故事片厂只包括国务院批准的厂。

a) The number of feature film studios in this table only includes those approved by the State Council.

18－76 广播、电视事业发展情况

BASIC STATISTICS ON BROADCASTING AND TELEVISION STATIONS

项 目	Item	1995	1996	1996年为1995年% 1996 as Percentage of 1995
职工人数 (人)	Number of Staff and Workers (person)	423476	437938	103.41
广播电台 (座)	Number of Broadcasting Stations (set)	1202	1244	103.49
发射台及转播台 (座)	Number of Broadcast Transmission Stations and Relaying Stations (set)	746	746	100.00
发射机功率 (千瓦)	Broadcast Power of Transmitters (kw)	58150.1	36822.8	63.32
县、市有线广播站 (座)	Number of Wire Broadcast Stations in Counties and Cities (set)	2592	2106	81.25
广播人口覆盖率 (%)	Listener Rating (%)	78.7	84.2	
电视台 (座)	Number of Television Stations (set)	837	880	105.13
电视发射及转播台 (座)	Television Transmission Stations and Relaying Stations (set)	40987	40885	99.75
发射机功率 (千瓦)	Power of Trandmitters (kw)	7477.8	7832.7	104.74
电视人口覆盖率 (%)	Viewer Rating (%)	84.5	86.2	

18－77 广播、电视节目制作情况

PRODUCTION OF BROADCASTING AND TV PROGRAMS

单位：小时 (hours)

项　目	Item	1985	1990	1994	1995	1996
广播节目制作	Production of Broadcasting Programs	280799	647762	1897644	2332164	2890015
#新闻	News Programs	65955	135550	298541	353368	395263
专题	Special Subject Programs	51603	123741	429685	565464	683327
教育	Educational Programs	26336	39590	82771	91240	147430
文艺	Programs of Entertainment	84926	235766	752772	924656	1173415
服务性	Service Programs	51979	113115	333875	397436	490580
电视节目制作	Production of TV Programs	38056	91572	280841	383513	550738
#新闻	News Programs	7444	28593	65118	80800	101570
专题	Special Subject Programs	4752	15739	46159	81146	85405
教育	Educational Programs	15810	5365	7345	11630	22381
文艺	Programs of Entertainment	6957	22096	83328	109322	213118
服务性	Service Programs	3093	19779	78891	100615	128264

18－78 广播、电视宣传基本情况 (1996 年)

BASIC STATISTICS ON BROADCASTING AND TELEVISION (1996)

项　目	Item	节目套数（套） Number of Programs (set) (套)	平均每日(周)播出时间（小时） Broadcasting Hours Per Day/Week(hour)	自办节目时间（小时） Self-Produced Programs (hour)	#新闻节目 News Programs	#教育节目 Educational Programs	#文艺节目 Entertainment Programs
无线广播合计	**All Radio Broadcasting Stations**	**1481**	**14677**	**11237**	**1515**	**530**	**4828**
#中央人民广播电台	China National Radio	7	128	128	24	3	58
国际广播电台	China Radio International		167	167	49	4	32
电视播映合计	**All Television Stations**	**983**	**55519**	**36699**	**3389**	**852**	**23700**
#中央电视台	China Central Television	8	977	977	137	32	423
第一套节目	Channel 1	1	131	131	33	6	41
第二套节目	Channel 2	1	120	120	42	14	24
第三套节目	Channel 3	1	116	116	7		103
第四套节目	Channel 4	1	165	165	47	1	49

注：自办节目时间，无线广播为平均每日，电视播映为平均每周。

a) The data on program hours refer to the number of hours per day for radio broadcasting and the number of hours per week for television broadcasting.

主要统计指标解释

普通高等学校 指按照国家规定的设置标准和审批程序批准举办，通过国家统一招生考试，招收高中毕业生为主要培养对象，实施高等教育的全日制大学、独立设置的学院和高等专科学校、短期职业大学。

成人高等学校 指按照国家有关规定审批，招收通过全国成人高教统一招生考试的具有高中毕业或同等学历的在职从业人员利用脱产、半脱产、业余或函授等多种形式对其实施高等学历教育，培养高等教育专科或本科毕业水平的专门人才，修业年限、课程设置和总学时数均按高等学历教育要求付诸实施的学校。包括广播电视大学、职工高等学校、农民高等学校、管理干部学院、教育学院、独立设置的函授学院等。

小学学龄儿童入学率 指调查范围内已入小学学习的学龄儿童占校内外学龄儿童总数（包括弱智儿童在内，但不包括盲聋哑儿童）的比重。计算公式：

$$小学学龄儿童入学率=\frac{已入学的小学学龄儿童数}{校内外小学学龄儿童总数}\times 100\%$$

独立研究与开发机构 指有明确的任务和研究方向，有一定学术水平的业务骨干和一定数量的研究人员，具有研究、开发、开展学术工作的基本条件，主要进行科学研究与技术开发活动，并且在行政上有独立的组织形式，财务上独立核算盈亏，有权与其他单位签订合同，在银行有单独户头的单位。包括国务院各部门、中国科学院、中国社会科学院和各省、自治区、直辖市以及地（市）以上〔含地（市）〕各部门所属的国有独立的科学研究与技术开发机构。

独立研究与开发机构职工 指在科学研究与技术开发机构工作，并由其支付工资的各种人员。包括长期职工和临时职工，不包括编制以外的离休、退休人员和停薪留职人员，但包括招聘人员。

研究与发展经费支出 指报告期内用于研究与实验发展课题活动（基础研究、应用研究、实验发展）的全部实际支出。包括用于研究与发展课题活动的直接支出，还包括间接用于研究与发展活动的一切支出（院、所管理费、维持院、所正常运转的必需费用和与研究发展有关的基本建设支出）。

科学家和工程师 指具有大学本科及以上学历的和不具备上述学历但有高、中级职称的人员。

其他科技人员 指大专、中专毕业和具有初级职称的从事科技活动人员。

专业技术人员 指已取得科学技术职称，或大学、中专的理、工、农、医科系毕业，以及国民经济各部门从工作实践中提拔，从事理、工、农、医等自然科学技术的研究、教学、生产的专业人员和在机关、企业、事业中从事科学技术业务管理工作的专业人员。

工程技术人员 指在国民经济各行业从事工程技术工作的自然科学技术专业人员，包括：高级工程师、工程师、助理工程师、技术员和未评定职称的技术人员。

农业技术人员 指在国民经济各行业从事农业技术工作的自然科学技术专业人员，包括：高级农艺师、农艺师、助理农艺师、技术员和未评定职称的技术人员。

卫生技术人员 指在国民经济各行业从事卫生医务工作的自然科学技术专业人员，包括：正副主任医师、主治医师、医师、医（护）士和未评定职称的技术人员。

科学研究人员 指在国民经济各行业从事科学技术活动的自然科学技术专业人员，包括：正副研究员、助理研究员、研究实习员、技术员和未评定职称的技术人员。

自然科学教学人员 指在国民经济各行业从事自然科学技术方面教学活动的专业人员，包括：正副教授、讲师、助教、教师和在中学从事自然科学技术方面教学活动的人员。

发明 指专利法及其实施细则所称的发明，指对有关产品、方法或其改进所提出的新的技术方案。

实用新型 指专利法及其实施细则所称的实用新型，指对产品的形状、构造或者其结合所提出的适于实用的新的技术方案。

外观设计 专利法及其实施细则所称的外观设计是指对产品的形状、图案、色彩或者其结合所作出的富有美感并适于工业上应用的新设计。

文化事业机构 指从事专业文化工作和为专业文化工作服务的独立建制的单独核算的单位。不包括这些单位另外举办独立核算的其他机构和各部门的业余文化组织。

艺术表演团体 指从事戏曲、音乐、舞蹈、杂技等专业艺术表演，有独立帐户，实行单独核算的团体。不包括半工半艺、半农半艺和民间职业剧团。

电影放映单位 指具有放映机器设备、固定或不固定的放映场所与专职或兼职的放映技术人员，经有关部门登记批准，经常为一定的观众对象放映电影的机构。包括经批准对外开放进行营业，并与电影发行放映管理机构分帐的专用放映单位和军委系统租片单位。

艺术表演观众人数（人次） 指售票、包场演出或民族地区免费演出的艺术表演观众人次数。不包括彩排审查和内部观摩演出的观看人次数。

Explanatory Notes on Main Statistical Indicators

Regular Institutions of Higher Learning refer to educational establishments set up according to the government evaluation and approval procedures, enrolling graduates from senior secondary schools and providing higher education courses and training for senior professionals. They include full-time universities, colleges, high professional schools and short-term professional universities.

Institutions of Higher Learning for Adults refer to educational establishments, set up in line with relevant rules approved by the government, enrolling staff and workers with senior secondary school or equivalent education, and providing higher education courses in many forms of full-time, part-time, spare-time, or correspondence for adults. Professionals thus trained receive a qualification equivalent to graduates studying regular courses at regular universities, colleges and professional colleges. Institutions of higher learning for adults include Radio and TV universities, schools of high education for staff and workers and peasants, colleges for management cadres, pedagogical colleges, independent correspondence colleges.

Enrollment Rate of Primary School-age Children refers to the proportion of school-age children enrolled at schools to the total number of school-age children both in and outside schools (including retarded children, but excluding blind, deaf and mute children). The formula is:

$$\text{Enrollment Rate of Primary School-age Children} = \frac{\text{Total Primary School-age Children at Schools}}{\text{Total Primary School-age Children Both at and Outside Schools}} \times 100\%$$

Independent Research and Development Institutions refer to the state-owned insitutions which have direct mission and research purpose, a certain number of core member with higher research level and a certain number of research personnel, favorable conditions for R & D and engaging in scientific research and technological development. The institutions also have their own independent organization and finance, authority to sign contracts with other units, with their own accounts in banks. Independent research and development institutions include the institutions attached to central government agencies, Chinese Academy of Sciences. Chinese Academy of Social Sciences and the institutions attached to local governments.

Personnel of Independent Research and Development Institutions refers to the persons who work and receive payment in research and development institutions. It includes regular full-time and temporary staff and workers, but excludes retirees and persons who leave their work temporarily without payment but still retain their posts.

Total Expenditure on Research and Development refers to all actual expenditure made for R & D (basic research, applied research and experimental development) in reference period. It includes direct expenditure on R & D and indirect expenditure on R & D (including management expenses, administrative expense and investment in capital construction ralating to R & D.

Scientists and Engineers refer to persons who have completed university or higher education or obtained titles of senior and middle-level professional positions.

Other Technical Personnel refers to persons involved in science and technology with secondary specialized education or three – year college education and persons with junior professional titles.

Natural Scientific and Technical Personnel refers to those professionals holding scientific and technical titles or taking such positions, or being graduated from departments of science, engineering, agriculture and medicine, and/or having been promoted in practice in different sectors of the national economy and working on research, teaching and production technique in the scientific and technological fields such as science, engineering, agriculture and medicine, etc. and the professionals doing administrative work related to science and technology in government agencies, enterprises and institutions.

Engineering Professionals refer to the persons who are engaged in engineering science and technology in different sectors of the national economy, including senior engineers, engineers, assistant engineers, technicians and technical personnel withour professional titles.

Agricultural Professionals refer to the persons who are working on the science of agriculture in different sectors of the national economy, including senior agronomists, agronomists, assistant argonomists, technicians and technical personnel without professional titles.

Public Health Professionals refer to the persons who are engaged in medical and health work in different sectors of the national economy, including director doctors and their deputies, doctors in charge, doctors, paramedics, nurses and technical personnel without professional titles.

Scientific Research Personnel refers to those personnel engaged in scientific and technical activities in different sectors of the national economy, including research fellows and their deputies, assistant research fellows, research trainees, technicians and technical personnel without professional titles.

Teaching Personnel of Natural Sciences refers to those professionals engaged in the teaching of natural sciencs and technology in different sectors of the national economy, including professors, associate professors, lecturers, teaching assistants, teachers and teaching personnel in science and technology in middle schools.

Inventions refer to the inventions as specified by the patent law and its detailed rules and regulations for implementation. They refer to the new technical proposals to the products or methods or their modifications.

Utility Models refer to the utility models as specified by the patent law and its detailed rules and regulations for implementation. They refer to the practical and new technical proposals on the shape and structure of the product or the combination of both.

Designs refer to the designs as specified by the patent law and its detailed rules and regulation for implementation. They refer to the aesthetics and industry-applicable new designs for the shape, pattern and color of the product, or their combinations.

Cultural Institutions refer to units which have their own organizational system and independent accounting system and specialize in or serve cultural development. They exclude other establishments run by these cultural institutions and amateur cultural groups established by various departments.

Art Troupe refers to the troupe which is engaged in drama, opera, music, dance, acrobatics or other art performance, opens independent accounts with banks and has self – supporting accounting system; excluding the troupes which are engaged partly in industrial or agricultural activities, partly in art performance and the professional troupes organized by the people.

Film Projection Units refer to units with film projection equipment, full or part-time projectionists, permanent or non-permanent places, approved by related administrative departments to show films regularly for certain groups of audience, including those film projection units which have been approved to give commercial shows and run business with independent accounting system as well as those film-renting units of the military system.

Number of Spectators at Art Performance refers to the number of attendants at commercial shows, completely booked shows or free shows given in minority national areas, and does not include the number of spectators at rehearsals for examination and internal shows for study.

十九 体育、卫生、社会福利和其他

SPORTS, PUBLIC HEALTH, SOCIAL WELFARE AND OTHERS

简要说明

一、本篇主要反映体育、卫生、社会福利及其他事业发展情况。

体育：包括群众体育和竞技体育，主要内容有体育系统职工、运动员、教练员和裁判员等人数，体育场地数，运动员创世界纪录和获世界冠军情况，体育锻炼达标人数、以及与国外体育交往次数和人数等。

卫生：主要内容为卫生机构、人员、床位数，医院诊疗人次及入院人数，主要疾病死亡原因及构成，以及传染病的发病及残疾情况等。

社会福利：主要包括社会福利事业的机构人员、社会福利救济、城镇社区服务及农村社会保障网络、婚姻状况等情况。

其他：主要包括历届全国人大政协基本情况、全国工会组织情况、司法情况、交通事故、火灾事故情况等。

二、上述资料分别由国家体委、卫生部、民政部、总工会、公安部等部门提供，都是根据有关部门制定的统计报表制度进行统计、汇总整理而成的。这些统计报表制度包括体育事业统计报表制度，卫生事业统计制度，民政事业统计报表制度，工会组织统计报表，公安统计报表制度等，一般都是逐级汇总上报。

三、环境保护统计资料由国家环保局计划司提供。统计资料是依据国家环保局制定的环境统计报表制度，由各省、自治区、直辖市的环境统计年报汇总整理而成。主要包括：

1．“三废”排放与处理。根据近7万个县及县以上有污染的工业企业的数据汇总而成，反映各地区、各工业行业有关“三废”排放与处理的情况。

2．环境管理。反映各地区环境科研、宣教、信访和污染事故等方面的情况，数据由县、地市、省环保部门逐级整理而成。

3．环保系统自身建设。反映地方各级环保部门的基本情况，不包括国家环保局及其直属单位和国务院各有关部门的资料。

四、服务业财务资料

1．服务业财务资料反映部分服务业的基本财务状况。按资金预算管理方式分为全额单位、差额和自收自支单位、服务企业及企业化管理的事业单位三部分。各类单位的主要财务指标是在事业行政单位预算会计制度的基础上，根据宏观经济管理和建立国民经济核算的要求而设置的，通过这些指标，可以反映事业行政单位的财务收支状况，服务企业和事业单位的经营活动状况，资产、负债和所有者权益等情况。

2．服务业财务资料由29个省、自治区、直辖市（不包括西藏）统计局提供，其中大部分数据是通过国家统计局布置的服务业财务统计年报搜集得到的，部分地区的教育、卫生、体育等资料由当地有关部门提供的资料整理得到。服务业财务统计年报的统计范围包括国民经济行业中的公共设施服务业、居民服务业、旅馆业、租赁服务业、信息咨询服务业、计算机应用服务业，卫生、体育、社会福利保障业、教育、文化艺术业、广播电影电视业、科学研究业、综合技术服务业、国家机关、政党机关和社会团体等行业。服务业财务统计的调查单位是上述范围内具有法人资格、独立核算的行政事业单位和企业。

BRIEF INTRODUCTION

I. The data in this chapter mainly show the development of sports, social welfare and other undertakings.

Sports: The data cover mass sports (sports for all) and athletics sports, including mainly the number of staff and workers in sports departments, number of athletes, coaches and referees, number of stadiums and gymnasiums, number of world records chalked up and world championships won by the Chinese athletes, number of persons who have come up to the "National Physical Training Program Standards" and the international visits of sports delegations.

Public health: The data include mainly the number of institutions, personnel, hospital beds, number of patients treated and in-patients, major diseases as the causes of death and the proportion to the total deaths, the incidence of infectious diseases and the disability caused by them.

Social welfare: The data include mainly the number of institutions and personnel, social welfare relief, urban welfare facilities, rural network of social security and marital status etc.

Others: The data cover mainly the number of deputies of the National People's Congress and the Chinese People's Political Consultative Conferences over the sessions, the organization of trade union, the judicial conditions, basic statistics on traffic accidents and fires.

II. The above-mentioned data are provided by the State Sports Commission, Ministry of Public Health, Ministry of Civil Affairs, All-China Federation of Trade Unions, Ministry of Public Security etc. The data are collected and tabulated in accordance with the statistical reporting schemes stipulated by the departments concerned, including the statistical reporting schemes on sports, public health, civil administration, organization of trade unions and public security. The data are generally reported to the higher authorities level by level.

III. The statistical data on environmental protection are provided by the Department of Planning, National Environmental Protection Agency. The statistical data are collected and tabulated by 30 provinces, autonomous regions and municipalities directly under the central government in accordance with the annual environmental statistical reporting scheme stipulated by the National Environmental Agency. The environmental statistical data include the following main parts:

(1) The discharge and treatment of waste water, waste gas and solid wastes: The summary data are tabulated from the data of nearly 70 thousand industrial enterprises at county and higher levels, which discharge pollutants. They show various indicators about the discharge and treatment of waste water, waste gas and solid wastes in various regions and various industrial sectors.

(2) The administration of environment: The data show the situation on the scientific research, publicity, letters and visits of complaints related to environmental protection and pollution accidents. The data are tabulated level by level by the departments of environmental protection of counties, prefectures and provinces.

(3) The improvement of the departments of environmental protection: The data show the basic conditions of the local departments of environmental protection, excluding the data on the National Environmental Protection Agency and its directly subordinate units as well as the departments under State Council.

IV. Financial data of the service trades

(1) The financial data of the service trades show the basic financial conditions of some service trades. The units of service trade are classified by different administration of funds and budgets into three categories: (1) units which the government finance appropriates the whole funds for their expenditures, (2) units which raise part of the funds for their expenditure by themselves while the government finance appropriates the remaining part of the funds and the units which assumes sole responsibility for its profits and losses, (3) service enterprises and institutional units managed as enterprises. The financial indicators of the above units are designed in accordance with the requirements of the macro-economic management and setting up the national economic accounting system. They can show the conditions on the income and expenditure of the institutional units and administrative units, the management and activities, assets and liabilities and the creditors' equity of the service enterprises and institutional units.

(2) The financial data of the service trades are provided by the statistical bureaus of provinces, autonomous regions (not including Tibet) and municipalities directly under the central government. The majority of the data are collected in accordance with the annual statistical reporting scheme on the finance of the service trade, which is assigned by the State Statistical Bureau. The data on education, public health, sports etc. of some regions are provided by the departments concerned. The statistical coverage of the annual financial statistical reports includes public facilities service trade, residents service trade, hotels, charter business, information consulting trade, computer application trade, public health, sports, social welfare security trade, education, culture and arts, radio, film and television, scientific research, comprehensive technical service, government agencies, party agencies and social organizations. The statistical unit of the financial statistics of the service trade is the corporate administrative and institutional units and enterprises with independent accounting system in the above mentioned coverage.

19-1 体委系统职工人数(1996年)

NUMBER OF STAFF AN D WORKKERS IN SPORTS COMMISSIONS(1996)

单位：人 (person)

人员分类 Category of Personnel	合计 Total	#优秀运动队 Excellent Sports Teams	#体育运动学校 Physical Education and Sports Schools	#重点业余体校 Key Sparetime Sports Schools
总计 Total	**148502**	**35453**	**14929**	**10970**
运动员 Athletes	18216	18216		
专职教练员 Full-Time Coaches	24928	4156	3778	5420
专职文化教师 Full-Time Teachers	11374	582	4503	1714
科技人员 Scientific and Technical Personnel	1818	68	134	
医务人员 Medical Personnel	2198	996	317	123
管理人员 Administrative Personnel	47042	5494	3200	1925
其他 Others	42926	5941	2997	1788

续表1continued

单位：人 (person)

人员分类 Category of Personnel	#体育中学 Physical Education Middle Schools	#普通业余体校 Popular Spare-time Sports Schools	#公共体育场馆 Public Stadiums and Gymnasiums	#训练基地 Training Bases
总计 Total	**2269**	**18240**	**16008**	**3968**
运动员 Athletes				
专职教练员 Full-Time Coaches	754	10780		
专职文化教师 Full-Time Teachers	887	1520		
科技人员 Scientific and Technical Personnel			115	115
医务人员 Medical Personnel	23	86	78	84
管理人员 Administrative Personnel	328	3035	6255	1197
其他 Others	277	2819	9560	2572

19－2 等级运动员、等级裁判员人数(1996年)

NUMBER OF ATHLETES AND REFEREES IN GRADES BY TYPE OF SPORTS (1996)

单位：人 (person)

运动项目	Item	等级运动员 Number of Athletes in Grades	#国际级运动健将 International Master of Sports	#运动健将 Master of Sports	#一级 First Grade Sportsman	等级裁判员 Number of Referees in Grades	#国际裁判 International Referees	#国家级 National Referees	#一级 First Grade Referees
总计	**Total**	**61281**	**111**	**713**	**2249**	**44765**		**328**	**3299**
#田径	Track and Field	39684	25	55	386	15108		1	876
游泳	Swimming	3730	21	54	244	1141			217
跳水	Diving	59		8	18	13			9
水球	Water Polo	36			17	3			1
举重	Weightlifting	1765	12	54	83	469			90
体操	Gymnastics	468	2	152	64	182		20	23
艺术体操	Artistic Gymnastics	180		2	13	58		3	18
射击	Shooting	674	1	13	32	357			82
射箭	Archery	154	1	8	28	30			23
国际式摔交	Wrestling	418		8	79	248		56	44
柔道	Judo	783	2	14	102	293		66	53
自行车	Cycling	46			9	46			9
击剑	Fencing	121		32	26	52		7	23
赛艇	Rowing	191	1	8	15	63			29
皮划艇	Canoeing	175	5	13	4	55			30
帆船	Sailing	11		3	4	4			3
帆板	Wind Surfing	44		8	2	16			6
冰球	Ice Hockey	3				1			1
速度滑冰	Speed Skating	151	6	11	31	40			14
篮球	Basketball	3760			65	10577			396
排球	Volleyball	1146			31	1651			112
足球	Football	1433			100	2134			230
乒乓球	Table Tennis	2088		1	183				
羽毛球	Badminton	422		24	60				
网球	Tennis	116	2	17	18	263			49
手球	Handball	141	2	22	45	17			7
棒球	Baseball					9			2
垒球	Softball	60	6	7	12	11		3	6
台球	Billiards					313			28
技巧	Acrobatic Gymnastics	138		13	45	35		3	13
国际象棋	International Chess	92			32	61			2
中国象棋	Chinese Chess	188	1		9	579			55
围棋	Weiqi	68			9	206			33
桥牌	Bridge	10			10	189			53
武术	Wu Shu	1908		95	212	1737		93	270
摩托车	Motorcycling	6							
无线电测向	Radio Goniometry	74			21	11			
蹼泳	Web Swimming	22	3	1	2				
航海模型	Model Ship Sailing	100		5	41	76		2	6
航空模型	Model Airplane	73	2	5	24	49		4	14

19－3 全国体育场地数

NUMBER OF STADIUMS AND GYMNASIUMS

单位：个

场地种类 Kind of Stadiums and Gymnasiums		总计 Total	体委系统 Sports Commissions	工矿系统 Industrial and Minining Enterprises	农业系统 Agricul－tural Units	学校系统 Schools	其他系统 Other Units
总　计	**Total**	**615693**	**14410**	**45081**	**65781**	**413583**	**76838**
体育场	Stadiums	1223	637	72	11	436	67
体育馆	Gymnasiums	935	555	132	12	150	86
游泳跳水馆	Natatoriums	76	43	17	1	1	14
室内外游泳池	Indoor and Outdoor Swimming Pools	4031	1298	744	245	779	965
小运动场	Small Sports Grounds	53631	356	555	303	50824	1593
有固定看台的灯光球场	Illuminated Fields with Fixed Seating	5672	1351	1888	533	364	1536
篮、排球场	Basket Ball and Volley Ball Fields	501216	3356	35600	60951	349349	51960

注：1. 此数据为1995年第四次体育场地普查数据。
　　2. 其他系统还包括解放军、武警、铁路系统的场地个数。

a) The data are obtained from the Fourth Census on Stadiums and Gymnasiums conducted in 1995.

b) Other units refer to the units of the Chinese People's Liberation Army, armed police and railways, etc.

19－4 我国运动员创世界纪录情况

WORLD RECORDS CHALKED UP BY CHINESE ATHLETES

单位：项、人、次　　　　(Item,Person,Time)

年份 Year	项数 Number of Events	#女子 Female	人数 Number of Persons	#女子 Female	次数 Number of Times	#女子 Female
1956	1	1			3	
1957	3	1	3	1	3	1
1963	13	7	14	6	20	13
1965	28	12	66	28	41	20
1970	1		1		1	
1975	6	6	7	7	12	12
1978	3	3	6	6	3	3
1980	7		17		15	
1985	5	1	6	1	9	1
1986	7	4	12	4	12	6
1987	22	6	28	6	41	12
1988	33	20	16	13	34	29
1989	36	25	25	14	47	35
1990	14	9	17	10	16	9
1991	31	26	29	24	50	44
1992	42		31人(persons)4队(teams)	27	106	102
1993	57	47	38人(persons)7队(teams)	28人(persons)7队(teams)	124	109
1994	41	39	26人(persons)4队(teams)	24人(persons)4队(teams)	72	69
1995	13	11	14人(persons)2队(teams)	12人(persons)2队(teams)	24	22
1996	22	15	17人(persons)1队(teams)	13人(persons)1队(teams)	30	22

注：1991年以前各年的集体项目的队数折合在人数中。

a) The number of teams in the years before 1991 was converted into the number of persons.

19-5 我国运动员分项创世界纪录情况(1996年)
WORLD RECORDS CHALKED UP BY CHINESE ATHLETES BY EVENT(1996)

单位：项、人、次 (Item,Person,Time)

项目 Item		项数 Number of Events	#女子 Female	人数 Number of Persons	#女子 Female	次数 Number of Times	#女子 Female
总计	**Total**	**22**	**15**	**17人1队**	**13人1队**	**30**	**22**
举重	Weightlifting	16	11	13	10	20	14
射箭	Archery	2	2	2	2	2	2
射击	Shooting	2		1		2	
田径	Track and Field	1	1	1	1	4	4
短道速滑	Speed Skating	1	1	1队	1队	2	2

19-6 我国运动员获得世界冠军情况
WORLD CHAMPIONSHIPS WON BY CHINESE ATHLETES

单位：项、人、个 (Item,Person,Number)

年份 Year	项数 Number of Events	#女子 Female	人数 Number of Persons	#女子 Female	个数 Number of Times	#女子 Female
1959	1		1		1	
1963	4		7		4	
1965	5	2	9	4	5	2
1971	4	2	7	2	4	2
1975	2	1	9	4	2	1
1978	4	2	4	2	4	2
1980	3		3		3	
1985	42	20	70	41	46	23
1986	26	14	56	34	26	14
1987	64	39	72	34	69	41.5
1988	54	36.5	59	30	54	36.5
1989	80	49	83	48	82	50
1990	54	33.5	61	30	54	33.5
1991	88	57.5	86	51	93	61.5
1992	86	69.5	68	52	89	72.5
1993	101	66.5	106	70	103	68.5
1994	79	53.5	86	45	79	53.5
1995	98	49.5	187	86	102	51.5
1996	72	55.0	58	42	75	57.0

注：男女混合运动项目，女子按半项和半个计算。

a) Mixed doubles table tennis champions count 0.5 for females.

19－7 我国运动员分项获得世界冠军情况(1996年)

WORLD CHAMPIONSHIPS WON BY CHINESE ATHLETES BY ITEM(1996)

单位：项、人、个

(Item,Person,Number)

项　　目	Item	项　数 Number of Events	#女　子 Female	人　数 Number of Persons	#女　子 Female	个　数 Number of Times	#女　子 Female
总　　计	**Total**	**72**	**55**	**58**	**42**	**75**	**57**
#跳　　水	Diving	3	2	2	1	3	2
举　　重	Weightlifting	25	23	11	9	25	23
乒 乓 球	Table Tennis	4	2	4	2	6	3
技　　巧	Acrobatic Gymnastics	8	5	7	5	8	5
田　　径	Track and Filed	1	1	1	1	1	1
游　　泳	Swimming	1	1	1	1	1	1
射　　击	Shooting	2	1	2	1	2	1
体　　操	Gymnastics	2	1	2	1	2	1
羽 毛 球	Badminton	2	1	3	2	3	2
赛　　艇	Rowing	1	1	4	4	1	1
短道速滑	Short Skating	1		1		1	
女子摔跤	Women Wrestling	2	2	2	2	2	2
柔　　道	Judo	1	1	1	1	1	1
蹼　　泳	Web Swimming	15	12	8	6	15	12
跳　　伞	Parachuting	1	1	5	5	1	1
*航空模型	Model Plane	2		3		2	
夏季两项	Summer Biathlon	1	1	1	1	1	1

注：1.男女混合运动项目，女子按半项和半个计算。

2.夏季两项指越野赛跑及射击。

a) The number of events and times of mixed doubles is counted 0.5 for females.

b) Sumber Biathlon refer to cross－country race and shooting.

19－8 我国运动员分项创全国纪录情况(1996年)

NATIONAL RECORDS CHALKED UP BY CHINESE ATHLETES (1996)

单位：项、人、队、次

(Item,Person,Team,Time)

项　　目	Item	项　数 Number of Events	#女　子 Female	人　数 Number of Persons	#女　子 Female	队　数 Number of Teams	#女　子 Female	次　数 Number of Times	#女　子 Female
总　　计	**Total**	**88**	**24**	**74**	**23**	**17**	**2**	**125**	**35**
田　　径	Track and Field	5	2	6	3			9	5
室内田径	Indoor Track and Field	10	4	10	4	6		21	8
游　　泳	Swimming	6		5				8	
短池游泳	Short Pool Swimming	11	2	5	1	2	1	17	3
举　　重	Weightlifing	30	7	26	9			33	10
射　　击	Shooting	9		5		3		10	
射　　箭	Archery	13	9	10	6	5	1	19	9
自 行 车	Cycling	2		6				6	
蹼　　泳	Web Swimming	2		1		1		2	

注：人数栏中是指个人单项创全国纪录的运动员人数，队数是集体项目创全国纪录的队数，队中人数未计算在人数中。

a)The number of persons refers to the number of persons who have chalked up the national records in single events. The number of teams refers to the number of teams which have chalked up the national records in the collective events. collective events. The number of persons in the teams is excluded in the "number of persons".

19-9 我国与外国体育活动交往情况
VISITS BETWEEN CHINESE AND FOREIGN SPORTS DELEGATIONS

项目	Item	1980	1985	1990	1995	1996
来我国的体育团体	Foreign Sports Delegations Visiting China					
次数 (次)	Number of Times (time)	142	466	364	1929	1230
人数 (人次)	Persons-Times (person-time)	2554	3537	3171	38700	31067
我国派出的体育团体	Chinese Sports Delegations Visiting Foreign Countries					
次数 (次)	Number of Times (time)	226	476	607	2787	2751
人数 (人次)	Persons-Times (person-time)	3302	5381	5227	18033	19385

注：自1994年起，来华、出访次数、人数包括地方各级体委组办数。

a) The data have included the visits organized by the local sports commissions since 1994.

19-10 群众体育活动情况
ACTIVITIES OF MASS SPORTS

项目	Item	1980	1985	1990	1995	1996
《国家体育锻炼标准》达标人数 (万人)	Number of Persons Who Have Come up to the State Physical Training Standatds(10 000 persons)	857	4362	7478	10608	13494
优秀级 (万人)	Excellent (10 000 persons)		647	1414	1888	2192
良好级 (万人)	Good (10 000 persons)		1553	2746	3586	4091
及格级 (万人)	Pass (10 000 persons)		2161	3319	5135	5951
县以上体委举办运动会次数 (次)	Number of Sports Meets Held by Sports Commissions at and Above County Level (time)	22753	26949	30158	24880	26902
参加运动会的运动员人数 (万人)	Number of Athletes Attending Sports Meets (10 000 persons)	655	742	1076	1345	1264

19-11 卫生机购数

NUMBER OF HEALTH INSTITUTIONS

单位：个

年 份 Year	总 计 Total	医院、卫生院 Hospitals	#县及县以上医院 At and Above County level	疗养院、所 Sanatoriums	门诊部、所 Clinics	专科防治所、站 Specialized Prevention & Treatment Centers or Stations
1949	3670	2600	2600	30	769	11
1952	38987	3540	3540	270	29050	188
1957	122954	4179	4179	835	102262	626
1962	217985	34379	5300	1266	172708	678
1965	224266	42711	5445	887	170430	822
1970	149823	64822	6030	359	79600	607
1975	151733	62425	7757	297	80739	683
1978	169732	64421	8841	389	94395	887
1980	180553	65450	9478	470	102474	1138
1985	200866	59614	11497	640	126604	1566
1986	203139	59693	11940	638	127575	1635
1987	204960	60429	12348	652	128459	1697
1988	205988	61383	12795	652	128422	1727
1989	206724	61929	13248	651	128112	1747
1990	208734	62454	13489	650	129332	1781
1991	209036	63101	13638	642	128665	1818
1992	204787	61352	13917	639	125873	1845
1993	193586	60784	14713	600	115161	1872
1994	191742	67857	14762	587	105984	1905
1995	190057	67807	14771	582	104406	1895
1996	188803	67964	15056	528	103472	1887

续表 1 continued

单位：个

年 份 Year	卫生防疫机构 Sanitation and Antiepidemic Agencies	妇幼保健所、站 Maternity and Child Care Centers	药品检验所、站 Medicines and Chemical Reagent Test Labs	医学科学研究机构 Research Institutes of Medical Science	其他卫生机构 Other Institutions
1949		9	1	3	247
1952	147	2379	12	3	3398
1957	1626	4599	28	38	8761
1962	2208	2636	93	171	3746
1965	2499	2795	131	94	3897
1970	1714	1058	98	72	1493
1975	2912	2025	310	141	2201
1978	2989	2459	844	219	3129
1980	3105	2610	1213	282	3811
1985	3410	2724	1420	323	4565
1986	3475	2775	1534	333	5481
1987	3512	2792	1647	340	5432
1988	3532	2793	1756	332	5391
1989	3591	2796	1854	328	5716
1990	3618	2820	1892	337	5850
1991	3652	2854	1927	335	6042
1992	3673	2841	1953	339	6272
1993	3609	2791	1976	436	6357
1994	3611	2857	1990	437	6514
1995	3629	2832	1995	427	6484
1996	4000	2764	2000	427	5761

注：1996年卫生防疫机构4000个，1995年以前各年为卫生防疫站数。

a) The number of sanitation and antiepidemic agencies was 4,000 in 1996. The data in previous years refer to the number of sanitation and antiepidemic stations.

19-12 卫生机构的人员数

NUMBER OF PERSONS ENGAGED IN HEALTH INSTITUTIONS

单位：万人 (10 000 persons)

年份 Year	总计 Total	卫生技术人员 Medical Technical Personnel	#医生 Doctors	中医 Doctors of Traditional Chinese Medicine	西医师 Doctors of Western Medicine	西医士 Paramedics of Western Medicine	#护师、护士 Senior and Junior Nurses	每千人口医生数(人) Number of Doctors per 1 000 Population (person)
1949	54.1	50.5	36.3	27.6	3.8	4.9	3.3	0.67
1952	81.9	69.0	42.5	30.6	5.2	6.7	6.1	0.74
1957	125.4	103.9	54.7	33.7	7.4	13.6	12.8	0.85
1962	168.5	141.4	68.8	34.4	12.0	22.4	20.0	1.02
1965	187.2	153.2	76.3	32.1	18.9	25.3	23.5	1.05
1970	179.3	145.3	70.2	22.5	22.1	25.6	29.5	0.85
1975	259.4	205.7	87.8	22.9	29.3	35.6	38.0	0.95
1978	310.6	246.4	103.3	25.1	35.9	42.3	40.7	1.07
1980	353.5	279.8	115.3	26.2	44.7	44.4	46.6	1.17
1985	431.3	341.1	141.3	33.6	60.2	47.3	63.7	1.33
1986	444.6	350.7	144.4	34.1	61.9	48.2	68.1	1.34
1987	456.4	360.9	148.2	34.6	64.5	48.7	71.8	1.36
1988	467.8	372.4	161.7	36.2	89.9	35.2	82.9	1.46
1989	478.7	380.9	171.8	37.0	102.3	32.1	92.2	1.52
1990	490.6	389.8	176.3	36.9	105.8	33.1	97.5	1.54
1991	502.5	398.5	178.0	36.3	106.5	34.7	101.2	1.54
1992	514.0	407.4	180.8	36.4	107.9	36.0	104.0	1.54
1993	521.5	411.7	183.2	35.8	111.5	35.1	105.6	1.55
1994	530.7	419.9	188.2	36.1	115.9	35.4	109.4	1.57
1995	537.3	425.7	191.8	35.9	118.6	36.5	112.6	1.58
1996	541.9	431.2	194.1	34.8	120.7	37.5	116.3	1.59

注：1980年以前医生数中未包括中西医结合高级医师。

a) The number of doctors prior to 1980 excluded the senior doctors who integrated traditional Chinese thrapeutics with Western thrapeutics in practice.

19-13 卫生机构床位数

NUMBER OF BEDS IN HEALTH INSTITUTIONS

单位：万张 (10 000 units)

年份 Year	总计 Total	医院、卫生院 Hospitals	#县及县以上医院 At and Above County Level	疗养院、所 Sanatoriums	其他卫生机构 Other Health Institutions	每千人口医院、卫生院床位数(张) Number of Hospital Beds per 1 000 Population (unit)
1949	8.5	8.0	8.0	0.4	0.1	0.15
1952	23.1	16.0	16.0	2.0	5.1	0.28
1957	46.2	29.5	29.5	6.9	9.8	0.46
1962	93.3	69.0	57.7	10.5	13.8	1.03
1965	103.3	76.6	62.1	9.8	16.9	1.06
1970	126.2	110.5	71.2	4.8	10.9	1.33
1975	176.4	159.8	94.8	3.7	12.9	1.73
1978	204.2	185.6	109.3	5.1	13.5	1.93
1980	218.4	198.2	119.2	6.8	13.4	2.01
1985	248.7	222.9	148.7	10.6	15.2	2.11
1986	256.3	229.7	155.9	11.1	15.5	2.14
1987	268.5	240.5	164.8	11.9	16.2	2.20
1988	279.5	250.3	173.1	12.2	16.9	2.25
1989	286.7	256.8	179.7	12.3	17.6	2.28
1990	292.5	262.4	184.7	12.3	17.8	2.30
1991	299.2	268.9	190.1	12.5	17.8	2.32
1992	304.9	274.4	195.3	12.5	18.0	2.34
1993	309.9	279.5	201.7	11.9	18.5	2.36
1994	313.4	283.1	205.1	11.8	18.4	2.36
1995	314.1	283.6	205.3	11.6	18.8	2.34
1996	310.0	286.6	208.3	10.9	12.5	2.34

19-14 按市县分的医院床位和专业卫生技术人员

HOSPITAL BEDS AND MEDICAL TECHNICAL PERSONNEL BY CITY AND COUNTY AREAS

年份 Year	医院、卫生院床位（万张） Number of Hospital Beds (10 000 units)		专业卫生技术人员(万人) Number of Medical Technical Personnel (10 000 persons)		#医生 Doctors		#护师、护士 Senior and Junior Nurses	
	市 City	县 County	市 City	县 County	市 City	县 County	市 City	县 County
1952	12.1	3.9	22.5	46.5	8.1	34.3	4.3	1.8
1957	22.1	7.4	38.2	65.7	13.8	40.8	10.0	2.8
1962	43.7	25.3	57.1	84.3	21.4	47.4	15.5	4.5
1965	45.8	30.8	65.2	88.0	26.9	49.4	17.6	5.9
1970	51.0	59.5	59.6	85.7	24.1	46.1	18.0	11.6
1975	63.7	96.1	95.7	110.0	36.7	51.0	24.0	14.0
1980	76.8	121.4	131.3	148.5	52.7	62.6	30.0	16.6
1985	96.2	126.7	167.7	173.4	70.9	70.4	39.2	24.5
1986	103.3	126.4	177.4	173.3	74.9	69.5	42.9	25.2
1987	112.7	127.7	188.2	172.6	79.3	68.9	46.1	25.7
1988	125.5	124.8	202.8	169.6	88.6	73.2	53.7	29.2
1989	133.5	123.3	212.1	168.8	95.0	76.8	59.9	32.2
1990	138.7	123.7	218.5	171.3	97.8	78.5	63.4	34.1
1991	144.8	124.0	226.4	172.1	100.3	77.7	66.6	34.6
1992	152.4	122.0	236.3	171.1	104.3	76.5	69.5	34.5
1993	159.6	119.9	243.3	168.5	107.7	75.5	71.5	34.1
1994	170.7	112.4	258.9	161.0	115.0	73.2	76.2	33.2
1995	174.0	109.7	265.9	159.8	118.4	73.4	79.0	33.5
1996	179.1	107.5	272.2	159.0	120.3	73.8	82.3	34.0

19-15 医院平均每院床位和人员数

AVERAGE NUMBER OF BEDS AND PERSONS ENGAGED PER HOSPITAL

项目	Item	1995 床位（张） Beds (unit)	1995 人员（人） Personnel (person)	1995 #卫生技术人员 Medical Technical Personnel	1996 床位（张） Beds (unit)	1996 人员（人） Personnel (person)	1996 #卫生技术人员 Medical Technical Personnel
全国各级各类医院、卫生院	**Total Hospitals**	**41.8**	**59.0**	**47.2**	**42.2**	**60.4**	**48.3**
县及县以上医院	Hospitals at County and Higher Levels	139.0	195.2	150.6	138.3	195.8	151.4
农村卫生院	Rural Township Hospitals	14.2	20.3	17.7	14.3	21.0	18.4
其他医院	Other Hospitals	40.1	55.0	43.6	38.8	56.2	44.5

19－16 各地区卫生机构、床位、人员数(1996年)

NUMBER OF HEALTH INSTITUTIONS, BEDS AND PERSONS ENGAGED BY REGION (1996)

地区 Region		机构合计 (个) Health Institutions (unit)	#医院、卫生院 Hospitals	床位合计 (万张) Beds (10 000 units)	#医院、卫生院 Hospital Beds	人员合计 (万人) Personnel (10 000 persons)	#卫生技术人员 Medical Technical Personnel
全国	**National Total**	**188803**	**67964**	**310.0**	**286.6**	**541.9**	**431.2**
北京	Beijing	5061	645	6.7	6.5	16.5	11.7
天津	Tianjin	2597	476	4.0	3.8	9.1	7.1
河北	Hebei	10062	4516	16.2	14.1	25.6	20.8
山西	Shanxi	6181	2633	10.9	10.4	17.7	14.8
内蒙古	Inner Mongolia	5031	2016	6.4	6.0	13.0	10.3
辽宁	Liaoning	6327	2175	20.1	17.9	30.9	23.3
吉林	Jilin	3716	1433	9.5	8.7	17.5	13.4
黑龙江	Heilongjiang	7061	1998	12.1	11.5	23.1	17.8
上海	Shanghai	5200	477	7.0	6.7	14.9	10.9
江苏	Jiangsu	11705	2617	17.0	15.8	31.9	25.0
浙江	Zhejiang	9221	3371	10.6	10.0	18.7	15.0
安徽	Anhui	6261	3276	12.1	11.2	18.7	15.2
福建	Fujian	4540	1297	8.4	7.6	11.2	9.4
江西	Jiangxi	5310	2302	8.9	8.1	14.7	11.9
山东	Shandong	11966	3139	20.0	18.7	35.8	28.6
河南	Henan	7252	2987	18.9	17.5	31.5	25.8
湖北	Hubei	9245	2105	14.4	13.1	29.6	23.5
湖南	Hunan	9636	3423	14.5	13.4	24.5	20.1
广东	Guangdong	8918	2319	15.2	14.1	29.6	23.8
广西	Guangxi	5468	1752	8.4	8.1	15.0	12.0
海南	Hainan	1050	482	2.2	2.1	4.0	3.2
四川	Sichuan	18742	10247	25.6	22.8	41.1	33.4
贵州	Guizhou	3638	1870	5.8	5.4	10.1	8.4
云南	Yunnan	6912	2076	9.1	8.3	13.9	11.2
西藏	Tibet	1228	881	0.6	0.6	1.1	0.9
陕西	Shaanxi	6013	3315	9.6	9.1	15.1	12.0
甘肃	Gansu	4266	1850	5.6	5.5	9.8	8.0
青海	Qinghai	1201	590	1.7	1.7	2.6	2.1
宁夏	Ningxia	1029	376	1.3	1.1	2.7	2.2
新疆	Xinjiang	3966	1320	7.2	6.8	12.0	9.4

19-17 卫生机构、床位、人员数(1996年)

NUMBER OF HEALTH INSTITUTIONS, BEDS AND PERSONS ENGAGED BY TYPE OF INSTITUTIONS (1996)

机构类别	Type of Institutions	机构数(个) Health Institu-tion (unit)	床位数(万张) Beds (10 000 units)	人员合计(万人) Personnel (10 000 persons)	#卫生技术人员 Medical Technical Personnel	#管理人员 Managerial Personnel
总计	**Total**	**188803**	**310.0**	**541.9**	**431.2**	**44.5**
医院、卫生院合计	Total Number of Hospitals	67964	286.6	301.4	233.1	36.4
县及县以上	Hospitals at and Above County Level					
医院小计		15056	208.3	294.7	227.9	25.8
综合医院	General Hospitals	10681	147.2	211.6	164.3	18.0
中医医院	Hospitals of Chinese Medicine	2398	21.7	32.3	26.0	2.8
医学院校附属医院	Hospitals Attached to Medical Colleges	216	11.9	20.2	15.3	1.8
传染病院	Hospitals for Infectious Diseases	124	2.6	2.9	2.0	0.3
精神病院	Mental Hospitals	484	9.7	7.0	4.9	0.8
结核病院	Tuberculosis Hospitals	99	2.5	2.3	1.5	0.2
妇幼保健院	Hospitals for Maternity and Child Care	408	3.2	6.0	4.7	0.6
儿童医院	Children's Hospitals	35	1.0	1.8	1.4	0.2
麻疯病院	Hospitals for Lepers	49	0.9	0.3	0.2	0.0
职业病院	Hospitals for Occupational Diseases	46	0.7	0.7	0.5	0.1
肿瘤医院	Tumor Hospitals	61	1.6	2.2	1.6	0.2
其他专科医院	Other Sepecialized Hospitals	455	5.2	7.4	1.2	0.2
卫生院	Rural Township Hospitals	51723	73.7	108.8	95.1	7.5
其他医院	Other Hospitals	1185	4.6	6.7	5.3	0.6
疗养院、所	Sanatoriums	528	10.9	5.1	2.5	0.8
门诊部、所	Clinics	103472	2.8	58.0	56.7	0.7
专科防治所、站	Specialized Prevention Stations	1887	2.8	5.9	4.4	0.7
#结核病防治所、站	Tuberculosis Prevention Stations	609	0.4	1.6	1.2	0.2
职业病防治所、站	Occupational Diseases Prevention Stations	102	0.3	0.6	0.4	0.1
卫生防疫站	Sanitation and Antiepidemic Stations	4000	0.1	21.5	17.0	2.0
妇幼保健所、站	Maternity and Child Care Centers	2764	2.3	8.2	6.8	0.8
药品检验所、室	Medicines and Chemical Reagent Test Labs	2000		2.5	1.9	0.4
医学科学研究机构	Research Institutes of Medical Sciences	427	0.6	3.6	1.9	0.5
其他卫生机构	Other Health Care Institutions	5761	3.3	26.9	11.8	5.3
个体开业	Individual-Run Medical Units					

19－18 卫生机构各类人员数

PERSONS ENGAGED IN HEALTH CARE INSTITUTIONS BY TYPE OF OCCUPATION

单位:万人 (10 000 persons)

人员分类	Type of Personnel	1985	1990	1994	1995	1996
总计	**Total**	**431.3**	**490.6**	**530.7**	**537.3**	**541.9**
卫生技术人员	Medical Technical Personnel	341.1	389.8	419.9	425.7	431.2
其他技术人员	Other Technical Personnel	4.6	8.6	11.7	12.1	12.5
管理人员	Managerial Personnel	35.9	39.7	43.8	45.0	44.5
工勤人员	Logistics Workers	49.7	52.6	55.3	54.5	53.7
卫生技术人员	**Medical Technical Personnel**	**341.1**	**389.8**	**419.9**	**425.7**	**431.1**
中医师	Doctors of Traditional Chinese Medicine	12.0	24.0	25.8	26.0	25.7
西医师	Doctors of Western Medicine	60.2	105.8	115.9	118.6	120.7
中西医结合高级医师	Senior Doctors Who Integrate Traditional Chinese Therapeutics with Western Therapeutics in Practice	0.2	0.5	0.8	0.8	1.1
护师	Senior Nurses	6.8	43.2	59.6	63.4	67.4
中药师	Pharmacists of Chinese Medicine	1.4	6.0	7.5	7.9	8.4
西药师	Pharmacists of Western Medicine	3.3	10.4	12.8	13.3	14.1
检验师	Laboratory Technicians	2.4	8.1	10.5	11.0	11.4
其他技师	Other Technicians	2.1	6.8	8.9	9.2	10.0
中医士	Paramedics of Chinese Medicine	15.0	9.1	7.9	7.5	7.2
西医士	Paramedics of Western Medicine	47.3	33.1	35.4	36.5	37.5
护士	Junior Nurses	56.9	54.3	49.7	49.2	48.9
助产士	Midwives	7.6	5.8	5.1	4.9	4.9
中药剂士	Junior Pharmacists of Chinese Medicine	5.5	7.2	6.0	5.7	5.5
西药剂士	Junior Pharmacists of Western Medicine	9.0	9.0	7.9	7.8	7.9
检验士	Junior Laboratory Technicians	7.5	7.0	6.0	5.9	5.9
其他技士	Other Junior Technicians	5.8	6.0	5.6	5.4	5.2
其他中医	Other Doctors of Chinese Medicine	6.6	3.8	2.4	2.3	1.8
护理员	Assistant Nurses	25.9	12.7	12.0	11.8	10.9
中药剂员	Assistant Pharmacists of Chinese Medicine	8.2	3.8	3.3	3.1	2.7
西药剂员	Assistant Pharmacists of Western Medicine	9.1	4.2	4.2	4.0	3.7
检验员	Assistant Laboratory Technicians	4.7	2.0	2.1	2.0	2.0
其他初级卫生技术人员	Other Junior Medical Technical Personnel	43.6	27.1	30.4	29.1	28.3
平均每千人口有卫生技术人员(人)	**Number of Medical Technical Personnel per 1,000 Population**	**3.22**	**3.41**	**3.5**	**3.5**	**3.6**
#医生	Doctors	1.33	1.54	1.57	1.58	1.6

19－19 医院诊疗人次及入院人数(1996年)

NUMBER OF HOSPITAL PATIENTS(1996)

医院类别 Type of Hospital	诊疗人次(亿人次) Total Number of Patients Treated (100 million person－times)	#门、急诊 Out－patients and Emergency Patients	入院人数(万人) Hospital Admissions (10 000 patients)	每百诊次的入院人数(人) Hospital Amissions per 100 Patient－Times (person)	每百门、急诊次的入院人数(人) Hospital Admissions per 100 Out－Patient－times and Emergency Patient－Times (person)
总计 **Total**	**22.39**	**20.68**	**5023**	**2.2**	**2.4**
县及县以上医院合计 Hospitals at and Above County Level	12.41	11.24	3063	2.5	2.7
#卫生部门 Health Departments	8.08	7.55	2379	2.9	3.2
工业及其他部门 Industrial and Other Departments	4.02	3.39	643	1.6	1.9
集体所有制 Collective Owned Units	0.30	0.29	38	1.3	1.3
卫生院 Rural Township Hospitals	9.58	9.07	1923	2.0	2.1
其他医院 Other Hospitals	0.40	0.37	37	0.9	1.0

19－20 县及县以上医院病床使用情况

UTILIZATION OF HOSPITAL BEDS AT AND ABOVE COUNTY LEVEL

医院类别	Type of Hospital	病床周转次数(次) Turnover of Beds (times)	病床工作日(日) Number of Days per Bed in Use in a Year (days)	病床使用率(%) Utilization Rate of Beds	出院者平均住院日(日) Average Hospital－ization Period (days)
1985 合计	**Total in 1985**	**18.1**	**301.9**	**82.7**	**15.8**
卫生部门	Health Departments	19.8	320.8	87.9	15.4
工业及其他部门	Industrial and Other Departments	14.2	253.7	69.5	16.5
集体单位	Collective Owned Units	13.9	297.5	81.5	19.4
1990 合计	**Total in 1990**	**17.6**	**295.3**	**80.9**	**15.9**
卫生部门	Health Departments	19.2	312.4	85.6	15.5
工业及其他部门	Industrial and Other Departments	13.8	254.8	69.8	17.0
集体单位	Collective Owned Units	13.8	253.7	69.5	16.9
1993 合计	**Total in 1992**	**15.8**	**259.5**	**71.1**	**15.5**
卫生部门	Health Departments	17.5	276.3	75.7	15.2
工业及其他部门	Industrial and Other Departments	12.0	221.9	60.8	16.8
集体单位	Collective Owned Units	12.3	208.8	57.2	15.0
1994 合计	**Total in 1993**	**15.7**	**251.9**	**69.0**	**15.0**
卫生部门	Health Departments	17.2	263.2	72.1	14.5
工业及其他部门	Industrial and Other Departments	12.1	226.3	62.0	16.5
集体单位	Collective Owned Units	12.3	211.0	57.8	14.8
1995 合计	**Total in 1994**	**15.5**	**244.2**	**66.9**	**14.7**
卫生部门	Health Departments	17.1	256.2	70.2	14.2
工业及其他部门	Industrial and Other Departments	11.8	216.1	59.2	16.7
集体单位	Collective Owned Units	12.4	199.7	54.7	13.9
1996 合计	**Total in 1995**	**15.8**	**236.2**	**64.7**	**14.2**
卫生部门	Health Departments	17.4	247.8	67.9	13.7
工业及其他部门	Industrial and Other Departments	12.0	208.1	57.0	16.0
集体单位	Collective Owned Units	11.4	190.5	52.2	14.8

19－21 城市前十位疾病死亡原因及构成(1996年)

DEATH RATE OF 10 MAJOR DISEASES IN URBAN AREAS(1996)

顺位 No.		疾病死亡原因 Cause of Death	占死亡总人数的% As % of Total Deaths
	十种死因合计	**Total**	**91.31**
1	脑血管病	Cerebrovasular Disease	22.28
2	恶性肿瘤	Malignant Tumour	21.66
3	心脏病	Heart Trouble	16.37
4	呼吸系病	Respiratory Disease	15.28
5	损伤和中毒	Trauma and Toxicosis	6.52
6	消化系病	Digestive Disease	3.22
7	内分泌、营养、代谢及免疫疾病	Internal System, Nutrition, Metabolite and Immunity Disease	2.51
8	泌尿、生殖系病	Urinary Disease	1.51
9	精神病	Mental Disease	1.12
10	神经病	Neuropathy	0.84
	男性十种死因合计	**Male Total**	**92.33**
1	恶性肿瘤	Malignant Tumour	24.45
2	脑血管病	Cerebrovasular Disease	22.09
3	心脏病	Heart Trouble	14.99
4	呼吸系病	Respiratory Disease	14.61
5	损伤和中毒	Trauma and Toxicosis	7.43
6	消化系病	Digestive Disease	3.53
7	内分泌、营养、代谢及免疫疾病	Internal System, Nutrition, Metabolite and Immunity Disease	1.87
8	泌尿、生殖系病	Urinary Disease	1.44
9	精神病	Mental Disease	0.97
10	传染病(肺结核除外)	Infectious Disease (Excluding Pulmonary Tuberculosis)	0.95
	女性十种死因合计	**Female Total**	**90.16**
1	脑血管病	Cerebrovasular Disease	22.51
2	恶性肿瘤	Malignant Tumour	18.25
3	心脏病	Heart Trouble	18.06
4	呼吸系病	Respiratory Disease	16.09
5	损伤和中毒	Trauma and Toxicosis	5.41
6	内分泌、营养、代谢及免疫疾病	Internal System, Nutrition, Metabolite and Immunity Disease	3.29
7	消化系病	Digestive Disease	2.84
8	泌尿、生殖系病	Urinary Disease	1.59
9	精神病	Mental Disease	1.31
10	神经病	Neuropathy	0.81

19-22 农村前十位疾病死亡原因及构成(1996年)

DEATH RATE OF 10 MAJOR DISEASES IN RURAL AREAS(1996)

顺位 No.	疾病死亡原因	Cause of Death	占死亡总人数的% As % of Total Deaths
	十种死因合计	**Total**	**91.35**
1	呼吸系病	Respiratory Disease	25.20
2	脑血管病	Cerebrovasular Disease	17.35
3	恶性肿瘤	Malignant Tumour	16.36
4	损伤和中毒	Trauma and Toxicosis	11.13
5	心脏病	Heart Trouble	10.80
6	消化系病	Digestive Disease	4.49
7	新生儿病	Newborn Baby Disease	1.79
8	泌尿、生殖系病	Urinary Disease	1.47
9	传染病(肺结核除外)	Infectious Disease (Excluding Pulmonary Tuberculosis)	1.40
10	肺结核	Pulmonary Tuberculosis	1.36
	男性十种死因合计	**Male Total**	**92.46**
1	呼吸系病	Respiratory Disease	23.71
2	恶性肿瘤	Malignant Tumour	18.81
3	脑血管病	Cerebrovasular Disease	16.83
4	损伤和中毒	Trauma and Toxicosis	12.04
5	心脏病	Heart Trouble	9.92
6	消化系病	Digestive Disease	4.79
7	新生儿病	Newborn Baby Disease	1.79
8	肺结核	Pulmonary Tuberculosis	1.58
9	传染病(肺结核除外)	Infectious Disease (Excluding Pulmonary Tuberculosis)	1.52
10	泌尿、生殖系病	Urinary Disease	1.47
	女性十种死因合计	**Female Total**	**90.15**
1	呼吸系病	Respiratory Disease	27.04
2	脑血管病	Cerebrovasular Disease	18.00
3	恶性肿瘤	Malignant Tumour	13.37
4	心脏病	Heart Trouble	11.89
5	损伤和中毒	Trauma and Toxicosis	10.01
6	消化系病	Digestive Disease	4.12
7	新生儿病	Newborn Baby Disease	1.79
8	泌尿、生殖系病	Urinary Disease	1.46
9	传染病(肺结核除外)	Infectious Disease (Excluding Pulmonary Tuberculosis)	1.25
10	内分泌、营养、代谢及免疫疾病	Internal System, Nutrition, Metabolite and Immunity Disease	1.22

19－23 全国法定报告传染病发病及死亡情况(1996年)

INCIDENCE AND DEATH FROM INFECTIOUS DISEASES(1996)

病　名	Item	发病率 (1/10万) Incidence Disease Rate (per 100 000 persons)	死亡率 (1/10万) Death Rate (per 100 000 persons)	病死率 (%) Mortality Rate per 100 Infectious Disease Patients
总计	**Total**	**167.05**	**0.34**	**0.21**
鼠疫	The Plague	0.01	…	4.21
霍乱	Cholera	0.31	…	1.06
病毒性肝炎	Viral Hepatitis	63.31	0.08	0.13
痢疾	Dysentery	66.77	0.04	0.05
伤寒副伤寒	Typhoid and Paratyphoid Fever	5.77	0.01	0.18
艾滋病	AIDS	…	…	45.16
淋病	Gonorrhea	11.50	…	…
梅毒	Syphills	1.00		
脊髓灰质炎	Poliomyelitis	0.01		
麻疹	Measles	6.58	0.02	0.24
百日咳	Pertussis	0.43	…	0.17
白喉	Diphtheria	…	…	22.86
流脑	Epidemic Encephalitis	0.54	0.03	5.69
猩红热	Scarlet Fever	1.11	…	0.01
出血热	Hemorrhagic Fever	3.63	0.03	0.92
狂犬病	Hydrophobia	0.01	0.01	96.89
钩端螺旋体病	Leptospirosis	1.16	0.03	2.88
布氏杆菌病	Brucellosis	0.21	…	0.24
炭疽	Anthrax	0.11	0.01	4.90
斑疹伤寒	Typhus Fever	0.25		
乙脑	Encephalitis B	0.88	0.03	3.73
黑热病	Kala－Azar	0.01		
疟疾	Malaria	3.11	…	0.08
登革热	Dengue Fever	0.01		
新生儿破伤风	Newborn Baby Tetanus	0.32	0.04	13.16

19－24 历届全国人民代表大会的代表人数

NUMBER OF DEPUTIES TO ALL THE PREVIOUS NATIONAL PEOPLE'S CONGRESSES

单位：人　　　　(person)

项　目	Item	一届 First Con－gress (1954)	二届 Second Con－gress (1959)	三届 Third Con－gress (1964)	四届 Fourth Con－gress (1975)	五届 Fifth Con－gress (1978)	六届 Sixth Con－gress (1983)	七届 Seventh Con－gress (1988)	八届 Eighth Con－gress (1993)
代表总数	**Total Number of All Deputies**	**1226**	**1226**	**3040**	**2885**	**3497**	**2978**	**2978**	**2978**
在代表总数中									
女代表	Female Deputies	147	150	542	653	742	632	634	626
占代表总数%	As Percentage to Total	12.0	12.2	17.8	22.6	21.2	21.2	21.3	21.0
在代表总数中									
少数民族代表	Deputies from National Minorities	178	179	372	270	381	403	445	439
占代表总数%	As Percentage to Total	14.5	14.6	12.2	9.4	10.9	13.5	14.9	14.8

19－25 历届全国政治协商会议的委员人数

NUMBER OF DEPUTIES TO ALL THE PREVIOUS CHINESE PEOPLE'S POLITICAL CONSULTATIVE CONFERENCES

单位：人 (person)

项　目	Item	一 届 First Con-gress (1954)	二 届 Second Con-gress (1959)	三 届 Third Con-gress (1964)	四 届 Fourth Con-gress (1975)	五 届 Fifth Con-gress (1978)	六 届 Sixth Con-gress (1983)	七 届 Seventh Con-gress (1988)	八 届 Eighth Con-gress (1993)
委员总数	**Total Number of Deputies**	**198**	**729**	**1071**	**1199**	**1988**	**2039**	**2083**	**2093**
在委员总数中 中国共产党代表	Deputies from the Communist Party of China		40	60	61	76	76	90	91
占代表总数%	As Percentage to Total		5.5	5.6	5.1	3.8	3.7	4.3	4.3
在委员总数中 少数民族代表	Deputies from National Minorities	19	61	78	81	143	185	225	241
占代表总数%	As Percentage to Total	9.6	8.4	7.3	6.8	7.2	9.1	10.8	11.5

19－26 工会组织情况

BASIC STATISTICS ON TRADE UNIONS

年 份 Year	工会基层组织数 (万个) Number of Grassroots Unions (10 000 units)	全国已建工会组织的基层单位的职工与会员人数（万人） Membership and Number of Staff and Workers in Grassroots Unions (10 000 persons)				工会专职工作人员人数(万人) Number of Full-time Personnel of Unions(10 000 persons)
		职工人数 Number of Staff and Workers	#女职工 Female	会员人数 Membership	#女会员 Female	
1952	20.7	1393.2		1002.3		5.3
1957	16.5	2158.3		1746.7		
1962	16.5	2667.1		1922.0		8.6
1980	37.6	7448.2	2518.6	6116.5		24.3
1981	41.1	8183.0	2902.0	6843.9	2412.8	29.1
1982	43.3	8586.6	3065.9	7331.6	2629.3	32.2
1983	44.7	8845.7	3191.8	7693.4	2771.4	33.7
1984	46.6	9243.9	3370.3	8029.1	2950.3	41.9
1985	46.5	9643.0	3596.7	8525.8	3149.2	38.1
1986	50.2	9949.6	3664.3	8908.5	3309.2	45.9
1987	53.6	10411.8	3900.4	9336.5	3486.9	47.0
1988	56.4	10747.4	4434.9	9628.9	3647.0	47.4
1989	58.9	10998.6	4178.7	9909.2	3777.7	48.8
1990	60.6	11156.9	4291.0	10135.6	3897.7	55.6
1991	61.4	11351.4	4394.8	10389.1	3991.6	58.0
1992	61.7	11223.9	4377.1	10322.5	3974.0	58.0
1993	62.7	11103.8	4359.9	10176.1	3949.6	55.4
1994	58.3	11269.6	4483.2	10202.5	4018.1	56.0
1995	59.3	11321.4	4515.3	10399.6	4116.5	46.8
1996	58.6	11181.4	4500.0	10211.9	4093.1	60.5

19－27 社会福利事业、企业单位和工作人员数

NUMBER OF SOCIAL WELFARE INSTITUTIONS AND ENTERPRISES AND PERSONS ENGAGED

项　　目	Item	机　构（个） Number of Institutions or Enterprises		工作人员（人） Number of Persons Engaged (person)	
		1995	1996	1995	1996
全国总计	**National Total**	**106540**	**105526**	**2439140**	**2399967**
社会福利事业单位	Social Welfare Institutions	43074	42817	176650	181155
民政部门办	Run by Civil Affairs Departments	2182	2190	59484	62390
社会集体办	Run by Communities	40892	40627	117166	118765
社会福利企业单位	Social Welfare Enterprises	60237	69397	2214474	2167684
民政部门办	Run by Civil Affairs Departments	7734	7364	368636	355864
社会集体办	Run by Communities	52503	52033	1845838	1811820
烈士纪念建筑物管理单位	Administration Agencies for Martyrs Memorial Buildings	715	740	7311	7562
收容遣送单位	Collecting and Repatriation Units	722	720	11254	11405
殡葬事业单位	Funeral and Interment Institutions	1792	1852	29451	32161

19－28 社会福利事业单位基本情况(1996年)

BASIC STATISTICS ON SOCIAL WELFARE INSTITUTIONS(1996)

项　　目	Item	院数（个） Number of Homes (unit)	工作人员（人） Number of Staff and Workers	床位（张） Number of Beds	年末收养人数（人） Number of Persons Housed (year－end)
全国总计	**Total Social Welfare Institutions**	**42821**	**181160**	**1008117**	**769348**
民政部门办	Run by Civil Affairs Departments	2191	62390	179146	137012
优抚休、疗养院	Convalescent Homes	910	21291	49630	33912
城市福利院	Urban Social Welfare Homes	1281	41099	129516	103100
城镇集体办	Run by Urban Collective Units	18349	58628	406089	314873
光荣院	Homes for Disabled Veterans	172	724	4085	3385
福利院	Social Welfare Homes	18177	57904	402004	311488
农村集体办	Run by Rural Collective Units	22281	60142	422882	317463
光荣院	Homes for Disabled Veterans	328	1200	8898	7585
敬老院	Rural Homes for the Elderly	21953	58942	413984	309878

19－29 社会福利救济主要费用情况

BASIC STATISTICS ON SOCIAL WELFARE RELIEF FUNDS

单位：万元 (10 000 yuan)

项目	Item	1985	1990	1995	1996
全国总计	**National Total**	**218349**	**426772**	**797289**	**930792**
国家支出	Government Funds	71097	202456	375313	411864
集体供给	Collective Funds	147252	224316	421976	518928
优抚对象补助金额	Funds for Family Members of Martyrs and Disabled Veterans	106983	242732	435359	518797
国家支出	Government Funds	35328	141163	240980	266998
集体供给	Collective Funds	71655	101569	194379	251799
困难户得救济金额	Funds for Poor Households	28688	38744	56210	71227
国家支出	Government Funds	11826	18650	26867	36707
集体供给	Collective Funds	16863	20094	29343	34520
社会散居孤老残幼供养金	Funds for Orphans, Disabled, Elderly and Young Persons in Society	55196	85052	160121	185668
国家支出	Government Funds	6693	11851	22277	25393
集体供给	Collective Funds	48503	73201	137844	160275
城乡各种福利院支出	Funds for Urban and Rural Welfare Homes of All Types	27483	60245	145599	155100
光荣院	Homes for the Disabled Veterans	3040	6213	11737	15717
国家支出	Government Funds	2911	5920	10920	14604
集体供给	Collective Funds	129	293	817	1113
城乡社会福利院	Social Welfare Homes	24443	54032	133862	139383
国家支出	Government Funds	14340	24873	74269	68162
集体供给	Collective Funds	10103	29159	59593	71221

19－30 享受补助、救济人员情况

PERSONS RECEIVING SUBSIDIES OR RELIEF FUNDS

单位：万人、万户 (10 000 persons 10 000 households)

项目	Item	1985	1990	1995	1996
农村贫困户得到救济人数	Number of Persons in Rural Poor Households Receiving Relief Funds	3800.4	2631.7	3152.8	3079.2
农村散居五保户人数	Number of Persons in Rural Households with Livelihood Guaranteed in Five Aspects	274.7	250.6	249.4	267.5
#得到国家定期定量救济人数	Number of Persons Receiving Periodical and Fixed Government Relief Funds	22.6	21.8	25.4	25.6
#得到集体给予补助人数	Number of Persons Receiving Collective Subsidies	197.6	173.3	209.5	213.0
城镇困难户得到救济和补助人数	Number of Persons in Urban Poor Households Receiving Relief Funds and Subsidies	376.9	632.7	374.9	261.1
#得到国家定期定量救济人数	Number of Persons Receiving Periodical and Fixed Government Relief Funds	18.2	16.4	12.7	20.0
精减退职老弱残职工得到救济人数	Number of Laid－Off, Retired, Elderly and Disabled Staff and Workers Receiving Relief Funds	53.4	56.4	53.8	53.5
享受原工资40% 救济人数	Persons Receiving 40% of Their Original Wages	24.5	25.1	23.9	23.6
享受定期定量救济人数	Persons Receiving Periodical and Fixed Government Relief Funds	28.9	31.3	29.9	29.9
本年“双扶”户数	Number of Households in the Poor Household Support Program	857.0	755.8	696.3	6720.8
#本年脱贫户数	Households Leaving the Poor Household Support Program	214.2	261.4	193.8	200.4

19－31 各地区城镇社区服务设施和农村社会保障网络基本情况(1996年)

BASIC STATISTICS ON URBAN WELFARE FACILITIES AND RURAL SOCIAL SECURITY NETWORK (1996)

单位：个

地区 Region	城镇社区服务设施数 Number of Urban Welfare Facilities (unit)	农村社会保障网络 Rural Social Security Network 建立社会保障网络的乡镇数 Number of Towns with the Network Established (unit)	社会保障基金会 Number of Social Security Foundations (unit)	社会保障基金会资金额(万元) Funds of the Foundations (10 000 yuan)
全国 National Total	**127254**	**15751**	**189840**	**478833.4**
北京 Beijing	1451	210	406	10685.9
天津 Tianjin	1768	59	152	957.0
河北 Hebei	8741	426	3343	13523.6
山西 Shanxi	1007	299	1784	4838.7
内蒙古 Inner Mongolia	1676	75	386	866.8
辽宁 Liaoning	5020	891	1890	5772.1
吉林 Jilin	11852	816	3061	5538.4
黑龙江 Heilongjiang	5896	984	2925	4967.0
上海 Shanghai	7545	45	66	9440.4
江苏 Jiangsu	5758	1720	1872	11714.0
浙江 Zhejiang	12961	499	1326	9150.5
安徽 Anhui	8971	357	3720	10643.4
福建 Fujian	1726	165	519	2473.7
江西 Jiangxi	996	687	19859	21554.0
山东 Shandong	8597	1988	26804	16892.9
河南 Henan	1797	1810	23941	81257.4
湖北 Hubei	8672	884	8434	10113.4
湖南 Hunan	6158	556	30750	129837.6
广东 Guangdong	2885	1354	11731	56249.4
广西 Guangxi	457	28	2452	5924.6
海南 Hainan	172		115	176.0
四川 Sichuan	9269	989	4855	23014.4
贵州 Guizhou	2317	20	14330	10625.2
云南 Yunnan	49	60	3051	10928.7
西藏 Tibet			650	2241.4
陕西 Shaanxi	6380	303	8262	4493.7
甘肃 Gansu	1802	377	11140	9056.0
青海 Qinghai	76		31	181.4
宁夏 Ningxia	1273	84	240	368.0
新疆 Xinjiang	1982	65	1745	5347.8

19－32 社会福利企业基本情况
BASIC STATISTICS ON SOCIAL WELFARE ENTERPRISES

年份 Year	民政部门办 Enterprises Run by the Civil Affairs Departments				社会办 Enterprises Run by Communities			
	单位(个) Number of Units (unit)	职工(人) Number of Staff and Workers (person)	#残疾职工 Disabled Persons	增加值(亿元) Total Value Added (100 million yuan)	单位(个) Number of Units (unit)	职工(人) Number of Staff and Workers (person)	#残疾职工 Disabled Persons	增加值(亿元) Total Value Added (100 million yuan)
1985	2214	219189	83051	7.0	12554	448829	151250	11.8
1986	2551	236371	89421	8.0	17211	637747	225708	19.6
1987	2976	250329	96605	10.4	24714	875974	337944	35.2
1988	3692	282947	106095	16.4	36701	1180589	875974	65.8
1989	4595	310345	119626	18.9	36864	1192179	494182	85.3
1990	5208	325461	124630	21.0	36517	1245072	512941	99.2
1991	6329	352112	136183	28.9	37889	1342064	565139	137.4
1992	6798	373412	142473	40.0	42985	1528266	635700	224.7
1993	7232	390619	147211	33.2	49649	1672141	695046	260.0
1994	7373	382519	151523	36.9	52805	1800262	757307	315.9
1995	7734	368636	148551	42.7	52503	1845838	790671	351.3
1996	7364	355864	141831	38.9	52033	1811820	794003	394.1

19－33 婚姻登记和离婚情况
NUMBER OF MARRIAGES AND DIVORCES

年份 Year	准予登记结婚(对) Registered Marriages (couples)	初婚(人) First Marriages (persons)	再婚(人) Remarriages (persons)	离婚(对) Divorces (couples)	离婚率(‰) Divorce Rate (‰)
1985	8312837	16118979	506695	457938	0.9
1986	8839786	17106622	572950	505675	0.9
1987	9267456	17918352	616560	581484	1.1
1988	8991771	17321736	661806	658551	1.2
1989	9372304	17928312	816296	752914	1.3
1990	9510632	18233452	787812	800037	1.4
1991	9509849	18203226	816472	829449	1.4
1992	9545047	18320957	769137	849611	1.5
1993	9121622	17470092	773152	909195	1.5
1994	9290027	17793306	786748	980980	1.6
1995	9297061	17760657	833465	1055196	1.8
1996	9339615	17817240	861990	1132215	1.8

19－34 各地区婚姻登记和离婚情况(1996年)

NUMBER OF MARRIAGES AND DIVORCES BY REGION (1996)

地区 Region	准予登记结婚 (对) Registered Marriages (couples)	初婚 (人) First Marriages (persons)	再婚 (人) Remarriages (persons)	离婚 (对) Divorces (couples)
全国 National Total	**9339615**	**17817240**	**861990**	**1132215**
北京 Beijing	85942	146666	25218	20708
天津 Tianjin	64735	116425	13045	12264
河北 Hebei	430602	809736	51468	51139
山西 Shanxi	175607	336758	14456	23739
内蒙古 Inner Mongolia	183913	355108	12718	29491
辽宁 Liaoning	308500	560821	56179	84673
吉林 Jilin	199478	369392	29564	55181
黑龙江 Heilongjiang	256227	468167	44287	79275
上海 Shanghai	86460	149817	23103	24571
江苏 Jiangsu	546062	1058549	33575	47168
浙江 Zhejiang	370469	712535	28403	33508
安徽 Anhui	596809	1174974	18644	32993
福建 Fujian	275664	538523	12805	19009
江西 Jiangxi	270368	525054	15682	20018
山东 Shandong	721129	1371103	71155	53486
河南 Henan	742735	1441328	44142	67182
湖北 Hubei	442532	851577	33487	40675
湖南 Hunan	429238	819987	38489	55457
广东 Guangdong	588436	1150767	26105	37451
广西 Guangxi	314856	611771	17941	27426
海南 Hainan	62294	122913	1675	3069
四川 Sichuan	911039	1727899	94179	132980
贵州 Guizhou	270731	527704	13758	25632
云南 Yunnan	349705	670970	28440	33414
西藏 Tibet	5486	10235	737	966
陕西 Shaanxi	240208	458918	21498	31741
甘肃 Gansu	170379	331815	8943	18579
青海 Qinghai	43509	82462	4556	6413
宁夏 Ningxia	35630	68081	3179	5587
新疆 Xinjiang	160872	247185	74559	58420

19－35 律师、公证、调解工作基本情况

BASIC STATISTICS ON LAWYERS, NOTARIZATION AND MEDIATION

项　目		Item	1985	1990	1995	1996
律师工作		**Lawyers**				
律师事务所	(个)	Number of Law Offices	3131	3716	7263	8265
律师工作人员	(人)	Number of Lawyers (persons)	13403	34379	90602	100198
#专职律师	(人)	Full－time Lawyers (persons)	6830	23727	45094	47879
兼职律师	(人)	Part－time Lawyers (persons)	6573	10652	17994	20243
聘请担任常年法律顾问的单位	(处)	Number of Units with Permanent Legal Advisors	39453	111899	234496	223043
民事诉讼代理	(件)	Agent of Civil Cases (cases)	108236	330672	316250	353840
经济诉讼代理	(件)	Agent of Economic Cases (cases)			324909	360224
刑事辩护	(件)	Defender of Criminal Cases (cases)	101707	252344	204382	245877
行政诉讼代理	(件)	Agent of Administrative Action(cases)			18043	19360
非诉讼法律事务	(件)	Agent of Non－Litigious Legal Affairs (cases)	41136	110139	452021	435483
涉外法律事务	(件)	Agent of Foreign－related Legal Affairs (cases)	4324	9980	20444	27730
解答法律询问	(万件)	Agent of Legal Advisory Services (10 000 cases)	122.4	275.7	196.0	186.5
代写法律事务文书	(万件)	Agent of Legal Documents Written on Behalf of Clients (10 000 cases)	31.6	51.7	54.4	52.3
公证工作		**Notarization**				
公证处	(个)	Number of Notary Offices	2674	2921	3148	3167
公证人员	(人)	Notarial Personnel (persons)	10369	15786	16949	17019
#公证员	(人)	Notaries (persons)	3205	9210	10663	11322
公证员助理	(人)	Assistant Notaries (persons)	1274	2599	2221	1925
办理公证文书	(万件)	Number of Notarized Documents (10 000 cases)	279.7	636.5	777.4	792.7
人民调解工作		**Number of People's Mediation**				
专职司法助理员	(人)	Number of Full－Time Judicial Assistants (persons)	41919	47399	53922	56173
人民调解委员会	(万个)	Number of People's Mediation Committees (10 000 units)	97.7	102.1	101.0	100.2
调解人员	(万人)	Number of Mediators (10 000 persons)	473.9	625.6	1025.9	1035.4
调解民间纠纷	(万件)	Number of Civil Disputes Mediated (10 000 cases)	633.3	740.9	602.8	580.2

注：1993年以前的民事诉讼代理含有经济诉讼代理数。

a) The number of civil actions included economic actions prior to 1993.

19－36 国内公证文书分类(1996年)

DOMESTIC NOTARIAL DOCUMENTS BY TYPE (1996)

分类	Item	1995		1996	
		办证件数(件) Number of Notarial Documents (pieces)	比重 (%) Percen－tage	办证件数(件) Number of Notarial Documents (pieces)	比重 (%) Percen－tage
经济公证	**Notarized Documents on Economic Affairs**				
合计	Total Documents	3371540	100.00	3216142	100.00
购销	Purchases and Sales of Products	132759	3.94	55908	1.74
联营	Joint Business	9547	0.28	12837	0.40
拍卖	Auctions	48386	1.44	75526	2.35
贷款	Loans	482306	14.31	501681	15.60
担保	Guarantees	51384	1.52	68279	2.12
招标、投标	Bidding	17789	0.53	28399	0.88
科技合同	Scientific and Technological Contracts	3389	0.10	3229	0.10
供用电	Supply and Use of Electric Power	20758	0.62	23399	0.73
劳务合同	Labor Contracts	390470	11.58	339539	10.56
建筑工程承包	Construction Project Contracts	19535	0.58	23011	0.72
工商服务业承包	Industrial and Commercial Service Contracts	53126	1.58	36976	1.15
农林牧副渔业承包	Farming, Forestry, Animal Husbandry, Sideline Production and Fishery Contracts	277813	8.24	271497	8.44
乡镇企业承包	Township Enterprise Contracts	18813	0.56	14174	0.44
财产租赁	Property Leases	39698	1.18	40751	1.27
企业租赁	Enterprise Leases	13825	0.41	11368	0.35
资产经营协议	Asset Business Contracts	16072	0.48	7733	0.24
其他经济合同	Other Business Contracts	301108	8.93	346937	10.79
法人(代表人)资格	Legal Person (agent) Identification	18191	0.54	25452	0.79
法人委托书	Legal Person Trust Deeds	29111	0.86	28653	0.89
公司章程	Corporation Constitutions	1995	0.06	3325	0.10
执行许可证明	Operating Permits	7404	0.22	4742	0.15
提存	Consignation	5268	0.16	1725	0.05
其他	Others	1412793	41.90	1291001	40.14
民事法律关系公证	**Notarized Documents on Civil Legal Relations**				
合计	Total	3051972	100.00	3002692	100.00
收养	Child Adoption	34117	1.12	26745	0.89
解除收养	Adoption Renouncements	1540	0.05	1639	0.05
继承权	Rights of Inheritance	44823	1.47	44715	1.49
遗嘱	Testaments	25352	0.83	27895	0.93
产权	Property Rights	98948	3.24	84873	2.83
亲属关系	Kinship Confirmation	14841	0.49	15724	0.52
死亡	Death Certificates	5583	0.18	7876	0.26
房屋买卖	Purchases and Sales of Houses	235082	7.70	231537	7.71
房屋租赁	House Leases	53098	1.74	61525	2.05
留学协议	Foreign Study Contracts	5770	0.19	5711	0.19
遗赠扶养协议	Donations and Family Fostering	10884	0.36	8085	0.27
其他民事协议	Other Civil Agreements	448270	14.69	479479	15.97
委托书	Trust Deeds	31120	1.02	40824	1.36
赠与书	Presentation Documents	57386	1.88	56794	1.89
声明书	Declarations	44555	1.46	67532	2.25
现场监督	Field Supervision	127297	4.17	118934	3.96
执行许可证明	Operating Permits	1556	0.05	1659	0.06
副本等与原本相符	Confirmation of Copies and Photo－Offset Copies to Originals	9503	0.31	13011	0.43
宅基地使用权	Rights to Housing Site	55593	1.82	53782	1.79
证据保全	Evidence Preservation	5716	0.19	7423	0.25
其他	Others	1740938	57.04	1646929	54.85

19－37 涉外公证文书分类(1996年)

FOREIGN－RELATED NOTARIAL DOCUMENTS BY TYPE (1996)

分 类	Item	办证件数(件) Number of Notarial Documents (pieces)	比 重(%) Percen－tage	分 类	Item	办证件数(件) Number of Notarial Documents (pieces)	比 重(%) Percen－tage
合 计	Total	1708333	100.00	营业证书	Certificates	6355	0.37
收 养	Child Adoption	7310	0.43	公司章程	Corporation Constitutions	2160	0.13
遗 嘱	Testaments	3998	0.23	其他法律文书	Other Legal Documents	38486	2.25
出 生	Births	268067	15.69	职 称	Professional Certificates	16692	0.97
死 亡	Deaths	17559	1.03	法人资格	Legal Person Identitifi－cation	2351	0.14
生存、居住	Survival and Residence	12565	0.74				
学 历	Schooling	148118	8.67	商标注册	Trademark Registrations	589	0.03
经 历	Personal Histories	71862	4.21	贷 款	Loans	2743	0.16
国 籍	Nationality	27728	1.62	担 保	Guarantees	5172	0.30
婚姻状况	Marital Status	187874	11.00	其他经济合同	Other Business Contracts	13963	0.82
亲属关系	Kinship Confirmation	176070	10.31	副本等与原本相符	Confimation of Copies and Photo－Offset Copies to Originals	154244	9.03
继承权	Rights of Inheritance	6193	0.36				
受、未受刑事处分	Criminal Records	175771	10.29				
声明书	Declarations	26801	1.57	其 他	Other	311761	18.25
委托书	Trust Deeds	23901	1.40				

19－38 调解民间纠纷分类

NUMBER OF CIVIL DISPUTES MEDIATED BY TYPE

项 目	Item	调解纠纷(件) Civil Disputes (cases)		各类纠纷所占比重(%) Percentage	
		1995	1996	1995	1996
合 计	**Total**	**6028481**	**5802230**	**100.00**	**100.00**
婚姻家庭	Family Disputes	2453843	2364072	40.78	40.74
婚 姻	Marriages	1146769	1091703	19.06	18.81
继 承	Rights of Inheritance	311159	305336	5.17	5.26
赡抚扶养	Family Fostering	451490	432931	7.50	7.46
其 他	Others	544425	534102	9.05	9.21
房屋、宅基地	Housing and Housing Sites	641074	591567	10.65	10.20
债 务	Debts	477318	480662	7.93	8.28
生产经营	Business	636018	602932	10.57	10.39
邻 里	Neighbor Disputes	883281	838157	14.68	14.45
损害赔偿	Compensation for Damages	415886	414518	6.91	7.14
其 他	Others	521061	510322	8.47	8.80

19－39 劳动仲裁委员会受理及处理案件情况(1996年)

项 目		Item	合 计 Total	国有经济 State－Owned Enter－prises	城镇集体企 业 Urban Collective Owned Enterprises
上期未结案件数	**(件)**	**Number of Cases Left Over from Last Period (case)**	**2634**	**1116**	**468**
案件受理情况		**Cases Accepted**			
案件数	(件)	Number of Cases (case)	47951	16390	8963
人数	(人)	Number of Persons Involved (person)	189120	38989	21510
#集体争议案件数		Number of Collective Disputes	3150	757	457
集体争议人数		Number of Persons Involved in Collective Disputes	92203	18406	10573
企业申诉案件数		Number of Cases Appealed by Enterprises	6254	1937	682
职工申诉案件数		Number of Cases Appealed by Workers	41697	14453	8281
案件处理情况		**Cases settled**			
结案件数	(件)	Number of Cases Settled (case)	46543	16074	8673
人数	(人)	Number of Persons Involved (person)	165058	34122	19241
处理方式		**by Manners of Settlement**			
仲裁调解		by Mediation	24223	7065	3269
仲裁裁决		by Arbitrition Lawsuit	12789	5491	3404
其他方式		Others	9531	3518	2000
处理结果		**by Result of Settlement**			
单位胜诉		Won by Units	9452	3870	1607
职工胜诉		Lawsuit Won by Workers	23696	6999	4307
双方部分胜诉		Lawsuit Partly by Both Parties	13395	5205	2759
不服裁决向法院起诉	**(件)**	**Number of Cases Prosecuted for Refusing to Accept the Result Arbitrated (case)**	**1389**	**669**	**267**
#裁审结果一致		Number of Cases With the Same Result Judged by the Courts & the Arbitration Commttees	679	310	133
裁审结果不一致		Number of Cases With Different Result Judged by the Courts & the Arbitration Committees	169	84	36
法院尚未结案		Number of Cases Disjudged	541	275	98
本期未结案数	**(件)**	**Number of Cases Dissettled (case)**	**3024**	**1094**	**657**
案外调解案件数	**(件)**	**Number of Cases out of the Arbitration (case)**	**92001**	**22417**	**13096**
企业调解		**Mediated by Enterprises**			
受理争议案件数	(件)	Number of Cases Accepled (case)	118732	31141	13009
调解成功案件数	(件)	Number of Cases Succesful Mediated (case)	107439	28622	11496

LABOUR DISPUTES ACCEPTED AND HANDLED BY LABOUR DISPUTE ARBITRATION COMMITTEES (1996)

乡村集体企业 Rarul Collective Owned Enterprises	外商投资企业 Foreign Funded Enter-prises	港澳台投资企业 Enterprises Funded by Entrepreneurs Investment from Hong Kong Macao and Taiwan	私营企业 Private Enter-prises	联营企业 Joint Owned Enter-prises	股份制企业 Share Holding Enter-prises	个体工商户 Individual Economy	机关事业单位 State Organs and Institutions	其他 Others
98	**371**	**245**	**143**	**18**	**52**	**24**	**80**	**19**
3425	6825	3258	3535	1320	1510	1119	1257	441
7619	58939	39739	11499	3708	3798	2598	2032	685
186	592	788	195	49	55	22	41	9
3727	23694	29978	2854	990	826	368	659	187
272	1533	380	440	249	292	165	267	78
3153	5292	2878	3095	1071	1218	954	990	363
3307	6508	3014	3486	1276	1456	1101	1192	452
7076	53691	16130	10716	2995	3198	2341	1666	501
2036	4040	1951	2202	629	810	570	551	197
715	1234	633	680	355	364	244	445	180
556	1234	430	604	292	282	287	196	75
657	964	575	589	319	370	164	363	59
1931	4020	1600	2199	682	807	581	494	268
719	1524	839	698	275	279	356	335	125
101	**149**	**23**	**62**	**11**	**34**	**17**	**58**	**7**
42	90	15	26	7	9	5	20	4
13	20	3	11	1	7	3	12	2
46	39	5	25	3	18	9	26	1
193	**437**	**211**	**98**	**58**	**84**	**42**	**122**	**12**
8523	**8495**	**24965**	**38596**	**3002**	**2455**	**2114**	**1152**	**528**
7325	24911	29832	3626	3312	2679	1409	887	583
6177	21509	29554	2620	3091	2258	1188	878	533

19－40 全国保险福利费用总额

SOCIAL INSURANCE AND WELFARE FUNDS

单位: 亿元 (100 million yuan)

年 份 Year	合 计 Total Funds	国有单位 Funds of State-owned Units	单 位 支 付 Paid by Employer Units	民政部门 支 付 Paid by Civil Affairs Departments	城镇集体单 位 Funds of Urban Collective Owned Units	其他单位 Funds of Other Ownership Units	保险福利费用总额相当于工资总额的 % Total Funds as Percentage of Total Wages
1978	78.1	69.1	66.9	2.2	9.0		13.7
1979	107.3	94.9	92.1	2.8	12.4		16.6
1980	136.4	119.3	116.0	3.3	17.1		17.7
1981	154.9	135.7	132.4	3.3	19.2		18.9
1982	180.5	157.0	153.8	3.2	23.5		20.5
1983	212.5	182.7	179.5	3.2	29.8		22.7
1984	257.7	213.4	210.4	3.0	43.4	0.9	22.7
1985	331.6	273.6	269.9	3.7	56.8	1.2	24.0
1986	420.1	343.9	340.0	3.9	74.1	2.1	25.3
1987	508.7	415.9	411.8	4.1	89.8	3.0	27.0
1988	653.1	537.6	533.4	4.2	110.8	4.7	28.2
1989	768.0	635.5	628.0	7.5	126.5	6.0	29.3
1990	937.9	777.3	770.1	7.2	152.9	7.7	31.8
1991	1094.7	912.5	904.9	7.6	171.8	10.4	32.9
1992	1309.5	1095.8	1086.6	9.2	198.8	14.9	33.2
1993	1670.2	1386.5	1374.5	12.0	238.6	45.1	34.0
1994	1958.1	1646.2	1628.7	17.5	248.1	63.8	29.4
1995	2361.3	1980.4	1961.0	19.4	294.5	86.4	29.2
1996	2725.3	2296.6	2276.5	20.1	317.8	110.9	30.0

注: 自1994年起，原统计为保险福利费的上下班交通费和洗理卫生费计入工资总额。

a) Subsidies for transportation as well as barber and bath fees have been included in total wages since 1994.

19－41 国有单位职工分行业保险福利费(1996年)

SOCIAL INSURANCE AND WELFARE FUNDS OF STAFF AND WORKERS IN STATE－OWNED UNITS BY SECTOR (1996)

单位：亿元 (100 million yuan)

行业	Sector	合计 Total	集体保险福利费 Social Insurance and Welfare Funds for Collectives				
			小计 Sub－total	集体福利设施及事业补贴费 Subsidies for Public Welfare & Facilities	文娱体育宣传费 Expenses for Recreational, Activities,Pub－licity Sports & Publicity	医疗卫生费 Medical Care	其他 Others
总计	**Total**	**758.7**	**618.5**	**153.3**	**29.9**	**386.0**	**49.4**
农、林、牧、渔业	Farming,Forestry,Animal Husbandy, and Fishery	28.4	21.3	5.4	1.2	13.0	1.7
采掘业	Mining and Quarrying	57.9	47.1	13.7	2.4	26.2	4.7
制造业	Manufacturing	201.2	168.9	46.8	6.5	103.3	12.0
电力、煤气及水的生产和供应业	Electricity, Gas and Water Production and Supply	29.9	25.0	5.9	1.2	15.9	1.9
建筑业	Construction	37.3	30.5	7.4	1.3	18.8	2.9
地质勘查、水利管理业	Geological Prospecting and Water Conservancy	11.3	9.0	2.1	0.5	5.6	0.8
交通运输、仓储及邮电通信业	Transport,Storage'Post and Telecommunications	67.3	55.5	12.3	2.6	34.9	5.7
批发和零售贸易、餐饮业	Wholesale & Retail Trade and Catering Services	59.7	48.2	8.4	1.8	33.9	4.2
金融、保险业	Banking Financial and Insurance	28.2	23.4	5.1	1.6	15.4	1.2
房地产业	Real Estate Trade	7.6	6.2	1.6	0.3	3.6	0.7
社会服务业	Social Services	22.5	18.7	4.4	0.8	11.7	1.7
卫生、体育和社会福利业	Health Care, Sports and Social Welfare	35.5	28.9	7.0	1.7	17.8	2.3
教育、文化艺术和广播电影电视业	Education, Culture and Arts, Radio,Film and Television	68.3	52.4	13.4	3.0	32.5	3.6
科学研究和综合技术服务业	Scientific Research and Poly－technical Services	19.0	16.4	4.6	0.7	9.8	1.3
国家机关、政党机关和社会团体	Government Agencies, Party Agencies and Social Organizations	74.9	59.4	13.0	4.0	38.8	3.6
其他	Others	9.5	7.7	1.9	0.4	4.7	0.7

续表 1 continued

单位：亿元 (100 million yuan)

行业 Sector	个人保险福利费 Social Insurance and Welfare Funds for Individuals 小计 Sub-total	丧葬抚恤救济费 Funeral Experses, Pensions and Relief	生活困难补助 Subsidies for Living Expenses	计划生育补贴 Subsidies for Family Planning	冬季取暖补贴 Subsidies for Heating in Winter	其他 Others
总计 Total	**140.1**	**17.2**	**14.6**	**17.2**	**32.6**	**58.5**
农、林、牧、渔业 Farming, Forestry, Animal Husbandy, and Fishery	7.1	0.8	0.8	1.1	2.5	2.0
采掘业 Mining and Quarrying	10.9	3.1	1.3	0.8	2.2	3.5
制造业 Manufacturing	32.3	4.1	3.7	4.5	7.1	12.0
电力、煤气及水的生产和供应业 Electricity, Gas and Water Production and Supply	4.9	0.4	0.4	0.5	1.0	2.7
建筑业 Construction	6.9	0.9	0.8	0.7	1.5	2.9
地质勘查、水利管理业 Geological Prospecting and Water Conservancy	2.3	0.4	0.3	0.3	0.5	0.9
交通运输、仓储及邮电通信业 Transport,Storage'Post and Telecommunications	11.8	1.1	1.2	1.5	2.6	5.4
批发和零售贸易、餐饮业 Wholesale & Retail Trade and Catering Services	11.4	1.0	1.2	1.7	2.9	4.7
金融、保险业 Banking Financial and Insurance	4.9	0.3	0.4	0.7	1.1	2.4
房地产业 Real Estate Trade	1.4	0.1	0.1	0.2	0.3	0.8
社会服务业 Social Services	3.8	0.3	0.3	0.5	0.9	1.8
卫生、体育和社会福利业 Health Care, Sports and Social Welfare	6.6	0.6	0.5	0.8	1.4	3.3
教育、文化艺术和广播电影电视业 Education, Culture and Arts, Radio,Film and Television	15.8	1.7	1.5	1.6	3.6	7.3
科学研究和综合技术服务业 Scientific Research and Poly-technical Services	2.6	0.3	0.3	0.3	0.5	1.2
国家机关、政党机关和社会团体 Government Agencies, Party Agencies and Social Organizations	15.5	2.0	1.5	1.9	4.1	6.1
其他 Others	1.8	0.2	0.1	0.2	0.5	0.8

19－42 离休、退休、退职职工保险福利费用总额

SOCIAL INSURANCE AND WELFARE FUNDS FOR RETIRED AND RESIGNED PERSONS

年 份 Year	费用总额(亿元) Social Insurance and Welfare Funds (100 million yuan)	国有单位(亿元) Funds of State－Owned Units (100 million yuan)	单 位 支 付 Paid by Employer Units	民政部门 支 付 Paid by Civil Affairs Depart－ments	城镇集体单位(亿元) Funds of Urban Collective Owned Units (100 mill－ion yuan)	其他单位(亿元) Funds of Other Ownership Units (100 mill－ion yuan)	平均每人(元) Per Capita Funds (yuan)	国有单位 State－Owned Units	城镇集体单位 Urban Collective Owned Units	其他单位 Other Ownership Units
1978	17.3	16.3	14.1	2.2	1.0		551	574	333	
1980	50.4	43.4	40.1	3.3	7.0		714	781	465	
1985	149.8	119.2	115.5	3.7	30.2	0.4	961	1070	687	888
1986	194.7	161.6	157.7	3.9	32.5	0.6	1131	1310	675	1090
1987	238.4	200.5	196.4	4.1	37.1	0.8	1263	1470	718	1333
1988	320.6	256.4	252.2	4.2	62.5	1.7	1571	1731	1173	2429
1989	382.6	309.7	302.2	7.5	71.1	1.8	1773	1955	1258	2000
1990	472.4	382.4	375.2	7.2	87.8	2.2	2099	2281	1557	2095
1991	562.0	459.7	452.1	7.6	99.4	2.9	2342	2529	1723	2417
1992	695.2	572.8	563.2	9.2	118.1	4.3	2764	3010	1974	2857
1993	913.7	752.8	740.8	12.0	144.9	16.0	3399	3661	2405	5517
1994	1218.9	1022.0	1004.5	17.5	169.6	27.3	4269	4654	2789	5353
1995	1541.8	1296.2	1276.8	19.4	208.1	37.5	5120	5575	3356	5682
1996	1817.8	1537.9	1517.8	20.1	230.8	49.1	5765	6257	3729	6377

注：1985年及以前各年离、退休人员费用总额中的医疗费用部分统计在在职职工中，故数字偏小。

a) The expenses years were on the lower side for medical treatment cost in social insurance and welfare funds for the retired and resigned persons in the years before 1986 was calculated in that of the staff and workers at their posts. Therefore the total funds in these.

19－43 国有单位离休、退休、退职人员保险福利费

SOCIAL INSURANCE AND WELFARE FUNDS FOR RETIRED AND RESIGNED PERSONS IN STATE－OWNED UNITS

单位：亿元 (100 million yuan)

项 目	Item	1990	1994	1995	1996
总 计	**Total**	**375.2**	**1022.0**	**1276.8**	**1517.8**
离休金	Pensions for Retired Veterans	32.4	96.7	114.0	128.5
退休金	Pensions for Retired Persons	190.0	628.2	807.8	992.5
退职生活费	Resignation Allowances for Living Expenses	3.5	8.6	10.7	12.0
医疗卫生费	Expenses for Medical Care	62.7	163.6	203.2	230.0
丧葬抚恤救济费	Funeral Expenses and Pensions for Family of the Deceased	6.5	14.5	18.8	22.8
交通费补贴	Transportation Subsidies	2.9	10.8	11.6	12.5
冬季取暖补贴	Subsidies for Heating in Winter		6.7	8.3	8.8
其 他	Other	77.2	92.9	102.4	111.0

注：1994年数字中含民政部门支付的离退休人员保险福利费用。

a) Social insurance and welfare funds for retired persons in 1994 included those paid by the civil affairs departments.

19－44 离休、退休、退职人员人数(年底数)

NUMBER OF RETIRED AND RESIGNED PERSONS (YEAR－END)

单位：万人 (10 000 persons)

年份 Year	合计 Total	国有单位 State－owned Units	单位支付 Paid by Employer Units	民政部门支付 Paid by Civil Affairs Department	城镇集体单位 Urban Collective Owned Units	其他单位 Other Owner－ship Units	离休、退休、退职人员人数与在职职工人数之比(以离休、退休、退职人员为1) Ratio of Staff and Workers on Their Post to the Retired and Resigned Persons：合计 Total	国有单位 State－owned Units	城镇集体单位 Urban Collective Owned Units	其他单位 Other Owner－ship Units
1978	314	284	238	46	30		30.3	26.2	68.3	
1980	816	638	591	47	178		12.8	12.6	13.6	
1985	1637	1165	1127	38	467	5	7.5	7.7	7.1	8.8
1986	1805	1303	1266	37	496	6	7.1	7.2	6.9	9.2
1987	1968	1424	1392	32	538	6	6.7	6.8	6.5	12.0
1988	2120	1544	1511	28	568	8	6.4	6.5	6.2	12.1
1989	2201	1629	1598	31	562	10	6.2	6.2	6.2	13.2
1990	2301	1742	1693	31	566	11	6.1	6.0	6.3	14.9
1991	2433	1833	1804	30	588	12	6.0	5.8	6.2	17.3
1992	2598	1972	1944	29	609	17	5.7	5.5	5.9	16.6
1993	2780	2143	2113	28	596	41	5.4	5.1	5.7	13.1
1994	2929	2249	2222	27	619	60	5.1	4.8	5.2	12.5
1995	3094	2401	2375	26	621	72	4.8	4.6	5.0	12.2
1996	3212	2515	2489	26	616	81	4.6	5.9	4.8	11.6

19－45 分地区离休、退休、退职人员人数(1996年)

NUMBER OF RETIRED AND RESINGED PERSONS BY REGION (END OF 1996)

地 区 Region	年末人数(万人) Total Number (year end) (10 000 persons)				国有单位(万人) State－owned Units (10 000 persons)				离退休、退职人员与职工之比 Ratio of Staff and Workers on Their Posts to Retired and Resigned Person
	合计 Total	离休人员 Retired Veterans	退休人员 Retired Persons	退职人员 Resigned Persons	合计 Total	离休人员 Retired Veterans	退休人员 Retired Persons	退职人员 Resigned Persons	
全国 National Total	**3211.6**	**192.1**	**2935.7**	**83.8**	**2487.0**	**173.9**	**2257.2**	**56.0**	**4.6**
北京 Beijing	136.6	10.0	123.2	3.4	103.5	9.2	92.5	1.8	3.4
天津 Tianjin	83.0	3.3	77.9	1.8	62.9	2.9	59.0	0.9	3.4
河北 Hebei	128.5	12.7	113.7	2.1	104.1	11.0	91.6	1.5	5.4
山西 Shanxi	79.3	8.3	69.5	1.5	67.1	7.6	58.6	0.9	5.9
内蒙古 Inner Mongolia	58.7	4.3	53.5	0.8	49.4	4.0	44.8	0.6	6.5
辽宁 Liaoning	243.7	16.2	218.6	9.0	174.8	14.3	155.4	5.1	4.1
吉林 Jilin	91.2	7.5	81.5	2.2	72.1	6.9	63.5	1.7	5.6
黑龙江 Heilongjiang	157.1	11.7	141.4	3.9	136.1	11.2	122.2	2.7	5.2
上海 Shanghai	197.3	4.4	190.7	2.2	139.7	3.9	134.8	0.9	2.3
江苏 Jiangsu	207.0	10.8	188.1	8.1	130.8	9.4	117.2	4.3	4.4
浙江 Zhejiang	110.8	4.5	103.1	3.3	73.2	4.0	67.1	2.1	4.5
安徽 Anhui	102.0	7.4	91.9	2.7	78.4	6.7	70.3	1.4	4.9
福建 Fujian	62.9	2.8	58.4	1.8	47.4	2.6	43.4	1.4	5.6
江西 Jiangxi	78.4	3.2	73.7	1.6	64.4	3.1	60.2	1.1	5.3
山东 Shandong	156.4	17.1	131.8	7.5	108.5	14.4	89.3	4.8	5.9
河南 Henan	140.7	12.4	126.1	2.2	118.0	11.5	104.9	1.6	6.0
湖北 Hubei	139.7	6.6	129.8	3.3	106.5	5.9	98.3	2.2	5.3
湖南 Hunan	147.0	4.5	139.4	3.2	114.5	4.1	108.0	2.4	4.1
广东 Guangdong	170.5	7.7	159.8	2.9	122.7	6.9	114.0	1.8	5.3
广西 Guangxi	70.0	3.2	65.3	1.4	58.3	2.9	54.3	1.1	4.9
海南 Hainan	27.1	0.9	24.2	1.9	24.8	0.9	22.0	1.9	3.8
四川 Sichuan	257.3	6.6	245.2	5.5	200.9	6.0	191.2	3.7	3.8
贵州 Guizhou	51.2	2.5	47.9	0.7	46.6	2.5	43.5	0.6	4.5
云南 Yunnan	77.1	4.4	71.3	1.5	69.4	4.1	63.9	1.4	4.1
西藏 Tibet	2.8	...	2.7	...	2.8	...	2.7	...	5.9
陕西 Shaanxi	79.6	6.2	70.2	3.2	66.3	5.7	58.0	2.7	5.0
甘肃 Gansu	47.2	3.1	41.9	2.2	42.8	2.9	38.2	1.7	5.3
青海 Qinghai	18.1	1.2	16.4	0.5	16.4	1.1	14.8	0.5	3.6
宁夏 Ningxia	13.8	0.9	12.3	0.5	12.4	0.9	11.1	0.5	5.3
新疆 Xinjiang	76.4	7.5	66.2	2.7	72.1	7.3	62.2	2.5	4.1

注：1.国有单位中不含由民政部门和总后勤部统计的离休、退休、退职人员人数。

2.最后一列以离休、退休、退职人数为 1。

a) The number of reired and resigned persons of the state－owned units excludes those calculated by the civil affairs department and the General Logistics Department.

b) The number of retired and resigned persons is taken as 1 in calculation of the ratio in the last row.

19－46 全国公安机关立案的刑事案件情况

CRIMINAL CASES REGISTERED IN PUBLIC SECURITY ORGANS

案件类别	Category of Cases	立 案 (起) Number of Cases Registered (case)		构 成 (%) Composition (%)	
		1995	1996	1995	1996
合计	**Total**	**1621003**	**1600716**	**100.00**	**100.00**
杀人	Homicide	27356	25411	1.69	1.59
伤害	Injury	72259	68992	4.46	4.31
抢劫	Robbery	164478	151147	10.15	9.44
强奸	Rape	41823	42820	2.58	2.68
拐卖人口	Kidnapping and Selling People	10670	8290	0.66	0.52
盗窃	Larceny	1132789	1043982	69.88	65.22
诈骗	Fraud	64047	69688	3.95	4.35
走私	Smuggling	1119	1147	0.07	0.07
伪造贩运假货币	Counterfeiting Bank Notes and Transporting and Selling Them	5237	5128	0.32	0.32
其他	Others	101225	184111	6.24	11.50

注: 1996年破获刑事案件1279091起，破案率为79.9 %。

a) 1 279 091 criminal cases were cracked in 1996. The cracking rate was 79.9%.

19－47 全国公安机关受理的治安案件分类情况

OFFENSE CASES AGAINST PUBLIC ORDER HANDLED BY PUBLIC SECURITY ORGANS

单位: 起 (case)

案件类别	Category of Cases	1995		1996	
		受理 Number of Cases Accepted to be Treated	查处 Number of Cases Investigated and Treated	受理 Number of Cases Accepted to be Treated	查处 Number of Cases Investigated and Treated
合计	**Total**	**3289760**	**2968220**	**3363636**	**3117623**
扰乱工作、公共秩序	Disturbing Work or Public Order	332120	330462	381035	378452
结伙斗殴、寻衅滋事	Gang Fighting or Picking Quarrels and Making Troubles	84588	81581	86626	83769
侮辱妇女及其他流氓活动	Acting Indencently Towards Women	63220	62141	63808	62881
防碍国家工作人员执行职务	Obstructing the Government Workers to Perform Their Duty	45999	45394	48686	48128
违反枪支管理规定	Violating Regulations on Management of Firearms	23070	22730	55019	54773
违反爆炸物品管理规定	Violating Regulations on Management of Explosives	26883	26213	33475	33305
殴打他人	Beating Other Body	503283	476254	511716	486295
偷窃财物	Robbing Other People of Their Valuables	729707	468437	620202	430375
骗取、抢夺、敲榨勒索财物	Defrauding, Snatching or Extorting and Racketeering Valuables	93471	86589	89405	83089
哄抢公私财物	Making Stirs and Then Robbing Public or Private Valuables	5821	5554	5525	5296
故意损坏公私财物	Intentionally Damaging Public or Private Valuables	48737	46670	50221	48377
伪造倒卖票券、证件	Forging and Fraudulently Selling Bills or Certificates	43318	43162	41224	41165
利用迷信扰乱秩序或骗财	Disturbing Public Order or Defrauding People of Their Valuables by Making Use of Their Superstition	13061	12982	11011	10937
卖淫、嫖娼	Prostitution or Going Whoring	186661	185441	210724	209652
赌博	Gambling	433831	431453	441929	439928
违反户口、居民身份证管理	Violating Regulations on Management of Residence or Identity Cards	197808	197060	218338	217380
其他	Others	458182	446097	494692	483821

19－48 全国交通事故分类情况(1996年)
BASIC STATISTICS ON TRAFFIC ACCIDENTS (1996)

类 别	Type	发生数(起) Number of Traffic Accidents (case)	死亡人数(人) Number of Deaths (person)	受伤人数(人) Number of Injuries (person)	损失折款(万元) Losses Coverted into Cash (10 000 yuan)
总计	**Total**	**287685**	**73655**	**174447**	**171768.5**
#重大事故	Extraordinarily Serious	66591	66397	31866	37413.7
特大事故	Serious	2813	7226	8536	20917.9
机动车	Motor－driven Vehicles	261435	61843	158185	168175.1
#汽车	Automobiles	214320	45394	119376	152776.4
摩托车	Motorcycles	27255	9571	24720	6531.3
拖拉机	Tractors	7479	2459	5119	2522.5
非机动车	Non－motor－driven Vehicles	12729	4704	8951	2019.8
#自行车	Bicycles	11124	4206	7778	1737.2
行人乘车人	Pedestrains and Passengers	12263	6178	6780	1415.5

注：损失折款指直接损失(下表同)。
a) Losses converted into cash refer to direct losses (the same as in the following table).

19－49 火灾事故发生情况(1996年)
BASIC STATISTICS ON FIRES (1996)

项 目	Item	合计 Total	按事故发生程度分 By Serious Degree of Fires		
			特大 Extraordinarily Serious	重大 Serious	一般 Ordinary
发生 (起)	Fires (case)	36856	196	2630	34030
死亡 (人)	Deaths (person)	2225	246	675	1304
受伤 (人)	Injuries (person)	3428	330	827	2271
损失折款 (万元)	Losses Converted into Cash (10 000 yuan)	102908.5	32088.8	43159.1	27660.6
平均每起事故损失 (元)	Average Loss per Fire (yuan)	27921.8	1637183.1	64103.0	8128.3

19-50 各地区交通事故情况(1996年)

BASIC STATISTICS ON TRAFFIC ACCIDENTS BY REGION(1996)

地 区 Region	合 计 Total 发生数(起) Number of Traffic Accidents (case)	死亡人数(人) Number of Deaths (person)	受伤人数(人) Number of Injuries (person)	损失折款(万元) Losses Coverted into Cash (10000 yuan)	其中:城区 Urban Areas 发生数(起) Number of Traffic Accidents (case)	死亡人数(人) Number of Deaths (person)	受伤人数(人) Number of Injuries (person)
全 国 National Total	**287685**	**73655**	**174447**	**171768.5**	**100291**	**16078**	**45583**
北 京 Beijing	14688	851	4239	9357.8	9079	442	2024
天 津 Tianjin	2078	438	921	2271.9	189	77	72
河 北 Hebei	12151	3757	8148	7061.3	2911	661	1582
山 西 Shanxi	4073	1523	2723	1942.0	1391	419	886
内蒙古 Inner Mongolia	5957	1304	3090	1865.3	3522	512	1752
辽 宁 Liaoning	16152	2866	8123	9261.3	7535	972	3233
吉 林 Jilin	7945	2386	3676	3226.8	4387	690	1574
黑龙江 Heilongjiang	2589	1441	1662	1041.2	1551	775	916
上 海 Shanghai	20058	783	4380	13464.9	15012	530	2869
江 苏 Jiangsu	12236	4913	6138	9547.9	2424	802	1222
浙 江 Zhejiang	22266	5438	13926	20900.9	3014	547	1646
安 徽 Anhui	5424	2719	3624	2576.2	1691	602	953
福 建 Fujian	16525	3153	11052	8759.8	4110	487	1998
江 西 Jiangxi	4557	1861	2497	2079.4	1495	528	606
山 东 Shandong	14835	5831	9854	7240.5	2720	1005	1814
河 南 Henan	13343	3552	9492	6464.5	4108	755	2674
湖 北 Hubei	8948	3439	5892	5326.6	3676	801	1956
湖 南 Hunan	10994	3368	10448	6967.4	2007	525	1640
广 东 Guangdong	38967	7664	27635	25889.8	12848	1545	7207
广 西 Guangxi	5462	1923	5136	3547.3	1586	396	1098
海 南 Hainan	1384	339	1134	1398.6	482	77	289
四 川 Sichuan	17767	4366	12694	7307.1	5592	1002	3063
贵 州 Guizhou	2815	1232	1538	1770.5	1000	188	298
云 南 Yunnan	4246	1944	2458	2525.7	446	229	251
西 藏 Tibet	553	267	515	406.9	272	62	144
陕 西 Shaanxi	10774	2125	6264	4158.0	4094	548	1922
甘 肃 Gansu	1813	1151	1177	573.8	523	254	296
青 海 Qinghai	1516	527	1111	836.3	485	149	343
宁 夏 Ningxia	2105	631	1360	914.1	431	94	258
新 疆 Xinjiang	5464	1863	3540	3084.7	1710	404	997

注:损失折款指直接损失。

a) Losses converted into cash refer to direct losses.

19－51 36个大中城市交通事故情况(1996年)
BASIC STATISTICS ON TRAFFIC ACCIDENTS IN 36 MAJOR CITIES(1996)

城 市 City	合 计 Total				其中:城区 Urban Areas		
	发生数(起) Number of Traffic Accidents (case)	死亡人数(人) Number of Deaths (person)	受伤人数(人) Number of Injuries (person)	损失折款(万元) Losses Coverted into Cash (10 000yuan)	发生数(起) Number of Traffic Accidents (case)	死亡人数(人) Number of Deaths (person)	受伤人数(人) Number of Injuries (person)
合 计 Total	**100058**	**15226**	**42662**	**59810.5**	**57388**	**6137**	**19679**
北 京 Beijing	14688	851	4239	9357.8	9079	442	2024
上 海 Shanghai	20058	783	4380	13464.9	15012	530	2869
天 津 Tianjin	2078	438	921	2271.9	189	77	72
南 京 Nanjing	1019	426	555	910.1	241	106	132
杭 州 Hangzhou	3134	788	1793	2736.6	829	160	403
合 肥 Hefei	825	356	481	707.6	333	135	188
南 昌 Nanchang	901	230	276	331.5	631	151	159
福 州 Fuzhou	3291	519	1557	1710.1	1389	123	512
济 南 Jinan	1185	597	867	342.3	412	133	332
徐 州 Xuzhou	1107	319	848	804.2	349	79	284
青 岛 Qingdao	941	651	362	380.8	186	151	45
石家庄 Shijiazhuang	1382	196	425	441.8	1000	119	276
太 原 Taiyuan	919	215	630	438.4	484	138	330
包 头 Baotou	2449	170	1153	456.4	1854	85	851
沈 阳 Shenyang	5688	723	3409	3243.9	3150	232	1574
长 春 Changchun	2849	790	921	1328.5	2136	355	579
哈尔滨 Harbin	593	329	366	295.4	409	203	239
大 连 Dalian	4645	682	872	3415.0	2287	277	309
鞍 山 Anshan	644	225	416	209.1	102	104	60
广 州 Guangzhou	8699	1133	5153	5907.2	3373	243	1467
南 宁 Nanning	705	285	580	475.2	379	162	335
长 沙 Changsha	642	242	507	662.9	212	81	152
武 汉 Wuhan	2524	379	1177	1505.6	2068	216	825
郑 州 Zhengzhou	3560	421	2280	1822.9	1529	144	942
成 都 Chengdu	2496	577	1697	1091.4	1127	209	728
重 庆 Chongqing	3498	565	1474	1142.8	2558	308	881
渡 口 Dukou	200	90	254	56.3	108	42	107
西 安 Xi'an	3387	470	1781	1300.9	2528	253	1121
兰 州 Lanzhou	509	345	266	141.6	330	169	171
银 川 Yinchuan	601	161	411	302.1	261	65	155
昆 明 Kunming	902	334	379	781.7	252	152	134
贵 阳 Guiyang	1123	277	453	935.2	567	82	175
呼和浩特 Hohhot	940	175	493	251.0	697	104	340
西 宁 Xining	460	140	346	114.9	356	115	281
乌鲁木齐 Urumqi	1125	248	775	343.8	760	146	531
拉 萨 Lhasa	291	96	165	128.7	211	46	96

注:损失折款指直接损失。

a) Losses converted into cash refer to direct losses.

19－52 各地区火灾事故情况(1996年)

BASIC STATISTICS ON FIRES BY REGION (1996)

地 区 Region	发生数(起) Number of Traffic Accidents (case)	死亡人数(人) Number of Deaths (person)	受伤人数(人) Number of Injuries (person)	直接经济损失(万元) Losses Coverted into Cash (10 000 yuan)	人口火灾发生率(1/10万人) Average Number of Fires per 100 Thousand People
全 国 National Total	**36856**	**2225**	**3428**	**102908.5**	**3.1**
北 京 Beijing	750	41	57	727.2	7.0
天 津 Tianjin	576	23	44	409.2	6.4
河 北 Hebei	881	44	85	1745.0	1.4
山 西 Shanxi	511	21	41	1625.9	1.7
内蒙古 Inner Mongolia	705	24	63	923.8	3.2
辽 宁 Liaoning	5628	100	162	8495.2	14.0
吉 林 Jilin	3924	49	56	2601.1	15.4
黑龙江 Heilongjiang	1325	110	87	4474.0	3.7
上 海 Shanghai	875	87	95	2176.6	6.7
江 苏 Jiangsu	2424	168	251	6091.8	3.5
浙 江 Zhejiang	1737	158	206	11179.3	4.0
安 徽 Anhui	1256	41	87	2683.3	2.1
福 建 Fujian	949	79	92	5480.5	3.0
江 西 Jiangxi	386	16	26	1230.4	1.0
山 东 Shandong	1436	146	245	5086.8	1.7
河 南 Henan	995	141	228	2515.2	1.1
湖 北 Hubei	1005	88	119	2528.8	1.8
湖 南 Hunan	1087	106	195	5271.0	1.7
广 东 Guangdong	1425	242	351	14408.7	2.1
广 西 Guangxi	1084	91	189	5451.4	2.4
海 南 Hainan	177	7	15	1793.8	2.5
四 川 Sichuan	2739	156	265	4877.7	2.5
贵 州 Guizhou	557	69	44	2032.1	1.6
云 南 Yunnan	1134	98	100	3059.5	2.9
西 藏 Tibet	95	4	26	823.5	4.0
陕 西 Shaanxi	405	52	74	1626.9	1.2
甘 肃 Gansu	416	11	60	1018.5	1.7
青 海 Qinghai	327	6	51	288.5	7.2
宁 夏 Ningxia	473	5	17	315.5	9.2
新 疆 Xinjiang	1526	37	90	1886.6	9.3

注：全国总计数据包括发生在铁道、交通的火灾情况。

a) The national data include the fires which happen in railways and other transport process.

19－53 各地区环保系统机构和人员基本情况(1996年底)

ENVIRONMENTAL PROTECTION AGENCIES AND PERSONS ENGAGED BY REGION (END OF 1996)

地 区 Region	机构总数 (个) Numberof Agencies (unit)	人员总数 (人) Total Number of Staff & Workers (person)	#科技人员 Scientific and Technical Personnel	#监测人员 Monitoring Personn	#监理人员 Supervising and Administrative Personnel
全 国 National Total	**8400**	**95562**	**45691**	**36586**	**17312**
北 京 Beijing	54	1403	828	457	22
天 津 Tianjin	74	1532	1041	533	92
河 北 Hebei	374	5263	1747	1307	850
山 西 Shanxi	410	5134	2053	1995	1060
内蒙古 Inner Mongolia	207	2393	1376	1020	249
辽 宁 Liaoning	425	5720	3774	1939	1138
吉 林 Jilin	239	3689	2051	1301	1266
黑龙江 Heilongjiang	370	3556	994	1341	710
上 海 Shanghai	69	1802	582	827	138
江 苏 Jiangsu	500	5672	3698	3188	1251
浙 江 Zhejiang	245	3222	2171	1797	415
安 徽 Anhui	325	3026	1709	1355	308
福 建 Fujian	292	2374	1588	915	534
江 西 Jiangxi	279	2200	844	942	395
山 东 Shandong	684	8338	4406	2981	1851
河 南 Henan	582	8348	2137	2867	1584
湖 北 Hubei	385	4678	2096	1658	1032
湖 南 Hunan	417	4637	2173	1783	761
广 东 Guangdong	410	4493	1740	1430	1007
广 西 Guangxi	270	2458	1336	912	231
海 南 Hainan	63	1061	98	329	195
四 川 Sichuan	465	4252	2357	2246	583
贵 州 Guizhou	223	1365	859	556	246
云 南 Yunnan	287	1811	1113	888	169
西 藏 Tibet	137	332	166	25	0
陕 西 Shaanxi	275	2764	711	1160	484
甘 肃 Gansu	192	1643	577	607	353
青 海 Qinghai	53	421	248	175	78
宁 夏 Ningxia	43	508	225	151	67
新 疆 Xinjiang	175	1467	993	728	243

19－54 县及县以上工业企业"三废"排放及治理情况

DISCHARGE AND TREATMENT OF WASTE WATER, WASTE GAS AND SOLID WASTES BY INDUSTRY ENTERPRISES AT AND ABOVE COUNTY LEVEL

项　目	Item	1991	1995	1996
废水	**Waste Water**			
工业废水排放总量　(万吨)	Total Volume of Industrial Waste Water Discharged (10 000 tons)	2358687	2218943	2058881
工业废水排放达标量(万吨)	Volume of Industrial Waste Water up to the Standards for Discharge (10 000 tons)	1182722	1228680	1217033
工业废水排放达标率　(%)	Percentage of Industrial Waste Water up to the Standards for Discharge (%)	50.1	55.4	59.1
工业废水处理量　(万吨)	Total Volum of Industrial Waste Water Treated (10 000 tons)	1559112	2156615	2386671
工业废水处理率　(%)	Percentage of Industrial Waste Water Treated (%)	63.5	76.8	81.6
工业废水处理排放达标量 (万吨)	Volume of Treated Industrial Waste Water up to the Standards for Discharge (10 000 tons)	423310	481428	516010
废气	**Waste Gas**			
工业废气排放总量 (亿标立方米)	Total Volume of Industrial Waste Gas Emission (100 million cu.m)	84653	107478	111196
工业二氧化硫排放量(万吨)	Volume of Sulphur Dioxide Emission (10 000 tons)	1165	1405	1364
烟尘排放量　(万吨)	Volume of Soot Emission (10 000 tons)	845	838	758
工业粉尘排放量　(万吨)	Volume of Industrial Dust Emission (10 000 tons)	579	639	562
固体废物	**Solid Wastes**			
工业固体废物产生量(万吨)	Volume of Industrial Solid Wastes Produced (10 000 tons)	58759	64474	65897
工业固体废物综合利用量 (万吨)	Volume of Industrial Solid Wastes Utilized (10 000 tons)	22284	28511	28364
工业固体废物综合利用率(%)	Percentage of Industrial Solid Wastes Utilized (%)	36.6	42.9	43.0
工业固体废物贮存量(万吨)	Volume of Industrial Solid Wastes Accumulated (10 000 tons)	27588	24779	26364
工业固体废物处置量(万吨)	Volume of Industrial Solid Wastes Treated (10 000 tons)	11696	14204	11491
工业固体废物排放量(万吨)	Volume of Industrial Solid Wastes Discharged (10 000 tons)	3376	2242	1690
工业固体废物历年贮存占地面积　(万平方米)	Areas Occupied by Industrial Solid Wastes Accumulated (10 000 sq.m)	50538	55440	51680
"三废"综合利用产品产值 (万元)	Output Value of Products Made from Waste Gas, Waste Water and Solid Wastes (10 000 yuan)	1054666	2036052	2247660
"三废"综合利用产品利润 (万元)	Profits Obtained from Use of Waste Gas, Waste Water and Solid Wastes (10 000 yuan)	266878	527223	447613
污染治理	**Pollution Treatment**			
当年安排污染治理项目数 (个)	Number of Projects for Pollution Treatment in the Year	31072	21644	6990
污染治理项目本年完成投资合计　(万元)	Actual Investment in Implementation of the Project for Pollution Treatment in the Year (10 000 yuan)	597306	987376	956135
#治理废水	Treatment of Waste Water	292139	455909	473576
治理废气	Treatment of Waste Gas	197377	331560	281163
治理固体废物	Treatment of Solid Wastes	67227	140769	90986
治理噪声	Noise Abatement	18395	21528	9591
治理其他	Others	22406	37611	100819
排污收费及使用	**Fee for Discharging Waste and Fines for Pollution**			
排污费交纳单位　(个)	Number of Units Charged levied	206965	368213	496324
排污费征收额　(万元)	Amount of Pollution Charges (10 000 yuan)	200141	371280	409592
排污费支出额　(万元)	Outlays of Pollution Levy Charges (10 000 yuan)	152056	345812	396085

19－55 各地区工业废水排放及处理情况(1996年)

DISCHARGE AND TREAMENT OF INDUSTRIAL WASTE WATER BY REGION (1996)

单位: 万吨 (10 000 tons)

地区	Region	汇总工业企业数(个) Number of Industrial Enter－prises (unit)	工业废水排放总量 Total Volume of Waste Water Discharged	#工业废水排放达标量 Volume of Industrial Waste Water up to the Discharge Standards	废水治理设施数(套) Number of Facilities for Treatment of Waste Water (set)	工业废水处理量 Volume of Industri－al Waste Water Treated	#工业废水处理回用量 Volum of Industrial Waste Water Recovered After Treatment	工业废水处理排放达标量 Volume of Treated Indus－trial Waste Water up to the Discharge Standards
全　国	**National Total**	**62867**	**2058881**	**1217033**	**44861**	**2386671**	**1565332**	**516010**
北　京	Beijing	1083	37571	24544	697	74265	58871	12527
天　津	Tianjin	3176	20446	15157	809	39408	31487	4798
河　北	Hebei	2594	80826	57062	1940	158587	127599	24342
山　西	Shanxi	1942	39549	22405	1122	61932	48317	10288
内蒙古	Inner Mongolia	1289	28074	12936	443	41071	34138	4701
辽　宁	Liaoning	2515	124544	84184	2012	155617	106038	35394
吉　林	Jilin	1088	43738	26193	735	40916	23736	14025
黑龙江	Heilongjiang	2092	68691	37890	1236	74781	49517	11045
上　海	Shanghai	668	114057	99721	3041	141503	93757	42851
江　苏	Jiangsu	5141	219677	151859	2585	139416	71567	46618
浙　江	Zhejiang	2892	85481	60312	1929	45066	18497	18608
安　徽	Anhui	1615	78942	40542	1103	98193	71150	15805
福　建	Fujian	2994	58411	28474	1566	47910	18446	16000
江　西	Jiangxi	1416	61398	33184	1427	63011	34486	16966
山　东	Shandong	4448	101018	47849	2756	204184	162498	24459
河　南	Henan	2568	91218	46069	2207	193519	156020	22366
湖　北	Hubei	2645	132330	81434	2058	120363	72209	32082
湖　南	Hunan	2829	144946	82831	2708	150617	78476	37276
广　东	Guangdong	8042	118154	68213	4737	130295	64911	38449
广　西	Guangxi	1334	81078	33515	1525	77834	39579	16181
海　南	Hainan	369	6903	3480	187	4228	1067	2073
四　川	Sichuan	3822	151281	80275	3425	137381	80094	34660
贵　州	Guizhou	989	26162	10232	886	36378	25038	4997
云　南	Yunnan	1327	37905	11963	885	43067	30919	4534
西　藏	Tibet	26	1954	1	8	358	0	1
陕　西	Shaanxi	1782	36495	24987	1286	43128	31150	9068
甘　肃	Gansu	1059	37664	17802	784	34600	18692	9331
青　海	Qinghai	203	5066	3042	112	3230	1303	1224
宁　夏	Ningxia	228	8372	3215	253	10604	7759	1096
新　疆	Xinjiang	691	16928	7664	399	15209	8011	4247

19－56 工业分行业废水排放及处理情况(1996年)

DISCHARGE AND TREATMENT OF WASTE WATER BY BRANCH OF INDUSTRY (1996)

单位：万吨　　　　(10 000 tons)

行业 Branch	汇总工业企业数(个) Number of Industrial Enterprises (unit)	工业废水排放总量 Total Volume of Industrial Waste Water Discharged (10 000 tons)	#工业废水排放达标量 Volume of Industrial Waste Water up to the Discharge Standards	废水治理设施数(套) Number of Facilities for Treatment of Waste Water (set)	工业废水处理量 Volume of Industrial Waste Water Treated	#工业废水处理回用量 Volume of Industrial Waste Water Recovered After Treatment	工业废水处理排放达标量 Volume of Treated Industrial Waste Water up to the Discharge Standards
采掘业 Mining and Quarrying	2125	122966	80527	3744	245678	180273	46138
食品、饮料和烟草制造业 Food, Beverage and Tobacco Industry	4922	141165	50269	3658	76134	27327	19602
纺织业 Textile Industry	3289	87100	57871	2510	42929	4505	27177
皮革毛皮羽绒及其制品业 Leather, Furs, Down and Related Products	564	5294	2285	470	2869	318	1326
造纸及纸制品业 Papermaking & Paper Products	1548	212462	30380	2623	151969	52017	19238
印刷业记录媒介的复制 Printing and Record Medium Reproduction	419	2198	1436	95	414	17	493
石油加工及炼焦业 Petroleum Processing & Coking	275	49027	41391	716	43251	6645	29528
化学原料及化学制品制造业 Raw Chemical Materials and Chemical Products	3811	440194	244245	6691	594679	434778	94804
医药制造业 Medical and Pharmaceutical Products	1009	36325	15389	855	9540	1386	4339
化学纤维制造业 Chemical Fiber	207	52302	32014	332	34563	8717	15264
橡胶制品业 Rubber Products	429	11021	9483	274	12340	9056	3235
塑料制品业 Plastic Products	551	3330	2769	204	841	335	429
非金属矿物制品业 Nonmetal Mineral Products	4032	46997	31214	2150	30642	20170	7842
#水泥制造业 Cement Manufacturing	2111	24266	16432	578	13174	10011	2603
黑色金属冶炼及压延加工业 Smelting and Pressing of Ferrous Metals	743	273695	221179	2054	746086	620455	106312
有色金属冶炼及压延加工业 Smelting and Pressing of Nonferrous Metals	557	49589	30957	936	44976	20127	10976
金属制品业 Metal Products	1298	7110	4818	1208	10631	8146	2187
机械、电气、电子设备制造业 Machine Building, Electric Machinary, and Electronic Equipment Manufacturing	6702	109688	81151	6748	61266	31231	25124
电力煤气及水生产供应业 Production & Supply of Electric Power, Gas & Water	1173	245556	176653	1678	196702	106760	66939
其他 Other Industries	3150	43163	29325	2038	33616	14929	14381

19－57 各地区工业废气排放及处理情况(1996年)

EMISSION AND TREATMENT OF INDUSTRIA LWASTE GAS BY REGION (1996)

地　区　Region	汇总工业企业数(个) Number of Industrialfor Enter－prises (unit)	废气治理设施数(套) Number of Facilities Treat－ment of Waste Gas (set)	工业废气排放总量(亿标立方米) Total Volume of Industrial Waste Gas Emission (100 million cu.m)	燃料燃烧过程中废气排放量 Volume of Waste Gas in the Process of Fuel Burning	#经过消烟除尘的 Volume of Gas with Soot & Dust Removed	生产工艺过程中废气排放量 Volume of Waste Gas from the Process of Production	#经过净化处理的 Volume of Gas Purified
全　国　National Total	**62867**	**103389**	**111196**	**70019**	**63012**	**41177**	**30866**
北　京　Beijing	1083	2928	3071	1643	1456	1428	1285
天　津　Tianjin	3176	2687	1536	1203	1151	333	291
河　北　Hebei	2594	6027	7889	4086	3795	3804	3193
山　西　Shanxi	1942	3828	5076	3697	3469	1379	867
内蒙古　Inner Mongolia	1289	2478	3594	2618	2351	976	646
辽　宁　Liaoning	2515	6147	9260	5644	4886	3616	2587
吉　林　Jilin	1088	3106	3348	2416	2272	932	412
黑龙江　Heilongjiang	2092	3880	4197	3501	3108	696	544
上　海　Shanghai	668	3197	4757	2647	2482	2110	1784
江　苏　Jiangsu	5141	7498	7451	5807	5475	1644	1237
浙　江　Zhejiang	2892	3889	3279	1987	1807	1292	881
安　徽　Anhui	1615	2210	3613	2236	1961	1377	1161
福　建　Fujian	2994	4363	1827	1040	954	786	583
江　西　Jiangxi	1416	2186	2210	1407	1240	802	640
山　东　Shandong	4448	5905	7800	5657	5119	2143	1564
河　南　Henan	2568	5016	6172	4271	3970	1901	1363
湖　北　Hubei	2645	4920	4341	1979	1813	2361	1838
湖　南　Hunan	2829	4067	3520	1976	1728	1544	1224
广　东　Guangdong	8042	9083	6125	3704	3191	2420	2060
广　西　Guangxi	1334	3542	3927	1444	1328	2482	2302
海　南　Hainan	369	173	294	217	207	78	71
四　川　Sichuan	3822	5419	6449	3634	2653	2815	1641
贵　州　Guizhou	989	1713	2066	1280	1175	786	541
云　南　Yunnan	1327	1709	1672	875	726	797	628
西　藏　Tibet	26	17	10	10	0	0	0
陕　西　Shaanxi	1782	2654	2224	1497	1409	727	391
甘　肃　Gansu	1059	2442	2434	1396	1276	1038	620
青　海　Qinghai	203	391	445	181	155	265	212
宁　夏　Ningxia	228	491	987	739	716	248	51
新　疆　Xinjiang	691	1423	1622	1226	1140	396	248

续表 1 continued

地 区 Region	二氧化硫排放量（吨）Volume of Sulphur Dioxide Emission (ton)	二氧化硫去除量（吨）Volume of Sulphur Dioxide Removed (ton)	工业烟尘排放量（吨）Volume of Industrial Soot Emission (ton)	工业烟尘去除量（吨）Volume of Industrial Soot Removed (ton)	工业粉尘排放量（吨）Volume of Industrial Dust Emission (ton)	工业粉尘去除量（吨）Volume of Industrial Dust Romoved (ton)
全 国 National Total	**13635742**	**4060995**	**7583272**	**106562923**	**5615210**	**34374890**
北 京 Beijing	212283	9168	110747	1687890	57541	639158
天 津 Tianjin	200687	21497	85789	1822875	31394	233793
河 北 Hebei	982723	117367	435924	7519685	361728	6041877
山 西 Shanxi	670165	101175	336716	6363118	191023	1470221
内蒙古 Inner Mongolia	541651	62875	399906	4717925	194661	652720
辽 宁 Liaoning	806296	526818	596112	8142338	365022	3183888
吉 林 Jilin	198628	31377	339301	5842131	124392	1050775
黑龙江 Heilongjiang	236495	12854	431489	3892669	135179	591041
上 海 Shanghai	432952	55761	147651	4039520	52496	891110
江 苏 Jiangsu	1040750	289226	485346	8263680	231342	2114436
浙 江 Zhejiang	400241	52197	136683	3768743	166776	880119
安 徽 Anhui	319474	156111	182726	3377068	215158	909105
福 建 Fujian	144002	18576	84722	1610642	182045	696871
江 西 Jiangxi	258475	333362	221912	2427239	204135	533471
山 东 Shandong	1556731	182674	576979	8201367	314953	2530157
河 南 Henan	515259	95384	449283	5727847	296082	2164390
湖 北 Hubei	388350	187182	180668	3854701	265165	1377995
湖 南 Hunan	523446	427038	263717	2624754	272877	1172388
广 东 Guangdong	524698	115770	199439	4375591	442120	1878062
广 西 Guangxi	527492	225691	228133	3129124	219096	1396643
海 南 Hainan	22415	1607	13847	248128	36363	66091
四 川 Sichuan	959235	338444	496071	4278721	488821	1278604
贵 州 Guizhou	585619	99454	246705	2090509	107958	321248
云 南 Yunnan	270142	169393	136646	1179340	112684	1020377
西 藏 Tibet	2316	0	5271	1422	19851	516
陕 西 Shaanxi	609923	48491	362455	3000272	212789	481387
甘 肃 Gansu	341844	341269	158283	2077679	113629	443318
青 海 Qinghai	17343	2282	45863	393795	26561	68606
宁 夏 Ningxia	175676	14469	97897	1242152	46667	85024
新 疆 Xinjiang	170432	23481	126991	661998	126701	201499

19－58 工业分行业废气排放及处理情况(1996年)
EMISSION AND TREATMENT OF WASTE GAS BY BRANCH OF INDUSTRY (1996)

行　业 Branch	汇总工业企业数(个) Number of Industrial Enterprises (unit)	废气治理设施数(套) Number of Facilities for Treatment of Waste Gas (set)	工业废气排放总量(亿标立方米) Total Volume of Waste Gas Emission (100 million cu.m)	燃料燃烧过程中废气排放量 Volume of Waste Gas from the Burning Process of Fuels	#经过消烟除尘的 Volume of Gas with Soot and Dust Removed	生产工艺过程中废气排放量 Volume of Waste Gas from the Process of Production	#经过净化处理的 Volume of Gas Purified
采掘业 Mining and Quarrying	2125	9455	3536	2079	1609	1457	1277
食品、饮料和烟草制造业 Food, Beverage and Tobacco Industry	4922	6448	2428	2103	1943	324	286
纺织业 Textile Industry	3289	4192	1373	1190	1080	183	162
皮革毛皮羽绒及其制品业 Leather, Furs, Down and Related Products	564	441	83	66	56	17	11
造纸及纸制品业 Papermaking & Paper Products	1548	2060	1763	1313	1229	450	183
印刷业记录媒介的复制 Printing and Record Medium Reproduction	419	294	43	37	36	5	4
石油加工及炼焦业 Petroleum Processing & Coking	275	505	2223	1557	1137	666	414
化学原料及化学制品制造业 Raw Chemical Materials and Chemical Products	3811	8876	8520	5050	4513	3470	2525
医药制造业 Medical and Pharmaceutical Products	1009	1587	491	440	382	51	20
化学纤维制造业 Chemical Fiber	207	484	2541	801	762	1740	539
橡胶制品业 Rubber Products	429	741	535	348	336	187	84
塑料制品业 Plastic Products	551	447	170	76	69	94	69
非金属矿物制品业 Nonmetal Mineral Products	4032	25557	13982	3516	2549	10466	8418
#水泥制造业 Cement Manufacturing	2111	19222	11090	1881	1569	9209	7548
黑色金属冶炼及压延加工业 Smelting and Pressing of Ferrous Metals	743	5374	17011	5523	3868	11488	10320
有色金属冶炼及压延加工业 Smelting and Pressing of Nonferrous Metals	557	2205	7180	1661	1460	5519	3528
金属制品业 Metal Products	1298	991	202	103	76	99	67
机械、电气、电子设备制造业 Machine Building, Electric Machinary, and Electronic Equipment Manufacturing	6702	15225	3948	1952	1760	1996	1363
电力煤气及水生产供应业 Production & Supply of Electric Power, Gas & Water	1173	4571	38651	38149	37147	502	309
其他 Other Industries	3150	6301	1659	1174	953	485	302

续表 1 continued

行 业 Branch	工业二氧化硫排放量(吨) Volume of Sulphur Dioxide Emission (ton)	工业二氧化硫去除量(吨) Volume of Sulphur Dioxide Removed (ton)	工业烟尘排放量(吨) Volume of Industrial Soot Emission (ton)	工业烟尘去除量(吨) Volume of Industrial Soot Removed (ton)	工业粉尘排放量(吨) Volume of Industrial Soot Emission (ton)	工业粉尘去除量(吨) Volume of Industrial Dust Removed (ton)
采掘业 Mining and Quarrying	428327	119165	254709	1239986	144207	621922
食品、饮料和烟草制造业 Food, Beverage and Tobacco Industry	399113	50220	249182	1519455	18930	108349
纺织业 Textile Industry	264954	39913	134414	685208	3853	4136
皮革毛皮羽绒及其制品业 Leather, Furs, Down and Related Products	15257	475	11325	30444	151	143
造纸及纸制品业 Papermaking & Paper Products	278467	27163	201430	1263817	39669	126075
印刷业记录媒介的复制 Printing and Record Medium Reproduction	6485	2140	3353	17309	21	48
石油加工及炼焦业 Petroleum Processing & Coking	138259	57162	56488	783079	61767	93256
化学原料及化学制品制造业 Raw Chemical Materials and Chemical Products	1039483	617360	545852	3647745	147279	489525
医药制造业 Medical and Pharmaceutical Products	105575	160656	41285	228419	1132	989
化学纤维制造业 Chemical Fiber	140572	23767	59788	951214	14276	10003
橡胶制品业 Rubber Products	64083	11672	23018	197735	3083	4048
塑料制品业 Plastic Products	20928	1197	7147	36005	320	37886
非金属矿物制品业 Nonmetal Mineral Products	955865	146618	480961	1717176	3473048	19788633
#水泥制造业 Cement Manufacturing	684047	127215	283686	1372015	3261505	18901276
黑色金属冶炼及压延加工业 Smelting and Pressing of Ferrous Metals	818874	110410	364499	2650961	988056	8805985
有色金属冶炼及压延加工业 Smelting and Pressing of Nonferrous Metals	613746	1903688	210064	3056673	168446	1971760
金属制品业 Metal Products	20600	1565	19057	45624	3070	22305
机械、电气、电子设备制造业 Machine Building, Electric Machinary, and Electronic Equipment Manufacturing	298501	39807	186505	993365	51587	355290
电力煤气及水生产供应业 Production & Supply of Electric Power, Gas & Water	7315727	575028	4164878	85566170	66964	841860
其他 Other Industries	173530	53044	97289	605908	82122	320763

19－59 各地区工业固体废物产生及处理利用情况(1996年)

DISCHARGE, TREATMENT AND UTILIZATION OF INDUSTRIAL SOLID WASTES BY REGION (1996)

地区 Region	汇总工业企业数(个) Number of Industrial Enterprises (unit)	工业固体废物产生量(万吨) Volume of Industrial Solid Wastes Produced (10 000 tons)	#危险废物产生量 Dangerous Wastes	工业固体废物综合利用量(万吨) Volume of Industrial Solid Wastes Utilized in a Comprehensive Way(10000 tons)	工业固体废物贮存量(万吨) Volume of Industrial Solid Wastes Accumulated (10 000 tons)	工业固体废物处置量(万吨) Volume of Industrial Solid Wastes Treated (10 000 tons)
全国 National Total	**62867**	**65897**	**993**	**28364**	**26364**	**11491**
北京 Beijing	1083	1116	2	771	308	5
天津 Tianjin	3176	594	2	454	87	93
河北 Hebei	2594	6058	69	2748	1712	1667
山西 Shanxi	1942	4518	36	1225	1548	1348
内蒙古 Inner Mongolia	1289	2701	81	646	1747	259
辽宁 Liaoning	2515	6891	39	1977	3606	1247
吉林 Jilin	1088	1661	18	790	834	110
黑龙江 Heilongjiang	2092	3225	4	1750	395	1112
上海 Shanghai	668	1306	34	1128	48	136
江苏 Jiangsu	5141	2891	110	2231	519	133
浙江 Zhejiang	2892	1027	5	705	332	195
安徽 Anhui	1615	2528	71	1631	544	474
福建 Fujian	2994	747	29	452	151	134
江西 Jiangxi	1416	4089	3	744	3249	72
山东 Shandong	4448	4652	57	2826	1533	473
河南 Henan	2568	2895	68	1275	1310	1322
湖北 Hubei	2645	2225	31	1224	681	263
湖南 Hunan	2829	1801	29	776	810	182
广东 Guangdong	8042	1352	54	686	443	502
广西 Guangxi	1334	1666	23	702	623	252
海南 Hainan	369	82		35	43	2
四川 Sichuan	3822	3979	73	1664	1774	358
贵州 Guizhou	989	1085	20	263	554	215
云南 Yunnan	1327	2137	74	553	998	156
西藏 Tibet	26	1				
陕西 Shaanxi	1782	1984	6	318	1286	266
甘肃 Gansu	1059	1435	7	360	614	393
青海 Qinghai	203	277		57	190	2
宁夏 Ningxia	228	412	1	118	263	28
新疆 Xinjiang	691	562	49	252	161	95

续表 1 continued

地区 Region	工业固体废物排放量(万吨) Volume of Industrial Solid Wastes Discharged (10 000 tons)	#危险废物排放量 Dangerouse Wastes	工业固体废物历年贮存量(万吨) Total Volume of Industrial Solid Wastes Accumulated Over the Years (10 000 tons)	工业固体废物占地面积(万平方米) Areas Occupied by Industrial Solid Wastes (10 000 sq.m)	"三废"综合利用产品产值(万元) Output Value of Products Made from Comprehensive Utilization of Waste Gas,Waste Water & Solid Wastes (10 000 yuan)	"三废"综合利用产品利润(万元) Profits Obtained from Comprehensive Utilization Waste Water & Solid Wastes (10 000 yuan)
全 国 National Total	**1690**	**22**	**649286**	**51680**	**2247660.3**	**447613.8**
北 京 Beijing	42		11394	282	37505.2	12343.3
天 津 Tianjin	19		1254	649	18667.8	3313.5
河 北 Hebei	13		67038	4216	57713.7	17005.3
山 西 Shanxi	136	1	29016	2433	27327.0	4408.7
内蒙古 Inner Mongolia	48		19921	3796	27392.4	10117.7
辽 宁 Liaoning	97		163364	7600	201599.6	50567.9
吉 林 Jilin	9		18561	2629	63327.8	23130.5
黑龙江 Heilongjiang	7		26060	2102	86441.8	11068.6
上 海 Shanghai	3		530	188	75512.2	10884.1
江 苏 Jiangsu	18	5	9247	2562	410788.6	37218.0
浙 江 Zhejiang	12		6532	1020	48197.3	9041.1
安 徽 Anhui	26		19835	2011	47556.4	13611.1
福 建 Fujian	9		4007	255	55876.4	22886.1
江 西 Jiangxi	23		45688	2394	45309.2	7745.1
山 东 Shandong	5		31534	2349	152666.2	35139.5
河 南 Henan	9		22437	3247	111316.0	27421.0
湖 北 Hubei	104	1	12724	1727	86517.8	21489.4
湖 南 Hunan	52	5	22521	2509	98223.2	16499.6
广 东 Guangdong	12	3	23413	1699	144311.1	27234.7
广 西 Guangxi	94		7517	649	106267.2	13998.2
海 南 Hainan	1		2025	316	2658.2	230.1
四 川 Sichuan	182		34424	1067	170484.3	40190.0
贵 州 Guizhou	68	5	14760	537	21677.5	2863.7
云 南 Yunnan	434		21227	1695	51315.9	13374.5
西 藏 Tibet			8	1		
陕 西 Shaanxi	114		13054	441	18654.5	3031.4
甘 肃 Gansu	68	1	13891	1860	45167.6	3570.4
青 海 Qinghai	28		1605	215	1737.2	214.5
宁 夏 Ningxia	3		2761	890	6035.3	2790.1
新 疆 Xinjiang	54		2938	341	27412.9	6225.7

19－60 工业分行业工业固体废物产生及处理利用情况(1996年)

PRODUCTION, TREATMENT AND UTILIZATION OF INDUSTRIAL SOLID WASTES BY BRANCH OF INDUSTRY (1996)

地　区 Region	汇总工业企业数(个) Number of Industrial Enterprises (unit)	工业固体废物产生量(万吨) Volume of Industrial Solid Wastes Produced (10 000 tons)	#危险废物产生量 Dangerous Wastes	工业固体废物综合利用量(万吨) Volume of Industrial Solid Wastes Utilized (10 000 tons)	工业固体废物贮存量(万吨) Volume of Industrial Wastes Accumulated (10 000 tons)	工业固体废物处置量(万吨) Volume of Industrial Solid Wastes Treated (10 000 tons)
采掘业 Mining and Quarrying	2125	26132	225	6185	13804	6003
食品、饮料和烟草制造业 Food, Beverage and Tobacco Industry	4922	2192	1	1741	101	277
纺织业 Textile Industry	3289	411		333	7	60
皮革毛皮羽绒及其制品业 Leather, Furs, Down and Related Products	564	51	1	42		7
造纸及纸制品业 Papermaking & Paper Products	1548	557	18	377	37	111
印刷业记录媒介的复制 Printing and Record Medium Reproduction	419	13		9		3
石油加工及炼焦业 Petroleum Processing & Coking	275	312	37	193	78	30
化学原料及化学制品制造业 Raw Chemical Materials and Chemical Products	3811	4871	588	3265	1101	343
医药制造业 Medical and Pharmaceutical Products	1009	184	6	156	4	18
化学纤维制造业 Chemical Fiber	207	291	7	199	66	11
橡胶制品业 Rubber Products	429	91		78	1	11
塑料制品业 Plastic Products	551	24	1	19		4
非金属矿物制品业 Nonmetal Mineral Products	4032	946	1	709	73	125
#水泥制造业 Cement Manufacturing	2111	380		322	15	31
黑色金属冶炼及压延加工业 Smelting and Pressing of Ferrous Metals	743	10868	41	6333	3758	625
有色金属冶炼及压延加工业 Smelting and Pressing of Nonferrous Metals	557	2113	28	594	895	632
金属制品业 Metal Products	1298	69	1	53	3	18
机械、电气、电子设备制造业 Machine Building, Electric Machinary, and Electronic Equipment Manufacturing	6702	988	14	673	82	198
电力煤气及水生产供应业 Production & Supply of Electric Power, Gas & Water	1173	12647	1	5812	5372	2559
其他 Other Industries	3150	667	2	315	225	115

续表 1 continued

地　区　Region	工业固体废物排放量（万吨）Volume of Industrial Solid Wastes Discharged (10 000 tons)	#危险废物排放量 Dangerous Wastes	工业固体废物历年贮存量（万吨）Total Volume of Industrial Solid Wastes Accumulated (10 000 tons)	工业固体废物占地面积（万平方米）Areas Occupied by Industrial Solid Wastes (10 000 sq.m)	"三废"综合利用产品产值（万元）Output Value of Products Made from Comprehensive Utilization of Waste Gas, Waste Water & Solid Wastes (10 000 yuan)	"三废"综合利用产品利润（万元）Profits Obtained from Comprehensive Utilization of Waste Water & Solid Wastes (10 000 yuan)
采掘业 Mining and Quarrying	739	4	439741	17191	144652.9	27475.5
食品、饮料和烟草制造业 Food, Beverage and Tobacco Industry	72		979	263	247292.0	49236.8
纺织业 Textile Industry	12		98	19	12967.7	5984.5
皮革毛皮羽绒及其制品业 Leather, Furs, Down and Related Products	2		1	6	1536.6	608.2
造纸及纸制品业 Papermaking & Paper Products	34	4	316	106	355758.1	32371.3
印刷业记录媒介的复制 Printing and Record Medium Reproduction	1		2		2977.6	15.8
石油加工及炼焦业 Petroleum Processing & Coking	13	3	1820	163	93111.2	24260.2
化学原料及化学制品制造业 Raw Chemical Materials and Chemical Products	190	7	20762	3343	362836.9	81376.6
医药制造业 Medical and Pharmaceutical Products	5		36	3	15880.4	5539.3
化学纤维制造业 Chemical Fiber	16		708	125	29173.4	2439.4
橡胶制品业 Rubber Products	1		18	5	7433.5	2971.6
塑料制品业 Plastic Products					3727.2	546.3
非金属矿物制品业 Nonmetal Mineral Products	39		1074	136	216678.4	32867.8
#水泥制造业 Cement Manufacturing	12		140	18	117438.1	22949.4
黑色金属冶炼及压延加工业 Smelting and Pressing of Ferrous Metals	243		70610	4076	349879.7	109727.5
有色金属冶炼及压延加工业 Smelting and Pressing of Nonferrous Metals	38	1	22107	2446	143934.4	10484.9
金属制品业 Metal Products	2		19	2	4907.2	940.7
机械、电气、电子设备制造业 Machine Building, Electric Machinary, and Electronic Equipment Manufacturing	59	1	2322	1428	77579.1	21819.6
电力煤气及水生产供应业 Production & Supply of Electric Power, Gas & Water	104		66470	19422	68743.6	9058.9
其他 Other Industries	12		2968	1240	24777.5	7694.4

19－61 各地区环境污染与破坏事故情况(1996年)
POLLUTION ACCIDENTS BY REGION (1996)

地 区 Region	环境污染与破坏事故次数(次) Number of Pollution Accidents (times)	按事故类型分(次) Pollution Accidents by Type(times)					污染事故罚款总额(万元) Amount of Fines for Pollution Accidents (10 000 yuan)	污染事故赔款总额(万元) Amount of Reparations for Pollution Accidents (10 000 yuan)
		水污染 Water Pollution	大气污染 Air Pollution	固体废物污染 Solid Wastes Polluion	噪声与振动危害 Noise and Vibration Pollution	其他 Others		
全 国 National Total	**1446**	**677**	**585**	**39**	**39**	**106**	**375.0**	**2624.4**
北 京 Beijing	2	2					16.0	99.0
天 津 Tianjin	3	1	2				4.3	1.4
河 北 Hebei	52	8	42		2		22.0	49.0
山 西 Shanxi	36	8	25		3		1.3	283.7
内蒙古 Inner Mongolia	11	5	3			3	5.4	29.2
辽 宁 Liaoning	138	10	85	7	5	31	2.4	142.4
吉 林 Jilin								
黑龙江 Heilongjiang								
上 海 Shanghai	7	5	2				7.0	11.0
江 苏 Jiangsu								
浙 江 Zhejiang	184	127	49	4		4	69.1	254.9
安 徽 Anhui	110	53	55	1		1	2.3	198.7
福 建 Fujian	13	7	6				23.6	36.4
江 西 Jiangxi	86	34	48	4			10.9	106.0
山 东 Shandong	155	61	31	5	3	55	13.8	175.9
河 南 Henan	23	7	16				11.5	49.4
湖 北 Hubei	71	68	2		1		19.2	8.1
湖 南 Hunan								
广 东 Guangdong								
广 西 Guangxi								
海 南 Hainan	16	6	5	2		3	0.5	0.7
四 川 Sichuan	77	43	31	1	2		7.7	45.2
贵 州 Guizhou	240	88	132	6	9	5	84.2	130.9
云 南 Yunnan	78	62	15	1			17.8	225.0
西 藏 Tibet								
陕 西 Shaanxi	68	52	11	4		1	41.1	138.6
甘 肃 Gansu								
青 海 Qinghai	9	3	4	1		1	1.5	52.9
宁 夏 Ningxia	9	5	4				3.5	9.4
新 疆 Xinjiang	58	22	17	3	14	2	9.9	576.6

19-62 环保系统科研、教育等工作情况(1996年)

EDUCATION AND SCIENTIFIC RESEARCH IN ENVIRONMENTAL PROTECTION AGENCIES BY REGION (1996)

地 区 Region	教育工作情况 Education 举办各种环保培训班(个) Number of Training Classes	培训人次(人次) Number of Persons Trained (person-times)	获奖科研成果数(项) Number of Prize Winning Achievements in Scientific Research (item)	因污染来信、来访情况 Letters and Vistors 来信数(封) Number of Letters Complaining About Pollution	来访数(人次) Number of Visitors Complaining About Pollution (person-times)
全 国 National Total	**3735**	**264316**	**76**	**67268**	**96379**
北 京 Beijing	174	17771	3	5946	1015
天 津 Tianjin	147	9846	5	1987	380
河 北 Hebei	372	19825	4	2081	3762
山 西 Shanxi	137	12796	3	666	956
内蒙古 Inner Mongolia	65	3099	1	585	1151
辽 宁 Liaoning	49	1760	6	3753	10619
吉 林 Jilin	75	26000	2	1240	4585
黑龙江 Heilongjiang	241	15823	2	1856	4685
上 海 Shanghai			3	2529	1324
江 苏 Jiangsu	407	27408	1	7196	6825
浙 江 Zhejiang	115	9500	5	5524	6802
安 徽 Anhui	214	12034	2	1249	3126
福 建 Fujian	232	14736	1	2018	901
江 西 Jiangxi			1	782	2856
山 东 Shandong	391	22179	3	3478	7373
河 南 Henan	158	20058	3	1742	6933
湖 北 Hubei	122	11048	2	1591	2883
湖 南 Hunan	350	14000	3	2053	6045
广 东 Guangdong			3	9116	7380
广 西 Guangxi	91	4615	2	1749	5425
海 南 Hainan	2	90		571	277
四 川 Sichuan	32	785	7	5157	5458
贵 州 Guizhou	12	424	4	418	663
云 南 Yunnan	22	1292	1	543	1311
西 藏 Tibet				1	25
陕 西 Shaanxi	128	6662	1	1292	1352
甘 肃 Gansu	133	9427	3	1034	533
青 海 Qinghai	16	263		357	408
宁 夏 Ningxia				154	367
新 疆 Xinjiang	50	2875	5	600	959

19－63 服务业全额单位主要财务指标(1996年)

MAIN FINANCIAL INDICATORS OF SERVICE UNITS WHOSE BUDGETARY EXPENDITURES ARE WHOLLY PAID BY GOVERNMENT (1996)

单位:万元 (10 000 yuan)

行业和地区	Sector and Region	单位数(个) Number of Units	经费实际支出 Actual Expenditure	预算外支出 Extra-budgetary Expenditure	专用基金支出 Special Funding Expenditure	专项资金支出 Special Capital Expend-iture	年末固定资产原值 Original Value of Fixed Assets (year-end)
全国总计	**National Total**	**613672**	**30642347**	**8597418**	**1240078**	**3087449**	**67240034**
按行业分	**Grouped by Economic Sector**						
卫生	Health Care	13413	965928	215708	52231	32631	1604445
体育	Sports	1330	153420	9801	2976	7646	349307
社会福利保障业	Social Welfare	4914	259960	46389	7901	12998	500821
教育	Education	291788	11514701	3706689	535420	822303	30297589
文化艺术业	Culture and Arts	12997	351198	62651	10589	20746	1070712
广播电影电视业	Radio,Film and Television	7027	378343	177982	29172	15016	907632
科学研究业	Scientific Research	4060	811511	74839	100469	67585	2564956
综合技术服务业	Polytechnical Services	7957	359037	119524	28424	45878	1154749
国家机关	Government Agencies	231920	14282155	4087600	458313	2002958	26179136
政党机关	Party Agencies	27056	1308674	75257	9727	53728	2210631
社会团体	Social Organizations	11210	257420	20978	4856	9970	400056
按地区分	**Grouped by Region**						
北京	Beijing	4016	1484995	183685	61807	64916	4079171
天津	Tianjin	3287	441383	132266	20324	36992	744091
河北	Hebei	33581	1205408	391920	28299	77365	2484919
山西	Shanxi	13517	735862	172114	17449	55280	1566388
内蒙古	Inner Mongolia	16777	620626	102887	12786	38914	1060219
辽宁	Liaoning	21882	1345371	395269	89836	97755	2521639
吉林	Jilin	13621	736454	175931	23107	51673	1417575
黑龙江	Heilongjiang	14357	947474	140050	22536	45189	1732622
上海	Shanghai	4623	1184840	176374	122267	162578	1496438
江苏	Jiangsu	31202	1725832	699864	54808	114342	3804601
浙江	Zhejiang	29681	1300759	914852	123084	346544	2780496
安徽	Anhui	36482	856031	340587	30556	71445	2177841
福建	Fujian	22640	1074393	353018	53317	201875	2369360
江西	Jiangxi	18697	677696	172480	23534	39245	1344414
山东	Shandong	21984	1842801	610981	56277	150623	4683941
河南	Henan	24614	1480477	397134	46799	128547	3371938
湖北	Hubei	10581	1250747	434439	47576	114277	3331408
湖南	Hunan	19523	1357574	619022	88834	155508	2760889
广东	Guangdong	44501	2683914	379427	60665	441921	6608888
广西	Guangxi	31613	791471	362611	32522	69306	2033877
海南	Hainan	4470	241027	49387	34086	53581	929649
四川	Sichuan	58210	1994151	619710	58239	188482	4419992
贵州	Guizhou	22560	530656	97446	11225	51448	839525
云南	Yunnan	35351	1218104	179789	42843	136645	2953579
西藏	Tibet	1018	97077	397	117	488	124367
陕西	Shaanxi	40784	1317054	272925	44162	93612	2674037
甘肃	Gansu	10078	489011	82943	11206	37799	1202202
青海	Qinghai	3973	176421	16268	3164	6993	282898
宁夏	Ningxia	6446	117548	23241	5111	22110	291372
新疆	Xinjiang	13603	717190	100401	13542	31996	1151698

19－64 服务业差额和自收自支单位主要财务指标(1996年)

MAIN FINANCIAL INDICATORS OF SERVICE UNITS WHOSE BUDGETARY EXPENDITURES ARE PARTLY BAID BY GOVERNMENT OR WHOLLY PAID BY THEMSELVES (1996)

单位：万元 (10 000 yuan)

行业和地区 Sector and Region	单位数(个) Number of Units	收入合计 Total Income	业务事业收入 Business Income	支出合计 Total Expenditure	业务事业支出 Business Expenditure	本年拨入的差额补助费 Subsidy for the Expenditures	专用基金支出 Funding Expenditure	专项资金支出 Capital Expenditure	年末固定资产原价 Original Value of Fixed Assets (year－end)
全国总计 National Total	**130227**	**20761264**	**16663124**	**20836883**	**17419960**	**1945598**	**2599838**	**913753**	**21803731**
公共设施服务业 Public Services	6732	859304	577821	1031259	822550	204256	63495	184424	1445329
居民服务业 Resident Services	2561	232003	178067	215309	171548	10682	24755	9067	257803
旅馆业 Hotels	1852	285940	193337	283533	231724	7179	9981	7997	569259
租赁服务业 Rentals	38	8171	7063	7903	6985	135	3533	165	4139
娱乐服务业 Recreational Services	360	33782	27741	32837	28568	2855	1569	1177	53365
信息、咨询服务业 Information and Consultancy Services	7272	355602	306298	346358	281769	6194	17826	2808	221233
计算机应用服务业 Computer Application Services	141	14148	10830	19634	15278	6431	1102	976	43239
卫生 Health Care	53987	11641884	10135830	11532335	10132028	985347	1880722	324458	9397210
体育 Sports	628	65054	43688	71397	62746	16130	4684	4484	381551
社会福利保障业 Social Welfare	4305	308992	215539	294093	217964	20840	37795	8985	430786
教育 Education	8897	518147	353613	580771	525990	98940	38495	27181	1040443
文化艺术业 Culture and Arts	7185	1024842	665655	1022389	812459	158579	36671	113705	1090510
广播电影电视业 Radio, Film and Television	4689	879272	722497	811196	597516	42921	115695	29024	1009078
科学研究业 Scientific Research	2414	1196241	914758	1214841	1055770	146830	142101	40561	1714623
综合技术服务业 Polytechnical Services	9115	1200532	899445	1158825	947157	76459	81287	42832	1404854
国家机关 Government Agencies	16407	1973042	1315924	2049949	1381401	146853	121773	112890	2592212
政党机关 Party Agencies	109	10780	2504	12040	10505	779	106	763	31704
社会团体 Social Organizations	3535	153528	92514	152214	118002	14188	18248	2256	116393
北京 Beijing	2531	1946760	1353457	1792732	1415639	137301	265722	53020	2098687
天津 Tianjin	1401	363666	278204	365864	323133	27134	31172	12840	381799
河北 Hebei	5448	609930	500084	638610	555073	49631	49716	19309	778457
山西 Shanxi	3673	300418	211117	325086	280154	41577	31006	21147	387919
内蒙古 Inner Mongolia	3325	197783	163162	222589	196861	42194	20676	5458	243603
辽宁 Liaoning	6430	1011785	776911	1079262	909957	93263	110534	50925	1069609
吉林 Jilin	4032	416499	301274	460847	383586	58580	33621	12306	482879
黑龙江 Heilongjiang	5578	397377	312432	440546	384451	69262	22334	7237	546437
上海 Shanghai	1865	1571928	1328997	1493940	1162615	150037	238530	118887	1049797
江苏 Jiangsu	8491	1694203	1394312	1690824	1440979	96435	211093	50015	1535878
浙江 Zhejiang	6920	1394691	1178398	1251728	1097047	69322	273913	162213	1168828
安徽 Anhui	5058	542358	462167	553276	429611	51430	54017	22979	787921
福建 Fujian	3612	484259	375192	446518	364834	42857	76787	17843	448323
江西 Jiangxi	3767	312091	274577	329864	286352	34190	32182	9999	319816
山东 Shandong	7862	1451446	1205919	1506710	1199200	125886	135070	53074	1689693
河南 Henan	7922	858604	675084	858726	733645	56655	68580	26586	893762
湖北 Hubei	4549	992412	753749	951010	836697	65090	105247	29854	1098842
湖南 Hunan	5865	824863	689139	857924	708944	70198	102676	27706	818810
广东 Guangdong	9122	2005347	1619094	2078833	1794828	220778	257558	86061	1975487
广西 Guangxi	3955	510549	413979	505386	403659	39686	69340	16620	514396
海南 Hainan	560	69873	47459	72920	65040	9777	3706	1064	85392
四川 Sichuan	13242	1111774	950895	1112877	929628	106876	189230	42456	1142534
贵州 Guizhou	2452	179468	146789	192659	166893	32309	26919	5389	264973
云南 Yunnan	3233	440954	379761	460290	384864	78985	83664	25604	549536
西藏 Tibet	61	727	459	922	896	175	13	63	2846
陕西 Shaanxi	4531	556492	463548	568945	483851	71692	59248	15780	718867
甘肃 Gansu	1577	171320	134250	189096	160348	29147	15033	7231	256293
青海 Qinghai	688	54643	45730	64852	55597	14361	3427	1876	85881
宁夏 Ningxia	499	37295	30603	41384	32049	7272	3682	1852	63671
新疆 Xinjiang	1978	251787	196399	282694	233559	53533	25169	8369	342822

19－65 服务企业和企业化管理的事业单位主要财务指标(1996年)

MAIN FINANCIAL INDICATORS OF SERVICE ENTERPRISES AND INSTITUTIONS MANAGED LIKE ENTERPRISES (1996)

单位：万元 (10 000 yuan)

项目 Item	企业单位数(个) Number of Enterprises	资本金 Total Capital	资产总计 Total Assets	负债总计 Total Liabilities	所有者权益 Creditors' Equity	主营业务收入 Operating Revenue	利润总额 Total Profits	年末固定资产原价 Original Value of Fixed Assets (year-end)
总计 Total	**60283**	**18350132**	**49713001**	**29200065**	**20512936**	**16774099**	**581768**	**23581761**
按经济类型分 Grouped by Ownership								
国有经济 State-owned	24609	9549519	30924817	17652232	13272586	10174902	499343	14632673
城镇集体经济 Urban Collective Owned	25595	2644961	4837946	3114176	1723769	2244525	18884	1879798
联营经济 Joint Owned	751	227590	560898	324081	236817	269408	5305	299070
私营经济 Private	3478	231041	385444	143830	241614	200563	3859	188049
股份制经济 Share Holding	2302	1826413	3969038	1889431	2079606	1132107	123158	1764791
外商投资经济 Foreign Funded	1641	2033923	5069206	3454544	1614662	1571722	－32918	2684253
港澳台投资经济 Funded by Entrepreneurs from Hong Kong, Macao & Taiwan	1258	1739938	3762720	2510209	1252511	1075833	－40331	2066956
其他经济 Others	649	96747	202932	111562	91371	105039	4468	66171
按行业分 Grouped by Sector								
公共设施服务业 Public Facilifities Services	4245	3404443	9483465	5286644	4196821	2318289	70957	5316567
居民服务业 Resident Services	11669	611385	1566124	819851	746273	939654	19320	772734
旅馆业 Hotels	14635	5578165	16267628	9500574	6767054	5585986	－50271	1357044
租赁服务业 Rentals	819	231374	998141	674759	323383	153789	9200	393773
娱乐服务业 Recreational Services	3119	1205361	1616439	933838	682601	381644	－40282	861742
信息、咨询服务业 Information and Consultancy Services	8418	1814166	7209572	5001965	2207607	1458267	83550	944909
计算机应用服务业 Computer Application Services	2745	1027337	1307515	822375	485140	850864	22895	273143
卫生 Health Care	524	56581	147831	43348	104484	86256	318	100017
体育 Sports	75	55723	145105	67342	77762	21103	2410	71392
社会福利保障业 Social Welfare	304	28257	233135	156640	76495	92044	16258	49812
教育 Education	605	135413	327059	98996	228063	170253	－7135	264616
文化艺术业 Culture and Arts	1274	581890	2765718	1213206	1552512	1925456	325546	892667
广播电影电视业 Radio, Film and Television	2609	394941	1175425	507866	667558	379446	27411	685451
科学研究业 Scientific Research	427	162760	359888	187296	172592	130517	－4934	181641
综合技术服务业 Polytechnical Services	8815	3062336	6109956	3885365	2224591	2280531	61281	1416253

19-66 各地区服务企业和企业化管理的事业单位主要财务指标(1996年)

MAIN FINANCIAL INDICATORS OF SERVICE ENTERPRISES AND INSTITUTIONS MANAGED LIKE ENTERPRISES BY REGION (1996)

单位：万元 (10 000 yuan)

地区 Region	企业单位数(个) Number of Enter-prises	资本金 Total Capital	资产总计 Total Assets	负债总计 Total Liabi-lities	所有者权益 Creditors' Equity	主营业务收入 Operating Revenue	利润总额 Total Pro-fits	年末固定资产原价 Original Value of Fixed Assets (year-end)
全国 National Total	**60283**	**18350132**	**49713001**	**29200065**	**20512936**	**16774099**	**581768**	**23581761**
北京 Beijing	9705	6584563	16578631	10949806	5628826	4879623	179636	4987963
天津 Tianjin	2040	289030	1043308	615394	427914	454080	15402	523362
河北 Hebei	911	172071	442812	214396	228416	178260	-1592	282554
山西 Shanxi	900	132426	407783	206158	201626	193162	2960	228091
内蒙古 Inner Mongolia	699	86758	222224	120064	102160	69133	-2234	137579
辽宁 Liaoning	4875	748468	2644106	1474226	1169881	862028	30081	1335862
吉林 Jilin	1455	340658	955530	451063	504466	249688	-31203	731941
黑龙江 Heilongjiang	2193	184379	631799	395972	235831	277680	-15423	332656
上海 Shanghai	1903	976700	4239425	2018557	2220870	1642481	187358	2038439
江苏 Jiangsu	4211	569301	1918532	1020875	897656	845150	16748	1157274
浙江 Zhejiang	3250	593252	1883658	1017690	865972	774513	46333	993311
安徽 Anhui	1456	503498	471986	236287	235701	181693	-408	323120
福建 Fujian	1508	769268	1294184	628191	665991	440780	-11694	613851
江西 Jiangxi	806	125537	387387	192906	194484	152762	8975	258670
山东 Shandong	2301	502831	1542519	877129	665391	598715	16463	825330
河南 Henan	2734	366197	934118	501752	432366	296418	-8162	533039
湖北 Hubei	677	255093	967328	456708	510621	314850	19372	617350
湖南 Hunan	960	224902	668563	366973	301588	325953	9665	409571
广东 Guangdong	10175	3337824	7790294	4814221	2976075	2373918	141534	4416327
广西 Guangxi	530	204414	590003	428467	161535	166334	-28348	371831
海南 Hainan	166	196206	557930	265072	292859	72430	-11190	327851
四川 Sichuan	1982	424676	1214000	632560	581442	521642	22134	738604
贵州 Guizhou	684	84446	179249	89190	90060	82119	6111	120072
云南 Yunnan	2099	222595	722434	365292	357145	256775	2703	422710
西藏 Tibet	24	4281	9901	3184	6717	2475	89	7446
陕西 Shaanxi	875	175522	714361	454070	260291	335723	-7490	387798
甘肃 Gansu	413	80811	214642	95660	118982	72262	1298	140170
青海 Qinghai	84	22151	96040	91436	4605	30842	-4706	48648
宁夏 Ningxia	109	14971	30880	10296	20588	10985	-775	29139
新疆 Xinjiang	558	157311	359394	206501	152892	111638	-1869	241223

主 要 统 计 指 标 解 释

等级运动员人数 指经考核正式批准授予等级运动员称号的人数。运动员等级分为国际级运动健将、运动健将、一级运动员、二级运动员、三级运动员、少年级运动员。

等级裁判员人数 指经考核正式批准授予等级裁判员称号的人数。裁判员等级分为国际裁判、国家级裁判、一级裁判、二级裁判、三级裁判。

体育场 指有400米跑道（中心含足球场），有固定道牙，跑道6条以上，并有固定看台的室外田径场地。以看台容纳观众人数分：甲级25000人以上，乙级15000—25000人，丙级5000—15000人，丁级5000人以下。

体育馆 指有固定看台，可供篮球、排球、羽毛球、乒乓球、体操等项目训练比赛活动用的室内运动场地。以看台容纳观众人数分：甲级6 000人以上，乙级4 000—6 000人，丙级2 000—4 000人，丁级2 000人以下。

医院 指名称为医院，设有固定床位能收容病人住院并能为病人提供医疗、扩理服务的医疗机构。包括县及县以上医院、农村乡卫生院、其他医院三部分。按所属性质分为卫生部门、工业及其他部门，集体经济单位三类。其中县及县以上医院按业务性质分为综合医院和专科医院。

卫生技术人员 指卫生事业机构支付工资的全部固定职工和合同制职工中现任职务为卫生技术工作的专业人员。包括中医师、西医师、中西医结合高级医师、护师、中药师、西药师、检验师、其他技师、中医士、西医士、护士、助产士、中药剂士、西药剂士、检验士、其他技士、其他中医、护理员、中药剂员、西药剂员、检验员，其他初级卫生技术人员。

医生 指经卫生部门审查合格，从事医疗工作的专业人员。分为中医医生和西医医生。包括卫生技术人员中的中医师、西医师、中西结合高级医师、中医士、西医士和其他中医。

社会福利事业单位 指集中收养社会孤老、残、幼的机构。包括由民政部门管理的社会福利院、儿童福利院、精神病人福利院和城镇集体办的福利院，以及农村集体举办的敬老院。

社会福利事业单位收养人数 包括民政部门管理的和城镇及农村集体举办的社会福利事业单位中收养的老人、少年儿童、缺乏生活自理能力的残疾人员和精神病人。

社会福利企业单位 指以安置城镇有一定劳动能力的盲、聋、哑和肢体残疾人员就业为目的，享受国家减免税待遇的国有或集体经济性质的企业。包括福利工厂、福利商业服务业、假肢厂和安置农场等单位。

农村五保户 指农村中既无劳动能力，又无经济来源的老、弱、孤、残的农民生活由集体供养，实行保吃、保穿、保住、保医、保葬（孤儿保教），简称："五保"。享受五保待遇的家庭叫五保户。

双扶户 包括被扶持的优扶户和贫困户。主要是对具有一定劳动能力且生活困难的两户给予一定的救济金以扶持其通过生产自救达到脱贫的目的。

律师 指受聘参加法律顾问处工作，提任法律顾问、刑（民）事代理人、刑事辩护人，办理非诉讼事件、解答法律询问，代写法律事务文书等主要从事律师业务的专职法律工作者和兼职律师。

公证人员 指在国家公证机关依法办理公证事务的司法人员。包括公证员、助理公证员和在公证处工作的其他人员。

办理公证文书 指公证处在一定时期内办结的公证文书件数。公证文书系按司法部规定或批准的格式制作。包括国内公证和涉外公证两部分。其中国内公证分为经济合同公证和民事法律关系公证两大类。

调解人员 在人民调解委员会担负调解民间一般民事纠纷和轻微违法行为所引起的纠纷的工作人员。包括调解委员会的委员和调解小组的调解员。

调解民间纠纷 指调解委员会依照法律规定，根据自愿原则，用说服教育的方法调解民间发生的有关民事权利和义务的争执，促成当事双方达到协议和谅解，解决纠纷。包括婚姻家庭纠纷，财产权益纠纷等。不包括法院受理调解的民事案件数。

受理劳动争议案件数 是指劳动争议仲裁委员会根据国家有关规定，对劳动争议当事人的申请予以审查，符合受理条件而正式立案、准备处理的劳动争议案件数。

离休、退休、退职人员 指正式办理了离休、退休、退职手续，并享受相应的离休、退休、退职待遇的人员。

保险福利费用 指企业、事业、机关单位在工资以外实际支付给职工和离休、退休、退职人员个人以及用于集体的劳动保险和福利费用。

(1) 职工保险福利费用具体包括：

①医疗卫生费 指实行公费医疗企业的职工及其供养的直系亲属的医疗费、医务经费、职工因工负伤就医路费以及住院伙食补助费等；卫生部门开支的事业及机关单位职工的公费医疗经费；未参加公费医疗的企业、事业和机关单位职工的医药费。

②丧葬抚恤救济费 指职工死亡的丧葬费、丧葬补助费和所遗供养直系亲属的抚恤费、救济费、生活补助费以及职工供养直系亲属死亡时的丧葬补助费等。

③生活困难补助 指对生活困难的职工实际支付的定期补助和临时性补助。

④文体宣传费 指企业、事业和机关单位实际支付的文体宣传费。不包括学习费。

⑤集体福利事业补贴费 指对职工浴室、理发室、洗衣房、哺乳室、托儿所等集体福利设施各项支出与收入相抵后的差额补助费。

⑥集体福利设施费 指按照国家规定开支的集体福利设施费用。如职工食堂炊事用具的购置费、修理费、职工宿舍的修缮费用。不包括由企业、事业、机关单位自筹经费开支的职工福利设施的基本建设费用。

⑦计划生育补贴 指发给职工独生子女的补贴费和保健费。

⑧其他 指上述费用以外，单位支付给职工的保险福利费。

(2) 离休、退休、退职人员保险福利费用具体包括：

①离休金 指发给离休人员的工资和按1982年国务院发布的“关于老干部离职休养制度的几项规定”发给符合规定的离休干部相当于1—2个月标准工资的生活补贴和国务院〔1989〕82、83号文件规定提高离休人员的待遇所增加的费用及粮油价格补贴等。

②退休金 指按照国家有关规定发给退休人员的退休费和国务院〔1989〕82、83号文件规定提高退休人员的待遇所增加的费用及粮油价格补贴等。

③退职生活费 指按照1978年国务院《关于工人退休、退职的暂行办法》规定定期发给退职人员的生活费用和国务院〔1989〕82、83号文件规定提高退职人员的待遇所增加的费用及粮油价格补贴等。

④医疗卫生费 指离休、退休、退职人员的医疗费、住院费以及住院伙食补助等费用。

⑤护理费 指因工致残、饮食起居需人扶助的离休、退休人员的护理费以及因病不能自理的离休人员的护理费。

⑥生活补贴 指按照1985年国务院《关于发给离休退休人员生活补贴费的通知》规定，发给离休、退休人员的生活补贴费。

⑦交通费补贴 指按月发给离休人员的交通费补贴。

⑧丧葬抚恤救济费 指离休、退休、退职人员死亡的丧葬费、丧葬补助费和所遗供养直系亲属的抚恤费、救济费、生活补助费以及供养直系亲属死亡时的丧葬补助费等。

⑨其他 包括易地安置的离休、退休、退职人员的安家补助费；离休、退休、退职人员的生活困难补助费、书报费、洗理费、副食品价格补贴、房租价格补贴、水电补贴、少数民族补贴以及老干部活动经费开支的旅游费用等。

工业废水排放量 指经过企业厂区所有排放口排到企业外部的工业废水量。包括生产废水、外排的直接冷却水、超标排放的矿井地下水和与工业废水混排的厂区生活污水，不包括外排的间接冷却水（清污不分流的间接冷却水应计算在内)。

工业废水排放达标量 指各项指标都达到国家或地方排放标准的外排工业废水量，包括未经处理外排达标的和经过处理后外排达标的和两部分。国家排放标准见 GB8978—88。

工业废水处理量 指报告期内各种水治理设施实际处理的工业废水量，包括处理后外排的和处理后回用的工业废水量。虽经处理但未达到国家或地方排放标准的废水量也应计算在内。计算时，如遇有车间和厂排放口均有治理设施，并对同一废水分级处理时，不应重复计算工业废水处理量。

工业废气排放量 指企业厂区内燃料燃烧和生产工艺过程中产生的各种排入空气的含有污染物的气体的总量，以标准状态〔273K，101325Pa〕计。

二氧化硫排放量 指企业在燃料燃烧和生产工艺过程中排入大气的二氧化硫量。

工业烟尘排放量 指企业厂区内的燃料燃烧产生的烟气中夹带的颗粒物的量。

工业粉尘排放量 指企业在生产工艺过程中排放的颗粒物重量。如钢铁企业的耐火材料粉尘、焦化企业的筛焦系统粉尘、烧结机的粉尘、石灰窑的粉尘、建材企业的水泥粉尘等。不包括电厂排入大气的烟尘。

工业固体废物产生量 指企业在生产过程中产生的固体状、半固体状和高浓度液体状废弃物的总量，包括危险废物、冶炼废渣、粉煤灰、炉渣、煤矸石、尾矿、放射性废物和其他废物等；不包括矿山开采的剥离废石和掘进废石（煤矸石和呈酸性或碱性的废石除外）。酸性或碱性废石是指采掘的废石其流经水、雨淋水的 pH 值小于 4 或 pH 值大于 10.5 者。

危险废物 指列入国家危险废物名录或根据国家规定的危险废物鉴别标准和鉴别方法认定的，具有爆炸性、易燃性、易氧化性、毒性、腐蚀性、易传染疾病等危险特性之一的废物。

工业固体废物综合利用量 指通过回收、加工、循环、交换等方式，从固体废物中提取或者使其转化为可以利用的资源、能源和其他原材料的固体废物量（包括当年利用往年的工业固体废物累计贮存量）。如用作农业肥料、生产建筑材料、筑路等。综合利用量由原产生固体废物的单位统计。

工业固体废物贮存量 指以综合利用或处置为目的，将固体废物暂时贮存或堆存在专设的贮存设施或专设的集中堆存场所内的量。专设的固体废物贮存场所或贮存设施必须有防扩散、防流失、防渗漏、防止污染大气、水体的措施。

工业固体废物处置量 指将固体废物焚烧或者最终置于符合环境保护规定要求的场所并不再回取的工业固体废物量（包括当年处置往年的工业固体废物累计贮存量）。处置方法如：填埋（其中危险废物应安全填埋）、焚烧、专业贮存场（库）封场处理、深层灌注、回填矿井等。

工业固体废物排放量 指将所产生的固体废物排到固体废物污染防治设施、场所以外的量。不包括矿山开采的剥离废石和掘进废石（煤矸石和呈酸性或碱性的废石除外）。

“三废”综合利用产品产值 指利用“三废”（废液、废气、废渣）作为主要原料生产的产品产值（现行价），已经销售或准备销售的，应计算产品产值；但留作生产上自用的，不应计算产品产值。

“三废”综合利用产品利润 指利用“三废”（废液、废气、废渣）生产的产品，销售后所得到的利润。

环境污染与破坏事故 指由于违反环境保护法规的经济、社会活动与行为，以及意外因素的影响或不可抗拒的自然灾害等原因，致使环境受到污染，国家重点保护的野生动植物、自然保护区受到破坏，人体健康受到危害，社会经济和人民财产受到损失，造成不良社会影响的突发性事件。

Explanatory Notes on Main Statistical Indicators

Number of Athletes in Grades refers to the number of athletes who have been given titles through examination. The titles of athletes include international masters of sports, masters of sports, first-grade, second-grade and third-grade sportsmen and young athletes.

Number of Referees in Grades refers to the number of referees who have been given titles after examination. They are classified as international referees, national referees and referees of the first, second and third grades.

Stadiums refer to stadiums for track and field events with six-lane 400-meter tracks around soccer fields, permanent track marks and permanent bleachers. Stadiums are classified according to seating capacity. They include Class A stadiums seating 25000 people each. Class B stadiums seating 15000 to 25000 people each. Class C stadiums seating 5000 to 15000 people each, and Class D stadiums seating fewer than 5000 people.

Gymnasiums refer to indoor sports grounds with permanent seats in which basketball, volleyball. badminton, table tennis and gymnastics competitions can be held. Gymnasiums are classified according to seating capacity. They include Class A gymnasiums seating over 6000 people. Class B gymnasiums seating 4000 to 6000 people. Class C gymnasiums seating 2000 to 4000 people, and Class D gymnasiums seating fewer than 2000 people.

Hospitals refer to medical institutions named as "hospital" with permanent hospital beds, which are able to take in patients and provid them with medical and nursing services. Hospitals are classified into three categories: hospitals at or above the county level, hospitals of rural townships, and other hospitals. According to their ownership, hospitals can be classified into three categories: hospitals under the public health departments, hospitals under industrial and other departments and collective－owned hospitals. Hospitals at or above county level are divided into comprehensive and specialized hospitals.

Medical Technical Personnel refers to all permanent medical staff and workers employed by medical institutions, including doctors of Chinese and Western medicine, senior doctors who integrate traditional Chinese thrapeutics with Western thrapeutics in practice, senior nurses, pharmacists of Chinese and Western medicine, laboratory specialists, other specilists, paramedics of Chinese and Western medicine, nurses, midwives, druggists in Chinese and Western medicine, laboratory technicians, other technicians, other practitioners of Chinese medicine, nursing attendants, pharmacological workers of Chinese and Western medicine, laboratory workers, and other primary medical personnel.

Doctors refer to qualified professional medical workers approved to practice by public health departments. They are classified into doctors of Chinese medicine, doctors of Western medicine, senior doctors who integrate traditional Chinese thrapeutics with Western thrapeutics in practice, paramedics of Chinese medicine and Western medicine, and other specialists of Chinese medicine.

Social Welfare Institutions refer to institutions taking care of old people without children, handicapped people and orphans. They include social welfare institutions run by civil affairs departments, children' s welfare institutions, social welfare institutions for mental patients, and collective－owned old people's homes in rural areas.

Number of People Taken in by Social Welfare Institutions refers to the number of old people, children, totally dependent handicapped people and mental patients taken in by scoial welfare institutions run by civil affairs departments and those run by collective units in urban and rural areas.

Social Welfare Enterprises are collective-owned enterprises which employ the blind, deaf-mute, and other handicapped people who are able to work in cities and towns and enjoy exemption from state taxes, including welfare plants, welfare commercial services, artificial limb plants and farms, etc.

Rural Households with Livelihood Guaranteed in Five Aspects refer to the households in which there are old people without child, orphans and handicapped people who are unable to work and without financial resources in rural areas. They are taken care of by the collective units and their food, clothing, housing, medical care, funeral expenses (or schooling for orphans) are guaranteed to be provided for.

Households in the Poor Household Support Program refer to the households of martyrs and disabled servicemen, and poor households, who are able to work but in poor conditions, receiving government or collective relief funds. In this way, the households can get to work and make themselves break away from poverty.

Lawyers are legal workers who are employed full-time by legal counseling firms to act as legal advisers, agents in criminal or civil lawsuits, or defenders in criminal lawsuits, or to handle non – litigious legal affairs, to advise on matters of law or to write legal papers for others. Both full – time and part-time lawyers are included.

Notary Personnel refers to judicial workers of the state notary offices handling notarization work according to law. They include notaries, assistant notaries, and other people working for notary offices.

Notarized Documents refer to the documents settled by notary offices in a year. The notarial documents are drawn up in accordance with the regulations of the Ministry of Justice, including domestic documents and foreign – related documents. Domestic documents are divided into two major categories, documents on economic contracts and documents on civil legal relations.

Mediators refer to workers on people' s mediation committees responsible for mediating in civil disputes and cases of slight infraction of the law. They include members of the mediation committees and mediators of mediation groups.

Mediation of Civil Disputes refers to mediation committees' work in mediating in civil disputes concerning civil rights and duties through persuasion and education in accordance with the provisions of law on a voluntary basis, so as to solve disputes by helping the parties involved come to an agreement and understanding. These disputes include divorce cases and disputes over property ownership, but exclude the civil cases to be handled by the court.

Number of Labour Dispute Cases Accepted refers to the number of cases of labour dispute submitted that, after being reviewed by the labour dispute arbitration committees in line with the relevant state regulations, are accepted and registered for treatment.

Retired or Resigned Personnel refers to the persons who have formally gone through the formalities for their retirement or quitting work and enjoy the corresponding treatments.

Insurance and Welfare Funds refers to labour insurance and welfare fund paid by enterprises, organizations and institutions to their staff and workers as well as retired and resigned persons in addition to their wages and salaries.

(1) **Insurance and Welfare Funds for Staff and Workers** include:

① Medical Care Allowance: It refers to the cost of medical care of staff and workers and their dependent family members who are covered by the medicare system of enterprises, travelling expenses of injured employees to hospital and their per diem subsidies during hospitalization, cost of medical care of employees who are covered by the medicare system of institutions and organizations, as well as cost of medicine of employees of enterprises and institutions who are not covered by the medicare system.

② Funeral Expenses and Pensions for Family of the Deceased: They refer to funeral expenses of staff and workers, and pensions and allowance for their dependent family members, as well as subsidies to funeral expenses of staff and workers' dependent family members.

③ Subsidies for Living Expenses: They refer to regular or ad hoc subsidies to staff and workers who have difficulties in making ends meet.

④ Expenses for Recreational, Sports and Publicity Activities: They refer to actual payment made by enterprises and institutions in recreational, sports and publicity activities, excluding training cost.

⑤ Subsidies to Collective Welfare Undertakings: They refer to subsidies to the operation of welfare undertakings that can not fully cover their cost, such as public bathrooms, barber shops, laundries, nurseries and kindergartens.

⑥ Expenses for Collective Welfare Facilities: They refer to expenses for collective welfare facilities that are spent in line with state regulations, such as the purchase and repair of cooking utensils for canteens, and repair of living quarters of staff and workers, but excluding the expenses for welfare projects that are constructed with self-raised funds.

⑦ Family Planning Subsidy: It refers to subsidy and health allowance paid to the one-child family of staff and workers.

⑧ Others: They refer to other insurance and welfare funds paid to staff and workers.

(2) **Insurance and Welfare Funds for Retired and Resigned Staff and Workers**

① Pensions for retired veteran cadres: They refer to pensions and other subsidies paid to retired in line with relevant government documents.

② Pensions for Retirement: They refer to living allowance and other subsidies paid to retired staff and workers in line with the relevant government documents.

③ Resignation Allowances for Living Expenses: They refer to living allownce and subsidies paid to resigned staff and workers in line with relevant government instructions.

④ Expenses for Medical Care: They refer to the costs for medical treatment, hospitalization and food subsidies in hospitals for retired and resigned staff and workers.

⑤ Nursing Cost: It refers to cost for nursing retired or resigned staff and workers who are unable to take care of themselves and need the help from nurses.

⑥ Living Subsidy: It refers to living subsidy paid to retired employees in line with the instructions in a 1985 State Council document.

⑦ Traffic Subsidy: It refers to the monthly traffic subsidy paid to senior retired staff.

⑧ Funeral Expenses and Pensions for Family of the Deceased: They refer to the funeral expenses of retired staff and workers, and pensions and allowance for their dependent family members, as well as subsidies to funeral expenses of retired staff and workers' dependent family members.

⑨ Others: They refer to other expenses, including moving and settlement allowance, allowance for difficult families, book and newspaper allowance, subsidy for non-staple foods, housing subsidy, water and electricity subsidy, special allowance for staff and workers of national minorities, travelling cost for senior retired staff, etc.

Volume of Industrial Waste Water Discharged refers to the volume of industrial waste water discharged, through all outlets, to the outside of industrial enterprises, including waste water produced, direct－cooling water, underground water from mines that does not meet the standard of discharge, and the domestic sewage mixed up with industrial waste water when discharged, but excluding discharged indirect－cooling water.

Volume of Waste Water up to the Standard for Discharge refers to the volume of discharged industrial waste water that, with or without treatment, has come up to the national or local standards for discharge.

Volume of Treated Industrial Waste Water refers to the volume of industrial waste water after being treated and purified through various water treatment facilities in the reference period, including the volume discharged or recovered after being treated. The volume of waste water that fails to meet the national or local standards after treatment is also included. If there are treatment facilities both at the outlets of workshops and at the outlets of the factory, and the same volume of waste water has been treated twice, duplication should be avoided in the calculation of the volume of treated industrial waste water.

Volume of Waste Gas Emission refers to waste gas emitted from burning of fuels and from production process in the area of the factory, and is measured by 10000 standard cubic metres each year under normal condition.

Volume of Sulphur Dioxide Discharged refers to the volume of sulphur dioxide discharged to the air in the process of fuel burning or in the production process.

Volume of Industrial Soot Discharged refers to the volume of solid soot in the smoke discharged in the process of fuel burning in the area of the factory.

Industrial Dust Discharged refers to the total weight of solid dust discharged by industrial enterprises in the production process, such as dust of refractory materials from iron plants, dust from coke – screening system or from sintering machines of coking plants, dust from lime kilns, cement dust from building material enterprises, etc., but excluding smoke and dust discharged by power plants.

Volume of Industrial Solid Wastes Produced refers to the total volume of solid, semi – solid or highconcentration liquid residue produced by industrial enterprises in their production process, including dangerous wastes, residues from melting, slag, powdered coal ash, gangue, chemical residues, tailings, radioactive residues and other residues, but excluding stripped or dug stones in mining (except gangue and acid or alkali stones which are stones washed or soaked by water with a pH value smaller than 4 or larger than 10.5.)

Dangerous Wastes refers to the wastes which are listed by the government as the dangerous wastes or the wastes which are explosive, inflammable, oxidizable, poisonous, corrosive or liable to cause infectious diseases or have other dangerous characteristics specified in accordance with the standards or methods stipulated by the government for identifying the dangerous wastes.

Volume of Industrial Solid Wastes Utillized in a Comprehensive Way refers to the volume of solid wastes from which useful materials can be extracted or which can be changed to be utilizable resources, energy or other materials, including the volume of industrial solid wastes stored up in the previous years and utilized in the current year, such as the solid wastes utilized as fertilizers, building materials, for making roads or for other purpose. Statistical data on utilization of industrial solid wastes are collected by solid wastes producing units.

Volume of Industrial Solid Wastes Stored up refers to the volume of industrial solid wastes temporarily stored up or piled with special facilities or piled in the special sites for the purpose of utilization or treatment in future. The special facilities or special sites for storing up solid wastes should have the measures against spreading or being washed away to other places, permeating the soil or causing air pollution or water contamination.

Volume of Industrial Solid Wastes Treated refers to solid wastes disposed of in a non – recoverable place that meet the requirement of environmental protection, such as burying (The dangerous wastes should be buried safely), burning, piling in designated sites, pouring water into the deep strata, filling of old mines, etc. (including treatment of solid wastes piled up in the previous years).

Volume of Industrial Solid Wastes Discharged refers to the volume of industrial solid wastes produced and discharged at the places outside the special facilities or special sites for preventing against pollution, excluding stripped or dug stones in mining (except gangue and acid or alkali waste stones).

Output Value of Products Made from Utilization of Waste Gas, Waste Water and Industrial Solid Wastes refers to the value of products (calculated at current prices) made by industrial enterprises using recovered waste water, waste gas or solid wastes as main raw materials. Only the value of the products which have been sold or are ready to be sold should be included. The value of the products which will be used in the production of the enterprises should not be included.

Profit Obtained from Utilization of Waste Gas, Waste Water and Industrial Solid Wastes refers to profit obtained from selling or own – consumption of products made by industrial enterprises using recovered waste water, waste gas or solid wastes as main raw materials.

Accidents of Environment Pollution and Destruction refer to sudden accidents, due to economic and social behavior or activities in contrast with environment protection legislation, unexpected factors or irresistible natural disasters, that cause the pollution of environment, the destruction of natural protection zones, wild plants and animals, the danger to the health of people, and the loss in the property of the society and people.

二十 香港特别行政区主要社会经济指标

MAIN SOCIAL AND ECONOMIC INDICATORS OF HONG KONG SPECIAL ADMINISTRATIVE REGION

简要说明

一、本篇资料反映香港特别行政区主要社会、经济发展情况。内容包括：人口、就业、国民核算、农业、工业、能源、建筑、交通、对外贸易、财政金融、教育、卫生等。

二、本篇涉及的 1996 年及以前数字均指原香港地区。

三、本篇资料由国家统计局国际统计信息中心负责整理、编辑。

四、本篇资料来源：

香港政府统计处出版物《香港统计年刊》、《香港统计月刊》、《本地生产总值估计》等。

Brief Introduction

Ⅰ. The data in this chapter show the main situations of the social and economic development of Hong Kong Special Administrative Region, including the data on population, employment, national accounts, agriculture, industry, energy, construction, transportation, foreign trade, finance, education and public health, etc.

Ⅱ. The data in 1996 and the previous years in this chapter refer to the data of the former Hong Kong region.

Ⅲ. The data in this chapter are prepared by the International Information center, State Statistical Bureau.

Ⅳ. Data sources:

The data in this chapter come from "Hong Kong Annual Digest of Statistics", "Hong Kong Monthly Digest of Statistics" and "Estimate of Gross Domestic Product", edited by the Census and Statistics Department of Hong Kong.

20-1 人口主要指标

MAIN INDICATORS OF POPULATION

项目	Item	1991	1992	1993	1994	1995
年中人口数 (万人)	Mid-year Population (10 000 persons)	575.2	580.1	590.9	603.5	615.6
出生率 (‰)	Birth Rate (‰)	12.0	12.3	12.0	11.9	11.2
死亡率 (‰)	Death Rate (‰)	5.0	5.3	5.2	5.0	5.1
婴儿死亡率 (‰)	Infant Mortality Rate (‰)	6.4	4.8	4.8	4.5	4.6
人口自然增长率(‰)	Rate of Natural Increase (‰)	7.0	7.0	6.8	6.9	6.1
结婚人口 (对)	Married Population (Couples)	42568	45702	41681	38264	38786
离婚人口 (对)	Divorced Population (Couples)	6295	5650	7454	7735	9404
平均期望寿命 (岁)	Life Expectancy at Birth(Years)					
男	Male	75.2	74.8	75.3	75.7	76.0
女	Female	80.7	80.7	80.9	81.5	81.5

20-2 劳动力行业构成与失业状况

LABOR FORCE AND EMPLOYMENT

项目	Item	1991	1992	1993	1994	1995
劳动力总人数(万人)	**Total (10 000 persons)**	**280.4**	**279.2**	**285.6**	**292.4**	**300.1**
男	Male	175.6	176.6	179.5	181.9	184.1
女	Female	104.8	102.6	106.2	111.0	116.0
按行业分类 (人)	Labour Force by Industry (person)					
农业、渔业	Agriculture and Fishery	22400	19000	17600		
采矿业	Mining and Quarrying	444	557	500	475	485
纺织和服装	Textiles and Wearing Apparel	307800	267800	239700		
制造业	Manufacturing	717000	650500	594000	562600	534600
电、煤气	Electricity, Gas	11799	11764	12042	11599	11780
建筑业	Construction	224900	231200	221100	220500	229300
批发、零售、旅馆	Wholesale and Retail Sale, Restaurants and Hotels	732100	747900	795800	827600	824900
运输、仓储和通信	Transport,Storage and Communications	273600	294700	314900	340000	327700
金融、保险、不动产和产业服务	Finance, Insurance, Real Estate and Business Services	229100	231900	289300	326200	341700
其它服务业	Other Services	536100	542100	547700	558800	609800
失业人数 (人)	Unemployment (person)	50400	54700	56300	56200	95600
失业率 (%)	Unemployment Rate (%)	1.8	2.0	2.0	1.9	3.2

20-3 国内生产总值

GROSS DOMESTIC PRODUCT

年份 Year	国内生产总值 Gross Domestic Product			人均国内生产总值 Per Capita GDP	
	亿港元 (HK$100 million)	比上年增长%① Growth Rate over the Preceding Year %①	亿美元 (US$100 million)	港元 HK$	美元 US$
1988	4550	8.0	526	80855	9430
1989	5239	2.6	592	92128	10570
1990	5825	3.4	682	102121	11950
1991	6685	5.1	782	116223	13580
1992	7793	6.3	893	134357	15380
1993	8975	6.1	1161	152087	19618
1994	10126	5.3	1319	167774	21766
1995	11055	4.7	1429	179572	23213

注: ①按1990年价格计算。
The data sre calculated at 1990 constant market prices 。

20－4 国内生产总值支出构成
EXPENDITURES ON GROSS DOMESTIC PRODUCT

单位: 百万港元 (HK $1 million)

年份 Year	国内生产总值 Gross Domestic Product	个人最终消费支出 Private Final Consump－tion	政府最终消费支出 Government Final Consumption	固定资本形成 Gross Fixed Capital Formation	库存增加 Change in Stocks	商品出口 Exports of Goods (f.o.b.)	减:商品进口 Less Imports of Goods (c.i.f.)	劳务出口 Exports of Services	减:劳务进口 Less Imports of Services
1988	455022	254682	30008	116129	14132	493069	501174	110982	62806
1989	523861	287677	36253	136204	3463	570509	565219	127147	72173
1990	582549	330459	43283	153776	5728	639874	645200	142321	87692
1991	668512	391098	51470	177729	4098	765886	782042	161087	100814
1992	779335	451670	64070	213808	8187	924952	958462	189352	114242
1993	897463	515535	72746	245933	3859	1046250	1075710	218091	126551
1994	1012585	590130	83491	300561	22402	1170013	1254427	242890	142475
1995	1105461	650604	95770	334712	51822	1344127	1495706	287865	163733

20－5 国内生产总值部门构成
COMPOSITION OF GROSS DOMESTIC PRODUCT BY KIND OF ACTIVITY

单位: 亿港元 (HK $100 million)

年份 Year	国内生产总值 Gross Domestic Product	农业和渔业 Agriculture and Fishery	采矿业 Mining and Quarrying	制造业 Manufacturing	电、煤气、水 Electricity,Gas and Water	建筑业 Construction
1988	4550.2	14.2	2.3	900.4	102.0	206.6
1989	5238.6	13.9	2.2	961.7	108.6	257.4
1990	5825.5	14.3	2.1	983.5	126.1	302.2
1991	6685.1	14.4	2.2	972.2	135.2	346.6
1992	7793.4	14.7	2.1	997.6	156.4	373.4
1993	8974.6	16.1	2.0	925.8	175.9	430.9
1994	10125.9	16.0	2.5	873.5	221.8	463.3

续表 1 continued

单位: 亿港元 (HK $100 million)

年份 Year	商业、饭店、旅馆 Wholesale,Retail Sale and Import/Export Trade,Res－taurants and Hotels	运输、仓储、通信 Transport,Storage and Communications	金融、保险、不动产和产业服务 Financing,Insurance Real Estate and Business Services	房屋所有权 Ownership of Premises	社团服务和个人服务 Community,Social and Personal Services
1988	1097.9	400.1	828.1	434.2	610.0
1989	1247.5	446.5	973.0	515.3	701.2
1990	1407.2	529.3	1131.3	592.6	813.3
1991	1632.8	606.0	1433.0	688.7	942.9
1992	1907.6	712.3	1789.2	809.4	1107.0
1993	2244.4	789.8	2145.5	898.6	1304.1
1994	2491.7	921.1	2538.0	1156.2	1505.9

20－6 工业生产指数
INDICES OF INDUSTRIAL PRODUCTION

(1986年＝100)　　　　(1986＝100)

年份 Year	总计 Total	食品、饮料和烟草 Food, Beverages and Tobacco	服装(不包括针织品和鞋类) Wearing Apparel, (Except Footwear and Knitting)	纺织品(包括针织品) Textiles (Including Knitting)	造纸和印刷 Paper Products and Printing	化学品、橡胶非金属矿产品 Chemicals, Rubber, Plastic and Non－Metal－lic Mineral Products
1984	91	80	91	77	86	88
1985	87	93	84	80	86	88
1986	100	100	100	100	100	100
1987	116	108	115	114	126	107
1988	123	122	114	111	153	104
1989	124	127	116	117	167	95
1990	123	142	113	115	182	90
1991	124	147	110	120	201	85
1992	126	155	111	125	235	81
1993	125	159	113	116	265	73
1994	125	161	113	115	272	66
1995	126	160	115	111	273	63

续表 1 continued

(1986年＝100)　　　　(1986＝100)

年份 Year	塑料产品 Plastic Products	基本金属、金属制品和非电气机械 Basic Metals and Fabricated Metal Products Non－Electric Machinery	电子电气产品、专业设备及光学仪器 Electrical and Electronic Pro－ducts, Machinery, Professional Equipment and Optical Goods	家用电子电气产品 Consumer Electrical and Electronic Products	电子电气机械及零配件 Machine, Equipment, and Apparatus, Parts and Components	其它 Others
1984	89	93	90	95	94	119
1985	87	89	89	86	94	89
1986	100	100	100	100	100	100
1987	106	116	126	136	132	109
1988	101	138	145	136	158	114
1989	88	126	147	131	166	105
1990	76	113	149	133	164	104
1991	70	111	153	132	178	99
1992	65	106	156	127	205	97
1993	55	96	160	117	231	88
1994	45	95	165	117	239	84
1995	38	94	179	116	274	81

20－7 制造业企业指标(1994年)

MAIN INDICATORS OF MANUFACTURING INDUSTRY (1994)

项目	Item	企业数 (个) Number of Establi－shments	从业人员 (人) Number of Persons Engaged	雇员工薪 (亿港元) Compensa－tion of Employees (HK $100 million)	总产出 (亿港元) Gross Output (HK $ 100 million)	增加值 (亿港元) Value Added (HK $ 100 million)	固定资产新增值 (亿港元) Gross Additions to Fixed Assets (HK $ 100 million)
制造业合计	**Total**	**31988**	**433672**	**498.0**	**2961.9**	**865.4**	**70.5**
食品	Food	692	19023	22.4	118.6	40.3	3.5
饮料	Beverages Industries	18	4280	8.2	44.7	17.9	－26.8
烟草	Tobacco Manufactures	4	1158	2.6	39.2	13.7	0.4
成衣	Wearing Apparel	3745	104620	96.1	480.3	135.2	2.3
皮革及皮革制品	Leather and Leather Products	175	1682	1.8	14.0	3.4	0.4
鞋(不包括橡胶鞋、塑料鞋和木屐)	Footwear,Except Rubber, Plastic and Wooden Footwear	99	605	0.4	1.0	0.4	
纺织品(包括针织品)	Textiles(Including Kintting)	3466	68149	76.4	458.5	116.0	8.7
木及木制品(不包括家具)	Wood and Cork Products, Except Furniture	483	1803	1.5	10.4	2.5	0.1
家具	Furniture and Fixtures,	453	1754	1.3	4.8	1.7	...
纸和纸制品	Paper and Paper Products	1117	9912	11.7	69.8	19.7	3.4
印刷出版	Printing,Publishing and Allied Industries	4651	42148	57.6	244.3	99.5	18.0
化学和化学制品	Chemicals and Chemical Products	588	7014	10.4	84.0	21.0	2.1
石油和煤制品	Products of Petroleum and Coal	5	127	0.3	2.9	1.1	0.3
橡胶制品	Rubber Products	80	475	0.5	2.2	0.8	...
塑料制品	Plastic Products	2041	15503	15.0	84.6	25.0	2.6
非金属矿产品	Non－Metallic Mineral Products, Except Products of Petroleum and Coal	234	4112	6.6	65.2	14.4	2.6
基本金属	Basic Metal Industries	121	2201	4.0	55.9	6.6	2.9
金属制品	Fabricated Metal Products, Except Machinery and Equipment	4262	26971	27.1	158.6	48.8	5.3
机械设备及零配件	Machinery,Equipment,Appartus Parts and Components, Not Elsewhere Classified	4789	32202	35.3	197.3	66.0	5.6
电子零部件、家用电器、电子玩具	Electronic parts and Components, Electrical Appliances and Houseware and Electronic Toys	175	19539	28.3	179.2	69.4	17.5
办公设备	Office, Accounting and	148	3250	3.9	28.8	9.7	0.7
	Computing Machinery	171	12800	15.8	170.0	35.5	7.5
通信设备	Radio Television and Communication Equipment and Apparatus	99	4385	5.7	49.8	11.6	2.1
专业和科学、测量和控制设备	Professional and Scientific, Measuring and Controlling Equipment, Not Elsewhere Classified,and Photographic and Optical Goods	932	16521	18.1	213.6	35.2	5.3
运输设备	Transport Equipment	606	13992	26.8	59.2	35.8	3.7
其它	Others	2835	19447	20.2	125.1	34.2	2.5

20－8 电力、煤气和水消费量

CONSUMPTION OF ELECTRICITY, GAS AND WATER

年份 Year	电力(万亿焦耳) Electricity(terajoules)					煤气(万亿焦耳) Gas(terajoules)			水 (百万立方米)
	民　用 Civil	商　用 Commer－cial	工业用 Indus－trial	街道照明 Street Lighting	出口大陆 Export to Mainland of China	民　用 Civil	商　用 Commer－cial	工业用 Indus－trial	Water (1000000 cub.m)
1984	10817	24609	18543	196	2663	3476	3174	257	627
1985	11519	26793	18819	208	3780	4036	3669	273	637
1986	12808	29180	21391	213	4350	4593	4123	327	703
1987	14022	32403	23979	222	4904	5254	4930	399	750
1988	15711	34818	24876	228	5186	6127	5680	440	808
1989	17075	38097	25178	239	6371	6943	6218	510	845
1990	19037	41582	24934	248	6470	7596	6877	583	873
1991	20586	45245	25051	259	11019	8133	7404	701	884
1992	21716	47971	24194	271	17866	9152	8232	823	889
1993	24092	53131	22309	278	16201	9657	8652	889	915
1994	25827	57508	21437	282	6327	10606	9202	919	923
1995	27063	59908	20222	284	5340	11408	9586	978	919
1996	29194	64465	19934	287	1910	11986	10085	918	928

20－9 房地产企业的经营概况

MANAGEMENT OF REAL ESTATE ENTERPRISES

单位：百万港元　　　　(HK $ 1000　000)

年份 Year	企业数(个) Number of Establish－ments	从业人员(人) Number of Persons Directly Engaged	雇员工薪 Compen－sation of Employees	各种燃料、电、水和维修等服务消耗 Consumption of Sundry Supplies of Fuels, Electricity & Water & Maintenance Services	其他经营支出 Miscel－laneous Opera－ting Expenses	房地产开发利润 Gross Margin of Real Estate Develop－ment	服务和租金收入 Service & Rental Income	增加值 Value Added	总盈余 Gross Surplus	固定资产增值 Gross Additions to Fixed Assets
1984	3285	24762	1063	1042	4265	6090	8522	13171		3295
1985	3652	28913	1298	1180	4230	6217	10149	14087	10001	－808
1986	3699	31728	1582	1339	4793	8727	10596	16819	12075	915
1987	4123	33307	1759	1495	4718	13906	11807	22589	18223	4738
1988	4814	37992	2493	1840	5778	20068	16198	32196	26675	5281
1989	5522	40393	2691	2170	8172	23028	21830	39869	31051	10364
1990	6388	40410	3355	2541	9336	25359	26595	45837	34869	5941
1991	7415	50754	4436	3049	11776	28128	30521	50795	37183	8689
1992	7598	50549	5212	3692	11647	39572	33122	63671	50998	25085
1993	7899	53616	6821	4148	13597	51173	37913	79066	61808	26767
1994	8443	60662	8567	5170	20299	69326	50520	105219	83068	21935

20－10 居民住房占有情况

HOUSING CONDITIONS OF URBAN AND RURAL RESIDENTS

单位: 户 (household)

项 目	Item	1971	1976	1981	1986	1991
合计数	**Total**	**846670**	**990290**	**1237643**	**1445689**	**1580072**
自有住房的户数	Owner－occupier	152874	229620	345026	506926	673067
一户独租住房的户数	Sole Tenant	384897	459140	545158	657818	719954
主要为一户租用的住房户数	Main Tenant	50160	42090	48634	24353	12209
部分租用住房户数	Sub－tenant	170992	143240	145382	73570	41505
合租住房的户数	Co－tenant	34866	46570	68910	85274	63683
免费住房的户数	Rent Free	52881	34980	30534	31486	16969
由雇主提供住房的户数	Provided by Employer (Including All Staff Quarters)		34650	53999	66262	52685

20－11 运输服务企业指标(1994年)

INDICATORS OF TRAFFIC SERVICES ENTERPRISES (1994)

单位: 百万港元 (HK $ 1000 000)

项目	Item	企业数(个) Number of Estab－lish－ments	从业人员(人) Number of Persons Engaged	雇员工薪 Number of Employees	经营费用 Operating Expenses	营业收入 Business Income	固定资产增值 Gross Assets Additions to Fixed	增加值 Value Added	营业面积(1 000 平方米) Floor Area (1 000 sq.m)
合计	**Total**	**41962**	**203829**	**30466**	**148653**	**209720**	**12789**	**61809**	**7549**
公路客运	Land Passenger Transport	19446	52587	5479	8246	20125	2200	13711	1347
公路货运	Land Freight Transport	14453	43507	3277	7861	14314	934	7126	118
公路运输服务企业	Supporting Services to Land Transport	136	5078	550	2329	3746	88	1601	1708
海洋运输	Ocean and Coastal Water Transport	504	18213	4422	12244	22746	4101	11092	2190
内河水运	Inland Water Transport	931	7455	939	2242	4110	599	1844	79
水运服务企业	Supporting Services to Water Transport	2662	13725	1778	6203	9243	977	3448	699
空运	Air Transport	63	23436	8327	18920	36456	2836	14900	710
与运输有关的服务企业	Services Incidental to Transport	3766	40278	5692	90608	90980	1053	8087	698

20－12 空运和水运
TRAFFIC OF AVIATION AND WATERWAY TRANSPORT

项目	Item	1989	1990	1991	1992	1993	1994	1995
飞机 (架)	Aircraft (Number)							
到达	Arrivals	47140	52886	54863	60488	67548	71609	75053
起飞	Departures	47160	52896	54855	60490	67544	71642	75065
远洋船只②	Ocean－going Vessels							
入港	Arrivals							
数量 (只)	Number	17763	18847	21178	26052	32781	36721	41154
注册净吨位(千吨)	NRT① (1000 ton)	107637	112325	119111	134682	149626	161834	171364
出港	Departures							
数量 (只)	Number	17785	18824	21217	25939	33372	37028	41605
注册净吨位(千吨)	NRT① (1000 Ton)	107859	112158	119302	134529	150282	161699	172489
内河船只② (只)	River Vessels (Number)							
入港	Arrivals	10180	10444	11219	12737	25062	34715	
出港	Departures	10184	10445	11220	12740	25069	34715	
水翼艇 (只)	Hydrofoil Vessels(Number)							
入港	Arrivals	28513	30057	30631	33165	24972	25036	
出港	Departures	28514	30073	30635	33171	24973	25040	
气垫渡船 (只)	Hoverferries (Number)							
入港	Arrivals	5377	4825	4471	7097	5803	3432	
出港	Departures	5367	4822	4462	7097	5802	3429	
商船② (只)	River Trading Vessels (Number)							
入港	Arrivals	50216	54141	57280	67343	76775	92048	109272
出港	Departures	50412	54262	56879	67040	75999	91279	108781

注: ① NRT＝注册净吨位。② 1993 年起远洋运输船只与内河船只的概念被重新定义。
a) NRT＝net registered tons. b)Ocean－going vessels and river vessels have been redefined since 1993.

20－13 国际货运
INTER NATIONAL FREIGHT TRAFFIC

单位: 万吨 (10 000 tons)

项目	Item	1989	1990	1991	1992	1993	1994	1995
远洋船①	By Ocean－going Vessels							
卸货	Discharged	4579	4624	5290	5842	6823①	7667①	8705①
装货	Loaded	1886	1977	2355	2580	2787①	3427①	4013①
内河船①	By River Vessels							
卸货	Discharged	548	603	672	1199	1178①	1617①	1472①
装货	Loaded	355	326	442	539	1026①	1391①	1401①
空运	By Air							
卸货	Discharged	31	35	37	42	51	61	69
装货	Loaded	42	45	48	53	63	69	77
铁路运输	By Railway							
卸货	Discharged	175	185	174	154	125	115	100
装货	Loaded	45	37	39	37	37	35	32
公路运输	By Road							
卸货	Discharged	410	456	550	642	731	753	826
装货	Loaded	386	450	549	574	569	561	594

注: ① 1993年起远洋运输船只与内河船只的概念被重新定义。
Ocean－going vessels and river vessels have been redefined since 1993.

20－14 新增机动车辆登记数
NEW REGISTRATION OF MOTOR VEHICLES

单位: 辆 (unit)

年份 Year	总计 Total	二轮摩托 Motor cycles	私人小汽车 Private Cars	出租车 Taxis	小公共汽车 Light Buses	货车 Goods Vehicles			
						轻型 Light	中型 Medium	重型 Heavy	专用货车 Special－Purpose Vehicles
1984	22158	1010	6569	2332	1875		9494		
1985	29452	1028	11119	2277	1236	10306	2251	6	41
1986	34330	1100	13816	2391	689	12815	2321	52	23
1987	47367	1601	19967	2897	497	17572	3663	84	27
1988	49713	2070	24281	2911	666	13987	3765	260	19
1989	52679	3189	28097	3673	874	11902	3223	194	49
1990	53496	3278	28926	3880	747	10855	3434	155	70
1991	54748	4018	31131	3928	836	8459	4254	111	41
1992	68450	3911	41878	3065	727	11630	5323	266	33
1993	64997	4124	41480	2338	771	10087	4175	223	34
1994	56299	4372	36634	2041	686	6863	3426	277	27
1995	38520	3666	23257	1638	549	4791	2571	228	26
1996	37469	3769	22203	2022	329	4543	2329	315	53

20－15 电 话 服 务 情 况
TELEPHONE SERVICES

单位: 千条 (1 000)

年份 Year	申请数 Number of Applications	用户电话线 Number of Exchange Lines			线路能力 Effective Capacity (Exchange Lines)
		安装数 Installed During the Period	中止数 Ceased During the Period	年底实际使用数 Working at End of the Period	
1984	248	235	148	1641	1905
1985	280	265	164	1742	1998
1986	286	274	171	1844	2108
1987	335	326	180	1989	2213
1988	376	366	201	2154	2441
1989	412	402	251	2305	2544
1990	457	449	306	2447	2688
1991	518	491	342	2596	2823
1992	554	523	341	2778	2997
1993	577	575	397	2956	3139
1994	704	614	456	3114	3277
1995	749	630	489	3254	3339

20－16 商业、旅店服务业企业指标 (1994年)
INDICATORS OF WHOLESALE, RETAIL ENTERPRISES AND HOTEL SERVICES (1994)

单位: 百万港元 (HK $ 1 million)

项目 Item		企业数(个) Number of Estab－lish－ments	从业人员(人) Number of Persons Engaged	雇员工薪 Compen－sation of Em－ployees	经营费用 Operat－ing Ex－penses	物品的购置 Pur－chases of Goods for Sale	库存变动 Chan－ges in Stocks	销售额和其他收入 Sales and Other Receipts	增加值 Value Added	固定资产增值 Gross Addi－tions to Fixed Assets	营业面积(千平方米) Bus－iness Floor (sq.m 1 000)
合计	**Total**	**193551**	**1076091**	**12762**	**23990**	**2004553**	**18746**	**2483250**	**265472**	**34397**	**30201**
批发企业	Wholesale	21712	86670	7355	11523	154160	1508	178531	14649	1474	1989
零售企业	Retail	58362	236608	18418	38625	184349	2844	255924	35946	3089	4561
进出口贸易公司	Import/Export	101908	506185	74635	163322	1643841	14357	1965288	178666	23076	18795
饭店	Restaurants	10254	197257	19497	18743	20136	41	63146	24480	1679	1944
旅馆	Hotels	1290	40668	5655	7648	2015	－4	19829	11655	5072	2606
小计	**Sub－Total**	**193526**	**1074387**	**125559**	**239870**	**2004501**	**18745**	**2482718**	**265397**	**54389**	**30076**
批发和零售贸易企业	Wholesale & Retail Trades	5	784	92	24	29	1	172	102	2	55
旅店和招待所	Restaurants and Hotels	20	920	111	96	23		360	242	6	70
小计	**Sub－total**	**25**	**1704**	**203**	**120**	**51**	**1**	**532**	**344**	**8**	**125**

20－17 商品进出口贸易总额
TOTAL IMPORTS AND EXPORTS

单位: 亿港元 (HK $ 100 million)

年份 Year	商品贸易总额 Total	商品进口额 Imports Value	商品出口 Domestic Exports		商品转口 Re－exports		商品贸易平衡 Merchandise Trade Balance
			金额 Value	比上年增长% Annual Change%	金额 Value	比上年增长% Annual Change%	
1984	4448.1	2233.7	1379.4	32.1	835.0	48.3	－19.3
1985	4665.7	2314.2	1298.8	－5.8	1052.7	26.1	37.3
1986	5524.8	2759.6	1539.8	18.6	1225.5	16.4	5.8
1987	7560.0	3779.5	1952.5	26.8	1828.0	49.2	0.9
1988	9918.7	4988.0	2176.6	11.0	2754.1	51.0	－57.3
1989	11332.9	5627.8	2241.0	3.0	3464.1	26.0	77.3
1990	12824.1	6425.3	2258.8	1.0	4140.0	20.0	－26.6
1991	15448.7	7789.8	2310.5	2.0	5348.4	29.0	－131.0
1992	18802.5	9553.0	2341.2	1.0	6908.3	29.0	－303.4
1993	21188.5	10726.0	2230.3	－5.0	8232.2	19.0	－263.5
1994	24207.2	12507.1	2220.9	－0.5	9479.2	15.1	－807.0
1995	28352.5	14911.2	2316.6	4.3	11124.7	17.4	－1469.9

20－18 商品主要进口来源和出口去向

IMPORTS AND EXPORTS BY ORIGION OR DESTINATION

单位: 亿港元 (HK $100 million)

年份 Year	商品主要进口来源 Imports (Major Origin)					商品主要出口去向 Domestic Exports (Major Destination)				
	中国大陆 Mainland of China	日本 Japan	台湾 Taiwan	美国 United States	新加坡 Singapore	中国大陆 Mainland of China	美国 United States	德国① Germany	新加坡 Singapore	日本 Japan
1984	557.5	526.2	173.5	243.8		112.8	613.7	96.0	26.3	
1985	589.6	533.5	209.0	219.0	112.8	151.9	576.9	80.8	22.3	44.8
1986	816.3	564.0	239.8	232.0		180.2	642.2	110.9	27.9	
1987	1173.6	719.1	333.4	322.4		278.7	728.2	149.4	38.8	
1988	1556.3	930.1	443.6	413.5	184.6	380.4	728.8	162.4	52.2	114.4
1989	1966.8	932.0	515.9	462.3		432.7	721.6	157.6	58.0	
1990	2361.3	1033.6	580.8	517.9	261.2	474.7	663.7	179.9	78.0	120.8
1991	2933.6	1274.0	745.9	588.4	315.3	544.0	628.7	193.2	87.9	116.7
1992	3543.5	1661.9	870.2	705.9	390.9	619.6	646.0	159.6	103.6	110.0
1993	4021.6	1780.3	939.7	794.2	478.4	633.7	602.9	139.7	113.4	96.8
1994	4708.8	1950.4	1073.1	893.4	619.7	610.1	614.2	128.1	122.3	104.6
1995	5394.8	2212.5	1292.7	1150.8	780.3	635.6	612.5	121.8	122.4	118.8

注: ①因东德、西德1990年10月统一,1990年以前德国数字为东德、西德数字之和。
Western Germany and Eastern Germany unified in October 1990. The data for Germany refer to the sum of Western Germany and Eastern Germany prior to 1990.

20－19 商品转口的主要来源和去向

RE－EXPORTS BY ORIGION OR DESTINATION

单位: 亿港元 (HK $100 million)

年份 Year	商品转口主要来源 Re－Exports (Major Origin)					商品转口主要去向 Re－Exports (Major Destination)				
	中国大陆 Mainland of China	日本 Japan	台湾 Taiwan	美国 United States	韩国 Republic of Korea	中国大陆 Mainland of China	美国 United States	日本 Japan	德国① Germany	英国 United Kingdom
1984	281.1	187.0	51.1	85.2	23.1	280.6	121.1	46.3	10.9	9.8
1985	346.3	225.0	95.6	94.7	36.7	460.2	147.1	54.9	16.1	12.3
1986	516.0	185.8	86.8	104.1	36.0	408.9	223.6	66.8	28.2	24.9
1987	842.7	246.0	126.8	135.9	61.9	601.7	324.5	97.7	57.6	42.7
1988	1315.3	377.1	212.1	191.5	130.5	949.0	494.8	174.2	89.8	64.2
1989	1882.7	390.0	269.6	223.3	112.8	1034.9	720.3	222.7	135.0	89.2
1990	2404.1	422.8	302.8	244.9	116.1	1109.1	877.5	243.8	234.1	121.1
1991	3156.9	572.2	416.9	265.9	150.2	1533.2	1108.0	295.7	320.7	146.6
1992	4037.8	849.7	544.4	321.1	193.9	2121.1	1485.0	331.0	374.7	205.9
1993	4740.1	1099.5	646.5	374.2	216.9	2745.6	1803.5	441.6	408.0	245.4
1994	5458.3	1219.4	720.6	436.8	274.4	3228.4	2100.8	547.5	416.2	273.2
1995	6363.9	1305.1	833.1	556.4	376.2	3840.4	2310.0	700.8	457.7	322.6

注: ①因东德、西德1990年10月统一,1990年以前德国数字为东德、西德数字之和。
Western Germany and Eastern Germany unified in October 1990. The data for Germany refer to the sum of Western Germany and Eastern Germany prior to 1990.

20－20 政府财政收入
GOVERNMENT REVENUE

单位:百万港元　　(HK $1 million)

项目	Item	1991/92	1992/93	1993/94	1994/95	1995/96
政府总收入	**Total Government Revenue**	**114699.9**	**135310.9**	**166602.2**	**174998.4**	**180045.1**
营业收入	Operating Revenue	99972.9	119255.4	139757.8	147117.8	150947.7
直接税	Direct Taxes					
所得税及利得税	Earnings and Profits Tax	44869.5	55061.4	65438.8	74295.4	77419.2
间接税	Indirect Taxes					
赌税	Bets and Sweeps Tax	7109.9	7818.3	10082.4	9352.0	11051.4
娱乐税	Entertainments Tax	140.8	14.4	0.7		
旅店税	Hotel Accommodation Tax	265.9	314.1	375.4	445.4	500.7
印花税	Stamp Duties	9569.0	13409.1	17975.8	12713.5	11215.2
机场税	Air Passenger Departure Tax	1120.3	1255.1	1382.7	488.0	521.5
港口和隧道税	Cross Harbour Tunnel Passage Tax	200.3	201.1	203.4	203.4	202.2
关税	Customs Duties	6844.0	7215.7	7113.1	7582.5	7898.9
一般稽征	General Rates	3493.6	4423.5	4461.0	5156.4	5805.4
车辆税	Motor Vehicle Tax	3437.1	4940.0	4191.7	4662.3	2879.5
专利税和特种税	Royalties and Concessions	885.9	1135.7	1378.6	1653.2	1773.2
其他收入	Other Revenue					
各种罚款	Fines, Forfeitures and Penalties	885.5	891.6	1122.5	1519.5	1606.9
财产和投资	Properties and Investments	1572.5	1821.0	2265.6	2103.1	2487.8
贷款、偿还、捐赠和其他收入	Loans, Reimbursement, Contributions and Other Receipts	2777.5	3798.8	3755.2	4048.0	4597.3
公用事业	Utilities	6649.7	7173.9	7996.9	8391.6	7199.3
各种小帐	Fees and Charges	7169.8	8014.8	8627.1	9561.7	9879.5
利息	Interest	2981.6	1766.8	3386.9	4941.8	5909.7
资本收入	Capital Revenue	14727.0	16055.5	26844.4	27880.6	29097.4
直接税	Direct Taxes					
不动产税	Estate Duty	683.2	1025.0	1186.0	1459.1	1277.2
间接税	Indirect Taxes					
出租车牌费	Taxi Concessions	302.4			632.9	
其他收入	Other Revenue					
土地转移	Land Transactions	412.2	266.9	264.1	393.9	418.3
其他	Others	85.6	233.4	88.0	118.0	213.7
各种基金	Funds					
基建工程储备基金(工程帐户)	Capital Works Reserve Fund (Works Account)	9074.4	8957.3	19111.8	20192.6	22477.9
基建工程储备基金(储备帐户)来自债券发行收入	Capital Works Reserve Fund (Reserve Account)－Proceeds from the Issue of Bonds	1098.3	2519.2	2.7		
资产投资基金	Capital Investment Fund	2468.2	2367.7	2764.3	2799.5	2681.0
贷款基金	Loan Fund	602.7	686.0	823.3	952.7	1306.3

20－21 政 府 财 政 支 出
GOVERNMENT EXPENDITURES

单位: 百万港元 (HK $1 million)

项 目	Item	1991/92	1992/93	1993/94	1994/95	1995/96
政府总开支和股票投资	**Total Government Expenditures and Equity Investments**	**92191.4**	**113332.0**	**147438.1**	**164155.3**	**183158.0**
营业开支	Operating Expenditures	71677.1	85023.4	96958.5	106619.9	121903.1
经常开支	Recurrent Expenditures					
工资	Personal Emoluments	25286.5	25851.9	28702.4	32076.9	34832.3
与职员有关开支	Personnel Related Expenses	3182.6	3275.1	3410.3	3580.3	3810.5
退休金	Pensions	3401.5	4435.9	5285.0	6254.6	7493.2
部门支出	Departmental Expenses	4781.7	4437.1	4909.6	5568.0	6198.6
其他费用	Other Charges	10939.3	11770.0	13904.3	15633.0	17928.0
各种补贴	Subventions					
教育	Education	9728.2	10921.1	12295.3	13859.2	15631.6
卫生	Medical	5452.2	11181.3	13251.4	15546.7	18396.6
社会福利	Social Welfare	1586.7	1824.0	2026.8	2273.6	2737.6
大学及专科	University and Polytechnic	4356.8	5613.6	6826.0	8049.7	9385.7
职业培训	Vocational Training Council	814.0	901.4	1097.0	1278.9	1496.7
其他杂项	Miscellaneous	1243.8	1380.8	1483.3	1901.0	2400.8
其他非经常开支	Other Non－recurrent Expenditures	903.8	3430.7	3767.1	598.0	1618.8
总资本支出和股票投资	Total Capital Expenditures and Equity Investments	20514.3	28308.6	50479.6	545.8	581.0
资本支出	Capital Expenditures					
厂房、设备与工程	Plant, Equipment and Works	746.5	628.9	466.3	226.6	330.4
防卫费用协定	Defence Cost Agreement	11.5	11.9		183.2	358.7
各种补帖	Subventions					
教育	Education	126.9	173.2	188.9		
卫生	Medical	141.6	126.2	385.0		
职业培训	Vocational Training Council	15.5	13.3	8.3	11.6	12.2
其他杂项	Miscellaneous	131.9	509.8	533.3	573.7	136.5
债务偿还	Debt Repayment			1200.0	2400.0	
基金	Funds					
基建工程储备基金 非经常开支	Capital Works Reserve Funds (Works Account)/Public Works Non－Recurrent	16405.4	19676.1	34085.6	28159.5	33387.2
资本投资基金(投资股票)	Capital Investment Fund (Equity Investments)	1793.8	6060.7	12234.1	18584.9	21525.0
贷款基金	Loan Fund	1141.2	1108.5	1378.1	6818.0	4874.6

20－22 汇　　　率(年底数)
EXCHANGE RATE (YEAR－END)

单位:港元/外币　　　(HK Dollar per unit of foreign currency)

项　　目	Item	1989	1990	1991	1992	1993	1994	1995
美元	US Dollar	7.807	7.801	7.781	7.741	7.726	7.738	7.732
英镑	Sterling	12.60	14.95	14.53	11.77	11.45	12.11	11.97
德国马克	Deutsche Mark	4.63	5.20	5.13	4.80	4.46	4.99	5.38
日元	Japanese Yen	0.0544	0.0576	0.0622	0.0623	0.069	0.078	0.0750
加拿大元	Canadian Dollar	6.76	6.72	6.74	6.11	5.81	5.52	5.67
澳大利亚元	Australian Dollar	6.17	6.00	5.92	5.32	5.24	6.00	5.75
新加坡元	Singapore Dollar	4.13	4.50	4.79	4.73	4.81	5.31	5.47
荷兰盾	Dutch Guilder	4.09	4.61	4.54	4.27	3.98	4.46	4.80
新台币	New Taiwan Dollar	0.283	0.271	0.284	0.288	0.277	0.286	0.276
瑞士法郎	Swiss Franc	5.07	6.08	5.75	5.31	5.23	5.91	6.70
中国人民币	Chinese Renminbi	1.6534	1.4927	1.4404	1.3458	1.3317	0.9163	0.9297
比利时法郎	Belgian Franc	0.224	0.257	0.251	0.236	0.218	0.246	0.264
韩圆	Republic of Korea Won	0.0115	0.0109	0.0102	0.0098	0.0096	0.0098	0.0100
法国法郎	French Franc	1.36	1.53	1.50	1.41	1.31	1.45	1.57
意大利里拉	Italian Lira	0.0062	0.0070	0.0068	0.0053	0.0046	0.0048	0.0049
泰国铢	Thai Baht	0.307	0.313	0.309	0.308	0.309	0.310	0.309
印度尼西亚卢比	Indonesian Rupiah	0.0046	0.0042	0.0041	0.0038	0.0038	0.0037	0.0036
菲律宾比索	Philippine Peso	0.353	0.260	0.295	0.316	0.280	0.317	0.299
马来西亚元	Malaysian Dolla	2.90	2.89	2.86	2.97	2.86	3.04	3.05
特别提款权	SDR	10.26096	11.09817	11.13018	10.64388	10.61212	11.29778	11.49503

20－23 货　币　供　给 (年底数)
MONEY SUPPLY (YEAR－END)

单位: 亿港元　　　(HK $ 100 million)

项　　目	Item	1989	1990	1991	1992	1993	1994	1995
流通的法定硬币和纸币	Legal Tender Notes and Coins in Circulation	397	433	492	612	719	781	817
商业银行发行	Commercial Bank Issues	373	409	465	582	689	744	777
政府发行	Government Issues	24	24	27	29	30	37	40
持牌银行及接受存款公司持有的法定硬币和纸币	Authorised Institutions' Holdings of Legal Tender Notes and Coins	55	56	66	90	85	104	103
市民持有的法定硬币和纸币	Legal Tender Notes and Coins in Hands of Public	342	377	426	522	634	678	713
货币供应(定义1)	Money Supply(M1)	949	1075	1285	1556	1876	1853	1905
港元	Hong kong Dollar	852	918	1118	1395	1684	1679	1716
外币	Foreign Currency	97	157	167	161	192	174	188
货币供应(定义2)	Money Supply(M2)	9888	12101	13710	15188	17610	19885	22661
港币	Hong Kong Dollar	4671	4719	6360	7270	9224	10947	12604
外币	Foreign Currency	5217	7381	7350	7918	8385	8938	10057
货币供应(定义3)	Money Supply(M3)	10602	12880	14357	15743	18197	20670	23472
港币	Hong Kong Dollar	4975	5035	6601	7503	9395	11121	12783
外币	Foreign Currency	5627	7845	7756	8240	8802	9548	10689

注:定义1＝市民持有的法定硬币和纸币＋存于持牌银行的活期存款。
定义2＝定义1＋存于持牌银行的定期存款＋银行发出可转让存款证＋存于持牌银行的储蓄存款。
定义3＝定义2＋存于接受存款公司的存款＋接受存款公司发出的可转让存款证。
(M1)＝Legal tender notes and coins with the public, plus customers 'demand deposits with licensed banks.
(M2)＝M1 plus customers' savings and time deposits with licensed banks, plus negotiable certifates of deposit issued by licensed banks and held outside the monetary sector.
(M3)＝M2 plus customers' deposits with restricted licence banks and deposit－taking companies, plus negotlable certificates of deposit issued by restricted licence banks and deposit－taking companies and held outside the monetary sector.

20－24 证 券 交 易(年底数)

SECURITIES EXCHANGE AND STOCK PRICE INDEX (YEAR－END)

项 目	Item	1990	1991	1992	1993	1994	1995	1996
证券交易额 (百万港元)	Total Stock Exchange Turnover (HK$1000 000)	288715	334104	700578	1217213	1137414	826800	1412242
股票价格指数	Index of Share Prices							
恒生指数 (64年7月31日＝100)	Hang Seng Index (31.7.64＝100)	3027.47	3471.54	5545.97	7695.99	9453.52	9098.47	11646.55
分部门指数	Sectoral Sub－Indices							
金融	Finance	1906.92	2304.06	4643.61	6282.81	7988.80	8381.38	11411.80
公用事业	Public Utilities	3840.58	4448.91	6689.14	8993.74	10708.04	10323.01	10243.35
财产	Properties	4874.47	5843.30	9215.66	12362.49	16556.57	15550.75	21925.96
商业和工业	Commerce and Industry	2797.00	2981.10	4379.31	5733.18	7331.10	6719.82	8647.51
香港指数① (86年4月2日＝1 000)	Hong Kong Index① (2.4.86＝1 000)	1987.88	2506.60	3107.40	4551.33	4788.49	4396.53	5586.26

注: ①1992年4月后改称"所有普通股指数"。
a) It has been renamed as "All Ordinaries Index".

20－25 15岁以上居民教育程度

EDUCATIONAL ATTAINMENTS OF POPULATION AGED 15 AND OVER

项 目	Item		1976 人数(人) Number of Persons	1976 百分比 %	1981 人数(人) Number of Persons	1981 百分比 %	1986 人数(人) Number of Persons	1986 百分比 %	1991 人数(人) Number of Persons	1991 百分比 %
总计: 男	**Total**	**Male**	**1530510**	**50.9**	**1961803**	**52.3**	**2122826**	**51.2**	**2212947**	**50.6**
女		**Female**	**1477110**	**49.1**	**1787250**	**47.7**	**2026224**	**48.8**	**2157418**	**49.4**
文盲/幼儿园: 男	No School/	Male	141360	4.7	148670	4.0	148943	3.6	157473	3.6
女	Kindergarten	Female	466780	15.5	455953	12.2	436948	10.5	399824	9.1
小学: 男	Primary	Male	660860	22.0	721146	19.1	653927	15.9	576381	13.1
女		Female	534300	17.7	562247	15.0	558987	13.4	524218	12.0
初中: 男	Lower Secondary	Male	286790	9.5	418758	11.2	464708	11.2	506431	11.6
女		Female	182970	6.1	260773	7.0	290585	7.0	331299	7.6
高中 (包括中专)	Upper Secondary (Comprise Technical Institutes)									
男		Male	303490	10.1	434905	11.6	524736	12.6	576058	13.2
女		Female	226010	7.5	361498	9.6	499149	12.0	593213	13.6
大学录取: 男	Matriculation	Male	38300	1.3	79161	2.1	105147	2.5	109345	2.5
女		Female	22910	0.8	56395	1.5	89383	2.2	105232	2.4
大专:	Tertiary:									
肄业: 男	Non－degree Courses	Male	30110	1.0	69998	1.9	105784	2.5	126489	2.9
女		Female	16610	0.6	53755	1.4	90608	2.2	108423	2.5
毕业: 男	Degree Courses	Male	69600	2.3	89165	2.4	119581	2.9	160770	3.7
女		Female	27530	0.9	36629	1.0	60564	1.5	95209	2.2

20－26 各类型教育机构(全日制)在校学生人数
FULL－TIME ENROLLMENT BY TYPE OF EDUCATIONAL INSTITUTION

单位：人 (person)

项目	Item	1989	1990	1991	1992	1993	1994	1995
幼儿园	Kindergarten							
私立	Private	201750	196466	193658	189730	187549	180109	180317
小学	Primary							
政府及资助	Government and Aided	483191	475054	466483	452818	436958	427256	467718①
私立	Private	51259	49865	49455	48807	48103	49591	
中学	Secondary and Sixth Form							
政府及资助	Government and Aided	355349	363229	375742	387640	397675	401536	459845①
私立	Private	81079	68152	60597	58145	58260	56663	
特殊教育	Special Education	8184	7999	8224	8257	8279	8065	8476
教育学院	Colleges of Education							
公立	Government	2351	2663	2452	2211	2315	2721	3003
技术学院	Technical Institutes							
政府资助	Government Subvented	11853	12319	12003	9390	9033	9637	
大学	Universities							
政府资助	Government Subvented	13786	14352	16400	19115			

注：①包括私立学校在校人数。
① Including enrollment of private schools.

20－27 医疗卫生条件
CONDITIONS OF PUBLIC HEALTH

年份 Year	医务人员数(人) Number of Medical and Health Workers (person)				平均每一医生服务人口数(人) Population Served per Doctor (person)	医院数和病床数 Number of Institutions and Hospital Beds		平均每千人病床 Beds per thousand Population (unit)
	医生 Doctors	牙科医生 Dentists	药剂师 Pharmacists	护士 Nurses		医院数(个) Institutions (unit)	病床数(张) Hospital Beds(unit)	
1988	5785	1346	646	25733	980	91	25057	4.4
1989	6025	1431	678	27140	950	93	25059	4.4
1990	6260	1532	694	28660	919	88	25282	4.4
1991	6545	1526	720	30043	890	82	25584	4.4
1992	6818	1565	784	31394	866	82	26447	4.5
1993	7125	1575	875	32018	789	81	26998	4.5
1994	7670	1615	953	33666	790	87	28330	4.6
1995	8122	1625	995	35051	758	88	29328	4.7

主要统计指标解释

出生率（粗出生率） 一年内出生的活产婴儿数与同年年中人口数的比率，一般用千分率表示。

死亡率（粗死亡率） 一年内死亡人数与同年年中人口数的比率，一般用千分率表示。

年中（末）人口数 即6月30日（12月31日）的人口。包括本港居民，长期及暂时的居港外籍人士、军人，外来游客及越南船民。

自然增长率 是一年内出生及死亡的人数的差额与同年年中的人口数字之比率。

劳动人口 指15岁或15岁以上陆地上非住院居民人口，并符合就业人口或失业人口定义的人口。

就业人口 包括在统计前7天内做工换取报酬或利润和有一份正式工作的15岁及15岁以上人口，也包括在统计前7天内休假的和无报酬的家务劳动者。

失业人口 包括在统计前30天内找工作、在统计前7天内无工作、未因工资或利润而工作并随时可工作的15岁及15岁以上人口。

车辆登记 指由运输署编配车辆登记号码（车牌），并适当分类。一部车通常只需登记一次。登记车辆总数指期末数字，而新登记车辆数字指该期间所登记的车辆数目。

远洋轮船 1993年以前，是指在海事处的船只出入境手续办事所办理出入境申报的船只，而并非以船只的贸易航线来划分。自1993年开始，远洋轮船指在河运贸易范围以外操作的船只。

内河轮船 自1993年开始，指在河运贸易范围以内操作的船只。

装运货物种类 指在本港卸下/装运的海运货物的种类。进口到港或从本港出口/转口的货物列为直接装运货物，而以联运提单在本港转运的货物则列为转运货物。途经本港的过境货物不包括在内。

国内生产总值 是指一个国家或地区的所有常住生产单位，在一个指定的期间内，未扣除固定资本消耗的生产总值。

国民生产总值 是指一个国家或地区的居民从事各项经济活动而赚取的收入，不论该经济活动是否在该国家或地区的经济领域内进行。换言之，编制本地居民生产总值应包括本地居民在经济领域内或领域以外从事各类经济活动的收入，而扣除非本地居民在经济领域内从事经济活动的收入。

计算国民生产总值，可用以下方程式：

$$\text{国民生产总值} = \text{国内生产总值} + \begin{matrix}\text{本地居民从事经济领域外}\\ \text{所赚取的要素收入}\end{matrix} - \begin{matrix}\text{非本地居民在经济领域内}\\ \text{所赚取的要素收入}\end{matrix}$$

一个国家或地区的“人均国民生产总值”是指该国家或地区在某统计年度的“国民生产总值”除以该年度的人口总数而得的数字。

要素收入组成部分主要分为投资收入及雇员报酬，而投资收入包括了直接投资收入、有价证券投资收入及其他投资收入。

学生人数 一般是指学年开始时（通常在9月）学校学生登记册的学生人数。

Explanatory Notes on Main Statistical Indicators

Birth Rate (Crude Birth Rate) refers to the ratio of the number of live births in the year to the mid－year population of the same year, which is generally expressed in ‰.

Death Rate (Crude Death Rate) refers to the ratio of the number of deaths in the year to the mid－year population of the same year, which is generally expressed in ‰.

Mid－year (Year－end) Population refers to the population on June 30 (December 31) of the year, including the residents in Hong Kong and the foreigners, armymen, foreign tourists and boatmen of Viet Nam, who have resided in Hong Kong for a long time or temporarily.

Natural Growth Rate of Population refers to the ratio of the difference between the births and deaths in the year to the mid－year population of the same year.

Working Population refers to the population aged 15 or over on the land, according with the definitions of employed or unemployed population, but excluding the residents hospitalized.

Employed Population refers to the population aged 15 and over, receiving payment or profit and having a formal job in the 7 days prior to the statistics, including the persons on vocation in the 7 days prior to statistics and the houseworkers who receive no payment.

Unemployed Population refers to the population aged 15 and over, who are able to work anytime and have been seeking for employment in the 30 days prior to statistics but are unemployed or are not working for wages or profits in the 7 days prior to statistics.

Registration of Motor Vehicles refers to the registration, coding and classification of motor vehicles by the Transport Department. One car is usually registered once. The total number of registered motor vehicles refers to the number at the end of the reference period. The number of newly registered motor vehicles refers to the number of motor vehicles newly registered in the reference period.

Oceangoing Vessels Prior to 1993, they referred to the vessels declared at the Office for Entry and Departure of Vessels, Department of Ocean Affairs on their entry and departure; and had nothing to do with the trading routes of the vessels. Since 1993, oceangoing vessels refer to the vessels operating in the field of waterway trade.

River Vessels Since 1993, they refer to the vessels operating in the field of waterway trade.

Categories of Cargo Loaded and Transported refer to the kinds of cargo unloaded/loaded in Hong Kong for ocean transport, The cargo imported to Hong Kong or exported/transited from Hong Kong is listed as cargo directly loaded and transported while the cargo tranferred by Hong Kong with through bill of lading is listed as cargo transferred. The transit goods passing though Hong Kong is excluded.

Gross Domestic Product refers to the gross value of the products produced by all the resident producing units in a country or region in a certain period, not deducting the consumption of fixed capital.

Gross National Product refers to the gross income of the residents of a country or region engaged in various economic activities, irrespective of whether the economic activities are carried out in the economic territory of the country or region or not. In other words, the gross national income should include the income of the residents engaged in various economic activities within or outside the economic territory of the country or region, but exclude the income of non－residents engaged in economic activities in the economic territory of the country or region.

The following formula is used in the calculation of the gross national product:

Gross National Product (GNP) ＝Gross Domestic Product (GDP) ＋the factor income of the residents engaged in the economic activities outside the economic territory of the country or region − the factor income of non − residents engaged in the economic activities in the economic territory of the country or region.

Per capita gross national product of a country or a region refers to the gross national product of the country or region in a certain statistical year divided by the total population in the same year.

The components of the factor income are classified mainly into the income from investment and the employees' remuneration. The income from investment include income from direct investment, income from investment in securities and income from other investment.

Number of Students refers generall to the number of students enrolled in the schools at the beginning of the academic year (usually in September).

附录一　台湾省主要社会经济指标

MAIN SOCIAL AND ECONOMIC INDICATORS OF TAIWAN PROVINCE

简要说明

一、资料来源

1．附录一来自于中国台湾省“行政院主计处”编辑的《“中华民国”统计年鉴》和《“中华民国”统计月报》。

2．附录二来自于澳门统计暨普查司编辑的《统计年鉴》。

3．附录三来自于联合国、国际货币基金组织及世界银行编辑的统计资料。它们是：联合国统计司的《统计年鉴》、《统计月报》、《国民核算年鉴》、《工业统计年鉴》和《人口统计年鉴》；联合国粮农组织的《生产年鉴》、《生产季报》、《肥料年鉴》、《林产品年鉴》和《渔业年鉴》；国际货币基金组织的《国际金融统计年鉴》、《国际金融统计月报》、《世界经济展望》和《政府财政统计年鉴》；世界银行的《发展报告》和国际劳工组织的《劳工统计年鉴》。

二、编辑说明

1．国家统计局国际统计信息中心对上述资料进行了必要的加工整理。

2．附录三中的实物量指标，已经过国际组织和国家统计局国际统计信息中心的换算，是可比的；由于目前尚没有对不同货币的科学折算方法，价值量指标的可比程度很低，即使是采用汇率或购买力平价法，也不完全可比，望读者注意。

3．欲进一步了解该部分资料（包括方法和数据），请查阅《国际统计年鉴》及其电子出版物（中国统计出版社出版），或直接查阅上述来源的资料。

BRIEF INTRODUCTION

I. Data sources:

(1) Appendix I: The data come from the statistical yearbook and statistical monthly bulletin, edited by the statistical department, Taiwan Province of China.

(2) Appendix II: The data come from "Macau Statistical Yearbook", edited by the Census and Statistics Department of Macau.

(3) Appendix III: The data come from the statistical data edited by the United Nations, International Monetary Fund and World Bank, etc., including United Nations: "Statistical Yearbook", "Monthly Bulletin of Statistics", "National Accounts Statistics", "Industrial Statistics Yearbook" and "Demographic Yearbook"; United Nations FAO: "Yearbook of Production", "Quarterly Bulletin of Statistics", "Yearbook of Fertilizer", "Yearbook of Forest Products" and "Yearbook of Fishery Statistics"; International Monetary Fund: "International Financial Statistics Yearbook", "International Financial Statistics", "World Economic Outlook" and "Government Finance Statistics Yearbook"; World Bank: "World Development Report"; International Labour Office: "Yearbook of Labour Statistics" and United Nations Educational, Scientific and Cultural Organization: "Statistical Yearbook".

II. Editors' explanatory notes:

(1) The statistical tables published in this chapter are prepared by the International Information Center, State Statistical Bureau on the basis of the data sources mentioned above.

(2) The data in physical units (e. g. the output of products) are internationally comparable because they have been converted by the international organizations and the International Information Center, SSB. However, since no scientific conversion methods have been found, the data in monetary units are not quite comparable among different countries. Even they are converted with the exchange rates or the method of purchasing power parity, they are not entirely comparable.

(3) If the readers want to know the details (including methods and data) of the data in this chapter, they may consult the "International Statistical Yearbook" and its electronic publications published by China Statistical Publishing House or the data sources mentioned above.

附录1－1 面积和人口主要指标

MAIN INDICATORS OF AREA AND POPULATION

项 目	Item	1991	1992	1993	1994	1995
面积 (万平方公里)	Area (10 000 sq.km)	3.6	3.6	3.6	3.6	3.6
年底人口数 (万人)	Year－end Population (10 000 persons)	2060.6	2080.3	2099.5	2117.8	2135.7
男	Male	1064.0	1073.5	1082.4	1090.7	1099.1
女	Female	996.6	1006.8	1017.1	1027.1	1036.7
出生率 (‰)	Crude Birth Rate (‰)	15.7	15.5	15.6	15.3	15.5
死亡率 (‰)	Crude Death Rate (‰)	5.2	5.3	5.3	5.4	5.6
婴儿死亡率 (‰)	Infant Mortality Rate (‰)	5.4	5.6	5.3	5.7	7.4
妇女生育率 (‰)	Fertility Rate (‰)	58.0	57.0	57.0	55.0	55.0
人口自然增长率 (‰)	Natural Population Growth Rate (‰)	10.5	10.2	10.3	9.9	9.9
结婚率 (‰)	Marriage Rate (‰)	8.0	8.2	7.6	8.1	7.5
离婚率 (‰)	Divorce Rate (‰)	1.4	1.4	1.5	1.5	1.6
平均期望寿命 (岁)	Life Expectancy at Birth (Year)	74.3	74.3			
男	Male	71.8	71.8	71.6	71.8	
女	Female	77.2	77.2	77.6	77.7	
人口的年龄构成 (%)	Age－specific Distribution (%)					
0－14岁	0－14	26.3	25.8	25.1	24.4	23.8
15－64岁	15－64	67.2	67.4	67.8	68.2	68.6
65岁及以上	65 and Over	6.5	6.8	7.1	7.4	7.6
非农户人口占总人口比率 (%)	Non－agricultural Population as % of Total Population (%)	79.5	80.3	80.0	81.1	81.6
人口密度(人/平方公里)	Population Density (persons/sq.km)	569.5	575.0	580.3	585.3	590.3

附录1－2 劳动力和就业状况

LABOR FORCE AND EMPLOYMENT

项 目	Item	1991	1992	1993	1994	1995
劳动力总人数 (万人)	Labor Force (10 000 persons)	856.9	876.5	887.4	908.1	921.0
男	Male	535.5	546.0	549.7	559.5	565.9
女	Female	321.4	330.4	337.7	348.5	355.1
就业人数 (万人)	Employment (10 000 persons)	843.9	863.2	874.5	893.9	904.5
男	Male	527.4	538.0	542.2	551.1	555.8
女	Female	316.5	325.2	332.3	342.8	348.7
就业人数部门构成(%)	Distribution of Employment by Industry (%)	100.0	100.0	100.0	100.0	100.0
农、林、渔、猎业	Agriculture, Forestry, Fishery and Hunting	12.9	12.3	11.5	10.9	10.5
采矿业	Mining and Quarrying	0.2	0.2	0.2	0.2	0.2
制造业	Manufacturing	30.9	30.0	28.4	27.8	27.1
电、煤气、水	Electricity, Gas, Water	0.4	0.4	0.4	0.4	0.4
建筑业	Construction	8.5	9.0	10.1	10.8	11.1
商业	Commerce	20.5	20.5	20.7	21.0	21.2
运输、仓储和通信业	Transport, Storage, Communications	5.5	5.2	5.3	5.3	5.2
金融、保险、不动产和产业服务	Financing, Insurance, Real Estate and Business Services	4.3	4.9	3.2	3.2	3.4
公共行政、社会和个人服务业	Public Administration, Community, Social and Personal Services	16.8	17.5	18.0	20.3	20.9
失业人数 (万人)	Unemployment (10 000 persons)	13.0	13.2	12.8	14.2	16.5
失业率 (%)	Unemployment Rate (%)	1.5	1.5	1.5	1.6	1.8

附录1－3 国民生产总值

GROSS NATIONAL PRODUCT

年份 Year	国民生产总值 Gross National Products			人均国民生产总值 Per Capita Gross National Product	
	新台币亿元 (NT $100 million)	比上年增长% ② Annual Growth Rate over the Preceding Year % ②	亿美元 (US $100 million)	新台币元 NT $	美元 US $
1989	40293	8.0	1526	201402	7626
1990	44120	5.5	1641	218092	8111
1991	49278	7.6	1837	240909	8982
1992	54409	6.2	2163	263420	10470
1993	59705	6.0	2262	286385	10852
1994	64545	6.1	2439	306846	11597
1995	69663	5.9	2630	328367	12396
1996①	75552	5.4	2751	353443	12872

注: ① 初步数。② 按1986年价格计算。

① Preliminary Figure. ② At 1986 Constant Prices.

附录1－4 国民生产总值支出构成

EXPENDITURES ON GROSS NATIONAL PRODUCT

单位:新台币亿元 (NT $100 million)

年份 Year	国民生产总值支出总额 Expenditure on GNP	消费 Consumption	库存增加 Change in Stocks	固定资本形成 Gross Fixed Capital Formation	商品及劳务输出净额 Net Exports of Goods and Services	国外要素所得净额 Net Factor Income from Abroad
1989	40293	26898	299	8553	3036	904
1990	44120	30458	－16	9475	2304	1050
1991	49278	33945	288	10430	2378	1171
1992	54409	38111	506	12078	1289	1033
1993	59705	41709	706	13708	1003	968
1994	64545	45528	427	15331	816	963
1995	69663	51621	517	16087	1599	747
1996①	75552					

注: ① 初步数。

① Preliminary figure.

附录 1－5国内生产总值及部门构成
GROSS DOMESTIC PRODUCT BY KIND OF ECONOMIC ACTIVITY

单位:新台币亿元 (NT $100 million)

年份 Year	国内生产总值 Gross Domestic Product	农林渔猎业 Agriculture Forestry, Hunting and Fishery	采矿业 Mining and Quarrying	制造业 Manufacturing	水、电、煤气业 Electricity Gas & Water	建筑业 Construction	商业 Wholesale & Ratail Trade Restaurants and Hotels
1989	39388	1896	175	13802	1163	1770	5669
1990	43070	1742	181	14504	1218	2055	6493
1991	48107	1739	186	16188	1315	2291	7429
1992	53378	1832	275	17079	1484	2700	8478
1993	58745	1978	349	18068	1625	3168	9409
1994	63765	2276	210	18492	1683	3386	9788
1995	68920	2449	214	19391	1775	3600	11003

续表 1 continued

单位:新台币亿元 (NT $100 million)

年份 Year	运输仓储及通信业 Transport, Storage & Communica－tions	金融保险不动产及产业服务 Finance, Insurance, Real Estate & Business Services	社会服务及个人服务 Community Social and Personal Services	政府部门服务业 Government Services	私人非盈利部门 Private Non－profit Services to Households	家庭服务 Domestic Services of House－holds	减:银行服务费 Less: Imputed Bank Sevice Charge	加:进口税 Plus: Import Duties
1989	2406	6943	1893	3843	133	216	2415	1292
1990	2593	7979	2178	4613	137	248	2940	1220
1991	2897	8861	2518	5349	147	291	3420	1250
1992	3267	9991	2924	5903	164	342	3926	1472
1993	3649	11348	3334	6387	177	399	4387	1622
1994	4177	13295	4731	6778			4935	1607
1995	4583	13177	5493	7247			5458	1723

附录1－6　农业生产指数
INDEX OF AGRICULTURAL PRODUCTION

(1991年＝100) (1991＝100)

年份 Year	总指数 Total	种植业 Crops	林业 Forestry	畜牧业 Livestock	渔业 Fishery
1981	78.6	103.6	302.3	53.2	74.0
1985	88.4	102.8	254.6	71.61	85.8
1990	98.5	97.6	102.4	91.7	108.6
1991	100.0	100.0	100.0	100.0	100.0
1992	97.2	96.4	60.4	102.4	94.4
1993	103.7	102.8	62.7	106.9	102.5
1994	100.4	98.8	47.6	112.9	90.4
1995	104.1	100.7	55.5	118.6	94.2

附录1－7 主要农产品产量
OUTPUT OF MAJOR CROPS

单位: 吨 (ton)

年份 Year	稻谷 Rice	小麦 Wheat	玉米 Maize	大豆 Soy Beans	土豆 Potato	茶叶 Tea	甘蔗 Sugarcane	烟叶 Tobacco
1970	2462644	3664	57416	65174	34145①	25000	5990729	20800
1980	2353590	2839	115114	25934	28093②	30000	8851347	19747
1988	1844785	2957	321194	14641	42590	23557	6767465	20206
1989	1864590	3039	328543	10956	40834	22130	6627793	18484
1990	1806596	2932	339436	8140	31189	22299	5580953	18528
1991	1818732	3581	321322	8333	36097	21380	4536231	20686
1992	1627854	4326	338804	8562	49198	20164	5857553	16393
1993	1819774	4921	346210	12715	36583	20515	4803309	17427
1994	1678776	4440	397115	12007	36390	24486	5503571	18526
1995	1686535	4429	375571	8894	33531	20892	4861811	12685

续表 1 continued

单位: 吨 (ton)

年份 Year	芒果 Mango	香蕉 Banana	菠萝 Pineapple	柑桔 Citrus Fruit	牛奶 Cow's Milk	蛋类（万个） Eggs (10 000)	水产品 Aquatic Products
1970	21091	461829	338191	209115	16123	105566①	613152
1980	90989	214323	228804	374383	47740	252496②	936334
1988	127543	228725	228127	559526	173407	383636	1360867
1989	122192	198442	230738	568659	182421	423801	1371681
1990	112531	201440	234629	528941	203830	445465	1455495
1991	144730	196663	241477	544251	225656	428932	1316651
1992	123834	195970	226279	526599	246281	514641	1329535
1993	216745	212748	277263	506731	278476	537173	1423971
1994	191497	184287	252234	467980	289574	567333	1255273
1995	207552	172633	256421	472409	317806	623653	1296886

注: ①为1971年数。②为1981年数。
① Data refer to 1971. ② Data refer to 1981.

附录1－8 工业生产指数
INDEX OF INDUSTRIAL PRODUTION

(1991年＝100) (1991＝100)

年份 Year	总指数 General	矿业 Mining	制造业 Manufacturing	电、煤气、水 Electricity, Gas & Water	建筑业 Construction
1988	89.88	140.84	90.42	80.14	90.24
1989	93.27	125.30	93.71	85.38	96.00
1990	93.06	109.96	93.02	91.35	96.60
1991	100.00	100.00	100.00	100.00	100.00
1992	104.48	95.86	103.95	106.34	117.13
1993	108.34	94.94	106.38	116.11	150.16
1994	115.61	95.33	112.60	125.22	186.04
1995	120.46	91.74	117.62	133.26	178.51

附录1－9 主要工业产品产量

OUTPUT OF MAJOR INDUSTRIAL PRODUCTS

年份 Year	棉布(亿米) Cotton Fabrics (100 million m)	聚胺丝织物(亿米) Nylon Fabrics (100 million m)	塑料皮布(亿米) Plastic Leather Clothes (100 million m)	电风扇(万台) Electric Fan (10 000 units)	收录音机(万台) Radio Cassette Player (10 000 units)	自行车(万辆) Bicycle (10 000 units)	电冰箱(万台) Refrige－rator (10 000 units)	电子计算器(万台) Electronic Calculator (10 000 units)
1988	12.77	8.74	5.31	2765.55	1185.97	771.71	44.73	6826.35
1989	13.60	11.41	5.53	2971.78	1048.43	757.40	42.14	6927.60
1990	12.87	14.01	6.13	2602.86	879.13	779.50	36.72	5001.43
1991	11.78	15.90	7.01	3032.65	928.35	836.19	38.88	3513.82
1992	10.92	16.72	7.12	2683.89	715.54	768.93	39.55	1820.81
1993	9.57	17.85	7.49	1903.97	619.33	786.71	45.98	1288.32
1994	9.70	21.10	7.32	1754.75	643.25	753.74	47.11	1063.06
1995	7.74	18.54	6.31	1525.40	699.14	765.63	52.25	638.17

续表 1 continued

年份 Year	电脑(万台) Computer (10 000 units)	电话机(万台) Telephone Set (10 000 units)	彩色电视机(万台) Color T.V. Set (10 000 units)	照相机(万台) Camera (10 000 units)	煤(万吨) Coal (10 000 tons)	天然气(亿立方米) Natural Gas (100 million cub.m)	发电量(亿千瓦小时) Electric Power (100 million K.W.H)
1988	227.10	1832.42	374.32	901.77	122.55	11.57	716.43
1989	271.50	1652.24	371.28	890.27	78.44	11.58	802.63
1990	300.70	1399.24	240.31	1176.10	47.21	11.29	861.23
1991	324.30	1121.44	245.64	1216.38	40.26	9.28	946.10
1992	375.10	1097.52	174.46	1024.25	33.48	8.72	1005.29
1993	479.30	890.15	142.35	693.48	32.81	8.26	1099.11
1994	686.80	671.48	148.24	785.54	28.51	8.67	1189.17
1995	854.00	616.15	131.51	765.17	23.50	8.89	1269.73

续表 2 continued

年份 Year	摩托车(万辆) Motorcycle (10 000 units)	棒钢(万吨) Steel Bar (10 000 tons)	水泥(万吨) Cement (10 000 tons)	制成材(万立方米) Lumber (10 000cub.m)	聚氯乙烯(万吨) PVC (10 000 tons)	平板玻璃(万标准箱) Plate Glass (10 000 Std.Cases)	纸板(万吨) Paper Board (10 000 tons)	小汽车(万辆) Car (10 000 units)
1988	107.94	389.25	1728.08	89.25	77.93	748.38	216.15	26.53
1989	110.20	487.12	1804.32	85.74	80.54	710.45	227.42	31.26
1990	105.53	575.41	1845.84	69.74	92.10	781.87	250.88	35.18
1991	117.41	630.47	1939.86	75.78	97.84	850.35	285.60	39.79
1992	134.50	733.09	2146.37	56.50	104.26	938.07	295.04	42.83
1993	148.71	845.94	2397.08	39.88	107.85	916.11	283.66	38.75
1994	163.33	843.21	2272.17	37.81	111.37	1048.98	304.55	40.60
1995	169.51	771.16	2247.80	31.83	97.59	1056.61	303.03	38.52

附录1-10 能源生产和消费
PRODUCTION AND CONSUMPTION OF ENERGY

项　目	Item	1990	1991	1992	1993	1994	1995
供给量总计	**Total Supply**						
(亿升标准油)	**(100 000 kl oil equivalent)**	**578.3**	**580.3**	**635.6**	**678.4**	**722.3**	**791.5**
供给量比重(%)	Distribution of Supply (%)	100.00	100.00	100.00	100.00	100.00	100.00
煤炭	Coal	23.60	23.38	25.46	27.30	27.37	26.28
石油	Petroleum	54.88	53.55	52.98	52.62	51.57	54.06
天然气	Natural Gas	3.89	5.60	5.07	4.99	5.76	5.79
水力发电	Hydraulic Power	3.51	2.36	3.26	2.47	3.11	2.79
核能发电	Nuclear Energy Source	14.12	15.11	13.23	12.62	12.19	11.08
消费量总计	**Total Consumption**						
(亿升标准油)	**(100 000 kl oil equivalent)**	**513.6**	**553.4**	**585.6**	**623.1**	**659.5**	**701.1**
分部门消费比重	Distribution of Consumption						
(%)	(%)	100.00	100.00	100.00	100.00	100.00	100.00
运输	Transportation	14.46	15.60	17.02	17.46	17.67	17.58
工业	Industry	59.35	58.06	57.05	56.34	56.42	56.51
农业	Agriculture	2.83	2.54	2.34	2.28	2.17	2.13
住宅	Residence	11.55	11.77	11.70	11.86	11.55	11.77
商业	Commerce	3.80	4.10	4.39	4.69	4.76	4.90
其他	Other	6.49	6.48	6.03	5.88	6.18	5.90
非能源消费	Non-energy Use	1.52	1.45	1.45	1.49	1.25	1.21
平均每人能源消费量	Per Capita Energy Consumption						
(千升标准油)	(kl oil equivalent)	2.52	2.65	2.77	2.97	3.11	3.28
台湾能源价格指数	Energy Price Index in Taiwan						
(1986年=100)	(1986=100)	88.74	96.84	94.58			

附录 1－11 新建房屋建筑面积
FLOOR SPACE OF NEW BUILDING CONSTRUCTION

单位: 万平方米 (10 000 sq.m)

年份 Year	总计 Total	住宅用 Residential	商业用 Stores & Mercantile	工业用 Industrial	机关学校用 Office & School	其他用 Other
1988	2977	1489	478	640	197	172
1989	3126	1506	607	624	180	209
1990	3128	1242	969	547	156	213
1991	3200	1324	947	478	222	229
1992	3692	1667	1011	505	233	277
1993	4754	2178	1264	539	443	330
1994	5816	2858	1536	440	436	546

附录 1－12 铁路和公路客货运量
RAILWAY AND HIGHWAY PASSENGER AND FREIGHT TRAFFIC

年份 Year	铁路 Railway				公路 Highway			
	客运量 (万人) Passenger Traffic (10 000 persons)	客运周转量 (万人公里) Passenger Kilometers Passenger (10 000p－km)	货运量 (万吨) Freight Traffic (10 000 tons)	货物周转量 (万吨公里) Freight Ton－kilometers (10 000 ton－km)	客运量 (万人) Passenger Traffic (10 000 P)	客运周转量 (万人公里) Passenger－Kilometers (10 000 p－km)	货运量① (万吨) Freight Traffic ① (10 000 tons)	货物周转量① (万吨公里) Freight ① Ton－kilometers (10 000 ton－km)
1984	13059	845813	2989	249289	208736	3078919	19055	919078
1985	13127	830929	2973	229984	210636	3141871	18973	922338
1986	13178	831632	2865	236546	208034	3048684	20022	935941
1987	13437	845851	3121	249021	200761	2973980	22672	1058642
1988	13232	823304	3040	227804	188878	2812120	24028	1134033
1989	12797	814490	3087	211150	175419	2640236	24439	1149393
1990	13239	832257	2805	187726	162081	2616896	24580	1154312
1991	13778	862101	2626	196114	156093	2608701	25430	1181376
1992	14987	935740	2819	213996	148096	2496918	26796	1221989
1993	15803	955227	3058	201778	141396	2406272	30167	1286684
1994	16099	951518	3125	200674	130704	2192760	31340	1309140
1995	16092	949939	3012	189954	122016	1965623	29200	1249150

注: ① 仅为民营汽车公司数。
① Data only refer to private truck companies.

附录 1－13 邮 电 业 务 量
TELECOMMUNICATION SERVICES

项 目 Item	1990	1991	1992	1993	1994	1995
省内电信 Domestic						
电报 (万封) Telegrams (10 000 Messages)	36.57	21.60	0.70	0.37	0.29	0.24
长途电话(万次) Long Distance Calls (10 000 Calls)	2454171	2814447	3272631	3927117	4212077	4250600
市内电话(万户) Number of Local Telephone Subscribers (10 000Subscribers)	630	685	742	795	850	917
海外电信 International						
电报 (万封) Telegrams (10 000 Messages)	7.42	7.15	7.28	6.11	4.80	3.92
电话 (万分钟) Telephone Call (10 000 Minutes)	24193	29762	36685	44231	50185	59302
邮政(投递数) Postal Services (Pieces Delivered)						
函件 (亿件) Correspondence (100 million pcs)	19.85	20.08	20.12	21.10	22.16	24.35
包裹 (万件) Parcels (10 000 piece)	1127.3	1327.0	1614.7	1527.0	1699.0	1874.1

附录 1－14 商品进出口贸易总额
TOTAL IMPORTS AND EXPORTS

年份 Year	按新台币计算（百万元）(NT $1 million)			按美元计算（百万美元）(US $1 million)		
	进出口总额 Total	出口额 Exports	进口额 Imports	进出口总额 Total	出口额 Exports	进口额 Imports
1984	2075558	1204697	870861	52415	30456	21959
1985	2024866	1223019	801847	50828	30726	20102
1986	2424077	1507044	917033	64043	39861	24182
1987	2821479	1707608	1113871	88662	53679	34983
1988	3154905	1731804	1423101	110340	60667	49673
1989	3133520	1747800	1385720	118569	66304	52265
1990	3274586	1802783	1471803	121930	67214	54716
1991	3731557	2040785	1690772	139039	76178	62861
1992	3865024	2047963	1817061	153477	81470	72007
1993	4273778	2239032	2034746	162152	85091	77061
1994	4717662	2456011	2261651	178398	93049	85349
1995	5692429	2949578	2742851	215209	111659	103550

附录 1－15 商品进口来源和出口去向
ORIGIN OF IMPORTS AND DESTINATION OF EXPORTS

单位:新台币百万元 (NT $1 million)

项目	Item	1989	1990	1991	1992	1993	1994	1995
商品进口来源	**Imports (Major Origin)**							
德国	Germany	70535	72957	81099	98882	111419	126819	150532
澳大利亚	Australia	43187	44655	54272	51872	55302	58935	68277
美国	United States	318143	338914	379787	398159	441301	478111	550095
加拿大	Canada	26479	22543	27917	29754	29488		
香港	Hong Kong	58979	38914	52332	44990	45635	40612	48869
泰国	Thailand	10352	12066	15767	20809	25693	29376	39338
菲律宾	Philippines	6352	6351	6330	7696	9641		
沙特阿拉伯	Saudi Arabia	36579	41527	45235	36930	39688		
新加坡	Singapore	23485	37923	38914	42764	49302	63909	78507
荷兰	Netherlands	17597	19631	21604	22009	26479	30380	35030
意大利	Italy	20882	21966	21389	25263	34358		
英国	United Kingdom	24587	30944	30262	34269	31449	40519	43515
法国	France	21005	30370	30702	35369	33436		
比利时	Belgium	7982	10583	10754	10219	16269		
马来西亚	Malaysia	23500	27014	37872	46171	51185	61647	78297
韩国	Korea,Rep.	32878	36119	46960	58048	67001	79868	114638
日本	Japan	425032	430579	507066	549101	612342	656816	801353
印度尼西亚	Indonesia	18690	24871	33224	35520	42931		
商品出口去向	**Exports (Major Destination)**							
德国	Germany	67972	85843	103775	90537	92113	85807	101436
澳大利亚	Australia	40480	34338	36218	35894	38160	43075	46385
美国	United States	633155	583028	597742	592382	620796	642392	697653
加拿大	Canada	46424	41714	43502	41317	40368		
香港	Hong Kong	185501	229865	332747	387519	485870	561311	689086
泰国	Thailand	29225	38194	38733	45499	53125	64398	81093
菲律宾	Philippines	20473	21765	22721	25720	27112		
沙特阿拉伯	Saudi Arabia	14730	12297	16455	14149	14016		
新加坡	Singapore	52067	59136	64428	62965	76053	88810	116471
荷兰	Netherlands	41759	49785	58236	55190	55649	62655	84928
意大利	Italy	23009	26364	27545	26934	20141		
英国	United Kingdom	55403	53122	55548	55419	57129	57348	63681
法国	France	28675	30323	36250	31432	28251		
比利时	Belgium	12208	13050	14159	14274	14445		
马来西亚	Malaysia	18258	29655	39209	40226	44011	58683	76584
韩国	Korea,Rep.	29880	32513	34557	28921	33511	45927	67944
日本	Japan	239492	223439	246339	223571	236182	269734	347596
印度尼西亚	Indonesia	24575	33443	32359	30545	33789		

附录1－16 出口与进口商品分类
COMPOSITION OF EXPORTS AND IMPORTS

单位: 百万美元 (US $1 000 000)

年份 Year	出口 Exports				进口 Imports			
	出口额 Total	农产品 Agricultural Products	农产加工品 Processed Agricultural Products	工业产品 Industrial Products	进口额 Total	原材料 Agricultural & Industrial Raw Materials	资本货物 Capital Goods	消费品 Consumer Goods
1984	30456	507	1324	28625	21959	17270	2991	1698
1985	30726	492	1387	28847	20102	15458	2837	1807
1986	39862	627	1951	37284	24182	18270	3632	2279
1987	53679	690	2559	50430	34983	25906	5614	3463
1988	60667	824	2497	57347	49673	36598	7391	5684
1989	66304	478	2579	63247	52265	37696	8561	6008
1990	67214	432	2579	64204	54716	38542	9586	6588
1991	76178	525	3046	72608	62861	45501	10532	6828
1992	81470	509	2975	77987	72007	49868	12868	9271
1993	85091	471	3013	81607	77061	54143	13006	9913
1994	93049	460	3348	89241	85349	60301	13611	11438
1995	111659	482	3802	107375	103550	74561	16872	12118

附录1－17 旅　游　人　数
VISITOR ARRIVALS AND INTERNATIONAL TOURISTS

单位: 万人 (10 000 persons)

项　目 Item	1989	1990	1991	1992	1993	1994	1995
总　计　Total	**200.4**	**193.4**	**185.5**	**187.3**	**185.0**	**212.7**	**233.2**
华　侨　Overseas Chinese	23.6	22.1	22.5	22.4	24.9	27.1	26.6
外国人　Foreign Tourists	176.9	171.3	162.9	165.0	160.1	185.7	206.6

附录1－18 消 费 物 价 指 数
CONSUMER PRICE INDICES

(1991年＝100) (1991＝100)

年份 Year	总指数 General Index	食品类 Food	衣着 Clothing	居住 Housing	交通 Transportation	医药保健 Medicines and Medical Care	教育娱乐 Education and Entertainment	杂项 Miscell－aneous
1984	86.72	87.88	105.40	84.38	97.95	83.81	70.80	96.93
1985	86.58	85.95	104.05	84.70	98.78	86.24	73.70	97.10
1986	87.19	87.95	101.10	84.58	94.79	85.95	76.33	97.09
1987	87.64	89.07	99.31	85.01	93.10	86.50	77.79	96.08
1988	88.76	90.35	100.74	85.60	91.76	86.78	82.13	96.31
1989	92.68	95.97	100.08	89.40	92.43	91.63	85.98	97.46
1990	96.50	99.16	100.12	94.54	94.44	95.40	92.51	98.92
1992	104.47	108.65	101.03	103.50	98.90	104.12	105.23	100.73
1993	107.54	112.18	98.13	107.47	99.59	106.48	111.68	101.70
1994	111.94	119.43	97.61	111.95	99.98	109.02	117.52	103.87
1995	116.06	124.51	101.00	116.00	102.55	111.86	122.89	105.89

附录 1－19 财 政 收 入

NET REVENUE OF TREASURY

单位: 新台币百万元 (NT $1 million)

项目	Item	1991	1992	1993	1994	1995	1996
总计	**Total**	**1438686**	**1710802**	**1894369**	**1924497**	**2102737**	**1898005**
经常性收入小计	**Sub－total of Current Revenues**	**997536**	**1218653**	**1352986**	**1441922**	**1522624**	**1511443**
直接税	Direct Tax	437676	533161	546966	585402	645722	618522
一般间接税	Indirect Tax	310832	375950	436421	477376	525134	543404
专卖收益	Revenue from Monopoly	60113	58513	62109	64703	61408	57491
财产利息收入	Revenue from Profit of Public Properties	5949	7582	17290	11854	14824	11735
企业所得	Surplus and Revenue of Public Enterprises	94835	141045	166471	184914	141956	153837
各项费用收入	Fees	23846	34403	51123	44194	58913	57402
罚款和赔款收入	Revenue from Fines & Indemnities	13815	18757	21760	25383	28391	24870
捐赠收入	Receipts from Donations and Contributions	620	1016	1051	425	769	1492
工程受益费收入	Special Assessments	895	1311	1455	860	587	481
杂项收入	Miscellaneous Revenues	48955	46915	48339	46811	44920	42209
资本收入小计	**Sub－total of Capital Revenues**	**441150**	**492149**	**541384**	**482274**	**580113**	**386562**
财产售卖收入	Sales of Public Properties	37511	38088	41039	34911	26202	40933
财产收回	Return of Properties	14655	828	22309	25921	10603	12285
财产增值	Value Increment of Properties	229					
公债收入	Receipts from Loans	145003	312903	340886	108327	75104	160500
借贷收入	Proceeds from Issues of Public Debts	136605	89133	99609	231135	389432	93853
移用以前年度盈余	Moving Budgetary Surplus of Prior Year	107146	51197	37540	82280	78771	78991

注: 本表按财政年度计算。
The data in this table are calculated in fiscal year.

附录 1－20 财 政 支 出

NET EXPENDITURES OF TREASURY

单位: 新台币百万元 (NT $1 million)

项目	Item	1991	1992	1993	1994	1995	1996
总计	**Total**	**1416625**	**1696117**	**1859294**	**1913742**	**2074929**	**1897384**
经常性支出小计	**Sub－total of Current Expenditures**	**823188**	**919058**	**1025405**	**1163298**	**1328425**	**1378343**
一般行政支出	General Administration	126104	156900	170915	186284	196271	221690
防务支出	National Defense	219436	224357	243328	305185	257047	233645
教育科学文化支出	Expenditures on Education, Science and Culture	184695	207284	222617	247170	259894	312119
经济发展支出	Economic Development	49334	62831	69437	71578	71795	74169
社会安全支出	Social Security	199043	223213	242880	266954	336563	419749
债务支出	Obligations	33398	33936	63894	75179	194890	93794
杂项支出	Miscellaneous	11177	10537	12334	10948	11964	23178
资本性支出小计	**Sub－total of Capital Expenditures**	**593438**	**777059**	**833899**	**750444**	**746503**	**519041**
一般行政支出	General Administration	27174	41448	38046	29785	26132	25223
防务支出	National Defense	7663	15041	10182	16635	12912	12281
教育科学文化支出	Expenditures on Education, Science and Culture	103382	117550	127733	135027	97593	99373
经济发展支出	Economic Development	272753	398990	476214	396502	366357	175532
社会安全支出	Social Security	40138	69844	77118	84351	78630	68367
债务支出	Obligations	141012	134186	102988	87375	164863	134555
杂项支出	Miscellaneous	1315		1607	769	14	3710

注: 本表按财政年度计算。
The data in this table arre calculated in fiscal year.

附录 1－21 公 债 发 行 情 况

GOVERNMENT BONDS

单位：新台币亿元　　　　(NT ＄100000　000)

年份 Year	台湾省中央级 Taiwan Provincial			地方省级 Sub－provincial Gov't			院辖市级 Municipal Gov't		
	发行额 Issues	偿还额 Redemp－tions	余额 Out－standing	发行额 Issues	偿还额 Redemp－tions	余额 Out－standing	发行额 Issues	偿还额 Redemp－tions	余额 Out－standing
1987	460	144	1051	50	12	137	43	10	120
1988	645	182	1514	87	15	209	30	16	134
1989	440	256	1698	124	18	315	101	20	214
1990		424	1274	134	28	421	3	25	193
1991	1745	418	2602	269	56	633	76	27	242
1992	2250	341	4511	200	81	752	54	43	252
1993	2100	475	6135	200	151	801	73	38	287
1994	1480	514	7102		150	651		61	225
1995	1250	300	8051		182	468		74	152
1996	2250	940	9361		137	332	100	82	170

附录 1－22 主 要 金 融 指 标

PRINCIPAL FINANCIAL INDICATORS

年份 Year	货币供应额 (新台币亿元) Money Supply (NT ＄100 million)	流动性负债 (新台币亿元) Liquid Liabilities (NT ＄100 million)	储备货币 (新台币亿元) Reserve Money (NT ＄100 millino)	存款 (新台币亿元) Deposits (NT ＄100 million)	放款与投资 (新台币亿元) Loans & Investments (NT ＄100 million)	利率 (年息％) Rediscount Rate (％ annum)	汇率① (新台币/美元) Exchange Rates of Selling (NT ＄/US ＄)
1988	19505	53439	8145	50744	33774	4.500	28.22
1989	20688	62383	10789	59439	43907	7.750	26.17
1990	19319	70092	10806	64946	50497	7.750	27.11
1991	21653	84030	11805	75991	61590	6.250	25.80
1992	24345	97950	13023	91161	78972	5.625	25.47
1993	28064	113551	13922	104806	93828	5.500	26.72
1994	31485	128829	15461	119579	109058	5.500	26.26
1995	31733	141205	15172	129375	119839	5.500	27.32

注：① 卖出价。

① price for sale.

附录 1－23 股 票 交 易

TRANSACTIONS OF LISTED STOCK

单位：新台币百万元　　　　(NT ＄1　million)

年份 Year	上市股票 Listed Stock				股票成交额 Total Trading Value	股票指数 (1966年＝100) Stock Price Index (1966＝100)
	公司数(家) Number	种类(种) Kind	总面值 Total Par Value	总市值 Total Market Value		
1988	163	171	343579	3383280	7868023	5202.21
1989	181	190	421300	6174164	25407963	8616.14
1990	199	213	506425	2681911	19031282	6775.32
1991	221	234	616707	3184028	9682738	4928.83
1992	256	286	735569	2545302	5917079	4271.63
1993	285	325	890513	5143626	9056717	4214.78
1994	313	354	1071103	6501682	18812112	6252.99
1995	347	383	1324572	5108292	10151198	5543.75
1996	382	425	1629381	7537478	12907562	6003.72

附录 1－24 入学率和教育经费

NET ENROLLMENT RATE AND PUBLIC EXPENDITURES FOR EDUCATION AT CURRENT MARKET PRICES

单位: %　　　　(%)

年份 Year	净入学率(6－21岁) Net Enrollment Rate (age 6－21)					15岁以上人口识字率	教育经费 Public Expenditure for Education	
	总计 Total	义务教育(6－14岁) Compulsory Education (age 6－14)	初等教育(6－11岁) Primary Education (age 6－11)	中等教育(12－17岁) Secondary Education (age 12－17)	高等教育(18－21岁) Higher Education (age 18－21)	Percentage of Literates Aged 15 and Over	总计(亿新台币) Total (NT $100000000)	占国民生产总值% As % of GNP
1980	69.13	94.78	97.56	70.98	11.07		741.13 ①	4.26
1983	71.81	95.43	96.70	76.14	12.40	89.42	1109.42	5.58
1984	72.60	95.65	96.29	78.11	12.57	89.89	1111.21	4.95
1985	75.07	95.65	96.30	78.29	13.88	90.38	1239.15	5.06
1986	75.01	95.95	96.75	81.50	14.23	90.82	1378.99	5.14
1987	75.97	96.09	96.97	82.39	14.82	91.24	1480.48	4.72
1988	77.18	96.40	97.92	82.88	15.95	91.66	1683.83	4.89
1989	76.66	96.77	97.74	83.88	17.18	92.02	2005.50	5.28
1990	78.62	97.12	98.04	85.45	19.36	92.42	2452.80	5.80
1991	79.58	97.97	98.70	86.19	20.98	92.85	3009.65	6.49
1992	79.35	97.03	98.92	86.46	23.47	93.16	3530.91	6.80
1993			99.31	87.43	25.61	93.41	4031.93	7.07
1994			98.36	88.59	26.26	93.74	4303.71	6.93
1995			99.06	88.84	27.79	94.01	4524.74	6.75

注: ① 为981 年数。
①Data refer to 1981.

附录 1－25 科技人员数和科研开发经费

NUMBER OF SCIENTISTS,ENGINEERS AND TECHNICIANS AND EXPENDITURES FOR R & D

年份 Year	科技人员数(人) Number of Scientists, Engineers and Technicians Engaged in Research and Experimental Development (Headcount)			科研开发经费 Expenditures for Research and Experimental Development		占科研开发经费比重(%) As % of Expenditures for Research and Development	
	总计 Total	科学家和工程师 Scientists & Engineers	技术员 Technicians	总计(新台币亿元) Total (NT $100 million)	占国民生产总值% As % of GNP	政府经费 Government	民间经费 Private
1982	23262	18386	4876	169	0.89	58.2	41.8
1983	29893	18580	11313	192	0.91	61.2	38.8
1984	36526	22354	14172	224	0.95	63.3	36.7
1985	36710	24600	12110	254	1.01	63.6	36.4
1986	41913	27747	14166	287	0.98	60.1	39.9
1987	50254	32863	17391	368	1.11	50.8	49.2
1988	52096	35437	16659	438	1.21	56.6	43.4
1989	57903	39742	18161	548	1.36	47.7	52.3
1990	65582	46071	19511	715	1.62	45.8	54.2
1991	69017	46173	22844	818	1.66	52.1	47.9
1992	70473	48356	22117	948	1.74	52.2	47.8
1993	76140	52420	23720	1036	1.74	49.5	50.5
1994	79472	55405	24067	1147	1.78	48.2	51.8
1995	89092	63457	25635	1250	1.81	45.9	54.1

附录 1－26 医院、病床和医务人员情况
MEDICAL FACILITIES AND HEALTH PERSONNEL

年份 Year	医疗机构 (所) Number of Medical Care Facilities (Hospitals)	平均每一机构服务人数 (人) Population Served per Medical Care Facility (persons)	病床数 (床) Beds (Beds)	每万人病床数 (床) Beds per 10 000 Populations (Beds)	从业医务人数 (人) Health Personnel (persons)	每万人拥有医务人员 (人) Health Personnel per 10 000 Population
1983	11951	1556	57419	30.88	52648	28.10
1984	12013	1559	62467	33.10	57404	30.19
1985	12323	1553	74081	38.71	66278	34.42
1986	12037	1608	80991	41.63	69339	35.64
1987	12199	1613	86328	43.88	77246	39.27
1988	12215	1629	88572	44.50	83045	41.72
1989	12267	1639	86693	43.12	85599	42.57
1990	12902	1578	89151	43.80	91153	44.79
1991	13661	1505	92785	45.14	96921	47.15
1992	14468	1434	96084	46.30	102977	49.62
1993	15062	1392	100570	47.90	109538	52.17
1994	15752	1342	103733	48.98	114076	53.87
1995	16109	1326	112379	52.62	118248	55.37

附录 1－27 家庭设备普及率
PERCENT OF FAMILIES OWNING HOUSEHOLD APPLIANCES

单位: 户/百户 (households/100 households)

年份 Year	彩色电视机 Color T.V. Sets	冰箱 Refrigerators	空调 Air Conditioners	洗衣机 Washing Machines	电话机 Telephone Sets	汽车 Automobiles	家用电脑 Family Computers
1982	83.12	94.33	17.16	70.52	67.65	7.23	
1983	87.79	95.44	19.72	73.68	74.35	9.30	1.46
1984	90.41	96.13	22.91	75.49	79.63	10.38	1.94
1985	92.31	96.67	23.95	77.84	82.12	11.91	2.32
1986	94.42	97.11	25.45	79.49	85.25	13.63	2.92
1987	95.78	97.41	28.66	81.33	87.20	15.54	3.55
1988	97.34	97.93	34.29	83.97	89.11	19.21	3.95
1989	97.80	98.25	41.74	86.82	91.51	24.90	5.42
1990	98.26	98.37	47.26	88.79	93.08	29.07	6.77
1991	99.16	98.96	52.37	89.53	94.75	33.67	9.57
1992	99.30	98.93	56.14	90.38	95.13	38.94	11.76
1993	99.25	99.14	60.69	91.51	96.00	41.05	13.56
1994	99.36	99.14	64.01	92.31	96.53	45.54	15.29
1995	99.29	99.19	67.08	92.83	96.70	47.95	18.54

附录二 澳门主要社会经济指标

MAIN SOCIAL AND ECONOMIC INDICATORS OF MACAO

附录2－1 人口主要指标
MAIN INDICATORS OF POPULATION

年份 Year	人口总数 (人) Total (person)	自然增长率 Natural Growth Rate (‰)	出生率 Crude Birth Rate (‰)	死亡率 Crude Death Rate (‰)	婴儿死亡率 Infant Mortality Rate (‰)	结婚率 Crude Marriage Rate (‰)	离婚率 Crude Divorce Rate (‰)
1990	339510	16.1	20.5	4.4	8.4	5.4	0.3
1991	363784	15.6	19.4	3.8	7.5	5.7	0.5
1992	380850	14.1	17.9	3.9	7.3	5.8	0.5
1993	395304	12.2	16.2	4.0	8.6	8.8	0.5
1994	410531	11.9	15.2	3.3	6.2	6.8	0.6
1995	424430	10.8	14.1	3.2	5.6	5.1	0.6

附录2－2 国内生产总值支出构成
EXPENDITURES OF GROSS DOMESTIC PRODUCT

年份 Year	国内生产总值 (现价) (万澳门元) Gross Domestic Product (At Current Market Prices) (MOP10 000)	私人消费 Private Consumption Expenditure (%)	政府消费 Government Consumption Expenditure (%)	固定资本形成 Gross Domestic Fixed Capital Formation (%)	库存变化 Change in Stocks (%)	出口净值 (出口减进口) Trade Balance (%)
1990	2789554	31.97	8.09	20.72	－0.33	39.54
1991	3211818	32.48	9.09	24.41	0.31	33.71
1992	4025895	30.40	8.00	29.20	－0.02	32.42
1993	4615388	30.45	8.03	30.86	－0.03	30.70
1994	5184276	30.75	8.23	31.24	－0.03	29.80
1995	5780011	30.94	8.62	25.49	－0.02	34.96

附录2－3 工 业 概 况
INDUSTRY

单位: 人; 万澳门元 (persons; MOP 10 000)

年份 Year	企业数 (家) Number of Enterprises	就业人数① Persons Engaged①	采矿业 Mining and Quarrying		制造业① Manufacturing①		电力、煤气、水 Electricity,Gas & Water	
			就业人数 Persons Engaged	增加值 Value Added	就业人数 Persons Engaged	增加值 Value Added	就业人数 Persons Engaged	增加值 Value Added
1990	2277	65664	36	974	64609	375840	1019	57247
1991	2069	61219	37	1442	60124	380833	1058	61481
1992	1914	55012	37	1739	53902	390105	1073	76192
1993	1790	50386	40	2689	49260	356621	1086	90098
1994	1587	47857	40	2751	46707	356562	1110	92636

注: ①未包括水泥制造业在内的某些行业部分资料。
① Information concerning some branches of activity, namely cement production activity, was suppressed for confidentiality reasons.

附录2－4 能 源 平 衡 表

ENERGY SUPPLY AND CONSUMPTION

单位: 万亿焦耳 (terajoules)

年份 Year	进口 Import					出口 Export		
	总计 Total Energy	#轻柴油 Gas Oil and Diesel	#重油 Fuel Oil	#电力 Electri－city	#汽油 Gasolene	总计 Total Energy	#轻柴油 Gas Oil and Diesel	#重油 Fuel Oil
1990	13975	3564	8274	327	752	20	…	…
1991	14029	4073	7781	350	760	22	…	…
1992	14843	3696	8695	379	915	30	…	…
1993	16522	3626	10198	451	1010	45	…	…
1994	17916	4040	10974	504	1098	41	…	…
1995	17499	3257	10325	650	1128	12	…	…

续表 1 continued

单位: 万亿焦耳 (terajoules)

年份 Year	出口 Export		库存变化 Change in Stocks	内部总消费 Gross Internal Consumption	能源转化 Energy Transformation	电厂自耗和输电流失 Distribution and Transmi－ssion Loss	总消费量 Final Consumption
	#电力 Electricity	#石油气 L.P.G					
1990	9		252	13704	－4461	149	8953
1991	7	13	－592	14597	－4409	162	9861
1992	14	14	－44	14906	－4370	197	10156
1993	29	16	155	16455	－5258	151	10857
1994	34	7	459	17563	－5626	201	11542
1995	11	1	－43	17670	－5124	240	12120

附录2－5 新 建 楼 房

BUILDINGS NEWLY COMPLETED

单位: 平方米 (sq.m)

年份 Year	总计 Total		住宅 Residential		商业、服务业 Commercial/Offices		工业 Industrial		其它 Others	
	数目(栋) Number	总面积 Gross Floor Space	数目(栋) Number	总面积 Gross Floor Space	数目(栋) Number	总面积 Gross Floor Space	数目(栋) Number	总面积 Gross Floor Space	数目(栋) Number	总面积 Gross Floor Space
1990	255	1056671	204	651160	7	42381	7	125060	37	238070
1991	198	1260050	164	885536	7	88350	9	125534	18	160630
1992①	184	1198633	155	946495	5	80685	4	73258	19	98195
1993①	206	1427298	171	1078813	11	137003	5	45340	19	166143
1994①	142	1140882	105	656816	17	336458	5	67828	15	79781
1995①	235	1221131	183	644665	24	494083	5	41970	23	40414

注: ①从1992年起统计口径有所调整。

① Statistical Indicators have been redefined since 1992.

附录2－6 进口商品分类
IMPORTS BY CATEGORY OF COMMODITIES

单位: 百万澳门元 (MOP 1 million)

年份 Year	进口额 Import		食品、饮料 Food and Beverages		燃料 Fuels and Lubricants		工业、交通用品 Industry and Transport		消费品 Consumer Goods Not Otherwise Specified	
	绝对值 Value	%	绝对值 Value	%	绝对值 Value	%	绝对值 Value	%	绝对值 Value	%
1990	12343	100.00	1108	8.98	576	4.66	9150	74.13	1499	12.15
1991	14832	100.00	1298	8.75	659	4.44	10626	71.64	2214	14.93
1992	15685	100.00	1461	9.31	666	4.25	10918	69.61	2636	16.81
1993	16138	100.00	1572	9.74	739	4.58	11014	68.25	2781	17.23
1994	16925	100.00	1790	10.58	793	4.69	11429	67.53	2907	17.18
1995	16267	100.00	1695	10.42	834	5.13	10832	66.59	2894	17.80

附录2－7 出口商品分类
EXPORTS BY CATEGORY OF COMMODITIES

单位: 百万澳门元 (MOP 1 million)

年份 Year	出口额 Export		食品、饮料 Food and Beverages		燃料 Fuels and Lubricants		工业、交通用品 Industry and Transport		消费品 Consumer Goods Not Otherwise Specified	
	绝对值 Value	%	绝对值 Value	%	绝对值 Value	%	绝对值 Value	%	绝对值 Value	%
1990	13638	100.00	127	0.93	2	0.01	2297	16.85	11213	82.21
1991	13326	100.00	170	1.28	3	0.02	2529	18.98	10624	79.72
1992	14080	100.00	253	1.80	3	0.02	2738	19.45	11078	78.68
1993	14236	100.00	392	2.75	4	0.03	2993	21.02	10838	76.13
1994	14854	100.00	395	2.66	2	0.01	2920	19.66	11525	77.59
1995	15913	100.00	163	1.02	2	0.01	3218	20.22	12516	78.65

附录2－8 商品进口来源
IMPORTS BY SOURCES OF COMMODITIES

单位: 百万澳门元 (MOP 1 million)

年份 Year	欧洲 Europe	非洲 Africa	美洲 America		亚洲 Asia				大洋洲 Oceania
			总计 Total	美国 USA	总计 Total	香港 Hong Kong	日本 Japan	中国大陆 Mainland of China	
1990	1221	38	683	634	10253	5210	1423	2194	148
1991	1384	40	740	686	12437	5166	2574	3192	231
1992	1588	27	874	808	12963	5160	2824	3204	232
1993	2118	36	1061	934	12703	4818	2549	3429	220
1994	2782	142	1249	1156	12594	5137	2165	3186	158
1995	2534	62	1420	1206	12122	4700	1711	3539	130

附录2－9 商品出口去向
EXPORTS BY REACHES OF COMMODITIES

单位: 百万澳门元 (MOP 1 million)

年份 Year	欧洲 Europe	非洲 Africa	美洲 America		亚洲 Asia				大洋洲 Oceania
			总计 Total	美国 USA	总计 Total	香港 Hong Kong	日本 Japan	中国大陆 Mainland of China	
1990	5271	51	5175	4931	2937	1770	421	616	204
1991	5514	16	4464	4228	3216	1743	206	1123	115
1992	5242	18	5231	4983	3509	1763	184	1402	80
1993	5044	5	5110	4757	4014	1785	161	1886	63
1994	4962	8	5846	5522	3976	1660	140	1887	62
1995	5143	16	7017	6693	3683	1594	158	1562	54

附录2－10 旅 游 人 数 和 构 成
TOURISTS AND ITS COMPOSITION BY SOURCES

单位: 人 (persons)

年份 Year	总计 Total	香港 Hong kong	德国 Germany	澳大利亚 Australia	加拿大 Canada	中国大陆 Mainland of China	美国 USA
1990	5942210	4803754	19273	35142	22968	2266	71739
1991	6080268	4950584	22693	31574	22354	11611	68708
1992	6219432	4931501	30724	33685	23682	21979	71758
1993	5987637	4604201	39597	32263	23337	161884	74056
1994	5958764	4570529	36469	32035	22833	157025	78349
1995	5903411	4380409	38513	32430	22966	223304	76675

续表 1 continued

单位: 人 (persons)

年份 Year	法国 France	日本 Japan	马来西亚 Malaysia	英国 United Kingdom	新加坡 Singapore	泰国 Thailand	其它 Others
1990	14930	449530	33944	86759	29025	68182	304698
1991	13647	421225	28822	88866	28351	69010	322823
1992	16499	421333	28028	93490	28029	67789	450935
1993	16232	335890	28695	92458	25791	66319	486914
1994	16950	348110	24799	95897	24785	70499	480484
1995	15249	382731	24085	97191	24108	64771	520979

附录 2－11 旅 馆 情 况
HOTELS

年份 Year	旅馆总数 (家) Total	房间数(间) Existing Rooms (Average)			房间利用率 (%) Room Occupancy Rates (%)		
		酒店 Hotels	别墅 Inns	公寓 Boarding Houses	酒店 Hotels	别墅 Inns	公寓 Boarding Houses
1990	98	3963	58	986	78	57	35
1991	98	3902	76	937	79	55	34
1992	98	4990	76	818	67	54	32
1993	101	6329	76	715	60	49	30
1994	103	7119	77	649	58	41	27
1995	106	7666	59	754	60	46	27

附录 2－12 消费物价指数
CONSUMER PRICE INDEX

(1988年10 月－1989 年9 月＝100) (10.1988－9.1989＝100)

年份 Year	总指数 Total	粮食 Foodstuffs	住房① Housing① Expenses	燃料及电力 Fuel and Light	服装及鞋类 Clothing and Footwear	耐用消费品 Durable Goods	交通 Transport and Vehicles	服务 Services	杂项 Miscel－laneous Goods
1992	127.40	129.72	115.65	123.81	109.41	103.82	129.78	141.42	119.64
1993	135.94	138.92	125.74	128.42	111.79	104.92	137.24	155.75	127.21
1994	144.44	148.90	129.95	128.93	115.17	107.14	147.36	169.50	133.35
1995	156.81	160.91	138.20	137.48	129.61	113.88	158.62	188.58	143.79

注: ①不包括房租。
① Excluding housing rent.

附录 2－13 政府预算收支
GOVERNMENT BUDGETARY REVENUES AND EXPENDITURES

单位: 万澳门元 (MOP 10 000)

年份 Year	收入 Total Revenues			支出 Total Expenditures		
	总计 Total	日常收入 Recurrent Receipts	资本收入 Capital Receipts	总计 Total	日常支出 Recurrent Payments	资本支出 Capital Payments
1990	416009	328354	13210	416009	231449	130582
1991	577767	456011	31650	577767	327669	169924
1992	678532	540493	41050	678532	427573	154671
1993	935797	789576	7400	935797	586234	211441
1994	1104767	922171	3140	1104767	703269	222843
1995	1350188	902486	16140	1684036	682187	445403

附录2－14 海外资产负债(年底数)

OVERSEAS ASSETS AND LIABILITIES (YEAR－END)

单位：百万澳门元 (MOP 1 million)

年份 Year	对外资产 Assets Abroad					对外负债 Liabilities Abroad			海外资产净值 Net Foreign Assets
	总计 Total	黄金白银外汇 Gold, Silver and Foreign Currency	外地银行资产 Other Assets with Banks Abroad	对外贷款 External Credit	对外投资 Foreign Financial Invest－ment	总计 Total	银行短期负债 Short Term Liabili－ties with Banks	银行中长期负债 Medium/Long Term Liabili－ties with Banks	
1990	38138	322	22922	10216	3894	20102	17488	610	18037
1991	48620	366	33942	9201	4850	22401	18879	648	26220
1992	51802	454	38505	5291	6693	19697	17089	336	32106
1993	65050	503	31485	7959	23727	36787	33355	452	28263
1994	64117	535	37982	6752	18802	31534	27296	701	32583
1995	71942	548	52566	6273	12462	32685	23298	506	39257

附录2－15 货币汇率(平均兑换价)

EXCHANGE RATE (AVERAGE PATACA EXCHANGE RATES)

单位：每百外币兑澳门币 (patacas to 100 unit of foreign currency)

年份 Year	葡萄牙埃斯库多 PTE	香港港元 HK $	美国美元 US $	德国马克 DEM	英国英镑 GBP	法国法郎 FRF
1990	5.639	103.00	802.30	497.50	1432.39	147.67
1991	5.548	103.00	800.41	483.62	1414.21	142.22
1992	5.927	103.00	797.23	512.21	1409.98	151.15
1993	4.973	103.00	796.79	481.99	1196.38	140.76
1994	4.810	103.00	796.02	492.25	1219.82	143.92
1995	5.318	103.00	796.79	556.77	1257.66	159.88

续表 1 continued

单位：每百外币兑澳门币 (patacas to 100 unit of foreign currency)

年份 Year	新加坡元 SGD	澳大利亚元 AUD	日本日元 JY	瑞士法郎 SF	新西兰元 NZD	欧洲货币单位 ECU
1990	442.93	626.74	5.5629	580.21	479.01	1022.80
1991	463.51	623.42	5.9517	559.83	463.24	992.53
1992	489.50	586.34	6.3012	569.78	429.37	1033.63
1993	493.23	541.64	7.1986	539.28	431.09	931.92
1994	521.67	582.51	7.8018	584.23	472.87	944.43
1995	562.26	590.57	8.5189	675.29	522.88	1030.79

附录2－16 学校、教师和学生人数
NUMBER OF SCHOOLS, TEACHERS AND STUDENTS

单位：(所；人) (schools; persons)

年 份 Year	大学 Tertiary			中学 Secondary			小学 Primary		
	学校数 Schools	教师数 Teachers	学生数 Students	学校数 Schools	教师数 Teachers	学生数 Students	学校数 Schools	教师数 Teachers	学生数 Students
1989/1990	3	501	7685	10	831	16862	4	980	32639
1990/1991	7	383	6857	10	838	17601	7	1020	34972
1991/1992	8	492	6871	10	881	18652	8	1128	37719
1992/1993	7	512	6803	10	884	19461	10	1181	40037
1993/1994	8	504	6045	9	831	20195	10	1193	42823
1994/1995	9	528	5655	12	984	20624	12	1318	45153

附录2－17 医院和医务人员数
NUMBER OF HOSPITALS AND PROFESSIONALS OF HEALTH CARE

年份 Year	医院(所) Hospitals	床位(张) Beds (unit)	医生(人) Doctors (person)	护士(人) Nurses (person)
1990	36	966	347	594
1991	32	958	344	653
1992	45	942	338	695
1993	43	892	319	720
1994	36	887	233	624
1995	34	880	300	684

附录三 我国经济、社会统计指标同世界主要国家比较

A COMPARISON OF INDICATORS OF ECONOMY AND SOCIETY AMONG PEOPLE'S REPUBLIC OF CHINA AND OTHER COUNTRIES

附录3－1 国土面积和人口

TERRITORY AND POPULATION

国外资料来源：联合国《统计月报》1996年10月，联合国粮农组织《生产年鉴》1995年，世界银行《世界发展报告》1996年。

Sources: United Nations《Monthly Bulletin of Statistics》October 1996; FAO《Yearbook of Production》1995; The World Bank《World Development Report》1996.

国家和地区	Country or Territory	国土面积（万平方公里）Area (10 000 sq.km)	1995 年中人口数（万人）Mid－year Population (10 000 persons)	人口增长率(%) Growth Rate 1984－1994 年平均 Annual Average	1994	1995	1995 人口密度（人/平方公里）Population Density (persons/sq.km)
世界总计	**World**	**13381.6①**	**571606**	**1.7**	**1.6**	**1.5**	**43**
亚　洲④	**Asia④**	**2757.6**	**338685**	**1.8**	**1.6**	**1.6**	**123**
中　国②	China②	960.0	121121	1.4	1.1	1.1	126
日　本	Japan	37.8	12520	0.4	0.2	0.2	331
印　度③	India③	297.5	92704	2.0	3.9	1.9	312
印度尼西亚	Indonesia	190.5	19759	1.6	1.6	1.6	104
菲律宾	Philippines	30.0	6758	2.1	2.4	2.4	225
泰　国	Thailand	51.3	5879	1.6	1.2	1.2	115
马来西亚	Malaysia	32.9	2014	2.5	2.3	2.5	61
新加坡	Singapore	0.06	285	1.1	2.1	2.0	4750
巴基斯坦	Pakistan	79.6	14050	2.8	3.0	2.6	177
缅　甸	Myanmar	67.7	4653	2.1	1.9	2.1	69
孟加拉国	Bangladesh	14.4	12043	2.0	2.2	2.2	836
土耳其	Turkey	77.5	6195	2.1	2.2	0.8	80
蒙　古	Mongolia	156.7	241	2.4	1.7	2.1	2
朝　鲜	Korea D.P.Rep.	12.1	2392	1.9	1.9	1.9	198
韩　国	Korea Rep.	9.9	4500	1.0	0.9	0.9	455
越　南	Viet Nam	33.0	7455	2.2	2.2	2.8	226
非　洲	**Africa**	**3031.2**	**72808**	**2.9**	**2.8**	**2.8**	**24**
埃　及	Egypt	100.1	6293	2.0	2.4	2.4	63
尼日利亚	Nigeria	92.4	11172	2.9	3.0	3.0	121
欧　洲④	**Europe④**	**489.3**	**50587**	**0.3**	**0.3**	**0.2**	**103**
德　国	Germany	36.0	8159	0.5	0.3	0.3	227
英　国	United Kingdom	24.5	5882	0.3	0.3	－0.2	240
法　国	France	55.2	5798	0.5	0.4	0.4	105
意大利	Italy	30.1	5728	0.1	0.3	0.2	190
捷　克	Czech Rep.	7.9	1030	0.4	0.1	－0.1	130
波　兰	Poland	32.3	3859	0.3	0.2	0.1	119
匈牙利	Hungary	9.3	1023	－0.4	－0.3	－0.4	110
罗马尼亚	Romania	23.8	2271	0.2	－0.1	－0.3	95
保加利亚	Bulgaria	11.1	841	－0.2	－0.3	－0.5	76
南斯拉夫	Yugoslavia F.R.	10.2	1085	0.9	0.4	0.2	106
俄罗斯	Russian Fed.	1707.5	14781	0.5	－0.1	－0.1	9
北美洲	**North America**	**2239.1**	**45506**	**1.4**	**1.3**	**1.3**	**20**
美　国	United States	936.3	26325	1.0	1.0	0.9	28
加拿大	Canada	997.1	2946	1.3	1.0	1.2	3
墨西哥	Mexico	195.8	9367	2.2	2.0	2.0	48
南美洲	**South America**	**1783.2**	**31979**	**1.9**	**1.7**	**1.7**	**18**
巴　西	Brazil	851.2	16179	1.8	1.4	1.4	19
阿根廷	Argentina	278.0	3459	1.4	1.3	1.3	12
大洋洲	**Oceania**	**853.6**	**2833**	**1.5**	**1.5**	**1.5**	**3**
澳大利亚	Australia	771.3	1786	1.5	1.0	1.2	2
新西兰	New Zealand	27.1	358	0.9	1.2	1.4	13

注：① 是指有定居人口的各大洲面积，未包括尚无定居人口的南极洲。如包括南极洲，全世界陆地面积为14950万平方公里。原资料各大洲数用百万平方公里为单位，其和与世界总计略有出入。② 中国为年末人口数。③ 不包括查谟、克什米尔等地区。④ 不包括前苏联各共和国。

① The data exclude the Antarctic Continent. If included, it would be 149.50 million sq.km. ② The population of China refers to the population of the year－end. ③ Excluding Jammu and Kashmir. ④ Excluding all the countries separted from the former Soviet Union.

附录 3-2 生 命 统 计

VITAL STATISTICS

国外资料来源：联合国《统计月报》1996年6月；世界银行《世界发展报告》1996年；联合国《人口统计年鉴》1994年。

Sources: United Nations《Monthly Bulletin of Statistics》June 1996; World Bank《World Development Report》1996; United Nations《Demographic Yearbook》1994.

单位：‰ (‰)

国家和地区	Country or Territory	年份 Year	人口自然增长率 Natural Growth Rate	人口出生率 Crude Birth Rate	人口死亡率 Crude Death Rate	年份 Year	婴儿死亡率 Infant Mortality Rate	年份 Year	平均预期寿命(岁) Life Expectancy at Birth (Ages) 男 Male	女 Female
世界总计	**World**	**1995**	**16.0**	**25.0**	**9.0**	**1993**	**48**	**1994**	**64**	**68**
中国	China	1995	10.1	17.1	6.6	1994－95	32.3①	1990	68	71
美国	United States	1994	6.4	15.2	8.8	1993	8.2	1991	72	79
日本	Japan	1994	2.9	9.9	7.0	1994	4.2	1993	76	83
德国	Germany	1995	－1.4	9.3	10.7	1993	5.8	1995	73	79
英国	United Kingdom	1994	2.2	12.9	10.7	1993	6.3	1992	74	79
法国	France	1995	3.4	12.5	9.1	1991	7.3	1991	73	81
意大利	Italy	1994	－0.4	9.2	9.6	1994	6.7	1989	74	80
加拿大	Canada	1994	7.0	15.0	8.0	1994	6.2	1985－87	73	80
澳大利亚	Australia	1994	7.4	14.5	7.1	1993	6.1	1993	75	81
俄罗斯	Russian Fed.	1995	－5.4	9.3	14.7	1993	20.3	1992－94	67	73
捷克	Czech Rep.	1995	－2.1	9.3	11.4	1993	9.9	1993	59	72
波兰	Poland	1995	2.5	12.5	10.0	1994	15.1	1991	66	75
匈牙利	Hungary	1995	－3.0	11.0	14.1	1994	11.6	1993	65	74
罗马尼亚	Romania	1995	－0.6	10.4	12.0	1994	23.3	1992－94	67	73
南斯拉夫	Yugoslavia F.R.	1995	3.0	13.2	10.2	1993	24.5	1990－95	70	74
印度	India	1993	19.3	28.5	9.2	1993	74	1986－90	58	58
印度尼西亚	Indonesia	1990－95	16.3	24.7	8.4	1990－95	58.1	1995	61	65
菲律宾	Philippines	1990－95	24.0	30.4	6.4	1990－95	43.6	1991	63	67
泰国	Thailand	1990－95	13.3	19.4	6.1	1990－95	36.5	1985－86	64	69
马来西亚	Malaysia	1990－95	23.6	28.7	5.1	1990－95	13.6	1995	69	73
新加坡	Singapore	1995	11.1	16.3	5.2	1994	4.5	1993	74	78
巴基斯坦	Pakistan	1991	23.4	31.1	7.7	1991	102.4	1976－78	59	59
缅甸	Myanmar	1990－95	21.4	32.5	11.1	1990－95	84.6	1986	89	63
孟加拉国	Bangladesh	1990－95	23.8	35.5	11.7	1990－95	107.5	1988	57	56
土耳其	Turkey	1989	19.7	27.4	7.7	1989	62.3	1989	63	66
韩国	Korea,Rep.	1990－95	18.8	24.1	5.3	1990－95	24.4	1995	68	74
埃及	Egypt	1994	22.5	29.7	7.2	1991	36.2	1991	63	66
尼日利亚	Nigeria	1990－95	30.0	45.4	15.4	1990－95	84.2	1995	49	52
墨西哥	Mexico	1990－95	22.4	27.7	5.3	1990－95	36.0	1979	62	66
巴西	Brazil	1990－95	17.1	24.6	7.5	1990－95	57.7	1995	64	69
阿根廷	Argentina	1993	11.9	19.8	7.9	1993	22.9	1990－91	69	73

注：① 1%人口抽样调查数据。

① Data refer to 1 %sample survey.

附录3－3 就　业　状　况

EMPLOYMENT

国外资料来源：国际劳工组织《劳工统计年鉴》1996年。
Source: International Labour Office《Yearbook of Labour Statistics》 1996.

国家和地区	Country or Territory	年份 Year	就业人数（万人） Employment (10 000 persons)	就业人数构成(%) Composition of Employment(%) 农林牧渔业 Agriculture Forestry Hunting and Fishing	矿业 Mining and Quarrying	制造业 Manufac－turing	水、电、煤气业 Electri－city, Gas and Water	建筑业 Construc－tion
中国	China	1995	67947.0	52.9	1.5	15.7	0.4	5.3
美国	United States	1995	12490.0	2.9	0.5	16.4	1.2	6.1
日本	Japan	1995	6457.0	5.7	0.1	22.5	0.7	10.3
德国	Germany	1995	3604.8	3.2	0.7	24.8	1.0	9.4
英国	United Kingdom	1993	2531.7	2.2		25.9 ②		
法国	France	1994	2111.0	5.0	0.3	19.7	1.0	6.8
意大利	Italy	1994	2000.2	7.9	1.5 ④	22.7		8.2
加拿大	Canada	1995	1350.6	4.1	1.3	15.3	1.1	5.4
澳大利亚	Australia	1994	792.1	5.1	1.1	14.0	1.1	7.2
俄罗斯	Russian Fed	1994	6848.4	16.0	1.7	23.6	1.1	9.2
捷克	Czech Rep.	1995	510.2	6.5	1.9	29.1	2.0	9.1
波兰	Poland	1995	1477.1	22.0	3.2	21.3	1.7	6.1
匈牙利	Hungary	1995	367.9	8.0	0.9	23.1	2.6	5.9
罗马尼亚	Romania	1995	1115.2	40.3	2.5	22.4	1.8	4.2
印度	India	1989	2596.2 ①	5.5	4.1	24.1	3.5	4.7
印度尼西亚	Indonesia	1992	7810.4	54.9	0.8	10.0	0.2	3.0
菲律宾	Philippines	1995	2569.8	44.1	0.4	10.0	0.4	4.8
泰国	Thailand	1991	3113.8	60.3	0.2	11.1	0.4	3.8
新加坡	Singapore	1995	170.1	0.2		24.0	0.4	6.6
马来西亚	Malaysia	1995	764.5	20.0	0.4	23.3	0.6	8.0
巴基斯坦	Pakistan	1994	3304.7	50.0	0.1	10.0	0.9	6.5
缅甸	Myanmar	1994	1681.7	68.7	0.5	7.4	0.1	1.7
韩国	Korea,Rep.	1995	2037.7	12.0	0.1	23.4	0.3	9.3
巴西	Brazil	1993	6657.0	27.4	1.4	12.8 ④		6.4

续表 1 continued

国外资料来源：国际劳工组织《劳工统计年鉴》1996年。
Source: International Labour Office《Yearbook of Labour Statistics》1996.

国家和地区	Country or Territory	年份 Year	就业人数构成(%) Composition of Employment(%) 商 业 Wholesale Ratail Trade	运输、仓储及通信业 Transport Storage and Commu-nication	金融、保险不动产及产业服务 Finance Insurance Real Estate Business Services	社会服务及个人服务 Community Social and Personal Services	其 他 Other	失 业 率 (%) Rate of Unemployment
中 国	China	1995	6.9 ⑤	3.1	0.6 ⑥	4.4 ⑦	9.1	2.9
美 国	United States	1995	20.9	5.8	11.0	35.3		5.6
日 本	Japan	1995	6.2	8.6	23.1	0.4	22.5	3.2
德 国	Germany	1995	17.2	5.6	9.6	28.4	0.1	12.9
英 国	United Kingdom	1993	70.8 ⑧				1.1	8.5 ③
法 国	France	1994	17.6	6.6	11.1	36.6	−4.7	11.6 ③
意大利	Italy	1994	21.1	5.4	7.6	25.7		11.1
加拿大	Canada	1995	23.5	6.6	12.4	30.5		9.5
澳大利亚	Australia	1994	25.4	6.5	13.0	26.2	0.5	8.5 ③
俄罗斯	Russian Fed	1994	8.5	7.8	1.1	30.9	0.1	8.3 ③
捷 克	Czech Rep.	1995	15.8	7.6	1.9	18.1	8.0	3.4
波 兰	Poland	1995	13.8	5.8	4.3	21.8		13.1
匈牙利	Hungary	1995	15.7	8.7	5.8	29.2	0.1	10.3
罗马尼亚	Romania	1995	6.4	5.0	2.2	13.9	1.2	8
印 度	India	1989	1.7	11.7	5.2	39.7	−0.2	
印度尼西亚	Indonesia	1992	14.2	3.2	0.7	12.8	0.2	
菲律宾	Philippines	1995	14.6	5.8	2.1	17.7	0.1	8.4
泰 国	Thailand	1991	11.2 ⑨	2.7		10.4		1.5 ⑩
新加坡	Singapore	1995	20.2	10.8	14.9	22.1	0.7	2.7
马来西亚	Malaysia	1995	17.9	4.7	4.8	20.3		2.8
巴基斯坦	Pakistan	1994	12.8	4.9	0.8	13.9	0.1	4.7
缅 甸	Myanmar	1994	8.6	2.5	7.5	2.9		4.8
韩 国	Korea, Rep.	1995	26.3	5.2	8.0	14.7	0.5	2.0
巴 西	Brazil	1993	12.7	3.4	2.1	13.9	19.8	6.2

注：① 只包括国营部门和10人及10人以上的非农业私人企业。② 包括矿业、建筑业和水、电、煤气业。③ 1995年数。④ 包括水、电、煤气业。⑤ 商业和餐饮业。⑥ 金融、保险业和房地产业。⑦ 包括卫生、体育和社会福利事业、教育、文化艺术和广播电视事业以及科学研究和综合技术服务事业。⑧ 包括运输、仓储及通讯业，金融、保险、不动产及产业服务和社会服务及个人服务。⑨ 包括金融、保险、不动产及产业服务。⑩ 1993年数。

① Only public sector and establishments of non-agricultural private sector with 10 or more persons employed are included. ② Including mining & quarrying, construction and electricity, gas and water. ③ Data refer to 1995. ④ Including electricity, gas and water. ⑤ Refering to wholesale retail trade and food services. ⑥ Refering to finance, insurance and real estate management. ⑦ Including social services, health care, sports and social welfare, education, culture, arts, radio and television, broadcasting, scientific research and polytechnical services. ⑧ Including transport, storage and communication, finance insurance, real estate business services, community, social and personal services. ⑨ Including finance, insurance, real estate business services. ⑩ Data refer to 1993.

附录 3－4 国内生产总值及其增长率
GROSS DOMESTIC PRODUCT AND ITS GROWTH RATE

国外资料来源：国际货币基金组织《国际金融统计月报》1997年1月，《OECD经济展望》1997年 6 月。
Sources: International Monetary Fund《International Financial Statistics》January 1997,
《OECD Economy Outlook》June 1997.

国家和地区	Country or Territory		1995 国内生产总值（亿本币）GDP (national currency 100 million)	国内生产总值增长率(比上年增长%) GDP Growth Rate over the Preceding Year			
				1993	1994	1995	1996①
中 国	(人民币元) China	(Yuan Renminbi)	58478	13.5	12.6	10.5	9.7
美 国	(美 元) United States	(US Dollar)	72538	2.2	3.5	2.0	2.4
日 本	(日 元) Japan	(Yen)	4806930	0.1	0.5	0.9	3.6
德 国	(德国马克) Germany	(Deutsche Mark)	34596	－1.2	2.9	1.9	1.4
英 国	(英 镑) United Kingdom	(Pound)	7006	2.1	3.8	2.5	2.1
法 国	(法 郎) France	(Franc)	76812	－1.3	2.8	2.2	1.2
意大利	(里 拉) Italy	(Lire)	16411000②	－1.2	2.2	3.2	0.7
加拿大	(加 元) Canada	(Dollar)	7763	2.2	4.1	2.3	1.5
澳大利亚	(澳 元) Australia	(Dollar)	4704	4.0	4.9	3.2	4.0
俄罗斯	(卢 布) Russian Fed.	(Rouple)	16300790	－8.7	－12.6	－4.0	－3.3
捷 克	(克 朗) Czech Rep	(Koruna)	12521	－0.9	2.6	4.8	4.4
波 兰	(兹罗提) Poland	(Zloty)	2860	3.8	6.0	6.5	6.0
匈牙利	(福 林) Hungary	(Forint)	43510②	－0.8	2.9	1.5	0.8
罗马尼亚	(列 伊) Romania	(Lei)	497948②	1.3	3.9	6.9	4.0
印 度	(卢 比) India	(Rupee)	109858	3.9	6.3	6.8	6.4
印度尼西亚	(卢 比) Indonesia	(Rupiah)	4523810	6.5	7.5	8.0	7.8
菲律宾	(比 索) Philippines	(Peso)	19071	2.1	4.4	4.8	5.9
泰 国	(铢) Thailand	(Baht)	41622	8.3	8.8	8.6	8.3
马来西亚	(林吉特) Malaysia	(Ringgit)	1853②	8.3	9.2	9.5	8.8
新加坡	(新加坡元) Singapore	(Dollar)	1206	10.4	10.1	8.9	7.5
巴基斯坦	(卢 比) Pakistan	(Rupee)	18655	1.9	3.8	4.5	6.0
缅 甸	(缅 元) Myanmar	(Kyat)	4364	5.9	6.8	7.2	
孟加拉国	(塔 卡) Bangladesh	(Taka)	11703	4.5	4.2	4.4	
土耳其	(里 拉) Turkey	(Lira)	38790950②	5.8	－3.0	7.0	7.2
韩 国	(韩 圆) Korea,Rep.	(Won)	3512950	5.8	8.6	9.0	7.1
埃 及	(埃 镑) Egypt	(Pound)	2050	2.9	3.9	4.6	4.2
尼日利亚	(奈 拉) Nigeria	(Naira)	9143②	2.3	1.3	2.9①	
墨西哥	(新比索) Mexico	(New peso)	16044	0.7	3.5	－6.9	5.1
巴 西	(雷亚尔) Brazil	(Reai)	3556②	4.2	5.7	4.2	2.5
阿根廷	(比 索) Argentina	(Peso)	2816.5②	6.0	7.4	－4.4	2.5

注：① 初步数。②1994 年数字。
①Preliminary figure. ②Data refer to 1994.

附录3－5 主要农产品产量
OUTPUT OF MAJOR AGRICULTURAL PRODUCTS

国外资料来源：联合国粮农组织《统计季报》1996年第3/4季度、《渔业年鉴》1994年。
Sources: United Nations FAO《Quarterly Bulletin of Statistics》1996.3/4,《Yearbook of Fishery Statistics》1994.
单位：万吨 (10 000 tons)

国家和地区	Country or Territory	1996	国家和地区	Country or Territory	1996
谷物	Cereals		棉花	Cotton Lint	
世界总计	World	203338	世界总计	World	1937
中国	China	45127	中国	China	420
美国	United States	33058	美国	United States	375
印度	India	22077	印度	India	238
俄罗斯	Russian Fed.	7366	巴基斯坦	Pakistan	187
法国	France	6104	乌兹别克斯坦	Uzbekistan	131
印度尼西亚	Indonesia	5930	土耳其	Turkey	76
加拿大	Canada	5913	巴西	Brazil	52
巴西	Brazil	4642	阿根廷	Argentina	45
德国	Germany	4099	希腊	Greece	41
澳大利亚	Australia	2924	土库曼斯坦	Turkmenistan	41
大豆	Soybeans		花生	Groundnuts in Shell	
世界总计	World	13203	世界总计	World	2882
美国	United States	6385	中国	China	1014
巴西	Brazil	2638	印度	India	820
中国	China	1322	美国	United States	152
阿根廷	Argentina	1265	尼日利亚	Nigeria	150
印度	India	460	印度尼西亚	Indonesia	90
加拿大	Canada	225	塞内加尔	Senegal	82
巴拉圭	Paraguay	195	苏丹	Sudan	65
印度尼西亚	Indonesia	168	扎伊尔	Zaire	63
玻利维亚	Bolivia	89	阿根廷	Argentina	58
意大利	Italy	74	缅甸	Myanmar	50
油菜籽	Rapeseeds		黄麻	Jute＋Jute－Like Fibres	
世界总计	World	3032	世界总计	World	308
中国	China	920	印度	India	172
印度	India	610	孟加拉国	Bangladesh	77
加拿大	Canada	498	中国①	China①	37
法国	France	289	泰国	Thailand	13
德国	Germany	200	俄罗斯	Russian Fed.	5
英国	United Kingdom	124	缅甸	Myanmar	4
澳大利亚	Australia	52	越南	Viet Nam	3
捷克	Czech Rep.	50	印度尼西亚	Indonesia	2
波兰	Poland	44	巴西	Brazil	1
丹麦	Denmark	25	尼泊尔	Nepal	1

续表 1 continued

单位: 万吨 (10 000 tons)

国家和地区	Country or Territory	1996	国家和地区	Country or Territory	1996
甘　蔗	Sugar Cane		甜　菜	Sugar Beets	
世界总计	World	116391	世界总计	World	26308
巴　西	Brazil	30200	法　国	France	2932
印　度	India	25500	德　国	Germany	2630
中　国	China	6688	乌克兰	Ukraine	2600
泰　国	Thailand	6242	美　国	United States	2398
墨西哥	Mexico	4698	中　国	China	1673
巴基斯坦	Pakistan	4591	俄罗斯	Russian Fed.	1600
澳大利亚	Australia	3649	波　兰	Poland	1520
古　巴	Cuba	3600	意大利	Italy	1213
哥伦比亚	Colombia	3050	土耳其	Turkey	1150
印度尼西亚	Indonesia	3000	英　国	United Kingdom	813
茶　叶	Tea		烟　叶	Tabacco Leaves	
世界总计	World	263	世界总计	World	641
印　度	India	72	中　国	China	323
中　国	China	59	美　国	United States	60
斯里兰卡	Sri Lanka	25	印　度	India	51
肯尼亚	Kenya	25	巴　西	Brazil	48
印度尼西亚	Indonesia	14	土耳其	Turkey	21
土耳其	Turkey	14	津巴布韦	Zimbabwe	21
日　本	Japan	9	印度尼西亚	Indonesia	15
格鲁吉亚	Georgia	7	希　腊	Greece	13
伊　朗	Iran	6	马拉维	Malawi	13
孟加拉国	Bangladesh	5	意大利	Italy	10
肉　类②③	Meat②③		牛　奶③	Cow Milk③	
世界总计	World	20931	世界总计	World	46351
中　国	China	5260	美　国	United States	7135
美　国	United States	3401	俄罗斯	Russian Fed.	4256
巴　西	Brazil	1006	印　度	India	3120
俄罗斯	Russian Fed.	687	德　国	Germany	2800
法　国	France	643	法　国	France	2580
德　国	Germany	584	乌克兰	Ukraine	1793
印　度	India	408	巴　西	Brazil	1557
意大利	Italy	406	英　国	United Kingdom	1467
西班牙	Spain	378	波　兰	Poland	1177
阿根廷	Argentina	357	荷　兰	Netherlands	1090

续表 2 continued

单位：万吨 (10 000 tons)

国家和地区	Country or Territory	1996	国家和地区	Country or Territory	1996
水　　果	Fruit		羊　　毛④ ③	Wool Greasy④ ③	
世界合计	World	41116	世界合计	World	252
中　　国	China	4653	澳大利亚	Australia	70
印　　度	India	3935	中　　国	China	31
巴　　西	Brazil	3458	新 西 兰	New Zealand	21
美　　国	United States	2952	俄 罗 斯	Russian Fed.	12
西 班 牙	Spain	1267	哈萨克斯坦	Kazakhstan	10
墨 西 哥	Mexico	1214	阿 根 廷	Argentina	9
意 大 利	Italy	1086	乌 拉 圭	Uruguay	8
法　　国	France	1080	英　　国	United Kingdom	7
乌 干 达	Uganda	1015	南　　非	South Africa	7
伊　　朗	Iran	963	巴基斯坦	Pakistan	5
水 产 品⑤	Fishery⑤		天然橡胶③	Natural Rubber③	
世界合计	World	10959	世界合计	World	571
中　　国	China	2143	泰　　国	Thailand	172
秘　　鲁	Peru	1159	印度尼西亚	Indonesia	131
智　　利	Chile	784	马来西亚	Malaysia	107
日　　本	Japan	736	印　　度	India	49
美　　国	United States	594	中　　国	China	42
印　　度	India	454	菲 律 宾	Philippines	18
印度尼西亚	Indonesia	395	尼日利亚	Nigeria	11
俄 罗 斯	Russian Fed.	378	斯里兰卡	Sri Lanka	11
泰　　国	Thailand	343	科特迪瓦	Cote d'Ivoire	10
韩　　国	Korea Rep.	270	越　　南	Viet Nam	8

注：① 包括红麻。② 包括牛肉、羊肉、猪肉、马肉、家禽肉以及其他家养和野生动物肉。③ 1995 年数字。④ 未洗羊毛。⑤ 1994 年数字。

① Including apocynum. ② Including beef and veal, buffalo meat, mutton and lamb, goat meat, pork, horse meat, poultry meat and meats of all other domesfic or wild animals such as camels, rabbits and game animals. ③ Data refer to 1995. ④ Contained 30 to 50 percent of impurities. ⑤ Data refer to 1994.

附录 3－6 我国农业主要产品产量居世界位次的变化

CHANGES IN THE ORDER OF PRECEDENCE OF OUTPUT OF MAJOR AGRICULTURAL PRODUCTS

国外资料来源：联合国粮农组织《生产年鉴》1995年、《统计季报》1996年第3/4季度。

Sources: United Nations FAO《Yearbook of Production》1995,《Quarterly Bulletin of Statistics》1996. 3/ 4.

项目	Item	1949	1957	1965	1978	1980	1985	1990	1994	1995	1996
谷　物	Cereals		3	2	2	1	2	1	1	1	1
肉　类①	Meat①	3	2	3	3	3	2	1	1	1	1
棉　花	Cotton Lint	4	2	2	3	2	1	1	1	1	1
大　豆	Soybeans	2	2	2	3	3	3	3	3	3	3
花　生	Groundnuts in Shell	2	2	3	2	2	2	2	1	1	1
油菜籽	Rapeseeds	2	2	2	2	2	1	1	1	1	1
甘　蔗	Sugar Cane		3		9	9	4	4	3	3	3
茶　叶	Tea	3	3	3	2	2	2	2	2	2	2
水　果	Fruit					10	8	4	1	1	1

注：①1993 年以前为猪、牛、羊肉产量的位次。

① Data refer to pork, beaf and mutton before 1993.

附录 3－7 主要工业产品产量 (1995年)
OUTPUT OF MAJOR INDUSTRIAL PRODUCTS (1995)

国外资料来源：联合国《统计月报》1996年10月、《工业统计年鉴》1994年；联合国粮农组织《生产年鉴》1995年、《肥料年鉴》1995年、《林产品年鉴》1992年。美国汽车协会《世界汽车数据表》1997年。

Sources: United Nations《Monthly Bulletin of Statistics》 October 1996, 《Industrial Statistics Yearbook 》1994; FAO《Yearbook of Production 》1995, 《 Yearbook of Fertilizer 》1995, 《 Yearbook of Forest Products 》1992; The United State 《 Data Table for World Automobile》1997.

项　目	Item	数量 Value	项　目	Item	数量 Value
钢 (万吨)	Crude Steel (10 000 tons)		煤 炭④ (万吨)	Coal④ (10 000 tons)	
世界总计①	World①	71408	世界总计①	World①	453987
日　本	Japan	10164	中　国	China	136100
中　国	China	9536	美　国①	United States ①	93722
美　国	United States	9359	印　度	India	28756
俄 罗 斯	Russian Fed.	4903	澳大利亚①	Australia ①	25847
德　国	Germany	4205	南　非①	South Africa ①	22694
韩　国	Korea, Rep.	3674	俄 罗 斯①	Russian Fed.①	18250
加 拿 大①	Canada①	2830	波　兰	Poland	13616
意 大 利	Italy	2768	乌 克 兰①	Ukraine①	9180
巴　西	Brazil	2503	哈萨克斯坦	Kazakhstan	8320
法　国	France	1813	德　国	Germany	5886
原 油 (万吨)	Crude Petroleum (10 000 tons)		电 (亿千瓦小时)	Electricity (100 million kwh)	
世界总计①	World①	303177	世界总计①	World①	125508
沙特阿拉伯①	Saudi Arabia①	40120	美　国①	United States ①	32682
美　国①	United States ①	33418	中　国	China	10070
俄 罗 斯	Russian Fed.	30680	日　本①	Japan①	9643
伊　朗①	Iran ①	17945	俄 罗 斯	Russian Fed.	8675
中　国	China	15005	加 拿 大	Canada	5741
委内瑞拉①	Venezuela ①	14339	法　国②	France②	4756
墨 西 哥①	Mexico①	13601	德　国	Germany	4585
挪　威①	Norway①	12515	印　度①	India ①	3510
英　国①	United Kingdom①	11903	英　国	United Kingdom	3316
阿 联 酋①	United Arab Emirates ①	10405	巴　西①	Brazil ①	2607
水 泥 (万吨)	Cement (10 000 tons)		化 肥 (万吨)①	Fertilizer ①(10 000 tons)	
世界总计①	World①	135365	世界总计	World	13643
中　国	China	47561	美　国	United States	2590
美　国	United States	7532	中　国	China	2548
日　本	Japan	6887	加 拿 大	Canada	1332
印　度	India	6692	印　度	India	1050
韩　国	Korea, Rep.	5610	俄 罗 斯	Russian Fed.	827
俄 罗 斯	Russian Fed.	4196	德　国	Germany	479
德　国	Germany	3750	印度尼西亚	Indonesia	291
泰　国	Thailand	3438	白俄罗斯	Belarus	288
土 耳 其	Turkey	3301	法　国	France	276
意 大 利①	Italy ①	3270	巴　西	Brazil	239

续表 1 continued

项　目	Item	数量 Value	项　目	Item	数量 Value
合成橡胶	Synthetic Rubber		汽　车⑥	Motor Vehicles ⑥	
(万吨)	(10 000 tons)		(万辆)	(10 000 units)	
世界总计①	World①	776	世界总计	World	5001
美　国	United States	251	美　国	United States	1199
日　本	Japan	150	日　本	Japan	1020
俄罗斯	Russian Fed.	83	德　国	Germany	467
法　国	France	62	法　国	France	347
中　国	China	59	韩　国	Korea, Rep.	253
德　国	Germany	49	加拿大	Canada	242
韩　国	Korea, Rep.	37	西班牙	Spain	233
英　国	United Kingdom	32	英　国	United Kingdom	177
意大利	Italy	31	意大利	Italy	167
巴　西	Brazil	29	巴　西	Brazil	163
天然气	Natural Gas		汽　油	Gasolene	
(千万亿焦耳)	(10 million terajoules)		(万吨)	(10 000 tons)	
世界总计①	World①	79579	世界总计②	World②	76048
俄罗斯	Russian Fed.	23233	美　国①	United Staes ①	30928
美　国①	United States ①	20401	日　本	Japan	3770
加拿大	Canada	7291	俄罗斯②	Russian Fed.②	3026
英　国	United Kingdom	2568	中　国	China	2870
荷　兰	Nether Lands	2511	英　国①	United Kingdom①	2854①
印度尼西亚	Indonesia	2323	加拿大	Canada	2756
乌兹别克斯坦	Uzbekstan	1570	德　国②	Germany②	2685
沙特阿拉伯	Saudi Arabia	1471	墨西哥	Mexico	2106
挪　威①	Norway①	1263	意大利①	Italy ①	1989
阿根廷	Argentina	1197	法　国①	France①	1754
新闻纸	Newsprint		原　木② ③	Log② ③	
(万吨)	(10 000 tons)		(万立方米)	(10 000 cum)	
世界总计①	World①	3377	世界总计	World	347671
加拿大	Canada	925	美　国	United States	49580
美　国	United States	635	原苏联	Former Soviet Union	33710
日　本	Japan	310	印　度	India	28236
瑞　典	Sweden	235	巴　西	Brazil	26891
德　国	Germany	175	加拿大	Canada	18605
芬　兰	Finland	141	印度尼西亚	Indonesia	18563
俄罗斯①	Russian Fed.①	104	尼日利亚	Nigeria	11429
挪　威②	Norway②	101	中　国	China	6174
韩　国	Korea, Rep.	96	马来西亚	Malaysia	5401
法　国①	France①	84	瑞　典	Sweden	5357

续表 2 continued

项 目	Item	数量 Value	项 目	Item	数量 Value
糖 (万吨)	Sugar (10 000 tons)		电视机① ⑤ (万台)	TV Sets (10 000)	
世界总计	World	11885	世界总计	World	13396
印 度	India	1635	中 国	China	3283
巴 西	Brazil	1300	美 国	United States	1710
美 国	United States	680	韩 国	Korea,Rep.	1388
中 国	China	559	日 本	Japan	1117
泰 国	Thailand	557	马来西亚	Malaysia	770
澳大利亚	Australia	490	巴 西	Brazil	552
法 国	France	460	德 国	Germany	323
墨 西 哥	Mexico	428	法 国	France	280
德 国	Germany	381	意 大 利	Italy	278
古 巴	Cuba	330	阿塞拜疆	Azerbaijian	228

注：① 1994年数字。② 1993年数字。③ 1992年数字。指采伐所得的全部木材量，其中包括工业用圆木、薪炭材、从采伐中回收的木材。中国为木材产量，包括原木和薪材，同其他国家的原木产量不完全可比。④ 中国为原煤，国外为商品煤。⑤ 包括彩色电视机和黑白电视机。美国为交货量。⑥ 包括商用车和乘用车

① Data refer to 1994. ② Data refer to 1993. ③ Data refer to 1992.All wood obtained from wood logging, including log for industrial use, fuel wood and wood recovered logging losses. But Chinese data refer to log and fuel wood. ④ The figures relate to all grades of anthracite and bituminous coal, lignite and brown coal, but exclude recovered slurries. Chinese data refers to the raw coal including lignite and waste. ⑤ Including color TV sets and black and white TV sets. ⑥ Including commercial vehicles and passenger cars.

附录 3－8 我国工业主要产品产量居世界位次的变化

CHANGES IN THE ORDER OF PRECEDENCE OF OUTPUT OF MAJOR INDUSTRIAL PRODUCTS

国外资料来源：联合国《统计月报》1996年9月、《工业统计年鉴》1994年；联合国粮农组织《生产年鉴》1995年、《肥料年鉴》1995年。

Sources: United Nations《Monthly Bulletin of Statistics》September 1996,《Industrial Statistics Yearbook》1994; FAO《Yearbook of Production》1995,《Yearbook of Fertilizer》1995.

产品名称	Item	1949	1957	1965	1978	1980	1985	1990	1993	1994	1995	1996③
钢	Crude Steel	26	9	8	5	5	4	4	3	2	2	1
煤	Coal	9	5	5	3	3	2	1	1	1	1	1
原 油	Crude Petroleum	27①	23	12	8	6	6	5	5	5	5	5
发 电 量	Electricity	25	13	9	7	6	5	4	4	2	2	2
水 泥	Cement		8	8	4	4	1	1	1	1	1	1
化 肥	Fertilizer		33	8	3	3	3	3	3	2	2	2
化学纤维	Chemical Fibre		26②		7	5	4	2	2	2	2	2
棉 布	Woven Cotton Fabrics			3	1	1	1	1	1	1	1	1
糖	Sugar			8	8	10	6	6	3	4	4	4
电 视 机	Television				8	5	3	1	1	1	1	1

注：①1950 年数字。②1960 年数字。③ 估计数。

①Data refer to 1950. ②Data Refer to 1960. ③Estimates.

附录3-9 消 费 物 价 指 数
CONSUMER PRICE INDICES

国外资料来源：联合国《统计月报》1996年10月。
Source: United Nations 《Monthly Bulletin of Statistics》 Octomber 1996.
1990年＝100 (1990＝100)

国家和地区	Country or Territory	总指数 General Index			其中：食品 Of which Food		
		1994	1995	1996	1994	1995	1996
中国	China	156.5	183.3	198.6	167.9	206.3	222.0
美国	United States	113.4	116.6	120.4 ③	109.7	112.7	116.7 ③
日本	Japan	107.1	107.0	107.3 ⑨	107.4	106.1	105.2 ⑨
德国①	Germany①	112.8	114.8	117.0 ⑩	106.9	108.4	109.9 ⑩
英国	United Kingdom	114.3	118.2	121.4 ③	110.5	114.7	119.7 ③
法国	France	109.7	111.6	113.6 ③	104.5	105.8	106.2 ③
意大利	Italy	121.4	127.7		118.4	127.8 ②	
加拿大	Canada	109.4	111.7	113.6 ③	106.6	109.2	110.5 ③
澳大利亚	Australia	108.1	113.2	116.1 ⑨	104.0	112.9	115.5 ⑨
俄罗斯①	Russian Fed.①	64688.2	194047.0	282205.0 ⑪	67337.7	210974.6	290446.0 ⑪
捷克	Czech Rep.	148.3	161.7	173.6 ⑪	140.3	154.9	168.3 ⑪
波兰	Poland	435.6	556.7	679.5 ⑩	362.9	461.9	553.1 ⑩
匈牙利	Hungary	241.6	309.7	385.0 ⑨	232.1	304.3	357.0 ⑨
印度⑤	India ⑤	149.5	164.5	179.0 ⑨	155.0	173.3	189.0 ⑨
印度尼西亚	Indonesia	139.9	153.1	166.1 ③	137.9	156.2	169.9 ③
菲律宾	Philippines	151.7	163.9	176.3 ⑪	141.6	155.1	169.7 ⑪
泰国(曼谷)	Thailand(Bangkok)	119.8	126.6	135.1 ③	123.2	132.9	147.3 ③
马来西亚	Malaysia	117.4	121.4	126.0 ③	123.3	129.3	137.2 ③
新加坡	Singapore	112.2	113.5	115.2 ⑩	107.7	109.8	112.8 ⑩
巴基斯坦⑥	Pakistan ⑥	123.6	138.8	150.8 ⑨	126.2	144.3	154.0 ⑨
缅甸	Myanmar	263.9	330.3		281.1	353.9	
孟加拉国(达卡)	Bangladesh(Dhaka)	115.8	122.5		111.6	122.1	
土耳其	Turkey	967.0	1872.3	3029.1 ⑪	983.1	1938.2	3156.1 ⑪
韩国	Korea,Rep.	129.2	135.1	143.2 ③	135.4	140.0	146.4 ③
埃及	Egypt	164.9	178.7	202.0 ⑪	149.1	164.4	183.0 ⑪
尼日利亚	Nigeria	403.2	687.9	850.1 ⑪	379.9	379.9	791.6 ⑪
墨西哥⑥	Mexico⑥	166.3	135.0	178.0 ⑪	149.9	139.2	190.2 ⑪
巴西(圣保罗)⑦	Brazil (Sao Paulo)⑦	52580.9	97813.0 ④		54510.9	90068.2 ④	
阿根廷(布宜诺斯艾利斯)⑧	Argentina (Buenos Aires) ⑧	310966.7	321465.3	322029.7 ⑩	270037.5	277692.5	277002.9 ⑩

注：① 1991年＝100。② 11月份数字。③ 8月份数字。④ 9月份数字。⑤ 产业工人。⑥ 1994年＝100。⑦ 1992年＝100。⑧ 1988年＝100。⑨ 6月份数字。⑩ 7月份数字。⑪ 4月份数字。

① 1991＝100. ② Data refer to November. ③ Data refer to August. ④ Data refer to September. ⑤ Data refer to consumer price index of industrial workers. ⑥ 1994＝100. ⑦ 1992＝100. ⑧ 1988＝100. ⑨ Data refer to June. ⑩ Data refer to July. ⑪ Data refer to April.

附录 3－10 中央政府财政收入占国内生产总值比重

CENTRAL GOVERNMENT REVENUE AS PERCENTAGE OF GROSS DOMESTIC PRODUCT

国外资料来源　国际货币基金组织《政府财政统计年鉴》1996年。

Source: International Monetary Fund《Government Finance Statistics Yearbook》1996.

单位: %　　(%)

国家和地区	Country or Territory	1980	1985	1989	1990	1991	1992	1993	1994	1995
中国①	China①	25.67	22.36	15.76	15.84	14.57	13.08	12.56	11.19	10.71
美国	United States	20.85	19.94	20.22	19.86	19.84	19.61	19.72	20.06	19.89
日本②	Japan②	12.05 ④	12.43	13.87	14.38	22.92	21.42	21.39		
原联邦德国	Germany	28.54	28.89	29.48	28.77	30.53	34.47	35.04	36.23	32.12
英国	United Kingdom	35.10	35.92	35.45	36.84	36.94	36.04	34.90	35.35	36.34
法国	France	39.63	40.85	40.51	40.54	40.82	40.60	40.51	37.85	40.61
加拿大	Canada	17.90	19.30	20.12	20.73	20.93	20.79	20.70	20.57	
澳大利亚	Australia	24.85	35.38	34.81	34.76	35.07	36.49	36.71	24.17	24.80
匈牙利	Hungary	53.61 ②	55.04	54.16	53.18					
捷克	Czech Rep.			56.83	49.33	50.05	41.71	42.28	41.02	38.85
罗马尼亚	Romania	45.28	42.48	48.29	34.73	37.33	36.78	33.92	29.89	
原南斯拉夫	Former Yugoslavia	8.12	7.66	4.27						
印度	India	11.85	14.08	14.78	13.51	14.48	14.29	13.56	13.30	13.15
印度尼西亚	Indonesia	21.40	16.23	16.69	19.44	18.01	18.26	16.48	18.30	
泰国	Thailand	14.99	16.82	17.79	19.20	19.70	18.44	18.45	19.10	18.67
马来西亚③	Malaysia③	26.35	25.73	25.72	27.14	28.73	28.81	28.01	28.83	
新加坡	Singapore	25.31	27.88	28.24	31.09	30.32	31.85	35.14	36.06	34.88
缅甸	Myanmar	16.00	8.48	9.50	10.56	9.66	8.14	7.78		
韩国	Korea, Rep.	17.96	17.19	17.40	17.87	17.07	18.22	19.00	20.04	20.52
埃及	Egypt	47.07 ②	32.33	29.43	24.39	31.86	35.71	37.79		
墨西哥③	Mexico③	15.78	17.28	18.29	14.05	16.12	16.77	16.35	16.69	
巴西	Brazil	22.18	20.06	25.57	33.29	27.24	27.99	30.43		
阿根廷	Argentina	21.17	9.26	9.85	10.82	12.09	13.23			

注: ① 为国家财政收入占国内生产总值比重。②1991 年以前的数据与此后的数据不可比 。③1980 年数与以后的数据不可比。④1981 年数字。

①Refer to government revenue as % of GDP. ②The data prior to 1991 are uncomparable with those thereafter. ③Data After 1980 are uncomparable with those thereafter. ④Data refer to 1981.

附录3－11 进出口贸易额

TOTAL IMPORTS AND EXPORTS

国外资料来源：联合国《统计月报》1996年10月。

Source: United Nations《Monthly Bulletin of Statistics》 October 1996.

单位：亿美元 (100 million US $)

国家和地区	Country or Territory	1985		1995		1996	
		进口 Imports	出口 Exports	进口 Imports	出口 Exports	进口 Imports	出口 Exports
世界总计	**World**	**20062.3**	**19305.8**	**49986.0**	**49256.7**	**12660.0②**	**12313.2②**
中国	China	422.5	273.5	1320.8	1487.7	1388.4	1510.6
美国	United States	3616.3	2188.3	7712.7	5847.4	3934.2③	3116.5③
日本	Japan	1294.8	1756.8	3359.9	4432.7	1722.5③	2013.3③
德国①	Germany①	1585.5	1840.1	4482.2	5118.7	1115.1②	1252.7②
英国	United Kingdom	1092.7	1099.9	2653.2	2420.4	1425.5③	1278.1③
法国	France	1089.1	976.4	2755.5	2868.2	706.6②	739.5②
意大利	Italy	909.9	789.6	2041.0	2312.6	542.9②	603.8②
加拿大	Canada	764.1	847.8	1680.5	1922.0	430.6②	483.4②
澳大利亚	Australia	234.5	228.8	603.2	530.9	153.1②	142.6②
俄罗斯	Russian Fed.	369.8⑤	423.8⑤	466.8	782.9		
捷克	Czech Rep.	111.5④	115.1④	252.3	216.8	64.6②	54.1②
波兰	Poland	108.0	114.9	290.5	228.9	78.3②	57.5②
匈牙利	Hungary	79.2	82.5	150.5	124.4	37.0②	28.7②
罗马尼亚	Romania	84	101.7	94.2	75.5		
保加利亚	Bulgaria	136.6	133.5	50.2	50.9	5.6②	6.0②
印度	India	155.9	87.5	344.0	305.4	97.2②	88.1②
印度尼西亚	Indonesia	102.6	185.9	409.2	454.2		
菲律宾	Philippines	54.5	46.3	283.4	175.0		
泰国	Thailand	92.4	71.2				
马来西亚	Malaysia	126.0	157.2	776.2	737.2		
新加坡	Singapore	262.9	228.1	1245.0	1182.6	327.1②	306.4②
巴基斯坦	Pakistan	58.9	27.2	88.9			
缅甸	Myanmar	2.8	3.3	13.4	8.5		
孟加拉国	Bangladesh	21.7	9.3	65.0	31.7	15.5②	7.4②
土耳其	Turkey	113.4	79.3	357.1	216.0		
韩国	Korea,Rep.	311.4	302.8	1351.2	1250.6	730.8③	651.4③
埃及	Egypt	55.0	18.4	117.6	34.5		
尼日利亚	Nigeria	62.1	131.1				
墨西哥	Mexico	137.6	216.6	468.9	484.3	138.6②	139.4②
巴西	Brazil	131.5	256.4	537.8	465.1	114.7②	103.0②
阿根廷	Argentina	38.1	84.0	201.2	209.7		

注：① 1991年以前数字仅指原联邦德国。② 1－3月份数。③ 1－6月份数。④ 原捷克斯洛伐克数据。⑤ 1993年数。

① Data prior to 1991 refer to the former Federal Rep. of Germany. ② Data refer to January－March.
③ Data refer to January－June. ④ Data refer to the former Czechoslovakia. ⑤ Data refer to 1993.

附录3－12 国 际 收 支（1995年）
BALANCE OF PAYMENTS (1995)

国外资料来源：国际货币基金组织《国际金融统计年鉴》1996年。
Source: International Monetary Fund《International Financial Statistics Yearbook》1996.

单位：亿美元 (US $ 100 million)

国家和地区	Country or Territory	经常帐户 Current Account								资本和金融帐户收支盈余 Capital and Financial Account Balance	国际收支总盈余 Overall Balance
		商品贸易 Merchandise			服务贸易 Services		要素收入 Factor Income		经常帐户收支盈余 Current Account Balance		
		出口 Exports F.o.b	进口 Imports F.o.b	差额 Trade Balance	收入 Credit	支出 Debit	收入 Credit	支出 Debit			
美国	United States	5767.6	－7497.7	－1730.1	2067.9	－1439.3	1814.7	－1941.1	－1529.8	571.1	－958.8
日本	Japan	4293.2	－2972.4	1320.7	652.1	－1227.0	1926.1	－1482.0	1112.5	－526.0	586.4
德国	Germany	5115.3	－4455.2	660.1	765.2	－1204.4	956.5	－969.7	－197.7	269.9	72.2
英国	United Kingdom	2408.9	－2591.5	－182.7	684.1	－594.0	1424.6	－1320.0	－105.7	80.4	－25.3
法国	France	2684.3	－2563.9	120.5	969.1	－779.1	1273.2	－1341.4	174.8	－167.7	7.1
意大利	Italy	2313.4	－1872.9	440.5	706.0	－694.8	323.7	－472.4	256.8	－228.8	28.0
加拿大	Canada	1898.5	－1675.1	223.4	217.7	－301.4	125.1	－348.0	－86.9	82.3	－4.7
澳大利亚	Australia	531.0	－571.5	－40.5	156.0	－176.4	58.0	－187.5	－191.9	195.6	3.7
捷克①	Czech Rep.①	169.1	－208.6	－39.5	65.2	－49.6	11.5	－12.6	－19.1	93.6	74.5
波兰①	Poland①	171.2	－189.3	－18.1	45.2	－38.6	5.5	－31.1	－25.5	20.3	－5.1
匈牙利①	Hungary①	76.5	－113.6	－37.2	31.2	－29.6	6.8	－20.8	－40.5①	35.8	－4.8
罗马尼亚①	Romania①	61.5	－65.6	－4.1	10.4	－12.2	1.1	－2.3	－4.2①	8.2	4.0
印度③	India③	200.2	－221.5	－21.3	49.3	－63.3	3.8	－42.9	－41.1	52.4	11.3
印度尼西亚①	Indonesia ①	402.2	－323.2	79.0	50.2	－97.5	10.5	－76.3	－27.9	35.7	7.8
菲律宾①	Philippines ①	134.8	－213.3	－78.5	67.7	－46.5	37.8	－18.2	－28.4	51.7	23.3
泰国①	Thailand①	444.8	－481.9	－37.1	114.7	－160.5	26.0	－38.4	－84.2	125.9	41.7
新加坡①	Singapore①	986.9	－965.8	21.1	229.8	－129.7	84.3	－78.2	119.5	－72.1	47.4
巴基斯坦②	Pakistan②	67.6	－93.1	－25.5	15.2	－26.4	0.6	－16.0	－29.4	28.6	－0.1
韩国	Korea,Rep.	1232.0	－1279.5	－47.5	762.4	－278.9	23.8	－46.6	－82.5	152.9	70.4
埃及①	Egypt①	40.4	－100.0	－59.5	80.7	－56.5	13.3	－21.1	0.3	－12.0	－11.6
尼日利亚①	Nigeria①	94.6	－65.1	29.5	3.7	－30.1	0.5	－29.9	－21.3	1.9	－19.4
墨西哥	Mexico	795.4	－724.5	70.9	102.8	－94.1	37.1	－162.8	－6.5	－146.5	－153.1
巴西	Brazil	495.1	－496.6	－31.6	61.4	－136.3	34.6	－145.6	－181.4	311.1	129.7
阿根廷②	Argentina②	131.2	－155.5	－24.3	26.6	－51.4	15.0	－44.9	－74.5	74.8	0.3

注：①1994年数字。②1993年数字。③1992年数字。
① Data refer to 1994. ② Data refer to 1993. ③ Data refer to 1992.

附录 3－13 国际储备和黄金储备（年底数）

INTERNATIONAL RESERVES AND GOLD RESERVES (YEAREND)

国外资料来源：联合国《统计月报》1996年10月。
Source: United Nations《Monthly Bulletin of Statistics》October 1996.

国家和地区	Country or Territory	国际储备(不包括黄金，亿美元) International Reserves (minus gold, US$ 100 million)			黄金储备(万盎司) Gold Reserves (fine troy ounces 10 000)		
		1985	1995	1996	1985	1995	1996
中国	China	26.4	736.0	1050.0	1267	1267	1267
美国	United States	321.0	747.8	740.5①	26265	26170	26170①
日本	Japan	267.2	1832.5	2109.9①	2423	2423	2423①
德国③	Germany③	443.8	850.1	840.0①	9518	9518	9518①
英国	United Kingdom	128.6	420.2	391.4②	1903	1843	1843②
法国	France	265.9	268.5	268.8①	8185	8185	8185①
意大利	Italy	156.0	349.1	499.9①	6667	6667	6667①
加拿大	Canada	25.0	150.5	185.3①	2011	341	313①
澳大利亚	Australia	57.7	119.0	160.2①	793	790	790①
波兰	Poland		147.7	174.5④		47	47④
匈牙利	Hungary	21.5	120.5	97.3⑤		11	11②
罗马尼亚	Romania	2.0	17.1	19.9④	382	270	277④
印度	India	64.2	179.2	183.4①	940	1278	1278①
印度尼西亚	Indonesia	49.7	137.1	149.5②	310	310	310④
菲律宾	Philippines	6.2	63.7	84.4④	148	358	429④
泰国	Thailand	21.9	359.8	383.2①	249	247	247①
马来西亚	Malaysia	49.1	237.7	255.4④	234	239	239④
新加坡	Singapore	128.5	687.0	721.9④			
巴基斯坦	Pakistan	8.1	17.3	18.8④	190	205	205④
缅甸	Myanmar	0.3	5.6	5.5②	25	23	23④
孟加拉国	Bangladesh	3.4	23.4	20.1①	6	9	9①
土耳其	Turkey	10.6	124.4	155.1①	386	375	375①
韩国	Korea, Rep.	28.7	326.8	362.2①	31	33	33①
埃及	Egypt	7.9	161.8	167.6②	243	243	243②
尼日利亚	Nigeria	16.7	14.4	28.0②	69	69	69②
墨西哥	Mexico	49.1	168.5	179.4①	236	51	30①
巴西	Brazil	106.1	497.1	579.0④	310	457	448④
阿根廷	Argentina	32.7	142.9	143.5①	437	437	437①

注：①7月份数。②5月份数。③1985年为前联邦德国数。④6月份数。⑤10月份数。
① Data refer to July. ② Data refer to May. ③ Data for 1985 refer to the former Federal Republic of Germany.
④ Data refer to June. ⑤ Data refer to October.

附录 3－14 货 币 汇 率 (年末中间价)

EXCHANGE RATES (MID－POINT RATES)

国外资料来源：联合国《统计月报》1996年10月。

Source: United Nations《Monthly Bulletin of Statistics》October 1996.

一美元合该国货币数 (Unless otherwise stated national currency per U.S.dollar)

国家和地区	货币名称	Country or Area	Currencies	1985	1990	1994	1995	1996①
中国	(人民币元)	China	(Renminbi Yuan)	3.20	5.22	8.62	8.35	8.31
美国	(美元)	United States	(Dollar)	1.00	1.00	1.00	1.00	1.00
日本	(日元)	Japan	(Yen)	200.50	134.40	99.74	102.83	107.92
德国	(德国马克)	Germany	(Deutsche Mark)			1.55	1.43	1.47
英国	(英镑)	United Kingdom	(Pound)	0.69	0.52	0.64	0.65	0.64
法国	(法郎)	France	(Franc)	7.56	5.13	5.35	4.90	4.99
意大利	(里拉)	Italy	(Lire)	1678.50	1130.10	1629.70	1584.70	1519.10
加拿大	(加元)	Canada	(Dollar)	1.40	1.16	1.40	1.37	1.38
澳大利亚	(澳元)	Australia	(Dollar)	1.47	1.29	1.29	1.34	1.29
俄罗斯	(卢布)	Russian Fed.	(Rouple)			3550.00	4640.00	5191.00
捷克④	(克朗)	Czech.Rep.④	(Koruna)			27.80	26.30	26.58
波兰	(兹罗提)	Poland	(Zloty)			2.44	2.47	2.72②
匈牙利	(福林)	Hungary	(Forint)	47.35	61.45	110.69	139.47	153.05②
罗马尼亚	(列伊)	Romania	(Lei)	15.73	34.71	1767.00	2578.00	3135.00
保加利亚④	(列弗)	Bulgaria④	(Leva)	1.00	2.80	64.70	67.60	148.00
南斯拉夫	(新第纳尔)	Yugoslavia,FR	(New Dinar)		10.66	5.63	5.32	5.26
印度	(卢比)	India	(Rupee)	12.17	18.07	31.38	35.18	35.68
印度尼西亚	(卢比)	Indonesia	(Rupiah)	1125.00	1901.00	2200.00	2308.00	2341.00
菲律宾	(比索)	Philippines	(Peso)	19.03	28.00	24.42	26.21	26.23
泰国	(铢)	Thailand	(Baht)	26.65	25.29	25.09	25.19	25.27
马来西亚	(林吉特)	Malaysia	(Ringgit)	2.43	2.70	2.56	2.54	2.49
新加坡	(新加坡元)	Singapore	(Dollar)	2.11	1.74	1.46	1.41	1.41
巴基斯坦③	(卢比)	Pakistan③	(Rupee)	15.98	21.90	30.80	34.25	35.21
缅甸	(缅元)	Myanmar	(Kyat)	7.84	6.08	5.90	5.78	5.89
孟加拉国	(塔卡)	Bangladesh	(Taka)	31.00	35.79	40.25	40.75	41.90
土耳其④	(里拉)	Turkey④	(Lira)	477	2930.10	38726	59650	83003.00
蒙古④	(图格里克)	Mongolia④	(Tugrik)	3.60	5.60	414.09	473.62	531.15②
韩国	(韩圆)	Korea,Rep.	(Won)	890.20	716.40	788.70	774.70	813.30
埃及③	(埃镑)	Egypt③	(Pound)	0.70	2.00	3.39	3.39	3.39
尼日利亚	(奈拉)	Nigeria	(Naira)	1.00	9.00	22.00	21.89	21.89⑤
墨西哥	(新比索)	Mexico	(New Peso)	0.37	2.95	5.66	7.97	7.59
巴西	(雷亚尔)	Brazil	(Reai)			0.85	0.97	1.01
阿根廷	(比索)	Argentina	(Peso)	0.00	0.56	1.00	1.00	1.00

注：①7月份数。②6月份数。③固定汇率。④由联合国项目的业务汇率推算的非商业汇率。⑤4月份数。

① Data refer to September. ② Data refer to June. ③ Fixed rate. ④ Data refer to commericial rates derived from the operational rates on exchange for United Nations Programs. ⑤ Data refer to September.

附录3－15 居民文化程度构成

EDUCATIONAL ATTAINMENT OF POPULATION OF25 YEARS OLD AND OVER

国外资料来源：联合国教科文组织《统计年鉴》1995年。

Source: United Nations Educational, Scientific and Cultural Organization《Statistical Yearbook》1995.

单位: % (%)

国家和地区	Country or Territory	年 份 Year	25岁和25岁以上人口总计（万人）Total Population of 25 Years Old & over (10 000 persons)	大 学 Post－secondary	中 学 Entered Second Level		小 学 First Level		文盲及文化程度不明确者 No Schooling and Not Otherwise Included
					初 中 First Stage	高 中 Second Stage	肄 业 Incom－pleted	毕 业 Com－pleted	
美　　国	United States	1994	16451	46.5	44.6	⑤	8.2	⑥	0.6
日　　本	Japan	1990	8199	20.7	43.7	⑤	33.7	⑥	0.3
德　　国	Germany								
前联邦德国	Fed.Rep.	1970	3886	4.3	④	18	④	④	77.7
前民主德国	Former DR	1981	1072	17.3	52.6	⑤	30.1	⑥	
英　　国①	United Kingdom①	1976		11.0	④	④	④	④	89.0
意 大 利	Italy	1981	3560	4.1	18.0	11.2	47.4	⑥	19.3
加 拿 大	Canada	1991	1747	21.4	34.3	27.7	4.0	11.7	1.0
澳大利亚	Australia	1971	688	21.5	48.3	⑤	29.3	⑥	0.9
原 苏 联	Former Soviet Union	1989	8602	14.1	49.0	⑤	36.9	⑥	...
原捷克斯洛伐克	Former Czechoslovakia	1980	927	8.5	45.9	⑤	47.6	⑥	0.4
波　　兰	Poland	1988	2299	7.9	47.8	⑤	5.6	37.2	1.5
匈 牙 利	Hungary	1990	680	10.1	②	30.7	24.3	33.6	1.3
罗马尼亚	Romania	1992	1360	6.9	63.2	⑤	24.4	⑥	5.4
原南斯拉夫	Former Yugoslavia	1981	1308	6.8	23.4	⑤	53.9	⑥	15.8
印　　度	India	1981	28060	2.5	13.7	⑤	11.3	⑥	72.5
印度尼西亚⑦	Indonesia ⑦	1990	7850	2.3	16.8	⑤	26.4	⑥	54.5
菲 律 宾	Philippines	1990	2416	18.7	27.2	⑤	46.9	⑥	6.7
泰　　国	Thailand	1990	4908	5.1	13.7	⑤	69.6	⑥	10.7
马来西亚	Malaysia	1980	515	1.9	18.1	1.3	21.1	21.1	36.6
新 加 坡	Singapore	1990	160	4.7	23.2	8.1	④	④	64.0
巴基斯坦	Pakistan	1990		2.5	5.8	8.2	9.7	⑥	73.8
缅　　甸	Myanmar	1983	1395	2.0	14.5	⑤	27.7	⑥	55.8
孟加拉国	Bangladesh	1981	3159	1.3	7.4	4.2	16.7	⑥	70.4
土 耳 其	Turkey	1993	1828	⑤	21.9	⑤	6.6	40.6	30.6
韩　　国	Korea,Rep.	1990	2341	13.4	18.9	35.0	0.8	20.9	11.0
埃　　及	Egypt	1986	1944	4.6	14.8	⑤	16.5	⑥	64.1
墨 西 哥	Mexico	1990	3119	9.2	12.7	10.7	28.6	19.9	18.8
巴　　西⑦	Brazil ⑦	1989	11016	③	11.9	5.5	57.0	6.9	18.7
阿 根 廷	Argentina	1991	1734	12.0	25.3	⑤	22.3	34.6	5.7

注：① 25－69 岁人口的文化构成。② 包括在“小学毕业”栏内。③ 包括在“高中”栏内。④ 包括在“文盲及文化程度不明确者”栏内。⑤ 包括在“初中”栏内。⑥ 包括在小学“肄业”栏中。⑦ 10 岁以上人口的文化构成。

①Only refer to 25－69 age group. ② Included in the column"Completed of first level". ③ Included in the column of second stage. ④ Included in the column of no schooling. ⑤ Included in the column of first stage. ⑥ Included in the column of incompleted of first level. ⑦ Refer to the age group"10 years and over".

附录 3－16 公共教育经费占国民生产总值比重

PUBLIC EXPENDITURES ON EDUCATION AS PERCENTAGE OF GNP

国外资料来源：联合国教科文组织《统计年鉴》1996年。
Source: United Nations Educational, Scientific and Cultural Organization 《Statistical Yearbook》1996.
单位：%　　(%)

国家和地区	Country or Territory	1980	1985	1990	1992	1993	1994
世界总计	World	4.9	4.9	4.9	5.1	5.1	5.2
中　国②	China②	2.5	2.5	2.5		2.5	2.2
美　国	United States	6.7③	4.9	5.3③	5.5		
日　本	Japan	5.8	5.0	4.7			
德　国①	Germany ①	4.7	4.5			4.8	
英　国	United Kingdom	5.6	4.9	4.9			
法　国	France	5.0	5.8	5.4	5.7	5.8	
意大利	Italy	4.4⑥	5.0		4.2	5.2	
加拿大	Canada	7.4	7.1	6.8	7.6		
澳大利亚	Australia	5.5	5.6	5.4	6.0③		
俄罗斯	Russian Fed.	3.5	3.2	3.5	4.0	4.4	
捷　克	Czech Rep.	4.0	4.2	4.6	4.7	5.9	
波　兰	Poland		4.9		5.5	5.5	
匈牙利	Hungary	4.7	5.5	6.1	6.9	6.7	6.7
罗马尼亚	Romania	3.3	2.2	2.8	3.6	3.2	3.1③
保加利亚	Bulgaria	4.5	5.5	5.6	5.9	5.5	4.5
原南斯拉夫	Former Yugoslavia	4.7	3.4	6.1			
印　度	India	2.8	3.4	3.9	3.8		
印度尼西亚	Indonesia	1.7③	1.4	1.1	2.2③	1.2③	1.3③
菲律宾	Philippines	1.7	1.4	2.9	2.3③	2.4③	
泰　国	Thailand	3.4	3.8	3.6	4.0	4.1	3.8
马来西亚⑤	Malaysia⑤	6.0	6.6	5.4	5.5	5.2	5.3
新加坡	Singapore	2.8	4.4	3.1	3.2	3.1	3.3
巴基斯坦	Pakistan	2.0	2.5	2.6③			
孟加拉国	Bangladesh	1.5	1.9	2.0	2.3		
土耳其	Turkey	2.8	2.3	2.2③	2.8③		3.3
韩　国	Korea, Rep.	3.7	4.5	3.5	4.2	4.5	
埃　及	Egypt	5.7④	6.3	4.9	5.0		
尼日利亚	Nigeria		1.2	0.9	0.5	1.3	
墨西哥	Mexico	4.7	3.9	4.0	4.8	5.6	5.8
巴　西	Brazil	3.6	3.8	4.6⑦			1.6
阿根廷	Argentina	2.7③	1.5③	1.1	3.1	3.3	3.8

注：① 1991年以前为原联邦德国。② 国家财政性教育经费占GNP比重。③ 统计口径有所调整。④ 1981年数字。
⑤ 1990年起，统计口径有所调整。⑥ 1979年数字。⑦ 1989年数字。
① Data prior to 1991 refer to former Western Germany. ② Data refer to the proportion of budgetary expenditure for educatin to GNP. ③ The data is not comparable with the data in other years. ④ Data refer to 1981.
⑤ Since 1990 the statistical coverage has been redefined. ⑥ Data refer to 1979. ⑦ Data refer to 1989.

附录 3-17 研究与开发经费

EXPENDITURES ON RESEARCH AND EXPERIMENTAL DEVELOPMENT

国外资料来源：联合国教科文组织《统计年鉴》1996年。
Source: United Nations Educational, Scientific and Cultural Organization 《Statistical Yearbook》1996.
单位:各国本币 (national currency units)

国家和地区		Country or Territory		年份 Year	研究与开发经费占国民生产总值的比重 As % of GNP (%)	按人口平均的研究与开发费用 per Capita Expenditure on R & D	每一研究人员年平均费用 Annual Average Expenditure Per R & D Scientist or Engineer
美国	美元	United States	(Dollar)	1995	2.9③	650	177625
日本	日元	Japan	(Yen)	1991	3.0	111137	19987872
德国	马克	Germany	(Mark)	1991	2.6	933	309452
英国	英镑	United Kingdom	(Pound)	1993	2.2	239	98779
法国	法郎	France	(Franc)	1993	2.5	3021	1190700
意大利	里拉	Italy	(Lire)	1993	1.3	341675	262230526
加拿大	加元	Canada	(Dollar)	1994	1.6	400	140200①
澳大利亚	澳元	Australia	(Dollar)	1990	1.4	301	121605
俄罗斯	卢布	Russian Federation	(Rouple)	1993	0.8	8876	2036838
捷克	克朗	Czech Rep.	(Koruna)	1994	1.3	1261	981701
波兰	兹罗提	Poland	(Zloty)	1992	0.9	249773	230624131
匈牙利	福林	Hungary	(Forint)	1993	1.0	3397	2935014
罗马尼亚	列伊	Romania	(Lei)	1994	0.7	14719	10652279
保加利亚	列弗	Bulgaria	(Leva)	1992	1.7	348	82057
南斯拉夫	第纳尔	Yugoslavia F.R.	(New dinar)	1992			30
印度	卢比	India	(Rupee)	1990	0.8	49	326973
印度尼西亚	卢比	Indonesia	(Rupiah)	1988	0.2	1467	8092983
菲律宾	比索	Philippines	(Peso)	1984	0.1	11	127000
泰国	铢	Thailand	(Baht)	1991	0.2	70	402800
马来西亚	林吉特	Malaysia	(Ringgit)	1992	0.4	29	337231
新加坡	新加坡元	Singapore	(Dollar)	1994	1.1	415	165114
巴基斯坦	卢比	Pakistan	(Rupee)	1987	0.9	51	840050②
土耳其	里拉	Turkey	(Lira)	1991	0.8	58158	278711667
韩国	韩圆	Korea,Rep.	(Won)	1994	2.8	117159	67220220
埃及	埃镑	Egypt	(Pound)	1991	1.0	17	36164
尼日利亚	奈拉	Nigeria	(Naira)	1987	0.1	1	64477
墨西哥	比索	Mexico	(New peso)	1993	0.3	40	
巴西	克鲁赛罗	Brazil	(Cruzeiro)	1994	0.4	9	
阿根廷	奥斯特拉尔	Argentina	(Austral)	1992	0.3	20	31270①

注：①1989年。②估计数。③1988年数。
① Data refer to 1989. ② Estimate. ③ Data refer to 1988.

中国统计出版社最新统计资料书简目